AF089579

Die Schmetterlinge Baden-Württembergs
Band 3: Nachtfalter I

Die Schmetterlinge Baden-Württembergs
Herausgegeben von Günter Ebert
Staatliches Museum für Naturkunde Karlsruhe

Band 1: Tagfalter I
Allgemeiner Teil: Systematik, Taxonomie und Nomenklatur, Faunistik und Ökologie, Gefährdung und Schutz, Datenverarbeitung
Spezieller Teil: Papilionidae, Pieridae, Nymphalidae

Band 2: Tagfalter II
Spezieller Teil: Satyridae, Libytheidae, Lycaenidae, Hesperiidae

Band 3: Nachtfalter I
Allgemeiner Teil: Benutzerhinweise, Beobachtungsmethoden bei Nachtfaltern, Aspekte zur Nahrungskonkurrenz unter Nachtfaltern, Ergebnisse
Spezieller Teil: Hepialidae, Cossidae, Zygaenidae, Limacodidae, Psychidae, Thyrididae

Band 4: Nachtfalter II
Spezieller Teil: Bombycidae, Endromidae, Lemoniidae, Saturniidae, Sphingidae, Drepanidae, Notodontidae, Dilobidae, Lymantriidae, Ctenuchidae, Nolidae

Weitere Nachtfalter-Bände sind in Vorbereitung

Die Schmetterlinge Baden-Württembergs

Band 3: Nachtfalter I

Autoren von Band 3:
Günter Ebert, Thomas Esche
René Herrmann, Axel Hofmann
Hans Georg Lussi
Ingo Nikusch, Wolfgang Speidel
Axel Steiner, Jürgen Thiele

344 Farbfotos
166 Diagramme und Zeichnungen
64 Verbreitungskarten

Im Rahmen des Artenschutzprogrammes Baden-Württembergs
Die Herausgabe erfolgte in Zusammenarbeit mit der Landesanstalt für Umweltschutz Baden-Württemberg und dem Staatlichen Museum für Naturkunde Karlsruhe

Mit Unterstützung
der Stiftung
Naturschutzfonds

Die Deutsche Bibliothek – CIP-Einheitsaufnahme

Die **Schmetterlinge Baden-Württembergs** : [im Rahmen des Artenschutzprogrammes Baden-Württemberg] / [die Hrsg. erfolgte in Zusammenarbeit mit der Landesanstalt für Umweltschutz Baden-Württemberg und dem Staatlichen Museum für Naturkunde Karlsruhe]. Bearb. und hrsg. von Günter Ebert und Erwin Rennwald. – Stuttgart : Ulmer.
NE: Ebert, Günter [Hrsg.]

Bd. 3. Nachtfalter. – 1. / Autoren von Bd. 3: Günter Ebert ... – 1994
ISBN 3-8001-3472-1
NE: Ebert, Günter

Wollgrasweg 41, 70599 Stuttgart (Hohenheim)
Printed in Germany
Einbandgestaltung: A. Krugmann, Freiberg am Neckar
Satz: Typomedia GmbH, Ostfildern-Scharnhausen
Druck: Karl Grammlich, Pliezhausen
Bindung: Ernst Riethmüller, Stuttgart

Inhalt

Vorwort zu Band 3 und 4

Mit den beiden ersten, 1991 erschienenen Bänden (Tagfalter) ist eine moderne Bearbeitung der Schmetterlinge Baden-Württembergs vorgelegt worden, die großen Anklang gefunden hat. In welchem Umfang unsere Erwartungen noch übertroffen wurden, zeigt allein schon die Tatsache, daß die Auflage bereits nach zwei Jahren vergriffen war, so daß sehr rasch für einen Nachdruck gesorgt werden mußte. Mannigfaltige Anregungen sowie der in vielen Fällen notwendige Hinweis auf Wissenslükken haben zahlreiche Mitarbeiter, aber auch Lepidopterologen außerhalb Baden-Württembergs zu einer verstärkten, teilweise gezielten Geländearbeit angeregt. Als Folge davon liegen inzwischen stapelweise neue Meldebögen vor, die überraschende Beobachtungsergebnisse enthalten. So wurde beispielsweise die für unser Faunengebiet noch als unsicher geltende *Brenthis daphne* inzwischen als eindeutig bodenständig nachgewiesen. Auch die als ausgestorben aufgeführte *Arethusana arethusa* ist im Sommer 1994 wieder beobachtet und fotografiert worden. Bei den Perlmutter- und Scheckenfalterarten *Mesoacidalia aglaja, Fabriciana niobe, Proclossiana eunomia* und *Melitaea diamina* sowie bei den Bläulingsarten *Maculinea rebeli, M. arion, Vacciniina optilete, Plebicula amanda, P. dorylas, Agrodiaetus damon* und *Meleageria daphnis* konnten inzwischen die Larvalentwicklung dokumentiert und neue Kenntnisse hinsichtlich ihrer regionalen Verbreitung gewonnen werden; gleiches oder ähnliches gilt für *Parnassius mnemosyne* und *Pyrgus cirsii*.

Bei den Nachtfaltern, von denen die »Spinnerartigen« in den beiden hier vorgestellten Bänden 3 und 4 behandelt werden, ist es vergleichsweise noch schwieriger, ihr Verhalten und ihre Anpassung an bestimmte Habitate zu dokumentieren. Umso höher ist der Umstand zu bewerten, daß gerade in Baden-Württemberg jetzt auch solche Schmetterlingsgruppen bearbeitet werden konnten, die ein Spezialwissen voraussetzen. Dies gilt im besonderen Maße für die Widderchen (Zygaenidae) – auffallende, tagaktive Arten mit sehr differenzierten Habitatansprüchen, die als »Bioindikatoren« einen hohen Stellenwert besitzen. Ihre vergleichend-ökologische Bearbeitung unter Berücksichtigung chorologischer und morphologischer Merkmale nimmt zwar einen breiten Raum ein, läßt aber auch kaum noch Fragen offen und kann als solide Informationsgrundlage für alle zukünftigen Arbeiten angesehen werden. Ein anderes Beispiel sind die hier ebenfalls vorgestellten Sackträger (Psychidae). Sie sind bisher noch in keinem Standardwerk über mitteleuropäische Schmetterlinge auch nur annähernd sachgerecht behandelt worden. Der hier vorliegende Beitrag ist deshalb der erste, der aus faunistischer Sicht umfassend Aufschluß gibt über Verhalten, Lebensweise und Lebensraum dieser so interessanten Schmetterlingsfamilie. Man mag es dem Herausgeber nachsehen, wenn er gerade unter solchen Aspekten diese beiden Beiträge, die allein schon die Hälfte des dritten Bandes ausmachen, in ihrer informativen Fülle hat bestehen lassen.

Demgegenüber konnten die Beiträge in Band 4 im Durchschnitt kürzer gehalten werden. Sie beschäftigen sich mit Schmetterlingsfamilien, deren Arten zumeist als oligophage Laubholzbewohner in Erscheinung treten, darunter auch eine Reihe sogenannter »Forstschädlinge«, über die schon viel geschrieben worden ist. Als ein aktuelles Beispiel sei der Schwammspinner herausgegriffen, der in diesem Jahr die Medien ausgiebig beschäftigt hat. Es war geplant, auch die Glasflügler (Sesiidae) und Bärenspinner (Arctiidae) in die beiden Bände aufzunehmen. Nach dem Ausfall der ursprünglich vorgesehenen Bearbeiter haben Autorenkollektive die Bearbeitung dieser Gruppen übernommen. Ihre Beiträge werden im nächsten Band erscheinen und dort mit Teil III diesen ersten Abschnitt der Nachtfalter abschließen.

Dem Speziellen Teil werden als Hinweise für den Benutzer die wichtigsten Erläuterungen zu den Kapiteln Systematik, Taxonomie und Nomenklatur, Verbreitung, Phänologie und Ökologie in einem Allgemeinen Teil vorangestellt, im übrigen jedoch auf deren ausführliche Darstellung in Band 1 verwiesen. Neu sind Zusammenfassungen in englischer und französischer Sprache. Neu sind ferner die Kapitel »Beobachtungsmethoden bei Nachtfaltern« und »Aspekte zur Nahrungskonkurrenz unter Nachtfaltern«, die vor allem dem mit dieser sehr artenreichen Gruppe noch nicht vertrauten Leser helfen sollen, grundsätzliche Fragestellungen und Probleme besser und schneller zu verstehen.

Dieser Allgemeine Teil schließt mit den bei der Bearbeitung der Spinnerartigen Nachtfalter gewonnenen Gesamtergebnissen. Dazu gehören Checklists, die Tabelle Lebensraum, aus der die ökologischen Ansprüche der hier behandelten Arten abzulesen sind, sowie eine tabellarische Übersicht zur Blütenbiologie, in der die beim Blütenbesuch beobachteten Falterarten zusammen mit ihren Nektarpflanzen aufgelistet und bewertet werden. Den Abschluß bildet das Kapitel Gefährdung und Schutz. Es enthält die 2. Fassung der Roten Liste (Nachtfalter Teil I und II). Die Änderungen gegenüber der 1. Fassung aus dem Jahre 1977 werden ebenfalls in einer Tabelle zusammengefaßt. Neu hinzugekommen ist die Kategorie U (Arten mit ungeklärter Gefährdung). Neu sind ferner Bewertungsziffern, die im Kapitel »Artenschutzprogramm und Bewertungsmethodik« als Kriterium bei der Erstellung einer Prioritätenliste besonders gefährdeter Arten für vordringliche Schutz- und Pflegemaßnahmen zur Anwendung gelangten. Solche Maßnahmen konnten inzwischen im Rahmen eines seit 1992 durchgeführten Artenschutzprogrammes Schmetterlinge des Landes Baden-Württemberg eingeleitet und teilweise bereits mit sichtbarem Erfolg, wie z.B. beim Apollofalter durch die Bezirksstelle für Naturschutz und Landschaftspflege (BNL) Tübingen, abgeschlossen werden. Dieses Artenschutzprogramm, in das auch die besonders gefährdeten Nachtfalterarten eingebunden sind, wird von der Landesanstalt für Umweltschutz in Zusammenarbeit mit dem Staatlichen Museum für Naturkunde Karlsruhe und den Bezirksstellen für Naturschutz und Landschaftspflege durchgeführt.

Zum Schluß ist allen zu danken, die zum Erscheinen der beiden Bände beigetragen haben. Es sind dies in erster Linie die vielen ehrenamtlichen Mitarbeiter im Lande, ohne deren Mithilfe die den einzelnen Beiträgen zugrunde liegende Datenbasis nicht annähernd erreicht worden wäre. Besonderer Dank gilt den Fotografen unter ihnen für die Bereitschaft, ihr wertvolles Bildmaterial zur Verfügung zu stellen. Für die finanzielle Förderung des Projektes im Rahmen der Grundlagenwerke zum Artenschutzprogramm des Landes Baden-Württemberg durch das Umweltministerium und die Stiftung Naturschutzfonds danke ich, auch im Namen aller Mitarbeiter, dem Umweltminister Herrn HARALD B. SCHÄFER, dem Leiter der zuständigen Abteilung, Herrn Ministerialdirigent BERNHARD BAUER und dem Geschäftsführer der Stiftung Naturschutzfonds Herrn Ministerialrat Dr. HEIDERICH mit seiner Mitarbeiterin Frau BAUMHOF-PREGITZER. Unser Dank gilt ferner dem inzwischen in den Ruhestand getretenen ehemaligen Leiter des Artenschutzreferates im Umweltministerium Herrn Ministerialrat a.D. Dr. KÜNKELE und seinem Nachfolger, Herrn Ministerialrat KOHLER mit seinen Mitarbeiterinnen Frau KOEHLER-NEUMANN und Frau Dr. NICKEL sowie Herrn KUHN. Gleiches gilt für die zuständigen Vertreter der Landesanstalt für Umweltschutz, Herrn Referatsleiter Dr. MARX und den Herren Dr. HARMS und Dr. LINNENBACH (Sachgebiet Artenschutz). Für seinen wertvollen fachlichen Rat und die stete Hilfsbereitschaft möchte ich dem Leiter der Bezirksstelle für Naturschutz und Landschaftspflege Tübingen, Herrn Dr. J. U. MEINEKE meinen ganz besonderen Dank aussprechen.

Für die Förderung des Projektes am Staatlichen Museum für Naturkunde Karlsruhe gebührt dem Direktor, Herrn Prof. Dr. S. RIETSCHEL unser Dank. Für die gute Zusammenarbeit beim Einblick in die Sammlungen und für Bestimmungshilfe sind wir den Kollegen der Entomologischen Abteilung des Staatlichen Museums für Naturkunde Stuttgart, insbesondere den Herren Dr. SCHAWALLER und Dr. TSCHORSNIG verbunden. Schließlich sei noch denjenigen gedankt, die in vielfältiger Weise zum Gelingen beigetragen haben: Den Mitgliedern des Redaktionskomitees (Dr. T. ESCHE, Dr. J. U. MEINEKE und A. STEINER) für die Durchsicht der Manuskripte, AXEL HOFMANN und HANS LUSSI für ihre ständige Bereitschaft und Hilfe, JOHN F. BURTON und JEAN-CLAUDE WEISS für die Übersetzung der Zusammenfassung ins Englische bzw. Französische und BERTA KLOIBER für die Anfertigung der Genitalpräparate. Die Dateneingabe besorgte in bewährter Weise MARIA BURKART, außerdem noch JUTTA BERG, LENA FREDRIKSSON und ANGELIKA LEHMANN, das Register zu beiden Bänden MONIKA PALME-MITTMANN, die Reproduktion der Farbtafel aus dem ESPER'schen Werk UTA GLEIS-SCHAUDER. Die technische Betreuung der Dateneingabe und -verwaltung lag in den Händen von NORBERT HIRNEISEN. Besonderer Dank gilt zum Schluß wiederum dem Verlag – Herrn Verleger R. ULMER und Herrn D. KLEINSCHROT – für die gute Zusammenarbeit und die überaus große Sorgfalt bei der Herstellung der beiden Bände.

Karlsruhe, im September 1994 G. EBERT

Liste der Mitarbeiter (Abkürzungsverzeichnis)

Hier handelt es sich um diejenigen Mitarbeiter, Gewährsleute und Informanten (auch aus der Literatur), die Angaben zum Kapitel Nahrungsbiologie (Nahrung der Raupe) beigesteuert haben. Sie werden dort in abgekürzter Form zitiert und hier in alphabetischer Reihenfolge mit vollem Namen (soweit möglich) aufgeführt. Dieses Verzeichnis soll **nicht** das für den letzten Band vorgesehene Kapitel »Mitarbeiter und Gewährsleute« ersetzen, in dem alle am Gesamtwerk Beteiligten im Anschluß an ein Kapitel »Zur Geschichte der lepidopterologisch-faunistischen Forschung in Baden-Württemberg« mit kurzen biographischen Notizen vorgestellt werden (Kap. 1.1 und 1.2, vgl. EBERT 1985).

ADL	Adler, R.
AIC	Aichele, F.
ALB	Albrecht, M.
ANO	Anonymus
ASA	Asal, J.
BAC	Back, W.
BAI	Baisch, G.
BAJ	Bastian, J.
BAR	Bartsch, D.
BAS	Bastian, K.
BAU	Baumann, K.
BCK	Beck, A.[1]
BDX	Baudrexler, K.
BEC	Becher, A.
BEG	Berg, J.
BEN	Bender, W.
BER	Bertalan, N.
BIE	Biebinger, A.
BIL	Billen, W.
BIS	Bischoff, C.
BLÄ	Bläsius, R.
BMG	Baumgartner, H.
BRE	Brechtel, F.
BRG	Burgeff, H.
BRM	Brombacher, E.
BRO	Brockmann, E.
BRT	Burton, J.E.
BÜC	Büche, B.
BUN	Bundschuh, W.
BUR	Burkart, M.
CAL	Calmbach, V.
CZI	Czipka, W.
DAU	Daub, M.[2]
DEZ	Dezulian, H.
DIS	Disch, R.
DOC	Doczkal, D.
EBE	Ebert, G.
EBH	Eberhardt, A.
EBJ	Ebert, J.
EBS	Ebser, F.
ECK	Eckert, E.
EIM	Eimer, G.H.T.
ELL	Ellinger, E.[3]
ESC	Esche, T.
FAG	Fagnoul, F.
FEI	Feil, H.
FEU	Feucht, M.
FLÖ	Flösser, R.
FRD	Fried, A.
FRI	Friedrich, E.
FRY	Freytag, K.
FRZ	Fritz, A.
FUN	Funk, A.
GAT	Gatter, D & U.
GAU	Gauckler, H.
GEI	Geissler, S.
GOL	Gollnow, H.-P.
GÖB	Göbel, M. (s. u. RAG)
GÖP	[Göppingen][4]
GOT	Goldschalt, M.
GRE	Gremminger, A.
GRF	Graf, K.
GRS	Gresser, M.
GÜN	Günther, [Pfarrer][5]
GUT	Guth, F.
HÄU	Häusser, R.
HAF	Hafner, S.
HAH	Hahn, [Pfarrer][6]
HAN	Hahn, V.
HAL	Halwax, J.
HAR	Hartmann, U.
HAS	Hassler, M.
HAU	Hauber, M.
HEA	Hermann, A.
HED	Heidelberger, D.
HEG	Hegar, I.
HEH	Herrmann, H.
HEI	Heidemann, H.
HEM	Heimeier, H.
HEN	Hein, D.
HER	Herrmann, R.
HES	Hensle, J.
HET	Heidt, W.
HFF	Hoffrichter, O.
HFM	Hoffmann, J.
HFN	Hoffmann, O.
HHE	Hahne, A.
HIR	Hirneisen, N.
HMN	Hermann, G.
HNL	Heindel, R.
HNZ	Heinz
HÖR	Hörburger, J.
HOF	Hofmann, A.
HOH	Hohenadel, T.
HOJ	Hofmann, J.
HON	Hohndorf, A.
HOR	Horn, H.
HST	Hohensteiner, H.
HÜB	Hübner, B.
HÜN	Hündorf, B.
HÜS	Hübsch[5]
HUF	Hauff, F.
HZA	Heitz, A.
HZS	Heitz, S.
IPP	Ipp, W.
JAE	Jaeger, [K.] W.
JIC	Jicha, R.
JUN	Junge, G.
KAB	Kabis, G.
KAH	Kautt, H.
KAP	Kautt, P.
KAZ	Katz, W.
KEH	Keller, A. & Hoffmann, J.
KEL	Keller, A.
KES	Kesenheimer, H.
KGR	Gremminger, A. (Kartei)
KIE	Kiefer, E.
KIN	Kintzl, W.
KIR	Kirsch, F.
KLA	Klatt, M.
KLI	Klinger, F.[7]
KNA	Knaupp, O.
KOC	Kocak, A.
KON	Kontermann, R.
KRA	Kratochwil, A.
KRI	Kristal, P.
KUC	Kucher, F.
LAD	Ladenburger, U.
LAH	Lahm, H.
LAI	Laier, F.
LAM	Lampert, K.

LAN	Langer, E.	RIZ	Rietz, H.	VÖL	Völkl, M.
LAU	Lauffer, F.	RNN	Renner, H.[8]	VOG	Vogel, F.
LEH	Lehr, H.	ROE	Roer, H.	WAG	Wagener, P.S.
LEI	Leipnitz, M.	ROM	Rometsch, H.	WAL	Walzinger, K.
LEW	Lewandowski, S.	RSG	Reiss, G.	WAR	Warnecke, G.
LIE	Lienig, H.	RSH	Reiss, H.	WAT	Walter, A.
LIN	Lingenhöle, A.	RUD	Rudolph, H.-P.	WAZ	Waltz
LIT	Litzelmann, E.	RvS	Roth von Schreckenstein, F.	WEF	Weber, F.
LÖF	Löffler, C.[8]	SÄN	Sänger, T.	WEG	Wegelin, H.
LÖS	Löscher	SAL	Salmen, M.	WEH	Weber, H.
LOS	Loser, E.	SAV	Savary[7]	WEI	Weissig, W.
LUS	Lussi, H. G.	SCÄ	Schäfer, W.	WEM	Weber, M.
MAG	Magnus, D.	SCC	Schneider, C.	WES	Westrich, P.
MAQ	Marquardt	SCD	Schmiederer, W.	WIN	Windschnurer, N.
MAR	Marktanner, T.	SCE	Schieber, A.	WLL	Wallner, M.
MEE	Meess, A.	SCH	Schanowski, A.	WLZ	Walz[10]
MEI	Meineke, J.-U.	SCI	Schidlowski, R.	ZIE	Zier, L.
MER	Meier, M.	SCK	Schick, R.	ZIN	Zinnert, K.-D.
MES	Messmer, H.	SCL	Schlörer, H.[3]	ZMU	Zmudzinski, F.
MIC	Michelberger, U.	SCM	Schmid, K.		
MLK	Müller-Köllges, K.-H.	SCN	Schneider, A.		
MÖR	Mörtter, R.	SCO	Schott, P.		
MOR	Morlock, A.	SCÖ	Schön, W.		
MOS	Moser, J.	SCR	Schröder, O.		
MRT	Martin, E.[8]	SCT	Schmidt, K.		
NAN	Nantscheff, F.	SCU	Schmunk, N.		
NÄS	Nässig, W.	SCW	Schwarz, G.		
NAU	Naumann, C. M.	SER	Sermin, K.		
NIK	Nikusch, I.	SET	Settele, L.		
NIM	Nimmerfroh, K.	SEZ	Seitz, A. [Pfarrer]		
NOL	Noll, G.	SIE	Siebold, C.F.v.		
NÖR	Nördlinger, H. v.	SIP	Siepe, A.		
NOW	Nowosad, W.	SPE	Speidel, W.		
PAR	Partenscky, J.	SPH	Speidel, H.		
PFA	Pfaff, B.	STA	Staib, W.		
PFT	Pfetsch[8]	STE	Steudel, W.		
PLA	Platz, F.	STF	Steffny, H.		
POS	Pospichil, O.	STN	Steiner, A.		
RAB	Ratzel, B.	STR	Strobel, K.		
RAD	Radtke, A.	STT	Stritt, W.		
RAG	Ratzel, M. (geb. Göbel)	STU	[Stuttgart][9]		
RAH	Ratzel, K.H.	STY	Starey, R.		
RAK	Ratzel, K.	SÜE	Süsse, A.		
RAM	Ramin, v.	SÜS	Süssner, L.		
RAU	Raubach, G.	TAC	Tack, R.		
RAZ	Ratzel, U.	THI	Thiele, J.		
RCK	Reck[8]	THO	Thomas, P.		
REC	Reichenbach, B.	TRA	Trabold, R.		
REI	Reich, G.	TRB	Traub, B.		
REK	Rennwald, K.	TRF	Treffinger, K.		
REN	Rennwald, E.	TRÖ	Tröger, E.J.		
REU	Reutti, C.	UEB	Uebel, W.		
RIT	Ritschl, A.	ULL	Ullrich, T.		

[1] Stellvertretend für »AG (Arbeitsgruppe) Freiburg«

[2] Aufzeichnungen

[3] Gewährsmann von Gremminger (Kartei) und Schneider (1936–1939)

[4] Verein der Schmetterlingsfreunde Göppingen

[5] Gewährsmann von Reutti (1853, 1898)

[6] Gewährsmann von Keller & Hoffmann (1861)

[7] Gewährsmann von Gremminger (Kartei)

[8] Gewährsmann von Schneider (1936–1939)

[9] Entomologischer Verein Stuttgart 1869 e.V.

[10] Gewährsmann von G. Reich (Aufzeichnungen 1910–1965)

Abkürzungsverzeichnis

MTB	Meßtischblatt (1:25000)
TK	Topographische Karte
NSG	Naturschutzgebiet
LSG	Landschaftsschutzgebiet
BNatSchG	Bundesnaturschutzgesetz
NatSchG	Naturschutzgesetz
BArtSchV	Bundesartenschutzverordnung
WA	Washingtoner Artenschutzübereinkommen
RL	Rote Liste
WWF	World Wildlife Fund
LNK	Staatliches Museum für Naturkunde Karlsruhe (vormals: Landessammlungen für Naturkunde Karlsruhe)
SMNS	Staatliches Museum für Naturkunde Stuttgart
NMF	Naturkundemuseum der Stadt Freiburg i. Br.
coll.	Sammlung (collectio)
ex coll.	aus der Sammlung
Flgl	Flügel
Vfl	Vorderflügel
Vfl-SpW	Vorderflügel-Spannweite
Hfl	Hinterflügel
Exp.	Spannweite (Expansion)
Ex.	Exemplar
OS	Oberseite
US	Unterseite
ab.	Aberration
f.	Form
f. bisex.	Bisexuelle Form
f. parth.	Parthenogenetische Form
var.	Variation
ssp.	Unterart (Subspecies)
l. cl.	ursprünglicher (klassischer) Fundort (locus classicus)
E	Ei
L	Larve (= Raupe)
L_1	1. Larvenstadium
L_{4D}	4. Larvenstadium (in Diapause)
L_{6DII}	2. Überwinterung im 6. Larvenstadium
P	Puppe
e. o.	aus dem Ei (ex ovo)
e. l.	aus der Larve (ex larva)
e. p.	aus der Puppe (ex pupa)
Gen.	Generation
s. str.	im engeren Sinne (sensu stricto)
s. l.	im weiteren Sinne (sensu lato)
l. c.	wie hier zitiert (loco citato)
et al.	und andere (et aliter)
p. p.	zum Teil (pro parte)
GU	Genitaluntersuchung
Gen. Präp.	Genitalpräparat
Präp. Nr.	Präparatnummer

In den Bildlegenden:

S =	Aufnahme unter Studiobedingungen (kein Freilandfoto)
M =	Aufnahme unter leicht veränderten (Freiland-)Bedingungen
LF =	Aufnahme unter Lichtfangbedingungen

1 Benutzerhinweise

Im Allgemeinen Teil zu Band 1 und 2 (Tagfalter) ist das Konzept, das den einzelnen Kapiteln des im Speziellen Teil dargebotenen Textes zugrunde liegt, ausführlich erläutert worden. Da sich an diesem Konzept seitdem nichts wesentliches mehr geändert hat, erübrigt sich eine Wiederholung der recht ausführlichen Erläuterungen. Es wird deshalb gleich zu Beginn auf diesen für das Gesamtwerk verfaßten und somit auch für Band 3 und 4 gültigen Allgemeinen Teil verwiesen und betont, daß hier nur die wichtigsten Informationen noch einmal in knapper Form, als Hilfe für den Benutzer, vermittelt werden. Dies betrifft insbesondere die Karten und Diagramme. Eine Zusammenfassung in englischer und französischer Sprache soll dies auch über den deutschsprachigen Raum hinaus besser und schneller verständlich machen.

1.1 Systematik, Taxonomie und Nomenklatur

Die Auswahl der im Grundlagenwerk »Die Schmetterlinge Baden-Württembergs« behandelten Familien (in Abbildung auf Seite 14/15 mit einem * bezeichnet), die nach dem heutigen Stand der Systematik teilweise gar nicht näher miteinander verwandt sind, hat historische Gründe. Früher wurden sie nämlich als die sogenannten »Großschmetterlinge« in den meisten Werken recht einheitlich behandelt und den sogenannten »Kleinschmetterlingen«, die weitaus weniger gut bekannt und taxonomisch oft viel schwieriger waren, als mehr oder weniger in sich geschlossene Verwandtschaftsgruppe gegenübergestellt (STAUDINGER & REBEL 1901, SEITZ [Hrsg.] 1906–1957).

Auch die Einteilungsbegriffe »Tagfalter« und »Nachtfalter« sind nicht dafür geeignet, phylogenetisch erklärbare Verwandtschaftsverhältnisse zum Ausdruck zu bringen. Wenn wir sie hier auf den Titelseiten dennoch verwenden, so deswegen, um damit einem größeren Leserkreis zu einer raschen Neuorientierung (anstelle von »Falter« und »Motten«) zu verhelfen.

Die nomenklatorische Grundlage der ersten beiden Bände unseres Werkes ist die »Liste Systématique et Synonymique des Lépidoptères de France, Belgique et Corse« (LERAUT 1980). Die für September 1993 mit vielen Änderungen angekündigte 2. Auflage dieses Kataloges hat uns bei Redaktionsschluß zu Band 3 und 4 nicht vorgelegen. So muß die »Liste Leraut« in der Ausgabe von 1980 weiterhin unsere taxonomisch-systematische Grundlage bleiben. Einzelne Namensänderungen konnten noch dank der bereitwilligen Auskunft von P. LERAUT und G. LUQUET berücksichtigt werden.

Einige Autoren haben bei der Bearbeitung ihrer Gruppe aufgrund eigener Forschungsergebnisse oder neuerer Literatur eine von LERAUT (1980) abweichende systematische Gruppierung ihrer Arten vorgenommen (z.B. W. SPEIDEL bei den Hepialidae und A. HOFMANN bei den Zygaeninae). Bei den Psychidae wurde von Anfang an die grundlegende Arbeit »Zum System der palaearktischen Psychiden ...« von SAUTER & HÄTTENSCHWILER (1991) zugrunde gelegt. Viele der darin enthaltenen Taxa erscheinen bei LERAUT (1980) noch unter anderen Namen oder überhaupt nicht (siehe unten). Bei den Sesiidae, die erst für den nächsten Band vorgesehen sind, wird der Arbeit von SPATENKA, LASTUVKA, GORBUNOV, TOSEVSKI und ARITA (1993) gefolgt werden.

Wie ein Vergleich zwischen LERAUT (1980), FREINA & WITT (1987) und SCHINTLMEISTER (1987) zeigt, weichen auch bei den Notodontidae die Auffassungen bezüglich gültiger Namen in mehreren Fällen voneinander ab.

Die Entscheidung darüber, welchem System oder welcher speziellen Interpretation im Zweifelsfall der Vorzug gegeben werden soll, trifft der Autor selbst. Gleiches gilt für die Befolgung spezieller Regeln des International Code of Zoological Nomenclature 1985, insbesondere die Artikel 29 und 31 (Bildung und Schreibweise der Namen) sowie Artikel 51 (Zitierweise des Autorennamens). Für die Reihenfolge der in diesen beiden Bänden behandelten Familien waren in erster Linie praktische Gründe maßgebend.

Auch in diesem und dem folgenden Band ist die Aussage zur Systematik und Nomenklatur bei den einzelnen Taxa wiederum in die drei bekannten Abschnitte (Titelzeile, Synonyma, andere Namen) gegliedert (vgl. Band 1, Kap. 1.1.2 und 1.1.3).

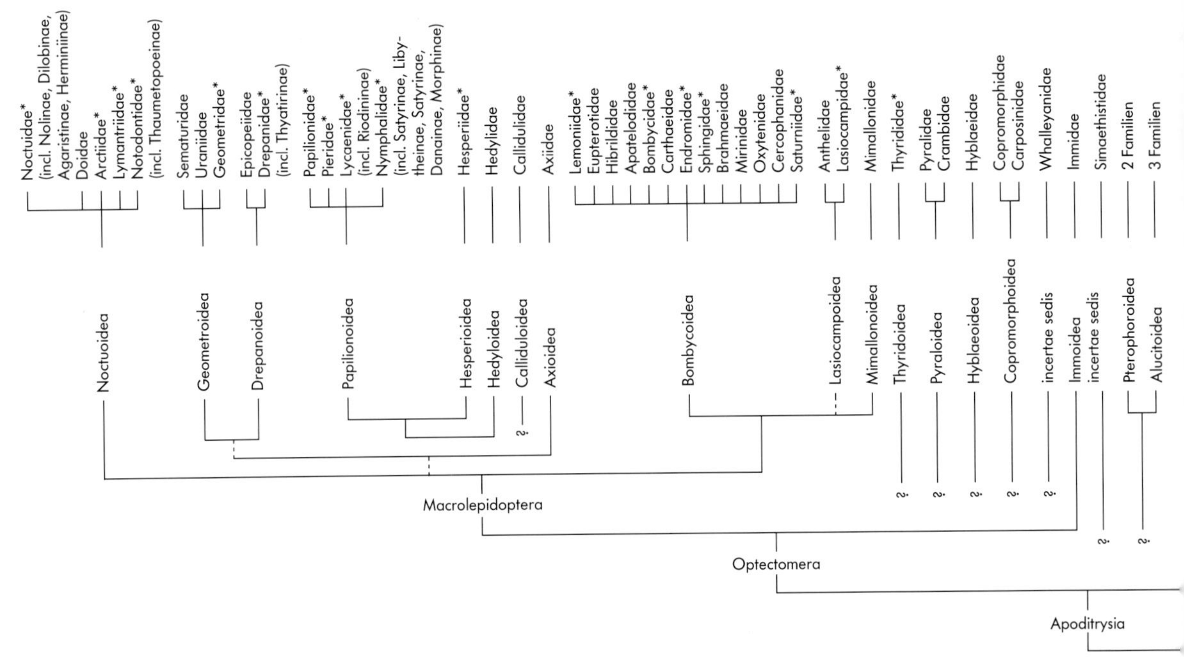

Stammbaum der Ordnung Schmetterlinge (Lepidoptera)
Obtectomera nach MINET (1991), übrige Gruppen nach SCOBLE (1992); gekürzt.

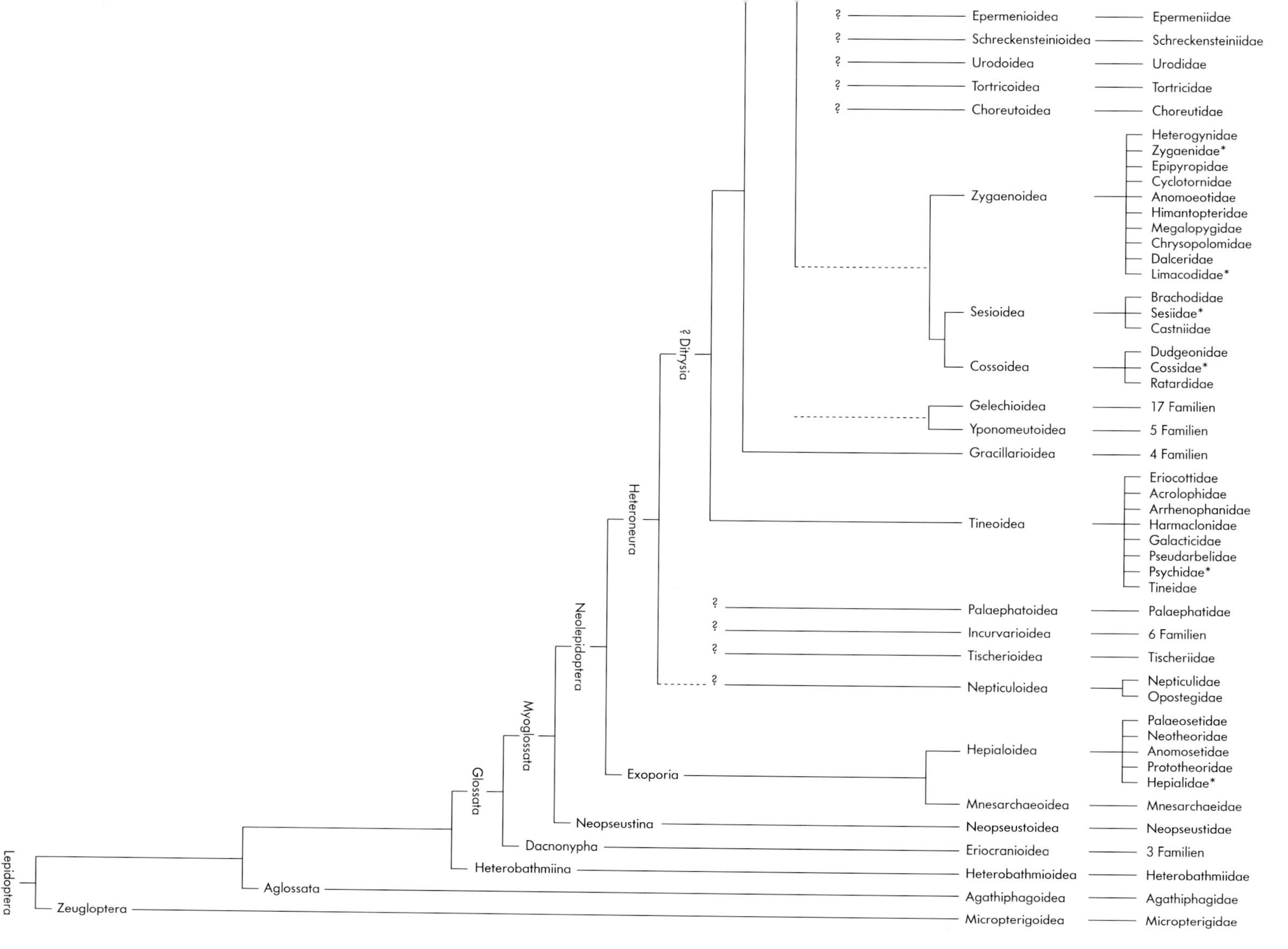

Lepidoptera
Zeugloptera
Aglossata
Heterobathmiina
Glossata
Dacnonypha
Myoglossata
Neopseustina
Neolepidoptera
Exoporia
Heteroneura
? Ditrysia
Epermenioidea
Epermeniidae
Schreckensteinioidea
Schreckensteiniidae
Urodoidea
Urodidae
Tortricoidea
Tortricidae
Choreutoidea
Choreutidae
Zygaenoidea
Heterogynidae
Zygaenidae*
Epipyropidae
Cyclotornidae
Anomoeotidae
Himantopteridae
Megalopygidae
Chrysopolomidae
Dalceridae
Limacodidae*
Sesioidea
Brachodidae
Sesiidae*
Castniidae
Cossoidea
Dudgeonidae
Cossidae*
Ratardidae
Gelechioidea
17 Familien
Yponomeutoidea
5 Familien
Gracillarioidea
4 Familien
Tineoidea
Eriocottidae
Acrolophidae
Arrhenophanidae
Harmaclonidae
Galacticidae
Pseudarbelidae
Psychidae*
Tineidae
Palaephatoidea
Palaephatidae
Incurvarioidea
6 Familien
Tischerioidea
Tischeriidae
Nepticuloidea
Nepticulidae
Opostegidae
Hepialoidea
Palaeosetidae
Neotheoridae
Anomosetidae
Prototheoridae
Hepialidae*
Mnesarchaeoidea
Mnesarchaeidae
Neopseustoidea
Neopseustidae
Eriocranioidea
3 Familien
Heterobathmioidea
Heterobathmiidae
Agathiphagoidea
Agathiphagidae
Micropterigoidea
Micropterigidae

Taxa die in LERAUT (1980) unter anderem Namen enthalten sind:
Pharmacis fusconebulosa DE GEER, 1778
Zygaena minos DENIS & SCHIFFERMÜLLER, 1775
Zygaena purpuralis BRÜNNICH, 1763
Diplodoma laichartingella GOEZE, 1783
Narycia duplicella GOEZE, 1783
Dahlica triquetrella HÜBNER, 1813
Dahlica lichenella LINNAEUS, 1761
Dahlica inconspicuella STAINTON, 1843
Bacotia claustrella BRUAND, 1845
Proutia betulina ZELLER, 1839
Bruandia comitella BRUAND, 1853
Rebelia herrichiella STRAND, 1912
Rebelia bavarica WEHRLI, 1926
Apterona helicoidella VALLOT, 1827
Ptilocephala plumifera OCHSENHEIMER, 1810
Ptilocephala muscella DENIS & SCHIFFERMÜLLER, 1775
Canephora unicolor HUFNAGEL, 1766
Euthrix potatoria LINNAEUS, 1758
Saturnia pavonia LINNAEUS, 1758
Diloba caeruleocephala LINNAEUS, 1758

Taxa die nicht in LERAUT (1980) enthalten sind:
»Zygaena« miocaenica REISS, 1936 (fossil)
Zygaenites controversus BURGEFF, 1951 (fossil)
Zygaena angelicae OCHSENHEIMER, 1808
Narycia astrella HERRICH-SCHÄFFER, 1851
Dahlica wockei HEINEMANN, 1870
Dahlica sauteri HÄTTENSCHWILER, 1977
Siederia rupicolella SAUTER, 1954
Sterrhopterix standfussi WOCKE, 1851
Psyche pineella HEER, 1849 (fossil)
Bombyx mori LINNAEUS, 1758
Saturnia spini DENIS & SCHIFFERMÜLLER, 1775
Calliteara abietis DENIS & SCHIFFERMÜLLER, 1775

1.2 Verbreitung

Die Darstellung der Verbreitung gliedert sich in die Abschnitte Gesamtverbreitung, Verbreitung regional und vertikal. Erstere soll den Leser über die ungefähre Ausdehnung des Gesamtareals einer Art informieren. Wichtiger für uns ist jedoch die regionale Verbreitung innerhalb der Landesgrenzen Baden-Württembergs. Sie wird auf der Grundlage der naturräumlichen Gliederung vermittelt (vgl. Abb. auf Seite 17 und die Übersicht über die Haupt- und Untereinheiten) und basiert auf den Topographischen Karten 1:25000 mit Viertel-Meßtischblatt(Quadranten)-Raster. Die Symbole enthalten dreierlei Informationen: 1. Den Zeitraum des Nachweises in vier Zeitstufen. 2. Die Genauigkeit der Fundortangabe in vier Abstufungen (von quadrantengenauer Fundortangabe bis zur Fundortangabe über eine Fläche von bis zu 16 Quadranten). 3. Die Zuverlässigkeit der Determination

---

Übersicht über die Haupt- und Untereinheiten

1 Oberrheinisches Tiefland (Oberrheinebene)

Südliche Oberrheinebene
Markgräfler Rheinebene
Markgräfler Hügelland
Freiburger Bucht

Kaiserstuhl

Mittlere Oberrheinebene
Offenburger Rheinebene

Vorbergzone
Lahr-Emmendinger Vorberge
Ortenau-Bühler Vorberge

Nördliche Oberrheinebene
Nördliche Oberrhein-Niederung
Hardtebenen
Neckar-Rheinebene
Hessische Rheinebene

Bergstraße

2 Schwarzwald

Nördlicher Schwarzwald
Schwarzwald-Randplatten
Grindenschwarzwald und Enzhöhen
Nördlicher Talschwarzwald

Mittlerer Schwarzwald

Südlicher Schwarzwald
Südöstlicher Schwarzwald
Hochschwarzwald

3 Neckar-Tauberland

Schwäbisches Keuper-Lias-Land
Südwestliches Albvorland
Mittleres Albvorland
Östliches Albvorland
Schönbuch und Glemswald
Stuttgarter Bucht
Die Filder
Schurwald und Welzheimer Wald
Schwäbisch-Fränkische Waldberge

(Randgebiete)
Mittelfränkisches Becken
Frankenhöhe

Neckar-Tauber-Gäuplatten
Alb-Wutach-Gebiet
Baar
Obere Gäue
Neckarbecken
Strom- und Heuchelberg
Kraichgau
Kocher-Jagst-Ebene
Hohenloher-Haller-Ebene
Bauland
Tauberland

(Randgebiete)
Ochsenfurter- und Gollachgau
Marktheidenfelder Platte
Sandstein-Spessart
Sandstein-Odenwald
Vorderer Odenwald

Hochrheintal
Dinkelberg

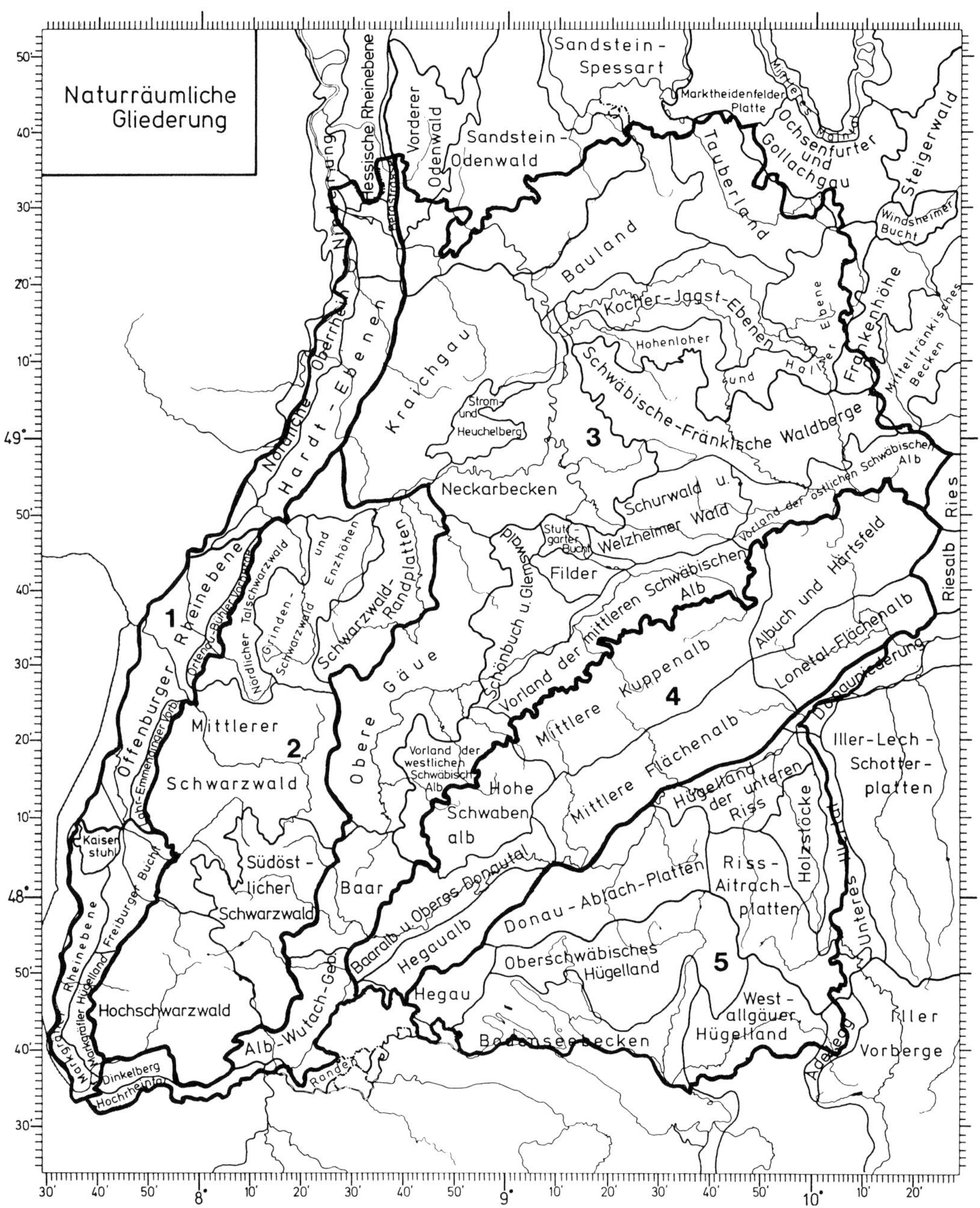

4 Schwäbische Alb

Südwestalb
Randen
Hegaualb
Baaralb und Oberes Donautal
Hohe Schwabenalb

Mittlere Alb
Kuppige Flächenalb
Mittlere Flächenalb

Ostalb
Albuch und Härtsfeld
Lonetal-Flächenalb

5 Alpenvorland (Oberschwaben)

Westliches Oberschwaben
Hegau
Bodenseebecken
Oberschwäbisches Hügelland

Württembergisches Allgäu
Westallgäuer Hügelland
Adelegg

Nördliches Oberschwaben
Donau-Ablach-Platten
Riß-Aitrach-Platten
Hügelland der unteren Riß
Holzstöcke
Unteres Illertal
Donauried

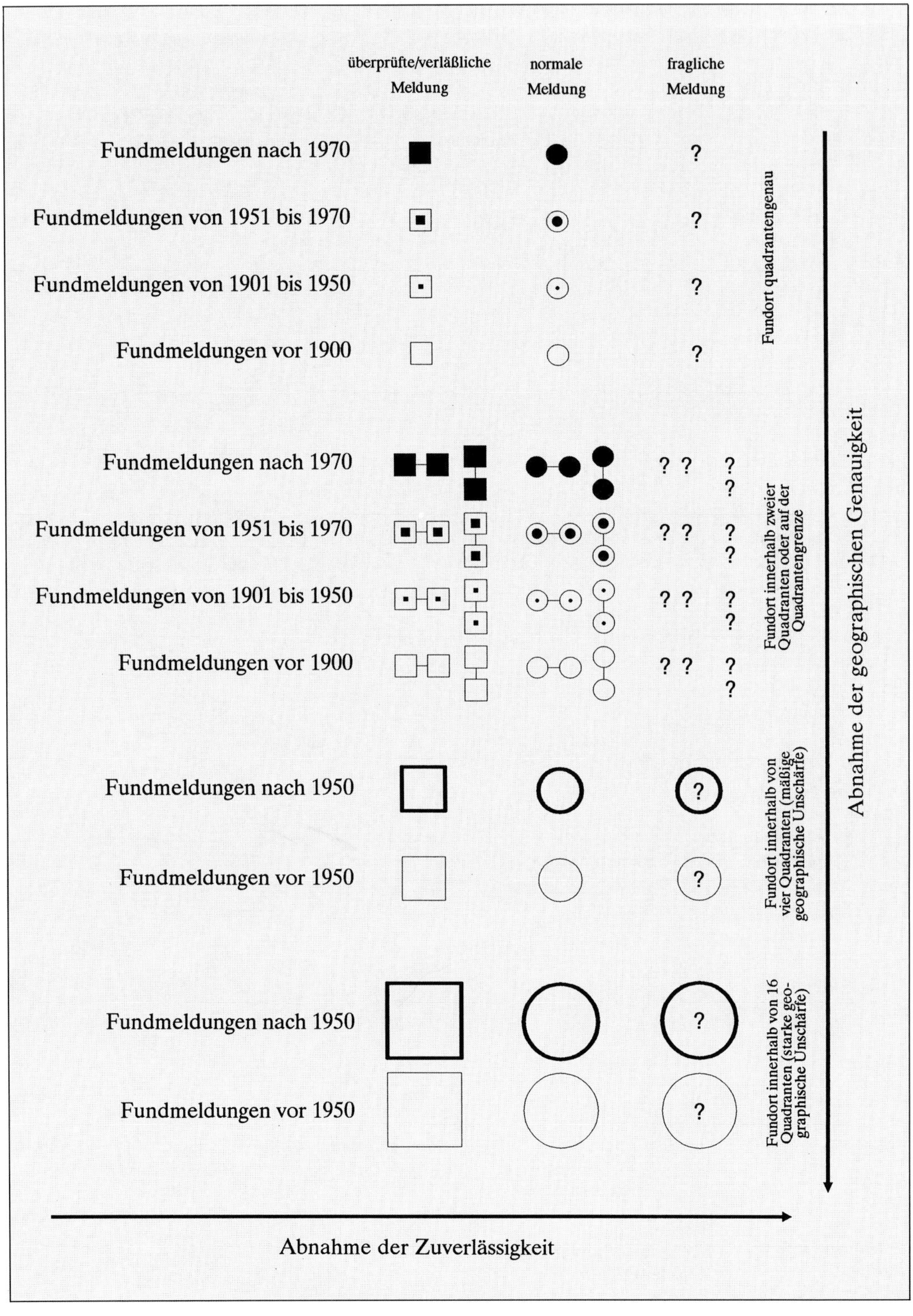

	überprüfte/verläßliche Meldung	normale Meldung	fragliche Meldung	
Fundmeldungen nach 1970			?	Fundort quadrantengenau
Fundmeldungen von 1951 bis 1970			?	
Fundmeldungen von 1901 bis 1950			?	
Fundmeldungen vor 1900			?	
Fundmeldungen nach 1970			? ? ? ?	Fundort innerhalb zweier Quadranten oder auf der Quadrantengrenze
Fundmeldungen von 1951 bis 1970			? ? ? ?	
Fundmeldungen von 1901 bis 1950			? ? ? ?	
Fundmeldungen vor 1900			? ? ? ?	
Fundmeldungen nach 1950			?	Fundort innerhalb von vier Quadranten (mäßige geographische Unschärfe)
Fundmeldungen vor 1950			?	
Fundmeldungen nach 1950			?	Fundort innerhalb von 16 Quadranten (starke geographische Unschärfe)
Fundmeldungen vor 1950			?	

Abnahme der geographischen Genauigkeit

Abnahme der Zuverlässigkeit

Symbolklassen

(normalerweise werden nur die kreisförmigen Symbole verwendet, die rechteckigen Symbole finden nur bei schwer bestimmbaren Arten Anwendung und markieren dort sicher bestimmte Belegstücke). Näheres dazu siehe in Band 1, Kap. 2.1.

Auf die Darstellung einer Verbreitung unter zoogeographischen Gesichtspunkten (Ausbreitungszentren im Sinne von DE LATTIN 1967), wie sie schon bei den Tagfaltern lediglich in Form einer Checklist (VARGA 1967) Berücksichtigung fand, wird bei den hier behandelten Nachtfaltern ganz verzichtet, da der gegenwärtige Kenntnisstand, insbesondere bei so problematischen Gruppen wie etwa den Psychidae, dies nicht sinnvoll erscheinen läßt.

Die Anpassung einer Art an biotische und abiotische Umweltfaktoren zeigt sich nicht nur im Verbreitungsbild, sondern findet auch Ausdruck in der Präsenz der Art in unterschiedlichen Höhenstufen. Besonders die Einwirkung klimatischer Faktoren auf alle Entwicklungsstadien führen zu differenten Verbreitungsbildern der Arten in der Vertikalen.

Die Grundlage der zu jeder Art abgebildeten Vertikal- oder Höhendiagramme bildet die Anzahl der Fundorte der jeweiligen Art innerhalb einer 10-Meter-Höhenstufe (= Höhenklasse). Bereichsangaben wie z.B. 200–250 m, die nicht einer 10-Meter-Höhenklasse zugeordnet werden können, sondern mehrere Höhenklassen beinhalten, werden anteilmäßig auf die betroffenen Höhenklassen durch einfache Division verteilt; im obigen Beispiel ergäbe dies bei 5 Höhenklassen 0.2 Fundorte pro Höhenklasse.

Bereichsangaben, die eine Spanne von mehr als 150 m Höhendifferenz umfassen (z.B. 600–900 m), beinhalten eine zu große Unschärfe und werden daher zur Berechnung der Vertikalverbreitungsdiagramme nicht herangezogen. Zur besseren Übersicht wurden zudem die ermittelten Werte der 10-Meter-Höhenklasse in 50-Meter-Höhenklassen zusammengefaßt.

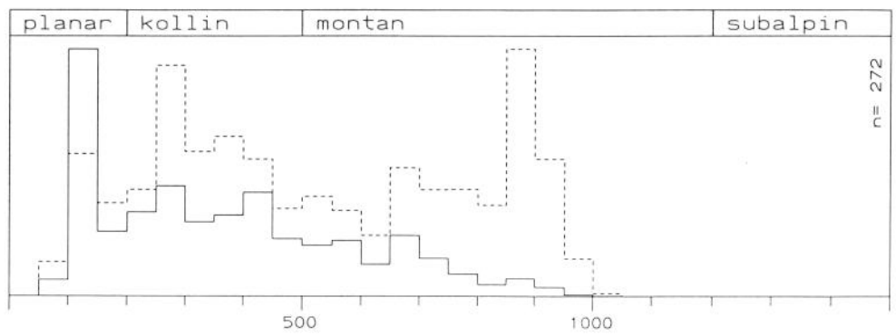

Im Höhendiagramm (vgl. Abb.) wird die absolute Anzahl der Fundorte in den jeweiligen Höhenklassen dargestellt, wobei der Maximalwert als 100% gewertet wird und das Diagramm in der Höhe ausfüllt (durchgezogene Linie). Die Gesamtzahl der registrierten Fundorte der jeweiligen Art wird am rechten Rand des Diagramms angegeben.

Die auf dieser Grundlage errechneten Diagramme tragen leider weder dem unterschiedlichen Flächenanteil der einzelnen Höhenstufen an der Gesamtfläche des Landes Rechnung, noch kann dabei die ungleich verteilte Untersuchungsaktivität der Mitarbeiter berücksichtigt werden.

Um zu einer realistischeren Darstellung zu gelangen, wurden daher die Fundorte pro Art in jeder einzelnen Höhenstufe im Verhältnis zur Gesamtanzahl der in der betreffenden Höhenstufe untersuchten Fundorte dargestellt (gestrichelte Linie = relative Anzahl der Fundorte). Eine umfassende und detaillierte Erörterung der Darstellungsproblematik mit zahlreichen Beispielen findet sich in Band 1, Kap. 4.3.5.

1.3 Phänologie

Die Phänogramme[1] werden prinzipiell auf Tagesbasis errechnet, wobei das Jahr zu 367 Tagen gezählt wird. Welcher zusätzliche Informationsgehalt eine räumliche Trennung der Phänogramme bringt, läßt sich im Speziellen Teil bei den einzelnen Arten gut erkennen; die Phänogramme werden hier für jeden der fünf Hauptnaturräume Baden-Württembergs getrennt dargestellt, sofern die Individuenzahl – von einzelnen Ausnahmen abgesehen – den Grenzwert von 50 überschreitet.

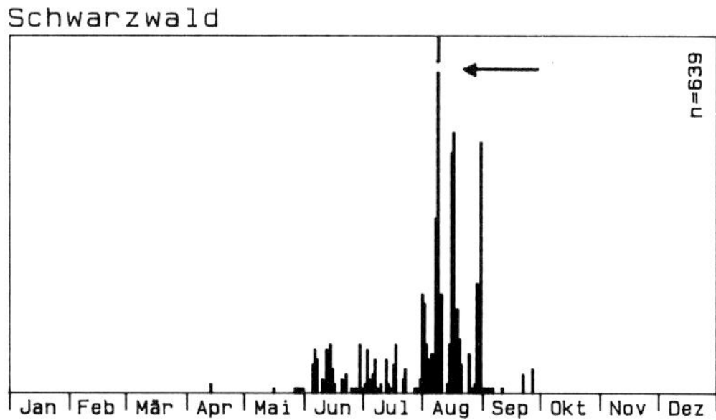

Die Darstellung der Phänogramme im Speziellen Teil zeigt beispielhaft obenstehende Abb. Links oben erscheint immer der Name des Naturraums, rechts oben an der y-Achse die Gesamtzahl der zugrundegelegten Individuen. Auf der x-Achse werden die einzelnen Tage aufgetragen; zur Orientierung sind die Monate angegeben. In y-Richtung wird zu jedem Tag die Anzahl der erfaßten Indivi-

[1] Der Begriff »Phänogramm« wird hier ausschließlich in der eingeschränkten Bedeutung »Imaginal (= Flugzeit)-Phänogramm« benutzt.

Übersicht der wichtigsten Vegetationstypen in Baden-Württemberg

A Wälder

A 1.0 Laubholzreiche Wälder feuchter bis nasser, periodisch überfluteter Standorte (Auenwälder).

A 1.1 Weiden(-Pappel)-Auen (Weichholzaue) einschl. Pappelforste, besonders entlang der Flüsse (Rhein), periodisch längere Zeit überflutet.

A 1.2 Eichen-Ulmen-Auenwälder (Hartholzaue), an höher gelegenen Stellen als A 1.1, periodisch, doch nur wenige Tage im Jahr überflutet (Rhein).

A 1.3 Erlen-Eschen-Auenwälder, gern entlang von Bächen und kleineren Flüssen, einschl. der Grauerlenwälder, die besonders in östlichen, hoch gelegenen Gebieten auftreten (Wutachschlucht), meist periodisch kurz überflutet, und Erlenbrücher in feuchten bis nassen, oft abflußlosen Mulden.

A 1.4 Birkenbrücher (mit Moorbirke) in feuchten, abflußlosen Mulden, oft an Moorrändern.

A 2.0 Laubholzreiche Wälder frischer bis trockener, nicht überschwemmter Standorte

A 2.1 Eichen-Hainbuchenwälder, besonders in tieferen Lagen, auf frischen, meist kalkarmen Sand- und Lehmböden (Oberrhein) und auf trockenen, oft kalkreichen Lehmböden mit Elsbeere (Neckar-Tauber-Gebiet).

A 2.2 Buchenwälder kalkreicher Standorte (Schwäbische Alb, Bodenseegebiet, auch Kraichgau), krautreich, und Buchenwälder kalkarmer Standorte (warme Südhänge des Schwarzwaldes), krautarm. Vgl. auch A 3.2.

A 2.3 Eichen(-reiche) Wälder, meist mit Buche, meist auf kalkarmen, trockenen Standorten (Flugsand der nördlichen Oberrheinebene, Südhänge von Schwarzwald und Stromberg). Kolline Stufe, unter 600 m. Vgl. auch A 3.1.

A 2.4 Bergahorn-Buchenwälder (meist mit einzelnen Tannen und Fichten) an steilen Hängen in Hochlagen des Südschwarzwaldes und der Schwäbischen Alb. Meist lichte, hochstaudenreiche Bestände, vor allem zwischen 1000 und 1250 m.

A 3.0 Nadelholzreiche Wälder

A 3.1 Kiefernwälder (meist künstlich begründete Bestände), oft mit A 3.2–3.4 und mit A 2.3, auf Flugsand der nördlichen Oberrheinebene, auf kalkarmem Gestein des Schwarzwaldes und des Odenwaldes sowie auf Kalk (Aufforstungen von Schafweiden usw.) im Taubergebiet und der Schwäbischen Alb, einschl. Bestände der Schwarzkiefer (nicht einheimisch!).

A 3.2 Buchen-Tannenwälder, natürliche Waldgesellschaft des Schwarzwaldes, der Schwäbischen Alb und Teilen des Schwäbisch-Fränkischen Waldes, von 400–1000 m (–1200 m). Vgl. auch A 2.2.

A 3.3 Tannen-Fichtenwälder und reine Fichtenwälder, in den Hochlagen des Schwarzwaldes (besonders Ostseite) als natürliche Waldgesellschaft (oberhalb 900 m).

A 3.4 Fichtenforste, künstlich begründete Fichtenwälder außerhalb natürlicher Fichtenvorkommen (Schwarzwald unterhalb 700–1000 m, Odenwald, Schwäbische Alb und Oberschwaben). Grenze zu A 3.3 oft fließend.

A 3.5 Moorkiefernwälder am Rande von Mooren (Schwarzwald, Oberschwaben).

B Gebüschgesellschaften

B 1.1 Weidengesellschaften an feuchten Stellen entlang der Bäche und Flüsse sowie in feuchten Wiesen. Vgl. auch A 1.1.

B 1.2 Schlehenbusch (mit Liguster, Hartriegel, Weißdorn usw.), vor allem auf kalkreichen Stellen, auch in der Ebene.

B 1.3 Haselgebüsch, vor allem in höheren Lagen (Schwarzwald, Baar, Schwäbische Alb).

B 1.4 Flaumeichenbusch (und Flaumeichenwälder, oft nur als Buschwald, vor allem Kaiserstuhl, Isteiner Klotz).

Übersicht der wichtigsten Vegetationstypen in Baden-Württemberg

C Staudengesellschaften

Hochwüchsige Gesellschaften, die kaum genutzt werden (gegen Mahd empfindlich), sich oft an Gebüsche anlehnend.

C 1.1 Schlagfluren (auf Kahlschlägen), mit Rotem Fingerhut, schmalblättrigem Weidenröschen, Himbeere, Fuchs-Kreuzkraut.

C 1.2 Hochstaudenfluren an der Waldgrenze (Südschwarzwald, an Sekundärstandorten auch Schwäbische Alb und Nordschwarzwald), mit Alpendost, Alpenmilchlattich, Eisenhut. Ursprünglich oberhalb 1250 m, subalpine Stufe.

C 1.3 Steppenheide (hochwüchsige Gesellschaft), auf trockenen, kalkreichen Böden, zwischen Buschgesellschaften und der Felsheide vermittelnd.

C 1.4 Staudenfluren an feuchten Ruderalstellen und Waldrändern, oft mit Brennessel, Goldrute, Indischem Springkraut, Knoblauchsrauke, Knolligem Kälberkropf.

C 1.5 Mädesüßfluren auf feuchten Wiesen, die nicht regelmäßig gemäht werden.

C 1.6 Röhrichte und Großseggenriede. Hochwüchsige, meist schilfreiche Bestände, periodisch oder dauernd überschwemmt, oft natürliche Verlandungsvegetation bildend.

D Offene, wiesenartige Gesellschaften

D 1.0 Kulturwiesen (Wirtschaftsgrünland)

D 1.1 Mähwiesen (Glatthaferwiese) frischer bis mäßig trockener Standorte, zweimalige Mahd im Jahr, gedüngt. Hier wichtig zu unterscheiden: Höhenlage, Boden (kalkreich-kalkarm, krautreich-krautarm). Oberhalb 600 m Goldhaferwiese.

D 1.2 Feuchtwiesen (Binsenwiese, Kohldistelwiese) feuchter Standorte (episodisch überschwemmt oder quellig durchsickert), zweimalige Mahd im Jahr, gedüngt. Unterscheidung wie bei D 1.1.

D 1.3 Pfeifengraswiesen (Streuwiese) feuchter Standorte (episodisch überschwemmt oder quellig durchsickert), unregelmäßige Mahd (nicht alljährlich), nicht gedüngt.

D 1.4 Fettweiden. Intensiv genutzte Weideflächen (Schwarzwald, Schwäbische Alb, Oberschwaben, selten in der Rheinebene).

D 1.5 Streuobstwiesen (Wiesen mit einzelnen Obstbäumen).

D 1.6 Magerrasen (Weidfelder) auf kalkarmen Standorten des Schwarzwaldes, beweidet, nicht gedüngt, vor allem in der montanen Stufe. Borstgrasrasen, Flügelginsterweide, Besenginsterheide, in den Hochlagen als Heidelbeer-Heidekrautheide.

D 1.7 Magerrasen auf kalkreichen Standorten, meist einschürig gemäht, selten beweidet. Trespen-Halbtrockenrasen (Mesobrometum), oft in D 1.1 übergehend. Kaiserstuhl, Rheinebene (besonders an Dämmen).

D 1.8 Flachmoorwiesen. Niedrige, seggenreiche Gesellschaften feuchter bis nasser, oft quelliger Standorte, sehr extensiv genutzt. Oft mit D 1.2 zusammen.

D 2.0 Rasen an von Natur aus waldfreien Stellen

D 2.1 Trockenrasen und Felsfluren kalkreicher Standorte (Xerobrometum), z.B. Kaiserstuhl, oft mit D 1.7. An steilen Kalkhängen des Neckar-, Donau- und Taubergebietes entsprechend Blaugrasfluren (mit *Sesleria*).

D 2.2 Felsfluren kalkarmer Standorte des Schwarzwaldes (selten, meist sehr artenarm).

D 2.3 Sandfluren auf Flugsanden der nördlichen Oberrheinebene (mit Silbergras, Blaugrauer Kammschmiele usw.).

E Hochmoorflächen, von Natur aus baumfrei, nährstoff- und artenarm

F Brachen (aufgelassenes Kulturgelände)

G Kulturland (Äcker, Gärten, Weinberge)

duen prozentual zur Gesamtindividuenzahl als Balken aufgetragen. Beträgt die Individuenzahl mehr als 10% der Gesamtindividuenzahl, wird der Balken beim Wert von 10% unterbrochen (siehe Pfeil). Somit sind alle Phänogramme gleich skaliert und erlauben einen direkten Vergleich. Näheres dazu siehe Band 1, Kap. 2.2 und Kap. 4.3.6.

1.4 Ökologie

Der Beschreibung des Lebensraumes liegt die Übersicht der wichtigsten Vegetationstypen in Baden-Württemberg zugrunde (vgl. Abb. Seite 20/21). Außerdem werden die standörtlichen und nahrungsbiologischen Ansprüche der einzelnen Arten in unserem Faunengebiet in einer kombinierten Tabelle, optisch gut ablesbar, zum Ausdruck gebracht (siehe unter Kap. 4.3 – Gliederung Lebensraum). Nähere Erläuterungen hierzu und zur Habitatbeschreibung finden sich in Band 1, Kap. 2.3. Um Mißverständnissen vorzubeugen ist noch darauf hinzuweisen, daß zur »mittleren Schicht«, die in der Regel aus Sträuchern und Gebüschen besteht, auch Bäume gehören, nämlich dann, wenn niedere oder tief hängende Äste oder Jungbäume (bis etwa 3 m Höhe) genutzt werden.

Im Gegensatz zu den Tagfaltern werden bei der Bearbeitung der Nachtfalterarten die Kapitel »Larvalhabitat« und »Imaginalhabitat« in der Regel gemeinsam behandelt. Dies betrifft vor allem Arten, die als Falter keine Nahrung aufnehmen und flugträge Weibchen haben. Diese Arten müssen das Larvalhabitat weder zur Geschlechterfindung noch zur Nahrungsaufnahme oder Eiablage verlassen, so daß sich ein vom Larvalhabitat getrenntes Imaginalhabitat nicht feststellen läßt. Zu beachten ist, daß sich Tiere durch Anlockung mittels künstlicher Lichtquellen, Sexuallockstoffen oder Ködersubstanzen auch außerhalb ihrer natürlichen Habitate nachweisen lassen.

Im Kapitel »Nahrung der Raupe« werden auch bei den Nachtfaltern nur diejenigen Pflanzenarten (nach Oberdorfer 1983) aufgeführt, die in Baden-Württemberg tatsächlich als Nahrungs- oder Wirtspflanzen festgestellt worden sind, und dabei auf die Mitarbeiter verwiesen, die solche Beobachtungen gemeldet haben (Schlüssel zu den Abkürzungen siehe unter Liste der Mitarbeiter). Im Gegensatz zur Behandlung der Meldungen bei den Tagfaltern, wo bei mehr als fünf Namen nur noch der Autor namentlich in Erscheinung trat (z.B. Ren u. div.), werden grundsätzlich alle Mitarbeiter genannt, denen wir solche Meldungen zu verdanken haben.

Die Bedeutung der Wertungszahlen unter der jeweils dafür in Frage kommenden Pflanzenart werden hier, der schnelleren Übersicht wegen, nochmals aufgeführt (siehe auch Band Band 1, Kap. 2.4.1):

Keine Zahl (= 1): Die Pflanze wurde in Baden-Württemberg bisher erst ein- bis zweimal als Raupennahrung bzw. Eiablagepflanze der entsprechenden Falterart beobachtet.

2: Beobachtet wurden mehrfache Eiablage eines Falters bzw. mehrere Raupen, die vermutlich von einem einzigen Weibchen abstammen.

3: Notiert wurden mehrere (mindestens 3 in einem Hauptnaturraum, oder mindestens je eine in zwei verschiedenen Hauptnaturräumen) Eiablage- und/oder Raupenfund-Beobachtungen.

4: Zahlreiche Beobachtungen; die Pflanze hat für die Falterart lokal überragende oder in mehreren Naturräumen größere Bedeutung.

5: Zahlreiche Beobachtungen aus mindestens drei Hauptnaturräumen; der Pflanze kommt in großen Teilen des Gebiets eine überragende Bedeutung zu.

Das Kapitel »Nahrung des Falters« entfällt überall dort, wo es sich um Arten mit stark reduzierten oder fehlenden Mundwerkzeugen handelt, die deswegen keine Nahrung aufnehmen können. Dies ist insbesondere bei den sogenannten »echten Spinnern« (Bombycoidea) der Fall.

Im Kapitel »Verhalten« werden alle relevanten Beobachtungen aus Baden-Württemberg zu den verschiedensten Aspekten der Ethologie behandelt, z.B. Geschlechterfindung, Wanderverhalten, Tarn- und Warntrachten, tageszeitliche Aktivitäten, Populationsdynamik etc.. Sofern es nach dem Ermessen des jeweiligen Autors für das Gesamtbild der Art wesentlich erscheint, wird auch auf Beobachtungen oder Literaturangaben aus anderen Regionen Bezug genommen.

Summary and Guide for English readers

The following notes are intended to help non-German readers to obtain the maximum information from the text and figures without being able to understand German.

The general part (Allgemeiner Teil) provides detailed information on the Baden-Württemberg Lepidoptera project and gives, in part 1 (Benutzerhinweise; guide for users), the basic information necessary for understanding and correctly interpreting the systematic part. The following notes are a much condensed version of part 1.

In part 2 (Beobachtungsmethoden bei Nachtfaltern) some chapters deal with specific recording and observing methods: attracting nocturnal Lepidoptera with light-sources (Anlockung durch Licht) or with sugar (Anlockung durch Köder), attraction by pheromones (Anlockung durch Sexuallockstoffe), and observations on natural food sources (Beobachtungen an natürlichen Nahrungsquellen).

Part 3 (Aspekte zur Nahrungskonkurrenz unter Nachtfaltern) treats aspects of food competition in nocturnal Lepidoptera and contains chapters on food competitors and niche separation (Nahrungskonkurrenten und Nischentrennung), and the relationship between microclimate, landscape history and species distribution changes (Nachtfalter, Klima und Landschaftsveränderungen).

Part 4 (Ergebnisse; results) includes a check-list of the species treated in volumes 3 and 4, a list of their vernacular names (Deutsche Namen), a table of the species' habitat preferences (Gliederung Lebensraum), a list of the flowers visited by the adults (Blütenbiologie), chapters on habitat, status and species conservation (Biotop- und Artenschutz; Bestandssituation; Artenschutzprogramm), and the new (2nd) version of the Red Data List (Rote Liste, Neue Fassung).

In the systematic part (Spezieller Teil) the text for each species is divided as follows:

Name of species, usually following Leraut (1980) but with some exceptions (see chapter 4.1, check-list).

Deutsche Namen: Vernacular name.

Some important synonyms as used in south-west German faunal works and central European handbooks (in small type).

Gesamtverbreitung: world distribution (in small type).

Subspezifischer Kontext: subspecific context. If necessary, the subspecific relationships within the species are discussed here (in small type).

Verbreitung: distribution in Baden-Württemberg.

Regional: regional. The five main regions of Baden-Württemberg are: Oberrheinebene: Upper Rhine plain; Schwarzwald: Black Forest; Neckar-Tauberland: Neckar-Tauber area; Schwäbische Alb: Swabian Jura; Oberschwaben: Upper Swabia (Pre-alpine plateau). A more detailed division into natural units which may be mentioned in this chapter can be found in fig. 2.

Distribution map: The map shows Baden-Württemberg with its political borders and the main river systems. Areas between 500 and 1000 m are marked in light grey and areas above 1000 m in darker grey. The grid used in the map is the grid of the topographical maps 1:25 000 (0°10′ longitude × 0°6′ latitude). Each distribution dot fills one grid square of such a map and thus equals a space of 5 minutes geographical longitude × 3 minutes geographical latitude. In Baden-Württemberg the average area of a grid square is about 33.5 km² (6.1 × 5.5 km). As the meridian convergence is negligible in an area as small as Baden-Württemberg the maps were drawn with a right-angle grid. A discussion of the theoretical basis and the reasons for preferring the geographical grid to the UTM grid, commonly used for mapping but very disadvantageous in local projects, was given in volume 1, chapter 2.1.5 (in German).

The symbols used in the maps are explained in fig.3. They contain the following information: 1. Date of record, divided into four periods (until 1900, 1901–1950, 1951–1970, since 1971) represented by increasing black filling-in of symbols. 2. Accuracy of locality. Locality records which can be located within a given grid square are considered as »geographically accurate« records. Records from localities situated exactly on the borderline of two grid squares or from inaccurately described localities within the area of two grid squares are depicted as two circles connected by a line. Still more inaccurate localities, comprising 3 to 4, or 5 to 16 grid squares, are depicted as large or very large circles comprising 4 or 16 grid squares respectively. Due to their size the temporal information of these large symbols had to be restricted to two periods (until 1950, since 1951) indicated respectively by a narrow or broad border of the symbols. 3. Reliability of identification. Normally, only the circular symbols are used. Square symbols are additionally employed for species which are difficult or not at all identifiable externally, and require determination by a specialist or a dissection of the genitalia. In these cases the square symbol indicates records of specimens reliably determined (by dissection or checked by a specialist), while the circular symbols represent un-checked records.

The symbols are subject to a hierarchical order: reliability of identification → geographical accuracy → temporal information. In one instance the maps deviate from this order to prevent loss of information: in the case of species which are difficult to identify, geographically inaccurate records, if based on checked or dissected specimens, are included in the maps even if there are records with higher geographical accuracy, but based on unchecked specimens, from the same area.

Vertical: Vertical distribution in Baden-Württemberg.

Diagram of vertical distribution: The distribution is given in 50 m-categories. **The solid lines show the total number of localities** per altitudinal category from which a species was recorded (in each diagram the maximum value is drawn to the full height of the diagram). However, this does not allow recognition of the real altitudinal distribution preferences of a species due to the different amounts of area and localities examined which exist in the various altitudinal categories in Baden-Württemberg. For instance, the area above 900 m is very small compared with the area of lower and middle heights, so that the diagram would often be very misleading, especially in the case of montane-subalpine species. Thus, **the broken lines show the percentage of localities** from which a species was recorded in relation to the total number of localities examined for Lepidoptera per altitudinal category (in each diagram the maximum value is drawn to the full height of the diagram). The treatment of inaccurate vertical records: records giving vertical ranges of less than 150 m (e. g., »350–450 m«) were divided equally between the relevant height-categories. Inaccurate vertical records giving vertical ranges of more than 150 m were not included in the diagrams. A detailed discussion of this problem can be found in volume 1, chapter 4.3.5 (in German).

Phänologie: phenology.

Imagines: imaginal stage. Period of appearance of the adults, voltinism.

Diagram of imaginal phenology: due to the often significant phenological differences which may occur; for instance, between the warm and dry upper Rhine plains and the summit heights of the Black Forest or the Swabian Jura, each of the five main regions of Baden-Württemberg has a separate diagram. If the number of specimens recorded from a region is below fifty, no diagram is given (with a few exceptions). The number of individuals recorded per day is plotted as a percentage of the total individual number (the total number of individuals is given in the upper right-hand corner of each diagram). If the number per day is above 10% of the total individual number (and might thus reduce the rest of the diagram to a disproportionally small size) the column is drawn only up to the 10%-mark and there interrupted.

Präimaginalstadien: preimaginal stages. Records of eggs, larvae and pupae with exact dates are usually much more sparse than those of imagines, so that they are only mentioned in the text; no diagrams are given.

Ökologie: ecology.

Lebensraum: biotopes. The biotopes inhabited by the species are given, sometimes supplemented by information on geology, annual temperatures and precipitation.

Nahrung der Raupe: larval host-plants. The larval host-plants recorded **in the field** in Baden-Württemberg are listed and discussed. The stages found on the plant(s) are abbreviated E = egg, L = larva, P = pupa. The numbers 2–5 represent the significance of the plant for the species in Baden-Württemberg as far as can be decided at our present stage of knowledge: no number (= 1): observed once or twice as larval host-plant or oviposition substrate; 2: several ovipositions by one female or several larvae, probably from eggs laid by one female, were observed; 3: several oviposition or larva records (at least three in one region or at least one in two regions); 4: numerous observations, the plant being locally or in several regions of great importance for the species; 5: many observations from at least three regions, the plant being of supreme importance for the species. The abbreviations in parentheses denote the observer(s) (list of observers see chapter »Liste der Mitarbeiter«).

Plants accepted by larvae in captivity are **not included** in the list (but sometimes mentioned in the text). Doubtful records are discussed in the text. Occasionally host-plant records from outside Baden-Württemberg are referred to in small type. This chapter may also include information on ovipositing behaviour and larval habits. A general discussion of the reliability of host-plant records and the problems of differentiating between true field observations and observations in captivity was given in volume 1, chapter 2.4.1 (in German).

Nahrung des Falters: imago food.

Habitat: habitat. The imaginal and, if known, larval habitats are discussed in phyto-sociological terms.

Verhalten: behaviour. If observations on ethological aspects, such as courtship and mating behaviour, temporal activity, territoriality, migration, defence reactions or population dynamics, exist from Baden-Württemberg, they are discussed under this heading.

Gefährdung und Schutz: threats and conservation. The previous ratings in the Red Data List of Germany and the 1st edition of the Red Data List of Baden-Württemberg are given, followed by the new ratings, arranged by regions, and a rating for the whole country. The chapter ends with a discussion of conservation and protection measures.

0 Ausgestorben oder verschollen: extinct or presumed extinct.
1 Vom Aussterben bedroht: threatened with extinction.
2 Stark gefährdet: severely endangered.
3 Gefährdet: endangered.
Nicht gefährdet: not endangered.
V Art der Vorwarnliste: potentially endangered species. Not considered as endangered at present but will soon have to be ranked in categories 3 to 1 if adverse factors continue. This corresponds roughly with the category V = vulnerable of British authors (Heath 1981).
R Art mit geographischer Restriktion: species which is (in Baden-Württemberg!) geographically restricted, e. g., with a single or only a few populations in a limited area. Note that this does **not** correspond with the category R = rare of British authors (Heath 1981).
U Art mit ungeklärter Gefährdung: species with indeterminate status. Species for which insufficient information is currently available. This corresponds with the category I = indeterminate of British authors (Heath 1981).

Sommaire et Guide en français

L'ensemble des remarques qui suivent, devraient permettre au lecteur francophone de saisir le maximum des informations principales contenues dans le texte et les figures.

Le chapitre 1 constitue la partie générale (Allgemeiner Teil) où le lecteur trouvera des informations détaillées sur le projet »les Papillons du Baden-Württemberg« et les conseils d'utilisation (Benutzerhinweise) qui permettront une bonne compréhension de la partie systématique. L'essentiel des bases nécessaires est détaillée plus loin.

Le chapitre 2 (Beobachtungsmethoden bei Nachtfaltern) présente les différentes méthodes d'observation des Papillons nocturnes : attraction à l'aide de pièges lumineux de Lépidoptères actifs la nuit (Anlockung durch Licht), avec des miellées (Anlockung durch Köder), avec des phéromones (Anlockung durch Sexuallockstoffe) ou observation directe des Hétérocères qui butinent sur leur source naturelle de nourriture (Beobachtungen an natürlichen Nahrungsquellen).

Le chapitre 3 traite des aspects de la concurrence trophique entre les Lépidoptères nocturnes, de leurs rapports avec les autres espèces, de leurs niches écologiques (Nahrungskonkurrenten und Nischentrennung) ainsi que leurs relations avec le microclimat, les changements du milieu et l'évolution quantitative des espèces. (Nachtfalter, Klima und Landschafsveränderung).

Le chapitre 4 (Ergebnisse) comporte une liste des espèces par ailleurs exposée dans les tomes 3 et 4 (*Check-list*), une liste des noms vernaculaires allemands (deutsche Namen), un tableau des habitats préférentiels (Gliederung Lebensraum), une liste des fleurs visitées par les imagos (Blütenbiologie), un plan de situation de la protection des espèces et des habitats (Biotop- und Artenschutz; Bestandssituation; Artenschutzprogramm) ainsi qu'une nouvelle et deuxième version de la liste rouge des espèces menacées (Rote Liste, Neue Fassung).

Dans la partie systématique (Spezieller Teil), le texte est conçu de la manière suivante:

- les noms des espèces sont établis d'après »Leraut« (1980) avec toutefois quelques exceptions (se reporter au chapitre 4.1: liste des espèces);
- les noms vernaculaires allemands sont généralement indiqués;
- les synonymies importantes, que l'on trouve dans des guides d'Europe centrale englobant aussi des espèces du sud-ouest de l'Allemagne, sont signalées en petits caractères mais il ne s'agit pas là d'une liste complète des synonymes.

Explication des mots-clés et des figures principales

Gesamtverbreitung: distribution générale (donnée en petit caractères).

Subspezifischer Kontext: contexte subspécifique. Si nécessaire, la validité des sous-espèces problématiques est discutée (en petit caractères).

Verbreitung: répartition dans le »Baden-Württemberg«.

Regional: Les cinq grandes régions de la province du »Baden-Württemberg« sont:

- *»l'Oberrheinebene«*,
- *»le Schwarzwald«* (Forêt Noire),
- *»le Neckar-Tauberland«*,
- *»le Schwäbische Alb«*,
- *»l'Oberschwaben«* (Préalpes).

Une répartition détaillée de la localisation des habitats exposés dans cette partie se retrouve dans la figure 2.

Verbreitungskarte: les cartes de répartition montrent le »Baden-Württemberg« avec ses frontières politiques et les principaux cours d'eau. Les régions situées entre 500 et 1000 m d›altitude sont signalées en gris clair, celles supérieures à 1000 m, en gris foncé. La trame utilisée est celle de la carte topographique au 1/25000 (0°10′ de longitude sur 0°6' de latitude). Chaque point de répartition occupe un quart de la surface d›un »quadrillage«, soit 5′ de longitude sur 3′ de latitude. La surface délimitée ainsi par la trame est, pour la province, environ 33,5 km² (6,1 × 5,5 km).

La convergence des méridiens négligeable sur un territoire aussi restreint, n'a pas été prise en compte. La trame géographique a été préférée au quadrillage UTM. Les raisons de ce choix plus adapté à la dimension réduite du Baden-Württemberg sont indiquées dans le tome 1, chapitre 2.1.5 (en allemand).

La figure 3 donne l'explication des symboles utilisés sur les cartes de répartition.

Les données contrôlées sont signalées par un carré, les données normales par un cercle et les données fragiles sont marquées d'un point d'interrogation.

Sur la figure, on trouvera successivement de haut en bas:
- les données correspondant à un carré après 1970, entre 1951 & 1970, entre 1901 & 1950, avant 1900;
- les données sur deux carrés ou sur leur côté commun, avec les quatre mêmes intervalles que précédemment;
- les données imprécises occupant quatre carrés, après, puis avant 1950;
- les données très vagues d'espèces sur une superficie correspondant à 16 carrés, après et avant 1950.

Vertikal: Répartition altitudinale en Baden-Württemberg.

Celle-ci est représentée par un diagramme d'altitude divisé en intervalles de 50m.

Les lignes continues montrent le nombre de localités pour une espèce et une altitude données (dans chaque diagramme, le maximum correspond à la valeur intrinsèque la plus élevée).

Dans le Baden-Württemberg, les valeurs optimales ne sont pas toujours connues avec précision par suite de la variation des altitudes et des surfaces rapportées au nombre de localités prospectées. Par exemple, la grandeur des surfaces au dessus de 900 m est nettement inférieure à celle des surfaces d'altitudes moyennes et basses. Ce qui fait que les diagrammes concernant les espèces montagnardes ou subalpines peuvent être mal interprêtés. C'est pourquoi, on a ajouté des lignes interrompues montrant pour une altitude et une espèce données, le pourcentage des localités concernées par rapport à l'ensemble des localités connues. Les différentes données d'altitudes avec un intervalle inférieur à 150 m (par ex. 350–450 m) apparaissent au même niveau sur les graduations concernées. Les données d'altitudes avec des différences supérieures à 150 m n'ont pas été considérées. Une discussion détaillée sur ce problème se trouve dans le volume 1, chapitre 4.3.5 (en allemand).

Phänologie: phénologie.

Imagines: stade imaginal, période de vol, nombre de générations.

Diagramme des emergences: du fait des fortes différences phénologiques, par exemple, entre les chaudes plaines de la région du »Oberrheinebe« (»Rhin supérieur«) et des sommets de la »Forêt Noire«, 5 diagrammes correspondant au 5 grandes régions ont été utilisés pour chaque espèce. Toutefois, sauf pour quelques exceptions, les espèces observées moins de 50 fois dans une région n'ont pas de diagramme car la marge d'erreur est trop grande.

Le nombre d'individus observés journellement est inscrit en pourcentage par rapport au nombre total de spécimens (le nombre total d'individus est indiqué dans le coin supérieur droit du diagramme).

Dans le cas d'observation journalière d'individus supérieurs à 10%, un seuil a été fixé arbitrairement à cette valeur pour éviter une trop grande déformation du diagramme.

Präimaginalstadien: cycle de développement. Les observations, par ailleurs indiquées dans le texte, concernant les oeufs, les chenilles et les nymphes, ne sont pas assez nombreuses pour établir des diagrammes.

Ökologie: écologie.

Lebensraum: biotope. Les biotopes occupés par chaque espèce sont discutés avec parfois des informations sur la géologie, les précipitations et les températures moyennes.

Nahrung der Raupe: nourriture des chenilles. Les observations, effectuées dans le »Baden-Württemberg«, en pleine nature ont permis d'établir une liste des plantes nourricières qui est discutée.

Les différents stades sont abrégés comme suit:
- oeuf = E,
- chenille = L,
- nymphe = P.

Des indices repérés de 2 à 5 établissent d'après nos connaissances actuelles, l'importance présumée de chaque plante nourricière pour une espèce considérée.
- Pas de numéro (ce qui devrait normalement correspondre à l'indice 1) = une ou deux observations de chenilles ou de pontes sur une même plante.
- Indice 2 = observation sur une espèce de plante de plusieurs pontes ou de chenilles issues vraisemblablement d'une seule femelle.

- Indice 3 = plusieurs observations de pontes et / ou de chenilles (au minimum 3 pour une région ou 1 dans deux régions différentes).
- Indice 4 = nombreuses observations sur une plante très localisée ou ayant une grande importance pour une espèce considérée dans plusieurs régions.
- Indice 5 = beaucoup d'observations dans au moins trois régions sur une plante très importante pour l'espèce.

Les abréviations entre parenthèses désignent les noms des observateurs (une liste des observateurs avec leurs abréviations se trouve dans le chapitre »Liste der Mitarbeiter« = liste des collaborateurs).

Les végétaux parfois utilisés dans les élevages sont signalés dans le texte mais ne figurent pas dans le répertoire des plantes-hôtes.

Les observations douteuses sont discutées. Les observations extérieures à la province sont signalées en petits caractéres.

Ce chapitre comporte, en outre, des informations sur la disposition des oeufs (oviposition) et des habitats des larves.

Une discussion générale sur l'objectivité des données à propos des plantes nourricières est traitée dans le tome 1, chapitre 2.4.1 (en allemand). Il n'est pas toujours facile d'établir l'authenticité des observations dans la nature et de tenir compte des erreurs consécutives aux élevages en laboratoires.

Nahrung des Falters: nourriture des papillons.

Habitat: habitat. Les habitats des adultes et des larves sont discutés et critiqués en rapport avec les associations végétales.

Verhalten: comportement. Des observations concernant l'éthologie sont discutées dans cette partie : attraction entre les deux sexes, pariades, heures d'activité, comportement territorial, migration, moyen de défense, dynamique des populations.

Gefährdung und Schutz: cette partie présente l'état des espèces menacées et des mesures de protection.

L'ancienne »liste rouge« d'Allemagne et la première version de la »liste rouge des papillons du Baden-Württemberg« sont rappelées. Suit une nouvelle classification avec une liste pour chaque région. Ce chapitre se termine par un commentaire sur les mesures de protection et leur gestion.

Différents symboles indiquent le degré de danger pour les différentes espèces :

0 Ausgestorben oder verschollen: espèces éteintes ou disparues.
1 Vom Aussterben bedroht: espèces en danger de disparition.
2 Stark gefährdet: espèces très menacées.
3 Gefährdet: espèces menacées
Nicht gefährdet: espèces non menacées.
V Art der Vorwarnliste: espèces potentiellement menacées. Actuellement, celles-ci ne semblent pas en danger immédiat mais on remarque une régression des populations ou des habitats qui pourraient les menacer dans le futur. Cette catégorie correspond au V (= vulnérable) des auteurs anglais (Heath 1981).
R Art mit geographischer Restriktion: espèces avec une distribution géographique restreinte dans le »Baden-Württemberg«. C'est à dire qui est en limite d'aire dans cette province où elle n'est représentée que par une ou très peu de populations. A ne pas confondre avec la catégorie R (= rare) des auteurs anglais (Heath 1981).

2 Beobachtungsmethoden bei Nachtfaltern

Von Axel Steiner und Ingo Nikusch

Zwischen den tagaktiven und nachtaktiven Schmetterlingsfamilien bestehen grundsätzliche Unterschiede im Kenntnis- und Bearbeitungsstand. Bei tagaktiven Arten können Nahrungsaufnahme, Geschlechterfindung, Balz, Paarung, Eiablage, Revier- und Wanderverhalten und vieles mehr direkt beobachtet werden, bei nachtaktiven Arten ist dies nicht möglich. Man kann zwar die Tiere mit Lampen beobachten, doch zeigen sie unter dem Einfluß von Licht häufig unnatürliche Verhaltensweisen. Nachtsichtgeräte sind in Baden-Württemberg zur Nachtfalterbeobachtung bisher noch nicht im Einsatz gewesen.

Die faunistische Erfassung der nachtaktiven Arten geschieht überwiegend durch Licht- und Köderfang, also durch Anlockmethoden, die keine direkten Beweise für die Bodenständigkeit der angeflogenen Tiere am Beobachtungspunkt erbringen können. Bei Tagfaltern kann wenigstens unterschieden werden, ob sich ein Falter stationär verhält oder einen Biotop nur überfliegt, bei Nachtfaltern ist dies kaum möglich. Befindet man sich an einer Stelle mit unterschiedlichen Biotopen bzw. Pflanzengesellschaften, dann kann nicht entschieden werden, in welcher der vorhandenen Nischen sich eine am Licht angeflogene Art entwickelt haben könnte. Aus diesen Gründen wird bei primär ökologisch orientierten Nachtfalter-Untersuchungen oft angestrebt, mit Leuchtanlagen von möglichst geringer Lichtstärke zu arbeiten, um nur die engste Umgebung zu erfassen, wodurch aber leider oft (und gerade bei den »seltenen« Arten) eine für statistische Auswertungsmethoden zu niedrige Individuenzahl zur Beobachtung kommt. Eine andere Methode ist, die Lichtfangstandorte in die Mitte großräumig einheitlicher Biotope (Monotope) zu setzen. Hier besteht das Problem darin, daß es in Mitteleuropa kaum großflächige Monotope gibt; außerdem sind gerade Stellen mit hoher botanischer Diversität entomologisch meist interessanter.

Die Anzahl der Mitarbeiter, die regelmäßig Nachtfalter beobachten, ist wesentlich kleiner als die der Tagfalterbeobachter. Die Gründe dafür sind vielfältig: erstens sind die Tagfalter verglichen mit den nachtaktiven Familien eine sehr kleine Gruppe, in die man sich entsprechend leicht und schnell einarbeiten kann; zweitens enthalten sie nicht so viele habituell schwer oder gar nicht bestimmbare Arten; drittens ist die Beobachtung von Tagfaltern viel problemloser: die Nachtstunden der Freilandarbeit zu widmen, ist nicht jedem möglich; und viertens erfordert der Nachtfang auch einen gewissen technischen und finanziellen Aufwand.

Daraus ergibt sich der sehr uneinheitliche Bearbeitungsgrad der verschiedenen Gruppen: die meisten Tagfalter sind (wenigstens als Imago) verhältnismäßig gut bekannt, und das gilt auch für eine andere tagaktive Gruppe von überschaubarer Größe, die Zygaenidae. Bei den Nachtfaltern besteht dagegen ein deutliches Defizit in unseren Kenntnissen, und zwar umso stärker, je größer die betreffende Gruppe ist und je unscheinbarer ihre Vertreter gefärbt sind. Große und »bunte« Tiere wie die Sphingidae, die Saturniidae und die größeren Arctiidae sowie Arten mit auffälligen Raupen werden auch von Laien und von Amateur-Entomologen beachtet. Häufige land- und forstwirtschaftliche Schädlinge, die zu Gradationen neigen, sind ebenfalls noch recht gut bekannt. Dagegen können die meisten Noctuidae und Geometridae sowie einige kleinere Gruppen mit unscheinbaren Arten oder unauffälliger Lebensweise nur von kompetenten Entomologen bearbeitet werden. Noch weniger Spezialisten gibt es für die sogenannten »Kleinschmetterlinge«, zum Teil umfangreiche Familien, die oft aus kleinen bis winzigen Arten bestehen.

2.1 Anlockung durch Licht

Von Axel Steiner

Die Tatsache, daß nachtaktive Insekten Lichtquellen, zum Beispiel offene Feuer, anfliegen, war wohl allen Naturvölkern gut bekannt. Erste schriftliche Quellen über dieses Verhalten stammen aus dem griechischen und römischen Altertum (Bodenheimer 1928–1929, Morge 1973). In der Entomologie macht man sich heute dieses Verhalten zunutze und lockt Nachtfalter mit speziellen Lampen an.

Die für Nachtinsekten attraktivsten Spektralbereiche liegen bei Wellenlängen von 350 nm bis 550 nm (Cleve 1954, 1964, 1966, 1967, Dufay 1964, 1965, Hartstack 1979, Mikkola 1972). Die spektrale Empfindlichkeit variiert von Art zu Art; häufig finden sich Maxima um 440–480 nm und um 500–540 nm (EGUCHI, WATANABE, HARIYAMA & YAMAMOTO 1982), also vor allem im blauen und ultravioletten Spektralbereich, der für den Menschen schon teilweise unsichtbar ist. Somit sind besonders Lampen mit hohem UV-Anteil für Lichtfangzwecke geeignet.

Während die Anlockung von Nachtfaltern durch Lichtquellen sowohl in der ökologischen und faunistischen Entomologie wie auch in der Schädlingsbekämpfung schon seit langem praktisch eingesetzt wird, sind die physiologischen Hintergründe dieses Verhaltens bis heute noch nicht restlos befriedigend geklärt. Unter den verschiedenen Theorien, die es zu dieser Frage gibt, gelten die folgenden heute als die wahrscheinlichsten:

Die Theorie der Mondorientierung nimmt an, daß wandernde Nachtfalter einen individuenspezifisch konstanten Winkel zum Mond bzw. in mondlosen Nächten zu den Sternen einhalten, wobei allerdings noch unklar ist, durch welche Faktoren dieser Winkel im Einzelnen bestimmt wird. Da Himmelskörper für einen Organismus auf der Erde praktisch unendlich weit entfernt sind, ergibt sich daraus bei kurzen Flügen ein Geradeausflug, bei längeren Flügen eine Kurve, weil der Mond im Lauf der Nacht wandert. Wenn nun ein Falter in den Einzugsbereich einer künstlichen Lichtquelle auf der Erde gerät und sie als Navigationshilfe anpeilt, dann führt das Einhalten eines konstanten Winkels zu dieser Lichtquelle dazu, daß er sich in immer enger werdenden Spiralen an sie annähert. Diese Theorie würde sowohl das bekannte Umkreisen von Lampen als auch die erhöhte Anlockungswirkung von Lichtquellen in mondlosen Nächten erklären (BAKER & SADOVY 1978, SOTTHIBANDHU & BAKER 1979).

Das Verhalten der Tiere speziell im Nahbereich von Lichtquellen versucht die sogenannte March-Band-Hypothese (HSIAO 1972) zu erklären. Nachdem sich die Tiere – aus unbestimmten Gründen – dem Licht genähert haben, verhalten sie sich photophob und versuchen, wie bei Tageslicht, aus dem Helligkeitsbereich zu entfliehen. Das Superpositionsauge der Nachtfalter ermöglicht im Gegensatz zum Appositionsauge der Tagfalter eine laterale Inhibition zwischen benachbarten Ommatidien des Komplexauges, eine Einrichtung, die in der Dunkelheit normalerweise dazu dient, visuelle Reize zu verstärken. In der Nähe einer starken Lichtquelle entsteht durch postsynaptische Hyperpolarisation der Effekt, daß den Tieren – vereinfacht ausgedrückt – durch den Kontrast zur Lichtquelle der Bereich unmittelbar um die Lampe am dunkelsten erscheint (March-Band-Effekt). Deshalb fliegen sie diesen Randbereich an, und so kommt es zu dem kreisenden Umfliegen der Lampen.

Daß diese Theorien bei weitem noch nicht alle Fragen beantworten können, ist unbestritten. So gibt es beispielsweise Indizien dafür, daß bei Neumond oder bei bedecktem Himmel, wenn weder Mond noch Sterne sichtbar sind, das Erdmagnetfeld als Orientierungshilfe dient bzw. daß die Falter ihren Mondkompaß mit Hilfe des geomagnetischen Felds kalibrieren, um die Veränderungen im Mondazimut auszugleichen (BAKER & MATHER 1982, BAKER 1987).

Drei Gruppen von Variablen bestimmen die Quantität des Anflugs von Insekten an Lichtquellen: 1. abiotische Faktoren (Wetter und Mond), 2. Standortfaktoren (Geländebeschaffenheit, Mikroklima und Vegetation), 3. methodische Faktoren (Art und Typ der Lampe und Leuchtstelle/Lichtfalle). Die abiotischen Faktoren, die die Effektivität des Lichtfangs beeinflussen, sind:

Temperatur. Die Lufttemperatur (Minimal- und Durchschnittswerte pro Nacht) scheint der wichtigste Faktor für die Nachtfalteraktivität zu sein. Je höher die Temperatur ist, umso mehr Falter sind aktiv. Rasche Abkühlung führt eher zu Inaktivität als langsame Abkühlung. Dabei sind boreale oder alpine Arten an niedrigere Durchschnittstemperaturen adaptiert und fliegen noch bei Temperaturen, bei denen manche xerothermophilen sowie tropische und subtropische Arten inaktiv sind (BLOMBERG, ITÄMIES & KUUSELA 1978, DANIEL 1952, DENT & PAWAR 1988, DUFAY 1964, 1965, HANNA & ATRIES 1969a, HANNA & HAMAD 1975c, HOSNY 1959, KURTZE 1974, MCGEACHIE 1989, MORTON, TUART & WARDHAUGH 1981, PERSSON 1971, 1976, PULLIAINEN 1965, TAYLOR 1963, WILLIAMS 1940). In einem Ortsrandbiotop in Nordwest-England fand HARLING (1968), daß im Spätsommer unterhalb ca. 4,5°C fast kein Anflug mehr stattfand, daß sich die Anflugzahlen im Temperaturbereich zwischen 10,5°C und 16,5°C in Abständen von 1,5°C jeweils verdoppelten, und daß oberhalb von 16,5°C keine Steigerung des Anflugs mehr registriert wurde.

Mond und Sterne. Die Lunarperiodizität, die eine deutliche Wirkung auf den Lichtanflug hat, ist wie kein anderer Faktor Gegenstand zahlreicher Studien gewesen (BOWDEN 1973, 1981, 1982, 1984, BOWDEN & CHURCH 1973, BOWDEN & MORRIS 1975, DENT & PAWAR 1988, DOUTHWAITE 1978, DUFAY 1964, 1965, HANNA & ATRIES 1969b, HANNA & HAMAD 1975a, HARTSTACK, HOLLINGS-

WORTH, RIDGWAY & COPPEDGE 1973, HOSNY 1959, KURTZE 1974, MCGEACHIE 1989, MORTON, TUART & WARDHAUGH 1981, NAG & NATH 1991, NEMEC 1971, NOWINSZKY, SZABÓ, TÓTH, EKK & KISS 1979, PERSSON 1971, 1976, TAYLOR 1986, VAISHAMPAYAN & VERMA 1982, WILLIAMS 1936, WILLIAMS, SINGH & EL-ZIADY 1956, WILLIAMS & SINGH 1951). Schon den alten Sammlern war bekannt, daß der Lichtanflug um Vollmond nachläßt und um Neumond ein Maximum erreicht (KOCH 1958). Das Anflugverhältnis Neumond:Vollmond gab WILLIAMS (1940) nach vierjährigen Untersuchungen in England mit 2,67:1 an, und NOWINSZKY, SZABÓ, TÓTH, EKK & KISS (1979) kamen bei der Auswertung der Daten des ungarischen Lichtfallennetzes aus vierzehn Jahren auf den fast identischen Wert 2,59:1. Früher wurde öfters die Möglichkeit in Betracht gezogen, daß bei Mondlicht die Aktivität der Tiere nachlasse (HOSNY 1955, PERSSON 1971, WILLIAMS 1936, WILLIAMS & SINGH 1951). Inzwischen ist längst erwiesen, daß das Gegenteil der Fall ist: die Anlockwirkung künstlicher Lichtquellen ist in Mondnächten geringer als sonst. Bereits 1939 hatte GLICK mit vom Flugzeug aus durchgeführten Netzfängen festgestellt, daß sich die höchsten Fangzahlen in hellen Mondnächten erzielen ließen. BOWDEN & MORRIS (1975) kamen aufgrund von mathematischen Korrekturen der Lichtfallenanflüge zur Berücksichtigung der Variation in der Falleneffektivität zu dem Ergebnis, daß die meisten nachtaktiven Insekten bei Mondlicht wesentlich stärkere Aktivität zeigen als in mondlosen Nächten. Daß diese Hypothese korrekt war, konnte durch den Vergleich von Lichtfallenfängen mit gleichzeitigen anderen Fangmethoden wie Saugfallen (BOWDEN 1981) und Pheromonfallen (DENT & PAWAR 1988) nachgewiesen werden. Selbst für Nachtinsekten ist die Orientierung in völlig dunklen Nächten schwierig; in hellen Nächten ist deshalb die Aktivität allgemein gesteigert, was besonders bei den sonst mehr dämmerungsaktiven Gruppen wie Pyraliden, Tortriciden oder Sphingiden auffällt (KURTZE 1974). Die im Verlauf einer Mondphase zu beobachtende Variation im Lichtanflug hat ihren primären Grund in der je nach Hintergrundhelligkeit wechselnden Effektivität der Lichtquelle. Diese Beziehung wurde mit der Formel

$$\text{Fang} = \text{Konstante} \times \sqrt{\frac{W}{I}}$$

beschrieben, wobei W die Fallenhelligkeit und I die Hintergrundhelligkeit ausdrückt. Bei konstanter Fallenhelligkeit ergibt sich

$$\text{Fang} = \text{Konstante} \times \sqrt{\frac{1}{I}}$$

wobei andere Wetterfaktoren allerdings nicht berücksichtigt werden (BOWDEN & CHURCH 1973, BOWDEN 1981, 1982). Mittlerweile existiert ein mathematisches Modell, das es erlaubt, für die Familien Noctuidae und Geometridae den verringerten Anflug in Mondnächten in Breitengraden zwischen 50°N und 60°N rechnerisch so zu kompensieren, daß Mondnächte und mondlose Nächte quantitativ vergleichbar werden (BOWDEN 1984). Die bei Mond manchmal tatsächlich zu beobachtende niedrigere Aktivität der Tiere kann – vor allem in gemäßigten Breiten – auf zusätzliche negative Witterungseinflüsse zurückgehen, etwa auf die in klaren Strahlungsnächten oft beträchtliche Abkühlung. Von historischem Interesse ist die Tatsache, daß bereits PLINIUS im 1. Jahrhundert n. Chr. mondlose Nächte als für den Lichtfallenfang am geeignetsten beschrieb (STEINER 1991).

Wind. Die Windgeschwindigkeit ist ein Faktor, der den Anflug entscheidend beeinflussen kann (BROWN 1970, DENT & PAWAR 1988, DOUTHWAITE 1978, DUFAY 1964, 1965, HANNA & HAMAD 1975c, HOSNY 1955, 1959, KURTZE 1974, LARSEN 1949, MCGEACHIE 1989, MORTON, TUART & WARDHAUGH 1981, PERSSON 1971, 1976, TUCKER 1983, WILLIAMS 1961). In bezug auf den Wind spiegelt der Lichtanflug die tatsächliche Aktivität der Tiere wieder. Um nicht verdriftet zu werden, stellen Insekten ihre Aktivität ein, sobald sie nicht mehr gerichtet fliegen können. Die Windempfindlichkeit ist dabei von Körpergröße und Flugvermögen abhängig: so stellen Noctuiden ihren Lichtanflug bei Windgeschwindigkeiten von 10,8–13,8 m/s völlig ein, Tipuliden, Limnobiiden und Chironomiden bei 8,0–10,7 m/s, Psychodiden und Trichoceriden bei 6,7–9,4 m/s und Ceratopogoniden und Cecidomyiiden bei 3,4–5,4 m/s (KURTZE 1974). Eine deutliche Reduktion des Anflugs tritt zwischen 3 und 4 m/s (DOUTHWAITE 1978) bzw. ab 4 m/s ein (DENT & PAWAR 1988, DUFAY 1965). Ein Rückgang der Anflugzahlen wurde bei zwei *Heliothis*-Arten in New South Wales bereits ab Windstärken über 1,7 m/s beobachtet (MORTON, TUART & WARDHAUGH 1981). Maximale Anflugzahlen werden aber im allgemeinen nicht bei völliger Windstille, sondern bei leichtem Wind (1–3 m/s) erzielt (DENT & PAWAR 1988, DOUTHWAITE 1978, HOSNY 1955). In Windkanalexperimenten stellte *Hadena bicruris* ihren Blütenbesuch bei Windgeschwindigkeiten zwischen 2,5 und 2,8 m/s ein, *Deilephila elpenor* zwischen 3,0 und 5,0 m/s (BRANTJES 1981).

Niederschlag. Starker Regen kann vor allem kleinere Falter am Fliegen hindern, während leichter Regen (Sprühregen, Nieselregen) keine negative Wirkung hat; meist wirkt er sogar ausgesprochen aktivitätsfördernd (oder als Schlupfauslöser), besonders während oder nach längeren Trockenperioden. Wenn längerer Regen mit Temperaturabfall einhergeht, vermindert sich die Falteraktivität, handelt es sich um warmen Regen, bleiben die Tiere aktiv bzw. nehmen ihre Tätigkeit nach dem Regen wieder auf (Brown, Betts & Rainey 1969, Daniel 1952, Douthwaite 1978, Harling 1968, Hosny 1955, 1959, Koch 1958, Kurtze 1974, Persson 1971, Pulliainen 1965, Tucker 1983, Williams 1940).

Luftfeuchtigkeit und Nebel. Hohe Luftfeuchtigkeit kann – besonders in Trockenperioden – aktivitätsfördernd wirken, sofern sie nicht mit Abkühlung einhergeht. Nebel gepaart mit starker Abkühlung oder Nebel in Kaltluftstauseen in Tälern, Becken und Feuchtbiotopen reduzieren die Nachtfalteraktivität auf nahezu Null. Dagegen haben Nebel ohne starke Abkühlung, treibender Nebel an Hängen oder niedrige Wolkenschichten im Gebirge oft eher günstige Auswirkungen und verstärken anscheinend noch die Lichtwirkung. Starker Taufall ist in der Regel eine Folge von Abkühlung und damit ein Zeichen für nachlassende Falteraktivität (Daniel 1952, Esche 1992, Hosny 1955, 1959, Kurtze 1974 und eigene unveröffentlichte Beobachtungen). Die Wirkung der Luftfeuchtigkeit scheint für einzelne Arten unterschiedlich zu sein und außerdem in Abhängigkeit von der Jahreszeit zu wechseln (Hanna & Atries 1969a, Hanna & Hamad 1975c).

Bewölkung. In den gemäßigten Breiten sind die nächtlichen Temperaturen vor allem von der Bewölkung abhängig: in klaren, wolkenlosen Nächten erfolgt meist eine starke Abkühlung, während sich bei dichterer Bewölkung die Temperaturen besser halten können und die Wirkung des Mondes abgeschwächt wird.

Luftdruck. Dem Luftdruck wird teils kein erkennbarer Einfluß auf den Anflug zugesprochen (Dufay 1964, 1965, Hosny 1955), teils wird fallender Luftdruck als eher günstig, steigender als eher ungünstig bezeichnet (Allan 1947, Haase 1929, Koch 1958, Lederer 1959). In der Praxis fällt immer wieder auf, daß bei fallendem Luftdruck unmittelbar vor Gewittern oder bei in der Nähe vorbeiziehenden Gewittern die Falteraktivität und damit der Anflug oft dramatisch ansteigt (Haase 1929, Hosny 1955, Koch 1958 und eigene unveröffentlichte Beobachtungen). Ob dies aber allein auf den Luftdruck zurückzuführen ist, oder ob – was anzunehmen ist – noch andere atmosphärische Faktoren eine Rolle spielen, bleibt noch zu untersuchen.

Helligkeit. In subarktischen Regionen wirkt sich die natürliche Helligkeit der Sommernächte negativ auf den Lichtanflug aus (Blomberg, Itämies & Kuusela 1978).

In der Regel lassen sich Anflugergebnisse nicht monokausal erklären; alle Wetterfaktoren wirken zusammen und können sich gegenseitig beeinflussen, wobei die meisten Autoren den Parametern Lufttemperatur, Mondlicht und Windstärke die größte Bedeutung zuschreiben. Die Wirkung einzelner Parameter kann zudem jahreszeitlich, tageszeitlich oder regional wechseln (Tucker 1983), auf verschiedene Insektentaxa (von Ordnungen bis hinunter zu Gattungen und Arten) verschieden wirken (Kurtze 1974) und zudem vom physiologischen Zustand der einzelnen Tiere abhängig sein (Baker & Sadovy 1978). Darüber hinaus gibt es Anzeichen dafür, daß Insekten auch einer langfristigen Periodizität unterworfen sein können, die die Anflugergebnisse zusätzlich überlagert (Taylor 1986). Insgesamt zeigt sich, daß die Entomologen des 19. und frühen 20. Jahrhunderts sorgfältig beobachtet haben, denn die etwa von Daniel (1952) oder Koch (1958, 1984) angegebenen für den Lichtfang günstigen und ungünstigen Witterungsverhältnisse entsprechen ganz gut den mit Hilfe von genauer Registrierung und modernen Meßgeräten getroffenen Aussagen.

Auch Standortfaktoren sind beim Lichtfang zu berücksichtigen, besonders dort, wo die Ergebnisse zu standortbezogenen ökologischen Auswertungen herangezogen werden sollen. Durch den Standort wird das Mikroklima und dadurch auch bis zu einem gewissen Grad die lokale Falteraktivität bestimmt. Wer Vergleiche zwischen Standorten wie zum Beispiel feuchter Talgrund (nachts ein »Kaltluftloch«), südexponierter Hang (tagsüber von der Sonne aufgeheizt und noch abends Wärme abstrahlend), Wald (wind- und mondlichtgeschützt) und Offenland (dem Wind, dem Mond und der Abkühlung preisgegeben) anstellen will, muß schon aus standörtlichen Gründen a priori mit unterschiedlicher Falteraktivität und damit unterschiedlichen Anflugzahlen rechnen.

Wald – Offenland. Während der Vegetationsperiode, also bei dichter Belaubung, kommt in Wäldern die Wirkung des Mondes deutlich weniger zum Tragen als unter freiem Himmel (Hosny 1955, 1959). So gab Bowden (1982) für die Periode 1967–1979 in Rothamsted für *Noctua pronuba* ein

Anflugverhältnis Offenlandbiotope:Waldbiotope = 1:3,7 an. Temperaturänderungen, besonders Abkühlungen, machen sich im Wald nicht so schnell bemerkbar wie im Offenland, und im Frühling und Herbst haben Wälder eine wärmespeichernde Wirkung (HOSNY 1959). Der Wind wird je nach Dichte der Vegetation und Entfernung des Standorts vom Waldrand mehr oder weniger stark abgeschwächt.

Windrichtung. Nachtfalter können beim Flug am besten manövrieren, wenn sie gegen den Wind oder mit dem Wind fliegen. Bei der Suche nach Weibchen und nach Nahrung müssen sie sich gegen den Wind nähern, um die Duftquelle genau lokalisieren zu können. Die bei diesen habitatbezogenen Aktivitäten zum Licht abgelenkten Falter fliegen in der Regel gegen den Wind ans Licht (FORSTER 1954), dagegen nutzen migrierende Falter gern günstige Windströmungen und fliegen dann mit dem Wind (BROWN 1970, BROWN, BETTS & RAINEY 1969), oft selbst in großen Höhen, wie Radarbeobachtungen zeigten (ROSE, PAGE, DEWHURST, RILEY, REYNOLDS, PEDGLEY & TUCKER 1985, SCHAEFER 1976, TAYLOR, BROWN & LITTLEWOOD 1979). Soll ein ganz bestimmtes Gebiet von kleiner Ausdehnung untersucht werden, dann sollte die Leuchtanlage bei stärkerem Wind stets auf der Luvseite dieses Gebiets plaziert werden, es sei denn es handelt sich um einen Wald, der den Wind abhalten kann.

Geländestruktur. Liegt der Leuchtstandort an einem Hang, dann ist der Einzugsbereich meist größer als in flachem Gelände oder in einem Tal. Der Hauptanflug an Hängen kommt häufig von unten, also unter Umständen aus ganz anderen Biotoptypen. Unter der Annahme, daß die Anlockentfernung unter günstigen Umständen über 50 m beträgt, können Bäume, Büsche, Gebäude oder Geländestrukturen wie Hügel in der Nähe der Leuchtstelle den ausgeleuchteten Bereich verkleinern. In Mulden, Senken und Tälern sammelt sich nachts häufig abfließende Kaltluft; solche Plätze sind als Lichtfangstandorte ungeeignet, und dies gilt auch für alle anderen Stellen, die schon in der Dämmerung fühlbar kühler sind als ihre Umgebung. Bei der Auswahl des Lichtfangstandorts sollte auf solche kleinräumigen Temperaturunterschiede geachtet werden.

Exposition. Besonders in Hanglagen hat die Himmelsrichtung Einfluß auf das Mikroklima: süd- und südwestexponierte Hänge werden von der Sonne stärker beschienen als nord- und ostexponierte Hänge, was sich auf die jeweiligen abendlichen Temperaturen auswirkt.

Geologischer Untergrund. Die unterschiedlich wärmespeichernden Eigenschaften verschiedener Böden und Gesteinstypen können das abendliche Mikroklima beeinflussen und müssen deshalb eventuell in Betracht gezogen werden.

Höhe über dem Erdboden. Die vertikale Verteilung der einzelnen Familien richtet sich meist nach ihrer Körpergröße und Flugtüchtigkeit: schmächtige Pyraliden und Geometriden fliegen durchschnittlich niedriger als Noctuiden, und Sphingiden fliegen am höchsten, doch gibt es einige Ausnahmen von dieser Regel (HANNA & HAMAD 1975a, 1975b, HANNA, HAMAD & NAZMI 1975, HOSNY & KHATTAB 1969, TAYLOR, BROWN & LITTLEWOOD 1979). In einem englischen Offenlandbiotop ergab sich bei Untersuchungen mit Ansaugfallen, daß Geometriden nicht mehr oberhalb von 5 m Höhe flogen; etwa 90 % wurden unter 4 m gefangen, und zwischen Erdboden und 1–2 m Höhe war die Dichte etwa gleich. Dagegen hatten die Noctuiden einen wesentlich flacheren Dichtegradienten und wurden noch in der maximalen Sammelhöhe von 32 m nachgewiesen (TAYLOR & FRENCH 1974). Innerhalb von Wäldern liegen die Verhältnisse durch den Schutz vor Wind aber anders. Was für ein entscheidender methodischer Faktor die Höhe manchmal sein kann, konnte BYERS (1989) eindrucksvoll nachweisen: in Alberta und Saskatchewan trat die Arctiide *Grammia blakei* als Raupe auf Wiesen schädlich auf und erreichte Populationsdichten von über 50 Individuen pro m^2. Beim Versuch, die (durchaus fluggewandten) Männchen durch Anlockung mit unbefruchteten Weibchen zu erfassen, ergab sich das verblüffende Ergebnis: 10 Fallen 100 cm über dem Erdboden: 0 Männchen; 10 Fallen 10 cm über dem Erdboden: 0 Männchen; 10 Fallen 0 cm über dem Erdboden: 178 Männchen. Die Männchen gehen also offenbar nur zu Fuß auf Weibchensuche, und ähnliche Beobachtungen lassen sich bei manchen Arten auch an Lichtquellen machen.

Konkurrierende Lichtquellen in der Umgebung können den Anflug verringern. Dieser Effekt läßt sich dort nachweisen, wo innerhalb von Ortschaften geleuchtet wird. Sobald die Straßenlaternen in der Umgebung abgeschaltet werden, steigen die Anflugquoten an der Leuchtanlage an, besonders bei Noctuiden (KURTZE 1974). Wer schon mit mehreren Leuchtanlagen in geringer Entfernung voneinander gearbeitet hat, kennt den Effekt, daß bereits eine Entfernung von 20 m bei anscheinend gleicher Umgebung bedeutende qualitative und quantitative Unterschiede im Falteranflug ergeben kann. Erwähnt sei noch, daß sich sowohl Standort- als auch Wetterfaktoren in ausgesprochenen Extrembiotopen wie im alpinen oder im ariden Bereich anders auswirken können als normal. Beispielsweise berichten DANIEL (1952) und FORSTER (1954) aus den Alpen von guten Lichtanflügen bei (sommerlichem) Schneefall.

Schließlich sind die methodischen Faktoren zu berücksichtigen:

Lichtquelle und Lichtstärke. Die vom Spektralbereich her für die Anlockung günstigsten Lichtquellen sind allgemein solche mit hohem UV-Anteil, also Mischlicht-, Schwarzlicht- und Quecksilberdampflampen von 50 W aufwärts, die am Netz oder mit einem Kleinstromaggregat (Generator) betrieben werden müssen, und superaktinische und Schwarzlicht-Leuchtstoffröhren von 8 bis 40 W, die mit Trockenakku bzw. Auto- oder Motorradbatterie betrieben werden können. Zwei superaktinische 20-W-Leuchtstoffröhren ergeben etwa zehnmal so starken Anflug wie eine normale 100-W-Glühbirne (CLEVE 1967); eine 80-W-Quecksilberdampflampe ergibt etwa zweieinhalb- bis dreimal so starken Anflug wie eine 150-W-Glühbirne (BRETHERTON 1954). Wird die Lichtstärke erhöht, dann nimmt der Anflug zwar zu, jedoch nicht proportional sondern in geringerem Maß als die Lichtstärke (CLEVE 1964, LAM & STEWART 1969). Bei großer Lichtstärke (über 100 W) fliegen viele Tiere auch nicht mehr bis nahe zur Lichtquelle, sondern setzen sich schon in einigen Metern Entfernung in die Vegetation. Für ökologische Fragestellungen, bei denen es darauf ankommt, bestimmte Biotope oder Pflanzengesellschaften zu untersuchen, werden meist 8-W- oder 15-W-Röhren eingesetzt, um den Einzugsbereich möglichst klein zu halten. Dafür sind dann allerdings oft die Anflugzahlen für statistische Auswertungen zu niedrig. Über die Wirkung verschiedener Lichtquellen und ihre zum Teil sehr unterschiedliche Attraktivität für die einzelnen Insektenordnungen, ja selbst für nahe verwandte Gattungen und Arten, liegt eine Reihe von vergleichenden Untersuchungen vor (z. B. BLOMBERG, ITÄMIES & KUUSELA 1976, BRETHERTON 1954, CLEVE 1964, 1966, 1967, HAEGER 1959, LAM & STEWART 1969, MIKKOLA 1972, TAYLOR & BROWN 1972, TAYLOR & FRENCH 1974, WILLIAMS 1951, WILLIAMS, FRENCH & HOSNI 1955). Dagegen haben FREUNDT & SCHANOWSKI (1991) vom Standpunkt des Naturschutzes aus untersucht, welche der gängigen Lampentypen aufgrund geringer Anlockwirkung am umweltverträglichsten und daher für die Straßen- und Hausbeleuchtung am empfehlenswertesten sind.

Konstruktionsweise der Leuchtanlage oder Lichtfalle. Frühe Lichtfanganlagen bestanden aus einer Petroleumlaterne, einer Karbid-, Azetylen- oder Quarzlampe, die ein senkrecht aufgespanntes oder am Boden liegendes weißes Tuch oder eine Hauswand bestrahlte.

Einen netten Überblick über derartige Konstruktionen gibt das heute völlig anachronistische Kapitel »Lichtfang« bei KOCH (1958, auch in der neuen Auflage von 1984 unverändert enthalten). Ein vertikal zwischen drei Stangen gespanntes Tuch wird auch heute noch gerne eingesetzt, hat aber den Nachteil, daß man sich nicht an wechselnde Windrichtungen anpassen kann. Günstiger ist deshalb der sogenannte »Leuchtturm«, ein oben geschlossener Gazezylinder, in dessen Inneren die Lampe angebracht ist, so daß das Licht nach allen Seiten strahlen und der Anflug aus allen Richtungen erfolgen kann. Beim Lichtfang mit persönlicher Anwesenheit (»manueller Lichtfang«) ist es (bei nicht zu starkem Anflug oder zu zweit) möglich, nahezu alle anfliegenden Falter zu fangen bzw. zu registrieren und auch noch die Umgebung der Leuchtstelle nach sitzenden Faltern abzusuchen. Werden die registrierten Tiere in einen Behälter gesperrt, dann kann man die absoluten Quantitäten

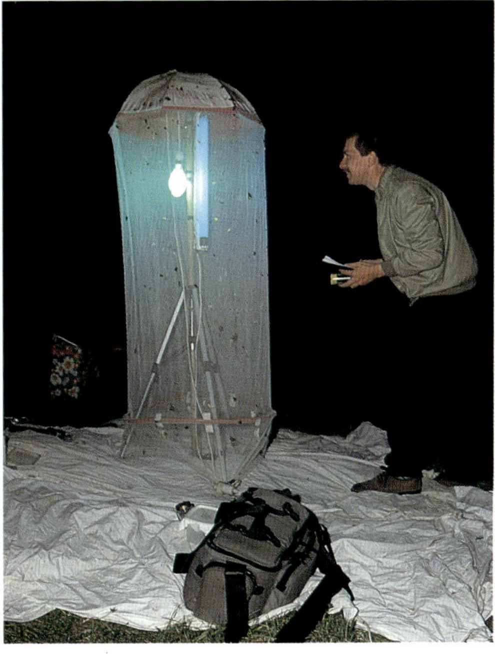

Leuchtanlage mit einer 125-W-Quecksilberdampflampe und zwei superaktinischen 40-W-Röhren, die von einem Gazezylinder umgeben sind (ein sogenannter »Leuchtturm«). Die Falter können so aus allen Richtungen anfliegen, lassen sich an der Gaze oder auf den auf dem Boden ausgelegten Tüchern nieder und können determiniert und gezählt werden. – Schelingen 17. 8. 92 H. LUSSI.

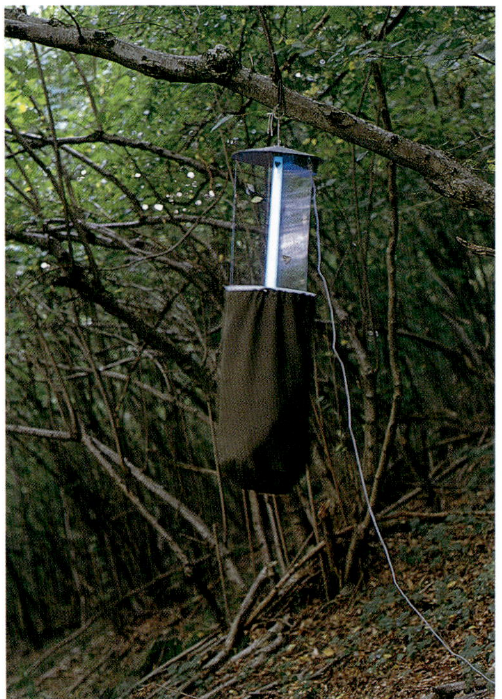

Lichtfalle zum Lebendfang. Eine superaktinische Leuchtstoffröhre, die von einem Trockenakku (außerhalb des Bildes) betrieben wird, ist zwischen einem Regendach und einem in einen Auffangsack führenden Trichter montiert. Drei radial um die Röhre angeordnete Plexiglasscheiben dienen als Prallflächen für anfliegende Falter. Die Falle wird durch einen Dämmerungsschalter automatisch in Betrieb gesetzt. Am Morgen wird der Auffangsack geöffnet, die Falter werden registriert und freigelassen. – Yach 20. 8. 90 A. SCHANOWSKI.

erfassen; läßt man die Tiere dagegen am Tuch bzw. Turm sitzen, wo ein ständiges Kommen und Gehen herrscht, und zählt nur ab und zu durch, dann ergeben sich erfahrungsgemäß gerade bei den individuenstärkeren Arten viel zu niedrige Werte, weil doch wesentlich mehr Tiere als man denkt kurz anfliegen und dann wieder ganz verschwinden.

Vor allem in der angewandten Entomologie (Schädlingsbekämpfung) werden schon seit langem Lichtfallen eingesetzt, die mehr oder weniger automatisch arbeiten. Heute sind verschiedenste Lichtfallen-Konstruktionen in Gebrauch; eine Übersicht findet sich bei LÖDL (1984). Häufig eingesetzte Typen sind Trichterlichtfallen (funnel traps), bei denen die Lichtquelle (Birne oder Röhre) über der Öffnung eines Trichters angebracht ist, der in einen Auffangbehälter führt, etwa die alte Rothamsted-Falle, die Robinson-Falle und verschiedene Abwandlungen davon, die Fallen vom Typ Jermy, Minnesota und andere mehr (z. B. BROWN 1965, COMMON 1964, JERMY 1961, ROBINSON & ROBINSON 1950, WILLIAMS 1948). Die Falle kann mit einem Dach gegen Regen geschützt werden, und radial um die Lichtquelle können Prallplatten (baffles) aus Plexiglas oder Metall angebracht werden, um kreisende Falter in den Trichter zu lenken. Bei den Schachtellichtfallen (box traps) ist die Lampe in einem Behälter untergebracht, der mit reusenförmig angeordneten Glas- oder Gazewänden versehen ist (BEIRNE 1951), wobei Glas den bedeutenden Nachteil hat, daß es als UV-Filter wirkt. Für verschiedene Bedürfnisse sind besondere Lichtfallenkonstruktionen entwickelt worden. So gibt es Fallen, die eine stundenweise Trennung des Fangs erlauben, indem unter der Trichteröffnung eine Drehscheibe mit Auffangbehältern stündlich weiterrückt (RIEDL & CROFT 1981, SIDDORN & BROWN 1971, TAYLOR, PADGHAM & PERFECT 1982), Fallen, die mit Gaze oder Drahtgittern bestimmter Maschenweite umgeben sind, um nur Insekten unterhalb dieser Größe einzulassen (STEWART & PAYNE 1971), Lichtfallen für Unterwasserbetrieb (ENGELMANN 1974), oder Fallen, die speziell auf bestimmte Insektengruppen zugeschnitten sind wie HARDWICKS Noctuidenfalle (HARDWICK 1968). Über den Vergleich, die Eignung und die Effizienz verschiedener Fallentypen besteht ebenfalls eine umfangreiche Literatur (z. B. BRETHERTON 1954, HARTSTACK 1979, SARGENT 1976, TAYLOR & BROWN 1972, TAYLOR & FRENCH 1974, WILLIAMS 1951, WILLIAMS, FRENCH & HOSNI 1955).

Lichtfallen haben den großen Vorteil, daß man sie nachts nicht beaufsichtigen muß: sind sie mit einem Dämmerungsschalter versehen, dann schalten sie sich automatisch ein und aus und müssen nur einmal am Tag (kurz vor der Morgendämmerung) besucht werden, um den Sammelbehälter zu leeren und die Batterie zu wechseln; letzteres kann sogar entfallen, wenn die Batterie tagsüber durch Solarmodule automatisch nachgeladen wird; diese Technik ist seit den achtziger Jahren erfolgreich im Großeinsatz (GERBER, WALKOF & JUSKIW 1992). Dafür besitzen Fallen gegenüber dem normalen Lichtfang eine bedeutend geringere Effizienz: viele Falter geraten gar nicht in den Auffangbehälter, sondern fliegen wieder weg, manche bleiben außen an der Falle oder in der umgebenden Vegetation sitzen, und manche können aus dem Auffangbehälter wieder herausklettern, besonders wenn die Falle nicht rechtzeitig kontrolliert wird. Letzteres kann allerdings verhindert werden, wenn im Auffangbehälter Anästhetika eingesetzt werden, die dafür sorgen, daß die Falter inaktiviert werden (LÖDL 1985, ROBINSON 1952). Eine Betäubung der anfliegenden Falter kann auch durch unter Strom stehende Drahtgitter erreicht werden, die anstelle der Prallplatten verwendet oder zylindrisch rund um die Lampe angebracht werden (EL-SAADANY 1974, MIZUTANI, MISHIMA & KOBAYASHI 1981, NOVAK 1983). HARTSTACK, HOLLINGSWORTH & LINDQUIST (1968) legten um eine 15-W-Schwarzlicht-Lichtfalle herum sechs Ringe von insgesamt 144 Wasserschalen aus und schätzten nach den darin gefangenen Faltern, daß die Lichtfalle 10–50 % der *Heliothis zea* und 8–38 % der *Trichoplusia ni* fing, die in den Umkreis von 14,6 m um die Falle gerieten, wobei allerdings rechnerisch nicht berücksichtigt werden konnte, daß die Tiere auch nach einer oder mehreren Landungen am Boden ja immer noch in die Falle fliegen könnten. BUCHER & BRACKEN (1979) legten in 40-m-Abständen fünf konzentrische Ringe von je acht 15-W-Schwarzlicht-Lichtfallen an (mit zusätzlichen 16 Pheromonfallen in Ring 3 und 5) und ließen in deren Zentrum über einen Zeitraum von zwei Wochen insgesamt 26291 frischgeschlüpfte *Mamestra configurata*-Falter frei, von denen 835 (3,2 %) bei ihrem ersten Dispersionsflug in die Fallen gingen, davon 65 % in die 40 Lichtfallen und 35 % in die 16 Pheromonfallen. Somit war eine Effizienz von 10 % bei einem angenommenen Einzugsbereich von 1,4 m bzw. von 4,7 % bei einem angenommenen Einzugsbereich von 3 m gegeben. MCGEACHIE (1988) analysierte Video-Aufzeichnungen des Anflugs an eine Robinson-Falle mit 125-W-Quecksilberdampflampe und errechnete eine Effizienz von ca. 20 % bei Windstärken zwischen 0,7 und 4,4 m/s, das heißt, von den im Umkreis von 3 m vorbeifliegenden Faltern gerieten 80 % nicht in die Falle. Als Bekämpfungsmaßnahme gegen land- und forstwirtschaftliche Schädlinge, die ja meist mit hohen Abundanzen auftreten, sind Lichtfallen, sofern sie nicht in großer Anzahl eingesetzt werden können, ineffizient, dagegen ergab sich als Nebenergebnis von Lichtfangversuchen, daß eine nächtliche Beleuchtung der Felder bei ausreichend großer Helligkeit die Weibchen an der Eiablage hindern kann. Ein permanentes Problem ist die oft niedrige quantitative Datenbasis von Fallenfängen, die statistisch gesicherte Aussagen erschwert oder beeinträchtigt. Und schließlich kann bei unbeaufsichtigten und nicht durch Einzäunung geschützten Fallen besonders in dicht besiedelten Gegenden wie in Mitteleuropa der Vandalismus (Beschädigung, Zerstörung, Diebstahl) als unangenehmes Problem auftreten.

Leuchtzeit bzw. -dauer. Da sich die zirkadianen Aktivitätszeiten von Art zu Art unterscheiden, ist es von Bedeutung, ob der Lichtfang die gesamte Nacht hindurch (einschließlich der Dämmerungsphasen) ausgeübt wird, oder ob nur einige Stunden lang bis Mitternacht oder 1 h geleuchtet wird, was bei persönlichem Lichtfang häufig vorkommt. In diesem Fall werden all die Arten nicht erfaßt, deren Aktivitätsperioden spät in der zweiten Nachthälfte oder am frühen Morgen liegen (zum Beispiel einige Hepialidae und Arctiidae).

Über die Entfernungen, aus denen eine Lichtquelle für Falter anziehend zu wirken beginnt, bestand lange Unklarheit. Als reine Schätzwerte wurden Entfernungen um 50 m (DANIEL 1952, WEBER 1984) oder sogar bis 1000 m (KOCH 1958) genannt. In Versuchen mit *Heliothis zea* und *Manduca sexta* in Tunnelkäfigen, die sich in unterschiedlichen Entfernungen von einer 15-W-Schwarzlichtröhre befanden, wurde die Anziehung des Lichts daran gemessen, wieviele Falter zur der Lampe zugewandten Seite des Käfigs wanderten. In 6,1 m Entfernung von der Lampe reagierten 75 % der *Heliothis zea* positiv, in 69 m Entfernung noch 10 %; durch Extrapolierung wurde die Grenze der Attraktivität bei 60–90 m Entfernung bestimmt. Bei *Manduca sexta* reagierten in 4,6 m Entfernung von der Lampe 48 % der Falter positiv; die untere Grenze der Attraktivität lag zwischen 120 und 135 m Entfernung (STEWART, LAM & BLYTHE 1969). Bei ähnlicher Versuchsanordnung und gleichem Lampentyp ergab sich mit *Spodoptera littoralis*, daß die Attraktivität bei 200 bis 250 m Entfernung von der Lichtquelle aufhörte (PLAUT 1971) (Wetter und andere Umwelteinflüsse wurden bei diesen Versuchen nicht berücksichtigt). AGEE (1972) kam in einer Elektroretinogrammstudie über die Augen von *Heliothis zea* und *Heliothis virescens* zu dem Ergebnis, daß das Licht einer 15-W-Schwarzlichtröhre aus Entfernungen zwischen 31 und 250 m einen Reiz auslösen könnte. BOWDEN & CHURCH (1973) definierten den Einzugsbereich einer Lichtquelle als die Entfernung, innerhalb derer die Helligkeit der Lichtquelle größer ist als die natürliche Hintergrundhelligkeit. Auf dieser Basis und unter der Annahme, daß Insekten auf Wellenlängen von 500–600 nm reagieren, errechneten BOWDEN & MORRIS (1975) für eine 125-W-Quecksilberdampflampe Einzugsbereiche zwischen 35 m (bei Vollmond) und 520 m (ohne Mondlicht). Auf ähnlicher Grundlage und für einen anderen Typ einer 125-W-Quecksilberdampflampe kam DUFAY (1964) zu Werten zwischen 50 m und 700 m, und NOWINSZKY, SZABÓ, TÓTH, EKK &

Kiss (1979) berechneten für eine 100-W-Argon-Glühbirne Einzugsbereiche zwischen 20 m (bei Vollmond) und 300 m (bei Neumond). Baker & Sadovy (1978) ließen markierte Falter im Mittelpunkt eines von vier 125-W-Quecksilberdampflampen gebildeten Quadrats frei und variierten die Seitenlänge des Quadrats, wobei sich ergab, daß die effektive Anlockentfernung bei 60 cm Lampenhöhe nur ca. 3 m betrug, sich aber auf 10–17 m erhöhte, wenn die Lichtquelle in 9 m Höhe angebracht wurde[1]. Allerdings muß einschränkend bemerkt werden, daß die Autoren keine Angaben über Wetter und Mond sowie über den möglichen Einfluß der Markierung auf das Verhalten der Falter machten.

Für die Faunistik wie für die angewandte Entomologie und für die entomologische Systematik ist der Lichtfang von überragender Bedeutung (Haeger 1957, Jermy 1974, Lödl 1987, Malicky 1965, Varga & Uherkovich 1984). Keine andere Methode erlaubt es, in verhältnismäßig kurzer Zeit eine so große Arten- und Individuenzahl nachzuweisen. Der Lichtfang entwickelte sich daher im 20. Jahrhundert in Mitteleuropa zu **der** Arbeitsmethode des Nachtfalterfaunisten. Anfangs mit Petroleum- oder Karbidlampen, später mit Glühbirnen oder Quarzlampen, heute netzunabhängig mit batteriebetriebenen Kleinanlagen (superaktinische oder Schwarzlicht-Leuchtstoffröhren) und netz- oder aggregatbetriebenen Mischlicht-, Schwarzlicht- oder Quecksilberdampflampen erlaubt diese Methode ein Maximum an Effektivität, was viele Lepidopterologen vergessen läßt, daß die ökologische Aussagekraft von Lichtfangergebnissen relativ begrenzt ist. Dies ist umso bedeutsamer, weil Lichtfang heute gerade für ökologische (sogenannte »landschaftsökologische«) Untersuchungen (Auftragsgutachten) gerne eingesetzt wird, wobei oft die Nachteile der Methode nicht genügend berücksichtigt werden. Durch Lichtfang kann man nie das tatsächlich in einem Untersuchungsgebiet vorhandene Artenspektrum und wohl auch nie die tatsächlichen Abundanzen der Nachtfalterfauna eines Gebiets erfassen, da die einzelnen Arten sowie die Geschlechter innerhalb der einzelnen Arten in unterschiedlichem Maß auf Licht im allgemeinen und auf verschiedene Lampentypen im besonderen reagieren. Deshalb sind Lichtfanguntersuchungen nur dann absolut vergleichbar, wenn mit demselben Lampentyp und derselben Fallenkonstruktion gearbeitet wurde. Der schwerste Einwand gegen den Lichtfang in ökologischen Untersuchungen liegt aber darin begründet, daß es sich um eine Anlockmethode handelt, die es grundsätzlich nicht erlaubt, das Herkunftshabitat eines angelockten Falters zu bestimmen. Fast immer wird in solchen Arbeiten aufgrund von Literaturangaben versucht, die registrierten Arten einem in der Umgebung existierenden Biotop zuzuweisen.

Diese Methode muß jedoch dann fragwürdig und in ihren Ergebnissen unzuverlässig bleiben, wenn ihr nur sehr allgemeine Literatur zugrundegelegt wird (zum Beispiel die ökologisch wenig aussagefähigen und in ihren Nahrungspflanzenangaben oft auf Gefangenschaftsbeobachtungen gestützten Bestimmungsbücher von Koch 1984, oder Forster & Wohlfahrt 1954–1981). Zusätzliche, direkte Beobachtungsmethoden wie die Raupensuche sind für derartige Untersuchungen dringend anzuraten. Ein ausführlicher Überblick über die praktische Eignung und die Problematik des Lichtfangs für ökologische Untersuchungen vom Standpunkt des Auftragnehmers aus findet sich bei Meier (1992).

Für die faunistische Arbeit sollten natürlich alle Möglichkeiten ausgeschöpft werden, nicht nur der Fang an eigenen Leuchtanlagen. An Straßenlaternen (bei denen es sich ja häufig um Mischlicht- oder Quecksilberdampflampen handelt), an der Außenbeleuchtung von Häusern, Fabrikgebäuden, Hotels, Gaststätten, Autobahnraststätten, Telefonzellen, Sportheimen und Schützenhäusern oder an nachts angestrahlten historischen Bauten, besonders in Ortsrandlage oder außerhalb von Ortschaften, läßt sich manchmal interessanter Nachtfalteranflug beobachten. Wer die Möglichkeit dazu hat, sollte es sich zum Grundsatz machen, solche Stellen regelmäßig zu kontrollieren, sei es bei Abendspaziergängen oder am frühen Morgen oder auch bei der Rückkehr von einer Leuchtexkursion. Besonders im Spätherbst, Winter und Vorfrühling, wenn man weniger geneigt ist, einen ganzen Abend im Gelände zu verbringen, sind nächtliche Stichproben an günstig gelegenen Straßen- und Hausbeleuchtungen oft eine interessante Alternative. Darüber hinaus sollte man im Interesse des faunistischen Durchforschungsstands besonders in weniger gut erforschten Gebieten jede Gelegenheit nutzen, öffentlich zugängliche Lichtquellen nach angeflogenen Faltern zu kontrollieren. Selbst bei Tag können einzelne sitzengebliebene Falter oder die von den

[1] Daraus wurde gefolgert, daß die Falter erhöhte Lichtquellen besser wahrnehmen als bodennahe, was bei einer Orientierung nach dem Mond durchaus sinnvoll wäre. Gleichzeitig wäre dies auch eine Erklärung für den Effekt, daß in Hanglagen der Hauptanflug meist von unten kommt.

Fledermäusen übriggelassenen Flügelreste aufgesammelt werden.

Um das Literaturverzeichnis nicht zu überfrachten, wurden im vorliegenden Kapitel fast nur Arbeiten zitiert, die sich auf Schmetterlinge beziehen. Aber auch über andere Insektenordnungen existieren zahlreiche Studien. Während HAASE (1929) in einer ersten Zusammenstellung von – nur deutschsprachiger – Lichtfangliteratur 54 Titel aufführte, nannte LÖDL (1984) in einer bereits stark selektiven Bibliographie über 1900 Titel aus der mittlerweile nahezu uferlosen Literatur zum Thema Lichtfang.

Übrigens ist der Lichtfang nicht vom Menschen erfunden worden. Tiefseeanglerfische locken ihre Beute mit Leuchtorganen an, und die Larven der neuseeländischen und australischen Pilzmückengattung *Arachnocampa*, die in Felshabitaten in Höhlen und an Steilufern leben, spannen dort nachts einen kurzen, horizontalen Faden, von dem aus ein Vorhang von zahlreichen, mit Leimtröpfchen versehenen Fangfäden herabhängt. Die Larven besitzen am Abdomen ein Leuchtorgan, mit dem sie, auf dem Tragfaden sitzend, den Tröpfchenvorhang anstrahlen und Kleininsekten anlokken, von denen sie sich ernähren (NORRIS 1894, RICHARDS 1960).

2.2 Anlockung durch Köder

Von AXEL STEINER

Eine weitere wichtige Nachweismethode für Nachtfalter ist der sogenannte Köderfang. Dabei versucht man, die Tiere mit zuckerhaltigen, möglichst attraktiv duftenden Lösungen anzulocken, die natürliche Nahrungsquellen wie Blütennektar, Blattlausausscheidungen (Honigtau), Früchte oder Baumsäfte imitieren.

»Erfunden« wurde diese Methode wohl in den 1830er Jahren in Großbritannien, als in einem Garten gelagerte leere Zuckerfässer bei feuchter Witterung zahlreiche Nachtfalter anlockten (ALLAN 1947).

In der Folge wurden von Schmetterlingssammlern viele verschiedene Rezepte entwickelt, die manchmal eifersüchtig gehütete, geheimgehaltene Ingredienzien enthielten.

Hier einige »Kostproben« aus der Literatur:

»Zum Köder verwende ich zum Bestreichen von 40–50 Bäumen 125 Gramm gewöhnlichen braunen Syrup (10 Pfg.), ca. 5–8 Gramm Apfeläther (5 Pfg.), d. h. für die ersten 20–25 Bäume die Hälfte Aether und den Rest für die letzten Bäume, hierzu kommen noch 1–2 Eßlöffel voll altes, abgestandenes Bier ... « (BEST 1913).

»1/2 Liter Honig wird mit 1/6 Liter bayrischen Bieres (gewöhnliches Lagerbier) gut eingerührt und an mässig warmer Stelle 3 bis 4 Tage lang stehen gelassen, bis die Gärung vorbei ist. Nun wird die Masse in Glasflaschen gegossen ... und werden sodann auf das Ganze folgende Zusätze gegeben: 1. Zwei Esslöffel Gummiarabikum, welcher vorher in Wasser zu einer dickflüssigen Masse gelöst ist. 2. Einen Esslöffel guten, echten Jamaica-Rum. 3. Einen Esslöffel besten, fuselfreien Aepfeläther. 4. Einige Stückchen gestossenen, harten Zucker.« (REDLICH 1889).

»Mein Köder war zusammengesetzt aus Stärkesyrup und Braunbier mit etwas Rum. Derselbe wurde je nach Bedarf frisch oder auch erst nach mehreren Wochen verwendet. Kurz vor dem Gebrauch wurde noch Glycerin und einige Tropfen Amylacetat zugesetzt.« (SCHMIDT 1900).

»... ein Gemenge von 2/3 dunklen Malzbieres und 1/3 Sirup ... Man läßt mit Wasser verdünnten Honig gären und gibt einige Tropfen Apfeläther zu. In Gärung befindliche Melasse mit etwas Honig und Apfeläther gibt ebenfalls eine gute Köderflüssigkeit.« (FORSTER 1954)

Heute sind vor allem folgende bewährte Ködermischungen in Gebrauch: 1. Rotweinköder, 2. Malzbierköder. In beiden Fällen wird jeweils soviel Zucker, Honig oder Zuckerrübensirup zugesetzt, bis das Gemisch dickflüssig wird und sich streichen läßt. Gute Erfolge erzielt man durch das Beimischen von überreifen, kleingerührten Bananen oder anderen Obstarten wie Äpfeln, Birnen, Pflaumen usw., also Nahrung, die die Falter auch in der Natur besuchen (und die auch für sich allein als Köder verwendet werden kann). Alternativ oder zusätzlich können geringe Mengen von Fruchtether, z. B. Apfelether, beigegeben werden. Der Zusatz von einigen Tropfen Rum, der manchmal empfohlen wird, soll die Reaktionsfähigkeit der Tiere vermindern und so ihre Beobachtung erleichtern. Die Köderflüssigkeit kann sowohl frisch angesetzt oder auch erst in angegorenem Zustand verwendet werden, letzteres fördert die Duftwirkung.

Für das Ausbringen des Köders gibt es verschiedene Methoden: man kann die Flüssigkeit mit einem breiten Pinsel in Augenhöhe an Baumstämme streichen (Streichköder) oder dicke Hanfschnüre tagsüber im Köder tränken und zwischen Ästen oder aufgestellten Stöcken aufhängen (Köderschnüre). Eine Abwandlung dieser Methode ist der »Apfelschnittenköder«, bei dem getrocknete Apfelscheiben auf einer Schnur aufgereiht und tagsüber in der Köderflüssigkeit eingelegt werden. Wenn die Flüssigkeit nicht zu zäh ist und keine

Nachtfalter am Köder. Auf dem mit Rotwein-Zucker-Köder bestrichenen Baumstamm haben sich einige häufige Eulenfalter (*Orthosia munda, Eupsilia transversa, Conistra vaccinii*) eingefunden. Das »Leuchten« der Augen ist die Reflexion des Blitzgeräts auf dem Tapetum des Superpositionsauges. – Schönbuch bei Mönchberg 20. 3. 93. A. STEINER.

Obststücke enthält, kann sie auch mit einem handelsüblichen Wasser- oder Farbsprühgerät auf Stämme oder Blätter aufgetragen werden. Bewährt hat sich das Aufhängen von überreifen Bananen, deren Schale an einigen Stellen eingestochen wird und die abends nur noch in die Köderflüssigkeit getaucht werden müssen. Beim Streichköderfang sind Baumstämme oder (nicht chemisch behandelte!) Holzpfosten, Zaunlatten, Bretterwände und ähnliches das günstigste Substrat. Imprägniertes Holz, Metall, Mauern, Steine und Felsen sind meist ungeeignet. In baumlosen Biotopen und im Gebirge oberhalb der Baumgrenze ist deshalb nur der Fang mit Köderschnüren möglich. Verschiedentlich sind auch Köderfallen konstruiert und mit Erfolg eingesetzt worden (FRAUENFELD 1868, KANERVA 1942, PLATT 1969).

Die verwendeten Gerätschaften (Behälter, Pinsel, Sprühgeräte) sollten neu sein bzw. vorher nicht mit Farben, Lacken, Lösungsmitteln oder anderen chemischen Gemischen in Berührung gekommen sein. Beim Umgang mit der Flüssigkeit oder den klebrigen Köderschnüren ist es unerläßlich, Wasserkanister oder -flaschen mitzunehmen, um Hände und Utensilien reinigen zu können.

Der Köder kann zwar in kaltem Zustand gemischt werden, aber unter Erwärmung löst sich der Zucker besser. Ein kurzes Aufkochen der Flüssigkeit vor dem Aufbruch, so daß der Köder beim Auftragen noch warm ist, fördert oft die Ausbreitung des Dufts und kann, besonders in der kalten Jahreszeit, gelegentlich überraschend hohe Anflugzahlen ergeben. Ködert man täglich an den selben Plätzen, dann wirken die Köderstellen nach einiger Zeit auch ohne erneuten Köderanstrich, so daß man nur noch ein- oder zweimal pro Woche anstreichen muß[1]. Das Anstreichen des Köders sollte noch bei Helligkeit, vor oder spätestens zu Beginn der Dämmerung erfolgen. Über die Anflugszeiten der einzelnen Arten liegen bisher nur wenige Untersuchungen vor. Nach NIPPEL (1976) erfolgt der maximale Anflug ca. 90 Minuten nach Sonnenuntergang, doch sind die Aktivitätszeiten von Art zu Art verschieden. Manche Arten kommen fast nur während der Dämmerung zum Köder (z. B. *Agrochola nitida, Dicycla oo*), werden also nicht erfaßt, wenn der Köder erst nach Einbruch der Dunkelheit kontrolliert wird. Andere Arten fliegen die ganze Nacht hindurch an und können auch noch kurz vor der Morgendämmerung angetroffen werden.

Der Köder lockt nur Arten mit funktionsfähigem Saugrüssel an, also besonders Noctuiden, Thyatiriden, Geometriden, einige Arctiiden, Sphingiden, Pterophoriden, Pyraliden, Oecophoriden und andere. Gruppen mit fehlendem Rüssel, die als Imago keine Nahrung mehr aufnehmen (z. B. die meisten Spinner der Überfamilie Bombycoidea) können durch diese Methode nicht nachgewiesen werden. Köderfang ist besonders wirksam, wenn in der Natur wenige andere Nahrungsquellen vorhanden sind, also vor allem im Winterhalbjahr bis in den April. Im Mai und Juni ist der Anflug in blütenreichen Biotopen meist minimal und setzt erst im Verlauf des Juli wieder ein. Da einige der überwinternden Noctuiden keine echte Winterruhe durchmachen, sondern aktiv werden, sobald die Temperaturen über Null steigen (z. B. *Conistra rubiginosa*), können bei entsprechender Witterung

[1] Feuchtes, vor allem nebliges Wetter kann scheinbar eingetrockneten Köder auch nach mehreren Wochen wieder »lockfähig« machen: TWEEDIE (1954) beobachtete guten Köderanflug in der feuchten Nacht des 12.10. 1953 an Bäumen, die seit dem 25.9. nicht mehr mit Köder bestrichen worden waren.

auch im Dezember und Januar zuweilen Köderanflüge von mehreren hundert Individuen beobachtet werden[2].

Streichköder und Köderschnüre ergeben ein etwas unterschiedliches Artenspektrum: am Streichköder finden sich gern Arten ein, die auch normalerweise an »blutenden« Bäumen Säfte lekken oder Baumstämme als Ruheplätze nutzen, während Arten, die primär Blüten besuchen oder in waldfreien Biotopen leben, eher Köderschnüre anfliegen. Manche Arten, die bei der Nahrungsaufnahme auf ganz bestimmte Blüten fixiert sind, kommen nur selten zum Köder (z. B. *Hadena, Cucullia*).

Die Wetterfaktoren wirken sich beim Köderfang etwas anders aus als beim Lichtfang. Wind ist im allgemeinen, selbst wenn er nahezu Sturmstärke erreicht, weniger störend, sofern kein Temperaturabfall damit verbunden ist. Der Köder muß dann allerdings auf der Leeseite der Bäume aufgetragen werden, damit die Falter im Windschatten sitzen können und nicht weggeweht werden. Auch der Mond spielt meist eine weniger störende Rolle; manchmal erfolgt noch starker Anflug im hellen Licht des Vollmonds. Im allgemeinen zeigen die Falter beim Köderanflug im Vergleich zum Lichtanflug eine größere Unempfindlichkeit gegenüber dem Wetter, besonders im Winterhalbjahr. So berichtete Best (1913): »Bei einer ... Mitte April vorgenommenen Köderung auf *Taeniocampa*-[heute *Orthosia*-]Arten fing es gegen 1/2 10 Uhr zu schneien an, doch ließen sich die Fallter nicht abhalten, am Köder und an den Weidenkätzchen ihren Hunger zu stillen!« Manchmal wiederum ist bei theoretisch günstigen Bedingungen der Anflug unerklärlich schwach. Dieses Phänomen scheint durch großräumige Wetter(?)faktoren bedingt zu sein, denn solche Negativbeobachtungen liegen – jeweils vom selben Abend – aus verschiedenen Biotopen und aus zum Teil Hunderte von Kilometern voneinander entfernten Gebieten vor (Hirneisen, Köppel, Meier, Steiner, unveröffentlicht). Auch von Jahr zu Jahr kann sich die Effektivität unterscheiden; in manchen Jahren scheint der Köder kaum Wirkung zu haben, ohne daß sich dies auf besonders starkes Blütenangebot zurückführen läßt. Möglicherweise spielt hier die Abundanz von Blattläusen und damit die Verfügbarkeit von Honigtau – einer für Nachtfalter überaus wichtigen Nahrungsquelle – eine Rolle (Pinker 1970). Planmäßige Untersuchungen über den Einfluß abiotischer und biotischer Faktoren auf den Köderanflug sind bisher kaum durchgeführt worden. In den zahlreichen Veröffentlichungen über Köderfang in den entomologischen Periodika des späten 19. und frühen 20. Jahrhunderts finden sich zuweilen recht detaillierte meteorologische Angaben, die noch einer Auswertung nach modernen Maßstäben harren (z. B. Ressler 1925).

Im Gegensatz zum Lichtfang wird der Köderfang zur systematischen Erfassung des Artenbestands von Untersuchungsgebieten heute oft vernachlässigt, ja es gab sogar Entomologen, die – wohl aufgrund schlechter Anflugergebnisse – dem Köderfang überhaupt jede Anlockwirkung abgesprochen haben. Dem steht die praktische Erfahrung gegenüber: Haeger konnte 76% aller um Kreuzbruch festgestellten Noctuidenarten am Köder nachweisen, Hartwieg beobachtete in 52jährigen Untersuchungen 79% der Noctuidenarten des ehemaligen Landes Braunschweig am Köder (Cleve 1971).

Für statistische Untersuchungen hat der Köderfang mehrere Nachteile: die Ergebnisse sind noch weniger normier- und vergleichbar als beim Lichtfang, da noch mehr Unwägbarkeiten mitspielen. So lassen sich Faktoren wie die unterschiedlichen Köderrezepte, der Untergrund der Köderstellen (z. B. auf unterschiedlichen Baumarten, auf unterschiedlich dicken Stämmen, auf glatter oder rissiger Rinde, auf freier oder flechten- und moosbewachsener Rinde usw.), ihre Ausdehnung, ihre Höhe über dem Erdboden und die Himmelsrichtung in Kombination mit der vorherrschenden Windrichtung kaum vereinheitlichen.

Die unbestreitbaren Vorteile des Köderfangs sind dagegen das den Lichtfang ergänzende Artenspektrum und die bei vielen Arten höhere Individuenzahl. Wer gleichzeitig Licht- und Köderfang betreibt, kennt das Phänomen, daß Arten aus Gattungen wie *Amphipyra, Conistra, Agrochola, Catocala* und anderen, die häufig nur in wenigen Exemplaren oder auch gar nicht am Licht erscheinen, dafür in oft bedeutender Anzahl den Köder besuchen (Cleve 1971). Auch ist der Weibchenanteil bei einigen Arten höher als beim Lichtfang (Sargent 1976). Für alle Untersuchungen mit faunistischer und ökologischer Zielsetzung ist und bleibt der Köderfang unentbehrlich. Alle sogenannten »Nachtfalterfaunen«, die nur aufgrund von Lichtfängen erstellt wurden, sind reine »Lichtfangfaunen« und lassen sich weder qualitativ noch quantitativ mit faunistischen Untersuchungen vergleichen, denen

[2] Die quantitativ höchsten und von der Artendiversität besten Anflüge ergeben sich meist im Hoch- und Spätsommer, beispielsweise zählte Norman (1870) am 15.7. 1870 an 200 Köderbäumen 766 Individuen.

sowohl Beobachtungen am Licht wie auch am Köder, an Blüten, an Blattlausausscheidungen sowie die Raupensuche zugrundeliegen.

2.3 Anlockung durch Sexuallockstoffe

Von Ingo Nikusch

Die Tatsache, daß die unbefruchteten Weibchen zahlreicher Nachtschmetterlinge die Männchen mit Hilfe von Duftstoffen anlocken, war in Schmetterlingssammler- und Züchterkreisen bereits seit längerem bekannt und wurde auch entsprechend genutzt. So wird z.B. das »Ausbinden« von Schmetterlingsweibchen oder die Verwendung von »Anfluggeräten« von verschiedenen Autoren zum Fang von Männchen bzw. zur Erlangung von Zuchtmaterial empfohlen.

Wie inzwischen bekannt, sind es Nanogramm-Mengen eines Sexuallockstoffes, die in den Duftdrüsen am Abdomenende von paarungsbereiten Weibchen produziert und an die Luft abgegeben werden. Über Luftströmungen können diese Lockstoffe als »Duftspur« weit verfrachtet werden. Treffen nun einige Moleküle des Lockstoffes auf die entsprechenden Sensillen an den Antennen eines Männchens, so lösen sie einen Reiz aus, der zu einem orientierten Suchflug zu dem emittierenden Weibchen führt (s. dazu auch die Abbildung unter Lemoniidae: *Lemonia dumi* (Habichtskraut-Wiesenspinner)). Auf diese Weise können Weibchen unter günstigen Bedingungen Männchen selbst aus über 1000 m Entfernung anlocken.

Die chemische Analyse und Reproduktion eines solchen Sexuallockstoffes gelang jedoch erst 1959 einer von Butenandt geleiteten Arbeitsgruppe am Max-Planck-Institut für Biochemie. Die Klärung der Struktur des Sexuallockstoffes des Seidenspinners *(Bombyx mori)*, »Bombykol« genannt, leitete eine rasante Entwicklung in der Erforschung dieser Stoffklasse ein.

Der Begriff »Pheromone« wurde 1959 von Karlson und Lüscher für alle Arten von »Duftstoffen« geprägt, die von Lebewesen abgegeben werden, um Artgenossen zu einer Reaktion zu veranlassen, z.B. Aggregations- und Sexualpheromone.

Nach Mitteilung über die Auffindung des Sexualpheromons des Schwammspinners *Lymantria dispar* (Jacobson 1960), eines wirtschaftlich bedeutenderen Schadschmetterlings, begann sich die chemische Industrie intensiv für die Pheromone zu interessieren. Man hoffte, mit synthetischen Pheromonen effektive Hilfsmittel für den Pflanzenschutz zu erhalten.

Von der chemischen Struktur her handelt es sich bei den meisten Sexualpheromonen um mono- oder polyolefinische Alkohole, deren Ester oder Aldehyde sowie um Acetate. Fast alle sind einfach oder doppelt ungesättigt, so daß allein durch die Isomeriemöglichkeiten an den Doppelbindungen zahllose Variationen auftreten können. Meist ist es jedoch erst die Kombination von zwei oder mehr Komponenten, die die volle biologische Wirksamkeit gewährleistet. Das für die Attraktivität erforderliche Mischungsverhältnis ist dabei so eng, daß die gleichen Komponenten in anderen Verhältnissen ohne weiteres von mehreren Arten genutzt werden können. Nach dem Baukastenprinzip konnten mit diesem Wissen bis heute durch geringfügige Veränderungen der Komponenten oder durch neue Mischungen Lockstoffe für eine große Zahl von Arten gefunden und produziert werden. Diese Duftstoffe werden, solange ihre Identität mit dem natürlichen Pheromon nicht bewiesen ist, als Sexuallockstoff (sex attractants) bezeichnet.

In der von der Eidgenössischen Forschungsanstalt für Obst-, Wein- und Gartenbau in Wädenswil (Schweiz) 1992 in der 2. Auflage herausgegebenen »Liste der Sexualpheromone von Schmetterlingen und verwandte Lockstoffe« werden inzwischen 2258 chemisch identifizierte Bestandteile der Pheromone von 397 Arten und Unterarten aufgeführt. Außerdem noch die Sexuallockstoffe (male attractants) für die Männchen weiterer 940 Arten und Unterarten, sowie erste Hinweise auf die Lockstoffe für nochmals 74 Arten.

Es war, wie schon erwähnt, anfangs ausschließlich der Pflanzenschutz, der sich für die Pheromone interessierte und hoffte, mit ihrer Hilfe Schadschmetterlinge im Forst und in landwirtschaftlichen Kulturen bekämpfen zu können.

Zwei Möglichkeiten des Pheromoneinsatzes schienen für die Schädlingsbekämpfung besonders erfolgversprechend zu sein und zwar das »Anlockverfahren« und das »Desorientierungs-« oder »Konfusionsverfahren«. Beide Verfahren wurden Anfang der 70er Jahre in verschiedenen Ländern Europas, u.a. auch Deutschland (Bonness 1977), bei Kalamitäten von *Lymantria dispar* und *Lymantria monacha* erprobt.

Beim Anlockverfahren hoffte man, durch die mit Pheromonen beköderten Fallen gleich zu Beginn des Fluges soviele Männchen abzufangen, daß es später beim Erscheinen der Weibchen kaum noch zu Befruchtungen käme. Diese Hoffnung erfüllte sich jedoch nicht. Trotz hoher Fangzahlen von Männchen waren bei späteren Kontrollen alle Eigelege befruchtet.

Auswertbogen für eine Pheromonfalle

Fallen Nr.: 5 Schadschmetterling: Synanthedon myopaeformis

Bezeichnung der Anlage: Panther/Oberkirch, Sorten Elstar u. Gloster

Datum der Kontrolle	Zahl der gefangenen Falter	Flugkurve Bitte Zahl der gefangenen Falter als Punkte eintragen und die Punkte miteinander zu einer Kurve verbinden. 5 10 15 20 30 40 50 60 70 80 90 100 und mehr
20. April		
22.		
24.		
26.		
28.		
30.		
2. Mai		
4.		
6.		
8.		
10.		
12.		
14.		
16.		
18.		
20.		
22.		
24.		
26.		
28.		
30.		
1. Juni		
3.		
5.		
7.		
9.		
11.		
13.		
15.		
17.		
19.		
21.		
23.		
25.		
27.		
29.		
1. Juli		
3.		
5.		
7.		
9.		
11.		
13.		
15.		
17.		
19.		
21.		
23.		
25.		
27.		
29.		
31.		
2. August		
4.		
6.		
8.		
10.		
12.		
14.		
16.		
18.		
20.		
22.		
24.		
26.		
28.		
30.		
1. September		
3.		
5.		
7.		
9.		
11.		
13.		
15.		
17.		
19.		
21.		
23.		
27.		

CP 7804a D · 8125/101

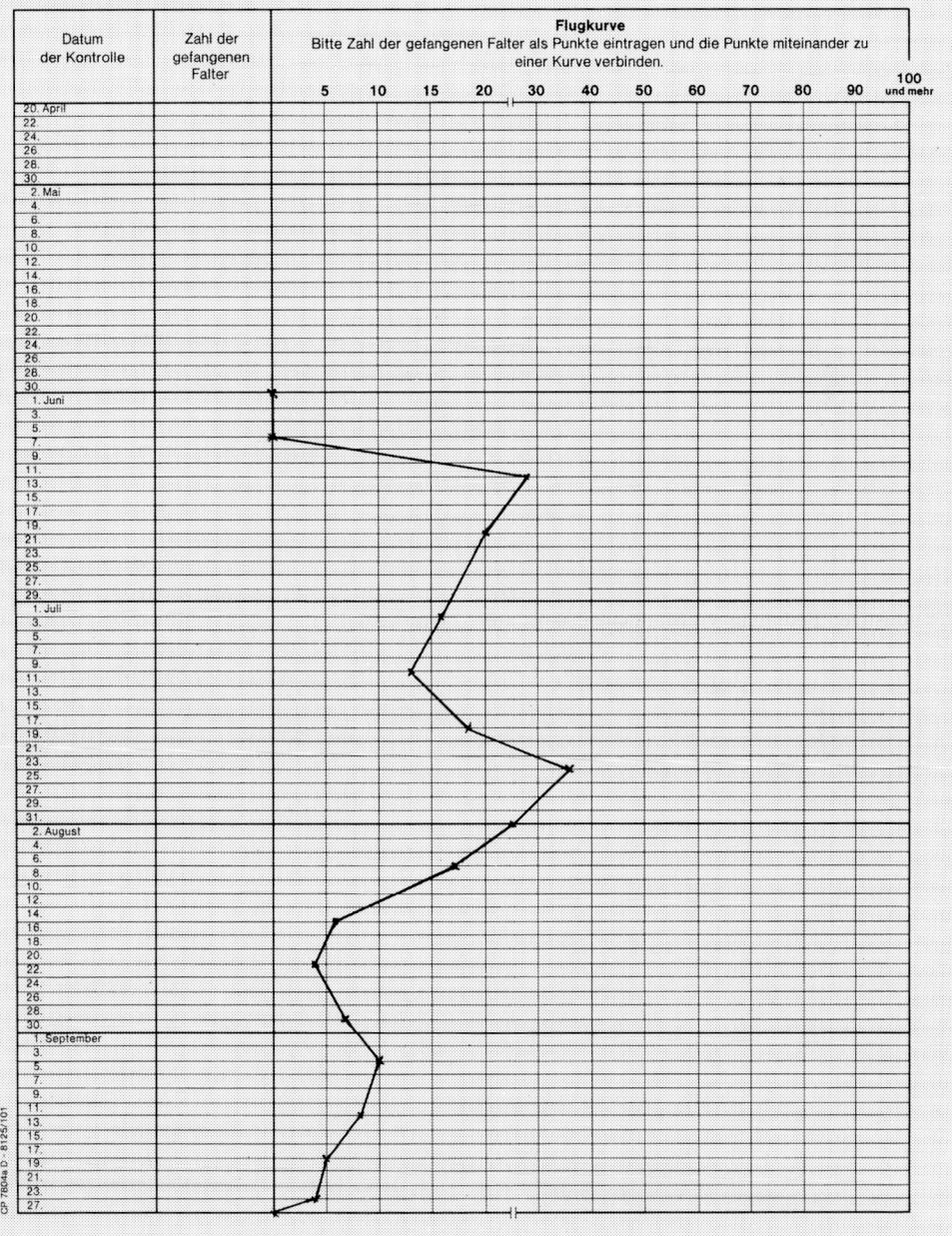

Flugkurve des Apfelbaum-Glasflüglers *(Synanthedon myopaeformis)*

Beim Konfusionsverfahren war es das Ziel, die Männchen durch die Produktion einer gleichmäßigen Pheromonwolke daran zu hindern, die Weibchen aufzufinden. Dabei sind folgende Wirkungsmechanismen als Erklärung für eine erfolgreiche Verwirrung denkbar: Die Männchen erreichen bei ihrer Suche eine künstliche Lockstoffquelle und verbleiben in ihrem Einflußbereich. Die Paarungsbereitschaft ermüdet und läßt nach, wenn mehrmals nacheinander erfolglos künstliche Duftstoffquellen angeflogen wurden. Schließlich könnte auch der Dauerreiz durch den Lockstoff zu einer Gewöhnung und damit zu einer Abnahme der Reizwirkung führen.

Diese Methode funktioniert bedingt, das heißt nur bei schwächerem Befallsdruck, und kann somit in gefährdeten Gebieten dem Auftreten einer Kalamität vorbeugen. Sie wird heute z.B. in Deutschland im Weinbau zur Unterdrückung des Einbindigen Traubenwicklers *(Eupoecilia ambiguella)* und des Bekreuzten Traubenwicklers *(Lobesia botrana)* und im Apfelanbau zur Bekämpfung des Apfelbaum-Glasflüglers *(Synanthedon myopaeforme)* eingesetzt.

Eine sehr große Bedeutung haben die Pheromone im modernen Pflanzenschutz für die Prognose und für die Überwachung von Schadschmetterlingen. So war es mit Hilfe von Pheromonen und Sexuallockstoffen in zahlreichen Fällen möglich, genaue Flugzeit (siehe die Abbildung zur Flugkurve des Apfelbaum-Glasflüglers), die Zahl der auftretenden Generationen und das Vorhandensein bestimmter Schaderreger festzustellen. Bei so wichtigen Obstbaumschädlingen wie Apfelwickler *(Cydia pomonella)*, Pflaumenwickler *(Cydia funebrana)* oder Schalenwickler *(Adoxophyes orana)*, die früher mit Lichtfallen überwacht wurden, erfolgt die gezielte Bekämpfung heute ausschließlich aufgrund von Flugkontrollen mit Pheromonfallen. Im Akkerbau sind es der Maiszünsler *(Ostrinia nubilalis)* und Getreidewickler *(Cnephasia* spec.), die mit Hilfe von Sexuallockstoffen kontrolliert werden. Im Vorratsschutz ist die Überwachung von Schadschmetterlingsbefall mit Hilfe von Lockstoffklebefallen inzwischen Standard.

Daß die Sexualpheromone und Sexuallockstoffe auch für die lepidopterologische Forschung zugänglich und nutzbar wurden, ist in Deutschland vor allem E. Priesner vom Max-Planck-Institut für Verhaltensphysiologie in Seewiesen zu verdanken. Er ermittelte und entwickelte seit Anfang der 80er Jahre überwiegend experimentell Sexuallockstoffe für eine ganze Anzahl von nicht wirtschaftlich bedeutenden Arten, vornehmlich aus der Familie der Noctuidae, der Zygaenidae und vor allem der Sesiidae. Es ist faszinierend, welche Möglichkeiten die Pheromone und Sexuallockstoffe einem wissenschaftlich tätigen Lepidopterologen bieten.

So war es mit Hilfe des Sexuallockstoffes möglich, einen 1906 im Heutal in Graubünden getätigten Einzelfang des sonst nur aus den subarktischen und arktischen Regionen Skandinaviens bekannten Polar-Glasflüglers *(Synantheodon polaris)* zu bestätigen (Priesner, Ryrholm, Dossler 1989) und nachzuweisen, daß es sich bei der Heutal-Population wahrscheinlich um ein isoliertes alpines Reliktvorkommen der Art handelt.

Weiterhin konnten durch den Einsatz eines synthetischen Lockstoffpräparates für die sehr lokal in der Tschechoslowakei vorkommende Sesie *Pennisetia bohemica* (Kralicek & Povolny 1974) innerhalb von nur drei Jahren die Verbreitung und die Habitatansprüche dieser Art in Mitteleuropa geklärt werden (Priesner, Spatenka 1990).

Ebenfalls mit Hilfe von Sexuallockstoffen konnte auch Licht in die Artberechtigung der Noctuide *Diachrysia tutti* (Kostrowicki 1961), die in neueren Standardwerken als Synonym zu *Diachrysia chrysitis* (Linnaeus 1758) gestellt wird, gebracht werden (Priesner 1985). Es stellte sich heraus, daß die Männchen von *D. chrysitis* und *D. tutti* zwar auf dieselben zwei Lockstoffkomponenten, jedoch in unterschiedlichen Mengenkombinationen reagieren und daß die Flugzeiten von *D. chrysitis* und *D. tutti* in beiden Generationen eine deutliche Verschiebung aufweisen. Es könnte sich hier also eventuell um eine in Aufspaltung begriffene Art handeln.

Allein diese drei Beispiele zeigen schon eindrucksvoll, daß mit den Sexuallockstoffen und Pheromonen für Biotopkartierungen und faunistisch-ökologische Arbeiten neue, hoch interessante Hilfsmittel zur Verfügung stehen. Bedeutung dürften sie vor allem für den Nachweis von Arten auch in schwierigstem Gelände, für die Erfassung des Flugverlaufes bestimmter Arten und für die Ermittlung der Generationenzahl haben. Dabei können, je nach Fragestellung und Situation, die Pheromone und Sexuallockstoffe nach folgenden Methoden eingesetzt werden.

1. Anflugbeobachtung

Diese Methode ist vor allem für tag-, eventuell auch noch für dämmerungsaktive Arten geeignet. Der Dispenser bzw. die Duftstoffkapsel wird dazu an einer gut einsehbaren Lokalität ausgelegt oder aufgehängt. Die meist schon nach kurzer Zeit anfliegenden Männchen können bequem beobachtet und

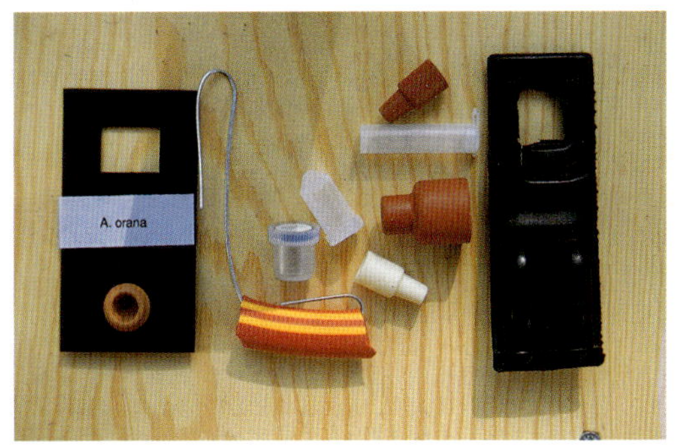

Verschiedene Pheromonkapseln und Dispenser. Pheromone sind im allgemeinen so leicht flüchtig, daß sie ohne die Verwendung von verdunstungshemmenden Zusätzen oder ohne Einschluß oder Einarbeitung in geeignete Materialien nur kurze Zeit wirksam wären. Die im Handel erhältlichen oder für Forschungszwecke angebotenen Pheromone bzw. Sexuallockstoffe werden deshalb fast immer in Form von Kapseln, Pfropfen, Beuteln, Schläuchen oder Streifen aus Gummi, Kautschuk oder Polystrol geliefert, von denen sie allmählich wieder freigesetzt werden. – I. NIKUSCH.

registriert werden. Einzelne Tiere können im Bedarfsfall zur näheren Untersuchung oder als Belegexemplare mit dem Netz abgefangen werden. Voraussetzung für das Funktionieren ist natürlich, daß die Männchen der zu überprüfenden Art zum Beobachtungszeitpunkt auch tatsächlich fliegen.

2. Klebefallen

Diese Form des Pheromoneinsatzes findet vor allem im Pflanzenschutz zur Flugkontrolle und für die Prognose Verwendung. Die Duftstoffkapsel wird in einer Falle über einem Leimboden aufgehängt. Die anfliegenden Tiere bleiben auf dem Leimbelag kleben und können dann bei den regelmäßigen Kontrollen ausgezählt werden. Diese Methode eignet sich auch für die Biotopkartierung, wenn z.B. an einem selten aufgesuchten oder schwer zugänglichen Ort eine Art nachgewiesen werden soll. Ein Nachteil der Klebefallen ist, daß die gefangenen Exemplare manchmal durch Vögel, vornehmlich Meisen, vom Leimbelag heruntergepickt werden.

3. Theysohn-Variotrap-Trichterfalle oder vergleichbare Eigenbauten

Diese nach dem Reusenprinzip funktionierende Kunststoffalle kann sehr vielseitig eingesetzt werden. Sie eignet sich vor allem auch für den Lebendfang und Nachweis nachtaktiver Arten. Für den Lebendfang wird der Fangbehälter durch einen Gazebeutel ersetzt. Die im Laufe der Nacht angeflogenen Falter können dann am nächsten Morgen nach der Registrierung und Entnahme eventuell erforderlicher Belegexemplare wieder freigelassen werden. Eine tägliche Kontrolle, vorzugsweise in den Morgenstunden ist erforderlich, da sonst Vögel versuchen, an die gefangenen Falter zu gelangen. Kann die Station nicht täglich aufgesucht werden, oder geht es nur um den Nachweis einer Art, wird in solchen besonderen Ausnahmefällen die Trichterfalle mit dem Fangbehälter eingesetzt. Dieser wird je nach Zielobjekt mit einer abtötenden Substanz (z.B. Insektizidstreifen) oder einer Fangflüssigkeit (z.B. Wasser mit Spülmittelzusatz oder Ethylenglykol) versehen. Der Vorteil der Trichterfalle gegenüber der Klebefalle ist, daß die gefangenen Exemplare in dem Fangbehälter vor Licht und Vögeln geschützt und für wissenschaftliche Untersuchungs- und Belegzwecke meist besser verwendbar sind.

Auch wenn der Einsatz von Sexuallockstoffen und Pheromonen für die meisten Lepidopterologen

Variotrap-Trichterfalle am Einsatzort. Die in der Nacht angeflogenen Falter bleiben im Gazebeutel gefangen und können am nächsten Tage bequem kontrolliert und wieder freigelassen werden. – I. NIKUSCH.

zur Zeit noch etwas recht Ungewöhnliches ist, so werden diese Substanzen doch, schon allein wegen der phantastischen Möglichkeiten, die sie bieten, für die lepidopterologische Forschung in Zukunft eine sehr große Bedeutung erlangen.

2.4 Beobachtung an natürlichen Nahrungsquellen

Von Axel Steiner

Imagines: Sind die Tagfalter in hohem Maße auf Blütennektar zur Deckung ihres Nahrungsbedarfs angewiesen und in dieser Hinsicht auch leicht zu beobachten, so findet sich bei den sogenannten »Nacht«faltergruppen ein wesentlich breiteres Spektrum von zum Teil sehr unterschiedlichen Nahrungsquellen.

Der Blütennektar spielt natürlich auch bei Nachtfaltern eine wichtige Rolle und ist für manche Arten wohl die einzige nutzbare Nahrungsquelle. Zu allgemeinen methodischen Fragen der Blütenökologie sei auf die Ausführungen in Band 1, Kapitel 2.4.2 verwiesen. Eine problemlose Beobachtung des Blütenbesuchs ist aber nur bei denjenigen Nachtfaltern möglich, die ganz oder teilweise tagaktiv sind, etwa einige Noctuidae, manche Geometridae sowie die Zygaenidae. Sonst beschränken sich unsere Kenntnisse vielfach auf Gartenblumen, an denen Schmetterlingssammler nachts »blütenbiologische« Beobachtungen anstellten, die sich aber meist auf die Feststellung beschränkten, welche Pflanzen zur Anlockung von Nachtfaltern zum Zweck des Fanges geeignet waren (z. B. Schultz 1924, Settele 1926), wobei der Sommerflieder *Buddleja davidii* meist auch hier an erster Stelle steht. Eine Reihe von nachtblühenden Pflanzen sind als »Nachtfalter-« oder »Schwärmerblumen« bekannt, denn den Nektar in Blüten mit langen Kelchen können oft nur die langrüsseligen Sphingidae erreichen.

Zur direkten Beobachtung nächtlichen Blütenbesuchs in quantitativ verwertbarem Ausmaß müßten Nachtsichtgeräte zum Einsatz kommen, und doch bleibt immer noch das Problem der Falterbestimmung, das bei Tieren, die etwa im Schwirrflug vor den Blüten stehen wie viele Noctuiden und Sphingiden, nicht ohne den zeitraubenden Fang und die genaue Betrachtung bei hellem Licht gelöst werden kann. Eine interessante Alternative zur Blütenbesuchs-Beobachtung bietet die Analyse der Pollen an den Saugrüsseln und anderen Körperteilen gefangener oder in Sammlungen vorhandener Tiere (Mikkola 1971, Turnock & Chong 1978). Dieses Verfahren – obwohl sehr aufwendig – kann zu interessanten und zum Teil überraschenden autökologischen Ergebnissen führen (Esche 1992), wirft aber zugleich eine Reihe von Problemen auf, die ohne weitergehende Forschungen nicht lösbar sind. Auf dem Gebiet der Migrationsforschung gelang mit Hilfe der Pollenanalyse beispielsweise der Nachweis, daß in Arkansas gefangene Falter von *Heliothis zea* mindestens 880 bzw. 1000 km in Süd-Nord-Richtung zurückgelegt haben mußten, da an ihnen Pollenkörner zweier subtropischer Pflanzengattungen gefunden wurden, die nördlich nur bis Süd-Texas verbreitet sind (Hendrix, Mueller, Phillips & Davis 1987).

Eine ergiebige Quelle für nächtliche lepidopterologische Beobachtungen stellen im Vorfrühling die männlichen Weidenkätzchen dar, an denen sich die überwinterten oder frischgeschlüpften Falter aus den Gattungen *Cerastis, Lithophane, Xylena, Eupsilia, Conistra, Triphosa, Chloroclysta, Eupithecia*

Art	Licht	Köder	Salix
Orthosia cruda	ca. 50	45	ca. 60
Orthosia gracilis	–	–	3
Orthosia stabilis	ca. 20	17	ca. 30
Orthosia incerta	9	3	9
Orthosia munda	3	54	5
Orthosia gothica	ca. 10	8	ca. 15
Brachionycha nubeculosa	1	–	–
Xylena vetusta	–	1	–
Lithophane socia	–	1	–
Lithophane ornitopus	6	7	–
Eupsilia transversa	5	ca. 50	1
Conistra vaccinii	5	ca. 30	–
Conistra rubiginosa	–	1	–
Conistra rubiginea	–	1	–
Nycteola revayana	1	–	–
Alsophila aescularia	1	–	–
Cloroclysta siterata	1	–	–
Apocheima hispidarium	ca. 20	–	–
Apocheima pilosarium	2	–	–
Lycia hirtaria	13	–	–
Biston stratarius	25	–	–
Agriopis leucophaearia	3	–	–
Agriopis marginaria	4	12	–
Summe	139	194	123

Vergleich der Anflugszahlen am Licht (160 W Mischlichtlampe, 2 superaktinische 40 W-Röhren), am Köder (Rotwein-Zucker-Bananen-Mischung, 30 angestrichene Bäume) und an einem großen Salix-Busch an einem Waldrand bei Ammerbuch-Reusten am 8. 4. 1986.

Oben: *Hypena proboscidalis* leckt an einer Brombeere. – Rußheimer Altrhein 26. 8. 92 H. LUSSI.
Unten: *Scoliopteryx libatrix* ist bisher die einzige bekannte mitteleuropäische Schmetterlingsart, bei der das aktive Anstechen von Früchten beobachtet worden ist. Hier saugt ein Falter im Auwald eine Brombeere aus. – Rußheimer Altrhein 26. 8. 92 H. LUSSI.

(*lanceata*) sowie besonders der Gattung *Orthosia* (»Kätzcheneulen«), letztere oft in Hunderten von Exemplaren, zur Nahrungsaufnahme einfinden (vgl. Tabelle). Eine früher verbreitete, aber heute viel zu wenig geübte Nachweismethode besteht darin, große Tücher unter Weidensträuchern auszulegen und die Falter von den Zweigen zu schütteln bzw. zu klopfen. Da die Temperaturen in den Frühlingsnächten noch recht kühl sind, brauchen die Falter meistens einige Zeit, bis sie sich zum Abfliegen aufgewärmt haben, so daß sie bequem bestimmt und ausgezählt werden können. Leider wird bei solchen Beobachtungen fast nie die konkrete *Salix*-Art bestimmt, sondern meist nur pauschal »Weidenkätzchen« angegeben. Als Hinweis sei noch erwähnt, daß auch Pappelkätzchen von den Faltern besucht werden (nachgewiesen für *Populus tremula*), vor allem dort, wo es wenig Weiden gibt, oder wenn die Weidenkätzchen noch nicht voll erblüht sind.

Der an verletzten, »blutenden« Bäumen austretende Baumsaft wird vor allem im Winterhalbjahr, wenn es wenige andere Nahrungsquellen gibt, von Noctuiden gerne besucht; diese Arten, die es gewöhnt sind, zur Nahrungsaufnahme an senkrechten, flachen Stellen zu landen, machen deshalb auch einen Großteil der Streichköder-Besucher aus.

Früchte, insbesondere überreife und faulende Früchte, repräsentieren schon für einige Tagfalter, vor allem für den Admiral (*Vanessa atalanta*), eine im Herbst fast allgemein verfügbare Nahrungsquelle, die von Nachtfaltern in noch viel stärkerem Maße genutzt wird (Abb.). Meistens handelt es sich um Früchtelecker mit normal oder sogar schwach ausgebildeten Rüsseln, die besonders aufgeplatzte, faulende oder verletzte Früchte besuchen – hier gelangen sie an den Fruchtsaft im Inneren. Anders dagegen die Früchtestecher mit ihren kräftigen, sägezahnbewehrten Rüsseln: mit diesen Strukturen können sie die Fruchtschale durchstechen und auch unverletzte Früchte nutzen. Zu dieser Gruppe gehören mehrere Gattungen mittelgroßer bis großer Eulenfalter von tropisch-subtropischer, zum Teil auch mediterraner Verbreitung (*Achaea, Ophiusa, Hypocala, Eudocima [=Othreis], Oraesia, Serrodes, Gonodonta, Sphingomorpha, Calyptra, Dysgonia*), die oft beträchtliche Schäden im Obstbau verursachen – nicht durch das Anstechen an sich, das nur kleine Löcher hinterläßt, sondern weil diese Einstichlöcher als Einfallspforten für Pilze und Bakterien dienen (BÄNZIGER 1969, BÜTTIKER 1970, GOLDING 1945, HARGREAVES 1936, NEUBECKER 1966). In Mitteleuropa ist bislang nur *Scoliopteryx libatrix* als Früchtestecher bekannt, die als Falter überwintert und deshalb schon von ihrer Phänologie her für die intensive Nutzung spätsommerlich-herbstlicher Ressourcen prädestiniert ist (Abb.).

Eine konsequente Weiterentwicklung des Früchtestechens ist das Blutsaugen, das bei einigen altweltlich-tropischen Angehörigen der Eulenfaltergattung *Calyptra* (früher *Calpe*) verwirklicht ist und von BÄNZIGER (1968, 1975, 1979, 1980, 1986, 1989) in vorbildlicher Weise untersucht und dokumentiert wurde. Bei der einzigen europäischen *Calyptra*-Art (*Calyptra thalictri*) wurde kein blutsaugendes Verhalten festgestellt.

In einer anderen Richtung haben sich die ebenfalls nur in den Tropen und Subtropen vorkommenden lacryphagen Arten spezialisiert: sie besuchen nachts Säugetiere, landen in der Augenregion und saugen Tränenflüssigkeit. Dieser Gilde gehören einige Pyralidae, Sphingidae, Notodontidae, Geometridae, Thyatiridae und Noctuidae (Chloephorinae) an (BÄNZIGER 1973, 1989).

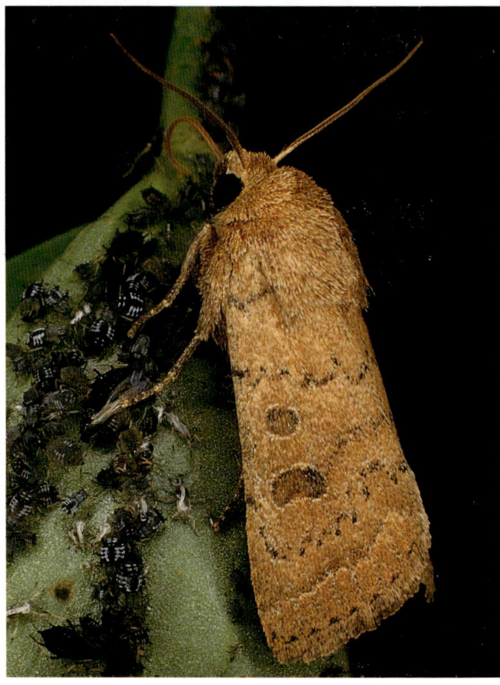

Eulenfalter sieht man oft in großer Anzahl um von Blattläusen befallene Pflanzen schwärmen. Hier sind Kultur-Bohnen dicht mit Blattläusen besetzt und Eulenfalter saugen an den Blättern, um den kaum sichtbaren, aber von der abendlichen Feuchtigkeit etwas gelösten Honigtau zu erlangen. Diese *Hoplodrina alsines* führt ihren Rüssel sogar direkt über die Blattläuse. – Schönbuch bei Breitenholz 5. 7. 88 A. STEINER.

Von Mutterkornpilzen (*Claviceps* spec.) befallene Grasblüten sondern mit den Conidien des Pilzes eine klebrige, zuckerhaltige Flüssigkeit aus, die nicht nur für Taginsekten, sondern auch für Nachtfalter attraktiv ist. Hier saugt *Phlogophora meticulosa* an *Molinia* spec. – Rammert bei Weilheim 23. 8. 91 A. STEINER.

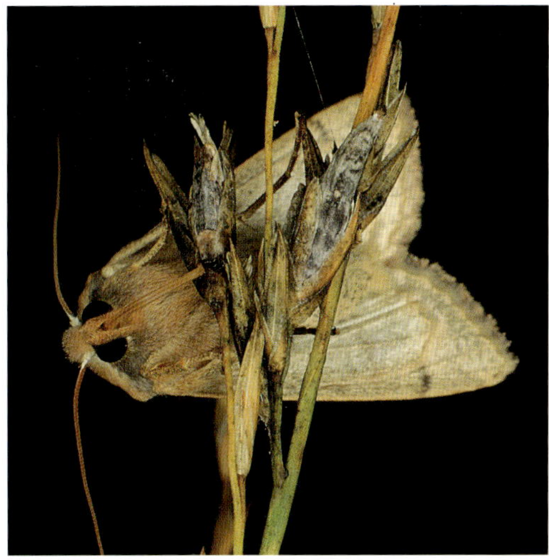

Später im Herbst entwickeln sich in den Grasblüten die grauen bis schwarzen Fruchtkörper (das »Mutterkorn«), die noch immer von Insekten besucht werden. *Agrochola circellaris* an *Molinia* spec. – Schönbuch, Eichenfirst 4. 10. 91 A. STEINER.

Die tagsüber von Ameisen so gern genutzten süßen Ausscheidungen der Blattläuse (Honigtau, Blattlaushonig) haben sicher eine weitaus höhere Bedeutung für Nachtfalter (und manche Tagfalter) als gemeinhin angenommen wird (Abb.). Systematische Beobachtungen über diese wichtige Nahrungsquelle liegen aber leider noch nicht vor, so daß nur auf die zahlreichen Einzelbeobachtungen und gelegentlichen Erwähnungen in der Literatur (z. B. ANONYMUS 1920, BERGMANN 1954, LEDERER 1959) verwiesen werden kann. ESCHE (1992) diskutierte den möglichen Konkurrenzvorteil dieser Nährstoffquelle für Falterarten mit reduziertem oder schwach sklerotisiertem Rüssel. Eine detailliertere Erforschung der Beziehung Blattläuse-Nachtfalter unter nahrungsökologischen Gesichtspunkten ist seit langem überfällig.

Eine große Bedeutung für Nachtfalter scheint auch den von Mutterkornpilzen der Gattung *Claviceps* (Ascomycetes, Pyrenomycetidae, Clavicipitales, Clavicipitaceae) befallenen Gräsern zuzukommen, an denen man im Hoch- und Spätsommer tagsüber oft Hunderte von Insekten (jedoch keine Tagfalter) beobachten kann und die bei Nacht von Faltern verschiedener Familien eifrig besucht werden (GREGORY 1989, KARR 1976, LUGINBILL 1928, PHILLIPS & WHITCOMB 1962, POHL, TIFFANY & KARR 1979) (Abb.). Dieses Verhalten ist seit langem bekannt und wurde von Schmetterlingssammlern als gelegentlich ergiebige Fangmethode ausgenutzt (BARTH 1929, LEDERER 1959, LENZ 1931, RESSLER 1925). Die *Claviceps*-Pilze parasitieren in Fruchtknoten von Gräsern und bilden

An einer schattigen, erst am Spätnachmittag ins Sonnenlicht geratenen Wegstelle haben sich einige Geometriden – vier *Epirrhoe alternata* und zwei *Xanthorhoe biriviata* – zur Nahrungsaufnahme auf Säugerexkrementen versammelt. – Tiefental bei Aichelau 31. 5. 83 A. STEINER.

Ähnlich wie viele Tagfalter lassen sich auch »Nachtfalter« gelegentlich auf die Haut nieder, um Schweiß zu saugen. Hier ist es der tagaktive Spanner *Semiothisa clathrata*, der sich ansonsten von Blütennektar ernährt. – Taubergießen 5. 86 T. Esche.

dort durch vegetative Vermehrung Conidien aus, die zusammen mit einer zuckerhaltigen Flüssigkeit ausgeschieden, deshalb von Insekten besucht und dadurch auf andere Gräser übertragen werden. In den Grasblüten bilden sich harte, graue bis schwarze Sclerotien (das sogenannte Mutterkorn), die auf den Boden fallen, wo sie überwintern und im folgenden Jahr Fruchtkörper mit Perithecien entwickeln, von denen aus die Sporen durch den Wind verbreitet werden.

Nur vereinzelte Beobachtungen liegen von der Nahrungsaufnahme an Kot (Abb.), Harn, Aas, feuchter Erde, Pfützen und menschlichem Schweiß (Abb.) vor, wohl weniger weil diese Substanzen von Nachtfaltern nicht genutzt würden, sondern vielmehr, weil sich kaum jemand die Mühe macht, bei Nacht systematische Beobachtungen daran anzustellen. Für Tagfalter ist die Aufnahme von gelösten Mineralsalzen aus solchen Stoffen gut belegt und besonders in den Tropen eine ganz geläufige Erscheinung.

Raupen: Die Vielfalt der Ernährungsweisen der Raupen kann hier nur ganz kursorisch gestreift werden. Die kleine und ökologisch recht einheitliche Gruppe der Tagfalter nutzt fast ausschließlich höhere Pflanzen und frißt daran auch meist nur die Blätter, eventuell noch Blüten und Früchte. Bei den sogenannten Nachtfaltern umfaßt das Nahrungsspektrum viel mehr (und ursprünglichere) Pflanzengruppen, nämlich auch niedere Pflanzen[1] wie Algen, Flechten, Pilze und Moose, wodurch sich eine Vielzahl von Einnischungsmöglichkeiten ergibt. Zu den von Nachtfaltern genutzten Strukturteilen der Pflanzen gehören neben den Blättern in größerem Maße Blüten und Früchte, ferner auch die Wurzeln und das Innere von (auch verholzten) Stengeln, Zweigen, Ästen und Stämmen. In Familien mit Arten von geringer Körpergröße ist die minierende Lebensweise sehr erfolgreich: die Raupen leben zwischen der oberen und unteren Epidermis und höhlen das Parenchym aus; solche Blattminierer verursachen unterschiedliche Typen von Fraßgängen (Platzminen, Spiralminen, Gangminen u.a.), die auf dem Blatt als braune oder durchscheinende Strukturen erkennbar und in der Regel für die einzelnen Arten charakteristisch sind. Die endophytische Lebensweise schützt zwar sehr gut vor Prädatoren, jedoch meist nicht vor Parasitoiden, die auch unter Holz und Rinde lebende Larven noch aufspüren und durch das Holz hindurch anstechen können.

Besondere Probleme bei der Beobachtung stellen diejenigen Arten, die in der oberen Erdbodenschicht leben und sich von Wurzeln verschiedener Pflanzen ernähren (z. B. *Euxoa*, *Agrotis* und Hepialidae). Hier fehlen selbst bei häufigen Arten echte Freilandbeobachtungen der Nahrungsaufnahme fast völlig. Zwar werden einige davon nicht selten gefunden, jedoch meist tagsüber beim Umgraben in Gärten oder beim Pflügen auf Feldern. Endophytische Arten (z. B. Sesiidae, Cossidae) werden (oder wurden wenigstens früher) ebenfalls nicht oft gefunden, bieten jedoch glücklicherweise keine Probleme bei der Zuordnung zu ihrer Nahrungspflanze.

---

[1] In der systematischen Botanik bezeichnet man als Niedere Pflanzen die Bacteriophyta (Bakterien), Cyanophyta (Blaualgen), Chrysophyta, Pyrrhophyta, Euglenophyta, Chlorophyta (Grünalgen), Charophyta (Armleuchtergewächse), Phaeophyta (Braunalgen), Rhodophyta (Rotalgen), Mycophyta (Pilze) und Lichenophyta (Flechten) (obwohl bei einigen dieser Gruppen eine klare Einordnung als Pflanze, Tier oder Pilz sowieso problematisch bleibt). In der alten Lepidopterologie (und selbst noch bei Koch [1984]) wurde der Ausdruck »niedere Pflanzen« aber für niedrig wachsende Blütenpflanzen benutzt, also zur Bezeichnung einer Wuchshöhe und nicht einer systematischen Einheit. Wegen dieses mißverständlichen Gebrauchs sollte der Terminus »niedere Pflanzen« in der modernen Entomologie vermieden werden. Wer auf eine umfassende, wenn auch systematisch ungenaue Bezeichnung dennoch nicht verzichten möchte, benutze besser einen Begriff, der nicht zu Verwechslungen Anlaß gibt, wie »krautige Pflanzen« oder »niedrig wachsende Pflanzen«.

Ungenügend untersucht sind bisher auch die pilzfressenden Arten (die unter anderem wertvolle Aufschlüsse über die Evolution von Nahrungsstrategien liefern könnten (POWELL 1980, RAWLINS 1984). So ist der Übergang von Mycophagie zu Phytophagie im Laufe der Raupenentwicklung ein und derselben Art für eine Anzahl von Hepialidae-Arten belegt (GREHAN 1989). Unter den mitteleuropäischen Arten sind vor allem einige Tineidae sowie eine Noctuide (*Parascotia fuliginaria*) obligatorische Pilzfresser.

Die Ernährung von Algen ist bei einigen Psychidae und Arctiidae (Lithosiinae) beobachtet worden und muß eventuell auch für einige Noctuidae (Acronictinae/Cryphiini) in Betracht gezogen werden. In engem Zusammenhang mit algen- und pilzfressenden Arten müssen die lichenophagen Arten gesehen werden. Sie ernähren sich von den jeweils aus einem Pilz- und einem Algenpartner bestehenden Flechten und umfassen eine ganze Reihe von Psychidae, einige Geometridae (Boarmiinae), Arctiidae (Lithosiinae) und Noctuidae (Acronictinae/Cryphiini) (sowie eventuell noch weitere Arten), die sich durch ihre Nahrungswahl zum Teil recht extreme Biotope wie Felswände und Mauern erschließen konnten (HIRNEISEN 1990).

Wenig erforscht sind die Lebensweisen der Arten, die trockene und vertrocknende oder faulende Pflanzenteile fressen, bis hin zu den reinen Detritusfressern. Unter den Noctuidae bietet in dieser Hinsicht die ursprüngliche Unterfamilie Herminiinae (von manchen Autoren als eigene Familie abgetrennt), unter den Geometridae die Unterfamilie Sterrhinae ein interessantes Untersuchungsfeld. Zwar lassen sich die meisten dieser Arten mit beliebigen frischen oder welken Blättern aufziehen, aber das tatsächliche Nahrungssubstrat in der Natur ist weitgehend unbekannt, da echte Fraßbeobachtungen im Freiland überwiegend fehlen. Auch manche Arten der *Caradrina*-Gattungsgruppe sind anscheinend in der Natur Welklaubfresser, und das regelmäßige Auftreten frischgeschlüpfter *Caradrina (Paradrina) clavipalpis*-Falter in Häusern, Ställen und Schuppen im Winterhalbjahr läßt die Vermutung zu, daß sich die Raupen unter anderem im Detritus menschlicher Behausungen entwickeln, was auch für den »Hausspanner« *Idaea inquinata* sehr wahrscheinlich ist.

Keratophage Arten, die sich von keratinhaltigen tierischen Substanzen wie Haar, Wolle, Federn, Haut ernähren, finden sich vor allem unter den sogenannten »Kleinschmetterlingen«, so etwa die in Säuger- und Vogelnestern lebenden Tineidae, die zum Teil sekundär in den Bereich menschlicher Wohnungen eingedrungenen sind, wo sie sich als Kleidermotten, Tapetenmotten, Dörrobstmotten usw. unangenehm bemerkbar machen. Die Wachsmotten der Pyraliden-Unterfamilie Galleriinae sind zu einer Lebensweise in den Nestern sozialer Hymenopteren übergegangen, wo sie sich von Wachs ernähren. Während manche dieser »unkonventionelle« Nahrung nutzenden Arten stark spezialisiert und angepaßt sind, scheinen andere plastischer veranlagt und zum Wechsel zwischen unterschiedlichsten Nahrungssubstraten imstande zu sein.

Obligatorisch carnivore Arten finden sich unter den Schmetterlingen nur selten und in nicht näher verwandten Gruppen; man darf daher auch bei dieser Nahrungsstrategie eine konvergente Entstehung aus ursprünglich phytophagen Vorfahren annehmen. Die bekanntesten Beispiele sind die als Ektoparasiten an Zikaden (Fulgoroidea) lebenden Epipyropidae (MARSHALL 1970, ZERNY 1910), einige Noctuidae (Acontiinae), die als Coccidenfresser bekanntgeworden sind (z.B. WILTSHIRE 1948), aber noch genauere Untersuchungen erfordern, und die berühmten, zu Ansitzjägern gewordenen, endemischen *Eupithecia*-Arten auf Hawaii, die sich besonders von Imagines der unzähligen *Drosophila*-Arten dieser Inselgruppe ernähren (MONTGOMERY 1982). Einige der myrmecophilen Lycaenidae-Arten scheinen sich regelmäßig von den Ameisenlarven zu ernähren. Raupen von *Titanoceros* leben von den Eigelegen anderer Schmetterlinge, *Stathmopoda*-Raupen von Eigelegen von Spinnen.

In der Gefangenschaft taucht gelegentlich das Phänomen des Kannibalismus auf: bei Futtermangel oder bei zu beengter Massenhaltung fallen Raupen normalerweise einzeln lebender Arten manchmal ihre Artgenossen und Geschwister an, doch dürfte dies in der Natur kaum vorkommen. Dagegen sind Raupen von *Cosmia trapezina* (»Mordraupeneule«) auch im Freiland schon beim Verspeisen von Frostspannerraupen beobachtet worden, und bei manchen endophytisch lebenden Raupen kommt es scheinbar öfters vor, daß in der selben Pflanze angetroffene Konkurrenten, auch wenn sie der selben Art angehören, beseitigt werden, um wenigstens einem Tier die Nahrungsgrundlage und damit das Überleben zu sichern; dieses Verhalten dient also durchaus der Arterhaltung, auch wenn es sich gelegentlich gegen Angehörige der eigenen Art richtet.

Schließlich sind noch die Arten der Pyraliden-Unterfamilie Nymphulinae zu erwähnen, die ihr Raupenleben im und unter dem Wasser verbringen und zum Teil sogar in der Lage sind, Sauerstoff über die Haut direkt aus dem Wasser aufzunehmen. So interessant diese Anpassungen in der Lebensweise sind, so konventionell bleibt ihre Ernährung, da sie sich von im Wasser wachsenden Höheren Pflanzen ernähren.

Insgesamt kann gesagt werden, daß die Nahrungsbiologie und die Lebensweise vieler Arten, ja oft ganzer Gattungen, der meisten Schmetterlingsgruppen, die nicht zu den Tagfaltern gehören, nur sehr unzureichend bekannt ist. Sorgfältige, detailbewußte und meist zeitraubende Grundlagenforschung im Gelände ist hier der einzige Weg, unsere Kenntnisse zu erweitern. Die oft unerwarteten und interessanten Ergebnisse dieser Freilandarbeit mögen als Ansporn dazu dienen. An den Stellen, wo eine Art im Imaginalstadium nachgewiesen wurde (vor allem, wenn es sich um mehrere Individuen handelte und somit Bodenständigkeit wahrscheinlich ist), kann die Suche nach den Entwicklungsstadien ansetzen und führt in erstaunlich vielen Fällen zum Erfolg, besonders wenn schon Literaturangaben über die gesuchte oder eine nahe verwandte Art vorliegen.

3 Aspekte zur Nahrungskonkurrenz unter Nachtfaltern

Von THOMAS ESCHE

3.1 Nahrungskonkurrenten und Nischentrennung

Von den etwa 1200 Großschmetterlingsarten (Macrolepidoptera) Mitteleuropas sind mehr als 80% nachtaktiv. Entgegen üblichen Annahmen spielt sich Schmetterlingsleben also vorwiegend nachts ab. Offenbar hat das Nachtleben Vorteile; die Falter begegnen, außer Fledermäusen und Spinnen, nur wenigen Räubern. Zudem sind sie in ihrem Aktivitätsraum ungehindert durch Reviere, wie sie tagsüber durch Schwebfliegen, Tagschmetterlinge (vgl. u.a. BAKER 1972 und DAVIES 1968) und Libellen (HEYMER 1970) eingenommen werden (s. auch FITZPATRICK 1984 und BAKER 1983).

Auch die Verfügbarkeit von Nektar als Nahrungsressource erscheint für Schmetterlinge des Nachts auf den ersten Blick günstiger: Die nektar- oder pollenfressenden Wildbienen, Schwebfliegen und Käfer sind, mit wenigen Ausnahmen, nur tags aktiv. Allein einige wenige Florfliegen, Köcherfliegen und einige Raupenwespen (Ichneumonidae), suchen nachts Blüten auf. BRANTJES & LEEMANS (1976c) wiesen Bestäubung von Nelken durch nachtaktive Mücken nach. Insgesamt jedoch gibt es außer Schmetterlingen in Europa nur wenige nächtliche Blütenbesucher.

Trotzdem ist die Konkurrenz um Nektar in der Nacht nicht geringer als am Tage, da kaum eine Blüte nachts geöffnet ist oder Nektar produziert. Daher erstaunt es nicht, daß die Imagines der Nachtschmetterlinge auf mehreren Ebenen (»Nischendimensionen« nach HUTCHINSON 1959) Spezialisierung (Nischentrennung) zur Vermeidung aktueller zwischenartlicher Konkurrenz zeigen. Im folgenden seien fünf dieser Ebenen der Spezialisierung von Nachtfalter-Imagines dargestellt:

3.1.1 Die erste Ebene der Nischentrennung: Der Rüssel

Falterrüssel lassen sich nach Farbe, Länge, Form, Ausstattung mit Sensillen und Pinselstrukturen, Stabilität und Elastizität unterscheiden (Darstellung feinster artspezifischer Oberflächenstrukturen der Rüssel im Rasterelektronenmikroskop bei MÖLLER 1986, HOFMANN 1983 und ESCHE 1992).

Die Rüssel lassen sich 4 Kategorien zuordnen:

1. Kategorie: »Gammaeulen-Schwärmer-Typ«
Beispiele: *Autographa gamma, Deilephila porcellus.*
»Kräftige Rüssel« – Stark sklerotisierte und daher schwarze, elastische, oft sehr lange Rüssel mit wenigen Sensilla styloconica[1]. Diese bilden nie in distaler Anhäufung eine Pinselstruktur.

2. Kategorie: »Schilfeulen-Typ«
Beispiele: *Mythimna pallens, Phlogophora meticulosa.*
»Rüssel mittlerer Stärke« – Hellbraune, teils auch braune Rüssel durchschnittlicher Länge; Spitze oft mit in Anzahl und Größe auffälligen gebündelten sensilla styloconica: »Pinselstruktur«.

3. Kategorie: »Drepaniden-Typ«
Beispiele: *Drepana binaria, Herminia tarsicrinalis.*
»Schwach ausgebildete Rüssel« – Wenig sklerotisierte, daher weißliche oder gelbliche Rüssel von spröder Beschaffenheit; teilweise mit vielen und/oder hohen Sensilla styloconica besetzt; Galeae[2] einiger Arten *(Diacrisia sannio)* ungleich lang; oft getrennt.

4. Kategorie: »Lymantriiden-Typ«
Beispiele: *Lymantria monacha, Euthrix potatoria.*
»Reduzierte Rüssel« – Die Galeae sind gänzlich zurückgebildet oder zumindest auf wenige Zehntelmillimeter verkürzt.

Die Morphologie der Falterrüssel wird in den Kreis der morphologischen Anpassungen bei der Koevolution der Blütenbesucher sowie der Aufnahme anderer Nahrungsressourcen gestellt. Sie wird damit als Resultat nicht allein vorausgegangener sondern auch aktueller Konkurrenz betrachtet (DEMOLL 1909, KIRCHNER 1911, KNOLL 1956, BÄNZIGER 1980, STEFFNY 1982, ESCHE 1992).

Die Fülle markanter Unterschiede der Rüssel unserer heimischen Nachtschmetterlinge läßt mit einiger Erfahrung Rückschlüsse auf deren Nahrungserwerb zu:

---

[1] Riechstifte
[2] Die beiden Rüsselhälften

• Der dicke, wenig sklerotisierte und daher hellfarbene Rüssel des Schilfeulen-Typus' ist spröde und zerbrechlich. Büschel von Sensilla styloconica bilden an seinem distalen Ende einen Pinsel aus, der Feuchtigkeitsfilme wie beispielsweise Honigtau, austretende Baumsäfte oder Wasser von Blättern oder vom Boden aufzunehmen vermag so wie man Wasser mit einem Stofflappen aufnehmen kann.

• Der dünne, stark sklerotisierte und daher dunkle oder schwarze Rüssel des Gammaeulen-Typus' ist fest und elastisch; er besitzt nur wenige Sensillen. Diesen Rüssel vermag ein Schmetterling unschwer in die feine Blütenröhre einer *Silene nutans* (Nickendes Leimkraut) einzufädeln. Feuchtigkeit von einer Fläche her aufzunehmen, ist dagegen mit einem solch feinen pinzettenartigen Rüssel kaum möglich.

• Viele Sonderbildungen lassen sich beobachten. Die Säge-Raspel-Rüssel von *Scopula ornata* und *Scoliopteryx libatrix* beispielsweise weisen auf hochspezialisierten Einsatz hin. Über die letztgenannte Noctuide, einen »Früchtestecher«, berichtet Bänziger (1969): Mit den Säge- und Raspel-Strukturen vermag das Tier reife Früchte anzustechen, das Fruchtfleisch zu verletzen und damit Saft zu gewinnen.

• Auch die Rüssellänge ist Ausdruck einer Spezialisierung. Allerdings begrenzt sie den Blütenbesuch nur in einer Richtung: Zu lange Blütenröhren verwehren »Kurzrüsslern« den Weg zum Nektar; doch »Langrüssler« gelangen auch in die kürzeste Röhre. Zwar muß der Rüssel beim Einsatz völlig entrollt sein (seine Spitze liegt in der Mitte der eingerollten Spirale), doch hat er nach seinem ersten Drittel ein Knie (Abbildung 29.18 in Kaestner 1973), das das Tier die Rüsselspitze überallhin dirigieren läßt. Angaben zu Rüssellängen machen Knuth (1898), Kirchner (1911), Knoll (1956), Steffny (1982), Möller (1986), Esche (1992).

• Rüsselreduktion heißt nicht immer völliges Verschwinden des Proboscis[3]. Offenbar vermögen manche Arten die Energie- oder Mineralaufnahme nicht ganz aufzugeben. Namentlich letztere ist für die Männchen jener Arten notwendig, deren Spermatophoren viele Mineralstoffe enthalten. Wenig Mineralstoffe enthalten beispielsweise Lymantriiden-Spermatophoren: Die Galeae ihrer Imagines sind zumindest äußerlich völlig reduziert.

• Auf geschlechtsspezifische Ernährungsweisen läßt der Sexualdimorphismus der Mundwerkzeuge der drei Spanner *Horisme tersata, Lycia hirtaria* und *Peribatodes secundarius* schließen. Hier sind die Rüssel der Männchen und Weibchen von unterschiedlicher Länge und Elastizität.

Rüsselreduktion als Selektionsvorteil – Alternative Ressource Honigtau

Der Anteil der Schmetterlingsarten mit reduziertem Rüssel in einer Faltergemeinschaft ist größer als üblicherweise angenommen wird: Ein knappes Drittel der Individuen und Arten etwa der in den Rhein-Auewäldern lebenden Faltergemeinschaften besitzen völlig oder teilweise reduzierte Rüssel. Die für den winterlichen Wald der gemäßigten Zone typischen Frostspanner und Frostspinner haben ihre Galeae völlig zurückgebildet. Solange kondensiertes Wasser und gelöste Mineralien die nahezu einzige im Winter verfügbare flüssige Nahrung bleiben, erscheint dies sinnvoll. Warum aber bildeten sommeraktive Schmetterlingsarten ihre Galeae ganz oder teilweise zurück? In Faltergemeinschaften der Rhein-Auwälder nehmen ab Anfang Juli die Falterarten mit Rüsseln des Drepaniden- und Lymantriiden-Typus' zu. Während dieser Jahreszeit ist das Angebot von Honigtau besonders groß. Alte Sammlererfahrung lehrt, daß jetzt der Köderfang deutlich weniger lohnend ist als im Hoch- und Spätsommer. Offenbar ist der Honigtau zu dieser Jahreszeit das attraktivere Angebot. Für die schwach ausgebildeten wie für die auf wenige Millimeter reduzierten Rüssel läßt sich somit die Verkürzung der Rüssellängen und die geringere Aushärtung der Galeae mit der Aufnahme von Honigtau erklären.

Honigtau zu nutzen, sich auf ihn zu spezialisieren, hat zwar den Nachteil, vom oft dramatisch verlaufenden Massenwechsel der Aphiden (Blattläuse) oder von sommerlichen Starkregen beziehungsweise dem Ausbleiben ihrer das Laub reinigenden Wirkung abhängig zu sein. Dagegen steht jedoch seine praktisch unbegrenzte Menge während der Schönwetterperioden der sommerlichen Hochdruckwetterlagen. Zudem sind von Honigtau, im Gegensatz zu vielen Nektaren, keine potentiell toxischen Substanzen wie Alkaloide und Glykoside bekannt. Honigtau enthält eine Vielzahl für Schmetterlinge wichtige Stoffe, die nicht allein von den Läusen bzw. der Pflanze stammen. Mikrobielle Zersetzung reichert ihn zusätzlich an.

»Feeding on homopterous honeydew is a logical extension of the typical nectar-feeding habit of adult Lepidoptera« (Johnson 1985). Tatsächlich nutzen unter den Tagschmetterlingen nur wenige Lycaenidae und Nymphalidae regelmäßig Honigtau (Steffny 1982, Lederer 1951) – ganz im Gegensatz zu den Nachtschmetterlingen, was die

[3] Rüssel

vielen Beobachtungen an Honigtau saugender Nachtschmetterlinge belegen (ESCHE, unveröffentlicht, BERGMANN 1954). Wälder, aber auch die Mantelgesellschaften ihrer Ränder, Einzelbäume, Weidengebüsche und Schilfbestände bieten ein beträchtliches Angebot an Honigtau. Wie Freilandbeobachtungen gezeigt haben, sind gerade diese Strukturen nachts die für Nachtschmetterlinge kleinklimatisch günstigsten Orte im Offenland (s. u.).

Nicht in jedem Fall weist Rüsselverkürzung auf Honigtau: Der kurze Rüssel des Totenkopfschwärmers *(Acherontia atropos)* ist offenbar eine Anpassung an die Aufnahme von Honig in Bienenstöcken (HEINIG 1978).

Rüsseltypen kennzeichnen Artengemeinschaften

Die in verschiedenen Lebensräumen unterschiedlichen Nahrungsangebote haben stets einen Einfluß auf den Anteil der Individuen an den vier verschiedenen Rüsseltypen. In den Hartholzauewäldern der Rheinebene ist der Anteil der »Rüssel mittlerer Stärke« am stärksten vertreten. In Wiesen-Hecken-Landschaften sind die Tiere mit »kräftig« ausgebildetem Rüssel des Gammaeulen-Schwärmer-Typus die individuen- und artenstärkste Gruppe. Den geringsten Anteil unter Individuen wie Arten haben die »schwach« ausgebildeten Rüssel des Drepaniden-Typus'. Bei der Umwandlung des blütenarmen Waldes in blütenreicheres Offenland fand im Verlauf der vergangenen Jahrtausende offenbar eine starke Verschiebung zugunsten der Arten mit kräftigem Rüssel statt.

3.1.2 Die zweite Ebene der Nischentrennung: Die Jahresphänologie

Artendichte, Individuendichte und Populationsgröße der verschiedenen Arten verteilen sich ungleich über das Jahr.

Neben Arten ohne ausgesprochene Anflugsmaxima wie *Phalera bucephala* gibt es Arten, deren Anflug sich auf wenige Nächte konzentriert wie bei *Comibaena pustulata, Ourapteryx sambucaria, Leucoma salicis* und *Siona lineata*. Früh fliegenden Arten wie *Elkneria pudibunda* oder *Agrotis cinerea* stehen Spätsommer-Tiere gegenüber: *Xestia xanthographa, Thalpophila matura, Lasiocampa trifolii*. Den ganzen Sommer über aktive »Dauerflieger« sind *Deilephila porcellus, Hoplodrina ambigua* und *Opisthograptis luteolata*. Sie markieren dabei mit jeweils mehreren Anflugmaxima die verschiedenen Generationen. *Lomaspilis marginata* und *Semiothisa clathrata* schlüpfen offenbar sukzessive während des ganzen Sommers. Deutlich voneinander geschiedene Generationen zeigen *Mythimna pallens, Melanthia procellata* und *Clostera curtula*.

Fliegt eine Art in mehreren Generationen, sind diese oft verschieden stark ausgeprägt, wie ESCHE (1992) mit Untersuchungen in einem Lebensraum der Rheinaue zeigen konnte[4]:

- Bei *Pareulype berbera* und *Diacrisia sannio* ist die 1. Generation individuenstärker; die letztgenannte Art flog in der 1. Generation mit der zweifachen Aktivität der 2. Generation ans Licht;
- *Xestia c-nigrum* flog in der 2. Generation mit zweifacher Aktivität im Vergleich zur 1. Generation. Nah verwandte Arten fliegen meist zur gleichen Jahreszeit; Ausnahmen sind die Gattungen *Philereme, Cabera* und *Clostera*, deren Arten jeweils deutlich getrennt fliegen.

Die Artenzusammensetzung der Nachtschmetterlingsgemeinschaft ändert sich also im Verlauf des Jahres ständig. Dabei ist die zeitliche Beschränkung der Flugzeiten je Art unterschiedlich ausgebildet und ausgeprägt. Die artspezifische Jahresphänologie verringert die Konkurrenz etwa um Nektar, da sich aufgrund der unterschiedlichen Flugzeiten über das Jahr jeweils nur wenige Arten begegnen können[5]:

- Aufgrund der jahreszeitlichen Verteilung der Arten begegnen sich in einer Monats-Dekade nurmehr durchschnittlich 33 % aller Arten.
- Die meisten Arten besitzen Flugzeithöhepunkte; Begegnungen zwischen Arten mit Flugzeithöhepunkt in der jeweiligen Dekade sind je Dekade allein zwischen durchschnittlich 8 % aller Arten möglich.
- Bei Blütenbesuchern – also bei Arten mit kräftigen Rüsseln und Rüsseln mittlerer Stärke – beschränken sich diese Begegnungen auf 5 % aller Arten.

3.1.3 Die dritte Ebene der Nischentrennung: Die Tagesphänologie

Der Jahres-Phänologie ist bei vielen Arten eine Tages-Phänologie unterlagert. Der Anflug von Insekten ans Licht setzt gleich zu Ende der Dämmerung mit in warmen Nächten oft unglaublichen Massen von Dipteren und Trichopteren ein. Nachtschmetterlinge finden zunächst nur vereinzelt zum Licht. Erst nach etwa 30 Minuten nimmt der Schmetterlingsflug zu. Ein Großteil der Nachtschmetterlingsarten beginnt seinen Anflug inner-

[4] NSG Taubergießen, Mai bis September 1984, vgl. ESCHE (1992)

[5] Wie Fußnote 4

halb der ersten Stunde nach der Dämmerung und erreicht einen Anflughöhepunkt noch vor Mitternacht. Doch gibt es auch Arten mit ausgesprochen spätem Anflugbeginn und spätem Flugmaximum[6].

- Dämmerungsflieger mit einer nur kurzen, prägnanten Licht-Aktivitätszeit von 1–1,5 Stunden sind die auch am Tag aktive *Siona lineata* sowie *Deilephila porcellus, Deilephila elpenor, Axylia putris*.
- Den mit dem Sonnenstand von Woche zu Woche sich zeitlich verlagernden Sonnenuntergang bzw. Dämmerungsbeginn vollziehen Arten wie *Autographa gamma* und *Semiothisa clathrata* (die beide auch tagaktiv sind) und *Axylia putris* mit.
- Spätflieger-Arten mit kurzer, prägnanter später Flugzeit sind beispielsweise *Apamea anceps* (24 h), *Serraca punctinalis* (24 h), *Malacosoma neustria* (23.30 h), *Smerinthus ocellata* (1 h), *Laothoe populi* (1.30 h).
- Auf geschlechtsspezifische Jahres-Phänologie weisen die Anflüge von *Cabera exanthemata* und *Eupithecia centaureata* hin, bei denen die Weibchen erst nach den Männchen erscheinen. Bei *Mythimna albipuncta* erscheinen, ganz im Gegensatz zur 1. Generation, in der 2. Generation vorwiegend Weibchen am Licht.

Viele nah verwandte Arten fliegen nicht zeitgleich miteinander, sondern schließen sich in ihren Erscheinungszeiten aus:

- Hierbei zeigen jahresphänologische Trennung die Arten *Lithacodia pygarga* und *L. deceptoria, Spilosoma lubricipeda* und *S. luteum, Deilephila elpenor* und *D. porcellus*, Arten der Gattung *Mythimna* (weniger deutlich bei Arten der Gattung *Drepana* und *Tethea*).
- Tagesphänologische Trennung zeigen *Deilephila elpenor* und *D. porcellus, Spilosoma lubricipeda* (22.30 h–23.00 h) und *luteum* (23.30 h–1.00 h), *Apamea sublustris* (22.00 h), *Apamea anceps, A. monoglypha* und *A. sordens* (24.00 h).

Die Beschränkung der Flugzeit auf je nach Art bestimmte Stunden der Nacht ist die zweite Ebene zeitlicher Isolation. Manche Arten verwirklichen nur eine der beiden, viele Arten jedoch beide Modi. Die Artenzahl der Blütenbesucher, die sich zugleich jahres- wie tageszeitlich einnischen, lag in aktueller Dekade und Nachthälfte unter 1 % aller in einem Rheinauewald nachgewiesenen Arten. Die übrigen zu diesem Zeitpunkt fliegenden Arten sind entweder Flugzeit-Generalisten, sind auf nur einer Ebene (jahreszeitlich oder tageszeitlich) isoliert, befinden sich nur im peripheren (suboptimalen?) Bereich »ihrer« Flugzeiten oder besitzen teilweise oder völlig reduzierte Rüssel. Einen für Blütenbesuch geeigneten Rüssel besitzen nur zwei Drittel der 312 Arten wie auch zwei Drittel der Individuen – allein diese Arten sind an den Blüten zu erwarten.

Eine umfassende Zusammenstellung unseres heutigen Wissens über tagesphänologische Isolation bei Nachtschmetterlingen geben Dreissig (1986) und Esche (1992).

Die artspezifischen Aktivitätszeiten im Jahres- oder im Tagesverlauf können als durch Selektion evolvierte Spezialisation betrachtet werden. Für ihre Entstehung wären mehrere Möglichkeiten denkbar:

1. Hitchen (1969) verweist auf eine mögliche Pheromon-Duft-Konkurrenz bei nah verwandten Arten. Unterschiedliche Lockzeiten ihrer Weibchen würden die Männchen in ihrer Entscheidung entlasten, welche von mehreren in der Luft liegenden Duftbahnen die für sie richtigen sind. Visuelle Geschlechterfindung, wie sie Mallet (1984) bei *Hepialus humuli* (Hepialidae) nachwies, ist bei Nachtschmetterlingen eher die Ausnahme.
2. Vereinfachung der Geschlechterfindung durch Verkürzung der Aktivitätszeit (Hitchen 1969).
3. Zeitliche Isolation als Teil eines Art-Trennungs-Mechanismus.
4. Zeitliche Isolation zur Minderung des Konkurrenzdrucks an der Blüte.
5. Zeitliche Isolation zur Minderung der Konkurrenz um Ressourcen der Larvalstadien (dies betrifft nur die jahreszeitliche Nische).

Trotz der Spezialisierungen der meisten der Arten auf einer oder mehrerer Ebenen bleibt Raum genug für Konkurrenz. Aktuelle Konkurrenz ist allein mit zeitlicher Isolation kaum auszuschließen. Es sind daher über die beschriebenen Nischenbildungen hinaus auch beim Blütenbesuch selbst Strategien der Konkurrenzvermeidung zu erwarten.

3.1.4 Die vierte Ebene der Nischentrennung: Die Nektarpflanzenwahl

Nachtfalter lassen sich naturgemäß nur schwer beim Blütenbesuch beobachten. Erst die Auswertung der Pollenlast von Freilandtieren beschreibt das Blütenspektrum der verschiedenen Nachtschmetterlingsarten umfassend.

Die Blütenspektren der Gammaeule *(Autographa gamma)* und des Kleinen Weinschwärmers

[6] Hinsichtlich ihres Kleinklimas besondere Lebensräume wie z.B. Hochmoore machen Ausnahmen: Im Eschengrundmoos bei Hinterzarten etwa kommt der Nachtfalterflug bereits vor Mitternacht nahezu völlig zum Erliegen.

(Deilephila porcellus), die gemeinsam beispielsweise einen Wiesen-Hecken-Lebensraum bei Rust/Rhein besiedeln, könnte auf diese Weise beschrieben werden: Beide Blütenspektren überschneiden sich in weiten Bereichen, doch besitzen beide Arten keine gemeinsame Hauptnektarpflanze. Die Gammaeule trägt verhältnismäßig mehr Pollen kurzröhriger als langröhriger Blüten und mehr Pollenarten aus kleinklimatisch suboptimalen als aus optimalen Lebensräumen. Der Kleine Weinschwärmer trägt vor allem Pollenkörner langröhriger Blüten; seine Pollen stammen vorwiegend von Pflanzen der kleinklimatisch günstigeren Lebensräume.

3.1.5 Die fünfte Ebene der Nischentrennung: Arteigene Blütenbesuchstrategien

Feldbeobachtungen haben gezeigt, wie verschiedene Nachtfalter dieselben Blüten zur selben Zeit besuchen und trotzdem durch unterschiedliche Ausbeutungsstrategien direkter Konkurrenz aus dem Wege gehen. So zeigen *Autographa gamma* und *Euclidia glyphica* bei einer Untersuchung in Rheinaue-Wiesen bei Rust/Rhein, wo beide im gleichen Lebensraum siedeln, folgende unterschiedliche Verhaltensweisen:

- *Autographa gamma* ist hinsichtlich der Blütenwahl ein Generalist. Die Individuen allerdings sind blütenstet, wie bereits SCHREMMER (1941) berichtet – blütenstet insoweit, als sie vorwiegend die Blütenart aufsuchen, deren Bestandsdichte möglichst langwährenden Besuch verspricht. Dies hat den Vorteil, sich auf diese eine Blütenart gewissermaßen »einschießen« und so mit besonders geringem Zeitverlust beim handling (»Umgang mit der Blüte«) eine Blüte nach der anderen rasch »absolvieren« zu können. Dieses Vorgehen setzt große Lernfähigkeit voraus und ist energieaufwendig, erschließt jedoch in kürzester Zeit die dünn gesäten Blütenkelche mit hohem Nektarstand. Die meisten Besucher sind Kurzbesuche von 1 bis 3 Sekunden. Offenbar sind die Langbesuche die erfolgreichen Besuche und nur jeder siebte Anflug lohnt einen Besuch von 20 Sekunden oder mehr. Die Gammaeule erscheint als ein »intelligenter« Energieverschwender und Opportunist, dessen Agilität in jedem Lebensraum des Offenlandes rasch die weit verstreuten gefüllten Blüten erschließt. Diese Eigenschaften machen sie zu einem Wanderfalter par excellence in allen Landschaftsgürteln ihres Verbreitungsgebietes.
- *Euclidia glyphica* nutzt in der gleichen Zeit, in der die Gammaeule Hunderte von Blüten besucht, weniger Blüten und entsprechend weniger Nektar. Doch dabei bewegt sie sich mit bedeutend geringerem Energieeinsatz. Statt die Blüte nach dem Nektarsaugen zu verlassen, »besetzt« das Tier die Blüte minutenlang und sucht noch mehrmals in allen Einzelblüten nach Nektar. Wahrscheinlich reizt es mit seinem Rüssel durch mehrmaliges Betasten das Nektardrüsengewebe zu neuerlicher Nektarproduktion. Im Vergleich zur Gammaeule erscheint diese Art als Energiesparer, der nicht viel Nektar gewinnt, jedoch auch wenig Energie verbraucht.

3.1.6 Wanderschmetterlinge – die unberechenbare Konkurrenz

Spezialisierungen können den Konkurrenzdruck im allgemeinen verringern, doch kommt es immer wieder zu Situationen, in denen weniger blütenstete Generalisten empfindliche Konkurrenten werden. Ihrem Grade nach nicht voraussagbar, doch alljährlich mehrfach und mit Sicherheit eintreffend sind Einwanderung und Durchzug von Wanderschmetterlingen in oft unglaublichen Massen. Was des Nachts nur als Invasion am Licht erscheint, können wir allein bei den Tagschmetterlingen wirklich beobachten: Läßt sich ein solcher Wanderzug nieder, werden die Blüten von Schmetterlingen geradezu überschwemmt; seien es blühende Stauden am Waldrand, Blumenrabatten in Parks, oder blütenreiche Alpenmatten vor einem verschneiten Paß. Die Individuenstärke der nächtlichen Wanderer ist wahrscheinlich um ein Vielfaches höher, wovon die regelmäßigen Berichte der Beobachtungsstationen für Insektenwanderungen auf den schweizerischen Alpenpässen zeugen (siehe Jahresberichte in der Zeitschrift ATALANTA).

Gerade Wanderfalter sind nicht-blütenstete Nahrungsgeneralisten. Sie müssen dies sein, da sie auf ihrem Zug oftmals mehrere Landschaftsgürtel mit unterschiedlichstem Nahrungsangebot durchqueren. Auf das Konkurrenzgefüge der Zönosen im Bereich der Zugstraßen und der »Ziel«-Gebiete kann der Energiebedarf der Wanderzüge nicht folgenlos bleiben.

3.2 Nachtfalter, Klima und Landschaftsveränderungen

3.2.1 Mikroklima und Nachtschmetterlinge

Der Einfluß der relativen Luftfeuchte, des Windes und vor allem der Temperatur auf den Nachtschmetterlingsflug ist schon oft beschrieben worden, wird aber noch nicht verstanden. Die drei genannten Klimafaktoren wirken offenbar komplex miteinander. Nachtschmetterlinge reagieren in verschiedener Weise auf plötzlichen Temperaturanstieg oder -abfall, auf letzteren im allgemeinen mit

Das nächtliche Mikroklima ist eine Umkehr der Einstrahlungsverhältnisse am Tage. Bereits in der Dämmerung sind die Blüten auf der Wiesenfläche als Nahrungsressource nicht mehr verfügbar; die Nebellinse zeigt die hier beginnende starke Auskühlung an. Die Nahrungsquelle ist jetzt an den blütenreichen Säumen des Waldrandes zu suchen, die von der Strahlungskälte nicht vor dem Morgengrauen erreicht werden. – Taubergießen 1984 T. Esche.

Einstellen ihrer Aktivität zunächst am Licht, später auch an den Blüten.

In Lebensräumen wie den Hochmooren des Schwarzwaldes ist die Tagesphänologie der Imagines durch Höhenlage und Geomorphologie (Kältesee nach rascher Ausstrahlung) vorgegeben: Bereits zwei Stunden nach der Dämmerung stellen die Nachtschmetterlinge den Anflug an das Licht ein (Esche 1984, unveröffentlicht). In diesen Mittelgebirgs-Hochmooren sind selbst im Hochsommer Nachtfröste zu erwarten. Hier bestimmen zwei Ungunstfaktoren das nächtliche Schmetterlingsleben:
1. die starke Auskühlung auch nach heißen Sommertagen,
2. die eminente Blütenarmut besonders der ökologisch wenig gestörten Hochmoore.
Die Folge davon ist eine nur kurze Aktivitätszeit der nachtaktiven Insekten bis zwei Stunden nach Einbruch der Nacht und der geringe Anteil obligatorisch blütenbesuchender Arten.

Auch auf den Wiesen der Tiefländer zeichnet sich eine im Vergleich zu anderen Lebensräumen in vielen Nächten deutlich gedämpfte Aktivität der Imagines nach Mitternacht ab. Allein wenn während starker zyklonaler Tätigkeit die überregional wirksame Wetterlage Warmluft heranführt, bleibt der Anflug die ganze Nacht hindurch gleichbleibend stark. Bei kontinentalen Hochdrucklagen dagegen setzt sich ein durch die örtlichen Gegebenheiten geprägtes »Regional«-Klima durch: Bei klarem Himmel kühlt gerade das Offenland der tieferen Lagen durch Ausstrahlung aus. In solchen Strahlungsnächten kommen allein die Säume der Gehölzstrukturen als Nahrungshabitat in Frage.

Im topographisch tiefsten Bereich des Oberrheintalgrabens ist die Situation besonders verschärft. Ein solches Kleinklima bedeutet mindere Verfügbarkeit des Raumes für die Imagines und damit mindere Verfügbarkeit der vorhandenen Blüten. Das Offenland wird damit zu einem suboptimalen Lebensraum für die Nachtfalter-Imagines. Dabei ist die Situation bei Tagschmetterlingen entgegengesetzt der bei Nachtschmetterlingen: Am Tage sind die Gehölze die kühlen Schatten spendenden Requisiten für die rasch in Wasserstreß geratenden Tagfalterweibchen, das Offenland bietet mit den Blüten die Nektarressource.

3.2.2 Landschaftsgeschichte und Artenwechsel

Die Landschaftsgeschichte Mitteleuropas der vergangenen Jahrtausende ist auch die Geschichte einer Artenverschiebung. Von der Landnahmezeit an bis ins letzte Jahrhundert nahm die naturräumliche Vielfalt des mitteleuropäischen Naturraumes ständig zu. Dies war verbunden mit Auflichtung und Zurückdrängung der Wälder und dadurch mit der Zunahme offener Lebensräume. Mit dem Biotopvergleich zwischen Wäldern und Wiesen-Hekken-Landschaften läßt sich die Faunenverschiebung nach der Überführung von Wald in Offenland beispielhaft nachvollziehen: Die unterschiedlichen Anteile der Faunenelemente der Wiesen und des Waldes zeigen bei der Individuendichte einen deutlichen »Verlust« des wärmeliebenden Elements bei der Überführung des Waldes zur Wiese. Bei den Nachtschmetterlingen der Wiesen ist der Anteil der Arten mit Verbreitungsschwerpunkt im südeuropäisch-vorderasiatisch-südrussischen Raum hinsichtlich Arten- und Individuendichte deutlich geringer geworden. Dies gilt jedoch nicht für die absolute Artenzahl; der Grund hierfür wie für die größere Artenvielfalt der Nachtschmetterlinge überhaupt könnte in der erhöhten Lebensraumvielfalt, also einem größeren Nischenangebot des Offenlandes liegen.

Die Beziehung zwischen Biotop und Thermoregulation läßt sich – allerdings bisher nur auf der Ebene der Imaginal-Ökologie – mit UTRIO (1983) aufzeigen: Kleinklima wirkt über Thermoregulation und Energiebedarf auf den Energieaufwand, der getrieben werden muß, um Nektarquellen auszubeuten. Im je nach Biotop vorherrschenden Nachtschmetterlings-Typ wird dies deutlich. So erfolgt der dramatische »Rückgang« der zartgebauten, wie Tagschmetterlinge flatternden Geometriden bei der Verwandlung des Waldes in Wiesenland zugunsten der bepelzten, dickleibigen Spinner, der gedrungenen, im leisen Schwirrflug dahinhuschenden Schwärmer und Eulen. Eulen und Schwärmer sind »warme Flieger« (UTRIO 1983), die sich vor dem Abflug mittels Muskelzittern aufwärmen (HEINRICH 1987). Dadurch sind sie prädestiniert für das Fliegen im nachts mikroklimatisch ungünstigen Offenland, zumindest aber entlang seiner Randstrukturen. Sie konnten diesen vom Mensch geschaffenen Raum besiedeln und sich dessen im Vergleich zum Wald ungleich größeres Blütenangebot erschließen. In den Gebüschgruppen und Einzelbäumen finden sie im Honigtau eine zusätzliche nährstoffreiche, kaum begrenzte Nahrung, sofern der Bau ihres Rüssels sie dazu befähigt. Wie die Verbreitungselemente dokumentieren auch die habituellen Typen den kontinentalen Charakter der Wiesen. In dieser Eigenschaft gleicht dieser Offenlandbiotop dem anderen in kleinklimatischer Hinsicht »kontinentalen« Lebensraum unserer Landschaft, dem Hochmoor (zum »kontinentalen« Kleinklima der Hochmoore vergleiche ELLENBERG, 1978: 463).

Die Zurückdrängung der Waldflächen und die Schaffung verschiedenster Offenlandstrukturen hat damit in den mitteleuropäischen Nachtfaltergemeinschaften tiefgreifende Veränderungen bewirkt. In dem von ESCHE (1992) untersuchten Lebensraum-Mosaik (Wiese-Hecken-Wald-Ufer) hatte sich infolge der Verwandlung von Wald in Offenland die Faltergemeinschaft wie folgt verändert:

- Der Lebensformtypus der Spanner (Geometridae) ging gegenüber dem der Eulen (Noctuidae) zurück,
- der Anteil der mit Schwerpunkt im südlichen, südöstlichen und östlichen Mitteleuropa verbreiteten Arten verringerte sich zugunsten des mitteleuropäischen Elements,
- der Anteil der Arten und Individuen mit schwach ausgebildetem Rüssel und Rüsseln mittlerer Stärke verringert sich zugunsten des kräftigen Rüsseltyps,
- Rückgang der Spezialisten zugunsten der Generalisten (Allerweltsarten).

Das Zusammenspiel zwischen physiologischer Konstitution der Arten einer Gemeinschaft und der Strukturmerkmale einer Landschaft ist für den praktischen Naturschutz von Bedeutung. Auf dieser Ebene sind allzuviele Fragen nicht hinreichend geklärt: Wie reagieren Schmetterlingsgemeinschaften von Biotopen im mesophilen Bereich auf die Veränderung von Mikroklima und Nektarangebot infolge der steten Veränderung der Bewirtschaftungsmethoden in Grünland, Ackerland und Forst? Wie reagiert eine Schmetterlingsgemeinschaft auf die Entnahme von Strukturelementen (Hecken, Gebüsche, Einzelbäume) im Offenland, also auf teilweise oder gänzliche Entfernung der Requisiten »Wärme-Insel« und »Honigtau-Ressource«?

Indem der Mensch die Landschaft veränderte, verfügte er über Ressourcen der Tiergemeinschaften. Über die Vernichtung alter und die Schaffung neuer Ressourcen griff er, selbst ein Konkurrent, in das Konkurrenzgefüge auch der Nachtschmetterlingsgemeinschaften ein. So läßt sich die Veränderung der Faunenzusammensetzung als ein durch aktuelle Konkurrenz herbeigeführter Vorgang verstehen.

Ohne die vielgestaltige Nutzung und Bewirtschaftung während der letzten drei Jahrtausende wären viele Lebensgemeinschaften kaum denkbar. Indem der Mensch seine Umwelt veränderte, griff er in das Beziehungsgefüge der Konkurrenz von Arten ein. Er ist selbst ein Konkurrent dieser Organismen: durch seine tiefgreifende Umwandlung von Strukturen, durch seine Bewirtschaftungs- und Pflegemaßnahmen.

So wirkt die von Jahr zu Jahr wiederkehrende Mahd der Wiesen oder der Wegränder stabilisierend oder verändernd auf die Lebensgemeinschaften, je nachdem ob dadurch das Konkurrenzgefüge immer gleichen Bedingungen oder ständig wechselnden Einflüssen unterworfen ist. Bei regelmäßiger Mahd setzen sich nur die Arten durch, deren Lebenszyklus in die Mahdtermine »paßt«. Pflanzengesellschaften sind von längerer Dauer als Insektengemeinschaften, die schneller reagieren. So erklärt sich die Artenarmut vieler Entomozönosen als Folge anthropogener Selektion unter ständig wechselnden Bedingungen. Die Situation verschärft sich bei immer häufigerer Mahd oder ständig veränderten Mahdterminen. Auch hier läßt sie sich als Werteverfall in den Prozessen der Evolution beschreiben. Der starken Konkurrenz um die wenigen nach der Mahd verbliebenen Blüten entgehen allein die vaganten Arten, die guten Flieger, die andere Biotope ausfindig machen können, wo sie ihrerseits sporadisch die Konkurrenz verschärfen werden. Wie weit können die bestehenden Lebensgemeinschaften die Mahd ertragen, auf sie reagieren? Steffny et al. (1984) zeigen für die Gilde der Blütenbesucher temporäre Abwanderung an die Blüten angrenzender Biotope. Doch wieviele Arten können dies nicht? Für schwache Flieger und nicht vagante Arten mit kleinem home-range (Aktionsraum) wie beispielsweise die an ihre Nester gebundenen Hymenopteren ist diese Situation jedoch weit bedrohlicher.

Rasch wechselnde Nutzungssysteme in der Land- und Forstwirtschaft führen zu einer Verarmung der natürlichen und naturnahen Lebensgemeinschaften. Dabei nimmt zunächst der Anteil der Spezialisten drastisch ab. Endlich herrschen Ubiquisten und Generalisten, die sogenannten »Allerweltsarten«, vor. Ihre Zunahme bedeutet für die verbleibenen Spezialisten der Gemeinschaft eine Verschärfung der Konkurrenz um Ressourcen. Denn es liegt im »Wesen« des Generalisten, nicht allein die Konkurrenz vieler anderer Organismen meistern zu müssen. Er seinerseits ist für eine große Zahl anderer Arten ein ernstzunehmender Konkurrent; denn er vermag, ohne selbst Schaden zu nehmen, gewisse Ressourcen bis zu deren Erschöpfung zu nutzen, da er nicht von ihnen allein abhängt. Der Konkurrent mit der nachhaltigsten Wirkung im ökologischen Gefüge ist der Mensch. Seit jeher hat er die natürlichen Ressourcen intensiv genutzt: Waldweide in ihren destruktiven Formen und Folgen ist nicht minder »intensiv« als »modernes« Forsten. Doch der immer häufigere Wechsel der Nutzungsweisen gibt der Konkurrenz durch den Menschen ihre heutige folgenschwere Qualität.

4 Ergebnisse

4.1 Checklist

In dieser Liste werden alle jemals aus unserem Faunengebiet gemeldeten »spinnerartigen« Nachtfalter, mit Ausnahme der Sesiidae und Arctiidae, aufgeführt (hinsichtlich der dabei benutzten Namen siehe unter Kap. 1.1). Dabei wird nach folgenden Gruppen unterschieden:

- A Regelmäßig im Faunengebiet vertretene oder hier bodenständige Arten. Dazu gehören auch die alljährlich einfliegenden Wanderfalterarten. Bei den Tagfaltern waren dies u.a. *Vanessa atalanta* und *Cynthia cardui*, bei den Nachtfaltern sind es in diesem Falle *Acherontia atropos*, *Agrius convolvuli*, *Macroglossum stellatarum* und noch andere Arten. 168
- B Ausgestorbene oder verschollene Arten (mit vorangestelltem +). 6
- C Wanderfalter, die nur (noch) selten bei uns erscheinen. Bei den Tagfaltern waren dies u.a. *Pontia daplidice*, *Syntarucus pirithous* und *Lampides boeticus*, bei den Nachtfaltern, die in Band 3 und 4 behandelt werden, sind es *Daphnis nerii* und andere. Zu dieser Gruppe gehören ferner glaubhafte Einzelfunde, für die weitere Nachweise noch ausstehen, und Irrgäste (mit vorangestelltem !). 6
- D Falschmeldungen und dubiose Einzelfunde (mit vorangestelltem *). 13
- E Fossile Arten (mit vorangestelltem *f*). 3
- F Faunenfremde Arten, die entweder gewerbsmäßig, für Forschungszwecke oder aus Liebhaberei in größerem Umfang in unserem Faunengebiet gezüchtet wurden und dabei entweder passiv ins Freiland gerieten oder aktiv zum Zwecke der Einbürgerung dorthin verbracht worden sind, sich aber nicht ansiedeln konnten (mit vorangestelltem *g*). 2
- G Arten, die früher zu den sogenannten Macrolepidoptera gezählt wurden, deren Stellung im System sich inzwischen jedoch geändert hat (mit vorangestelltem *s*). 1

HEPIALOIDEA

Hepialidae

* Gazoryctra ganna HÜBNER, 1808
Triodia sylvina LINNAEUS, 1761
Korscheltellus lupulinus LINNAEUS, 1758
Pharmacis fusconebulosa DE GEER, 1778
Phymatopus hecta LINNAEUS, 1758
Hepialus humuli LINNAEUS, 1758

COSSOIDEA

Cossidae

Cossinae
! Lamellocossus terebra DENIS & SCHIFFERMÜLLER, 1775
Cossus cossus LINNAEUS, 1758

Zeuzerinae
Phragmataecia castaneae HÜBNER, 1790
Zeuzera pyrina LINNAEUS, 1761

ZYGAENOIDEA

Zygaenidae

Procridinae
Rhagades pruni DENIS & SCHIFFERMÜLLER, 1775
! Adscita subsolana STAUDINGER, 1862
Adscita globulariae HÜBNER, 1793
Adscita notata ZELLER, 1847
Adscita geryon HÜBNER, 1813
Adscita mannii LEDERER, 1852
Adscita statices LINNAEUS, 1758

Chalcosiinae
* Aglaope infausta LINNAEUS, 1767

Zygaeninae
f »Zygaena« miocaenica REISS, 1936
f Zygaenites controversus BURGEFF, 1951
Zygaena purpuralis BRÜNNICH, 1763
Zygaena minos DENIS & SCHIFFERMÜLLER, 1775
\+ Zygaena cynarae ESPER, 1789
Zygaena fausta LINNAEUS, 1767
Zygaena carniolica SCOPOLI, 1763
Zygaena loti DENIS & SCHIFFERMÜLLER, 1775

Zygaena osterodensis Reiss, 1921
Zygaena viciae Denis & Schiffermüller, 1775
Zygaena ephialtes Linnaeus, 1767
Zygaena transalpina Esper, 1782
Zygaena angelicae Ochsenheimer, 1808
Zygaena filipendulae Linnaeus, 1758
Zygaena lonicerae Scheven, 1777
Zygaena trifolii Esper, 1783

Limacodidae

Apoda limacodes Hufnagel, 1766
Heterogenea asella Denis & Schiffermüller, 1775

TINEOIDEA

Psychidae

Naryciinae
Diplodoma laichartingella Goeze, 1783
Narycia duplicella Goeze, 1783
Narycia astrella Herrich-Schäffer, 1851
Dahlica triquetrella Hübner, 1813
f. bisex, f. parth.
Dahlica lichenella Linnaeus, 1761
f. lichenella (parth.)
f. fumosella (bisex.)
Dahlica charlottae Meier, 1957
* Dahlica inconspicuella Stainton, 1843
Dahlica wockei Heinemann, 1870
Dahlica sauteri Hättenschwiler, 1977
Siederia cembrella Linnaeus, 1761
Siederia rupicolella Sauter, 1954

Taleporiinae
* Taleporia politella Ochsenheimer, 1816
Taleporia tubulosa Retzius, 1783

Psychinae
Bacotia claustrella Bruand, 1845
Proutia betulina Zeller, 1839
Bruandia comitella Bruand, 1853
Psyche casta Pallas, 1767
Psyche crassiorella Bruand, 1851

Epichnopteryginae
Bijugis bombycella Denis & Schiffermüller, 1775
* Bijugis pectinella Denis & Schiffermüller, 1775
Rebelia herrichiella Strand, 1912
Rebelia bavarica Wehrli, 1926
* Psychidea nudella Ochsenheimer, 1810
Epichnopterix plumella Denis & Schiffermüller, 1775
Epichnopterix sieboldii Reutti, 1853

Oiketicinae
* Oiketicoides febretta Boyer, 1835
Acanthopsyche atra Linnaeus, 1767
Canephora unicolor Hufnagel, 1766
Pachythelia villosella Ochsenheimer, 1810
* Ptilocephala muscella Denis & Schiffermüller, 1775
Ptilocephala plumifera Ochsenheimer, 1810
Megalophanes viciella Denis & Schiffermüller, 1775
Phalacropterix graslinella Boisduval, 1852
Sterrhopterix fusca Haworth, 1809
Sterrhopterix standfussi Wocke, 1851
Apterona helicoidella Vallot, 1827

Incertae sedis:

+ Eumasia parietariella Herrich-Schäffer, 1854
f Psyche pineella Heer, 1849

Tineidae[1]

s Lypusa maurella Denis & Schiffermüller, 1775

PYRALOIDEA

Thyrididae

Thyris fenestrella Scopoli, 1763

BOMBYCOIDEA

Bombycidae

g Bombyx mori Linnaeus, 1758

Endromidae

Endromis versicolora Linnaeus, 1758

Lasiocampidae

Poecilocampa populi Linnaeus, 1758
Trichiura crataegi Linnaeus, 1758
Eriogaster lanestris Linnaeus, 1758
+ Eriogaster rimicola Denis & Schiffermüller, 1775
+ Eriogaster catax Linnaeus, 1758
Malacosoma neustria Linnaeus, 1758
Malacosoma castrensis Linnaeus, 1758
+ Malacosoma franconica Esper, 1784
Lasiocampa trifolii Denis & Schiffermüller, 1775

[1] Nach neuen systematischen Kenntnissen wird die nachfolgende Art zu den Tineidae gestellt (Sauter & Hättenschwiler, 1991)

Lasiocampa quercus LINNAEUS, 1758
Macrothylacia rubi LINNAEUS, 1758
Dendrolimus pini LINNAEUS, 1758
Euthrix potatoria LINNAEUS, 1758
Cosmotriche lunigera ESPER, 1784
Phyllodesma ilicifolia LINNAEUS, 1758
Phyllodesma tremulifolia HÜBNER, 1810
Gastropacha quercifolia LINNAEUS, 1758
Gastropacha populifolia ESPER, 1781
Odonestis pruni LINNAEUS, 1758

Lemoniidae

Lemonia dumi LINNAEUS, 1761
Lemonia taraxaci DENIS & SCHIFFERMÜLLER, 1775

Saturniidae

Saturniinae
g Saturnia pyri DENIS & SCHIFFERMÜLLER, 1775
* Saturnia spini DENIS & SCHIFFERMÜLLER, 1775
Saturnia pavonia LINNAEUS, 1758

Agliinae
Aglia tau LINNAEUS, 1758

Sphingidae

Sphinginae
Agrius concolvuli LINNAEUS, 1758
Acherontia atropos LINNAEUS, 1758
Sphinx ligustri LINNAEUS, 1758
Hyloicus pinastri LINNAEUS, 1758
* Marumba quercus DENIS & SCHIFFERMÜLLER, 1775
Mimas tiliae LINNAEUS, 1758
Smerinthus ocellata LINNAEUS, 1758
Laothoe populi LINNAEUS, 1758

Macroglossinae
Hemaris tityus LINNAEUS, 1758
Hemaris fuciformis LINNAEUS, 1758
Macroglossum stellatarum LINNAEUS, 1758
Proserpinus proserpina PALLAS, 1772
! Daphnis nerii LINNAEUS, 1758
Hyles euphorbiae LINNAEUS, 1758
Hyles gallii ROTTEMBURG, 1775
+ Hyles vespertilio ESPER, 1779
! Hyles hippophaes ESPER, 1793
! Hyles lineata FABRICIUS, 1775
Deilephila elpenor LINNAEUS, 1758
Deilephila porcellus LINNAEUS, 1758
! Hippotion celerio LINNAEUS, 1758

DREPANOIDEA

Drepanidae

Drepaninae
Falcaria lacertinaria LINNAEUS, 1758
Drepana binaria HUFNAGEL, 1767
Drepana cultraria FABRICIUS, 1775
Drepana falcataria LINNAEUS, 1758
Drepana curvatula BORKHAUSEN, 1790
Sabra harpagula ESPER, 1786
Cilix glaucata SCOPOLI, 1763

Thyatirinae
Thyatira batis LINNAEUS, 1758
Habrosyne pyritoides HUFNAGEL, 1766
Tethea ocularis LINNAEUS, 1767
Tethea or DENIS & SCHIFFERMÜLLER, 1775
Tetheella fluctuosa HÜBNER, 1803
Ochropacha duplaris LINNAEUS, 1761
Cymatophorima diluta DENIS & SCHIFFERMÜLLER, 1775
Achlya flavicornis LINNAEUS, 1758
Polyploca ridens FABRICIUS, 1787
* Polyploca ruficollis DENIS & SCHIFFERMÜLLER, 1775

NOCTUOIDEA

Notodontidae

Phalera bucephala LINNAEUS, 1758
Cerura vinula LINNAEUS, 1758
Cerura erminea ESPER, 1784
Furcula bicuspis BORKHAUSEN, 1790
Furcula furcula CLERCK, 1759
Furcula bifida BRAHM, 1787
Stauropus fagi LINNAEUS, 1758
* Dicranura ulmi DENIS & SCHIFFERMÜLLER, 1775
Peridea anceps GOEZE, 1781
Spatalia argentina DENIS & SCHIFFERMÜLLER, 1775
Notodonta dromedarius LINNAEUS, 1767
Notodonta torva HÜBNER, 1803
Drymonia dodonaea DENIS & SCHIFFERMÜLLER, 1775
Drymonia ruficornis HUFNAGEL, 1766
Drymonia querna DENIS & SCHIFFERMÜLLER, 1775
Drymonia obliterata ESPER, 1785
Drymonia velitaris HUFNAGEL, 1766
Tritophia tritophus DENIS & SCHIFFERMÜLLER, 1775
Harpyia milhauseri FABRICIUS, 1775
Pheosia gnoma FABRICIUS, 1777
Pheosia tremula CLERCK, 1759

Ptilophora plumigera DENIS & SCHIFFERMÜLLER, 1775
Pterostoma palpina CLERCK, 1759
Ptilodon capucina LINNAEUS, 1758
Ptilodontella cucullina DENIS & SCHIFFERMÜLLER, 1775
Leucodonta bicoloria DENIS & SCHIFFERMÜLLER, 1775
Eligmodonta ziczac LINNAEUS, 1758
Odontosia carmelita ESPER, 1799
Gluphisia crenata ESPER, 1785
Clostera curtula LINNAEUS, 1758
Clostera anachoreta DENIS & SCHIFFERMÜLLER, 1775
Clostera anastomosis LINNAEUS, 1758
Clostera pigra HUFNAGEL, 1766

Thaumetopoeinae
* Thaumetopoea pityocampa DENIS & SCHIFFERMÜLLER, 1775
Thaumetopoea processionea LINNAEUS, 1758

Dilobidae

Diloba caeruleocephala LINNAEUS, 1758

Lymantriidae

Orgyia recens HÜBNER, 1819
Orgyia antiqua LINNAEUS, 1758
Gynaephora selenitica ESPER, 1783
Dicallomera fascelina LINNAEUS, 1758
Calliteara abietis DENIS & SCHIFFERMÜLLER, 1775
Elkneria pudibunda LINNAEUS, 1758
Euproctis chrysorrhoea LINNAEUS, 1758
Euproctis similis FUESSLY, 1775
Leucoma salicis LINNAEUS, 1758
Arctornis l-nigrum O. F. MÜLLER, 1764
Lymantria monacha LINNAEUS, 1758
Lymantria dispar LINNAEUS, 1758

Ctenuchidae

Dysauxes ancilla LINNAEUS, 1767

Nolidae

Meganola togatulalis HÜBNER, 1796
Meganola strigula DENIS & SCHIFFERMÜLLER, 1775
Meganola albula DENIS & SCHIFFERMÜLLER, 1775
Nola cucullatella LINNAEUS, 1758
Nola confusalis HERRICH-SCHÄFFER, 1847
Nola aerugula HÜBNER, 1793
Nola cicatricalis TREITSCHKE, 1835
Nola cristatula HÜBNER, 1793
Nola subchlamydula STAUDINGER, 1870

4.2 Deutsche Namen

Bei der Bearbeitung der Tagfalter wurde für die Auswahl und Benutzung nichtwissenschaftlicher Namen ein Ordnungsprinzip entwickelt, das in Band 1, Kap. 1.3 näher erläutert ist, worauf im übrigen verwiesen wird. Es soll auch hier zur Anwendung kommen, wobei der Mangel an »volkstümlichen« Namen bei den Nachtfaltern noch weitaus stärker in Erscheinung tritt als bei den Tagfaltern. Waren es dort die durch ihr prächtiges Farbenkleid oder ihre Gestalt seit jeher auffallenden Arten, die der Volksmund mit Namen wie Schwalbenschwanz, Tagpfauenauge oder Trauermantel geschmückt hat, sind es bei den Nachtfaltern eher solche, die als Schädlinge auftreten wie Goldafter, Nonne oder Schwammspinner. Doch auch hier gibt es einige unverwechselbare Arten wie den Totenkopf, das Taubenschwänzchen oder den Gabelschwanz, die sich durch ihre charakteristische Zeichnung, äußere Form oder durch die bizarre Gestalt ihrer Raupe einen mehr oder weniger volkstümlichen Namen erworben haben, der natürlich auch beibehalten werden soll.

Demgegenüber steht eine große Zahl von Arten, die zwar mit deutschen Namen belegt sind, bei denen jedoch der Umstand, daß es in der Regel jeweils mehrere nicht oder nur wenig gebräuchliche Namen sind, auch hier zu einem heillosen nomenklatorischen Wirrwarr geführt hat. So werden z.B. verschiedene Arten gleichlautend als Wurzelspinner, Weidenspinner, Buchenspinner, Pappelspinner usw. bezeichnet. Solche Namen sollten nicht mehr verwendet werden und sind deshalb in der nachfolgenden Checklist in eckige Klammern gesetzt worden. Der favorisierte Name erscheint dagegen in Fettdruck. Neuschöpfungen sind mit einem * versehen.

Leider ist der Versuch, bei den deutschen Namen zumindest insoweit Ordnung zu schaffen, daß ihre Verwendung in amtlichen Listen und Gesetzestexten sowie in halbamtlichen Gutachten usw. (denn nur dort werden sie ja tatsächlich gebraucht oder durchgängig benutzt) nicht das längst vorhandene Chaos auch noch auf dieser Ebene fortsetzt, offenbar nur schwer zu vermitteln. Vermutlich liegt es daran, daß manche Kritiker mit unliebsamen Einzelbeispielen wie etwa der Änderung von »Senfweißling« in »Tintenfleck-Weißling« schnell bei der Hand sind, sich aber über die ausführlich dargestellte Methode, nach der Ordnung geschaffen bzw. ein Weg dorthin gezeigt wird, keine Gedanken machen. Es soll deshalb nochmals darauf hingewiesen werden, daß diesem Ordnungsprinzip, das hier zur Anwendung kommt und aus dem auch die »Checklist« hervorgeht, die Überprüfung von 15 Standardwerken einschließlich solcher aus der angewandten Entomologie (Land- und Forstwirtschaft), der in den letzten Jahren erschienenen Roten Listen etc. und damit eine Bereinigung aller darin enthaltenen Doppelbenennungen und sonstigen Mißdeutungen zugrunde liegt. Der Gedanke, die Zusammengehörigkeit von Arten einer bestimmten systematischen Einheit auch im Bereich der Trivialnamen zum Ausdruck zu bringen, ist eigentlich sehr naheliegend und – zumindest teilweise – auch schon früher verwirklicht worden. Wenn zudem noch die Erhaltung verbreiteter oder gar volkstümlich gewordener Namen gewährleistet ist, sofern sie nicht zu Mißdeutungen oder Verwechslungen führen, sollte gegen eine solche Methode eigentlich wenig einzuwenden sein. Um ein Beispiel herauszugreifen: Den Arten der Spilosominae ist bereits durch die Namensendung -bär ihr richtiger Platz bei den »Bärenspinnern« zugewiesen. Der Name »Fleckleibbär« – bereits bei LAMPERT (1907) in Gebrauch – deutet auf die Zusammengehörigkeit einer bestimmten, gut abgrenzbaren Gruppe innerhalb der Familie hin, von denen zwei Arten (aber nur zwei!) auch den Namen »Tigermotte« erhalten haben. Ihn nur sekundär zu verwenden, bedeutet gleichzeitig, jegliche Mißdeutung in Richtung »Motten« auszuschalten, womit gerade denjenigen Lesern (amtliche und private Naturschützer, Lehrer usw.) geholfen sein dürfte, die mit der Schmetterlingskunde und ihren systematischen Einteilungsbegriffen nicht so sehr vertraut sind.

Bei den in Band 3 und 4 behandelten Arten ergab sich folgende Einteilung:

Wurzelbohrer (Hepialidae). Bei allen Arten wird einheitlich der Sammelname Wurzelbohrer angehängt.

Holzbohrer (Cossidae). Alle Namen tragen einheitlich die Endung -bohrer. Einzige Ausnahme (eingebürgerter Name): Blausieb *(Zeuzera pyrina)*.

Widderchen (Zygaenidae). Es wird unterschieden zwischen Grünwidderchen *(Rhagades, Adscita)* und Widderchen *(Zygaena)*, letztere auch unter dem Namen »Blutströpfchen« bekannt. Obwohl auffallende, meist tagsüber in Anzahl auf Blumen (Skabiosen!) sitzende Schmetterlinge, haben sich, wohl wegen ihrer relativen Ähnlichkeit, keine über den bereits genannten Sammelnamen hinausgehenden eingebürgerten Namen entwickelt.

Schneckenspinner (Limacodidae). In der Literatur über Forstschädlinge wird unter »Asselspinner« die Art *Heterogenea asella* verstanden, während für *Apoda limacodes* der Name »Große Schildmotte« eingeführt ist. Die Familie wird zumeist als Schneckenspinner, Asselspinner oder Schildmotten bezeichnet. Die Namensendung »-motte« sollte, da irreführend, vermieden werden. Die Bezeichnung »Asselspinner« wiederum charakterisiert beide Arten weit weniger gut als der Name »Schneckenspinner« und zwar nicht nur des Aussehens wegen, sondern ganz besonders wegen der außergewöhnlichen Art der Fortbewegung und Haftung auf der Blattunterlage.

Sackträger (Psychidae). Der Name Sackträger gilt als Sammelname für alle hierher gehörenden Arten. Diejenigen der Gattungen *Diplodoma* und *Narycia* werden als Motten-Sackträger, die der Gattungen *Dahlica* und *Siederia* als Zwerg-Sackträger zusammengefaßt. *Psyche casta* und *Psyche crassiorella* werden als Rauch-Sackträger (alter Name: *Fumea*!) bezeichnet, während die beiden einheimischen *Rebelia*-Arten sicherlich treffend Erdröhren-Sackträger genannt werden können.

Fensterfleckchen (Thyrididae). Um Namensgleichheit mit den echten Schwärmern (Sphingidae) zu vermeiden, erscheint es angebracht, die bereits vorhandene Bezeichnung Fensterfleckchen (statt »Fensterschwärmerchen«) zu wählen. Dieser Name paßt allerdings nur zu den vom Aussehen her der *Thyris fenestrella* ähnlichen Arten.

Birkenspinner (Endromidae). Nur eine Art, die auch unter dem Namen Scheckflügel (irrtümlich auch unter Scheckenfalter!) bekannt ist.

Glucken (Lasiocampidae). Innerhalb dieser auch Woll- oder Pelzspinner genannten Arten läßt sich die Gruppe der Wollafter *(Eriogaster)* und Ringelspinner *(Malacosoma)* abtrennen. Alle übrigen Arten tragen die Namensendung -spinner oder -glucke, wobei im wesentlichen auf mehr oder weniger eingebürgerte (aber nicht volkstümliche) Namen zurückgegriffen wird, auch wenn diese nicht immer sehr charakteristisch sind (Beispiele: *Lasiocampa quercus* = Eichenspinner, *Macrothylacia rubi* = Brombeerspinner).

Wiesenspinner (Lemoniidae). Der Sammelname Wiesenspinner bezieht sich auf die alten, ungedüngten und blumenreichen Magerwiesen als dem typischen Lebensraum. Der andere Name »Herbstspinner« trifft bei uns nur auf eine der beiden einheimischen Arten zu.

Pfauenspinner (Saturniidae). Die beiden hierunter aufgeführten Arten sind mit eingebürgerten Namen (Kleines Nachtpfauenauge und Nagelfleck) ausgestattet.

Sichelflügler (Drepaninae). Der Name Sichelflügel oder Sichelflügler kann als gebräuchlich gelten und wird hier konsequent angewendet, mit Ausnahme vom morphologisch etwas abweichenden »Silberspinnerchen« *Cilix glaucata.* Leider gibt es jedoch bei den einzelnen Arten Verwechslungsmöglichkeiten insofern, als sich hinter den Namen Birken- und Eichen-Sichelflügler jeweils unterschiedliche Arten verbergen, je nach benutzter Literatur. In der Checklist wurde dies entsprechend berücksichtigt.

Eulenspinner (Thyatirinae). Die Eulenspinner, teilweise werden sie auch Wollrückenspinner und Wollbeinspinner genannt, enthalten nur eine Art, die einen halbwegs eingebürgerten Namen besitzt, der auch beibehalten wird (*Thyatira batis* = Roseneule). Bei der als »Achateule« bekannten *Habrosyne pyritoides* besteht Verwechslungsmöglichkeit mit der »echten« Achateule *(Phlogophora meticulosa)*, weshalb hier angehängt, wie auch in allen anderen Fällen, der Name »Eulenspinner« zur Anwendung gelangt.

Schwärmer (Sphingidae). Die Arten tragen mehr oder weniger bekannte Namen mit der Endung -schwärmer. Ausnahmen: Totenkopf, Abendpfauenauge, Taubenschwänzchen (eingebürgerte oder individuelle Artnamen).

Zahnspinner (Notodontidae). Wir trennen innerhalb der Zahnspinner namentlich die Gabelschwanz-Arten *(Cerura, Furcula)* und die Rauhfußspinner *(Clostera)* ab. Eingebürgerte Namen wie Großer und Kleiner Gabelschwanz oder Erpelschwanz werden entsprechend zugeordnet. Auch die Bezeichnung Mondvogel (für *Phalera bucephala*) wird als eingebürgerter Name bewertet. Alle übrigen Arten werden einheitlich mit dem Sammelnamen Zahnspinner gekennzeichnet, darunter auch Kamel- und Zickzackspinner, Buchenspinner usw.

Prozessionsspinner (Thaumetopoeinae). Eingebürgerter, besonders in der forstzoologischen Literatur eingeführter Sammelname.

Blaukopf-Eulenspinner (Dilobidae). Nur eine unter dem Namen »Blaukopf« bekannte Art.

Trägspinner (Lymantriidae). Eingebürgerte, individuelle bzw. in die Literatur (»Schadspinner«!) eingeführte Namen sind: Goldafter, Schwan, Nonne und Schwammspinner. Der Namen »Bürstenbinder« bezieht sich im wesentlichen auf beide *Orgyia*-Arten. Wir fassen *Orgyia, Gynaephora* und *Dicallomera* unter dem Sammelnamen Bürstenspinner zusammen, *Calliteara* und Elkneria unter Streckfuß(spinner) sowie *Leucoma* und *Arctornis* unter Trägspinner.

Kammerjungfern (Ctenuchidae). Bei uns nur eine, mit dem eingebürgerten Namen »Kammerjungfer« bezeichnete Art. Die Bezeichnung »Fleckwidderchen« sollte in Anbetracht der nominellen Verwechslungsmöglichkeit mit den »echten« Widderchen (Zygaenidae) entfallen.

Graueulchen (Nolidae). Als Sammelname für diese gerne auch als Kleinbären oder Kleinbärchen bezeichnete Familie ist in den alten Schmetterlingswerken wie LAMPERT (1907) der Name Grauspinnerchen verwendet worden. Aufgrund der verwandtschaftlichen Nähe zu den »Eulen« (Noctuidae) ist jedoch dem Namen Graueulchen der Vorzug zu geben.

Hepialidae – Wurzelbohrer

Triodia sylvina	**Ampfer-Wurzelbohrer** Salatwurzelbohrer Trockenkräuterrasen-Wurzelbohrer Malvenwurzelspinner [Hopfenwurzelspinner]
Korscheltellus lupulinus	**Kleiner Hopfen-Wurzelbohrer** Kleiner Hopfenspinner Queckenwurzelspinner Kräuterfrischrasen-Wurzelbohrer Kleiner Wurzelspinner [Wurzelbohrer, Wurzelspinner]
Pharmacis fusconebulosa	**Adlerfarn-Wurzelbohrer** Adlerfarnspinner Farn-Waldkräuterflur-Wurzelbohrer
Phymatopus hecta	**Heidekraut-Wurzelbohrer** Waldheidelbeermoorheidenwurzelbohrer Heidekraut-Wurzelspinner Heidekrautwurzelfalter Balzender Wurzelspinner
Hepialus humuli	**Großer Hopfen-Wurzelbohrer** Hopfen-Wurzelbohrer Hopfenmotte, Hopfenspinner Hopfenwurzelfalter, Geistermotte [Hopfenwurzelspinner, Wurzelspinner]

Cossidae – Holzbohrer

Cossus cossus	**Weidenbohrer** Weidenbaumgärten-Holzbohrer Weidenholzbohrer [Weidenspinner, Weidenholzspinner]

Phragmataecia castaneae	**Rohrbohrer** Schilfrohrbohrer, Schilfbohrer Schilfmoor-Halmbohrer
Zeuzera pyrina	**Blausieb** Kastanienbohrer, Roßkastanienbohrer Lindenbohrer, Pferdekastanien-Holzbohrer, Laubholzhain-Holzbohrer [Lindenholzspinner]

Zygaenidae – Widderchen

Rhagades pruni	**Heide-Grünwidderchen** Heidekraut-Grünzygäne Heidekraut-Grünwidderchen Schlehenheide-Grünwidderchen Schlehenwidderchen
Adscita globulariae	**Flockenblumen-Grünwidderchen*** Flockenblumen-Grünzygäne Kupfergoldwidderchen Kugelblumen-Grünwidderchen Dünnfühler-Steppenrasen-Grünwidderchen
Adscita notata	**Skabiosen-Grünwidderchen*** Seltenes Grünwidderchen
Adscita geryon	**Sonnenröschen-Grünwidderchen** Sonnenröschen-Grünzygäne Sonnenrosenwidderchen Grasheiden-Grünwidderchen
Adscita mannii	**Südwestdeutsches Grünwidderchen** Manns Grünwidderchen
Adscita statices	**Ampfer-Grünwidderchen*** Kugelblumen-Grünzygäne Grasnelkenwidderchen Frischwiesen-Grünwidderchen [Gemeines Grünwidderchen]
Zygaena purpuralis	**Thymian-Widderchen** Purpurwidderchen, Quendel-Zygäne Thymianmatten-Blutströpfchen
Zygaena minos	**Bibernell-Widderchen** Bibernellrasen-Blutströpfchen
Zygaena cynarae	**Haarstrang-Widderchen** Artischokenwidderchen, Artischoken-Zygäne [Jura-Widderchen]
Zygaena fausta	**Bergkronwicken-Widderchen*** Randfleck-Widderchen, Randfleck-Zygäne, Glückswidderchen Kronwickenfelsheiden-Blutströpfchen Pracht-Blutströpfchen
Zygaena carniolica	**Esparsetten-Widderchen** Esparsetten-Zygäne, Gürtelwidderchen Geröllheiden-Blutströpfchen
Zygaena loti	**Beilfleck-Widderchen** Tragantwidderchen, Tragant-Zygäne Schafgarbenwidderchen Steppenrasen-Blutströpfchen
Zygaena osterodensis	**Platterbsen-Widderchen*** Skabiosenwidderchen Skabiosen-Zygäne Hainbuchenwald-Blutströpfchen
Zygaena viciae	**Kleines Fünffleck-Widderchen*** Honigkleewidderchen Steinklee-Widderchen, Steinklee-Zygäne, Wickenrasen-Blutströpfchen
Zygaena ephialtes	**Veränderliches Widderchen** Veränderliche Zygäne Der Verräter Geringeltes Steppenbuschhalden-Blutströpfchen, Wickenwidderchen
Zygaena transalpina	**Hufeisenklee-Widderchen** Alpen-Zygäne, Steppenlehnen-Blutströpfchen
Zygaena angelicae	**Elegans-Widderchen** Regensburger Widderchen Engelwurz-Zygäne, Waldwurzelwidderchen Schneckenkleewidderchen Steppenwiesen-Blutströpfchen Waldwiesen-Blutströpfchen [Jura-Widderchen]
Zygaena filipendulae	**Sechsfleck-Widderchen*** Erdeichel-Zygäne Burstrasen-Blutströpfchen [Gemeines Blutströpfchen]

Zygaena lonicerae	**Klee-Widderchen** Geißblattwidderchen, Geißblatt-Zygäne, Buschhalden-Blutströpfchen Buschwald-Blutströpfchen
Zygaena trifolii	**Sumpfhornklee-Widderchen*** Kleewidderchen, Klee-Zygäne Binsenmoor-Blutströpfchen

Limacodidae – Schneckenspinner

Apoda limacodes	**Großer Schneckenspinner*** Große Schildmotte, Rostbraune Schildmotte, Eichenbuchenwald-Schildkrötenraupenspinner [Zwergeichenspinner] [Asselspinner]
Heterogenea asella	**Kleiner Schneckenspinner*** Asselspinner, Dunkelbrauner Asselspinner, Kleine Schildmotte Hainbuchenmischwald-Asselraupenspinnerchen [Braune Schildmotte]

Psychidae – Sackträger

Diplodoma laichartingella	**Brauner Motten-Sackträger***
Narycia duplicella	**Schwarzer Motten-Sackträger***
Narycia astrella	**Weißer Motten-Sackträger***
Dahlica triquetrella	**Dreikant-Zwerg-Sackträger***
Dahlica lichenella f. parth.	**Eingeschlechtlicher Zwerg-Sackträger***
f. bisex. (f. fumosella)	**Zweigeschlechtlicher Zwerg-Sackträger***
Dahlica charlottae	**Schmalschuppiger Zwerg-Sackträger***
Dahlica wockei	**Wockes Zwerg-Sackträger***
Dahlica sauteri	**Sauters Zwerg-Sackträger***
Siederia cembrella	**Kiefernwald-Zwerg-Sackträger***
Siederia rupicolella	**Gebirgs-Zwerg-Sackträger***
Taleporia tubulosa	**Röhren-Sackträger***
Bacotia claustrella	**Glocken-Sackträger*** Flechten-Sackträger, Zaunsackträger, Wald-Rindenflechten-Sackträgerchen
Proutia betulina	**Birken-Sackträger** Weißwolliger Sackträger Erzbraunes Flechtenbuschwald-Sackträgerchen
Bruandia comitella	**Gitternetz-Sackträger*** Kiefernsackträger
Psyche casta	**Kleiner Rauch-Sackträger*** Hartgras-Sackträger Glänzendrauchbrauner Buschgrasflur-Sackträger [Gemeiner Sackträger] [Laubholzsackträger]
Psyche crassiorella	**Großer Rauch-Sackträger*** Dicksackträger, Erzbraunglänzender Felsbuschsteppen-Sackträger
Bijugis bombycella	**Ockergelber Gitter-Sackträger*** Ockergelber psychenähnlicher Sackträger, Gittersackträger Ockergelber Waldgrasland-Sackträger
Rebelia herrichiella	**Großer Erdröhren-Sackträger*** Brauner Erdsackträger Flockiger Sackträger
Rebelia bavarica	**Kleiner Erdröhren-Sackträger*** Bayerischer Sackträger
Epichnopterix plumella	**Wiesen-Sackträger*** Kleiner Wollsackträger Kleiner Sackträger Weichgras-Sackträger Rußigschwarzer Waldfeuchtrasen-Sackträger
Epichnopterix sieboldii	**Siebolds Felsflur-Sackträger**
Acanthopsyche atra	**Kiefernheiden-Sackträger** Schwarzer Stachel-Sackträger Stachelsackträger, Heusackträger, Schwarzbrauner Waldheideland-Sackträger
Canephora unicolor	**Großer Sackträger** Einfarbiger Dicksackträger Mohrenkopf

Pachythelia villosella	**Zottiger Sackträger*** Zottiger Dicksackträger Grasstielsackträger Rötlichgrauer Ginstersandheiden-Sackträger
Ptilocephala plumifera	**Fächerfühler-Sackträger*** Schwarzer Gebirgs-Sackträger
Megalophanes viciella	**Hellbrauner Moor-Sackträger*** Wicken-Sackträger Großer Vorpuppensackträger Gelbhaariger Wiesenmoor-Sackträger
Phalacropterix graslinella	**Graslins Sackträger** Graslins glatter Sackträger Grauer Sackträger Gelblichaufgehellter Moorheiden-Sackträger
Sterrhopterix fusca	**Laubholz-Sackträger*** Rauhbehaarter starrflügeliger Sackträger, Rindensackträger Rauhhaariger Moorwaldgebüsch-Sackträger
Sterrhopterix standfussi	**Bergmoor-Sackträger*** Standfuß' starrflügeliger Sackträger, Heidelbeersackträger Standfuß'-Heidelbeerhochmoor-Sackträger
Apterona helicoidella	**Schneckenhaus-Sackträger** Schlanker Sackträger Felssteppenheiden-Schneckenhaus-Sackträger

Thyrididae – Fensterfleckchen

Thyris fenestrella	**Waldreben-Fensterfleckchen*** Fensterfleckchen, Fensterfleck [Waldreben-Fensterschwärmerchen] [Fensterschwärmerchen] [Kletten-Fensterschwärmer] [Waldrebenhalden-Fensterzwergschwärmer]

Endromidae – Birkenspinner

Endromis versicolora	**Birkenspinner** Frühlings-Birkenspinner Frühlingsspinner, Buntflügel Bunter Frühlingsspinner Hagebuchenspinner, Scheckflügel [Scheckenfalter]

Lasiocampidae – Glucken

Poecilocampa populi	**Kleine Pappelglucke** Laubwald-Wollspinner [Pappelglucke, Pappelspinner]
Trichiura crataegi	**Weißdornspinner** Buschheiden-Wollspinner Weißdornfalter [Weißdornwollafter]
Eriogaster lanestris	**Wollafter** Birkenwollafter, Birkennestspinner, Kirschenspinner, Buschhalden-Wollspinner
Eriogaster rimicola	**Eichen-Wollafter** Rotgrauer Eichenspinner, Rollrand, Eichenwald-Wollspinner
Eriogaster catax	**Hecken-Wollafter** Goldgelber Schlehenspinner Schlehenwollbusch, Hecken-Wollspinner
Malacosoma neustria	**Ringelspinner** Obsthain-Ringelspinner, Ringelfalter, Stammringelvogel, Ringelvogel Weißbuchen-Spinner [Ringelfuß, Zwetschgenspinner]
Malacosoma castrensis	**Wolfsmilch-Ringelspinner** Wolfsmilchspinner, Grasheiden-Ringelspinner
Malacosoma franconica	**Frankfurter Ringelspinner** Queckenspinner
Lasiocampa trifolii	**Kleespinner** Wiesenkleespinner, Trockenrasen-Großspinner
Lasiocampa quercus	**Eichenspinner** Großer Eichenspinner Buschheiden-Großspinner Quittenvogel, Wittenvogel [Pelzspinner]
Macrothylacia rubi	**Brombeerspinner** Brombeerglucke, Heiden-Großspinner
Dendrolimus pini	**Kiefernspinner** Kieferglucke, Große Kiefernglucke, Tannenglucke, Föhrenglucke, Fichtenglucke, Fichtennachtfalter, Kiefernwald-Glucke, Kienbaummotte [Föhrenspinner, Fichtenspinner]

Euthrix potatoria **Grasglucke**
Graselefant, Grasvogel, Trinker
Trinkerin, Schönhaar-Spinner
Waldgrasflur-Großspinner

Cosmotriche lunigera **Mondfleckglucke**
Nadelwald-Mondfleckspinner
Kienbaumspinner

Phyllodesma ilicifolia **Weidenglucke**
Blaubeerglucke, Heidelbeerglucke, Steineichenblatt

Phyllodesma tremulifolia **Eichenglucke**
Kleine Eichenglucke, Aspenglucke, Eichenhain-Glucke, Birkenblatt

Gastropacha quercifolia **Kupferglucke**
Große Kupferglucke, Kupfervogel
Hecken-Parkland-Kupferglucke
Kapuziner, Großer Kapuziner
Eichenblattähnlicher Nachtfalter, Eichenblatt, Eichenblattspinner
Eichlaub [Eichenglucke]
[Frühbirnspinner, Pelzspinner]

Gastropacha populifolia **Große Pappelglucke**
Auwaldglucke, Pappelblatt
[Pappelglucke]

Odonestis pruni **Pflaumenglucke**
Pflaumenspinner, Feuerglucke
Obsthain-Feuerglucke

Lemoniidae – Wiesenspinner

Lemonia dumi **Habichtskraut-Wiesenspinner***
Habichtskrautspinner,
Wiesenspinner
Frischrasen-Herbstspinner

Lemonia taraxaci **Löwenzahn-Wiesenspinner***
Löwenzahnspinner
Gelber Löwenzahnspinner
Butterblumenspinner
Trockenrasen-Herbstspinner

Saturniidae – Pfauenspinner

Saturnia pavonia **Kleines Nachtpfauenauge**
Buschheiden-Pfauenspinner
Buschheiden-Prachtspinner

Aglia tau **Nagelfleck**
Tau, Tau-Spinner, Taufalter
Nußstrauchspinner, Schieferdecker
Buchenwald-Schmuckspinner

Sphingidae – Schwärmer

Agrius convolvuli **Windenschwärmer**
Feldflur-Windenschwärmer,
Windig

Acherontia atropos **Totenkopf**
Totenkopfschwärmer

Sphinx ligustri **Ligusterschwärmer**
Eschenhainschwärmer, Rainweidenschwärmer, Liguster

Hyloicus pinastri **Kiefernschwärmer**
Föhrenschwärmer, Fichtenschwärmer, Tannenpfeil,
Tannenabendfalter
Fichtenvogel, Großer Fichtenvogel
[Fichtennachtfalter, Fichteneule
Föhreneule]

Mimas tiliae **Lindenschwärmer**
Feldgehölz-Lindenschwärmer
[Zackenschwärmer]

Smerinthus ocellata **Abendpfauenauge**
Weidenschwärmer, Obsthainschwärmer

Laothoe populi **Pappelschwärmer**

Hemaris tityus **Skabiosenschwärmer**
Knautienbergwiesenhalden-Hummelschwärmer, Klebkrautschwärmer
[Geißblatt-Hummelschwärmer]
[Brauner Hummelschwärmer]
[Grüner Hummelschwärmer]

Hemaris fuciformis **Hummelschwärmer**
Heckenkirschen-Lichtwald-Hummelschwärmer

Macroglossum stellatarum **Taubenschwänzchen**
Taubenschwanz, Karpfenschwanz
Karpfenschwänzchen, Karpfenkopf, Sternkrautschwärmer,
Tagschwärmer
Labkrauthalden-Tagschwärmer

Proserpinus proserpina	**Nachtkerzenschwärmer** Kleiner Oleanderschwärmer Kleiner Abendschwärmer Uferweidenröschenflur-Zackenschwärmer
Daphnis nerii	**Oleanderschwärmer** Großer Oleanderschwärmer
Hyles euphorbiae	**Wolfsmilchschwärmer** Triftgraslehnen-Wolfsmilchschwärmer
Hyles gallii	**Labkrautschwärmer** Hochstaudenflur-Waldweidenröschen-Schwärmer
Hyles vespertilio	**Fledermausschwärmer**
Hyles hippophaes	**Sanddornschwärmer**
Hyles livornica	**Linienschwärmer** Streifen-Labkrautschwärmer Frauenstrohschwärmer
Deilephila elpenor	**Mittlerer Weinschwärmer** Mittlerer Weinvogel Grüner Weidenröschenflur-Schwärmer
Deilephila porcellus	**Kleiner Weinschwärmer** Kleiner Weinvogel Kleiner Labkrauthalden-Schwärmer
Hippotion celerio	**Großer Weinschwärmer** Großer Weinvogel, Weinstockschwärmer

Drepaninae – Sichelflügler

Falcaria lacertinaria	**Birken-Sichelflügler** Birkenwald-Sichelspinner Birkenbreitflügel, Eschen-Sichelflügel, Echsen-Sichelflügel, Eidechsensichler, Eidechsenschwanz
Drepana binaria	**Zweipunkt-Sichelflügler** Zweipunktierter Sichelflügel Eichenwald-Sichelspinner [Eichen-Sichelspinner, Eichensichler]
Drepana cultraria	**Buchen-Sichelflügler** Buchen-Sichelflügel, Buchen-Sichelspinner, Buchensichler, Buchenwald-Sichelspinner, Bandierter Sichelfalter
Drepana falcataria	**Heller Sichelflügler** Sichelflügel, Sichelspinner Birkenflur-Sichelspinner [Birkensichler, Weißbirkenspinner]
Drepana curvatula	**Erlen-Sichelflügler** Erlen-Sichelflügel, Erlensichler Erlenflur-Sichelspinner [Erlenwickler]
Sabra harpagula	**Linden-Sichelflügler** Linden-Sichelspinner, Lindensichler, Lindenwald-Sichelflügler, Lindenwald-Sichelspinner, Maienspinner [Eichen-Sichelflügel]
Cilix glaucata	**Silberspinnerchen** Silberspinner, Hecken-Silberspinnerchen, Weißer Glanzspinner, Glanzspinner

Thyatirinae – Eulenspinner

Thyatira batis	**Roseneule** Rosenfleckeule, Rosenfleckenspinner, Brombeereule Waldhimbeerflur-Eulenspinner [Himbeereule, Braunauge]
Habrosyne pyritoides	**Achat-Eulenspinner** Achatspinner, Brombeerhimbeerhalden-Eulenspinner Weißgestreifter Himbeer-Wollrückenspinner Himbeerspinner [Achateule, Prachteule]
Tethea ocularis	**Augen-Eulenspinner** Augen-Wollrückenspinner Achtzigeule, Weiße Acht Schwarzgebänderter Wollrückenspinner, Pappelhain-Eulenspinner
Tethea or	**Pappel-Eulenspinner** Pappeleule, Or-Eule Wollrückenspinner, Braungebänderter Wollrückenspinner, Espenbuschheiden-Eulenspinner
Tetheella fluctuosa	**Birken-Eulenspinner** Birkenmilcheule, Birkenwaldheiden-Eulenspinner, Weißgestreifter Wollrückenspinner

Ochropacha duplaris	**Zweipunkt-Eulenspinner*** Schwarzpunktierter Wollrückenspinner Schwarzpappel-Eulenspinner Schwarzpappeleule Erlenbirkengehölz-Eulenspinner
Cymatophorima diluta	**Violettgrauer Eulenspinner** Violettgrauer Wollbeinspinner Eichensandwald-Eulenspinner Norddeutsche Eule
Achlya flavicornis	**Gelbhorn-Eulenspinner** Gelbhörniger Wollbeinspinner Gelbhorneule, Wollbeinspinner Rosthörniger Wollbeinspinner Birkenbuschwald-Eulenspinner
Polyploca ridens	**Moosgrüner Eulenspinner** Moosgrüner Wollbeinspinner Eichenfeldholz-Eulenspinner Lacheule

Notodontidae – Zahnspinner

Phalera bucephala	**Mondvogel** Gelbkopf, Ochsenkopf, Wappenträger, Lindenspinner Silbergrauer Laubhain-Mondfleck-Spinner [Mondfleck]
Cerura vinula	**Großer Gabelschwanz** Gabelschwanz, Weidenhalden-Rindenspinner
Cerura erminea	**Weißer Gabelschwanz** Hermelinspinner, Großer Hermelin, Hermelinfalter, Schwarzpappelauen-Rindenspinner
Furcula bicuspis	**Birken-Gabelschwanz** Birkenerlenhain-Rindenspinner Doppelspitze
Furcula furcula	**Buchen-Gabelschwanz** Salweidengabelschwanz Brustpunkt, Salweidenspinner Palmweidenspinner Rotbuchen-Rindenspinner [Kleiner Gabelschwanz] [Buschespenspinner]
Furcula bifida	**Kleiner Gabelschwanz** Espengabelschwanz Espenbuschheiden-Rindenspinner
Stauropus fagi	**Buchen-Zahnspinner*** Buchenbergwald-Blattspinner Eichhorn [Buchenspinner]
Peridea anceps	**Eichen-Zahnspinner** Eichenhain-Zahnspinner Roteichenspinner, Goldmäulchen
Spatalia argentina	**Silberfleck-Zahnspinner** Silberfleckenspinner, Silberfleck Silber-Zahnspinner Eichenpappelbuschflur-Zahnspinner
Notodonta dromedarius	**Dromedar-Zahnspinner*** Dromedarspinner, Dromedar Erlen-Zickzackspinner Erlenzahnspinner, Erlenbirkenauen-Zahnspinner [Birkenspinner]
Notodonta torva	**Gelbbrauner Zahnspinner*** Gelbbrauner Zickzackspinner Weichholzauen-Zahnspinner Auenpappelgestrüpp-Zahnspinner, Espenpappelspinner
Drymonia dodonaea	**Ungefleckter Zahnspinner*** Ungefleckter Zickzackspinner Dreifleckiger Eichenbuchen-Mittelwald-Blattspinner Dreifleckiger Eichenbuchenwald-Blattspinner [Kahneichenspinner]
Drymonia ruficornis	**Dunkelgrauer Zahnspinner** Dunkelgrauer Zickzackspinner Dunkelgrauer Zickzackfalter Steineichenspinner, Rothorn Eichenhochwald-Blattspinner Grauer Eichenhochwald-Blattspinner
Drymonia querna	**Weißbinden-Zahnspinner*** Weißbinden-Eichenbuschspinner, Hellgrauer Zickzackfalter, Eichenbuschwald-Blattspinner, Grauer Eichenbuschwald-Blattspinner Hageichenspinner
Drymonia obliterata	**Schwarzeck-Zahnspinner*** Schwarzeck, Schwarzfleck Buchenglattrandspinner Haseleichenspinner Bucheneichen-Bergwald-Zahnspinner

Drymonia velitaris	**Südlicher Zahnspinner** Eichenglattrandspinner Sommereichenspinner, Segelmotte, Eichenbuschheiden-Zahnspinner
Tritophia tritophus	**Espen-Zahnspinner*** Espen-Zickzackspinner Zitterpappelspinner, Pappelbirkengehölz-Zahnspinner
Harpyia milhauseri	**Pergament-Zahnspinner*** Milhausers Pergamentspinner Pergamentspinner Truffeichenspinner Milhausers Eichenhochwald-Rindenspinner
Pheosia gnoma	**Birken-Zahnspinner** Birkenporzellanspinner Weißfleckiger Zahnspinner Birkenbergwald-Zahnspinner [Balsampappelspinner]
Pheosia tremula	**Pappel-Zahnspinner** Pappelporzellanspinner, Brandflügel, Espenhain-Zahnspinner [Schwarzpappelspinner]
Ptilophora plumigera	**Haarschuppen-Zahnspinner*** Haarschuppenspinner Frostspinner, Ahornwald-Frostspinner, Federträger
Pterostoma palpina	**Palpen-Zahnspinner*** Palpenspinner, Schnauzenspinner, Rüsselspinner, Weißweiden-Rüsselspinner, Weißweidenspinner, Pappelbuschhalden-Palpenspinner
Ptilodon capucina	**Kamel-Zahnspinner*** Kamelzickzackspinner Rotbuchenbergwald-Zahnspinner, Erlenspinner [Schopfzahnspinner]
Ptilodontella cucullina	**Ahorn-Zahnspinner** Ahornspinner, Maßholderspinner, Ahornbergwald-Zahnspinner [Schopfzahnspinner]
Leucodonta bicoloria	**Schneeweißer Zahnspinner** Weißer Zahnspinner, Goldpfeil Schneeweißer Zahnflügler Hainbirkenspinner, Kanonenvogel, Birkenhain-Zahnspinner
Eligmodonta ziczac	**Zickzack-Zahnspinner** Zickzackspinner, Flechtenweidenspinner, Uferweiden-Zahnspinner [Korbweidenspinner]
Odontosia carmelita	**Mönch-Zahnspinner** Karmeliterspinner, Karmeliterin
Gluphisia crenata	**Pappelauen-Zahnspinner*** Dunkelgrauer Wellrandspinner Kerbelstreifenspinner, Kurzbauch, Auenpappelgehölz-Blattspinner
Clostera curtula	**Erpelschwanz-Rauhfußspinner*** Erpelschwanz, Rotgelber Erpelschwanz, Pappelweidengestrüpp-Erpelschwanz, Rosenweidenspinner
Clostera anachoreta	**Schwarzgefleckter Rauhfußspinner*** Großer Erpelschwanz Rauhfußspinner Pappelweidengeröllflur-Erpelschwanz Schwarzgefleckter Korbweidenspinner, Einsiedler [Korbweidenspinner]
Clostera anastomosis	**Rostbrauner Rauhfußspinner** Rotbrauner Rauhfußspinner Espenmittelwald-Erpelschwanz Lorbeerweidenspinner [Weidenspinner]
Clostera pigra	**Kleiner Rauhfußspinner** Perlgrauer Rauhfußspinner Kleiner Erpelschwanz, Espenspinner Weidenpappelkiesflur-Erpelschwanz Rosmarinweidenspinner

Thaumetopoeinae – Prozessionsspinner

Thaumetopoea processionea	**Eichen-Prozessionsspinner** Prozessionsspinner, Eichenwald-Prozessionsspinner, Viereckspinner Viereichenspinner [Katzeneule] [Eichenspinner, Eichenvogel]

Dilobidae – Blaukopf-Eulenspinner

Diloba caeruleocephala	**Blaukopf** Feldholz-Brillenzeichen-Eulenspinner Brillenvogel, Doppelfleck [Brilleneule]

Lymantriidae – Trägspinner

Orgyia recens	**Eckfleck-Bürstenspinner*** Eckfleck, Großer Bürstenbinder Eichenwald-Bürstenbinder [Zwetschgenspinner]
Orgyia antiqua	**Schlehen-Bürstenspinner*** Schlehenspinner, Bürstenbinder Heckenbürstenbinder, Lastträger, Sonderling, Paradoxum Aprikosenspinner [Schlehenspanner] [Esparsettenvögelchen]
Gynaephora selenitica	**Mondfleck-Bürstenspinner** Mondfleck-Bürstenbinder Steppenrasen-Streckfuß [Mondfleck]
Dicallomera fascelina	**Rötlichgrauer Bürstenspinner** Ginsterstreckfuß, Buschheiden-Streckfuß, Grauer Kleespinner Kleeblumenspinner [Kleespinner]
Elkneria pudibunda	**Buchen-Streckfuß*** Streckfuß, Rotschwanz, Streckschwanz, Buchenrotschwanz, Rotschwänzchen Buchenträgspinner Walnußspinner Rotbuchenwald-Streckfuß [Buchenspinner]
Calliteara abietis	**Tannen-Streckfuß** Tannenspinner, Fichten-Bürstenbinder Fichtenträgspinner Fichtenwald-Streckfuß
Euproctis chrysorrhoea	**Goldafter** Eichen-Goldafterspinner, Goldschwanz, Goldschwänzchen, Dunkler Goldafter Goldafterschwanz Braunschwänziger Goldafter [Gemeiner Goldafter] [Heller Goldafterspinner]
Euproctis similis	**Schwan** Heller Goldafter, Gelbschwänziger Goldafter Laubholz-Weißspinner Moschusvogel Gartenbirnspinner [Frühbirnspinner] [Heller Goldafterspinner]
Leucoma salicis	**Pappel-Trägspinner*** Weißer Weidenspinner Uferweiden-Schadspinner Atlasspinner, Atlas, Kuckuck [Weidenspinner, Ringelfuß] [Pappelspinner]
Arctornis l-nigrum	**Schwarzes L** Schwarzes L, V-Spinner, Lindenbuschwald-Laubspinner
Lymantria monacha	**Nonne** Nonnenspinner, Einsiedler Eremit, Nadelwald-Schadspinner, Rotbauch [Fichtenspinner, Föhrenspinner]
Lymantria dispar	**Schwammspinner** Großer Schwammspinner, Großkopf-Schwammspinner, Großkopfspinner Grauer Obsthain-Schadspinner, Rosenspinner [Stammeule, Stammphaläne] [Eulenzwitter, Hermaphrodit] [Gemeiner Schwammspinner]

Ctenuchidae – Kammerjungfern

Dysauxes ancilla	**Kammerjungfer** Braunwidderchen, Felsflechten-Braunwidderchen, Wandflechtenspinner Felssteppen-Flechtenwidderchen, Die Magd

Nolidae – Graueulchen

Meganola togatulalis	**Schwarzliniertes Graueulchen** Schwarzliniertes Laub-Grauspinnerchen, Mantelbärchen Gebändertes Eichenbärchen Eichensteppen-Kleinbärchen

Meganola strigula	**Hellgraues Graueulchen** Hellgraues Laub-Grauspinnerchen, Kleines Eichenbärchen Lindenbärchen, Eichenmittelwald-Kleinbärchen [Eichenbärchen]	Nola aerugula	**Laubholz-Graueulchen** Birken-Laub-Grauspinnerchen Aspenbärchen, Birkenmoorgehölz-Kleinbärchen, Heidekraut-Kleinbärchen
Meganola albula	**Weißliches Graueulchen** Weißliches Laub-Grauspinnerchen, Maramoriertes Brombeerbärchen, Moorbeergerank-Kleinbärchen [Minzenbärchen]	Nola cicatricalis	**Flechten-Graueulchen** Flechten-Laub-Grauspinnerchen Flechten-Grauspinnerchen Baumflechten-Kleinbärchen [Flechtenbärchen]
Nola cucullatella	**Violettgraues Graueulchen** Violettgraues Laub-Grauspinnerchen, Kapuzenbärchen Schlehenheiden-Kleinbärchen Sperbermotte	Nola cristatula	**Wasserminzen-Graueulchen** Wasserminzen-Laub-Grauspinnerchen Wasserminzen-Kleinbärchen [Gamanderbärchen]
Nola confusalis	**Hainbuchen-Graueulchen*** Weißgraues Laub-Grauspinnerchen, Hainbuchenbärchen, Hainbuchenwald-Kleinbärchen [Eichenbärchen]	Nola subchlamydula	**Gamander-Graueulchen** Gamanderbärchen [Wasserminzen-Laub-Grauspinnerchen]

4.3 Gliederung Lebensraum

Bioindikatoren – Präferenzen

Linke Seite: Schichten (vertikal)
Pflanzengruppen

Rechte Seite: Vegetationseinheiten

Nutzung:	stark	schwach	möglich
Imago:	▲	△	?
Präimaginal:	▼	▽	?

	feucht	mesophil	trocken	Kulturland
Lebensraum:				

	Vegetationsfreie Stellen	Bodenvegetation	Sträucher und Gebüsche	Bäume	Gräser	Kräuter u. Hochstauden (u. Farne)	Zwergsträucher	Holzgewächse (ohne Zwergsträucher)	Flechten (u. Algen, Moose)	Mineralische Stoffe
Triodia sylvina		▲▼			△	△▼		△		
Korscheltellus lupulinus		▲▼			▲	△▼		△		
Pharmacis fusconebulosa		▲▼				△▼				
Phymatopus hecta		▼	▲	△		△▼		▲		
Hepialus humuli		▲▼			▽	▼				
Cossus cossus				△▼				△▼		
Phragmataecia castaneae		▲▼			▲▼					
Zeuzera pyrina				△▼				△▼		
Rhagades pruni		▲▼	▲▼			▲▽	▲▼	▼		
Adscita globulariae		▲▼				▲▼				
Adscita notata		▲▼				▲▼				
Adscita geryon		▲▼				▲	▼			
Adscita mannii		▲▼			△	▲?	▼			
Adscita statices		▲▼				▲▼				
Zygaena minos		▲▼			△	▲▼				
Zygaena purpuralis		▲▼			△	▲▼				
Zygaena carniolica		▲▼			△	▲▼				
Zygaena fausta		▲▼	△		△	▲▼	△	△		
Zygaena loti		▲▼			△	▲▼				
Zygaena osterodensis		▲▼	△▽	▽	△	▲▼	△	▽		
Zygaena viciae		▲▼			△▽	▲▼				
Zygaena ephialtes		▲▼	△	?		▲▼	△	△		

Wälder und Gebüsche | Offenland

Auen- und Bruchwälder	Moorrandwälder	Gebüsch- u. Saumges. (feucht)	Schlagfluren	Subalp. Hochstauden/Hochgrasfluren	Nadelwälder	Laubmischwälder	Gebüsch- u. Saumges. (mesophil)	Trockenwälder	Gebüsch- u. Saumges. (mesophil)	Mager- u. Trockenrasen, Felsfluren (kalkreich)	Fettwiesen u. -weiden	Feuchtwiesen, Niedermoore, Röhricht	Hochmoor-Komplexe	Quellfluren u. Schneetälchen	Magerrasen u. Felsfluren (kalkarm)	Sandfluren u. Flußkiesfluren	Bearbeitetes Kulturland	Aufgelassenes Kulturland	Streuobstwiesen
		△/?	△/?			△/?	△/?		△/?	△/?	◆	◆			△/?		◆	◆	◆
△/?			△/?			△/?				◆	◆						◆	△/?	
		△/?	▲/?		▲/?	▲/?					▲/?	▲/?			◆				
▲/?	▲/?	▲/?	▲/?		▲/?	▲/?													
	△/?		△/?			△/?					◆	◆					◇	◇	◆
◆	◆					△/?											◆	◆	◆
△												◆	△						
◇	◇					◇		◆									◆	◆	◆
									◆	◆			◆		◇				
									▲	◆	◇				◇				
									?	◆	?/?								
										◆									
										◆									
										▲/?	◆	◆			◆	◇			
									△/?	◆	◇	◇			◇				
									△	◆	◇	?/?			◇				
								◇	◆	◆	◇								
								◆	◆	△/?									
						◇	◇		◇	◆	◆	◇							◇
						◆	▲/▽	◆	◆	△									
		◇	?/?			◇	◇	◇	◆	◆	◆	◆			◇		◇	◇	◇
						◇	◇	◇	◆	◇	?/?						◇	◇	

Gliederung Lebensraum Bioindikatoren – Präferenzen Linke Seite: Schichten (vertikal) Pflanzengruppen Rechte Seite: Vegetationseinheiten Nutzung: stark / schwach / möglich Imago: ▲ / △ / ? Präimaginal: ▼ / ▽ / ? Lebensraum: feucht / mesophil / trocken / Kulturland	Vegetationsfreie Stellen	Bodenvegetation	Sträucher und Gebüsche	Bäume	Gräser	Kräuter u. Hochstauden (u. Farne)	Zwergsträucher	Holzgewächse (ohne Zwergsträucher)	Flechten (u. Algen, Moose)	Mineralische Stoffe
Zygaena transalpina		▲/▼	△		△/▼	▲/▼	△			
Zygaena angelicae		▲/▼	△/?			▲/▼	△/?			
Zygaena filipendulae		▲/▼			△/▼	▲/▼				
Zygaena trifolii		▲/▼			▲/▼	▲/▼				
Zygaena lonicerae		▲/▼			△/▽	▲/▼				
Apoda limacodes			▲/▼	▲/▼				▲/▼		
Heterogenea asella			▲/▼	▲/▼				▲/▼		
Diplodoma laichartingella		△/▽	△/▽	▲/▼				▲/▼	▲/▼	
Narycia duplicella		△/▽	△/▽	▲/▼				▲/▼	▲/▼	
Narycia astrella	?/▼	▲/▼		▲/▼				▲/▼	▲/▼	
Dahlica triquetrella f. bisex.	?/▽	▲/▼		▲/▼				▲/▼	▲/▼	
Dahlica triquetrella f. parth.	▽	▲/▼	△/▽	▲/▼	▼	?/?		▲/▼	▼	
Dahlica lichenella f. parth.	▽	△/▽	△/▽	▲/▼				▲/▼	▼	
Dahlica lichenella f. bisex.	?/▽	?/?	?/?	▲/▼				▲/▼	▲/▼	
Dahlica charlottae	?/▽	▲/▼	?/?	▲/▼				▲/▼	▲/▼	
Dahlica wockei	?/▽	▲/▼		▲/▼				▲/▼	▲/▼	
Dahlica sauteri	?/▼	▲/▼		▲/▼				▲/▼	▲/▼	
Siederia cembrella	?/▽	▲/▼		▲/▼				▲/▼	▲/▼	
Siederia rupicolella		▲/▼		▲/▼				▲/▼	▲/▼	
Taleporia tubulosa	?/▼	▲/▼	△/▽	▲/▼	△/▽		△/▽	▲/▼	▲/▼	
Bacotia claustrella	?/▽		▲/▼	▲/▼				▲/▼	▲/▼	
Proutia betulina	?/▽	▲/▼	▲/▼	▲/▼				▲/▼	▲/▼	

Wälder und Gebüsche | Offenland

Auen- und Bruchwälder	Moorrandwälder	Gebüsch- u. Saumges. (feucht)	Schlagfluren	Subalp. Hochstauden/Hochgrasfluren	Nadelwälder	Laubmischwälder	Gebüsch- u. Saumges. (mesophil)	Trockenwälder	Gebüsch- u. Saumges. (mesophil)	Mager- u. Trockenrasen, Felsfluren (kalkreich)	Fettwiesen u. -weiden	Feuchtwiesen, Niedermoore, Röhricht	Hochmoor-Komplexe	Quellfluren u. Schneetälchen	Magerrasen u. Felsfluren (kalkarm)	Sandfluren u. Flußkiesfluren	Bearbeitetes Kulturland	Aufgelassenes Kulturland	Streuobstwiesen
						◇ ?	◇	◇	◆	◆	◇				◇				
						◇	△	◆	◆										
		◇	? ?			◇	◇	◇	⬘	◆	◆	◆			◇		◇	◇	◇
		◇					◇					◆							◇
						◇	◇	◇	⬘	◆	◇				◇		◇	◇	◇
						◆		◆											
◇						◆	◇												
◇	◇	◇			◆	◆	◇	◇	◇						◇				
◆	◇	◇			◆	◆	◇	◆	◇				◇				◇		◇
					◆	◆													◇
					◆	◆													
◇	◇	?			◇	◆	? ?	◇	◇	◇					◆	◇	◇	◇	◇
◆	◇				◇	◆	◇			◇					◆			◇	
◇						◆													
					◇	◆													
						◆													
				◇	◆	◆							◇		◆				
					◆	◇													
					◆														
◆	◇	? ?	? ?		◆	◆	◆	◆	◇	◇			◇		◆	◇		◇	◇
◆	◇	? ?			◆	◆	◇	◇	◇									◇	◆
◆	◇	◇				◆	◇	◆	◆				◇					◇	◇

Gliederung Lebensraum Bioindikatoren – Präferenzen Linke Seite: Schichten (vertikal) Pflanzengruppen Rechte Seite: Vegetationseinheiten Nutzung: stark / schwach / möglich Imago: ▲ / △ / ? Präimaginal: ▼ / ▽ / ? Lebensraum: feucht / mesophil / trocken / Kulturland	Vegetationsfreie Stellen	Bodenvegetation	Sträucher und Gebüsche	Bäume	Gräser	Kräuter u. Hochstauden (u. Farne)	Zwergsträucher	Holzgewächse (ohne Zwergsträucher)	Flechten (u. Algen, Moose)	Mineralische Stoffe
Bruandia comitella	?/▼	◆		◆				◆	◆	
Psyche casta	?/▼	◆	◆	◆	◆	?/?	◇	◆	◆	
Psyche crassiorella	?/▼	◆		◇	△/▼			◇	◆	
Bijugus bombycella		◆			◆				◆	
Rebelia herrichiella	?/▼	◆			◇				▽	
Rebelia bavarica	?/▼	◆			◆				▽	
Epichnopterix plumella	?/▽	◆			◆		◇		▽	
Epichnopterix sieboldii	?/▽	◆			◆		◇		▽	
Acanthopsyche atra	?/▽	◆	◇	◇	◇		◆	◇		
Canephora unicolor	?/▼	◆	◇	◇	◆	◆	◇	◆		
Pachythelia villosella	?/▽	◆	◇	◇	?/?	?/?	◆	◇		
Ptilocephala plumifera	?/▼	◆			◆				▽	
Megalophanes viciella		◆	◇	◇	◆	◇	◆			
Phalacropterix graslinella	?/▽	◆	◇	▽	▽		◆	◇		
Sterrhopterix fusca	?/▼	◆	◆	◇	▼		◇	◇		
Sterrhopterix standfussi	?/▼	◆	◇	◇	◇		◆	◇		
Apterona helicoidella	▼	◆	▼	▽	▽	▽	▽	◆		
Eumasia parietariella	▼	◆							▼	
Thyris fenestrella	△	▲	▼	▼		▲		▼		▲
Endromis versicolora			◆	◆				◆		
Poecilocampa populi			◆	◆				◆		
Trichiura crataegi			◆	◆				◆		

Wälder und Gebüsche										Offenland									
Auen- und Bruchwälder	Moorrandwälder	Gebüsch- u. Saumges. (feucht)	Schlagfluren	Subalp. Hochstauden/Hochgrasfluren	Nadelwälder	Laubmischwälder	Gebüsch- u. Saumges. (mesophil)	Trockenwälder	Gebüsch- u. Saumges. (mesophil)	Mager- u. Trockenrasen, Felsfluren (kalkreich)	Fettwiesen u. -weiden	Feuchtwiesen, Niedermoore, Röhricht	Hochmoor-Komplexe	Quellfluren u. Schneetälchen	Magerrasen u. Felsfluren (kalkarm)	Sandfluren u. Flußkiesfluren	Bearbeitetes Kulturland	Aufgelassenes Kulturland	Streuobstwiesen
					◆	◆									◆				
◆	◆	◇	?/?		◆	◆	◆	◆	◆	◇		◆	◇		◇	◆	◇	◇	◇
										◆					◆	◆		◇	
									◇	◆		◇	◆		◆	◆			
										◆					◆	◆	◇	◇	
										◆									
				◇						◇		◆	◆		◆	◆	◇	◇	◆
										◆			◇						
													◆		◆	?/?			
									◇	◆			◆		◆	◆	◇	◇	
	◇								?/?	?/?			◆		?/?	?/?			
										◆									
												◆	◆						
		◇							◇	◇			◆					◇	
◆	◇	?/?				◆	◇	◆	◆			◇							
	◇												◆						
								◇	◆	◆					◆	◆		◇	
										?/?									
◆		◆				◆												◇	
◆	◆		△/?			◆							◆						
◆	◆	◆				◆	◇	?/?	▽			△	△						◇
	◇					◇	◆	◇	◆	◆	△/?								

Gliederung Lebensraum
Bioindikatoren – Präferenzen

Linke Seite: Schichten (vertikal)
Pflanzengruppen

Rechte Seite: Vegetationseinheiten

Nutzung:	stark	schwach	möglich
Imago:	▲	△	?
Präimaginal:	▼	▽	?

	feucht	mesophil	trocken	Kulturland
Lebensraum:				

	Vegetationsfreie Stellen	Bodenvegetation	Sträucher und Gebüsche	Bäume	Gräser	Kräuter u. Hochstauden (u. Farne)	Zwergsträucher	Holzgewächse (ohne Zwergsträucher)	Flechten (u. Algen, Moose)	Mineralische Stoffe
Eriogaster lanestris			▲▼	△▽				▲▼		
Malacosoma neustria			▲▼	▲▼				▲▼		
Malacosoma castrensis		▲▼				▲▼				
Lasiocampa trifolii		▲▼			▲▼	▲▼				
Lasiocampa quercus			▲▼	▽		▽	▲▼	▲▼		
Macrothylacia rubi		▲▼	△▽	?	?	▲▼	▽	▽		
Dendrolimus pini				▲▼				▲▼		
Euthrix potatoria		▲▼	▼	▽	▲▼	▽	▽	▽		
Cosmotriche lunigera				▲▼				▲▼		
Phyllodesma ilicifolia										
Phyllodesma tremulifolia				▲▼				▲▼		
Gastropacha quercifolia			▲▼	▲▼				▲▼		
Gastropacha populifolia				▲▼				▲▼		
Odonestis pruni			▲▼	▲▼				▲▼		
Lemonia dumi		▲▼				▲▼				
Lemonia taraxaci		▲▼				▲▼				
Saturnia pavonia		▲▼	▲▼	▽	▽	▲▼	▲▼	▲▼		
Aglia tau			△▽	▲▼		△		▲▼		
Agrius convolvuli	△▽	▼				▼				
Acherontia atropos	△▽	▼	▽			▼		▽		
Sphinx ligustri	△		▼	▽				▼		
Hyloicus pinastri	▽			▲▼				▲▼		

Wälder und Gebüsche										Offenland									
Auen- und Bruchwälder	Moorrandwälder	Gebüsch- u. Saumges. (feucht)	Schlagfluren	Subalp. Hochstauden/Hochgrasfluren	Nadelwälder	Laubmischwälder	Gebüsch- u. Saumges. (mesophil)	Trockenwälder	Gebüsch- u. Saumges. (mesophil)	Mager- u. Trockenrasen, Felsfluren (kalkreich)	Fettwiesen u. -weiden	Feuchtwiesen, Niedermoore, Röhricht	Hochmoor-Komplexe	Quellfluren u. Schneetälchen	Magerrasen u. Felsfluren (kalkarm)	Sandfluren u. Flußkiesfluren	Bearbeitetes Kulturland	Aufgelassenes Kulturland	Streuobstwiesen
							◇		♦	♦			♦						
◇	♦		◇			◇	♦	◇	♦	◇		◇							♦
									♦	♦	◇	?							
										♦	♦	♦	▲				♦	♦	
♦	◇	◇	♦		◇	♦	♦	♦	♦	♦		◇	♦		♦	◇			
			◇							♦	♦	♦	♦		♦	♦	♦	♦	
	◇				♦	◇		♦					♦						
♦	◇		♦		♦	♦				?	♦	♦	♦						
	♦				♦	◇							♦						
													♦						
♦						◇		◇											
♦	△	♦					♦	◇	♦	♦		△	△						♦
♦																			
◇						◇	♦	?/?	◇										♦
										◇	♦								♦
										◇	♦								
		♦	♦		◇	◇	♦	◇	♦	♦	◇	♦	♦		♦				
◇						♦		◇											
																	♦		
																	♦		
◇		△				◇	◇	◇	▼								♦	△	
◇	♦		△		♦	◇	△	♦	△				♦				♦	△	

Gliederung Lebensraum Bioindikatoren – Präferenzen Linke Seite: Schichten (vertikal) Pflanzengruppen Rechte Seite: Vegetationseinheiten Nutzung: stark / schwach / möglich Imago: ▲ / △ / ? Präimaginal: ▼ / ▽ / ? Lebensraum: feucht / mesophil / trocken / Kulturland	Vegetationsfreie Stellen	Bodenvegetation	Sträucher und Gebüsche	Bäume	Gräser	Kräuter u. Hochstauden (u. Farne)	Zwergsträucher	Holzgewächse (ohne Zwergsträucher)	Flechten (u. Algen, Moose)	Mineralische Stoffe
Mimas tiliae	▽		▽	◆				◆		
Smerinthus ocellata			◆	◆				◆		
Laothoe populi			◆	◆				◆		
Hemaris tityus		◆				◆				
Hemaris fuciformis		▲	▼			▲		▼		
Macroglossum stellatarum	▲	◆				◆				
Proserpinus proserpina	▽	◆				◆				
Hyles euphorbiae	▽	◆				◆				
Hyles gallii	–/?	◆				◆				
Hyles vespertilio	▼	◆				◆				
Deilephila elpenor	▼	◆				◆				
Deilephila porcellus		◆				◆				
Falcaria lacertinaria			?/?	◆				◆		
Drepana binaria			◆	◆				◆		
Drepana cultraria	△		◇	◆				◆		
Drepana falcataria			◆	◆		?/–		◆		
Drepana curvatula			◆	◆				◆		
Sabra harpagula			?/?	◆				◆		
Cilix glaucata			◆				?/–	◆		
Thyatira batis		◇	◆	?/–		?/–	◇	◆		
Habrosyne pyritoides		◇	◆	?/–		?/–	◇	◆		
Tethea ocularis			◇	◆				◆		

Wälder und Gebüsche | Offenland

Auen- und Bruchwälder	Moorrandwälder	Gebüsch- u. Saumges. (feucht)	Schlagfluren	Subalp. Hochstauden/Hochgrasfluren	Nadelwälder	Laubmischwälder	Gebüsch- u. Saumges. (mesophil)	Trockenwälder	Gebüsch- u. Saumges. (mesophil)	Mager- u. Trockenrasen, Felsfluren (kalkreich)	Fettwiesen u. -weiden	Feuchtwiesen, Niedermoore, Röhricht	Hochmoor-Komplexe	Quellfluren u. Schneetälchen	Magerrasen u. Felsfluren (kalkarm)	Sandfluren u. Flußkiesfluren	Bearbeitetes Kulturland	Aufgelassenes Kulturland	Streuobstwiesen
◇						◇	▽										◆	◇	◆
◆	◇	◆	◆				◇					◇	◆				◆	◇	◇
◆	◇	◆	◆				◇					◇	◆			◇	◇	◆	
			△				△	◇	▲	◆	◇				◆		△	◆	
			▽			◆	▼	◆	◆	▲					▲		▲		
			▲				▲		▲	▲	◆	▲			▲	▲	◆	◆	
		▼	◇									▼				▼	▲/▽	◆	
									?	◆					◇	◆	▲	◆	
			▽		?	?				?/?	?				?/?	?/?	△/?	?/▽	
																◆			
		▼	◆		◇	◇				△	△	△/▼					◆	◆	
										◇	◆	△			△	△	◆	◆	
◆	◆	?/?				◇						?/?	◆					◇	
◇						◆		◆										◇	
						◆		◆											
◆	◆	◆				◆	?/?					◇	◆					◆	
◆		◆				?/?						◇							
						◆		◆											
							◆		◆								◇	◆	
◆	?/?	◆	◇		◇	◆	◆	◇	◇	?		?						◇	△
◇	?/?	◆	◆		◇	◆	◆	◇	◇	?		?						◇	△
◆	?	◇				◆	△/?											?	?

Gliederung Lebensraum
Bioindikatoren – Präferenzen

Linke Seite: Schichten (vertikal)
Pflanzengruppen

Rechte Seite: Vegetationseinheiten

Nutzung:	stark	schwach	möglich
Imago:	▲	△	?
Präimaginal:	▼	▽	?

Lebensraum: feucht | mesophil | trocken | Kulturland

	Vegetationsfreie Stellen	Bodenvegetation	Sträucher und Gebüsche	Bäume	Gräser	Kräuter u. Hochstauden (u. Farne)	Zwergsträucher	Holzgewächse (ohne Zwergsträucher)	Flechten (u. Algen, Moose)	Mineralische Stoffe
Tethea or		?	▲/▼	▲/▼		?	△/?	▲/▼		
Tetheella fluctuosa		?	▲/▼	▲/▼		?		▲/▼		
Ochropacha duplaris		?	▲/▼	▲/▼		?		▲/▼		
Cymatophorima diluta		?	▲/▼	▲/▼		?	△	▲/▼		
Achlya flavicornis		?	▲/▼	▲/▼		?		▲/▼		
Polyploca ridens		?	▲/▼	▲/▼		?	△	▲/▼		
Phalera bucephala			△/▽	▲/▼				▲/▼		
Cerura vinula			▲/▼	△/▽				▲/▼		
Cerura erminea			▲/▼	?/?				▲/▼		
Furcula bicuspis			△/▽	▲/▼				▲/▼		
Furcula furcula			▲/▼	▲/▼				▲/▼		
Furcula bifida			▲/▼	△/▽				▲/▼		
Stauropus fagi			▲/▼	▲/▼				▲/▼		
Peridea anceps			▲/▼	▲/▼				▲/▼		
Spatalia argentina			▲/▼	▲/▼				▲/▼		
Notodonta dromedarius			▲/▼	▲/▼				▲/▼		
Notodonta torva			▲/▼	▲/▼				▲/▼		
Drymonia dodonaea			▲/▼	▲/▼				▲/▼		
Drymonia ruficornis			▲/▼	▲/▼				▲/▼		
Drymonia querna			▲/▼	▲/▼				▲/▼		
Drymonia obliterata			?/?	▲/▼				▲/▼		
Drymonia velitaris			▲/▼	▲/▼				▲/▼		

Wälder und Gebüsche										Offenland									
Auen- und Bruchwälder	Moorrandwälder	Gebüsch- u. Saumges. (feucht)	Schlagfluren	Subalp. Hochstauden/Hochgrasfluren	Nadelwälder	Laubmischwälder	Gebüsch- u. Saumges. (mesophil)	Trockenwälder	Gebüsch- u. Saumges. (mesophil)	Mager- u. Trockenrasen, Felsfluren (kalkreich)	Fettwiesen u. -weiden	Feuchtwiesen, Niedermoore, Röhricht	Hochmoor-Komplexe	Quellfluren u. Schneetälchen	Magerrasen u. Felsfluren (kalkarm)	Sandfluren u. Flußkiesfluren	Bearbeitetes Kulturland	Aufgelassenes Kulturland	Streuobstwiesen
◇	◇	◆	◇			◇	◆	?/?	?/?			?/						?/	?/
?/?		◇	?/			◆	◇					?/							
◆	◆	◆	?/			◇	◇					?/	?/						
◇		?/	?/			◆	◆	◇	◇										
◆	◆	◇	◇			◇	◇					?/	?/					?/	?/
?/?						◇	◇	◆	◇										
◇	▲		◇			◆		◆				△	△				◆		
◇	◇	◆	◆			◇	◆	/?	◇				△						
◆		?/?	?/?			◇	?/?												
◆	◆	?/?	?/?										◇						
◆	?/?	?/?	◇			◆	?/?		?/?				△/?						
◆	?/?	?/?	◆			◇	◆		?/?				△/?						
◇	?/?					◆	?/?										◇		
◇						◇	◇	◆	◆										
◇						◇		◆	◇										
◇	◇	◇	◆			◇	◆					△	△				◆		
?/?	△/?	?/?								△/?			△/?						
?/?						▲		▲					?/				△/?		
						◆		◆									△/?		
						◆		◆											
						◆													
								◆											

Gliederung Lebensraum Bioindikatoren – Präferenzen Linke Seite: Schichten (vertikal) Pflanzengruppen Rechte Seite: Vegetationseinheiten Nutzung: stark / schwach / möglich Imago: ▲ / △ / ? Präimaginal: ▼ / ▽ / ? Lebensraum: feucht / mesophil / trocken / Kulturland	Vegetationsfreie Stellen	Bodenvegetation	Sträucher und Gebüsche	Bäume	Gräser	Kräuter u. Hochstauden (u. Farne)	Zwergsträucher	Holzgewächse (ohne Zwergsträucher)	Flechten (u. Algen, Moose)	Mineralische Stoffe
Tritophia tritophus			▲/▼	▲/▼				▲/▼		
Harpyia milhauseri			?/?	▲/▼				▲/▼		
Pheosia gnoma			?/?	▲/▼				▲/▼		
Pheosia tremula			▲/▼	▲/▼				▲/▼		
Ptilophora plumigera			▲/▼	▲/▼				▲/▼		
Pterostoma palpina			▲/▼	△/▽				▲/▼		
Ptilodon capucina			▲/▼	▲/▼				▲/▼		
Ptilodontella cucullina			▲/▼	▲/▼				▲/▼		
Leucodonta bicoloria			?/?	▲/▼				▲/▼		
Eligmodonta ziczac			▲/▼	△/▽				▲/▼		
Odontosia carmelita			?/?	▲/▼				▲/▼		
Gluphisia crenata				▲/▼				▲/▼		
Clostera curtula			▲/▼	△/▽				▲/▼		
Clostera anachoreta			▲/▼	▲/▼				▲/▼		
Clostera anastomosis			▲/▼	▲/▼				▲/▼		
Clostera pigra			▲/▼	▲/▼				▲/▼		
Thaumetopoea processionea				▲/▼				▲/▼		
Diloba caeruleocephala			▲/▼	▲/▼				▲/▼		
Orgyia recens			▲/▼	?/▽				▲/▼		
Orgyia antiqua			▲/▼	▲/▼		▽	▽	▲/▼		
Gynaephora selenitica	▼	▲/▼	▲/▼			▲/▼		▲/▼		
Dicallomera fascelina		▲/▼	△/▽	?/?		▼		△/▽		

Wälder und Gebüsche										Offenland									
Auen- und Bruchwälder	Moorrandwälder	Gebüsch- u. Saumges. (feucht)	Schlagfluren	Subalp. Hochstauden/Hochgrasfluren	Nadelwälder	Laubmischwälder	Gebüsch- u. Saumges. (mesophil)	Trockenwälder	Gebüsch- u. Saumges. (mesophil)	Mager- u. Trockenrasen, Felsfluren (kalkreich)	Fettwiesen u. -weiden	Feuchtwiesen, Niedermoore, Röhricht	Hochmoor-Komplexe	Quellfluren u. Schneetälchen	Magerrasen u. Felsfluren (kalkarm)	Sandfluren u. Flußkiesfluren	Bearbeitetes Kulturland	Aufgelassenes Kulturland	Streuobstwiesen
▲/?						▲/?													
♦						♦		♦											
	▲/?					♦							▲/?						
♦	▲/?	♦	♦				♦					▲/?	▲/?				◇		
♦						♦	♦		♦	♦							♦		
♦	▲/?	–/?	♦			♦	♦					▲/?	▲/?				♦		
♦	♦	♦	♦			♦	♦					▲/?	▲/?				♦		
♦						♦	♦		♦	♦							◇		
▲/?	♦					◇						▲/?	▲/?						
♦	♦	♦	♦			♦	♦					◇	♦				♦		
	♦				◇	◇							▲/?						
♦												△	△/?				◇		
♦	◇	♦	♦			♦	♦		♦	♦		◇	♦				♦		
♦		♦	?/?				?/?												
♦		?/?	?/?				?/?												
♦	♦	♦	♦			♦	♦		♦	♦		◇	◇				♦		
◇						◇		♦											
							♦		♦								♦		♦
	?/?						?/?						♦						
◇	◇	♦	♦		◇	◇	♦	◇	♦	◇			◇				◇	◇	◇
									♦	♦			♦						
										♦	♦	▽	◇						

Gliederung Lebensraum
Bioindikatoren – Präferenzen

Linke Seite: Schichten (vertikal)
Pflanzengruppen

Rechte Seite: Vegetationseinheiten

Nutzung:	stark	schwach	möglich
Imago:	▲	△	?
Präimaginal:	▼	▽	?

Lebensraum: feucht | mesophil | trocken | Kulturland

	Vegetationsfreie Stellen	Bodenvegetation	Sträucher und Gebüsche	Bäume	Gräser	Kräuter u. Hochstauden (u. Farne)	Zwergsträucher	Holzgewächse (ohne Zwergsträucher)	Flechten (u. Algen, Moose)	Mineralische Stoffe
Calliteara abietis				▲/▼				▲/▼		
Elkneria pudibunda			△/▽	▲/▼				▲/▼		
Euproctis chrysorrhoea			▲/▼	▲/▼				▲/▼		
Euproctis similis			▲/▼	▲/▼			▽	▲/▼		
Leucoma salicis			△/▽	▲/▼				▲/▼		
Arctornis l-nigrum				▲/▼				▲/▼		
Lymantria monacha			▽	▲/▼			▽	▲/▼		
Lymantria dispar			▽	▲/▼		▽	▽	▲/▼		
Dysauxes ancilla		▲/▼	△			/?			/?	
Meganola togatulalis			▲/▼					▲/▼		
Meganola strigula			?/?	?/?				▲/▼		
Meganola albula			?/?							
Nola cucullatella			▲/▼	▲/▼				▲/▼		
Nola confusalis			?/?	▲/?				▲/▼		
Nola aerugula		▲/?	?/?	?/?		?/?		?/?		
Nola cicatricalis				?/?				?/?	/?	
Nola cristatula		?/?				?/?				
Nola subchlamydula		▲/▼				▲/▼				

Wälder und Gebüsche / Offenland

Auen- und Bruchwälder	Moorrandwälder	Gebüsch- u. Saumges. (feucht)	Schlagfluren	Subalp. Hochstauden/Hochgrasfluren	Nadelwälder	Laubmischwälder	Gebüsch- u. Saumges. (mesophil)	Trockenwälder	Gebüsch- u. Saumges. (mesophil)	Mager- u. Trockenrasen, Felsfluren (kalkreich)	Fettwiesen u. -weiden	Feuchtwiesen, Niedermoore, Röhricht	Hochmoor-Komplexe	Quellfluren u. Schneetälchen	Magerrasen u. Felsfluren (kalkarm)	Sandfluren u. Flußkiesfluren	Bearbeitetes Kulturland	Aufgelassenes Kulturland	Streuobstwiesen
					♦														
◊	◊	◊	◊			♦	♦	◊				▽					◊		◊
							♦										♦	♦	♦
♦		♦				◊	♦						◊				◊		
♦		♦										◊	◊						
◊	△?					♦							◊				△?		
	◊				♦	♦							◊						
◊			▽			♦	▽	♦	▽								◊	◊	◊
								♦	♦	△?									
								♦	?/?										
◊						♦		◊											
▲?			▲?			▲?	▲?		▲?										
							♦		♦								♦		♦
▲?						▲?													
▲?		▲?				▲?	▲?	▲?											
						▲?													
												▲?							
									♦	♦									

Checklist Vegetationseinheiten

Auen- und Bruchwälder

Weiden(-Pappel)-Aue	Weichholzaue	Salicion albae p.p.
Eichen-Ulmen-Aue	Hartholzaue	Alno-Ulmion p.p.
Erlen-Eschen-Aue		Alno-Ulmion p.p.
und Erlenbrücher		Alnion glutinosae

Moorrandwälder

Birkenbrücher		Vaccinio-Piceion p.p.
Moorkiefernwälder		Sphagnion magellanici p.p.

Gebüsch- und Saumgesellschaften (feucht)

Weidengesellschaften		Salicion albae p.p.
Moorgebüsche	Faulbaum-Grauweidenbusch	Salicion cinereae
Ausdauernde nitrophile Staudenfluren	Knoblauchhederich-Fluren	Alliarion
	Brennessel-Giersch-Fluren Flußufer-Unkraut-Gesellschaften	Aegopodion podagrariae p.p. Convolvulion sepium Senecion fluviatilis

Schlagfluren

Schlagfluren	Weidenröschen-Fluren Tollkirschen-Schläge Holunder-Salweiden-Schlaggebüsche	Epilobion angustifolii Atropion Sambuco-Salicion capreae p.p.

Subalpine Hochstauden- und Hochgrasfluren

Hochstaudenfluren		Adenostylion alliariae
Hochgrasfluren		Calamagrostion arundinaceae

Nadelwälder

Tannen-Fichtenwälder		Vaccinio-Piceion p.p.
Fichtenforste[1]		–
Kiefernforste[2]		–

Laubmischwälder

Buchen-Tannenwälder		Fagion sylvaticae p.p.
Buchenwälder		Fagion sylvaticae p.p.
Bergahorn-Buchenwälder		Fagion sylvaticae p.p.
und Linden-Ahorn-Mischwälder	Schluchtwald und Kleebwald	Tilio-Acerion
Eichen-Hainbuchenwälder		Carpinion
Laubholzforste		–

Gebüsch- und Saumgesellschaften (mesophil)		
Schlehenbusch[3]		Pruno-Rubion fruticosi
Haselgebüsch[4]		Pruno-Rubion fruticosi
Vorwaldgesellschaften		Sambuco-Salicion capreae p.p.
Saumgesellschaften	Mittelklee-Saumgesellschaften Brennessel-Giersch-Fluren	Trifolion medii Aegopodion podagrariae p.p.

Trockenwälder		
Eichenreiche Wälder	Eichenmischwälder kalkarmer Böden	Quercion robori-petraeae Fagion sylvaticae p.p.
Flaumeichenbusch(wälder)	Steppenheidewald	Quercion pubescenti-petraeae
Kiefernwälder	Sand-Kiefernwald	Dicrano-Pinion Cytiso ruthenico-Pinion
Kiefernforste[5]		

Gebüsch- und Saumgesellschaften (trocken)		
Gebüsche[6]	Schlehen-Berberitzengebüsch	Berberidion
Steppenheide	Blutstorchschnabel-Saumgesellschaften	Geranion sanguinei

Mager- und Trockenrasen, Felsfluren (kalkreich)[7]		
Magerrasen	Trespen-Halbtrockenrasen Subkont. Halbtrockenrasen Kontinentale Steppenrasen	Mesobromion erecti Cirsio-Brachypodion Festucion valesiacae
Trockenrasen und Felsfluren	Trespen-Volltrockenrasen Fetthenne-Gesellschaften Blauschwingel-Gesellschaften Blaugras-Gesellschaften	Xerobromion Alysso-Sedion albi Seslerio-Festucion pallentis Seslerion albicantis
	Montane Kalkschutt-Gesellschaften Felsspalten-Gesellschaften Bodensaurer Trockenrasen Rostseggen-Halde Schneepestwurz-Flur	Stipion calamagrostis Centrantho-Parietarion Koelerio-Phleion phleoidis Caricion ferrugineae Petasition paradoxi

Fettwiesen und -weiden		
Mähwiesen	Glatthaferwiese Goldhafer-Bergwiese	Arrhenatherion elatioris p.p. Polygono-Trisetion
Fettweiden		Cynosurion
	Alpine Lägerflur	Rumicion alpini

Feuchtwiesen, Niedermoore, Röhrichte		
Nährstoffreiche Naßwiesen	Kohldistel-Wiese Kalk-Binsenwiese	Calthion Juncion acutiflori
Nicht gedüngte Streuwiesen	Pfeifengras-Wiese Brenndolden-Pfeifengras-Wiese	Molinion caeruleae Cnidion dubii
Flachmoorwiesen (Niedermoor), ungedüngt	Kalksümpfe und -flachmoore Braunseggensümpfe	Caricion davallianae Caricion fuscae

Subatlantische Feuchtheiden	Glockenheide-Gesellschaften	Ericion tetralicis
Nasse Staudenfluren	Mädesüß-Fluren	Filipendulion[8]
Röhrichte und Großseggen-rieder	Stillwasser-Röhricht Fließwasser-Röhricht Großseggen-Gesellschaften Torfbinsen-Gesellschaften Zwergstrauchheiden	Phragmition australis Sparganio-Glycerion fluitantis Magnocaricion Juncion squarrosi Genistion

Hochmoor-Komplexe

Hochmoore und Moorheiden	Hochmoorbulte Schlenken-Gesellschaften Mesotrophe Zwischenmoore	Sphagnion magellanici Rhynchosporion albae Caricion lasiocarpae
Quellfluren und Schneetälchen	Silikatquellfluren Kalkquellfluren Alpine Silikat-Schneeboden-Gesellschaften	Cardamino-Montion Cratoneurion commutati Salicion herbaceae

Magerrasen und Felsfluren (kalkarm)

Magerrasen	Borstgrasrasen tieferer Lagen Borstgrasrasen höherer Lagen	Violion Nardion
Felsfluren	Silikatschutthalden Felsgrus-Fluren	Galeopsion segetum Sedo-Scleranthion

Sandfluren und Flußkiesfluren

Sandrasen	Kleinschmielen-Rasen Silbergras-Fluren Blauschillergras-Fluren Kegelleimkraut-Sandhornkraut Gesellschaften	Thero-Airion Corynephorion canescentis Koelerion glaucae Sileno-Cerastion semidecandri
Flußkies- und Feuchtschutt-Fluren		Epilobion fleischeri

Bearbeitetes Kulturland (Äcker, Gärten, Weinberge[9])

Getreide-Unkraut-Gesell-schaften	Haftdolden-Gesellschaften Windhalm-Gesellschaften Leinunkraut-Gesellschaften	Caucalidion lappulae Aperion spica-venti Lolio remotae-Linion
Ruderal- und Hackfrucht-Unkraut-Gesellschaften	Basiphytische Hackfrucht-Unkraut-Fluren	Fumario-Euphorbion
	Nährstoffreiche Acker- und Garten-Unkraut-Fluren	Polygono-Chenopodion
	Kurzlebige Ruderal-Gesell-schaften	Sisymbrion
	Quecken-Ödland	Agropyro-Rumicion
	Liebesgras-Hackfruchtunkraut-Gesellschaften	Eragrostion
	Ukrainesalzkraut-Gesell-schaften	Salsolion
	Halbruderale Halbtrockenrasen	Convolvulo-Agropyrion repentis
Trittrasen-Gesellschaften	Vogelknöterich-Trittrasen	Polygonion avicularis

Aufgelassenes Kulturland (Brachen[10], Siedlungen, Industriegelände)

Ausdauernde Ruderal-Gesellschaften	Eselsdistel-Gesellschaft	Onopordion acanthii
(Stickstoff-Krautfluren)	Honigklee-Fluren Beifuß- u. Kletten-Fluren	Dauco-Melilotion Arction lappae

Streuobstwiesen

Streuobstwiese	Glatthafer-Wiese	Arrhenatherion elatioris p.p.

[1] Einschließlich Tannenforste.
[2] Einschließlich Douglasien- und Lärchenforste.
[3] Hierher gehört das Schlehen-Weißdorn-Gebüsch (Pruno-Crataegetum) frischer, auch kalkarmer Standorte (Mantel-Gesellschaft zum Eichen-Hainbuchenwald).
[4] Zum gleichen Verband gehört der Brombeer-Haselbusch (Rubo-Coryletum), der z.B. im Gneis-Schwarzwald die Mantel-Gesellschaft des Buchen-Tannenwaldes bildet.
[5] Einschließlich Schwarzkiefernforste.
[6] Hierher auch der Schlehen-Ligusterbusch (Pruno-Ligustretum) auf kalkreichen, trockenen Standorten.
[7] Im Sinne von »basenreich«.
[8] Und Abbaustadien anderer Molinetalia-Gesellschaften.
[9] Einschließlich diverser Kulturen, Wege und Wegränder usw.
[10] Exklusive Wiesenbrachen.

4.4 Blütenbiologie

Bei den Nachtfaltern, für die vergleichsweise weniger Beobachtungen zum Blütenbesuch vorliegen als bei den Tagfaltern (vgl. Band 1, S. 148ff.), erscheint es uns sinnvoll, auch solche Pflanzenmeldungen mit aufzunehmen, die nicht bis zur Art bestimmt sind. So wird z. B. bei den (hier noch nicht bearbeiteten) »Kätzcheneulen« (Hadeninae: *Orthosia*), von vielen Mitarbeitern immer wieder »an Weiden« beobachtet, aufgrund der bekannten Bestimmungsschwierigkeiten, insbesondere durch die vielen Hybridformen verursacht, auch zukünftig öfters von *Salix* spec. (Weide) die Rede sein. Solche nur bis zur Gattung bestimmte Pflanzenarten bleiben von der quantitativen Bewertung ausgenommen.

Die Wertstufen bedeuten:

1 = Einzelbeobachtung.
2 = Einzelbeobachtung, Falter blumenstet.
3 = mehrfach beobachtet, Nektarpflanze lokal oder zeitlich von gewisser Bedeutung.
4 = vielfach bis sehr zahlreich beobachtet, Nektarpflanze lokal oder zeitweise von großer Bedeutung.
5 = Nektarpflanze von überragender Bedeutung.
P = Nachweis der Nektarpflanze über Pollenfund am Falterrüssel (vgl. ESCHE 1992)
G = Symbol für Garten-/Kulturpflanze

Liliaceae
Liliengewächse

Anthericum ramosum
Ästige Graslilie
Z. fausta (3)
Z. angelicae (3)

Hyacinthus orientalis (G)
Hyazinthe
M. stellatarum (1)

Orchidaceae
Knabenkräuter

Platanthera chlorantha
Berg-Waldhyazinthe
H. pinastri (P)

Gymnadenia conopsea
Mücken-Handwurz, -Händelwurz
A. globulariae (1)
Z. carniolica (1)
Z. filipendulae (1)
M. stellatarum (1)

Anacamptis pyramidalis
Hundswurz, Pyramidenorchis
Z. carniolica (2)
Z. osterodensis (1)

Salicaceae
Weidengewächse

Salix spec.
Weide
M. stellatarum

Polygonaceae
Knöterichgewächse

Polygonum bistorta
Wiesen-Knöterich
A. statices (3)

Polygonum lapathifolium
Ampfer-Knöterich
M. stellatarum (1)

Amaranthaceae
Fuchsschwanzgewächse

Gomphrena globosa (G)
Kugelamarant
M. stellatarum (1)

Caryophyllaceae
Nelkengewächse

Silene vulgaris
Aufgeblasenes Leimkraut
D. elpenor (1)
D. porcellus (1)

Silene armeria
Nelken-Leimkraut
M. stellatarum (1)

Silene nutans
Nickendes Leimkraut
P. proserpina (1)
D. porcellus (3)

Melandrium rubrum
Tag-Lichtnelke
D. porcellus (P)

Melandrium album
Weiße Lichtnelke
H. pinastri (1)
D. porcellus (3)

Lychnis flos-cuculi
Kuckucks-Lichtnelke
A. statices **(5)**
M. stellatarum (1)

Lychnis coronaria (G)
Vexiernelke,Kranz-Lichtnelke
M. stellatarum (1)

Dianthus barbatus (G)
Bart-Nelke
M. stellatarum (3)

Dianthus carthusianorum
Karthäuser-Nelke
A. geryon **(4)**
Z. purpuralis **(4)**
Z. carniolica (3)
Z. loti (3)
Z. filipendulae (3)
S. ligustri (P)
H. tityus (3)
H. fuciformis (3)
M. stellatarum (1)
D. elpenor (P)

Dianthus deltoides
Heide-Nelke
Z. purpuralis (1)

Dianthus caryophyllus (G)
Garten-Nelke
H. gallii (1)
H. livornica (1)
D. porcellus (3)

Dianthus gratianopolitanus
Pfingst-Nelke
S. ligustri (1)
H. pinastri(1)
P. proserpina (1)
H. euphorbiae (1)
H. gallii (1)
D. elpenor (1)
D. porcellus (1)

Dianthus superbus
Pracht-Nelke
A. statices (1)

Saponaria officinalis
Gewöhnliches Seifenkraut
A. convolvuli (1)
H. pinastri (3)
M. stellatarum (1)
D. nerii (1)
H. euphorbiae (1)
H. gallii(1)
H. vespertilio (1)
H. livornica (3)
D. porcellus (3, P)
D. elpenor (3, P)
H. celerio (1)

Nyctaginaceae
Wunderblumengewächse

Mirabilis jalapa
Wunderblume
M. stellatarum (1)

Ranunculaceae
Hahnenfußgewächse

Consolida ajacis (G)
Garten-Rittersporn
M. stellatarum (4)
D. porcellus (1)

Delphinium elatum
Hoher Rittersporn
M. stellatarum (4)

Clematis spec.
Waldrebe
Z. fausta

Clematis vitalba
Gewöhnliche Waldrebe
T. fenestrella (2)

Anemone japonica (G)
M. stellatarum (1)

Ranunculus spec.
Hahnenfuß
S. ligustri (P)
D. porcellus (P)

Papaveraceae
Mohngewächse

Corydalis cava
Hohler Lerchensporn
M. stellatarum (1)

Brassicaceae
Kreuzblütler

Brassica napus (G)
Raps
T. fenestrella (2)
M. stellatarum (1)

Sinapis arvensis
Acker-Senf
T. fenestrella (2)

Diplotaxis tenuifolia
Stinkrauke
T. fenestrella (1)

Raphanus raphanistrum
Hederich, Acker-Rettich
M. stellatarum (1)

Lunaria annua (G)
Garten-Silberblatt
M. stellatarum (1)

Barbarea vulgaris
Echtes Barbara-Kraut
T. fenestrella (1)

Aubrieta-Hybriden (G)
Blaukissen
M. stellatarum (2)

Saxifragaceae
Steinbrech-Gewächse

Hydrangea macrophylla (G)
Hortensie
M. stellatarum (1)

Rosaceae
Rosengewächse

Cotoneaster spec.
Zwergmispel
M. stellatarum

Rubus fruticosus-agg.
Brombeere
Z. osterodensis (3)
Z. ephialtes (3)
Z. angelicae (3)
T. fenestrella (3)
M. stellatarum (1)

Potentilla fruticosa
Strauch-Fingerkraut
M. stellatarum (1)

Sanguisorba officinalis
Großer Wiesenknopf
Z. filipendulae (3)

Sanguisorba minor
Kleiner Wiesenknopf
A. mannii (1)
Z. loti (1)

Filipendula ulmaria
Mädesüß
M. stellatarum (1)

Rosa spec. (G)
Gartenrose
M. stellatarum (1)

Fabaceae
Schmetterlingsblütler

Ononis spinosa
Dornige Hauhechel
S. ligustri (P)
D. porcellus (P)

Melilotus altissima
Hoher Steinklee
T. fenestrella (3)

Melilotus officinalis
Gebräuchlicher Steinklee
Z. fausta (3)
T. fenestrella (3)

Melilotus alba
Weißer Steinklee
T. fenestrella (3)

Medicago sativa
Saat-Luzerne
Z. loti (3)
Z. ephialtes (1)
Z. filipendulae (3)
T. fenestrella (2)
M. stellatarum (2)

Medicago lupulina
Hopfenklee, Schneckenklee
T. fenestrella (2)
D. porcellus (1)

Trifolium repens
Weiß-Klee, Kriechender Klee
Z. loti (3)
D. porcellus (1, P)

Trifolium pratense
Roter Wiesen-Klee
A. statices (1)
Z. filipendulae (3)
Z. trifolii (1)
T. fenestrella (2)
M. stellatarum (2)
D. elpenor (P)

Lotus corniculatus
Gewöhnlicher Hornklee
A. globulariae (1)
Z. loti (3)
Z. filipendulae (3)
Z. trifolii (3)
T. fenestrella (1)
D. elpenor (P)
D. porcellus (P)

Lotus uliginosus
Sumpf-Hornklee
Z. filipendulae (1)
Z. trifolii (3)
H. tityus (1)

Tetragonolobus maritimus
Spargelschote
D. porcellus (P)

Coronilla coronata
Bergkronwicke
A. geryon (1)
Z. angelicae (1)

Coronilla varia
Bunte Kronwicke
Z. filipendulae (1)

Hippocrepis comosa
Hufeisenklee
A. globulariae (3)
T. fenestrella (2)

Onobrychis viciifolia
Futter-Esparsette
A. geryon (1)
A. mannii (3)
Z. purpuralis (3)
Z. carniolica **(4)**
Z. loti **(4)**
Z. filipendulae (1)

Vicia cracca
Vogel-Wicke
Z. loti (3)
Z. osterodensis (3)
Z. transalpina (2)
Z. filipendulae (2)
Z. trifolii (1)
T. fenestrella (3)
H. fuciformis (1)

Vicia tenuifolia
Dünnblättrige Wicke
A. geryon (1)
Z. loti (1)
Z. osterodensis (2)
H. tityus (1)
H. fuciformis (1)

Vicia sepium
Zaun-Wicke
M. stellatarum (1)

Lathyrus pratensis
Wiesen-Platterbse
T. fenestrella (1)

Pisum sativum (G)
Erbse
M. stellatarum (1)

Geraniaceae
Storchschnabelgewächse

Pelargonium zonale-Gruppe (G)
Gewöhnliche Geranie
M. stellatarum **(4)**

Pelargonium peltatum-Gruppe (G)
Efeu-Pelargonie, Hängegeranie
M. stellatarum **(4)**

Geranium sylvaticum
Wald-Storchschnabel
Z. osterodensis (1)

Geranium pratense
Wiesen-Storchschnabel
H. euphorbiae (1)

Geranium pyrenaicum
Pyrenäen-Storchschnabel
T. fenestrella (1)

Tropaeolaceae
Kapuzinerkressengewächse

Tropaeolum majus (G)
Große Kapuzinerkresse
M. stellatarum (1)

Euphorbiaceae
Wolfsmilchgewächse

Euphorbia helioscopia
Sonnenwend-Wolfsmilch
T. fenestrella (1)

Euphorbia amygdaloides
Mandelblättrige Wolfsmilch
T. fenestrella (1)

Euphorbia cyparissias
Zypressen-Wolfsmilch
T. fenestrella (1)

Polygalaceae
Kreuzblumengewächse

Polygala comosa
Schopfige Kreuzblume
H. fuciformis (1)
D. porcellus (P)

Polygala vulgaris
Gewöhnliche Kreuzblume
H. tityus (1)

Polygala amara
Bittere Kreuzblume
A. statices (1)

Balsaminaceae
Springkrautgewächse

Impatiens parviflora
Kleinblütiges Springkraut
D. porcellus (P)

Impatiens glandulifera
Indisches Springkraut
S. ligustri (P)
M. stellatarum (1)
D. elpenor (P)
D. porcellus (P)

Impatiens walleriana
Fleißiges Lieschen
M. stellatarum (1)

Tiliaceae
Lindengewächse

Tilia cordata
Winter-Linde
Z. filipendulae (1)
M. stellatarum (2)

Tilia platyphyllos
Sommer-Linde
Z. ephialtes (1)

Thymelaeaceae
Seidelbastgewächse

Daphne mezereum
Seidelbast, Kellerhals
M. stellatarum (1)

Daphne cneorum
Heideröschen, Reckhölderle
H. fuciformis (1)

Hypericaceae
Johanniskrautgewächse

Hypericum perforatum
Echtes Johanniskraut
T. fenestrella (1)

Cistaceae
Zistrosengewächse

Helianthemum nummularium
Gewöhnliches Sonnenröschen
A. mannii (1)

Violaceae
Veilchengewächse

Viola wittrockiana-Hybriden (G)
Garten-Stiefmütterchen
M. stellatarum (1)

Lythraceae
Weiderichgewächse

Lythrum salicaria
Blut-Weiderich
Z. loti (1)
Z. filipendulae (3)

Onagraceae
Nachtkerzengewächse

Oenothera biennis
Gewöhnliche Nachtkerze
A. convolvuli (1)
M. stellatarum (1)

Fuchsia-Hybriden (G)
Fuchsie
M. stellatarum (1)

Araliaceae
Efeugewächse

Hedera helix
Efeu
M. stellatarum (2)

Apiaceae
Doldengewächse

Chaerophyllum temulum
Hecken-Kälberkropf
Z. osterodensis (1)

Anthriscus sylvestris
Wiesen-Kerbel
T. fenestrella (2)

Torilis arvensis
Acker-Klettenkerbel
T. fenestrella (1)

Carum carvi
Wiesen-Kümmel
T. fenestrella (1)

Pimpinella saxifraga-Gruppe
Kleine Bibernelle
T. fenestrella (2)

Aegopodium podagraria
Giersch, Zipperleinskraut
T. fenestrella (1)

Peucedanum officinale
Arznei-Haarstrang
T. fenestrella (2)

Heracleum sphondylium
Wiesen-Bärenklau
T. fenestrella (3)

Daucus carota
Wilde Möhre
Z. filipendulae (1)
M. stellatarum (1)
T. fenestrella (1)

Cornaceae
Hartriegelgewächse

Cornus sanguinea
Roter Hartriegel
Z. loti (1)
D. porcellus (P)

Primulaceae
Primelgewächse

Primula elatior-Hybriden (G)
Garten-Schlüsselblume
M. stellatarum (1)

Lysimachia vulgaris
Gewöhnlicher Gelbweiderich
Z. filipendulae (1)
Z. trifolii (3)
D. porcellus (P)

Plumbaginaceae
Strandnelkengewächse

Limonium sinuatum (G)
Widerstoß, Strandnelke
M. stellatarum (1)

Ceratostigma plumbaginoides (G)
Bleiwurz
M. stellatarum (1)

Oleaceae
Ölbaumgewächse

Jasminum nudiflorum (G)
Winter-Jasmin, Echter Jasmin
M. stellatarum (2)

Ligustrum vulgare
Liguster
Z. osterodensis (4)
Z. transalpina (3)
Z. angelicae (3)
Z. filipendulae (3)
Z. trifolii (1)
T. fenestrella (1)

Apocynaceae
Hundsgiftgewächse

Nerium oleander (G)
Oleander
M. stellatarum (1)

Asclepiadaceae
Schwalbenwurzgewächse

Vincetoxicum hirundinaria
Schwalbwurz
H. tityus (1)

Rubiaceae
Krappgewächse

Galium mollugo-agg.
Weißes Labkraut
T. fenestrella (1)
M. stellatarum (1)

Convolvulaceae
Windengewächse

Convolvulus sepium
Zaun-Winde
Z. filipendulae (1)
M. stellatarum (1)

Convolvulus arvensis
Acker-Winde
M. stellatarum (1)
D. porcellus (P)
D. elpenor (P)

Polemoniaceae
Sperrkrautgewächse

Phlox paniculata (G)
Stauden-Phlox
A. convolvuli (1)
H. pinastri **(4)**
M. stellatarum **(4)**
H. phorbiae (1)
H. gallii (1)
H. livornica (1)
D. elpenor **(4)**
D. porcellus **(4)**

Phlox drummondii (G)
Einjähr. Phlox, Flammenblume
M. stellatarum (3)

Boraginaceae
Rauhblattgewächse

Lithospermum purpurocaeruleum
Blauroter Steinsame
H. tityus (2)

Myosotis arvensis
Acker-Vergißmeinnicht
T. fenestrella (2)
D. porcellus (P)

Myosotis spec.
Vergißmeinnicht
D. porcellus (P)

Echium vulgare
Natternkopf, Stolzer Heinrich
A. mannii (1)
Z. purpuralis **(4)**
Z. loti (3)
Z. transalpina (3)
Z. filipendulae (3)
H. pinastri (1)
H. tityus (3)
H. fuciformis (3)
M. stellatarum **(4)**
D. elpenor (3, P)
D. porcellus **(4,** P)

Verbenaceae
Eisenkrautgewächse

Verbena officinalis
Gewöhnliches Eisenkraut
D. elpenor (P)

Verbena-Hybriden (G)
Garten-Verbene
M. stellatarum (3)

Lantana camara-Hybriden (G)
Wandelröschen
M. stellatarum (3)

Lamiaceae
Lippenblütler

Ajuga reptans
Kriechender Günsel
H. fuciformis (3)
M. stellatarum (1)

Ajuga genevensis
Genfer Günsel
H. fuciformis (3)

Lavandula angustifolia (G)
Lavendel
M. stellatarum (1)
D. porcellus (3)

Nepeta cataria
Gewöhnliche Katzenminze
M. stellatarum (1)

Nepeta faassenii (G)
Blauminze
M. stellatarum (1)

Prunella grandiflora
Große Brunelle
A. notata (1)
Z. fausta (3)
Z. carniolica (3)

Galeopsis tetrahit
Gewöhnlicher Hohlzahn
M. stellatarum (3)

Lamium maculatum
Gefleckte Taubnessel
D. porcellus (P)

Lamium spec.
Taubnessel
H. tityus
H. fuciformis

Ballota nigra
Schwarznessel
M. stellatarum (1)

Stachys palustris
Sumpf-Ziest
D. porcellus (P)

Stachys sylvatica
Wald-Ziest
H. fuciformis (1)
M. stellatarum (1)

Stachys officinalis
Heil-Ziest
Z. filipendulae (1)
Z. lonicerae (1)
H. fuciformis (1)
M. stellatarum (1)

Salvia pratensis
Wiesen-Salbei
Z. osterodensis (1)
H. tityus (3)
H. fuciformis (3)
M. stellatarum (3)
D. elpenor (3)
D. porcellus (3)

Salvia verticillata
Quirlblütiger Salbei
Z. osterodensis (3)

Calamintha clinopodium
Wirbeldost
M. stellatarum (1)

Origanum vulgare
Gewöhnlicher Dost
A. geryon (3)
Z. fausta **(5)**
Z. carniolica (3)
Z. loti (3)
Z. osterodensis (3)
Z. viciae (3)
Z. ephialtes **(4)**
Z. transalpina **(4)**
Z. angelicae **(4)**
Z. filipendulae (3)
Z. lonicerae (3)
T. fenestrella (3)

Thymus pulegioides
Arznei-Thymian, Feld-Thymian
Z. purpuralis (3)
T. fenestrella (1)
D. porcellus (P)

Thymus spec.
Thymian
Z. filipendulae

Physostegia virginiana (G)
Gelenkblume
M. stellatarum (3)

Solanaceae
Nachtschattengewächse

Solanum dulcamara
Bittersüßer Nachtschatten
S. ligustri (P)
D. elpenor (P)

Solanum tuberosum
Kartoffel
D. porcellus (P)

Nicotiana tabacum
Virginischer Tabak
A. convolvuli (2)
H. pinastri (1)
D. porcellus (P)

Nicotiana × sanderae (G)
Ziertabak, Garten-Tabak
A. convolvuli (1)
H. fuciformis (1)
M. stellatarum (1)

Petunia × atkinsiana (G)
Garten-Petunie
M. stellatarum (1)

Buddlejaceae
Sommerfliedergewächse

Buddleja davidii (G)
Fliederspeer, Sommerflieder
Z. ephialtes **(4)**
T. fenestrella (1)
H. tityus (1)
H. fuciformis (3)
M. stellatarum **(5)**
D. elpenor (3)
D. porcellus (3)

Buddleja alternifolia (G)
Fliederspeer, Sommerflieder
T. fenestrella (1)
H. fuciformis (1)
M. stellatarum (1)

Scrophulariaceae
Braunwurzgewächse

Antirrhinum majus (G)
Großes Löwenmaul
M. stellatarum (1)

Rhinanthus serotinus
Großer Klappertopf
M. stellatarum (1)

Globulariaceae
Kugelblumengewächse

Globularia punctata
Gewöhnliche Kugelblume
D. porcellus (P)

Plantaginaceae
Wegerichgewächse

Plantago media
Mittlerer Wegerich
Z. osterodensis (1)
Z. filipendulae (1)

Plantago lanceolata
Spitz-Wegerich
D. porcellus (P)

Caprifoliaceae
Geißblattgewächse

Sambucus ebulus
Attich, Zwerg-Holunder
T. fenestrella (1)
Z. fausta (1)

Sambucus nigra
Schwarzer Holunder
T. fenestrella (1)

Viburnum lantana
Wolliger Schneeball
T. fenestrella (1)
D. porcellus (P)

Viburnum farreri (G)
Duftschneeball
M. stellatarum (1)

Viburnum × bodnantense (G)
Duftschneeball-Hybride
M. stellatarum (1)

Lonicera xylosteum
Rote Heckenkirsche
D. porcellus (p)

Lonicera periclymenum
Wald-Geißblatt
H. pinastri (3)
M. stellatarum (1)
D. porcellus (1)

Lonicera caprifolium
Jelängerjelieber
A. convolvuli (1)
H. pinastri (3)
P. proserpina (1)
D. elpenor (1)
D. porcellus (1)

Valerianaceae
Baldriangewächse

Valeriana officinalis-agg.
Arznei-Baldrian
Z. fausta (3)
Z. loti (3)
Z. osterodensis **(4)**
Z. viciae (3)
Z. angelicae **(4)**
Z. trifolii (1)

Valeriana sambucifolia
Holunderblättriger Arznei-Baldrian
Z. fausta (3)
Z. loti (3)
Z. sterodensis **(4)**
Z. angelicae **(4)**
T. fenestrella (2)

Valeriana pratensis
Wiesen-Arznei-Baldrian
T. fenestrella (2)

Valeriana spec.
Baldrian
A. geryon

Centranthus ruber (G)
Spornbaldrian, Spornblume
M. stellatarum (3)

Dipsacaceae
Kardengewächse

Dipsacus sylvestris
Wilde Karde
Z. filipendulae (3)

Succisa pratensis
Gewöhnlicher Teufelsabbiß
Z. filipendulae (3)
Z. trifolii **(4)**
M. stellatarum (2)

Knautia arvensis
Wiesen-Knautie,
Acker-Witwenblume
A. globulariae (3)
A. geryon (3)
A. mannii (1)
A. statices (3)
Z. purpuralis (3)
Z. minos (1)
Z. fausta **(4)**
Z. carniolica **(4)**
Z. loti **(4)**
Z. viciae **(4)**
Z. osterodensis (3)
Z. ephialtes (3)
Z. transalpina **(4)**
Z. angelicae (3)
Z. filipendulae **(4)**
Z. lonicerae **(4)**
Z. trifolii (3)
T. fenestrella (3)
M. stellatarum (1)

Knautia dipsacifolia
Wald-Witwenblume, Wald-Knautie
Z. fausta **(4)**
Z. loti (3)
Z. osterodensis **(4)**
Z. viciae **(4)**
Z. ephialtes (3)
Z. transalpina (3)
Z. angelicae (3)
Z. filipendulae **(4)**
Z. lonicerae **(4)**
H. fuciformis (1)

Scabiosa columbaria
Tauben-Skabiose
A. notata (1)
A. geryon (3)
A. mannii (1)
Z. purpuralis **(4)**
Z. minos (3)
Z. fausta **(4)**
Z. carniolica **(4)**
Z. loti **(4)**
Z. osterodensis (3)
Z. viciae **(4)**
Z. ephialtes (3)
Z. transalpina **(4)**
Z. angelicae (3)
Z. filipendulae **(4)**
Z. lonicerae **(4)**
Z. trifolii (3)
T. fenestrella (3)
D. porcellus (P)

Campanulaceae
Glockenblumengewächse

Phyteuma spicatum
Ährige Teufelskralle
H. tityus (1)

Phyteuma spec.
Teufelskralle
A. statices

Jasione montana
Berg-Sandrapunzel
A. mannii (1)
A. statices (3)
M. stellatarum (1)
D. porcellus (P)

Asteraceae
Korbblütler

Eupatorium cannabinum
Wasserdost, Wasserhanf
Z. fausta **(4)**
Z. transalpina (3)

Z. angelicae **(4)**
Z. filipendulae (3)
T. fenestrella (2)
D. porcellus (P)

Solidago canadensis
Kanadische Goldrute
T. fenestrella (3)
D. porcellus (P)

Solidago gigantea
Späte Goldrute
A. statices (3)
Z. transalpina (1)
Z. filipendulae (3)
T. fenestrella (3)
D. porcellus (P)

Solidago spec.
Goldrute
D. porcellus (P)

Bellis perennis
Gänseblümchen
T. fenestrella (1)

Callistephus chinensis (G)
Sommeraster, Gartenaster
M. stellatarum (1)

Aster amellus
Kalk-Aster
Z. fausta (3)
Z. carniolica (3)

Aster novae-angliae (G)
Neu-England-Aster
M. stellatarum (1)

Aster novi-belgii (G)
Neu-Belgische Aster
T. fenestrella (2)

Erigeron annuus
Einjähriger Feinstrahl
Z. ephialtes (1)
Z. transalpina (3)
Z. filipendulae (3)
Z. trifolii (1)
T. fenestrella (2)
M. stellatarum (1)

Inula salicina
Weiden-Alant
Z. loti (1)
Z. viciae (3)
Z. transalpina (1)

Inula spec.
Alant
A. geryon

Buphthalmum salicifolium
Weidenblättriges Ochsenauge
T. fenestrella (1)

Zinnia elegans (G)
Zinnie
M. stellatarum (1)

Dahlia pinnata (G)
Dahlie
M. stellatarum (1)

Tagetes patula (G)
Samtblume, Studentenblume
M. stellatarum (1)

Tagetes erecta-Hybriden (G)
Hohe Samtblume
M. stellatarum (1)

Achillea ptarmica
Sumpf-Schafgarbe
T. fenestrella (3)

Achillea millefolium-agg.
Wiesen-Schafgarbe
Z. transalpina (1)
Z. filipendulae (1)
T. fenestrella (3)

Achillea spec.
Schafgarbe
Z. carniolica

Matricaria chamomilla
Echte Kamille
T. fenestrella (1)

Matricaria inodora
Geruchlose Kamille
T. fenestrella (3)

Chrysanthemum leucanthemum
Gewöhnl. Wucherblume, Margerite
A. statices (1)
Z. loti (1)
Z. osterodensis (1)
Z. filipendulae (1)
Z. trifolii (1)
T. fenestrella (1)
S. ligustri (P)
D. porcellus (P)

Chrysanthemum vulgare
Rainfarn
T. fenestrella (1)

Arnica montana
Berg-Wohlverleih, Arnika
Z. osterodensis (1)

Senecio erucifolius
Raukenblättriges Greiskraut
Z. carniolica (1)
Z. ephialtes (1)
Z. transalpina (1)
Z. filipendulae (1)
Z. trifolii (1)

Senecio jacobaea
Jakobs-Greiskraut
Z. fausta (2)
Z. filipendulae (1)
D. porcellus (P)

Senecio aquaticus
Wasser-Greiskraut
Z. trifolii (1)

Calendula officinalis (G)
Garten-Ringelblume
M. stellatarum (1)

Carduus nutans
Nickende Distel
Z. filipendulae (2)

Carduus acanthoides
Weg-Distel
Z. ephialtes (3)
Z. filipendulae (3)

Carduus crispus
Krause Distel
Z. ephialtes (3)
Z. filipendulae (3)
Z. lonicerae (3)

Carduus spec.
Distel
Z. fausta
Z. transalpina
Z. lonicerae

Cirsium eriophorum
Wollköpfge Kratzdistel
M. stellatarum (1)

Cirsium vulgare
Gewöhnliche Kratzdistel
Z. loti (3)
Z. osterodensis (3)
Z. viciae **(4)**
Z. transalpina (3)
Z. angelicae (3)
Z. filipendulae (3)

Z. lonicerae (3)
Z. trifolii (3)
T. fenestrella (3)
M. stellatarum (1)

Cirsium palustre
Sumpf-Kratzdistel
A. statices **(4)**
Z. ephialtes (3)
Z. filipendulae (3)
Z. trifolii **(4)**

Cirsium tuberosum
Knollige Kratzdistel
Z. filipendulae (3)
Z. lonicerae (3)
Z. trifolii (1)

Cirsium rivulare
Bach-Kratzdistel
A. statices (3)
Z. fausta (3)
Z. filipendulae (3)
Z. trifolii (3)

Cirsium oleraceum
Kohldistel
M. stellatarum (2)

Cirsium arvense
Acker-Kratzdistel
Z. fausta (3)
Z. carniolica (3)
Z. loti (1)
Z. osterodensis (3)
Z. viciae (3)
Z. ephialtes (3)
Z. transalpina (3)
Z. angelicae (1)
Z. filipendulae (3)
Z. lonicerae (3)
T. fenestrella (1)

Centaurea jacea
Wiesen-Flockenblume
A. notata (3)
A. mannii (1)
A. statices (3)
Z. purpuralis (1)
Z. minos (1)
Z. fausta (3)
Z. carniolica (3)
Z. loti (3)
Z. viciae (3)
Z. ephialtes (3)
Z. transalpina (3)
Z. filipendulae **(4)**
Z. lonicerae **(4)**
Z. trifolii (3)
M. stellatarum (1)

Centaurea nemoralis
Hain-Flockenblume
Z. loti (1)

Centaurea stoebe
Rispen-Flockenblume
Z. purpuralis (1)
Z. viciae (1)
Z. ephialtes (1)
Z. transalpina (3)
Z. filipendulae (3)
Z. lonicerae (3)

Centaurea scabiosa
Skabiosen-Flockenblume
A.globulariae (3)
A. notata (3)
Z. purpuralis (1)
Z. minos (1)
Z. fausta **(4)**
Z.carniolica (3)
Z. loti (3)
Z. viciae (3)
Z. transalpina (3)
Z. filipendulae (3)
Z. lonicerae (3)

Centaurea spec.
Flockenblume
A. geryon
Z. filipendulae

Leontodon hispidus
Rauher Löwenzahn
Z. filipendulae (1)
Z. trifolii (1)

Picris hieracioides
Gewöhnliches Bitterkraut
Z. filipendulae (1)

Taraxacum officinale
Wiesen-Löwenzahn
H. tityus (1)

Hieracium umbellatum
Doldiges Habichtskraut
Z. transalpina (1)
Z. filipendulae (1)

4.5 Gefährdung und Schutz

4.5.1 Bestandssituation der Nachtfalter (Teil I und II) Baden-Württembergs

Eine zusammenfassende Darstellung der Nachtfalter Baden-Württembergs kann erst dann erfolgen, wenn alle Gruppen bearbeitet sind. Mit Teil I und II werden hier die »Spinnerartigen« vorgestellt, jedoch ohne die Sesiidae (Glasflügler) und Arctiidae (Bärenspinner), die für den nächsten Band vorgemerkt sind.

Wie bei den Tagfaltern (s. Band 1, S. 23, 111 ff.) werden auch bei diesen neuen Erhebungen alle »regelmäßig im Faunengebiet vertretenen oder hier bodenständigen Arten« (Gruppe A) sowie alle »ausgestorbenen oder verschollenen Arten« (Gruppe B) berücksichtigt, nicht jedoch diejenigen der Gruppen C – G (vgl. Checklist). Es sind dies 174 Arten.

Davon müssen nach unserem heutigen Kenntnisstand 82 in die Rote Liste aufgenommen werden. Zwei weitere Arten (*Dahlica triquetrella* und *Dahlica lichenella*) sind dort jeweils nur in einer bestimmten genetischen Form (f. bisexuell) berücksichtigt worden, da nur diese als gefährdet erkannt worden ist (näheres dazu im Speziellen Teil). Die 92 nachfolgend aufgelisteten Arten gelten derzeit als in Baden-Württemberg nicht gefährdet:

Triodia sylvina
Hepialus humuli
Phymatopus hecta
Korscheltellus lupulinus
Pharmacis fusconebulosa
Cossus cossus
Zeuzera pyrina
Adscita statices
Zygaena loti
Zygaena filipendulae
Apoda limacodes
Heterogenea asella
Diplodoma laichartingella
Narycia duplicella
Dahlica triquetrella f. parth.
Dahlica lichenella f. parth.
Dahlica charlottae
Dahlica sauteri
Siederia cembrella
Taleporia tubulosa
Bacotia claustrella
Proutia betulina
Bruandia comitella
Psyche casta
Psyche crassiorella
Bijugis bombycella
Rebelia herrichiella
Epichnopterix plumella
Epichnopterix sieboldii
Canephora unicolor
Sterrhopterix fusca
Apterona helicoidella
Poecilocampa populi
Malacosoma neustria
Lasiocampa quercus
Macrothylacia rubi
Euthrix potatoria
Saturnia pavonia
Aglia tau
Agrius convolvuli
Acherontia atropos
Sphinx ligustri
Hyloicus pinastri
Mimas tiliae
Smerinthus ocellata
Laothoe populi
Macroglossum stellatarum
Deilephila elpenor
Deilephila porcellus
Drepana binaria
Drepana cultraria
Drepana falcataria
Cilix glaucata
Thyatira batis
Habrosyne pyritoides
Tethea or
Tetheella fluctuosa
Ochropacha duplaris
Phalera bucephala
Stauropus fagi
Peridea anceps
Notodonta dromedarius
Drymonia dodonaea
Drymonia ruficornis
Drymonia obliterata
Tritophia tritophus
Harpyia milhauseri
Pheosia gnoma
Pheosia tremula
Ptilophora plumigera
Pterostoma palpina
Ptilodon capucina
Ptilodontella cucullina
Eligmodonta ziczac
Gluphisia crenata
Clostera curtula
Clostera anachoreta
Clostera anastomosis
Clostera pigra
Thaumetopoea processionea
Orgyia antiqua
Elkneria pudibunda
Euproctis chrysorrhoea
Euproctis similis
Leucoma salicis
Arctornis l-nigrum
Lymantria monacha
Lymantria dispar
Meganola albula
Nola cucullatella
Nola confusalis
Nola aerugula

Von diesen hier als »nicht gefährdet« eingestuften Arten fallen 10 als »besonders geschützt« unter § 20 e ff. des Bundesnaturschutzgesetzes (BNatSchG):

Adscita statices
Zygaena filipendulae
Zygaena loti
Saturnia pavonia
Aglia tau
Sphinx ligustri
Smerinthus ocellata
Drymonia dodonaea
Drymonia ruficornis
Drymonia obliterata

Alle übrigen im BNatSchG unter »besonders geschützt« oder »vom Aussterben bedroht« aufgeführten Arten sind, soweit mit den hier in Teil I und II behandelten identisch, in der nachfolgenden Roten Liste (Kap. 4.5.4, Tabelle) besonders vermerkt.

Läßt man von den 84 Arten der Roten Liste (2. Fassung) diejenigen mit geographischer Restriktion (R-Status, 4 Arten) und solche mit ungeklärter Gefährdung (U-Status, 7 Arten) außer Betracht, so ergibt sich folgendes Bild:

Ausgestorben oder verschollen:	6 Arten	3.6%
Vom Aussterben bedroht:	9 Arten	5.4%
Stark gefährdet:	11 Arten	6.0%
Gefährdet:	24 Arten	16.3%
Vorwarnliste:	23 Arten	13.9%

Auf die fünf Hauptnaturräume Baden-Württembergs bezogen, führt dies zu folgendem interessanten Vergleich:

Oberrheinebene

Auf die Oberrheinebene (einschließlich Kaiserstuhl und Vorbergzone) entfallen 71 (84%) der insgesamt 84 aus Baden-Württemberg nachgewiesenen Rote-Liste-Arten der »Spinnerartigen Nachtfalter« (ohne Sesiidae und Arctiidae). Davon sind 12 Arten (14%) bereits ausgestorben oder verschollen. Die Zahl der gefährdeten[1] Arten ist hier mit 26 (30%) im Vergleich zu allen anderen Hauptnaturräumen am höchsten.

Schwarzwald

Der Schwarzwald beherbergt 43 (51%) der Rote-Liste-Nachtfalter; 39 Arten kommen hier allerdings gar nicht, zwei weitere nur randlich vor. Wie schon bei den Tagfaltern liegt auch in dieser ersten Gruppe der Nachtfalter der Schwarzwald vergleichsweise mit 18 (21%) bei denjenigen Arten einsam an der Spitze, über die wir noch sehr unzureichende Kenntnisse haben. Schon allein daraus erhebt sich die Forderung nach einer im Rahmen des Artenschutzprogrammes besseren Durchforschung, insbesondere des mittleren und südlichen Teiles dieses Naturraumes. Die Zahl der gefährdeten[1] Arten ist hier mit 9 (11%) im absoluten und prozentualen Vergleich am niedrigsten.

Neckar-Tauberland

Im Neckar-Tauberland kommen 68 (81%) der insgesamt 84 Rote-Liste-Arten vor. Die Zahl der gefährdeten[1] Arten liegt mit 23 (27%) nur wenig niedriger als in der Oberrheinebene. Mit 18 (21%) ist die Zahl der Arten, die in die Vorwarnliste aufgenommen werden mußten, dagegen höher als in der Oberrheinebene. Das wiederum liegt genau im Trend der schon bei den Tagfaltern in diesem Naturraum ermittelten Vergleichszahlen.

Schwäbische Alb

Auf die Schwäbische Alb entfallen 44 (52%) der insgesamt 84 Rote-Liste-Arten; 37 kommen hier überhaupt nicht, drei nur randlich vor. Damit ist dieser Naturraum direkt mit dem Schwarzwald vergleichbar, für den fast gleichlautende Zahlen ermittelt werden konnten. Allerdings ist die Zahl der gefährdeten[1] Arten mit 16 (19%) auf der Alb erheblich höher, ebenso die Zahl der Arten mit V-Status (Vorwarnliste), die sich hier auf 14 beläuft. Um mehr als die Hälfte geringer als im Schwarzwald ist dagegen die Anzahl der hinsichtlich ihrer Gefährdung noch unzureichend bekannten Arten, was auf einen vergleichsweise besseren Durchforschungsgrad dieses Naturraumes hinweist.

Oberschwaben

Im Alpenvorland kommen 55 (65%) der 84 Rote-Liste-Arten vor. Die Zahl der gefährdeten[1] Arten beläuft sich hier auf 18 (21%), das bedeutet Platz 3 hinter der Oberrheinebene und dem Neckar-Tauberland. An erster Stelle steht dieser Naturraum dagegen bei Arten der Vorwarnliste, die, prozentual gesehen, in diesem Naturraum ein Drittel ausmachen (in der Oberrheinebene ein Fünftel, im Neckar-Tauberland ein Viertel). Damit setzt sich genau der Trend fort, der hier bereits bei den Tagfaltern sichtbar geworden ist.

Die Gefährdung der »spinnerartigen« Nachtfalter Baden-Württembergs (Teil I und II) im Vergleich (1977–1994)

Obwohl sich ein direkter Zahlenvergleich zwischen 1977 (Rote Liste, 1. Fassung) und 1994 (Rote Liste, 2. Fassung) aufgrund verbesserter Erhebungsmethoden und einer Veränderung in der Einteilung der Gefährdungskategorien nicht unmittelbar durchführen läßt (s. Band 1, Kap. 3), können auf dieser Grundlage dennoch Trends sichtbar gemacht werden, die fraglos auf eine Verschlechterung der Bestandssituation auch bei den hier untersuchten Nachtfaltern hinweisen. Die folgende Gegenüberstellung macht dies deutlich:

[1] Gefährdungsstufen 1–3

Art	Rote Liste 1977	Bewertung (aus heutiger Sicht)	Rote Liste 1994
Zygaena cynarae	0	Bewertung bestätigt	**0**
Malacosoma franconica	0	Bewertung bestätigt	**0**
Eriogaster rimicola	0	Bewertung bestätigt	**0**
Drymonia velitaris	0	neue Nachweise liegen vor	**1**
Nola cristatula	0	neue Nachweise liegen vor	**1**
Thaumetopoea pityocampa	0	nicht heimisch	–
Eriogaster catax	1	muß höher gestuft werden	**0**
Lemonia taraxaci	1	Bewertung bestätigt	**1**
Zygaena angelicae	2	muß höher gestuft werden	**1**
Phyllodesma ilicifolia	2	muß höher gestuft werden	**1**
Meganola togatulalis	2	muß höher gestuft werden	**1**
Nola subchlamydula	2	muß höher gestuft werden	**1**
Lemonia dumi	2	Bewertung bestätigt	**2**
Gynaephora selenitica	2	Bewertung bestätigt	**2**
Adscita geryon	2	muß tiefer gestuft werden	**3**
Notodonta torva	2	muß tiefer gestuft werden	**3**
Malacosoma castrensis	2	muß tiefer gestuft werden	**V**
Adscita mannii	2	wird als R-Art eingestuft	**R**
Calliteara abietis	2	wird als U-Art eingestuft	**U**
Polyploca ruficollis	2	nicht heimisch	–
Pachythelia villosella	3	muß höher gestuft werden	**1**
Orgyia recens	3	muß höher gestuft werden	**1**
Phalacropterix graslinella	3	muß höher gestuft werden	**2**
Phyllodesma tremulifolia	3	muß höher gestuft werden	**2**
Gastropacha populifolia	3	muß höher gestuft werden	**2**
Dicallomera fascelina	3	muß höher gestuft werden	**2**
Rhagades pruni	3	Bewertung bestätigt	**3**
Rebelia bavarica	3	Bewertung bestätigt	**3**
Endromis versicolora	3	Bewertung bestätigt	**3**
Odonestis pruni	3	Bewertung bestätigt	**3**
Drepana harpagula	3	Bewertung bestätigt	**3**
Drepana curvatula	3	Bewertung bestätigt	**3**
Furcula bicuspis	3	Bewertung bestätigt	**3**
Spatalia argentina	3	Bewertung bestätigt	**3**
Drymonia querna	3	Bewertung bestätigt	**3**
Odontosia carmelita	3	Bewertung bestätigt	**3**
Dysauxes ancilla	3	Bewertung bestätigt	**3**
Zygaena viciae	3	muß tiefer gestuft werden	**V**
Zygaena ephialtes	3	muß tiefer gestuft werden	**V**
Thyris fenestrella	3	muß tiefer gestuft werden	**V**
Proserpinus proserpina	3	muß tiefer gestuft werden	**V**
Nola cicatricalis	3	wird als U-Art eingestuft	**U**
Pharmacis fusconebulosa	3	muß tiefer gestuft werden	–
Epichnopterix sieboldii	3	muß tiefer gestuft werden	–
Heterogenea asella	3	muß tiefer gestuft werden	–
Nola cucullatella	3	muß tiefer gestuft werden	–
Zygaena fausta	4	muß höher gestuft werden	**2**
Zygaena carniolica	4	muß höher gestuft werden	**3**

Art	Rote Liste 1977	Bewertung (aus heutiger Sicht)	Rote Liste 1994
Cymatophorima diluta	4	muß höher gestuft werden	**3**
Polyploca ridens	4	muß höher gestuft werden	**3**
Phragmataecia castaneae	4	muß auf die Vorwarnliste	**V**
Zygaena transalpina	4	muß auf die Vorwarnliste	**V**
Zygaena purpuralis	4	wird als U-Art eingestuft	**U**
Zygaena loti	4	muß tiefer gestuft werden	–
Tethea fluctuosa	4	muß tiefer gestuft werden	–
Eumasia parietariella	–	ausgestorben	**0**
Hyles vespertilio	–	1987 ausgerottet	**0**
Zygaena osterodensis	–	muß höher gestuft werden	**2**
Ptilocephala plumifera	–	muß höher gestuft werden	**2**
Megalophanes viciella	–	muß höher gestuft werden	**2**
Hemaris tityus	–	muß höher gestuft werden	**2**
Adscita globulariae	–	muß höher gestuft werden	**3**
Adscita notata	–	muß höher gestuft werden	**3**
Zygaena trifolii	–	muß höher gestuft werden	**3**
Acanthopsyche atra	–	muß höher gestuft werden	**3**
Sterrhopterix standfussi	–	muß höher gestuft werden	**3**
Gastropacha quercifolia	–	muß höher gestuft werden	**3**
Hyles euphorbiae	–	muß höher gestuft werden	**3**
Tethea ocularis	–	muß höher gestuft werden	**3**
Zygaena lonicerae	–	muß höher gestuft werden	**V**
Narycia astrella	–	muß höher gestuft werden	**V**
Trichiura crataegi	–	muß höher gestuft werden	**V**
Eriogaster lanestris	–	muß höher gestuft werden	**V**
Lasiocampa trifolii	–	muß höher gestuft werden	**V**
Dendrolimus pini	–	muß höher gestuft werden	**V**
Cosmotriche lunigera	–	muß höher gestuft werden	**V**
Hemaris fuciformis	–	muß höher gestuft werden	**V**
Falcaria lacertinaria	–	muß höher gestuft werden	**V**
Achlya flavicornis	–	muß höher gestuft werden	**V**
Cerura vinula	–	muß höher gestuft werden	**V**
Furcula furcula	–	muß höher gestuft werden	**V**
Furcula bifida	–	muß höher gestuft werden	**V**
Leucodonta bicoloria	–	muß höher gestuft werden	**V**
Meganola strigula	–	muß höher gestuft werden	**V**
Diloba caeruleocephala	–	muß höher gestuft werden	**V**
Dahl. triquetrella f. bisex.	–	wird als R-Art eingestuft	**R**
Zygaena minos	–	wird als U-Art eingestuft	**U**
Dahl. lichenella f. bisex.	–	wird als U-Art eingestuft	**U**
Hyles gallii	–	wird als U-Art eingestuft	**U**
Cerura erminea	–	wird als U-Art eingestuft	**U**
Dahlica wockei[2]		wird als R-Art eingestuft	**R**
Siederia rupicolella[2]		wird als R-Art eingestuft	**R**

[2] War 1977 aus Baden-Württemberg noch nicht nachgewiesen.

Es muß eingeräumt werden, daß damit zunächst einmal nur ein besorgniserregender Trend sichtbar gemacht werden kann; eine Rote Liste 1977 mit der entsprechenden Kenntnisdichte von 1994 als Grundlage hätte bereits damals zu deutlich kritischeren Einstufungen geführt. Unterzieht man die aus der Gegenüberstellung beider Roten Listen sich ergebenden Veränderungen einer genaueren Betrachtung, so kommt man zu dem Ergebnis, daß zwei ausgestorbene Arten (*Hyles vespertilio, Eumasia parietariella*) zwei wiederentdeckten (ehemals verschollenen) Arten gegenüberstehen (*Drymonia velitaris, Nola cristatula*). Zwei Arten wurden als nicht heimisch erkannt (*Thaumetopoea pityocampa, Polyploca ruficollis*); dagegen konnten zwei Arten für die Fauna neu nachgewiesen werden (*Dahlica wockei, Siederia rupicolella*). 19 Gefährdungseinstufungen blieben unverändert. 13 Arten konnten tiefer eingestuft werden. 43 von 174 Arten mußten allerdings in eine höhere Kategorie verbracht werden, das sind 25% der in Band 3 und 4 behandelten Nachtfalterarten. Zusammenfassend kommen wir zu dem Ergebnis, daß heute fast die Hälfte der heimischen Arten (84 Arten = 48%) in irgendeiner Form als gefährdet betrachtet werden muß! Davon sind 15 Arten (9%) bereits ausgestorben oder vom Aussterben bedroht.

4.5.2 Artenschutzprogramm und Bewertungsmethodik

Ein ausführlicher Beitrag zum Artenschutzprogramm, dem die Bearbeitung aller sogenannten Großschmetterlinge (Macrolepidoptera) Baden-Württembergs zugrunde liegt, ist im letzten Band dieser Reihe vorgesehen. Was das Schutzprogramm für besonders gefährdete Arten und deren Lebensräume im Zusammenhang mit der Durchführung einer speziellen Pflege betrifft, so konnte in den beiden zurückliegenden Jahren mit den Tagfaltern und einer Umsetzung (besser: populationsbezogenen Vertiefung) der in Band 1 dieses Grundlagenwerkes an gleicher Stelle empfohlenen Maßnahmen ein vielversprechender Anfang gemacht werden. Die fachliche Betreuung liegt im Bereich Organisation und Durchführung der notwendigen Erhebungen institutionell bei der Landesanstalt für Umweltschutz Baden-Württemberg und dem Staatlichen Museum für Naturkunde Karlsruhe, im Bereich Maßnahmendurchführung bei den vier Bezirksstellen für Naturschutz und Landschaftspflege Baden-Württemberg und dafür eigens eingesetzten Biologen. Mit der Überwachung und Koordination der Erhebungen, die Mitarbeiter meist auf Werkvertragsbasis ausführten, wurden A. STEINER (1992–93) und A. HOFMANN (ab 1994) betraut. Der Fortgang dieser Arbeiten wurde in einem Arbeitskreis unter der Leitung von Dr. K.-H. HARMS/Dr. M. LINNENBACH (Landesanstalt für Umweltschutz Baden-Württemberg) und G. EBERT (Staatliches Museum für Naturkunde Karlsruhe) in mehreren Sitzungen mit den Vertretern der Bezirksstellen für Naturschutz und Landschaftspflege Baden-Württemberg beraten und abgestimmt.

Die Umsetzung der in den Grundlagenwerken empfohlenen Schutz- und Pflegemaßnahmen soll auch zukünftig mit der gleichen Effizienz fortgesetzt werden. An die Reihe kommen – wenn die Konzepte für die ausgewählten Tagfalterpopulationen zunächst abgearbeitet sind – nunmehr in der Hauptsache die vom Aussterben bedrohten und stark gefährdeten Nachtfalter, von denen die Arten der »Spinnerartigen« (ohne Glasflügler und Bärenspinner) als erste auf ihre aktuelle Bestandsentwicklung und die Situation der von ihnen bewohnten Habitate zu überprüfen sind.

Richtschnur dafür ist das bereits bei den Tagfaltern zur Anwendung gelangte Artenschutzprogramm (G. EBERT, unveröffentlicht), in welchem die Arten der Gefährdungskategorien 1 (vom Aussterben bedroht) und 2 (stark gefährdet) in einer Prioritätenliste, in der auch nach Standortansprüchen unterschieden und auf Begleitarten Rücksicht genommen wird, aufgeführt sind. Jede einzelne Art erhält dabei eine Bewertungsziffer (BWZ) nach folgendem Schema:

I Nur noch eine Population an einer einzigen Fundstelle oder mehreren nahe beieinander liegenden Fundstellen

II Weniger als 10 Populationen
- a in einer Region
- b in mehr als einer Region.

III Weniger als 20 Populationen
- a in ein bis zwei Regionen
- b in drei Regionen
- c in mehr als drei Regionen.

IV Weniger als 30 Populationen
- a in ein bis zwei Regionen
- b in drei Regionen
- c in mehr als drei Regionen.

V Mehr als 30 Populationen
- a in ein bis zwei Regionen
- b in drei Regionen
- c in mehr als drei Regionen.

VI Anzahl und räumliche Abgrenzung der Populationen derzeit nicht überschaubar.

Hinweis: Als »Population« werden hier die an räumlich begrenzten Fundstellen beobachteten Individuen einer Art bezeichnet. Die Frage, ob zu benachbarten Fundstellen Genfluß besteht und unter »Population« deshalb eine auf größere Flächen verteilte Individuenmenge (»Metapopulation«) als Fortpflanzungsgemeinschaft zu verstehen ist, muß hier offen bleiben. Ebenso offen bleibt die Frage bei besonders flugtüchtigen Arten (r-Strategen). Zu berücksichtigen ist ferner die manchmal sehr unterschiedliche Bestandsgröße (Beispiel: *Colias palaeno*, in Oberschwaben teils in noch recht individuenstarken, im Schwarzwald dagegen durchwegs individuenschwachen Populationen). In vielen Fällen ist die tatsächliche Bestandsgröße noch unbekannt. Der Begriff »Region« wird hier gleichbedeutend für »Hauptnaturraum« verwendet.

Die Bewertungsziffer bezieht sich auf die Anzahl der Populationen und sagt noch nichts über mögliche Trends in ihrer Bestandsentwicklung aus. Die Bewertung der Schutzbedürftigkeit einer Art erfordert jedoch geradezu eine kritische Bewertung möglicher Trends und darüberhinaus eine Berücksichtigung der Veränderungen der Individuenzahlen innerhalb der Populationen. So läßt sich z. B. bei *Zygaena fausta* zwar nur in wenigen Fällen ein Verschwinden von Populationen feststellen, d. h. die Bewertungsziffer wäre vor 25 Jahren dieselbe gewesen wie heute. Unzweifelhaft ist aber, daß die Art an allen ihren Standorten individuenmäßig stark abgenommen hat.

Wie in Band 1 (Kap. 3.2) werden auch hier für einen breiteren Leserkreis, der sich einen raschen Überblick über die Situation der besonders gefährdeten Nachtfalterarten (Teil I und II) in Baden-Württemberg verschaffen will, diese Arten in einer nach Standorten (feucht/trocken, Wald) ausgerichteten Gruppierung vorgestellt. Damit soll allerdings noch nichts über die Autökologie der Arten und schon gar nichts über biozönotische Zusammenhänge ausgesagt werden. Das bleibt, wie schon erwähnt, einem ausführlicheren Beitrag im letzten Band vorbehalten. Neu an dieser Stelle ist die jeweils angehängte Bewertungsziffer zur regionalen Bestandssituation. Nähere Einzelheiten können jeweils der Abhandlung dieser Arten im Speziellen Teil entnommen werden.

Arten feuchter Standorte

Hochmoorbewohner (tyrphobionte und tyrphophile Arten)[3]
Rhagades pruni (Heide-Grünwidderchen)[4] BWZ III a
Pachythelia villosella (Zottiger Sackträger)[5] BWZ II a
Phalacropterix graslinella (Graslins Sackträger)[4] BWZ III
Orgyia recens (Eckfleck-Bürstenspinner) BWZ I
Gynaephora selenitica (Mondfleck-Bürstenspinner)[6] BWZ I

Feuchtwiesenbewohner i.w.S. (Niedermoorspezialisten, Streuwiesenbewohner etc.)
Megalophanes viciella (Hellbrauner Moor-Sackträger) BWZ III a
Zygaena trifolii (Sumpfhornklee-Widderchen)[7] BWZ V c
Nola cristatula (Wasserminzen-Graueulchen) BWZ I

Phyllodesma ilicifolia (Weidenglucke)[8] BWZ I

Arten trockener Standorte

Magerrasenbewohner
Rhagades pruni (Heide-Grünwidderchen)[9] BWZ III a
Adscita globulariae (Flockenblumen-Grünwidderchen) BWZ III b
Adscita notata (Skabiosen-Grünwidderchen) BWZ II b
Adscita geryon (Sonnenröschen-Grünwidderchen) BWZ V a
Adscita mannii (Südwestdeutsches Grünwidderchen) BWZ I
Zygaena carniolica (Esparsetten-Widderchen) BWZ V b

---

[3] Einschließlich sog. »induzierter tyrphophiler« Arten (vgl. Meineke 1982)
[4] Hier in der Ökovariante feuchter Standorte.
[5] Reutti (1898) meldet die Art u.a. auch vom Kaiserstuhl (trockener Bereich?). Diese alten Angaben können hier nicht näher berücksichtigt werden.
[6] Hier in der Ökovariante feuchter Standorte, wo *Gynaephora selenitica* als Begleitart der erheblich stärker gefährdeten *Orgyia recens* auftritt.
[7] Wie *Rhagades pruni* gehört auch *Zygaena trifolii* zwar, landesweit gesehen, »nur« der Gefährdungsstufe 3 an, dennoch sind manche lokalen Vorkommen durch das Verschwinden der Feuchtwiesen (Umwandlung in Ackerland, intensiv bewirtschaftetes Grünland oder Fichtenplantagen) bereits stärker bedroht oder bereits verschwunden. Dieser Entwicklung sollte »vor Ort« Rechnung getragen werden.
[8] Die wenigen vorliegenden Angaben lassen die Standortansprüche dieser Art nicht klar erkennen. Die Einreihung ist als provisorisch zu betrachten.
[9] Hier in der Ökovariante trockener Standorte.

Ptilocephala plumifera (Fächerfühler-Sackträger) BWZ I
Phalacropterix graslinella (Graslins Sackträger)[9] BWZ I
Lemonia dumi (Habichtskraut-Wiesenspinner) BWZ II b
Lemonia taraxaci (Löwenzahn-Wiesenspinner) BWZ II a
Hemaris tityus (Skabiosenschwärmer) BWZ IV b
Gynaephora selenitica (Mondfleck-Bürstenspinner)[9] BWZ III a
Dicallomera fascelina (Rötlichgrauer Bürstenspinner) BWZ III b
Meganola togatulalis (Schwarzliniertes Graueulchen) BWZ I
Nola subchlamydula (Gamander-Graueulchen) BWZ I

Arten des Waldes

Mit »Wald« sind sowohl Auen- und Bruchwälder (dort z.B. *Gastropacha populifolia*) als auch mesophile Laubwälder bis hin zu den eichenreichen trockenen Wäldern (dort z.B. *Drymonia velitaris*) gemeint; strukturell gesehen sowohl randferner Bestand als auch Waldrandkomplexe (einschließlich Binnensäume, Schneisen, Ränder an Waldwegen etc.).

Zygaena fausta (Bergkronwicken-Widderchen) BWZ IV a
Zygaena osterodensis (Platterbsen-Widderchen) BWZ V a
Zygaena angelicae (Elegans-Widderchen) BWZ IIa
Dahlica triquetrella f. bisex. (Dreikant-Zwerg-Sackträger) BWZ II a
Dahlica wockei (Wockes Zwerg-Sackträger) BWZ II b
Siederia rupicolella (Gebirgs-Zwerg-Sackträger) BWZ II a
Phyllodesma tremulifolia (Eichenglucke) BWZ II a
Gastropacha populifolia (Große Pappelglucke) BWZ II a
Drymonia velitaris (Südlicher Zahnspinner) BWZ II b

4.5.3 Rote Liste der in Baden-Württemberg gefährdeten Schmetterlingsarten (Macrolepidoptera)

Zweite Fassung, Stand 1.2. 1994

2. Teil: Nachtfalter I und II

Vorbemerkungen: Die »Rote Liste der in Baden-Württemberg gefährdeten Schmetterlingsarten (Macrolepidoptera)« wurde in einer ersten Fassung vom 1.11. 1977 bereits vor 16 Jahren veröffentlicht (EBERT & FALKNER 1978). Über Grundlagen und Entstehung ist bereits berichtet worden (s. Band 1, Kap. 3.3). Auch für die Nachtfalter gilt der Hinweis, daß die heute vorgelegte 2. Fassung auf einem erheblich umfangreicheren Datenmaterial aufbaut, so daß es erstmals möglich wurde, die Gefährdung der hier vorgestellten Arten – wie schon bei den Tagfaltern geschehen – regional unterschiedlich darzustellen. Nähere Aussagen dazu sind unter der jeweils behandelten Art in den Kapiteln »Verbreitung-Regional« und »Gefährdung und Schutz« nachzulesen. Jedenfalls ist die Auswertung möglichst vieler, sorgfältig überprüfter Daten zur historischen und aktuellen Verbreitung einer Art innerhalb eines klar definierten Untersuchungsgebietes unabdingbare Voraussetzung für eine objektivere Bewertung ihrer zeitlich-räumlichen Bestandsentwicklung und damit letztlich ihrer Gefährdungssituation. Wo solche Daten fehlen, erfolgt die Einstufung in eine neu geschaffene, bundesweit noch fehlende Kategorie U (Arten mit ungeklärter Gefährdung). Bisher haben wir eine solche Einstufung nur regional (»in der Region mit noch ungeklärtem Status«) praktiziert. Im vorliegenden Grundlagenwerk wird versucht, die Einstufung einer Art in eine bestimmte Gefährdungskategorie aufgrund quantitativ vergleichbarer Daten vorzunehmen. Keinesfalls sollte sie nach allgemeinen, eher gefühlsbetonten als wissenschaftlich belegten Kriterien erfolgen.

Definition der Gefährdungsgrade

0 **Ausgestorben oder verschollen**

In Baden-Württemberg ausgestorbene, ausgerottete oder verschollene Arten, denen bei Wiederauftreten besonderer Schutz gewährt werden muß. Noch vor etwa 100 Jahren in Baden-Württemberg lebende, in der Zwischenzeit mit Sicherheit oder großer Wahrscheinlichkeit erloschene Arten.

Bestandssituation:

– Arten, deren Populationen nachweisbar ausgestorben sind bzw. ausgerottet wurden (z. B. *Hyles vespertilio*), oder

– »Verschollene Arten«, d.h. solche, deren Vorkommen früher belegt worden ist, die jedoch seit längerer Zeit (mindestens seit 10 Jahren) trotz Suche nicht mehr nachgewiesen wurden und bei denen daher der begründete Verdacht besteht, daß ihre Populationen erloschen sind (z. B. *Eriogaster catax*).

1 **Vom Aussterben bedroht**
Vom Aussterben bedrohte Arten, für die Schutzmaßnahmen dringend notwendig sind. Das Überleben dieser Arten in Baden-Württemberg ist unwahrscheinlich, wenn die verursachenden Faktoren weiterhin einwirken oder bestandserhaltende Schutz- und Hilfsmaßnahmen nicht unternommen werden bzw. wegfallen.

Bestandssituation:
– Arten, die nur in Einzelvorkommen oder wenigen, isolierten und kleinen bis sehr kleinen Populationen auftreten (sog. seltene Arten), deren Bestände aufgrund gegebener oder absehbarer Eingriffe ernsthaft bedroht sind (z. B. *Ptilocephala plumifera*),
– Arten, deren Bestände durch lange anhaltenden starken Rückgang auf eine bedrohliche bis kritische Größe zusammengeschmolzen sind oder deren Rückgangsgeschwindigkeit im größten Teil des heimischen Areals extrem hoch ist und bereits ein kritisches Ausmaß erreicht hat (z. B. *Zygaena angelicae*).

Die Erfüllung eines der Kriterien reicht aus.

2 **Stark gefährdet**
Gefährdung im nahezu gesamten einheimischen Verbreitungsgebiet.

Bestandssituation:
– Arten mit kleinen Beständen (z. B. *Zygaena fausta*),
– Arten, deren Bestände im nahezu gesamten einheimischen Verbreitungsgebiet signifikant zurückgehen oder regional verschwunden sind (z. B. *Lemonia dumi*).

Die Erfüllung eines der Kriterien reicht aus.

3 **Gefährdet**
Die Gefährdung besteht in großen Teilen des einheimischen Verbreitungsgebietes.

Bestandssituation:
– Arten mit regional kleinen oder sehr kleinen Beständen (z. B. *Endromis versicolora*),
– Arten, deren Bestände regional bzw. vielerorts lokal zurückgehen oder lokal verschwunden sind (z. B. *Zygaena carniolica*).

Die Erfüllung eines der Kriterien reicht aus.

V **Arten der Vorwarnliste**
Arten, von denen zu befürchten ist, daß sie bei Fortbestand bestimmter Gefährdungsfaktoren in naher Zukunft im gesamten einheimischen Verbreitungsgebiet oder in großen Teilen davon als gefährdet (Kategorie 3) eingestuft werden müssen.

Bestandssituation:
– Arten, deren Bestände regional oder im gesamten einheimischen Verbreitungsgebiet zurückgehen oder bereits bedenklich erschöpft sind und deren Fortbestand nicht gesichert ist (z. B. *Zygaena viciae*),
– Arten mit insgesamt noch befriedigender Bestandssituation, die aber im gesamten einheimischen Verbreitungsgebiet oder regional durch ernstzunehmende Gefährdungsfaktoren bedroht sind (z.B. *Dendrolimus pini*).

Die Erfüllung eines der Kriterien reicht aus.

R **Arten mit geographischer Restriktion**
Arten mit von vornherein kleinen[10] Populationen, die gegenwärtig noch nicht (erkennbar) gefährdet sind, bei denen das Risiko jedoch aufgrund ihrer restriktiven Verbreitung und Bestandsgröße besonders hoch ist (z. B. *Adscita mannii*).

U **Arten mit ungeklärter Gefährdung**
Arten, über deren Verbreitung, Lebensweise und Habitat in Baden-Württemberg derzeit noch erhebliche Wissenslücken bestehen, so daß ihre Gefährdungssituation als ungeklärt bezeichnet werden muß, oder wo der bisher gewonnene Kenntnisstand zwar auf eine landesweite Gefährdung hindeutet, jedoch noch nicht als »abgesicherte Aussage« vermittelt werden kann.

Diskussion:
Neu in unserer Roten Liste ist die Kategorie
U = Unklar – Arten mit ungeklärter Gefährdung.

Erläuterungen:
U-Status: In mehreren Fällen war es aufgrund noch unzureichender Kenntnisse über Verbreitung, Lebensweise und Habitat nicht möglich, den Status

[10] Statt »kleine« Populationen sollte besser »weniger« Populationen verwendet werden. Für die Einstufung einer Art in die Kategorie R ist der Grad der Isolation am Rande des Areals der entscheidende Faktor.

einer eventuellen Gefährdung näher festzulegen. Beispiele: *Zygaena purpuralis, Zygaena minos* (Zygaenidae), *Dahlica lichenella* f. bisex. (Psychidae), *Hyles gallii* (Sphingidae), *Cerura erminea* (Notodontidae), *Calliteara abietis* (Lymantriidae), *Nola cicatricalis* (Nolidae). Für solche Arten wurde schon früher der Status »Indeterminate (I)« verwendet:

> Taxa that are suspected of belonging to one of the first three categories but for which insufficient information is currently available (HEATH 1981).

In anderen Fällen sind zwar solche Kenntnisse vorhanden, reichen jedoch für die Einschätzung der Gefährdungssituation nicht aus. Definition (unter »Indeterminate«):

> The status of some taxa was most difficult to ascertain. In some cases, the decision as to whether or not to include a taxon had to be a matter of professional judgement (HEATH 1981).

Dieser Status »Indeterminate« (unbestimmt) bzw. sein sprachliches Äquivalent »ungeklärt« ist in der Roten Liste der gefährdeten Tiere und Pflanzen in der Bundesrepublik Deutschland (1984) bisher nicht berücksichtigt worden, auch nicht in solchen anderer Länder: »In the national lists the category Indeterminate has not been used, as it is considered to be almost meaningless at the local level« (HEATH 1981).

In der Roten Liste gefährdeter Spinnen (Araneae) Bayerns (BLICK & SCHEIDLER 1992) wird jedoch auf dieses Problem ausdrücklich hingewiesen: »Bei einem nicht unerheblichen Anteil der in Bayern nachgewiesenen Arten lassen sich derzeit keine gesicherten Angaben zur Gefährdungs- und Bestandssituation machen. Hierzu zählen einerseits Arten, die bisher in Mitteleuropa nur in wenigen Exemplaren nachgewiesen wurden, so daß ihre Habitatansprüche nicht oder nur unzureichend bekannt sind. Andererseits sind dies Arten, in deren Erfassungsstand geographische oder methodische Lücken klaffen ... Diese Arten können erst in die anderen Kategorien eingestuft werden, wenn die Wissensdefizite vermindert werden. Eine mögliche aktute oder potentielle Gefährdung der Arten kann zum jetzigen Zeitpunkt jedoch nicht ausgeschlossen werden«.

Die Autoren BLICK & SCHEIDLER haben sich damit beholfen, solche Arten entweder in eine Gefährdungsstufe 0S (»derzeit verschollene Arten, bei denen die Bedingung ›trotz Nachsuche nicht gefunden‹ nicht erfüllt ist«) oder in eine solche mit 4S bezeichnete einzureihen. Die Definition zu 4S lautet: »Arten, die am Rande ihres Areals leben (sofern sie nicht bereits zu den anderen Kategorien zählen) und Arten, von denen nur wenige Nachweise aus Bayern bekannt sind und/oder über deren Lebensraumbindung oder Gefährdung daher bislang keine gesicherten Angaben möglich sind (dies schließt die bundesweit verbindliche Kategorie P ein)«. Ausdrücklich wurde darauf hingewiesen, »daß die Gefährdungsstufen 0S und 4S außerhalb der ›Hierarchie‹ der Gefährdungsstufen 0–4R stehen« (vgl. auch HEUSINGER 1992: »Erläuterungen zu den Roten Listen gefährdeter Tiere Bayerns«).

Tatsächlich fehlt es an einer zumindest bundesweit vergleichbaren Kategorie, in der solche Arten Berücksichtigung finden können. Die Kategorie »Potentiell gefährdet« kann auch hierfür kein Ersatz sein. Eine Kategorie 4S, die durch ihre Erstkennziffer in die Nähe dieser unglücklichen Kategorie 4 gebracht wird und ausdrücklich auch »Arten, die am Rande ihres Areals leben (sofern sie nicht bereits zu den anderen Kategorien zählen)« beinhalten soll, wird als keine befriedigende Lösung angesehen.

In Ergänzung zu der in Band 1, S. 116 u.ff. vorgestellten Definition der Gefährdungsgrade, insbesondere der beiden dort neu eingeführten Kategorien V (Arten der Vorwarnliste) und R (Arten mit geographischer Restriktion), wird deshalb die Kategorie U »Arten mit ungeklärter Gefährdung« in die Rote Liste der in Baden-Württemberg gefährdeten Schmetterlingsarten (Macrolepidoptera) aufgenommen. Sie entspricht vollkommen der in der Liste gefährdeter Tagfalter in Europa enthaltenen Kategorie I – »Indeterminate (I)« (HEATH 1981). Die für die einzelnen Hauptnaturräume des Landes zusätzlich ausgearbeiteten und durch besondere Symbole zum Ausdruck gebrachten, erläuternden oder ergänzenden Angaben zur Gefährdung werden davon nicht berührt.

Damit wird auch in diesem Fall, der erst bei der Bearbeitung der sog. Nachtfalter in den Vordergrund gerückt ist, die begriffliche Angleichung an eine bereits europaweit eingeführte bzw. vorgeschlagene Kategorie vollzogen.

4.5.4 Rote Liste (Zweite Fassung) der in Baden-Württemberg gefährdeten Schmetterlinge
2. Teil: Nachtfalter I und II (Spinnerartige)

	1 Oberrheinebene	2 Schwarzwald	3 Neckar-Tauberland	4 Schwäbische Alb	5 Oberschwaben	Rote Liste Baden-Württemberg 2. Fassung (Stand: 01.02.94)	Rote Liste Baden-Württemberg 1. Fassung (Stand: 01.11.77)	Rote Liste Bundesrepublik Erweit. Neubearbeitung (1984)	Rote Liste Bundesrepublik Erstbearbeitung (1977)	Bundesnaturschutzgesetz (BNatSchG) Neufassung 1987
0 Ausgestorben oder verschollen										
ZYGAENIDAE – WIDDERCHEN										
Zygaena cynarae Haarstrang-Widderchen	0	–	–	–	–	0	1.1	0	4	●
PSYCHIDAE – SACKTRÄGER										
Eumasia parietariella Mottenähnlicher Sackträger	0	–	0	–	–	0				
LASIOCAMPIDAE – GLUCKEN										
Eriogaster rimicola Eichenwollafter	0	–	0	–	–	0	1.1	0	1.2	●
Eriogaster catax[FFH] Heckenwollafter	–	–	0	–	–	0	1.2	1	1.2	●
Malacosoma franconica Frankfurter Ringelspinner	0	–	–	–	–	0	1.1	0	1.1	●
SPHINGIDAE – SCHWÄRMER										
Hyles vespertilio Fledermausschwärmer	0	–	–	–	–	0				○
1 Vom Aussterben bedroht										
ZYGAENIDAE – WIDDERCHEN										
Zygaena angelicae Elegans-Widderchen	–	–	–	1^0	–	1	2	2	4	○
PSYCHIDAE – SACKTRÄGER										
Pachythelia villosella Zottiger Sackträger	0	0	0	–	1	1	3	3	3	

	1 Oberrheinebene	2 Schwarzwald	3 Neckar-Tauberland	4 Schwäbische Alb	5 Oberschwaben	Rote Liste Baden-Württemberg 2. Fassung (Stand: 01.02.94)	Rote Liste Baden-Württemberg 1. Fassung (Stand: 01.11.77)	Rote Liste Bundesrepublik Erweit. Neubearbeitung (1984)	Rote Liste Bundesrepublik Erstbearbeitung (1977)	Bundesnaturschutzgesetz (BNatSchG) Neufassung 1987
LASIOCAMPIDAE – GLUCKEN										
Phyllodesma ilicifolia Weidenglucke	0	1?	0	–	–	1	2	1	2	●
LEMONIIDAE – WIESENSPINNER										
Lemonia taraxaci Löwenzahn-Wiesenspinner	–	–	0?	1	–	1	1.2	1	1.2	●
NOTODONTIDAE – ZAHNSPINNER										
Drymonia velitaris Südlicher Zahnspinner	1^0	1	0	–	–	1	1.1	2	2	
LYMANTRIIDAE – TRÄGSPINNER										
Orgyia recens Eckfleck-Bürstenspinner	0?	–	*	–	1?	1	3	3		○
NOLIDAE – GRAUEULCHEN										
Meganola togatulalis Schwarzliniertes Graueulchen	1^0	–	*	–	–	1	2	2	2	
Nola cristatula Wasserminzen-Graueulchen	0	–	1	–	–	1	1.1	0	3	
Nola subchlamydula Gamander-Graueulchen	1	–	0	–	–	1	2	2	2	
2 Stark gefährdet										
ZYGAENIDAE – WIDDERCHEN										
Zygaena fausta Bergkronwicken-Widderchen	*	–	V	2^0	–	2	4	3	4	○
Zygaena osterodensis Platterbsen-Widderchen	0	?	1^0	2^0	(3)	2			4	○

	1 Oberrheinebene	2 Schwarzwald	3 Neckar-Tauberland	4 Schwäbische Alb	5 Oberschwaben	Rote Liste Baden-Württemberg 2. Fassung (Stand: 01.02.94)	Rote Liste Baden-Württemberg 1. Fassung (Stand: 01.11.77)	Rote Liste Bundesrepublik Erweit. Neubearbeitung (1984)	Rote Liste Bundesrepublik Erstbearbeitung (1977)	Bundesnaturschutzgesetz (BNatSchG) Neufassung 1987
PSYCHIDAE – SACKTRÄGER										
Ptilocephala plumifera Fächerfühler-Sackträger	2	–	–	–	–	2				
Megalophanes viciella Hellbrauner Moor-Sackträger	–	1	–	–	2	2				
Phalacropterix graslinella Graslins Sackträger	–	2	?	–	2	2	3	2	3	
LASIOCAMPIDAE – GLUCKEN										
Phyllodesma tremulifolia Eichenglucke	2	?	2	?	?	2	3	3		○
Gastropacha populifolia Pappelglucke	2^0	–	0	–	0	2	3	2	2	○
LEMONIIDAE – WIESENSPINNER										
Lemonia dumi Habichtskraut-Wiesenspinner	2^0	–	2^0	–	?	2	2	2	2	○
SPHINGIDAE – SCHWÄRMER										
Hemaris tityus Skabiosenschwärmer	2^0	?	2^0	2^0	$1^?$	2	–	3	3	○
LYMANTRIIDAE – TRÄGSPINNER										
Gynaephora selenitica Mondfleck-Bürstenspinner	(0)	–	3^0	–	1	2	2	3	3	○
Dicallomera fascelina Rötlichgrauer Bürstenspinner	0	–	2	?	1	2	3	3		
3 Gefährdet										
ZYGAENIDAE – WIDDERCHEN										
Rhagades pruni Heide-Grünwidderchen	3	–	3^0	(3)	V	3	3	3	3	○

	1 Oberrheinebene	2 Schwarzwald	3 Neckar-Tauberland	4 Schwäbische Alb	5 Oberschwaben	Rote Liste Baden-Württemberg 2. Fassung (Stand: 01.02.94)	Rote Liste Baden-Württemberg 1. Fassung (Stand: 01.11.77)	Rote Liste Bundesrepublik Erweit. Neubearbeitung (1984)	Rote Liste Bundesrepublik Erstbearbeitung (1977)	Bundesnaturschutzgesetz (BNatSchG) Neufassung 1987
Adscita globulariae Flockenblumen-Grünwidderchen	3^0	–	3	3	?	3			3	○
Adscita notata Skabiosen-Grünwidderchen	3^0	–	(3)	3	–	3		3		○
Adscita geryon Sonnenröschen-Grünwidderchen	3	–	3^0	V	–	3	2	3		○
Zygaena carniolica Esparsetten-Widderchen	$0^?$	–	3^0	3^1	–	3	4	4	4	○
Zygaena trifolii Sumpfhornklee-Widderchen	3^2	V	2^0	2^0	3^2	3		4	4	○
PSYCHIDAE-SACKTRÄGER										
Rebelia bavarica Kleiner Erdröhren-Sackträger	–	–	–	3	–	3	3			
Acanthopsyche atra Kiefernheiden-Sackträger	0	3	0	–	3	3		3		
Sterrhopterix standfussi Bergmoor-Sackträger	–	3	–	–	3	3				
ENDROMIDAE – BIRKENSPINNER										
Endromis versicolora Birkenspinner	2^0	?	3	–	V	3	3			○
LASIOCAMPIDAE – GLUCKEN										
Gastropacha quercifolia Kupferglucke	3^0	?	3^0	?	3	3				○
Odonestis pruni Pflaumenglucke	3	?	2^0	?	2^0	3	3	3	3	○
SPHINGIDAE – SCHWÄRMER										
Hyles euphorbiae Wolfsmilchschwärmer	V	–	3^0	2^0	2^0	3		3		○

	1 Oberrheinebene	2 Schwarzwald	3 Neckar-Tauberland	4 Schwäbische Alb	5 Oberschwaben	Rote Liste Baden-Württemberg 2. Fassung (Stand: 01.02.94)	Rote Liste Baden-Württemberg 1. Fassung (Stand: 01.11.77)	Rote Liste Bundesrepublik Erweit. Neubearbeitung (1984)	Rote Liste Bundesrepublik Erstbearbeitung (1977)	Bundesnaturschutzgesetz (BNatSchG) Neufassung 1987
NOTODONTIDAE – ZAHNSPINNER										
Furcula bicuspis Birken-Gabelschwanz	3^0	?	?	–	V	3	3	4	3	○
Spatalia argentina Silberfleck-Zahnspinner	3	–	*	–	–	3	3		3	○
Notodonta torva Gelbbrauner Zahnspinner	0	–	3^0	–	3^0	3	2	3		
Drymonia querna Weißbinden-Zahnspinner	x	(?)	3	–	3	3	3	3	3	○
Odontosia carmelita Mönch-Zahnspinner	?	?	?	–	3	3	3			
DREPANINAE – SICHELFLÜGLER										
Drepana curvatula Erlen-Sichelflügler	3	?	?	–	–	3	3	3	3	
Sabra harpagula Linden-Sichelflügler	3	–	3	3	?	3	3	2	2	
THYATIRINAE – EULENSPINNER										
Tethea ocularis Augen-Eulenspinner	x	3	3	(3)	3	3		3	3	
Cymatophorima diluta Violettgrauer Eulenspinner	x	2	x	2	(3)	3				
Polyploca ridens Moosgrüner Eulenspinner	2	3	3	–	–	3	4			
CTENUCHIDAE – KAMMERJUNGFERN										
Dysauxes ancilla Kammerjungfer	3	?	2	3	–	3	3	2	3	○

	1 Oberrheinebene	2 Schwarzwald	3 Neckar-Tauberland	4 Schwäbische Alb	5 Oberschwaben	Rote Liste Baden-Württemberg 2. Fassung (Stand: 01.02.94)	Rote Liste Baden-Württemberg 1. Fassung (Stand: 01.11.77)	Rote Liste Bundesrepublik Erweit. Neubearbeitung (1984)	Rote Liste Bundesrepublik Erstbearbeitung (1977)	Bundesnaturschutzgesetz (BNatSchG) Neufassung 1987
V Arten der Vorwarnliste										
COSSIDAE – HOLZBOHRER										
Phragmataecia castaneae Rohrbohrer	V	–	–	–	–	V	4	3		
ZYGAENIDAE – WIDDERCHEN										
Zygaena viciae Kleines Fünffleck-Widderchen	3^0	3	x	x	V^2	V	3		4	○
Zygaena ephialtes Veränderliches Widderchen	x	–	x	3^2	?	V	3	4	4	○
Zygaena transalpina Hufeisenklee-Widderchen	x	x	V^2	V	3	V	4	4	4	○
Zygaena lonicerae Klee-Widderchen	$x^?$	x	x^3	x	3^0	V		4	4	○
PSYCHIDAE – SACKTRÄGER										
Narycia astrella Weißer Motten-Sackträger	–	V	$3^?$	V	$V^?$	V				
THYRIDIDAE – FENSTERFLECKCHEN										
Thyris fenestrella Waldreben-Fensterfleckchen	x	0	V	3	V	V	3	3		
LASIOCAMPIDAE – GLUCKEN										
Trichiura crataegi Weißdornspinner	V	?	V	V	?	V				
Eriogaster lanestris Wollafter	2^0	–	V	V	3	V				
Malacosoma castrensis Wolfsmilch-Ringelspinner	2^0	–	V^0	x	?	V	2		3	
Lasiocampa trifolii Kleespinner	V	?	V	V	V^3	V				

	1 Oberrheinebene	2 Schwarzwald	3 Neckar-Tauberland	4 Schwäbische Alb	5 Oberschwaben	Rote Liste Baden-Württemberg 2. Fassung (Stand: 01.02.94)	Rote Liste Baden-Württemberg 1. Fassung (Stand: 01.11.77)	Rote Liste Bundesrepublik Erweit. Neubearbeitung (1984)	Rote Liste Bundesrepublik Erstbearbeitung (1977)	Bundesnaturschutzgesetz (BNatSchG) Neufassung 1987
Dendrolimus pini Kiefernspinner	V	V	V	V	x	V				
Cosmotriche lunigera Mondfleckglucke	?	V	V	V	V	V				
SPHINGIDAE – SCHWÄRMER										
Hemaris fuciformis Hummelschwärmer	V[3]	?	V[3]	x	V[3]	V				○
Proserpinus proserpina Nachtkerzenschwärmer	V	V	V	V	V	V	3	2	2	○
NOTODONTIDAE – ZAHNSPINNER										
Cerura vinula Großer Gabelschwanz	V	V	V	V	V	V				○
Furcula furcula Buchen-Gabelschwanz	V	V	V	V	V	V				○
Furcula bifida Kleiner Gabelschwanz	V	V	V	V	V	V				○
Leucodonta bicoloria Weißer Zahnspinner	V	?	V	?	V	V		4	3	
DREPANINAE – SICHELFLÜGLER										
Falcaria lacertinaria Birken-Sichelflügler	V	V	V	?	x	V				
THYATIRINAE – EULENSPINNER										
Achlya flavicornis Gelbhorn-Eulenspinner	3	x	x	(3)	x	V				
NOLIDAE – GRAUEULCHEN										
Meganola strigula Hellgraues Graueulchen	V	V	V	V	V	V		3	3	

	1 Oberrheinebene	2 Schwarzwald	3 Neckar-Tauberland	4 Schwäbische Alb	5 Oberschwaben	Rote Liste Baden-Württemberg 2. Fassung (Stand: 01.02.94)	Rote Liste Baden-Württemberg 1. Fassung (Stand: 01.11.77)	Rote Liste Bundesrepublik Erweit. Neubearbeitung (1984)	Rote Liste Bundesrepublik Erstbearbeitung (1977)	Bundesnaturschutzgesetz (BNatSchG) Neufassung 1987
DILOBIDAE – BLAUKOPF-EULENSPINNER										
Diloba caeruleocephala Blaukopf	V	–	V	V	V	V				
R Arten mit geographischer Restriktion										
ZYGAENIDAE – WIDDERCHEN										
Adscita mannii Südwestdeutsches Grünwidderchen	R	–	*	–	–	R	2	2		○
PSYCHIDAE – SACKTRÄGER										
Dahlica triquetrella f. bisex. Dreikant-Zwerg-Sackträger	–	–	–	–	R	R				
Dahlica wockei Wockes Zwerg-Sackträger	(R)	–	R	–	–	R				
Siederia rupicolella Gebirgs-Zwerg-Sackträger	–	–	–	–	R	R				
U Arten mit ungeklärter Gefährdung										
ZYGAENIDAE – WIDDERCHEN										
Zygaena purpuralis Thymian-Widderchen	?	?	3^0	x	2^0	U	4	4	4	○
Zygaena minos Bibernell-Widderchen	?	?	$3^?$	$x^?$	?	U		3	4	○
PSYCHIDAE – SACKTRÄGER										
Dahlica lichenella f. bisex. Zweigeschlechtlicher Zwerg-Sackträger	?	?	?	–	–	U				

	1 Oberrheinebene	2 Schwarzwald	3 Neckar-Tauberland	4 Schwäbische Alb	5 Oberschwaben	Rote Liste Baden-Württemberg 2. Fassung (Stand: 01.02.94)	Rote Liste Baden-Württemberg 1. Fassung (Stand: 01.11.77)	Rote Liste Bundesrepublik Erweit. Neubearbeitung (1984)	Rote Liste Bundesrepublik Erstbearbeitung (1977)	Bundesnaturschutzgesetz (BNatSchG) Neufassung 1987
SPHINGIDAE – SCHWÄRMER										
Hyles gallii Labkrautschwärmer	?	?	?	?	?	U				○
NOTODONTIDAE – ZAHNSPINNER										
Cerura erminea Weißer Gabelschwanz	?	(?)	?	0?	?	U		3	3	○
LYMANTRIIDAE – TRÄGSPINNER										
Calliteara abietis Tannen-Streckfuß	–	–	?	–	0	U	2	1	1.2	●
NOLIDAE – GRAUEULCHEN										
Nola cicatricalis Flechten-Graueulchen	?	–	?	–	–	U	3	2	2	

Erläuterungen zu den in der Tabelle benutzten Symbolen:

0 Ausgestorben oder verschollen
1 Vom Aussterben bedroht
2 Stark gefährdet
3 Gefährdet
V Arten der Vorwarnliste
R Arten mit geographischer Restriktion
U Arten mit ungeklärter Gefährdung

x Nicht gefährdet
– Nicht vertreten
* Nicht sicher nachgewiesen (kritische Einzelfunde etc.) oder nicht bodenständig
() In der Region nur randlich vorkommend
? In der Region mit noch ungeklärtem Status

Hochgestellte Indices zu den o. g. Symbolen:

0 Im Naturraum regional bereits ausgestorben oder verschollen
1 Im Naturraum regional vom Aussterben bedroht
2 Im Naturraum regional stark gefährdet
3 Im Naturraum regional gefährdet
? Aussage nicht abgesichert (Überprüfung notwendig)

● Vom Aussterben bedrohte Art
○ Besonders geschützte Art
WA Washingtoner Artenschutzübereinkommen
FFH Fauna Flora Habitatrichtlinie
Die in der Richtlinie 92/43/EWG Anhang II des Europarates aufgeführte *Eriogaster catax* (Lasiocampidae) kam zwar früher in Baden-Württemberg vor, muß aber heute als ausgestorben oder verschollen gelten.

Hepialidae (Wurzelbohrer)

Von Wolfgang Speidel

Die Familie der Hepialidae enthält etwa 500 Arten, die sich auf 80 Gattungen verteilen. Sie sind in den meisten Regionen der Erde vertreten, von den Tropen bis in die Subarktis und von Meereshöhe bis in die alpine Stufe. Die wichtigsten Mannigfaltigkeitszentren liegen im australischen Faunengebiet und im südlichen Südamerika. In Baden-Württemberg kommen nur 5 Arten aus dieser Familie vor, die in vielen Merkmalen stark von den sonstigen »spinnerartigen« Nachtfaltern abweicht. Deshalb soll gerade bei ihr ausnahmsweise etwas ausführlicher auf die phylogenetische Stellung und auf die Lebensweise eingegangen werden.

Die Hepialiden weisen keinerlei engere Verwandtschaft zu allen anderen sogenannten Macrolepidopteren auf, die ausnahmslos zu den ditrysischen Heteroneura gehören, deren Weibchen zwei Genitalöffnungen auf verschiedenen Segmenten besitzen (vgl. bei den Cossidae). Sie sind einer eigenen Unterordnung Exoporia zuzuordnen, bei deren Weibchen auf dem gleichen 9. Abdominalsegment sowohl der Oviporus (Eiablageöffnung) als auch die Kopulationsöffnung münden, beides durch einen äußeren Spermienkanal verbunden, und kein innerer Ductus seminalis vorhanden ist. Außerdem besitzen die Hepialiden einen relativ großen Hinterflügel mit meist 5 Radialaderästen (»Homoneurie«) sowie einen sogenannten Haftlappen (Jugum) am Hinterrand des Vorderflügels nahe der Basis. Die Koordinierung der Auf- und Abschläge von Vorder- und Hinterflügel erfolgt nicht so streng wie bei den übrigen Macrolepidopteren: Von einer echten Koppelung von Vorder- und Hinterflügel im Flug kann bei Hepialiden zumeist nicht die Rede sein. Im Vergleich zu den übrigen Macrolepidopteren scheint ihr Flug deshalb etwas unbeholfen.

Die Hepialiden haben eine große Anzahl bei den Lepidopteren als phylogenetisch ursprünglich geltender (plesiomorpher) Merkmale bewahrt wie Homoneurie und Besitz eines Jugums, zu denen sich jedoch auch eine beträchtliche Zahl abgeleiteter (apomorpher) Merkmale gesellen, wie die Entwicklung der schon erwähnten weiblichen Exoporie (2 Genitalöffnungen wie bei den Ditrysia!) und eines differenzierten Werbeverhaltens der männlichen Imagines. Eine einfache Darstellung der phylogenetischen Beziehungen der Lepidopteren-Unterordnungen findet sich bei Speidel (1977). Die Umgestaltung des weiblichen Genitalapparates hatte im übrigen zur Folge, daß kein eigentlicher Legeapparat (Ovipositor) vorhanden ist. Das heißt, die Eier werden einfach fallen gelassen. Hepialiden legen große Mengen von Eiern und haben folglich eine enorm hohe Mortalität.

Die Raupen aller heimischen Arten sind polyphag und können mit Gartenmöhren gezüchtet werden. Zwei Arten, *Korscheltellus lupulinus* und *Triodia sylvina*, gehören wegen dieser Polyphagie und der vor Insektiziden schützenden rhizophagen Lebensweise zu den ubiquitärsten Nachtfaltern überhaupt; sie lassen sich oft auch noch an den am stärksten anthropogen beeinflußten Stellen auffinden. Eine vergleichend-morphologische Beschreibung der Raupen der in Baden-Württemberg vorkommenden Arten findet man bei Gerasimov (1937) und Aitkenhead & Baker (1964). Die Zucht aus dem Ei beschreibt Hinz (1979).

Aufgrund ihrer unterirdischen Lebensweise werden die Raupen besonders von Pilzen befallen. Ihre Hauptfeinde sind Maulwürfe und Tausendfüßler. Auch von Vögeln werden sie gefressen, sobald sie an die Oberfläche kommen. Als Parasit tritt eine Schlupfwespe [*Trixa oestroida* (R.-D.)] aus der Familie der Ichneumonidae auf. Aber auch den Faltern droht Gefahr. So ist beispielsweise ein Fall beschrieben, wo ihnen die nadelspitzen Halme der Borstenhirse *(Setaria)* zum Verhängnis wurden. In einem Bericht der württembergischen Naturaliensammlung in Stuttgart für das Jahr 1935 ist zu lesen, daß von Kreh »einige Rispen eines Stachelgrases (*Setaria* spec.)« überbracht wurden, »an dem sich einige Hepialiden aufgespießt hatten« (Rauther 1936). Dies ist vermutlich jedoch auf die Aktivität von Würgern (Aves: Laniidae) zurückzuführen.

Die verkümmerten Mundwerkzeuge erlauben den Imagines keine Nahrungsaufnahme. Die meisten Beobachtungen betreffen daher das Paarungsverhalten. Gesonderte Angaben zum Larvalhabitat werden nicht gemacht, da wegen der unterirdischen Lebensweise der Raupen und der relativen Standorttreue der Falter von einer weitgehenden Übereinstimmung des Larvalhabitats mit dem Lebensraum der Falter ausgegangen werden kann. Insgesamt ist festzustellen, daß es sich bei den Hepialidae um eine sehr vernachlässigte Schmetterlingsfamilie handelt. Zu den Präimaginalstadien können auch aus Baden-Württemberg so gut wie keine Angaben gemacht werden, obwohl es gerade hier notwendig wäre, die in der Literatur enthaltenen Aussagen, auf die auch hier vielfach zurückgegriffen werden muß, durch gezielte Feldbeobachtungen auf ihre Richtigkeit hin zu überprüfen.

Gazoryctra ganna
Hübner, 1808

Gesamtverbreitung: Das Verbreitungsgebiet zerfällt in zwei Areale, wovon das eine den Alpenraum und die Karpathen, das andere einen kleinen Teil Skandinaviens, insbesondere jedoch Finnland, das Baltikum und den Norden Rußlands umfaßt.

Nach einer Meldung in REUTTI (1898) »In der Baar bei Hüfingen ein Exemplar von FR. MAYER gefangen«. Diese Angabe ist zu revidieren. *Gazoryctra ganna* kommt mit Sicherheit nicht in Baden-Württemberg vor. Es kann sich also nur um eine Fehlbestimmung oder, mit allerdings nur sehr geringer Wahrscheinlichkeit, um ein verschlepptes Exemplar gehandelt haben.

Triodia sylvina
Linnaeus, 1761

Ampfer-Wurzelbohrer

Epialus sylvinus L. (REUTTI 1898)
Hepialus sylvinus L. (LAMPERT 1907, SEITZ 1907–1954, REBEL 1910, ECKSTEIN 1913–1923, SCHNEIDER 1936–1939, BERGMANN 1951–1955, KOCH 1955, FORSTER 1960)

Hepialus sylvinus L. (KOCH 1984)

Gesamtverbreitung: Von Portugal bis Kleinasien und von Süd-Skandinavien bis Sizilien und Griechenland verbreitet. Auch in Großbritannien, fehlt aber auf Korsika, Sardinien und Kreta.

Verbreitung

Regional: Der Ampfer-Wurzelbohrer ist als die wohl häufigste der bei uns vorkommenden Hepialiden-Arten in allen Naturräumen Baden-Württembergs vertreten und relativ gleichmäßig über das ganze Gebiet verbreitet. Diese flächenhafte Verbreitung, die durch weitere Fundnachweise auf der Karte noch weit besser sichtbar gemacht werden

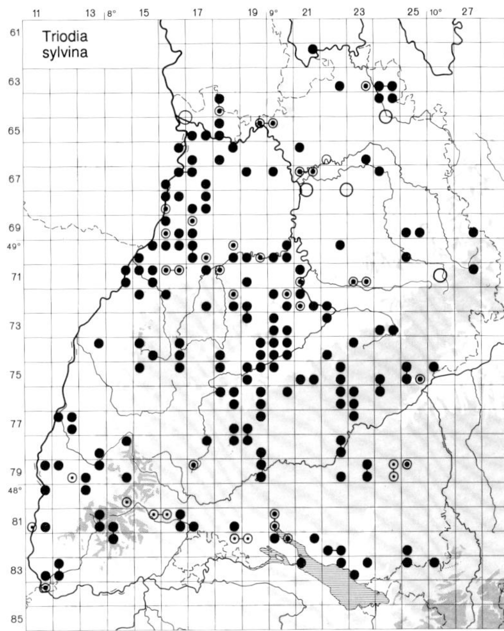

kann, als dies derzeit möglich ist, resultiert aus der breiten ökologischen Valenz dieser Art.
Vertikal: Von der Ebene bis ins höhere Bergland. Sicherlich werden ohne Unterschiede auch die Gipfellagen von Schwäbischer Alb und Schwarzwald besiedelt. Der bisher höchstgelegene Fundort ist Dotternhausen: Plettenberg (900–1001 m).

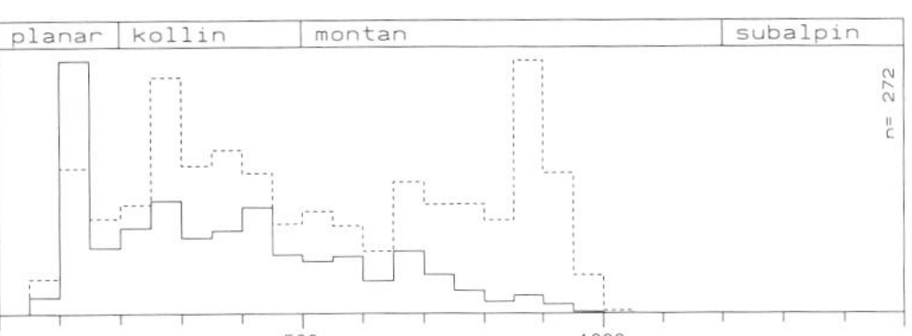

Phänologie

Imago: Die eigentliche Flugzeit beginnt Ende Juli. Sie erreicht in allen Naturräumen im August ihren Höhepunkt und klingt im September wieder aus. Ein frühes Tier datiert vom 19. Juli (1976, Müllheim, C. SCHMID-EGGER). Noch frühere Funddaten sind mit dem Risiko der Verwechslung mit *Korscheltellus lupulinus* behaftet! Ein sehr spätes Tier stammt vom 30. September (1955, Stuttgart, F. GROSCHKE).
Präimaginalstadien: Am 25. Juni (1985, Büchenau b. Bruchsal) fand H. HEIDEMANN eine erwachsene Raupe in seinem Garten. Weitere datierte Beobachtungen liegen leider nicht vor.

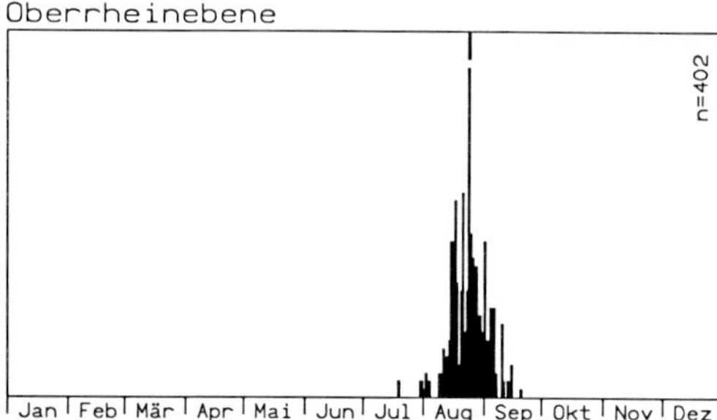

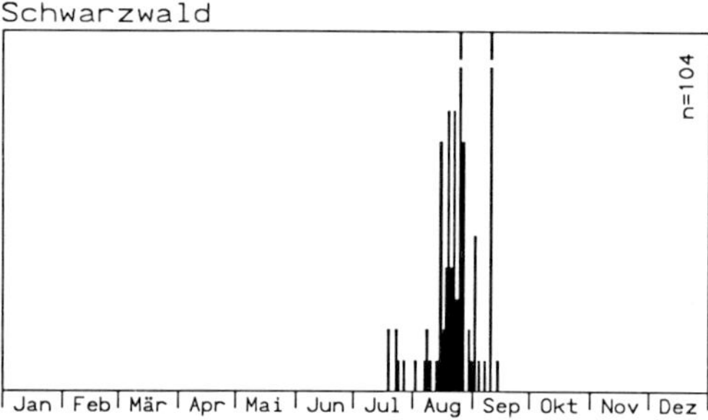

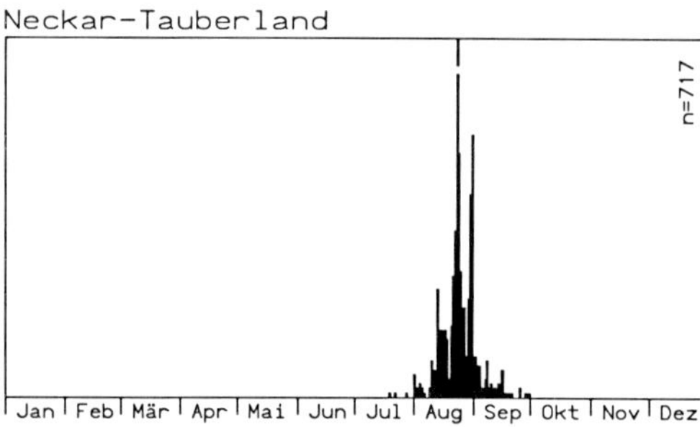

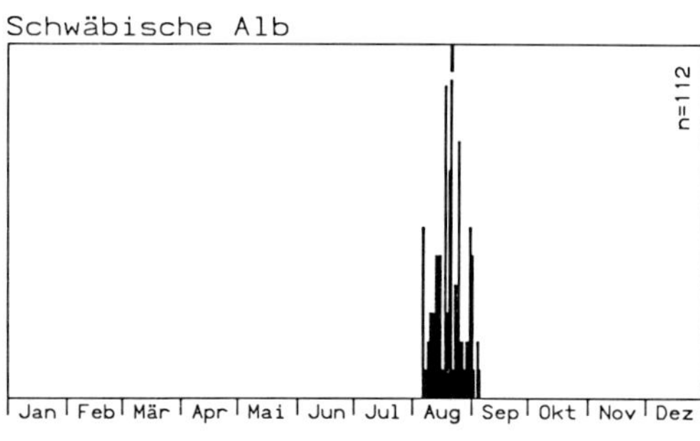

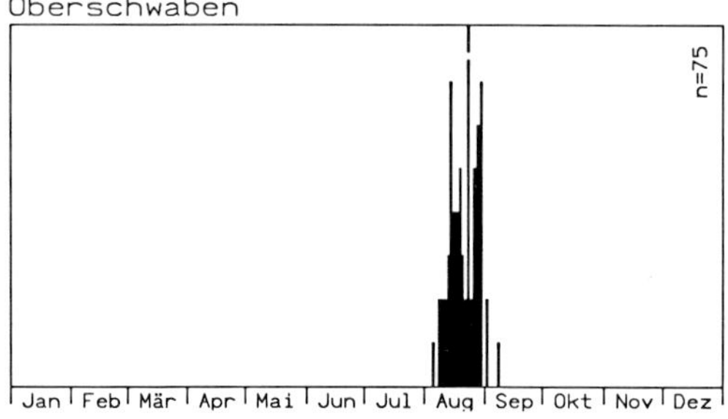

Die Raupe überwintert und hat eine meist einjährige Entwicklungszeit.

Ökologie

Lebensraum: Hierzu gehört der gesamte Aspekt des Offenlandes sowie zum Wald hin vermittelnde gebüschreiche Landschaften. Der Wald selbst wird in seinen vielfältigen sekundären Strukturen wie Kahlschläge, Lichtungen und Randbereiche einschließlich Wegränder und Binnensäume als Lebensraum genutzt. Dabei ist der gesamte Bereich von feucht über mesophil bis trocken abgedeckt. Auch Geologie und Boden scheinen das Vorkommen dieser Art nicht wesentlich zu beeinflussen. Wichtig sind wiesenartige Flächen (Feuchtwiesen, Fettwiesen und -weiden) sowohl im landwirtschaftlich intensiv bearbeiteten als auch im aufgelassenen Kulturland, bis hin zu Niedermooren und Trockenrasen. Der Art genügen kleine Flächen wie Weg- und Straßenränder, Böschungen und Dämme, Feld- und Wiesenraine, Gärten, Streuobstwiesen und die Grünanlagen (Parks etc.) der Städte.

Nahrung der Raupe:
Lactuca sativa – Kopfsalat
L (Hei, Rit)

In einem Krautgarten am Ortsrand fand H. Heidemann eine erwachsene Raupe an den Wurzeln des Kopfsalates. Diese Beobachtung paßt gut zu einer solchen aus dem gleichen Naturraum (Oberrheinebene), wo im Frühjahr 1949 und 1950 nahe dem Kaiserstuhl sogar ein schädliches Auftreten des Ampfer-Wurzelbohrers an Kopfsalat gemeldet worden ist. Auf den Kopfsalatbeeten konnten Ausfälle bis zu 20 % beobachtet werden. Das Schadbild ist dem des Drahtwurmes (*Agriotes* spec. [Col., Elateridae]) sehr ähnlich. Die heranwachsenden Pflanzen welken plötzlich. Bei näherer Betrachtung ist ein Bohrgang wahrzunehmen, der an der Wurzel unten beginnend oft bis weit in den Strunk verläuft (Ritschl 1951). R. Herrmann fand in Freiburg (Lorettoberg) eine Puppe im Kartoffelbeet. Ob die Raupe an den Wurzeln der Kartoffelpflanze gelebt hat, ist nicht bekannt. Nach Reutti (1898) sind die Raupen auch an den Wurzeln der Luzerne *(Medicago spec.)* schon schädlich geworden. Ob sich diese Meldung auf unser Faunengebiet bezieht, war allerdings nicht festzustellen.

Blaschke (1914) nennt folgende Pflanzen: *Rumex acetosa, Lavatera communis, Malva moschata, Althaea rosea.* Urbahn (1939) bestätigt *Malva* und fügt noch »Natterkopf, Farn u.a.« hinzu. Bergmann (1953) listet auch noch Wegerich *(Plantago)* und Wilde Möhre *(Daucus carota)* auf.

Beim Ampfer-Wurzelbohrer (*Triodia sylvina*) suchen die Männchen aktiv nach den im Gras sitzenden Weibchen. Bei der Paarung hängen sie dann frei nach unten, während sich die etwas größeren, mehr graubraun gefärbten Weibchen an Blättern oder Grashalmen festklammern. – Dußlingen, Brünnele 22. 8. 92 A. STEINER.

GREHAN (1989) nennt u.a. *Taraxacum officinale* (Löwenzahn), *Agropyron repens* (Quecke), *Symphytum officinale* (Beinwell) und sogar *Equisetum arvense* (Acker-Schachtelhalm).

Habitat: Eine detaillierte Beschreibung erscheint bei dieser ausgesprochen euryöken Art, deren polyphage Raupe sehr anpassungsfähig ist, wenig sinnvoll. Gleichwohl darf man davon ausgehen, daß der Schwerpunkt ihres Vorkommens auch bei uns im sogenannten Wirtschaftsgrünland (Molinio-Arrhenatheretea) liegt. »Nur Niedermoor, besonders eutrophierte Weiden mit Großem Sauerampfer« wird von MEINEKE (1982) angegeben.

Verhalten: Aus Baden-Württemberg liegen nur wenige Beobachtungen vor, welche die nachfolgenden allgemeinen Anmerkungen aus der Literatur bestätigen oder ergänzen. Die meisten Meldungen beruhen auf Faltern, zumeist Männchen, die an beleuchteten Schaufenstern und unter Straßenlampen gefunden wurden. M. GOLDSCHALT bezeichnet *Triodia sylvina* als den häufigsten Wurzelbohrer im Allgäu, der noch mitten in größeren Siedlungsgebieten und Städten anzutreffen ist. MEINEKE (1982) fand die Falter häufig »in der Abenddämmerung, z.B. auf anmoorigen Koppeln«. Die Raupen bewegen sich bei Berührung sehr lebhaft, oft rückwärts laufend (wicklerartige Bewegungen). Sie halten sich meist im Wurzelwerk oder Strunk verborgen, so daß sie erst nach gründlichem Suchen entdeckt werden. Ähnlich dem Drahtwurm (s.o.) begnügen sie sich nicht mit der Zerstörung einer einzelnen Pflanze, sondern suchen, nachdem sie die erste zum

Die Raupen aller Hepialiden-Arten leben in Pflanzenwurzeln (Wurzelbohrer!) und ähneln mit ihrer weißlichen oder gelblichen Färbung Käferlarven. Im Falle des Ampfer-Wurzelbohrers ist sogar das Fraßbild seiner Raupe (Bohrgang von der Wurzel bis weit in den Strunk, dadurch Welken der Pflanze) dem des »Drahtwurmes« ähnlich. Die hier abgebildete Raupe wurde in einem Krautgarten im Wurzelwerk eines ausgegrabenen Kopfsalates gefunden. – Bruchsal, Büchenau 25. 6. 85 H. HEIDEMANN.

Die Puppe – hier nach dem Schlupf des Falters – muß sich an die Erdoberfläche vorarbeiten, wobei sie die wulstartigen Verstärkungen auf den Hinterleibssegmenten zur Verankerung benutzt. – Blumberg, Buchberg 20. 8. 91 M. WEBER. S.

Welken gebracht haben, die nächststehende auf (RITSCHL 1951).

Die Falter verstecken sich tagsüber im Gras oder ruhen an Stämmen. Sie schlüpfen spät nachmittags. Die lamellaten männlichen Fühler zeigen, daß der Geruchssinn gut entwickelt ist und die Männchen somit in der Lage sind, aktiv nach den Weibchen zu suchen. Diese erwarten die Männchen sitzend. Beim Locken sollen die Weibchen die Vorderflügel bewegen, die Hinterflügel aber in Ruhehaltung belassen (vgl. MALLET 1984:76). Sowohl Männchen als auch Weibchen kommen nachts ans Licht, allerdings überwiegen die Männchen deutlich.

Gefährdung und Schutz

Rote Liste Bundesrepublik: –
Rote Liste Baden-Württemberg: –

Oberrheinebene: Nicht gefährdet.
Schwarzwald: Nicht gefährdet.
Neckar-Tauberland: Nicht gefährdet.
Schwäbische Alb: Nicht gefährdet.
Oberschwaben: Nicht gefährdet.

- In Baden-Württemberg nicht gefährdet!

Korscheltellus lupulinus
Linnaeus, 1758

Kleiner Hopfen-Wurzelbohrer

Epialus lupulinus L. (REUTTI 1898)
Hepialus lupulinus L. (LAMPERT 1907, SEITZ 1907–1954, REBEL 1910, ECKSTEIN 1913–1923, SCHNEIDER 1936–1939, BERGMANN 1951–1955, KOCH 1955, FORSTER 1960, STRESEMANN 1969)
Hepiolus lupulinus L. (SPULER 1908–1910, HERING 1932)

Gesamtverbreitung: Von Spanien bis Zentralasien und von Süd-Skandinavien bis Sizilien, Griechenland und Kleinasien. Die Art kommt in England vor, fehlt aber auf Korsika, Sardinien und Kreta.

Verbreitung

Regional: Der Kleine Hopfen-Wurzelbohrer ist in Baden-Württemberg ebenfalls weit verbreitet. Im Vergleich zu *Triodia sylvina* oder *Hepialus humuli* wird allerdings schnell deutlich, daß zwei Hauptnaturräume, nämlich der Schwarzwald und das württembergische Alpenvorland nicht oder nur randlich besiedelt sind. Dementsprechend ist die Angabe bei REUTTI (1898) »Verbreitet im Schwarzwald und der Seegegend« zu revidieren. Verwechslungen mit

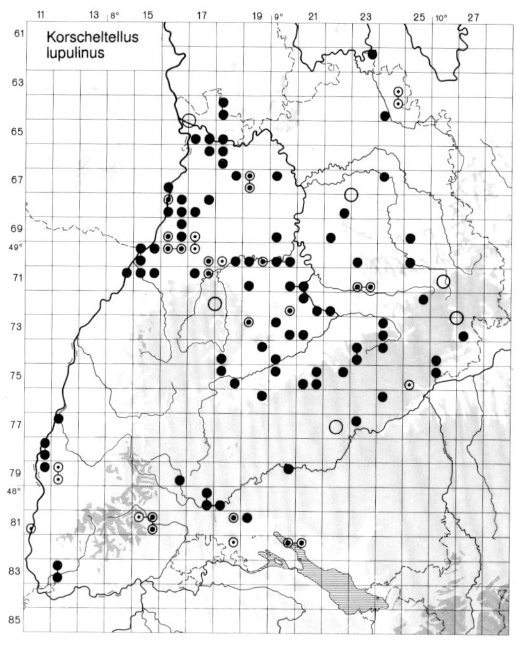

Triodia sylvina könnten der Grund dafür sein. Dagegen ist die Art in den Keuper-Muschelkalk-Landschaften des Neckar-Tauberlandes gut vertreten. Auch auf der Schwäbischen Alb scheint sie überall vorzukommen, ebenso in der Oberrheinebene.

Während die beiden Vergleichsarten offenbar keine besonderen Ansprüche an den Boden stellen, scheint das bei *Korscheltellus lupulinus* anders zu sein. Jedenfalls liegen uns bis heute keine Nachweise von Fundstellen auf anmoorigen, sauer-humosen Böden, Silikat-Magerrasen oder in ähnlich strukturierten Lebensräumen vor.

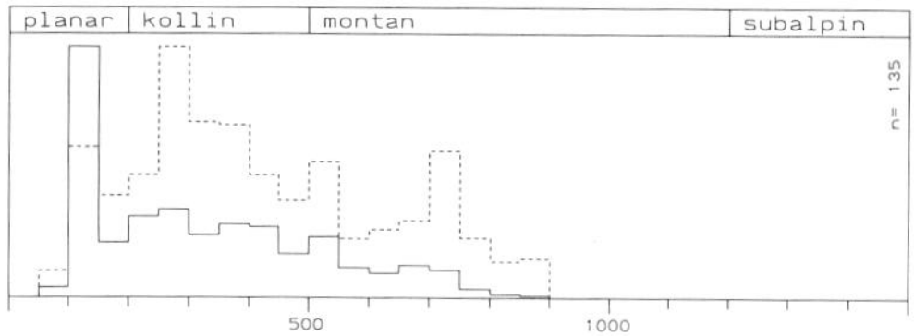

Vertikal: Die vertikale Verbreitung von *Korscheltellus lupulinus* reicht in Baden-Württemberg von der planaren (Oberrheinebene) bis in die montane Stufe. Auf der Schwäbischen Alb konnten zahlreiche Fundstellen zwischen 700 und 900 m üNN festgestellt werden. Da diese Art in den Alpen bis gegen 2000 m ansteigt, dürfte sie auch bei uns noch an den höchsten Stellen der Hohen Schwabenalb zu finden sein.

Phänologie

Imago: Die Hauptflugzeit dieser Art liegt im Mai und Juni, also erheblich früher als bei *Triodia sylvina*, mit der sie offensichtlich immer wieder verwechselt wird, was dann gerade in Flugzeitdiagrammen schnell und deutlich zum Ausdruck kommt.

Unsere Daten zeigen, daß in der klimatisch begünstigten Oberrheinebene das Maximum der Imaginalphase von *Korscheltellus lupulinus* in die Monatsmitte Mai fällt. Im Neckar-Tauberland ist es bereits zum Juni hin verschoben und auf der kühleren Schwäbischen Alb liegt es deutlich in der ersten Junihälfte. Als frühestes Funddatum kann der 26. April (1957, Bodensee, COMMERELL, nach Kartei A. GREMMINGER) genannt werden. Späte Daten (von der Schwäbischen Alb) fallen in die erste Julihälfte. Bei noch späteren Daten (bis Ende August!) ist eine Verwechslung mit *Triodia sylvina* naheliegend. Diesbezüglich ist auch die Angabe bei

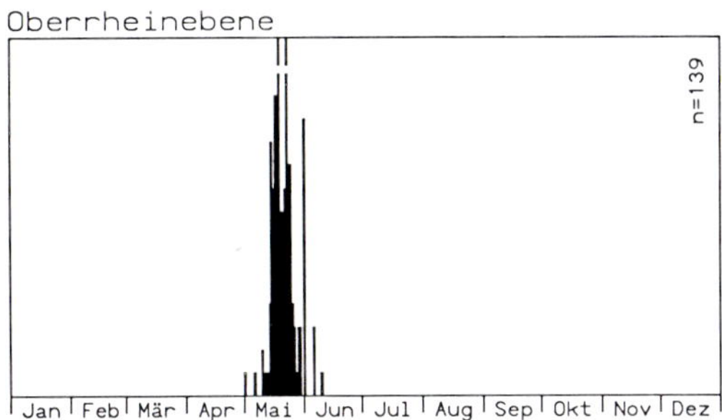

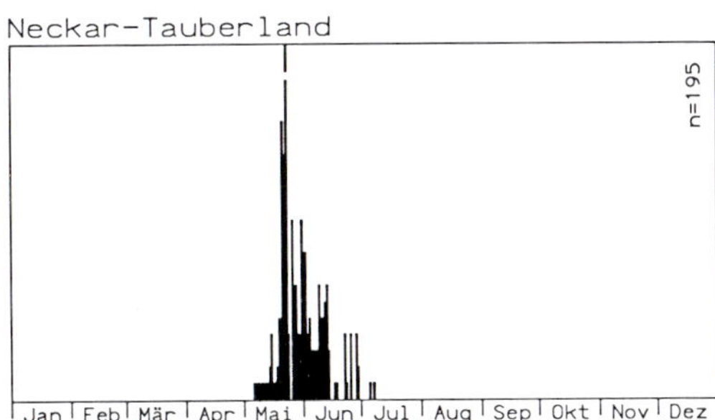

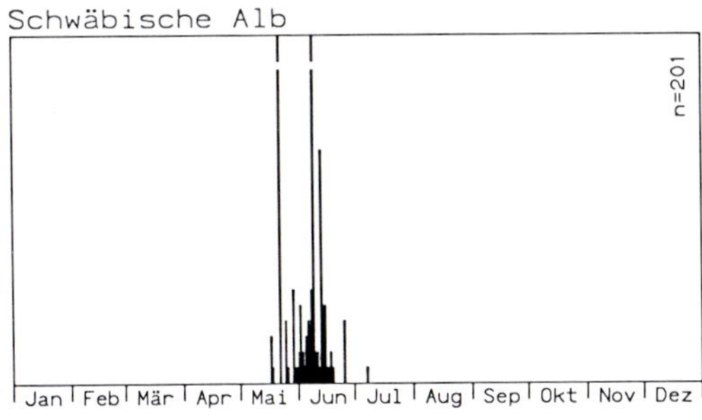

Der Kleine Hopfen-Wurzelbohrer (*Korscheltellus lupulinus*) wird öfters mit dem noch häufigeren Ampfer-Wurzelbohrer verwechselt, was an seinem manchmal recht variablen Zeichnungsmuster liegen dürfte. Er fliegt allerdings erheblich früher im Jahr und fehlt im Schwarzwald und in Oberschwaben. – Schopfloch, Lattenberg 28. 5. 92 A. STEINER.

GAUCKLER (1921) »im Juli und August« (für die Oberrheinebene und den angrenzenden Kraichgau) zu deuten.

Präimaginalstadien: Die Raupe überwintert und hat eine meist einjährige, zuweilen auch mehrjährige Entwicklungszeit. Nähere Angaben aus Baden-Württemberg fehlen.

Ökologie

Lebensraum: Überwiegend Mähwiesen. Zu den bevorzugten Lebensräumen von *Korscheltellus lupulinus* gehören mäßig gedüngte und daher noch blumenreiche Glatthaferwiesen sowohl im offenen Bereich (Feld- und Wiesenraine, Wegränder, Böschungen, Dämme) als auch an Waldrändern und auf Waldlichtungen. Auch auf Ruderalflächen und Brachen kann diese Art häufig gefunden werden.

Die Falterfundstellen werden, sofern es sich dabei nicht um Tiere an Straßenlaternen etc. han-

Nach Sonnenuntergang setzen sich die Weibchen von *K. lupulinus* exponiert an Grashalme und beginnen, mit den Flügeln zu schwirren. Wie effizient dadurch der gleichzeitig freigesetzte Sexuallockstoff verteilt wird, zeigt die Tatsache, daß meist schon nach wenigen Minuten ein paarungsbereites Männchen anfliegt. – Schweinberg, Laubertal 14. 5. 94 G. EBERT.

Das Männchen landet – bei direktem Anflug – in gleicher Höhe zum Weibchen, das daraufhin seine Flügel dachförmig zusammenlegt, und führt mit seinem Hinterleib eine seitliche Aufwärtskrümmung aus. Sofort nach dem »Ankoppeln« läßt es sich fallen und hängt jetzt frei nach unten. – Schweinberg, Laubertal 14. 5. 94 G. EBERT.

delte, von einzelnen Mitarbeitern wie folgt bezeichnet: Offene Stellen im Buchen- bzw. Auenwald; Ortsrand mit Gärten, Streuobstwiesen; städtische Parks, Bahngelände; Hochwasserdämme, Feuchtwiesen; Wacholderheide. Oftmals findet sich der Hinweis auf Fundstellen mit Kalkmagerrasen.

Nahrung der Raupe:

Aster spec. – »Herbstaster«
L (LIE)

Der einzige aus Baden-Württemberg stammende konkrete Hinweis auf eine Wirtspflanze dieser Art ist der von H. LIENIG (Tagebuch, Eintrag unter dem 3.12. 1959, Weinheim): »Beim Verpflanzen von Stauden im Vorgarten fand ich häufig Raupen von *Hepiolus lupulinus* und zwar ausschließlich zwischen den Wurzeln von Herbstastern«. Vermutlich war damit *Aster novae-angliae* oder *Aster novi-belgii* gemeint. Weitere Beobachtungen fehlen.

Die Raupe lebt polyphag an Wurzeln vieler verschiedener Pflanzenarten. So etwa an Wegerich *(Plantago)*, Hopfen *(Humulus)*, Ampfer *(Rumex)*, Brennessel *(Urtica)*, Erdbeere *(Fragaria)*, Quecke *(Agropyron) [»Triticum«]* und anderen Gräsern, *Solidago, Narcissus, Valeriana, Syringa* u. a. (FREINA & WITT, 1990). REUTTI (1898) gibt unter

Nach 20–30 Minuten ist die Paarung beendet. Bald danach fliegt das Weibchen im näheren Umkreis langsam und ausdauernd niedrig über dem Boden, um dabei in der dichten Vegetation seine Eier zu verstreuen. – Schweinberg, Laubertal 14. 5. 94 G. EBERT.

Hinweis auf FREY (1880) »an Wurzeln von *Solidago, Aster, Plantago*« an. Unter den Kulturpflanzen werden an anderer Stelle auch noch Kartoffel, Sellerie, Salat, Karotten, Erbse, Bohne, Knoblauch, Johannisbeerstrauch, Luzerne etc. aufgeführt, unter den Gartenblumen Rittersporn, Geranie, Chrysantheme, Maiglöckchen, Gladiole, Lilie, Phlox, Anemone etc. (BALACHOWSKY 1966). Die Raupe gräbt zuerst Gänge in den Boden, später in die Wirtspflanzen. Ihr Fraßverhalten ist dabei sehr variabel. Sie kann sich vollständig durch den Strunk einer Pflanze wie etwa Salat hindurchfressen oder in Pflanzen mit fleischiger oder verholzter Basis halbkreisförmige Höhlungen anlegen (GREHAN 1989).

Verhalten: Aus Baden-Württemberg liegen detaillierte Beobachtungen vom Frühjahr 1994 aus dem Tauberland zum Paarungsverhalten vor (G. EBERT und H. LUSSI). Die Falter sind überwiegend in der Abenddämmerung aktiv und stellen sich dann auch am Licht ein. Bereits am späten Nachmittag schwirren die Männchen auf der Suche nach Weibchen in sehr wildem Flug dicht über die Vegetation. Diese Angaben konnten auch für den Raum Schwäbisch Hall mehrfach bestätigt werden (W. SPEIDEL).

Die Weibchen sitzen und locken die Männchen an. Beim Locken sollen sie die Vorderflügel bewegen (vgl. MALLET 1984:76). Die tägliche Flugaktivität ist sehr kurz. Die Eier werden in sehr großer Menge abgelegt. Die Raupe lebt im Wurzelwerk ihrer Nahrungspflanzen. Sie bewegt sich lebhaft vor- und rückwärts und legt vor der Verpuppung lange, dicht unter der Erdoberfläche ausmündende Gespinste an, in denen sich die Puppe lebhaft hin- und herbewegen kann (WILDE 1859).

Gefährdung und Schutz

Rote Liste Bundesrepublik: –
Rote Liste Baden-Württemberg: –

Oberrheinebene: Nicht gefährdet.
Schwarzwald: Nicht vertreten.
Neckar-Tauberland: Nicht gefährdet.
Schwäbische Alb: Nicht gefährdet.
Oberschwaben: Nicht vertreten.

- In Baden-Württemberg nicht gefährdet!

Lebensraum von *Korscheltellus lupulinus*. Bevorzugt werden kalkreiche Magerrasen und Magerwiesen. Pflegemaßnahmen in den mit Schwarzkiefern bepflanzten Hängen des Tauberlandes zur Förderung der Halbtrockenrasen-Gesellschaften kommen auch dieser Schmetterlingsart zugute. – Oberschüpf (Nenntal) 30. 5. 91 G. EBERT.

Pharmacis fusconebulosa
De Geer, 1778

Adlerfarn-Wurzelbohrer

Epialus velleda HB. (Reutti 1898)
Hepialus fusconebulosa De Geer (Lampert 1907, Seitz 1907–1954, Rebel 1910, Eckstein 1913–1923, Schneider 1936–1939, Bergmann 1951–1955, Koch 1955, Forster 1960, Stresemann 1969, Ebert 1978)
Hepiolus fusconebulosus De Geer (Spuler 1908–1910, Hering 1932)
Korscheltellus fusconebulosa De Geer (Leraut 1980)

Hepialus fusconebulosus De Geer (Koch 1984)
Hepialus fusconebulosa De Geer (Rote Liste BRD 1984)

Es besteht eine hohe geographische Variabilität, die sich auch in einer Anzahl benannter Unterarten ausdrückt. Die Benennungen *velleda* Hübner, 1808, basierend auf Tieren von Nordtirol und dem Brocken sowie *vogesiacus* Viette, 1959, basierend auf Tieren von den Vogesen (Haut Rhin), beziehen sich auf Populationen aus den Nachbarländern Baden-Württembergs. Beide Namen werden jedoch von Freina & Witt (1990: 59) der namenstypischen Unterart, nach diesen Autoren das einzige namensberechtigte Taxon innerhalb Europas, als jüngere Synonyme untergeordnet. Diese Ansicht ist durchaus vertretbar. Die habituell unterschiedlichen Populationen zeigen bei einer hohen individuellen Variabilität der Art so unbedeutende faßbare Unterschiede, daß Einzelindividuen einer bestimmten geographischen Herkunft nicht sicher zugeordnet werden können.

Gesamtverbreitung: Von Nordspanien und den Britischen Inseln bis Mittel-Sibirien und von Skandinavien bis zum Balkan. Fehlt den Mittelmeerinseln. In Ostasien ein nahe verwandtes Taxon (*askoldensis* Staudinger, 1887).

Verbreitung

Regional: Die Art kommt im Nordschwarzwald wie auch im Hochschwarzwald vor. Ein alter und ein neuer Nachweis existieren auch aus dem mittleren Schwarzwald. Sie ist außerdem auf der mittleren Schwäbischen Alb bis ins obere Donautal verbreitet.

Demgegenüber stehen Einzelfunde aus dem Tauberland, dem Kraichgau sowie der nördlichen und mittleren (Offenburger) Oberrheinebene, wobei es sich fast ausnahmslos um Einzeltiere handelt, die am Licht (z. B. an beleuchteten Schaufenstern) gefangen worden sind. Ob daraus auf das Vorhandensein bodenständiger Populationen geschlossen werden darf, bleibt äußerst fraglich. Die meisten dieser Funde liegen vor 1970 und bedürfen der Bestätigung.

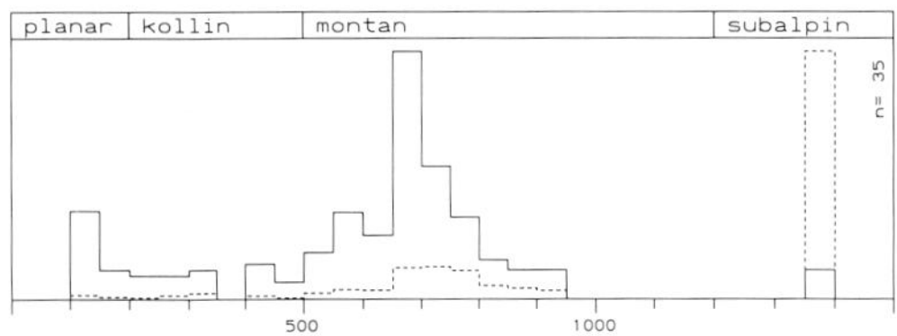

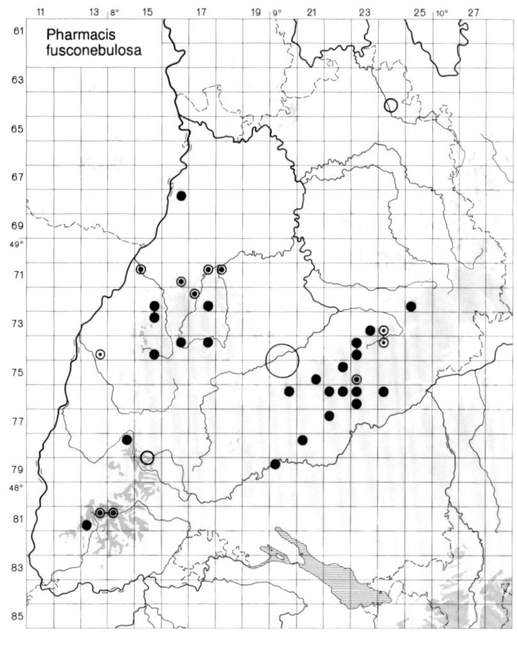

Die Art wurde auf allen Böden mit Ausnahme der tertiären gefunden, scheint aber die reichsten Populationen auf Jura- und Grundgebirgsböden hervorzubringen.

Vertikal: Von der Ebene bis in die höchsten Lagen unseres Faunengebietes. Die höchste Fundstelle wurde unterhalb des Belchengipfels bei 1350 m notiert. In den Alpen kommt diese Art auch noch in Höhen bis über 2400 m vor. In Baden-Württemberg ist sie hauptsächlich in der montanen Stufe verbreitet.

Phänologie

Imagines: Die Hauptflugzeit fällt in den Juli. Es liegt aber auch eine Anzahl Meldungen vom Juni sowie einige vom August vor, so daß von einer (aus allen Naturräumen resultierenden) Gesamtdauer der Imaginalphase von (Anfang) Mitte Juni bis Anfang August ausgegangen werden darf.

Präimaginalstadien: Aus Baden-Württemberg liegen bisher keine datierten Beobachtungen vor. Der am Belchen registrierte Eiablageflug fand am 14. Juli (1982) statt.

Die Raupe überwintert. Sie soll eine zweijährige Entwicklungsdauer haben.

Ökologie

Lebensraum: Die Art besiedelt bevorzugt schattige, frische bis feuchte Wiesen im Wald und an dessen Rändern und mit Hochstauden durchsetzte Farngebiete auf Waldschlägen. G. BAISCH fand ein frisch geschlüpftes Weibchen in einem »Laub-Fichten-Mischwald, Adlerfarnvorkommen, feucht«.

Nahrung der Raupe: Aus Baden-Württemberg liegen keine Meldungen zur Nahrungspflanze der Raupe vor. REUTTI (1898) schreibt zwar »Die Raupe an der Wurzel von *Pteris aquilina*«, bleibt aber den Nachweis für diese Meldung schuldig. Beobachtungen im Schwarzwald und auf der Schwäbischen Alb (Meldung G. BAISCH) deuten allerdings darauf hin, daß der Adlerfarn *(Pteridium aquilinum)* auch in unserem Faunengebiet Nahrungspflanze dieser Art ist. Welchen Stellenwert er dabei hat, ist noch gänzlich unbekannt. Bemerkenswert ist eine Gegenüberstellung der Verbreitung von *Pharmacis fusconebulosa* und *Pteridium aquilinum* (s. u. PHILIPPI in: SEBALD, SEYBOLD, PHILIPPI 1990) im Hauptnaturraum Schwäbische Alb. Daraus geht hervor, daß sie sich dort gegenseitig nahezu vollständig ausschließt. Möglicherweise ist der Adlerfarn auf der Schwäbischen Alb also nicht die (Haupt-)Nahrungspflanze der Raupen dieser Schmetterlingsart?! Andere Autoren gelangen in anderen Gebieten zur gleichen Ansicht. So berichtet HEATH (1976), daß diese Art manchmal häufig in Gegenden gefunden wird, wo kein Farn wächst und deshalb dort an anderen Wirtspflanzen leben dürfte, beispielsweise in den Gärten Edinburghs.

Laut Angaben in der Literatur soll die Raupe hauptsächlich im Wurzelstock von Adlerfarn *(Pteridium aquilinum)*, Hainsimse (*Luzula* spec.) und Simse (*Scirpus* spec.) leben. Es sind aber auch noch andere Wald- bzw. Feuchtwiesenpflanzen mit dikkem Wurzelstock wie etwa Frauenfarn *(Athyrium filix femina)* als weitere Nahrungspflanzen in Betracht zu ziehen (vgl. FREINA & WITT, 1990: 59).

Habitat: Am Belchen erfolgte die Eiablage in der niedrigen Flügelginsterheide (*Calluna vulgaris-Genista sagittalis*-Ass.), die zu den Borstgrasrasen der höheren Lagen (Nardion) gestellt wird. Auch hier war Adlerfarn überall vorhanden. Besondere Beachtung verdient an dieser Stelle ein noch reichliches Silberdistel-Vorkommen. Flügelginster und Silberdistel werden in diesem Zusammenhang von OBERDORFER (1936) als Steppenheidereste im Schwarzwald bezeichnet, die sich von ihren ursprünglichen Standorten an felsigen Abhängen aus sekundär auf den trockenen Weiden ausgebreitet haben. In Anbetracht der Tatsache, daß *Pharmacis fusconebulosa* auch auf der Schwäbischen Alb weiter verbreitet ist, dürfte den standörtlichen Bedingungen möglicherweise größere Bedeutung beizumessen sein. Der Adlerfarn tritt an solchen Stellen häufig als lästiges Weideunkraut auf, das, sich selbst überlassen, bald große Bestände (*Pteridium*-Fazies) bildet (BARTSCH & BARTSCH 1940).

Der Adlerfarn-Wurzelbohrer (*Pharmacis fusconebulosa*) kommt in Baden-Württemberg nur im Schwarzwald und auf der Schwäbischen Alb vor. Zeichnung und Färbung sind bei dieser Art am variabelsten ausgeprägt. Das Weibchen fliegt sofort nach der Paarung wellenförmig dicht über dem Boden und verstreut dabei seine Eier. – Belchen 15. 7. 82 R. HERRMANN. M.

Verhalten: Der Eiablageflug der Weibchen konnte auf dem Belchengipfel (Hochschwarzwald) an einem SW-geneigten Hang beobachtet werden. Er fand während des Sonnenunterganges statt. Der locker mit Adlerfarn bewachsene Hang lag zu diesem Zeitpunkt noch im letzten Schein der untergehenden Sonne. Einzelne Weibchen flogen wellenförmig dicht über dem Boden, wobei sie vermutlich beim regelmäßigen »Abtauchen« ihre Eier verstreuten (G. EBERT, R. HERRMANN, B. TRAUB). *Pharmacis fusconebulosa* wurde in Baden-Württemberg schon vielfach am Licht gefunden.

Die scheue Art beginnt in der Regel zwischen 19 und 20 Uhr mit dem unstet anmutenden Schwirrflug der Männchen, gelegentlich wurden aber auch Individuen bei Sonnenschein fliegend beobachtet. Die sitzenden Weibchen locken die Männchen an.

Lebensraum von *Pharmacis fusconebulosa* ist im Südschwarzwald vor allem die Flügelginsterheide mit Beständen des Adlerfarns. Am Belchen ist sie besonders gut entwickelt. – Belchen 22. 7. 1994 G. EBERT.

Beim Locken sollen sie nur die Vorderflügel bewegen (vgl. MALLET 1984:76). Die tägliche Flugaktivität ist sehr kurz. Die Raupe, die mindestens zweimal überwintert, lebt in fleischigen Wurzelstöcken.

Gefährdung und Schutz

Rote Liste Bundesrepublik: –
Rote Liste Baden-Württemberg: –

Oberrheinebene: Nicht sicher nachgewiesen.
Schwarzwald: Nicht gefährdet.
Neckar-Tauberland: Nicht sicher nachgewiesen.
Schwäbische Alb: Nicht gefährdet.
Oberschwaben: Nicht vertreten.

- In Baden-Württemberg nicht gefährdet!

In Anbetracht der Tatsache, daß unsere Kenntnis über Habitat und Raupennahrung dieser Art in Baden-Württemberg noch gänzlich ungenügend ist, ist auch eine Stellungnahme zur Gefährdung sehr risikobehaftet. Wenn dennoch eine solche hier in Abrede gestellt wird so deshalb, weil sich die Aussage zur Verbreitung von *Pharmacis fusconebulosa* in den beiden Hauptnaturräumen Schwarzwald und Schwäbische Alb fast durchweg auf aktuelle Meldungen stützt. Zum anderen ist die vermutlich wichtigste, aber sicherlich nicht einzige Nahrungspflanze, der Adlerfarn, eher in Ausbreitung begriffen, jedenfalls alles andere als bedroht, auch nicht durch die moderne Forstwirtschaft (PHILIPPI l.c.), so daß auch von daher keine Rückschlüsse auf eine Bedrohung des Adlerfarn-Wurzelbohrers gezogen werden können.

Phymatopus hecta Linnaeus, 1758

Heidekraut-Wurzelbohrer

Epialus hecta L. (REUTTI 1898)
Hepialus hecta L. (LAMPERT 1907, SEITZ 1907–1954, REBEL 1910, ECKSTEIN 1913–1923, SCHNEIDER 1936–1939, BERGMANN 1951–1955, KOCH 1955, FORSTER 1960, STRESEMANN 1969)
Hepiolus hectus L. (SPULER 1908–1910, HERING 1932)

Hepialus hectus L. (KOCH 1984)
Phymatopus hectus L. (FREINA & WITT 1990)

Gesamtverbreitung: Europa ostwärts bis Japan (ssp. *japonicus* INOUE, 1982). Auf den Britischen Inseln und Sizilien verbreitet, auf Korsika, Sardinien und Kreta jedoch fehlend.

Verbreitung

Regional: *Phymatopus hecta* ist in allen Hauptnaturräumen des Landes vertreten. Allerdings scheint diese Art im Schwarzwald wie auch im württembergischen Alpenvorland häufiger zu sein als in den anderen Gebieten, namentlich auf der Schwäbischen Alb und in weiten Teilen des Neckar-Tauberlandes.

Dies hängt wohl damit zusammen, daß feuchte bis mesophile Wälder zu den bevorzugten Lebensräumen dieser Art gehören. Insofern dürfte ihre Verbreitung in solchen Regionen Baden-Württembergs nach besserer Kartierung noch deutlicher zum Ausdruck kommen als dies derzeit der Fall ist.

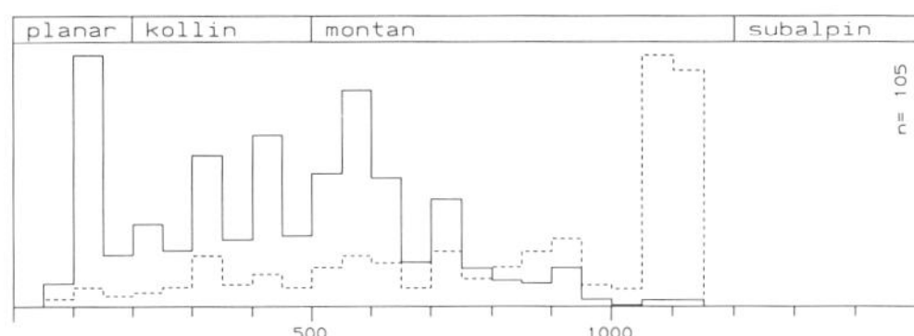

Vertikal: Die vertikale Verbreitung reicht von der Ebene bis in das höhere Bergland. Sowohl aus dem Nordschwarzwald (Mehliskopf) als auch aus dem

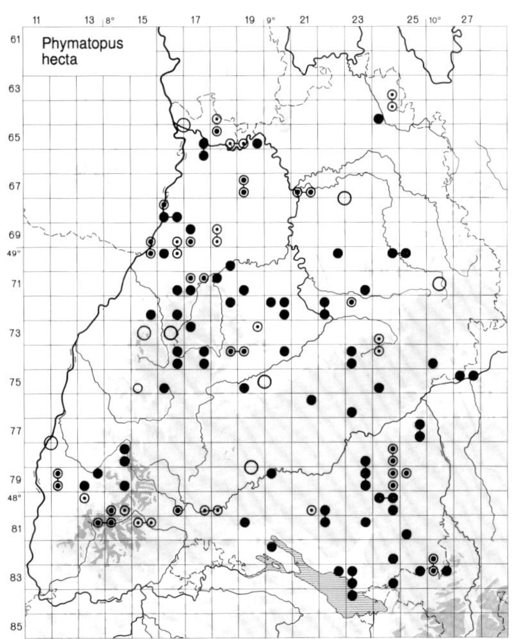

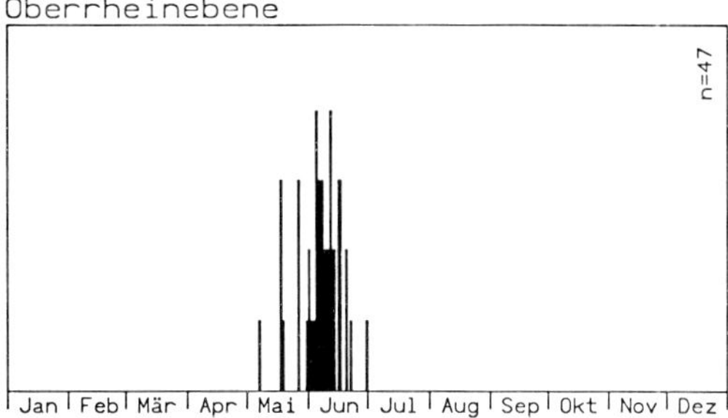

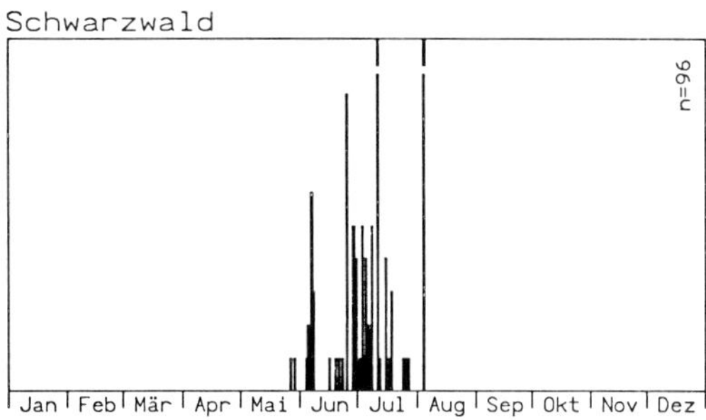

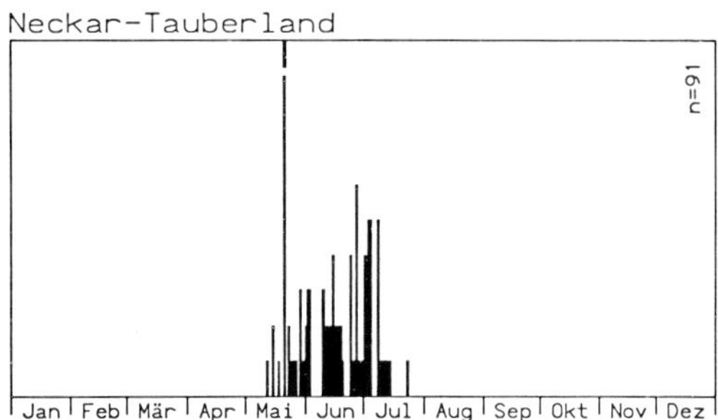

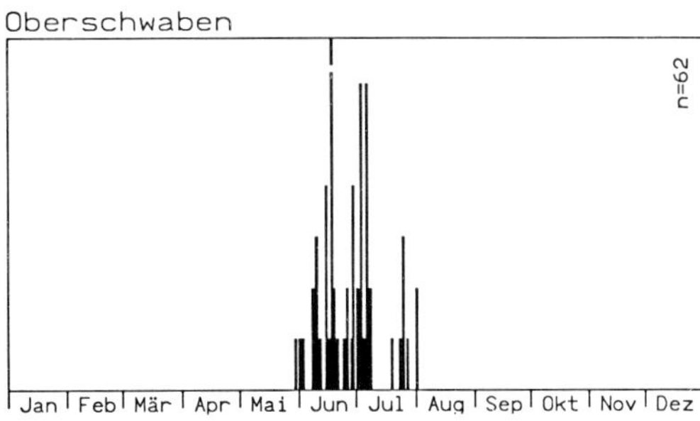

Hochschwarzwald (Hinterzarten) liegen Meldungen aus Höhenlagen zwischen 800 und 1150 m (Schönwald: Farnberg) vor.

Phänologie

Imagines: Die Flugzeit reicht von Mitte Mai bis Ende Juli. Zwischen den einzelnen Hauptnaturräumen bestehen diesbezüglich jedoch erhebliche Unterschiede. So wurden in der Oberrheinebene zu

Der Heidekraut-Wurzelbohrer (*Phymatopus hecta*) hat ein ausgeprägtes Balzverhalten. Nicht die Weibchen, sondern die Männchen locken bei dieser Art durch ihren in der Dämmerung an Wald- und Gebüschrändern auffallenden Pendelflug den Geschlechtspartner an. Dabei stülpen sie aus einer Grube an den Hinterbeinen ein Duftorgan aus, in dem die dicht gedrängt stehenden Duftschuppen in große Drüsenzellen münden. Durch den ausströmenden Lockstoff werden Weibchen sogar aus größerer Entfernung angelockt.
Nach MALLET (1984) sollen Männchen auch im Sitzen locken können. Mit diesem Foto kann erstmals der Beweis erbracht werden! Deutlich ragt das pinselförmige Duftorgan unter dem Flügelrand hervor. – Althausen, Haldenmoos 8. 6. 82 G. EBERT.

verschiedenen Zeiten und von verschiedenen Mitarbeitern einzelne Tiere bereits Mitte Mai gefunden, was für den Schwarzwald und Oberschwaben nicht bestätigt werden kann. Auch aus dem Neckar-Tauberland sind einzelne Mitte-Mai-Falter bekannt; allerdings dehnt sich die Flugzeit hier bis Ende Juli aus, in der Oberrheinebene anscheinend nur bis Ende Juni.

Phänologisch ungeklärt bleiben im Neckar-Tauberland ein Belegstück vom 6. September (1950, Pforzheim) sowie aus dem Oberrheinischen Tiefland ein solches vom 14. August (1972, Weingarten, Auwald), beide M. WALLNER, bei denen Fehlbestimmung nicht auszuschließen ist.

Präimaginalstadien: Zwar wurden in Baden-Württemberg schon Raupen dieser Art gefunden, jedoch zeitlich dazu keine Angaben gemacht.

Die Raupe überwintert und hat eine meist einjährige Entwicklungszeit.

Ökologie

Lebensraum: Auen- und Bruchwälder sowie Laubmischwälder. *Phymatopus hecta* ist ein typischer Waldbewohner und bevorzugt feuchte Wälder mit Gräsern, Zwergsträuchern (Heidekraut, Heidelbeere) oder mit Adlerfarn im Unterwuchs. Man findet sie aber auch in trockenen Kieferheiden. Geologie und Boden scheinen dabei von untergeordneter Bedeutung zu sein, wenngleich auffällt, daß die Art in den kalkreichen Gebieten Baden-Württembergs weitaus weniger verbreitet ist.

Nahrung der Raupe:
Urtica dioica – Große Brennessel
L (SCN)

In Baden-Württemberg wurde die Raupe dieser Art bisher nur an den Wurzeln der Großen Brennessel gefunden. MEINEKE (1982) meint, daß möglicherweise auch der Sumpf-Schachtelhalm *(Equisetum palustre)* als Nahrungspflanze in Betracht kommen könne, was es aber noch festzustellen gilt.

Die Raupe ist polyphag und entwickelt sich an den Wurzeln zahlreicher ganz verschiedener Pflanzenarten. Sie findet sich, den gesammelten Angaben bei FREINA & WITT (1990) zufolge, häufiger an Adlerfarn *(Pteridium aquilinum)*, Schlüsselblume (*Primula* spec.), Ampfer (*Rumex* spec.), Heidekraut *(Calluna vulgaris)*, Heidelbeere *(Vaccinium myrtillus)*, Preiselbeere *(Vaccinium vitis-idaea)*, aber auch an Pfingstrose *(Paeonia officinalis)* u.a.

Habitat: Bei der Habitatwahl kommt es *Phymatopus hecta* offensichtlich weniger auf die Pflanzengemeinschaft an bestimmten Standorten an, als vielmehr auf das Vorhandensein linearer Strukturen an äußeren und inneren Waldrändern. Derartige Randbereiche mit krautreichem Unterwuchs oder unmittelbar angrenzenden, hochstaudenreichen Feuchtwiesenbereichen eignen sich als Rendezvousplätze für das bei dieser Art sehr charakteristisch ausgeprägte Balzverhalten in besonderem Maße. MEINEKE (1982) beobachtete die schwärmenden Falter besonders häufig im Spirken-Hochmoor (Sphagnion magellanici).

Verhalten: Das Schwärmen der Falter von *Phymatopus hecta* in der Dämmerung an Waldrändern wurde von mehreren Mitarbeitern beobachtet und beschrieben. Dabei handelt es sich um einen auffälligen Pendelflug, mit dem die Männchen – denn nur um solche handelt es sich – in der späten Abendsonne beginnen und der bis in die späte Dämmerung hinein andauert. Dabei fliegen sie an Wald- oder Gebüschrändern, wie an einem Federpendel aufgehängt, auf und nieder. Das Anfliegen der Weibchen, das Zusammenstoßen der Geschlechter und das anschließende Herabfallen in die Vegetation wurde ebenfalls beobachtet (W. SPEIDEL).

Der Kontakt der Geschlechtspartner erfolgt unmittelbar durch das anfliegende Weibchen. Es hat den Anschein, als ob die Paarung schon im Flug eingegangen wird. Beide Falter stürzen zu Boden und können bald darauf in der für Hepialiden typischen Kopulationshaltung beobachtet werden. – Neusatz 30. 6. 88 N. HIRNEISEN.

Zum besseren Verständnis dieses eigenartigen Verhaltens muß man wissen, daß die Hinterbeine der Männchen im Gegensatz zu denen der Weibchen, die ganz normal aussehen, in auffallender Weise umgestaltet sind. Der Tarsus fehlt. Dafür ist die Tibia stark keulig verbreitert. An der körperzugewandten Seite findet sich eine tiefe Aushöhlung, in der dicht gedrängt die Duftschuppen stehen, die in große Drüsenzellen münden. Zum Schutze des Duftorgans befindet sich an der Basis des Abdo-

Der Heidekraut-Wurzelbohrer bevorzugt feuchte Wälder mit grasreicher Bodenvegetation. Am Stamm der Rotbuche am linken Bildrand konnte oberhalb des Einschnittes im Stamm ein ruhender Falter beobachtet werden. – Malsch-Sulzbach, Bergwald 17. 6. 90 G. EBERT.

mens lateral je eine tiefe Grube, in der die Hintertibie normalerweise ruht. Beim Balzflug werden nun die Hinterbeine aus diesen Abdominaltaschen herausgenommen, das Pinselorgan entfaltet, so daß der Duft ungehindert ausströmen kann. MALLET (1984) zitiert einige Beobachtungen, nach denen die Männchen auch im Sitzen locken. Auf diese Weise werden die Weibchen sogar aus weiterer Entfernung angelockt. Die Männchen stürzen sich wie wild auf sie und es hat den Anschein, als ob die Paarung schon im Flug eingegangen wird. Ansonsten sind die Weibchen sehr flugträge und halten sich zumeist in der Vegetation versteckt. Die Falter fliegen auch ans Licht, was insgesamt gesehen jedoch seltener vorkommt als bei anderen Hepialiden-Arten (vgl. HERING 1928). Eine genaue Beschreibung des Duftorganes findet sich bei ILLIG (1902) und DEEGENER (1902). Die Raupen leben in oder an den Wurzeln verschiedener Pflanzen, sind äußerst lichtscheu und gebärden sich bei Berührung sehr wild. Sie können sehr gewandt rückwärts laufen.

Die Überwinterung geschieht in der Wurzel, die Verpuppung hingegen in oder an der Erde in einem leichten, mit Erdkrümeln behafteten Gespinst. Aus ihm schiebt sich die Puppe beim Schlüpfen bis mindestens zur Hälfte heraus. Die Puppenruhe dauert 13 Tage (AUE 1933b).

Gefährdung und Schutz

Rote Liste Bundesrepublik: –
Rote Liste Baden-Württemberg: –

Oberrheinebene: Nicht gefährdet.
Schwarzwald: Nicht gefährdet.
Neckar-Tauberland: Nicht gefährdet.
Schwäbische Alb: Nicht gefährdet.
Oberschwaben: Nicht gefährdet.

- In Baden-Württemberg nicht gefährdet!

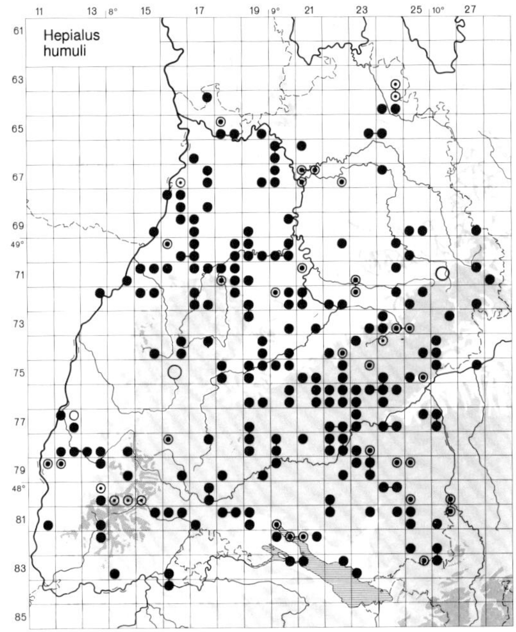

Hepialus humuli
Linnaeus, 1758

Großer Hopfen-Wurzelbohrer

Epialus humuli L. (Reutti 1898)
Hepiolus humuli L. (Spuler 1908–1910, Hering 1932)

Gesamtverbreitung: Von Nord-Spanien bis zum Kaukasus und Armenien, ostwärts bis Sibirien sowie von Skandinavien bis Sizilien verbreitet. Auf den Britischen Inseln vorhanden, jedoch auf den Inseln Korsika, Sardinien und Kreta fehlend.

Verbreitung

Regional: Der Große Hopfen-Wurzelbohrer – schon von Roth von Schreckenstein (1800) aus dem Ursprungsgebiet von Donau und Neckar als »Bey uns auf Wiesen gar nicht selten« angegeben – ist in allen Naturräumen Baden-Württembergs vertreten. Seine Verbreitung scheint relativ gleichmäßig zu sein. Ob die vorhandenen Lücken in unserer Verbreitungskarte u.a. damit erklärt werden kön-

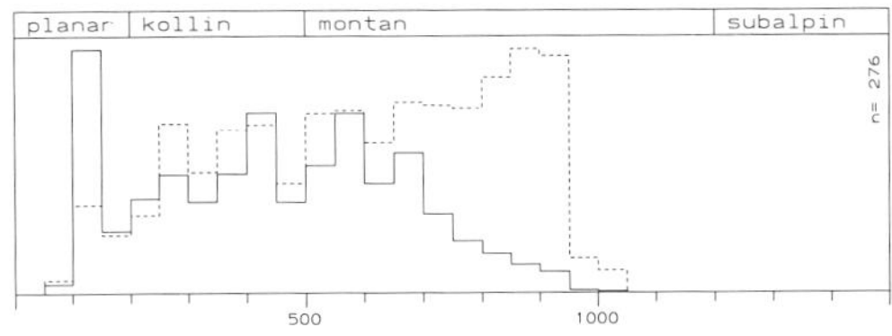

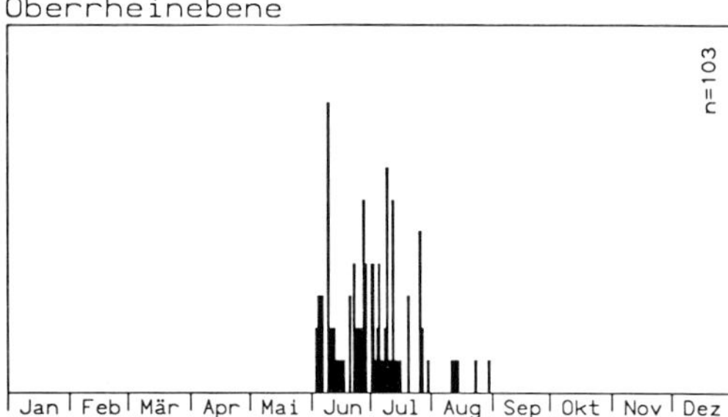

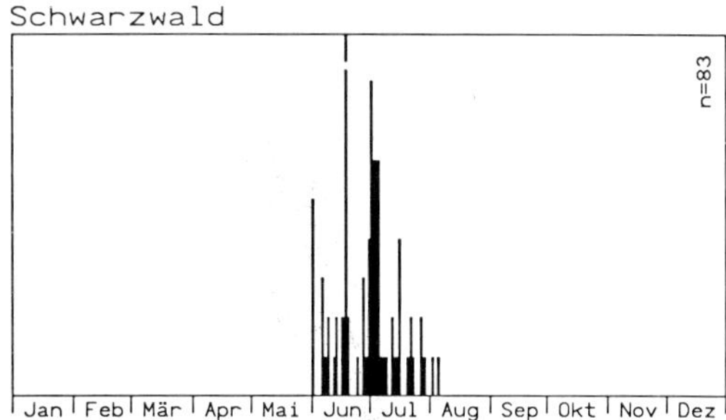

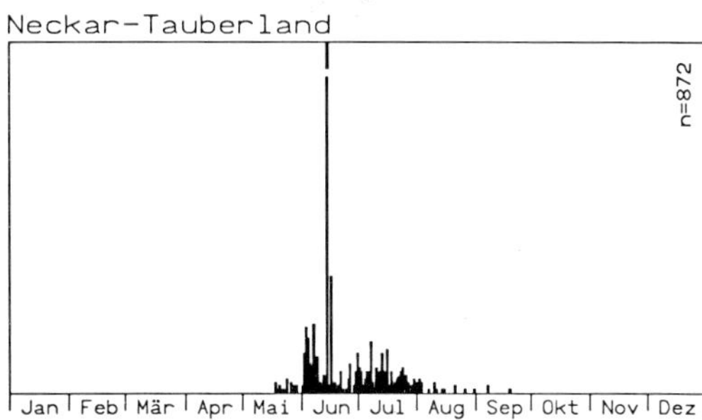

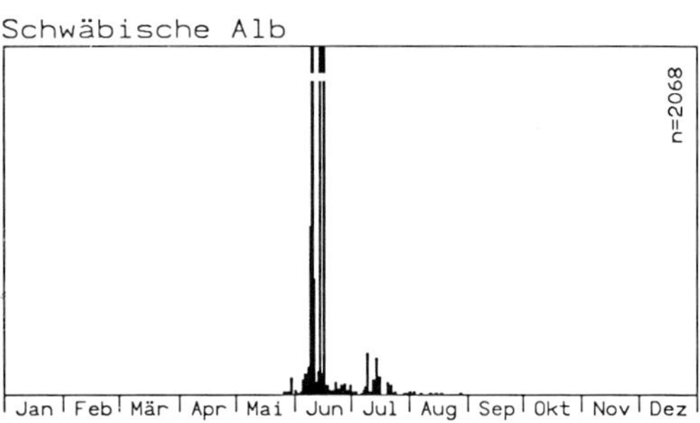

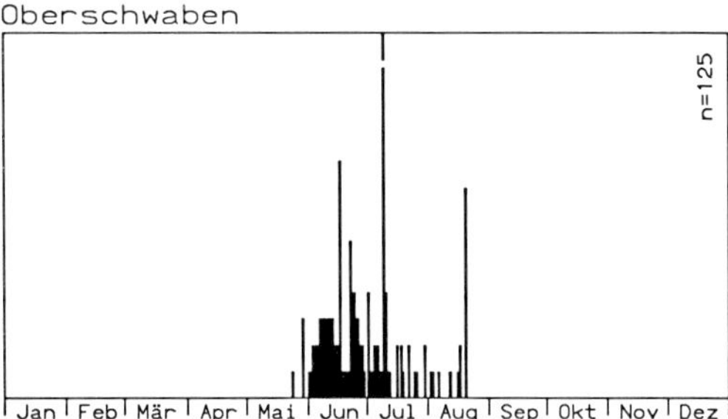

Der Große Hopfen-Wurzelbohrer (*Hepialus humuli*), auch »Hopfenmotte« oder »Geistermotte« genannt, ist wohl die bekannteste einheimische Hepialide. Bei ihr fällt der ausgeprägte Geschlechtsdimorphismus auf. Die Flügel des Männchens glänzen silbrig weiß. – Münsingen (Schandental) 12. 6. 79 G. EBERT.

Beim Weibchen sind die Flügel ockergelb gefärbt und besitzen ein hellbraunes, sehr variables Zeichnungsmuster. In der Ruhehaltung werden sie, genauso wie beim Männchen, steil dachförmig zusammengelegt und bedecken so den ganzen Hinterleib. – Ostalb, Ohrberg 9. 7. 82 J. PARTENSCKY.

nen, daß diese eher im Offenland angesiedelte Art größere geschlossene Waldgebiete meidet, ist noch unklar.

Vertikal: Die vertikale Verbreitung dieser Art reicht von der Ebene bis in die hochmontanen Lagen von Schwarzwald und Schwäbischer Alb.

Phänologie

Imagines: Die Flugzeit beginnt, von kleineren Abweichungen abgesehen, in allen Hauptnaturräumen unseres Faunengebietes gegen Ende Mai und dehnt sich über die Monate Juni und Juli hinweg noch weit bis in den August hinein aus. Das Maximum dürfte um die Monatswende Juni/Juli liegen, tritt aber als solches nicht sehr deutlich in Erscheinung. Der Peak im Phänogramm Schwäbische Alb wird durch die Beobachtungen von insgesamt weit über 1700 Faltern bei Schopfloch verursacht. Für dieses Gebiet wird ein Höhepunkt der Flugzeit in der zweiten Junidekade angegeben (GATTER 1979).

Der früheste Fund (Neckar-Tauberland) datiert vom 18. Mai (1974, Laufen am Kocher, F. WEBER), der mit 3-Wochen-Abstand zu den späten August-Tieren letzte (Einzelfund eines Weibchens) vom 19. September (1990, Besigheim, H. RENTSCH).

Präimaginalstadien: Genau datierte Angaben zu den Präimaginalstadien fehlen aus Baden-Württemberg.

Die Raupe überwintert und hat eine meist einjährige Entwicklungszeit (HINZ 1979).

Ökologie

Lebensraum: Der gesamte Bereich des Wirtschaftsgrünlandes, mit offenen Wiesen in kühlfeuchten Landschaften, auch kleinparzellig an Feld- und Wegrändern, Böschungen, Dämmen oder auf Streuobstwiesen, in Grünanlagen und Gärten in oder am Rande von Ortschaften. Gleichermaßen werden Feuchtwiesen am Rande von Moorkomplexen, Hochstaudenfluren an Bächen und Gräben, ja sogar krautreiche Lichtungen in feuchten Wäldern genutzt. MEINEKE (1982) fand die Falter nur im Niedermoor (Mähwiesen und Weiden auf Anmoor, geringer im Streuwiesenbereich).

Nahrung der Raupe:
Iris spec. – Schwertlilie
L (GRE)
Heracleum sphondylium – Wiesen-Bärenklau
L (BAI)
Petasites spec. – Pestwurz
L (BAI)
Senecio paludosus – Sumpf-Greiskraut
L (GRE)

Außer den hier aufgeführten Pflanzenarten liegen keine weiteren Meldungen aus Baden-Württemberg vor.

Die Raupen sind sehr polyphag und leben an den verschiedensten Pflanzen mit fleischigem Wurzelstock, auch in Wiesen, wo sie aber keinen sichtbaren Schaden anrichten. Unter Salat-, Erdbeer- und Chrysanthemen-Kulturen sollen sie gelegentlich schädlich geworden sein. In der Literatur werden als »Futterpflanzen« u.a. genannt: Wiesen-Sauerampfer *(Rumex acetosa)*, Alpen-Ampfer *(Rumex alpina)* und andere Ampfer-Arten, Hopfen *(Humulus lupulus)*, Löwenzahn (*Taraxacum* spec., Möhre *(Daucus carota)*, Brennessel (*Urtica* spec.), Schwarznessel *(Ballota nigra)*, Taubnessel (*Lamium* spec.) und Klette (*Arctium* spec.) (vgl. FREINA & WITT 1990). Speziell an Kulturpflanzen werden u.a. aufgelistet: *Cannabis* (Hanf), *Asparagus* (Spargel), *Cynara* (Artischoke), Gramineen (Getreide und andere Gräser), *Solanum tuberosum* (Kartoffel), *Beta* (Runkelrübe), *Pastinaca* (Pastinak), *Brassica* (Kohl), *Phaseolus* (Bohne), *Pisum* (Erbse) (vgl. CARTER 1984).

Habitat: Wie bereits erwähnt ist der Lebensraum von *Hepialus humuli* im Wirtschaftsgrünland (Molinio-Arrhenatheretea) zu suchen. Mehrere Beobachtungen ruhender, aber auch aktiver Falter (Balzflug!) beziehen sich auf frische bis feuchte Wiesen (Calthion, Molinion) und Weiden (Cynosurion), so daß wir hier zugleich Larval- und Imaginalhabitat vermuten dürfen. Funde in Gärten und Kulturen (z.B. früher häufig in Hopfen-Anlagen) lassen sich dagegen kaum pflanzensoziologisch einordnen.

Die Raupe des Großen Hopfen-Wurzelbohrers, bei der außer den schwarzen ovalen Stigmen noch eine schwache herzförmige Zeichnung oberhalb der Bauchfüße auffällt, soll gelegentlich in Salatbeeten sowie in Erdbeer- und Chrysanthemen-Kulturen schädlich werden. Für den Hopfenanbau stellt sie keine Bedrohung dar. – Berwangtal (Nordtirol) 27. 4. 85 A. STEINER. M.

Verhalten: Das Paarungsverhalten wurde von vielen Autoren beschrieben (z. B. EDWARDS 1964, LEUSCHNER 1970), wobei deutliche Widersprüche festzustellen sind. Hier soll der ausführlichen Darstellung von MALLET (1984) gefolgt werden. Die Weibchen sind häufiger am Licht zu beobachten als die Männchen, da sie der aktive Teil bei der Partnersuche sind und auch länger fliegen. Die Flugzeit ist auf die Abenddämmerung begrenzt. Der Pendelflug der Männchen dauert nur 17 bis 27 Minuten. Die Weibchen beginnen den Flug gleichzeitig mit den Männchen, beenden ihn aber erst eine halbe Stunde später als diese. Diese längere Flugdauer erklärt sich vermutlich dadurch, daß bei den Weibchen nach dem Paarungsflug das Ausstreuen der Eier erfolgt. Die strikt eingehaltene Flugzeit scheint durch die Lichtintensität gesteuert zu werden. Dies scheint aber nicht der einzige Steuerungsmechanismus zu sein, da Falter in der Morgendämmerung bisher nur selten beobachtet wurden. Eine Ausnahme bildet die Beobachtung eines Weibchens, das am 3.6. 1973 um 4.00 Uhr morgens flog (H. HEIDEMANN). Übrigens kommen sowohl Männchen als auch Weibchen zum Licht geflogen, was von zahlreichen Mitarbeitern bestätigt wird.

Zuerst kommen die Männchen aus der Vegetation und beginnen nach einem kurzen Startflug in etwa einem halben Meter Höhe zu pendeln. Wenn mehrere Männchen vorhanden sind, fliegen sie zunächst umeinander herum, bis sie dann meist in 1 bis 5 Metern Abstand mit ihrem Pendelflug beginnen. Dabei sind ihre metatibialen Pinselorgane evertiert und verbreiten vermutlich ein arteigenes männliches Pheromon zur Anlockung der Weibchen. Die Paarung findet zu Beginn des Fluges der Männchen statt. Die Weibchen fliegen die Männchen aus einer Entfernung von mehr als 25 m an, umkreisen sie und setzen sich unter den pendelnden Männchen in die Vegetation. Die Männchen folgen daraufhin den Weibchen und es kommt zur Paarung. Bei Fehlversuchen fliegt das Weibchen wieder auf, umkreist das Männchen erneut, um es zu veranlassen, ihm in die Vegetation zu folgen. Beim Umkreisen kommt es manchmal zu Zusammenstößen und beide Geschlechter fallen zusammen ins Gras. Bei der Paarung, die in ventral-ventral Position eingegangen wird und bis zu zwei Stunden dauert, hängt das Männchen frei am Weibchen, nur

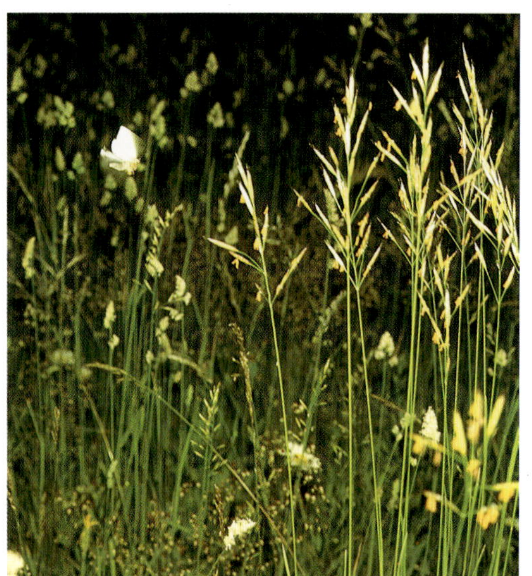

Wie bei *Phymatopus hecta* locken auch bei *Hepialus humuli* die Männchen durch ihren charakteristischen Pendelflug, der hier allerdings frei auf Wiesen stattfindet, die Weibchen an. Dies geschieht in der Abenddämmerung und dauert nur 17 bis 27 Minuten. Dabei wird ein auch bei dieser Art an den Hinterbeinen verborgenes Pinselorgan ausgestülpt und auf diese Weise dafür gesorgt, daß sich die arteigenen Pheromone zur Anlockung der Weibchen rasch und vom Pendelflug noch wirkungsvoll unterstützt ausbreiten. Auf unserem Foto ist dieses im vorderen Körperdrittel nach unten hängende pinselförmige Duftorgan noch zu erkennen! – Fridingen 9. 6. 93 G. Ebert.

durch die Kopulationsorgane festgehalten. Gatter (1979) beobachtete dieses Verhalten auf der Schwäbischen Alb (Schopflocher Alb): »Mitte Juni tanzen die Männchen um 21 Uhr massenhaft über ungemähten Wiesen. Um 21.30 Uhr ist der Spuk weitgehend vorbei; an den Gräsern hängen dann überall kopulierende Paare«.

Edwards (1964) berichtet ausführlich über die Präimaginalstadien. Danach legen die Weibchen von 200 bis 1600 Eier, im Durchschnitt etwa 600. Die Eiablage findet in Gefangenschaft meist im Sitzen, aber auch im Flug, über einen Zeitraum von 4 Tagen hinweg statt. Die Lebensdauer der Imagines wird mit etwa 7 Tagen angegeben, jedoch sterben die Männchen in der Regel vor den Weibchen.

Die Eier sind winzig klein, etwa 0,7 × 0,5 mm groß. Die Dauer der Eiruhe ist temperaturabhängig. Unter natürlichen Bedingungen schlüpfen sie nach 16 bis 33 Tagen, im Durchschnitt nach etwa 20 Tagen. Die 2 mm langen Eiräupchen sind sehr aktiv und verschwinden sofort in der Erde, um Nahrung zu suchen. Sie spinnen ihre Bohrgänge mit einem Seidengewebe aus. Bei Störungen laufen die Raupen sehr schnell zurück oder rollen sich auf. Mit zunehmender Größe bohren sie in den weichen oder holzigen Pflanzengeweben immer längere Gänge, die sie an beiden Enden erweitern. Sie sind sehr aktiv und können auch an die Erdoberfläche gelangen. Vor jeder Häutung verharren sie für einige Tage in einer unterirdischen Zelle. Unter annähernd natürlichen Bedingungen werden 12 Larvenstadien durchlaufen. Während der Wintermonate bleiben die Raupen auch bei kaltem Wetter (+ 2 °C) aktiv und nehmen Nahrung auf. Die Verpuppung erfolgt unter Zuchtbedingungen 315 bis 347 Tage nach dem Schlüpfen der Räupchen aus dem Ei im Frühjahr in etwa 12 bis 22 cm Tiefe in zylindrischen Gespinsten. Das Puppenstadium dauert 21 bis 33 Tage. Vor dem Schlupf winden sich die Puppen an die Erdoberfläche, indem sie die Dornreihen um die Abdominalsegmente als Verankerung benutzen. Die Puppe schiebt sich so lange nach vorne bis ihr Vorderende über die Erdoberfläche hinausragt und bald danach schlüpft der Falter. Der Schlupf erfolgt normalerweise morgens.

Gefährdung und Schutz

Rote Liste Bundesrepublik: –
Rote Liste Baden-Württemberg: –

Oberrheinebene: Nicht gefährdet.
Schwarzwald: Nicht gefährdet.
Neckar-Tauberland: Nicht gefährdet.
Schwäbische Alb: Nicht gefährdet.
Oberschwaben: Nicht gefährdet.

- In Baden-Württemberg nicht gefährdet!

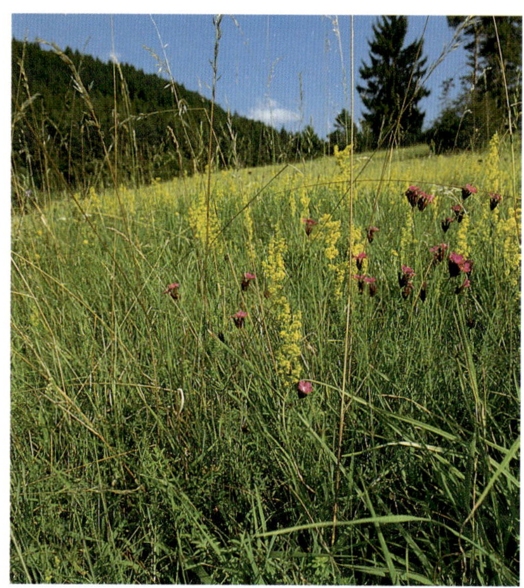

Auf dieser blumenreichen, extensiv bewirtschafteten Wiese im Oberen Donautal wurde abends der »Geisterflug« des Großen Hopfen-Wurzelbohrers beobachtet. – Fridingen 29. 7. 91 (Sommeraspekt) G. Ebert.

Cossidae (Holzbohrer)

Von Wolfgang Speidel

Die Holzbohrer (Cossidae) und alle anderen Macrolepidopteren-Familien mit Ausnahme der Wurzelbohrer (Hepialidae) sind ditrysische Heteroneura, bei deren Weibchen der Oviporus (Eiablageöffnung) auf dem 9. Segment und das Ostium bursae (Kopulationsöffnung) auf dem 8. bzw. zwischen dem 7. und 8. Segment liegen, und eine innere Verbindung in Form des Ductus seminalis besteht. Die Cossiden-Weibchen legen im Gegensatz zu den Hepialiden größere Eier in geringerer Anzahl mit Hilfe eines gut ausgebildeten Ovipositors in Spalten ihrer Nahrungspflanzen.

Vorder- und Hinterflügel sind im Flug durch Frenulum (Haftborste) und Retinaculum zu einer Einheit verbunden. Die Raupen aller Arten leben endophag.

Die in Baden-Württemberg vorkommenden Arten sind fast ausschließlich Holzbohrer, die Altholz bevorzugen. Die Cossiden-Puppe ist eine Pupa incompleta, die sich vor dem Schlüpfen der Falter vorschiebt. Dieser Puppentyp kommt auch bei den Hepialiden, Zygaeniden, Limacodiden, Psychiden und vielen sogenannten Microlepidopteren vor. Innerhalb der Ditrysia muß das Auftreten einer Pupa incompleta als plesiomorph gewertet werden. Eine engere Verwandtschaft zwischen den Familien, die diesen Puppentyp aufweisen, besteht nicht. Insbesondere sind die Hepialiden völlig eigenständig. Die Imagines der Cossiden sind nachtaktiv und kommen ans Licht. Sie besuchen keine Blüten. Weitere interessante Informationen über diese Familie können der Arbeit von Schoorl (1990) entnommen werden.

Cossinae

Die Cossinae, zu denen die ersten beiden Arten gehören, legen Eier vom aufrechten Typ. Ihre Raupen verfertigen harte Kokons aus abgenagten Holzteilchen, aus denen sich die Puppe vor dem Schlüpfen hervorschiebt. Eine Ausnahme in dieser Hinsicht bildet der Zitterpappelbohrer *(Lamellocossus terebra)*, dessen Raupe kein Gespinst verfertigen soll (vgl. unten).

Lamellocossus terebra
Denis & Schiffermüller, 1775

Cossus terebra F. (Reutti 1898, Lampert 1907, Seitz 1907–1954, Spuler 1908–1910, Hering 1932, Schneider 1936–1939, Stresemann 1969)
Lamellocossus terebra F. (Forster 1960)

Lamellocossus terebrus Denis & Schiffermüller 1775 (Freina & Witt 1990)

Gesamtverbreitung: Von den Pyrenäen bis ins Primorjegebiet, von Süd-Skandinavien bis Italien, Kleinasien und zum Kaukasus verbreitet. Fehlt den Britischen Inseln, Korsika, Sardinien, Sizilien und Kreta.

Diese Art wurde erstmals von Seyffer (1849) für unser Faunengebiet gemeldet: »Bei Stuttgart, sehr selten«. Schneider (1937) wiederholt diese Angabe und fügt hinzu: »1890 bei Biberach (Aschenauer), 1902 bei Eßlingen (Rieth)«. Eine Bestätigung dafür gibt es allerdings nicht. Für den badischen Landesteil findet sich erst kurz vor der Jahrhundertwende ein – allerdings entscheidender – Hinweis: »Die Art, von der Reutti vermutete, sie sei 'zweifellos, wenn auch als große Seltenheit, an weit mehr Orten vorhanden, als bisher gefunden und würde wohl auch bei uns aufzutreiben sein', ist seither in Karlsruhe am elektrischen Licht in mehreren Exemplaren (von Bischoff) gefangen worden« (Meess, Spuler in: Reutti 1898). Tatsächlich befinden sich in der Sammlung M. Daub (in coll. Lnk) vier separat gesteckte Tiere, von denen eines einen Zettel mit der Aufschrift »ex Karlsruhe = am elektr. Licht« trägt. Es ist anzunehmen, daß es sich dabei um die von C. Bischoff (»in mehreren Exemplaren«!) gesammelten Falter handelt. Da zu dieser Zeit nur der Bahnhof von Karlsruhe elektrisches Licht besaß, ist anzunehmen, daß sie von dort stammen. Der Umstand, daß sie in die Sammlung des Baumeisters M. Daub gelangten, erklärt sich damit, daß dieser schon damals eine der weit über Karlsruhe hinaus bekannten, größten privaten Schmetterlingssammlungen Deutschlands besaß und als vermögender Mann in der Lage war, solche Raritäten, die ihm von den Sammlern gebracht wurden, großzügig zu honorieren.

Angaben zur Phänologie der Art in Baden-Württemberg existieren nicht. Nach den Angaben in den

Nachbarfaunen und bei RANGNOW (1925) ergibt sich eine Flugzeit zwischen Juni und August. Die Raupen überwintern mehrfach.

Es kann also kein Zweifel darüber bestehen, daß *Lamellocossus terebra*, wenn auch selten, in unserem Faunengebiet gefangen worden ist. Der Nachweis aus Karlsruhe ist jedenfalls noch überprüfbar. Ob es sich dabei um Falter bodenständiger Populationen oder um verschleppte Tiere handelt, muß natürlich offen bleiben, nicht zuletzt deshalb, weil Nachfänge bisher ausgeblieben sind. Andererseits ist darauf hinzuweisen, daß diese Art auch aus den Nachbarländern erwähnt wird, so z.B. aus der Pfalz: »Einige Stücke wurden von TRAUB vor mehreren Jahren am elektrischen Licht bei Landau gefangen, im Juli« (GRIEBEL 1910:45), sowie aus der Schweiz, Kanton Graubünden: Chur (VORBRODT in: VORBRODT & MÜLLER-RUTZ 1914:428). Aus Bayern liegen zwei alte, ebenfalls aus der Zeit vor der Jahrhundertwende stammende Meldungen vor, die von OSTHELDER (1926:593) – sicherlich unter Vorbehalt – angeführt werden: »Wurde als R[aupe] mir gebracht, verpuppte sich in der Erde in einem sehr festen Gespinnste und nach achtwöchentlicher Puppenruhe entwickelte sich der Schmetterling« (angeführt für Kempten von KOLB, 1890). Auch SCHRANK führt die Art nach angeblichen Puppenfunden von Ingolstadt an. BERGMANN (1953:509) erwähnt bei *Lamellocossus terebra* in seiner Fauna der Großschmetterlinge Mitteldeutschlands: »Der Falter ... scheint bis etwa zum Jahre 1870 sehr zerstreut und spärlich in Nord- und Nordostthüringen vorgekommen zu sein, ist aber inzwischen mit dem starken Rückgang der Espengehölze und der alten Espenbestände in Feld- und Auengehölzen aus Thüringen verschwunden«.

Wenn wir auch nicht die Ansicht BERGMANNS teilen können, daß das Verschwinden dieser Art auf den starken Rückgang der Espengehölze zurückzuführen ist, so ist sie andererseits doch auch für Baden-Württemberg als »ausgestorben oder verschollen« zu melden. Leider sind wir nicht in der Lage, Beobachtungen über ihr Verhalten und ihre Lebensweise mitzuteilen, da die fraglichen Tiere am Licht gefangen wurden. Um jedoch diesbezüglich wenigstens einige Anhaltspunkte geben zu können, wird auf den Aufsatz von RANGNOW (1925) zurückgegriffen. Dieser schildert sehr anschaulich, wie er in den Jahren 1911 bis 1913 mit seinem Bruder in Südrußland auf den Wolgahöhen, im Ural und Kaukasus Gelegenheit hatte, die Lebensweise von *Lamellocossus terebra* genau zu studieren. Als Nahrungspflanze kam dort nur die Zitterpappel in Betracht, obwohl Schwarzpappel, Silberpappel und Weide reichlich vorhanden waren. In Form, Farbe und Zeichnung stimmen die Raupen in allen Stadien, wohl auch in der vierjährigen Lebensdauer mit denen von *Cossus cossus* überein. Der wichtigste Unterschied bestand darin, daß die Raupe von *L. terebra* sich vor der Verpuppung vom Stamminneren her bis an die Rinde durchnagt, um hier das Schlupfloch für den Falter vorzubereiten. Es handelt sich dabei um eine markstückgroße Stelle, an der die Rinde nur noch aus einer dünnen Haut besteht, die nach dem Trocknen etwas einfällt. Hier schlüpft der Falter, was an der danach halb herausragenden Puppenhülle festgestellt werden kann. Es fehlt also bei dieser Art anscheinend das für *Cossinae* eigentlich typische Puppengespinst. Die Puppe bewegt sich vielmehr mit Hilfe ihrer Dornen in dem etwa 20 cm langen Gang hin und her, ähnlich wie dies bei *Sesia melanocephala* (Lep., Sesiidae) der Fall ist. In Kenntnis dieser wichtigen Unterschiede kann deshalb auch im Nachhinein festgestellt werden, daß es sich bei der von KOLB (1890) für Kempten zitierten Art wahrscheinlich um *Cossus cossus* gehandelt hat, weshalb diese alte Meldung von *Lamellocossus terebra* für Bayern zu streichen ist.

Die Falter schlüpfen am späten Nachmittag oder abends. Nach der Entwicklung seiner Flügel kriecht der Falter auf die etwa daumenstarken toten Zweigstutzen, wie sie sich regelmäßig an den Stämmen der Espen befinden. Er setzt sich stets so, daß die gerollten Flügel die Verlängerung des Stutzens bilden und der Kopf mit seinem schwarzweißen Kragen die abgebrochene Spitze des Zweiges imitiert. Es ist dies nach RANGNOW eine Anpassung, wie man sie kaum jemals besser in der Natur zu sehen bekommt.

Belegstück (♂) von *Lamellocossus terebra* aus Karlsruhe (Ende 19. Jh.) ex coll. M. DAUB (LNK).

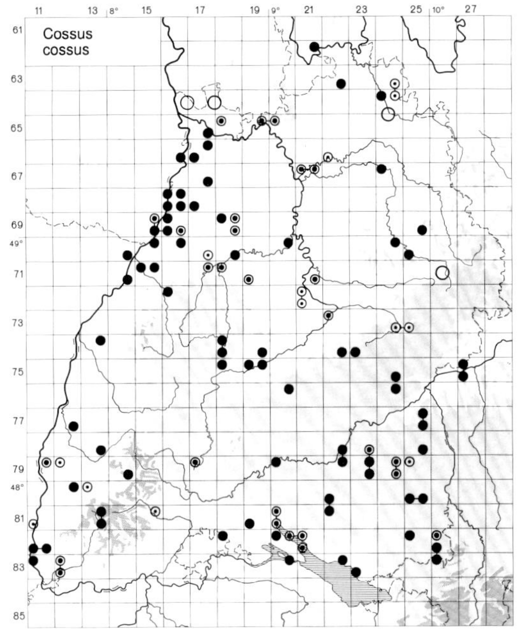

Cossus cossus
Linnaeus, 1758

Weidenbohrer

Gesamtverbreitung: Von Nordafrika über Europa einschließlich der Britischen Inseln, Korsika, Sardinien und Sizilien bis Westasien, südlich bis Transkaspien. Fehlt auf Kreta. In Kleinasien, Iran und Afghanistan treten meist Tiere mit aufgehellter Grundfarbe auf, die eigenen Unterarten zugerechnet werden. In Ostasien (China, Japan) kommt die nahe verwandte *orientalis* GAEDE, 1929 vor.

Verbreitung

Regional: Der Weidenbohrer ist in allen Naturräumen des Landes verbreitet. Besondere Schwerpunkte sind nicht erkennbar, doch ist anzunehmen, daß die Zahl der Fundstellen in Auwald- und Obstanbaugebieten höher liegt als in Gebieten mit großflächigem Anbau von Getreide und Feldfrüchten, oder mit Nadelholzforsten.

Vertikal: Die vertikale Verbreitung reicht von der planaren bis in die montane Stufe. Auf der Schwäbischen Alb konnte die Art noch oberhalb 700 m üNN festgestellt werden (Ringingen, Kornbühl, P. WESTRICH), in gleicher Höhenlage auch im Schwarzwald und Wutach-Gebiet. Aus den Hochlagen dieser Mittelgebirge liegen allerdings bis jetzt noch keine Fundmeldungen vor.

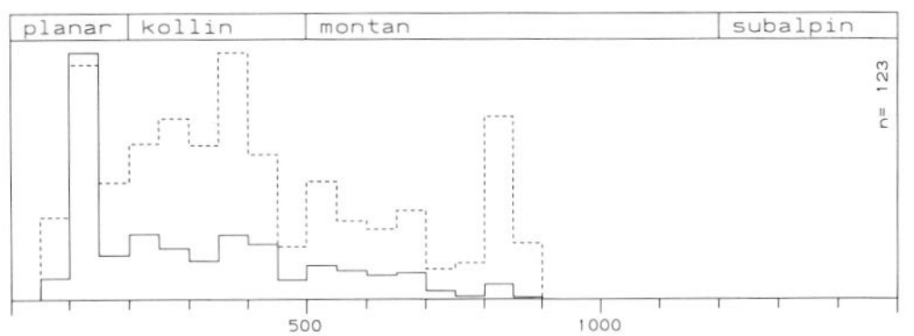

Phänologie

Imagines: Die Flugzeit erstreckt sich bei dieser Art in Baden-Württemberg von Mitte Mai bis Ende Juli. Das Maximum dürfte gegen Ende Juni erreicht sein. Der früheste Falterfund datiert vom 13. Mai (1980, Ketsch, W. KINTZL), der späteste vom 3. August (1990, Hardheim, F. VOGEL).

Präimaginalstadien: Raupenfunde wurden zu ganz verschiedenen Zeiten, darunter auch während des Winters (»Raupenfunde in gefällter Eiche«, GATTER 1979) und natürlich auch parallel zur Flugzeit der Falter getätigt.

Die Entwicklung der Raupe dauert zwei bis vier Jahre.

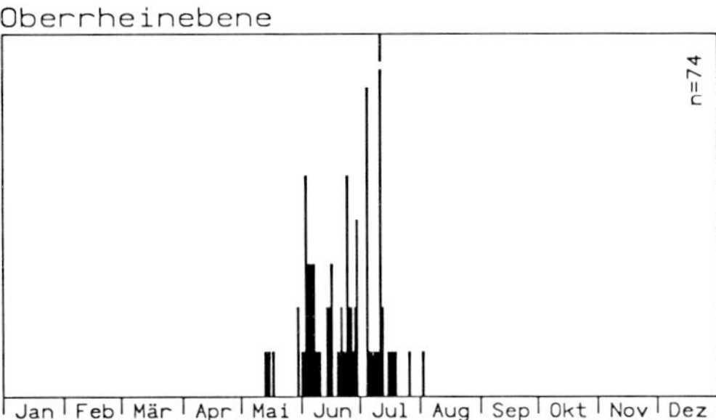

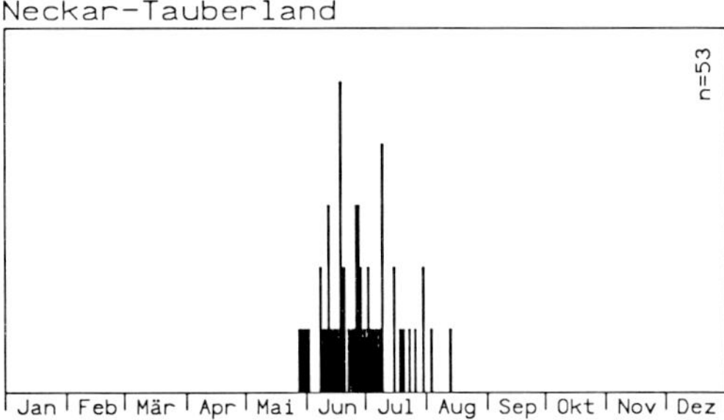

Ökologie

Lebensraum: Bevorzugte, natürliche Lebensräume sind auch in Baden-Württemberg Auenwälder mit alten Weidenbeständen, Erlenbrücher und Weidengebüsche, ferner laubholzreiche Moorrandwälder (Birkenbrücher), daneben aber auch die Laubmischwälder der Ebene und des Hügellandes. Der Weidenbohrer hat sich aber auch in allen Landschaften

Der Weidenbohrer (*Cossus cossus*) ist auch heute noch in Auenwäldern sowie im baumreichen Kulturland weit verbreitet. Die grauweiß gefärbten, mit feiner schwarzer Zeichnung geschmückten Falter werden allerdings weitaus seltener beobachtet als ihre Raupen. – Karlsruhe-Knielingen 29. 6. 89 G. Ebert. S.

Die erwachsen über 7 cm lange Raupe ist mit keiner anderen zu verwechseln. Sie lebt im Holz verschiedener Laubbäume. Oft verlassen mehrere von ihnen gleichzeitig ihren Wirtsbaum und kriechen auf dem Boden davon. – Schlechtnau 1. 6. 79 F. Ebser.

gut an das baumreiche Kulturland (Parks, Gärten, Streuobstwiesen) anpassen können.

Nahrung der Raupe:

Populus nigra ssp. *pyramidalis* – Pyramiden-Pappel
L (Lus)
3 *Salix alba* – Silber-Weide
L (Fei, Ren)
2 *Salix babylonica* – Trauerweide
L (Ebe)
3 *Salix caprea* – Sal-Weide
L (Gat, Str, Wal)
Salix viminalis – Korb-Weide
L (Kie)
4 *Salix* spec. – Weide
L (Bai, Los, Sez)
2 *Juglans regia* – Walnuß
L Wal)
2 *Betula pendula* – Hänge-Birke
L (Asa)
Alnus glutinosa – Schwarz-Erle
L (Nik)
2 *Alnus incana* – Grau-Erle
L (Lie)
Quercus robur – Stiel-Eiche
P (Bre, Trb)
Quercus spec. – Eiche
L (Gat)
2 *Pyrus communis* – Garten-Birne
L (Brm)
2 *Malus domestica* – Garten-Apfel
L (Blä, Frd)
– »Obstbäume«
L (Sez)
? *Prunus avium* – Vogelkirsche
L (Doc)
Tilia spec. – Linde
L (Bur)
Hippophae rhamnoides – Sanddorn
L, P (Blä)
Lonicera xylosteum – Rote Heckenkirsche
L (Blä)

Die sehr charakteristischen Raupen wurden auch in Baden-Württemberg schon oftmals gefunden, teils an verschiedenen Laubholzarten, noch häufiger allerdings am Boden, auf der Suche nach einem geeigneten Verpuppungsplatz. Besonders zahlreich sind die Funde an »Weide«. So meldet z.B. E.J. Tröger (Gewährsmann U. Kutschera) 1982 bei Offenburg-Bohlsbach den Fund von ca. 24 Raupen in einer alten, durch Frosteinwirkung umgebrochenen Weide. An einem Baggersee bei Ubstadt-Weiher (nördliche Oberrheinebene) beobachtete H. Feil am 14.5. 1983 ca. 20 erwachsene Raupen des

Weidenbohrers, die gerade ihre Fraßgänge in einer Silber-Weide verließen und sich über den Boden ausbreiteten. Vier fast erwachsene Raupen fanden sich in Karlsruhe-Knielingen in einem Garten im Stamm einer jungen Trauerweide (Durchmesser ca. 10 cm), die aufgrund dieses massiven Befalls abgestorben ist (G. EBERT). Die Beobachtung an Walnuß (M. WALLNER) bezieht sich auf einen alten Baum, den zahlreiche Weidenbohrer-Raupen zum Absterben gebracht haben. H. LIENIG (Kartei) fand an einem Baggersee »unter abgestorbener Rinde an *Alnus incana* junge Raupen in großer Anzahl gesellig beieinander sitzen«. Auch in Obstbäumen (Apfel, Birne) wurden sie schon öfters gefunden. BROMBACHER (1935: 570) berichtete von Raupenfunden bei Achkarren (Kaiserstuhl) in einem alten Birnbaum. »Der Stamm beherbergte weit über 50 Raupen in allen Stadien«. Wahrscheinlich lebt die Raupe auch an *Prunus avium* (Vogelkirsche), denn D. DOCZKAL fand sie unter einem »Wildkirschenbaum«. Wie J.F. BURTON berichtete, wurde im Sommer 1992 auf dem Friedhof von Eppelheim (nördliche Oberrheinebene) eine alte Linde gefällt, mit Fraßgängen und Schlupflöchern des Weidenbohrers!

In der Literatur (vgl. FREINA & WITT 1990) werden noch weitere Laubholzarten als »Futterpflanze« der Raupe angegeben wie z.B. Ulme (*Ulmus* spec.), Buche (*Fagus spec.*), Esche (*Fraxinus spec.*) Linde (*Tilia* spec.). Auch Lärche (*Larix* spec.) wird angegeben und Puppengespinste wurden sogar in Kiefernstümpfen gefunden (CÜRTEN 1943, JÖST 1927).

Habitat: Die meisten Raupenfundstellen lassen sich nicht nach pflanzensoziologischen Kriterien zuordnen. Mehrere befanden sich in der Weichholzaue (Salicion albae) und der Erlen-Eschen-Aue (Alno-Ulmion).

Verhalten: Die Falter sind nachtaktiv und fliegen Lichtquellen an; tagsüber ruhen sie meist an Stämmen oder dicken Ästen, an die sie sich wunderbar anpassen können (Astmimese). Manchmal kommen weibliche Tiere an den Köder. Eine Aufnahme von Flüssigkeit ist angesichts des verkümmerten Rüssels jedoch zweifelhaft. Die 1,7 × 1 mm großen Eier werden einzeln oder in kleinen Gelegen in Spalten oder an verletzte Teile des Nahrungsbaumes gelegt. Bereits befallene Bäume werden immer wieder neu belegt, was u.a. zu erheblicher Befallsdichte (verschiedene Raupenstadien!) führen kann (s. oben).

Hier haben mehrere Raupen des Weidenbohrers (*Cossus cossus*) in einer jungen Trauerweide ihre charakteristischen Gänge genagt und dabei das Bäumchen zum Absterben gebracht. – Karlsruhe-Knielingen 10. 3. 91 G. EBERT. S.

Ob ein Baum vom Weidenbohrer bewohnt ist, läßt sich schon äußerlich an den großen Schlupflöchern erkennen, welche die Raupen nagen. Weiteres Erkennungszeichen ist ein deutlich wahrnehmbarer Essiggeruch. – Karlsruhe-Knielingen 10. 3. 91 G. EBERT. S.

Die Raupe spinnt entweder innerhalb oder außerhalb des Stammes einen festen, aus feinen Holzspänen zusammengefügten Kokon, in dem sie sich verpuppt. Bevor der Falter schlüpft, durchbohrt die Puppe mit Hilfe ihres spitzen Stirnfortsatzes die Wandung des Kokons und schiebt sich bis zur Hälfte daraus hervor. – Nordschwarzwald, Weisenbach (Latschigbachtal) 10. 5. 93 J. PARTENSCKY. S.

Die Raupe befällt in erster Linie kranke und abgestorbene Bäume, da sie bereits aufgeschlossenes Holz besser zu verdauen in der Lage ist. Die Jungraupen sitzen oft in großer Anzahl gesellig zusammen. Die Raupen leben in elliptischen Bohrgängen und verbreiten einen starken, essigartigen Geruch, der von einem Sekret der Mandibulardrüsen, einem Gemisch von Azetaten, herrührt. Sie können nach JUNG (1977) eine braune, übelriechende Flüssigkeit bis zu 50 cm ausspritzen. Als Nahrung scheint zunächst Rinde zu dienen, ohne daß größere Bohrgänge ins Holz getrieben werden. Die Raupen leben in diesem Stadium in einem feuchten Brei zwischen Holz und Rinde (vgl. JÖST 1927, SCHADEWALD 1955). Während der kalten Jahreszeit sind sie inaktiv; größere Raupen überwintern manchmal in einem Gespinst dicht unter der Erdoberfläche.

Daniel (1956: 258–259) gibt folgende Darstellung der Lebensweise der Raupen nach Freilandbeobachtungen von SKELL in Bayern: »Zunächst läßt sich aus einer Beobachtungszeit seit 1895 feststellen, daß auf das Auftreten der Raupen als frei außerhalb der Stämme herumtreibende Tiere im August und September ein gehäufter Flug der *Cossus*-Falter im Juli (und August) des darauffolgenden Jahres absolut sicher folgt... Diese Raupen begeben sich nach langem und weitem Herumkriechen wieder entweder in die verlassenen Stämme zurück, gehen aber auch in Holzhaufen, Weg- und Uferverbauungen, eventuell auch manchmal in die Erde, um dort zu überwintern. Diese Herbstraupen sind alle vollkommen erwachsen und nehmen keine Nahrung mehr zu sich. Am passenden Überwinterungsplatz angelangt, spinnen sie sofort unter Benützung zernagter Teile ihrer Umgebung ein weiches, dünnes, meist rundes ... Gespinst, in dem sie überwintern. Beim Eintreten der ersten wirklich warmen Tage im Mai ... wird entweder unter Benützung des alten ... Herbstgespinstes oder unter Neuanlage ... ein wesentlich längeres, aber nun sehr enges Gespinst angelegt, das wiederum untermischt mit feinzernagten Holzteilen aber mit reichlichem, gelben Spinnstoff hergestellt, den eigentlichen typischen *Cossus*-Cocon darstellt. Dieser erhärtet im Laufe von 8 Tagen nachträglich noch etwas und wird an der Ausschlupföffnung ... von der Puppe mit dem Stirndorn durchbohrt, wobei sich dieselbe unter Verwendung der starken Ringbedornung an den Abdominalsegmenten ... ziemlich rasch und energisch bis zu einem Drittel oder bis zur Hälfte aus dem Cocon herausschiebt. Dann erst schlüpft der Falter. ... Ein zweiter (kleinerer?) Teil der nach 3 bis 4 Jahren im Freiland erwachsenen Raupen verläßt erst im Mai oder Anfang Juni den Baum, in dem die bisherige Entwicklung abgelaufen war, und spinnt nun in der näheren oder weiteren Umgebung oder am Fuße des Stammes ohne Zwischengespinst sofort den endgültigen festen Kokon, um sich in diesem dann verhältnismäßig rasch zu verpuppen. Ein dritter, als Raupe außerhalb des Stammes nie in Erscheinung tretender Teil der Cossus-Raupen endlich verläßt den Futterbaum überhaupt nicht, frißt sich erwachsen bis zur Rindenoberfläche des Stammes durch, legt dort ein kreisrundes oder etwas ellipsoides Loch an und verschließt dieses mit dem Kopfteil des Gespinstes.... Beim Schlüpfen steht dann die Puppe bis zur Hälfte aus der Rinde heraus, wo sie im Juli und August vielfach geschlüpft zu finden ist.«

Die Verpuppung erfolgt entweder in einem stabilen, länglichen Erdkokon, der direkt unter der Erdoberfläche angelegt wird, oder, wenn die Raupe im Stamm verbleibt, in einem länglichen Kokon aus Sägespänen. Die Puppe schiebt sich vor dem Schlüpfen des Falters aus diesem Kokon hervor.

Die Puppenruhe beträgt 20 Tage (HEIN 1981), nach SKELL 4 bis 6 Wochen (DANIEL 1956); SCHADEWALD (1955) berichtet sogar von einer überwinternden Puppe.

Gefährdung und Schutz

Rote Liste Bundesrepublik: –
Rote Liste Baden-Württemberg: –

Oberrheinebene: Nicht gefährdet.
Schwarzwald: Nicht gefährdet.
Neckar-Tauberland: Nicht gefährdet.
Schwäbische Alb: Nicht gefährdet.
Oberschwaben: Nicht gefährdet.

- In Baden-Württemberg nicht gefährdet!

Bereits im Jahre 1937 (!) wird von SCHNEIDER darauf hingewiesen, daß der Weidenbohrer »infolge Umgestaltung der Bach- und Flußläufe zu betonierten Wasserrinnen und dadurch bedingtes Ab-

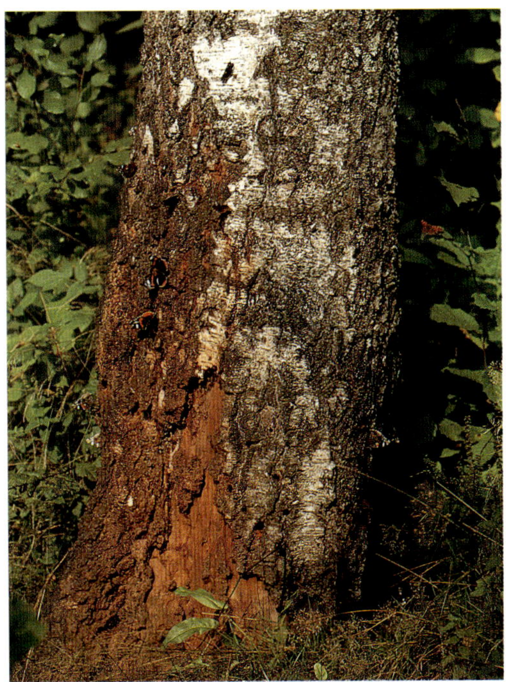

Eine vom Weidenbohrer schon seit längerem befallene Birke. Die Verletzungen unter der Rinde und im Kambium lassen reichlich Baumsaft austreten, der wiederum Tagfalter wie Admiral (*Vanessa atalanta*) und C-Falter (*Polygonia c-album*) anlockt. – Schlechtnau 11. 9. 82 F. Ebser.

hauen alter Weiden- und Pappelbäume« seltener wird – eine aus heutiger Sicht durchaus interessante und sicherlich richtige Feststellung. Obwohl sich diese oftmals drastischen Eingriffe in die Landschaft in der zweiten Hälfte dieses Jahrhunderts weiter verschlimmert haben, kann dennoch von einer Gefährdung dieser Art in unserem Faunengebiet nicht die Rede sein. Zu gut ist ihre Anpassung an das Kulturland, was die vielen Funde in Gärten, Parks und Obstplantagen bestätigen. Von daher wird sie sogar als Schädling bezeichnet. So weist Schwenke (1978) auf schwere Schäden bei Massenbefall in Alleen, Pappelanbauten, Gärten und Parkanlagen sowie in Obstbaumanlagen hin. »Hierbei kann oft beachtlich hoher Raupenbesatz an den Einzelbäumen, mitunter 200 und mehr Raupen pro Stamm, beobachtet werden. Durch die Häufung der sich über den ganzen Stammquerschnitt und über die ganze Stammlänge erstreckenden Raupengänge wird eine erhöhte Wind- und Schneebruchgefahr herbeigeführt ... Namentlich für den Pappelanbau kommt dem Weidenbohrer ... größere forstwirtschaftliche Bedeutung zu«.

Zeuzerinae

Die Zeuzerinae legen Eier vom liegenden Typ und verfertigen keinen Puppenkokon.

Phragmataecia castaneae
Hübner, 1790

Rohrbohrer

Phragmatoecia castaneae HB. (Reutti 1898, Spuler 1908–1910, Rebel 1910, Eckstein 1913–1923, Hering 1932, Schneider 1936–1939, Stresemann 1969)

Gesamtverbreitung: Von Spanien bis Japan und von Nordafrika bis ins südliche Fennoskandien. Auch in England, Korsika, Sardinien, Sizilien und auf Kreta.

Verbreitung

Regional: Die Verbreitung des Rohrbohrers ist in Baden-Württemberg ganz eindeutig auf zwei Hauptnaturräume beschränkt, nämlich auf das Oberrheinische Tiefland im Westen mit seinem Auenwald-Feuchtgürtel im Stromtal des Rheins und auf die Verlandungsmoore im württembergischen Alpenvorland. Hinzu kommt noch das Bodenseebecken mit seinen Riedflächen rund um den See. Was das Alpenvorland (Oberschwaben) angeht, so berichtete Aichele (1925), daß er die Art

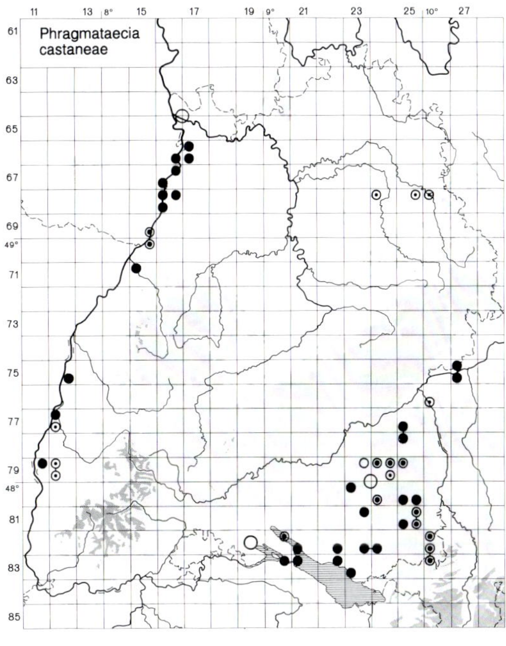

»bisher nur im Sumpfried des Lindenweihers bei Essendorf im Jahre 1915« fand. »Sonst ist mir der Falter in Württemberg bisher noch nicht zu Gesicht gekommen«. Sieht man von wenigen Ausnahmen (kleinere Niedermoore im Schwäbischen Keuper-Lias-Land) ab, so ist festzustellen, daß alle übrigen Naturräume von dieser Art weitgehend unbesiedelt geblieben sind, was wiederum mit dem Fehlen großer Schilfgebiete zusammenhängen dürfte.

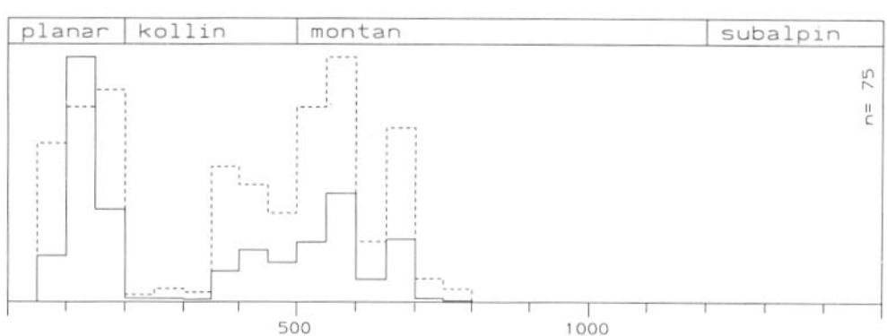

Vertikal: In der Oberrheinebene ist diese Art der dortigen Höhenlage zwischen 100 und 200 m (planare Stufe) angepaßt. Im württembergischen Alpenvorland besiedelt sie dagegen in der Hauptsache die submontane Höhenstufe zwischen 500 m (Obergrenze der kollinen Stufe) und 700 m.

Phänologie

Imagines: Die Imaginalphase beginnt in beiden Hauptnaturräumen ziemlich genau übereinstimmend um die Monatsmitte Mai. In der Oberrheinebene dauert sie bis Ende Juli, im Alpenvorland, nach den vorliegenden Daten, nur bis Mitte Juli. Der späteste Fund in der Oberrheinebene datiert vom 5. August (1980, Ichenheim, NSG Sauscholle, G. Ebert, H. Falkner), im Alpenvorland vom 15. Juli (1983, Tettnang, Wasenmoos, R. Schick). Die maximalen Individuenzahlen verteilen sich auf den Monat Juni.

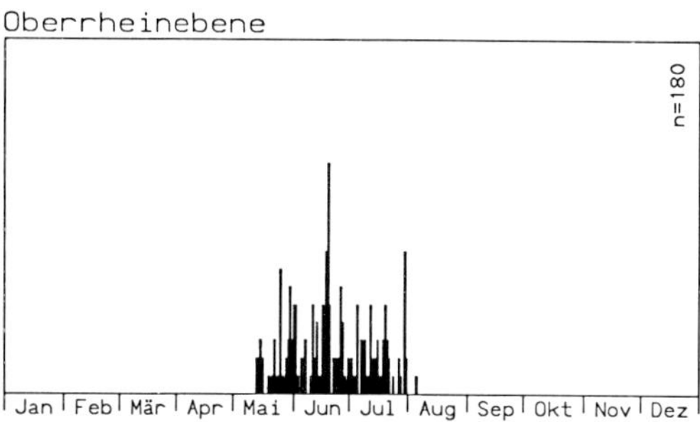

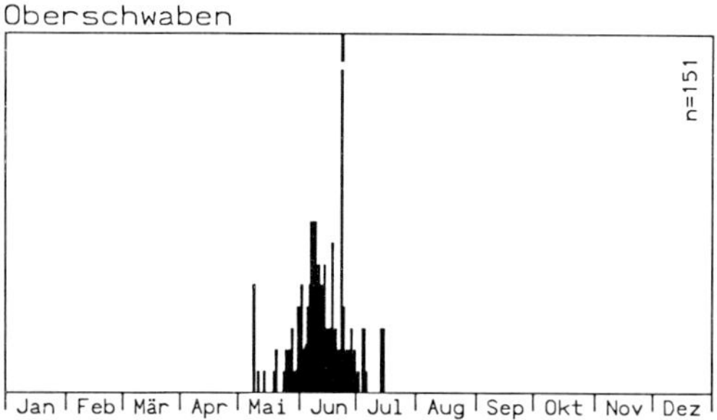

Präimaginalstadien: Aus Baden-Württemberg liegt nur ein datierter Raupen- und Puppenfund vor, beide vom 14. April (1949, Lampertheim, Biedensee, H. Lienig). Die Entwicklung der Raupe ist zweijährig (Urbahn & Urbahn 1939).

Ökologie

Lebensraum: Die Art ist auf das Süßwasserröhricht (Phragmitetea) im Stillwasser des Ufer- und Verlandungsbereiches von Seen, Teichen und langsam fließenden Flußabschnitten, auf Großseggensümpfe und Niedermoorröhrichte beschränkt. Sie benötigt großflächige Schilfvorkommen.

Nahrung der Raupe:
Phragmites australis – Schilfrohr
L, P (Lie)

H. Lienig fand in der nördlichen Oberrheinebene eine Raupe und eine Puppe (die er mitnahm, die aber beide nicht zur Entwicklung kamen) in *Phragmites*-Stoppeln, d. h. also im unteren Teil des Schilfrohrs. Diese Beobachtung stimmt mit der von Urbahn (1939) aus Pommern berichteten überein, wonach die Raupe nahe der Wurzel im untersten Teil starker Schilfrohrstengel lebt. Eindeutige Hinweise auf die Anwesenheit der Raupen in *Phragmites australis* gibt aus dem württembergischen Alpenvorland J. U. Meineke. Ob die Art in Baden-Württemberg auch noch an anderen, schilfähnlichen Grasarten lebt, ist unbekannt. Bis jetzt ist der Nachweis über das Vorkommen des Rohrbohrers in unserem Faunengebiet fast ausschließlich durch den Lichtfang erbracht worden.

Eine Anleitung zum Auffinden der Raupen gibt Vorbrodt in: Vorbrodt & Müller-Rutz, 1914: »Die Raupe muss im ersten Frühling gesucht werden, wo sie an den im tiefen Wasser stehenden Stengeln von Schilfrohr – etwa von 5 cm über dem Wasserspiegel an bis zur Wurzel – lebt. Die Schilfstengel müssen herausgezogen werden, die bewohnten zeigen stets eine oder zwei brüchige Stellen. Im April gefundene Raupen verwandeln sich Ende des Monates und ergeben im Juni den Schmetterling«.

Der wissenschaftliche Artname *castaneae* ist irreführend, da die Kastanie als Nahrungspflanze der Raupe überhaupt nicht in Betracht kommt.

Habitat: Als Habitat für alle Entwicklungsstadien kommt in der Hauptsache das Stillwasser-Röhricht (Phragmition australis) im Ufer- und Verlandungs-

Der Rohrbohrer (*Phragmataecia castaneae*) kommt heute in Baden-Württemberg nur noch in Schilfgebieten der Oberrheinebene und des Alpenvorlandes einschließlich des Bodenseebeckens vor. Durch das »Schilfsterben« ist auch diese Art bedroht. Die Falter kommen nachts zum Licht. – Taubergießen 12. 7. 94 H. Lussi. LF.

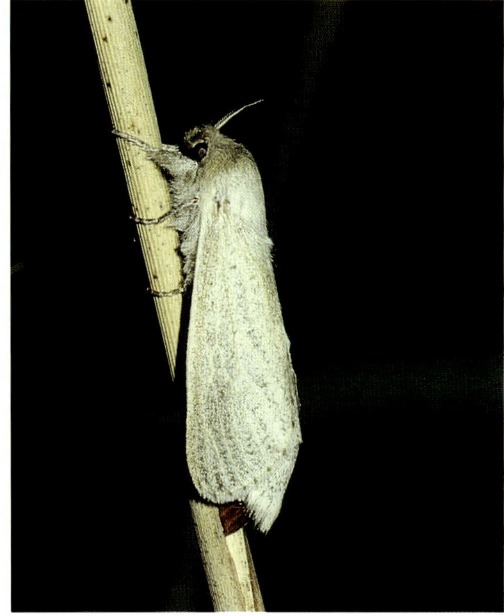

Ein Weibchen des Rohrbohrers, hier in der späten Dämmerung bei der Eiablage an einem Schilfstengel in einem feuchten Graben der ehemaligen Überschwemmungsaue beobachtet und fotografiert. Der teleskopartig ausstülpbare Hinterleib reicht tief in die Blattscheide hinein. – Weisweil 7. 6. 81 T. Esche.

bereich von Seen und Teichen in Betracht. Aber auch auf feuchten Auwaldlichtungen mit größeren Schilfbeständen sind schon Falter (am Licht) gefunden worden. Mangels Raupenfunden bleiben bezüglich der Habitatansprüche dieser Art noch Fragen offen, z. B. inwieweit auch das Großseggenried (Magnocaricion) genutzt wird und wie die Angabe bei Meineke (1982) »Torfstiche mit Niedermoorelementen« larvalbiologisch zu verstehen ist.

Verhalten: Die Männchen fliegen am späten Abend sowie in den ersten Morgenstunden. Die männlichen Falter kommen oft ans Licht. Aichele (1925) berichtete darüber, daß dies »mit außerordentlichem Ungestüm« geschieht und daß der Falter »unter schlängelnden Bewegungen dicht an der Leinwand« bleibt. Die Weibchen werden am Licht jedoch selten beobachtet. Sie legen ihre 1,5 × 0,8 mm großen Eier einzeln oder paarweise in die Blattscheiden. Die Raupe bohrt im Inneren der Schilfstengel und soll etwa 21 Monate zu ihrer Entwicklung benötigen. Die Verpuppung erfolgt kopfaufwärts in einem Stengelabschnitt. Die Puppe kann sich darin auf und ab bewegen (vgl. die Angaben von Skinner, in Heath & Emmet 1985).

Gefährdung und Schutz

Rote Liste Bundesrepublik: –
Rote Liste Baden-Württemberg: V

Oberrheinebene: Art der Vorwarnliste.
Schwarzwald: Nicht vertreten.
Neckar-Tauberland: Nicht vertreten.
Schwäbische Alb: Nicht vertreten.
Oberschwaben: Art der Vorwarnliste.

- In Baden-Württemberg eine Art der Vorwarnliste!

Eine zunehmende Gefährdung ist für den Rohrbohrer durch Trockenlegungsmaßnahmen an schilfreichen Stillgewässern gegeben. Darauf wurde übrigens schon vor vielen Jahren hingewiesen, so beispielsweise durch H. Lienig (Kartei) für die nähere Umgebung von Weinheim (nördliche Oberrheinebene): »In früheren Jahren (vor 1910) wurde der Falter öfters von Scriba an Straßenlaternen gefangen. Trockenlegung der alten Tongruben in der Ebene dürfte das Vorkommen des Falters mindestens stark dezimiert haben«. Schneider (1937)

Im Gradnausbruch bei Linkenheim-Hochstetten ist der Rohrbohrer noch mit einer starken Population vertreten. Zu seinem Lebensraum gehören diese Schilffläche entlang eines Wassergrabens am Rande eines Erlenbruches sowie eine sich rechts davon anschließende, ausgedehnte Röhrichtfläche (im Bild nicht mehr erkennbar). Lichtfangergebnisse des Jahres 1992 (M. Göbel & U. Ratzel) mittels Lebendfallen (15 W) wiesen an dieser Stelle einen besonders hohen Anteil an *P. castaneae* aus. Teilweise konnten mehr als 40 Tiere pro Nacht registriert werden. 19. 6. 94 U. Ratzel.

bemerkt, daß die Art früher auch bei Stuttgart und anderen Orten vorkam, infolge Trockenlegung der Weiher usw. verschwunden sei. Dies trifft sicherlich auch für die Fundstellen im Kupfermoor bei Gailenkirchen und an der Schwarzen Lache bei Maulach zu, desweiteren für die »sumpfigen Stellen des Hardtwaldes bei Karlsruhe«, wo M. Daub diese Art früher gefunden hat (Reutti 1898). Deutlich ist der Rückgang auch in Oberschwaben, wo an manchen Stellen wie z. B. bei Überlingen *Phragmataecia castaneae* früher regelmäßig gefunden worden ist (nach Gewährsmann Commerell, in Kartei A. Gremminger). Auch am Kaiserstuhl waren die Falter häufig, wie viele alte Meldungen bis in die 50er Jahre bestätigen. Die Trockenlegung der Faulen Waag hat auch hier die Bestandssituation drastisch verändert. Sie wird sich aller Voraussicht nach auch weiterhin durch fortschreitende Grundwasserabsenkung und Schilfsterben negativ entwikkeln. Es ist deshalb festzuhalten, daß der Rohrbohrer lokal durchaus gefährdet oder verschwunden ist! An anderen Stellen, z. B. im nördlichen Oberrheingebiet und am Federsee, ist die Bestandssituation noch verhältnismäßig gut.

Die effektivste Schutzmaßnahme zur Erhaltung dieser Art in Baden-Württemberg ist in der unverzüglichen Sicherstellung der noch vorhandenen Lebensräume (Schilfgebiete) zu suchen, was gerade in den vom Freizeitsport oftmals arg strapazierten Uferzonen der Gewässer besonders wünschenswert wäre. Insbesondere im Bodenseebecken werden solche Maßnahmen (mit anderen Schutzzielen) ja schon seit langem gefordert.

Zeuzera pyrina
Linnaeus, 1761

Blausieb

Gesamtverbreitung: Von Portugal bis zum Primorjegebiet und von Südskandinavien bis Nordafrika und Westasien. In Nordamerika eingeschleppt. Ein deutlich verschiedenes Taxon (*biebingeri* Speidel & Speidel 1986) ist auf Kreta endemisch.

Verbreitung

Regional: Das Blausieb ist in allen Naturräumen Baden-Württembergs verbreitet. Besondere Gunsträume scheint es nicht zu geben. Das hängt sicher-

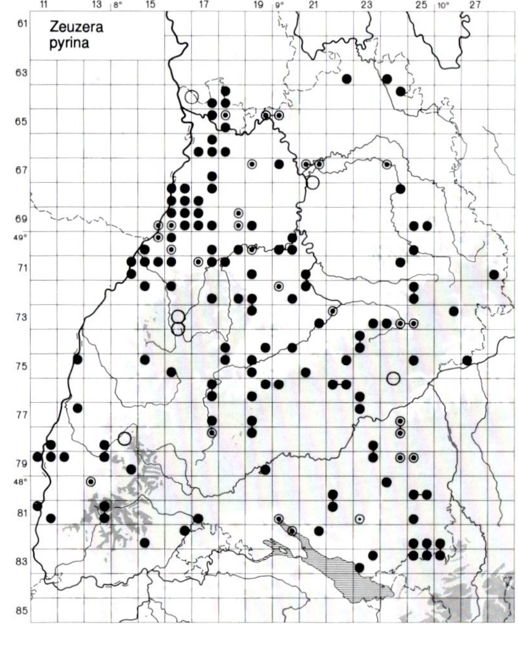

lich damit zusammen, daß sich diese Art, mehr noch als der Weidenbohrer, an das Kulturland angepaßt hat und dadurch gerade auch im Siedlungsbereich vorkommt.

Als Gehölzbewohner meidet sie lediglich das baumfreie Offenland. Fehlende Nachweise sind darauf, wie auch auf noch reichlich vorhandene Kartierungslücken zurückzuführen.

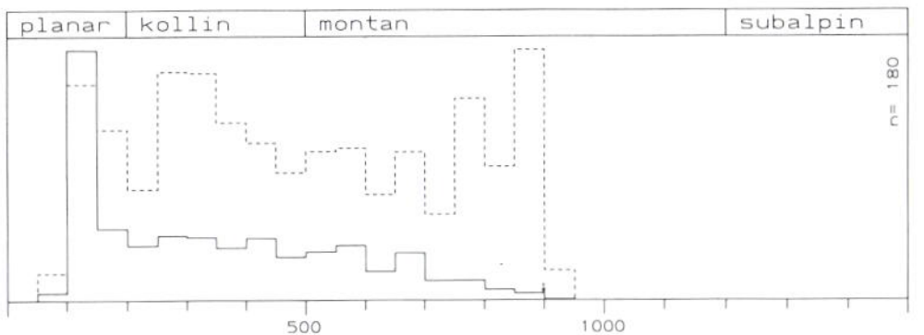

Vertikal: *Zeuzera pyrina* ist in Baden-Württemberg von der Ebene bis in das höhere Bergland verbreitet. Sowohl auf der Schwäbischen Alb als auch im Schwarzwald liegen die bislang höchsten Fundstellen bei etwa 900 m üNN.

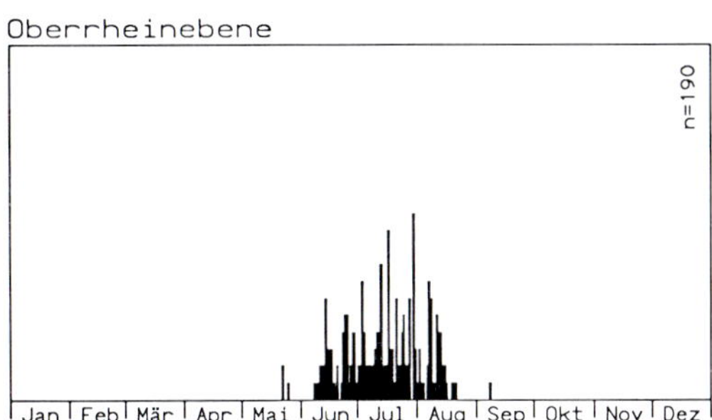

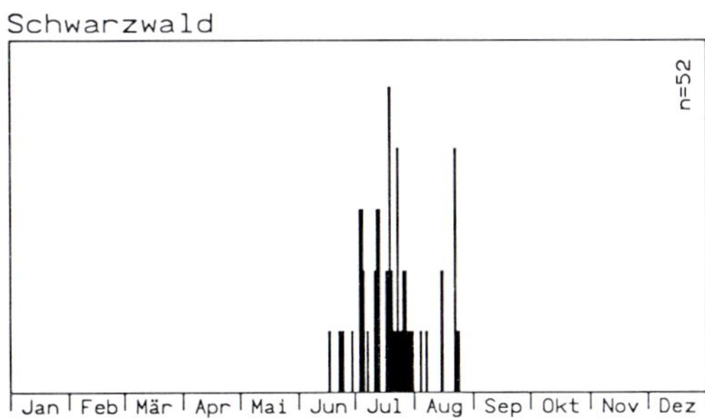

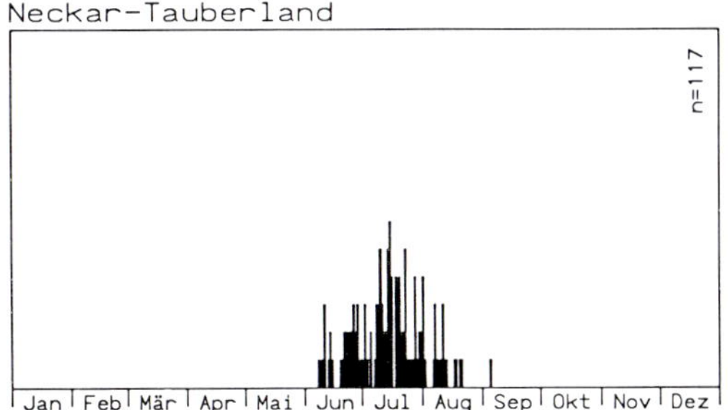

Das Blausieb (*Zeuzera pyrina*) ist eine in Wäldern, vor allem aber im baumreichen Kulturland weit verbreitete Art und aufgrund seiner charakteristischen schmalflügeligen Gestalt und den schwarzblauen Tupfen auf weißem Grund mit keinem anderen einheimischen Schmetterling zu verwechseln. – Kirchentellinsfurt 9. 7. 85 A. Steiner. LF.

Phänologie

Imagines: Beim Blausieb erstreckt sich die Flugzeit in allen Naturräumen ziemlich einheitlich von Mitte Juni bis Mitte August, wobei die höchste Individuenzahl im Juli erreicht wird. Unabhängig davon wurden in der Oberrheinebene schon einzelne frühe Falter im Mai gefunden (22.5. 1969, Hochstetten, K. H. und B. Ratzel; 25.5. 1960, Karlsruhe, Rheinwald, W. Ipp). Der späteste (Einzel-)Fund datiert hier vom 8.9. (1980, Sandhausen, H. Lahm). Im Neckar-Tauberland wurde der bisher späteste Falter am 5. September (1978, Wilferdingen, M. Wallner) festgestellt.

Präimaginalstadien: Die Raupen dieser Art, die nach Urbahn (1939) eine zweijährige Entwicklungszeit hat, wurden auch in Baden-Württemberg zu allen Jahreszeiten gefunden, wobei allerdings nur wenige Angaben zum jeweiligen Entwicklungsstadium vorliegen. Immerhin kann aufgrund gleichzeitiger Funde noch kleiner, aber auch schon erwachsener Raupen (z. B. in der Oberrheinebene im Frühjahr an Misteln) die Richtigkeit dieser Angabe bestätigt werden.

Ökologie

Lebensraum: Die Art besiedelt eine Vielzahl von Lebensräumen. Dazu gehört der Wald in seinen verschiedenartigen Strukturen, von feucht (Auenwälder, Moorrandwälder) über mesophil (Laubmischwälder) bis hin zu trockenen Kiefernwäldern, wo die Mistel der Waldkiefer als Nahrungsquelle genutzt wird. Besonders häufig (und dabei manchmal auch schädlich) tritt das Blausieb in Gärten, Streuobstwiesen und Obstkulturen (Kernobstplantagen u.dergl.), aber auch in Baumschulen, ferner in Parks, Anlagen und Straßenalleen auf.

Nahrung der Raupe:
Populus tremula – Zitter-Pappel
L (BAI)
Betula pendula – Hänge-Birke
L (NÖR, STR)
3 *Fagus sylvatica* – Rotbuche
L (BIS, GRE, NÖR)
Quercus robur – Stiel-Eiche
L, P (BLÄ)
Quercus spec. – Eiche
L (LOS, NÖR, REI)
4 *Viscum album* – Mistel
L (BLÄ, LAH, PAR)
Pyrus communis – Garten-Birnbaum
L (HAM)
Malus domesticus – Garten-Apfel
L (GRS, REI)
Sorbus aucuparia – Gewöhnliche Vogelbeere
L (NÖR)
Acer saccharinum – Silber-Ahorn
L (NÖR)
Acer spec. – Ahorn
L (DAU, NÖR)
Aesculus hippocastanum – Roßkastanie
L (ANONYMUS)
Ilex aquifolium – Stechpalme
L (WIN)
Tilia spec. – Linde
L (DAU, NÖR)
Frangula alnus – Faulbaum
L (NÖR)
3 *Fraxinus excelsior* – Gewöhnliche Esche
L (DAU, NÖR)
Syringa vulgaris – Gewöhnlicher Flieder
L (PAR)
Viburnum lantana – Wolliger Schneeball
L (BLÄ)

Wie unsere Liste der Nahrungspflanzen zeigt, ist die Raupe des Blausiebs auch in Baden-Württemberg in den meisten der aus der Literatur bereits

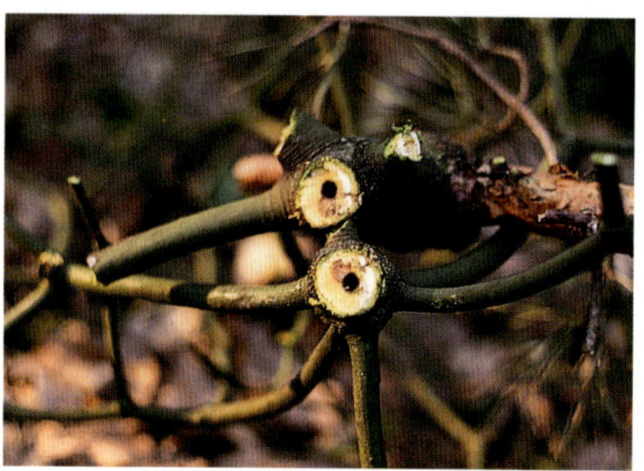

Neu für Baden-Württemberg war der Nachweis der Raupe von *Zeuzera pyrina* an Mistel. Der Sturm zu Beginn des Jahres 1992, bei dem viele mistelbesetzte Kiefern umgeworfen wurden, hat zu dieser Entdeckung geführt. Hier ist der zentrale Bohrgang in einer abgesägten Mistel (*Viscum album austriacum*) deutlich zu erkennen. – Heidelberg-Walldorf 21. 2. 90 H. LAHM. S.

bekannten Laubholzarten nachgewiesen. Neu scheint die Stechpalme zu sein, in der N. WINDSCHNURER (in seinem Garten in Karlsruhe-Durlach) eine solche Raupe fand, während die Mistel, bei URBAHN (1952) erstmals erwähnt, auch aus unserem Faunengebiet bestätigt werden kann. Nach den Sturmschäden des Jahres 1991 war es möglich, diesbezügliche Kontrollen, die eigentlich dem Glasflügler *Synanthedon loranthi* galten, in größerem Umfang durchzuführen. Dabei stellten insbesondere R. BLÄSIUS und H. LAHM in den Kiefernwäldern der nördlichen Hardt (Oberrheinisches Tiefland) einen relativ hohen Befall durch Raupen unterschiedlicher Größe an der Kiefern-Mistel (*Viscum album* ssp. *austriacum*) fest. *Zeuzera pyrina* ist also in der Lage, sich unter Nutzung dieses zu den Sandelbaumpflanzen gehörenden, weit verbreiteten Halbschmarotzers auch nadelholzreiche Gebiete (Kiefernwälder und -forste) zu erschließen. Daß die Mistel hier primäre Nahrungspflanze ist, liegt auf der Hand. URBAHN (l.c.) fand die Raupe übrigens an der Laubholz-Mistel (an »Schwarzpappel«) und meint, daß sie vielleicht anfangs die Pappel bewohnt habe und erst zur letzten Überwinterung in den Mistelstamm eingedrungen sei, was allerdings heute infrage gestellt werden kann.

Nach den Beobachtungen von A. FRIED (Pflanzenschutzdienst Karlsruhe) tritt das Blausieb in den letzten Jahren vermehrt in Apfelplantagen auf. So konnte in der nördlichen Oberrheinebene und den angrenzenden Gebieten im Jahre 1992 in 5 Anlagen (Rittenweier bei Weinheim, Ladenburg, Großsachsen, Walzbachtal-Jöhlingen und Karlsruhe-Durlach, Augustenberg) das Vorkommen dieser Art festgestellt werden. Befallen werden in der Regel Mitteltrieb oder Seitenast, was dann auch zum Absterben ganzer Bäume führen kann. An anderer Stelle (Malsch, 27.11. 1987, M. GRESSER) wurde eine halberwachsene Raupe im Zweig eines im Herbst zuvor gepflanzten jungen Apfelbäumchens gefunden. Birne ist dagegen in unserer Wirtspflanzenliste nur einmal vertreten: »Ein Aststück eines Birnbaums mit dem Larvengang des sog. Blausiebes (*Zeuzera pyrina* L.), von Herrn RUD. HAMMER in Stuttgart« (RAUTHER 1936).

Im August 1992 wurde in einem Garten in Karlsruhe (Stadtgebiet) an einem Zweig (ca. 2.5 cm Durchmesser) des gewöhnlichen Flieders ein Blausieb-Falter gefunden, der wenige Zentimeter über der noch herausragenden Puppenhülle saß (J. PARTENSCKY, mündl.Mitt.). Schon vor mehr als 100 Jahren wurden übrigens in Karlsruhe »in der Eschenallee gegen Eggenstein« (vor dem Linkenheimer Tor) regelmäßig Raupen gefunden, z.B. am 10.7. 1870 und am 13.7. 1874 »1 Stck. und 3 ausgeschl. Puppen«. »Der Schmetterling schlüpft gewöhnlich zwischen 4 und 6 Uhr nachmittags« (M. DAUB, Aufzeichnungen). Der gleiche Gewährsmann meldet von anderer Stelle (Beiertheimer Allee) in Karlsruhe unter dem 30.6. 1896 »1 sup. Weibchen (e.l.) an Ahornstamm« sowie vom 29.6.–1.8. 1899 mehrere Weibchen »e.l.« [ex larva], in diesem Falle also frisch geschlüpft an »Ahornbaum«.

Der im vergangenen Jahrhundert als Professor an der Akademie in Hohenheim tätig gewesene Forstrat NÖRDLINGER führt in seinen Nachträgen zu RATZEBURGS Forstinsekten (NÖRDLINGER 1880) auch das Blausieb auf: »Man trifft seine Gänge in einer Menge Laubholzarten. Die runde Form der ersteren schützt gegen Verwechslung mit *cossus*. Hier fand ich ihn [in] neuerer Zeit auch in Esche, Vogelbeer, Ahorn, *Acer dasycarpum*, Faulbaum, Birke, Eiche, Linde, aber besonders häufig in Buche das eine Mal in Pflanzen, das andre in Stangen oder starken Stämmen. Der Unrath der von der Raupe ausgestossen wird und zuweilen in faustgrossen Haufen am Boden liegt, liesse eine größere Raupe erwarten. Erwachsene Raupe oder Puppe Ende Mai, Juni oder Juli. – Die frühere Angabe von *Rhus typhina* als Wohnpflanze dürfte neu zu prüfen sein«.

Nach ESCHERICH (1931) ist die Polyphagie der Raupe von *Zeuzera pyrina* noch weit größer als die des Weidenbohrers. »Sie kommt wohl in den meisten Laubholzarten vor, allerdings Harthölzer bevorzugend ... Im Gegensatz zu

Halberwachsene Raupe von *Zeuzera pyrina* in ihrem Fraßgang an Mistel. Sie kommt in den meisten Laubholzarten vor, überwiegend jedoch in Harthölzern. Im Gegensatz zum Weidenbohrer werden dünnere Stämme oder Äste deutlich bevorzugt. So wurde beispielsweise in der südlichen Oberrheinebene eine Jungraupe in den äußersten Zweigspitzen von Sanddorn (*Hippophae rhamnoides*) gefunden, die durch den Befall abwelkten. Neuerdings tritt sie vermehrt in Apfelplantagen auf, wo sie an jungen, aufgrund neuer Sortenwahl und Pflanzmethoden instabil gewordenen Bäumchen erheblichen Schaden anrichten kann. – Heidelberg-Walldorf (R. BLÄSIUS leg.) 23. 4. 94 G. EBERT. S.

Die Raupe des Blausiebs fertigt keinen Kokon an, sondern verpuppt sich kopfabwärts oder horizontal in ihrem Fraßgang, hier im Sanddorn. Die Puppe schiebt sich vor dem Schlüpfen des Falters mit Hilfe ihres Stirnfortsatzes durch das sorgfältig vorbereitete, nur dünnwandig verschlossene Ausflugloch vor. – Bad Bellingen 5. 92 R. BLÄSIUS. S.

Cossus cossus werden dünnere Stämme oder Äste bevorzugt. Ein weiterer Gegensatz besteht darin, daß es sich bei *Zeuzera* meist um einen solitären Befall handelt, während die *Cossus*-Raupen gewöhnlich in großer Zahl gemeinsam eine Stammpartie bewohnen«.

Bei einer Kalamität von *Zeuzera pyrina* in der Ukraine konnte eine deutliche Vorliebe für Esche, gegenüber Ulme, Eiche und Ahorn beobachtet werden (ESCHERICH l.c., nach CIOPKALO 1928).

Habitat: Das Larvalhabitat wird durch das Vorhandensein geeigneter Laubhölzer bestimmt. Da die Raupe an den meisten Laubholzarten lebt, sind auch die Habitatmöglichkeiten besonders groß. Hinzu kommt, daß die Standorte der Nahrungsgehölze meist im Siedlungsbereich liegen und der anthropogene Faktor dementsprechend hoch ist. Die Falter selbst sind durch ihre Bereitschaft, Lichtquellen anzufliegen, an allen möglichen, meist »untypischen« Lokalitäten anzutreffen.

Verhalten: Die Falter sind nachtaktiv; beide Geschlechter kommen ans Licht, die Weibchen meist später als die Männchen. Tagsüber findet man die Imagines zuweilen an Stämmen sitzend. Angeblich sind, wenn auch selten, Falter schon am Köder beobachtet worden. Auch hier ist eine aktive Aufnahme von Flüssigkeit zweifelhaft. Das Weibchen legt das 1.5 × 0.7 mm große Ei einzeln oder in größeren Partien bis zu 300 Stück (AUE 1934) in Rindenspalten oder an die Oberfläche von Stämmen oder Zweigen der Nahrungspflanze. Die Eidauer ist temperaturabhängig. Nach AUE (l.c.) beträgt sie 21 Tage. Stämme oder Zweige bis zu 10 cm Durchmesser werden von der Raupe befallen. In der Mistel finden sich die Bohrlöcher meist deutlich sichtbar an der Basis. Die Raupe verpuppt sich ohne Kokon kopfabwärts oder horizontal in ihrem Fraßgang. Die Puppe schiebt sich vor dem Schlüpfen durch das sorgfältig vorbereitete Ausflugsloch vor.

Prädatoren: Feinde der Imagines sind in erster Linie Vögel (z.B. Sperlinge), für die sitzenden Falter aber auch Ameisen. Feinde der Raupen und Puppen sind vor allem die Spechte.

Gefährdung und Schutz

Rote Liste Bundesrepublik: –
Rote Liste Baden-Württemberg: –

Oberrheinebene: Nicht gefährdet.
Schwarzwald: Nicht gefährdet.
Neckar-Tauberland: Nicht gefährdet.
Schwäbische Alb: Nicht gefährdet.
Oberschwaben: Nicht gefährdet.

- In Baden-Württemberg nicht gefährdet!

[1] Die Durchsicht des Manuskriptes über die Procridinae besorgte in liebenswürdiger Weise Herr Dr. G. TARMANN (Innsbruck). Für seine wertvollen Hinweise und Ergänzungen sei ihm auch an dieser Stelle sehr herzlich gedankt.

Zygaenidae (Widderchen)

Systematik

Die bis in unsere Tage hinein gültige Untergliederung der Familie Zygaenidae durch ALBERTI (1954/55) geht in weiten Zügen noch auf JORDAN (1907–1909) zurück. Basierend auf sogenannten »Leitmerkmalen« (wobei konsequent nicht zwischen abgeleiteten, konstitutiven und ursprünglichen, also phylogenetisch bedeutungsloseren Merkmalsausprägungen unterschieden wurde!) entwikkelte ALBERTI ein System, das drei Hauptstämme mit insgesamt 5 Subfamiliengruppen enthielt. Neueste Untersuchungen (C.M. NAUMANN, G. TARMANN unveröffentl.) zeigen jedoch die Mängel des stark typologisch geprägten Systems von ALBERTI auf.

Die Anwendung konsequent-phylogenetischer Methoden liefert eine Dreiteilung der Zygaenidae in Procridinae, Zygaeninae und Chalcosiinae. Charideinae, Himantopterinae und Anomoeotinae scheiden aus diesem System aus. Unklar bleibt die Stellung der Phaudinae. Innerhalb der Zygaenidae scheinen die Chalcosiinae und Zygaeninae ein Monophylum zu bilden. Die Schwestergruppe dieser beiden stellen die Procridinae dar. Mehrere Anzeichen sprechen dafür, die Heterogynidae verwandtschaftlich nächststehend dieser monophyletischen Gruppe anzusiedeln.

Verbreitung

Alle drei Subfamilien sind für unser Faunengebiet nachgewiesen. Die *Zygaeninae* (mit ca. 130 Arten) werden in mehrere afro-tropische, eine orientalische und eine ostasiatische Gattung untergliedert. Ferner gehört hierzu die rein paläarktisch verbreitete, artenreiche Gattung *Zygaena* (mit fast 100 Arten). Als deren primäres Entwicklungszentrum muß der arabische Raum bis zum irano-afghanischen Hochland angenommen werden. Ein auch für unsere Fauna bedeutendes sekundäres Evolutionszentrum stellen die Atlasländer Nordafrikas (s. *Z. fausta*) dar. In Mitteleuropa sind diese Rot-Widderchen mit 15 Arten vertreten (drei weitere erreichen peripher im Südosten diesen Raum: *Z. laeta*, *Z. punctum*, *Z. brizae*), wovon mit einer Ausnahme (*Z. exulans*) alle Arten auch in Baden-Württemberg nachgewiesen werden konnten (plus 2 fossile Arten). Die basisnah abgezweigten Gattungen leben an Celestraceen; nur die Gattung *Zygaena* ist auf Apiaceen und Fabaceen übergewechselt (sekundär einige Arten auf Asteraceen und Lamiaceen, z.B. *Z. purpuralis*).

Die Procridinae (Grün-Widderchen; ca. 300–400 Arten) sind erdweit verbreitet. Von Bedeutung für unseren Raum sind die Gattungen *Adscita* (ca. 50 Arten) und *Rhagades* (5 Arten), deren beider Verbreitungsschwerpunkt in der westpaläarktischen Region liegt. 5 *Adscita*-Arten (eine weitere ist fraglich) und eine *Rhagades*-Art kommen in unserem Untersuchungsraum vor. Für die Vertreter der Gattung *Adscita* sind Pflanzen verschiedener Familien (Asteraceae, Cistaceae, Globulariaceae, Polygonaceae) von Bedeutung, wobei manche Arten (*A. globulariae*, *A. mannii*) sogar Raupennahrungspflanzen aus zwei verschiedenen Familien aufweisen. Die *Rhagades*-Arten leben auf Rosaceen, Fagaceen und Ericaceen.

Von der dritten Unterfamilie, den bizentrisch in Süd-Ostasien und im westlichen Mittelmeerraum verbreiteten Chalcosiinae (ca. 300–400 Arten), kommt eine Art in Marokko vor; die andere (*Aglaope infausta*) ist der einzige Vertreter dieser Unterfamilie in Europa und hat in Deutschland ihre östliche Verbreitungsgrenze. Die Raupen leben auf *Prunus*-Arten (*A. infausta* auch auf *Crataegus* spp., Rosaceae; näheres zur Nahrungspflanzenbindung der Chalcosiinae und Procridinae s. TARMANN 1992).

Procridinae[1]

Von GÜNTER EBERT und HANS GEORG LUSSI

In Baden-Württemberg kommen aus dieser Unterfamilie 6, vermutlich sogar 7 Arten vor, früher alle unter dem alten Gattungsnamen *Procris* (= *Ino*) geführt. ALBERTI (1954) teilte diese Gattung in 7 Hauptgruppen (Untergattungen) ein, von denen wiederum 3 bzw. 4 (*Jordanita*, *Roccia* und *Adscita* (= *Procris*), möglicherweise auch *Lucasiterna*) bei uns vertreten sind. Allen diesen Gruppen gemeinsam ist ein mutmaßlich vorderasiatisches Entfaltungszentrum mit westlichen und nördlichen Ausbreitungswegen in den mediterranen Raum und die im Norden angrenzenden Gebiete.

Fast alle bei uns heimischen Arten sind Offenlandsarten auf Magerrasen und/oder einmähdigen, trockenen, weitgehend ungedüngten Wiesen. Infolge der heute praktizierten intensiven Grünlandwirtschaft sind sie mehr oder weniger stark gefährdet. Zwei davon *(Rhagades pruni, Adscita statices)* haben an Feuchtgebiete angepaßte Ökovarianten (Ökomorphen) entwickelt; auch eine dritte *(Adscita globulariae)* konnte bei uns schon aus einem Hochmoorbereich nachgewiesen werden. Alle sind als Zeigerarten für bestimmte Feucht- und Trockenbiotope und deren Veränderungen bestens geeignet. Allerdings mangelt es noch an der genauen Kenntnis ihrer Larvalökologie.

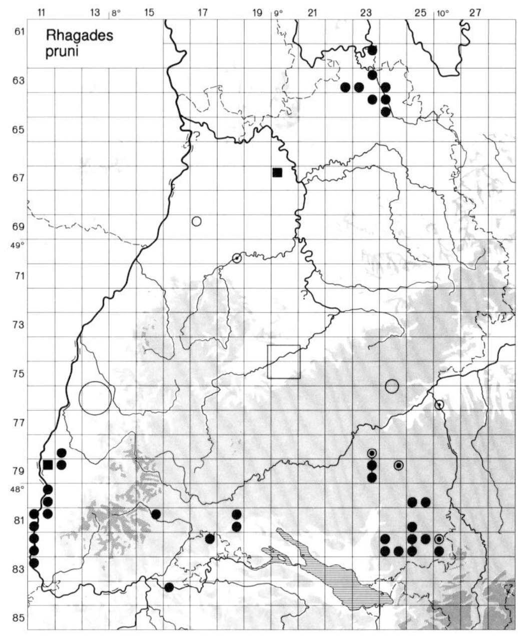

Rhagades pruni
Denis & Schiffermüller, 1775

Heide-Grünwidderchen

Ino pruni SCHIFF. (REUTTI 1898, LAMPERT 1907, REBEL 1910, ECKSTEIN 1913–1923)
Procris pruni SCHIFF. (SEITZ 1907–1954, SPULER 1908–1910, SCHNEIDER 1936–1939, BERGMANN 1951–1955, KOCH 1955)

Gesamtverbreitung: Von den spanischen und französischen Pyrenäen durch West- und Mitteleuropa ostwärts bis Ostasien (China, Japan). Im Norden verläuft die Grenze des noch ungenügend bekannten Areales durch das südliche Finnland, im Süden durch den Norden der Apennin- und Balkanhalbinsel. Auch aus dem Kaukasus ist diese Art bekannt, dagegen fehlt sie in Vorderasien, ebenso wie auf den Britischen Inseln. ALBERTI (1954) sieht den Schwerpunkt ihrer Verbreitung eher in Ostasien als in der Westpaläarktis. In Zentralasien reicht sie südlich bis zum Alaigebirge.

»*Rhagades pruni* ... muß in zwei Einwanderungswellen nach Europa gekommen sein. Eine Einwanderungswelle erfolgte in einer feucht-kühleren, eine andere in einer trokken-wärmeren Klimaperiode. Die sich im Laufe der erdgeschichtlichen Entwicklung ändernden Verhältnisse haben zu einer Biotopaufsplitterung geführt, so daß sich heute für die feucht-kühler adaptierte Hochmoor- und Heideform ein boreomontanes Verbreitungsbild ergibt, während die wärmeliebendere *Prunus*-Form auf die wärmsten Gebiete Mitteleuropas beschränkt blieb« (TARMANN 1984).

Verbreitung

Regional: Die Verbreitung von *Rhagades pruni* in Baden-Württemberg ist die zweier Ökovarianten, die sich unter dieser Art verbergen. Der in »Trokkenbiotopen« an Schlehengebüsche gebundene Typ 1 kann aktuell noch in 3 Teilarealen nachgewiesen werden, nämlich im Tauberland, in der südlichen Oberrheinebene (einschließlich Kaiserstuhl) und im äußersten Zipfel der Südwestalb (Hegaualb). Ursprünglich war er weiter verbreitet und kam mit Sicherheit auch im Kraichgau und Neckarbecken vor. Aus dem Wollenbachtal bei Bad Rappenau ist er im Jahre 1978 gemeldet, seither aber dort nicht mehr beobachtet worden. Zwei Einzelmeldungen aus dem Jahre 1960 beziehen sich auf die Fundorte Stuttgart-Öffingen und Wendlingen. Über ein früheres Vorkommen in diesem Raum berichten SEYFFER (1849) und HOFFMANN in: KELLER & HOFFMANN (1861): »Bei Stuttgart nicht selten; die Raupe wird Anfangs Juni an Waldrändern von Schlehe geklopft«.

REUTTI (1898) gibt u.a. Mannheim (Käferthaler Wald) und Weinheim an. Der letztgenannte Fundort kann nicht bestätigt werden. H. LIENIG führt in seinem Tagebuch (1920–1968) diese Art nicht auf. Auf Mannheim-Rheinau wird, unter Bezugnahme auf Gewährsmann E. ELLINGER, mit Funddatum Juni 1932 hingewiesen (A. GREMMINGER, Kartei). Auch hier fehlen Belegstücke. Vermutlich handelt es sich um Verwechslungen mit dunklen oder abgeschuppten *Adscita statices*, was auch für die beiden oben angeführten Meldungen aus dem Jahre 1960 (Funddatum 20. Juni!) zutreffen könnte.

Es ist durchaus möglich, daß diese Ökovariante noch an mehreren (eng begrenzten) Trockenstandorten in der Keuper-Muschelkalk-Landschaft vorkommt und bisher lediglich übersehen worden ist. In der Juralandschaft der Schwäbischen Alb scheint sie dagegen zu fehlen. Uns liegt nur ein Belegstück aus Schelklingen (4.7. 1937) vor, das von G. REICH stammt. In seinen Aufzeichnungen (1910–1965) findet sich jedoch keinerlei Hinweis auf ein Vorkommen von *Rhagades pruni* auf der Alb.

Der an »Feuchtbiotope« angepaßte Typ 2 ist in Baden-Württemberg auf die oberschwäbischen Moore beschränkt. Dieses Teilareal umfaßt im Norden die Naturräume Donau-Ablach- und Riss-Aitrach-Platten, im Süden das Westallgäuer Hügelland. Nachweise aus dem westlich angrenzenden Oberschwäbischen Hügelland und dem Bodenseebecken liegen uns nicht vor. Es besteht offensichtlich keine Verbindung zu dem weiter westlich im Hegau (Hegaualb) siedelnden Typ 1.

Zum Vorkommen von *Rhagades pruni* im württembergischen Alpenvorland bemerkt G. REICH (Aufzeichnungen 1910–1965) »in allen unseren Mooren wo viel Heidekraut wächst meist nicht selten – häufig, jahrgangweise sehr schwankend«. Nach MEINEKE (1982) ist sie auf größeren *Calluna*-Flächen des Wurzacher Riedes regelmäßig anzutreffen, »bis zu 10 Ex./h bei langsamer Begehung«. FUNK (1923) hat sie aus dem Federsee-Gebiet noch als eine »vielleicht neue Art« aufgeführt.

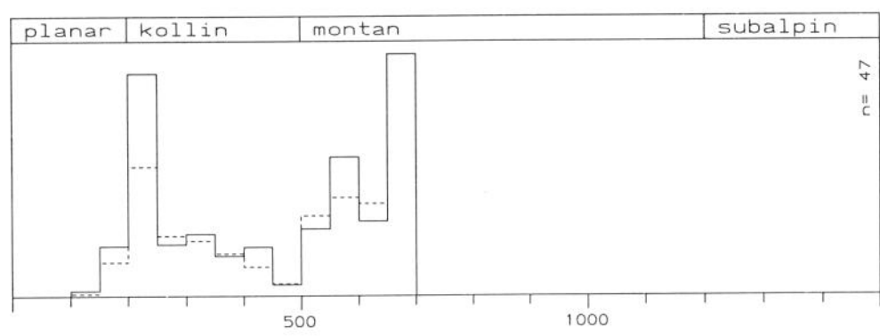

Vertikal: Die Ökovariante vom Typ 1 ist in der planaren Stufe (südliche Oberrheinebene), vorzugsweise aber in der kollinen Stufe (Kaiserstuhl, Neckar-Tauberland) verbreitet. Der im württembergischen Alpenvorland siedelnde Typ 2 ist der submontanen Stufe angepaßt. Die höchsten Fundstellen liegen hier knapp unter 700 m (Fetzachmoos bei Leutkirch).

Phänologie

Imagines: Beide Ökovarianten sind einbrütig und haben eine ± parallel verlaufende Imaginalphase. Sie dauert rund 4 Wochen und reicht von Ende Juni bis Anfang August. Die frühesten Daten bei Typ 1 sind der 26. Juni (1992, Taubental, A. BECHER), bei Typ 2 der 29. Juni (1934 und 1944, Ummendorfer

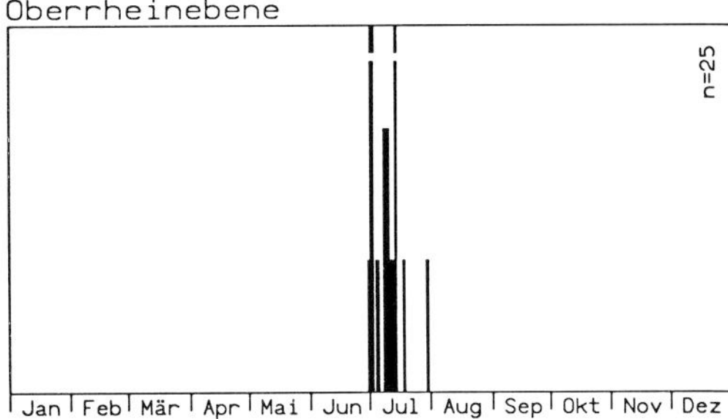

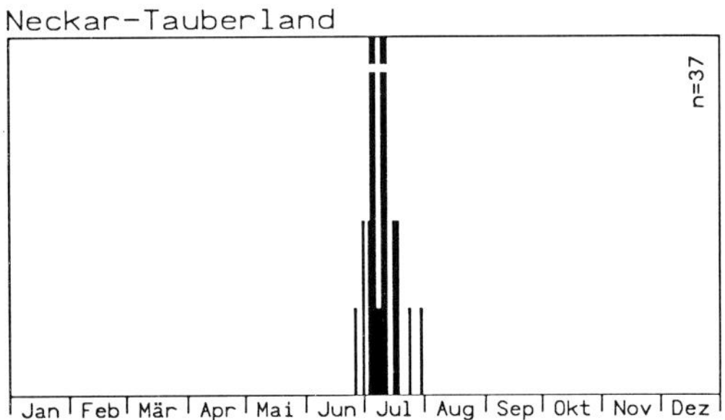

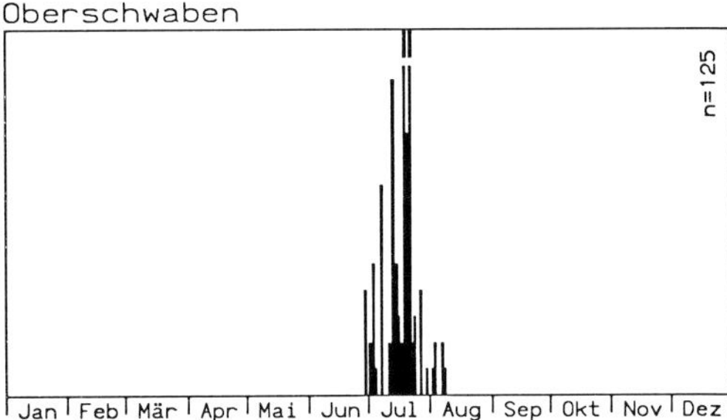

Ried, G. REICH); die analog spätesten der 1. August (1980, Hegau: Bittelbrunn, R. HERRMANN) und 8. August (1954, Fetzachmoos, G. REICH).

Präimaginalstadien: Raupenfunde (ausschließlich Typ 1) datieren vom 26. Mai bis 5. Juni. Dabei handelt es sich zumeist um das vorletzte oder letzte Häutungsstadium. Zur Überwinterung liegen keine Beobachtungen vor.

Nach Auskunft von G. TARMANN erfolgt sie in einem weißen, gesponnenen Hibernarium im L_3-Stadium. Die von H. LUSSI am 4. und 5. Juni (1983, Kaiserstuhl, Schelinger Matten) gefundenen 2 Raupen waren am 9. und 11. Juni verpuppt und ergaben am 2. Juli den Falter.

Ökologie

Lebensraum sind (oder waren) zum einen die im Oberrheingebiet (einschließlich Kaiserstuhl), Kraichgau, Neckarbecken und Tauberland schwerpunktmäßig verbreiteten Gebüsche (Schlehen-

Das Heide-Grünwidderchen (*Rhagades pruni*) kommt in Baden-Württemberg in zwei räumlich voneinander getrennten Ökovarianten vor. Diejenige der Feuchtbiotope – hier ein Weibchen – ist auf die oberschwäbischen Moore beschränkt. Ihre Raupe lebt dort vermutlich an Heidekraut. – Waldburg, NSG Scheibensee 27. 7. 78 G. Ebert.

Paarung von *Rhagades pruni* in einem Kalkmagerrasen im Tauberland. Deutlich zu erkennen ist die unterschiedliche Färbung beider Geschlechter. Das Männchen, das gekämmte Fühler besitzt, hat schwärzlichbraune, das Weibchen dagegen metallisch dunkelgrün glänzende Flügel und fadenförmige Fühler. – Werbach, NSG Limbachleiten 3. 7. 79 G. Ebert.

busch) trockenwarmer, meist kalkreicher Standorte an Hängen, Böschungen, Steinriegeln oder an Waldrändern. Zum anderen sind es die Hoch- und Übergangsmoore des württembergischen Alpenvorlandes. Dabei handelt es sich in der Regel um Heidestadien, d.h. trockenheitsliebende Arten wie das Heidekraut *(Calluna vulgaris)* – die vermutliche Nahrungspflanze der Raupen dieser Ökovariante von *Rhagades pruni* auch in Baden-Württemberg – dominieren. Meineke (1982) fand die Falter ausschließlich in mineralisierten bzw. eutrophierten Torfstichen auf *Calluna-Molinia*-Moorbirkenflächen auf Hochmoortorf, inzwischen auch frisch geschlüpft mitten in einem nassen Schlenkenkomplex im Gründlenried. M. Goldschalt hat sie »am Rande eines Streuwiesenkomplexes zur Hochstaudenflur hin« gefangen.

Nahrung der Raupe:

Prunus spinosa – Schlehe
L (Brm, Ebe, Frz, Gau, Hof, Lus, Par, Scr)
Helianthemum nummularium – Gewöhnliches Sonnenröschen
L (Her, Hof, Mei)
? *Calluna vulgaris* – Heidekraut
L (Rei)

Die Gewohnheit vieler Sammler, Schlehenbüsche nach Raupen abzuklopfen, hat dazu geführt, daß auch die Raupe von *Rhagades pruni* schon verhältnismäßig oft gefunden worden ist. Dies gilt jedoch nur für die Ökovariante der Trockenstandorte. Was die der Feuchtgebiete betrifft, so gibt es bis heute aus Baden-Württemberg noch keinen eindeutigen Fund an Heidekraut, obgleich eigentlich außer Zweifel stehen dürfte, daß die Raupe dieses Typs daran lebt. Die Beobachtungen mehrerer Mitarbeiter, die den Falter ausdrücklich auf *Calluna*-Flächen festgestellt haben, z.B. im Federseeried (H. Heidemann) und Wurzacher Ried (J.U. Meineke), weisen eindeutig darauf hin. G. Reich (Aufzeichnungen 1910–1965) notierte, daß die Falter viel im Heidekraut sitzen »... die Raupen leben wahrscheinlich an Heidekraut«.

An den Trockenstandorten scheinen, außer Schlehe (einschließlich »Krüppelschlehen«) auch noch andere Pflanzen als Nahrungspflanzen der Raupe in Betracht zu kommen. Zumindest gelegentlich ist dies der Fall. So hat J.U. Meineke im Kaiserstuhl bei Oberbergen im Mai 1986 eine Raupe am Gewöhnlichen Sonnenröschen gefunden und damit weitergezüchtet. H. Lussi fand, ebenfalls im Kaiserstuhl, eine Raupe, mindestens 5 m von der nächsten Schlehe entfernt, am Blütenköpfchen einer Esparsette ruhen (ob auch Nahrungspflanze?). In diesem Zusammenhang ist die Angabe von GRIEBEL (1909) interessant, der Raupen dieser Art im Nachbarland Rheinland-Pfalz »an niederen Eichenbüschen, an *Helianthemum, Fragaria* und *Rosa*« gefunden hat. Vor diesem Hintergrund ist auf eine Notiz von A. GREMMINGER (Kartei) hinzuweisen, wonach ein Gewährsmann M. VÖLKL im Jahre 1906 im Käfertaler Wald bei Mannheim eine Raupe von *Rhagades pruni* an Eiche gefunden haben will, deren Zucht am 25. Juni den Falter ergab. G. TARMANN wies übrigens darauf hin, daß die Art in ihrem Gesamtverbreitungsgebiet an diversen Rosaceen lebt, in Ostasien auch an Fagaceae und verwandten Familien. In Japan sind Schäden an Eiche bekannt.[1]

Nahrung des Falters: Keine Angaben aus Baden-Württemberg. *Rhagades pruni* hat einen reduzierten Rüssel (nur ca. 2 mm statt 5–6 mm). Die Falter nehmen voraussichtlich überhaupt keine Nahrung auf (G. TARMANN, schriftl. Mitt.).

Habitat: Typ 1 in Mesobromion- und Xerobromion-Verbuschungsstadien (Schlehenaufwuchs!) sowie im Berberidion (Pruno-Ligustretum). Typ 2 durch Raupenfund nicht eindeutig nachgewiesen, jedoch sehr wahrscheinlich ausschließlich an Hochmoore (Sphagnion magellanici) gebunden.

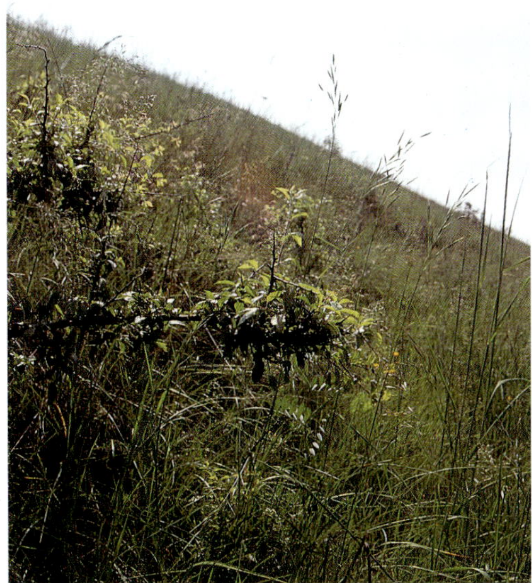

Im direkten Gegensatz zum »Feuchtbiotop« steht der Lebensraum »schlehenreicher Trockenhang«. Hier genügte eine einzige, inzwischen nicht mehr vorhandene Krüppelschlehe für die Entwicklung von etwa einem Dutzend *R. pruni*-Raupen. Auch die Raupe des Blaukopfs (*Diloba caeruleocephala*) lebte an ihr. – Kaiserstuhl, NSG Badberg 16. 5. 92 H. LUSSI.

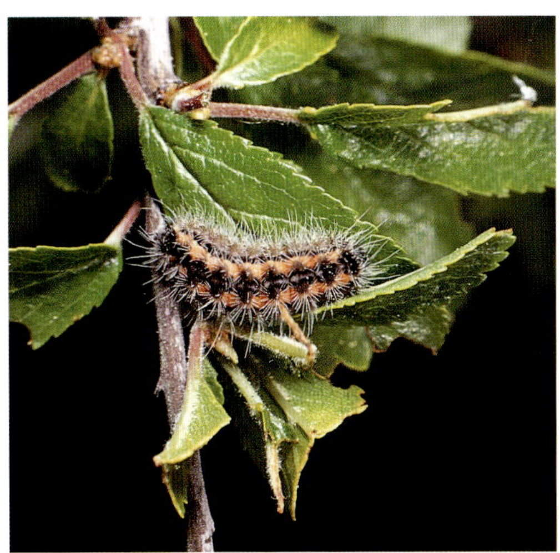

Die Raupe der in Trockenbiotopen vorkommenden Ökovariante findet man zumeist auf krüppelig wachsenden Schlehenbüschen. Sie lebt daran im Herbst und nach der Überwinterung bis Anfang Juni. Erwachsen spinnt sie einige Blätter über sich zusammen, um sich darin in einem lockeren Kokon zu verpuppen. Die Puppe gibt bei Störung ein deutlich wahrnehmbares, zirpendes Geräusch von sich, wie A. HOFMANN an Material vom Kaiserstuhl experimentell nachweisen konnte. – Kaiserstuhl, NSG Badberg 21. 5. 92 H. LUSSI.

Verhalten: Nach Beobachtungen von G. REICH in oberschwäbischen Mooren sitzen die Falter meist im Heidekraut und lassen sich bei kühlem Wetter [beim Fang] einfach fallen. H. HEIDEMANN fand sie im Federseegebiet bei schönem Wetter nachmittags in beiden Geschlechtern flugaktiv über Heidekraut.

»Während man die Männchen und Weibchen der *Calluna*-Form den ganzen Tag über dicht über der Vegetationsdecke schwirrend beobachten kann, ist die Flugaktivität besonders der Männchen bei der *Prunus*-Form auf die frühen Vormittagsstunden und die späteren Nachmittagsstunden beschränkt. Stets findet man die Tiere der *Prunus*-Form nur in unmittelbarer Nähe der Futterpflanzenbüsche und meist unmittelbar um diese schwirrend vor. Die Weibchen der *Prunus*-Form legen die Eier in einem grossen Eispiegel an die Unterseite der Blätter, während die Weibchen der *Calluna*-Form die Eier vielfach einzeln, in Reihen oder höchstens in sehr kleinen Gruppen an der Futterpflanze anheften« (TARMANN 1984).

[1] Am 25. 3. 1994 (nach Redaktionsschluß) fanden A. HOFMANN & R. HERRMANN im Kaiserstuhl drei ca. 4 mm große Raupen an *Helianthemum nummularium*. In der Zucht wurde an dieser Pflanze weitergefressen, *Prunus spinosa* und *Fagus sylvatica* dagegen verweigert.

Lebensraum der Feuchtvariante des Heide-Grünwidderchens sind die Verlandungsmoore des württembergischen Alpenvorlandes, wie hier das NSG Scheibensee, wo im Rahmen der Biotopkartierung eine kleine Population entdeckt werden konnte. – 27. 7. 78 G. Ebert.

Gefährdung und Schutz

Rote Liste Bundesrepublik: 3
Rote Liste Baden-Württemberg: 3

Oberrheinebene: Gefährdet.
Schwarzwald: Nicht vertreten.
Neckar-Tauberland: Gefährdet (regional bereits ausgestorben oder verschollen).
Schwäbische Alb: Gefährdet (nur randlich vorkommend).
Oberschwaben: Art der Vorwarnliste.

- In Baden-Württemberg gefährdet!
  Besonders geschützt gemäß § 20 e ff. BNatSchG.

Die an Trockenstandorte gebundene Ökovariante von *Rhagades pruni* ist überall dort gefährdet oder bereits verschwunden, wo solche Flächen durch Bebauung, Aufforstung und Umwandlung in Rebkulturen verlorengehen. Ein weiterer Gefährdungsfaktor ergibt sich manchmal auch aus der Biotoppflege, wenn sie zu radikal auf die Beseitigung aller Schlehenbüsche ausgerichtet ist. Bei der in den Hochmoorheiden lebenden Ökovariante sind es Abtorfung und Aufforstung mit Fichten sowie spontane Bewaldung entwässerter Hochmoore, wodurch ihr Bestand bedroht ist.

In beiden Fällen erscheint eine flächengenaue Nachkartierung der Trocken- und Feuchtpopulationen dieser Art in Baden-Württemberg angebracht, um bei der Ausweisung von Schutzgebieten und der Erstellung von Pflegeprogrammen darauf Rücksicht nehmen zu können.

Die Gattung Adscita (= Procris)

Von den mehr als 50 Arten dieser Gattung sind 5 Arten bis jetzt eindeutig aus unserem Faunengebiet nachgewiesen, nämlich

Adscita globulariae
Adscita notata
Adscita geryon
Adscita mannii
Adscita statices

Eine weitere Art, *Adscita subsolana*, könnte ebenfalls hier vorkommen, doch fehlen zu einem etwas mysteriösen Fund an Silberdistel das Belegstück sowie präzise ergänzende Angaben. Die zunächst als gute Art von *Adscita statices* abgetrennte *»heu-*

seri« (vgl. Heuser 1960, 1962; Reichl 1964) ist inzwischen wieder mit ihr vereinigt worden (vgl. Tarmann 1979 u.a.), so daß wir sie hier nicht auf Artniveau führen. Schneider (1937) führt für den württembergischen Landesteil neben *Procris globulariae* auch noch *Procris notata* und *Procris cognata* als schwer auseinanderzuhaltende Arten auf und bringt eine von Alberti (1936) übernommene Übersicht der wichtigsten Unterscheidungsmerkmale. Nach seiner Ansicht dürften beide letztgenannten Arten »auf Grund ihrer bisher bekannten Verbreitung auch im Gebiet vorkommen«. Auf *notata* trifft dies auch tatsächlich zu, während *cognata* Herrich-Schäffer »ihrer Artzugehörigkeit nach nicht zu deuten und der Name ... überdies vorweggenommen durch die nordafrikanische Species *cognata* Lucas« ist (Alberti 1938 a). Weitere Ausführungen zu diesem Thema s.u. Alberti (1937, 1938b und 1942). Eine sehr übersichtliche Aufstellung der Synonymie gibt übrigens Tremewan (1959). Bleibt noch auf *Adscita chloros* hinzuweisen, die, außer für Norddeutschland (vgl. Haeger 1931, Helbig 1938), u.a. auch für Südwest- und Mitteldeutschland (Forster 1960) angegeben wird. In Baden-Württemberg ist sie jedoch bis jetzt noch nicht gefunden worden. Drei Weibchen, alle mit dem gleichen handgeschriebenen Zettel »*chloros* 12.6. 25 Torfmoor Ummendorf« haben sich, wie ein von uns angefertigtes Genitalpräparat zeigt, als *Adscita geryon* erwiesen (s. dort).

Bestimmungshilfe

Die »Grünwidderchen« werden von vielen noch immer als eine mehr oder weniger schwer zu unterscheidende Schmetterlingsgruppe angesehen. Auf manche Komplexe wie z.B. die *statices*-Gruppe trifft das auch tatsächlich zu (vgl. Tarmann 1979). Andere Arten lassen sich jedoch anhand genitalmorphologischer Merkmale relativ leicht auseinanderhalten; auch der Bau der Fühler kann zur Unterscheidung herangezogen werden. Dementsprechende Abbildungen finden sich in zahlreichen, allerdings weit verstreuten Publikationen (s.u.a. Alberti 1954, Povolny & Smelhaus 1951, Tremewan 1961, Monteiro 1971, Fazekas 1980, Tremewan in: Heath & Emmet 1985). Dagegen verleitet die manchmal recht unterschiedliche Färbung der Tiere den Ungeübten sehr schnell zu Fehlbestimmungen, weil sie im allgemeinen kein Artmerkmal, sondern ein solches individueller Ausprägung ist, wobei die Skala von glänzend kupferfarben über metallisch oder matt grün bis blau reichen kann.

Raupen aus Parallelzuchten folgender Grünwidderchen-Arten: *Adscita statices* (oben links); *Adscita mannii* (unten links). Die Raupen der beiden anderen, später fliegenden Arten waren zu diesem Zeitpunkt noch nicht voll erwachsen: *Adscita geryon* (oben rechts); *Adscita globulariae* (unten rechts). – 14. 4. 93 H. Lussi. S.

So sind nach äußeren Merkmalen, die im wesentlichen in der Gestalt der Fühler sowie in Habitus und Größe liegen, die Männchen von *notata* und *globulariae* auf der einen Seite (spitzfühlerige Arten, zu denen auch noch *subsolana* zu rechnen ist) gegenüber denen von *geryon, mannii* und *statices* (stumpffühlerige Arten) auf der anderen Seite relativ leicht zu unterscheiden. Zwischen *notata, globulariae* und *subsolana* sollte in beiden Geschlechtern nur mit Hilfe der Genitaluntersuchung unterschieden werden. Für den Ungeübten ist dies auch zwischen *statices* und der im Durchschnitt kleineren *geryon* erforderlich. *Adscita mannii* kann an ihrer deutlich abweichenden dichteren Beschuppung erkannt werden, doch auch hier muß im Zwei-

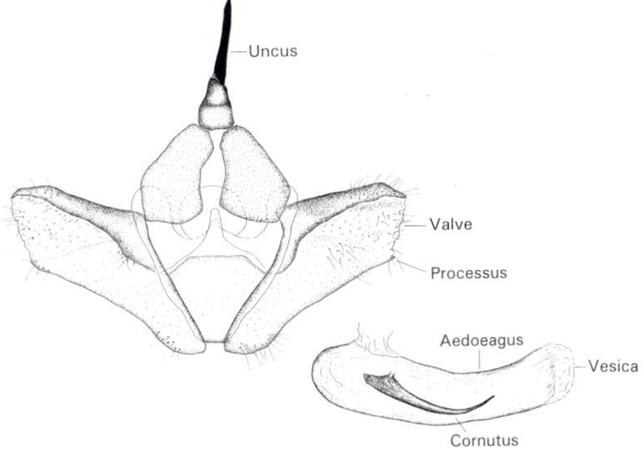

Genitalapparat (Männchen) einer *Adscita*-Art. Zeichnung nach Präp. Nr. B 440 *A. statices* (Rißtal: Ummendorf 21. 5. 50 G. Reich)

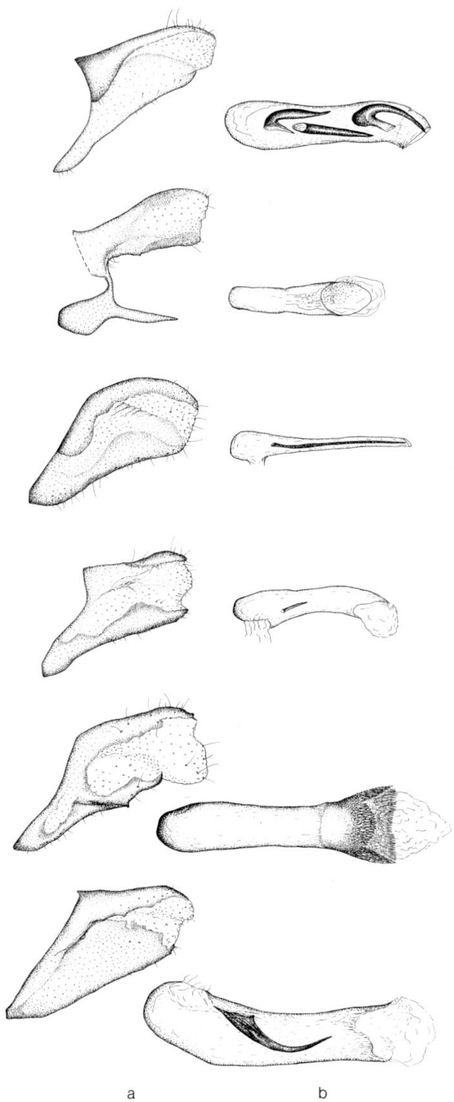

Genitalapparat (Männchen) von Arten der Gattung *Adscita* (a = Valve, b = Aedoeagus)
Adscita subsolana, Werra: Hedemünden 16. 6. 40 E. SCHÜTZE, Präp. Nr. B-779
Adscita globulariae, Tauberland: Grünsfeld 20. 7. 88 A. STEINER, Präp. Nr. B-648
Adscita notata, Klettgau: Birkingen 25. 6. 92 (e.l.) M. WEBER, Präp. Nr. B-965
Adscita geryon, Ostalb: Aufhausen 5. 8. 87 E. NICKEL, Präp. Nr. B-575
Adscita mannii, Kaiserstuhl: Badberg 21. 5. 92 G. EBERT, Präp. Nr. B-946
Adscita statices, Tauberland: Oberlauda 18. 7. 91 F. KIRSCH, Präp. Nr. B-1038

felsfalle die Bestimmung durch Genitalvergleich abgesichert sein. Bei einer solchen Differentialdiagnose ist immer auf die Merkmalskombination Valve/Aedoeagus zu achten, wobei die Gestalt des letzteren allein eher zur Artunterscheidung ausreichen würde als die der Valve. Auch bei den Weibchen ist die Genitalmorphologie recht charakteristisch gestaltet und eignet sich ebenfalls gut zur Arterkennung.

Vereinfachte Differentialdiagnose

A. subsolana
Valve: Einfach, fast parallelrandig gerade, schräg abgestutzt.
Aedoeagus: 3 kräftige, unterschiedlich geformte Cornuti.

A. globulariae
Valve: »Doppelt«, d.h. mit separatem Prozessus.
Aedoeagus: Ohne Cornutus.

A. notata
Valve: Einfach, parallelrandig gebogen.
Aedoeagus: 1 langer, stabförmiger Cornutus.

A. geryon
Valve: Einfach, parallelrandig gerade.
Aedoeagus: 1 kurzer, stabförmiger Cornutus.

A. mannii
Valve: Einfach, Costa gerade, bis zum Außenrand sklerotisiert. Prozessus kürzer, meist dreieckig vorspringend.
Aedoeagus: Ohne Cornutus, distal dicht gekörnt.

A. statices
Valve: Einfach, parallelrandig bis schwach konisch.
Aedoeagus: 1 kräftiger, gebogener Cornutus.

Adscita subsolana
Staudinger, 1862

Procris subsolana STGR. (BERGMANN 1951–1955)
Ino subsolana STGR. (REBEL 1910)
Lucasia subsolana STGR. (FORSTER 1960)
Procris globulariae subsolana STGR (SEITZ 1907–1954)
Procris cognata subsolana STGR. (SPULER 1908–1910)

Procris subsolana STAUDINGER 1862
(BLAB & KUDRNA 1982)

Gesamtverbreitung: Nach ALBERTI (1938 c) ganz Südeuropa, nördlich bis Mitteldeutschland, östlich bis Armenien, Kleinasien und Nordsyrien. Auf den Britischen Inseln fehlt diese Art.

Der Nachweis für das Vorkommen dieser Art in Baden-Württemberg gründet sich auf eine Silberdistel-Pflanze, die, zusammen mit anderen, vom Mitarbeiter R. STAREY in einem Gebiet »von Worndorf

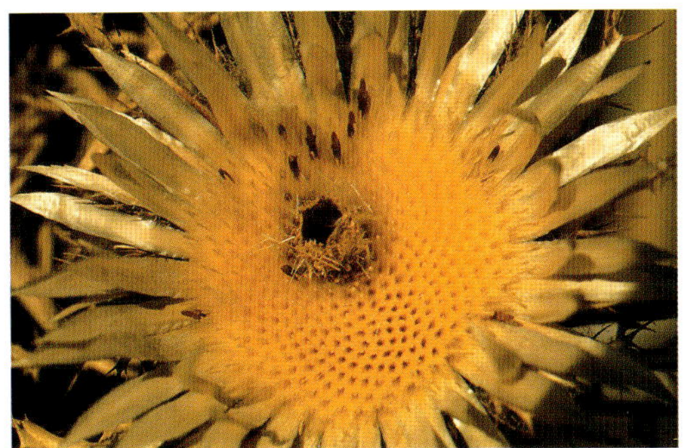

Dieses Ausschlupfloch aus dem Boden einer Silberdistel-Blüte stellt den bisher einzigen Nachweis des Distel-Grünwidderchens (*Adscita subsolana*) für Baden-Württemberg dar. Leider waren weder Fundort noch Funddatum genau rekonstruierbar, da die Pflanze Teil eines Trockenstraußes war. – »Obere Donau« (R. STAREY leg.) 1992 G. EBERT. S.

6–7 km in Richtung Donau« gesammelt und als Trockenstrauß zu Hause aufbewahrt worden ist. Aus dem Blütenkorb dieser Silberdistel schlüpfte eine »Grünzygäne«, die als solche einwandfrei erkannt worden ist (mündl. Mitt.). Leider ist sie entwischt, so daß als Beleg nur die Pflanze mit dem typischen Ausschlupfloch übrig blieb. Sie wurde dem Procridinae-Spezialisten G. TARMANN (Innsbruck) vorgelegt, der keinen Zweifel daran ließ, daß es sich bei ihrem Bewohner mit allergrößter Wahrscheinlichkeit nur um *Adscita subsolana* gehandelt haben konnte. Auch A. HOFMANN (Freiburg), der Fragmente der Puppenhülle überprüft hat, identifizierte sie als Zygänen-Puppe. Dieser Fund, der zeitlich nicht mehr genau fixiert werden kann, jedoch um 1985 herum erfolgt sein muß, könnte als Indiz dafür gewertet werden, daß es in Baden-Württemberg im Naturraum Oberes Donautal/Hegaualb ein bislang noch nicht entdecktes, derzeit nicht näher zu beschreibendes Vorkommen von *Adscita subsolana* gibt.

Nach ALBERTI (1940) war *Adscita subsolana*, ehe sie im Werratal entdeckt wurde, nur von Jena und dem mittleren Rheintal bei St.Goarshausen bekannt. Der unserem Faunengebiet nächstgelegene Fund stammt aus der Umgebung von Straßburg. Aus dem Nachbarland Rheinland-Pfalz wird sie »bei Ballweiler-Wolfersheim auf trockener Kalkheide« angegeben (HEUSER & JÖST 1959), im Saarland aus den Muschelkalklandschaften des Bliesgaus sowie bei Mimbach (SCHMIDT-KOEHL 1977). ALBERTI (l.c.) betrachtet »die heute offenbar stark isolierten und ganz wenigen deutschen Standorte der Art als Überbleibsel aus einer weitergehenden Verbreitung bei uns in der postglazialen Steppenperiode Europas, wobei wir den nacheiszeitlichen Einwanderungsweg aus dem Mediterranrefugium etwa vom Südwestrand der Alpen ausgehend, dem Rhone- und Rheintal folgend und dann ostwärts längs des Nordrandes des mitteldeutschen Berglandes sich hinziehend vermuten möchten, da der andere denkbare Wanderweg aus mehr östlichem Refugium durch das Donautal westwärts vorerst durch keine Funde von Zwischenstationen in Altdeutschland belegt werden kann«.

Gerade unter diesem Aspekt erscheint ein Nachweis von *Adscita subsolana* aus dem Gebiet der oberen Donau besonders interessant. Ohne seine Absicherung durch überprüfbares Belegmaterial mit eindeutiger Herkunft sind jedoch alle Angaben über Bestandsgröße, eventuelle Schutzmaßnahmen etc. rein spekulativ. Das nach den bisher leider nur vagen Angaben in Betracht kommende Gebiet liegt im submontanen Bereich zwischen 700 und 800 m.

Zur Phänologie liegen aus Baden-Württemberg noch keine Daten vor.

Im Werratal wurden im Jahre 1939 63 Falter in der Zeit vom 3. – 15. Juli notiert, darunter 9 Weibchen. Ein Jahr später wurden am 9. Juni die ersten Falter gefunden. Die Flugzeit wird deshalb als ausgedehnt bezeichnet und mit 9. Juni – 15. Juli angegeben (SCHÜTZE 1940, 1941). In Belgien wurde ein Falter dieser Art bereits am 7. Juni (1954), ein weiterer am 29. Juni (1958) gefunden (DE LAEVER 1958). Im mittelmährischen Hügelland flogen sie erst »in der zweiten Hälfte von Juli 1952–1953 mancherorts ziemlich häufig« (POVOLNY & SMELHAUS 1955).

Raupen wurden im Werratal sowohl am 26. Mai (erste Puppe daraus in der Zucht am 3. Juni) als auch noch am 9. Juni gefunden (SCHÜTZE 1941).

Als Lebensraum in Betracht kommen sonnige Kalk-Magerrasen (Jura). Nähere Angaben sind derzeit aus unserem Gebiet jedoch nicht möglich.

SCHÜTZE (1940) fand die Art im Werratal an einem nach Süden offenen, sehr geschützt gelegenen sterilen Kalkhang, der mit kümmerlichen Kiefern bestanden war. Eine unmittelbar angrenzende Stelle beschreibt er als einen »Hang mit kleinen bis mittelhohen Tannen, dazwischen üppige Kalkflora. Charakterpflanzen hier *Carlina vulgaris, Origanum* und *Senecio*«.

Aus Baden-Württemberg liegt nur der schon erwähnte Fund von R. STAREY vor, aus dem man die Schlußfolgerung ziehen könnte, daß sich die Raupe nicht nur in der Blüte dieser Pflanze verpuppt, sondern darin auch gefressen hat. Dies wäre nach G.

TARMANN der erste Nachweis an *Carlina acaulis*! Aus Deutschland ist sie sonst nur von *Carlina vulgaris* (Golddistel) bekannt. In den Alpen lebt die Raupe dieser Art an *Cirsium eriophorum* (Wollköpfige Kratzdistel), in Oberösterreich, Mähren, Ungarn etc. an *Echinops*-Arten (Kugeldistel).

Über die Raupe schreibt SCHÜTZE (1941), daß sie schwer zu finden sei, da sie »ganz in das Herz der Futterpflanze eingefressen ist«. Nach seinen Beobachtungen genügt das »Herz einer *Carlina*-Pflanze ... offenbar nicht, um die Raupe bis zur Verpuppungsreife zu ernähren. Sie ist also gezwungen, von Zeit zu Zeit eine andere Pflanze aufzusuchen. In der Zucht verpuppte sich die Raupe zwischen zwei Distelblättern in einem lockeren, gelblichen Gespinst«. Nach TARMANN (1980) findet man die Raupen am leichtesten im L_3-Stadium vor der Überwinterung sowie als erwachsene Raupe. Letztere hinterläßt in der Herzregion der Pflanze charakteristische Kotspuren, die nach dem Spreizen der inneren *Cirsium*-Blätter sofort sichtbar werden. Nach dem L_3-Stadium erfolgt übrigens eine Überwinterungshäutung. Die Raupe verläßt die Pflanze und begibt sich meist zwischen dichtes Krautwerk (z.B. die bodennahen Blätter ihrer Nahrungspflanze), um in einem ganz lockeren, aus weißen Fäden hergestellten Gespinst zu überwintern. Nach der Überwinterung frißt die Raupe, wie schon zuvor, noch eine zeitlang an den Blättern ihrer Nahrungspflanze. Zum Ende des L_5-Stadiums bohrt sie sich in das Herz der neu austreibenden *(Cirsium-)* Pflanze ein und führt die in der bisherigen Literatur beschriebene Lebensweise.

Den Eigenbeobachtungen TARMANNS (l.c.) zufolge geht die Raupe zur Verpuppung »tief in die Erde. Sie bohrt sich durch den Stengel bis in das Erdreich und spinnt einen relativ dichten, dunkelbraunen Kokon, der meist direkt an der Wurzel der Futterpflanze anliegt«. Nach dem von R. STAREY gelieferten Befund ist dies hier nicht der Fall! Verpuppungsort ist vielmehr der sehr kompakte Blütenkorb der Silberdistel.

Zum Verhalten kann wiederum auf die interessanten Beobachtungen aus dem Werratal (SCHÜTZE 1940, 1941) verwiesen werden. Er stellte z.B. fest, daß *Adscita subsolana* kaum Blüten besucht. Während der Mittagszeit halten sich die Falter dieser Art versteckt. Lebhaft werden sie dagegen erst in den späten Nachmittagsstunden. Auch die Weibchen sind dann »in den oberen Partien der Stauden« anzutreffen. In diesem Zusammenhang wird auf verwandte Arten wie *globulariae* und *notata* verwiesen, die bis in die Dämmerung hinein fliegen und sogar nachts ans Licht kommen. Zweimal fand er eine Kopula um 8 Uhr morgens. Die Pärchen hingen an Grashalmen und trennten sich bei Annäherung sofort.

Adscita globulariae
Hübner, 1793

Flockenblumen-Grünwidderchen

Ino globulariae HB. (REUTTI 1898, LAMPERT 1907, REBEL 1910, ECKSTEIN 1913–1923)
Procris globulariae HBN. (SEITZ 1907–1954, SPULER 1908–1910, SCHNEIDER 1936–1939, BERGMANN 1951–1955, KOCH 1955)
Procris cognata H.-S. (JORDAN nec H.-S. 1907 in SEITZ 1909)
Jordanita globulariae HBN. (FORSTER 1960)[1]
Rhagades globulariae HBN. (HERING 1932)

Procris globulariae HÜBNER 1791 (BLAB & KUDRNA 1982)
Jordanita globulariae HBN. (KOCH 1984)

Gesamtverbreitung: Ganz Süd- und Mitteleuropa einschließlich Südengland, nördlich bis Norddeutschland, östlich bis Kleinasien und Südrußland, fehlt in Süditalien sowie auf Sizilien.

Verbreitung

Regional: In Baden-Württemberg ist *Adscita globulariae* aus allen Hauptnaturräumen mit Ausnahme des Schwarzwaldes nachgewiesen. Ihre Verbreitung ist jedoch sehr lückenhaft und schwerpunktmäßig über die Muschelkalk- und Juralandschaften verteilt. Im Tauberland liegen die Fundstellen räumlich noch am dichtesten beisammen, einzelne auch in den benachbarten Gebieten (Bauland, Kocher-Jagst-Ebenen). Aus dem südlichen Kraichgau sind noch wenige Stellen mit kleineren Populationen bekannt, aus dem nördlichen Teil dieses Naturraumes dagegen nur noch eine. Noch etwas zahlreicher scheinen dagegen die Populationen im Alb-Wutach-Gebiet zu sein, die sich über Baar- und Hegaualb sowie dem oberen Donautal bis zur mittleren Alb hin erstrecken. Von der Ostalb ist uns dagegen nur ein einzelner Fund bekannt (G. EBERT/B. TRAUB).

Von diesem Teilareal durch den Schwarzwald deutlich getrennt existiert noch ein weiteres Vorkommen in der Markgräfler Rheinebene und am Kaiserstuhl, wogegen das ehemalige in der nördlichen Oberrheinebene erloschen zu sein scheint.

[1] Neuerdings wird *Jordanita* in den Gattungsrang erhoben (EVETOV 1993) ohne daß hier zwingende konstitutive Merkmale angeführt werden.

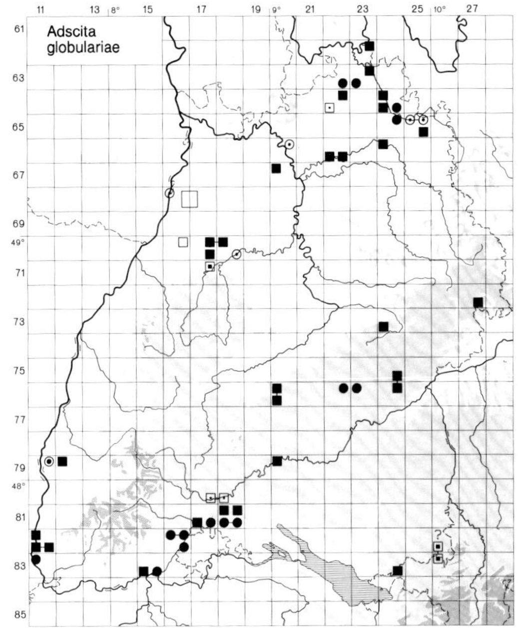

Einzelne Meldungen aus anderen Gebieten wie z. B. Schorndorf: Urbachtal; Dettenhausen: Schaichtal oder Sindelfingen, letztere nach SCHNEIDER (1937), konnten auf Belegbasis nicht kontrolliert werden und werden deshalb auch nicht in die Verbreitungskarte aufgenommen. Belegstücke aus dem Hinterzartener Moor und von Stockach (vgl. SCHÄFER 1976) konnten dagegen überprüft werden und haben sich als *Adscita statices* erwiesen.

Die Art scheint außerhalb kalkreicher Gebiete nicht oder nur an sehr begünstigten Standorten vorzukommen. Auffällig in diesem Zusammenhang ist der Fundort »Isny/Allgäu«, der durch Belegstücke in der Sammlung M. SCHLUSCHE (coll. LNK) repräsentiert wird. Fünf Exemplare (4 Männchen, 1 Weibchen) aus den Jahren 1955, 1957, 1958 und 1964 sind insgesamt vorhanden, von denen 2 genitaluntersucht wurden. Es handelt sich dabei einwandfrei um *Adscita globulariae*, in diesem Fall aller Wahrscheinlichkeit nach aus einem »Feuchtbiotop« in der Umgebung von Isny. Zur Erklärung dieses offensichtlich sehr isolierten Vorkommens im äußersten Südosten (Westallgäuer Hügelland) unseres Faunengebietes können die Angaben von OSTHELDER (1925) für das bayerische Voralpenland herangezogen werden. Er führt noch *globulariae* und *cognata* als zwei voneinander getrennte Arten auf, beide jedoch »nach den von NAUFOCK untersuchten Stücken der Slg. DANIEL im Flachland bis an den Alpenrand nebeneinander sowohl im Heidewie im Moorgebiet, im letzteren auf feuchten Wiesen an den Rändern der Moore«. Bei SCHNEIDER (1937) findet sich unter *globulariae* zwar der Hinweis »Sichere Stücke vom Federsee (FUNK)«, doch hat der zitierte Gewährsmann (s. dazu FUNK 1923) die Grünwidderchen-Arten mit Sicherheit nicht unterscheiden können. In dessen Sammlung, die eingesehen werden konnte, befinden sich übrigens keine mit diesem Fundort ausgewiesenen Belegstücke.

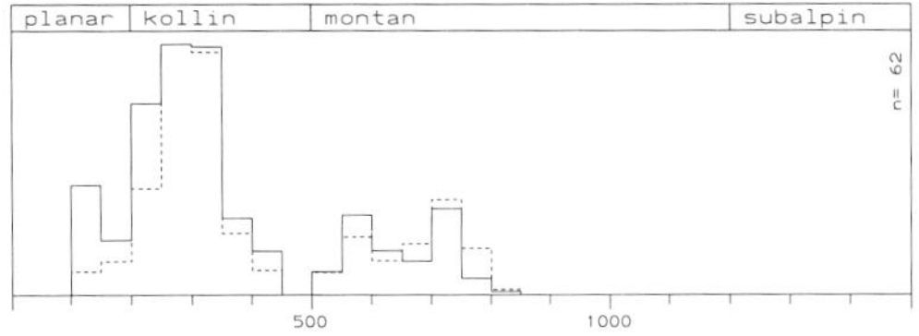

Es muß ferner erwähnt werden, daß auch G. REICH (Aufzeichnungen 1910–1965) ausdrücklich feststellt, daß er sie im Federseemoor nie gefunden habe (»nur auf der Alb u. da sehr vereinzelt«). Er führt sie jedoch unter »Fetsachmoos 17.VI.64 1 Männchen selten, erstmals« auf. Ein Belegstück zu dieser Meldung konnte allerdings nicht ausfindig gemacht werden. G. BAISCH, der in Oberschwaben ebenfalls viel gesammelt hat, meldet *globulariae* nur von der Schwäbischen Alb (Donautal bei Sigmaringen). Somit bleibt Isny, nach gegenwärtigem Kenntnisstand, tatsächlich der einzige belegbare baden-württembergische Fundort im Alpenvorland. Seine Bestätigung und nähere Beschreibung wäre sehr wünschenswert.

Durch Genitaluntersuchung nachgewiesene Fundorte:
Oberrheinebene: Graben-Neudorf (29.6. 1918, 25.6. 1928, A. GREMMINGER); Karlsruhe (vor 1900, jedoch ohne genaues Datum, M. DAUB); Durlach-Aue (1899, A. MEESS); Kaiserstuhl: Badberg (9.6. 1982, R. HERRMANN); Steinenstadt (10.7. 1979, R. HERRMANN); Bad Bellingen (13.7. 1978, R. HERRMANN).
Neckar-Tauberland: Dertingen (10.7. 1983, R. TRABOLD); Werbach: Limbachleiten (31.7. 1979, B. TRAUB/E. BAUER); Werbach:Apfelberg (18.7. 1990, D. DOCZKAL); Lauda (10.7. 1974, 15.6. 1978, F. KIRSCH); Grünsfeld: Seilingsberg (20.7. 1988, A. STEINER); Sachsenflur (17.6. 1982, D. DOCZKAL); Niederstetten (30.7. 1984, J.U. MEINEKE); Waldstetten (15.7. 1981, B. TRAUB/E. BAUER); Widdern (12.7. 1984, J.U. MEINEKE); Klepsau (15.6. 1992, A. SCHANOWSKI); Wollenberg (1.7. 1978, W. JAEGER); Wilferdingen (4.7. 1980, 20.6. 1989, R. KONTERMANN); Dietlingen (16.6. 1960, K. STROBEL; 17.6. 1959, 1.7. 1961, W. STAIB); Birkenfeld (9.7. 1960, R. HÄUSSER); Gaiß (27.6. 1992, M. WEBER).
Schwäbische Alb: Deggingen (23.7. 1972, 2.7. 1977, E. LOSER); Gruibingen (21.6. 1980, E. LOSER); Fleinheim (9.7. 1982, G. EBERT/B. TRAUB); Auendorf (2.7. 1977, 8.7. 1983, 10.7. 1989, R. MÖRTTER); Schelklingen (19.7. 1963, M. WALLNER; 20.7. 1963, W. STAIB); Gerhausen (24.7.

1974, K. SCHÜLLER); Schlatt (12.7. 1984, J.U. MEINEKE); Geisingen (5.7. 1940, A. GREMMINGER); Blumberg (7.1980, R. HERRMANN, 24.7. 1987, M. WEBER); Engen: Bitzental (16.7. 1972, 19.7. 1979, 20.7. 1986, H. MESSMER).
Alpenvorland (württembergisches Allgäu): Isny (16.6. 1957, 10.7. 1958, M. SCHLUSCHE).

Vertikal: *Adscita globulariae* kommt von der Ebene (Oberrheinisches Tiefland) bis in die höheren Lagen der Schwäbischen Alb vor, z.B. bei Blumberg (Buchberg) um 800 m.

Phänologie

Imagines: Nach den vorliegenden, durch Genitaluntersuchung bestätigten Daten erstreckt sich die Flugzeit dieser Art von Anfang Juni (Ende Mai) bis Ende Juli (Anfang August). Dies gilt zumindest für die beiden Hauptnaturräume Oberrheinebene und Neckar-Tauberland. Der früheste Fund fällt hier auf den 9. Juni (1982, Kaiserstuhl) bzw. auf den 28. Mai (1960, Königsbach, H.P. DEURING, nicht genitalüberprüft), der späteste auf den 31.Juli (1979, Werbach, B. TRAUB/E. BAUER).

Von der Schwäbischen Alb liegen nur späte (nicht überprüfte) Juni-Daten vor. Hier scheint die Flugzeit erst Anfang Juli zu beginnen. Frühestes (überprüftes) Datum ist der 2. Juli (1977, Auendorf, R. MÖRTTER), spätestes der 24.Juli (1974, Gerhausen, K. SCHÜLLER). Es liegt allerdings auch noch eine Meldung vom 11.August (1965, Auendorf, A. WALTER) vor.

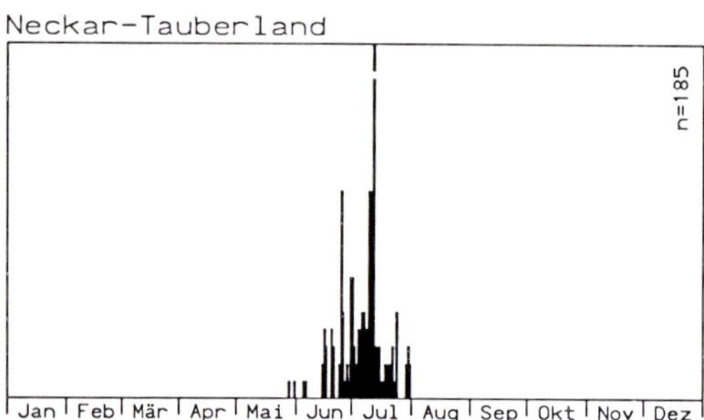

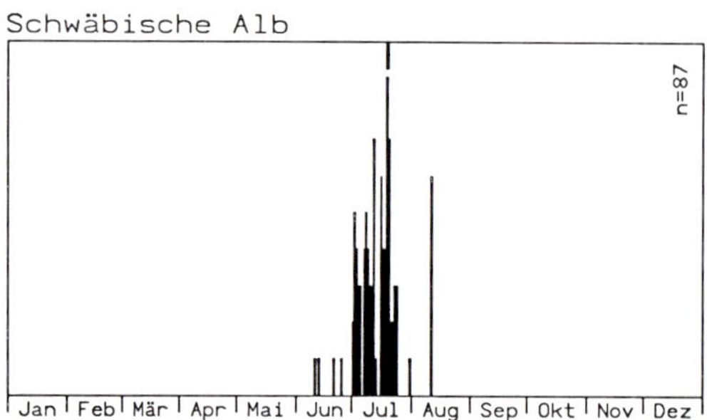

Die violetten Blütenköpfchen der Knautien und Skabiosen werden vom Flockenblumen-Grünwidderchen (*Adscita globulariae*) besonders gerne aufgesucht. Charakteristisch für diese Art sind die spitz zulaufenden, gekämmten Fühler der Männchen. Dieses Merkmal besitzt unter den einheimischen *Adscita*-Arten nur noch *A. notata*. Beide Arten sind mit letzter Sicherheit nur genitalmorphologisch zu unterscheiden. – Ersingen NSG Springenhalde 27. 6. 80 G. EBERT.

Präimaginalstadien: Minierende Raupen wurden am 1. Mai 1993 (vormittags) und 14. Mai 1994 (abends) bei Schweinberg (Tauberland) gefunden.

Ökologie

Lebensraum: Als Lebensraum von *Adscita globulariae* können in Baden-Württemberg ganz allgemein Kalkmagerrasen mit gutem Blütenangebot aufgeführt werden. Dabei handelt es sich in der Regel um Halbtrockenrasen sowohl auf Muschelkalk als auch auf Jura, einschließlich trockener Säume. In der Markgräfler Rheinebene sind es Halbtrockenrasengesellschaften in der trockengefallenen Talaue. Wie das Vorhandensein alter Belegstücke beweist, war die Art – zumindest früher – auch auf mageren Wiesen vorhanden, ebenso an Wegrän-

Außer an violetten Blüten saugt *Adscita globulariae* auch an gelben Blüten, z.B. am Hornklee. Typischer Lebensraum ist hier ein blumenreicher Kalkmagerrasen auf einem alten, aufgelassenen Weinbergshang. – Schweinberg 27. 6. 92 G. EBERT.

dern und »in lichten Schlägen« z.B. des Hardtwaldes bei Karlsruhe in den Jahren 1882–1902 (Aufzeichnungen M. DAUB sowie Belegstücke dazu in dessen Sammlung, heute coll. LNK) zu einer Zeit, als solche Flächen noch nicht mit chemischen Mitteln (Kunstdünger, Unkrautvernichtungsmittel) behandelt wurden. Als zumindest optisch auffallende Variante solcher Trockenstandorte können auch noch Wacholderheiden, ± stark ruderalisierte Magerrasen sowie solche mit reichlichen Esparsettenbeständen angeführt werden. Daneben gibt (oder gab) es in unserem Faunengebiet (Alpenvorland) auch Populationen auf Moorheiden, über deren Lebensraum mangels genauerer Fundortangaben überhaupt noch keine Aussagen gemacht werden können. ALBERTI (1938) glaubt, daß ökologisch zwischen einer postglazialen Wiesenheiden- und einer Kalktriftsippe unterschieden werden kann, weist jedoch gleichzeitig auf den (noch heute bestehenden) Mangel an ökologischen Beobachtungen hin.

Nahrung der Raupe:

Centaurea jacea – Wiesen-Flockenblume
L (HAU, LUS)

Centaurea scabiosa – Skabiosen-Flockenblume
L (HAU, LUS)

Der einzige Freiland-Raupennachweis, der sich zweifelsfrei auf *Adscita globulariae* bezieht, gelang 1993 H. LUSSI in einem Muschelkalk-Magerrasen im Tauberland. Ein Jahr zuvor konnte an der gleichen Stelle ein Weibchen beobachtet werden (M. HAUBER), das zwecks Eiablage eingesammelt wurde. Die ex ovo-Zucht – die Eidauer betrug ca. 2 Wochen – wurde mit *Centaurea jacea* (Wiesen-Flockenblume) und *Centaurea montana* (Berg-Flockenblume), *Knautia arvensis* (Acker-Witwenblume, Wiesen-Knautie) sowie *Globularia punctata* (Gewöhnliche Kugelblume) und *Globularia nudicaulis* (Nacktstenglige Kugelblume) versucht. Davon wurden nur die beiden *Centaurea*-Arten angenommen.

Es stellte sich jedoch sehr bald heraus, daß die L_1-Räupchen, die ja vergleichsweise nur halb so groß sind wie bei verschiedenen anderen *Adscita*-Arten (z.B. *A. mannii, A. statices*), nur an *Centaurea jacea* überlebten, während sich *C. montana* aufgrund ihrer starken Blattbehaarung als nicht geeignet herausstellte.

Die L_1-Räupchen bohren sich in die chlorophyllreiche Blattoberhaut ein und legen dort eine kleine Gangmine an, die sie jedoch bald wieder verlassen, um sich an einer anderen Stelle erneut einzubohren. Sie überwintern in einem frühen Stadium einzeln in zusammengerollten Blättchen. Im März wird das Fressen wieder aufgenommen. Ihre Größe beträgt 3–4 mm. Es konnte sowohl Minen- als auch Fensterfraß beobachtet werden. Die nächsten Häutungen erfolgten am 30. März und 8. April.

Am 2. Mai 1993 gelang an gleicher Stelle der Fund einer erwachsenen Raupe, die in der Mittagssonne fraß und dabei frei, d.h. nur mit der halben Körperlänge in der Epidermis verborgen auf einem Blatt von *Centaurea jacea* saß. Im weiteren Umfeld konnten sowohl an *C. jacea* als auch an *Centaurea scabiosa* (Skabiosen-Flockenblume) Fraßspuren (Minen) beobachtet werden, wobei allerdings der Anteil an *Centaurea jacea* weitaus größer war, so daß von einer deutlichen Präferenz dieser Pflanze gesprochen werden kann. In einem frühen Stadium ist die Verwechslung mit einer an der gleichen Pflanze minierenden Kleinschmetterlingsart (*Coleophora* spec.) möglich. Bei Störung ziehen sich die Raupen von *Adscita globulariae*, sofern sie sich nicht in der Mine befinden, in die Grundblätter ihrer Wirtspflanze zurück, wo sie sich verborgen halten (H. Lussi).

Nach dem Schlüpfen suchen die winzigen, anfangs madenartigen Räupchen eine geeignete Stelle. Hier bohren sie sich durch die Blattepidermis und legen eine Mine an, indem sie die chlorophyllführenden inneren Blattschichten fressen. Im Durchlicht erkennt man, daß in diesem Stadium dickere Blattadern noch nicht durchbissen werden und die Mine sowohl die Jungraupe als auch deren Kot enthält. – Schweinberg 27. 7. 92 H. Lussi. S.

Die Eier von *Adscita globulariae* sind wesentlich kleiner als die der anderen einheimischen Grünwidderchen-Arten, jedoch in Form und Farbe kaum von diesen zu unterscheiden. Hier handelte es sich um eine Eiablage in Gefangenschaft auf die Blattoberseite der Wiesen-Flockenblume (*Centaurea jacea*). – Schweinberg 7. 7. 92 (H. Lussi leg.) G. Ebert. S.

Nahrung des Falters: Einzelne Falter, die durch ihren Fühlerbau und, weil außerhalb der (bisher bekannten) *A. notata*-Fundstellen beobachtet, als *A. globulariae* bestimmt werden konnten, wurden sowohl an violetten als auch gelben Blüten saugend gefunden. Dabei handelt es sich um die Skabiosen-

Wie die junge legt auch die herangewachsene Raupe zur Nahrungsaufnahme eine Mine an, in die sie jedoch meist nur noch mit ihrem Vorderkörper eindringt. Somit wird in diesem Stadium der Raupenkot außerhalb der Mine ausgeschieden. – Schweinberg 1. 5. 93 H. Lussi. S.

Blütenreiche Halbtrockenrasen wie im Tauberland auf Muschelkalk sind sowohl für die Falter als auch für die Raupen des Flockenblumen-Grünwidderchens der geeignete Lebensraum. Auch künstlich angelegte Böschungen und Dämme können unter günstigen Voraussetzungen besiedelt werden. Zur Zeit der Schlüsselblumenblüte waren die versteckt lebenden Raupen fast erwachsen und konnten an den Grundblättern der Wiesen-Flockenblumen gefunden werden. Außer in Kalkmagerrasen kommt *A. globulariae* auch in Kalkflachmooren vor. Eine solche Fundstelle (bei Hergensweiler, bereits auf bayerischem Boden) wurde uns als Erstnachweis (GU-überprüft, G. EBERT) aus dem Westallgäuer Hügelland gemeldet (nach Redaktionsschluß, M. GOLDSCHALT). – Schweinberg 1. 5. 93 H. LUSSI.

Flockenblume *(Centaurea scabiosa)* und Acker-Witwenblume *(Knautia arvensis)* sowie um Hufeisenklee *(Hippocrepis comosa)*. Mit Sicherheit können auch noch andere Pflanzenarten aus beiden Gruppen wie etwa die Wiesen-Flockenblume *(Centaurea jacea)* und der Hornklee *(Lotus corniculatus)* hinzugezählt werden. Um etwaige Präferenzen zu erkennen, bedarf es allerdings noch einer weit größeren Anzahl von Beobachtungen auf determinatorisch gesicherter Grundlage.

Habitat: Halbtrockenrasen (Mesobromion) in zumeist blumenreicher Ausprägung. Im Tauberland konnten sowohl Raupen als auch Falter im Enzian-Halbtrockenrasen (Gentiano-Koelerietum) sowie in angrenzenden oder mit diesem verschachtelten Saumgesellschaften festgestellt werden. Der magere Flügel des Arrhenaterion elatioris hat vermutlich, zumindest als Nektarhabitat, eine ähnlich große Bedeutung.

Verhalten: Mit Sicherheit fliegen die Männchen dieser Art nicht nur nachts »und gehen nach Mitternacht ans Licht«, wie das FORSTER (1960) schreibt. Ihre Aktivität entfaltet sich vielmehr in den späten Nachmittags- und Abendstunden. Die meisten uns vorliegenden Belegstücke wurden am Tage gesammelt. Am Licht tauchen sie immer wieder einmal auf (in der Oberrheinebene, im Nekkar-Tauberland und auf der Schwäbischen Alb u.a. notiert von R. HERRMANN, L. SETTELE, M. WALLNER und W. STAIB), doch ist das eher die Ausnahme.

In gewissem Gegensatz zu unseren Erfahrungen stehen z.B. diejenigen von STAMM (1940), der bei Lichtfängen an den warmen Rheinhängen und an den Hängen des unteren Elztales festgestellt hat, daß »*Procris globulariae* zu den Arten gehört, die regelmäßig am Leuchttuch anzutreffen war«. Es geht allerdings auch aus seinen Beobachtungen nicht hervor, wie dieses Verhalten zu bewerten ist. Nach der Erfahrung von G. TARMANN kommen die Männchen an den heißen Steppenhängen am Alpensüdrand nach Mitternacht dann zum Licht, wenn die Nacht sehr warm und trocken ist und die Luftfeuchtigkeit so gegen 2–4 Uhr durch die Abkühlung der Luft ansteigt. Sonst nie!

Gefährdung und Schutz

Rote Liste Bundesrepublik: 3
Rote Liste Baden-Württemberg: 3

Oberrheinebene: Gefährdet (regional bereits ausgestorben oder verschollen).
Schwarzwald: Nicht vertreten.
Neckar-Tauberland: Gefährdet.
Schwäbische Alb: Gefährdet.
Oberschwaben: Status noch ungeklärt.

- In Baden-Württemberg gefährdet!
  Besonders geschützt nach § 20 e ff. BNatSchG.

Auch diese Art war früher in Baden-Württemberg sicherlich viel weiter verbreitet und dürfte inzwischen überall dort verschwunden sein, wo ehemals magere, blumenreiche Wiesen in hochgedüngtes, mehrfach im Jahr gemähtes Wirtschaftsgrünland umgewandelt worden sind. Insofern sind die heute nur noch verstreut vorhandenen Fundstellen auf Kalkmagerrasen eher als Rückzugsgebiete in einem inselartig aufgesplitterten Areal zu verstehen.

Die der Erhaltung solcher Restpopulationen dienenden Maßnahmen können nur darin bestehen, diese meist kleinräumigen Fundstellen im Rahmen eines zur Zeit geförderten Biotopverbundsystems miteinander zu vernetzen, indem angrenzende Wiesen ausgemagert und Wegränder, Böschungen, Feldraine u. dergl. von der Mahd gänzlich oder alternierend ausgenommen und natürlich vor dem Einsatz chemischer Mittel (einschließlich Kunstdünger!) verschont werden. Gerade *Adscita globulariae* könnte, zumindest gebietsweise, eine Indikatorart für gelungene Biotopvernetzung werden!

Adscita notata
Zeller, 1847

Skabiosen-Grünwidderchen

Procris notata ZELL. (SEITZ 1907–1954, SPULER 1908–1910, SCHNEIDER 1936–1939)
Roccia notata ZELL. (FORSTER 1960)

Procris notata ZELLER 1847 (BLAB & KUDRNA 1982)

Gesamtverbreitung: Von der Iberischen Halbinsel nord- und ostwärts über Sizilien, von wo die Art beschrieben wurde (Typenfundort Syrakus), bis Südwest-Iran und bis zum Kaukasus. In Mitteleuropa ist die Art, ebenfalls sehr lückenhaft, bis Norddeutschland (Umgebung Berlin) verbreitet, außerdem aus Böhmen (Bereich der mittleren Elbe) nachgewiesen; fehlt auf den Britischen Inseln. Auf Kreta ist sie die einzige *Adscita*-Art.

Verbreitung

Regional: Die Verbreitung von *Adscita notata* in Baden-Württemberg ist kleinräumig begrenzt. Ihr Schwerpunkt liegt im Alb-Wutach-Gebiet, d.h. im südlichsten Zipfel des Hauptnaturraumes Neckar-Tauberland. Hier wurden bis jetzt an 11 Fundstellen zwar lokale, jedoch keineswegs individuenschwache Populationen festgestellt. Sie siedeln in Höhenlagen zwischen 470 und 680 m auf Muschelkalk, in einem Fall sogar unmittelbar an der geologischen Grenze zwischen dem Unteren Muschelkalk und dem Oberen Buntsandstein. Im Klettgauer Schichtstufenland, einem der beiden Kleinnaturräume, in denen die Art hier vorkommt, beträgt die Jahrestemperatur 8 °C und darüber, bei 80–120 Frosttagen und einem Jahresniederschlag von 850 bis über 1000 mm. Im Mittleren Wutachland (bisher nur eine Fundstelle) ist das Klima rauher (Jahresmittel 6–7 °C, bei 120–140 Frosttagen), die jährliche Niederschlagsmenge in etwa gleich.

Daneben konnte *Adscita notata* auch von der Baaralb und Hegaualb, also im südwestlichsten Teil der Schwäbischen Alb nachgewiesen werden. Sie siedelt hier in einer Höhenlage um 700 m (bis

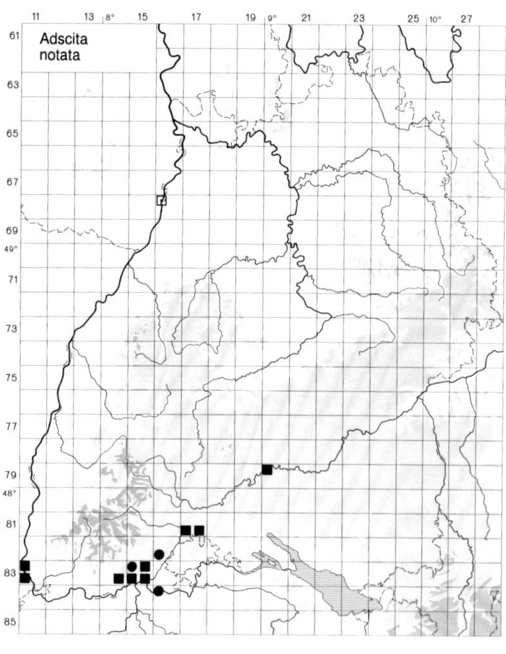

800 m) auf tertiärem Juranagelfluh und Oberem Braunjura in einem vergleichsweise kühleren Gebiet mit allerdings etwa gleichen Niederschlagsmengen. Der nordöstlichste, möglicherweise bereits isolierte Fundort liegt im Naturraum Oberes Donautal. An anderen Stellen der Schwäbischen Alb ist die Art dagegen noch nicht gefunden worden, sieht man einmal von einer Meldung »Hausen/Filstal 25.7. 1965 [ein Männchen], 7.7. 1968 [ein Männchen/Weibchen], Tagfang« (SCHÄFER 1971) ab, zu der keine Belegstücke überprüft werden konnten.

Angesichts dieses recht gut abgrenzbaren Teilareales ist das disjunkte Vorkommen im Oberrheinischen Tiefland besonders bemerkenswert. Das nördliche davon bei Graben bzw. Rußheim – stark isoliert und offenbar längst erloschen – wird durch einen Eintrag von A. GREMMINGER in seiner Kartei unter *Ino notata* Z. dokumentiert: »Graben 25.6.28 1 Männchen det. ALBERTI«. Im »Verzeichnis der Großschmetterlinge aus der Umgebung von Graben-Neudorf« (GREMMINGER 1925–1928) wird diese Art, ebenso wie im Nachtrag dazu (GREMMINGER 1952), nicht aufgeführt, wohl aber als handschriftlicher Eintrag: »1 Männchen am 25.6. 28 (det. Dr. ALBERTI) Molzau«[1], wobei »*notata* Z.« durchgestrichen und mit »*cognata* HS« überschrieben wurde. Das dazugehörige Belegstück gelangte, zusammen mit den anderen »Grünzygänen«, in die Sammlung W. STAIB, Pforzheim (jetzt coll. LNK) und konnte überprüft werden. Dabei stellte sich heraus, daß es sich um *Adscita globulariae* (Gen.-Präp.Nr. B 548) handelt. Dagegen vermerkt GREMMINGER (1925–1928) unter »*Ino globulariae* Hb.« ausdrücklich: »Nur einmal ein Männchen (19.VI. 24) bei Rußheim«. Ein solches Belegstück mit dem Etikett »Russheim Baden 19.6. 26 Gr.« (Handschrift A. GREMMINGER, abweichende Jahreszahl = Übertragungsfehler?) ist ebenfalls erhalten geblieben und stellte sich bei der Überprüfung (Gen.-Präp.Nr. B 550) als *Adscita notata* (!) heraus. Dieser Fund, der seither nicht mehr bestätigt werden konnte, steht, wenn man mit den aktuellen Nachweisen aus dem südbadischen Raum vergleicht, recht isoliert da, hingegen nicht, wenn man die inzwischen ebenfalls erloschene Population aus dem »Böhler Bruch« (Südpfalz) in diese Betrachtung mit einbezieht (s. dazu auch HEUSER & JÖST 1959). Auch davon wurde ein Belegstück untersucht (Gen. Präp.Nr. B 549) und Artgleichheit festgestellt.

[1] Staatswald nördlich von Neudorf, auf den GREMMINGERschen Etiketten durch den Überbegriff »Graben« ersetzt.

Die erwachsenen Raupen von *Adscita notata* (links, an *Centaurea scabiosa*, aus Küßnach/Klettgau) und *Adscita globulariae* (rechts, an *Centaurea jacea*, aus Schweinberg/Tauberland) sind, nicht zuletzt aufgrund ihrer Variabilität, kaum zu unterscheiden. – 18. 5. 94
H. LUSSI. S.

Durch Genitaluntersuchung nachgewiesene Fundorte:
Oberrheinebene (Nördliche Oberrheinebene, Markgräfler Rheinebene): Rußheim (19.6. 1926, A. GREMMINGER); Istein (24.7. 1978, C. SCHMID-EGGER); Efringen-Kirchen (25.6. 1988, R. HERRMANN).
Neckar-Tauberland (Alb-Wutach-Gebiet): Kadelburg (5.7. 1980, 13.7. 1980, R. HERRMANN); Birkingen (27.6. 1992, M. WEBER); Eschbach (10.7. und 17.7. 1992, M. WEBER); Krenkingen (27.6. 1992, M. WEBER).
Schwäbische Alb (Baaralb, Hegaualb, Oberes Donautal): Blumberg (1.7. 1991, M. WEBER); Talheim (Juli 1980, R. HERRMANN; 28.6. 1981, H. MESSMER); Uttenhofen (28.6. 1981, H. MESSMER); Donautal: Hausen (3.7. 1983, G. BAISCH).

Vertikal: Die Fundstellen liegen größtenteils in der kollinen bis submontanen Stufe zwischen 470 und 720 m, vereinzelt auch in der Ebene. Der höchste Fundpunkt wurde auf der Baaralb mit 780 m üNN registriert. Im Kaukasus wurde *Adscita notata* übrigens auf subalpinen Matten noch bei ca. 2000 m gefunden (ALBERTI 1965).

Phänologie

Imagines: Die Imaginalphase dieser Art läßt sich, jedenfalls nach den derzeit vorhandenen Daten, noch nicht mit der erwünschten Schärfe angeben. Ihr Beginn scheint ziemlich konstant in die letzte Juni-Woche zu fallen. Als früheste Funddaten wurden, für alle drei Hauptnaturräume nahezu übereinstimmend, der 25. Juni (1988, Markgräfler

Das Skabiosen-Grünwidderchen (*Adscita notata*) hat im Gegensatz zur nächstverwandten Art (*Adscita globulariae*) ein sehr eng begrenztes Areal, das sich im Süden vom oberen Donautal über die Südwestalb und den Randen bis zum Klettgau erstreckt. Ein isolierter Fundort liegt am südlichen Oberrhein. – Birkingen 27. 6. 92 M. WEBER.

Rheinebene), 27. Juni (1992, Alb-Wutach-Gebiet) und 28. Juni (1981, Hegaualb) festgestellt. Spätestes Funddatum ist der 24. Juli (1978, Markgräfler Rheinebene). Dazwischen liegen einige Beobachtungen vom 3., 9., 10. und 15. Juli (verschiedene Fundorte). Es darf angenommen werden, daß sich die Flugzeit über den ganzen Monat Juli hin erstreckt und mindestens 4 Wochen dauert.

Präimaginalstadien: Die Eiablage konnte bis jetzt erst einmal beobachtet werden und zwar am 15. Juli (1991, Baaralb). Raupenfunde wurden dagegen öfters notiert und zwar in der Zeit vom 9. bis 28. Mai (1992, Alb-Wutach-Gebiet). Alle Beobachtungen stammen von M. WEBER.

Ökologie

Lebensraum: Halbtrockenrasen und ausgesprochen magere Wiesen auf flachgründigen Böden, die nicht oder nur sehr extensiv bewirtschaftet werden (späte Mahd). Bei den Fundstellen handelte es sich in der Regel um Halbtrockenrasen, teilweise stärker geneigt, mit Aufrechter Trespe *(Bromus erectus)*, Wundklee *(Anthyllis vulneraria)*, größeren Beständen von Esparsette *(Onobrychis viciifolia)* und Flockenblumen *(Centarurea jacea, C.scabiosa)* auf lückigem, flachem Untergrund, manchmal mit Gehölzpflanzen (z.B. Wacholder) locker durchsetzt. Beim Fundort in der Markgräfler Rheinebene handelt es sich ebenfalls um einen Halbtrockenrasen, hier allerdings auf Standorten des gestörten Auenwaldes.

In Böhmen fand man diese Art »Auf einem waldsteppigen Standort, unter welchem sich feuchtere Wiesen befinden ... Auch *Rhagades notata* ist eine stenotope Form, deren Vorkommen durch isolierte, natürliche Standorte bedingt ist, wobei sie auch feuchtes Mikroklima bei genügender Wärme erträgt« (POVOLNY & SMELHAUS 1955).

Nahrung der Raupe:
Centaurea jacea – Wiesen-Flockenblume
5 E, L (LUS, WEM)
Centaurea scabiosa – Skabiosen-Flockenblume
L (LUS, WEM)

Die Wiesen-Flockenblume ist vermutlich die mit Abstand wichtigste Raupennahrungspflanze, wie M. WEBER, der in Baden-Württemberg die Lebensweise von *Adscita notata* in den Jahren 1991 und 1992 aufklären konnte, festgestellt hat. Er beobachtete zunächst die Eiablage, wie sie am 15.7. 1991

Die Eiablage von *Adscita notata* wurde mehrmals beobachtet. Die Weibchen legen die Eier meist einzeln auf der Blattoberseite freistehender Pflanzen sowohl der Wiesen-Flockenblume (*Centaurea jacea*) als auch der Skabiosen-Flockenblume (*Centaurea scabiosa*) an mageren, flachgründigen Standorten ab. – Wittum 17. 7. 92 M. WEBER.

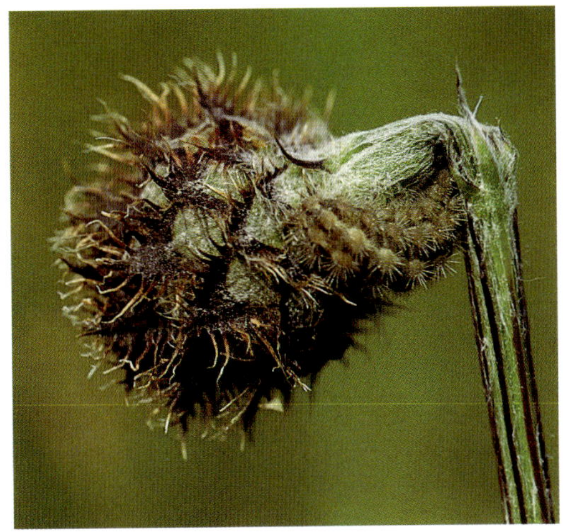

Gut getarnt ruht die Raupe von *Adscita notata* an der Basis einer abgeknickten Flockenblumen-Blütenknospe. Birkingen 28. 5. 92 M. WEBER.

Der Vorgang wiederholte sich, als eines von zwei Weibchen, die mindestens 20 Minuten lang an Brunelle und Flockenblumen gesaugt hatten, am zweituntersten Blatt einer in magerer Vegetation stehenden und somit gut anfliegbaren, 30 cm hohen Pflanze der Wiesen-Flockenblume ein einzelnes Ei auf der Blattoberseite (Basismitte) ablegte.

Wie durch Zucht festgestellt werden konnte, schlüpft die Raupe eine Woche nach der Eiablage. Sie bohrt sich sofort in das Parenchym der Blattoberseite ein, miniert also vom ersten Stadium an. Der Durchmesser der Minen wird bis zu eineinhalb mal so groß wie der der Raupe selbst. Ist diese Größe erreicht, wird eine neue Gangmine angelegt. Die Raupe verbringt immer nur kurze Zeit außerhalb der Mine. Die Überwinterung erfolgt ab Anfang Oktober, ebenfalls in der Blattmine.

Im Freiland konnten diese Beobachtungen noch wesentlich erweitert werden. So wurde generell fest-

Diese nahezu erwachsene Raupe steckt mit dem Vorderkörper in der Mine eines Blattes der Wiesen-Flockenblume. Bei starkem Befall kann es an manchen Pflanzen zu Nahrungsengpässen kommen. – Birkingen 21. 5. 92 M. WEBER.

auf einem SW-exponierten Halbtrockenrasen mit lückigem Bewuchs stattfand. Das betreffende Weibchen saugte zuvor mindestens 10 Minuten lang an Tauben-Skabiose, ruhte danach an einem Grashalm, um wenig später eine freistehende (einzeln aus dem Boden ragende) Pflanze der Wiesen-Flockenblume und zwar direkt die Spitze eines Blattes anzufliegen. Von hier aus krabbelte es, rückwärts gerichtet, zur Blattbasis, um dort zentral auf der Blattoberseite ein einzelnes Ei abzusetzen.

Das Bild zeigt eine große, hufeisenförmig angelegte Mine, mit einem gut erkennbaren Einschlupfloch links unten neben der Blattmittelrippe. Über die Blattspitze hat sich die Raupe zur gegenüberliegenden Seite durchgefressen und dabei verräterische Kotspuren hinterlassen. Dieses typische Fraßbild ist für das Skabiosen-Widderchens besonders kennzeichnend. – Küßnach 9. 5. 92 M. WEBER.

gestellt, daß die Wiesen-Flockenblumen immer nur dann mit minierenden Raupen besetzt waren, wenn es sich um Standorte mit sehr lückigem Bewuchs handelte. Dort, wo diese Pflanze auf nicht so mageren Wiesen gedeihte, konnten keine Raupen von *Adscita notata* registriert werden. Dafür waren an den geeigneten Stellen erstaunlich hohe Raupenkonzentrationen festzustellen. So bemerkte M. WEBER am 21.5. und 28.5. 1992 nahezu ein Massenvorkommen von zu diesem Zeitpunkt erwachsenen Raupen. Diese hatten fast alle geeigneten Pflanzen von *Centaurea jacea* befallen und so »durchmint«, daß stellenweise kaum noch Nahrung für die letzte Reifungsphase vorhanden war. Zu diesem Zeitpunkt wurden auch kleine Blätter von *Centaurea scabiosa*, die keine richtigen Minen mehr zuließen, befressen und selbst Blütenstiele der Skabiosen-Flockenblume angenagt. Die Wiesen-Flockenblume scheint schon deshalb bevorzugt zu werden, weil hier aufgrund der größeren Blätter der Fraß im Schutz der Minen länger, das heißt bis zum Ende des letzten Larvenstadiums möglich ist. In der Zucht konnte ferner beobachtet werden, daß

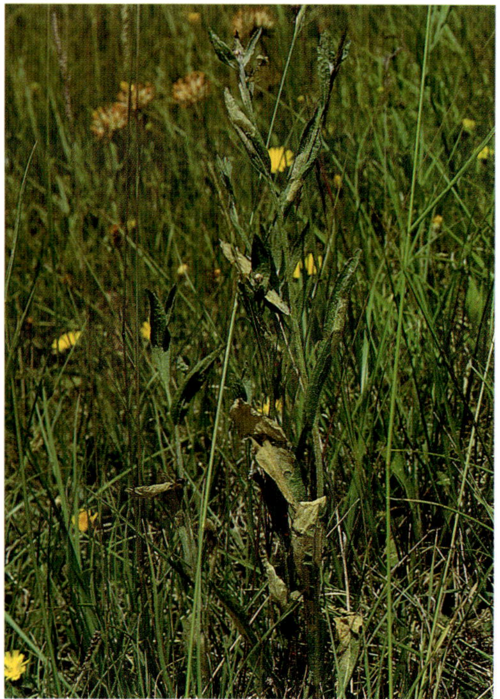

Typischer Aspekt einer hochwüchsigen, von Raupen des Skabiosen-Grünwidderchens stark befallenen Wiesen-Flockenblume mitten im Kalkmagerrasen, mit auffallend großblasigen Minen und gut sichtbarem Einschlupfloch. – Birkingen 28. 5. 92 M. WEBER.

die erwachsene Raupe am Abend die Mine verläßt, um sich während der Nacht am Boden aufzuhalten. Am nächsten Morgen kriecht sie auf die Pflanze zurück. Ein solcher Vorgang konnte einmal auch im Freiland festgestellt werden. Dabei ließ sich die erwachsene Raupe allerdings auf den Boden fallen. Ob dies später zur Verpuppung führte, oder ob auch hier am nächsten Morgen die Pflanze neu bestiegen wurde, entzieht sich der Kenntnis (S. HAFNER, mündl.Mitt.). Die Verpuppung erfolgt in einem lockeren Gespinst an der Erdoberfläche. Die Farbe der Puppe ist rostgelb.

Nahrung des Falters: Die Raupennahrungspflanzen Wiesen-Flockenblume *(Centaurea jacea)* und Skabiosen-Flockenblume *(Centaurea scabiosa)* gehören auch zu den offensichtlich präferierten Saugpflanzen der Imagines. Daneben wurden von M. WEBER Tauben-Skabiose *(Scabiosa columbaria)* und Große Brunelle *(Prunella grandiflora)* als Nektarpflanzen von *Adscita notata* notiert.

Habitat: Obwohl die mit Abstand wichtigste Nahrungspflanze Wiesen-Flockenblume – als Sammelart betrachtet – sowohl in feuchten Wiesen und Weiden auf tiefgründigen Lehmböden, als auch in Halbtrockenrasen und Saumgesellschaften bis hin zu ruderalen Standorten (Rohbodenpionier!) vorkommt, scheint hier doch eine ganz bestimmte, an kalkreiche, flachgründige, warme und relativ vegetationsarme Standorte in Trespen-Halbtrockenrasen (Mesobromion erecti) angepaßte Form maßgebend für die Beschreibung des Habitats von *Adscita notata* zu sein. Dies erklärt auch die sehr eingeschränkte Verbreitung innerhalb unseres Faunengebietes. Sowohl auf den extensiv (späte Mahd) genutzten wie auch ungenutzten Halbtrockenrasen waren die Raupen nur an den flachgründigsten Stellen anzutreffen. Auch bei dem in der Markgräfler Rheinebene liegenden Fundort handelt es sich um eine zum Mesobromion gehörende Halbtrokkenrasengesellschaft auf alluvialem Talboden (trockengefallener Auenwald). Zum Fundort Rußheim (Nördliche Oberrheinebene) können keine Angaben gemacht werden. Larval- und Imaginalstadium scheinen beide gleichermaßen eng an solche Standorte im Mesobromion gebunden zu sein.

Gefährdung und Schutz

Rote Liste Bundesrepublik: 3
Rote Liste Baden-Württemberg: 3

Oberrheinebene: Gefährdet (regional bereits ausgestorben oder verschollen).
Schwarzwald: Nicht vertreten.

Frühjahrsaspekt eines stark lückigen, blumenreichen Kalkmagerrasens mit Wundklee, Esparsette, Margerite, Knautie und Wiesen-Salbei, als Lebensraum von *Adscita notata*. Die Nahrungspflanze Wiesen-Flockenblume war zu diesem Zeitpunkt noch nicht erblüht. – Birkingen 21. 5. 92 M. Weber.

Neckar-Tauberland: Gefährdet (nur randlich vorkommend).
Schwäbische Alb: Gefährdet.
Oberschwaben: Nicht vertreten.

- In Baden-Württemberg gefährdet!
  Besonders geschützt nach § 20 e ff. BNatSchG.

Die Frage, ob diese auch mit dem Namen »Seltenes Grünwidderchen« bezeichnete, in Baden-Württemberg nur an wenigen Stellen gefundene Art als »gefährdet« oder »stark gefährdet« eingestuft werden muß, richtet sich vor allem danach, ob solche empfindlichen Flächen, wie unter »Lebensraum« und »Habitat« beschrieben, vor falscher Nutzung und Pflege, aber auch vor der natürlichen Sukzession bewahrt und damit auf Dauer erhalten werden können. Unser Mitarbeiter M. Weber konnte beispielsweise an einer Stelle mit noch intakter *Adscita notata*-Population beobachten, daß durch Mahd zu Beginn der Flugzeit die nötigen Nektarpflanzen ausgefallen waren. Auf bereits gemähter Fläche fand er am 27.6. 1992 mehrere frischtote Weibchen. An einem anderen Fundort notierte er eine zunehmende Gefährdung durch Fichtenaufforstung. Zwar gingen an den magersten Stellen die gepflanzten Fichten ein oder lagen mit ca. 50 cm Wuchshöhe deutlich unter denjenigen, die auf etwas besserem Boden standen und bereits 2 m Wuchshöhe erreicht hatten, doch führte diese Aufforstung bereits jetzt zur Aufsplitterung des Habitats und zur Aussicht auf völlige Vernichtung dieser Population. Wenn auch an den bis jetzt bekannt gewordenen Fundorten von *Adscita notata* in Baden-Württemberg noch nicht ausdrücklich festgestellt, so kann doch auch hier der überall zunehmende Freizeitsport wie z. B. die Modellfliegerei oder auch das Drachenfliegen zur Bedrohung werden, gerade an warmen, thermikfreundlichen und ansonsten weitgehend ungenutzten Hängen.

Für die Erhaltung dieser mit hoher Indikationsqualität insbesondere bei der Beurteilung spezieller Halbtrockenrasen-Gesellschaften ausgestatteten Art erscheint es deshalb angebracht, sie in das Artenschutzprogramm aufzunehmen. Das bedeutet, die bereits vorhandene Kartierung zu vervollständigen und die dabei ausgewiesenen Flächen baldmöglichst einem dauerhaften Schutz, der regelmäßige Bestandskontrollen einschließt, zuzuführen.

Adscita geryon
Hübner, 1813

Sonnenröschen-Grünwidderchen

Ino geryon HB. (REUTTI 1898, LAMPERT 1907, REBEL 1910, ECKSTEIN 1913–1923)
Procris geryon HBN. (SEITZ 1907–1954, SPULER 1908–1910, HERING 1932, SCHNEIDER 1936–1939, BERGMANN 1951- 1955, KOCH 1955, FORSTER 1960, EBERT 1978)

Procris geryon HÜBNER 1791 (BLAB & KUDRNA 1982, Rote Liste BRD 1984)

Gesamtverbreitung: Von der Iberischen Halbinsel über Mittel- und Südeuropa (Apenninhalbinsel, Balkanländer) bis in die nordwestliche Türkei. Nach einer Hypothese von ALBERTI (1938 c) besaß *Adscita geryon* im Würmglazial ein südöstliches und ein südwestliches Refugium. In einer postglazialen Ausdehnung nach Norden soll Deutschland und England vom Südwesten, Österreich und ein Großteil der Alpen dagegen von Südosten her besiedelt worden sein.

Verbreitung

Regional: In Baden-Württemberg umfaßt das Kernareal von *Adscita geryon* den gesamten Zug der Schwäbischen Alb. Von hier dehnt es sich in die angrenzenden Naturräume Alb-Wutach-Gebiet, Baar und Obere Gäue hinein aus. Von diesem Hauptverbreitungsgebiet deutlich getrennt sind 3 kleinere Teilareale, von denen das im Tauberland (mit schwacher Ausdehnung in die Naturräume Bauland und Kocher-Jagst-Ebenen) noch am besten besiedelt ist. Das zweite, noch einigermaßen stabile umfaßt den Kaiserstuhl und die Markgräfler Rheinebene. In Auflösung begriffen erscheint dagegen das dritte im südlichen Kraichgau und Neckarbecken. Die letzten Fundmeldungen von dort datieren vom 23.7. 1978 (Friolzheim: Betzenbuckel, R. KONTERMANN).

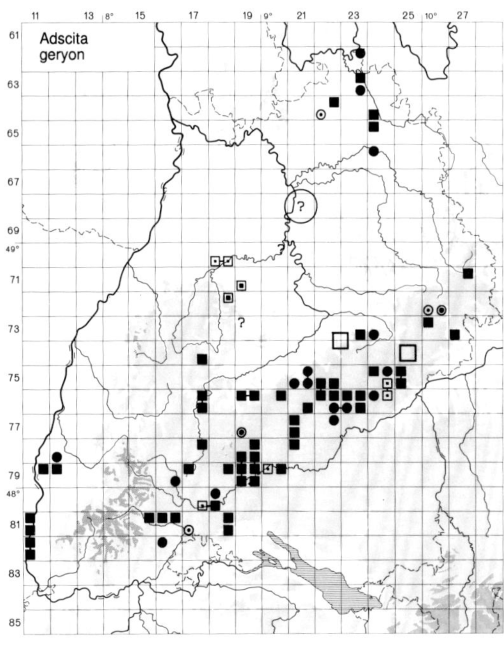

Neueren Datums sind dagegen Funde aus einem weiter südlich im Nagold-Heckengäu bei Haiterbach (Haiterbacher Heiden) liegenden Gebiet. Hier erreicht der Muschelkalkstufenrand seine Westgrenze. KÖPPEL & SPELDA (1990) fanden dort zahlreiche Exemplare einer Grünwidderchen-Art, bei der es sich, nach vorliegenden und genitalüberprüften Belegstücken, um *Adscita geryon* handelte. Von den westlich angrenzenden Rötflächen der Schwarzwald-Randplatten ist kein solches Vorkommen bekannt. Für einige weitere Fundorte (Aidlingen: Venusberg, Besigheim Umgebung, Heilbronn Umgebung, nach SCHÄFER 1971) kann die Richtigkeit der Meldung mangels Belegstücken nicht bestätigt werden.

Unbesiedelt geblieben sind dagegen die Schwäbisch-Fränkischen Waldberge einschließlich Schurwald und Welzheimer Wald bis hin zum Schönbuch, das gesamte württembergische Alpenvorland sowie der Hauptnaturraum Schwarzwald. Eine Meldung aus dem Wildgutach-Gebiet (SCHÄFER 1977) konnte nicht näher überprüft werden. Sie dürfte auf einer Verwechslung mit *Adscita statices* (s.l.) beruhen. Eine alte Meldung aus dem Norden des Oberrheinischen Tieflandes (Hardt-Ebenen), die GREMMINGER (1926) damals schon mit einem Fragezeichen versehen hatte (1 Weibchen am 29.6. 1918 im Kammerforst), kann ebenfalls nicht bestätigt werden. Das gleiche gilt für die alten Angaben »Bei Überlingen, Waldshut ... und bei Weinheim« (REUTTI 1898).

Adscita geryon kommt im bayerischen Alpenvorland »auf trockenen Heidewiesen« vor (OSTHELDER 1925). Ein Belegstück aus Niederbayern: Moos, Sammernheide, 25.6. 1990 M. MEIER, das vergleichend genitaluntersucht wurde, bestätigt die Richtigkeit der OSTHELDERschen Angaben. Ein solches Vorkommen dieser Art kann, nach unserem gegenwärtigen Kenntnisstand, für das württembergische Alpenvorland nicht mit Sicherheit festgestellt werden. Zwar existieren in coll. W. STAIB 3 Weibchen, alle als *[Adscita] chloros* bestimmt und mit der Herkunftsbezeichnung »Torfmoor Ummendorf« (12.6.25, ohne Hinweis auf den Sammler) versehen, bei denen es sich eindeutig um *Adscita geryon* han-

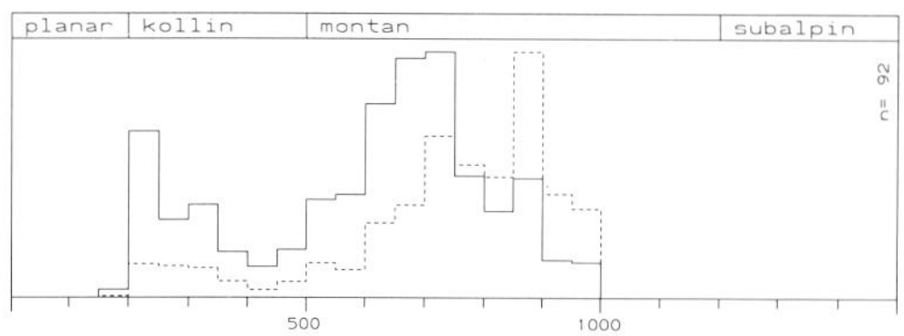

delt (Gen.Präp. B 1021), doch bleibt infrage gestellt, ob die Falter tatsächlich aus dem Ummendorfer Ried (bei Biberach) stammen. G. REICH hat zwar in seinen Aufzeichnungen diesen Fundort unter dem 17.7. 1962 (1 Männchen) aufgeführt, gleichzeitig aber auch ein Fragezeichen dahintergesetzt. Das zugehörige Belegstück war nicht auffindbar. Auch G. BAISCH (mündl. Mitt.) kann ein solches Vorkommen nicht bestätigen.

Durch Genitaluntersuchung nachgewiesene Fundorte:
Oberrheinebene: Steinenstadt (10.7. 1979, R. HERRMANN); Grißheim (14.7. 1986, J.U. MEINEKE); Neuenburg (18.7. 1979, C. SCHMID-EGGER); Kaiserstuhl: Schelingen (16.6. 1978, R. BLÄSIUS; 16.7. 1978, R. HERRMANN); Oberbergen (2.7. 1986, J.U. MEINEKE); Oberrotweil (16.6. 1989, V. BODEN); Badberg (2.7. 1966, W. DÜRR; 25.6. 1979, R. HERRMAN).
Neckar-Tauberland: Werbach (16.7. 1978, F. KIRSCH); Oberlauda: Hohleberg (3.7. 1991, F. KIRSCH); Lauda Umgebung (4.7. 1960, 5.7. 1974, F. KIRSCH); Edelfingen (2.6. 1990 G. EBERT); Dainbach (17.6. 1982, D. DOCZKAL); Bretzingen (30.6. 1992, H. LUSSI); Eutingen (7.7. 1946, V. RÖBEN); Friolzheim: Betzenbuckel (17.7. 1960, W. STAIB); Neuhausen: Büchelberg (29.7. 1961, W. STAIB); Haiterbach (15.7. 1990, C. KÖPPEL & J. SPELDA); Rangendingen (23.6. 1976, J.U. MEINEKE); Rottweil (10.7. 1987, M. WEBER); Göschweiler (19.6. 1943, A. GREMMINGER); Seppenhofen (28.6. 1981, R. HERRMANN); Döggingen (13.7. 1980, R. HERRMANN).
Schwäbische Alb: Schelklingen (4.7. 1937, 6.8. 1944, G. REICH; 14. u. 19.7. 1958, 3. u. 15.7. 1969, 4., 6. u. 11.7. 1970, 4.7. 1971, alle G. BAISCH); Blautal (9.7. 1933, G. REICH); Aufhausen (5.8. 1987, E. NICKEL); Mehrstetten Böttental (7.6. 1981, 21.7. 1985, G. BAISCH); Mehrstetten: Schandental (26.7. 1984, G. EBERT/J.U. MEINEKE); Schmiechtal: Hütten (3. u. 14.7. 1973, G. BAISCH); Münsingen (21.6. 1981, G. BAISCH); Altsteußlingen (6.7. 1980, G. BAISCH); Machtolsheim (1.7. 1986, G. BAISCH); Suppingen (13.7. 1985, G. BAISCH); Herrlingen (6.7. 1979, G. BAISCH); Hossingen (29.6. 1986, G. BAISCH); Schwenningen (22.6. 1979, R. HERRMANN; 2.7. 1981, 20.6. 1982, 9.7. 1984, G. BAISCH); Gomadingen (8.7. 1989, G. BAISCH); Seeburg (14.7. 1985, G. BAISCH); Lonsee (29.7. 1981 G. EBERT/B. TRAUB); Salmendingen (8.6. 1976); Willmandingen (14.7. 1984, A. STEINER); Oberstetten (7.7. 1981, G. EBERT/B. TRAUB); Marbach a.d.Lauter (6.7. 1980, M. MEIER); Mägerkingen (8.7. 1981, G. EBERT/B. TRAUB); Neufra (4.7. 1973, W. STAIB; 21.6. 1980, A. STEINER); Gammertingen (21.6. 1979, A. STEINER); Königsheim (13.7. 1987, M. WEBER); Veringenstadt (8.7. 1981, G. EBERT/B. TRAUB; 8.7. 1982, A. STEINER); Mühlheim (27.6. 1986); Kolbingen (20.7. 1986); Geisingen (5.7. 1940, A. FEHRENBACH); Hettingen (6.7. 1981, G. EBERT/B. TRAUB); Engen (7. u. 19.7. 1979, H. MESSMER); Fridingen (1.7. 1973, H.u.F. NIPPEL; 19.6. 1980, H. STEFFNY); Hürben (19.7. 1992, R. HEINDEL); Bronnen: Wendelstein (2.8. 1989, A. STEINER); Bettmaringen (10.7. 1992, M. WEBER); Bissingen a.d.Teck (8.7. 1975, E. LOSER); Gutenstein (18.6. 1972, E. LOSER); Gruibingen (2.7. 1983, K. FREYTAG); Welschingen (18.7. 1991, T. MARKTANNER).

Vertikal: Die vertikale Verbreitung des Sonnenröschen-Grünwidderchen *(Adscita geryon)* reicht in Baden-Württemberg von der planaren Stufe (Oberrheinebene um 200 m üNN) bis in die höchsten Lagen der Schwäbischen Alb oberhalb 900 m (Böttingen: Alter Berg, 980 m).

Phänologie

Imagines: Die Flugzeit dieser Art umfaßt, nach Beobachtungen in Baden-Württemberg, einen Zeitraum von über zwei Monaten. Die früheste, durch Genitalüberprüfung abgesicherte Meldung datiert vom 2. Juni (1990, Edelfingen, G. EBERT), die

Oberrheinebene
n=82
Jan Feb Mär Apr Mai Jun Jul Aug Sep Okt Nov Dez

Neckar-Tauberland

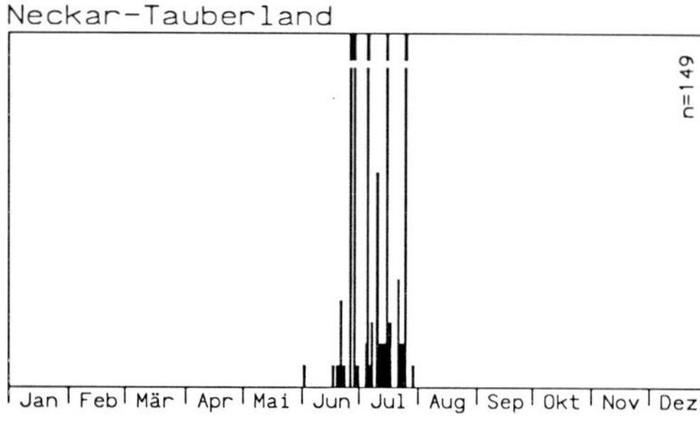

Schwäbische Alb

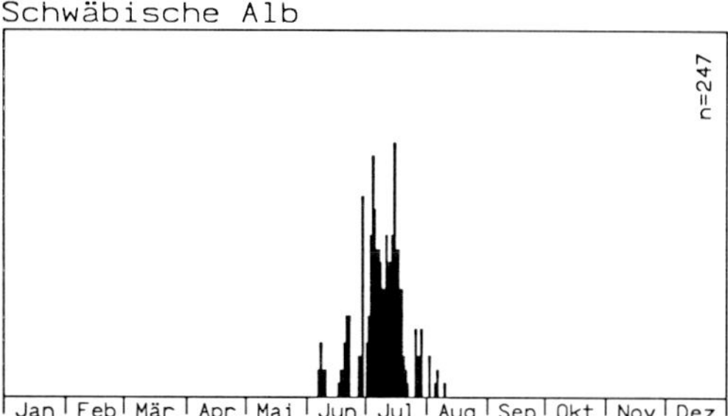

Das Sonnenröschen-Grünwidderchen (*Adscita geryon*) ist eine Charakterart der Kalkmagerrasen. In Baden-Württemberg hat sie ihren Verbreitungsschwerpunkt auf der Schwäbischen Alb. Die wichtigste Nektarpflanze für diese Art scheint die Karthäusernelke zu sein. – Bettmaringen 19. 7. 92 M. WEBER.

späteste vom 10. August (1980, Gundelfingen, G. BAISCH). Allerdings dürfte es sich bei frühen Juni-Tieren (Männchen) um phänologische »Ausreißer« handeln.

Erst gegen Ende Juni werden solche Einzelexemplare von jetzt zahlreicher schlüpfenden Tieren abgelöst. Auf die vorhandene Datenbasis bezogen kann deshalb festgestellt werden, daß die Hauptflugzeit dieser Art (in allen drei Hauptnaturräumen) in den Monat Juli fällt.

Präimaginalstadien: Bisher wurden in Baden-Württemberg offensichtlich noch keine Raupen dieser Art gefunden. Es kann deshalb nur auf die Beobachtung einer Eiablage verwiesen werden, die am 19.7. 1992 von M. WEBER bei Bettmaringen (Alb-Wutach-Gebiet) fotografiert worden ist.

H. LUSSI nahm am 30.6. 1992 aus Bretzingen bei Hardheim (Bauland) ein befruchtetes Weibchen mit. Von dem daraus resultierenden Eimaterial ausgehend wurde eine Zucht angelegt, welche die Überwinterung der Räupchen bei einer Größe von 3–4 mm dokumentiert.

Ökologie

Lebensraum: Magerrasen auf Jura- und Muschelkalk, oft als Wacholderheide entwickelt, aber auch Halbtrockenrasen im Löß (Kaiserstuhl) sowie auf alluvialem Talboden (Markgräfler Rheinebene). Auf der Schwäbischen Alb ist *Adscita geryon* auch auf einmähdigen Wiesen und Schafweiden zu finden. Bei den von M. WEBER kontrollierten Flugstellen in den Oberen Gäuen handelte es sich durchwegs um teilweise versaumende Halbtrockenrasen ohne aktuelle Mahd und Beweidung.

Nahrung der Raupe:
Helianthemum nummularium – Gewöhnliches Sonnenröschen
E (WEM)

Die Raupe von *Adscita geryon* wurde in Baden-Württemberg bis jetzt noch nicht gefunden. Dafür konnte von M. WEBER im Freiland die Eiablage am Gewöhnlichen Sonnenröschen beobachtet werden, woraus zu schließen ist, daß es sich dabei auch in unserem Faunengebiet um die natürliche Nah-

Paarung von *Adscita geryon* auf dem Blütenstand der Großen Brunelle. Sie dauerte vom späten Nachmittag bis zum frühen Morgen. Bei beiden Tieren deutlich erkennbar sind die geschlechtsspezifisch unterschiedlichen Fühler. Beim Männchen sind sie vom stumpffühlerigen Typus und somit ähnlich denen von *A. mannii* und *A. statices*. – Bretzingen 30. 6. 92 H. LUSSI.

Hier ist es gelungen, die Eiablage dieser Art an der Nahrungspflanze der Raupe, dem Gewöhnlichen Sonnenröschen, im Bilde festzuhalten. Das Weibchen krümmt den Hinterleib und legt ein Ei an die Unterseite eines Blattes im oberen Teil der Pflanze. – Bettmaringen 19. 7. 92 M. WEBER.

Nicht immer werden die Eier an Sonnenröschen abgelegt. Bemerkenswert ist eine Beobachtung im Tauberland, wo *A. geryon* ein Kelchblatt vom Blutroten Storchschnabel belegt hat. Dies war bisher nur von *A. albanica* bekannt, was von stammesgeschichtlicher Bedeutung sein könnte. – Bettmaringen 19. 7. 92 M. WEBER.

rungspflanze handelt. Ob ausschließlich, muß freilich derzeit noch offenbleiben. Bemerkenswert in diesem Zusammenhang ist eine Beobachtung von H. LUSSI, der eine Eiablage auf das Hüllblatt einer abgeblühten *Geranium sanguineum*-Blüte im Bild festgehalten hat (Werbach: Limbachleiten, 1.7. 1992). In beiden Fällen wurden nur ein bzw. zwei Eier auf einmal abgelegt. Bei *Helianthemum nummularium* geschah dies übrigens auf die Blattunterseite. Diese Beobachtung einer Eiablage an Blutstorchschnabel bezeichnete G. TARMANN unter Hinweis auf *Adscita albancica*, die an *Geranium sanguineum* lebt, sogar als extrem bemerkenswert! »*A. albanica* lebt erstaunlicherweise an *Ger. sanguineum*, was wir nun von drei Standorten belegt haben (Krim, Verona, Wallis). Die Tiere sind an den Geraniumstauden häufig, sitzen aber nur herum und man findet sie kaum fliegend. Wenn es auch höchst unwahrscheinlich ist, daß *A. albanica* in Baden-Württemberg vorkommt, ist die Tatsache, daß eventuell *A. geryon* diese Pflanze gelegentlich als Futterpflanze akzeptiert, für phylogenetische Überlegungen interessant« (G. TARMANN, schriftl. Mitt.). Ein von H. LUSSI zu Zuchtzwecken eingesperrtes Weibchen zeigte in der Gefangenschaft übrigens ein ganz anderes Eiablageverhalten. Hier wurden die Eier in Klümpchen bzw. zu mehreren dicht aneinandergereiht abgesetzt. Die sich daraus entwickelnden Raupen fraßen, sich immer wieder häutend, große Teile der Blattoberfläche (Schabefraß) wie auch des Blattes selbst (Lochfraß), wobei das Blatt öfters gewechselt wurde. Ein minierendes Verhalten konnte in keinem Falle festgestellt werden. Mit dem Eintritt in die kalte Jahreszeit (ab Ende Oktober) hörte die Freßaktivität allmählich auf. Fraßspuren, Kot und Häutungen konnten, trotz mehrmaligem Futterwechsel, nun nicht mehr registriert werden. Die in einem Falle (Zucht: G. EBERT) in einer kleinen Plastikdose aufbewahrten 14 Raupen fanden sich zu zwei getrennten Über-

Die halberwachsene Raupe auf einem Sonnenröschen-Blatt. Die Mittelrippe ist erhalten geblieben; dagegen sind auf beiden Seiten ausgedehnte Lochfraßmuster zu erkennen. – Bretzingen 30. 8. 92 H. LUSSI. S.

Falter- und Raupenhabitat vom Sonnenröschen-Grünwidderchen, mit reichen Beständen an Karthäusernelke (Hauptnektarpflanze) und Gewöhnlichem Sonnenröschen (Raupennahrungspflanze). Vom Erhalt solcher blütenreicher Fazies am Rande von Kalkmagerrasen hängt oftmals der Fortbestand gefährdeter Falterpopulationen ab. – Rottweil, Bergle 6. 7. 91 M. WEBER.

winterungsgemeinschaften zusammen. Sie verfertigten eine Art Nest aus locker zusammengesponnenen Blättern. Daß dieses schnell vertrocknete bzw. sich mit Schimmel überzog, schien sie nicht zu stören und führte auch zu keinen Verlusten.

Nach den Zuchtbeobachtungen von H. LUSSI kann noch ergänzend angeführt werden, daß die Eiablage in Gefangenschaft vom 1. – 3. Juli und der Schlupf der L_1-Räupchen vom 15. – 18. Juli dauerte. Die Eiruhe betrug also genau zwei Wochen. Vor der Überwinterung waren die Raupen etwa 3 mm, zum Winterausgang 5 mm lang. In Affinität zu den im Tauberland bodenkriechenden *Helianthemum*-Pflanzen fraßen die Raupen auch in der Zucht an den bodennahen Blättern.

Nahrung des Falters: Beobachtet wurde Blütenbesuch an Karthäuser-Nelke *(Dianthus carthusianorum)*, Dost *(Origanum vulgare)*, Futter-Esparsette *(Onobrychis viciifolia)*, Tauben-Skabiose *(Scabiosa columbaria)*, außerdem an Flockenblume (*Centaurea* spec.), Acker-Witwenblume *(Knautia arvensis)*, Alant (*Inula* spec.) und Baldrian (*Valeriana* spec.). Von diesen Pflanzen, die sicherlich nur einen Teil des tatsächlichen Nektarpflanzenspektrums von *Adscita geryon* ausmachen, ist die Karthäuser-Nelke wohl mit Abstand die wichtigste für die Art. M. WEBER hat beobachtet, wie ein eierlegendes Weibchen sich in den Zwischenpausen immer wieder auf dieser Pflanze niederließ, um an den Blüten über längere Zeit zu ruhen und Nektar aufzunehmen. FUCHS (1884) hat schon viel früher im Mittelrheingebiet ähnliches festgestellt: »Die Falter ruhen im Sonnenschein gern auf den Blüten des *Dianthus carthusianorum*, oft mehrere auf einem Blütenstande, ohne andere Blumen ganz zu verschmähen«.

Habitat: Halbtrockenrasen (Mesobromion) in unterschiedlicher Ausprägung, oft ± stark versaumt, meist flachgründig auf kalkreichen Böden an warmen, trockenen Hängen, Kuppen oder Talböden. Über eine engere Bindung an bestimmte Assoziationsgruppen liegen noch keine genaueren Beobachtungen vor. Die geschilderte Eiablage fand in einer Blutstorchschnabel-Saumgesellschaft (Geranion sanguinei) statt.

Verhalten: Der Geschlechterflug scheint erst am Nachmittag stattzufinden. Beobachtungen im Tauberland wurden in der Zeit zwischen 17.00–17.40 Uhr (Edelfingen, 17.7. 1986) bzw. von 18.00–18.30 Uhr (Marbach, 17.7. 1986) notiert (G. EBERT/F. KIRSCH/E. RENNWALD). Im angrenzenden Bauland (Hardheim: Bretzingen) hat H. LUSSI eine Paarung beobachtet. Sie erfolgte am Nachmittag und dauerte bis in die Nacht hinein.

Gefährdung und Schutz

Rote Liste Bundesrepublik: 3
Rote Liste Baden-Württemberg: 3

Oberrheinebene: Gefährdet.
Schwarzwald: Nicht vertreten.
Neckar-Tauberland: Gefährdet (regional bereits ausgestorben oder verschollen).
Schwäbische Alb: Art der Vorwarnliste.
Oberschwaben: Nicht vertreten.

- In Baden-Württemberg gefährdet!
  Besonders geschützt nach § 20 e ff. BNatSchG.

Die Gefährdungssituation stellt sich in Baden-Württemberg für diese Art ähnlich dar wie bei *Adscita globulariae*. Das Verschwinden zahlreicher Populationen, namentlich im Neckar-Tauberland, dürfte allerdings noch mehr auf Veränderungen zurückgehen, die durch Flurbereinigungsmaßnahmen etc. hervorgerufen worden sind. Das heißt, die vergleichsweise an noch trockenere, flachgründige Kalkmagerrasen angepaßte *Adscita geryon* wird vermutlich durch das Verschwinden magerer Wiesen etwas weniger stark betroffen sein, viel mehr dagegen durch den Verlust solcher Flächen infolge Aufforstung, Umwandlung in Kulturland (Weinbau!), Straßenbau (z. B. Fundort im Riesenburgstal bei Dauchingen!) oder deren Beeinträchtigung durch zu intensive Beweidung (z. B. die Heidepflege während der sommerlichen Hauptblütezeit).

Was die Erhaltung der Restpopulationen dieser Art namentlich im Neckar-Tauberland betrifft, so gilt auch hier das schon unter *Adscita globulariae* Gesagte. Die Einstufung in die Vorwarnliste für den Hauptnaturraum Schwäbische Alb bedeutet, daß insbesondere bei der Pflege der Wacholderheiden darauf zu achten ist, daß an den Flugstellen dieser Art von Mitte Juni an für die Dauer von mindestens 6 Wochen genügend Nektarpflanzen (s. unter »Nahrung des Falters«) zur Verfügung stehen.

Adscita mannii
Lederer, 1852

Südwestdeutsches Grünwidderchen

Ino statices mannii LD. (REUTTI 1898)
Ino mannii LD. (REBEL 1910)
Procris manni LED. (SPULER 1908–1910, FORSTER 1960, EBERT 1978)

Procris mannii LEDERER 1852 (BLAB & KUDRNA 1982, Rote Liste BRD 1984)

Gesamtverbreitung: Über das ganze nördliche und westliche Mediterrangebiet und nordwärts bis Südwestdeutschland verbreitet. In Frankreich westlich bis zur atlantischen Küste (ALBERTI 1937 a). Nach G. TARMANN (schriftl. Mitt.) umfaßt das Verbreitungsgebiet dieser Art die spanischen Pyrenäen, das südliche Frankreich, die Schweiz, SW-Deutschland und Italien. In Österreich kommt sie nur in Kärnten vor, in SE-Europa von Slowenien bis Griechenland, Bulgarien und in der NW-Türkei. Dem ist nur noch der Hinweis auf ein Vorkommen im benachbarten Elsaß (Bollenberg bei Rufach) hinzuzufügen. Auch auf zahlreichen Mittelmeerinseln.

Verbreitung

Regional: Die Verbreitung von *Adscita mannii* ist in Baden-Württemberg auf den Kaiserstuhl beschränkt. Damit wird deutlich, daß wir es hier mit einer mediterranen, wärmeliebenden Art zu tun haben, die bei uns offensichtlich nur in diesem klimatisch besonders begünstigten Gebiet existieren

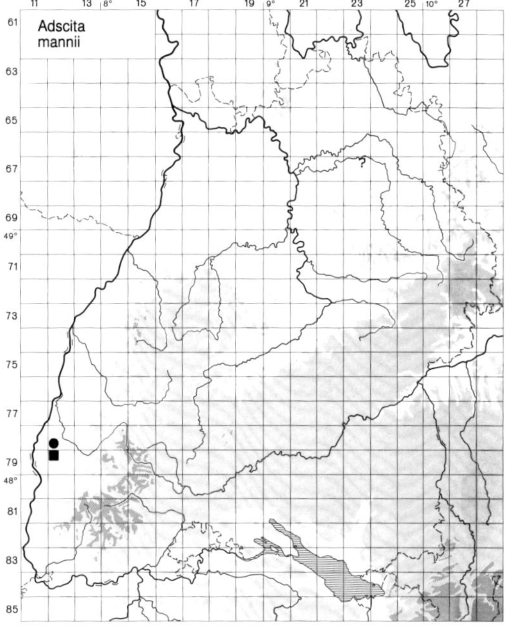

kann. Die nächstgelegenen Fundstellen befinden sich im benachbarten Elsaß (Bollenberg bei Rufach). FORSTER (1960) bringt für das Gebiet nördlich der Alpen nur den Hinweis »In Südwestdeutschland sehr lokal«; bei KOCH (1984) fehlt *Adscita mannii* völlig.

REUTTI (1898) hat diese Art mit Sicherheit noch nicht erkannt. Die von ihm unter *Ino statices* v. *mannii* Ld. am »28. Mai 1882 bei Dinglingen, auch bei Maxau und auf dem Turmberg gefangen« aufgeführte Variation hat mit *Adscita mannii* nichts zu tun. GAUCKLER (1921) hat übrigens diese Aussage von REUTTI übernommen und als weiteren Fundort noch »Pforzheim« hinzugefügt. Auch in einer ersten speziellen »Gross-Schmetterlings-Fauna des Kaiserstuhls ...« (BROMBACHER 1933–1935) ist diese Art noch nicht enthalten. Sehr wahrscheinlich wurde sie mit *statices* verwechselt, was der Hinweis »Schon Ende Mai zu finden« (BROMBACHER 1935:547) nahelegt. Die erste Notiz findet sich als Eintrag in der Kartei A. GREMMINGER unter »*Ino mannii* Ld. = *micans* Frr.[1]: Kaiserstuhl 19. – 26.5. 1928 in Anzahl gef. von EINICKE, Frbg., det. NAUFOCK, Linz (mitgeteilt von FRZ. DANIEL, München).« Sie wurde gleichlautend in einer Artenübersicht unter dem Titel »Lepidopterologisches vom Kaiserstuhl« (GREMMINGER 1950) veröffentlicht. Später haben dann auch SCHÄFER (1971) und SETTELE (1973) weitere Funde vom Kaiserstuhl (Badberg) mitgeteilt.

Wie unsere jüngsten Funde aus dem Jahre 1992 zeigen, ist *Adscita mannii* nach wie vor an dieser Stelle vertreten[2]. Demgegenüber müssen Meldungen aus anderen Gebieten Baden-Württembergs sehr kritisch behandelt werden. So wurde durch Genitaluntersuchung festgestellt, daß es sich bei dem von L. SETTELE am 17.7. 1967 im Wehratal gesammelten Weibchen (vgl. SCHÄFER 1976) nicht um *Adscita mannii*, sondern um *A. statices* handelt (Gen.Präp. B-898). Andererseits gehört ein mit »Königshofen Sommer 1965« bezetteltes Männchen aus coll. Dr. WEINMANN (coll. SMNS) eindeutig zu *Adscita mannii* (Gen.Präp. B-895), wobei die Richtigkeit der Fundortangabe stark angezweifelt werden muß. Aus diesem gut besammelten Gebiet konnte jedenfalls bis jetzt kein Nachweis für das tatsächliche Vorkommen dieser Art erbracht werden, so daß von einer Fundortverwechslung beim Etikettieren auszugehen ist.

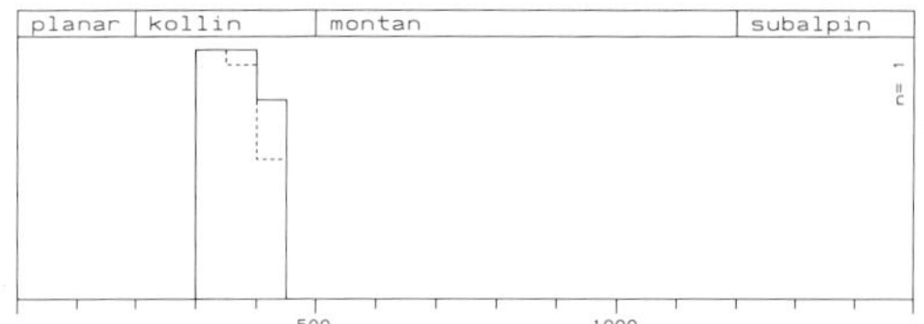

Anders verhält es sich dagegen mit dem von F. HELLER im August 1953 bei Niedernhall gefangenen Tier, das B. ALBERTI als »*manni* Weibchen« (genitalüberprüft) determiniert und mit dem handschriftlichen Zusatzvermerk versehen hat: »Neuer Fundort f. Deutschland 2. Fund, 1. Fund am Kaiserstuhl«. Die genitalmorphologische Nachkontrolle gestaltete sich insofern schwierig, als das Genital auf Papier aufgeklebt war und auf Objektträger umgebettet werden mußte (Gen.Präp. B-897).

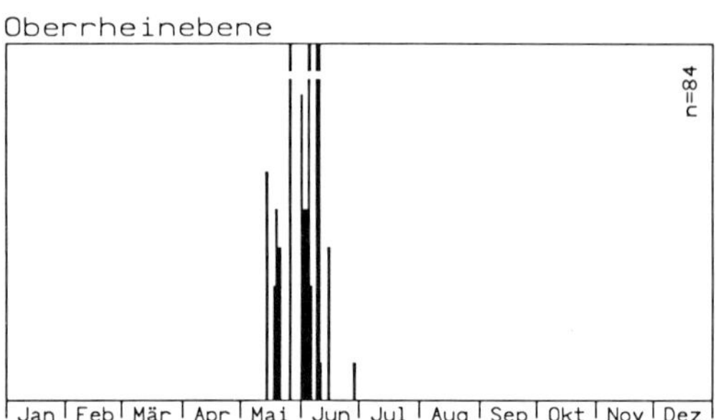

Die noch vorhandenen Fragmente lassen eine Bestätigung der ALBERTIschen Diagnose zu. Eine Fundortverwechslung kann ausgeschlossen werden, wie aus einem Antwortbrief von F. HELLER auf eine diesbezügliche Anfrage hervorgeht: »Ich erinnere mich an diesen Tag und an den Biotop deshalb noch sehr gut, da es meine ersten Zikadenaufsammlungen in Niedernhall waren und ich am selben Fundort damals auch unseren europäischen Laternenträger (*Dictyophara europaea* L.) das erstemal zu Gesicht bekam. Beim Käschern hatte ich auch ab und zu eine *Procris* im Netz und so kam es, daß ich 2 oder 3 Tiere damals als Beifang mitnahm. Wo die anderen geblieben sind weiß ich nicht; ich selbst besitze keine Tiere davon«. Dieses Exemplar ist ein Einzelfund geblieben. Er paßt weder geographisch noch phänologisch zu dem, was wir in

[1] *Procris micans* FREYER ist allerdings ein Synonym zu *Adscita statices* (nach Auskunft von G. TARMANN). JORDAN (in SEITZ 1909) behandelt *P. micans* noch als gute Art und fügt »*manni* LED.« als Synonym an.

[2] Für die freundliche Genehmigung, eine solche Nachkartierung sowie die damit verbundenen ökologischen Beobachtungen kurzfristig im NSG Badberg durchführen zu dürfen, sei auch an dieser Stelle Frau ZIMMERMANN vom Regierungspräsidium Freiburg und Herrn Dr. KRAMER von der Bezirksstelle für Naturschutz und Landschaftspflege Freiburg herzlich gedankt.

Das Südwestdeutsche Grünwidderchen (*Adscita mannii*) ist ein »Juwel« unserer Fauna. Einziger Fundort ist der Kaiserstuhl. Die Falter fallen durch ihre dichte, metallisch grün glänzende Beschuppung auf, die stärker ausgeprägt ist als bei allen anderen einheimischen Grünwidderchen-Arten. Hier saugt ein Männchen am Blütenstand einer Kugel-Rapunzel. – Kaiserstuhl, NSG Badberg 21. 5. 92 A. HOFMANN.

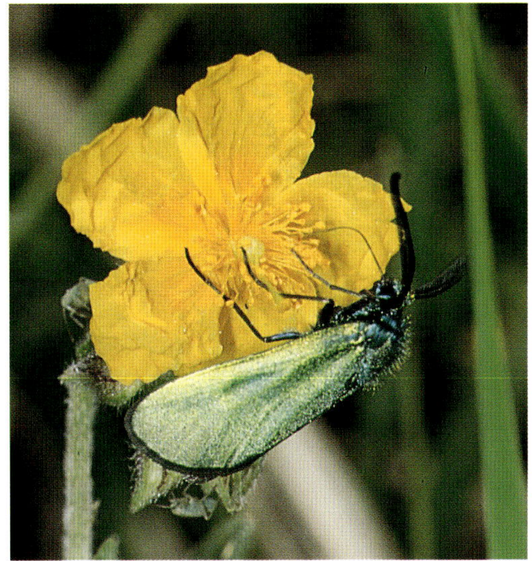

Die Raupennahrungspflanze Gewöhnliches Sonnenröschen (*Helianthemum nummularium*) ist zugleich auch eine Nektarpflanze dieser Art. In hochwüchsigen Halbtrockenrasen ist die Esparsette die Hauptnektarpflanze von *Adscita mannii*. Auch der Natterkopf wird an Wegrändern, Abrißkanten und ähnlichen Störstellen recht häufig besucht. Kaiserstuhl, NSG Badberg 21. 5. 92 A. HOFMANN.

Baden-Württemberg über *Adscita mannii* wissen. Gerade deshalb sollte dieser Gruppe mehr Aufmerksamkeit gewidmet und speziell im Kocher- und Jagsttal auf den letzten dort noch verbliebenen ungenutzten Trockenhängen weitere Nachforschung angestellt werden.

Durch Genitaluntersuchung nachgewiesene Fundorte: Kaiserstuhl (16.5. 1953, A. FRITZ); Oberbergen (3.6. 1964, F. ZMUDZINSKI; 5.6. 1978, 11.6. 1979, Mitte 6.1980, R. HERRMANN); Schelingen (19.6. 1978, H. STEFFNY); Badberg (10.6. 1956, A. GREMMINGER; 6.6. 1959, 1.6. 1968, H. MESSMER; 15.6. 1963, W. STAIB; 10.6. 1972, R. BLÄSIUS; 1.6. 1974, H. HEIDEMANN; 26.5. 1989, R. KONTERMANN; 21.5. 1992, G. EBERT).

Vertikal: Die eng begrenzten, noch aktuellen Flugstellen im Kaiserstuhl liegen zwischen 350 und 435 m Höhe.

Phänologie

Imagines: *Adscita mannii* ist, zusammen mit *A. statices*, die am frühesten im Jahr bei uns erscheinende Grünzygäne. Die ersten Männchen wurden bereits am 14. Mai (1961, L. SETTELE) gesammelt, ein letztes Tier (nicht überprüft) noch am 17. Juli (1967, L. SETTELE)[3]. Dazwischen liegt eine kontinuierliche Datenreihe, die vom 18. Mai (1952, A. GREMMINGER) bis 28. Juni (1969, M. WALLNER) reicht und die durch Genitaluntersuchung abgesicherten Belegstücke mit einschließt. Summarisch kann festgestellt werden, daß sich die Flugzeit dieser Art bei uns von der 2. Maihälfte bis Ende Juni erstreckt, also etwa die Dauer von 6 Wochen umfaßt. Der Fund bei Niedernhall (August!) wird hierbei nicht berücksichtigt, ebensowenig die Aussage »Der Falter fliegt von Ende Mai bis Anfang August« (SCHÄFER 1971).

Präimaginalstadien: Die Raupe dieser Art ist bis jetzt in unserem Untersuchungsgebiet noch nicht gefunden worden. Sie kann inzwischen durch Zucht mit Material vom Kaiserstuhl nachgewiesen werden, nachdem es H. LUSSI am 2.6. 1992 dort gelang, die Eiablage zu beobachten. Das Eistadium dauerte nur kurze Zeit, d.h. es betrug im Durchschnitt weniger als 6 Tage. Daher kann auch im Freiland mindestens von Anfang Juni an mit L_1-Raupen gerechnet werden. Die Raupen überwintern in der Zucht in einem nicht näher definierten Häutungsstadium bei einer Größe von etwa 5 mm (Oktober) bzw. 7 mm (März).

---

[3] Nachträglich als Fehlbestimmung erkannt!

Ökologie

Lebensraum: Volltrockenrasen und Halbtrockenrasen sowie trockene Saumgesellschaften in sehr warmer, südexponierter Hanglage auf Löß.

Nahrung der Raupe:
Helianthemum nummularium – Gewöhnliches Sonnenröschen
E (Lus)

Die Eiablage erfolgte in beiden beobachteten Fällen nicht direkt an das Sonnenröschen selbst, sondern an einen Grashalm *(Bromus erectus)* bzw. auf die Blattunterseite des Wiesen-Salbeis *(Salvia pratensis)*. *Helianthemum nummularium*[4] war jedoch stets in unmittelbarer Nähe vorhanden, so daß wir für die Population im Kaiserstuhl davon ausgehen dürfen, daß diese Pflanze auch bei uns als Nahrungspflanze in Betracht kommt. Ob sie es ausschließlich ist, wissen wir noch nicht. Die in der Literatur unter »*Cistus*-Arten« angegebene »Futterpflanze« (neben *Helianthemum*) geht auf eine Notiz von Guenée (1865) zurück: »Cette chenille vit à Hyères, sur le *Cistus salviaefolius*«. In Baden-Württemberg kommen keine *Cistus*-Spezies vor, wohl aber Arten der ebenfalls zu den Zistrosen-Gewächsen zählenden Gattungen *Tuberaria, Helianthemum* und *Fumana*.

Die Zucht (2 parallel von H. Lussi und G. Ebert durchgeführte Zuchten) erfolgte ausschließlich mit Sonnenröschen. Die Raupen saßen von L_1 an sowohl auf der Blattoberseite als auch -unterseite, die sie flächig abfraßen (Schabefraß). Ein minierendes Verhalten konnte nicht festgestellt werden. Im Gegensatz zu *A. geryon* und *A. statices* hielt die Nahrungsaufnahme auch während der kalten Jahreszeit an. Lediglich bei Temperaturen deutlich unter dem Gefrierpunkt (etwa ab – 3 °C) ruhte jegliche Aktivität. Eine Art Überwinterungsnest, wie bei der Zucht von *A. geryon* beobachtet, wurde nicht angelegt.

Nahrung des Falters: Im Kaiserstuhl haben mehrere Mitarbeiter (G. Ebert, R. Herrmann, A. Hofmann, H. Lussi) *Adscita mannii* beim Blütenbesuch beobachten und fotografieren können. Folgende Pflanzen wurden dabei notiert: Futter-Esparsette *(Onobrychis viciifolia)*, Natterkopf *(Echium vulgare)*, Acker-Witwenblume *(Knautia arvensis)*, Wiesen-Flockenblume *(Centaurea jacea)*, *Scabiosa columbaria* (Tauben-Skabiose), Berg-Sandrapunzel *(Jasione montana)* und Gewöhnliches Sonnenröschen *(Helianthemum nummularium)*. Die Artenzahl der in Betracht kommenden Nektarpflanzen dürfte damit allerdings noch nicht erschöpft sein. Der Besuch an *Onobrychis viciifolia* kann als besonders häufig eingestuft werden.

Habitat: Die Flugstelle mit der höchsten Individuenzahl ist südexponiert, trocken und sehr warm. Die Pflanzendecke setzt sich an den heißesten Stellen aus Arten des Trespen-Volltrockenrasens (Xerobromion), ansonsten aus solchen des Trespen-

Eiablage von *Adscita mannii* auf der Unterseite eines bodennahen Wiesensalbei-Blattes. Wegen der unregelmäßigen Oberflächenstruktur war eine geordnetere Ablage, zu der die Art im allgemeinen tendiert, nicht möglich. Das Gelege enthielt schließlich 29 Eier. – Kaiserstuhl, NSG Badberg 2. 6. 92 H. Lussi.

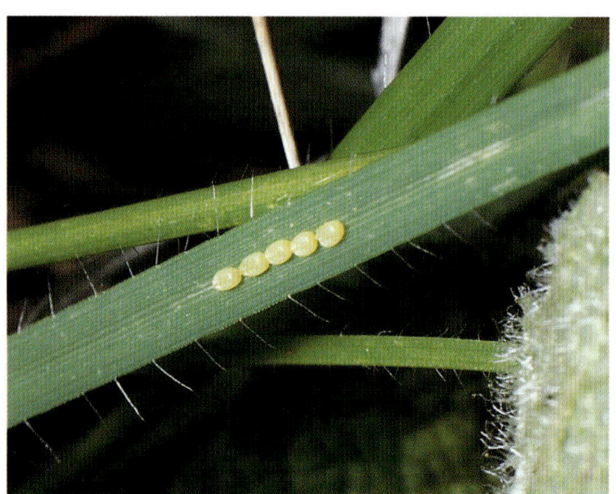

Hier wurden die Eier in geordneter Reihe auf die Oberseite eines Blattes der Aufrechten Trespe dicht über dem Boden abgelegt. – Kaiserstuhl, NSG Badberg 2. 6. 92 H. Lussi.

[4] Dabei handelt es sich um die schmalblättrige var. *fruticans*, die endemisch in den kalkhaltigen Dünen der Schwetzinger Hardt und in Xerobrometen des Kaiserstuhls vorkommt.

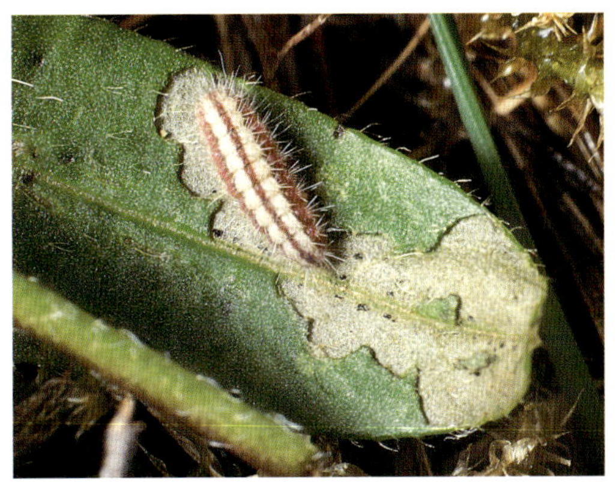

Die junge Raupe frißt die Epidermis und die darunterliegenden chlorophyllführenden Schichten an den Blättern ihrer Nahrungspflanze (*Helianthemum nummularium*) vollständig auf. Das Sonnenröschen scheint allerdings, wie jüngste Beobachtungen von H. LUSSI gezeigt haben, nicht die einzige Raupennahrungspflanze zu sein. In der Zucht wurden z.B. auch die Futter-Esparsette (*Onobrychis viciifolia*) und der Blutrote Storchschnabel (*Geranium sanguineum*) problemlos angenommen. – Kaiserstuhl, NSG Badberg 29. 7. 92 H. LUSSI. S.

Halbtrockenrasens (Mesobromion erecti) zusammen. Hier sind Larval- und Imaginalhabitat eng miteinander verzahnt. Die Falter selbst können bei ihrer Nahrungssuche allerdings auch an solchen Stellen angetroffen werden, wo sicherlich keine Eiablage mehr erfolgt wie z.B. im dichten, hochwüchsigen Halbtrockenrasen an etwas weniger flachgründigen Stellen oder an Weg- und Gebüschrändern, hier dann ganz auf den Standort bestimmter Nektarpflanzen wie z.B. der Futter-Esparsette fixiert.

An der Eiablagestelle wurden auf einer Fläche von 1–2 qm folgende Pflanzen notiert (H. LUSSI): *Bromus erectus* (Aufrechte Trespe); *Aster linosyris* (Gold-Aster); *Salvia pratensis* (Wiesen-Salbei), häufig; *Achillea millefolium* (Gewöhnliche Wiesen-Schafgarbe); *Potentilla tabernaemontani* (Frühlings-Fingerkraut), eingestreut; *Hippocrepis comosa* (Hufeisenklee); *Thymus pulegioides* (Arznei-Thymian, Feld-Thymian); *Helianthemum nummularium* (Gewöhnliches Sonnenröschen), wenig; *Centaurea jacea* (Wiesen-Flockenblume); *Coronilla varia* (Bunte Kronwicke); *Plantago lanceolata* (Spitz-Wegerich); *Rhinanthus alectorolophus* (Zottiger Klappertopf) und *Euphorbia cyparissias* (Zypressen-Wolfsmilch), einzeln.

Kennzeichnende Begleitarten aus anderen Insektenordnungen sind übrigens u.a. *Libelloides longicornis* (Schmetterlingshaft) und *Euroleon nostras* (= *Myrmeleon europaeus*) (Ameisenjungfer), bei den Schmetterlingen vor allem *Eucharia deserta* (Labkraut-Bär).

Verhalten: Beobachtungen zum Verhalten von *Adscita mannii* liegen aus unserem Faunengebiet nur in sehr bescheidenem Umfang vor. Die Gefahr der Verwechslung mit anderen Arten der Grünwidderchen, in diesem Falle besonders mit *Adscita statices* (Weibchen!) mahnt zur Vorsicht. Immerhin konnte aufgrund erhöhter Aufmerksamkeit seitens der bereits genannten Mitarbeiter festgestellt werden, daß die Individuendichte der Kaiserstuhl-Population im Jahre 1992 erheblich höher lag als erwartet. Die am Nachmittag bis gegen Abend sehr flugaktiven Tiere waren in größerer Anzahl (> 30 Individuen) im Sonnenschein zu beobachten. Eine Paarung wurde am 21.5. 1992 zwischen 16 und 19 Uhr festgestellt, weitere an den folgenden Tagen zur gleichen Tageszeit. Sie dauerten vermutlich bis zum nächsten Morgen (H. LUSSI). Die am Grashalm abgesetzten Eier waren perlschnurartig aufgereiht, die am *Salvia pratensis*-Blatt in einer unregelmäßigen Reihe.

Die Puppen unserer Grünwidderchen-Arten sind, im Gegensatz zu denen der Rotwidderchen, von einem feinen, weißen, lockeren und durchsichtigen Gespinst mit kristallinen, nadelförmigen (!) Einlagerungen umgeben. Unterschiede in Färbung und Gestalt sind kaum vorhanden. Auffallend ist das fast bis zur Hinterleibsspitze reichende dritte Beinpaar, die dazwischen eingebetteten beiden Rüsselhälften sowie die an den Spitzen sich berührenden Fühler. – Kaiserstuhl, NSG Badberg 2. 6. 93 H. LUSSI. S.

Zum Lebensraum des Südwestdeutschen Grünwidderchens gehört dieser südexponierte Trockenhang. Hier im frühen Abendlicht ist auf dem trockenen Fruchtstand einer Goldhaar-Aster die Paarung zu sehen. Im Hintergrund gerade noch erkennbar sind die blauen Blütenkerzen des Natterkopfes, an dem die Falter tagsüber saugen. – Kaiserstuhl, NSG Badberg 1. 6. 92 H. Lussi.

Gefährdung und Schutz

Rote Liste Bundesrepublik: 2
Rote Liste Baden-Württemberg: R

Oberrheinebene: Art mit geographischer Restriktion.
Schwarzwald: Nicht vertreten.
Neckar-Tauberland: Kritischer Einzelfund.
Schwäbische Alb: Nicht vertreten.
Oberschwaben: Nicht vertreten.

- In Baden-Württemberg eine Art mit geographischer Restriktion.
  Besonders geschützt gemäß § 20 e ff. BNatSchG.

Adscita mannii verdankt den Fortbestand ihrer Population im Kaiserstuhl allein der Tatsache, daß der Badberg nicht das gleiche Schicksal erfahren hat wie etwa die Mondhalde, die dem modernen Weinanbau geopfert wurde. Nur so konnte dieses vermutlich einzige Vorkommen in Deutschland und damit gleichzeitig nördlichste des gesamten Verbreitungsgebietes dieser Art vor der Ausrottung bewahrt und nach menschlichem Ermessen jetzt als gesichert bezeichnet werden. Es auch in Zukunft zu erhalten ist allein schon aus tiergeographischer Sicht geboten, haben wir es doch hier mit einer Art zu tun, auf die die Definition für Kategorie R (Arten mit geographischer Restriktion) zutrifft: Arealgrenze, kleine, geographisch eng begrenzte Populationen von geringer Bestandsgröße (auch wenn in günstigen Jahren wie etwa 1992 die Individuenzahl relativ hoch sein kann), dadurch hohes Gefährdungsrisiko wie z. B. die Gefahr der Ausrottung bei unvorhergesehenen lokalen Eingriffen (vgl. Band 1, Kap. 3.3, S. 118).

Adscita statices
Linnaeus, 1758

Ampfer-Grünwidderchen

Ino statices L. (Reutti 1898, Lampert 1907, Rebel 1910, Eckstein 1913–1923)
Procris statices L. (Seitz 1907–1954, Spuler 1908–1910, Hering 1932, Schneider 1936–1939, Bergmann 1951–1955, Koch 1955, Forster 1960, Stresemann 1969)
Procris micans Freyer (Seitz 1907–1954)

Procris statices Linnaeus 1758 (Novak & Severa 1980, Blab & Kudrna 1982)

Procris heuseri REICHL 1964 (= *statices* LINNAEUS sensu HEUSER 1960, 1962): Die von REICHL (1964) gegenüber *statices* s.str. als Differentialdiagnose entwickelte Trennformel berücksichtigt die Zahl der Fühlerglieder, das Flugdatum und die Höhenlage des Fundortes. Nicht einbezogen wurde die Fühlerspitze, die HEUSER als das wichtigste Unterscheidungsmerkmal besonders hervorgehoben hat (9 verwachsene Fühlerglieder, gegenüber 7), während REICHL die Streuung dieses Merkmals als viel zu groß bezeichnet, um für eine klare Arttrennung brauchbar zu sein. Auf einen kurzen Nenner gebracht besitzt *heuseri* etwa 32–36 Fühlerglieder, fliegt im Mai – Juni und bewohnt feuchtes Wiesengelände, während *statices* vor allem sandiges (trockenes) Gebiet besiedelt, 38–45 Fühlerglieder aufweist und im Juli und August fliegt. Über die Artberechtigung von *Adscita (= Procris) heuseri* REICHL bestehen allerdings unterschiedliche Auffassungen. ALBERTI (1978) sieht in ihr nur eine »ökologische Zustandsform im infrasubspezifischen Bereich«, die nicht mehr von den Nomenklaturregeln erfaßt ist. Hinsichtlich der Zahl der Fühlerglieder weist er auf ähnliche Beispiele bei *A. geryon* (aus Thüringen, Oberfranken und Tirol) und *A. mauretanica* (aus dem Hohen und Mittleren Atlas) hin. Genitalunterschiede, wie sie von HEUSER (1960 und 1962) hervorgehoben werden, waren nicht erkennbar, worauf auch schon REICHL (1964) hingewiesen hat. TARMANN (1977) bestätigt, daß nicht der geringste Genitalunterschied besteht. Er fand ferner heraus, daß auch die Raupen von *statices* und *heuseri* »in allen Stadien völlig gleich« sind und meint, daß die Merkmale »Fühlergliederzahl, Flugzeit und Art des Biotops (feucht oder trocken), an denen die beiden Taxa *statices* und *heuseri* statistisch unterscheidbar sind«, auf ihr Aussagegewicht erst noch bei anderen Zygaeniden-Arten überprüft werden müßten. Er weist in diesem Zusammenhang, außer bei *geryon*, auch noch auf ähnliche Verhältnisse bei nord- und süditalienischen *Adscita alpina*-Populationen hin. In seiner grundlegenden Arbeit über die *statices*-Gruppe (TARMANN 1979) geht der Autor auch auf die Überwinterung und die bisherige Feststellung ein, daß alle Formen, die in feuchten Habitaten leben und eine frühe Flugzeit besitzen, im L_5-Stadium, jene trockener Habitate im L_4-Stadium zu überwintern scheinen. Dies sei sicherlich auch ein Grund für die unterschiedliche Flugzeit, da ja die Raupen feuchter Habitate nach der Diapause ein Stadium weniger durchzumachen haben. Die Entwicklungsdauer des L_4-Stadiums betrage etwa 4 Wochen, was ziemlich genau der Flugzeitverschiebung zwischen *heuseri* und *statices* entspräche. Eine Korrelation der Merkmale Fühlergliederzahl, Flugzeit und Habitat dürfe höchstens als Indiz für das Vorliegen einer gewissen ökologischen Form, nicht aber als Artkriterium gewertet werden. Demgegenüber vertreten FIEDLER und NÄSSIG (1985) die Ansicht, man solle im Falle der beiden Taxa *statices* und *heuseri* die ökologische Vikarianz taxonomisch dadurch ausdrücken, daß man beide Taxa als Unterarten oder »Kleinarten« (im Sinne von FAZEKAS 1980) wertet. Sie stützen sich dabei auf die REICHLsche Trennformel, nach der beide Taxa »ökologisch und phänologisch gut und morphologisch immerhin ausreichend« charakterisiert werden könnten und meinen, daß sie zumindest in Mitteleuropa »offenbar vollständig oder weitgehend genetisch isoliert« und hier aufgrund der Flugzeiten und -orte keine Hybriden zu erwarten seien. In einer späteren Veröffentlichung (FIEDLER & NÄSSIG 1991) gehen sie nochmals auf das genetische Problem ein und meinen, daß bei sympatrisch vorkommenden Populationen ein mehr oder weniger regelmäßiger Genfluß zwischen ihnen nachgewiesen werden muß, wenn sie als konspezifisch gelten sollen. Ein solch sicherer Nachweis stünde jedoch bisher noch aus. Beide Taxa werden von ihnen deshalb weiterhin als ökologisch isolierte Unterarten behandelt. FAZEKAS (1980) gelangte übrigens zu der Schlußfolgerung, daß *»heuseri«* am ehesten als ein »relativ frühes Stadium einer ökologisch bedingten subspezifischen Divergenz« aufzufassen sei, welche aber bis jetzt »scheinbar ohne einer Trennung der Areale vollzogen ist, und in der noch keine fassbaren strukturellen Unterschiede ausgebildet sind«.

Gesamtverbreitung: Ganz Mitteleuropa mit England, Skandinavien, in Finnland bis etwa zum 66. Breitengrad, östlich mindestens bis Westsibirien, südöstlich bis zum Alai, südlich bis Armenien, die nördliche Balkanhalbinsel, den Hauptkamm der Alpen und Nordspanien.

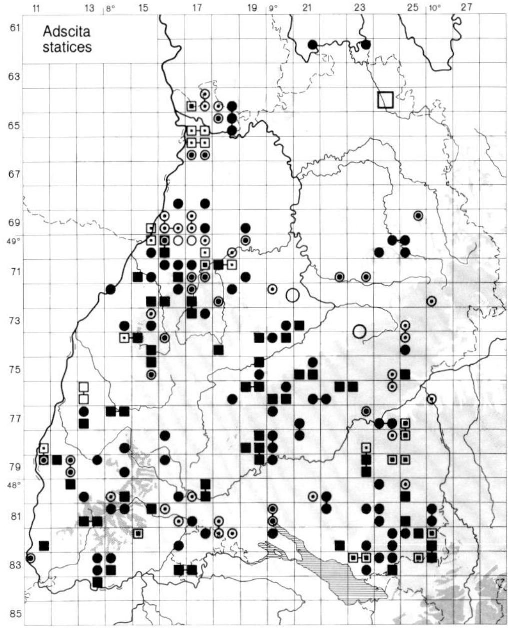

Verbreitung

Regional: *Adscita statices* ist die von allen Grünwidderchen bei uns am weitesten verbreitete Art. Schon bei ROTH VON SCHRECKENSTEIN (1800) wird sie, zusammen mit *Rhagades pruni*, für die Quellgebiete von Donau und Neckar aufgeführt. Sie kommt in allen Hauptnaturräumen Baden-Württembergs vor und ist in den kalkreichen Landschaften (Schwäbische Alb, Neckar-Tauberland) ebenso vertreten wie in der Oberrheinebene, dem Schwarzwald sowie im württembergischen Alpenvorland,

G	Fundort	m	T/F	Mai						Juni						Juli						August			
								heuseri														**statices**			
	Oberrheinebene:																								
G	Viernheim (Wald)	100								+						+		+							
	Viernheim (Heide)	100	T													+	+	+		+	+				
G	Mannheim, Friedrichsfeld	103	T															+							
G	Schwetzingen	100	T														+	+	+						
	Hockenheim, Talhaus	100	T														+	+	+						
G	Graben-Neudorf	108							+	+						+		+			+				
	Hochstetten-Linkenheim	109																+			+		+		
G	Karlsruhe, Rheinwald	105										+													
G	Karlsruhe, Scheibenhardt	115				+	+	+				+													
G	Ettlingen, Hardtwald	120		+		+	+				+		+	+					+		+	+			+
G	Rastatt, Murgdamm	114									+														
G	Sandweier, Mittelfeld	124	T													+									
G	Kaiserstuhl, Badberg	300–435	T						+	+	+	+	+												
	Freiburg, Mooswald	200–230	F					+		+	+		+	+	+										
G	Ebringen, Schönberg	340–640									+		+												
	Schwarzwald:																								
G	Pforzheim, Hagenschieß	400–455	F										+												
G	Eyachtal	420–480	F				+			+		+	+	+											
G	Langenbrand, Rote Lache	650–700	F								+	+													
G	Reichental	530–680	F						+		+	+	+												
G	Kleines Enztal	420–520	F										+	+											
G	Mitteltal	590–700	F								+	+		+						+					
G	Kniebis	900–	F											+		+									
G	Ettenheimmünster	250					+																		
G	Ettenheimm., Münstergraben	220																							
	Wildgutach, Simonswald	600	F			+						+	+		+	+	+				+	+			
G	Hinterzarten (Moor)	880–938	F									+	+	+	+	+	+								
G	Utzenfeld, Utzenfluh	600–890	T													+			+			+	+		
G	Wutach, Gutachsteg	720–770	F								+			+											
G	Rickenbach	670	F										+												
G	Willaringen. Kühmoos	730	F									+													
	Herrischried	800–900	F												+			+							
G	Wehratal	410–830													+				+						
	Neckar-Tauberland:																								
	Dertingen	170–270	T														+								
	Ahorn	380	F					+																	
G	Lauda	200–240	T							+					+						+				
	Oberlauda, Haag	300–330	T														+	+	+		+				
	Obersontheim	372–484							+		+														
G	Dietlingen	350	T			+			+		+														
G	Pforzheim, Enzrücken	250–350	T			+	+													+					
G	Waldenbuch	405–425													+										

G	Fundort	m	T/F	Mai						Juni						Juli						August
							heuseri															**statices**
G	Unterschwandorf	450–550	T				+															
G	Schietingen	450–610	T		+				+													
G	Grafenau	410	T						+													
G	Tübingen	460–500													+							
G	Schönbuch	430													+							
G	Kiebingen	344									+											
G	Rottenburg, Rammert	350–550	T									+										
G	Rangendingen	400–600							+													
G	Starzeltal	630–800	T						+								+	+				
G	Pfohren u. Donauried	670–690	F								+	+	+	+								
G	Gaiß	660–680	T																+			
G	Eschbach	620–625	T																+			
	Schwäbische Alb:																					
G	Pfullingen	650–750	T								+	+										
G	Ohnastetten	750	T																+			
G	Münsingen	700–830										+										
G	Arnegg, Ried	495	F								+		+	+								
G	Ringingen, Bühlberg	800–865	T												+				+	+		
G	Buttenhausen-Wasser-stetten	620–750												+								
G	Hossingen, Oberbuch	930–976	T												+							
G	Nusplingen, Roßhalde	800–900	T											+								
G	Schwenningen	813–874	T											+				+				
G	Irndorfer Hardt	730–800	T									+			+							
G	Wiechs a. Randen	619–705	T																			+
	Oberschwaben:																					
G	Baustetten	505	F													+						
G	Federsee	580	F	+			+	+	+	+	+	+										
G	Ummendorfer Ried	530–540	F				+	+	+	+	+											
G	Bronnen, Dürnachtal	570–624	F			+			+	+	+											
G	Wurzacher Ried	650	F											+	+	+	+					
G	Eintürnen, Holzmühlen-weiher	690	F									+		+								
G	Eintürnen, Gründlenried	650	F										+									
G	Oberteuringen	450	F						+			+										
G	Oberraderach	460	F				+		+		+											
G	Stockach	500–570	F										+									
G	Fetsachmoos	695–699	F									+	+		+	+						
G	Isny	680–	F							+	+	+	+	+	+	+	+		+	+		
G	Tettnang	420–569	F										+									
G	Wangen	540	F																+			
G	Harprechtser Moos	690	F						+	+	+		+									

Ansammlungen von Faltern des Ampfer-Grünwidderchens (*Adscita statices*) sieht man an geeigneten Stellen nicht selten. Hier ist es der Bütenstand der Späten Goldrute (*Solidago gigantea*), an dem sich Männchen und Weibchen einfanden. Auch bei dieser Art können beide Geschlechter an den gekämmten (Männchen) bzw. schlank kolbenförmigen Fühlern (Weibchen) unterschieden werden. – Hagenbach (Bienwald) 7. 80 J. PARTENSCKY.

wo die Zahl der nachgewiesenen Fundstellen sogar besonders hoch ist. Dies liegt sicherlich darin begründet, daß *A. statices* (s.l.) Feuchtgebiete sehr wahrscheinlich noch besser zu nutzen vermag als Trockenbiotope. Dies wiederum dürfte mit der Verbreitung der Raupennahrungspflanze (*Rumex acetosella*, eingeschränkt auch *Rumex acetosa*) zusammenhängen, wovon erstere als Versaumungs- und Magerkeitsanzeiger sowohl auf Sand- und Moorböden, in mageren Wiesen und Weiden usw., aber auch in Silikat-Magerrasen vorkommt (vgl. OBERDORFER 1979), im eigentlichen Jura jedoch nur an Störstellen zu finden ist. Dabei muß jedoch betont werden, daß uns zum Vorkommen von *A. statices* in den Jura- oder Muschelkalkgebieten Baden-Württembergs noch keine protokollierten Raupenfunde vorliegen, so daß über ihre ökologische Einnischung an solchen Fundstellen derzeit keine näheren Angaben gemacht werden können.

Die in unserem Faunengebiet bisher registrierten Fundorte werden auf S. 186/187 in Tabellenform aufgelistet. Es sind nicht alle darin aufgeführt, was entweder an geographischer Unschärfe oder mangelnder Überprüfung der betreffenden Belegexemplare (sofern überhaupt vorhanden) liegt. Die Absicherung von Belegtieren gegenüber einer möglichen Verwechslung mit anderen Arten der Gattung *Adscita* (z. B. *A. geryon*) ist durch den Hinweis auf Genitaluntersuchung (G) gewährleistet. Wo dieser fehlt, kann das betreffende Material als vom Autor zugeordnet betrachtet werden. Die Parameter der REICHLschen Differentialdiagnose werden insofern berücksichtigt, als den Fundorten noch die Höhenangabe (m) und, wo möglich, Angaben zum Habitat nach der Unterscheidung trocken (T) – feucht (F) hinzugefügt werden. Die Flug- bzw. Fangdaten sind in 5-Tage-Intervallen aufgetragen und ergeben so 6 Spalten pro Monat. Die Flugzeit von *heuseri* (Mai/Juni) und *statices* (Juli/August) wird approximativ auf die Zeit vom 1.5. – 15.6. bzw. 15.7. – 30.8. festgelegt. In die nicht markierte Zone dazwischen fällt das von REICHL (1964: Abb. 2) dargestellte Minimum in der Gesamtverteilung der Funddaten. Nicht berücksichtigt wurde dagegen die Zahl der Fühlerglieder.

Die Sortierung der vorliegenden Fangdaten in dieser Tabelle macht deutlich, daß auch in Baden-Württemberg die an feuchte Habitate gebundene, früher fliegende Form *heuseri* überwiegt. Im württembergischen Alpenvorland ist sie ausschließlich vertreten. Das gleiche trifft auf den Schwarzwald zu. Eine Ausnahme bildet hier nur die Population auf der Utzenfluh, die sowohl phänologisch wie ökologisch zu *statices* s.str. zu stellen wäre. Eine mögliche Erklärung dafür liegt darin, daß in diesem klimatisch begünstigten, durch südwest-exponierte warme Felshalden charakterisierten Gebiet auch andere Arten wie z.B. *Melitaea didyma* und *Pseudophilotes baton* ein isoliertes Vorkommen innerhalb des Hauptnaturraumes Schwarzwald haben.

Schwieriger zu beurteilen sind dagegen die verschiedenen Populationen in den Hauptnaturräumen Oberrheinebene (einschließlich Kaiserstuhl und Vorbergzone), Neckar-Tauberland und Schwäbische Alb. In den Sandgebieten der nördlichen Oberrheinebene (Viernheim, Hockenheim, Schwetzingen) zeichnet sich die Trockenform *statices* s.str. am deutlichsten ab. Hier besteht gute Übereinstimmung mit den Angaben von KRISTAL (1980) für den südhessischen Raum. Problematisch ist dagegen die vorhandene Belegserie aus dem Hardtwald bei Ettlingen (forstlich veränderter Eichen-Hainbuchenwald auf Sandboden). Sie reicht vom 1. Mai bis 20. August (1947–1973). Ob die vorhandene Lücke zwischen dem 20.6. und dem 16.7. ein Indiz für das Vorhandensein von zwei genetisch streng getrennten Populationen ist, bleibt offen. Noch problematischer sind die Funde vom Kaiserstuhl. Obwohl die Tiere eindeutig aus trockenem Habitat stammen, liegt die Flugzeit im »*heuseri*-Bereich« und stimmt im wesentlichen mit der vom nahe gelegenen Mooswald bei Freiburg, einem feuchten Gebiet, überein.

Im Neckar-Tauberland und auf der Schwäbischen Alb kommen an den meisten Fundstellen trockene Habitate in Betracht, in einigen Fällen aber auch hier frische bis wechseltrockene Wiesen (Hochfläche und Täler der Schwäbischen Alb). Dennoch ist in keinem Fall eine phänologische Übereinstimmung der dort vorhandenen Populationen mit jenen aus den Sandgebieten der nördlichen Oberrheinebene erkennbar, auch wenn man die unterschiedliche Höhenlage und den von REICHL (1964) angegebenen Korrekturfaktor von 2 Tagen pro 100 Höhenmetern berücksichtigt. In manchen Fällen wie z.B. in einem alten Muschelkalksteinbruch bei Dietlingen oder ähnlichen Fundstellen der weiteren Umgebung stammen die Belegtiere aus den Monaten Mai und Juni. Gleiches gilt für Fundorte im Muschelkalkgebiet der Oberen Gäue. Nur eines der vorhandenen Belegstücke stammt vom August (5.8. 1972, Wiechs am Randen, H. MESSMER), alle anderen fallen in die Monate Juni/Juli mit Schwerpunkt 2. Hälfte Juni. Populationen tiefer gelegener Sandheiden stimmen demnach mit solchen höher gelegener Heiden auf Muschel- oder Jurakalk phänologisch nicht überein, auch wenn sie beide gegenüber solchen in Feuchtgebieten ökologisch gut abgrenzbar sind.

Zusammenfassend kann festgestellt werden, daß beide Ökovarianten »*heuseri*« und »*statices*« zwar aus Baden-Württemberg ökologisch/phänologisch nachgewiesen werden können, sich in den meisten Fällen jedoch nicht scharf gegeneinander abgrenzen lassen.

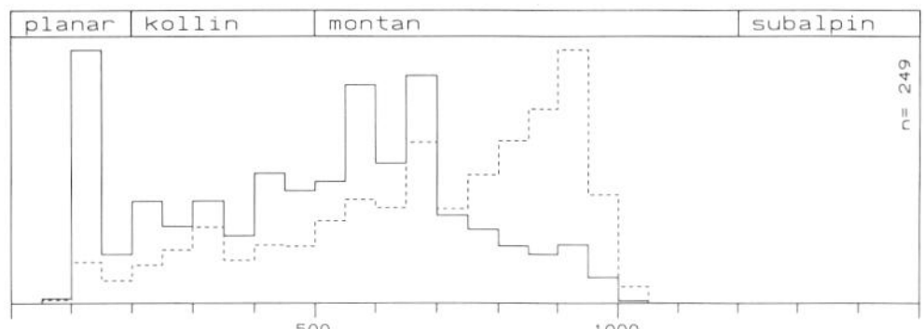

Vertikal: *Adscita statices* s.l. ist in Baden-Württemberg von der Ebene über das Hügel- und Bergland bis in die höheren Lagen des Schwarzwaldes und der Schwäbischen Alb verbreitet. Die höchsten Fundstellen liegen auf der Hohen Schwabenalb oberhalb 900 m (Hossingen: Oberbuch, 29.6. 1986, G. BAISCH), desgleichen im Hochschwarzwald (Schauinsland, 1000 m, 21.6. 1978, H. STEFFNY).

Phänologie

Imagines: Für *Adscita statices* s.l. zeichnet sich in den Hauptnaturräumen Schwarzwald und Oberschwaben eine homogene Imaginalphase ab, die Mitte bzw. Anfang Juni ihren Höhepunkt erreicht und von Mitte (Anfang) Mai bis Mitte (Ende) Juli dauert (die wenigen August-Daten sind nur für eine bestimmte Lokalität, nicht für den gesamten Schwarzwald repräsentativ!). M. WEBER notierte 1991 im Hotzenwald bei 840–860 m den 23.6. und 2.7. und vermerkt unter dem 17.7. »nur noch vereinzelt fliegend«. Die scheinbare Zweigipfligkeit im Flugzeitdiagramm Oberrheinebene geht z.T. auf unterschiedliche Flugzeiten bei Populationen trocken-warmer Sandgebiete der nördlichen Oberrheinebene und trocken-warmer Lößhänge des Kaiserstuhls zurück. Für die Schwäbische Alb liegen noch zu wenige Daten vor und beim Neckar-Tauberland erstreckt sich die Imaginalphase von Mitte Mai bis Ende Juli, mit Höhepunkt Mitte Juni, was an sich gegen eine Korrelation trockenes Habitat = späte Flugzeit spricht.

Oberrheinebene

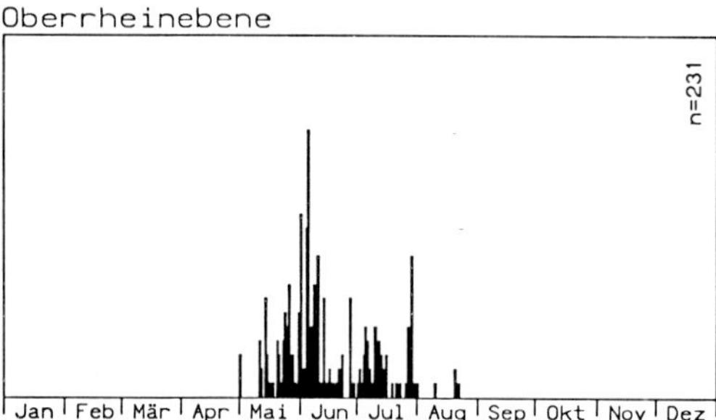

Schwarzwald

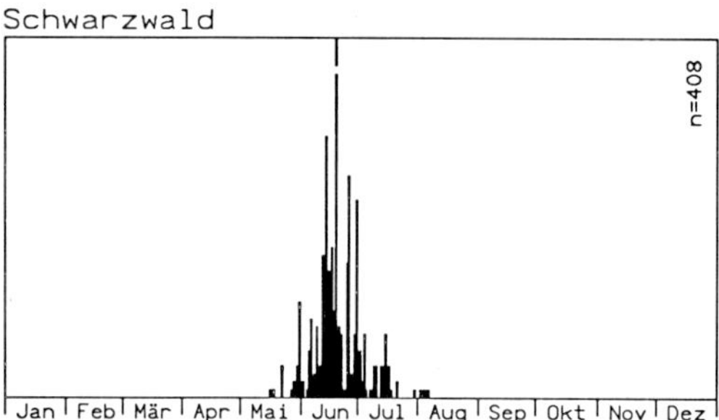

Neckar-Tauberland

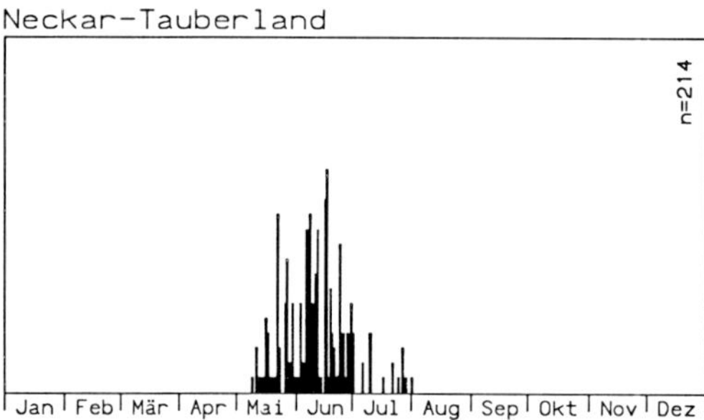

Schwäbische Alb

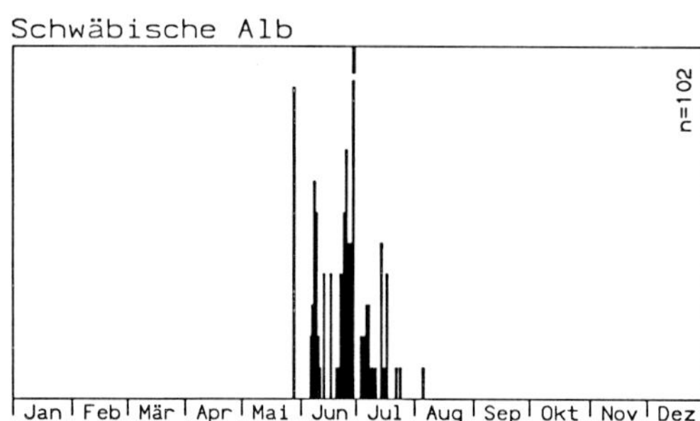

Oberschwaben

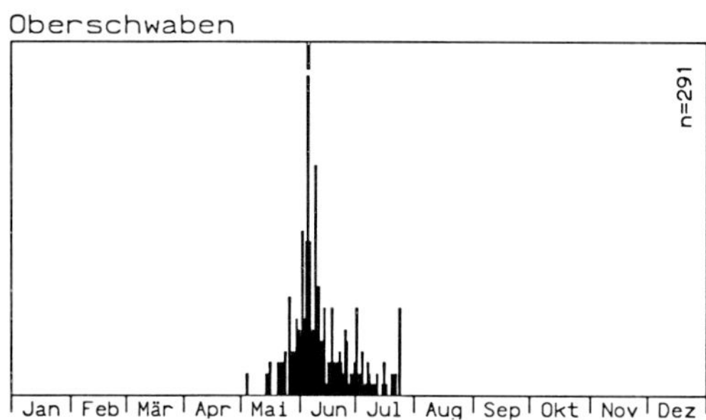

Präimaginalstadien: Über die Präimaginalstadien von *Adscita statices* s.l. lagen bisher aus Baden-Württemberg keine Angaben vor, was umso erstaunlicher ist, als die Falter dieser Art von manchen Gewährsleuten meist häufig, oft sogar »in großen Mengen auf feuchten Wiesen« gefunden wurden. Erst vor kurzem konnte die Population einer wechselfeuchten Wiese im Nordschwarzwald eingehender beobachtet und dabei auch Eiablage und Entwicklungsstand der Jungraupen notiert werden. Erstere wurde einmal am 15. Juni (1992, Wiesen bei Völkersbach, 430 m) registriert. Gleichzeitig wurden aber auch schon L_1-Räupchen gefunden, so daß wir den Beginn der Larvalentwicklung bereits in die erste Junihälfte legen können. Bei den Populationen im württembergischen Alpenvorland, aber auch vom Kaiserstuhl, kann dies schon in der 2. Maihälfte der Fall sein. Freiland-Raupenbeobachtungen stehen noch aus. Aus der Zucht wird deutlich, daß die Raupen langsam heranwachsen und bei einer Größe von teilweise über 5 mm überwintern.

Ökologie

Lebensraum: Überwiegend nasse bis wechselfeuchte Wiesen im offenen wie gebüschreichen Gelände, oder im Wald selbst, einschließlich Böschungen, Dämme, Weg- und Straßenränder. MEINEKE (1982) gibt für die Verlandungsmoore des württembergischen Alpenvorlandes Niedermoor mit Schwerpunkt in Kohldistel-Glatthafer-Mähwiesen auf Anmoorboden an. Zum Lebensraum dieser Art gehören bei uns ferner (verheidete) Sandgebiete, Silikat-Magerrasen sowie versaumende, an Störstellen reiche Kalk-Magerrasen, ferner Magerrasen auf Löß und alluvialen Talböden.

Nahrung der Raupe:
Rumex acetosella – Kleiner Sauer-Ampfer (Sammelart)
4 E, L (LUS)
Rumex acetosa – Wiesen-Sauer-Ampfer
L (LUS)

In der Südweststeiermark, wo in einem »Schmetterlingsschutzgebiet« *Adscita statices* mit *Rumex acetosa* als einzige Raupennahrungspflanze festgestellt wurde, hat die nach einem bestimmten Mährhythmus ab Mitte Juni durchgeführte Mahd diese Pflanze sukzessive von fast allen Flächen verdrängt.

Am längsten hielt sich die Pflanze in jenen Parzellen, die nur einmal Mitte August bzw. Anfang September gemäht wurden. Bis dahin sollten *Rumex acetosa*-Bestände nicht gemäht werden, um dem Schmetterling geeignete Vegetationsorgane zur Eiablage anzubieten.

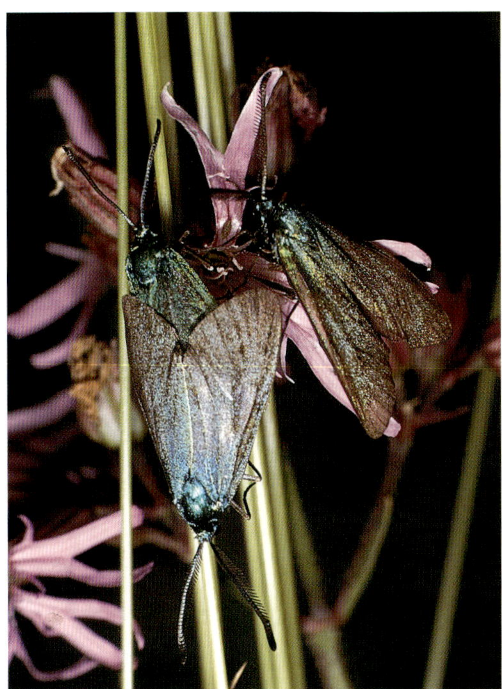

Die bevorzugte Nektarpflanze von *Adscita statices* ist die Kuckucks-Lichtnelke (*Lychnis flos-cuculi*). Nach dem Nahrungsflug kommt es in der Regel im Laufe des Nachmittags auf den Blüten oder in der Nähe zur Paarung. – Völkersbach 14. 6. 92 H. LUSSI.

Nach Beobachtungen von H. LUSSI auf mageren Wirtschaftswiesen wechselfeuchter Standorte im Nordschwarzwald (430 m) wird der Kleine Sauer-Ampfer eindeutig bevorzugt. An mehreren Pflanzen dieser (Sammel-)Art konnten die noch frischen oder auch schon geschlüpften Eigelege sowie minierende Jungraupen festgestellt werden. Demgegenüber war der Wiesen-Sauer-Ampfer nur schwach belegt. Weitere Beobachtungen an möglichst vielen Fundstellen verschiedener Naturräume Baden-Württembergs sind nötig, um die Lebensgewohnheiten der Raupen besser kennenzulernen. Dabei geht es auch um die Frage, ob noch andere Ampfer-Arten und wenn ja welche und an welchem Standort belegt werden. Wenig hilfreich und oft sogar schädlich weil ökofaunistisch irrelevant sind dagegen Angaben, wie sie sich zunehmend in naturschutzorientierten Veröffentlichungen finden und manchmal den Anschein erwecken, als würden sie auf eigenen Beobachtungen beruhen, zum Beispiel: »Die Raupen ernähren sich von Ampfer- und Knöterichblättern *(Rumex acetosella, Polygonum bistorta)*« (ZIMMERMANN 1992).

Bei parallel zueinander durchgeführten ex ovo-Zuchten (G. EBERT, H. LUSSI) mit Material aus dem Nordschwarzwald, teilweise aber auch im Freiland an den gleichen Fundstellen (H. LUSSI), konnte folgendes beobachtet werden: Die L_1-Räupchen beginnen sofort nach dem Schlüpfen mit dem Minieren. In diesem Stadium sind die Minen bis 1 cm lang. Nach einiger Zeit werden sie verlassen, die Räupchen (L_2) beginnen sich zu zerstreuen. Nach einer weiteren Häutung – die Länge beträgt jetzt ca. 3 mm – fressen die Raupen an Blättern und Stengel, minieren aber nicht mehr (Ende Juli). Bei der Zucht (»Kleinbiotop« im Blumentopf) konnte H. LUSSI feststellen, daß die Raupen nach der Überwinterung die Stengel der *Rumex acetosella*-Pflänzchen, die sie bodennah abbeißen, anscheinend am liebsten verzehren. Sie hatten Anfang April eine Körperlänge von ungefähr 1 cm erreicht und saßen jetzt meistens dicht zusammen. Auch bei der Überwinterung hatten sie sich jeweils zu mehreren am Boden versteckt und dabei mit einigen Gespinstfäden locker umsponnen.

Bei *Adscita globulariae* und *A. mannii* konnte ein solches Verhalten nicht beobachtet werden. In diesem engen Kontakt zueinander haben sie sich schließlich auch zur Verpuppung eingesponnen. Verglichen mit den parallel gezüchteten beiden Vergleichsarten waren sie die ersten, die das taten (*A. mannii* übrigens die letzte!).

Nahrung des Falters: Sumpf-Kratzdistel (mehrere Meldungen aus verschiedenen Naturräumen, u.a. »auf einer Blüte bis zu 20 Exemplare«, Schwarz-

An einer mit Sauerampfer (*Rumex acetosella, R. acetosa*) gut besetzten Stelle gelang das Foto eines Weibchens bei der Eiablage, jedoch nicht an die Nahrungspflanze *Rumex*, sondern an die Blattunterseite einer an Wiesen-Sauerampfer anlehnenden Wiesen-Flockenblume. Auch eine kleine Spinne störte dabei nicht. – Völkersbach 15. 6. 92 H. LUSSI.

In der Regel legen die Weibchen ihre Eier in den Nachmittagsstunden auf der Blattunterseite der Raupennahrungspflanze in linear geordneten Eispiegeln ab. Von den insgesamt 31 Eiern sind nur zwei noch nicht verlassen worden. Die bereits geschlüpften Räupchen haben sich ganz oder teilweise in unmittelbarer Umgebung des Geleges in das Blatt eingebohrt. – Völkersbach 15. 6. 92 H. LUSSI.

ihm an der Eiablagestelle beobachtet wurden: *Arrhenatherum elatius* (Französisches Raygras); *Holcus* spec. (Honiggras); *Briza media* (Zittergras); *Anthoxanthum odoratum* (Gewöhnliches Ruchgras); *Veronica* spec. (Ehrenpreis), kriechend; *Centaurea jacea* (Wiesen-Flockenblume); *Rumex acetosa* (Wiesen-Sauerampfer); *Rumex acetosella* (Kleiner Sauerampfer) viel häufiger; *Dactylorhiza maculata* (Geflecktes Knabenkraut); *Alchemilla* spec. (Schafgarbe); *Chrysanthemum leucanthemum* (Wiesen-Wucherblume, Margerite).

Dem stehen als Larval- und Nektarhabitat einer für Baden-Württemberg allerdings nicht scharf abgrenzbaren Ökovariante von *Adscita statices* s.l. die trockenen Zwergstrauchheiden (Genistion) auf Sandböden der nördlichen Oberrheinebene gegenüber, daneben aber auch Magerrasen basenreicher, meist kalkreicher Standorte (südliche Oberrheinebene, Neckar-Tauberland, Schwäbische Alb). Über ihre Einnischung liegen jedoch bis jetzt noch keine näheren Angaben vor.

wald-Nordrand, A. & D. HEIDELBERGER, 1986); Bach-Kratzdistel (Oberschwaben, R. OPPERMANN, 1984); Kuckucks-Lichtnelke (viele Meldungen, Hauptnektarpflanze); Pracht-Nelke (Oberschwaben, R. OPPERMANN, 1984); Wiesen-Knöterich (mehrfach, Hotzenwald, M. WEBER, 1991); Bittere Kreuzblume (Nordschwarzwald, E. KIEFER, 1988); Acker-Witwenblume (mehrere Meldungen); Wiesen-Flockenblume (zahlreich, Nordschwarzwald, H. LUSSI); Späte Goldrute (zahlreiche Falter auf einer Blütenrispe, Bienwald, J. PARTENSCKY, 1980); Berg-Sandrapunzel (»häufig auf Jasione«, Schwetzingen-Talhaus, A. GREMMINGER, 1954), außerdem noch Roter Wiesenklee und (selten) Margerite (H. LUSSI).

Habitat: Schwerpunkt sind die Naßwiesen (Calthion) basenreicher Standorte sowohl in tieferen als auch in montanen Lagen, ferner magere Wirtschaftswiesen (Arrhenatherion) auf wechselfeuchten Standorten, auch kleinräumig an Wegrändern, Böschungen und dergleichen. Das Larvalhabitat ist hier besonders an den Wuchsstellen des Kleinen Sauer-Ampfers zu suchen, das Nektarhabitat überwiegend in den Herden der Kuckucks-Lichtnelke, die gerade im Calthion ihren Verbreitungsschwerpunkt hat.

H. LUSSI beobachtete die Eiablage von *A. statices* im Nordschwarzwald an lückigen Stellen im *Rumex*-reichen Bestand des Arrhenatheretums, oft an niederen, einzeln stehenden jedoch kräftigen kleinen Ampfer-Pflänzchen. Pflanzenarten, die von

Im Gegenlicht besonders demonstrativ sind die typischen Gangminen mit der von zwei L_1-Räupchen hinterlassenen Kotschnur in einem Blatt des Kleinen Sauerampfers. Schön zu sehen sind auch auf diesem Bild die Einbohrlöcher am Anfang und die schwarzköpfigen, gelb durchschimmernden Raupen am Ende der Mine. – Völkersbach 18. 6. 92 H. LUSSI.

Die erwachsene Raupe lebt infolge ihrer Größe nicht mehr minierend. In diesem Stadium geht sie ausgesprochen verschwenderisch mit ihren Nahrungsressourcen um, indem sie wie ein Biber selbst die dicksten Ampferstengel durchnagt (Zuchtbeobachtung). Sie versteckt sich am Grunde der Nahrungspflanze oder in deren Nähe am Boden, wo sie trotz ihres bunten Aussehens hervorragend getarnt ist. – Völkersbach 8. 4. 93 (ex ovo-Zucht) H. LUSSI. S.

Hierzu und zum Kapitel Falternahrung noch die Beobachtungen einiger Mitarbeiter:

»Im Bereich der entwässerten Feuchtwiese (dort wächst reichlich Sauerampfer) vor allem auf Kukkucks-Lichtnelke saugend. Die wenigen Lichtnelkenpflanzen werden [gegenüber] dem Wiesenknöterich, auf dem *Procris* im Gebiet auch saugt, eindeutig bevorzugt« (M. WEBER, 1991 zum Gebiet Murgwiesen bei Herrischried-Giersbach). – Auf einem ca. 150 m langen Wiesenstreifen im Altweiher bei Oberteuringen wurden am 1.6. 1988 177 Falter und am 30.5. 1992 206 Falter gezählt, die bevorzugt an Kuckucks-Lichtnelke ruhten und saugten (Gewährsmann KNÖTZSCH, nach T. MARKTANNER). – »Sumpfwiese mit Binsen u. Disteln, Nähe Bach« (H. HEIDEMANN, 1973, zum Fundort Holzbachtal, Nordschwarzwald). – »Streuwiese beim Hochmoor« [Molinion], »Flachmoor, Übergangsmoor« und »Streuwiese in Bachaue« meldet M. GOLDSCHALT für seine Fundstellen im Westallgäuer Hügelland (Eisenharzer Moor, Kolbenmoos und Harprechtser Moos, Kißlegg, Vogter Moos, 1983–1990). – »Waldwiesen, feucht bis trocken, sehr blütenreich« (Walzbachtal/Kraichgau), »feuchte Waldwiesen z.T. sehr naß (Hundsbach/Nordschwarzwald) und «halbtrokkene Wiese, alte Obstbaumbestände, Magerrasen» (Ersingen/Enzkreis) gibt F. LAIER an. – «Wacholderhang mit Liguster-Schlehenbusch» auf dem Kornbühl bei Ringingen/Schwäbische Alb und «frische Waldwiese» im Rammert bei Rottenburg wurde von J.U. MEINEKE notiert. – «Sumpfwiese» und «Moor» nennt L. SETTELE für die Fundorte Faule Waag/Kaiserstuhl und Hinterzarten/Schwarzwald, «Bocksbartwiese» B. HÜBNER für das Meisenbachtal/Nordschwarzwald.

Verhalten: Im Nordschwarzwald konnte die Paarung in den frühen Abendstunden zwischen 18 und 19 Uhr beobachtet werden. Die Eiablage fand dort zwischen 14 und 16 Uhr statt. Sie erfolgte stets an der Blattunterseite, wobei auch mehrere Blätter einer einzigen Pflanze belegt werden können. In einem solchen Fall betrug die Eizahl 29 und 16, an anderen Pflanzen pro Blatt 28 und 31 Eier (H. LUSSI).

HEUSER (1962) teilte mit, daß in der Pfalz die im Mai-Juni vorhandene *statices* tagsüber fliegt, die von ihm als neue Art abgetrennte, im Juli-August an trockenen Plätzen fliegende Form dagegen nicht tagaktiv sei. Ihr Flug würde erst im letzten Licht der untergehenden Sonne beginnen und bis zum Eintritt völliger Dunkelheit dauern. Tatsächlich

Als Eiablage- und Larvalhabitat in einer naturnahen Wirtschaftswiese wurden mit Vorliebe Störstellen ausgewählt. An den Blattunterseiten einiger Pflanzen des Kleinen Sauerampfers befanden sich mehrere Eispiegel; außerdem Minen bereits geschlüpfter Räupchen. Man darf sie allerdings nicht mit den großflächigen Minen der hier häufig vorkommenden Fliegenlarven der Gattung *Pegomyia* (Dipt./Muscidae) verwechseln! – Völkersbach 14. 6. 92 H. LUSSI.

wurde auch in unserem Faunengebiet bei dieser Art Dämmerungsflug beobachtet (R. HERRMANN, mündl. Mitt.; A. GREMMINGER, Kartei). Dieses Verhalten begründet TARMANN (1978) damit, daß bei den Taxa der *statices*-Gruppe eine deutliche Trennung von Nahrungs- und Kopulationsflug zu beobachten sei: »Der Nahrungsflug endet meist am frühen Nachmittag, während der Kopulationsflug etwa drei Stunden vor Einbruch der Dämmerung, in jedem Fall aber erst nach dem Sonnenuntergang im Habitat einsetzt«. Die Falter ruhen gerne in senkrechter Position an den Blütenköpfchen des Spitz-Wegerichs.

Gefährdung und Schutz

Rote Liste Bundesrepublik: –
Rote Liste Baden-Württemberg: –

Oberrheinebene: Art der Vorwarnliste (regional bereits ausgestorben oder verschollen).
Schwarzwald: Nicht gefährdet.
Neckar-Tauberland: Nicht gefährdet.
Schwäbische Alb: Nicht gefährdet.
Oberschwaben: Nicht gefährdet.

- In Baden-Württemberg nicht gefährdet!
  Besonders geschützt gemäß § 20 e ff. BNatSchG.

Blickt man auf die aktuelle Verbreitung dieser Art in Baden-Württemberg, so kann von einer echten Gefährdung derzeit noch keine Rede sein. Allerdings ist erneut darauf hinzuweisen, daß die Überführung der Talwiesen in hochgedüngte, blütenarme Wirtschaftswiesen zu erheblichen Bestandseinbußen auch beim Ampfer-Grünwidderchen geführt hat. In der Oberrheinebene ist das besonders auffallend. Die alten Angaben von REUTTI (1898) und GAUCKLER (1921), wonach die Art »überall gemein auf Wiesen« vorkommt, entsprechen nicht mehr den heutigen Verhältnissen. Auch im Raum Stuttgart ist sie selten geworden. So wird sie z.B. für das Gebiet um Filderstadt unter Hinweis auf deutlich negative Auswirkungen der Grünlandintensivierung als »stark gefährdet« eingestuft: »zu hoher Düngemittel- und Pestizideinsatz sowie zu früh angesetzte und zu häufige Wiesenmahd in

Verbindung mit einer weitgehenden Entwässerung ehemals feuchter Talwiesen führen zum Verlust geeigneter Lebensräume« (FEUCHT, GEISSLER und RECK 1989). Im nördlichen Schwarzwald wurden Ende der 80er Jahre südlich von Hamberg wertvolle Feuchtwiesen trockengelegt und in Weihnachtsbaumplantagen umgewandelt. Dadurch sind Arten wie *Adscita statices*, aber auch geschützte Tagfalter wie der Schlüsselblumen-Würfelfalter *(Hemaris lucina)* und der Wachtelweizen-Scheckenfalter *(Mellicta athalia)* in diesem Gebiet ausgerottet worden (D. HEIDELBERGER, mündl. Mitt.).

Umso wichtiger ist es, den Bestand an den noch vorhandenen Flugstellen zu sichern, was auf vielen Gemarkungen leicht im Rahmen einer Biotopvernetzung geschehen könnte. Vor allem die in Feuchtgebieten lebende Ökovariante von *Adscita statices* eignet sich als Zeigerart für wertvolle wenig gedüngte, meist zweischürige Naßwiesen mit relativ hohem Anteil an Blütenpflanzen.

Chalcosiinae

Von GÜNTER EBERT

Eine sehr heterogene Unterfamilie mit Entwicklungszentrum in der indo-malayischen Region. Ihr einziger Vertreter in Europa ist *Aglaope infausta*. In Nordafrika (Marokko) kommt mit *Aglaope labasi* noch eine weitere Art vor.

Aglaope infausta
Linnaeus, 1767

Gesamtverbreitung: Die Art ist in Italien, Spanien und Südfrankreich verbreitet. In der Schweiz findet sie sich nur in den heißen Tälern des Wallis und Tessin, also nur südlich der Zentralalpenkette. Dann tritt sie plötzlich, ganz losgelöst von ihrem mediterranen Verbreitungsgebiet, in der Oberrheinebene wieder auf. Ferner bei Weißenburg [Elsaß] und in der Pfalz ... bei Grünstadt. Viele Autoren melden sie vom Nahetal ... Bekannt ist auch ihr Vorkommen im Rheingau (WARNECKE 1927).

REUTTI (1898) gibt diese Art, unter Hinweis auf einen Gewährsmann DUSCHANEK (Freiburg), für den Kaiserstuhl an, räumt jedoch gleichzeitig ein, daß er sie selbst nicht gefunden habe. BROMBACHER (1935:547) meldet einen Fund »am 25.7.20 von VOLLMER bei Amoltern« [Kaiserstuhl] und meint, daß die Art mehr in den nördlichen Teilen des Kaiserstuhls verbreitet sein dürfte, »da dieselbe in den südlichen Gebieten noch nirgends gefunden wurde«. Später beziehen sich SCHÄFER (1971) und SETTELE (1973) ohne weitere Angaben auf diese Meldung. In der Kartei A. GREMMINGER finden sich noch drei weitere Eintragungen: »Engetal (Britsche) b. Efringen, an sonnigen, bebuschten Hängen 20.7.24 (Schr) [= O. SCHRÖDER] 2 St.; Isteiner Klotz (Rothmd)« [= ROTHMUND]; BRUNNER, Freibg., fing *infausta* in früheren Jahren ebenf. (RUDY)». Dazu gibt es eine publizierte Meldung, worin der Verfasser (RUDY 1924) mitteilt, daß ihm die Angabe von DUSCHANEK über das Vorkommen des Falters am Kaiserstuhl «von Herrn BRUNNER (Freiburg i.Br.) bestätigt» worden sei, der ihn «in früheren Jahren dort fing. Neuere Funde von dort liegen aber nicht vor. Dagegen konnte ich im Juli dieses Jahres einige Exemplare an trockenen, mit niederen Schlehenbüschen bewachsenen Hängen in der Umgebung von Efringen fangen. Da weitere Fundorte in Baden nicht bekannt sind, so dürfte dieser Befund von Interesse sein».

Ausführlicher hat sich dann WARNECKE (1927) mit *Aglaope infausta* im südbadischen Oberrheingebiet befaßt: »Neuerdings ist auch das lange Zeit hindurch unsichere Vorkommen auf der badischen Rheinseite bestätigt worden ... Es unterliegt keinem Zweifel, daß *infausta* auch noch an anderen Stellen am Rande der Oberrheinebene festgestellt werden wird, so daß ihre Verbreitung hier sich noch zusammenhängender erweisen wird, als sie es jetzt schon ist«. Und an anderer Stelle: »*Infausta* ist wenig flugkräftig. Sie zeigt ferner ausgeprägt die Eigenschaft der ›standörtlichen Konstanz‹, einer von den Floristen für xerotherme Relikte hervorgehobenen Eigenschaft, und besitzt offensichtlich keine Neigung zur Ausbreitung. Ansiedlungsversuche in anderen Gegenden der Rheinebene sind mißlungen. Auch bei *infausta* erscheint daher die Annahme einer früheren ausgedehnteren Verbreitung, die naturgemäß für diese südliche Art ein trockeneres Klima voraussetzt, als die ungezwungenste Erklärung für ihr jetziges inselartiges Vorkommen im Oberrheingebiet«.

Man muß leider davon ausgehen, daß WARNECKE (l.c.) mit der Einbeziehung von *Aglaope infausta* vom Kaiserstuhl sowie aus dem Engetal bei Efringen nahe dem Isteiner Klotz in seine sehr aufschlußreiche und kritische Betrachtung über xerothermische Relikte (Macrolepidoptera) des Oberrheingebietes Opfer einiger unseriöser Fundmeldungen geworden ist. Gerade weil diese Art sehr ausgeprägt die Eigenschaft der »standörtlichen Konstanz« besitzt und dennoch nicht wieder an den beschriebenen Stellen gefunden wurde, muß davon ausgegangen werden, daß es sich weder am Kaiserstuhl noch bei Efringen um bodenständige Vertreter dieser Art gehandelt hat. Da sie wenig flugkräftig ist, bleibt auch eine Zuwanderung ausgeschlossen. Vielmehr ist anzunehmen, daß mit Ansiedlungsversuchen, mit denen zu dieser Zeit mehrfach wenn auch erfolglos experimentiert worden ist, wobei man sogar Raupen dieser Art auf dem Turmberg bei Durlach ausgesetzt hat (s. A. MEESS und A. SPULER in REUTTI 1898), Tiere freigesetzt wurden, die nichts mit der Fauna auf der badischen Rheinseite zu tun hatten.

Jedenfalls können alle oben zitierten Meldungen rückblickend nicht bestätigt werden. Gerade im viel besuchten und seit jeher gut besammelten Kaiserstuhl wäre diese Art mit Sicherheit aufgefallen. Am Bollenberg bei Rufach (Elsaß), von wo sie damals schon zuverlässig bekannt war, ist sie auch heute noch in erfreulich hoher Individuenzahl vertreten. Vor wenigen Jahren hat R. HERRMANN mit Weibchen von dort Lockversuche am Isteiner Klotz unternommen, jedoch ohne Erfolg. *Aglaope infausta* muß deshalb aus der Faunenliste Baden-Württembergs gestrichen werden.

Zygaeninae

Von AXEL HOFMANN

Auf die systematische Unterteilung dieser Unterfamilie wurde bereits im einleitenden Text (A. HOFMANN) zur Familie Zygaenidae eingegangen. In Europa ist rezent nur die Gattung *Zygaena* vertreten. Zwei aus Baden-Württemberg bekannte fossile Arten gehören zweifelsfrei in diese Unterfamilie; ob sie allerdings als eigentliche Widderchen (Genus *Zygaena*) anzusehen sind, muß in beiden Fällen bezweifelt werden.

Fossile Arten

»Zygaena« miocaenica
REISS, 1936

Zygaenites controversus
BURGEFF, 1951

Herkunft

Bei beiden Taxa handelt es sich um fossile Widderchen, die 1935 in der »mittleren Schicht des Randecker Maars auf der Schwäbischen Alb« (H. REISS 1936) entdeckt wurden. Der Vollständigkeit halber sollen sie hier kurz Erwähnung finden.

Bei Ausgrabungen, besonders vor dem Zweiten Weltkrieg, wurde an dieser Lokalität am Nordrand der Alb eine Vielzahl fossiler Organismen gefunden. Die reichhaltige Flora (mit vielen Schmetterlingsblütlern!) dokumentieren Arbeiten von RÜFFLE (1963) und GREGOR (1986). Mehrere Arthropodengruppen wurden bereits ausführlich bearbeitet (Spinnen, Libellen, Käfer, Bienen, Termiten, Ameisen; näheres hierzu, einschließlich der Bearbeiter s. SCHAWALLER 1986, NAUMANN 1987). Auch Amphibien, Reptilien, Vögel und Säugetiere kamen zutage (GEYER & GWINNER 1979). Insgesamt prägen subtropische Faunenelemente das Bild. »Termiten sind ein sicherer Indikator für ein wärmeres Klima im damaligen Lebensraum« (SCHAWALLER 1979). Erdgeschichtlich lassen sich die Fossilien des Randecker Maars dem Jungtertiär (Mittel- oder Ober-Miozän) zuordnen; SCHAWALLER (1986) beziffert das Alter der fossilhaltigen Sedimente auf rund 15 Millionen Jahre.

Das Relief des Randecker Maars geht in seiner Entstehung auf eine vulkanische Eruption im Tertiär zurück. In der so entstandenen kesselförmigen Hohlform (mit über 1000 m Durchmesser) bildete sich später ein Süßwassersee. »Die See-Ablagerungen dieses ehemaligen Maars sind zum Grab einer reichen terrestrischen und aquatischen tertiären Flora und Fauna geworden« (SCHAWALLER 1979). Der Uferzone schloß sich ein üppiger Wald an. Durch Wind und zuführende Bäche gelangten auch viele landlebende Arthropoden in diesen Binnensee, wo sie auf den Grund sanken und im Schlamm zusammen mit Pflanzenresten und anderen Organismen sedimentierten. Fossilführende Sedimente (Stinkschiefer, Mergel, Tone) und fossilfreie Vulkanaschen in Wechsellagen und Verzahnung zeugen noch heute von einer bewegten Epoche.

Systematische Einordnung

Gut erhaltene und taxonomisch näher zuordenbare fossilisierte Schmetterlinge aus dem Tertiär sind eine große Seltenheit, dieszumal, wenn es sich nicht

»*Zygaena*« *miocaenica* REISS (natürliche Größe des Fossils: 15 x 8 mm). Der ausgezeichnete Erhaltungszustand des mehr als 10 Millionen Jahre alten Fossils läßt zweifelsfrei eine sechsfleckige Zygaene erkennen. Mit etwas Phantasie kann man sich leicht die widderchentypische Rot- oder Gelbfärbung der Hinterflügel, der Vorderflügelflecken und des gesamten Hinterleibs vorstellen. – Foto G. EBERT.

Zygaenites controversus BURGEFF (natürliche Größe des Fossils: 23 x 12 mm). Obgleich deutlich schlechter erhalten, ist die charakteristische Zeichnung noch gut zu erkennen. NAUMANN (1987) gelang es, durch minuziöse Untersuchungen Teile des Flügelgeäders beider Arten soweit zu rekonstruieren, daß eine nährere stammesgeschichtliche Zuordnung möglich wurde. – Foto G. EBERT.

um Bernsteininklusen, sondern um Einbettungen in bituminöse Sedimente handelt. Beide Widderchen wurden im öligen Stinkschiefer (Dysodil) gefunden. Diagenetisch umgewandelt, durch Kompaktion und mineralische Substitution der organischen Teile verändert, liegen uns in diesem Falle also nur zweidimensionale Abdrücke vor. Umso überraschender und erfreulicher ist die Merkmalsfülle und der ausgezeichnete Erhaltungszustand besonders der von HUGO REISS 1936 beschriebenen »*Zygaena*« *miocaenica*. Aber auch das zweite Fossil, für welches HANS BURGEFF 15 Jahre später sogar eine eigene Gattung errichtete (*Zygaenites*), ist noch so aussagekräftig, daß es NAUMANN (1987) in einer eingehenden Untersuchung beider Fossilien gelang, eine exaktere stammesgeschichtliche Zuordnung aufgrund der fein herausgearbeiteten Geäderstrukturen vorzunehmen. Zusammenfassend kommt NAUMANN (1987) zu folgendem Ergebnis: »*Zygaenites controversus* steht aufgrund der abgeleiteten Merkmale seines Flügelgeäders der rezenten Gattung *Epizygaenella* sehr nahe. Hingegen läßt sich im Falle von «*Zygaena*» *miocaenica* nur feststellen, daß sie abgeleitete Merkmale der die rezenten Gattungen (*Praezygaena* + *Reissita* + *Epizygaenella* + *Zygaena*) umfassenden Gruppe aufweist. Diese Gattungsgruppe enthält die am stärksten abgeleiteten Gattungen der Zygaeninae. Ihre stammesgeschichtlichen Wurzeln liegen in der Afrotropis, während die westliche Radiation sich in Eurasien abgespielt haben dürfte. Die beiden Fossilfunde belegen, daß es im Raum der heutigen Palaearktis bereits im Miozän zu Aufspaltungsprozessen der Zygaeninae gekommen ist. Rezent ist in diesem Raum nur noch die Gattung *Zygaena* verbreitet.«

Verbleib

Beide Fossilien (Platten und Gegenplatten) befinden sich im Staatlichen Museum für Naturkunde in Stuttgart.[1]

Die Gattung Zygaena

1. Taxonomie und Systematik

Die Gattung *Zygaena* – in deutschsprachiger Literatur meistens als Widderchen oder Blutströpfchen bezeichnet – ist eine rein paläarktisch verbreitete Gruppe, die durch mehrere konstitutive Merkmale gut als monophyletische Einheit belegt ist (NAUMANN 1977b). Dagegen ist die Aufteilung in Untergattungen heute noch nicht konsequent-phylogenetisch (sensu HENNIG) begründet worden, und es sieht ganz danach aus, als stelle die derzeit aktuelle Untergliederung (REISS & TREMEWAN 1967, NAUMANN & TREMEWAN 1984) in drei Subgenera (*Mesembrynus, Agrumenia, Zygaena*) einen para- und/oder polyphyletischen Komplex dar. Aus diesem Grunde wird hier völlig auf eine subgenerische Aufteilung verzichtet. Ganz und gar unhaltbar war die poly-generische Zersplitterung dieser Gruppe, wie sie von FORSTER & WOHLFAHRT (1956–1960) vorgenommen wurde und wie sie seither in vielen Arbeiten (besonders in faunistischen!) ihren Niederschlag fand (*Huebneriana trifolii, Agrumenia fausta, Thermophila filipendulae*), – ein taxonomischer Akt, der übrigens von keinem der zahlreichen (nicht wenig zerstrittenen) Zygaenenspezialisten jemals nachvollzogen wurde!

Auf Artniveau ist derzeit ein breiter Konsens unter den Zygaenologen erreicht, der sich in dieser Form im Biospezies-Konzept von NAUMANN & TREMEWAN (1984) widerspiegelt. Allerdings dürften durch die Öffnung bis-

[1] Den Herren Dr. M. WARTH und Dr. G. REISS sei für die leihweise Überlassung und Überbringung beider Fossilien herzlich gedankt.

lang kaum zugänglicher Lokalitäten in Zentralasien, sowie die erst jetzt gezielt einsetzende Biospeziesforschung (Nischenvergleiche, Sympatrie-Allopatrie-Verhalten) hier in den nächsten Jahren noch einige Veränderungen zu erwarten sein. Die zunehmend kritischere Beurteilung scheinbar speziesmanifestierender morphologischer oder ökologischer Merkmale wird ebenfalls nicht ohne Auswirkungen auf dieses Konzept bleiben. Dennoch stellt dieses Kompendium eine ausgezeichnete Arbeitsgrundlage für Faunisten und Taxonomen dar, da erstmals das typologische Denken der alten Schule überwunden wird (ALBERTI 1958/59, BURGEFF 1926b, REISS 1958 u.a.).

Da die Widderchen individuell und populationsspezifisch sehr stark variieren, wurde eine Vielzahl begründeter (und auch unbegründeter) Unterarten beschrieben. Bei konsequenter Umsetzung eines Unterart-Konzepts könnte (und sollte) sich hieraus eine chorologisch-historisch begründete und quantitativ sinnvolle Arealunterteilung durch Zusammenfassung habituell ähnlicher Populationen ergeben. In der vorliegenden Arbeit wird versucht, die Populationen Süddeutschlands unter diesem Aspekt einzuordnen. Daß eine solche subspezifische Gliederung auch unter faunistischen Gesichtspunkten sinnvoll sein kann, wird besonders am Beispiel der *Z. angelicae elegans* deutlich. Dieses Taxon stellt habituell und ökologisch die am stärksten differenzierte Unterart dieser pontomediterranen Art dar, weshalb ›*elegans*‹ lange Zeit (REISS & REISS 1970) als eigene, in Süddeutschland endemische Art aufgeführt wurde. Sie ist nur in unserem Faunengebiet anzutreffen. Durch diese Einzigartigkeit, die sich aber erst im größeren Vergleich erkennen läßt, resultiert zwangsläufig eine ganz besondere Schutzwürdigkeit für die wenigen verbliebenen Populationen! Aus den hier genannten Gründen werden die Widderchen – etwas abweichend vom Tagfalterformat – mit zwei eigenen Unterkapiteln behandelt (Subspezifischer Kontext; Aus Baden-Württemberg beschriebene Taxa).

2. Zur Namensgebung

Die deutschen Namen wurden überwiegend nach den Hauptnahrungspflanzen der Raupen in unserem Raum ausgewählt. Nur wo Überschneidungen mit anderen Arten keine eindeutige Sprache zuließen oder Verwechslungen zu erwarten waren, wurde hiervon abgewichen (Beilfleck-Widderchen = *Z. loti*; Elegans-Widderchen = *Z. angelicae elegans*; Klee-Widderchen = *Z. lonicerae*, obgleich Hornklee eine ebenso bedeutende Nahrungspflanze ist, an der aber auch *Z. trifolii* lebt). In diesen Fällen wurde anderweitig nach eindeutigen Namen gesucht.

Irreführende Namensgebungen haben bei den Widderchen große Tradition. Für unser Faunengebiet kann als Faustregel gelten: »Keine Widderchen-Art lebt auf der Pflanze, deren Namen sie trägt!«. Weder *achilleae*, *meliloti* oder *cynarae* noch *lonicerae*, *scabiosae* oder *filipendulae* haben nähere Affinitäten zu den entsprechenden Pflanzengattungen. Bei *trifolii* ist die Sache noch verwirrender; ausschließlich die verblüffend ähnliche Zwillingsart *Z. lonicerae* lebt auf *Trifolium*-Arten. *Z. trifolii* dagegen ernährt sich nur von *Lotus*-Arten. Weitere Irritationen sind Namen wie *veronicae*, *peucedani* und *angelicae*. Nur wenige Ausnahmen bestätigen die Regel: *Z. loti* (prioritätsberechtigter Name für *Z. achilleae*), *Z. viciae* und *hippocrepidis* (Unterart von *Z. transalpina*) sind in der Tat berechtigte Raupennahrungspflanzenderivate.

3. Verbreitung und Herkunft

Die ursprünglichsten Widderchen-Arten siedeln gegenwärtig im Iran und in Zentralasien, so daß wir diese Regionen zumindest als einen Teil des primären Entwicklungszentrums dieser Gattung annehmen müssen. »Jüngere«, also die weiter abgeleiteten Arten der ehemaligen Untergattung *Zygaena* wie *Z. filipendulae, Z. trifolii* oder *Z. transalpina* fehlen dort. Die Artenhäufung dieser (monophyletischen?) Teilgruppe im westmediterranen Bereich (19 Arten = 73%; davon 9 endemisch!) läßt hier ein wichtiges Differenzierungszentrum der typischen Blutströpfchen (? Subgen. *Zygaena*) vermuten. Eine regelrechte Endemismenfauna bilden die Widderchen Nordafrikas (86% kommen nur hier vor), wo neben stark abgeleiteten Arten auch noch sehr ursprüngliche Formen persistieren. Mehrere Arten dringen von dort aus nach Westeuropa vor; eine (*Z. fausta*) erreicht Baden-Württemberg. *Zygaena*-Endemismen fehlen in Mitteleuropa. Anderslautende Einschätzungen (s. *Z. angelicae elegans*) beruhen auf taxonomischer Überbewertung einiger Merkmale und einer Interpretation des Artbegriffs, der ökologische und chorologische Argumente vermissen läßt. Das einzige Zygaenen-Eiszeitrelikt in Mitteleuropa, die oreotundrale *Z. exulans*, fehlt in Baden-Württemberg und kommt in Mitteleuropa nur in den Alpen ab 1700 m Höhe vor. Alle rezenten Arten sind erst postglazial aus ihren südwestlichen (*Z. fausta, Z. trifolii, Z. transalpina hippocrepidis*) und südöstlichen Refugien (*Z. angelicae, Z. cynarae, Z. lonicerae, Z. viciae* etc.) in unseren Raum hinein vorgedrungen.

Insgesamt dominieren sibirische Faunenelemente (*cynarae, purpuralis, carniolica, loti, osterodensis, viciae, lonicerae*), d.h. alle 7 Arten der Gattung *Zygaena*, die diesem Faunenkreis zugeordnet werden (NAUMANN et al. 1984), sind auch in unserem Faunengebiet vertreten. Alle anderen Widderchen stellen expansive nordmediterrane Elemente dar (nach VARGA 1977); es sind dies: 3 atlantomediterrane Arten (*fausta, trifolii, transalpina hippocrepidis*), 3 vermutlich pontomediterrane Vertreter (*? ephialtes,? minos, angelicae*) und 1 adriatomediterranes Element (*transalpina transalpina*). *Z. filipendulae* scheint eine polyzentrische Art zu sein, die nicht zwanglos einem der paläarktischen Arborealzentren zugeordnet werden kann (NAUMANN et al. 1984). Eventuell könnte es sich auch bei *Z. ephialtes/dorycnii* um eine einzige polyzentrische Art handeln.

Ein naturräumlicher Vergleich der Artenzahlen gibt nur sehr eingeschränkt einen Überblick über die regionalen Konzentrationen der Widderchen-Arten in Baden-Württemberg:

Schwäbische Alb:	13
Neckar-Tauberland:	12
Oberrheinebene:	11 (plus 1 ausgestorbene Art)
Oberschwaben:	10
Schwarzwald:	9

Tatsächlich kommen in Oberschwaben, in der Oberrheinebene und im Schwarzwald viele Arten nur randlich vor oder sind dort nur von wenigen Lokalitäten bekannt. Eine solcherart bereinigte Tabelle liefert ein wesentlich aussagekräftigeres Bild:

Schwäbische Alb:	13
Neckar-Tauberland:	12
Oberrheinebene:	7
Oberschwaben:	5
Schwarzwald:	5

Hierin kommt deutlich zum Ausdruck, daß sich auf kalkhaltigen Substraten (Muschelkalk und Jura) – in Verbindung mit den lokalen mikroklimatischen Sonderbedingungen – die eindeutig bevorzugten Lebensräume der süddeutschen Widderchen befinden.

4. Biologie und Ökologie

Unsere einheimischen Arten sind dem Arboreal zuzuordnen. Die enge Bindung an Wald oder Waldnähe ist bei fast allen Arten festzustellen. Was die Beschattung und die hygrisch-thermischen Verhältnisse der Lebensräume betrifft, lassen sich einige vergleichende Aussagen machen, die den folgenden Tabellen zu entnehmen sind.

Legende zu beiden Tabellen:
xx = deutlicher Verbreitungsschwerpunkt (arttypischer Bereich).
x = noch zum typischen Spektrum dieser Art gehörig.
(x) = gelegentliches Vorkommen, aber schon wesentlich seltener.
? = Zuordnung ist fraglich.
fett = Arten, die eindeutig klassifizierbare Präferenzen haben

Biotop-Feuchtigkeitspräferenzen der einheimischen Widderchenarten

	sf	f	m	t	st
1. ***trifolii***	x	xx	(x)		
2. ***viciae***		(x)	xx	x	
3. *filipendulae*		x	x	x	(x)
4. *loti*		(x)	x	x	(x)
5. ***osterodensis***			xx	(x)	
6. *ephialtes*			x	x	(x)
7. *minos*			x	x	(x)
8. *purpuralis*			x	x	(x)
9. *cynarae*			(?)	x	(?)
10. ***angelicae***				xx	
11. ***fausta***				xx	
12. ***transalpina***			(x)	xx	(x)
13. *lonicerae*			x	xx	x
14. ***carniolica***			(x)	xx	x

sf	= sehr feucht:	incl. Quellmoore, Riedflächen.
f	= feucht:	feuchte Wiesen, Talauen.
m	= mesophil:	wechselfeuchte Wiesen bis Fettwiesen.
t	= trocken:	Halbtrockenrasen, xerotherme Säume.
st	= sehr trocken:	Meso- bis Xerobrometum plus Säume.

Biotop-Beschattungstoleranzen/präferenzen der einheimischen Widderchenarten

	vs	s	hs	l	vl
1. *viciae*		(x)	(x)	x	x
2. ***angelicae***			x	xx	
3. *osterodensis*			x	x	(x)
4. ***fausta***			x	xx	(x)
5. *ephialtes*			(x)	x	x
6. ***transalpina***			(x)	x	xx
7. *filipendulae*			(x)	x	x
8. *cynarae*				x	(x)
9. ***carniolica***				x	xx
10. ***loti***				x	xx
11. ***lonicerae***				x	xx
12. ***minos***				x	xx
13. ***purpuralis***				x	xx
14. ***trifolii***				x	xx

vs	= vollschattig:	z. B. im geschlossenen Wald.
s	= schattig:	z. B. wenig lichter Waldweg, lange Beschattung.
hs	= halbschattig:	mäßig besonnter Bereich im Wald (kleine Lichtung).
l	= licht:	lichter Bereich, größere Lichtungen, lichte Wege, Waldränder.
vl	= vollsonnig:	Offenland, waldlose Bereiche (Wiesen, Trockenhänge).

Beide Tabellen zusammen erlauben für die Widderchen Baden-Württembergs folgende Charakterisierung:

Offenlandarten:
hygrophil: ***trifolii*** *(viciae, filipendulae, loti)*
mesophil: ***viciae, filipendulae, loti,*** *minos, purpuralis, lonicerae, trifolii, (carniolica, transalpina, ephialtes, osterodensis)*
xerothermophil: ***carniolica, lonicerae, transalpina, minos (?), purpuralis (?), loti, viciae, filipendulae,*** *(osterodensis, ephialtes)*.
Saumbereicharten: ***fausta, osterodensis, angelicae, ephialtes,*** *viciae, transalpina, lonicerae, (cynarae?, carniolica)*.

Der Entwicklungszyklus unserer einheimischen Widderchen-Arten ist recht einheitlich. Nach 6–10 tägiger Eiphase durchlaufen die Raupen drei Häutungsphasen und überwintern als kleine Räupchen (meistens L_{4D}). Das Ende der obligatorischen Diapause wird durch zunehmende Tageslänge und steigende Temperaturen induziert. Während der Überwinterung in charakteristischem Diapausestadium ist die Raupe nicht fähig, Nahrung aufzunehmen. Erst nach der Frühjahrshäutung Anfang April bis Mitte Mai kann die Raupe erneut mit der Nahrungsaufnahme beginnen. Sie duchläuft dann mindestens noch zwei weitere Häutungen, ehe sie in L_7

Bislang diente überwiegend die Imago als Erkennungsstadium einer Art. Kokons und Eigelege sind zwar schwerer identifizierbar, nicht selten können aber gerade bei solchen Merkmalskomplexen gute taxonomische Strukturen gefunden werden. Auch bei nahe verwandten Arten gibt es oft brauchbare Unterscheidungskriterien. Auf konstante Eigenheiten in der Kokonfärbung zwischen *Z. angelicae elegans* und *Z. ephialtes* wird auch unter *Z. ephialtes* hingewiesen. Hier sind die frischen Eigelege beider Arten (*ephialtes*: weiß; *elegans*: gelb) einander gegenübergestellt. Eine für faunistische Zwecke brauchbare Bestimmungstafel der Raupen und Kokons der *Zygaena*-Arten Baden-Württembergs existierte bisher nicht. – A. HOFMANN. S.

Die Raupen der einheimischen *Zygaena*-Arten
Charakteristische Merkmale im Vergleich zu ähnlichen Arten

Zeichnungsarme Raupen
min – *Z. minos*: weiß bis grauweiß, unverwechselbar.
pur – *Z. purpuralis*: gelb bis braungelb, nur 1 schwarzer Pigmentfleck je Segmenthälfte.

Grünraupen
fau – *Z. fausta*: Nachschieber und Nackenschild über dem Kopf kräftig rot.
vic – *Z. viciae*: mit schmaler weißer Rückenlinie, Pigmentflecken sehr klein, nicht paarweise.
lot – *Z. loti*: mehr olivgrün, manchmal bräunlich, Pigmentflecken deutlich paarweise, fast gleichgroß.
car – *Z. carniolica*: grün bis grünlich, manchmal gelblich, Pigmentflecken auf dem Rücken dreieckig.

Gelbraupen mit dunkler Rückenlinie
ost – *Z. osterodensis*: seitlich und bauchseitig schmutzig grau.
eph – *Z. ephialtes*: vordere Pigmentflecken rund oder quadratisch, hinterer oft reduziert, lange weiße Haare auch in der Körpermitte, mehr gelb, nicht so grün wie die folgenden Arten.
ele – *Z. angelicae elegans*: etwas grüner, weniger gelb als transalpinoide *Z. transalpina*, sonst nur geringe Unterschiede.
tra – *Z. transalpina*: transalpinoide Form/Kaiserstuhl mit kräftiger Rückenlinie.

Gelbraupen ohne dunkle Rückenlinie
hip – *Z. transalpina*: hippocrepidoide Form/Donau mit schwacher oder fehlender Rückenlinie, Grundfarbe meist blasser gelb.
fil – *Z. filipendulae*: sehr variabel, manchmal ähnlich gelber *Z. carniolica*-Raupe, von *Z. trifolii* oft schwer zu trennen, meistens jedoch mehr gelb.
tri – *Z. trifolii*: kräftig pigmentiert, Grundfarbe mehr grünlich-gelb.
lon – *Z. lonicerae*: lange Haare, blasser Rücken.

min	pur	fau
vic	lot	lot
car	ost	ost
eph	ele	tra
hip	fil	fil
tri	tri	lon

Die Kokons der einheimischen Zygaena-Arten

Die innerartliche Variation der Kokonfarben reicht bei *Z. filipendulae* (südliche Schwäbische Alb, Eichberg) von weißlich über gelb bis fast bräunlich. Gelegentlich können im selben Habitat (besonders in Halbtrockenrasen) die in Form und Farbe verblüffend ähnlichen Kokons eines Spanners (*Siona lineata*, ganz rechts) in Anzahl gefunden werden. Nachahmung oder Zufälligkeit?

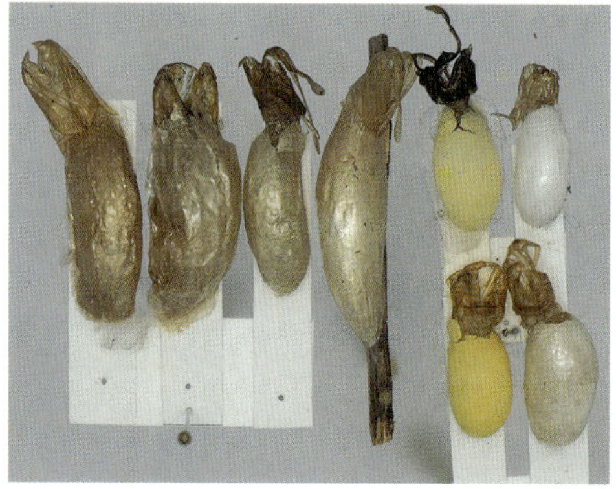

Schwächer spindelförmig, mehr bauchig sind die bräunlichen Kokons der Arten *Z. purpuralis* (1. u. 2. Kokon; jeweils von links nach rechts) und *Z. minos* (3.); etwas spindelförmiger und glatter scheint *Z. cynarae* (4.; Hockenheim, 1940/41, coll. G. Reiss) ihre Kokons gebaut zu haben. Problemlos können die runden Kokons zugeordnet werden (*Z. carniolica*: mattglänzend, gelb bis gelblich; *Z. fausta* (hartweiß, klein, starker Glanz; *Z. loti* elfenbeinfarben, groß, glänzend).

Leicht bräunlich bis silbrigweiß und von knittriger Oberfläche sind die Kokons von *Z. osterodensis* (1. u. 2.); kräftige Längsriefen kennzeichnen den gleichfarbenen *ephialtes*-Kokon (3. u. 4.); bei allen anderen Arten unterscheiden sich die Kokons oft nur wenig in den Gelbnuancen und in der Farbe der Exuvie: *Z. viciae* (5.) warmes Gelb, schwache Sklerotisierung; *Z. angelicae elegans* (6.) zitronengelb, dunkle Exuvie.

Der *transalpina*-Kokon (1.) vom Kaiserstuhl kann auch nicht in Kombination mit der Exuvie von *Z. angelicae elegans* unterschieden werden. Hippocrepidoide *transalpina* von der Schwäbischen Alb (2.) besitzen dagegen meist bräunlichere Exuvien. Fast schwarz ist die Exuvie bei *Z. lonicerae*, der Kokon (3. u. 4.) nicht selten weniger stark gerieft. *Z. trifolii* (5.) baut meist kräftiger gelbe, halbseitig unterschiedlich gefärbte Kokons.

Die Widderchenkokons bestehen nicht nur aus Seidenleim und Seidenfaden, sondern enthalten noch kristalline Einlagerungen, wodurch die Kokons wie lackiert wirken und zerbrechlich sind. Nach dem Anfertigen eines »Sitzteppichs« und dem Spinnen eines lockeren Grundgespinstes aus Seidenfäden, die am Kopf aus den Spinndrüsen herausgepreßt werden, dreht die Raupe den Kopf nach hinten und scheidet im Moment des Wendens einen ersten Tropfen eines klaren Sekrets aus. Sofort taucht sie mit dem Kopf in die Flüssigkeit und verteilt diese zunächst nur auf der einen Kokonhälfte. Dabei wird der Körper kontrahiert und wieder zusammengezogen, bis nach 15–25 Minuten die eine Hälfte mit einer ersten Schicht ausgekleistert ist. Das Foto zeigt genau den Moment, in dem die Raupe erneut wendet und den zweiten Flüssigkeitstropfen ausscheidet. Diese Hälfte besteht bisher nur aus Seidenfaden, während die andere Seite schon gelblich-glänzend beschichtet wurde. – 6. 93 A. Hofmann.

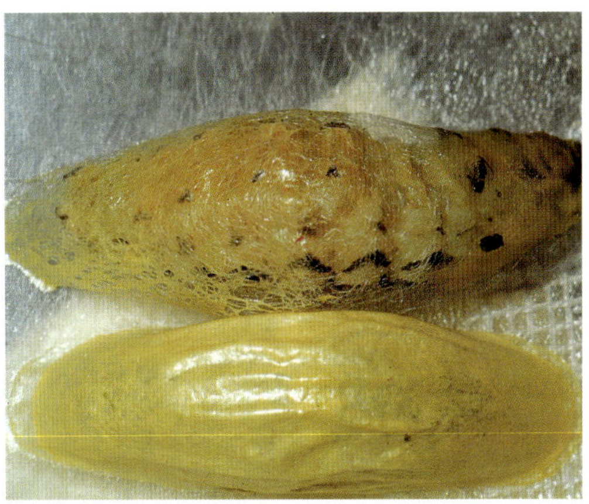

Der zuvor beschriebene Vorgang wiederholt sich nun auf dieser Seite. Mit kraftvollen Bewegungen wird der noch elastische Kokon ausgeschmiert, stellenweise ausgebeult und überdehnt. Dabei preßt die Raupe auch wieder Spinnfaden hervor. Nach weiteren 15–25 Minuten wendet sie erneut und der gleiche Ablauf spielt sich ein weiteres Mal ab. Schicht für Schicht wird der Kokon zunehmend dichter. Insgesamt können so 4 bis 6 Durchläufe beobachtet werden. Die Arbeit im Innern geht aber noch eine ganze Weile weiter. Nachdem alle Flüssigkeit aus den Malpighischen Gefäßen ausgeschieden und verstrichen wurde, vollendet die Raupe ihr Kokonwerk mit einem reinen Seidenfaden-Innenbelag. Wo die Puppe später aus dem Kokon hervortritt, wird zuletzt noch ein kleines »Kopfkissen« gesponnen, das den Durchbruch lenkt und erleichtert. Nach 8 bis 10 Stunden hat die hier noch arbeitende, bauchabwärtshängende Raupe ihren Kokon fertiggestellt. 6. 93 A. Hofmann.

Nicht vollends geklärt ist die Entstehung und funktionale Bedeutung der Kokon-Längsriefen. Diese treten nur bei Spindelkokons auf, nicht jedoch bei den in sich stabileren runden Ovoidkokons (*Z. fausta, Z. carniolica, Z. loti*), so daß das Erlangen mechanischer Stabilität nach dem Wellbech-Prinzip als selektive Ursache vermutet werden kann. Keinesfalls entstehen die Riefen »zufällig«. Eine unmittelbar auf die Produktion dieser Riefen gerichtete Handlungsweise der Raupe konnte in allen untersuchten Fällen beobachtet werden: In beiden Kokonhälften verharrt die Raupe jeweils für einen kurzen Moment mit dem Kopf (weit nach außen gedrückt) an den Stellen, zwischen denen sich später die Riefen aufspannen. Dieser Vorgang wiederholt sich nach dem Wenden mehrere Male. Zwar verhält sich der Kokon in diesem Zustand noch weitestgehend elastisch, beim Trocknen entstehen dann jedoch genau an diesen Stellen die Längsriefen. Punktuelle Dehnungen der Kokonwand mit der Kopfkapsel in Verbindung mit dem Trockenvorgang dürften also die entscheidenden Bildungsmechanismen dieser eigenartigen Strukturen sein. – 6. 93 A. Hofmann.

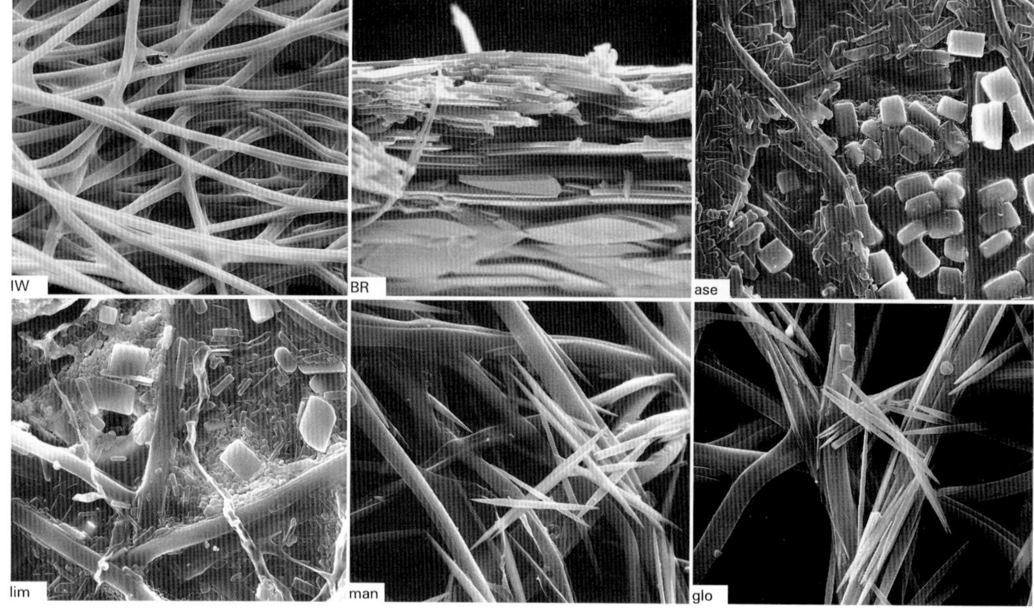

Kristalleinlagerungen im Kokon bei Widderchen und Schneckenspinnern

Widderchen und Schneckenspinner scheiden beim Kokonbau zusätzlich zur Spinnseide eine Flüssigkeit aus, die unter dem Mikroskop zahlreiche Kristalle erkennen läßt. Hierbei handelt es sich um eine Calcium-Oxalat-Modifikation (ähnlich dem Nierenstein), ein »Abfallprodukt«, das bei der Nahrungsumsetzung anfällt. Dies stellt ein ausgezeichnetes Beispiel für ökonomisch optimierte Nutzung der Nahrung dar. Aminosäuren, Mineralstoffe und Wasser werden für Wachstum und lebenswichtige Funktionen verwendet. In den Nahrungspflanzen reichlich vorhandene, energetisch aber bedeutungslose oder überschüssige Substanzen (Oxalsäure, Ionen) werden nicht sofort ausgeschieden, sondern »zur späteren Verwendung« in den zuletzt stark erweiterten Malpighi'schen Schläuchen gespeichert. Neben einigen zu vermutenden Vorteilen (Stabilität, Luft-Feuchtigkeitsregulation u.a.) im Kokonaufbau kann so die aufwendige Synthese von Seidenproteinen (Fibroin, Sericin) auf ein Minimum (Grundgespinst und Innenauskleidung) beschränkt werden.

Physikalische Untersuchungen an der Uni Karlsruhe konnten die von NAUMANN (1977) ermittelte chemische Struktur der Kristalle bestätigen. Darüber hinaus wurde die Existenz zahlreicher weiterer Metall-Ionen (Kalium, Phosphor, Chlor, Schwefel, Silicium) nachgewiesen.

Am Ende der Kokonbauphase werden die Innenwände (IW) angefertigt. Sie bestehen ausschließlich aus Seide (Seidenfäden und -leim). Bei den Rotwidderchen haben sich die IW als wenig brauchbares Unterscheidungsmerkmal erwiesen, da sie bei allen Arten fast identisch aussehen. Zerbricht (BR) man einen Kokon, so kann man die schindelförmige Anordnung der Kristalle gut erkennen.

Am besten sind die Unterschiede bei Ansicht auf die Kokonaußenwand zu erkennen: Mehrere (2–3) verschiedene Kristallformen (»Plättchen, Briketts, Grus«) treten in jedem Kokon bei den Schneckenspinnern (ase, lim) auf. Unsere *Adscita*-Arten (glo, man) besitzen nahezu identische kristalline »Nadeln«. Bei den Rotwidderchen liegen die Kristalle bis auf wenige Ausnahmen (car) in »Plättchen« vor. Gruppen- und artspezifische Unterschiede sind hier in Form und Größe der Kristalle zu erkennen.

IW	=	Innenwand (Z. ephialtes)	eph	=	Z. ephialtes
			tra	=	Z. tr. transalpinoid
BR	=	Bruch (Z. trifolii)	hip	=	Z. tr. hippocrepidoid
ase	=	H. asella	ele	=	Z. angelicae elegans
lim	=	A. limacodes	fil	=	Z. filipendulae
man	=	A. mannii	lon	=	Z. lonicerae
glo	=	A. globulariae	tri	=	Z. trifolii
pur	=	Z. purpuralis			
min	=	Z. minos	IW	=	× ca. 220 vergr.
cyn	=	Z. cynarae	BR	=	× ca. 900 vergr.
fau	=	Z. fausta			alle anderen
car	=	Z. carniolica			× ca. 450 vergr.
lot	=	Z. loti			
ost	=	Z. osterodensis			
vic	=	Z. viciae			

Untersuchungen und Aufnahmen mit dem Rasterelektronenmikroskop (REM) wurden an der Universität Karlsruhe durchgeführt. Die Metall-Ionen wurden durch Elektronenstrahlmikroanalyse (ESMA) ermittelt (A. HOFMANN, A. KAMILLI, P. PFUNDSTEIN).

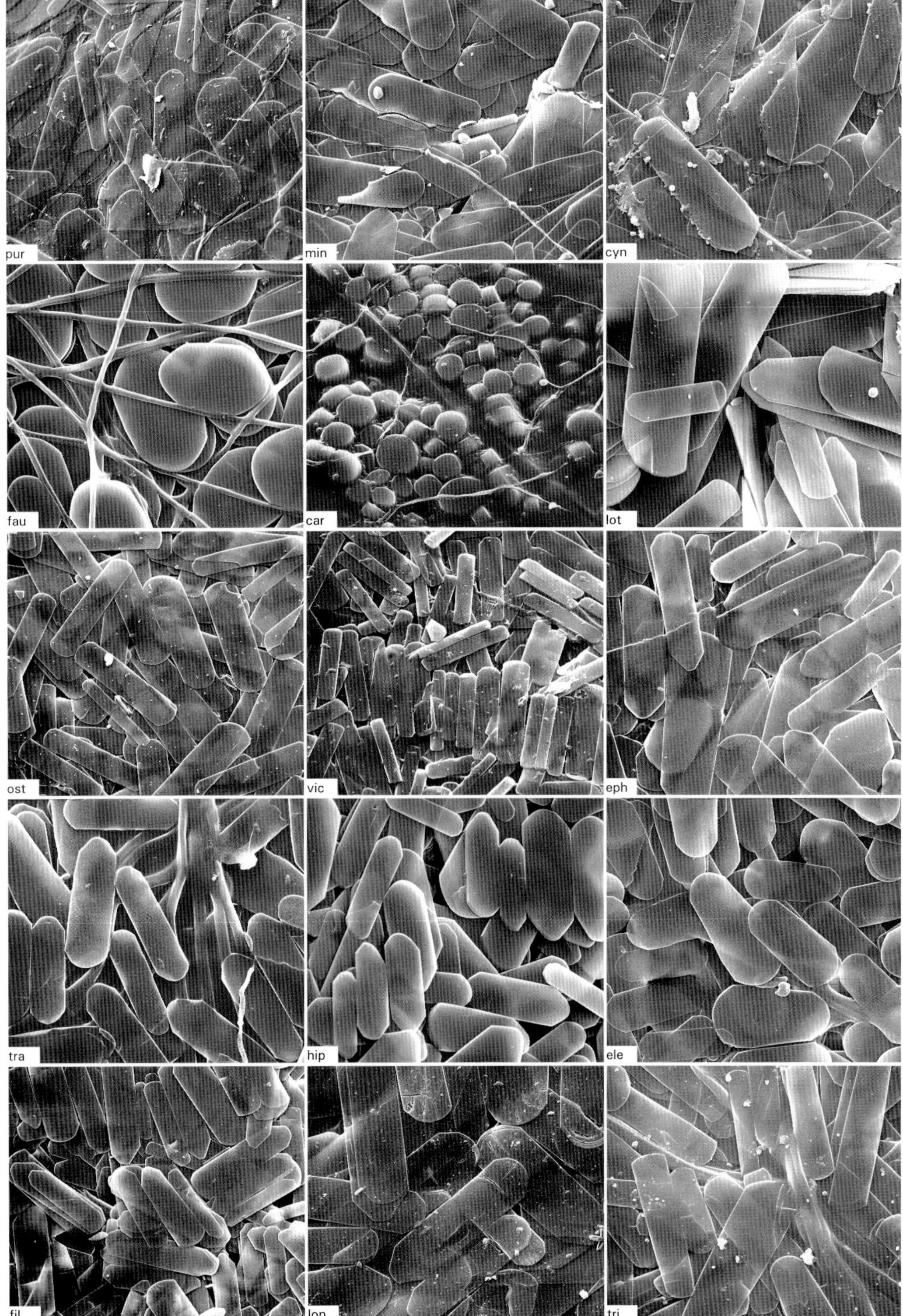
pur
min
cyn
fau
car
lot
ost
vic
eph
tra
hip
ele
fil
lon
tri

oder L_8 einen Kokon baut. Abweichungen hiervon entstehen durch Mehrfachüberwinterung (L_{6DII}, L_{9DIII}, s. WIPKING 1987, 1988, 1990).

Neben den Imagines und Raupen verfügen auch die Kokons über ausgezeichnete Merkmalsstrukturen, die nicht selten eine eindeutige Bestimmung zulassen. Dieser Merkmalskomplex wurde faunistisch bislang noch viel zu wenig beachtet, dabei ließe sich gerade hier die enge Habitatbindung dreier Entwicklungsstadien (Raupe, Kokon, Imago) einer Art besonders gut erfassen.

5. Bioindikatoren, Gefährdung, Schutz

Die Standorttreue und die teilweise sehr enge Bindung an bestimmte Umweltbedingungen prädestinieren die Widderchen regelrecht zu Bioindikatoren für faunistische Zwecke. Andererseits sind es genau diese stenöken Eigenschaften, die sie einer erhöhten Gefährdung aussetzen. Am stärksten hiervon betroffen sind zweifelsohne die (unilokalen) Endemiten. Aber auch isolierte Populationsgruppen an der Peripherie des Areals sind stark gefährdet!

Zu dieser Gruppe gehören in Baden-Württemberg einige Arten mit Arealgrenzen durch unseren Raum: Neben der ausgestorbenen *Z. cynarae*, müssen hier an erster Stelle die beiden Steppenheidearten *Z. angelicae elegans* und *Z. fausta* genannt werden. Gravierende Bestandseinbußen und Veränderungen der Arealgrenzen lassen sich auch bereits bei *Z. osterodensis* (s. auch KEIL 1993) erkennen. Noch nicht abschließend abzuschätzen ist die Gefährdungssituation bei *Z. carniolica* (starke Bestandsschwankungen?) und dem Zwillingsartenpaar *Z. minos*/*Z. purpuralis* (s. dort). Die komplexen Ursachen für die Verdrängung besonders der kontinentaleren, aus östlichen Refugialräumen eingewanderten Arten (*cynarae, osterodensis, carniolica, angelicae elegans, minos, purpuralis*) sind noch lange nicht verstanden und Erklärungversuche von Art zu Art sind nur unbefriedigend.

Vergleichsweise monokausal ist der Verdrängungsprozeß bei *Z. trifolii* zu erklären. Eindeutig sind hier veränderte Grünlandnutzung, Trockenlegen von Mooren, Entwässerung der Talauen u.ä. für die regionale Bedrängung und Areal-Verinselung dieser hygrophilen, westmediterranen Art verantwortlich.

Hohen Zeigerwert für intakte Magerrasen haben *Z. carniolica, Z. transalpina, Z. purpuralis, Z. minos* (an zweiter Stelle *Z. lonicerae, Z. loti*; an dritter Stelle *Z. viciae, Z. filipendulae*).

Für xerothermophile Saumgesellschaften eignen sich besonders *Z. fausta* und *Z. angelicae elegans* (an zweiter Stelle *Z. ephialtes, Z. osterodensis, Z. transalpina hippocrepidis*) als Bioindikatoren.

Mesophile Säume werden durch *Z. osterodensis* und *Z. viciae* besonders gut gekennzeichnet.

Z. trifolii ist ein ausgezeichneter Indikator für intakte Feuchtbiotope.

(Näheres hierzu ist den Kap. Lebensraum und Habitat zu entnehmen).

Extensive Grünlandnutzung oder entsprechende Pflegemaßnahmen sind für den Erhalt der Habitate zahlreicher Offenlandarten nicht nur förderlich, sondern stellen darüberhinaus eine sukzessionsverhindernde Notwendigkeit dar. Ohne Mahd oder Beweidung wären die meisten Vorkommen auf Halbtrockenrasen, in den ›Wacholderheiden‹ und in allen Lokalitäten, die den Fett- oder Streuwiesen (i.w.S) zugeordnet werden können, von einer Strauchflora oder von Wald bis Hochwald längst verdrängt worden. Das Problem bei der Erstellung von Pflegeplänen wird in erster Linie die Dosierung (wie oft?), der Zeitpunkt und bei Beweidung die Intensität (wie viel?) sein. Schwierigkeiten könnten darüberhinaus mehrere Rote-Liste-Arten bereiten, die an der selben Lokalität vorkommen und unterschiedliche und z.T. sich ausschließende Präferenzen erkennen lassen oder deren Erscheinungszeiten einen allseits optimalen Mahdzeitpunkt unmöglich machen. Für alle Offenland-Widderchen (›Wiesenzygaenen‹) kann ein einjähriger Mährhythmus mit möglichst spätem Mahdzeitpunkt (je nach Flugzeit und Naturraum) zwischen August (Oberrheinebene, Tauberland) und September (Schwäbische Alb, Oberschwaben, Baar) empfohlen werden. Mehrmalige Beweidung im gleichen Jahr sollte vermieden werden.

Noch stärker gefährdet als diese Gruppe sind Arten, deren Habitatpräferenzen eindeutig in den Saumbereichen wärmeliebender Wälder (›Waldzygaenen‹) liegen. Hierher gehören die am stärksten gefährdeten Arten dieser Gattung (*Z. angelicae elegans, Z. fausta, Z. osterodensis*). Aufforstung und zunehmende Überschattung der lichten Waldinseln (z.B. Schelklingen, Hartenbuch; Genkinger Steige etc.) sowie der Verlust zahlreicher Säume an den Straßen, welche den Westtrauf der Schwäbischen Alb hochführen, haben bereits viele Populationen arg in Bedrängnis gebracht. Besonders entlang dieser blütenreichen Albstraßen-Säume siedelten oft individuenstarke Populationen aller drei Arten an der gleichen Lokalität. Neben einigen, ursächlich schwer konkretisierbaren Faktoren (Umweltverschmutzung, Schadstoffemissionen, verstärkte atlantische Wetterlagen u.ä.), muß hier das starke Verkehrsaufkommen eindeutig als populationsde-

Unter den schwarzen Rückenflecken der Rotwidderchen-Raupen befinden sich in jedem Segment sogenannte »Wehrsekretbehälter«, aus denen nach entsprechender mechanischer Reizung tropfenförmig eine klare Flüssigkeit hervortritt. Sofort entsteht hochgiftige Blausäure. NAUMANN (1991) spricht von einer »chemischen Schnellfeuerwaffe«. Die Wirksamkeit dieses Sekrets zur Feindabwehr konnte durch gezielte Versuche gezeigt werden. Im Bild erkennt man eine Raupe nach großflächiger Druckreizung. Perlschnurartig sind auf beiden Seiten die blausäurehaltigen Tropfen angeordnet. Hat die Raupe die Attacke eines potentiellen Feindes unbeschadet überlebt, wird ein Großteil des Wehrsekrets wieder in die Behälter rückresorbiert: »Zwischen Cyanoglukosid-Biosynthese, dem larvalen Wehrsekretsystem und der Entwicklung aposematischer Zeichnungsmuster bei Larven und Imagines von Zygaena« (FRANZL & NAUMANN 1984) besteht zweifellos ein sehr enger evolutionsbiologischer Zusammenhang. Auch das träge Verhalten der Tiere, ihre tagaktive Lebensweise und die relative Häufigkeit der Individuen müssen unter diesem Blickwinkel gesehen werden. – *Zygaena ephialtes*-Raupe (Laborzucht) 4. 1989 A. HOFMANN.

zimierender Faktor genannt werden (z.B. Straße Neuffen-Hülben). Diese Entwicklung hat u.a. auch einige Populationen des Apollofalters (z.B. Höllental/Schwarzwald) zumindest so stark geschwächt, daß ihr Erlöschen in den 80er Jahren damit auf jeden Fall in Zusammenhang gebracht werden muß. Wenn bei den obengenannten Widderchen in den nächsten Jahren nicht die gleiche Situation eintreten soll, müssen die wenigen verbliebenen Habitate strenger als bisher geschützt und eventuell für einige straßennahe Restpopulationen Ausweich- oder Ersatzhabitate geschaffen werden. Höchste Priorität haben Lokalitäten, wo noch zwei oder sogar alle drei Saumbereicharten anzutreffen sind.

6. Blausäure, Wehrhaftigkeit und aposematisches Muster

Die Widderchen sind durch einige auffällige Eigenheiten gekennzeichnet. Rot-schwarze Kontrastfärbung der Imagines und gelb-schwarze ›Wespen-Färbung‹ der Raupen mehrerer Arten lassen hier Einbindungen an zwei verschiedene Mimikry-Ringe vermuten. Diese Hypothesen werden durch aktuelle Untersuchungen mit Staren (*Sturnus vulgaris*) erhärtet (RAMMERT 1985, 1992). Experimente haben gezeigt, daß *Z. trifolii*-Raupen für diese Vögel und »andere potentielle Freßfeinde ungenießbar« sind. Die Unschmackhaftigkeit beruht auf Cyanoglucosiden, die in der Hämolymphe und in speziellen Wehrsekretbehältern der Raupen gespeichert sind (FRANZL & NAUMANN 1984). Durch mechanische Reizung wird ein Sekrettropfen ausgeschieden; hierdurch wird ebenso wie bei Gewebezerstörung Blausäure freigesetzt. Dem Sekret kommt ferner eine Abwehrfunktion gegenüber Ameisen, Reptilien und Amphibien zu (REIMANN 1983). »Geruch und Geschmack spielen eine wichtige Rolle bei der Abschreckung« (REIMANN 1983). In allen Entwicklungsstadien (Ei, Raupe, Diapauseraupe, Puppe und Imago) konnten cyanogene Giftsubstanzen nachgewiesen werden (eine kurze Zusammenfassung über Blausäure bei Schmetterlingen gibt NAHRSTEDT 1988). Die bisweilen hohen Individuendichten vieler Populationen, das träge Flug- und Fluchtverhalten der Falter sowie die optische Auffälligkeit der Larven und Imagines lassen sich erst unter Einbeziehung der oben beschriebenen Wehrhaftigkeit erklären.

Zum Kapitel »Zygaena«

Die Zygaenen-Fauna Baden-Würtembergs umfaßt 14 rezente Arten (s. Kapitel Biologie und Ökologie, Seite 199). Alle anderen Meldungen beruhen auf Fehlbestimmungen oder basieren auf Tieren, die nicht unserem Faunengebiet entstammen. So erwähnt beispielsweise REHMANN (1830) *Z. brizae* aus Rippoldsau und BUSSMANN & SCHNEIDER (1987) führen *Z. exulans* für das Markgräflerland an. Beide Arten sind für die Landesfauna Baden-Württembergs zu streichen.

Die Widderchenarten werden teilweise sehr umfassend behandelt. Dies trifft in erster Linie auf die besonders gefährdeten Arten (*angelicae elegans, fausta, osterodensis*) und solche mit hohem ökologischen Zeigerwert zu (*carniolica, trifolii*). Die ausgestorbene *Z. cynarae* verdient darüberhinaus eine erstmalige Gesamtdarstellung ihrer Historie in unserem Raum.

Auf eine etwas abweichende Darstellung und zusätzliche Kapitel bei dieser Gruppe wurde bereits hingewiesen. Darüberhinaus, muß noch auf folgende Veränderungen aufmerksam gemacht werden:

In die Liste der im Textkopf einer jeden Art erwähnten Synonyma (aus den klassischen Standardwerken und Lokalfaunen) wurden aus verständlichen Gründen noch weitere grundlegende Arbeiten aufgenommen (BURGEFF 1926b, REISS 1937, HOLIK 1952–53, BERGMANN 1953, ALBERTI 1958–59, REISS & TREMEWAN 1967, REISS & REISS 1970, NAUMANN & TREMEWAN 1984; Titel der Arbeiten s. Literatur). Für die Bestimmung der Widderchen waren (und sind) die Angaben und Abbildungen in den Standardwerken kaum ausreichende Determinationshilfen. Bei den oben genannten Arbeiten handelt es sich um die am meisten benutzten Zygaenenspezialarbeiten.

Die vergleichsweise flugträgen Widderchen gelten zurecht als standorttreue Schmetterlinge und nur selten werden mehrere Falter weit außerhalb des eigentlichen Habitats, einschließlich des Larvalhabitats, angetroffen. Reduziert auf pflanzensoziologische Einnischung, sind Larval- und Imaginalhabitat im allgemeinen gleichzusetzen; Unterschiede resultieren aus prinzipiell anders ›gearteten‹ stadientypischen Evolutionsstrategien, deren konsequente Umsetzung sich in gewaltig unterschiedlichen Konstruktionsplänen manifestiert. Ferner sind den ontogenetischen Morphen prinzipielle öko-ethologische Unterschiede eigen, die in entsprechender Lizenzeninanspruchnahme innerhalb des gleichen Lebensraumes zum Ausdruck kommen (z. B. dadurch daß die Raupe kauend frißt und wächst und – wenn alles gut geht – fast ein Jahr oder älter wird; die Imago dagegen saugt und stirbt und – wenn alles gut geht – sich dazwischen fortpflanzt). Wo auffällige Abweichungen im jeweiligen Habitat vorliegen, wird gesondert darauf hingewiesen. Ansonsten werden die beiden ›Tagfaltersparten‹, Larval- und Imaginalhabitat, hier zusammengezogen.

Ein gesondertes Kapitel (Parasitoide) behandelt die in Baden-Württemberg nachgewiesenen Parasiten (korrekt: Parasitoide, da die Schmarotzer ihren Wirt schon während der Entwicklung töten). Die Bestimmungen haben freundlicherweise Herr Dr. PETER TSCHORSNIG/Stuttgart (Diptera), Herr Prof. Dr. KONRAD SCHMIDT/Karlsruhe (Hymenpotera) sowie Herr ERICH DILLER/München (Hymenoptera) übernommen.

Auf die zahllosen Aberrationsbeschreibungen (aus Baden-Württemberg ca. 100 verschiedene Nennungen!) wurde nicht eingegangen. Alle Arten variieren besonders

Neben den normal rot gefärbten Faltern (oben), werden von allen einheimischen Arten regelmäßig Farbaberrationen beobachtet. Eine Vielzahl hiervon wurde mit eigenem Namen belegt. Als Beispiele seien genannt: ab. *aurantiaca* = orange, ab. *flava* = gelb u. v. m.. *Z. purpuralis* (oben u. Mitte: Kaiserstuhl, unten: Blaubeuren).

Variationen (Farben und Fleckenzeichnung) erschweren bisweilen die Bestimmung. Bei *Z. purpuralis* (oben: Gerhausen, 25.7. 68, G. REISS) kann Rot durch Gelb ersetzt und die Streifenmakel können fast zu Punkten reduziert werden. Unterschiede im Gelbton zeigen hier *Z. viciae* (Mitte: Stuttgart, 27.6. 37, H. REISS) und *Z. fausta* (unten: Schelklingen, 25.7. 59, G. REISS).

stark bezüglich der Rotkonfluenz (alle Flecken isoliert bis zusammengeflossen), der Abdominal-Beringung und der Färbung. Interessanterweise sind alle Arten auch in den Landesfarben (gelbe Flecken auf schwarzem Grund) bekannt.

Innerhalb unserer Fauna bereiten üblicherweise drei Zygaenenartenpaare besondere Schwierigkeiten bei der Bestimmung. Es sind dies *Z. angelicae elegans*/*Z. transalpina* (einschließlich ›*hippocrepidis*‹), *Z. trifolii*/*Z. lonicerae* und allem voran das Zwillingsartenpaar *Z. purpuralis*/*Z. minos*. Auf Unterscheidungsmöglichkeiten wird jeweils bei den einzelnen Arten und in vorangestellten Texten zu diesen drei Komplexen hingewiesen.

Neben dem ausgezeichneten »Lektorat« (Dr. JÖRG-UWE MEINEKE, AXEL STEINER) und vielen Faunisten, deren unentbehrliche Mitarbeit gelegentlichen Nennungen im Text zu entnehmen ist, schuldet der Autor einen ganz besonderen Dank für vielerlei Hilfe seinem Freund Dr. GÜNTER REISS. Konstruktive Kritik und erbauliche Worte haben HEIKE DEWALD-HOFMANN, KARL HOFMANN und der Herausgeber, Herr GÜNTER EBERT, reichlich beigesteuert.

Der *purpuralis*-Komplex

Dieser Komplex umfaßt in Europa zwei Arten, an deren Eigenständigkeit inzwischen keine Zweifel mehr bestehen können (NAUMANN, RICHTER, WEBER 1983). Bis auf wenige Regionen in Italien. (CESARONI et al. 1989) kann für Europa von reproduktiver Isolation beider Arten ausgegangen werden. Die komplizierten Verhältnisse in Kleinasien und im Kaukasus lassen noch kein endgültiges Urteil zu.

Es sind Widderchen vom Streifentypus, d.h. die roten Vorderflügelflecken sind zu drei m.o.w. gut ausgeprägten Längsstreifen verschmolzen. Verwechslungen könnten bei oberflächlicher Betrachtung nur noch mit *Z. osterodensis* passieren, die ebenfalls Streifenmakel besitzt. Es ist dies ein Fall von intragenerischer Konvergenz. Die fadenförmigen, fast ungekolbten dünnen Fühler lassen aber sofort diese Art als »etwas anderes« erkennen.

Das Problem bei der faunistischen Bearbeitung von *Z. purpuralis* und *Z. minos* besteht darin, daß sich beide Taxa biologisch zwar problemlos trennen lassen, genitaliter ebenfalls klare Diskontinuitäten zeigen, habituell (also im Freiland!) aber nicht auseinandergehalten werden können. Erschwerend kommt hinzu, daß an vielen Fundorten beide Arten syntop und oft zur gleichen Zeit vorkommen. Somit sind alle Angaben zum Habitat, zum Verhalten etc., die genitaliter an dem betreffenden Einzeltier hätten geprüft werden müssen, ohne gesonderte Kennzeichnung des Individuums wertlos!

Problemlos (aber zeitaufwendig) konnten nur die Arealkarten beider Arten erstellt werden. Hierzu wurden ca. 400 Genitalpräparate angefertigt zu denen noch die genitaliter abgesicherten Angaben bei NAUMANN, RICHTER, WEBER 1983 und ALBERTI 1957 kommen. Aber schon bei der Erstellung des Phänogramms traten dann Schwierigkeiten deutlich zutage. So ließen sich die genitaluntersuchten Daten zwar problemlos hierfür verwenden, aber es handelte sich keineswegs um einen repräsentativen Querschnitt. Bei der Auswahl der Individuen eines Fundortes wurden beispielsweise immer die Extremdatentiere bevorzugt, um so möglichst schnell beide Arten zu ermitteln. Waren beide Arten für einen Fundort (im günstigsten Falle also nach zwei Präparaten) nachgewiesen, mußte dieser Punkt als erledigt gelten.

Die morphologische Differenzierung beider Biospezies ist ausgezeichnet dokumentiert (NAUMANN, RICHTER, WEBER 1983; NAUMANN & NAUMANN 1985), desgleichen die synonymische Stellung der zahlreichen hierzu gehörigen Taxa (NAUMANN 1982–1984). Dennoch bleibt eine Vielzahl offener Fragen (Phylogenie, Chorologie), und CESARONI, ALLEGRUCCI, ANGELICI, RACHELI & SBORDONI (1989) kommen neuerdings nach eingehenden enzymelektrophoretischen Untersuchungen zu dem Ergebnis »that evolutionary relationships within the *Z. purpuralis* complex are much more complicated than originally thought.«

Ebenso ist die Präimaginalbiologie der beiden Arten noch unbefriedigend erforscht. Zwar sind *Z. minos* und *Z. purpuralis* hier am besten zu unterscheiden (s. Raupennahrungspflanzen, Präimaginalstadien), dennoch bleibt auch hier ein gewaltiges Manko. Untersuchungen zur larvalbiologischen Einnischung, ja sogar neuere Zuchtberichte sind nicht nur Mangelware, sondern fehlen gänzlich. Angaben zur Synökologie beider Arten (speziell der Imagines) liegen nicht vor oder sind veraltet.

Z. purpuralis scheint in Baden-Württemberg die etwas häufigere der beiden Arten zu sein (p/m = 1,2:1). Dies muß jedenfalls angenommen werden, wenn man die Ergebnisse der Genitaluntersuchungen (GU) betrachtet. Von fast 500 GU konnten 447 naturräumlich exakt und für die Phänologie brauchbar ausgewertet werden (Stand 29.9. 1993). Davon erwiesen sich 242 (54%) als *Z. purpuralis* (p) zugehörig; nur 205 mal (46%) wurde *Z. minos* (m) ermittelt.

Obgleich die beiden Verbreitungsbilder sehr ähnlich sind (s. Verbreitung, regional), waren unterschiedliche Häufigkeitsnachweise für die einzelnen fünf Naturgroßräume erbracht worden. Da solcherart regionale Häufigkeiten (bzw. Seltenheiten) gerade unter dem Gesichtspunkt der lokalen Gefährdung besondere Bedeutung erlangen, seien die naturräumlichen Befunde hier in übersichtlicher Form tabellarisch dargestellt:

	purpuralis (p)	**minos** (m)	**p/m**
Oberrheinebene	**70**	12	**6**:1
Schwarzwald	**12**	5	**2**:1
Neckar-Tauberland	51	**93**	1:**2**
Schwäbische Alb	**84**	**87**	1:1
Oberschwaben	**25**	8	**3**:1
Ingesamt **447** GU davon:	**242 (54%)**	**205 (46%)**	1,2:1

Zwar wurde bei der Genitaluntersuchung (GU) nicht konsequent stichprobenartig vorgegangen (sobald von einem Fundort beide Arten nachgewiesen waren, wurden von dort keine weiteren GU mehr angefertigt), dennoch erlaubt die vorliegende Datenbasis sicherlich einige Interpretationen. So lassen sich gut unterscheidbare Verbreitungsschwerpunkte erkennen. 43% aller *Z. minos*-Nachweise (= 87 GU) entstammen der *Schwäbischen Alb*, während bei *Z. purpuralis* nur 35% (= 84 GU) aller untersuchten Individuen diesem Naturraum zuzuordnen waren. Hier ist also die Wahrscheinlichkeit, entweder *Z. minos* oder *Z. purpuralis* vorzufinden, ziemlich genau gleich groß (87:84). Einen zweiten *minos*-Schwerpunkt bildet das *Neckar-Tauberland* [46% (= 93 GU)], wo diese Art klar dominiert (p/m = 1:2), so daß fast 90% aller *Z. minos*-Individuen aus diesen beiden Naturräumen stammten (aber nur 56% aller *Z. purpuralis*). *Z. purpuralis* ist im Neckar-Tauberland viel seltener vertreten (21%). Sie dominiert dagegen in den anderen drei Naturräumen deutlich (s. Verhältnis p/m).

Bestimmungshilfe

Die Falter aus dem *minos-purpuralis*-Komplex lassen sich nur über genitalmorphologische Untersuchungen eindeutig bestimmen. Dabei haben sich bei den Männchen die Proportionen des Uncus und

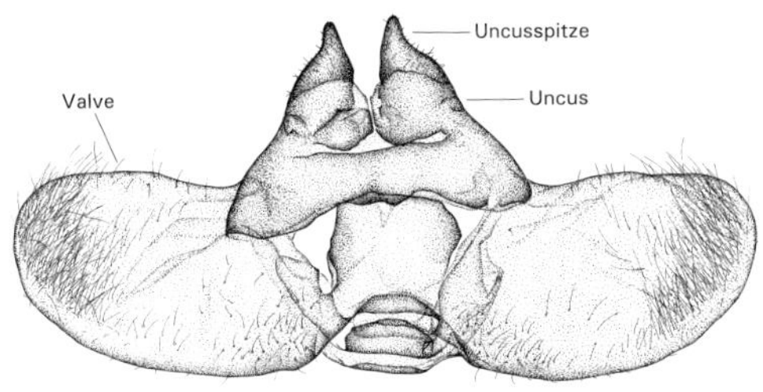

Teile des männlichen Genitalapparates (ohne Aedoeagus) von *Zygaena minos*. Zeichnung nach Präp. Nr. B 692 (Schwäbische Alb, Oberstetten, 20.6. 76 R. KONTERMANN)

Unterschiede in der Ausbildung des Uncus bei *Zygaena purpuralis* (p1–p3) und *Z. minos* (m1–m3):

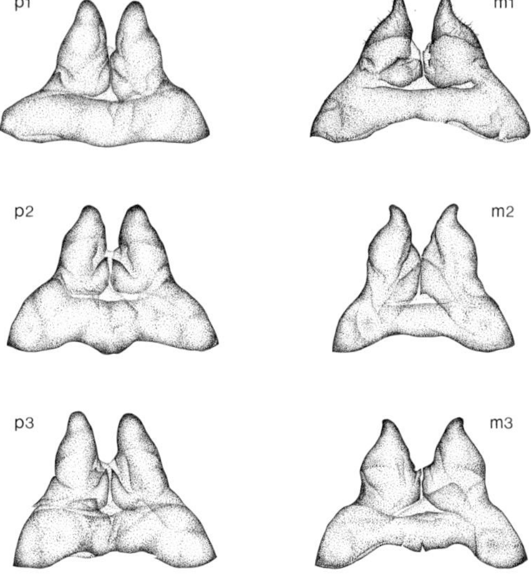

Unterschiede in der Ausbildung der Lamina dorsalis bei *Zygaena purpuralis* (p1–p3) und *Z. minos* (m1–m3):

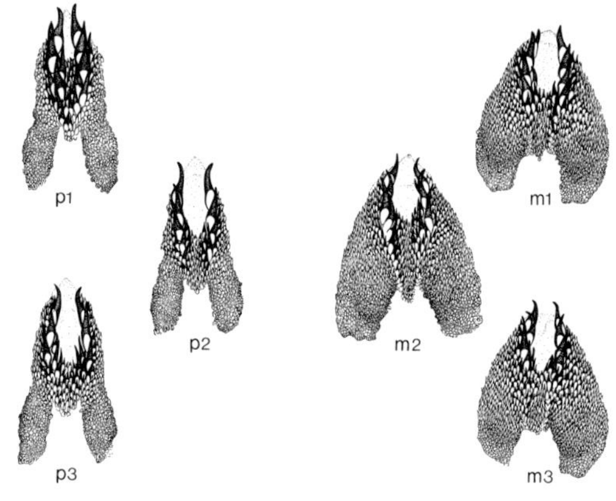

Geographische Herkunft der untersuchten Tiere

Zygaena purpuralis:
p1: Friedrichsfeld, 15.5. 37, K. STROBEL; Präp. Nr. B 609
p2: Allgäu, Fetzach-Moos, 20.6. 49, G. REICH; Präp. Nr. B 589
p3: Untertalheim 1,5 km S, 8.7. 82, D. DOCZKAL, G. EBERT, B. TRAUB; Präp. Nr. B 594

Zygaena minos:
m1: Oberstetten, 20.6. 76, R. KONTERMANN; Präp. Nr. B 692
m2: Dauchingen, Riesenburgstal, 12. 6. 82, M. WEBER, Präp. Nr. B 682
m3: Eberstadt, 3.7. 49, H. LIENIG, Präp. Nr. B 608

die Struktur der Lamina dorsalis als sehr brauchbare Unterscheidungskriterien erwiesen. Zwar besteht in einigen Fällen besonders in der Ausbildung der Unci eine gewisse Variationsbreite, die eine klare Zuordnung erschweren kann, die Kombination beider Merkmale erlaubt jedoch (fast immer) eine zweifelsfreie Bestimmung. Zur besseren Verdeutlichung der Variation werden hier jeweils 3 × 2 Strukturen abgebildet.

Differentialdiagnose

Z. purpuralis:
Uncus: Stumpf, rund endend; von der Basis ab relativ gleichmäßig sich verjüngende Spitzen, die im oberen Bereich nur wenig nach außen umbiegen.
Lamina dorsalis: Schmal, langgezogen, meistens mit leichter seitlicher Eindellung; an der Basis tief eingeschnitten.

Z. minos:
Uncus: Spitzen verjüngen sich rasch im oberen Drittel und biegen oft nach außen um.
Lamina dorsalis: Rundlicher, breiter; an der Basis weniger tief eingekerbt.

Auch im weiblichen Genital können beide Arten getrennt werden. Allerdings ist hier mehr Vorsicht geboten, da anscheinend bei *Z. minos* eine stärkere Variationsbreite besteht und Einzeltiere bisweilen nicht eindeutig zugeordnet werden können. *Z. purpuralis* hat weniger stark sklerotisierte Strukturen (Ostium bursae) als *Z. minos*, bei der manchmal der gesamte Bereich des Sterigma stark erweitert und kräftig sklerotisiert sein kann (Abb. s. NAUMANN et al. 1983, S. 208, 209).

Insgesamt konnten bei unseren Untersuchungen in Süddeutschland keine ökologischen oder ethologischen Spezifitäten nachgewiesen werden, die geeignet wären, praegame Isolationsmechanismen darzustellen. Weder Flugzeitenverschiebung (oft in den Handbüchern erwähnt) noch naturräumliche Trennung oder Höhen- und gravierende Habitatpräferenzen konnten dahingehende Resultate liefern. Daß es sich aber um getrennte Biospezies handelt, kann nach der ausführlichen Arbeit von NAUMANN et al. (1983) nicht mehr bezweifelt werden, und auch in Baden-Württemberg erwiesen sich die dort vorgebrachten Unterschiede bei den Genitalarmaturen in beiden Geschlechtern als konstant, wenngleich in einigen Fällen doch morphologische Annäherung (besonders im Bau des männlichen Uncus) festzustellen war (<2%). Am determinationssichersten zeigen sich die Strukturen der Lamina dorsalis (s. Abb.) und die unterschiedlich stark sklerotisierten weiblichen Genitalarmaturen. Vollkommen unproblematisch sind auch die präimaginalbiologischen Stadien, besonders die Raupen und Kokons, jeweils einer der beiden Arten zuordenbar. Offen bleiben muß die Frage, welcherart die Isolationsmechanismen bei optisch so ›identischen‹ oft syntopen Arten sind, und ob die Unterschiede in den Genitalarmaturen ausreichend sind, um hier die Bildung von Hybridzygoten zu verhindern. Selbst wenn dies zuträfe, bleibt noch zu klären wie die Individuen syntoper Populationen verhindern, daß ihnen kein evolutiver Nachteil durch unnötiges ›trial and error‹ bei der komplizierten Partnersuche entsteht. Optische Orientierungen dürften hier noch wesentlich unbedeutender sein bei der Suche und Akzeptanz eines Partners, als diese für einige andere Widderchenarten berechtigt angenommen werden kann (s. *Z. trifolii*, Kap. Verhalten). Von spezifischer Isolation durch Pheromone kann zwar ausgegangen werden, klar trennende Duftbouquets sind bislang nicht bekannt.

Zygaena purpuralis (Brünnich, 1763)

Thymian-Widderchen

Zygaena purpuralis pythia F. (REISS 1937)
Zygaena (Mesembrynus) purpuralis BRÜNN. (ALBERTI 1958–59, BERGMANN 1953, NAUMANN & TREMEWAN 1984, REISS in SEITZ 1930–33)
Zygaena (Mesembrynus) purpuralis pythia F. (KOCH 1955, REISS & REISS 1970, REISS & TREMEWAN 1967)
Zygaena (Mesembrynus) purpuralis scabiosae SCHEVEN (REISS & REISS 1970, REISS & TREMEWAN 1967)
Zygaena (Mesembrynus) purpuralis subalpicola F. (REISS & REISS 1970, REISS & TREMEWAN 1967)
Zygaena purpuralis scabiosae Scheven (EBERT 1978)
Zygaena pilosellae Esp. (REUTTI 1898)
Mesembrynus purpuralis BRÜNN. (FORSTER 1956)
Anthrocera purpuralis BRÜNN. (HERING 1932, SPULER 1906)

Mesembrynus purpuralis BRÜNN. (NOVAK & SEVERA 1980)
Zygaena (Mesembrynus) purpuralis PONTOPP. (Rote Liste BRD 1984)

REUTTI 1898, SPULER 1906, SEITZ 1907–13, BURGEFF 1926b, HERING 1932, REISS in SEITZ 1930–33, REISS 1937 und HOLIK 1952 unterscheiden nicht artlich zwischen *Z. minos* und *Z. purpuralis*.

Gesamtverbreitung: *Zygaena purpuralis* besitzt ein ähnliches Großareal wie *Z. viciae* oder *Z. loti*. Es reicht von den Britischen Inseln und den Pyrenäen bis zum Tian-Shan und Altai (auch nach NW-China) und vom Baltikum bis Sizilien. Weit verbreitet ist die Art in Südosteuropa, dem Balkan, Griechenland (einschließlich dem Peloponnes), um das Schwarze Meer herum, im Kaukasus und in Anatolien. Das iranische Elbursgebirge wird aber nicht besiedelt. Mediterrane Inselpopulationen (abgesehen von Sizilien) sind nicht bekannt. Aus Westfrankreich, den Benelux-Staaten und Dänemark liegen (wenn überhaupt) nur sehr wenige Nachweise vor. *Z. purpuralis*, von NAUMANN et al. (1984) als Element des sibirischen Faunenkreises ausgewiesen, zeigt somit deutlich größere Ostorientierung als *Z. minos*, die zwar auf den Britischen Inseln und weiten Teilen der Alpen fehlt, deren Areal sich aber sonst in weiten Teilen mit dem von *Z. purpuralis* deckt, ohne jedoch Zentralasien und den Altai zu erreichen.

Subspezifischer Kontext: Die innerartliche Differenzierung in Europa entspricht bei *Z. purpuralis* derjenigen von *Z. minos*. Es können also auch hier große Areale von Westfrankreich bis Südschweden (Typenpopulation!) und bis weit hinein nach Osteuropa sowie das gesamte Mitteleuropa bis zum Alpenrand als zu einer einzigen Unterart gehörig angesehen werden. Da die Typenlokalität innerhalb dieses Areals liegt, versteht es sich, daß auch unsere Populationen zur nominotypischen *Z. purpuralis purpuralis* zu stellen sind. Aus Baden-Württemberg sind keine *purpuralis*-Taxa beschrieben.

Verbreitung

Regional: Das Verbreitungsbild innerhalb Baden-Württembergs weicht nur geringfügig vom *minos*-Areal ab. Beide Arten sind hier als großflächig sympatrisch zu bezeichnen. Auffällig gehäufter konnte *Z. purpuralis* in einigen Teilen des Neckar-Tauberland nachgewiesen werden. Besonders im Kraichgau und entlang des Neckars sind Populationen dieser Art anzutreffen. Dabei muß leider betont werden, daß aus dem Kraichgau keine aktuellen Meldungen (nach 1970) mehr vorlagen! Besonders westlich des Neckars fällt die starke Dezimierung der Populationen nach dem zweiten Weltkrieg auf. Früher war die Art hier recht zahlreich und individuenstark vertreten (»Häufig ... am Michelsberg«; A. GREMMINGER 1916–19). Für diesen Standort konnte M. HASSLER 1986 nur noch »schon lange verschwunden« vermerken. Gleiches gilt für weitere Fundorte am Rande der Oberrheinebene und in den Muschelkalk-Keuper-Regionen zwischen Neckar und Rhein (Sinsheim, M. SCHMITT/GU NAUMANN; Böblingen, F. AICHELE; 7016A, Bulacher Wald; Durlach-Turmberg, M. DAUB; Pforzheim-Umgeb., K. STROBEL).

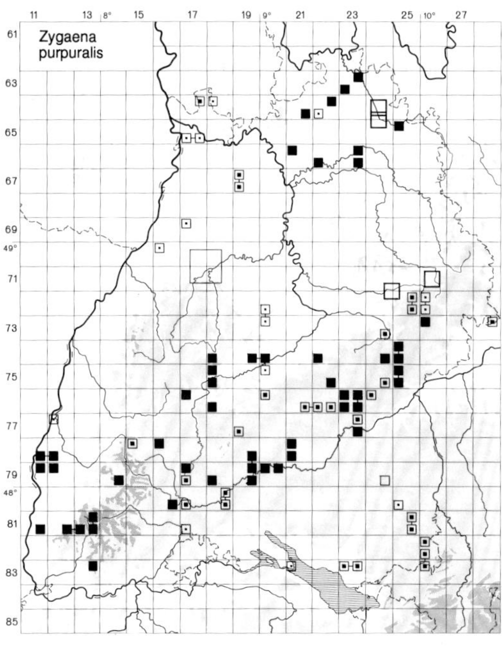

Die Fundorthäufungen des Neckar-Tauberlandes beziehen sich heute also in erster Linie auf das nördlich gelegene Tauberland und südlich auf die Gäulandschaften und den Oberlauf des Neckars. Auf der Schwäbischen Alb ist die Art im Gegensatz zu *Z. minos* nicht zum Nordwestrand (Albtrauf) und zur Hochfläche hin orientiert, sondern zeigt klare Fundorthäufungen auf der Südostabdachung zur Donau hin. Nicht nachgewiesen werden konnte *Z. purpuralis* in der südlichen Alb. Hier, wo *Z. minos* einen Siedlungsschwerpunkt hat, scheint *Z. purpuralis* zu fehlen.

Für den Schwarzwald und Oberschwaben stellt sich die Situation (Verbreitung und Verdrängung) dann wieder genau wie bei *Z. minos* dar, d.h. zwischen Donau und Bodensee existierten einst mehrere Kolonien, die inzwischen wohl erloschen sind. Im Schwarzwald ist die Art nur aus einigen wenigen Lokalitäten des südlichen Mittleren und des Südöstlichen Schwarzwaldes (7816A Hardt u. Buchenberg, M. WEBER; Wildgutach, W. SCHÄFER) und aus dem Hochschwarzwald bekannt (8111D Müllheim, C. SCHMIDT-EGGER; Belchen, D. DEZULIAN; Todtnauberg, J. ASAL). In der Oberrheinebene existieren keine aktuellen Fundorte mehr in der planaren Stufe. Hier läßt sich die Art derzeit nur noch für das Kaiserstuhl-Gebiet anführen.

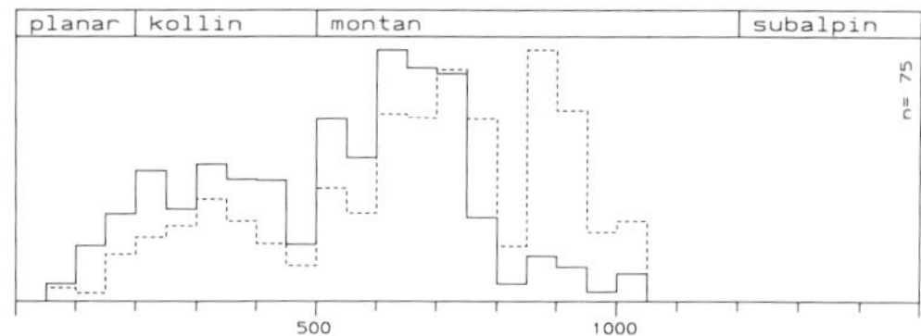

Vertikal: Die Höhenverbreitung in Süddeutschland umfaßt nahezu die gleiche Spanne wie bei *Z. minos* (100 m bis knapp 1000 m). Etwas unterschiedlich sind die relativen Anteile der einzelnen Höhenstufen. In der planar-kollinen (100–500 m) Stufe ist *Z. purpuralis* häufiger anzutreffen als *Z. minos*.

Phänologie

Imagines: Bei *Z. purpuralis* fällt im Vergleich mit *Z. minos* die längere Flugzeit in den einzelnen Naturräumen auf. An geeigneten Lokalitäten im Neckar-Tauberland und in der Oberrheinebene ist von Mitte/Ende Mai an den ganzen Juni und Juli hin-

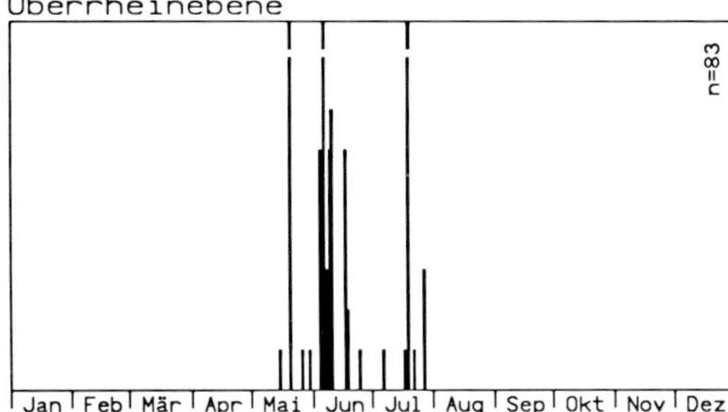

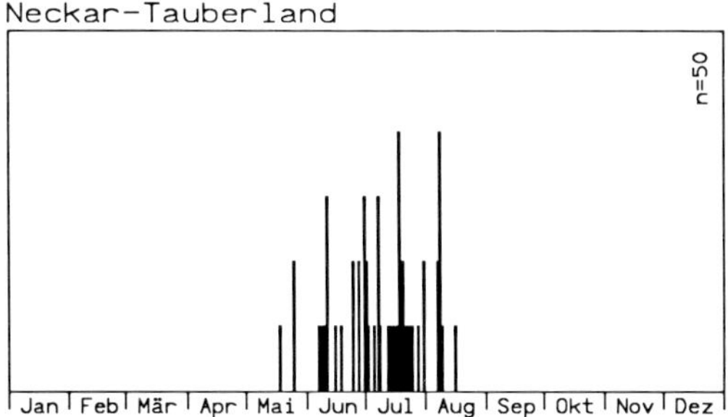

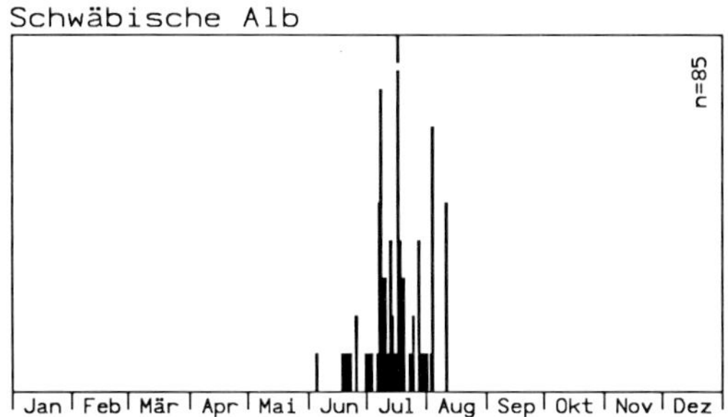

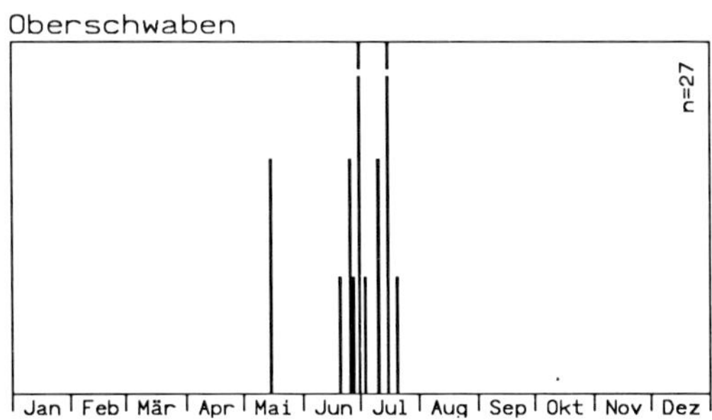

durch mit dieser Art zu rechnen. Allerdings muß man beim Naturraum Neckar-Tauberland unbedingt zwischen dem tiefer gelegenen Tauberland (Fundorte zwischen 220 und 400 m) und dem wesentlich höher gelegenen südlichen Teil dieses Naturraums (Schönbuch und Glemswald, Obere Gäue bis Baar; 350 bis 800 m) unterscheiden. Im Tauberland ist die Flugzeit auf die Monate Juni und Juli (Hauptflugzeit Mitte Juni bis Mitte Juli) beschränkt; im Süden beginnt *Z. purpuralis* später zu fliegen und ist hier dann noch regelmäßig bis Mitte August vorzufinden (9.8. 1981, Horb, J.U. MEINEKE; 8.8. 1980, Vöhringen, G. EBERT). Auf die frühen Erscheinungszeiten von *Z. purpuralis* in allen Naturräumen wird auch bei der Phänologie unter *Z. minos* (s. dort) eingegangen. Erwähnung verdient noch die Situation am Badberg/Kaiserstuhl. Hier bringt *Z. purpuralis* jedes Jahr noch sehr stattliche Populationen hervor (viele Hundert bis Tausend Individuen; Individuendichte stellenweise 30–50 Tiere auf einer 10 m^2-Fläche). Zusammen mit *Z. loti* ist das Thymian-Widderchen an dieser Lokalität, die acht verschiedene Widderchenarten beherbergt, die jahreszeitlich früheste Zygaene. In normalen Jahren kann man ab dem 15.–20. Mai die ersten Männchen beobachten. Bereits Ende der ersten Junidekade geht die Flugzeit dann schon wieder zu Ende; zu einem Zeitpunkt also, wenn die anderen Arten gerade zu fliegen beginnen oder ihr Phänologiemaximum haben. *Z. minos* kommt hier in den gleichen Biotopen vor, konnte aber erst ab Anfang Mitte/Juni nachgewiesen werden (16.6.78, H. STEFFNY; 6.–10.6., ALBERTI 1957). Untersuchungen zur Koexistenzstrategie und zu eventuellen Flugzeitenverschiebungen syntoper Populationen stehen noch aus. Auf der Schwäbischen Alb dagegen scheint *Z. minos* die jahreszeitlich früher erscheinende Art zu sein (G. REISS; NAUMANN et al. 1983). Mit Sicherheit kann für Baden-Württemberg jedenfalls gesagt werden, daß Falter beider Arten an zahlreichen Lokalitäten – zumindest während eines gewissen Zeitraums – gemeinsam im gleichen Biotop vorkommen (Fridingen a. Donau, Lauda, Badberg etc.).

Präimaginalstadien: Fast jedes Jahr können Ende April die erwachsenen Raupen in Anzahl auf den Thymianpolstern am Badberg beobachtet werden. 1993 wurden am 24.4. während einer einstündigen Begehung 40–50 Raupen notiert (A. HOFMANN). Farblich integrieren sich die honiggelben Raupen ausgezeichnet in die gleichfarbene Moosschicht, die hier fast überall mit der Nahrungspflanze assoziiert ist. Auffällig war die Gewohnheit der Raupen, sich auch während der Nahrungsaufnahmezeit (warme April-Abendsonne) nur wenige Zentimeter (2–5cm) über der Bodenschicht aufzuhalten.

Zeitlich meistens zwei Wochen bis fast einen Monat später liegen Larvalbeobachtungen aus den anderen Naturräumen vor (11.5. 1968, Schwenninger Moos, H. HERRMANN; 2.5. 1990, Tübingen/Spitzberg, D. BARTSCH; 21.5. 1987, Werbach, Limbachleite, F. KIRSCH). Während bei *Z. minos* immer nur solitäre Raupen beobachtet wurden, fällt bei den wenigen *purpuralis*-Meldungen auf, daß oft mehrere Tiere nahe beieinander saßen (H. HERRMANN: 20, D. BARTSCH: 3, A. HOFMANN: 40–50).

Die Kokonphase dauert relativ lange (18 bis 20 Tage). Freilandbeobachtungen anderer Präimaginalstadien liegen aus Baden-Württemberg nicht vor. Im Zuchtversuch legen die Weibchen die gelben Eier in Klumpen mit 30–40 Eiern (deutlich gelber als bei *Z. minos*) mehrlagig, pyramidenförmig ab. Ob solcherart die Ablage auch im Freiland an den schmalen Blättchen oder verholzten Teilen der Raupennahrungspflanzen erfolgt, ist fraglich. Die Eiphase dauert 9 Tage; somit 2 Tage länger als bei *Z. minos* (und 1 Tag länger als bei gleichzeitig durchgeführten Eizuchten von *Z. transalpina* und *Z. filipendulae*). Die anschließende Zucht bis zur Diapause ($L4_D$) verläuft wesentlich langsamer als bei *Z. minos*. Für Bestimmungszwecke sind die Kokons beider Arten brauchbare Merkmalslieferanten. *Z. minos* baut einen schmutzig-weißen Kokon, derjenige von *Z. purpuralis* ist deutlich gelber bis braun (manchmal schwefelgelb; sehr selten weiß). Die *minos*-Exuvie ist dunkler sklerotisiert.

Ökologie

Lebensraum: Warme süd- oder westexponierte Offenlandschaften, thymianpolsterreiche Trockenrasen, Halbtrockenrasen (bevorzugt auf Kalk, seltener auf Silikatgestein) und verwandte Xerotherm-Gesellschaften, aber auch »relativ regenreiche Lebensräume ... mit ausgesprochen atlantischem Klima« (NAUMANN et al. 1983) werden von *Z. purpuralis* besiedelt. Hanglagen spielen dabei eine wichtige Rolle, während die »trocken-kontinentale Situationen« (NAUMANN loc. cit.) bevorzugende *Z. minos* nicht selten auf höhergelegenen flachen Wiesen vorkommt. In Regionen mit mehr als 140 Frosttagen im Jahr, wo *Z. minos* noch recht zahlreich nachgewiesen werden konnte, siedelt *Z. purpuralis* wesentlich seltener. An geeigneten Stellen dringt diese weit in die Nähe der Flußläufe und bis zu den Talwiesen vor. Gemeinsam sind beiden Arten einige anthropogene, gestörte Biotope (Steinbrüche, Bahndämme); ferner Wacholderheiden, einschürige, schwach beweidete, magere Kulturwiesen und – interessanterweise – feuchte Moor- oder moornahe Biotope (Schwenninger Moos, Donauried, Pfrunger Ried, Wurzacher Ried, Fetzach Moos). Innerhalb oder am Rande dieser Biotope scheinen beide Arten aber recht unterschiedliche Bereiche zu besiedeln. Dies muß angenommen werden, da Genitaluntersuchungen identisch etikettierter Tiere (z.B. »Wurzacher Ried«) aus unterschiedlichen Jahren und von verschiedenen Sammlern jeweils nur eine der beiden Arten erbrachten. Alle Tiere dieser Provenienz leg. LANGHEINRICH (1935) waren *Z. purpuralis* zuzuordnen, alle Falter leg. G. BAISCH (1958–1968; s. BAISCH 1969) gehörten dagegen ausschließlich zu *Z. minos*.

Nahrung der Raupe:
Thymus pulegioides – Feld-Thymian
5 L (HEG, HOF, KIR, RSG)
? Thymus serpyllum – Sand-Thymian
(REISS & REISS 1970, NAUMANN et al. 1983)

Als einzige Widderchenart in Mitteleuropa lebt die *purpuralis*-Raupe nicht auf Doldengewächsen (Apiaceae) oder Schmetterlingsblütlern (Fabaceae) sondern oligophag auf Thymianarten (Lippenblütler, Lamiaceae). Fütterungsversuche mit anderen Pflanzen (speziell mit *Pimpinella*- und *Eryngium*-Arten, den Nahrungspflanzen von *Z. minos*) scheiterten (NAUMANN et al. 1983; A. HOFMANN).

Der Feldthymian ist der einzige sichere Nachweis aus Baden-Württemberg. In der Literatur wird meistens Sand-Thymian (*T. serpyllum*) genannt, so von REISS & REISS (1970) und NAUMANN et al. (1983; »Im Freiland fanden wir Raupen an den Standorten Brenkhausen und Irrendorfer Hardt ... lediglich an *Thymus serpyllum*«). Das Vorkommen und die Standorte sprechen hier eher für eine Verwechslung mit *T. pulegioides*. Andere *Thymus*-Arten werden bei der Zucht aber problemlos akzeptiert, und bis zur Diapause gelingt sogar mit eingetopftem Gewürzthymian (*T. vulgaris*) die extrem schwierige Zucht, so daß vielleicht auch noch andere *Thymus*-Arten als Raupennahrungspflanzen im Freiland in Betracht gezogen werden müssen.

Habitat: *Zygaena purpuralis* ist im Vergleich mit *Z. minos* die ökologisch weniger spezialisierte Art. Dies kommt besonders gut darin zum Ausdruck, daß im direkten Vergleich sowohl die feuchtesten als auch die trockensten Bereiche jeweils vom Thymian-Widderchen besiedelt werden. Individuenhäufigkeiten und die meisten Raupenfunde am Badberg/Kaiserstuhl lagen im Übergangsbereich des Meso- zum Xerobrometum. Dort am Südhang, wo die Vegetation bereits schütter und lückig wird, sind die höchsten Raupenabundanzen, besonders im Bereich der zahlreichen thymianpolsterbestandenen Ameisenhügel, vorzufinden. Eine symbiotische Beziehung konnte aber nicht beobachtet werden.

Neben den submediterranen Trespen-Halbtrockenrasen sind für *Z. purpuralis* ferner trockene bis mäßig-feuchte Bereiche der Molinio-Arrhenatheretea und thymusreiche Sandrasen und Felsgrusgesellschaften (Sedo-Scleranthetea; z.B. Diantho-Festucetum pallentis und Alysso-Sedetum albi) von Bedeutung. An solchen Lokalitäten kam *Z. purpuralis* früher häufig als typische Begleitart von *Par-*

In wärmeliebenden Halbtrockenrasen der Oberrheinebene kann das Thymian-Widderchen (*Zygaena purpuralis*) in manchen Jahren als frühestes Widderchen zusammen mit *Z. loti* bereits Mitte/Ende Mai angetroffen werden. Mit Vorliebe sitzen die ersten, frisch geschlüpften Männchen auf den knallroten Blüten der Karthäusernelken oder – wie hier – an den Blütentrauben der gerade aufblühenden Esparsette. Von der nächstverwandten *Z. minos* können die Falter des Thymian-Widderchens im Freiland nicht unterschieden werden. Hierzu bedarf es der Genitaluntersuchung oder der Kenntnis der Larvalbiologie. Für Freilanduntersuchungen wäre deshalb die Entwicklung synthetischer Pheromone sehr wünschenswert, da nur so eine Erfassung der Populationen ohne Entnahme zahlreicher Falter möglich ist. Insbesondere gilt dies für einige faunistisch-ökologisch besonders wertvolle Lokalitäten, wo beide Arten syntop (und synchron?) vertreten sind. – Kaiserstuhl, NSG Badberg 21. 5. 92 A. HOFMANN.

nassius apollo vor. Über die Habitate im Bereich der Moore und Hochmoore kann ohne konsequente Kennzeichnung der später GU-geprüften Falter keine Aussage gemacht werden, da beide Arten hier vorkommen und Raupenbeobachtungen aus diesen Gesellschaften nicht vorliegen.

Nahrung des Falters: Die frühen Mai-Juni-Falter am Kaiserstuhl sind mit Vorliebe auf Esparsette (*Onobrychis viciifolia*) und Karthäusernelke (*Dianthus carthusianorum*) anzutreffen. *Scabiosa columbaria*, *Knautia arvensis*, Flockenblumen (*Centaurea jacea, C. stoebe*) und der Stolze Heinrich (*Echium vulgare*) sind darüber hinaus wichtige Nahrungspflanzen. Mehrere Copulae waren in den späten Nachmittagstunden auf *E. vulgare* – beide Partner in entgegengesetzter Richtung eifrig mit den Rüsseln in den blauen Blüten stochernd – zu beobachten, ohne dadurch beeinträchtigt zu sein.

Verhalten: Eine nicht ganz ungewöhnliche Verhaltensweise unterscheidet *Z. purpuralis* von *Z. minos*. Während die meisten Widderchenarten solitär an Blüten oder Pflanzenstengeln nächtigen, hat *Z. purpuralis* (wie auch *Z. carniolica*, s. dort) »im Gegensatz zu *Zygaena diaphana* [= *minos*] die Eigenart, am späten Nachmittag zu parken. Es versammeln sich an einer Blüte oder einem trockenen Halm eines begrenzten Areals Dutzende von Tierchen ♂♂, später auch mit ♀♀ gemischt, die eng aneinander geklammert und oft übereinander sitzend übernachten. Diese sogenannten Parkstationen sind allein besetzt, alle übrigen Nahrungsblüten sind von der *Zygaena purpuralis* verlassen« (REISS & REISS 1970).

An thymusreichen, südexponierten Standorten bringt *Zygaena purpuralis* starke Populationen hervor. Häufig sind dort in den Spätnachmittagstunden Paarungen in der niedrigen Vegetation (hier an den Grundblättern von *Knautia arvensis*) anzutreffen. Das habituelle Variationsspektrum des Thymian-Widderchens ist vergleichsweise gering. Gelegentlich können Farbabänderungen beobachtet werden. Während hier das Männchen *purpuralis*-typisch satt rot gezeichnet ist, tendiert die Färbung des Weibchens (kenntlich an der weißen Halskrause) deutlich ins Gelborange. 1990 waren unter 120 Individuen einer engbegrenzten Stelle am Kaiserstuhl mehr als 10 orangefarbene Falter (> 8%) anzutreffen. – Kaiserstuhl, bei Oberbergen 23. 5. 90 A. HOFMANN.

Wie alle Rotzygaenenarten, so legen auch *Zygaena purpuralis*-Weibchen die Eier in größerer Anzahl (nicht selten 25 bis 80 Eier pro Gelege) ab. Artspezifische Unterschiede bestehen in der Anordnung des Geleges und der Eifärbung. Sowohl bei *Z. minos* als auch bei *Z. purpuralis* sind die Eihaufen mehrlagig, meist unregelmäßig angeordnet und leicht pyramidenförmig. Im direkten Vergleich zeigen frische *purpuralis*-Eier eine mehr gelbliche Färbung. In Gefangenschaft, aber auch in freier Natur (s. *Z. filipendulae*), werden nicht selten auch andere Pflanzen als die Raupennahrungspflanzen als Ablageort dafür ausgewählt. Hier wurden die Eier an die Blattunterseite der Bunten Kronwicke angeheftet. – Kaiserstuhl, NSG Badberg 9. 6. 93 A. HOFMANN. S.

Gegen Ende ihrer Entwicklung sind die jetzt moosgelb gewordenen Raupen in den tieferen Schichten der Bodenvegetation kaum zu erkennen. Das Larvalhabitat im NSG Badberg umfaßt halbtrockene bis sehr trockene Bereiche. Die dichtesten Raupenansammlungen waren im lückigen Volltrockenrasen zu beobachten, wo Ende April 1993 innerhalb einer Stunde fast 100 erwachsene *Z. purpuralis*-Raupen in den späten Nachmittagsstunden auf den Thymianpolstern saßen. Die Dichte im Halbtrockenrasen dürfte allerdings nicht geringer sein. Eine geschlossene Vegetationsdecke und die bodennahe Lebensweise erschweren hier jedoch eine genauere quantitative Erfassung. – Kaiserstuhl, NSG Badberg 10. 5. 92 A. HOFMANN.

Die olivgrün gefärbten Jungräupchen (hier L_3) befinden sich bis zur Diapause überwiegend an der geschützten Unterseite der Wirtspflanze (*Thymus pulegiodes*), wo sie am charakteristischen Fensterfraß gut zu erkennen sind. Die Larvalentwicklung bis zur obligatorischen Diapause (meistens L_{4D}) dauert bei *Z. purpuralis* fast doppelt so lang wie bei *Z. minos*. – Kaiserstuhl, NSG Badberg 6. 7. 93 A. HOFMANN. M.

Kokons von *Zygaena purpuralis* werden selten gefunden. Im Gegensatz zu einigen anderen Widderchenarten (*Z. filipendulae*, *Z. trifolii*, *Z. transalpina*), deren spindelförmige gelbe Kokons bisweilen zahlreich an höheren Stellen gefunden werden, scheinen *Z. purpuralis* und *Z. minos* ausschließlich tiefer gelegene, versteckte Verpuppungsplätze auszuwählen. – Todtnau-Schlechtnau, 630m 7. 6. 85, F. EBSER. S

Das Thymian-Widderchen gehört neben *Z. fausta* und *Z. carniolica* zu den Zygaenenarten, die in manchen Jahren erstaunliche Populationsdichten aufbauen können, wie sie von anderen Arten (*Z. lonicerae, Z. loti, Z. viciae, Z. ephialtes* etc.) niemals erreicht werden. Andererseits sind es gerade diese Arten, die in manchen Jahren fast völlig ausbleiben können. Was die Standorttreue betrifft, so zeigte sich bei einer eingehenden Freilanduntersuchung (Smolis & Gerken 1987) an vier verschiedenen Zygaenenarten in einem Halbtrockenrasen in Ostwestfalen, daß *Z. purpuralis* mit Abstand die geringsten Distanzen (max. 400 m; durchschnittlich 189 m) zurückzulegen vermag.

Parasitoide: Zu den Hymenopteren gehörige Parasitoide sind von *Z. purpuralis* nicht bekannt. Auch an Dipteren (Tachinidae) liegen aus Baden-Württemberg keine Nachweise vor, was aber darauf zurückzuführen sein dürfte, daß nur selten Raupen dieser Art eingetragen wurden. Aus Ostdeutschland werden *Exorista grandis* und *Ceromasia rubrifrons* (neben 3 weiteren Arten aus Polen und Österreich) von Tschorsnig & Herting (unveröffentl.) genannt.

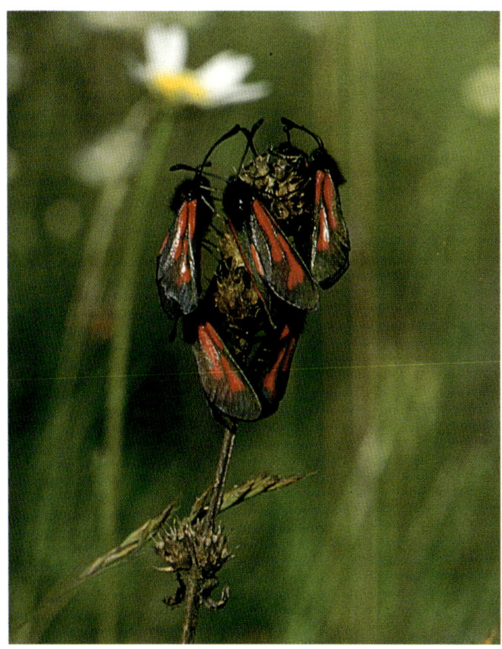

»Schlafhalme«, »Gesellschaftsplätze«, »Parkstationen« – drei Ausdrücke für ein Phänomen, das bei einigen Widderchenarten zu beobachten ist. Die Bedeutung dieser eigenartigen Verhaltensweise ist bei weitem noch nicht hinreichend bekannt (Partnerfindung? Pheromonleitsystem? optische Schutz- und Warnmaximierung?). Für das Thymian-Widderchen ist diese Verhaltensweise in den Nachmittagsstunden geradezu typisch. – Neckarburg, NSG Bergle 8. 6. 92 S. Hafner.

Gefährdung und Schutz

Rote Liste Bundesrepublik: 4
Rote Liste Baden-Württemberg: U

Oberrheinebene: Noch unklar.
Schwarzwald: Noch unklar.
Neckar-Tauberland: Gefährdet (regional bereits ausgestorben oder verschollen).
Schwäbische Alb: Nicht gefährdet.
Oberschwaben: Stark gefährdet (regional bereits ausgestorben oder verschollen).

- In Baden-Württemberg eine Art mit ungeklärter Gefährdung!
  Besonders geschützt gemäß § 20 e ff BNatSchG.

Auf die Schwierigkeiten bei der Gefährdungseinschätzung wird auch unter *Z. minos* hingewiesen. Zwar konnte *Z. purpuralis* insgesamt etwas häufiger als *Z. minos* nachgewiesen werden, dennoch müßte auch diese Art eher als gefährdet eingestuft werden. Ausschlaggebend hierfür könnten einige merkliche aktuelle Nachweislücken besonders westlich und östlich des Neckars, auf der Ostalb und im gesamten Oberschwaben sein. Beobachtungen in den nächsten Jahren werden zeigen müssen, ob die Art hier nicht sogar bereits ausgestorben ist.

In 22 Quadranten konnten wir beide Arten nachweisen. GU-Präparate im Habitat gekennzeichneter Tiere und Zuchtversuche zeigen, daß solcherart Sympatrie in einigen Fällen sogar syntopes Vorkommen bedeutet (Fridingen a. Donau; Badberg/Kaiserstuhl), wo beide Arten nicht nur im gleichen Habitat, sondern im Falle Fridingen noch völlig zeitgleich angetroffen werden. Diese besonderen Lokalitäten gilt es in verstärktem Maße zu erfassen und zu schützen!

Zygaena minos ([Denis & Schiffermüller, 1775])

Bibernell-Widderchen

Zygaena purpuralis pythia F. (Reiss 1937)
Zygaena (Mesembrynus) purpuralis Brünn. (Reiss in Seitz 1930–33)
Zygaena (Mesembrynus) minos D. & S. (Naumann & Tremewan 1984)
Zygaena (Mesembrynus) diaphana renneri Rss. (Reiss & Reiss 1970, Reiss & Tremewan 1967)

Zygaena (Mesembrynus) diaphana varior Rss. (Reiss & Reiss 1970, Reiss & Tremewan 1967)
Zygaena (Mesembrynus) diaphana allgavica Rss. (Reiss & Reiss 1970, Reiss & Tremewan 1967)
Zygaena (Mesembrynus) diaphana Stgr. (Alberti 1958–59)
Zygaena (Mesembrynus) diaphana pimpinellae Guhn (Koch 1955)
Zygaena (Mesembrynus) pimpinellae Guhn (Bergmann 1953)
Zygaena pilosellae Esp. (Reutti 1898)
Mesembrynus sareptensis pimpinellae Guhn (Forster 1956)
Mesembrynus sareptensis renneri Guhn (Forster 1956)
Anthrocera purpuralis Brünn. (Hering 1932, Spuler 1906)

Zygaena (Mesembrynus) diaphana Stgr. (Rote Liste BRD 1984)
Zygaena sareptensis Rebel (Blab & Kudrna 1982)
Mesembrynus sareptensis pimpinellae Guhn (Koch 1984)

Aus Baden-Württemberg beschriebene Taxa:
»*Zygaena pimpinellae* Guhn subsp. *renneri*« Reiss, 1940 (›Umgebung von Gailenkirchen‹)
»*Zygaena (Mesembrynus) sareptensis* Krul. subsp. *renneri* Reiss var. *allgavica*« Reiss, 1941 (›im Württ. Oberland im Rißtal bei Warthausen‹)

Reutti 1898, Spuler 1906, Seitz 1907–13, Burgeff 1926b, Hering 1932, Reiss in Seitz 1930–33, Reiss 1937 und Holik 1952 unterscheiden nicht artlich zwischen *Z. minos* und *Z. purpuralis.*

In der Vielzahl der oben aufgeführten Artnamen (*purpuralis, diaphana, pimpinellae, sareptensis, minos*) für ein und dasselbe Taxon spiegelt sich die komplizierte Sachlage und eine über lange Zeit unsichere nomenklatorisch-taxonomische Wertung sowie der intensive Dissens der Spezialisten hinsichtlich dieser heute wohldefinierten Biospezies wider.

Gesamtverbreitung: Dem *Zygaena minos*-Areal fehlt der ausgedehnte Ast über den Ural bis hin zum Altai, der ihrer Schwesterart *Z. purpuralis* stark sibirisch-kontinentale Züge verleiht. Chorologisch werten Naumann et al. (1984) *Z. minos* als ›pontomediterran‹ (mit nicht ganz eindeutiger Zuordnung), wobei hier die starke West- und besonders die Nordexpansion das typische Areal einer pontomediterranen Art stören. Das Bibernell-Widderchen fehlt in weiten Teilen Westeuropas (und scheint in Frankreich nicht über das Zentralmassiv hinaus nach Westen vorzudringen); es fehlt ferner auf den Britischen Inseln, und gleiches gilt für weite Teile Norddeutschlands und den Alpenbogen. In Mittelitalien konnte *Z. minos* erst in jüngster Zeit durch neuere Genitaluntersuchungen (Wiegel unveröffentl.; Cesaroni, Allegrucci et al. 1989) nachgewiesen werden. In Osteuropa dringt sie bis zur Ostsee vor und erreicht auch den Südzipfel Skandinaviens. Von dort bis zur Wolga, südlich durch den ganzen Balkan bis zum Peloponnes, durch Kleinasien und das iranische Elbursgebirge bis hin zum Kopet Dagh erstreckt sich nach bisherigem Kenntnisstand das Areal dieser lange Zeit verkannten Art.

Subspezifischer Kontext: *Z. minos* gehört habituell wie auch *Z. purpuralis* zu den merkmalsärmeren Widderchenarten. Die Dichte der Beschuppung, die Intensität der Rotfärbung und die schwankende Ausdehnung der Streifenzeichnung liefern nur sehr ungenügende Trennungskriterien, um »gute Unterarten« zu belegen. Alle mittel-, west-, nord- und große Teile der osteuropäischen Populationen dieser Art können zu einem einzigen Taxon gezogen werden: *Z. minos normanna* Verity, 1922 (Loc. typ.: Pont de l'Arche, Eure, Frankreich). Dies ist das älteste und damit prioritätsberechtigte Taxon, welches aus diesem Raum konspezifisch mit *Z. minos* ist (vgl. Naumann 1983). Hierzu als jüngeres Synonym tritt auch *pimpinellae* Guhn, [1931], einschließlich der baden-württembergischen Taxa (*renneri, allgavica*) und zahlreicher weiterer nordwest- bis osteuropäischer ehemaliger Unterarten dieser Art.

Verbreitung

Regional: In allen fünf großen Naturräumen unseres Bundeslandes konnte *Z. minos* nachgewiesen werden. Es zeigt sich aber deutlich eine schwerpunktmäßige Verbreitung in den kontinentaleren Bereichen der Schwäbischen Alb (Baaralb, Hohe Schwabenalb, Mittlere Kuppenalb; jeweils auch auf der Albhochfläche!). Nur wenige Nachweise wurden für die Oberrheinebene erbracht. Ob die nördlichen Fundorte hier in der planaren Stufe lagen oder, wie zu vermuten, an den Hängen der Bergstraße, kann heute leider nicht mehr definitiv gesagt werden; zu alt und ungenau sind die dortigen Angaben (Weinheim, 19.7.41, GU Naumann;? Mannheim, 7.1901, G. Kabis). Die einzigen aktuellen Meldungen aus diesem Naturraum entstammen

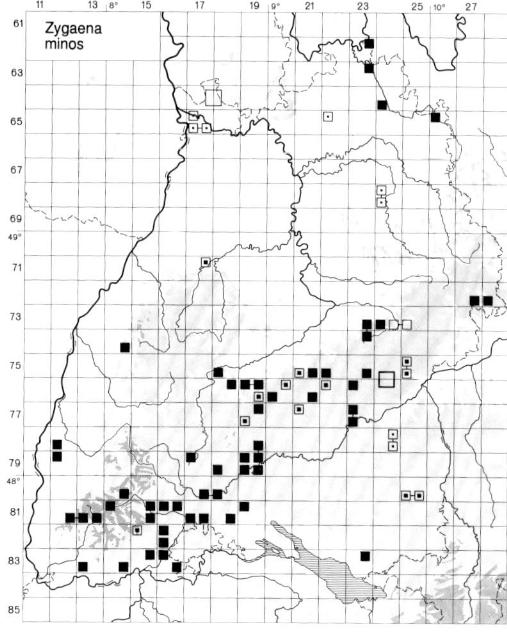

dem Kaiserstuhl (Schelingen, H. STEFFNY, R. HERRMANN; Badberg, C.M. NAUMANN, A. HOFMANN). Auch im mittleren und nördlichen Schwarzwald (7414D, Ottenhöfen, E. RENNWALD), in weiten Teilen des Neckar-Tauberlandes (so im Kraichgau, entlang dem Neckar und vom Bauland bis zum Albvorland) und in Oberschwaben (Krumbach; Engen; Welschingen, T. MARKTANNER) scheint die Art nur sehr lokal vertreten zu sein. Gezieltes Nachsuchen (und leider zeitaufwendige, aber unverzichtbare Genitaluntersuchungen) dürften hier in Zukunft ein etwas geschlosseneres Verbreitungsbild erwarten lassen. Ein wenig überraschend sind zahlreiche Meldungen aus dem Hochschwarzwald (J. ASAL, C. SCHMIDT-EGGER, H. STEFFNY). Auf der Baar, der Baaralb, Hegaualb, im Alb-Wutach-Gebiet und z.T. im Vorland der westlichen Schwäbischen Alb sind beachtenswerte Fundorthäufungen zu nennen. Diese Konzentration verdient Beachtung, weil gerade hier wenige oder keine *purpuralis*-Vorkommen nachgewiesen werden konnten. Ansonsten lassen sich nämlich im Vergleich mit *Z. purpuralis* keine gravierenden Arealunterschiede innerhalb Baden-Württembergs anführen. Ganz im Gegenteil: Die Ähnlichkeit der beiden Verbreitungsbilder (einschließlich der Fundorthäufungen) kann durchaus mit ›größer als erwartet‹ bezeichnet werden. Abgesehen von den zuvor genannten *minos*-Fundort-Konzentrationen, zeigt *Z. purpuralis* vielleicht auf der Schwäbischen Alb etwas mehr eine Orientierung zur Donau hin; ihre Vorkommen auf der Hochfläche scheinen seltener, entlang dem Neckar dagegen häufiger zu sein.

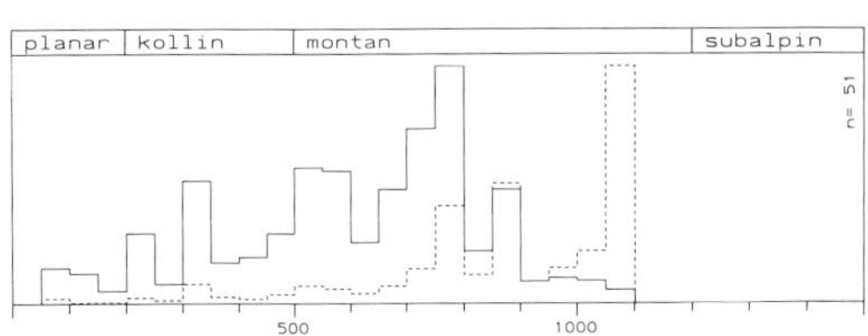

Vertikal: Die Höhenverbreitung reicht in unserem Untersuchungsraum von der planaren Stufe (allerdings fraglich, da nur ältere Belegtiere aus Weinheim und Mannheim vorlagen) bis knapp oberhalb 1000 m (Hochschwarzwald, Belchen und Staufen). Sie erreicht damit zugleich die Obergrenze dieser Art in Mitteleuropa (NAUMANN et al. 1983). Auch in den Alpen bleibt die Art den mittleren Lagen verhaftet (bis 1500 m), während ihre Geschwisterart *Z. purpuralis* hier deutlich höher geht (bis weit oberhalb 2000 m). In Baden-Württemberg sind aber die Vertikalverbreitungen beider Arten ziemlich übereinstimmend.

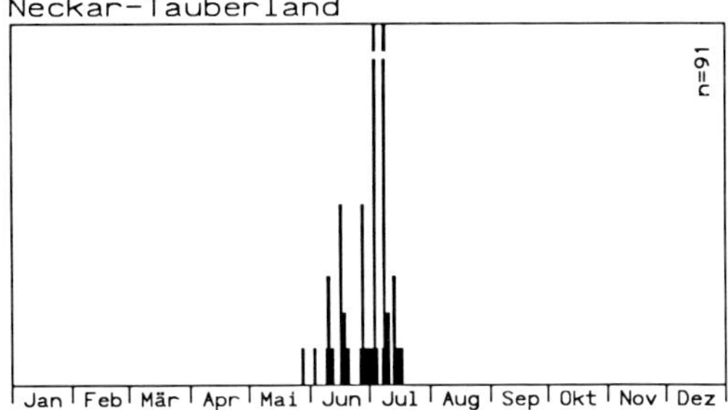

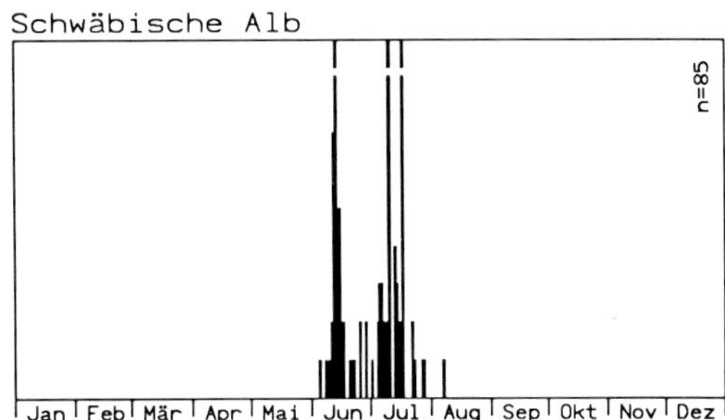

Phänologie

Imagines: Die Säulendiagramme der Naturraum-Phänologien können hier, in diesem speziellen Falle, nur als Rahmendaten für eine Flugzeitenspanne verstanden werden. Abundanzmaxima sind ihnen nur mit sehr viel Vorsicht zu entnehmen, da (1.) für die Genitaluntersuchungen aus Zeitgründen meistens Extremdaten herangezogen wurden und (2.) die Datenbasis für solche Aussagen vielleicht nicht groß genug ist. Was sich anbietet – und darauf kommt es sicherlich in erster Linie an – sind Vergleiche mit *Z. purpuralis*-Erscheinungszeiten in den einzelnen Regionen.

Dabei zeigt sich, daß *Z. minos* etwas stärker als *Z. purpuralis* auf die Monate Juni und Juli beschränkt ist. Die Flugzeitenspanne scheint insgesamt kürzer zu sein, unterscheidet sich aber nicht grundsätzlich (kaum oder kein zeitlicher Versatz) vom *Z. purpuralis*-Phänogramm. Mit Vorbehalt ließe sich eventuell für die Schwäbische Alb eine jahreszeitlich frühere Flugzeit mehrerer *minos*-Populationen konstatieren. Die starken Konzentrationen im Monat Juni könnten darauf hindeuten. Auf leichte Flugzeitenverschiebung für die Schwäbische Alb haben bereits NAUMANN et al. (1983) hingewiesen (hier fliegt »Z. minos vielfach 10–14 Tage früher als *Z. purpuralis*«). Gezielte Untersuchungen stehen noch aus. Besonders interessant wären derartige Freilandstudien an syntopen Populationen, wie sie in unserem Untersuchungsraum zahlreich vorkommen (NSG Badberg; Fridingen a.d. Donau;

Lauda etc.). In mindestens 22 Quadranten wurden beide Arten nachgewiesen.

Die in der Literatur (REISS & REISS 1970) oft vertretene Meinung, *Z. minos* trete jahreszeitlich früher in Erscheinung als *Z. purpuralis*, trifft in dieser allgemeinen Form für Süddeutschland nicht zu. Die frühesten Daten in allen fünf Naturräumen beziehen sich (etwas überraschend) durchweg auf *Z. purpuralis*. Auch die Verschiebung der gesamten Flugzeit (insbesondere der Hauptflugzeit) kann in so allgemeiner Form nicht bestätigt werden.

Für Vorarlberg bildet AISTLEITNER (1983a, 1990a) die Phänogramme beider Arten ab. In diesem benachbarten Naturraum scheint tatsächlich

Beim Bibernell-Widderchen *(Z. minos)* sind wie bei anderen »Streifentypus«-Widderchen alle Flecken zu drei Streifen verschmolzen. Bei *Z. minos* ist, insgesamt etwas häufiger als bei *Z. purpuralis*, eine Reduktion bis zur Auflösung in isolierte Makeln festzustellen, ohne daß sich hieraus trennende habituelle Merkmale ableiten lassen. Der frisch geschlüpfte Falter, dessen Raupe an der Wirtspflanze gefunden wurde, erlaubt eine sichere Zuordnung zu *Z. minos*. Die eigentümliche Haltung zeigt die auch bei Zygaenen bekannte Akinese (Totstellreflex). – Hondingen, 7. 6. 93 H. LUSSI. S.

Eine Aussage über die Artzugehörigkeit dieser saugenden Falter am Blauen Natterkopf ist nicht möglich. *Zygaena minos* oder *purpuralis* – zur gleichen Zeit am gleichen Ort, ohne erkennbare blütenökologische Präferenzen – kann in solchen Fällen nur durch Kennzeichnung der einzelnen Falter und anschließende Untersuchung der Genitalarmaturen herausgefunden werden. Zur abgesicherten Beurteilung der Bestandssitutation beider Arten sind Untersuchungen markierter Freilandtiere notwendig. – Schafbühl bei Altsteußlingen 4. 7. 80 G. Ebert.

eine zeitliche Trennung beider Arten gegeben zu sein. Sofern die geringe Datenbasis (n = 40) diese Aussage erlaubt, fliegt *Z. minos* dort von Ende Mai bis Anfang Juli, *Z. purpuralis* anschließend (mit nur geringer zeitlicher Überschneidung im Juni/Juli) ab Ende Juni bis Mitte August.

R. Mörtter führte an einer Lokalität (7324C, Auendorf) auf der Schwäbischen Alb eine Serienuntersuchung durch. Alle 26 Genitalpräparate gehörten zu *Z. minos*. Als Flugzeitenspanne konnte so ein vierwöchiger Zeitraum vom 10.6. bis 10.7. ermittelt werden.

Präimaginalstadien: Mehrere Freilandbeobachtungen erwachsener Raupen liegen uns für *Z. minos* aus Baden-Württemberg vor (J. Asal, G. Ebert, A. Hofmann, F. Kirsch, H. Lussi, M. Meier, A. Steiner). Immer waren es Einzeltiere, die Ende April bis Ende Mai an den Nahrungspflanzen oder an deren Basis saßen. A. Hofmann notierte am 23.4.79 »eine *diaphana*-Raupe zusammen mit mehreren *transalpina* und *carniolica*, alle ziemlich erwachsen« am Badberg/Kaiserstuhl. M. Meier fand am 16.5.93 ein Raupe nördl. Ingstetten (7523D), die er noch 10 Tage mit der Nahrungspflanze fütterte, ehe sie sich am 30.5. eingesponnen hat. Mitte Juni schlüpfte der Falter. A. Steiner fotografierte am 17.5. 1986 am Lochenstein eine erwachsene Raupe an einem trockenen Grashalm. Die Beobachtungsdaten passen also sehr gut ins naturräumliche Erscheinungsbild (Oberrheinebene u. Tauberland: 23.4. und 2.5.; Schwäbische Alb 16.5., 17.5., 3.6.).

Freilandbeobachtungen anderer Stadien in Baden-Württemberg fehlen. Im Zuchtexperiment (A. Hofmann) legte ein Weibchen (4.7.93, Fridingen) ca. 35 Eier zweilagig in einem geordneten Klumpen auf einem Blättchen der Nahrungspflanze ab. Die milchfarbenen Eier sind etwas größer und farblich deutlich von den gelblicheren *purpuralis*-Gelegen verschieden. Nach 7 Tagen schlüpfen die farblosen schmutzig-weißlichen Eiräupchen (*purpuralis* sind gelber) und nehmen einen Tag später, nach dem Verzehr der Eihüllen, angebotenes Freilandfutter an. Außergewöhnlich beim Zuchtverlauf bis zur obligatorischen Diapause war die vergleichsweise kurze Aktivphase. Am 11.7. ex ovo, waren die Räupchen bereits nach 3 Wochen geschlossen (zwischen 2.–5.8.) in das freßinaktive Überwinterungsstadium (L_{3D}) eingetreten. Erfahrungen mit ande-

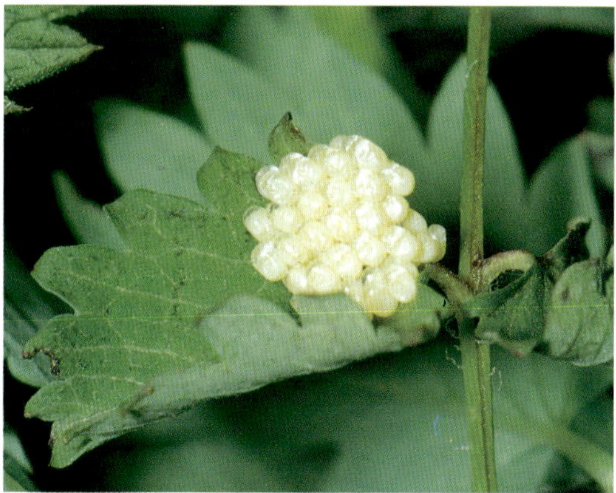

Das Bibernell-Widderchen (*Zygaena minos*) legt seine kalkweißen Eier in ungeordneten Klumpen ab. Hier wurden im ersten Gelege 35–50 Eier an die Blattoberseite der Raupennahrungspflanze geheftet. Spätere Gelege sind meistens kleiner (20–35 Eier). Nach 8 Tagen schlüpfen die Jungräupchen. Im gleichen Biotop kommt auch *Z. purpuralis* vor. Versuchsweise wurden zwei Weibchen zur Eiablage gebracht. Die Raupen des einen Geleges nahmen nur Thymian, die anderen nur Bibernell an – zugegebenermaßen eine etwas umständliche Methode um beide Arten sicher nachzuweisen. – Fridingen/Donau, 700 m 4. 7. 93 A. Hofmann. S.

ren an Doldengewächsen (Apiaceae) lebenden Widderchenarten (? Subgenus *Mesembrynus*) und gleichzeitig durchgeführte *purpuralis*-Zuchten zeigen enorme zeitliche Streuungen bis zum Diapausenbeginn; sie benötigten mindestens 4 bis 6 Wochen für den gleichen Entwicklungsabschnitt. Das übliche Diapausenstadium ist hier L_{4D}.

Ökologie

Lebensraum: Das Bibernell-Widderchen ist bei uns sehr eng an die einzige Nahrungspflanze der Raupe in Mitteleuropa gebunden. Sie kommt vorwiegend im Offenland vor; bevorzugt an Böschungen, in Trockenrasen und wenig gemähten oder selten beweideten, mageren Wiesen auf kalkhaltigem Substrat. Die GU-geprüften Falter, bei denen noch verläßliche Angaben zum Biotop rekonstruierbar waren, lassen eine klare Präferierung halbtrockenrasenartiger, sonniger Standorte erkennen. Waldnähe scheint dabei keine Rolle zu spielen.

Neben Wacholderheiden und waldnahen Trokkenrasen (Eichberg/Blumberg; Fridingen) sind nicht wenige Fundorte inmitten weitläufiger Wiesen (»Baarwiesen«) gelegen. Verglichen mit *Z. purpuralis* weisen viele *Z. minos*-Fundorte mehr kontinentale Züge auf (Baarwiesen b. Löffingen, auf der Albhochfläche usw.). Dies trifft sicherlich für den Siedlungskern dieser Art in Baden-Württemberg zu. Die Mittlere Kuppenalb und die Hohe Schwabenalb sind für die meisten hiesigen Widderchenarten klimatische Ungunstregionen, wo sie entweder ganz fehlen oder nur geringe Populationsdichten erreichen. *Z. minos* scheint hier dagegen ihren Siedlungsschwerpunkt zu haben. Im Gegensatz zu *Z. purpuralis* meidet sie stärker die Nähe der großen Flußläufe (Neckar, Donau). Von besonderem Interesse dürfte sein, daß neben den zahlreichen Trockenbiotopen (auch auf Silikatgestein; z. B. Titisee/H. Steffny) und Standorten mit wechselfeuchtem Untergrund auch einige Populationen in feuchte Lebensräume vorgedrungen sind (8025C, Wurzacher Ried, G. Baisch; 8323B, Mahlweihermoor, T. Marktanner)

Als signifikanter Verhaltensunterschied zwischen *Zygaena purpuralis* und *Z. minos* galt bislang, daß nur *Z. purpuralis* »Parkstationen« bildet. Im Laufe des Jahres 1993 konnten jedoch einige Beobachtungen gemacht werden, die diese »Tatsache« zumindest teilweise widerlegen. M. Weber sandte uns dieses Bild eines »Schlafplatzes« von einer Lokalität, an der alle untersuchten Tiere sich als *Z. minos* erwiesen. Auch dort gefundene Raupen gehörten sämtlich zu dieser Art. Darüberhinaus handelt es sich um ein Gebiet, in dem *Z. purpuralis* großräumig zu fehlen scheint, so daß kaum Zweifel an der Richtigkeit der Bestimmung bestehen kann. Ähnliche Beobachtungen machten R. Herrmann und A. Hofmann am 3. 7. 1993 auf den Baarwiesen bei Löffingen. Alle untersuchten Tiere erwiesen sich später als *Z. minos*. Klärungsbedarf in diesem Geschwisterarten-Komplex ist also reichlich vorhanden! – Bettmaringen, Braunhalde 5. 6. 93 M. Weber.

Die im letzten Stadium schlicht weiß gefärbte und unscheinbar gezeichnete Raupe der *Z. minos* kann mit keiner anderen einheimischen Widderchenart verwechselt werden. Vorhergehende Stadien sind schmutziger grau bis grünlich-grau gefärbt. Sie lebt versteckt und einzeln in der niedrigen Vegetation. Noch bis Mitte der 80er Jahre existierten keine gesicherten Freilandbeobachtungen der Raupen in Baden-Württemberg! – Werbach, Limbachleite 21. 5. 87 F. Kirsch.

Nahrung der Raupe:
Pimpinella saxifraga – Kleine Bibernelle
5 L (Asa, Ebe, Hof, Lus, Mei, Kir, Stn)

Hinweise auf weitere Raupennahrungspflanzenarten liegen aus Baden-Württemberg nicht vor. Naumann et al. (1983) erwähnen »*Pimpinella*-Arten«, und tatsächlich akzeptierten die Jungräupchen im

»Klassischer Zygaenenbiotop« auf der Südseite des Kaiserstuhls! Acht *Zygaena*-Arten kommen hier im esparsettenreichen Mesobrometum syntop vor; zumindest war dies der Stand noch Anfang der 80er Jahre. Darunter befand sich neben *Zygaena purpuralis* auch *Z. minos*. Die letzte Beobachtung von *Z. minos* an dieser Stelle liegt inzwischen jedoch mehr als 10 Jahre zurück. Zahlreiche neue Begehungen lieferten stets nur Larvalnachweise für *Z. purpuralis*. Überhaupt hat an dieser ehemals besten Widderchen-Lokalität die Individuenhäufigkeit in den letzten Jahren stark abgenommen. Im Magerwiesenbereich (Vordergrund) bis zu den begrenzenden Schlehenbüschen konnten noch 1980 an einem einzigen Junitag mehrere Hundert *Z. carniolica*-Falter gezählt werden. Seit Mitte der 80er Jahre ist die Art hier aus unerklärlichen Gründen verschwunden. – Kaiserstuhl, NSG Badberg 8. 6. 82 R. HERRMANN.

Zuchtexperiment auch *P. major* und *P. anisum*, wenngleich mit sichtlich weniger Wohlgefallen. Im Osten ihres Areals (im Balkan und in Anatolien) lebt die Art auf diversen hartblättrigen *Eryngium*-Arten. Im Gegensatz zu NAUMANN et al. (1983), bei denen »*minos*-Raupen aus Werbach ... in Gefangenschaft sowohl mit *Pimpinella* als auch mit weichblättrigen *Eryngium*-Arten (*E. planum, E. giganteum, E. tricuspidatum*) ohne Einschränkung gehalten werden« konnten, verweigerten jedoch unsere *minos*-Raupen aus Fridingen/Donau angebotenes *Eryngium planum* und *E. campestre* fast ebenso konsequent wie *Thymus pulegioides*, die Nahrungspflanze der *Z. purpuralis*. Nur winzige Fraßspuren waren am *Eryngium* zu finden. Auf der Südseite des Badberges, wo *Eryngium campestre* an manchen Stellen recht häufig wächst und von wo auch *Z. minos* nachgewiesen werden konnte, waren trotz intensiver Suche niemals Raupen auf dieser Pflanze festzustellen. Keine Meldungen zur Wirtspflanze liegen uns von den *minos*-Moorbiotop-Populationen vor.

Die larvalbiologische Inanspruchnahme verschiedener ökologischer Lizenzen, z. B. die Wirtspflanzenspezifität (»Konkurrenzausschluß durch unterschiedliche Futterpflanzenwahl«, NAUMANN et al. 1983), erlaubt neben der morphologischen Unterschiedlichkeit (? fortpflanzungsmäßige Isolation durch genitalmorphologische Inkompatibilität) die Koexistenz zweier so engverwandter Biospezies.

Habitat: Mesobrometum und magere Arrhenatheretea (möglichst nur einschürig) sind die wichtigsten *minos*-Habitate trockener Bereiche. Raupenfunde entstammen neben dem Mesobrometum am Badberg teilweise stark besonnten Felsenstandorten auf der Schwäbischen Alb, wo nur wenige und kümmerliche *Pimpinella saxifraga*-Pflänzchen wachsen (M. MEIER).

Nahrung des Falters: Gesicherte (d.h. *Z. minos* oder *Z. purpuralis* eindeutig zugeordnete) Angaben liegen hierzu nur sehr wenige vor! Lediglich auf der Baar und bei Fridingen/Donau waren einige sicher bestimmte Falter auf *Scabiosa columbaria* und *Knautia arvensis* zu beobachten (R. HERRMANN, A. HOFMANN). Bei Welschingen/Hegau konnte T. MARKTANNER eine Präferierung der Flockenblumen (*Centaurea jacea* und *C. scabiosa*) feststellen.
Verhalten: Im Gegensatz zu *Z. purpuralis* bildet *Z. minos* keine ›Parkstation‹ in den späten Nachmittagsstunden. »Bei Regen und bei Nacht ruht sie einzeln an Gräsern und an den Nahrungspflanzen« (REISS & REISS 1970). Diese aus der Literatur her bekannte Verhaltensweise kann für unser Untersuchungsgebiet im allgemeinen bestätigt werden. Allerdings waren an einem Fundort auf der Baar, wo eine individuenstarke *minos*-Population siedelt, mehrmals an exponierten trockenen Grasstengeln jeweils 2–3 Falter daran sitzend anzutreffen. Die Falter sind vergleichsweise flugträge.
Parasitoide: Für *Z. minos* sind als einzige rezente Zygaenenart Baden-Württembergs (also ohne *Z. cynarae*) keinerlei parasitierende Hymenopteren oder Dipteren bekannt!

Gefährdung und Schutz

Rote Liste Bundesrepublik: 3
Rote Liste Baden-Württemberg: U

Oberrheinebene: Noch unklar.
Schwarzwald: Noch unklar.
Neckar-Tauberland: Gefährdet (Aussage nicht abgesichert).
Schwäbische Alb: Nicht gefährdet (Aussage nicht abgesichert).
Oberschwaben: Noch unklar.

- In Baden-Württemberg eine Art mit ungeklärter Gefährdung!
  Besonders geschützt gemäß § 20 e ff. BNatSchG.

Zygaena minos ist etwas seltener als ihre Zwillingsart *Z. purpuralis*. Klare Aussagen zur Gefährdung sind bei Arten, deren Determination ausschließlich auf selektiertem GU-Material basiert, nur sehr eingeschränkt möglich. Im Laufe der Untersuchungen zeigte sich, daß das Bibernell-Widderchen in einigen Regionen nur noch anhand ›alter Sammlungstiere‹ nachgewiesen werden konnte (große Teile Oberschwabens, in der nördlichen Oberrheinebene, an der Bergstraße und im Vorderen Odenwald). In drei von fünf Naturgroßräumen muß der Gefährdungsstatus derzeit noch als ›unklar‹ bezeichnet werden. Nur auf der Schwäbischen Alb (Alb-Wutach bis Mittlere Kuppenalb) sind keine Anzeichen für negative Bestandsveränderungen ersichtlich. Im Neckar-Tauberland hingegen fehlen aktuelle Meldungen aus dem Kraichgau und weiten Teilen östlich des Neckars. Auch aus der Oberrheinebene sind derzeit nur die Vorkommen am Kaiserstuhl bekannt, wo *Z. minos* aber viel seltener als *Z. purpuralis* sein dürfte. Im Schwarzwald und in Oberschwaben scheint die Art nur (noch?) randlich oder sehr verstreut vorzukommen.

Noch schwieriger sind Vorschläge für den Erhalt dieser Art und Pflegemaßnahmenempfehlungen für ihre Biotope zu erarbeiten. Ohne Freilanduntersuchungen an sicher determinierten Faltern wird sich hier wohl nichts machen lassen. Abgesehen von der Raupennahrungspflanze ist die Autökologie dieser Art noch weitgehend unbekannt!

Zygaena cynarae
(Esper, 1789)

Haarstrang-Widderchen

Zygaena cynarae franconica HOLIK (EBERT 1978)
Zygaena (Mesembrynus) cynarae ESP. (ALBERTI 1958/59, NAUMANN & TREMEWAN 1984)
Zygaena (Mesembrynus) cynarae franconica HOLIK (REISS & REISS 1970, REISS & TREMEWAN 1967)
Zygaena (Peucedanophila) cynarae franconica HOLIK (KOCH 1955 u. 1984)
Zygaena (Peucedanophila) cynarae veronicae BORKH. (BURGEFF 1926b, REISS in SEITZ 1930–33)
Anthrocera cynarae ESP. (SPULER 1906, HERING 1932)
Peucedanophila cynarae franconica HOLIK (FORSTER 1956)

Aus Baden-Württemberg beschriebene Taxa:
(?) »*Zygaena cynarae* ssp. *franconica*« HOLIK, 1936

HOLIK beschreibt 1936 in klärender Absicht die süddeutschen *Z. cynarae* (ssp. *franconica*). Da HOLIK diesen Namen als Ersatznamen für ein von ihm andersweitig zugeordnetes Taxon einführt (*veronicae* BORKH. zieht er als Synonym zu *Z. ephialtes* f. *athamanthae*), versäumt er es eine Typenlokalität festzulegen. Eventuell handelt es sich hierbei um ›badische *cynarae*‹ aus Hockenheim. Die Typenlokalität der von BORKHAUSEN beschriebenen ›*Sphinx veronicae*, der Ehrenpreisschwärmer‹ ist nicht eindeutig fixierbar.

Die einzigen gesicherten Nachweise für das gesamte Mitteleuropa befanden sich in Süddeutschland, wo die Art bis 1957 noch beobachtet werden konnte. *Z. cynarae* gebührt inzwischen der gleiche elegische Nachruf wie etwa *Arethusana arethusa, Lasiommata petropolitana* oder *Cupido osiris*. Diese extravaganten faunistischen Sterne sind dem süddeutschen Orbit wohl endgültig entschwunden!

Gesamtverbreitung: Die Art ist mit sehr disjunkten Populationen von Grenoble und Südfrankreich bis zum Altai verbreitet. Sie fehlt in N-Europa. Besiedelt werden die

Südalpen, die Apenninenhalbinsel bis Ascoli; auch an der nördlichen dalmatinischen Küste und in Bosnien ist *Z. cynarae* vertreten. Im gesamten Balkan scheint die Art ansonsten zu fehlen; ebenso in zentralen Teilen der Alpen. Bekannte Vorkommen liegen erst wieder nördlich der Karpaten, in Südrußland, auf der Krim und im Kaukasus (einschließlich des äußersten Nordosten der Türkei). Auch aus Polen, Österreich, der Slowakei und aus Ungarn sind jeweils einige wenige Fundstellen bekannt. Zahlreicher scheinen die Populationen in den Steppengebieten der Ukraine, in Weißrußland und Rußland bis hin zum Ural zu sein.

Z. cynarae erfährt im Westen ihres Areals gegenwärtig eine extrem starke Verdrängung. So sind die wenigen bekannten Vorkommen in Polen, Deutschland und Südtirol (G. Tarmann, pers. Mitt.) erst in jüngster Zeit gänzlich erloschen. Das gleiche gilt auch für einige Populationen Österreichs (?) und Ungarns (Fazekas 1986).

Subspezifischer Kontext: Rauch (1977a) diskutiert die Herkunft der süddeutschen Populationen: »Ob ssp. *franconica* nun den nördlichen Ausläufer der französischen (mediterranen) Populationen darstellt und postglazial entlang des Rhône-Rheingrabens eingewandert ist oder entlang der Donau von der osteuropäischen ssp. *millefolii* Brkh. über ssp. *austriaca*, oder aber als ein Praeglazialrelikt aufzufassen ist, das die Eiszeiten in seinem heutigen Verbreitungsgebiet in geeigneten Refugien überdauert hat, kann heute noch nicht eindeutig festgestellt werden.« Ein Überdauern der würmkaltzeitlichen Perioden in Mitteleuropa kann aber für alle rezenten Arten des Genus *Zygaena* (mit einer Ausnahme: *Z. exulans*) mit Sicherheit ausgeschlossen werden. Überlegungen dieser Art (auch für *Z. angelicae elegans*, s. Reiss 1953) entbehren jeglicher ökologischer und chorologischer Begründbarkeit.

Die seit dem Ende der 50er Jahre erloschenen süddeutschen Populationen stellten eine ausgezeichnete Unterart dar, wenngleich auch die nomenklatorische Situation nicht gerade eindeutig war bzw. ist. Leuchtender im Rot, bisweilen mit zusammengeflossenen Makeln, waren sie von allen anderen *cynarae*-Taxa gut zu unterscheiden. Genetischer Anschluß an andere Populationsgruppen bestand in diesem Jahrhundert mit Sicherheit nicht mehr, weshalb eine künftige Wiederbesiedelung hier nahezu ausgeschlossen werden kann. Die nächsten rezenten Vorkommen dieser Art sind mehr als 500 km Luftlinie von ihrem letzten Fundort in Süddeutschland entfernt.

Jenseits des Alpenkammes sind die Populationen deutlich trister gefärbt. Lediglich slowakische Tiere (als nächste Population im Osten) und *Z. cynarae goberti* (Isère, Grenoble) im Südwesten haben gewisse habituelle Ähnlichkeiten mit unseren *Z. cynarae franconica*. Weiter gen Osten sind die Individuen ebenfalls trister, mit breiterem Hinterflügelsaum, glasiger und weniger leuchtend im Rot. Hier liegt auch die Typenlokalität dieser Art (Lemberg [= L'vov], W Ukraine). Es erscheint unverständlich, wie Naumann (1988) zu dem Ergebnis kommen konnte, »der Name [*cynarae*] kennzeichnet auf subspezifischem Niveau zugleich die Populationen Mitteleuropas«. In diesem Falle müßte *Z. cynarae* als monotypische Art betrachtet werden, denn kaum eine andere Population als die süddeutsche weicht mehr von den kontinentalen osteuropäischen Populationen ab (Ausnahme: die nigristische ssp. *biezankoi* im Kaukasus).

Zygaena cynarae, Männchen, »Hockenheim B. gef. am 27.6. 36 A. Morano«, coll. A. Hofmann.

Zygaena cynarae, Weibchen, »Hockenheim (Baden) 20.6. – 20.7. 40. leg. Hohenadel«, coll. A. Hofmann, ex coll. G. Reiss.

Zygaena viciae, Männchen, »Blaubeuren/Ulm a.D. 24.7. 1942 leg. Reiss«, coll. A. Hofmann. Derart ungewöhnlich beringte *viciae*-Falter könnten die Ursache für Verwechslungen mit *Z. cynarae* gewesen sein.

Entdeckung, Verbreitung, Verdrängung

Regional: Ungeprüfte Übernahmen aus der Literatur, Fundortfälschungen und grob-geographische Etikettierungen, mit der Absicht, andere Schmetterlingssammler fern zu halten, erschweren heute ungemein eine ›postspezifische Arealerfassung‹. G. REISS vertritt die Meinung, alle (!) deutschen *Z. cynarae* seien nur einer einzigen Lokalität entnommen: Hockenheim/Talhaus bei Mannheim. Tatsächlich hielten die meisten anderen Angaben einer kritischen Überprüfung nicht stand. Der Usus vieler älterer Entomologen, bei gezüchteten Tieren anstatt dem Ort der Herkunft auch mal die Schlüpflokalität auf die Fundortetiketten zu plazieren, hat hier zweifelsohne zusätzliche Verwirrung gestiftet. Hierzu paßt, daß fast die Hälfte aller vorliegenden Tiere ›e.l.‹ [ex larva] etikettiert sind! Mit allergrößter Sicherheit beziehen sich alle Angaben aus der Mannheimer Gegend auf eine einzige Lokalität. Diese Tatsache konnte von K. BASTIAN bestätigt werden. Sehr hilfsbereit haben er und W. CZIPKA, die letzten noch lebenden einer Entomologen-Generation, für die *Z. cynarae* in Deutschland mehr als nur von Erzählungen her ein Begriff war, eine Vielzahl wertvoller Anmerkungen zum Standort, der Biologie und der dortigen Population machen können. Die taxonomisch und nomenklatorisch nicht unproblematische faunistische Historie des Haarstrang-Widderchens liest sich wie folgt:

1780 (S. 191–195) beschreibt ESPER einen ›*Sphinx peucedani*‹ und nennt ihn den »Haarstrangschwärmer ... mit sechs Puncten, und einem Ring auf dem Hinterleib«. Zweifelsohne erkennen wir in der Beschreibung des Schmetterlings die peucedanoide-Form der *Z. ephialtes* (so wie die Art bei uns vorkommt; Lectotypusfestlegung s. NAUMANN 1988). Die von ESPER abgebildeten »zwey Raupen nach verschiedener Lage auf einem Blüthenstengel des *Peucedanum officin.*« (s. Abb.), die ihn zur Namensgebung inspirierten und welche er für die Raupen dieses Falters hielt, gehören aber tatsächlich zu einer anderen Art, nämlich zur später beschriebenen *Z. cynarae*. Woher diese Raupen stammten, erfahren wir leider nicht. ESPERS Wohnsitz war Erlangen, und es ist kaum anzunehmen und wäre damals auch organisatorisch kaum zu bewerkstelligen gewesen, daß er Zuchtmaterial von weitentlegenen Regionen erhielt. Die Raupen entstammen also mit großer Wahrscheinlichkeit dem süddeutschen Raum. Es wäre dies die erste und zugleich letzte naturgetreue Abbildung der deutschen *cynarae*-Raupe überhaupt.

1789 (S. 2–4) erfolgt die Beschreibung der *Z. cynarae*, allerdings mit der Typenlokalität in Galizien (Lemberg ... bey Winiky [Ukraine]). 1800 endlich liefert ESPER selbst ein wichtiges Indiz dafür, daß es sich bei seinen erwähnten ›*peucedani*-Raupen‹ tatsächlich um *Z. cynarae* aus Süddeutschland handelt, indem er die Art (unter *Sph. cynarae*) »in unseren hiesigen Gegenden entdeckt« meldet.

Im gleichen Jahr (1789) wie E.J.C. ESPER/Erlangen ›*Sphinx cynarae*‹ beschreibt – erfolgt auch die Beschreibung eines von späteren Autoren oft artgleich angesehenen Taxons (?) durch M.B. BORKHAUSEN/Frankfurt, der sein Taxon von *Sph. peucedani* abgrenzt, ›*Sphinx veronicae*‹ tauft und vermerkt »In unserer Gegend habe ich diesen Schwärmer noch nicht gefunden«. Genauere geographische Hinweise sind dem Autor zunächst nicht zu entnehmen. Erst ein paar Jahre später (1793) erfahren wir in einer bislang wenig (gar nicht?) beachteten Fußnote (Rhein. Mag. Naturk. 1:304), auf welchen Informanten sich BORKHAUSEN berief: »Ich sah diesen Schwärmer, als ich den zweiten Theil meines Handbuchs schrieb nicht selbst, sondern habe ihn nach der Bestimmung des Herrn SCHRANKS (...) angesetzt. Herr SCHRANK sahe diesen Schwärmer bey Herrn SCHIFFERMÜLLER ...« Damit dürfte der Name endgültig in die Synonymie zu *Z. ephialtes* (aus der Wiener Gegend, dem Wohnsitz I. SCHIFFERMÜLLERS) verwiesen sein. Wichtig erscheint in diesem Zusammenhang ferner, daß geographische Hinweise auf *cynarae*-Vorkommen in Hessen tatsächlich gar nicht auf BORKHAUSEN zurück gehen, wie bislang allgemein angenommen wurde. Der Autor der ›Oberhessischen Lepidopterologie‹ (Rhein. Mag. Naturk. 1: 226–392) war vielmehr F.J.A. DIEHL (BORKHAUSEN war nur der Herausgeber wie aus dem Vorwort klar hervorgeht, der sich erlaubte bisweilen einige Anmerkungen anzufügen; so wie die oben angeführte Fußnote). Da sowohl BORKHAUSEN als auch DIEHL offensichtlich Schwierigkeiten mit der Abgrenzung der beiden Taxa *cynarae* und *ephialtes (*f. *peucedani,* f. *athamanthae*) hatten, bleibt aber weiterhin unklar, auf welche Art sich der DIEHLsche Hinweis »Ich fand ihn in einigen Waldwiesen unweit Marburg« bezieht. Dies ist deshalb von Bedeutung, weil spätere Bearbeiter fortan *Z. cynarae* aus Hessen (Marburg) meldeten und H. REISS (in SEITZ 1930–34) gar auf diesen Fundort die Typenlokalität der ›var. *veronicae* BORKH.‹ fixiert. HOLIK nennt ebenfalls diese Lokalität als er den berechtigten Ersatznamen *franconica* einführt. Die Beschreibung der Tiere durch DIEHL läßt auch heute noch Zweifel aufkommen, ob es sich nicht doch um *Z. cynarae* handelt. Wie zuvor aber gezeigt, muß als Typenlokalität der ›*veronicae*‹ auf alle Fälle die Umgegend von Wien angenommen werden. Für unsere weiteren Untersuchungen spielt dieser Name also nur noch insofern eine Rolle, als nachzuprüfen sein wird, welche Art der jeweilige Autor oder Gewährsmann hierunter verstand, um dann gegebenenfalls in die Verbreitungskarte der *Z. cynarae* mitaufgenommen zu werden.

Bereits neun Jahre vor der Erstbeschreibung von *Z. cynarae* bildet E.J.C. ESPER »zwey Raupen [fig. γγ] nach verschiedener Lage auf einem Blüthenstengel des *Peucedanum officin*«, sowie die Puppe [fig. β] und das »Gehäuse der Chrysalide« [fig. δ ab und beschreibt den seiner Meinung nach dazugehörigen Falter [fig. 2 α] als »*Sphinx peucedani*«. Hier hatte der Autor zwei Arten vermischt. Während der Falter die peucedanoide Form der auf *Coronilla varia* lebenden *Z. ephialtes* darstellt, gehören die »zwey Raupen« samt angesponnenem Kokon zu der bei uns inzwischen ausgestorbenen *Z. cynarae*. – Aus ESPER (1780), Die Schmetterlinge in Abbildungen nach der Natur mit Beschreibungen 2: pl. 25.

Tom. II. Tab. XXV. Suppl. VII.

Sphingum europ:

Adscitae. Fig. 1. Achilleae. a. mas. b. foem. Fig. 2. α Peucedani. ε chrysalis.
ν. ν. larvae. δ. puppa. Fig. 3. Variet. Lonicerae (Tab. XXIV. Fig. 1.)

Walwert sc.

Übrigens hat BORKHAUSEN in einem nachfolgenden Artikel seine erste Einschätzung der Artverschiedenheit zwischen *veronicae* und *peucedani* selbst korrigiert. 1784 bringt er seine neue Meinung zum Ausdruck, daß seine damalige ›*Sph. veronicae*‹ mit »*Sph. peucedani* einerley sey« (Rhein. Mag. Naturk., 1784, 1:635), doch bleiben nach wie vor einige Ungereimtheiten stehen, weshalb dieses Taxon bei dieser Betrachtung nicht gänzlich unter den Tisch fallen kann.

1796–99 J. HÜBNER bringt eine Abb. ohne Kommentar.

1808 F. OCHSENHEIMER listet die Autoren auf, die sich bislang mit *Z. cynarae* beschäftigt haben (HÜBNER, ESPER, BORKHAUSEN). Seiner Feder entstammen auch die ersten exakten Angaben über das Vorkommen dieser Art in unserem Raum. »Diese Zygäne findet sich in der Gegend von Dresden, außerdem bey Mannheim, im südlichen Deutschland und in Ungarn« (S. 42). Weitere Anmerkungen (S. 75) zeigen, daß OCHSENHEIMER unter *Sphinx veronicae* die peucedanoide *Z. ephialtes* versteht »Fühlerspitzen ... bey allen Exemplaren, die ich erzog, sind sie weiß ...«

1833 A. HERR gibt unter *Z. cynarae* die gleichen Lokalitätsangaben wie OCHSENHEIMER an.

1850 SEYFFER: »160. *Cynarae*. ESP. – Stuttgart selten.«

1853 C. REUTTI: »Nach OCHSENHEIMER [1808] bei Mannheim (zwischen Schwetzingen und Mannheim). Auch bei Heidelberg.«

1858 SPEYER, A. & SPEYER, A.: »In wenigen Gegenden der südlichen Hälfte des Gebiets, nördlich bis Dresden und Mannheim (Marburg?).« Bei der Darstellung der Gesamtverbreitung zeigt sich deutlich, daß auch diesen beiden Autoren Bestimmungsfehler unterlaufen sind. So vermelden sie die Art etwa aus Granada/Südspanien.

»Dresden, O. Marburg, auf einigen Waldwiesen, O.L. (v.Gl.u. in den Nachbarfaunen nicht erwähnt, wodurch die Angabe etwas zweifelhaft wird). Zwischen Mannheim u. Schwetzingen, O. Heidelberg, REUTTI. Augsburg, auf dem Lechfelde. Stuttgart, slt.Prag ...«

1859 H. v. HEINEMANN: »Von *Meliloti*, welche bisweilen mit rothem Leibring vorkommt, und der Fünffleckigen *Peucedani* durch den schmalen hellbräunlichen Vorderrand und die Farbe der Franzen, sowie durch die Form der Fühler verschieden. Süddeutschland, Sachsen. Selten.«

1861 A. HOFFMANN in KELLER & HOFFMANN: »Stuttgart selten. Flugzeit Mitte Juli.«

1898 C. REUTTI: »In der Sandgegend zwischen Schwetzingen, Heidelberg und Mannheim (Käferthaler Wald), selten. – Die Raupe unbekannt. Pfalz, bei Speier, Württemberg.«

1906 A. SPULER: »Im Rheintal von Mannheim bis Speyer, auch in Württemberg, in Piemont, Südtirol, Böhmen ...« SPULER beschreibt ferner die Raupe und bildet eine Seitenansicht im Nachtrag (Taf. IX, Fig. 21) ab. Bei der Nahrungspflanze beruft er sich auf J. GRIEBEL.

1909 H. GAUCKLER: »Im Käfertaler Walde bei Mannheim und bei Schwetzingen recht selten.«

1909 J. GRIEBEL: »Nicht selten, bei Speyer und Hambach, im Juli. Die Raupe lebt bis Ende Mai, Anfang Juni an *Peucedanum Oreoselinum*.«

1912a H. BURGEFF: »HOFMANN-SPULER (nach GRIEBEL): *Peucedanum Oreoselinum*.« Nach Eigenbeobachtungen: »*Peucedanum* spec. *(cervaria?)*, Genua, Mai 1911.«

1926b H. BURGEFF: »var. *veronicae* BORKH., ... Oberrheinische Tiefebene, Nassau, Unterfranken.«

1926a H. BURGEFF: »var. *veronicae* BORKH. Aus der Umgebung von Marburg [Hessen] beschrieben von BORKH. und Dr. F.I.A.D. Die Typenpopulation ist unbekannt, vermutlich mit ihr identisch sind die Tiere der oberrheinischen Tiefebene, die Unterfrankens und Schwabens.«

»Die Raupe fand ich selbst in großer Zahl in der Nähe von Schweinfurt auf feuchten gipshaltigen Sumpfwiesen, fressend an *Peucedanum cervaria* und *Libanotis montana*. Der Falter in grösseren Serien in meiner Sammlung aus der Umgebung von Schweinfurt, Ludwigshafen, Schwetzingen und Darmstadt (soll nach REISS (1925) auch bei Ueberkingen vorkommen).«

1926 H. REISS: »Sie tritt in Deutschland nur an wenigen Fundorten auf; bekannt sind Mannheim; Speyer im Rheintal, bei Darmstadt nach BURGEFF; auf der schwäb. Alb bei Ueberkingen nach HERZIG, Stuttgart; Regensburg, Sammler unbekannt.« Im kommentierten Original ist später von H. REISS ›Mannheim‹ handschriftlich unterstrichen; ›Ueberkingen und Stuttgart‹ werden am Rande mit ›falsch, Fundortfälschung‹ versehen.

1936 HOLIK publiziert eine Arbeit über nomenklatorische Unstimmigkeiten bei *Z. cynarae*. Das Taxon *veronicae* BKH. verweist er in die Synonymie zu *Z. ephialtes* f. *athamanthae* und belegt diese Vorgehensweise durch Zitate des Autors BORKHAUSEN. »Für die süddeutsche Rasse von *Z. cynarae* ESP. muß aber ein neuer Namen geschaffen werden ... so soll nun diese Rasse von nun an ssp. *franconica* m. heißen.« Leider versäumt es HOLIK, eine Typenlokalität zu fixieren. Nach ihm haben viele Autoren das gesamte Sammelsurium falscher und richtiger Lokalitätsangaben als ›Typenlokalitäten‹ für *Z. cynarae franconica* übernommen (s.u. 1967, REISS & TREMEWAN).

1937 H. REISS: »Nach SEYFFER 1849: Stuttgart selten. Nach K. und H. 1861: Stuttgart selten. Flugzeit M. VII. Seither nicht wieder gefunden. Angeblich von HERZIG bei Überkingen gefunden. Zweifelhaft. Sichere Stücke bisher nur von Kirchenkirnberg (Welzheimer Wald) bekannt. 1932 von WENDLER dort gefangen.« Auch den letzten Fundort korrigiert H. REISS später handschriftlich in seinem Original (»Nein«).

1939 O. HOLIK vergleicht mittel- und osteuropäische Fundorte: »Ganz isoliert ... ist der südwestdeutsche. REISS (56) nennt als Standorte Mannheim, Speyer, Darmstadt, Schwäbische Alp [sic.] bei Überlingen [sic. sic.]. Ich besitze größere Serien aus diesem Gebiet. Unrichtig ist die Angabe von REISS über das Vorkommen bei Regensburg, wie mir ein alterfahrener dortiger Sammler, Herr M. SÄLZL, versicherte. Dieser machte wohl dort Einbürgerungsversuche, aber vergeblich.« Des weitern wird die Nomenklatur diskutiert (*veronicae, peucedani, cynarae, franconica*) und mit den obigen Ausführungen übereinstimmende Ansichten vorgetragen. Man beachte die Bestrebungen, *Z. cynarae* auch in anderen Gegenden anzusiedeln; ebenso trugen Fehler bei Fundortübernahmen (aus Überkingen wird Überlingen, aus Alb wird Alp) nicht unerheblich zur *cynarae*-Konfusion bei!

1939 H. REISS: »Auch ich halte es für zweifelhaft, ob *veronicae* BKH. zu *cynarae* ESP. gehört oder nicht. Es war daher am besten, daß Herr HOLIK einen neuen Namen, = *franconica* schuf.«

»Im Jahre 1934 erhielt ich von Herrn HOHENADEL, Mannheim, ein bei Hockenheim am 12. Juli 1933 gefangenes ♀ der *franconica*, das im Fleckenfeld vollständig rot ist ...«

1949 H. REISS: »Falls die Art in Württemberg vorkommt, ist die Population mit subsp. *franconica* HOLIK (= *veronicae* BGFF.[?]) zu bezeichnen. Bis jetzt habe ich selbst sie im Gebiet nicht gefunden.«

1952 O. HOLIK: »Von einem Mannheimer Sammler wurde mir seinerzeit mitgeteilt, daß die Raupe auch mit Petersilie (*Petroselinum sativum* Hoffm.) zu erziehen war.«

1959 HEUSER, R. & H. JÖST: »In neuerer Zeit... nicht mehr in unserem Gebiet gefunden, obwohl viele erfahrene Sammler seit Jahren an den bekannten Orten nach ihr suchten. W. HEUSSLER, Pirmasens, ein Zeitgenosse GRIEBELS, hat in früherer Zeit die Raupen und den Falter nicht selten auf einer nur etwa 100 qm umfassenden, heißen Sandstelle an der Iggelheimer Landstraße bei Speyer alljährlich gefunden.(...)W. HEUSSLER fand die Raupen an *Daucus carota*, GRIEBEL gibt *Peucedanum oreoselinum* als Futterpflanze an.«

1967 REISS & TREMEWAN geben als Lokalitäten (Typenlokalitäten?) der ssp. *franconica* an: »Marburg; Schweinfurt; Ludwigshafen Hockenheim bei Mannheim; Darmstadt«

1970 REISS & REISS: »*Cynarae* kommt nur im wärmsten Teil Deutschlands vor. Sie fehlt auch in Württemberg; die bisherigen Angaben, bei Überkingen, Schwäbische Alb, nach HERZIG, Stuttgart, bei Kirchenkirnberg (Welzheimer Wald) nach WENDLER, Stuttgart, wurden nicht bestätigt und sind zu streichen. Auch die Angabe bei Regensburg ist unbestätigt geblieben.«

Auf die Angaben in den großen Standartwerken dieses Jahrhunderts (SEITZ, FORSTER & WOHLFAHRT, KOCH etc.) konnte in der obigen Chronologie verzichtet werden, da es sich dabei ohnehin nur um Übernahmen aus den zitierten Quellen handelt.

Das Exzerpt der Literatur zweier Jahrhunderte (von 1780 bis 1970) zeigt deutlich, wie wenig Handfestes (absichtlich oder unbewußt?) über die Geographie der *Z. cynarae* zu erfahren war. Sicherlich spielten auch Determinationsmängel eine große Rolle. Einige Meldungen könnten sich auf Verwechslungen mit cingulierten *Z. viciae* (besonders ♀♀) zurückführen lassen (Bad Überkingen?, Stuttgart?). So bleiben im Endeffekt für Baden-Württemberg an gesicherten *cynarae*-Literaturdaten mit verlässlicher Herkunft tatsächlich nur die Angaben übrig, welche die unmittelbare Mannheimer Gegend betreffen.

Hierauf beziehen sich sämtliche Angaben, die den Etiketten der untersuchten Falter zu entnehmen sind. Immerhin konnten über 350 Tiere aus Baden-Württemberg in die Untersuchungen miteinbezogen werden. Nach Auskünften von K. BASTIAN und W. CZIPKA sind alle ihnen bekannten unterschiedlichen Lokalitätsangaben der Mannheimer Gegend sogar nur einer einzigen Fundstelle zuzuordnen. Dies lassen auch die handschriftlichen Aufzeichnungen des Weinheimer Entomologen H. LIENIG vermuten.

Je nachdem, wie dem entsprechenden Sammler gerade die Sonne stand, hat er die südliche oder nördliche, westliche oder östliche, nächst oder ferner gelegene Ortschaft auf seine Fundortetiketten plaziert, so daß heute der Eindruck entstehen könnte, es seien mehrere Kolonien im Mannheim-Schwetzinger-Raum existent gewesen.

Die unterschiedlichen Lokalitätsangaben sind wie folgt:

Mannheim/Umgeb.(1893,1901 M. DAUB; 1921 V. ROEBEN; 1934 K. STROBEL; 1934 W. HEITZ; 1950 H. MURSA)

Rheinau (1932 E. ELLINGER; 1934 W. HEITZ; 1934 K. STROBEL)

Schwetzingen (1931–57 A. GREMMINGER; 1932 HOHNDORF; 1933 H. KESENHEIMER; 1933–34 K. STROBEL)

Schwetzingen/Talhaus (1933 K. STROBEL; 1951 H. KESENHEIMER)

Hockenheim/Talhaus (1931–54 A. GREMMINGER; 1933–39 A. MORANO; 1934–39 E. ELLINGER; 1937–57, 1959 H. KESENHEIMER; 1939 M. DAUB)

Hockenheim (1919–50 A. MORANO; 1932–40 T. HOHENADEL; 1933 A.GREMMINGER; 1933 M. VÖLKL; 1939 H. KESENHEIMER; 1950 H. MURSA)

Weinheim Bergstraße/Oftersheim (1918–27, 1951 H. LIENIG)

Oftersheim (1922 K. STROBEL; 1933 GREULICH)

A. GREMMINGER beschreibt in seiner Kartei die Eigenfunde (»Gr.«) nur unter ›Talhaus‹. Auf seinen Etiketten steht dagegen manchmal Schwetzingen, Hockenheim oder Hockenheim/Talhaus. Ähnliches gilt für H. LIENIG. Seine Tagebuchaufzeichnungen, seine Karteikarten und die Sammlungsetiketten zeigen klar, daß er mit den Bezeichnungen ›Schwetzingen‹, ›Schwetzingen (Oftersheim)‹, ›Oftersheim-Talhaus‹, ›Bahnstrecke nach Oftersheim‹ und ›Talhaus‹ nur einen einzigen Fundort meinte, den er von 1918–1960 kontinuierlich und oft in Begleitung anderer Entomologen (K. ANDRES, K. BASTIAN, W. CZIPKA, ESSIG, A. STRECK) aufsuchte. Unter ›Weinh.Bergstr. Oftersheim‹ hat er diese Daten uns auf den Meldebögen mitgeteilt. Die Vermutung liegt nahe, daß es sich beim nahegelegenen ›Rheinau‹ auch nur um eine Umschreibung der gleichen Lokalität handelt. In coll. A. HOFMANN befinden sich des weiteren 2 abgeflogene ♀♀ »Diebskarrenwiese, Stgt. (Wttg.), 16.7.34, H. PFEIFFER,

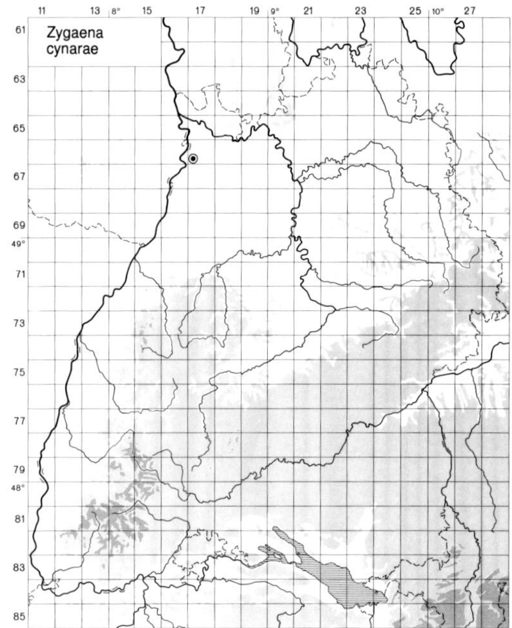

Canst.«, deren südalpiner Habitus die Fundortetiketten zweifelsfrei als Fälschungen entlarvt.

So bleibt am Ende langer Recherchen (sowohl in der Literatur als auch in allen verfügbaren Sammlungen!) wirklich nur übrig, was G. REISS in gesundem Zweckpessimismus vermutete: Hockenheim/Talhaus, entlang der Bahnlinie Richtung Oftersheim, ist der einzige *cynarae*-Fundort in Baden-Württemberg gewesen.

Wie die anderen Literaturangaben (für Rheinland-Pfalz, Bayern und Hessen) zu beurteilen sind, wird Aufgabe der jeweiligen Fauna-Bearbeiter sein. Allerdings bleibt unser Faunengebiet davon nicht gänzlich unbetroffen. Sollte sich nämlich herausstellen, daß die wenigen Angaben von dort ähnlich (oder gänzlich) falsifizierbar sind, wie die meisten ›Meldungen‹ in unserem Gebiet, so müßte ›Hockenheim/Talhaus‹ als Typenlokalität der ›*franconica* HOLIK, 1936‹ betrachtet werden. Für Hessen zeichnet sich genau diese Vermutung ab. Auf Anfrage teilte H. SEIPEL/Büttelborn, der Bearbeiter dieser Gattung für die Hessen-Fauna, folgendes mit: »Es gibt keinen gesicherten Nachweis von *cynarae* in Hessen. (Lediglich BORKHAUSEN 1788/89 spricht von Vorkommen bei Darmstadt und Marburg). Diese Daten wurden von REISS und HOLIK übernommen und finden ihren Fortsatz in allen sonstigen Veröffentlichungen über *cynarae*. In der Hessenfauna, die wir z.Zt. bearbeiten, ist bei über 2000 [*Zygaenen*]-Daten kein Fundort gemeldet.«

Vertikal: Ein Vergleich der vertikalen Vorkommen zeigt deutlich den kontinentalen Charakter dieser Art. Nur ganz wenige Populationen besiedeln noch tiefer gelegene Lokalitäten als den hiesigen Fundort.

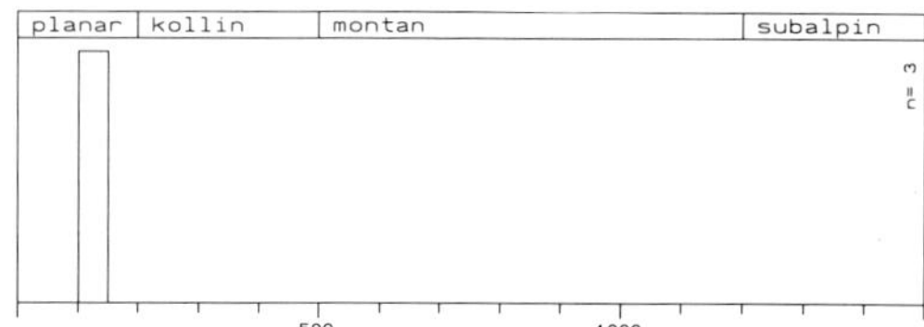

Die meisten Vorkommen sind im Bereich zwischen 200 m und 1000 m Höhe gelegen. Der höchste Fundort dürfte im NE der Türkei (1750 m), im Kaukasus oder im Altai (?) sein.

Die einzige *cynarae*-Fundstelle in Baden-Württemberg liegt in der planaren Stufe der Oberrheinebene, ziemlich genau bei 100 m/NN.

Phänologie

Imagines: Folgt man den Falteretiketten, entstammen fast alle Freilandfunde der ersten Julihälfte. Hierin übereinstimmende Angaben zur Phänologie sind auch den schriftlichen Aufzeichnungen von A. GREMMINGER zu entnehmen: »8.7.51; Falter nicht gerade häufig, (erst im Erscheinen)«. Bei einigen wesentlich früheren (10.6.32, T. HOHENADEL) und späteren Daten ist Skepsis geboten, da sehr viele Falter gezüchtet wurden, und dies nicht immer aus den Etikettenbeschriftungen hervorgeht. Der jahreszeitlich früheste Fund, welcher zweifelsfrei dem Freiland entstammt, ist auf den 25.6. (1941 H. KESENHEIMER), der späteste auf den 21.7. (1954 A. GREMMINGER: »3 Falter«) datiert. Das Ergebnis einer ex-larva-Zucht im Jahre 1950 schildert K. BASTIAN so: »Ab Mitte Juli schlüpften die ersten Falter, am 30.7. die letzten.«

In manchen Jahren müssen die Falter sehr häufig gewesen sein. Dies geht aus den zahlreichen Individuen hervor, die manchmal an einem einzigen Tag entnommen wurden. H. KESENHEIMER (Nachlaß 1909–1953) notiert für den 6.7. 1941 über 50 gesammelte Tiere. Solcherart Häufigkeit scheint aber keineswegs jedes Jahr der Fall gewesen zu sein. K. STROBEL bemerkt für das Jahr 1933 »früher häufig, heute rar geworden«. Diese Tendenz hat sich dann

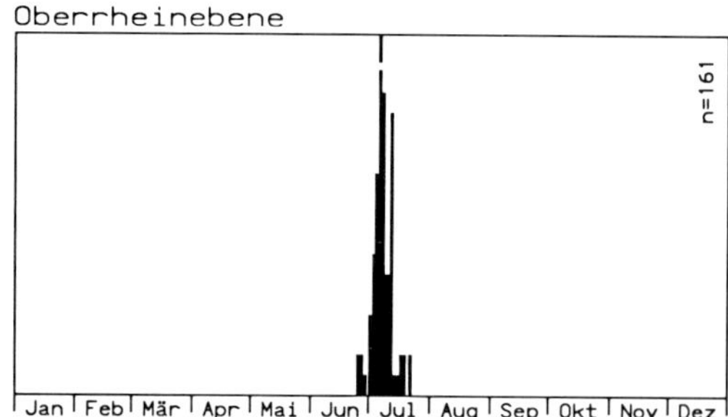

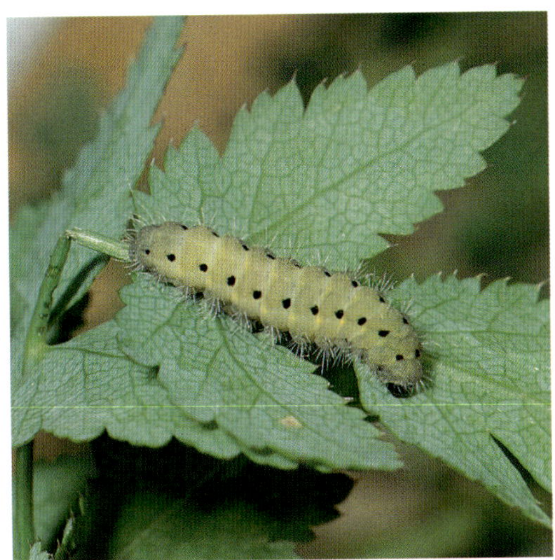

Nachdem die Art bei uns schon lange ausgestorben ist, wird hier die Raupe einer südfranzösischen *Z. cynarae*-Population auf Hirschwurz (*Peucedanum cervaria*) abgebildet. Unsere einheimischen Raupen hatten zwar die gleiche Zeichnung, waren jedoch deutlich heller und mehr lindgrün gefärbt. – Var, St. Baume Massif[1] (R. HERRMANN leg.) 29. 4. 94 A. HOFMANN. S.

aber keineswegs linear fortgesetzt. Gerade in den 30er und in der ersten Hälfte der 50er Jahre muß die Art wieder sehr zahlreich anzutreffen gewesen sein. Starke Abundanzschwankungen sind besonders den Notizen über Raupenfunde zu entnehmen (s. Präimaginalstadien).

Präimaginalstadien: Erstaunlich oft wurden erwachsene (oder fast erwachsene) Raupen Ende Mai bis Mitte Juni auf der Wirtspflanze gefunden (»Ein unvergessener Anblick war die Vielzahl der darauf sitzenden grünlich-gelben Raupen der seltenen Zygaene«, notiert K. BASTIAN für den 18.6. 1950). Die blaß gefärbte, eher unscheinbar gezeichnete Raupe »hat schwarze und gelbe Flecken an den Rückenseiten auf jedem Ringe ... ist an den gelben Bauchfüßen sofort zu erkennen« (DZIURZYNSKI 1909). Hierzu ergänzend SPULER, 1906: »graugelb ist die spärliche Behaarung«. Kurz vor der Verpuppung geht der Grünton nahezu ganz verloren, so daß die Raupe eher elfenbeinfarben wirkt. Sie war stets sehr leicht als auffällige Verdickung an der schmalblättrigen, dünnen Nahrungspflanze zu erkennen und in manchen Jahren darüberhinaus extrem häufig (K. BASTIAN). K. BASTIAN berichtet von Umsiedelungsversuchen in strukurähnliche nahegelegene potentielle *cynarae*-Biotope, wobei »einmachgläserweise die Raupen dorthin gebracht wurden.« Allerdings ohne jeglichen Erfolg, obwohl bei so einer Aktion Dutzende bis mehrere Hundert Raupen direkt auf die Nahrungspflanzen umgesiedelt wurden.

Die Kokons (»kahnförmig, silberweiß, nicht so gerippt wie der der *scabiosae* [gemeint ist *Z. osterodensis*], aber größer«; DZIURZYNSKI l.c.) wurden meistens an dürren Ästchen oder Gräsern angebracht (s. Abb.). Das leichte Auffinden und die Häufigkeit der Raupen und Kokons geht auch aus den zahlreichen 'e.l.'-Meldungen hervor. Von A. GREMMINGER und H. LIENIG liegen Tagebuchaufzeichnungen vor, die allerdings auch starke annuelle Abundanzschwankungen erkennen lassen. Diese Schwankungen und das allmählichen Verschwinden sind durch H. LIENIG (»Mein entomologisches Tagebuch« [1920–1968],unveröffentlicht) und A. GREMMINGER (Kartei) anhand der Raupenfunde gut rekonstruierbar:

»15.6.–10.7. 1918, Es schlüpfen Falter, deren Raupen ich bei Oftersheim am Bahndamm sammelte.« (H. LIENIG)

»28.5. 1922, *Zyg. cynarae*-Raupen nur spärlich, da die Fundstellen zum Teil umgepflügt sind.« (H. LIENIG)

»22.5. 1927, Bei Schwetzingen (Oftersheim) Raupen von *Zyg. cynarae* wieder häufig angetroffen ...« (H. LIENIG)

»22.6. 1935, Rpn. u. Puppen i. Anzahl.« (A. GREMMINGER)

»25.6. 1939, 50 Puppen« (H. KESENHEIMER)

» 6.6. 1948, Oftersheim-Talhaus ... Gesucht, aber nicht gefunden wurden die Raupen der *Zyg. cynarae* ...« (H. LIENIG)

»10.6. 1951, «Einige alte Puppengespinste weisen darauf hin, daß die schon als ausgestorben geglaubte *Zyg. cynarae* doch noch da ist. »(H. LIENIG)

»14.5. 1959, Mit CZIPKA bei Talhaus gesammelt: Die gesuchten *Z. cynarae*-Raupen wurden nicht gefunden.« (H. LIENIG)

»26.5. 1960, Auch in diesem Jahr wurden keine *Zyg. cynarae*-Raupen gefunden.« (H. LIENIG)

Trotz dieser außergewöhnlich guten larvalbiologischen Dokumentation in den Tagebüchern und Notizen der betreffenden Entomologen, ist über die Biologie dieser interessanten Art in unserem Land nichts veröffentlicht worden. Auch wären bei derart zahlreichen e.l.-Zuchten Anmerkungen zu Parasitoiden zu erwarten gewesen. (»Erwähnenswert, daß keine einzige eingetragene Raupe parasitiert war«, K. BASTIAN).

[1] Ein Dankeschön ERIC DROUET für die Mitteilung des Fundortes!

Ökologie

Lebensraum: Der Lebensraum lag als engbegrenzter Saum auf den hitzestauenden Hockenheimer Sanddünen zwischen der N-S streichenden Bahnlinie und dem Kiefern-Mischwald. »Zu der Zeit führte noch die stillgelegte Bahnstrecke Speyer-Schwetzingen durch einen lichten Kiefernwald. Die Nordseite der Gleisanlage war in einer Breite von etwa 30 mtr baumfrei und mit niedrigen Pflanzen bewachsen. Zwischen Ginsterbüschen und aufkommenden Birken standen in großen Mengen die Bergpetersilie, *Peucedanum oreoselinum* L., die Futterpflanze von *M. cynarae,* die aber aufgrund des sandigen und mageren Bodens nur eine Höhe von 30–40 cm erreichte«, (K. Bastian). L. Settele beruft sich auf A. Gremminger und bezeichnet die Lokalität als ›Sandsteppe‹. Dies stimmt mit der Einstufung dieser Art durch Burgeff (1950) als »ausgesprochener Steppenbewohner« überein.[1] Ab Mitte der 50er wurde »durch Straßenbau und Ansiedlung von Gewerbebetrieben, sowie das Aufkommen von Bäumen und Gebüsch der ganze Lebensraum der schönen und seltenen Zygaene vernichtet« (K. Bastian).

Nahrung der Raupe:
Peucedanum oreoselinum L. – Berg-Haarstrang
4 L,K (Bas, Czi, Gre, Kes, Lie, Str)
? *Peucedanum officinale* L. – Echter Haarstrang
L (Esper)

Burgeff (1926b) gibt für den Fundort Schweinfurt/Bayern »fressend an *Peucedanum cervaria* und *Libanotis montana*« an. Auch bei Genua fand er die Raupen auf »*Peucedanum* spec. (*cervaria*?)«. Für die Pfalz nennt Griebel (1909) ebenfalls *Peucedanum oreoselinum*, eine Meldung, die durch eine handschriftliche Notiz von G. Kabis (am Rande seines Reuttis) bestätigt wird. »Die Raupe an *Peucedanum oreoselinum* bei Landau u. Mundenheim (Pfalz) gefunden.« Heuser & Jöst (1959) verweisen ferner auf einen Sammler (W. Heussler), der Raupen auf *Daucus carota* (Gelberübe) gefunden habe soll. Holik (1952) beruft sich auf einen Mannheimer Sammler, der die Art auf Petersilie (*Petroselinum sativum*) züchtete (als Ersatzfutter).

Habitat: Der anthropogen bedingte Waldschneise-Bahndamm-Standort liegt im Bereich der Sand-Kiefernwälder (Dicrano-Pinion). Der eigentliche Habitat ist dem Pyrolo-Pinetum (Peucedano-Pinetum) zuzuordnen.

Philippi (1992) äußert die Meinung, daß die Wuchsorte der einzigen Raupennahrungspflanze in Baden-Württemberg (*Peucedanum oreoselinum*) »von Natur aus alle bewaldet« wären. »So ist anzunehmen, daß die Pflanze erst mit dem Menschen in das Gebiet eingewandert ... ist.« Wenn dies zutrifft, so wäre *Z. cynarae* (ähnlich hemeropohil wie *Z. carniolica* und *Onobrychis viciifolia*?) erst mittelbar durch den Menschen eine Besiedelung unseres Raumes ermöglicht worden, oder aber ein Nahrungspflanzenwechsel müßte sich danach ereignet haben.

Nahrung des Falters: Hierzu liegt nur eine einzige Notiz vor (»12.7.31, sitzen gerne an Nelkenblüten« A. Gremminger). Über weiteres Verhalten ist nichts bekannt.

Gefährdung und Schutz

Rote Liste Bundesrepublik: 0
Rote Liste Baden-Württemberg: 0

Oberrheinebene: Ausgestorben.
Schwarzwald: Nicht vertreten.
Neckar-Tauberland: Nicht vertreten.
Schwäbische Alb: Nicht vertreten.
Oberschwaben: Nicht vertreten.

- In Baden-Württemberg ausgestorben!

Letztmalig wurde *Z. cynarae* im Jahre 1957 in Baden-Württemberg beobachtet (Veränderungen der Biotopstruktur s. Kap. Lebensraum). Trotz gezielter Nachsuche durch verschiedene Kenner der lokalen Fundstelle (H. Kesenheimer & G. Ebert; H. Lienig; K. Bastian; R. Bläsius & R. Herrmann) konnte die Art nicht wieder entdeckt werden. Eine ›Heureka-Meldung‹ ist also kaum noch zu erwarten!

[1] Allerdings irrt Burgeff (1950, S. 684) in seiner zoogeographischen Beurteilung: »Hier sind aus den pannonischen Steppen einige Arten nach Westen vorgestoßen (*Z. cynarae*, ...)«. Im pannonischen Becken (also zwischen Dinariden im S, Alpen im W und den Karpaten im N) kommt *Z. cynarae* überhaupt nicht vor. Die Hauptwanderung dieser kontinentalgeprägten Art erfolgte viel wahrscheinlicher nördlich der Karpaten (die nirgendwo überschritten werden!) nach W, und nur sekundär wurde aus westlicher Richtung kommend entlang der Donau (Wien-Budapest) der westlichste Teil des panonnischen Beckens erreicht. Ansonsten wären irgendwo auf der Südabdachung der Karpaten, im Siebenbürger Hochland, im südlichen Balkan oder im Bereich der Dinariden Populationen dieser Art nachzuweisen gewesen.

Zygaena fausta
(Linnaeus, 1767)

Bergkronwicken-Widderchen

Zygaena fausta suevica REISS (EBERT 1978, REISS in SEITZ 1930–33, REISS 1937)
Zygaena (Agrumenia) fausta L. (ALBERTI 1958/59, NAUMANN & TREMEWAN 1984)
Zygaena (Agrumenia) fausta suevia [sic.] REISS (BURGEFF 1926b)
Zygaena (Agrumenia) fausta suevica REISS (KOCH 1955, REISS & REISS 1970, REISS & TREMEWAN 1967)
Zygaena (Agrumenia) fausta agilis REISS (BERGMANN 1953, KOCH 1955, REISS & REISS 1970, REISS & TREMEWAN 1967)
Agrumenia fausta suevica REISS (FORSTER 1956)
Agrumenia fausta agilis REISS (FORSTER 1956)
Anthrocera fausta L. (SPULER 1906, HERING 1932)

Aus Baden-Württemberg beschriebenes Taxon:
»*Zygaena fausta* var. *suevica*« REISS, 1920 (›Nordrand des Schwäbischen Jura, Hohenneuffen, ... ‹)

Gesamtverbreitung: Vom atlantischen Mittel- und Südportugal über Gibraltar, die Betische Kordillere, entlang dem Mittelmeer bis zu den Pyrenäen und weiter zum Kantabrischen Küstengebirge. Auch am französischen Atlantik, von dort über das Massif Central, das Pariser Becken, die Kreidelandschaften der Champagne bis zum Jura Lothringens; Südfrankreich bis Ligurien (Italien).

Die Populationsgruppen in Mitteleuropa bilden kein zusammenhängendes Areal. Zwischen den einzelnen Gruppen sind oft weite Strecken nicht besiedelt. Zwei nördliche Keile, die sich in W-NE-Richtung erstrecken, sind für unser süddeutsches Faunengebiet von besonderem Interesse. Der südliche, entlang dem Rhônetal mit disjunkten Populationen von Genf über Graubünden, zum Bregenzer Wald und Nordtirol, ehemals bis Südbayern reichend (Lech, Isar). Ob von den dortigen Populationen noch Restbestände vorhanden sind oder ob inzwischen alle Populationen erloschen sind, kann derzeit nicht definitiv gesagt werden. Die letzten Beobachtungen datieren aus den 50er Jahren (K.-H. WIEGEL, pers. Mitt.). Ein nördlicherer Keil über den Französischen und Schweizer Jura bis zum Rhein (Schaffhausen) setzt sich mit zahlreichen Populationen auf der Schwäbischen Alb, im Fränkischen Jura und im Main-Tauberland (Baden-Württemberg und Bayern) fort und zieht bis Thüringen, wo zugleich der nördlichste und östlichste rezente Fundort dieser Art erreicht wird. In der Literatur des öfteren erwähnte, weiter östlich gelegene *fausta*-Fundorte (Wien, Mähren, Ungarn) haben sich als Falschmeldungen erwiesen. Erst in den 80er Jahren wurde eine isolierte Population im benachbarten Lothringen entdeckt (J. C. WEISS & R. LEESTMANS, unveröffentlicht). Die süddeutschen Populationsgruppen sind im Westen durch die für *Z. fausta* lebensfeindlichen Naturräume Oberrheinebene und Schwarzwald von der lothringischen Population und den weiter westlich anschließenden französischen Populationen völlig abgeschnitten.

Neuere Untersuchungen, intensive Zuchtvergleiche und fertile Kreuzungsexperimente (A. HOFMANN & G. REISS, unveröffentlicht) haben den Verdacht erhärtet, daß die bislang als gute Art geführte nordmarokkanische *Zygaena elodia* tatsächlich mit *Z. fausta* konspezifisch ist. Hierfür sprechen neben morphologischer Identität auch ökologische und ethologische Übereinstimmungen und eine Vielzahl chorologischer Argumente, so daß sich das *fausta*-Areal nun in seiner größten Disjunktion von Hainleite/Thüringen bis nach Ifrane im marokkanischen Mittleren Atlas erstreckt.

Das Evolutionszentrum der coronillophagen *fausta*-Gruppe (mit 5 Arten) ist das SW-mediterrane, besonders das maghrebinische (Sub-)Refugium, von wo eine besonders auffällige Art (*Z. fausta*) bis nach Süd- und Mitteldeutschland ausstrahlt. Insofern kann H. REISS (1926) nur beigepflichtet werden: »Ein Stück Süden ist durch diese schönste aller deutschen Zygaenen zu uns gekommen.«[1]

Subspezifischer Kontext: Die leuchtend rotgefärbte namenstypische *fausta* LINNES wird aus Südfrankreich angenommen (REISS 1932). Schwäbische Alb-Populationen (ssp. *suevica* REISS, 1920) sind durchweg recht einheitlich und können problemlos als konsubspezifisch auf Anhieb erkannt werden. Ihnen lassen sich auch die Populationen des Schweizer Jura angliedern. Die namentlich abgetrennten *fausta*-Populationen aus Oberbayern (ssp. *monacensis* DANIEL, [1932]; Loc. typ.: Wolfratshausen) werden zusammen mit den anschließenden Populationen aus dem österreichischen Lechtal zur ssp. *lacrymans* BURGEFF gezogen. Zu dieser Unterart, die gekennzeichnet ist durch reduzierte Rotzeichnung und bisweilen fehlenden Hinterleibsgürtel, stellt LITZELMANN (1966) auch die fragliche Population vom Isteiner Klotz/Südbaden. BURGEFF (1950) hingegen glaubt diese Population besser zur nachfolgenden ssp. *agilis* ziehen zu müssen. »Im Schweizer Jura und im Gebiet des Oberrheins (Isteiner Klotz) fliegt bereits *fausta agilis* REISS mit ihrer ausfließenden breit gelben Berandung der roten Flecken. Sie geht bis an die Ostgrenze. Nur im Schwäbischen Jura herrscht endemisch eine wesentlich größere und durch geringere Fleckenconfluenz ausgezeichnete Rasse (ssp. *suevica* REISS).« Die Frage muß offen bleiben, ob BURGEFF überhaupt Tiere vom Isteiner Klotz vorgelegen haben (s. Verbreitung). Die Populationen Thüringens (ssp. *agilis* REISS, 1932) unterscheiden sich in der Tat etwas durch ihre kräftigere Weißumsäumung der Vorderflügelflecken. Geographisch zwischen den Taxa *suevica* und *agilis* angesiedelt sind die *fausta*-Populationen aus dem Main-Tauberland; habituell der letzteren stärker angenähert.

---

[1] In der Beurteilung der Schönheit dieses Falters waren sich bereits die älteren Autoren des 18. und beginnenden 19. Jahrhunderts einig. ESPER (1779) interpretiert die LINNÉsche Namensgebung so: »Der Herr Archiater [gemeint ist LINNÉ] hat für einen so schön, so buntgezeichneten Falter einen vielbedeutenden Namen gewählt. Er nennte ihn *Fausta*, den frölichen, den festlichgekleideten *Sphinx*.« Ähnlich inspiriert wurden HÜBNER (1796, ›Freudiger Schwärmer‹), BORKHAUSEN (1789, ›Freudenschwärmer‹), V. MEMMINGER (1830, ›Glücksvogel‹), SPULER (1906, ›die Glücksbringende‹) und auch in unserer Zeit hat diese Ästhetik noch Bestand (BERGMANN, 1953, ›Pracht-Blutströpfchen‹; GAUCKLER, 1952, ›Glücks-Widderchen‹).

Die schönste und auffälligste einheimische Zygaene ist zweifellos das Bergkronwicken-Widderchen (*Zygaena fausta*), unverwechselbar an der roten Halskrause (Patagia) zu erkennen. Die standorttreuen Falter sind fast immer beim Blütenbesuch (hier an *Centaurea jacea* saugend) oder beim Wechsel von einer Blüte zur anderen zu beobachten. Nur bei allergrößter Mittagshitze (Flugzeit im Juli-August!) suchen sie für einige Stunden schattige Plätze in der Bodenvegetation und im lichten Laubwald auf. – Urselberg bei Pfullingen, 630 m 3. 8. 91 A. HOFMANN.

Verbreitung

Regional: Ein erster Hinweis auf *Z. fausta* in unserem Untersuchungsgebiet ist nicht etwa lepidopterologischer Literatur zu entnehmen, sondern der Veröffentlichung eines Mitgliedes »des königl. Statistisch-Topogr. Bureau« (v. MEMMINGER 1830, Beschreibung des Oberamts Blaubeuren). Darin werden auch einige ›seltene Insekten im Blauthal‹ erwähnt (»von Schmetterlingen verdient der *Papilio Apollo* und der Glücksvogel, *Sphinx fausta*, bemerkt zu werden«). Der erste Entomologe, der dann auf *Z. fausta* im Schwabenlande eingeht, ist FREYER (1842; Heft 70, Miszellen »Auch bei Ulm fand sie sich.«). Gemeint sind sicherlich die oben genannten, W von Ulm gelegenen, heute noch existenten *fausta*-Lokalitäten im Blautal. Die HÜBNERschen Anmerkungen ein halbes Jahrhundert zuvor (1796; »Von Herrn PFEIFFER allhier« und »Er ist hier ... nicht selten zu finden«) dürften sich auf die Augsburger Lechtal-Populationen beziehen. Andere Faunisten und Autoren hatten zwar auch stets diese Art behandelt, sie aber immer in weiter südlichere Regionen verwiesen. Fortan verzichtete aber dann kein faunistischer Bearbeiter mehr darauf, dieses Taxon in seinem Arteninventar aufzuführen. Daß dabei vielleicht auch mal der Wunsch die Mutter der Federführung war, kann nicht ganz ausgeschlossen werden (Isteiner Klotz?).

Wie bei kaum einer anderen Widderchenart ist das Vorkommen der wärmeliebenden atlanto-mediterranen *Z. fausta* in Süd- und Mitteldeutschland ausschließlich an Kalkuntergrund gebunden. Die kalksteten Raupennahrungspflanzen sowie meso- und mikroklimatische Sonderbedingungen über Kalkböden sind hier eindeutig die areal-deterministischen Faktoren.

In Südwestdeutschland zerfällt das rezente *fausta*-Areal in drei anscheinend isolierte Populationskolonien. Die nördliche ›Main-Tauber-Gruppe‹ ist gegenwärtig ohne genetischen Kontakt zu den beiden ›Albgruppen‹. Ihr lokales Vorkommen ist an Muschelkalk gebunden. Eine unüberwindbare Barriere nach Süden stellen die Schwäbisch-Fränkischen Keuper-Waldlandschaften dar. Die Fundstellen des Bergkronwicken-Widderchens auf der Schwäbischen Alb sind jurassische Untergrunde und hiervon besonders die SW-NE verlaufende Malm-Schichtstufe. Auf der zur Donau hin abdachenden Malm-Hochfläche kommt es so gut wie nicht vor; erst wieder auf der SE-Albseite an den S- oder SW-Hängen der einschneidenden Wasserläufe, so daß das *fausta*-Areal der Mittleren Alb eine leichte Zweiteilung erfährt. Auch die hierzugehörigen in ihrem Bestand stark gefährdeten Populationen der Ostalb (7126D, Unterkochen; 7126B, Braunenberg; 7127B, Bopfingen-Aufhausen/M. MEIER) scheinen derzeit ohne Kontakt zum Kernareal der ›Mittleren Alb-Gruppe‹, das sich bemerkenswert gut mit dem lokalen Vorkommen des tertiären Vulkanismus deckt. Es reicht in seiner N-S-Erstreckung von der Ostalb (Bopfingen, Aufhausen, M. MEIER) bis zur Zollernalb (7620C, Jungingen, A. HOFMANN) und in der W-E-Achse vom Roßberg bei Gönningen (C. M. NAUMANN) bis ins Blautal (H. & G. REISS) und südlich bis Lauterach (7723A, G. BAISCH).

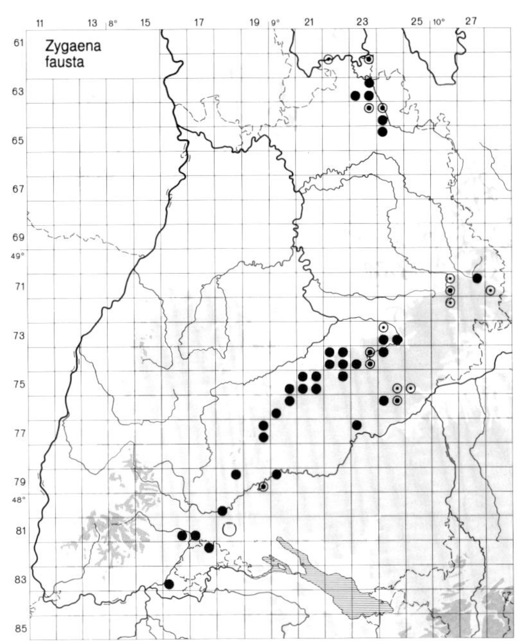

Zwischen den zwei großen Populationsgruppen der Schwäbischen Alb bestehen gegenwärtig anscheinend keine Kontaktzonen. Klimatisch etwas ungünstigere Regionen (Hohe Schwabenalb und südlicher Teil der Mittleren Kuppenalb) trennen auf breiter Front die Mittlere Alb-Kolonien von der ›Südalb-Gruppe‹ (8116D, Aselfingen, I. HEGAR; Eichberg/Blumberg; Geisingen, A. GREMMINGER; 8018C, Amtenhausertal/ Immendingen, R. BANTLE & D. CALMES, 7919D, Beuron, L. DEDERER/coll. REISS). Zumindest liegt aus diesem – an sich nicht streng *fausta*-feindlichen – Zwischenbereich nur eine einzige Meldung vor (Zollernalb, Jungingen NE, 15. 8. 1993, A. HOFMANN). Weitere Nachweise sind hier bestimmt zwischen Balingen und Hechingen zu erwarten. (Aktualisierung s. Nachtrag vom 5. 8. 1994 unter *Z. angelicae elegans*.) Der nördlichste Vorposten der Südalb-Populationskolonie siedelt am Dreifaltigkeitsberg bei Spaichingen (H. & A. HOFMANN).

Trotz intensiver Bemühungen von verschiedener Seite ist es nicht gelungen, die *Z. fausta* vom Isteiner-Klotz zu verifizieren oder endgültig ad acta zu legen. Soweit recherchierbar, zählte als erster REUTTI (1898) diesen *fausta*-Platz auf; leider erfahren wir nicht auf welchen Sammler er sich dabei berief. In seiner früheren Arbeit von 1853 bleibt die Art noch gänzlich unerwähnt, obgleich darin Zygaenen vom Isteiner-Klotz mehrmals aufgezählt werden. Ihm folgend zitieren BURGEFF (1950), LITZELMANN (1966), REISS & REISS (1970) u. a. diese Lokalität. Literaturrecherchen und Aufzeichnungen älterer Entomologen, Begehungen vorort und die gezielte Nachsuche in den verfügbaren Sammlungen erbrachten keine zwingenden Argumente für oder wider einen ehemaligen (oder gegenwärtigen) *fausta*-Fundort in der Umgebung von Istein. Die dortige Untergrundausstattung (ebenfalls Weißer Jura wie auf der Alb), die bevorzugte W- oder SW-Exposition der Hänge und *fausta*-typischer lichter Eichenwald wären unbedingt geeignet, dieser Art ein Vorkommen an dieser Lokalität zu ermöglichen. Großflächige, nicht übersehbare Veränderungen des natürlichen Reliefs (Kalk- und Zementwerk!) haben hier aber in der zweiten Hälfte unseres Jahrhunderts die potentiellen Lebensräume für *Z. fausta* auf wenige kleine Inseln reduziert, so daß ein rezentes Vorkommen kaum noch angenommen werden kann. Die Raupennahrungspflanze konnte von G. REISS und W. SCHÄFER (1963) noch nachgewiesen werden. Im Naturkundemuseum Freiburg steckt 1 ♂ (ohne Originaletikette), dessen Herkunft auf gesonderter Nadel (?) mit Isteiner Klotz angegeben wird. Genauere Daten gibt LIT-

ZELMANN (1966) an: 15.5. 1951 und 9.7. 1957. Das erste Datum kann sich jedoch unmöglich auf Imagines beziehen! Ein Verweis auf Raupen- oder Kokonfunde gibt der Autor aber leider auch nicht[2].

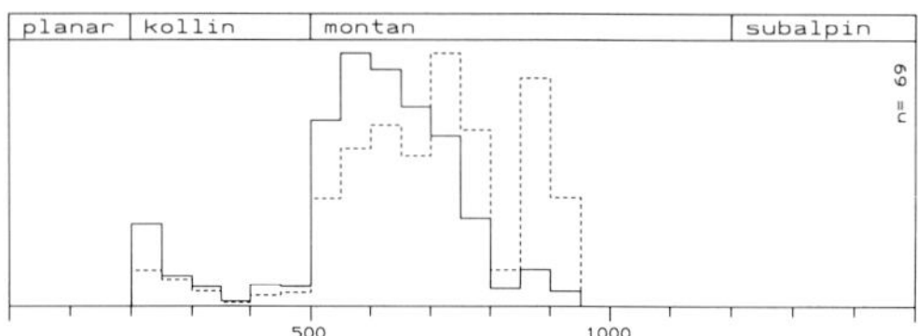

Vertikal: Die vertikale Einnischung des Bergkronwicken-Widderchens hängt eng mit dem Verlauf der lokalen geologischen Schichten zusammen. Mediterrane Vorkommen sind bisweilen nur wenige Meter über dem Meeresspiegelniveau. In den Graubündner Alpen werden die höchsten alpinen Fundorte erreicht. Dort dringt die Art bis weit in die Lawinar- und Wiesenregion der subalpinen Stufe vor (bis 2200 m; VORBRODT 1914, REISS 1950). SE des Bodensees im Bregenzerwald und anderen Teilen Vorarlbergs nimmt *Z. fausta* eine Vertikalspanne von 800–1700 m ein (AISTLEITNER 1990a). Immer aber ist Kalkuntergrund der entscheidend begrenzende Faktor für das Vorkommen der Raupennahrungspflanzen und damit mittelbar auch für das vertikale und horizontale Areal dieser Art selbst.

In Baden-Württemberg bieten nur die kolline (Tauberland) und montane Stufe (Schwäbische Alb) *fausta*-geeignete Lebensräume. Der höchstgelegene *fausta*-Platz auf der Mittleren Schwäbischen Alb scheint am Roßberg bei Gönningen (860 m; G. REISS, P. KAUTT, A. HOFMANN) zu liegen. Die Baaralb-Populationen sind durchschnittlich etwas höher anzutreffen (entsprechend dem Anstieg der Jura-Formation). Hier liegen die Nachweise durchweg oberhalb 650 m (bis max. 880 m). Nur die Populationen, die in die Wutachschlucht vordringen (Aselfingen, 541 m/I. HEGAR und Achdorf, Bleicherenten, 600 m/H. HERRMANN), unterschreiten diese Marke. Mit 910 m bei Beuron (1 ♀, Steighof, NW-Hang, 5.8.55, leg. L. DEDERER, coll. REISS) und fast 950 m am Dreifaltigkeitsberg bei Spaichingen werden die höchsten außeralpinen *fausta*-Fundorte in Mitteleuropa erreicht.

Phänologie

Imagines: Der stark xerothermophil-mediterrane Charakter des Bergkronwicken-Widderchens spiegelt sich nicht nur in der Präferierung S oder SW orientierter Hänge und Böschungen wider, sondern auch in seiner späten, hochsommerlichen Flugzeit. Wenn die südexponierten Schutthänge der Alb die höchste Insolation erfahren, wenn Hitzestau und schwüle Gewitterlagen sich in ergänzender Konkurrenz zueinander befinden, dann erst beginnt die Flugzeit dieser, bei uns jahreszeitlich so spät auftretenden Widderchenart. Auf der Schwäbischen Alb liegt das durchschnittliche Abundanzmaximum im ersten Augustdrittel. Erfahrungsgemäß beginnt die Flugzeit Mitte Juli, im tiefer gelegenen Tauberland manchmal auch schon am Anfang dieses Monats. Hier liegt die Hauptflugzeit fast einen halben Monat früher (letztes Julidrittel). Die Dauer der Flugperiode ist in dieser heißen Hochsommerzeit entsprechend kurz. Bereits Mitte des Monats August sind in manchen Jahren viele Habitate fast wieder ›*fausta*-frei‹ anzutreffen, so daß sich die Flugzeit insgesamt nur über 3, maximal 4 Wochen erstreckt.

Sehr vereinzelte Nachzügler konnte G. REISS allerdings über mehrere Jahre hinweg noch bis Ende August beobachten, ein frisches ♀ sogar noch am 3.9.92 (Pfullingen).

Über auffällige Flugzeitenschwankungen berichten HAAF (1951) fürs Tauberland und REISS (1920) für die Schwäbische Alb. »*Fausta suevica* erscheint

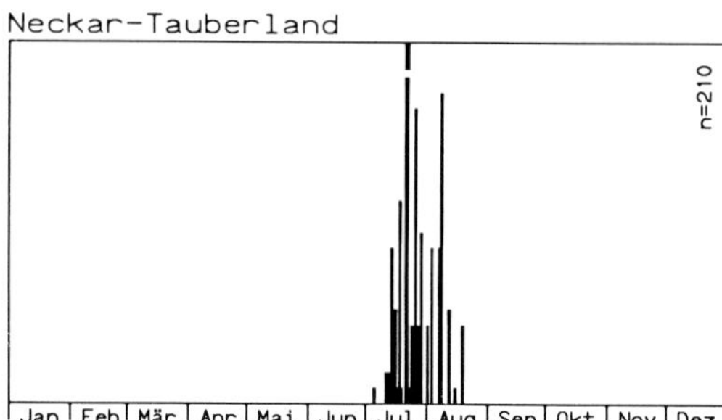

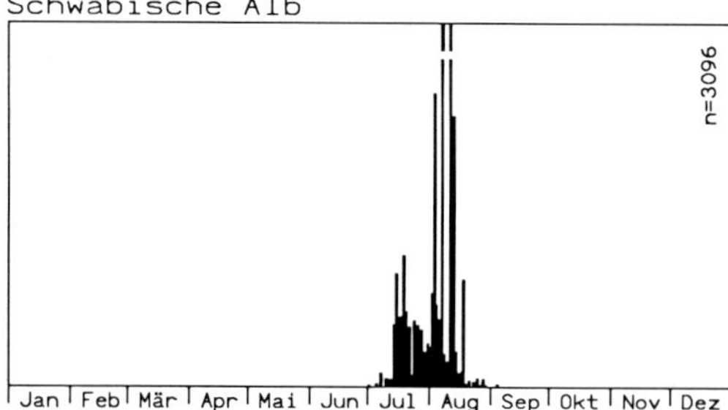

[2] Die Angaben LITZELMANNS sind auch bei einigen anderen Widderchen sehr zweifelhaft (s. *Z. carniolica*-Foto von Kleinkems). Eine Falschdetermination oder Verwechslung mit einer anderen Zygaenenart muß bei *Z. fausta* ausgeschlossen werden.

Zygaena fausta-Männchen (drei rote Körperringe, beim Weibchen nur zwei) sind manchmal in Anzahl auf den Quirlen des Majoran (*Origanum vulgare*) und auf Wasserdost (*Eupatorium cannabinum*) anzutreffen. Noch vor 1 bis 2 Jahrzehnten waren Ansammlungen von einem Dutzend und mehr Faltern auf einem einzigen Blütenstand keine Seltenheit, besonders bei jahrweise hohen Individuendichten. Meldungen mit »Hunderten bis über Tausend Individuen pro Population« (G. REISS) liegen inzwischen 10 bis 15 Jahre zurück. Allen Populationen ist heute eine vergleichsweise geringe Individuendichte eigen. Dieser Trend hat sich seit Mitte der 80er Jahre verstärkt. – Genkinger Steige, 590 m 3. 8. 91 A. HOFMANN.

in normalen Jahren Ende Juli, im Jahre 1919 erschienen die ersten erst am 10. August, dieses Jahr [1920], das der Entwicklung sehr günstig war, traf ich sie zu meiner Ueberraschung in großer Anzahl schon am 15. Juli an« (REISS 1920). Vergleichbares läßt sich über die Jahre 1992 und 1993 sagen. Waren 1992 die ersten Falter an fast allen Lokalitäten Mitte bis Ende Juli zu beobachten, so begann die Erscheinungszeit 1993 mindestens einen halben Monat später. Auch für Thüringen liegen solcherlei Notizen vor (BERGMANN 1953: »Eintritt und Dauer der Flugzeiten sind sehr von dem Witterungsverlauf abhängig.«). HAAF weist ferner auf unterschiedliche Phänologien in Abhängigkeit von der Exposition des Standortes hin. Nord- und Südhang-Populationen wichen in ihrer Entwicklung ca. 3 Wochen von einander ab, obgleich die untersuchten Lokalitäten nur 500 m Luftlinie auseinander lagen. Zeitlich zwischen diesen beiden Extremstandorten lagen die WSW oder NE orientierten Biotope. Obwohl viele Populationen dieser Art, besonders in mediterranen Regionen, bivoltin sind, und diese evolutionsökologische Strategie auch zum genetischen Reservoir unserer Populationen gehört, sind Freilandbeobachtungen einer partiellen zweiten Generation aus Süddeutschland nicht zu vermelden. Allerdings erhielt G. REISS (1966) »bei Zuchtversuchen eine zweite Generation. Das Eimaterial (1 Spiegel) wurde im August eingetragen. Die Jungräupchen überwinterten (1965/66) im Freien. Wegen zu warmer Frühlingswitterung kamen die Räupchen 1966 zu früh aus der Überwinterungshaut und wurden mit Jungtrieben von *Coronilla coronata* gefüttert. Die F_1 Generation schlüpfte ab dem 25.5.66. Anfang Juni wurde eine Copula erzielt. Es entwickelte sich dann eine partielle 2. Generation, deren Falter ab Ende September (ab 25.9.) bis Mitte Oktober schlüpften. Die übrigen Raupen gingen in Hibernation und wurden im Biotop wieder ausgesetzt« (Zuchtbericht G. REISS).

Präimaginalstadien: Die lokale Häufigkeit dieser Art spiegelt sich auch in zahlreichen Freilandbeobachtungen halberwachsener (L_5, L_6) und erwachsener (L_7, L_8?) Postdiapausenraupen wider. Da *Z. fausta* in ihrem Habitat nur mit einer einzigen anderen Zygaenenart (*Z. angelicae elegans*) in direkter Raupennahrungspflanzenkonkurrenz steht und die Raupe darüberhinaus sehr charakteristische, auffällige Zeichnungsmerkmale besitzt (rotes Nackenschild und rote Nachschieber), ist diese Art auch im Larvalstadium unverwechselbar. Des öfteren werden fressaktive Raupen im vorletzten (L_6 oder L_7) oder einem früheren Stadium Ende Mai beobachtet (24.5. 1990, G. BAISCH; 23.5. 1975, D. GATTER: 4 Raupen »halb-dreiviertelwüchsig«). W. UEBEL meldet vom 19.5. 1979: »6 Räupchen, ca. 1 cm groß, an der Futterpflanze«. Hierbei dürfte es sich um das zweite Postdiapausenkleid (L_5 oder L_6) handeln. Die Junimeldungen beziehen sich dann meistens schon auf erwachsene Raupen (11.6. 1974, A. WALTER: »30 erwachsene Raupen«; 17.6. 1978, D. BARTSCH, 30 L). Von C.M. NAUMANN liegt noch ein Raupennachweis Mitte Juli aus Honau (>750 m) vor (13.7. 1963). Auf die Abhängigkeit der Flugzeiten von Höhenlage und Exposition weist HAAF (1951) ausdrücklich hin. Das späte Datum der NAUMANNschen Raupen erklärt sich gut mit der Höhenlage dieses Standortes. Hierzu paßt ferner eine Beobachtung von G. REISS, P. KAUTT und A. HOFMANN, die noch am 11.7. 1992 vier Raupen (davon 3 erwachsene, eine sogar noch im vorletzten Stadium!) auf 850 m Höhe am Roßberg südlich Gönningen fanden. Auch Kokonfunde, meistens am Boden im trockenen Buchenlaub unweit der Nahrungspflanze, werden gemeldet (3. u. 4.7. 1989, G. REISS). So unverwechselbar wie die Imagines und Raupen, so ist auch der glänzende, ovoid-tönnchenförmige Kokon mit keiner

Zygaena fausta-Kopulae sind ab dem frühen Nachmittag regelmäßig anzutreffen. Zur Flugzeit der Falter ist die Raupennahrungspflanze (*Coronilla coronata*) bereits verblüht, die Samenstände sind aber noch grün. An der Fülle und Größe der Samenstände läßt sich übrigens gut die Vitalität und eventuelle Pflegebedürftigkeit der Bergkronwicken und ihrer Standorte ablesen. Bei zu intensiver Beschattung sind die hängenden »Trauben« nur dürftig entwickelt. An solchen Lokalitäten ist unbedingt ein Eingriff in Form von Auslichten oder Zurückdrängen einiger Büsche und Bäume notwendig, um dadurch der bereits dezimierten *fausta*-Population zu helfen. Kopulierende Tiere sitzen oft an trockenen Grashalmen, an der Wirtspflanze der Raupe oder bis zu 2 m hoch im Laubwerk. Die Kopula dauert oft viele Stunden, nicht selten bis zum nächsten Morgen. – Urselberg bei Pfullingen, 630 m 3. 8. 91 A. Hofmann.

anderen Widderchenart zu verwechseln. Die Kokonphase (18–21 Tage) dauert im allgemeinen länger als bei den anderen mitteleuropäischen Zygaenen (14–18 Tage).

Einschichtig werden die Eier in 3–5 geordneten, leicht versetzten Reihen, durchschnittlich 15–25 Stück je Gelege (›Spiegelform‹) an der Blattunterseite der Raupennahrungspflanze angeheftet (3.8. 1991; A. Hofmann). Nach 7 Tagen schlüpfen die zunächst fast farblosen Eiräupchen, die nach den ersten Nahrungsaufnahmen aber zunehmend grüner werden. Sie durchlaufen vor der Überwinterung drei Häutungen, ehe sie in L_{4D} (ca. 5–6 Wochen nach der Eiablage), jetzt wieder ziemlich entfärbt (glasig-cognacfarben), ab Anfang/Mitte September in die obligatorische Diapause eintreten (mehrere Zuchtberichte G. Reiss & A. Hofmann, unveröffentlicht).

Eine ausführliche Beschreibung der Larvalbiologie, die sich ausgezeichnet mit unseren Beobachtungen deckt, liegt aus dem Bölchengebiet (Schweiz, Kanton Basel-Landschaft, Huber 1987 u. 1988) vor. Hierin werden auch Freilandbeobachtungen der Prädiapausenraupen (3–5 mm große Räupchen) Mitte September angeführt. Eine Raupe fraß »weiter bis zum ersten Frost im November. Dann verkroch sie sich in eine trockene Erdspalte (Länge ca 6 mm).« Nach der Überwinterung maß die Raupe im April des nächsten Jahres noch 4 mm. 2 Wochen später, nach sofortiger Futterannahme, war die alte Größe von 6 mm wieder erreicht. Die Verpuppung erfolgte Ende Juni in »grünen oder leicht dürren Blättchen« und ergab nach 21–23 Tagen die Falter.

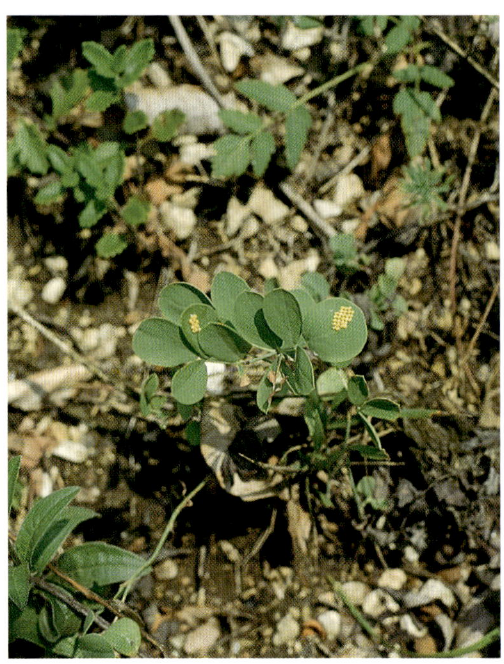

Bevorzugte Eiablageorte sind die Blattunterseiten mehrjähriger Pflanzen der Bergkronwicke. Wesentlich seltener wird so offensichtlich wie hier das Gelege auf die Oberseite einer Jungpflanze plaziert. Die *fausta*-Eispiegel sind einschichtig und bestehen meist aus ein bis drei Dutzend Eiern, aus denen nach 7 oder 8 Tagen die zunächst glasigen Eiräupchen schlüpfen. – Schelklingen, Hartenbuch, 630 m 3. 8. 91 A. Hofmann.

Ökologie

Lebensraum: Das Lebensraumspektrum von Populationen an der Peripherie des Artareals ist erwartungsgemäß klein. So wird das Bergkronwicken-Widderchen in unseren Gefilden durch eine geringe Lebensraumdiversität als deutlich stenöke Art ausgewiesen. Fast alle Alb-Fundorte sind südlich (S, SW, SE; seltener W, noch seltener E) exponiert. Die wesentlich niedriger gelegenen Tauberlandlokalitäten sind zwar auch überwiegend solcher Ausrichtung, doch konnte HAAF (1951) in diesem Naturraum fast das ganze Kompaßspektrum, einschließlich einiger N-Hänge (!), an *fausta*-Lebensräumen ausfindig machen. Deutlich bevorzugt und stets mit den höchsten Individuendichten sind aber auch hier die südlicher exponierten Lagen.

Selten im offenen Gelände; nur ausnahmsweise werden dort vereinzelte Individuen angetroffen. Die bevorzugten Lokalitäten sind zweifellos im, am Rande oder aber in Verbindung mit hochstämmigem, lichtdurchflutetem, wärmeliebendem Wald.

Frisch geschlüpfte *Zygaena fausta*-Jungraupen an der Wirtspflanze. Nach dem Verlassen des Eies wird als erstes die proteinhaltige Eischale verzehrt, bevor vom zweiten Tage an die Blätter der Wirtspflanze in charakteristischer Weise (»Fensterfraß«) befressen werden. Oft bleiben die Räupchen dann noch einige Tage grüppchenweise zusammen. – Tauberland, NSG Langenfeld 17. 8. 91 H. LUSSI.

Alte lichte Misch- oder Reliktföhrenwälder, darin besonders Auflockerungsbereiche wie breite Wege und Böschungen, Geröllhalden, Steinbrüche und Abrißkanten sind die eigentlichen *fausta*-Lebensräume. Auch jüngere Eichen- und Buchenwälder (falls nicht zu dicht gepflanzt) bieten noch ausgezeichnete Lebensmöglichkeiten für das Bergkronwicken-Widderchen. Die Imagines können auch im anschließenden Trockenhang (z.B. am Eichberg/ Blumberg im dortigen Halbtrockenrasen), dort gelegentlich sogar in größerer Anzahl, angetroffen werden. Selbst dem eigentlichen Biotop 500 m bis 1 km entfernte Standorte werden noch aufgesucht. Dies ist besonders dann der Fall, wenn im *fausta*-Lebensraum die Nahrungsblüten vertrocknet oder in zu geringer Anzahl vorhanden sind. Übereinstimmende Anmerkungen zu diesem Verhalten liegen von G. REISS und A. HOFMANN vor. Im August 1989 konnten am Fuße des Eichberges/ Blumberg zahlreiche Falter (♀♀ und ♂♂) weit entfernt (400–800 m) von ihrem eigentlichen Habitat (am Südwesthang des Berges) beim Blütenbesuch auf Skabiosen im feuchteren Talgrund (am Krottenbach) beobachtet werden. Dabei wurden mehr als 200 m Höhendifferenz zurückgelegt! Ansonsten ist *Z. fausta* – wie ja zygaenenüblich – eher standorttreu, dem Bergkronwicken-Larvalhabitat auch als Falter eng verbunden.

Nahrung der Raupe:
Coronilla coronata – Bergkronwicke
5 E,L (BAI, BAR, GAT, GRE, HOF, LOS, LUS, KAH, KAP, NAU, REI, RSG, RSH, UEB, WAT)

Aus Baden-Württemberg liegen gesicherte Nachweise (diese allerdings in Anzahl) nur für die gelbblühende Bergkronwicke als Raupennahrungspflanze vor. Die einzelnen Populationen sind streng monophag, die Art aber ist in ihrer gesamtspezifischen Bindung als oligophag an hartblättrigen Coronillen (Kronwicken) einzustufen. Niemals werden weichblättrige Kronwicken (*C. varia, C. emerus*) akzeptiert, auch nicht in allergrößter Not oder als Ersatzfutter. *C. juncea* und *C. valentina* sind im Mittelmeerraum wichtige Nahrungspflanzen. Hinzu kommt die kleinblättrige *C. minima*, an der auch die lothringische Population zu leben scheint (R. LEESTMANS). Die gleiche Pflanze gibt FREYER (1851) als Raupennahrungspflanze der erloschenen oberbayrischen Kolonien an. Wahrscheinlicher ist aber, daß es sich hierbei um *Coronilla vaginalis* (ebenfalls niedrig-kriechend, gelbblühend) handelt. Für Thüringen nennt BERGMANN (1953) neben *C. coronata* noch Freilandraupenfunde auf eben dieser Scheidenkronwicke

(*C. vaginalis*), die kleinräumiger als *C. coronata*, auch in unserem Untersuchungsraum (südliche Schwäbische Alb) vorkommt. Im Bölchengebiet (Kanton Basel-Landschaft) fand HUBER (1987, 1988) die Raupen anscheinend ausschließlich auf der Scheidenkronwicke. Auch GAUCKLER (1952) führt diese Art an (»im Südbayerischen Alpenvorland sowie z.T. auch in der benachbarten Schwäbischen Alb«). Sichere Freilandnachweise dieser Pflanzenart stehen bei uns allerdings noch aus, sind aber bestimmt zu erwarten. Von einigen älteren Autoren (HEINEMANN 1859, WILDE 1861) wird ferner *Ornithopus pusillus* (Vogelfuß), eine den Coronillen nahe verwandte Art, angeführt. Vermutlich handelt es sich dabei um eine Falschbestimmung, da die genannte Art völlig andere Lokalitäten besiedelt (Sandfluren u.ä.).

Habitat: Von überragender Bedeutung für das Vorkommen des Bergkronwicken-Widderchen sind die Blut-Storchschnabel-Gesellschaften (Geranion sanguinei), insbesondere der Hirschwurz-Saum (Geranio-Peucedanetum cervariae). Diese wärme- und lichtliebenden Saumgesellschaften, besonders in Verbindung und Verzahnung mit aufgelockertem Flaumeichenwald (Quercion pubescentis), bieten ideale Voraussetzungen für alle biologischen Stadien dieser Art. Auch die entsprechenden Kontaktzonen zum Kiefern-Eichenwald (Pino-Quercetum), zum Erico-Pinion (z.B. am Eichberg/Blumberg), dem Berberidion (hier vor allem Schlehen-Ligusterbusch) und zu Buchenmischwaldbeständen (z.B. Genkinger Steige) sind noch ausgezeichnete *fausta*-Habitate. Die Waldrandökotone (Mäntel- und Saumgesellschaften) sind insgesamt für die blütenbiologischen Ansprüche der Imagines von allergrößter Wichtigkeit (z.B. Prunetalia-Kontakt-Gesellschaften mit *Origanum vulgare*). Ebenso schüttere *Anthericum*-Halden. Dagegen tritt das anschließende offene Mesobrometum deutlich zurück, wenngleich für die Imagines hierin immer noch ein wichtiges Nahrungsblütenpflanzenreservoir zu bestehen scheint (s. auch unter Lebensraum). Für larvalbiologische Stadien sind die Gesellschaften des Mesobromion erecti-Verbandes allerdings unbedeutend, da die einzige *fausta*-Raupennahrungspflanze in unserem Gebiet (*C. coronata*) dieser Vergesellschaftung im allgemeinen fehlt. Standorte, wo die Bergkronwicke doch im offenen oder versaumenden Halbtrockenrasen vorkommt (z.B. am Urselberg/Pfullingen) und wo sie bisweilen sogar große Bestände bildet, werden von den Weibchen nicht als geeignetes Präimaginalhabitat akzeptiert (G. REISS & A. HOFMANN, unveröffentlicht). Raupenfunde und Eiablagen waren nur im nicht-offenen Bereich auszumachen. Auch konnten in den zur Flugzeit längst verblühten *Coronilla*-Beständen des Mesobromion erecti keine Imagines beobachtet werden, so daß der Trespen-Halbtrockenrasen tatsächlich nur als Blütenpflanzenressource für die Imagines ein Rolle spielt.

Nahrung des Falters: Eindeutige Hauptnahrungsblütenpflanze ist der Wilde Majoran (*Origanum vulgare*). Ca. 50% aller Angaben zur Blütenökologie beziehen sich auf diese Charakterart der Origanetalia-Ordnung. An zweiter Stelle sind *Scabiosa columbaria, Knautia arvensis,* Flockenblumen (*Centaurea jacea*/I. HEGAR und *C. scabiosa*/G. EBERT u. F. KIRSCH) und diverse Kratzdistel-Arten (*Cirsium* cf. *rivulare*/J.U. MEINEKE; *C. arvense*) zu nennen. Diese Rot-Blau-Blüher spielen besonders im Waldsaum und im Trockenhang eine übergeordnete Rolle. Ebenso an Kalkaster (*Aster amellus*/J. U.MEINEKE), *Prunella grandiflora* (A. HOFMANN) und *Knautia silvestris* sind – wenngleich seltener – saugende Imagines zu beobachten gewesen. Aber auch aus dem weißen bis überwiegend weißlichen Blütenfarbenspektrum sind mehrere Meldungen anzuführen wie *Sambucus racemosa, Clematis* spec. (beide D. GATTER) und *Valeriana officinalis* und *Anthericum ramosum* (A. HOFMANN). Interessant ist, daß darüberhinaus Gelb-Blüher nicht selten besucht werden. Eine denkbare Erklärungsmöglichkeit erlaubt die Tatsache, daß die stets gelbblühenden diversen Raupennahrungspflanzen in vielen mediterranen Lokalitäten zur Flugzeit der Imagines die einzigen Blüten im Habitat und nolens volens dann die einzigen Nahrungspflanzen der Falter sind, so daß sich in diesem *fausta*-Kernraum (Entstehungsraum?) eine gewisse doppelte Affinität an die Nahrungspflanze entwickeln konnte, die inzwischen Bestandteil des spezifischen Inventars geworden zu sein scheint. Ansonsten werden gelbfarbene Blüten von den meisten Widderchenarten deutlich weniger frequentiert. Da bei uns die Raupennahrungspflanzen zur Flugzeit der Imagines aber längst verblüht sind, waren keinerlei Meldungen dieser Art zu erwarten gewesen. Doch andere gelbe Blüten substituieren diese zweite Seite einer doppelten Bindung (larvalbiologisch und blütenökologisch) an die hartblättrigen Kronwickenarten: *Melilotus officinalis* und *Senecio jacobaea* sind, wie die Vielzahl an Beobachtungen (allein 15 Meldungen an zwei Tagen!/G. REISS & A. HOFMANN) annehmen läßt, mehr als nur zufällig aufgesuchte Blütenpflanzen.

Verhalten: Auf ausgezeichnete Flugleistungen weisen HAAF (1951) und REISS (1920, 1925, 1967b) hin. »Mit der Benennung der Unterart ›*agilis*‹ REISS hat der Autor das lebhafte Verhalten der Tiere unseres Gebietes [gemeint ist das Tauberland] bei starker Insolation trefflich charakterisiert, denn das Flugvermögen an windstillen, xerothermischen Plätzen kann als unübertrefflich bezeichnet werden« (HAAF 1951). Dies trifft besonders dann zu, wenn die Tierchen beim Blütenbesuch gestört werden. »... bei einsetzendem Regenwetter und am späten Nachmittag ziehen sie sich an Ruhestellen im Gras oder im Strauchwerk zurück, wo sie auch die Nacht verbringen« (REISS 1967b). Aber auch bei brütender August-Mittagshitze flüchten die Falter nicht selten ins schattige Laubwerk (z.B. Schlehen-, Ligusterbüsche).

Fremdkopulae wurde in unserem Untersuchungsraum anscheinend nur sehr selten beobachtet. Dies mag zum einen mit der auffälligen optischen Abgrenzbarkeit (auch und gerade für andere *Zygaena*-Arten) und zum anderen mit der zeitlichen und habitatmäßigen Trennung von diesen potentiellen Irritierern zu erklären sein. Im eigentlichen *fausta*-Habitat fliegt nur noch *Z. angelicae elegans*, deren Flugzeit allerdings bereits endet, wenn *Z. fausta* gerade zu fliegen beginnt. Nur im Saumbereich (hier besonders mit *Z. ephialtes* und *Z. transalpina*) und im offenen Halbtrockenrasen sind interspezifische Kontakte möglich, wobei sich die Flugzeiten der meisten Trockenrasen-Arten ebenfalls bereits in ihrem letzten Drittel befinden. Nur in coll. REISS steckt eine Copula *viciae* ♂ × *fausta* ♀ vom Hagenbuch [= Hartenbuch] bei Schelklingen (3.8. 1962). HOLIK (1933) hat die Literatur nach artfremden Copulae durchgesehen und eine umfassende Liste publiziert. Danach wurde *fausta* überhaupt nur mit *Z. transalpina* (♀♀ und ♂♂) und *Z. carniolica* (♂) in Verbindung gefunden, während beispielsweise für *Z. filipendulae* oder *Z. purpuralis* jeweils mehr als ein halbes Dutzend Kombinationen bekannt wurden.

Z. fausta ist zwar eine sehr lokale Art, an ihren Fundorten aber doch bisweilen extrem häufig. Nicht selten wird (wurde) von ›Massenvorkommen‹ berichtet (G. REISS, G. BAISCH, F. KIRSCH, C.M. NAUMANN), von Individuendichten, die zur völligen Überbesetzung der Blütenquirle des Wilden Majoran (10–25 Tiere auf einer einzigen Blüte/G. REISS) führten und wo in den Monaten zuvor die Raupennahrungspflanzen regelrecht kleingeschrotet wurden. Die Populationsgröße erreicht in günstigen Jahren an einigen Fundorten auf der Schwäbischen Alb (Schelklingen, Neuffen/ G. REISS, Blumberg/ G. REISS & A. HOFMANN) und im Tauberland (F. KIRSCH) die stattliche Summe von mehreren Hundert bis einigen Tausend Individuen.

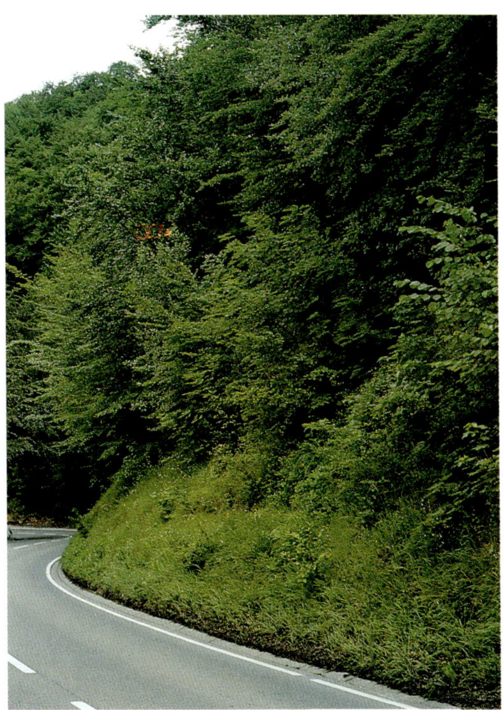

Entlang der Straße Neuffen – Hülben befindet sich die Typenlokalität der *Zygaena fausta suevica*, genauer gesagt das, was davon noch übrig geblieben ist. Überschattung durch hochwüchsige Buchen, dichte Verbuschung, Straßenrandbegradigung, alljährliches gründliches Mähen des verbliebenen Restes (im Juli oder August!) und sehr hohes Verkehrsaufkommen haben die hiesige Population an den Rand des Erlöschens gebracht. Nur wenige Bergkronwicken (gelbe Blüten) und fast keine Sitzblüten sind im »Restbiotop« noch vorhanden. – Albsteige Neuffen – Hülben 17. 7. 91 A. HOFMANN.

Solch übermäßiger Populationsdruck (mit Streß und Futternot) bedingt sicherlich eine Dynamik, die über den eigentlichen Aufenthaltsort der Population hinausgeht und zur Besiedelung eher marginaler Habitate (N oder E Lagen) führt. Die ausgezeichneten Flugleistungen kommen der Art hier zu Gute.

Parasitoide: D. BARTSCH berichtet von einem *fausta*-Eigelege an *C. coronata* das parasitiert war und sich bereits dunkel verfärbt hatte (vermutlich Zehrwespen, Proctotrupoidea, Hymenoptera). Nachgewiesene *fausta*-raupenparasitoide Tachinidae (Insecta, Diptera) aus Baden-Württemberg ist bislang nur *Phryxe prima* (BURGEFF; NAUMANN/ Umgeb. Pfullingen; det. TSCHORSNIG & HERTING; unveröffentlicht). Weitere Arten sind hier sicherlich zu erwarten.

Gefährdung und Schutz

Rote Liste Bundesrepublik: 3
Rote Liste Baden-Württemberg: 2

Oberrheinebene: Nicht vertreten.
Schwarzwald: Nicht vertreten.
Neckar-Tauberland: Art der Vorwarnliste.
Schwäbische Alb: Stark gefährdet (regional vom Aussterben bedroht).
Oberschwaben: Nicht vertreten.

- In Baden-Württemberg stark gefährdet!
  Besonders geschützt gemäß § 20 e ff. BNatSchG.

Unübersehbare negative Bestandsveränderungen sind auf der Ostalb zu verzeichnen. Begehungen von G. Reiss und M. Meier (1993) zur Hauptflugzeit der Falter und gezielte *Coronilla coronata*-Kartierungen von M. Meier zeichnen hier ein düsteres Bild. Fast alle *fausta*-Kolonien sind dort verschwunden oder drohen zu erlöschen.

Ohne die annuellen Schwankungen der Populationsgrößen überzubewerten, zeigt sich doch bereits heute deutlich ein Gesamtrückgang dieser Art. In den 70er und noch mehr in den 60er Jahren unterlagen die *fausta*-Populationen zwar auch jahrweise manchmal starken Schwankungen, diese bewegten sich jedoch innerhalb einer deutlich höherliegenden Bandbreite. Kolonien mit einer Bestandsgröße von mehreren Hundert bis einigen Tausend Individuen waren keine Seltenheit (G. Reiss, C.M. Naumann). Solcherart Beobachtungen liegen uns aus den vergangenen 10–15 Jahren nicht mehr vor. Ende der 80er Jahre sind nochmals ein paar recht ordentliche *fausta*-Jahre zu nennen (quantitativ aber stets bedeutend geringere Individuendichten als 1970–80). Seit 1990 finden gezielte Begehungen mit zahlenmäßigen Abschätzungen der Populationsgrößen statt (G. Reiss, A. Hofmann). Dabei zeigte sich nochmals eine zahlenmäßige Rückläufigkeit und die Tendenz scheint weiter fallend. War die Gesamteinschätzung für die Mittlere Schwäbische Alb und den Eichberg/Blumberg für 1990 und 1991 noch ›einigermaßen ordentlich‹ (Blumbergkolonie ca. 300 Individuen zur Hauptflugzeit), so gilt diese Einschätzung für 1992 schon mit weiteren Einschränkungen. 1993 muß als ›miserabel‹ bezeichnet werden. Während zur Hauptflugzeit am Blumberg 1992 ca. 200 Individuen bei einer mehrstündigen Begehung gezählt wurden, waren es 1993 nur zwei Dutzend (höchstens 10%). Zahlreiche Begehungen (A. Hofmann, G. Reiss) an unterschiedlichen Lokalitäten und an verschiedenen Tagen zeigten diese Relationen. Auch war 1993 die Flugzeit um 10 bis 14 Tage (bis weit in den August hinein) verschoben. Dies mag eine witterungsbedingte annuelle Ausnahme sein. 1993 bestand zur Verpuppungszeit der Raupen im Juli eine außergewöhnlich lange Schlechtwetterperiode mit niedrigen Temperaturen und hohen Niederschlägen. Es bleibt abzuwarten wie sich solche ›normale Beeinträchtigungen‹ auf bereits bedrängte und dezimierte Populationen auswirken.

Insgesamt fällt auf, daß aus den letzten beiden Dekaden wesentlich weniger 'Massenvorkommen'-Meldungen registriert wurden. Den Schilderungen älterer Entomologen (H. Reich, G. Reiss) ist zu entnehmen, daß das Bergkronwicken-Widderchen in seinen heutigen Habitaten stets wesentlich häufiger war, als dies jetzt der Fall ist. Dies gilt insbesondere für die Ostalb und die Mittlere Schwäbische Alb, wo einige klassische *fausta*-Fundorte (Schelklingen, Hülben, Genkinger Steige etc.) inzwischen zu erlöschen drohen oder bereits erloschen sind (Braunenberg, Unterkochen; M. Meier). Die Ursachen hierfür sind überwiegend zunehmende Überschattung durch dichten und hochwüchsigen Wald und damit verbunden ein unmittelbarer Rückgang der einzigen Raupennahrungspflanze. Als Grundvoraussetzung für einen dauerhaften Fortbestand dieser Art muß an erster Stelle der Erhalt der (für Falter und Raupen gleichermaßen wichtigen) wärmeliebenden Blutstorchschnabelgesellschaften an den Waldsäumen und auf lichten Waldinseln und -wegen genannt werden.

Anthropogene Eingriffe müssen für die Bestandsgefährdung dieser Art ebenfalls angeführt werden. Aufforstung mit zu dichtem Baumbestand, Straßenbau und intensive Straßenrandwartung durch zu breitbahniges Mähen in Verbindung mit hohem Verkehrsaufkommen haben an einigen Lokalitäten die Individuendichten bereits bedenklich schrumpfen lassen (z. B. Straße Neuffen – Hülben; Typenlokalität!!). Regelmäßige Beobachtungen von G. Reiss über einen Zeitraum von fast 50 Jahren belegen eindeutig die forcierte Dezimierung der Populationen und Individuendichten an diesen »alten Lokalitäten« seit etwa zwei Jahrzehnten. Hier sollte rechtzeitig (ohne weiteres Zögern) mit Schutzmaßnahmen begonnen werden. Ein gesicherter Erhalt dieser interessanten mediterranen Art dürfte zum derzeitigen Zeitpunkt vielleicht noch ›einigermaßen problemlos‹ zu bewerkstelligen sein. Wesentlich schwieriger und aufwandsintensiver wird sich ein Schutz erzielen lassen, sollte sich die gegenwärtige Tendenz in den nächsten Jahre fortsetzen.

Von der südlichen Baar-Alb-Gruppe kann nur noch die Population des Eichberg/Blumberg als intakte Kolonie mit entsprechendem Areal und manchmal individuenreichen Jahrgängen bezeichnet werden. 1994 wurde vom Klettgau nahe der Schweizer Grenze eine neue *Z. fausta*-Population gemeldet (D. BRANDT, J. GENSER). Es ist dies das südlichste Vorkommen dieser Art in Deutschland.

Insgesamt besser scheinen die Tauberland-Kolonien dazustehen. Regelmäßige *fausta*-Rapports von F. KIRSCH zeigen ein noch recht erfreuliches Bild, an dem sich noch keine nennenswerten Dezimierungstendenzen erkennen lassen.

Zusammen mit *Z. angelicae elegans* bildet *Z. fausta* ein Bio-Indikatorenpaar, das für die Bewertung der wenigen noch intakten Steppenheidewälder der Schwäbischen Alb herangezogen werden kann. Wo eine dieser Arten oder gar beide Arten verschwunden oder die Individuendichten der Populationen merklich rückläufig sind, liegt der begründete Verdacht nahe, daß Veränderungen im Gange sind, die zu einer Strukturveränderung im Gesamtgefüge ›Flaumeichenwald‹ führen werden. Besonders zu starke Verinselung (durch beengende Aufforstung), und die verstärkte Beschattung durch höherwüchsige Baumarten (z.B. Buchen) haben bereits vielerorts die wichtigen Säume (besonders den Hirschwurzsaum) dieser wärmeliebenden Wälder arg in Bedrängnis gebracht. Die bereits jetzt sichtbaren Folgen sind deutliche Rückgänge bei *Z. fausta* und ein drohendes Erlöschen bei *Z. angelicae elegans*.

Zygaena carniolica
(Scopoli, 1763)

Esparsetten-Widderchen

Zygaena (Agrumenia) carniolica SC. (ALBERTI 1958/59, BERGMANN 1953, HOLIK 1953, NAUMANN & TREMEWAN 1984)
Zygaena carniolica media REISS (EBERT 1978, REISS & TREMEWAN 1967)
Zygaena carniolica diluviicola BGFF. (EBERT 1978, REISS & TREMEWAN 1967)
Zygaena (Agrumenia) carniolica diluviicola BGFF. (REISS & REISS 1970)
Zygaena carniolica modesta BGFF. (REISS 1926, REISS & TREMEWAN 1967)
Zygaena (Agrumenia) carniolica modesta BGFF. (BURGEFF 1926b, KOCH 1955, REISS 1937, REISS in SEITZ 1930–1933, REISS & REISS 1970)
Zygaena carniolica var. *diluviicola* BGFF. (= *media* REISS) (BURGEFF 1926b, REISS in SEITZ 1930–1933)
Agrumenia carniolica modesta BGFF. (FORSTER 1956)
Anthrocera carniolica SC. (SPULER 1906)
Agrumenia carniolica SC. (NOVAK & SEVERA 1980, KOCH 1984)

Aus Baden-Württemberg beschriebene Taxa:
»*Sphinx meliloti*« HÜBNER, 1796 (›bey Heidenheim an der Prenz‹)[1]
»*Zygaena (Agrumenia) carniolica* var. *diluviicola*« BURGEFF, 1926 (›Ihringen und Bickensohl‹)
»*Zygaena carniolica* v. *media*« REISS, 1918 (›Neuffen und Weil der Stadt‹)

Gesamtverbreitung: Wenige disjunkte Populationen in Westfrankreich und südlich der Pyrenäen. Von Südfrankreich bis Sizilien, dem Balkan, Kleinasien, Syrien bis zum iranischen Elbursgebirge. Im Osten fast bis zum Baikal-See, im ehemaligen sowjetischen Zentralasien (?) und Nordwestchina (W. ECKWEILER, unveröffentlicht). Nördlich bis zu den Benelux-Staaten (?), Norddeutschland, Pommern und Weißrußland. Vom Atlantik sind keine unmittelbaren Küstenpopulationen bekannt; wohl aber aus Italien und vom östlichen Mittelmeer. Auch auf den Adriatischen, Ionischen und einigen Ägäischen Inseln ist die Art vertreten.

Neben *Zygaena fausta* und *Z. ephialtes* zählt *Z. carniolica* zu den wenigen Widderchenarten, die so unverwechselbar sind, daß keine Falschmeldungen aufgrund von Fehlbestimmungen anzunehmen sind. Bedingt durch erhebliche infraspezifische Variationen kommen habituelle Konvergenzen bei vielen Arten vor, und nicht selten mußten Falschmeldungen registriert werden.

Das unverkennbare Esparsetten-Widderchen ist eine polytypische Widderchenart mit außergewöhnlichen ökologischen Valenzen. Sie besiedelt mediterran-maritime Regionen bis zur ersten Stranddüne (Italien), ebenso kontinentale Klimate im Nordosten Europas und östlich des Urals. Selbst alpine Dornenpolsterbereiche oberhalb 3100 m/NN (Türkei) gehören zu ihrem potentiellen Siedlungsgebiet. In Europa wird aber nirgendwo die subalpine Hochgebirgsstufe überschritten, in Süddeutschland bleibt sie gar weit unterhalb der hochmontanen Region. Ihr Areal zerfällt in eine Vielzahl isolierter und bisweilen habituell und biologisch gut separierter Teilareale mit bemerkenswerten Unterarten. Als Beispiel sei nur an die melanistische Unterart Liguriens (ssp. *rocci*) und die voll-amoenoiden (stark weiß pigmentierten) Populationen Kappadokiens/Zentraltürkei (ssp. *kappadokiae*) erinnert. Beide Taxa gehören sicherlich zu den extremsten Unterarten innerhalb einer Art.

Subspezifischer Kontext: DABROWSKI (1982) und ihm folgend MÜLLER-TAPPE (1986) fassen alle Populationen Mittel- und großer Teile Osteuropas zu einer einzigen Unterart (ssp. *berolinensis* LEDERER, 1853) zusammen. Diese Vorgehensweise schießt aber sicherlich über das honorige Ziel hinaus, das kleinkarierte Denken der alten Zygaenen-Unterartenliebhaber zu überwinden. Populationen aus der Berliner Gegend oder solche aus Polen unterscheiden sich beispielsweise habituell sehr auffällig von denen des Kaiserstuhls. Das Areal der ssp. *berolinensis* erstreckt sich in einer fast medianparallelen Bande nach Osten bis zum Ural. In diesem Bereich ihrer nördlichen Verbreitungsgrenze erfährt *Z. carniolica* über eine Entfernung von

[1] Bei der HÜBNERschen Nennung ›*Sphinx meliloti*‹ handelt es sich um ein jüngeres Homonym von '*Sphinx meliloti*' ESPER, [1789] (s. *Z. viciae meliloti*).

mehreren Tausend Kilometern keine weitere nennenswerte subspezifische Veränderung. Die Populationen Süddeutschlands sind dagegen etwas kräftiger weiß gezeichnet als die zeichnungsärmeren nordeuropäischen Populationen. Sie lassen sich problemlos mit weiteren zentraleuropäischen Populationen einem einzigen Taxon zuordnen (ssp. *modesta* BURGEFF, 1914). BURGEFF hat ferner die Populationen des Kaiserstuhls namentlich fixiert (ssp. *diluviicola*), REISS diejenigen der Schwäbischen Alb (ssp. *media*). Beide Nennungen sind nach heutigen Gesichtspunkten in die Synonymie zu verweisen. Zwar sind die Populationen des Kaiserstuhls tatsächlich etwas röter, deren Vorderflügelflecke größer und die Weißumsäumung meistens noch kräftiger, eine subspezifische Abtrennung entbehrt jedoch jeder Notwendigkeit. Die Typenlokalität der ssp. *modesta* BURGEFF, 1914 liegt in Rheinland-Pfalz (Mainz-Koblenz).

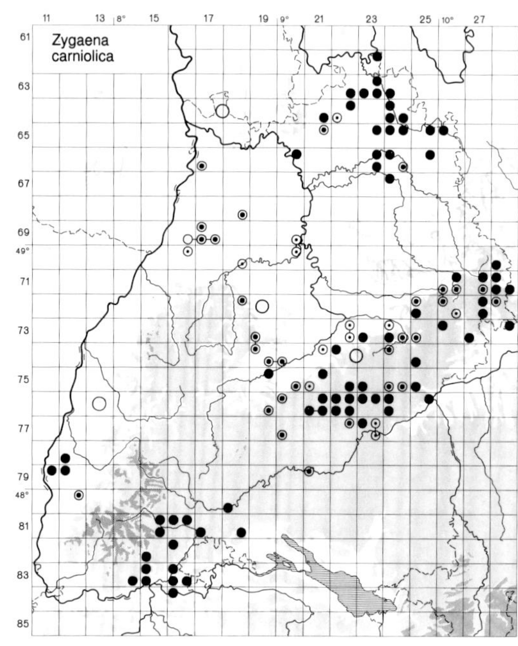

Verbreitung

Regional: Obgleich sich unser Untersuchungsraum nicht in unmittelbarer Peripherie des *carniolica*-Großareals befindet, sind die Vorkommen in Süddeutschland doch sehr dispers. Fundorthäufungen sind rezent nur noch auf der mittleren Schwäbischen Alb (hier besonders Mittlere Flächenalb, Kuppenalb, Albuch und Härtsfeld), in den Muschelkalklandschaften des nördlichen Neckar-Tauberlandes (Kocher-Jagst-Ebenen und Tauberland) und auf der der südlichen Schwäbischen Alb (Wutachgebiet, Klettgau, Hegaualb) bis zur südlichen Baar anzutreffen. Die Vorkommen in der Oberrheinebene beschränken sich heute auf das ›Isolat Kaiserstuhl‹. Neuere Nachweise von den ehemaligen Fundorten in der nördlichen Oberrheinebene auf quartären Sanden (Hockenheim) und von den nördlichen Randgebieten (Weinheim, Bruchsal, Michaelsberg, Karlsruhe-Durlach/Turmberg; ferner Isteiner Klotz) fehlen. Das gleiche gilt für die Muschelkalk-Standorte des Kraichgaus, so daß inzwischen überhaupt keine aktuellen Meldungen mehr westlich des Neckars vorliegen! Gänzlich gemieden wird der gesamte Schwarzwald, ebenso wie die nördlich der Alb anschließenden Naturräume (Welzheimer Wald, Schwäbisch-Fränkische Waldberge, Hohenloher Ebene) und die Oberen Gäue; auch aus der zentralen und nördlichen Baar liegen keinerlei aktuelle Nachweise vor. Südlich der Donau auf den quartären Sedimenten Oberschwabens und im Bodenseegebiet sind vollkommen ›weiße Flecken‹, die keineswegs auf Sammlerpräferenzen zurückzuführen sind, sondern vielmehr *carniolica*-Ungunsträume darstellen. Neben den drei genannten Subarealen mit eng kontaktierenden Populationsgruppen im Tauberland, auf der mittleren Schwäbischen Alb und – mit Abstrichen – am Kaiserstuhl verdient noch die Populationsgruppe im Bereich des Alb-Wutachgebiets (einschließlich südlicher Baar bis Hegaualb und Südwesthegauer Bergland) Beachtung, so daß noch von vier rezenten Verbreitungsschwerpunkten in Baden-Württemberg gesprochen werden kann.

Der regionale Verdrängungsprozeß besonders in der Oberrheinebene, der Vorbergzone und im Kraichgau wird schon zu Beginn unseres Jahrhunderts dokumentiert. So datiert bereits der letzte Nachweis vom Turmberg bei Karlsruhe-Durlach aus dem Jahre 1891 (C. BISCHOFF). A. GREMMINGER (Kartei) schreibt ganz lapidar »Verschwunden ist *carniolica* am Turmberg bei Durlach.- Kultur!«[2]. Bemerkenswert für die Turmbergpopulation war der relativ hohe Anteil stark aberrativer rotkonfluenter Individuen, die STAUDINGER (1887) so sehr beeindruckten, daß er sie mit einem eigenen Namen versah (ab. *weileri*).

REUTTI (1853) meldet die Art noch »am Gebirge hin nirgends selten. Konstanz. In der Gegend des Bodensees, dem Höhgau, in der Baar und auf dem Heuberg ... in ziemlicher Anzahl. Freiburg (Schlossberg etc.) häufig. Kaiserstuhl, schon An-

[2] *Carniolica*-Verdrängung oder gar Extinktion wird auch in angrenzenden Gebieten verzeichnet. AISTLEITNER (1990) weist darauf hin, daß aus Liechtenstein keine rezenten Meldungen mehr vorliegen. Er fährt fort: »Im UG [Vorarlberg, Österreich] ist die Art mit Sicherheit ausgestorben, ..., in Salzburg verschollen.«

fangs Juli auf Esparsettfeldern in grosser Menge. Lahr. Durlach. Heidelberg.« An allen (!) hier von REUTTI angeführten Lokalitäten, vielleicht mit Ausnahme des Kaiserstuhls, ist die Art inzwischen verschwunden. Das gleiche gilt für die Meldungen Schönberg b. Ebringen (letzter Nachweis: A. GREMMINGER, 1952) und Istein (LITZELMANN 1966). Zwar spricht einiges dafür, daß das Esparsetten-Widderchen am Isteiner Klotz tatsächlich bodenständig war, die Meldung LITZELMANNS ist aber mit einiger Skepsis zu betrachten. Seine Abbildung einer »Parkstation« mit 8–10 Individuen auf einer einzigen Karthäusernelke (*Dianthus carthusianorum*), laut Beitext aus Kleinkems, dürfte einem anderen Faunengebiet (ssp. *onobrychis*?) entstammen.

Auch vom Rückzugsgeschehen im Kraichgau und von der Bergstraße liegen uns schriftliche Momentaufnahmen vor. Fast enthusiastisch notiert A. GREMMINGER noch 1919 den Fund von *Z. carniolica* am Michaelsberg (»Endlich nach langem Suchen gefunden«). Zwei Generationen später meldet M. HASSLER (1986) den Exitus dieser Population (»Seit Anfang der 70er Jahre dort verschwunden«). Dazwischen finden sich Meldungen über jahrweise Schwankungen. Gleiches läßt sich über die Populationen bei Weinheim (1916), Jöhlingen (1958) und Hockenheim (1954) sagen. Die Daten in Klammern geben jeweils die letzte Meldung wieder. Noch 1909 hatte GAUCKLER die Art für das nördliche Baden und die Rheinebene als »recht häufig« (Turmberg, Grötzingen), »bei Wiesloch sehr häufig« bezeichnet. Interessant ist in diesem Zusammenhang die Karteikarte H. LIENIGS: 1910 meldet er *Z. carniolica* noch sehr häufig auf einer Wiese am Hirschkopf bei Weinheim (diese wurde 1916 »umgebrochen, damit war das Schicksal der Art besiegelt.« Fast 50 Jahre liegen dann keinerlei Meldungen von diesem Standort vor, ehe »CZIPKA den Falter ... wieder festgestellt hat« (H. LIENIG, Kartei). Wenngleich selten genug, scheint doch bisweilen auch eine Neu- bzw. Wiederbesiedelung durch Explorerindividuen stattzufinden, denn es ist kaum anzunehmen, daß LIENIG diese Art fast ein halbes Jahrhundert an seinem Hausberg übersehen haben sollte. Insgesamt ändert aber LIENIGS erfreuliche Beobachtung nichts an der zu konstatierenden Rückzugstendenz dieser Art. Selbst so geschützte und anscheinend ideale Standorte wie das NSG Badberg am Kaiserstuhl, mit individuenreichen Beständen noch Ende der 70er und Anfang der 80er Jahre (R.HERRMANN, A.HOFMANN), waren kein Garant für den Erhalt einer dynamischen Population mit entsprechender Populationsgröße auf län-

Ein männlicher Falter des Esparsetten-Widderchens (*Zygaena carniolica*) an einer verblühten Traube der Raupennahrungspflanze sitzend. Neben *Z. fausta* gehört diese Art zu unseren auffälligsten Widderchen. Ehedem weit verbreitet und an ihren Flugstellen oft in großer Anzahl anzutreffen, ist sie inzwischen in vielen Regionen selten geworden. – NSG Badberg, Kaiserstuhl 9. 6. 82 R. HERRMANN.

gere Zeit. Sie ist Mitte der 80er Jahre aus unerklärlichen Gründen regelrecht zusammengebrochen. Seit 1983 liegt uns trotz Nachsuche keine Meldung mehr von dort vor!

Interessant sind in diesem Zusammenhang Vergleichsbeobachtungen von R. HERRMANN an einer Population im benachbarten Elsaß, wo im gleichen Zeitraum (bis zur Gegenwart!) kein auffälliger Rückgang zu verzeichnen ist, obwohl in unmittelbarer Nachbarschaft zum *carniolica*-Fundort, ähnlich wie im Kaiserstuhl, Rebkulturen vorhanden sind, so daß man versucht sein könnte, darin den Hauptgrund für das Verschwinden dieser Art zu sehen.

Bleibt nur zu hoffen, daß es sich hierbei um ein bekanntes *carniolica*-spezifisches Phänomen handelt. Extreme periodische Schwankungen der annuellen Populationsdichte scheinen nämlich beim

Esparsetten-Widderchen durchaus nichts Ungewöhnliches zu sein. KELLER & HOFFMANN glaubten bereits 1861, *Z. carniolica* auf die Vermißtenliste setzen zu müssen (»sie war einst an der Albsteige sehr häufig, jedoch vermisse ich sie daselbst seit langer Zeit ...«). 130 Jahre später zählt ›die Alb‹ immer noch zu den wenigen intakten *carniolica*-Großrefugien Süddeutschlands.

Eine hierzu passende sehr eindrucksvolle Schilderung vom berühmten A. SEITZ (1935) in seiner Arbeit über »Die zunehmende Insektenarmut der Kulturlandschaft« soll an dieser Stelle wiedergegeben werden: »Vor 60 Jahren [also um 1875], als ich als Schüler eifrigst die Bergstraße, wo damals fleißig Esparsette gebaut wurde (weil die Bauern arm waren und die Esparsette kaum Düngung braucht), durchforschte, war die *Zygaena carniolica* in beliebigen Mengen zu erhalten. Als später diese Pflanze durch wertvollere Produkte ersetzt wurde, verschwand die *carniolica* fast plötzlich und so vollständig, daß man an den alten Fundplätzen jahrelang kein Stück sah. Im Weltkrieg [I. WK] ging der Landwirtschaft die Möglichkeit, viel und gründlich zu düngen, aus; Geld und Arbeitskräfte wurden rar und man erinnerte sich der Esparsette wieder; mit dem Erfolg, daß im Jahre 1920 ein Zygaenen-Freund, den ich an den Tummelplatz der *carniolica* führte, erst diesen wieder verließ, als er die Zahl der an einem einzigen Bergeshang auf ihre Variation durchgeprüften *carniolica* auf weit über 1000 schätzen konnte; eine Tätigkeit, die nur 5 Stunden in Anspruch nahm, da mitunter bis 6 Stück auf einer Blume saßen. Seitdem sind diese Zygaenen mit dem wieder schwindenden Esparsettebau wieder von Jahr zu Jahr weniger geworden und waren im vorigen Jahr schon wieder stellenweise eine Seltenheit.

Das Beispiel ist darum besonders lehrreich, weil weder die Esparsette die einzige dort wachsende Futterpflanze der *carniolica* ist [s. Nahrungspflanzen der Raupe] noch auch diese sich als Falter an diese Pflanze hält ... Es scheint also noch eine andere Ursache für die Änderung des Flugplatzes als die der Abnahme von Esparsettenpflanzen gegeben zu haben, die das völlige Verschwinden der *carniolica* während des ersten Jahrzehnts unsers Jahrhunderts hervorbrachte.»

Auf starke Schwankungen der Individuenzahlen von Jahr zu Jahr weisen gleich mehrere Mitarbeiter und Autoren hin: K. STROBEL u. H. ROMETSCH, 1930 (»periodisch häufig, manche Jahre selten«) und H. REISS (»... nicht selten, oft massenhaft, in manchen Jahren dann wieder fast fehlend.«). Für den Fundort Schelklingen liegen uns hierzu zwei sich teilweise ergänzende und gegenseitig bestätigende Meldungen vor: G. REICH (»In manchen Jahren sehr häufig ... Schelklingen 1937–38 in Massen an Berghalden. Von 1958 ab immer seltener bis 1965«) und G. BAISCH (»Auf der Alb Schelklingen, Blaubeuren jahreweise häufig, ... von 1960–67 fast fehlend, jetzt wieder häufiger«). Die Gründe für solcherlei zyklische (?) Langzeitschwankungen sind noch völlig unzureichend geklärt (Parasitoide?, Umwelteinflüsse?, endogene Faktoren?). BURGEFF (1950) bezeichnet außergewöhnliche Abundanzschwankungen bei *Z. carniolica* als ›typisch‹ (»Der Falter kann in manchen Jahren fast völlig ausbleiben«).

Erwähnenswert erscheint in diesem Zusammenhang noch ein Querverweis auf *Zygaena osterodensis*, eine Art, die ebenso wie *Z. carniolica* ein eurosibirisches Faunenelement unserer Region darstellt und die ein fast kongruentes Großareal besitzt (etwas kontinentaler orientiert). In Süddeutschland erfährt diese Art gegenwärtig eine ähnliche Verdrängung, auch nahezu zeitgleich, und verhält sich in ihrem Rückzugsgeschehen regional sehr ähnlich. Dies erscheint umso bemerkenswerter, wenn man bedenkt, daß *Z. osterodensis* eine ausgesprochene Waldzygaene ist und völlig andere Habitatansprüche hat als das ›xerothermophile Trockenrasenwidderchen‹ *Z. carniolica.*

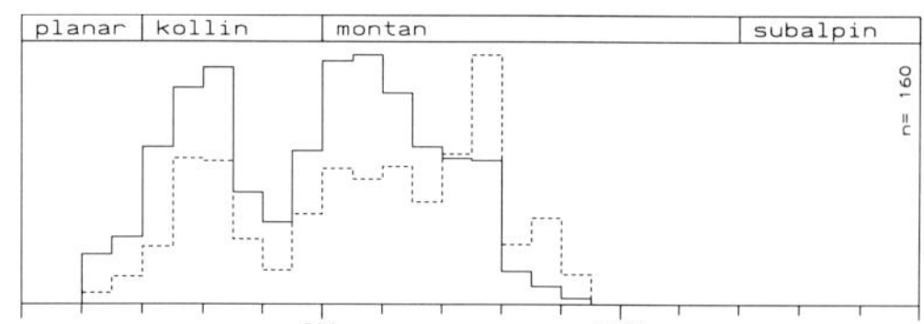

Vertikal: Ehedem von der planaren Stufe bis in mittlere Höhen des Berglandes verbreitet, ist das Esparsetten-Widderchen heute fast nur noch ab der oberen kollinen (350–500 m) Stufe anzutreffen. Aus dem Tauberland und Bauland (Höhenpräferenzenschwerpunkt hier zwischen 250 und 350 m) liegen noch Meldungen um 200 m vor. Die 100 bis 200 m-Fundorte in der Oberrheinebene und Vorbergzone sind inzwischen sämtlich vakant. Nirgendwo werden die oberen Höhenlagen der montanen Stufe erreicht. Auf der Schwäbischen Alb und deren Randzone liegen die vertikalen Fundorthäufungen zwischen 550 und 650 m. Nur selten wird 750 m überschritten (Pfullingen, Urselhochberg, 788 m; A. HOFMANN u. G. REISS, 1989). Oberhalb 800 m wird die Art selten und nur ganz wenige gesicherte Nachweise liegen hierfür vor (Höhenschwand, Strittberg, 870–1000 m, M. WEBER).

Phänologie

Imagines: Läßt man den Kaiserstuhl mit seiner allgemeinen phänologischen Sonderstellung außer acht, so kann *Z. carniolica* als typisches Hochsommer-Tier (Juli-August) bezeichnet werden. Auf der Schwäbischen Alb treten Falter tatsächlich fast nie vor Julibeginn in Erscheinung. Ein paar erwäh-

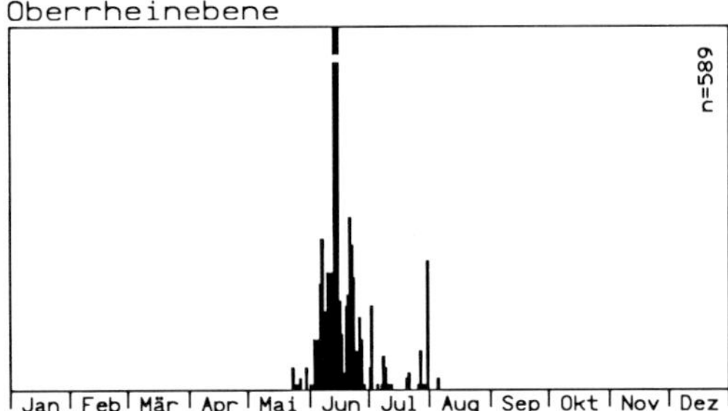

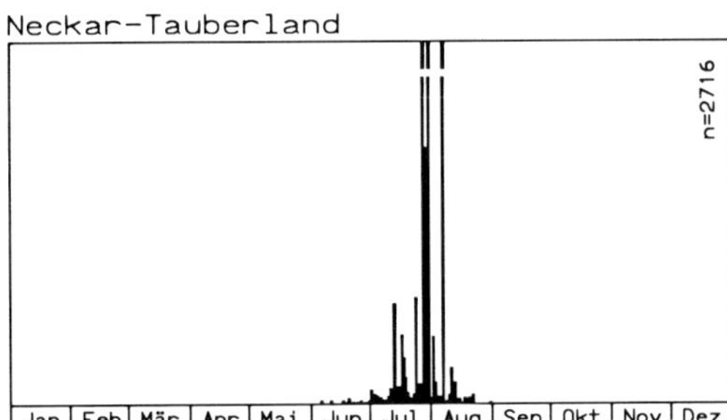

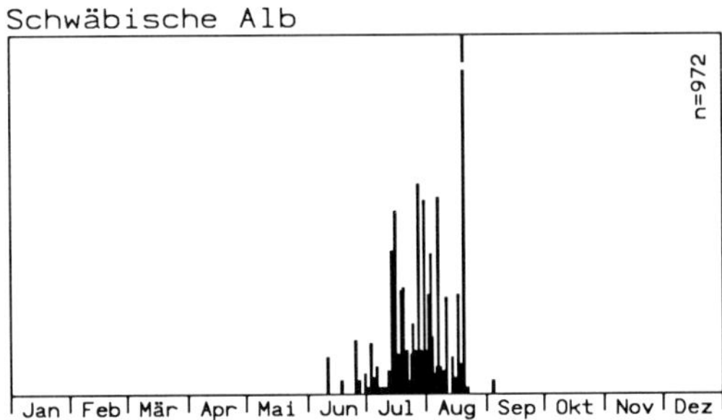

nenswert frühe Meldungen sind lediglich aus dem Jahre 1966 zu verzeichnen (Pfullingen, 11.6., 11 Tiere und dann nochmals am 18.6. und 25.6. jeweils mehrere Imagines; H. & G. REISS).Auch aus dem Neckar-Tauberland liegen für den Monat Juni eher wenige Nachweise, und dann aus den dortigen Tieflagen, vor (Impfingen, 200–260 m, 6.6. 1990, M. GURRATH; Werbach, 220–308 m, 19.6. 1988, F. KIRSCH). Sehr instruktiv und hilfreich zur Ermittlung der tatsächlichen Flugperiode eines Jahres sind die Sammelgepflogenheiten älterer Sammler an ›ihrem Hausberg‹. So liegen beispielsweise aus der coll. W. LUNG/SMNS jeweils 1–4 Belegtiere aus den 50er Jahren vom Fundort Bad Mergentheim vor, die dort im Abstand weniger Tage vom Anfang bis zum Ende der gesamten Flugzeit eines Jahres (vermutlich von W. LUNG selbst) eingesammelt wurden. Für 1953 läßt sich so eine Flugdauer vom 20.6. bis zum 10.8. rekonstruieren. Im darauffolgenden Jahr war der 26.6. (2 Tiere) der vermutliche Flugbeginn, der 16.8. das Ende der Flugzeit. Ob diese langen Flugperioden (ca. 7 Wochen) allerdings repräsentativ sind, muß stark bezweifelt werden. Eigene Beobachtungen (A. HOFMANN, 1982 u. 1983) am Kaiserstuhl und langjährige Erfahrungen von G. REISS (für diverse Populationen der mittleren Schwäbischen Alb) lassen eher eine Flugdauer von ca. 4–5 Wochen als *carniolica*-typisch vermuten. Für 1992 liegt eine detaillierte Flugzeitenbeobachtung von R. HERRMANN aus dem Elsaß vor, die eine phänologische Spanne von ca. 5 Wochen bestätigt. Die mit Abstand jahreszeitlich spätesten Meldungen stammen von der Mittleren Schwäbischen Alb. A. STEINER, N. HIRNEISEN und C. KUON fanden am 4.9. 1987 ein abgeflogenes ♀ bei Hundersingen und J.U. MEINEKE beobachtete sogar am 5.9. 1980 noch frische (!) *Z. carniolica* an einem SW-Hang bei Dettingen/Rammert.

Das Flugzeitendiagramm der Oberrheinebene muß leider als additives Datenkonglomerat diverser, mindestens aber zweier verschiedener *Z. carniolica*-Phänologien bezeichnet werden. Die Populationen des Kaiserstuhls, und hier ganz besonders diejenigen des S-SE exponierten NSG Badberg, sind bereits am Ende ihrer Flugzeit (Ende Juni, seltener Anfang Juli), wenn die Populationen der Hardtebene (Hockenheim) und der Randgebiete (Michaelsberg, Weinheim etc.) gerade erst zu fliegen begannen. Alle Balken im Diagramm ab 10. Juli beziehen sich auf letztere Fundorte.

Schon 1935 konstatierte BROMBACHER: »Eigenartig ist die frühe Flugzeit Ende Mai, gegen andere Gegenden, wo *carniolica* erst im Juli fliegt. Bei Ihringen fing ich am 25. Mai 1920 die erste *Z. carniolica*, dieses ist das früheste Datum von 1919 bis heute.« An diesem Rekord hat sich bis heute nur unwesentliches geändert (1961, G. JUNGE und 1964, H. HEIDEMANN, jeweils am 23.5.). Die Individualität des Kaiserstuhls und zugleich seine außergewöhnliche Bedeutung für die Chorologie und Phänologie vieler Arten wird durch regionale Vergleiche innerhalb Süddeutschlands deutlich: Nirgendwo im gesamten Mittel-, Nord- und Osteuropa ist beispielsweise die Phänologie des Esparsetten-Widderchens jahreszeitlich so weit nach vorne gerückt wie an dieser einzigartigen Lokalität!

Präimaginalstadien: Beobachtungen der Eiablage, der Raupen und Kokons stimmen regional-jahreszeitlich und entwicklungszyklisch gut mit dem gattungsspezifischen biologischen Entwicklungsmodus (siehe Einleitung) überein. A. GREMMINGER (Kartei) notiert am 21.7.53 (Jöhlingen-Weingarten): »1 ♀ legt Eier an dürr. Grash.« A.HOFMANN beobachtete Anfang Juni 1979 ein ♀ im NSG Badberg bei der Eiablage an Esparsette (*Onobrychis viciifolia*). In 3 Reihen, jeweils etwas diagonal versetzt, wurden die Eier singulär an die Blattunterseite angeheftet. Die Eiphase dauerte 9 Tage. Hinsichtlich der Dauer der Eientwicklung scheinen infraspezifische regionale Unterschiede von nicht unerheblichem Maße zu bestehen. BURGEFF (1921 b) gibt als Eientwicklungsdauer für *Z. carniolica* aus Italien 14 Tage an. Weiter schreibt er: »Die Entwicklungszeiten variieren auch mit wechselnder Temperatur.« Anschließend durchliefen die grünlichen Jungraupen 3 Häutungen, bevor sie als 4. Larvalstadium (L_4, ca. 4–5mm) in die freßinaktive Diapause eintraten. In diesem Stadium – jetzt ziemlich farblos, glasig gelb-bräunlich – überwintern sie. Überwinterung als Raupe vermerkt auch A. GREMMINGER (Kartei).

An der gleichen Lokalität gelang es dann, am 27.4. 1980 fast erwachsene Raupen (L_6 und L_7?) in Anzahl zu finden.[3] Der bevorzugte Aufenthaltsort am frühen Nachmittag befand sich an der schattigen Pflanzenbasis. Erst beim vorsichtigen Öffnen der 30–50 cm hohen Büsche kamen die optisch dann nur mäßig gut getarnten, trägen Raupen zum Vorschein. Bei Berührung lassen sie sich in noch tiefere Schichten fallen.

Für 1992 liegen aus dem Alb-Wutachgebiet und Klettgau zahlreiche Raupenfreilandbeobachtungen von Anfang bis Ende Mai vor (M. WEBER: »Räupchen massig auf Esparsette«). Von mehreren Fundorten meldet M. WEBER Raupenfunde im Dutzend bis zu 50 Tiere (Birkingen)! Entsprechend stark waren dann auch 1992 die Populationen zur Flugzeit der Imagines.

Die *carniolica*-Raupen vom Kaiserstuhl sind in ihrer dominierenden Gesamtfarbe grünlich-gelb, gegen Ende der Larvalphase zunehmend gelber werdend, so daß sie dann den aposematisch gezeichneten Raupen einiger Arten des (?) Subgenus *Zygaena* (*filipendulae, transalpina, trifolii*) ähnlich sehen. Dies ist von besonderem Interesse, wenn man bedenkt, daß hinter der grünen Raupe die Strategie des Anpassens an die Umgebung (also Tarnung) steht, hinter der – von ihrer grünen Umgebung besser abgesetzten – gelben Raupe aber die Strategie des Warnens, das optische Ausrufezeichen für einen potentiellen Prädator: »Vorsicht, ich bin ebenso ungenießbar wie *filipendulae* & Co.!« (Beispiel für MÜLLERsche Mimikry). Zwar ist eine leichte »Vergelbung« vor der Verpuppung bei fast allen Arten der Gattung *Zygaena* (hier besonders des (?) Subgenus *Agrumenia*) mit grüner Raupe (erwachsen) festzustellen (A. HOFMANN), bei *Z. carniolica* vom Kaiserstuhl und einigen aufgefundenen Raupen am Eichberg bei Blumberg aber ist diese allgemeine Tendenz nennenswert verstärkt. Wie aus einer guten Abbildung bei T. KEIL (1993) über die Widderchen Ostdeutschlands hervorgeht, sind auch dort die Raupen mehr gelb als grün gefärbt. Auffallend grüner sind die *carniolica*-Raupen der Mitt-

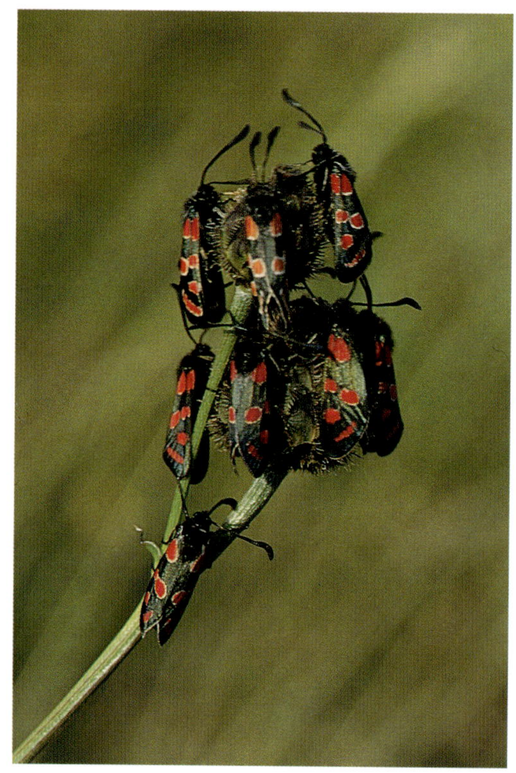

An individuenreichen Standorten sind in den frühen Abendstunden solche Anhäufungen in stets exponierter Lage oft zahlreich vorzufinden. Wie von einem Magnet angezogen kommen die Falter herangeflogen, umschwirren manchmal die Trauben, bis sie einen geeigneten Landeplatz gefunden haben oder kriechen den Stengel hoch, um sich im Pulk einzureihen. Diese Verhaltensweise ist beim Esparsetten-Widderchen noch stärker ausgeprägt als bei *Zygaena purpuralis*. Über die Bedeutung dieser Verhaltensweise (Strategie?) kann nur spekuliert werden. – Waldshut-Tiengen, Gaiss 17. 7. 92 M. WEBER.

[3] Das Jahr 1980 war ein sehr gutes *carniolica*-Jahr mit auffällig hohen Abundanzen in verschiedenen Populationen. Nicht nur vom Kaiserstuhl, auch aus anderen Naturräumen liegen solcherlei Meldungen vor. R. TRABOLD bezeichnet die Art am Trillberg bei Bad Mergentheim (Neckar-Tauberland) als »massenhaft«, und G. BAISCH berichtet von einem »sehr starken Vorkommen« auf der Wacholderheide bei Apfelstetten (Schwäbische Alb).

leren Schwäbischen Alb (G. REISS). Dieses grünere Phänon ist die weitverbreitete ›typische‹ *carniolica*-Raupe, so etwa auch aus Wien, Griechenland und vom Van-See (Osttürkei). Ob hier eine Differenzierung der larvalen Phäna innerhalb bestimmter Regionen in Mitteleuropa (Teile Süddeutschlands, Thüringen) vorliegt oder ob bislang einfach nur zu wenig Beobachtungen gemacht wurden, muß vorerst offen bleiben. Neben autochthoner Entstehung wäre auch denkbar, daß es sich bei diesen gelben Raupenphäna um allochthone Allele und somit um chorologisch-historische Indizien für eine weitere postglaziale Besiedelung (aus SW, Burgundische Pforte?) handelt. Für die übrigen mitteleuropäischen (resp. süddeutschen) Populationen (mit grüner Raupe) ist nach der Arealkern-Methode VARGAS eine Herkunft aus SE-Europa anzunehmen.

Die eingetragenen Raupen verpuppten sich ab Ende Mai (in Gefangenschaft fast ausnahmslos an der Seitenwand und am Gefäßdeckel) in einem gelben, seltener gelblich-weißen ovoid-tönnchenförmigen Kokon. Im Freiland scheint die Art, zumindest in Süddeutschland, dagegen sogenannte Hochkokons wesentlich seltener zu bauen als einige andere Arten (*trifolii, lonicerae, filipendulae, transalpina*), von denen die spindelförmigen Kokons des öfteren 30–50 cm über der Erdoberfläche, exponiert an Grashalmen oder dürren Ästen, gefunden werden. Die Ovoidkokonbauer (*loti, fausta* und *carniolica*) unseres Untersuchungsraumes dürften dagegen vorwiegend bodennahe Bereiche ihres Habitats für die Kokonphase auswählen. Dies muß jedenfalls mangels andersartiger Beobachtungen vermutet werden. Offenbar aber sind solcherlei Strategien nicht gesamtspezifische Charakteristika, sondern eher lokale Anpassungen an biotische (Feinde?, Parasitoide?) und abiotische (Mikroklima) Faktoren. In den Tuffbiotopen Kappadokiens (Zentraltürkei) beispielsweise mit ihren schütteren Vegetationsdekken und extremen edaphischen und klimatischen Bedingungen (Hitze, Trockenheit), besonders in unmittelbarer Bodennähe, baut *Z. carniolica* nicht selten diese Hochkokons (A. HOFMANN). Auch in feuchteren Biotopen (z.B. Marchfeld) werden häufig Hochkokons beobachtet (G. REISS). BURGEFF (1950) beschäftigt sich ebenfalls mit den Kokon-Örtlichkeiten und vergleicht hier *carniolica* und *loti*: »*Z. carniolica* ist stärker kontinental als *achilleae* [also *Z. loti*]. Diese fliegt mehr an Waldrändern und bedarf etwas höherer Feuchtigkeit, ihre Puppen [Kokons] werden am Boden zwischen den Zweiglein der Futterpflanze oder anderen Pflanzen angebracht. *Z. carniolica* verläßt dagegen die Waldränder und geht in die vollbesonnte Steppe über; ihre tonnenförmigen Puppen [Kokons] finden sich an allerlei erhabenen Stellen, an Grashalmen, Blättern, Blütenköpfchen von Compositen und sind der austrocknenden Strahlung frei ausgesetzt.« Leider schreibt der Autor nicht, welchen Lokalitäten seine Beobachtungen entstammen. BERGMANNS (1953) Anmerkungen über thüringische Populationen stimmen mit den hiesigen Beobachtungen jedenfalls gut überein (»Der gelbe Puppenkokon ist an der Erde verborgen und schwer zu finden.«). HEUSER & JÖST (1959) vermerken für ihr Untersuchungsgebiet (Pfalz): »... Puppen wurden an Esparsette vielfach gefunden.« G. REISS fand einen Kokon unterhalb einer Flockenblumenblüte (*Centaurea jacea*) am Urselberg bei Pfullingen.

Aus den Kaiserstuhl-Kokons schlüpften nach 16 bis 18 Tagen die Imagines (15.6.–27.6.). Puppen- und Raupenfunde werden von A. GREMMINGER vom Michaelsberg besonders aus den 40er Jahren fast jedes Jahr gemeldet. Auch Belegstücke diverser Sammlungen (LUNG, REICH, REISS) mit dem Vermerk »e.l.« (ex larva) oder »e.p.« (ex pupa), weisen darauf hin, daß regelmäßig präimaginale Stadien dieser Art eingetragen wurden. In allen Fällen handelt sich ausschließlich um Postdiapausenraupen, d.h. halberwachsene oder erwachsene L_6, L_7 oder L_8 Stadien, die im Frühsommer eingesammelt wurden. Die Angaben dieser Sammler zur Nahrungspflanze der Raupen basieren in solchen Fällen also auf verifizierbaren authentischen Erfahrungen und nicht wie sooft auf fragwürdigen a-priori-Übernahmen aus der Literatur.

Ökologie

Lebensraum: Die rezenten Vorkommen beschränken sich auf Muschelkalk-, Löß- und Jura-Standorte (basischer Untergrund mit hohem Calciumcarbonatanteil). Diese potentiellen Siedlungsgebiete (Raupennahrungspflanze ist bei uns kalkstet) werden durch autökologische Klimaansprüche und anthropogene Einflüsse in die aktuellen Teilareale zergliedert. Die xerothermophile Natur der *Z. carniolica* zeigt sich in der Nicht-Besiedelung thermischer Ungunsträume, die von der Bodenbeschaffenheit her eigentlich geeignet wären. Auf der Hohen Schwabenalb und auf der Baar – weiße Flecken im *carniolica*-Areal – werden durchschnittlich mehr als 140 Frosttage gemessen!

Bevorzugte Lebensräume sind mäßig bis nicht beweidete Halbtrockenrasen und Wacholderheiden, warme Kalk-Magerrasen, trocken-warme Lehnen, südlich exponierte xerophile, seltener mesophile Hanglagen, wenig beschattete Steinbrüche

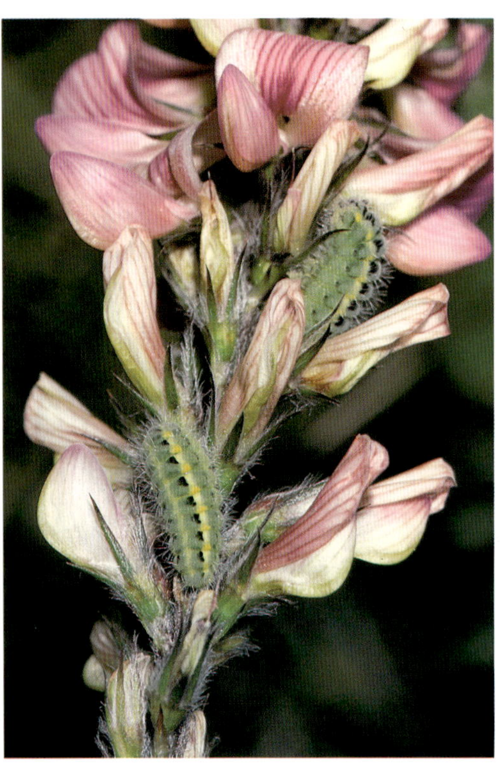

Die wichtigste einheimische Raupennahrungspflanze für *Z. carniolica* ist die Esparsette (*Onobrychis viciifolia*). Zwar leben die Raupen solitär, bisweilen können aber auch mehrere Tiere auf einer Pflanze angetroffen werden. Interessanterweise sind *carniolica*-Raupen vom Kaiserstuhl und auch von Teilen der Baaralb (Blumberg) gelber gefärbt als die hier abgebildeten grünen Raupen aus der Hegaualb. – Welschingen 25. 5. 92 T. Marktanner.

und geeignete Böschungen und Bahndämme, bisweilen auch stillgelegte Kiesgruben und mäßig ruderalisierte Bereiche. Auf die Affinität zu Kalk- und Lößböden wird in der Literatur mehrfach hingewiesen. Burgeff (1926a) beschreibt die Lokalitäten der Kaiserstuhl-*diluviicola*-Populationen als »heisse Lössboden an Waldrändern und zwischen Weinbergen« und Müller-Tappe (1986) nennt das Esparsetten-Widderchen »eine xerotherme Steppenart kontinentalen Charakters mit starker Bindung an Kalkböden.« Die mitteleuropäische Kalkstetigkeit kann allerdings nur als mittelbare Substratbindung verstanden werden. Meso- und mikroklimatische Sonderbedingungen über Kalkböden (Temperatur, hygrische Verhältnisse) und das Vorkommen der Hauptnahrungspflanze auf diesem Untergrund müssen als die eigentlichen primär standortbestimmenden Faktoren angesehen werden. »Die sogenannte Kalkbindung der meisten rheinischen *Zygaenidae* scheint in Wahrheit eine Präferenz für sommerwarme und trockene Habitate zu sein. Erste Versuche mit Luftfeuchtigkeitsorgeln bestätigen diese Vermutung« (W. Wipking 1982b). In einer weiteren ausführlichen Arbeit über die Zygaenen des Rheinlandes untermauert Wipking (1985) diese These und kommt für *Z. carniolica* zu dem Ergebnis: »... die Trockenrasenarten (...) können wegen ihrer Ortstreue, ihrer hohen Individuenzahlen und der optischen Auffälligkeit als Charakterarten für intakte Trockenrasen bezeichnet werden. *Z. carniolica* wurde von Weitzel (1982) als Leitform der Trocken- und Halbtrockenrasen genannt.«

Burgeff (1950) zählt die verschiedenen Raupennahrungspflanzen auf (*Dorycnium* spec., *Onobrychis* spec., *Anthyllis* spec., *Lotus* spec.) und betont, daß es sich bei allen Arten um kalkstete Pflanzen handelt, mit einer Ausnahme, dem Hornklee (*Lotus corniculatus*). Diese in unserem Raum zweite bedeutende Nahrungspflanze erlaubte es auch dem Esparsetten-Widderchen, hier in untypische Regionen vorzudringen. Die ehemaligen Fundorte in der Oberrheinebene (Hockenheim, Weinheimer Moor) sind auf kalkarmen, quartären Sandsedimenten gelegen. Leider liegen uns keine detaillierten Lebensraumbeschreibungen dieser interessanten erloschenen Populationen vor.

Nahrung der Raupe:

Lotus corniculatus – Hornklee
5 L (Gre, Hof, Mar, Rsh)

Onobrychis viciifolia – Esparsette
5 E (Hof), L (Gre, Haf, Hof, Mar, Wef, Wem, Rsg, Rsh, Stn, Web)

Aus unserem Gebiet liegen für die oligophage *Z. carniolica* Nachweise nur für *Lotus corniculatus* und *Onobrychis viciifolia* vor. Reutti (1898) erwähnt zwar neben der Gattung *Onobrychis* noch »*Hedysarum, Ononis, Astragalus* usw.«, seine diesbezüglichen Angaben basieren aber mit Sicherheit nicht auf verläßlichen Eigenbeobachtungen (und schon gar nicht in Baden-Württemberg). Viel wahrscheinlicher ist, daß diese Aufzählung älterer Literatur entnommen wurde. Gleiches muß bei Gauckler (1909) vermutet werden. Herrich-Schäffer (1846) erwähnt unter »*Onobrychis* F.« [= *Z. carniolica*] aus Regensburg: »Raupe auf *Hedysarum onobr.* und *Astragalus glyciph.*« Hierbei dürfte es sich um die Reuttische Quelle handeln. Aber auch Herrich-Schäffer hat vermutlich bereits (ohne Quellenhinweis) abgeschrieben. Die »*Hedysarum*-Angabe« läßt auf die Autoren Denis & Schiffer-

MÜLLER (1775) schließen, die ihre »*Sphinx onobrychis*« nach der von ihnen diagnostizierten Futterpflanze ›*Hedysarum onobrychis*‹ benannten, was von nachfolgenden Autoren (FREYER, HERRICH-SCHÄFFER, WILDE, A. RÖSSLER) in dieser Form übernommen wurde. Die »*Astragalus*-Quelle« dürfte OCHSENHEIMER (1808) gewesen sein.

Offen bleibt, inwiefern die einzelnen Populationen engere Bindungen an eine der beiden Nahrungspflanzen aufweisen oder ob gar ›der einen Lust, der andern Frust‹ zutrifft, wie HOLIK (1953) an gegenüberliegenden Elb-Ufer-Populationen feststellen konnte. Die am rechten Elbufer bei Leitmeritz an Esparsette lebende Population nahm *Lotus* als Ersatzfutter nicht an. Auf der linken Elbuferseite scheint dagegen eine nur wenige Kilometer entfernte Population exclusiv an diesem ›verweigerungswürdigen Ersatzfutter‹ zu leben. Ausschließlich am Hornklee lebten wohl die Raupen der Sandsediment-Populationen der Oberrheinebene bei Hockenheim. Am Eichberg bei Blumberg fand A. HOFMANN 2 Raupen, zusammen mit mehreren *Z. filipendulae*, auf *Lotus corniculatus*. Die Kaiserstühler Raupenfunde beziehen sich dagegen auf *Onobrychis*. Gleiches gilt für die Randgebiete der Oberrheinebene, wo die Art mit dem Verdrängen der Nahrungspflanze gleichsam verschwand und nicht, wie vielleicht zu hoffen gewesen wäre, auf den noch vorhandenen Hornklee umstieg (z. B. am Michaelsberg bei Bruchsal). Zwar ist anzunehmen (entsprechende Meldungen fehlen), daß manche (viele?, fast alle?) Populationen an beiden Nahrungspflanzen leben, denkbar wäre aber auch eine standörtlich variierende unterschiedliche Einnischung.

Habitat: WIPKING (1985) charakterisiert die im nördlichen Rheinland-Pfalz und in Nordrhein-Westfalen vorkommenden *Zygaena*-Arten nach pflanzensoziologischer Bindung und dem Grad dieser Bindung. Für *Z. carniolica* gibt er »Kalk und Wärme liebende Trockenrasen« mit Bindungsgrad I an. Seine Bindungsgrade (I-IV) kennzeichnen die Art und Intensität der Bindung an eine pflanzensoziologische Einheit, wobei I »Arten, die fast vollständig oder ausschließlich in nur einem Biotop auftreten«, also höchste Bindung, bedeutet. Die Nahrungspflanze der Raupe, *Onobrychis viciifolia*, eine Charakterart des Mesobrometum (OBERDORFER 1990), prädestiniert das Esparsetten-Widderchen regelrecht dazu, »Leitform der Trocken- und Halbtrockenrasen« (WEITZEL 1982) genannt zu werden. Eine Eignung als Bioindikator hierfür kann allerdings nur für mitteleuropäische, besser noch, nur für west- und süddeutsche Fundorte empfohlen werden. In diesem Zusammenhang weist WIPKING (1985) auf die unterschiedlichen Habitatpräferierungen in verschiedenen Landesteilen hin. Die lokalspezifischen Ansprüche vieler Arten sind an ihrer unmittelbaren Verbreitungsgrenze zunehmend stenök. Zum Verbreitungszentrum hin lassen sich meistens euryökere Wesenszüge erkennen.

So besiedelt *Z. carniolica* zwar auch in Süddeutschland vorzugsweise Halbtrockenrasen (Mesobrometum), Übergangsbereiche zum Volltrokkenrasen (Xerobrometum erecti) und Enzian-Halbtrockenrasen (Gentiano-Koelerietum) und ihr Verbreitungsschwerpunkt liegt unzweideutig in diesen Gesellschaften, sie zeigt doch aber schon erstaunliche ökologische Valenzen. Beim Imaginalhabitat müssen auf jeden Fall die zum angrenzenden Wald hin vermittelnden Saumgesellschaften mit einbezogen werden. Die Raupenfunde am Kaiserstuhl und am Eichberg entstammen aber ausnahmslos dem Mesobrometum.

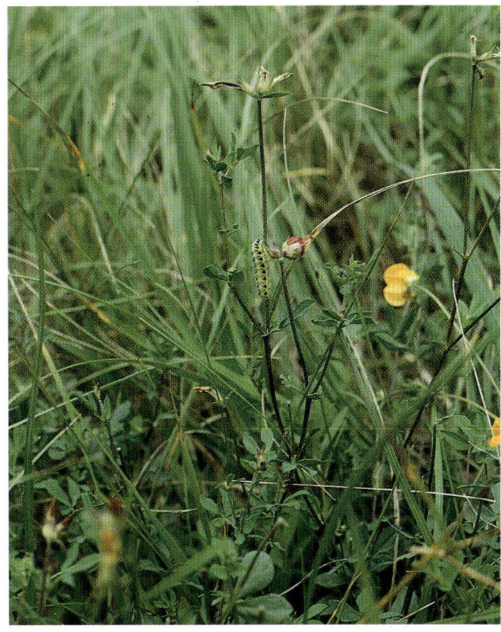

Bei Blumberg leben die *Z. carniolica*-Raupen im einschürigen Halbtrockenrasen in direkter Nachbarschaft (und Konkurrenz ?) mit den Raupen von *Z. filipendulae*. Die Wirtspflanze beider Arten ist hier der Hornklee. Die hiesigen Raupen des Esparsetten-Widderchens haben ein deutlich weniger grünes Gesamtkolorit als an den meisten anderen Fundorten in Baden-Württemberg. Von *Z. filipendulae* waren sie auf den ersten Blick kaum zu unterscheiden. – Blumberg, Eichberg 7. 7. 92 A. HOFMANN.

Ganz abgesehen von den ehemaligen Sandflur-Lokalitäten der planaren Stufe (hier vermutlich in ruderalisierten Bereichen: Bahndämme, Böschungen), liegen uns aus Baden-Württemberg eindeutige Beobachtungen vor, die eine Erweiterung des Spektrums über die submediterranen Trespentrokenrasen (Brometalia erecti) hinaus anzeigen. Übergänge zu den Querco-Fagetea sind die Vorkommen in angrenzenden Verbuschungsbereichen zum Berberidion (besonders Pruno-Ligustretum und Pruno-Crataegetum). Auch im Bereich des Steppenheidewaldes (Quercion pubescenti-petraeae) und hier bevorzugt im Saum und auf größeren Lichtungen. E. Rennwald beschreibt den Saumgesellschaften-Standort bei Königheim (Tauberland) als ›Geranio sanguinei-Dictamnetum, Eichen-Elsbeeren-Wald [Lithospermo-Quercetum], *Anthericum*-Halde‹. Am Eichberg (Baaralb) überschreitet die Art das Mesobrometum und dringt in den lichten Laubwald vor, zugegebenermaßen mit deutlich abnehmender Abundanz. In Lichtungen und nahe der W-exponierten Abrißkante sind Nachweise aus dem Bereich des Hirschwurz-Saumes (Geranio sanguinei-Peucedanetum cervariae) anzuführen. Viele Mitarbeiterangaben beziehen sich auch auf die pflanzensoziologisch indifferente Wacholderheide (K. Strobel, W. Staib, W. Uebel, M. Wallner).

Das Vorkommen von *Z. carniolica* in Süddeutschland ist jedoch nicht nur auf ungestörte oder intakte Biotope beschränkt. Mäßig bewirtschaftete Wiesen (8316C, Küssaberg, A. Hofmann & G. Reiss) auf denen die Esparsette noch geeignete Lebensbedingungen vorfinden kann, beherbergten 1993 überraschend starke *carniolica*-Populationen (ca. 200–400 Individuen auf einer Fläche 100x100 m). Auch aus ruderalisierten Flächen liegen Nachweise vor. Aus Marbach meldet E. Rennwald die Art sogar auf »z. T. stark [!] ruderalisiertem Magerrasen« (Blößberg). Blütenreiche Wegränder und Ruinen sind weitere Ruderalfluren, in denen die Imagines dieser Art regelmäßig zu beobachten sind. Mit Sicherheit gehören diese ›gestörten‹ Lokalitäten aber nicht zum eigentlichen Larvalhabitat. Wenngleich eher untypisch, dürfen sie aber bei der Aufzählung des Imaginalhabitat-Spektrums in Baden-Württemberg nicht ganz vernachlässigt werden. T. Marktanner fotografierte Raupen am Hornklee in einer stillgelegten Kiesgrube bei Welschingen (Hegau)!

Nahrung des Falters: Mehrfach beobachtet wurden die Falter beim Saugen an den üblichen zygaenenfavorisierten, typischen Mesobrometum-Arten wie Skabiosen und Knautien (*Scabiosa columbaria, Knautia arvensis*), Flockenblumen (*Centaurea jacea, C. scabiosa*) und an der Raupennahrungspflanze selbst (*Onobrychis viciifolia*). Der Hinweis von A. Gremminger, »sitzen gerne auf Nelkenblüten« bezieht sich vermutlich auf die Karthäusernelke (*Dianthus carthusianorum*). Diese Art wird auch von Litzelmann (1966) genannt. Von ihm stammen ferner zwei Orchideen-Angaben (*Anacamptis pyramidalis* und *Gymnadenia conopsea*). Daß *Z. carniolica* Pollinien von *Anacamptis pyramidalis* überträgt, war sogar TV-reif: Einem in Baden-Württemberg gedrehten Fernsehfilm von K.-H. Baumann konnte diese Angabe entnommen werden. Auch der Wilde Majoran (*Origanum vulgare*) wird gerne besucht. Im Bereich der Saumgesellschaften wurden die Imagines noch auf den Blüten folgender Arten beobachtet: Große Brunelle (*Prunella grandiflora*), Kalk-Aster (*Aster amellus*); sogar vom Besuch auf Schafgarbe (*Achillea* spec.) liegt eine Meldung (M. Weber) vor. Selten sind Falter auf gelbfarbenen Blüten (*Senecio erucifolius*, H. Steffny) anzutreffen.

Verhalten: An ethologischen Eigenheiten verdient besonders das spätnachmittägliche Bilden sogenannter ›Parkstationen‹ Erwähnung. Ohne das Kind beim Namen zu nennen, schreibt Burgeff (1950) über dieses Ruheverhalten: »... so verweilt *carniolica* auf den Blüten vor allem der Skabiosen, der Centaureen, Disteln, auch der *Onobrychis*-Arten, zumal wenn diese die Futterpflanze ist. Um die später schlüpfenden ♀♀ sammeln sich ganze Klumpen von ♂♂, die an den gleichen Blüten, zuweilen aber auch an Grashalmen und ähnlichem übernachten.« Daß es sich nicht um seltene Zufälle handelt, zeigt die Häufigkeit solcher Beobachtungen (M. Weber: »Schlafplätze bis 13 Falter pro Stengel«) und die Tatsache, daß oft 5, 10 oder mehr Tiere an einem einzigen Halm oder einer Blüte (z. B. an Skabiosen oder am Blütenköpfchen des Kleinen Wiesenknopfes) sitzen, während die nächststehenden Halme (in gleicher Höhe und Exposition) unbesetzt bleiben.

In seinem Nachtrag zur Lepidopteren-Fauna von Württemberg (1949) schenkte H. Reiss diesem Verhalten besondere Aufmerksamkeit. Seiner Feder scheint auch der treffende Begriff ›Parkstationen‹ zu entstammen: »Auch diese Art bildet gegen Abend ebenso wie *Z. purpuralis* Parkstationen an Blüten (meist Skabiosen) oder dürren Halmen, d. h. es sammeln sich alle ♂♂ eines mehr oder weniger großen Areals ohne ♀♀ oder um ein oder mehrere ♀♀ und verharren eng aneinander geschmiegt über Nacht. Die Blüten und Halme sind so schwer mit den Tierchen, oft 10 oder mehr, beladen, dass sie sich fast zur Erde neigen.« Diese Beschreibung kann für die Badberg-Population am Kaiserstuhl und den Biotop Küssaberg nur bestätigt werden. Tatsächlich konnten auch ›*carniolica*-Trauben‹ beobachtet werden, bei denen nur Männchen anwesend waren. Ob in solchen Fällen die Weibchen nach Eintreffen der Männchen das Weite suchten oder ob andere Offerten (Sonneneinstrahlung, Mikroklima, nicht-geschlechtsspezifisches Aufsuchen der eigene Art, Verstärkung des mimetischen Effekts) Auslöser für derartige Ansammlungen sind, kann nicht definitiv gesagt werden. Am wahrscheinlichsten ist, daß hier eine Strategie der Geschlechterfindung oder damit zusammenhängende Verhaltensmodifikationen eine entscheidende, ursächliche Rolle spielen. Auch Schutzmaximierung durch optische Vergrößerung in Zusammenhang mit dem aposematischen Muster wäre eine denkbare Möglichkeit. Als Konvergenz ist dieses ›Parken‹ jedenfalls mehrfach und anscheinend sprunghaft innerhalb dieser Gattung entstanden. Zumindest liegen keine zwingenden Argumente für die Annahme einer monophyletischen Entstehung vor. Diese unabhängigen Entwicklungen sprechen sehr dafür, daß hier nicht unbedeutende Selektionsvorteile eine Rolle spielten, die für einige Arten leicht zu erzielen waren.

Eine andere Beobachtung, bzw. Nicht-Beobachtungen, sollte hier vielleicht noch Erwähnung finden. So sind artfremde Copulae, zumeist innerhalb der Gattung *Zygaena*, bisweilen aber auch gattungsfremde (etwa *Zygaena* spec. x *Adscita* spec.) bei Widderchen des öfteren anzutreffen. Es fällt auf, daß bei zwei Arten (*Z. fausta, Z. carniolica*) solche Beobachtungen anscheinend nur sehr selten gemacht werden. Nachfragen bei älteren Entomologen konnten diese Feststellung bestätigen. Nur eine einzige Fremdkopula mit *carniolica*-Beteiligung ist aus Baden-Württemberg bekannt. Über eine »Liaison« *transalpina* ♂ mit *carniolica* ♀ berichtet J. HERRMANN (1941).

Insgesamt scheint die Geschlechterfindung bei *carniolica* und *fausta* unproblematisch zu funktionieren. Nach dem Verlassen des Kokons, manchmal noch bevor die Flügel vollständig entfaltet oder erhärtet sind, werden die Weibchen von den Männchen aufgesucht. Diese Erstkopula spielt sich in unmittelbarer Nähe zum Kokonstandort ab. Die Weibchen klettern nur wenige Dezimeter weg vom Kokon in eine geeignete Position (meistens vertikal oder Hanglage). Die Schlüpfzeit ist im allgemeinen der Morgen zwischen 9 und 11 Uhr. Die Dauer der Paarung (Morgenkopula) kann dann recht unterschiedlich sein. Nicht selten bleiben die Partner die ganze Nacht über in dieser Position (Abendkopula)

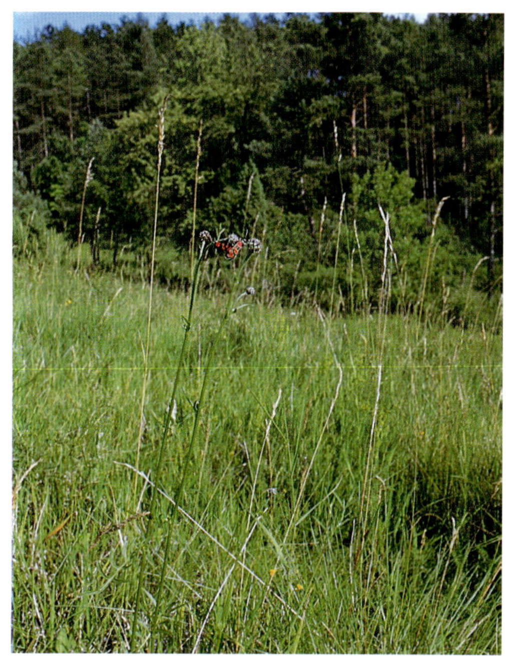

Neben den bevorzugten Trespentrockenrasen gehören auch Sukzessionsflächen magerer Standorte noch zum Habitatspektrum der *Z. carniolica*. An leichtgeneigter Südhanglage wurden hier früher Reben angebaut; inzwischen erobert der Enzian-Fiederzwenkenrasen diese Flächen. *Zygaena carniolica* bringt zwar an solchen Lokalitäten keine starken Populationen hervor, für den Bestand dieser Art und zur Vermeidung noch stärkerer Verinselung sind sie jedoch von großer Wichtigkeit. – Schweinberg, Laubertal 27. 6. 92 G. EBERT.

und trennen sich erst bei Sonnenerwärmung am nächsten Morgen (s. auch unter *Z. trifolii*). Unmittelbar danach erfolgt die erste Eiablage (ca. 20–30 Eier) in Spiegelform, bevorzugt auf die Blattunterseite der Nahrungspflanze. Mehrfachkopulae sind üblich. Dies ist dann der Fall, wenn man ein völlig abgeflogenes Weibchen in Paarung mit einem taufrischen Männchen antrifft. Die Abdomen dieser Weibchen sind dann schon meistens ziemlich schlank, der größte Teil des Eivorrates (schätzungsweise 200–300 Eier) wurde bereits abgegeben.

Parasitoide: Folgende raupenparasitierende Tachinidae (Diptera) konnten in Baden-Württemberg nachgewiesen werden (det. H.-P. TSCHORSNIG & B. HERTING): *Exorista larvarum* (Blaubeuren: B. HERTING), *Phryxe prima* (Bad Überkingen: C.M. NAUMANN), *Ceromasia rubrifrons* (B. HERTING). Vom Blumberg sind nicht näher bestimmte Schlupfwespen (Ichneumonidae) aus *carniolica*-Kokons erzielt worden (A. HOFMANN).

Gefährdung und Schutz

Rote Liste Bundesrepublik: 4
Rote Liste Baden-Württemberg: 3

Oberrheinebene: Ausgestorben oder verschollen (Aussage nicht abgesichert).
Schwarzwald: Nicht vertreten.
Neckar-Tauberland: Gefährdet (regional bereits ausgestorben oder verschollen).
Schwäbische Alb: Gefährdet (regional vom Aussterben bedroht).
Oberschwaben: Nicht vertreten.

- In Baden-Württemberg gefährdet!
  Besonders geschützt gemäß § 20 e ff. BNatSchG.

Solange die Fundorte mit den höchsten Abundanzen (also das Mesobrometum) im Tauberland und auf der Schwäbischen Alb in ihrem derzeitigen Zustand erhalten werden können, ist hier nicht mit einem gravierenden Rückgang zu rechnen. Die mehrjährigen Schwankungen der Populationsdichte dürfen insgesamt nicht überbewertet und keinesfalls ausschließlich als Auswirkungen unnatürlicher, anthropogen bedingter Störungen verstanden werden. Für den Erhalt und die Pflege der empfindlichen Trespentrockenrasen liegen Vorschläge von kompetenter Seite vor (Wilmanns 1989:192).

Sehr bedenklich sind allerdings die rasant rückläufigen Bestandsveränderungen, die in der Oberrheinebene bereits zum Aussterben dieser Art in den 80er Jahren geführt haben. Auch im Neckar-Tauberland und hier besonders westlich des Nekkars sind viele Populationen erloschen. Gleiches gilt für die Ostalb. Inwiefern von dieser Tendenz auch der Kaiserstuhl betroffen ist, muß abgewartet werden. Die eigentlichen Ursachen für den dortigen Rückgang konnten bislang nicht aufgezeigt werden! Im Vergleich mit den 70er Jahren haben sich die pflanzensoziologischen Verhältnisse nicht so verändert, daß die einfachste Lösung (weniger Sitzblüten, Raupennahrungspflanze dezimiert) auch die wahrscheinlichste ist. Ganz im Gegenteil, die Biotope haben sich auch in den vergangenen Jahren in ausgezeichnetem Zustand präsentiert, ohne daß aber ein positiver Nachweis gelang. Das *carniolica*-bedrängende biotische und abiotische Wirkungsgefüge muß also wesentlich komplexerer Natur sein.

Die Rückgänge in der Vorbergzone und in den Randgebieten der Oberrheinebene sind zweifelsohne durch menschliche Eingriffe forciert worden. In diesem Bereich intensiver Sonderkulturen, besonders des Rebbaus, und präferierter Wohnlagen blieb kein Platz für das anspruchsvolle Esparsetten-Widderchen. Sollten unerwartet in diesem Naturraum oder im Kraichgau und Neckarbecken nochmals Populationen entdeckt werden, wären besondere Schutzmaßnahmen unbedingt erforderlich. Nur wenige Kilometer nördlich der Landesgrenze, im Bereich der hessischen Vorbergzone, wurde erst in allerjüngster Zeit (1989) eine *carniolica*-Population neu (wieder-)festgestellt (P. Kristal), so daß ein Wiederauffinden auf badischem Gebiet durchaus noch denkbar wäre. Die zahlreichen aktuellen Fundpunkte auf der südlichen Schwäbischen Alb (Wutachalb bis Hegau) und die dortigen Individuenabundanzen (besonders in den letzten Jahren, 1990–93) zeigen, daß es sich hier noch um eine relativ intakte Populationskolonie handelt. Die Signaturen der Verbreitungskarte lassen keine Rückzugstendenzen in diesem Raum erkennen.

Z. carniolica ist zweifellos ein ausgezeichneter Bio-Indikator für intakte Trespentrockenrasen, da die Art sehr empfindlich auf Veränderungen z.B. durch menschliche Eingriffe (Beweidung, Bewirtschaftung, Mahd u.ä.) reagiert.

Die kontinuierliche Beobachtung ihrer Populationsbestände und deren Individuendichten ermöglicht ein frühzeitiges Erkennen negativer Veränderungstendenzen im standörtlichen Biotopgefüge. Darüberhinaus profitiert eine stattliche Anzahl anderer gefährdeter oder stark gefährdeter Arten von Schutzmaßnahmen, die *Z. carniolica* bzw. deren Habitate betreffen.

Zygaena loti
([Denis & Schiffermüller, 1775])

Beilfleck-Widderchen

Zygaena achilleae Esp. (Reutti 1898, Lampert 1907, Rebel 1910, Seitz 1907–1913, Bergmann 1953, Holik 1953, Eckstein 1923)
Zygaena achilleae jurassina Bgff. (Reiss 1937)
Zygaena (Zygaena) achilleae Esp. (Alberti 1958–59)
Zygaena (Lictoria) achilleae jurassina Bgff. (Burgeff 1926b, Reiss in Seitz 1930–33, Koch 1955)
Zygaena (Lictoria) achilleae Esp. (Bergmann 1953)
Zygaena (Lictoria) achilleae rhenana Reiss (Burgeff 1926b, Reiss in Seitz 1930–33)
Zygaena (Agrumenia) loti rhenana Reiss (Reiss & Reiss 1970, Reiss & Tremewan 1967)
Zygaena (Agrumenia) loti jurassina Burgeff (Reiss & Reiss 1970, Reiss & Tremewan 1967)
Zygaena (Agrumenia) loti achilleae Esp. (Reiss & Reiss 1970)
Zygaena (Zygaena) loti D. & S. (Naumann & Tremewan 1984)

Lictoria achilleae Esp. (Forster 1956)
Anthrocera achilleae Esp. (Spuler 1906, Hering 1932)

Lictoria lotis [lapsus calami] Schiff. [sic.?] (Novak & Severa 1980)
Zygaena achilleae Esp. 1781 (Blab & Kudrna 1982)

Aus Baden-Württemberg beschriebene Taxa:
»*Zygaena achilleae* var. *rhenana*« Reiss, 1922 (›Kaiserstuhl, Baden‹)
»*Zygaena (Lictoria) achilleae* var. *jurassina*« Burgeff, 1926 (›Spaichingen, Tuttlingen, Sigmaringen, Herrlingen, Klingenstein, Blumberg i.d. Baar‹).

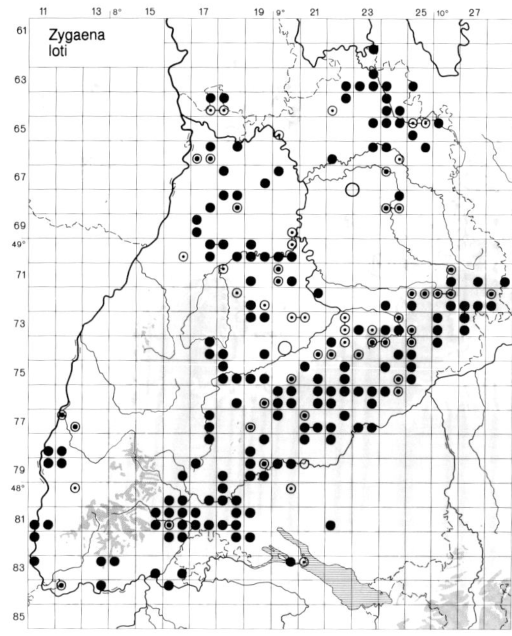

Gesamtverbreitung: Vom westlichen Zentralspanien (Sra. de Gredos) über Westfrankreich, über das gesamte Mittel- und Osteuropa, den Ural bis hin zum Altai und NW-China (Prov. Xinjiang; W. Eckweiler, unveröffentlicht) erstreckt sich das Großareal des Beilfleck-Widderchens. Es fehlt in Skandinavien und weiten Teilen des atlantischen NW-Europa (Bretagne, Normandie, in großen Teilen der Benelux-Staaten, Dänemark). Auf den Britischen Inseln existiert nur eine einzige Exklave in West-Schottland (Argyll), weit abgeschnitten vom Restareal. Große Verbreitung besitzt die Art im Mittelmeerraum (Südfrankreich, Italien, im ehemaligen Jugoslawien, im gesamten Balkan, Griechenland) und in der Türkei bis hin zum Libanon. Auch im Kaukasus und im iranischen Elbursgebirge ist sie vertreten.

Subspezifischer Kontext: Die 1967 von Reiss & Tremewan vertretene Meinung, daß die Namen *loti* und *achilleae* auf die selbe Biospezies anzuwenden sind, wobei ersterer Priorität eingeräumt werden muß, hat inzwischen allgemeine Zustimmung gefunden (s. auch Naumann & Tremewan 1984). Als Typenlokalität muß die Umgebung Wiens angesehen werden. Esper beschrieb 1780 ›*Sphinx achilleae*‹ aus Uffenheim in Franken/Bayern. Tiere von der Schwäbischen Alb, aus Nordbaden und dem Kraichgau können problemlos hierzu gezogen werden, so daß der Name *jurassina* Burgeff, 1926 (Spaichingen usw.) als Synonym zu *Z. loti achilleae* tritt. Die meisten Falter aus der südlichen Oberrheinebene sind etwas rotkonfluenter (manchmal *Z. purpuralis* ähnlich) und unterscheiden sich tatsächlich von den ›Typischen‹ aus Franken, weshalb sie Reiss (1922) auch mit eigenem Namen versah (*rhenana*). Da aber Übergänge in großer Zahl bestehen und die Unterschiede nicht konstant genug sind, wird dieses Taxon ebenfalls in die Synonymie zu *achilleae* verwiesen. Eine vergleichsweise ähnliche Situation besteht bei *Z. carniolica*, und auch in diesem Falle wurde so verfahren, daß die namentlich fixierten, etwas stärker rot gefärbten Populationen des Kaiserstuhls mit den anderen süddeutschen Populationen zu einer einzigen Unterart zusammengefaßt wurden.

Bemerkenswert ist der ausgeprägte Sexualdimorphismus bei *Z. loti*. Die Weibchen sind größer, auf den Vorderflügeln silbrig-weißlich beschuppt und mit gut sichtbarem doppeltem weißen Halskragen (Patagia) versehen.

Verbreitung

Regional: Nicht nur das Gesamtareal und die regional-habituellen Unterschiede innerhalb Baden-Württembergs erinnern stark an *Z. carniolica*, auch die geologisch-naturräumlichen Bindungen und somit die Gesamtverbreitung beider Arten in Süddeutschland sind sich auffallend ähnlich. Das süddeutsche Areal der *Z. loti* ist insgesamt flächendeckender, das Spektrum der besiedelten Naturräume ist breiter.

Deutliche Siedlungsschwerpunkte sind die jurassischen Kalklandschaften der Schwäbischen Alb, die Muschelkalkuntergrunde des Tauberlandes und des Kraichgaus und die Lößgebiete am Kaiserstuhl. Nur am südlichen Oberrhein dringt die Art auf die tertiären Sedimente der planaren Stufe vor. Die dortigen Populationen sind allerdings sehr schwach; in manchen Jahren sind überhaupt keine Individuen zu beobachten (H. Steffny).

Streng gemieden werden die Buntsandsteinlandschaften des nördlichen Schwarzwaldes. Auch auf den metamorphen Untergrunden (Gneise) des Mittleren und Südöstlichen Schwarzwaldes kommt das Beilfleck-Widderchen nicht vor. Dagegen liegen aus dem Hochschwarzwald einige wenige Meldungen vor (8314A, Herrischried, J.U. Meineke; 8413B, Willaringen, G. Ebert). In Oberschwaben sind die eigentlichen quartären Schotter- und Moränenlandschaften *loti*-frei. Hier siedelt die Art nur entlang der Donau und im äußersten Westen, in der an die Alb anschließenden Vulkanregion des Hegau. Ältere Meldungen müssen kritisch betrachtet werden und bedürfen der Bestätigung (Tettnang, 24.7. 1954, M. Schlusche; Messkirch, 1920, H. Reiss). Die östlichsten gesicherten Vorkommen bestanden bislang im Bodenseebecken (Wollmatinger Ried, T. Marktanner). Durch einen erstaunlichen Neufund (9.6. 1992) im Deggenhauser Tal/Oberschwäbisches Hügelland (8122C, T. Marktanner) sind die zunächst stark bezweifelten älteren Meldungen (Tettnang u. Messkirch) aber heute wieder in anderem Lichte zu sehen.

Eine dritte Verbreitungslücke – neben dem Schwarzwald und Oberschwaben – tut sich nordwestlich der Schwäbischen Alb auf. Hier, auf dem Keuperuntergrund zwischen Welzheimer Wald, Stromberg und Schwäbisch-Fränkischen Waldbergen, sind gleichsam nur an der Peripherie einige wenige Vorkommen zu verzeichnen (6824B, Enslingen, B. Traub; 6724A, Künzelsau, G. Jüngling).

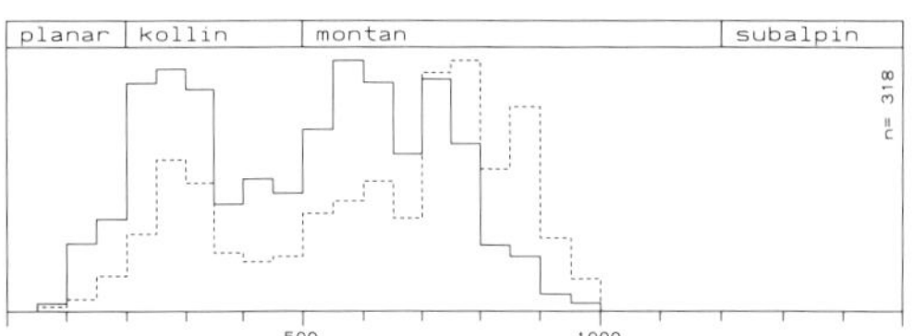

Vertikal: Das Höhenspektrum des Beilfleck-Widderchens umfaßt nahezu 3000 Höhenmeter, vom Meeresniveau (Mittelmeer, Schottland) bis zur alpinen Stufe im Kaukasus und im iranischen Elbursgebirge (Kendevan-Region). Bei 2500 m (Tarmann 1975) liegt der höchste Fundort in den Alpen. In Baden-Württemberg reicht die Vertikalverbreitung von 100 m (Oftersheim, A. Gremminger; Eppelheim, J. Burton) bis knapp unterhalb 1000 m in der Hohen Schwabenalb (870–995 m am Schafberg bei Balingen, C.M. Naumann, G. Reiss).

Phänologie

Imagines: *Z. loti* zählt zu den frühen Widderchenarten. Bereits Mitte/Ende Mai können üblicherweise die ersten Männchen am Kaiserstuhl beobachtet werden. Erst 2–3 Wochen später erscheinen hier die meisten anderen Zygaenen-Arten. Die eigentliche Hauptflugzeit in der Oberrheinebene ist aber zweifelsfrei der gesamte Monat Juni. Im Neckar-Tauberland sind die größten Abundanzen an der Monatswende (Juni-Juli) vorzufinden. Noch etwas später (Juli) liegt das Abundanzmaximum auf der Schwäbischen Alb. Von hier stammen einige jahreszeitlich sehr späte Meldungen (22.8.87, Bermaringen, G. Baisch). Bemerkenswert ist die lange Flugzeitenspanne auf der Schwäbischen Alb (fast 3 Monate). An einigen Fundorten scheint hier

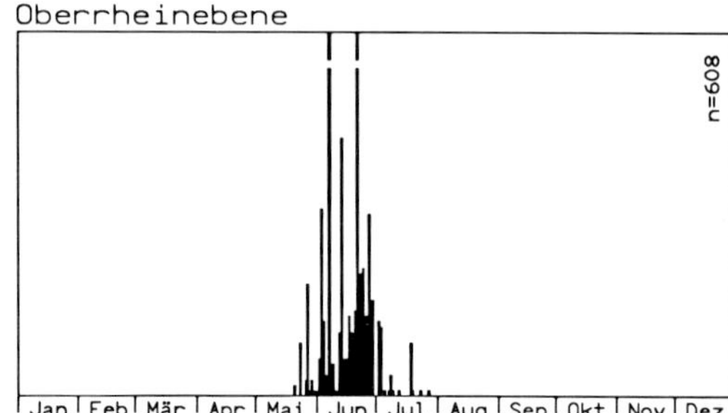

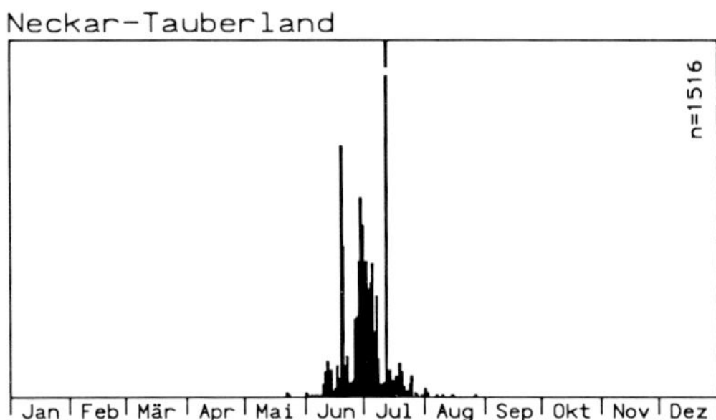

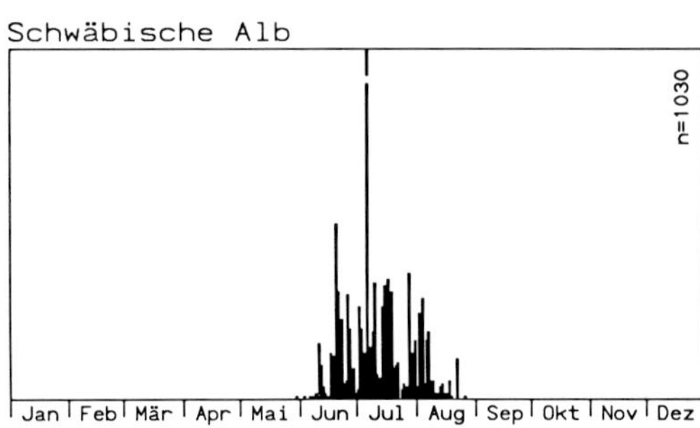

sie bereits zu enden, wenn in benachbarten Lokalitäten die Flugzeit erst beginnt. So beziehen sich sämtliche Meldungen aus Geislingen/Steige auf die Monate Juni und Juli. Vom naheliegenden Hausen/Filstal liegen dagegen alle Nachweise Ende Juli bis Ende August (W. Schäfer 1963–1966), also einen ganzen Monat später. An anderen Lokalitäten (z.B. Schelklingen) besitzt die Art zwar eine 4–5 wöchige Hauptflugzeit (im Juli), wesentlich frühere Exemplare (13.6.) oder Nachzügler (19.8.) sind aber regelmäßig anzutreffen (G. Reich, G. Reiss). Genauere Beobachtungen (A. Hofmann) im Nsg Badberg/Kaiserstuhl zeigten dort für die Jahre 1991 und 1992 eine Flugzeitenspanne von ziemlich genau 5 Wochen. Nach dem 5.7. waren keine *Z. loti* mehr vorzufinden.

Zweifelsohne ist das Beilfleck-Widderchen wie alle einheimischen *Zygaena*-Arten einbrütig. Es kann aber nicht ausgeschlossen werden, daß mehrere Stämme existieren, die sich zeitlich überlagern und auf diese Weise die gestreckte Flugzeitenspanne erzeugen. Diese Erscheinung wird für *Z. loti* von verschiedenen Autoren diskutiert (DANNEHL 1929 für Südtirol; TARMANN 1975 für Nordtirol; C. DUTREIX 1993 in lit. für Burgund; OSTHELDER 1932 notiert die »langgedehnte Flugzeit« in Südbayern; HEUSER 1959 für die Pfalz und SCHMIDT-KOEHL 1977 für das Saarland erwähnen unisono »große Unterschiede im Beginn der Flugzeit auf den einzelnen Flugstellen«) und am Südufer des Gardasees bildet die Art sogar eine zweite Generation aus (G. TARMANN). Für das benachbarte österreichische Vorarlberg hat AISTLEITNER (1990a) extrapolierte Computerphänogramme publiziert. Und auch hier weist die lange Flugzeit (von Mitte Mai bis Mitte September) mit deutlichem zweiten Peak noch Ende Juli auf dieses Phänomen hin. Ob sich darin besonders im Alpenbereich (aber auch in Süddeutschland) die postglaziale Besiedelungsgeschichte durch unterschiedliche Stämme widerspiegelt (Höhen- und Talpopulationen) oder ob anthropogene Eingriffe wie etwa Mahdzeiten und Beweidungszyklen als transformierende Selektionskräfte wirkten, läßt sich anhand der vorliegenden Daten nicht sagen. Genauere Untersuchungen hierzu aus Baden-Württemberg stehen noch aus.

Präimaginalstadien: Die weißlichen Eier werden einschichtig in ›Spiegelform‹ an die Unterseite der Nahrungspflanzenblätter geheftet. 12–25 Eier bilden üblicherweise ein Gelege, aus dem nach 8–9 Tagen die Eiräupchen schlüpfen (A. HOFMANN). Die Räupchen durchlaufen danach mindestens 3 Häutungen, ehe sie in L_4 in die obligatorische Diapause eintreten. Freilandbeobachtungen vor der Überwinterung liegen aus unserem Untersuchungsraum nicht vor. Erst halberwachsene (L_5, L_6) oder erwachsene Raupen werden regelmäßig beobachtet.

Die Raupe ist unverkennbar gezeichnet und mit keiner anderen Widderchenraupe zu verwechseln. Die dominierend olivgrüne Grundfarbe wird auf dem Rücken von einer etwas verdunkelteren Dorsallinie leicht unterbrochen. Seitlich schließt sich ein schwarz-gelbes Zeichnungselement an (bestehend aus je zwei subdorsalen schwarzen Pigmentflecken und einem vorderen gelben Fleck je Segment). Andere Zeichnungselemente fehlen (keine Pigmentflecken entlang der Stigmatareihe!). Der Zeichnungsanlage nach gehört die eher kryptisch gefärbte *loti*-Raupe also nicht zum gelb-schwarzen-Wespenmimikry-Ring wie die meisten anderen Vertreter des (?) Subgenus *Zygaena* in Süddeutschland (*filipendulae, ephialtes, angelicae, transalpina, trifolii,? lonicerae, ? osterodensis*).

Regelmäßig sind ab Ende April (30.4. 1988, E. RENNWALD) bis Anfang- Mitte Mai (10.5. 1992, 4.5. 1993, H. & A. HOFMANN) bereits erwachsene Raupen am NSG Badberg zu beobachten. Auch vom Tauberland liegen Meldungen aus dieser Jahreszeit vor (11.5. 1987, Tauberbischofsheim, G. EBERT; 13.5. 1992, Besselberg, F. KIRSCH). Nur wenige Raupenbeobachtungen werden uns dagegen aus anderen Naturräumen gemeldet. Sie datieren erwartungsgemäß etwas später (20.5. 1990 Stuttgart Löwenstein-Park, G. REISS; 19.5. 1981, Veringenstadt, A. STEINER). Von den ›Spätfliegern‹ (s. Phänologie Imagines) liegen keine Raupenbeobachtungen vor.

Zu den jahreszeitlich frühesten Zygaenen gehört das Beilfleck-Widderchen (*Zygaena loti*), das durch seine weißen Beine und ein rotes, beilförmig veschmolzenes Fleckenpaar (5 + 6) auf den Vorderflügeln unverkennbar ist. Im Gegensatz zu den anderen einheimischen Widderchenarten ist diese Art ausgesprochen sexualdimorph. Die Weibchen sind heller beschuppt und besitzen eine doppelte weiße »Halskrause«. Kopulae werden zahlreich beobachtet, hier auf einer Wicke (*Vicia cracca* s.l.). – Weil der Stadt, Mittelberg, 5. 8. 87 W. SCHUBERT.

So eindeutig zuordenbar wie die Raupe ist auch der Kokon. Nicht spindelförmig (wie bei allen hier vorkommenden Arten der (?) Untergattung *Zygaena*; deshalb auch einige Unstimmigkeiten in der subgenerischen Stellung; s. Synonymaliste am Anfang) sondern ovoid-tönnchenförmig wie bei *Z. carniolica*; von dieser jedoch durch Farbe (*loti*: eischalenfarben-weißlich bis bräunlich-silbrig weiß, *carniolica*: gelb) und Glanz (*loti*: glänzend, *carniolica*: matt) problemlos zu unterscheiden.

Die Kokonphase dauert 17 Tage bis fast 3 Wochen (A. Hofmann).

Ökologie

Lebensraum: Klar bevorzugt werden warme bis heiße Standorte auf kalkhaltigem Untergrund. Bei vergleichender Betrachtung aller *loti*-Fundorte zeigt sich deutlich, daß die zunächst durchaus vermutbare Bindung an kalkhaltige Substrate (s. Raupennahrungspflanze) in Wirklichkeit eine Bindung an hygrische und edaphische Sonderbedingungen und besonders an xerotherme mikroklimatische Eigenheiten darstellt, so wie diese oft auf stark kalkhaltigen, flachgründigen Böden entwickelt sind. Ähnliche Klima-Bedingungen sind nämlich auch auf den Trockenauen der südlichen Oberrheinschotter anzutreffen. Mittelwerte (durchschnittliche Jahresmittelwerte) können hier nur sehr eingeschränkt zur Charakterisierung eingesetzt werden, da sie das bodennahe Mikroklima nicht oder nur sehr verzerrt widerspiegeln. Was die durchschnittliche Jahrestemperatur betrifft, so kommt das Beilfleck-Widderchen fast in allen Temperaturzonierungen unseres Raumes vor (9 °C in der Oberrheinebene, 5 °C im Schwarzwald), und es könnte so leicht der Eindruck entstehen, *Z. loti* sei eine euryöke Art ohne spezielle Klimaansprüche. Auch die Zahl der jährlichen Frosttage ist nicht geeignet, das regionale Verbreitungsbild näher zu erklären. So kommt die Art in Regionen mit mehr als 140 Frosttagen ebenso vor wie in Gebieten mit nur halb soviel Tagen unter 0 °C. Dagegen sind weite Landstriche mit mittleren Werten (Oberschwaben, Keuper-Lias-Land) unbesiedelt. Etwas anders ist die Situation, wenn man Folien mit Isolinien jährlicher Niederschläge über die rezenten *loti*-Fundort legt. Hier zeigt sich dann, daß innerhalb Baden-Württembergs Gebiete mit mehr als 1000 mm Jahresniederschlag gemieden werden. Siedlungsschwerpunkte sind Bereiche mit Werten zwischen 700 und 900 mm.

Die Individuen der Kaiserstuhl-Populationen unterscheiden sich habituell bei einigen Widderchenarten von denen anderer Naturräume. Bei *Z. carniolica* und *Z. loti* ist eine Vermehrung der Rotzeichnung der Vorderflügelflecken festzustellen, was in beiden Fällen zur Benennung eigener lokaler Unterarten führte. So nähert sich das abgebildete Männchen habituell stark den Weibchen anderer Regionen (weiße Bestäubung); auch sind die Flecken stärker zusammengeflossen. – Kaiserstuhl, NSG Badberg 21. 5. 92 A. Hofmann.

Offene Landschaften, sonnige, nicht zu schattige, warme Waldsäume und -inseln, blumenreiche Hänge in Waldnähe, Böschungen und Dämme, einschürige, wenig oder nicht gedüngte Wiesen und mäßig beweidete Weiden sind Lebensräume, in denen das Beilfleck-Widderchen am häufigsten anzutreffen ist. Heiße, trockene Lokalitäten werden eindeutig gegenüber mesophilen Standorten favorisiert. Dort wo der Boden azidisch und feucht wird und die lokale tageszeitliche Beschattung lange andauert, werden die ökologischen Rahmenbedingungen für *Z. loti* zunehmend unfreundlicher. Nur wenige Meldungen beziehen sich auf eindeutig feuchte Biotope (Feuchtgebiet ca. 1,5 km östl. Unterwittighausen, F. Kirsch; Wollmatinger Ried, T. Marktanner). Interessant ist hierbei die extrem späte Flugzeit bei Unterwittighausen (15.8.82; spätester Nachweis für das Tauberland!). Im Wollmatinger Ried besiedelt die Art ein sehr breites Lebensraumspektrum, das von trocken bis feucht reicht. Die Beobachtungen im feuchten Be-

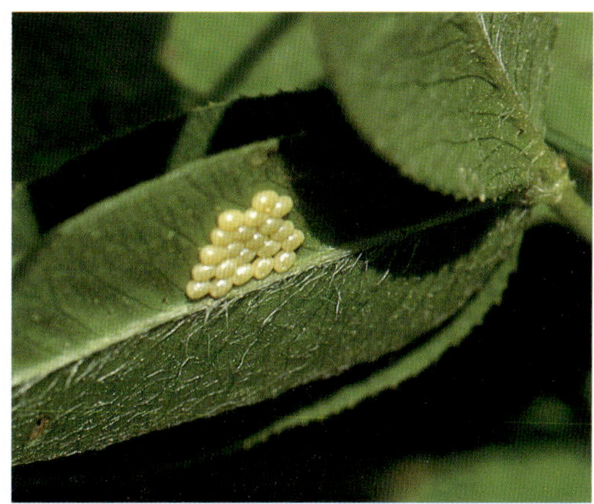

Wie *Zygaena carniolica* und *Z. fausta* so gehört auch das Beilfleck-Widderchen zu den Zygaenen-Arten, deren Weibchen die Eier stets einschichtig, in geordneter »Spiegelform« ablegen. Hier sind es fast zwei Dutzend Eier, die in fünf versetzten Reihen an der Blattoberseite des Berg-Klees (*Trifolium montanum*) abgelegt wurden. Als Raupennahrungspflanze konnte aber weder der Berg-Klee noch irgend eine andere *Trifolium*-Art nachgewiesen werden. Daß die Zygaenen-Weibchen nicht immer die Raupennahrungspflanzen als Eiablageplatz auswählen, konnte auch bei anderen Arten beobachtet werden (s. *Z. filipendulae*-Eiablage). – Stühlingen SW, Katzenbuck 5. 6. 93 M. Weber.

reich sind hier aber keinesfalls Zufälligkeiten durch zugeflogene Tiere. T. Marktanner konnte am 8.6. 1993 auf den dortigen Pfeifengraswiesen »101 Falter «, in den umgebenden »trockenen Wiesen 44 Tiere« zählen.

Nahrung der Raupe:

Hippocrepis comosa – Hufeisenklee
5 L (Ebe, Hof, Kir, Ren)
Coronilla varia – Bunte Kronwicke
4 L (Hof, Rsg)
Lotus corniculatus – Hornklee
L (Hof)

Die Hauptnahrungspflanze der Raupe dürfte bei uns der Hufeisenklee sein. H. & A. Hofmann fanden 1992 mehrere erwachsene Raupen am Kaiserstuhl, die sich am Tage verborgen in der Moosschicht unterhalb eines Esparsettenbusches aufhielten oder abseits der potentiellen Nahrungspflanzen umherliefen. Um die Nahrungspflanzenpräferenz zu ermitteln, wurden im Zuchtversuch alle oben genannten Schmetterlingsblütler plus *Onobrychis viciifolia* angeboten. Eine eindeutige Bevorzugung konnte so nicht festgestellt werden. Sämtliche drei Futterpflanzen wurden akzeptiert, nicht jedoch Esparsette. Diese strikte Verweigerung verwundert etwas. Der lokale Aufenthaltsort und erfolgreich durchgeführte ab-ovo-Zuchten mit *Z. loti* aus der Osttürkei (Prov. Van, A. Hofmann, unveröffentl.), die ausschließlich mit eben dieser Nahrungspflanze durchgeführt wurden (*Lotus corniculatus* wurde nicht angenommen), hätten auch hier eine Akzeptanz erwarten lassen. In älterer Literatur (Wilde 1861, Reutti 1898, Burgeff 1912a) angeführte weitere Nahrungspflanzen (*Astragalus-, Trifolium*-Arten etc.) sind fraglich und bedürfen der Bestätigung.

Habitat: Alle Raupen am Kaiserstuhl wurden im Halbtrockenrasen (mit Übergang zum lückigen Volltrockenrasen) beobachtet. Die Raupen leben tagsüber versteckt in der Moosschicht oder am schattigen Grund der Pflanzenbüschel (mehrere Funde unter solitären *Onobrychis viciifolia*-Horsten, H. & A. Hofmann). Durch ihre olivgrüne Grundfarbe sind sie dort gut getarnt. Nur selten scheinen die Raupen hoch (über 30–40 cm) an den Pflanzenstengeln aufzusteigen (wie des öfteren bei den aposematisch gezeichneten Raupen von

Die bevorzugten Verpuppungsorte von *Z. loti* dürften sich in den niederen Vegetationsschichten befinden. Hochkokons, wie bei den typischen »Spindelbauern« nicht selten, werden bei *Z. loti* nicht beobachtet. Die hier abgebildete vollerwachsene, olivgrüne *Z. loti*-Raupe nahm keine Nahrung mehr auf und begann zwei Tage später sich einzuspinnen. Der weißliche Kokon (niemals gelb) ähnelt in der Form demjenigen der *Z. carniolica* (stets gelb), ist aber deutlich glänzender. – Kaiserstuhl, NSG Badberg 10. 5. 92 A. Hofmann.

Zygaena loti kommt an ihren Fundstellen stets zusammen mit anderen Widderchenarten vor. In esparsettenreichen Halbtrockenrasen wird sie nicht selten von *Z. carniolica* begleitet, deren Flugzeit aber meistens erst dann beginnt, wenn das Beilfleck-Widderchen bereits drei bis vier Wochen geflogen ist und seine Flugzeit bereits zu Ende geht. – Schelklingen, Steinenfeld 5. 94 B. KREUSEL.

Z. transalpina oder *Z. filipendulae* zu sehen). Eine einzige solche Beobachtung liegt von G. EBERT und H. MESSMER aus Zimmerholz/Engen vor. Auch die Kokons dürften in den tieferen Schichten der Vegetation angebracht werden. Nachweise über ›Hochpuppen‹ sind auch aus Lokalitäten mit starken *loti*-Populationen (mehr als 200 Individuen zur Hauptflugzeit) nicht bekannt.

Als typische Imaginalhabitate sind blütenreiche Magerrasen trockener Standorte zu betrachten. Im Mesobromion erecti-Verband siedeln die meisten Populationen, und hier werden auch die höchsten Individuenabundanzen erreicht. Des weiteren spielen noch der selten gewordene trockene Flügel des Wirtschaftsgrünlandes (Arrhenatheretalia) eine wichtige Rolle. Auch ruderalisierte und nach wie vor stark durch menschliche Eingriffe strukturierte Standorte (Bahn-, Rheindämme, Böschungen, parkähnliche Anlagen) nehmen einen nicht unbedeutenden Platz im Habitatspektrum des Beilfleck-Widderchens ein. Alle anderen Pflanzengesellschaften treten dagegen an Bedeutung weit zurück und beherbergen nur schwache (oder nur gelegentlich?) Populationen dieser Art. Nur aus Oberschwaben wird die Art bodenständig im Molinion gemeldet (T. MARKTANNER).

Nahrung des Falters: Die frühesten Individuen im Mai sind fast ausnahmslos auf der Karthäusernelke (*Dianthus carthusianorum*) und den Blütentrauben der Esparsette (*Onobrychis viciifolia*) anzutreffen. Darüberhinaus sind alle typischen ›zygaenophilen Blütenpflanzen‹ der Kalkmagerrasen zu nennen: Kardengewächse (*Knautia arvensis, K. dipsacifolia, Scabiosa columbaria*), Flockenblumen (*Centaurea jacea* u. *C. nemoralis*) und Natterkopf (*Echium vulgare*, K. RENNWALD). In Waldrandnähe kommen ferner Dost (*Origanum vulgare*), Kratzdisteln (*Cirsium* spp.), Baldrian (*Valeriana officinalis*) und Hartriegel (*Cornus* spp., F. KIRSCH) als häufig besuchte Blütenpflanzen hinzu.

Verhalten: Das Beilfleck-Widderchen gehört zu den eher schwerfälligen, flugträgen einheimischen *Zygaena*-Arten. Oft sind die Tiere beim Blütenbesuch zu beobachten, und selbst bei vollem Sonnenschein sind sie nur wenig fluchtorientiert und schreckhaft. Auch von anderen Blütenbesuchern (wie Hummeln und Bienen) lassen sie sich nur wenig beim Blütenbesuch stören. Auffallend häufig und meistens gut sichtbar ist das Beilfleck-Widderchen in Copula anzutreffen. Hierzu werden Grasrispen, trockene Stengel und Blüten (besonders Skabiosen und Flockenblumen) in 30–50 cm Höhe bevorzugt. Auch sind Copulae öfters mitten auf den Blüten zu sehen, wo sie dann für alle anderen potentiellen Blütenbesucher die Blüte regelrecht blockiert halten; aber auch seitlich oder unterseits können die viele Stunden bis über Nacht dauernden Copulae beobachtet werden. Fremdkopulae mit anderen Arten scheinen keineswegs selten, die Weibchen sind jedoch ausnahmslos bereits von arteigenen Männchen begattet oder metagame Isolationsmechanismen verhindern die Bildung von Hybridzygoten bei virginen Weibchen. Es ist kein Fall bekannt, wo derartige Fremdkopulae (x *filipendulae*, × *purpuralis* o. ä.) Hybrid-Nachkommen lieferten.

Z. loti bildet keine Parkstationen (s. *Z. carniolica*, *Z. purpuralis*). Einzeltiere nächtigen jedoch manchmal zusammen mit *Z. purpuralis* (diese in größerer Anzahl) in exponierter Stellung. *Z. loti* ist zwar weit verbreitet und an ihren Fundorten keineswegs selten, die Individuenstärke der einzelnen Populationen reicht aber im allgemeinen nicht an diejenige der lokal bisweilen sehr häufigen Arten (*carniolica, purpuralis, minos, transalpina, fausta*) heran. Selten sind mehr als 5–10 Individuen auf einer 100m²-Fläche vorzufinden.

Parasitoide: Raupenparasitierende Hymenopteren oder Dipteren sind aus Baden-Württemberg nicht bekannt und waren aufgrund der wenigen Raupenfunde auch kaum zu erwarten. Sicherlich kommen hier aber einige Arten der Dipterengattungen *Phryxe* oder *Exorista* in Betracht, wie dies KARCZEWSKI & DABROWSKI (1973) für polnische *Z. loti* nachweisen konnten.

Gefährdung und Schutz

Rote Liste Bundesrepublik: 4
Rote Liste Baden-Württemberg: –

Oberrheinebene: Nicht gefährdet.
Schwarzwald: Noch unklar.
Neckar-Tauberland: Nicht gefährdet.
Schwäbische Alb: Nicht gefährdet.
Oberschwaben: Nur randlich vorkommend.

- In Baden-Württemberg nicht gefährdet!
  Besonders geschützt gemäß § 20 e ff. BNatSchG.

Das Beilfleck-Widderchen ist in Baden-Württemberg nirgendwo ernsthaft gefährdet. Die wenigen Populationen im Schwarzwald und in Oberschwaben sollten aber im Auge behalten werden, um in diesen beiden (faunistisch ohnehin eher verarmten) Naturräumen eventuelle Rückzugs- oder Verdrängungstendenzen rechtzeitig erkennen zu können. Dies gilt speziell für den einzigen Fundort im Oberschwäbischen Hügelland (8122C, Deggenhausertal). In allen anderen Naturräumen lebt *Z. loti* fast immer syntop mit weiteren, stärker gefährdeten Widderchenarten (z. B. *Z. carniolica, Z. viciae*). Ein Schutz dieser Arten und der damit verbundene Erhalt der entsprechenden Biotope wird auch zwangsläufig die Lebensbedingungen für das Beilfleck-Widderchen betreffen. Zusätzliche Maßnahmen sind dort derzeit nicht als notwendig zu erachten.

Zygaena osterodensis
Reiss, 1921

Platterbsen-Widderchen

Zygaena scabiosae SCHEVEN (HOLIK 1952–53, REUTTI 1898, LAMPERT 1907, REBEL 1910, SEITZ 1907–1913, ECKSTEIN 1923)
Zygaena (Zygaena) scabiosae SCHEVEN (ALBERTI 1958/59)
Zygaena (Silvicola) scabiosae osterodensis REISS (BURGEFF 1926b, REISS in SEITZ 1930–33)
Zygaena (Silvicola) scabiosae valida BGFF. (BURGEFF 1926b, KOCH 1955, REISS in SEITZ 1930–33)
Zygaena (Zygaena) osterodensis REISS (REISS & REISS 1970, NAUMANN & TREMEWAN 1984)
Zygaena (Zygaena) osterodensis valida BGFF. (REISS & REISS 1970, REISS & TREMEWAN 1967)
Zygaena (Zygaena) osterodensis lineata REISS (REISS & REISS 1970, REISS & TREMEWAN 1967)
Zygaena (Silvicola) romeo DUP. (BERGMANN 1953)
Zygaena romeo lineata REISS (REISS 1937)
Zygaena romeo valida BGFF. (REISS 1937)
Silvicola scabiosae SCHEVEN (FORSTER 1960)
Anthrocera scabiosae SCHEVEN (SPULER 1906, HERING 1932)
Silvicola scabiosae SCHEVEN (NOVAK & SEVERA 1980, KOCH 1984)
Zygaena scabiosae SCHEVEN (BLAB & KUDRNA 1982)

Aus Baden-Württemberg beschriebenes Taxon:
»*Zygaena (Silvicola) scabiosae* var. *valida*« BURGEFF, 1926 (›Klingenstein bei Ulm; Pfullingen; Lautertal bei Herrlingen und Neuffen‹)

Gesamtverbreitung: Vom Norden der Iberischen Halbinsel bis zur Mongolei und östlich des Baikalsees reicht die W-E-Erstreckung des *osterodensis*-Großareals. Die südlichsten Vorkommen sind in N-Griechenland und der SE-Türkei (hier auch die höchstgelegenen Fundstellen; oberhalb 2000 m). Die Art ist in Mittel-, Ost- und Nordeuropa zwar weit verbreitet, stets aber sehr lokal. Im Norden wird der südliche Teil Fennoskandiens noch besiedelt. Sie fehlt jedoch auf den Britischen Inseln, weiten Teilen W-und N-Frankreichs, im Norddeutschen Tiefland (?), in den Zentralalpen, auf der Apenninenhalbinsel und auf sämtlichen Mittelmeerinseln. Gemieden wird das unmittelbare Mediterrangebiet. Küstenpopulationen sind nicht bekannt. Die Populationen in Dänemark und Finnland gelten inzwischen als erloschen (W. G. TREMEWAN, pers. Mitt.). Starke Rückzugstendenzen dieser Art meldet KEIL (1993) für Ostdeutschland.

Subspezifischer Kontext: Die oben angeführte Liste der Synonyma zeigt, wie unklar und wechselhaft die taxonomisch-nomenklatorische Situation dieser Art lange Zeit war. Den drei verschiedenen Artnamen (*scabiosae, romeo* und *osterodensis*) muß zur vollständigen Verwirrung noch *minos* (sensu DUJARDIN 1986) hinzugefügt werden. Daraus wird verständlich, wie vorsichtig in diesem Falle mit vielen Literaturhinweisen und auch Mitarbeitermeldungen zu verfahren ist. Die Namen *romeo* (bona spec.), *minos* (bona spec.) und *scabiosae* (syn. *purpuralis*) sind von Autor zu Autor sehr unterschiedlich gebraucht worden und werden heute drei anderen biologischen Einheiten zugeordnet. Für die hier behandelte, dünnfühlerige Art, deren Raupen an Platterbsenarten leben, hat sich mittlerweile der Name *osterodensis* REISS, 1922 etabliert.

Z. osterodensis neigt nur sehr weiträumig und eher gering zur Ausbildung guter, d.h. habituell wohl differenzierter Unterarten. Die phänotypischen Abweichungen bei mitteleuropäischen Populationen sind nicht groß genug, als daß eine weitere subspezifische Trennung zwingend wäre. Baden-württembergische Populationen sind insgesamt spitzflügeliger und rotkonfluenter als die typische *Z. osterodensis* aus Osterode in Ostpreußen (Polen, Olsztyn,Osteróda), der sich zwanglos die nördlichen Populationen des kontinental geprägten Teiles von Europa bis zum Ural anschließen lassen. Zu *Z. osterodensis valida* BURGEFF, 1926 sind die geographisch anschließenden Taxa (*hassica, lineata, vosegiensis* und *vogesiaca*) als Synonyma zu stellen.

Von allen anderen einheimischen Widderchenarten ist das Platterbsen-Widderchen durch seine verhältnismäßig dünnen, fast ungekolbten Fühler leicht zu unterscheiden. Die konfluenten Vorderflügelflecken (›Streifentypus‹) erzeugen eine gewisse Ähnlichkeit mit *Z. purpuralis* und *Z. minos*, eventuell auch mit *Z. viciae*. Besonders mit den ersten beiden sind Verwechslungen ziemlich regelmäßig festzustellen; der anders gestaltete Fleck 6 und die fadenförmigen Fühler sind aber unverwechselbare Kennzeichen.

Verbreitung

Regional: Obgleich deutliche Unterschiede in den spezifischen ökologischen Nischen bestehen, entspricht die Verbreitung dieser Art innerhalb Baden-Württembergs in etwa dem *carniolica*-Areal. Auch hinsichtlich der gegenwärtigen Verdrängung sind Parallelen nicht übersehbar. So liegen westlich des Neckars (Obere Gäue, Kraichgau) in beiden Fällen keinerlei aktuelle Meldungen (nach 1966) mehr vor. Das gleiche gilt für große Teile Oberschwabens, falls *Z. osterodensis* hier überhaupt jemals bodenständig war. In coll. SCHLUSCHE/LNK befindet sich ein ♂ mit der Bezettelung »Tettnang, 2.6. 1962«, ein

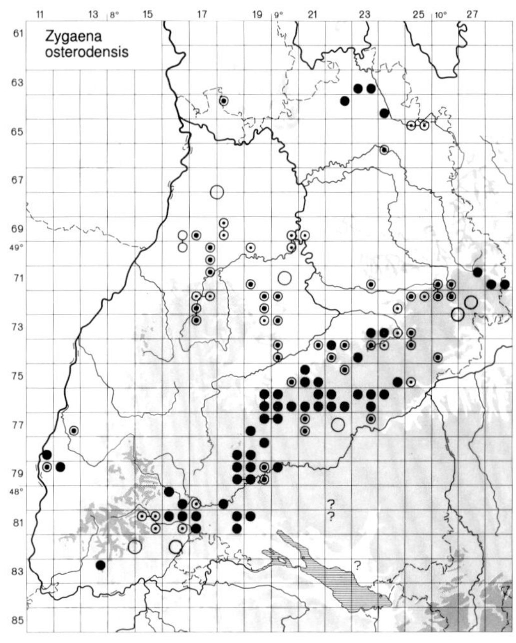

weiterer Hinweis auf oberschwäbische Vorkommen ist der Kartei A. GREMMINGER zu entnehmen [»Pfrung.Ried 1.7.23 e.(Schr.)«]. Beide Meldungen sind sehr zweifelhaft und beruhen vermutlich auf Fundortverwechslungen oder Fehlbestimmungen! Gesicherte Meldungen aus Oberschwaben sind nur aus dem albkontaktierenden Hegau (und hier nur vom äußersten Westen) zu verzeichnen (Hewenegg-vulkan, R. HERRMANN; Welschingen,T. MARKTANNER). In der Zygaenen-Fauna des anschließenden Vorarlberg/Österreich (AISTLEITNER 1990) wird die Art nicht aufgeführt. Sie fehlt auch im bayrischen Schwaben, im südlichen Oberbayern und im gesamten deutschen Voralpenland.

Gemieden wird die planare Stufe der Oberrheinebene (eine einzige zweifelhafte Meldung: Mannheim, Strassenheimer Hof, 6.1932, E. ELLINGER; versehen mit dem Vermerk »in einigen Stücken, seitdem nicht mehr«), ebenso die gesamte Vorbergzone, große Teile des Hochschwarzwaldes (auch hier nur eine einzige Meldung: 8313B, Hohenwald Umg. Herrischried bei Rütte, 900 m, 14.7. 1987, J.U. MEINEKE) und der Mittlere Schwarzwald. Nur aus dem kleinen Enztal (20.6.54, W.STAIB) und dem Kontaktbereich des südöstlichen Schwarzwaldes zur Baar existieren einige wenige, meist ältere Nachweise (Bestimmungsfehler sind hier nicht gänzlich auszuschließen; det. A. GREMMINGER). Im Keuperland zwischen Schwäbischer Alb und Kocher-Jagst-Ebenen scheint die Art ebenfalls sehr selten zu sein oder gar zu fehlen. Diese Feststellung verwundert etwas, denn gerade das Platterbsen-Widderchen als ausgesprochene ›Waldzygaene‹ (Waldwege, -ränder u.ä.) würde hier neben der weitverbreiteten Raupennahrungspflanze auch geeignete Imaginalhabitate vorfinden. Nur einige wenige und seither nicht wieder bestätigte Meldungen liegen uns aus diesen Regionen vor (Ende der 70er und Anfang der 80er Jahre fotografierte A. STEINER mehrere Falter einer »individuenstarken Population am Öschinger Rain bei Gönningen«). Im Kaiserstuhlgebiet war die Art früher in vielen waldnahen Lokalitäten bodenständig (Neunlinden; Eichelspitze; Ihringer Hochkamm; Vogtsburg). Seit nunmehr 25 Jahren liegen von dort aber keinerlei Beobachtungen mehr vor (letzter Nachweis: Schelingen, 17.6. 1967, H. LUSSI). Der starke Rückgang dieser Art an vielen Lokalitäten unseres Bundeslandes ist unzweifelhaft und wird unabhängig von verschiedenen langjährigen Kennern (C.M. NAUMANN, G. REISS, W. UEBEL) unserer Zygaenen-Landesfauna bestätigt. Ob allerdings wirklich alle Populationen westlich des Neckars erloschen sind oder ob hier vielfach übersehen wurde (*purpuralis*/*minos*-Ähnlichkeit!?), werden erst neuere, gezielte Nachsuchungen zeigen müssen. Ein solch rapides gleichzeitiges Erlöschen vieler separierter Populationen wäre zweifelsohne ein alarmierendes Signal. Die letzten Meldungen aus diesem Naturraum (Neckar-Tauberland) datieren fast durchweg vor 1970: Friolzheim, Betzenbuckel (2.7. 1967, W. DÜRR); Berghausen (7.6. 1961, W. STAIB); Königsbach (11.6. 1960, H. DEURING); Warmbronn (26.6. 1955, H. REISS); Nöttingen, Ranntal (21.6. 1968, W. STAIB); Dietlingen (30.6. 1962, W. STAIB); Stuttgart, Hölzer See (10.7. 1970, W. UEBEL); Bebenhausen, Goldersbachtal (26.6. 1961, C.M. NAUMANN); Öschinger Rain b. Gönningen (1979–1982, A. STEINER).

Gegenwärtig sind also nur noch auf der Schwäbischen Alb und im Tauberland *osterodensis*-Populationen zu vermelden. Aber auch für diese beiden Populationsgruppen gilt: Dezimierungs- und Verdrängungstendenzen sind nicht mehr zu übersehen! Selbst so klassische Fundorte wie der Neuffen mit ehedem gesunden Populationen über Jahrzehnte hinweg bleiben hiervon nicht verschont (W. UEBEL, Mitt.: »Die Art scheint hier zur ausgesprochenen Seltenheit geworden zu sein!«). An vielen anderen altbekannten Plätzen ist sie schon seit den 70er Jahren verschwunden (Genkingen; Schelklingen; Blaubeuren; Stuttgart, Hölzer See).

Extinktion ganzer Populationsgruppen dieser Art ist sicherlich keine kleinräumige Erscheinung,

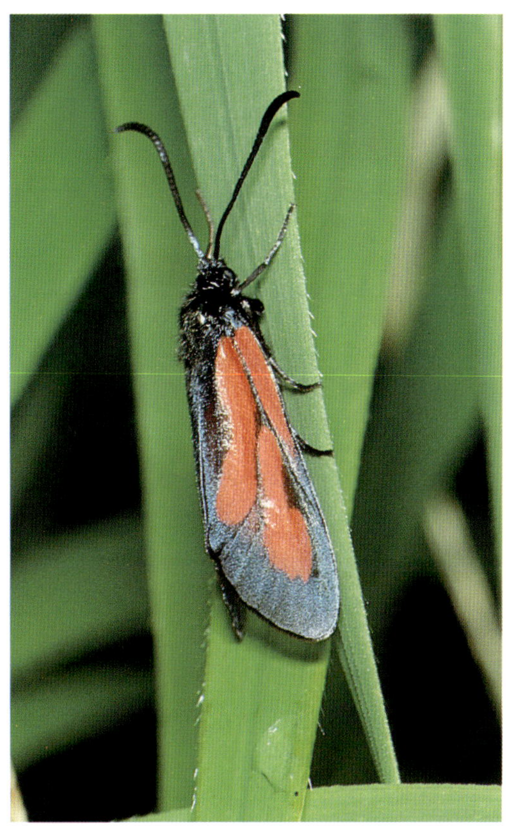

Bei kühler Witterung oder morgens und abends (s. Tautropfen am Gras!), wenn die Biotope im Wald oder am Waldrand stark beschattet werden, sitzen die Platterbsen-Widderchen (*Zygaena osterodensis*) einzeln, meist regungslos, in der niederen Vegetation. Erst wenn die wärmenden Sonnenstrahlen die Waldinseln erreichen, steigen die Tiere höher auf. Wird ein Standort zu lang oder zu stark beschattet, verschwindet aber auch diese halbschattenliebende Widderchenart. Ein ausgezeichnetes Artmerkmal sind die – hier gut sichtbaren – fadenförmigen, fast ungekolbten Fühler. – Hüfingen, NSG Rauschachen 8. 7. 93 A. HOFMANN.

die erst in jüngster Zeit beobachtet wird. Einige periphere Populationen, so in Finnland und Dänemark, sind bereits erloschen. In Ostdeutschland ist das *Z. osterodensis*-Areal in den letzten 50 Jahren auf ein isoliertes Inselareal zusammengeschrumpft, »da die ostsächsischen Populationen offensichtlich ausgestorben sind« (KEIL 1993). Auch im gesamten Rheinland hat die Art nur noch chorologisch-nostalgischen Erinnerungswert (WIPKING 1985; keine Beobachtungen mehr nach dem zweiten Weltkrieg). Gleiches ließe sich bereits jetzt für eine Vielzahl ehemaliger Fundorte, ja ganzer Naturräume unseres Bundeslandes konstatieren (z. B. M. HASSLER 1986 für die Bruchsaler Gegend, einschließlich des Michaelsberges: »In der ganzen Gegend wahrscheinlich schon sehr lange ausgestorben«; P. S. WAGENER über einen Wacholderheidestandort bei Deggingen: »Nach dem Krieg nicht mehr gefunden«; ähnliches gilt für Berghausen, Durlacher Turmberg, Bretten; nach Kartei A. GREMMINGER).

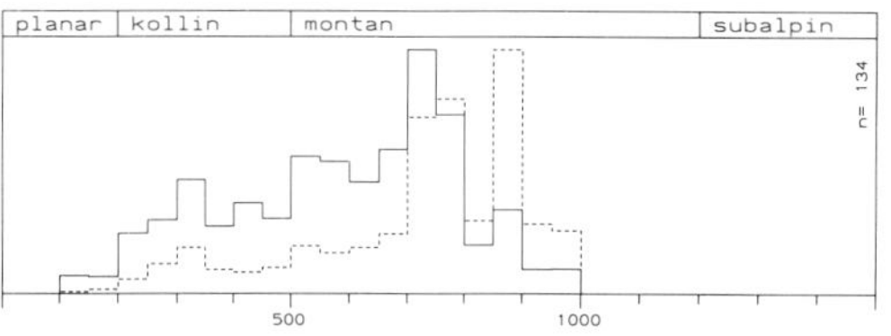

Vertikal: Die Vorkommen im Tauber- und Bauland liegen im unteren Bereich der kollinen Stufe (230–370 m); z. T. noch tiefer lagen die ehemaligen Fundstellen im mittleren Abschnitt des Neckar-Tauberlandes (120–400 m). Im Bereich der Schwäbischen Alb wird die gesamte Spannbreite der montanen Stufe besiedelt (470 bis fast 1000 m), ohne daß sich eindeutige Schwerpunkte erkennen lassen. Die höchsten Fundorte liegen in der Hohen Schwabenalb (950–970 m) und den umgebenden Naturräumen (Baaralb, Kuppenalb).

Phänologie

Imagines: Das Platterbsen-Widderchen gehört an seinen Flugplätzen zu den frühen Zygaenenarten. Im Neckar-Tauberland sind bisweilen bereits Ende Mai die ersten Imagines zu beobachten. Die Hauptflugzeit in diesen tiefer gelegenen Naturräumen (Kaiserstuhl, Tauberland, Obere Gäue etc.) liegt dann im Monat Juni, mit deutlichen Maxima Ende (Neckar-Tauberland) bzw. Mitte des Monats (Kaiserstuhl). Je nach Höhenlage und Exposition sind hiervon aber auch erhebliche Abweichungen zu registrieren. So haben die Populationen der Baar (Hüfingen vic., 750 m, I. HEGAR) ihre Hauptflugzeit fast einen ganzen Monat später (Anfang/Mitte Juli). In diese Jahreszeit fallen auch die Flugzeiten vergleichbarer Alb-Populationen.

Die Dauer der Flugzeit beträgt ca. 4 Wochen. Bei Hüfingen waren 1992 am 20.6. die ersten Imagines zu beobachten, die höchsten Abundanzen zwei Wochen später (7.7.). Am 25.7. konnten keine Tiere mehr beobachtet werden (A. HOFMANN). Erst vom 8.7. an waren weitere Widderchenarten (*Z. viciae, Z. loti, Z. lonicerae*) syntop mit *Z. osterodensis* anzutreffen. Auf der Schwäbischen Alb war *Z. osterodensis* früher oft syntop und zeitgleich mit *Z. angelicae elegans* vorzufinden (RESSLER 1938; G. REISS).

Präimaginalstadien: Der Rückgang dieser Art spiegelt sich auch in den spärlichen Raupenfundmeldungen seit den 60er Jahren wider. Von A. GREMMINGER sind noch recht zahlreich Raupenfunde dokumentiert. Seiner handschriftlichen Kartei (unter *Z. scabiosae*) sind hierzu einige interessante Anmerkungen zu entnehmen, und auch aus den Sammlungsetiketten mehrerer e.l.-Individuen geht hervor, daß des öfteren Raupen eingetragen wurden. So notiert A. GREMMINGER unter dem 28.5. 1938 sowohl den Fund mehrerer Kokons als »auch noch Rpn. die zur Verpuppung hochgehen«. Ebenfalls auf erwachsene Postdiapausenraupen beziehen sich weitere Notizen: »1 Raupe, die sich alsb. verspinnt« (10.6. 1955, Kaiserstuhl, Achkarren). Diverse e.l.-etikettierte Individuen verschiedener Sammler (G. BAISCH; G. BARTH) dürften gleichermaßen erwachsenen Freilandraupen entstammen. Auf die Schwierigkeiten bei der Zucht dieser Art

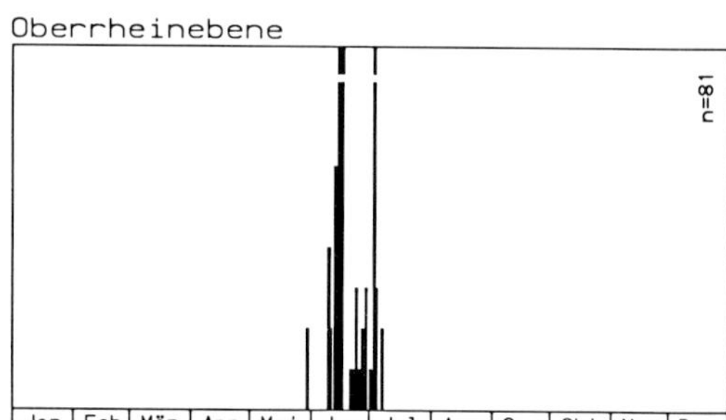

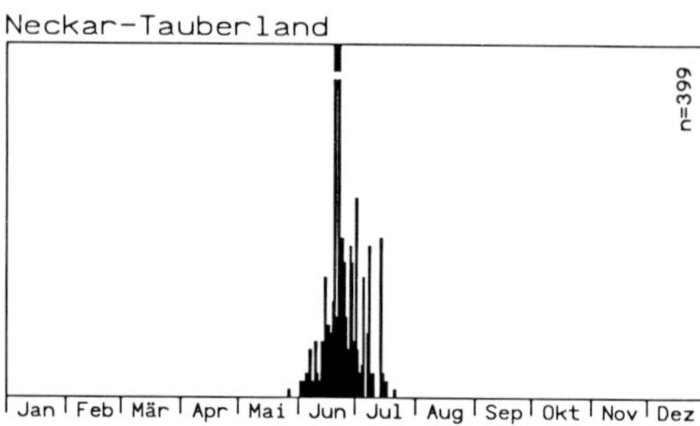

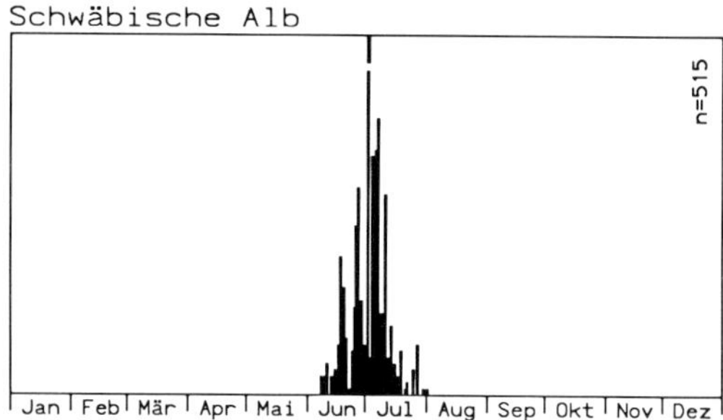

haben bereits DORFMEISTER (1854) und BURGEFF (1921b) hingewiesen. Bestätigen konnte dies auch UEBEL (1974) in seiner ausführlichen Zuchtanleitung für Zygaenen, die zu großen Teilen auf Zuchterfahrungen mit Arten aus Baden-Württemberg basiert. Trotz mehrerer Versuche ist ihm keine ab-ovo-Zucht gelungen. »Zwei Zuchtversuche schlugen fehl. Beim 1. Versuch gingen die Raupen nach der 1. Überwinterung ein, beim 2. nach der zweiten Überwinterung.« Daß es sich hierbei nicht um zufällige Mißerfolge handelt, wie sie auch einem erfahrenen Züchter gelegentlich passieren können, zeigen gleiche Zuchtergebnisse bei G. REISS und A. HOFMANN. Auf eine fraktionierte Entwicklung (in diesem Falle Mehrfachüberwinterung der meisten Räupchen aus einem Gelege) weist auch DORFMEISTER (1854) hin (»Nur einige erwachsen heuer«).

Wesentlich zahlreicher sind Kokonfunde. Die *osterodensis*-Eigenart, Kokons nicht selten in exponierter Höhe an Buchenstämmen anzubringen, wird von vielen Feldentomologen mit Aufmerksamkeit bedacht und, da außergewöhnlich für diese Gattung, stets notiert und mitgeteilt (A. GREMMINGER: »Die silberglänzenden Cocons werden mit Vorliebe an Baumstämmen ... angebracht«; H. DEURING: »Puppen an dicken Rotbuchen-Stämmen in 1–2m Höhe«; REISS & REISS, 1970: »Die Raupen verpuppen sich gerne an der Südseite der Buchenstämme«). Keinesfalls werden die Kokons aber ausschließlich an solch flachen Oberflächen angeheftet, auch zygaenenüblichere Stellen werden gewählt, wo die Kokons dann – in typischer Spindelform angefertigt – zu finden sind: »an dünnem Ästchen« (G. REISS), »in Hecken auch an Zweigen, viel seltener an Grashalmen« (A. GREMMINGER), »viele Cocons aus jungen Hainbuchen geschnitten« (E. BROMBACHER), »Puppen an Eisengeländer usw.« (A. GREMMINGER). Die Annahme BERGMANNS (1953), »die silbrig glänzenden Puppenkokons sind immer und ausschließlich an glatten Stämmen der Rot- und Hainbuche angesponnen« ist auf jeden Fall so exklusiv nicht zutreffend. Das ungewöhnlich häufige Anfertigen der Kokons in Augenhöhe macht Sinn, wenn man es in Kombination mit der Exposition sieht. »Stets an der Süd- bzw. Südwestseite, wo sie die meiste Wärme erhalten« (BERGMANN l.c.). An den typischen *osterodensis*-Waldrandlokalitäten wären die Zygaenenkokon-Normhöhen (bis 40cm) oft noch zu stark beschattet.

Derartige Strategien sind sicherlich artspezifische Adaptationen an kontinentale, boreale Klimate von an sich thermophilen Artengruppen, und auch in unseren Breiten läßt das Platterbsen-Widderchen seinen arborealophilen Charakter noch erkennen (s. frühe Flugzeit und Lebensraum).

Die durch ihr Tigermuster auffallend gezeichnete *Z. osterodensis*-Raupe ist an der schwarzen medianen Linie und der rußig schwarzen Bauchseite (nur bei *Z. osterodensis* !) eindeutig zu erkennen. Während der Wachstumsphase lebt sie sehr standorttreu in der niederen Vegetation (10–20 cm über dem Boden) und sitzt bevorzugt an den breiten Blättern der Wirtspflanzen. Zur Verpuppung wandern die Raupen gelegentlich und suchen oft süd- oder südwestexponierte Seiten von Buchenstämmen auf, wo sie manchmal in mehr als 2 m Höhe ihren silberglänzenden Kokon anfertigen. – Hüfingen, NSG Rauschachen 22. 5. 93 A. HOFMANN.

Über die Dauer der Ei- und Kokonphasen waren bislang keinerlei Meldungen aus unserem Bundesland zu verzeichnen. Überhaupt fehlten Beobachtungen der hiesigen früh-larvalen Stände (Eiablage, Jungraupen, Diapausenraupen). Ein wirksamer Schutz dieser stark bedrohten Art erfordert hier noch einiges an präimaginalbiologischer Grundlagenforschung! Ein erster Versuch 1993 (A. HOFMANN) diese Wissenslücken zu schließen war nur teilweise erfolgreich. Ein Weibchen wurde am 8.7.93 zur Eiablage in einem gesonderten Gazekäfig untergebracht und nach erfolgter Ablage eines Geleges von 15 Eiern (11.7.) wieder in seinem Biotop ›Hüfingen‹ ausgesetzt. Die verhältnismäßig großen Eier (größer als *Z. filipendulae*) sind nicht gelb sondern weiß. Nach 7 Tagen schlüpften die Eiräupchen. Bereits bis zur Diapause waren 13 Räupchen verendet, obgleich regelmäßig Originalfutter (*L. pratensis*) angeboten werden konnte und keinerlei Anzeichen einer Infektion zu erkennen waren. Die Jungräupchen fraßen nur ›lieblos‹ und wuchsen langsam.

Mitte Mai 1993 gelang es zwei halberwachsene Raupen im selben Biotop an der Nahrungspflanze zu finden. Beide Tiere verpuppten sich Ende des Monats und ergaben nach nur 13 Tagen Kokonphase Mitte Juni zwei männliche Falter.

Ökologie

Lebensraum: Das Platterbsen-Widderchen gehört sicherlich zu den stenöken Zygaenenarten unserer Fauna. Gemieden werden die von vielen anderen Widderchen favorisierten offenen und heiß-warmen Standorte wie Lößböden, Trockenhänge, Geröllhalden etc.. Seine sehr enge Bindung an Waldbiotope ist unübersehbar, wenngleich die Beschreibung BERGMANNS »verläßt aber das Waldgebiet niemals« zu eng gefaßt ist, denn gelegentlich werden schon mal ein paar blütenbesuchende Imagines am Trockenhang beobachtet (sogar Weibchen, z.B. zusammen mit *Z. carniolica* am Eichberg/Blumberg; A. HOFMANN); der eigentliche Lebensraum ist aber unzweideutig im Saumbereich zum anschließenden Hochwald, auf lichten Waldinseln (»bevorzugt lichte, sonnige Laubwaldungen« G. BAISCH), Waldwegen oder an etwas offeneren Stellen (Abrißkanten, Böschungen, Waldwiesen, Schneisen u.ä.) zu suchen. Auf seinem Meldebogen charakterisiert H. KAUFMANN *Z. osterodensis* unter der Rubrik Bemerkungen schlicht und treffend mit »Buchenwaldbewohner«. Zwar beinhaltet dieser Begriff keinesfalls das ganze Lebensraumspektrum dieser Art; als typisches *osterodensis*-Etikett kann er trotzdem akzeptiert werden, denn die Mehrzahl der Fundorte befindet sich tatsächlich innerhalb, am Rande oder in unmittelbarer Nähe von Buchenwaldbeständen (Neuffen, Genkinger Steige etc.). Meistens sind es Wälder aus alten Hain- und Rotbuchen oder Eichen-Buchen-Mischwälder. Auch der lichte Kiefernwald einschließlich des Saumes zum Trockenhang (Eichberg/ Blumberg) kann noch *osterodensis*-Populationen beherbergen; ja, selbst jüngerer Nadelforst mit Lichtungen und Umzäunungssäumen bietet gelegentlich noch ausgezeichnete Lebensmöglichkeiten (Hüfingen).

Überraschend groß ist das Biotop-Spektrum hinsichtlich abiotischer Faktoren. So sind die Kraichgau- und Gäulandschaften-Fundorte in Regionen gelegen, die nur zwischen 700 und 800 mm Jahresniederschlag im langjährigen Mittel erfahren. Die rezenten Verbreitungsschwerpunkte des Platterbsen-Widderchens liegen jedoch auf der ›Rauen Alb‹ bei Werten von 900 bis 1000 mm. Deutlich seltener oder gar nicht besiedelt werden dagegen Lokalitäten mit weniger als 700 mm Jahresniederschlag (Neckarbecken, Hardtebenen). Ähnliches ließe sich auch bei Betrachtung der durchschnittlichen Frosttage feststellen. Hier fällt gleichermaßen auf, daß im oberen Drittel mit mehr als 130 Frosttagen/Jahr noch die meisten rezenten Populationen anzutreffen sind (Baar und Albhochfläche). Auch die verhältnismäßig zahlreichen Fundortnachweise oberhalb 700 m müssen hier erwähnt werden.

Nahrung der Raupe:
Lathyrus vernus – Frühlings-Platterbse
L (GRE, LUS)
? *Lathyrus niger* – Schwarzwerdende-Platterbse
L (RSG)
Lathyrus pratensis – Wiesen-Platterbse
3 L (RSG, HOF, KIE, UEB)
? *Vicia*-Arten – Wicken
L (GRE, KIE)

HOLIK (1953) gibt als Raupennahrungspflanzen noch einige weitere *Lathyrus*-Arten an. In der faunistischen Bearbeitung der Wutachschlucht nennt GREMMINGER (1950) neben *Lathyrus*- ferner *Vicia*-Arten. Ob es sich hierbei um authentische Beobachtungen handelt, geht leider nicht hervor. RESSLER (1938) fand in Schlesien »einzelne Raupen an der gewöhnlichen Vogelwicke *(Vicia cracca)*« und vermutet aufgrund von Freilandbeobachtungen bei Bad Urach die gleiche Nahrungspflanze auch in unserem Untersuchungsgebiet (»Das Vorkommen von *Z. scabiosae* [= *Z. osterodensis*] an demselben Ort ist mir nun auch an einer Stelle oberhalb Urach aufgefallen«). So war denn aus Baden-Württemberg bislang nur eine einzige Platterbsen-Art durch Raupenfreilandfunde als Nahrungspflanze dieser Art mit Sicherheit nachgewiesen (*L. vernus*, A. GREMMINGER). Doch sprach vieles dafür, daß die meisten unserer Populationen am gelbblühenden *Lathyrus pratensis* (Wiesen-Platterbse) leben. Bei Hüfingen (A. HOFMANN), am Hohenneuffen (W. UEBEL, G. REISS) und am Hölzer See (G. REISS) waren die Tiere mit Vorliebe in der Nähe dieser Pflanze anzutreffen. W. UEBEL hat seine Zuchten mit *Lathyrus pratensis* durchgeführt. Die Raupenfunde 1993 in Hüfingen waren dann auch wie erwartet auf dieser Nahrungspflanze erfolgt. Im gleichen Jahr beobachtete H. LUSSI eine erwachsene

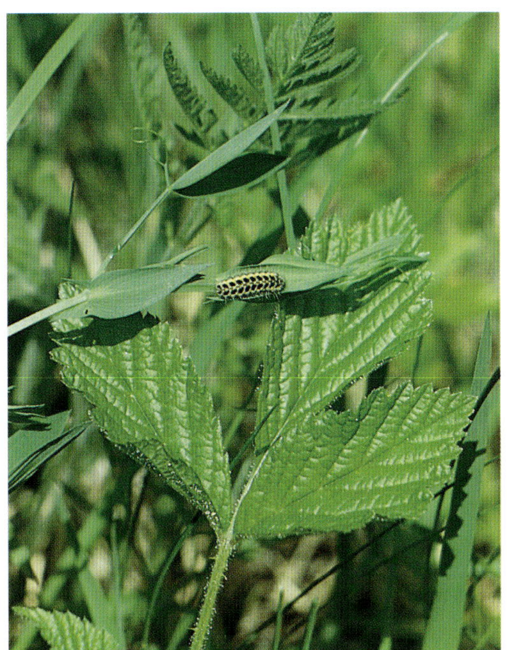

Erst durch Drehen der Wiesen-Platterbse kommt die geschützt auf der schattigen Blattunterseite sitzende Raupe zum Vorschein. Zur gleichen Zeit wurden auf benachbarten Pflänzchen weitere Widderchenraupen (*Z. viciae, Z. lonicerae*) gefunden. Während die *Z. osterodensis*-Raupen aber Ende Mai bereits verpuppungsreif waren, hatten die Raupen der Nahrungskonkurrenten noch mindestens eine Häutung vor sich. – Hüfingen, NSG Rauschachen 22. 5. 93 A. HOFMANN. M.

Raupe auf *Lathyrus vernus* im Tauberland. G. REISS fand eine erwachsene Raupe auf *Coronilla coronata* sitzend. An gleicher Lokalität befanden sich *Lathyrus pratensis* und *L. niger* in unmittelbarer Nachbarschaft.

Habitat: Für die Raupen und Imagines gleichermaßen von größter Relevanz sind die eurosibirischen Fallaubwälder, vor allem das Fagion sylvaticae und dessen Saum- und Mantelgesellschaften. Innerhalb der Rotbuchenwälder sind auf der Schwäbischen Alb der Waldgerste-Buchenwald (Hordelymo-Fagetum) und Seggen- oder Orchideen-Buchenwald (Carici-Fagetum) *osterodensis*-präferierte Pflanzenassoziationen. M. WALLNER und W. STAIB verweisen auf die Bedeutung der Hainsimsen-Buchenwälder (Luzulo-Fagenion) und Liguster-Schlehenbusch-Gesellschaften im Kraichgau. Auch wärmebedürftige Eichenmischwälder spielen noch eine übergeordnete Rolle. Desgleichen sollten hier einige weitere Schlehengebüsch-Assoziationen Erwähnung finden, beispielsweise das Berberidion (eventuell auch das Carpino-Prunetum). Mehrere Meldungen beziehen sich auf den pflanzensoziologisch nicht definierbaren Begriff ›Wacholderheide‹ (Mehrstetten/Schandental; Friolzheim/Betzenbukkel). An Saumgesellschaften sind in erster Linie das Trifolion medii, aber auch das Geranion sanguinei anzuführen. Für die Imagines sind bedingt auch noch die Nektarblütenpflanzenangebote basiphytischer Magerrasen hier anzuführen. Das trockenere Mesobrometum gehört aber sicherlich nicht zum eigentlichen *osterodensis*-Habitat.

Der rapide Rückgang dieser Art seit den 60er Jahren hat eine umfassendere Habitat-Bestandsaufnahme stark behindert. Hinzu kommen die angeführten Determinationsunsicherheiten bei vielen Meldungen, so daß leider einige Meldungen unberücksichtigt blieben bzw. nicht klar zugeordnet werden konnten.

Nahrung des Falters: REISS & REISS (1970) nennen »außer Skabiosen, Disteln, Baldrian auch Brombeer- und Ligusterblüten an Waldrändern«. Letzteres wird auch von A. GREMMINGER (Kartei) bestätigt. Des weiteren sind Blütenbesuche an folgenden Arten zu beobachten gewesen: *Scabiosa columbaria* (H. LUSSI), *Knautia arvensis* (G. EBERT, E. RENNWALD, F. VOGEL), *Knautia dipsacifolia* (A. HOFMANN) *Cirsium* sp. und *Geranium sylvaticum* (A. STEINER). Mehrfach wird auch Blütenbesuch an Salbei (*S. verticillata*, H. SCHUMACHER, *S. pratensis*, A. STEINER) beobachtet. Auf Flockenblumen weist W. UEBEL hin (»meistens auf den Blüten der zahlreichen Flockenblumen«). I. HEGAR fotografierte mehrere Falter beim Blütenbesuch auf *Vicia cracca*, A. STEINER auf *Vicia tenuifolia*. Interessant ist eine Orchideen-Meldung von H. LUSSI vom Kaiserstuhl: »an *Anacamptis pyramidalis* saugend (Befruchtung)«. Etwas außergewöhnlich sind auch die zwei Blütenbesuche auf *Plantago media* und *Chaerophyllum temulum* (A. HOFMANN) aus der Baar.

Verhalten: Soweit die wenigen aktuellen Meldungen und Beobachtungen nicht täuschen, ist das verhältnismäßig flugträge Platterbsen-Widderchen – selbst innerhalb der standorttreuen Zygaenen – eine auffallend ortsgebundene Zygaenenart. Gezielte Beobachtungen und Markierungen (G. REISS, A. HOFMANN) einzelner Falter zeigten jedoch, daß auch *Z. osterodensis* einen Aktionsradius von mehreren Hundert Metern hat. Ein markiertes Männchen legte innerhalb einer halben Stunde ca. 300 m zurück, überflog dabei eine 15–20 m hohe Nadelwaldbarriere zum Waldsaum auf der anderen Waldseite und konnte anschließend wieder an seinem Ausgangsstandort gesichtet werden. Als be-

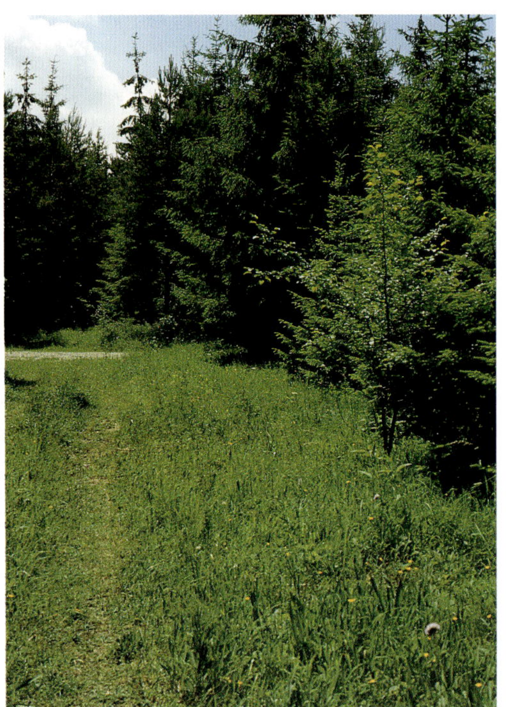

Das Platterbsen-Widderchen ist eine typische Waldrandzygaene. Bewachsene, lichte Waldwege bilden die wichtigsten Sekundärstandorte dieser zunehmend seltener werdenden Art. Wo sich die Möglickeit bietet, sollten solche Vorkommen durch Absperren der Wege von Frühling bis Herbst gesichert werden. Häufiges Befahren, Holztransport oder -lagerung sollte auf jeden Fall unterbleiben. Aber auch zunehmende Überschattung durch eng an die Wege gepflanzte Fichten und deren Höhenwachstum gefährden langfristig viele einheimische Populationen. – Hüfingen, NSG Rauschachen 6. 93, kurz vor Flugbeginn, A. HOFMANN.

sonders wichtig für die Dispersion und Dynamik der *osterodensis*-Populationen erwiesen sich breitere Waldwege, die über beidseitige Saumvegetation verfügen und wo möglichst auch die Raupennahrungspflanze gedeiht. In diesen Bereichen waren blütenbesuchende und umherziehende Falter regelmäßig zu beobachten. Enge und zu stark beschattete Wege werden gemieden. Für den Erhalt gefährdeter Arten ist das Erkennen autökologischer Minimalanforderungen unbedingte Notwendigkeit. Die Larvalhabitate sind oft nur ›handtuchgroße Flecken‹ im lichten Wald (4 × 10 m, 2 × 8 m) und der bloße Erhalt einer solchen Larvalhabitatinsel würde mit Sicherheit nicht ausreichen, den Bestand vorort zu gewährleisten. Wichtig und unbedingt mit in die Schutz- und Pflegemaßnahmen miteinzubeziehen sind linienförmige Verbindungsmöglichkeiten (Wege, Böschungen, Abrißkanten) zu benachbarten Kleinhabitatinseln.

Bemerkenswert ist die vergleichsweise geringe Individuendichte (»stets sehr einzeln« P. S. WAGENER; »auf der Alb einzeln, aber weit verbreitet« G. BAISCH) der meisten Populationen. Massenvorkommen wie bisweilen bei *Z. fausta, Z. carniolica* oder *Z. transalpina* sind für diese Art aus Süddeutschland nicht bekannt. Auch für Fremdkopulae liegen keine Hinweise vor. Die Falter nächtigen einzeln an Grashalmen, *Vicia cracca*-Blütentrauben, der Raupennahrungspflanze oder an dürren Ästchen in unmittelbarer Bodennähe. Mehrere Copulae konnten an den Blütenköpfchen von Kratzdisteln in ca. 1m Höhe, auf Skabiosenblüten und direkt in der Bodenvegetation (20cm Höhe) beobachtet werden (A. HOFMANN).

Parasitoide: Zwei Tiere einer Schlupfwespenart (*Agrothereutes solitarius, Ichneumonidae*; det. E. DILLER) schlüpften aus Freilandkokons vom Hölzer See/Magstadt (H. & G. REISS, pers. Mitt.).

Gefährdung und Schutz

Rote Liste Bundesrepublik: –
Rote Liste Baden-Württemberg: 2

Oberrheinebene: Ausgestorben oder verschollen.
Schwarzwald: Noch unklar.
Neckar-Tauberland: Vom Aussterben bedroht (regional bereits ausgestorben oder verschollen).
Schwäbische Alb: Stark gefährdet (regional vom Aussterben bedroht).
Oberschwaben: Gefährdet (in der Region nur randlich vorkommend).

- In Baden-Württemberg stark gefährdet!
  Besonders geschützt gemäß § 20 e ff. BNatSchG.

Der erschreckend schnelle Rückgang dieser Art (s. Kapitel Verbreitung, regional) in den vergangenen zwei Jahrzehnten sollte Anlaß zu einigen gezielten Pflegemaßnahmen sein. Bei gleichbleibendem Fortgang der Verdrängung wäre ein Erlöschen dieser Art in unserem Bundesland nur noch eine Frage der Zeit. In weiten Teilen des Neckar-Tauberlandes und in der Oberrheinebene ist die Art bereits verschwunden, in allen anderen Naturräumen ist sie merklich seltener geworden. Die Ursachen hierfür sind sicherlich komplexerer Natur. Ein Erhalt der lebenswichtigen Säume besonders im Bereich der Buchenwälder wäre aber zunächst einmal unabdingbare Voraussetzung dafür, daß überhaupt eine Chance besteht, langfristig diese interessante Art zu erhalten. Darüber hinaus wären einige gezielte aut- und synökologische Untersuchungen zum besseren Verständnis der spezifischen Ansprüche (und auch Reaktionen auf Umweltveränderungen) unbedingt notwendig. Da *Z. osterodensis* eine Waldart ist und oft inselartig Kleinhabitate besiedelt, kommt der Struktur der Dispersionsdynamik (linienförmige Austausch- und Expansionswege, s. Kapitel Verhalten) dabei besonderer Bedeutung zu. Vernetzungen zu anderen Kleinhabitaten müssen in einer Form erhalten oder geschaffen werden, die den Ansprüchen dieser Art gerecht werden. Zu starke Beschattung durch zunehmenden Hochwuchs besonders von nahe stehenden Buchen, engmaschige Aufforstungen mit Kiefern und Forstwegeanlagen (durch breite Splittdecken, z. B. am Hölzer See, W. UEBEL) sowie deren gründliche Wartung sollten vermieden werden.

Alles in allem also ein schwieriger und wenig hoffnungsvoller Fall! Hier bahnt sich an, was mit *Z. cynarae* bereits geschehen ist und was *Z. angelicae elegans* nur noch mit Aufwand und Glück zu ersparen sein wird!

Zygaena viciae
([Denis & Schiffermüller], 1775)

Kleines Fünffleck-Widderchen

Zygaena meliloti ESP. (EBERT 1978, LAMPERT 1907, REBEL 1910, REUTTI 1898, SEITZ 1907–1913)
Zygaena (Thermophila) meliloti ESP. (BERGMANN 1953, BURGEFF 1926b, HOLIK 1953, KOCH 1955, REISS 1937, REISS in SEITZ 1930–33)
Zygaena (Zygaena) viciae D.&S. (NAUMANN & TREMEWAN 1984)
Zygaena (Zygaena) viciae meliloti ESP.(REISS & REISS 1970, REISS & TREMEWAN 1967)
Zygaena (Zygaena) viciae submontana REISS (REISS & REISS 1970, REISS & TREMEWAN 1967)
Zygaena(Zygaena) meliloti ESP. (ALBERTI 1958/59)
Thermophila meliloti ESP. (FORSTER 1956, KOCH 1984)
Anthrocera meliloti ESP. (HERING 1932, SPULER 1906)

Zygaena meliloti ESP. (BLAB & KUDRNA 1982)

Gesamtverbreitung: Kein anderes Widderchen (Genus *Zygaena*) hat ein vergleichbar großes Areal wie *Z. viciae*. Vom iberischen Galizien bis weit östlich des Baikalsees reicht die W-E-Erstreckung (über 15 000km!). Eine Restkolonie in NW-Schottland scheint heute (noch?) der allerletzte Zeuge für ihr ehemaliges Vorkommen auf den Britischen Inseln zu sein. In Südengland ist die Art bereits seit 1927 ausgestorben. Von den Schottischen Highlands bis Sizilien reicht die N-S-Ausdehnung. Auch im südlichen Fennoskandien, in Mittel-, E-, W- und S-Europa ist die Art weitverbreitet, sowohl am Atlantik als auch an den Gestaden des Mittelmeeres. Ebenso im gesamten Balkan, bis hin zum Peloponnes, sogar auf einigen ägäischen Inseln und in Kleinasien, dem Kaukasus und im iranischen Kopet-Dagh. Das NE-Siedlungsgebiet umfaßt Polen, die Ukraine, Rußland, Tadzhikistan und Kasachstan, einschließlich des Altai. Als seltener Vertreter der Gattung kommt das Kleine Fünffleck-Widderchen neben der alpinen *Z. exulans* und *Z. osterodensis* auch in der Mongolei vor. Es fehlt aber wie viele eurosibirische Arten in den riesigen Steppengebieten zwischen Kaspischem Meer, Aral- und Balchaschsee.

Subspezifischer Kontext: Aus Baden-Württemberg sind keine *viciae*-Taxa beschrieben, wohl aber aus dem anschließenden Bayern. Der alte ESPERsche Name *meliloti* [1789], von vielen Autoren lange anstatt *viciae* [DENIS & SCHIFFERMÜLLER], 1775 als gültiger Artname geführt, wurde später als subspezifisch brauchbares Taxon für die Populationen Mitteleuropas angesehen. Als Typenlokalität muß der Wohnsitz ESPERS – Erlangen/Bayern – angenommen werden, denn bereits der erste Satz des Autors erlaubt diese Locus typicus-Fixierung (»in unseren Gegenden sehr zahlreich«), was fortan als Typenlokalität angenommen wurde (s. REISS 1930–33). Ein weiteres Taxon, das unseren Untersuchungsraum tangiert, ist *submontana* REISS, 1926, mit der Typenlokalität Oberstdorf, bayrisches Allgäu. Basierend auf habituellen Vergleichen und chorologischen Überlegungen verweisen HOFMANN & TREMEWAN (1994, in Vorbereitung) beide Namen in die Synonymie zur nominotypischen Unterart (Typenlokalität: Niederösterreich, Wien); lokale habituelle Abweichungen liegen im Rahmen dessen, was man einer Unterart zumuten kann. Die von H. REISS abgetrennten Populationen des Allgäu – hierzu zählt er auch sämtliche Populationen südlich der Donau, also auch jene des oberschwäbischen Baden-Württemberg – sind zugegebenermaßen ein klein wenig dunkler.

Bestimmungsschwierigkeiten bestehen beim Kleinen Fünffleck-Widderchen im allgemeinen nicht. Zwar sind auch *Z. trifolii* und *Z. lonicerae* Arten mit 5 Vorderflügelflecken, sie sind aber kontrastreicher gezeichnet und größer. Die dünnen Fühler, der punkt-strichförmige verkleinerte Fleck 3 und die Verschwärzungen im Analfeld der Htflgl sind (besonders in Kombination) sichere Determinationsmerkmale für *Z. viciae*. Irritationen entstehen meistens durch die *viciae*-eigene Variabilität. Außer dem 5-Fleck-Phänon werden bisweilen Tiere mit 6 Vorderflügelflecken angetroffen; große Weibchen solcher Ausstattung wurden auch schon mal mit *Z. filipendulae* verwechselt. Ca. 5% der untersuchten Tiere zeigten Spuren eines Abdominalcingulums. Die Beschuppung ist mehrheitlich eher dünn, kann aber auch kräftig und kontrastreich sein.

Verbreitung

Regional: Wenngleich mit auffälligen regionalen Fundorthäufungen, so kommt doch *Z. viciae* in allen fünf großen Naturräumen Baden-Württembergs vor. ›Häufungs-Wolken‹ sind die gesamte Schwäbische Alb, mit Ausnahme des äußersten Südwestens (?), das Westallgäuer Hügelland (nach Beobachtungen von T. MARKTANNER und M. GOLDSCHALT), vom Alb-Wutachgebiet über die Baar, die Gäulandschaften, einschließlich Schön-

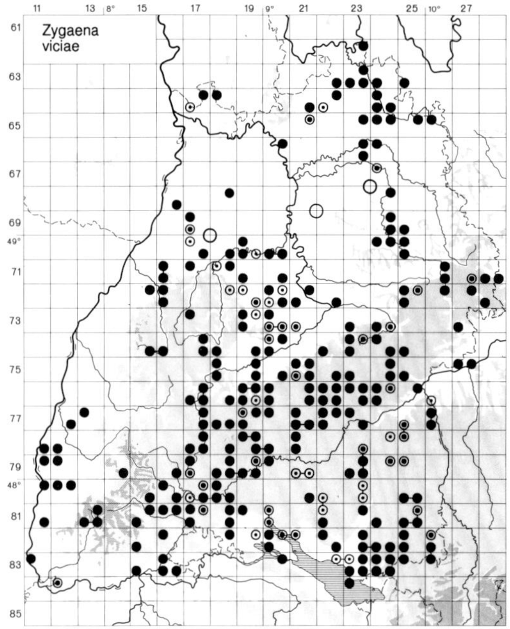

buch und Glemswald bis hin zum südlichen Teil des Kraichgauer Hügellandes und das Tauberland. Auch der Kaiserstuhl muß hier genannt werden. Klimatisch-thermische Extreme – wohlgemerkt innerhalb unseres badisch-schwäbischen Mikrokosmos – wie Oberrheinebene (mit Kaiserstuhl), wo deutlich weniger als 80 Frosttage im langjährigen Mittel pro Jahr verzeichnet werden und dessen Antipoden Hochschwarzwald und Baar mit fast doppelt sovielen jährlichen Frosttagen, zählen gleichermaßen zum Wohngebiet des Kleinen Fünffleck-Widderchens, wie die gemäßigteren Lagen (Nekkar-Tauberland, Schwäbische Alb und Oberschwaben).

Von besonderem Interesse dürften die Meldungen aus den zygaenenärmeren Gegenden sein: Aus dem Hochschwarzwald (Utzenfeld, R. HERRMANN; Todtnau, J. ASAL), dem Südöstlichen Schwarzwald (Wildgutach, W. SCHÄFER), ja sogar aus dem Nördlichen Talschwarzwald (Hörden, D. DOCZKAL; Reichental, R. MÖRTTER; Ebersteinburg, R. HERRMANN), dem Grinden-Schwarzwald (7415D, Mitteltal, M. MEIER) und den Randplatten (Malsch, D. DOCZKAL; Egenhausen und Haiterbach, G. EBERT, B. TRAUB et al.) liegen vereinzelte Nachweise vor. Nur der Mittlere Schwarzwald, die Enzhöhen (?) und große Teile der planaren Stufe der Oberrheinebene sind gänzliche Fehlanzeigen!

Überraschend wenige Meldungen sind aus der Vorbergzone zu verzeichnen (kein Nachweis vom Dinkelberg; wenige aus dem Markgräflerland und den Bereichen Ortenau, Badische Weinstraße und Bergstraße). Das gleiche gilt für die Oberrheinebene, den zentralen und nördlichen Kraichgau, das Bauland, Strom- und Heuchelberg, Hohenloher Ebene, die Kocher-Jagst-Ebenen, Schurwald und Welzheimer Wald und die westlichen und östlichen Teile der Schwäbisch-Fränkischen Waldberge, so daß im Kontaktbereich dieser Landschaften ein regelrechtes *viciae*-Vakuum entsteht. Der Verdacht, daß hier regionale Sammlerschwerpunkte Arealartefakte produzierten, ist unbegründet. Denn aus den gleichen Waldgegenden liegen Meldungen für einige andere Arten (z. B. *filipendulae, loti*) in durchaus ›normalem Umfang‹[1] vor. Wieso hier auf der Arealkarte ein weißes Loch entsteht, das nur noch mit dem mittleren und nördlichen Schwarzwald vergleichbar ist, bedarf der Klärung. Auch die Tatsache, daß die genannten Landschaften entweder intensive landwirtschaftliche Nutzung erfahren oder stark walddominierte Regionen sind, taugt nicht als einzige plausible Erklärung. Waldlichtungen, -ränder und etwas offenere Waldwege sind in den anderen Gegenden nicht selten sogar *viciae*-Lieblingsplätze. Gerade aus dem Kraichgau, entlang dem Neckar und im Bauland wären ein paar Meldungen mehr zu erwarten gewesen.

Resümierend lassen sich die Keuperlandschaften, die quartären Sandfluren, das paläozoische Grundgebirge und die Buntsandsteinuntergrunde als eher gemiedene geologische Grundausstattungen ausmachen. Bevorzugt werden dagegen Löß-, Muschelkalk- und Jura-Regionen. Auch die quartären Moränenlandschaften südlich der Donau sind ausgesprochene *viciae*-Lokalitäten mit erstaunlich hoher Populations- und Individuendichte.

Vertikal: Das gesamtspezifische Vertikalspektrum des Kleinen Fünffleck-Widderchens umfaßt über 2500 Höhenmeter (von Meeresniveau bis zur subalpinen/alpinen Stufe im Kaukasus). In Baden-Württemberg werden aber nirgendwo die oberen Bereiche der montanen Stufe erreicht. Zum potentiellen Siedlungsgebiet gehört hier die Spanne von wenig über 100 m/NN bis knapp unterhalb 1000 m/NN. Aus der planaren Sandflurstufe der Oberrheinebene (hier der niedrigste Fundortnachweis mit 100

[1] D. h. wie zu erwarten liegen zwar auch von diesen Arten eher wenige Meldungen aus diesen zygaenenunwirtlichen Waldgegenden vor, aber immerhin doch so viele, daß kein weißer Fleck wie bei *Z. viciae* entsteht (und ausgerechnet diese Art ist an sich kein Waldmeider).

m/NN) liegen nur wenige Meldungen vor, die der neuerlichen Bestätigung bedürfen (SERMIN 1959, »Einmal ... auf den Elzwiesen bei Kenzingen«; Hochstetten, U. RATZEL; Weinheim, O. STRECK, 1979; Viernheim, E. ELLINGER, 1932), bzw. bei denen es sich eventuell auch um Fundorte in der kollinen Stufe handeln könnte (?, Weinheim, Viern-

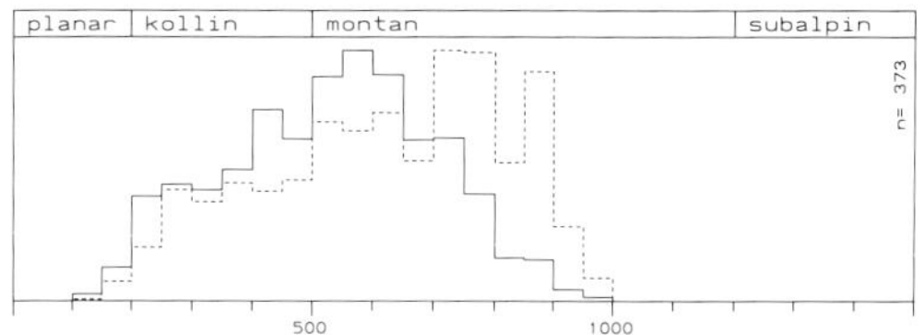

heim). Die höchstgelegenen *viciae*-Biotope sind auf der Hohen Schwabenalb und Baaralb (Alter Berg/Böttingen, 980 m; Hohenkarpfen/Spaichingen, >900 m, G. EBERT) anzutreffen. In Regionen mit hohen Populationsdichten zeigen sich deutliche Höhenpräferenzen, so etwa im nördlichen Neckar-Tauberland (hier von 250–350 m), der Schwäbischen Alb (550–650 m) und im Westallgäuer Hügelland (400–550 m).

Phänologie

Imagines: Fast zeitgleich beginnt die *viciae*-Flugzeit in den beiden Naturräumen Neckar-Tauberland und Schwäbische Alb. Im allgemeinen, in Jahren also ohne nennenswerte klimatische Frühjahrsabweichungen vom durchschnittlichen langjährigen Jahresmittel, sind die ersten Falter schon ab Mitte Juni hier anzutreffen. Frühere Nachweise sind selten, werden aber doch regelmäßig registriert. Von J.U. MEINEKE und G. BAISCH liegen die frühesten Meldungen (1.6.) für diese beiden Naturräume vor (Rottenburg-Dettingen; Schelklingen). Die Hauptflugzeit im tiefer gelegenen Tauberland (Höhenpräferenz hier um 300 m) liegt allerdings 1–2 Wochen früher als auf der ›Alb‹ (Höhenpräferenz ca. 600 m), wo ein deutliches Individuenmaximum um den 15.7. zu verzeichnen ist. Auch sind *viciae*-Nachweise noch Anfang August hier keine Seltenheit, während im Neckarbecken, in den Oberen Gäuen und im Tauberland nur noch sehr sporadisch Meldungen aus dieser Zeit vorliegen. Insgesamt läßt sich für beide Großräume also eine fast deckungsgleiche Flugzeitenspanne konstatieren, deren Kurvenmaxima aber zeitlichen Versatz in Abhängigkeit von Höhenlage und Klima deutlich erkennen lassen. Das Flugzeitendiagramm Oberschwabens entspricht ungefähr dem des Neckar-Tauberlandes, so daß das Kleine Fünffleck-Widderchen hier als typi-

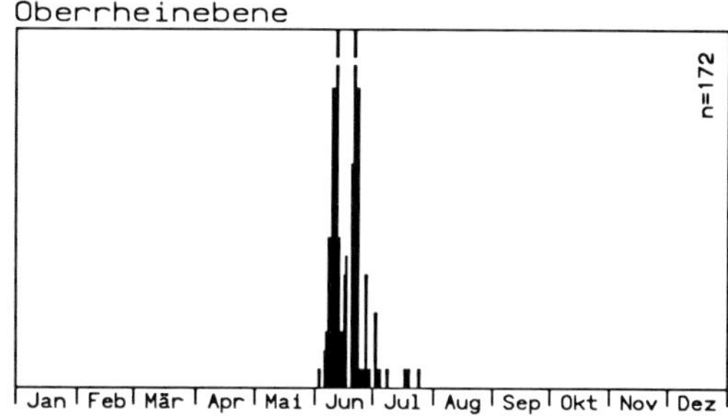

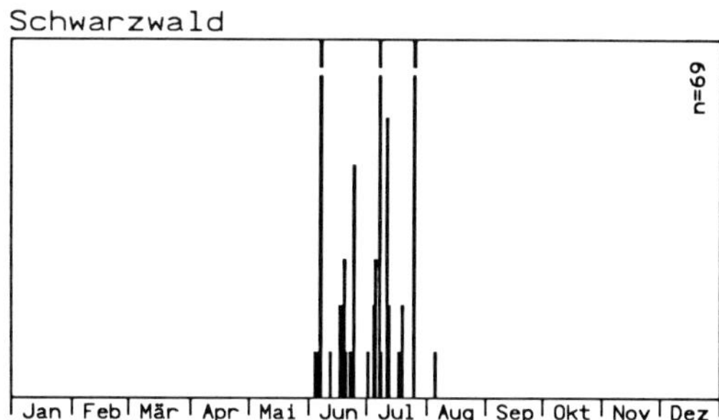

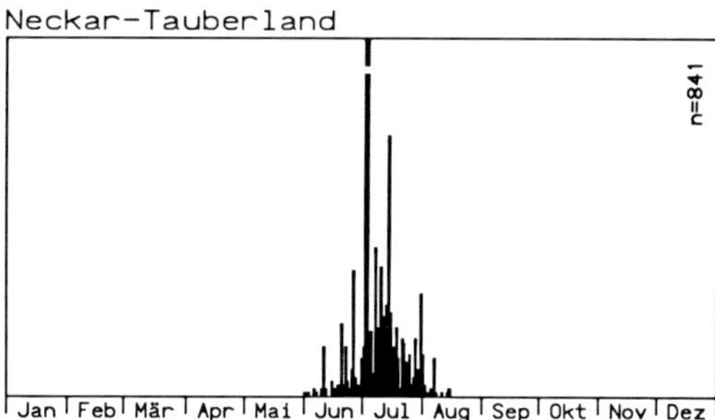

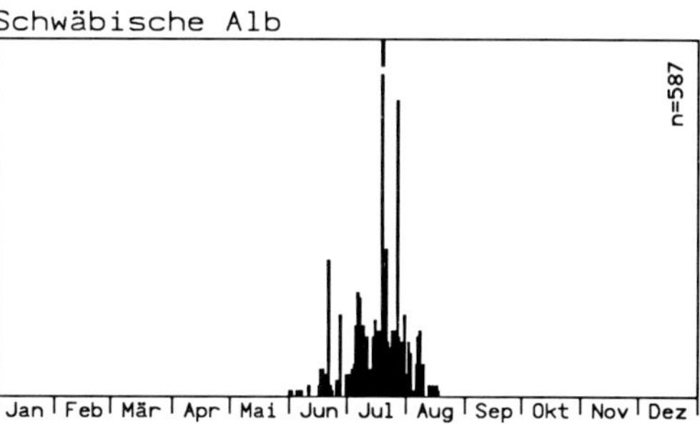

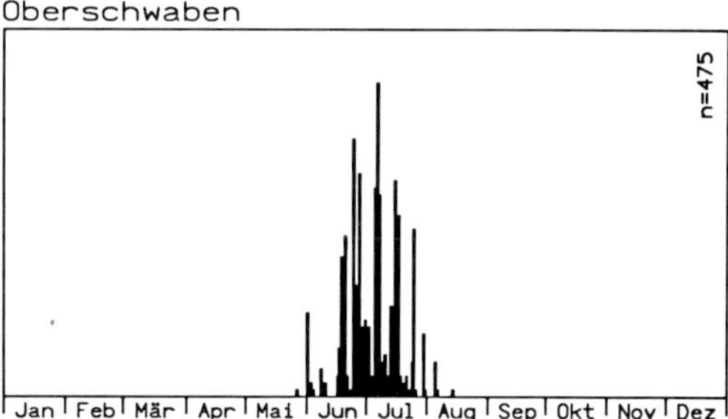

Das Kleine Fünffleck-Widderchen (*Zygaena viciae*) – hier ein Weibchen auf *Knautia arvensis* saugend – hat, verglichen mit den beiden größeren fünffleckigen Widderchenarten (*Z. lonicerae* und *Z. trifolii*), stärker durchscheinende und etwas schwächer pigmentierte Flügel. Auch an den dünneren Fühlern läßt es sich gut erkennen. An vielen Lokalitäten kommt die relativ euryöke Art zusammen mit *Z. lonicerae* vor, so etwa in Mesobrometen des Kaiserstuhls, ebenso wie in den kontinental geprägten Wiesen »auf der Baar« oder in mesophilen Waldsäumen. – Wacholderheide bei Seeburg 14. 7. 1979 G. EBERT.

sche Juni-Juli-Art zu charakterisieren ist. Auf der Schwäbischen Alb muß es, trotz regelmäßiger Abweichler im Juni und August, als typische Art des Monats Juli angesehen werden.

Wie zu erwarten früher präsentiert sich *Z. viciae* in der Oberrheinebene als ein Vertreter des Monats Juni mit signifikantem Maximum in der Monatsmitte. Die im Phänogramm ersichtlichen (deutlich von der übrigen Phänologie abgesetzten) Balken Mitte/ Ende Juli stammen von alten Fundortetiketten (1909; leg. MARTIN) mit der nicht näher lokalisierbaren Bezeichnung ›Freiburg‹. Wahrscheinlicher ist hierbei, daß es sich nicht um Aufsammlungen aus der unmittelbaren Oberrheinebene handelt.

Präimaginalstadien: Sämtliche Angaben zur Präimaginalbiologie beziehen sich auf Kokonfunde oder Frühjahrs-Frühsommer-Raupen, die nach der obligatorischen Diapause (L_4 oder L_5) in den Monaten Mai und Juni beobachtet wurden. H. & A. HOFMANN fanden am 10.5. 1992 zwei erwachsene umherlaufende Raupen (L_7 oder L_8) im NSG Badberg/Kaiserstuhl. Sehr charakteristisch gezeichnet sind die Raupen des Kleinen Fünffleck-Widderchens mit keiner anderen Zygaenenraupe zu verwechseln. Eine markante feine weißliche Dorsallinie auf lindgrünem Grund ist eindeutiges Abgrenzungskriterium gegenüber den anderen ›Grünraupen‹ (*loti, fausta, carniolica*)[2]. Beide Raupen verpuppten sich Ende des Monats in einem gelben, spindelförmigen, längsgerieften Kokon an der Decke des Zuchtgefäßes. 1 Männchen schlüpfte am 10. Juni, der andere Kokon vertrocknete. Von F. WEBER liegt ein Foto aus Ahrenberg/Rottweil (17.6. 1990) vor, das eine erwachsene Raupe im Blütenstand von *Onobrychis viciifolia* zeigt. Vom gleichen Mitarbeiter sind weitere Raupenfunde gemeldet worden: 17.6. 1988, eine fressende Raupe bei Laufen an der Kocher zusammen mit zwei Kokons an Grashalmen; 18.6. 1987 ein ganzer Pulk (10 Raupen) im Schönbuch. Weitere Raupenbeobachtungen der Stadien L_6 bis L_8 liegen vor: 28.6.87 (R. KONTERMANN), 2.6. 1987 (W. SCHÖN), 6.6. 1992 (M. MEIER), 12.6. 1988 und 28.5. 1992 (H. LUSSI), 22.5. 1993 (A. HOFMANN). Freilandnachweise anderer Stadien (Eiablage, Prädiapausenraupen, Überwinterer) fehlen aus Baden-Württemberg.

Ökologie

Lebensraum: Was die verfeinerte Ausstattung des Biotops betrifft, so zählt *Z. viciae* sicherlich zu den weniger anspruchsvollen Widderchen, eine vornehme Bescheidenheit, die dieser Art erst die vielfältigen naturräumlichen Vorkommen ermöglicht. Betrachtet man ihre Arealkarte, könnte man geneigt sein, sie als ubiquitär und euryök zu bezeichnen. In diesen beiden Charakteristika wird sie in Baden-Württemberg nur noch von *Z. filipendulae* übertroffen. Je weniger ökologisch anspruchsvoll eine Art ist, desto weniger macht es natürlich Sinn,

---

[2] DORFMEISTER (1854) beschreibt die *viciae*-Raupe wie folgt: »Meergrüne Raupe mit weißlichem Mittelrückenstreifen, einer gelben und zwei schwarzen Punctreihen an den Seiten ... nicht leicht mit einer der mir bekannten zu verwechseln ...« Im alpinen Bereich scheint die Raupe von diesem Phänon allerdings abzuweichen. BURGEFF (1926a) beschreibt Raupen aus Filsur/Graubünden: »... statt von meergrüner von grauer Farbe.« Leider liegen uns aus den Feuchtgebieten Oberschwabens hierzu keine Beobachtungen vor.

sie einem oder einigen Lebensräumen zuordnen zu wollen. *Z. viciae* ist hier sicherlich ein Grenzfall. Sie ließe sich bereits besser dadurch charakterisieren, wo sie keinesfalls vorkommt als umgekehrt.

Grundvoraussetzung für ihre Präsenz ist neben den gleichermaßen weitverbreiteten Raupennahrungspflanzen (Hornklee und Vogelwicke) ein nicht völlig geschlossener Wald. Ansonsten reichen die ökologischen Prämissen an ihre Heimstatt von feucht über mesophil bis hin zu xerothermophil, ohne daß sich eindeutige Bevorzugungen erkennen lassen. Die Lebensraum-Charakterisierung REUTTIS (1898) »auf sumpfigen Wiesen bei Konstanz, Überlingen ...« übernimmt A. GREMMINGER (Kartei) nicht ohne ergänzenden Kommentar: »fliegt auch auf trockenem Gelände, z. B. b. Geisingen, Eichberg ...«. Auf diese ›*viciae*-Ambivalenz‹ weisen auch G. REICH (unveröffentlichte Aufzeichnungen 1910–65: »Auf unseren Mooren u. feuchten Waldwiesen ziemlich häufig ... Auf der Schwäbischen Alb auf trockenen Hängen ...«) und H. REISS (1937, »... sowohl auf nassem wie trockenem Gelände.«) hin.[3] HEUSER & JÖST (1959) kennen nur einen einzigen *viciae*-Flugplatz in der Pfalz. Dort fliegt die Art »auf nassen Wiesen.« Für Nordrhein-Westfalen, Westhessen und den Norden von Rheinland-Pfalz führt WIPKING (1985) nur Trockenrasen- und mesophile Standorte für das Kleine Fünffleck-Widderchen an, mit kategorischer Einstufung: »deutliche Biotopbevorzugung« (= Kategorie II von vier; I wäre engste Bindung). Auf die gleichen Präferenzen weist BERGMANN (1953) in den jetzigen neuen Bundesländern hin. Feuchte oder gar nasse Standorte scheinen in den nördlicher anschließenden Bundesländern (wenn nicht gar gemieden, so doch) weitaus seltener besiedelt zu werden. Gen Süden erweitert sich dagegen das Habitatspektrum noch. In Vorarlberg, wo die Art ebenfalls sehr »unterschiedliche Habitatansprüche aufweist, reicht ihr Vorkommen von den feuchten Riedflächen(...), über die warmen Halbtrockenrasen und Magerwiesen der montanen Zone bis zu den (...) Lawinenzügen im subalpinen Bereich« (AISTLEITNER 1990a). Will man ihre Ansprüche dennoch näher typisieren, so wäre die mesophile Schublade am ehesten dafür geeignet. Dem entspräche auch das Etikett ›typische Wiesenzygaene‹ (G. REISS).

Blumenreiche Waldwiesen, Waldsäume, Lichtungen, Waldwege (W. SCHÄFER), Magerrasen, Steinbrüche, Dämme und Böschungen sind fast gleichermaßen Aufenthaltsbereiche der Imagines. Selbst innerhalb des geschlossenen Stadtgebietes (Stuttgart-Dachswald) entlang eines W-E gerichteten Bahndammes kommt die Art, sowohl auf der warmen S-Seite als auch auf der bedeutend schattigeren N-Seite, bodenständig vor (G.& ST. REISS). Ebenso zählen Mahdwiesen, Streuwiesen, feuchtere Talauen, Niedermoore (M. GOLDSCHALT), parkähnliche Landschaften, aber auch Gesteinschutt- und Trockenhänge zu ihren Flugplätzen. Innerhalb der ›Wacholderheiden‹ und Trockenrasen läßt sich aber eine Orientierung weg vom trockensten Bereich hin zum mäßigtrockenen, zeitweise beschatteten Saum (Laub- oder Nadelwald) erkennen. Die Individuenabundanzen sind in solchen Fundstellen mit beiden Optionen ebendort deutlich höher. H. REISS (1966) weist zurecht auf eine gewisse Vorliebe für Waldnähe hin (»meist an walddurchsetzten Landschaften«), was auch BERGMANN (1953) für ›Mitteldeutschland‹ anführt (»Der waldfreien Ebene fehlt er vollkommen«). In Baden-Württemberg können Einzeltiere aber auch im xerothermophilen *carniolica*-Habitat bisweilen sogar in Anzahl (z. B. am NSG Badberg/Kaiserstuhl) noch beobachtet werden. Doch auch hier sind die Abundanzen im zeitweilig beschatteten Saumbereich deutlich

Neben *Zygaena loti* und *Z. fausta* gehört auch *Z. viciae* zu den wenigen Widderchenarten mit nicht gelbgefärbter Raupe. Von den beiden anderen »Grünraupen« kann sie aber problemlos durch die dünne weiße Rückenlinie unterschieden werden. *Z. fausta* hat darüberhinaus stets ein rotes Nackenschild und rote Nachschieber. Zahlreiche weichblättrige Schmetterlingsblütler gehören zu den Raupennahrungspflanzen des Kleinen Fünffleck-Widderrchens. Ob der hier abgebildete *Anthyllis vulneraria* ebenfalls eine Wirtspflanze ist, bedarf noch der Bestätigung. – NSG Hondingen 12. 6. 92 H. LUSSI.

[3] Dem Kenner der Materie drängt sich hier unweigerlich ein Vergleich mit einigen Grünwidderchen auf. So sind beispielsweise aus unserem Untersuchungsraum von *Adscita statices* und *Rhagades pruni* je zwei verschiedene Ökovarianten, mit habituell unterschiedlichen feuchtigkeits- und trockenbiotopadaptierten Morphen bekannt.

höher. Dagegen scheint im südöstlichsten Teil unseres Bundeslandes die Art fast tyrphophile Charakterzüge anzunehmen. M. GOLDSCHALT beschreibt die Situation im südlichen Oberschwaben wie folgt: »Im Allgäu vorzugsweise in Hangquellmooren und Flachmooren mit beginnender Hochmoorbildung (Torfmoos). Bisher aber nicht direkt in Hochmoornähe festgestellt.« Die zahlreichen Habitatmeldungen aus dieser Region beziehen sich tatsächlich fast ausschließlich auf Moor-Ökosysteme oder Streuwiesen.

Nahrung der Raupe:

Lotus corniculatus – Hornklee
 5 L (HOF, RSG, RSH, SCÖ, WEM)
Lotus uliginosus – Sumpfhornklee
 ? L (MEI)
Onobrychis viciifolia – Esparsette
 3 L (WEM, RSH)
Vicia cracca – Vogelwicke
 4 L (LUS, MER, RSH)
Vicia tenuifolia – Dünnblättrige Wicke
 3 L (GRE, RSH)
Lathyrus pratensis – Wiesen-Platterbse
 3 L (HOF, KON, RSG, RSS)
Trifolium montanum – Berg-Klee
 L (HEN)

Trifolium und *Lotus* (ohne artliche Nennung) werden schon von REUTTI (1898) angeführt. Innerhalb der weichblättrigen Papilionaceae scheint *Z. viciae* aus einer vergleichsweise breiten Nahrungspflanzenpalette auswählen zu können. Immerhin liegen gesicherte Freilandbeobachtungen fressender halberwachsener bis erwachsener Raupen an Pflanzen aus 5 verschiedenen Pflanzengattungen vor. Entsprechend den sehr unterschiedlichen regionalen Habitaten, wird wohl auch die Inanspruchnahme der dortigen Nahrungspflanzenoptionen sein. So beziehen sich die *Onobrychis viciifolia-*, *Trifolium-* und *Lotus corniculatus*-Meldungen auf trockene bis mesophile Standorte. Typisch für den Waldsaumbereich sind die *Vicia-* und *Lathyrus*-Meldungen. In feuchteren bis nassen Lokalitäten sind die Raupen auf *Lotus uliginosus* und den Wickenarten anzutreffen. Die *Lotus uliginosus*-Meldung von J.U. MEINEKE bedarf allerdings der endgültigen Bestätigung, da seine Notiz mit dem Vermerk »Hinweise/ Die Futterpflanze dürfte *L. uliginosus* sein« versehen ist, eine leibliche Raupe also nicht ad oculos war!

Sofern die Häufigkeiten der Nahrungspflanzenmeldungen nicht trügen, dürfte in unserem Untersuchungsraum der Gewöhnliche Hornklee (*Lotus corniculatus*) die Hauptnahrungspflanze dieser Art sein, insbesonders gilt dies für die vielen Magerrasen-Standorte. Regional unterschiedliche Präferenzen, eventuell sogar engere Bindungen, sind aber nicht auszuschließen. In diesem Zusammenhang verdient eine Ausführung H. REISS' im Nachtrag zur Lepidopterenfauna von Württemberg (1949) zitiert zu werden: »Die Raupe lebt bei Blaubeuren anscheinend nur an *Vicia tenuifolia* (...). Seit diese Pflanze von den weidenden Schafen weggefressen wurde, ist die Art an vielen früheren Flugplätzen verschwunden, obwohl *Lotus corniculatus* (...) und *Onobrychis sativa* (...) auf diesen Fundplätzen noch wachsen.« Auch eine interessante Schilderung von G. REISS für die innerstädtische Bahndammpopulation in Stuttgart-Dachswald soll in diesem Zusammenhang nicht unerwähnt bleiben: »Durch die W-E verlaufende Bahnlinie ist die Population zweigeteilt. Auf der trockeneren S-Seite leben die Raupen an *Lathyrus pratensis* und *Lotus corniculatus*, auf der steinwurfentfernten N-Seite nur an *Lotus corniculatus*. Zeitweilig konnten mehr als ein halbes Dutzend Raupen gleichzeitig beobachtet werden. Gegen Abend, bei dichter Bewölkung oder vor einem Gewitter waren die erwachsenen Raupen nicht selten in exponierter Höhe (15–20cm) auf den Hornkleebüschen fressend anzutreffen.« Von einem regelrechten *viciae*-Raupen-Massenauftreten bei Dettenhausen/Krs. Tübingen berichtet derselbe Mitarbeiter: »Auf einem verkehrinselartigen Terrain, durch mehrspurige Schnellstraßen sauber abgegrenzt (Größe ca. 200 × 150 m), hat sich im Laufe kurzer Zeit auf dem inzwischen reichlich mit *Lotus corniculatus* bewachsenen Erdaushub eine individuenstarke *viciae*-Population eingestellt. Hier wurden an einem einzigen Nachmittag ohne gezieltes Suchen ca. 30–50 Raupen am Hornklee gezählt.«

Für das Rheinland führt WIPKING (1982b) nur *Vicia cracca* an (»Die Zucht gelingt mit *L. corniculatus*.«), die gleiche Art nennt auch BERGMANN (1953) (»ausschließlich an *Vicia cracca*«) mit dem (verdächtig ähnlichen) Zuchthinweis, daß die Raupe auch Hornklee annimmt. Da sich W. WIPKING stark an BERGMANN orientierte, kann hier eine unkritische Übernahme aus der Literatur nicht ausgeschlossen werden. Ob die Art an den von WIPKING (1982b) untersuchten Trockenrasen tatsächlich nur(!) an *Vicia cracca* lebt, muß nach den hiesigen Erfahrungen bezweifelt werden, zumal die Vogelwicke keine typische Art des Mesobrometums, vielmehr Charakterart der Molinio-Arrhenatheretea ist. Im hohen Norden (Finnland) scheint die Art aber tatsächlich nur an *Vicia cracca* zu leben (HOLIK 1953). Die Anmerkungen DORF-

MEISTERS (1854) für die Steiermark und TREMEWANS (1985) für Schottland (jeweils *Lathyrus pratensis* und *Lotus corniculatus*) und HOLIKS (1953) (in Zentralböhmen an *Lotus corniculatus* und *Onobrychis viciifolia*) stimmen mit unseren hiesigen Feststellungen gut überein. HOLIK (1953) betont ferner, daß *Z. viciae* eine der wenigen *Zygaena*-Arten ist, »für welche *Trifolium* mit Sicherheit als Nahrungspflanze festgestellt wurde.« Interessant erscheint in diesem Zusammenhang eine Freilandfotografie von H. LUSSI im NSG Hondingen (12.6.88), auf dem eine ziemlich erwachsene Raupe auf *Anthyllis vulneraria* zu sehen ist. Daß die deutlich erkennbaren Fraßspuren aber tatsächlich von dieser Raupe stammen kann nur vermutet werden, womit sich das Nahrungspflanzenspektrum um eine weitere Gattung auf sechs erhöhen würde.

Habitat: Die Raupenfunde am Kaiserstuhl entstammen dem Mesobromion erecti (Nebenbeibeobachtungen bei der Suche nach *carniolica*-Raupen!), also nicht dem Saumbereich, wo allerdings zur Flugzeit die meisten Individuen zu beobachten waren. Zweifellos aber gehören die thermophilen Saumgesellschaften, besonders des Geranion sanguinei, zu den eigentlichen Larval- und Imaginalhabitaten dieser Art im Trockenbereich. Auf dem lückigen Xerobrometum fehlt das Kleine Fünffleck-Widderchen. Für die *viciae*-Trockenbereich-Populationen sind die basiphytischen blütenreichen Magerrasen insgesamt von überragender Bedeutung (sowohl auf Kalk- als auch auf Silikatgestein, z.B.Utzenfeld; R. HERRMANN). Des weiteren sind aus dieser Formation neben den Festuco-Brometea noch die Schwermetallrasen zu nennen, eine pflanzensoziologische Klasse, die zwar unserem Untersuchungsraum gänzlich zu fehlen scheint, die laut WIPKING (1985) aber für Nordrhein-Westfalen als bedeutend für diese Art einzustufen ist. Von den Hochstauden- und Strauchgesellschaften sind gewöhnlich die Trifolio-Geranietea sanguinei (besonders Geranio-Dictamnetum) und die Rhamno-Prunetea (hier vor allem die verschiedenen Mantelgesellschaften des Berberidions im Komplex mit Eichen-Elsbeeren- und Steppenheidewäldern) für das Kleine Fünffleck-Widderchen wichtige Larval- und Imaginalhabitate. Ferner gehören Lichtungen und Waldwege der Saumbereiche der Eichen-Hainbuchenwälder (Carpinion), der Linden-Ahornwälder (Tilio-Acerion) und nicht näher zuordenbarer Nadelholzforste auf jeden Fall noch zum Imaginalhabitat dieser Art. ›Wacholderheiden‹ jeder Ausprägung, von relativ feucht (»mit feuchten Stellen, Buchenwald«; G. EBERT, J.U. MEINEKE, B. TRAUB, 1984) bis trocken, von ungestört bis fast zerstört, von magerrasenartig (E. RENNWALD, 1986) bis ziemlich verbuscht, gehören dem potentiellen Habitatspektrum aller Entwicklungsstufen dieser Art an. Auch mäßig bis stärker ruderalisierte Habitate (siehe Raupenphänologie) wie Bahnkörper und geeignete Verkehrsinseln können ausgezeichnete *viciae*-Lebensräume darstellen. Ein- bis zweischürige oder ungemähte Glatthaferwiesen (Arrhenatheretum – und hier: je magerer desto besser! z.B. Salbeiwiesen), in der planaren und kollinen Stufe (z.B. Schmieheim; J.U. MEINEKE, 1989) könnten vielleicht als d i e typischen *viciae*-Habitate schlechthin bezeichnet werden. Aber auch der feuchte Flügel der Molinio-Arrhenatheretea, die Pfeifengras- und Naßwiesen des Molinion verfügen z. T. noch über beachtlich individuenstarke *viciae*-Populationen. Hierzu gehören die Imagobeobachtungen von N. HIRNEISEN & A. STEINER (»in feuchten Talauen und im Bereich uferbegleitender Staudenfluren und Mähwiesen«) und die vielen Hinweise auf Streuwiesen- und Hangquellmoor-Populationen aus Oberschwaben. Am Ende des spezifischen Habitatspektrums stehen dann die eigentlichen Moorpopulationen. Hierzu liegen mehrere Beschreibungen von M. GOLDSCHALT (»Flachmoor mit Torfmoos«, »Übergangsmoor auf Fichtenwaldlichtung«) und ausführliche Untersuchungen von J.U. MEINEKE vor. Darin zählt MEINEKE *Z. viciae* (wie übrigens auch *Z. trifolii* u. *Z. filipendulae*) zu den präferenten Arten mit deut-

Zur Mittagszeit und bei vollem Sonnenschein halten sich die *Z. viciae*-Raupen überwiegend in der geschützten niederen Vegetation auf, wo sie kaum zu erkennen sind. Trotz hoher Individuendichte zur Falterflugzeit konnten tagsüber immer nur wenige Raupen dieser Art im NSG Badberg beobachtet werden. – Kaiserstuhl, NSG Badberg 10. 5. 92 A. HOFMANNN.

Typischer Lebensraum des Fünffleck-Widderchens ist hier eine etwas frischere Stelle im Halbtrockenrasen, der durch Straßenbau ruderalisiert wurde. Hier konnten die Raupen sehr zahlreich an der blühenden Vogel-Wicke (Vordergrund) beobachtet werden. – Dauchingen, Riesenburgstal 7. 6. 92 S. HAFNER.

lichem Schwerpunkt innerhalb der ›Moore‹ im Niedermoor (und innerhalb dessen mit enger Habitatbindung an das kalkholde Flachmoor und die Pfeifengrasstreuwiesen). Aber auch der Schwingrasen des offenen Übergangsmoors spielt noch eine bedeutende Rolle, während in den weiter differenzierten Hochmooren nur noch gelegentlich Einzeltiere registriert wurden. Immerhin sind aber doch Falternachweise aus dem Spirken-Waldhochmoor (Klimaxstadium der Moorentwicklung!) noch zu verzeichnen gewesen (Eintürnen, Rotmoos/Bustenmoos; 700 m).

Nahrung des Falters: Wie die übrigen Widderchenarten, so ist auch *Z. viciae* am Trockenhang mit Vorliebe an *Knautia arvensis, Scabiosa columbaria* und *Centaurea stoebe, C. scabiosa* und *C. jacea* anzutreffen. Desweiteren wurden Blütenbesuche an folgenden Arten notiert: *Knautia dipsacifolia* (A. HOFMANN), *Cirsium arvensis* und *Origanum vulgare* (E. KIEFER), *Inula salicina* und *Valeriana officinalis* (H. STEFFNY, H. LUSSI).

Verhalten: Die ortstreuen, vergleichsweise trägen und zierlichen Tiere nächtigen einzeln, meist an Grashalmen oder dürren Ästchen. Selten trifft man sogenannte Ansammlungen (5–10 Tiere/10 m^2). Die Populationen im Trockenbereich sind gewöhnlich nicht so individuenstark wie es manchmal bei einigen anderen Widderchenarten (*loti, purpuralis/minos, carniolica, fausta*) der Fall sein kann, welche jahrweise in großen Mengen in ihren Habitaten anzutreffen sind. Das Kleine Fünffleck-Widderchen tritt hier meistens einzeln auf. So war das Zahlenverhältnis *viciae* : *filipendulae* : *loti* : *carniolica* : *purpuralis* zur Hauptflugzeit dieser Arten (1980–1983) nie *viciae*-günstiger als **1**:3:5:5:4 am NSG Badberg/Kaiserstuhl (A. HOFMANN). In feuchteren Lokalitäten oder gar in Moorbiotopen scheint die Art dagegen in günstigen Jahren recht starke Populationen aufbauen zu können. Dies muß jedenfalls aus den Häufigkeitsbeschreibungen der Mitarbeiter (»häufig«; »sehr häufig«) gefolgert werden.

Fremdkopulae mit anderen Arten sind selten (nur je eine Liaison mit *Z. filipendulae* und *Z. loti* wurde bislang registriert).

Daß die Art auch expansive Züge besitzt, zeigt die Besiedelung neu entstandener, oft noch stark ruderalisierter Areale (Verkehrsinseln, Bahndämme, Straßenränder und Böschungen). Hierzu paßt eine Schilderung SCHÄFERS (1966): »Immer wieder konnte ich bei meinen Streifzügen die Falter auf breiten sowie schmalen Waldwegen dahineilend beobachten. Es waren immer nur vereinzelte Falter beiderlei Geschlechts.« Solcherart Vabanque-Spieler sind die Christopher Columbus' einer Art, – ein nicht unwichtiges evolutives Moment, gerade für nicht stationäre Arten. Ohne Zweifel gehört *Z. viciae* in diese Kategorie, wie sonst wäre ihr Riesenareal zu erklären? Die Populationsdichte dieser Art scheint in Süddeutschland jedenfalls noch in jüngerer Vergangenheit nicht immer so wie heute gewesen zu sein, dies muß angenommen werden, folgt man den Angaben unterschiedlicher Autoren aus der Mitte des letzten Jahrhunderts, die wie folgt lauten: »Bisher nur bei Konstanz beobachtet, sehr selten« (REUTTI 1853), »bei Stuttgart häufig, Alb selten« (KELLER & HOFFMANN 1861), »In Deutschland eine der weniger verbreiteten Arten« (HERRICH-SCHÄFFER 1846). Ob es sich hierbei um subjektive (Fehl-)Einschätzungen handelt, oder ob tatsächlich eine Verdichtung der Populationen innerhalb so kurzer Zeit (zwar nur 150 Jahre, aber doch 150 *viciae*-Generationen!) denkbar ist, muß offen bleiben. Ein Hinweis darauf erscheint jedenfalls nicht unangebracht. Wie schnell neue Areale erschlossen werden können, wurde zuvor schon beschrieben (s. Verkehrsinsel-Population). Die geographische und ökologische Expansionsfähigkeit dieser Art zeigt ein Beispiel aus dem nahen Vorarlberg (AISTLEITNER 1990a): »Im Frastanzer Ried wurde zu Beginn der Fünfzigerjahre eine größere Fläche als Segelflugplatz aufgeschüttet, die nur wenige Jahre dieser Bestimmung diente. Heute findet sich auf diesem Sekundärbiotop in *Vicia cracca*-Beständen eine starke Population, deren Individuen in der Pionierphase aus den umgebenden Feuchtwiesen eingewandert sind. Hier wurde offensichtlich innerhalb weniger Jahre aus den feuchtadaptierten Populationen durch Rekombination und Selektion geeignete Allel-Kombinationen herausgefiltert, die nun an den neuen, trockenen Standort gut angepaßt sind.«

Parasitoide: Aus Baden-Württemberg liegen keine Beobachtungen parasitierender Tachiniden vor. TSCHORSNIG & HERTING (1991,unveröffentlichte Zygaenen-Parasiten-Liste; Tachinidae) berufen sich auf KARCZEWSKI & DABROWSKI (1973) und nennen *Exorista larvarum* L. und *Phryxe magnicornis* ZETT. für polnische *Z.viciae*. Da diese Tachinidae-Arten für andere Widderchen in Baden-Württemberg schon nachgewiesen sind, muß bei beiden mit ziemlicher Sicherheit auch von *Z. viciae*-Parasitoiden in unserem Raum ausgegangen werden.

Gefährdung und Schutz

Rote Liste Bundesrepublik: –
Rote Liste Baden-Württemberg: V

Oberrheinebene: Gefährdet (regional bereits ausgestorben oder verschollen).
Schwarzwald: Gefährdet.
Neckar-Tauberland: Nicht gefährdet.
Schwäbische Alb: Nicht gefährdet.
Oberschwaben: Eine Art der Vorwarnliste (regional stark gefährdet).

- In Baden-Württemberg eine Art der Vorwarnliste!
  Besonders geschützt gemäß § 20 e ff. BNatSchG.

Die Einstufung ›gefährdet‹ in den beiden Naturgroßräumen Schwarzwald und Oberrheinebene geschieht aufgrund der relativ wenigen Fundortnachweise in diesen Regionen. Insbesondere gilt das für die planare Stufe der Oberrheinebene. Von dort – also nicht vom Kaiserstuhl – liegen nur zwei isolierte Fundortmeldungen vor. Bestandseinbußen sind zweifellos im nördlichen Oberschwaben zu verzeichnen. Entlang der Riss, auf den Donau-Ablach-Platten und im Hügelland zur Donau hin sind nur noch wenige aktuelle Fundorte anzuführen (vor 1979 zu nach 1970 wie 17:7). Aufgrund dieser Tatsache muß *Z. viciae* in Oberschwaben kategorisch stärker gefährdet eingestuft werden, als in den anderen Naturgroßräumen, wo sich nirgendwo eine vergleichbar negative Bestandsveränderung abzeichnet. Dieser Einstufung widerspricht keineswegs, daß im südlichen Oberschwaben (Westallgäuer Hügelland und am Bodensee) noch intakte Kolonien mit u.U. sogar räumlich-expansiven Zügen vorzufinden sind. Im Neckar-Tauber-Land und auf der Schwäbischen Alb ist die Art noch erfreulich gut vertreten, ohne daß sich rückläufige Bestandstendenzen erkennen lassen.

Bei forstlichen Pflegemaßnahmen besonders an Waldsäumen und Lichtungen und bei gärtnerisch-kosmetischen Arbeiten an den Straßenrändern (zu oft und zu breites Mähen!) sollte man vielleicht mehr von der tatsächlichen Notwendigkeit und Intensität solcher Maßnahmen geleitet werden. Weniger gründlich wäre hier zweifelsohne ökologisch mehr! Diese Feststellung, verbunden mit entsprechender Empfehlung, gilt übrigens für nahezu alle (!) Widderchenarten.

Zygaena ephialtes
(Linnaeus, 1767)

Veränderliches Widderchen

Zygaena ephialtes peucedani Esp. (Reutti 1898, Rebel 1910, Ebert 1978)
Zygaena ephialtes borealis Bgff. (Reiss 1937)
Zygaena (Zygaena) ephialtes L. (Alberti 1958–59, Naumann & Tremewan 1984)
Zygaena (Zygaena) ephialtes peucedani Esp. (Reiss & Reiss 1970, Reiss & Tremewan 1967)
Zygaena (Polymorpha) ephialtes peucedani Esp. (Bergmann 1953)
Zygaena (Polymorpha) ephialtes borealis Bgff. (Burgeff 1926b, Reiss in Seitz 1930–33)
Zygaena (Burgeffia) ephialtes borealis Bgff. (Koch 1955)
Polymorpha ephialtes borealis Bgff. (Forster 1956)
Burgeffia (corr.) *ephialtes borealis* Bgff. (Forster 1956)
Anthrocera ephialtes peucedani Esp. (Spuler 1906, Hering 1932)

Polymorpha ephialtes L. (Novak & Severa 1980)

Zygaena ephialtes ist eine polymorphe (und auch polytypische) Art. Die Falter lassen sich (von wenigen Ausnahmen abgesehen) streng alternierenden Morphen zuordnen: Ephialtoid (=›*Syntomis*-ähnlich‹) oder peucedanoid (=›*filipendulae*-ähnlich‹), mit gelben oder roten Flecken und – wenngleich weniger streng alternierend – fünf- oder sechsfleckig. Diese Merkmale sind genetisch fixiert und im Erbgang frei kombinierbar. Die Allelkombinationen treten in unterschiedlichen Anteilen in den einzelnen Populationen und Unterarten zutage. Darüberhinaus bestehen regional noch weitere habituelle Differenzen bei den oben genannten ›Hauptmorphen‹.

Dominante Allele sind jeweils peucedanoid (über ephialtoid) und Rot (über Gelb). Bei der Anzahl der Flekken ist der heterozygote Zustand meistens intermediär (=fünfeinhalbfleckig) sichtbar. Das Veränderliche Widderchen (daher der Name!) bot sich also regelrecht dafür an, die Mendelschen Gesetze züchterisch an einem Insekt nachzuprüfen (Burgeff 1921b, Bovey 1941, Dryja 1959).

Mit der Zoogeographie dieser Art, insbesondere mit der räumlichen Verteilung der Allele, haben sich darüberhinaus de Lattin (1953), Reichl (1958) und Gabriele (1991) intensiv befaßt. Neuere Arbeitsansätze (Bullini & Sbordoni 1970, 1971, 1975; Sbordoni 1976; Sbordoni, Bullini et al. 1974, 1979) versuchen, die Einbindung dieser Art (und ihrer unterschiedlichen Phänotypen) in verschiedene Mimikry-Systeme aufzuhellen.

Von den Erstbeschreibern des 18. und 19. Jahrhunderts wurden die einzelnen Morphen zunächst durchweg als eigene Arten angesehen (*Sphinx peucedani, Sph. athamanthae, Sph. coronillae* etc.). In dieser Form finden sie auch in den ersten Faunenverzeichnissen unseres Untersuchungsraumes Erwähnung (Seyffer 1850, Reutti 1853, Keller & Hoffmann 1861). Später (Burgeff, Holik u.a.) werden sie dann häufig als Aberrationsnamen verwandt. Erst Reiss (1940c) konnte zeigen, daß es sich um nomenklatorisch verfügbare Namen für Populationsgruppen handelt.

Gesamtverbreitung: Vereinfacht dargestellt, läßt sich das komplizierte Areal der *Z. ephialtes* und ihrer Hauptmorphen etwa folgendermaßen beschreiben: Die Art fehlt fast auf der gesamten Iberischen Halbinsel (Vorkommen nur im Pyrenäenbereich), in weiten Teilen Westfrankreichs, auf den Britischen Inseln und in Skandinavien. Peucedanoide Formen besiedeln die gemäßigten, kontinentalen und auch atlantisch geprägten Subareale dieser Art (von den Pyrenäen bis zur Wolga; Naumann et al. 1984, geben noch weiter östlich jenseits des Urals einen Punkt an). In Anatolien trifft diese *ephialtes*-Form auf ihre Vikarianzart *Z. dorycnii*, die sie in der Osttürkei, im Kaukasus und im iranischen Elbursgebirge vertritt. Ob es sich hierbei um reproduktiv isolierte Arten handelt, bedarf noch der Klärung. Den Status zweier getrennter Arten rechtfertigende Argumente konnten bislang nicht erbracht werden. Ephialtoide *Formen* dominieren im südlichen, klimatisch bereits stärker mediterran bestimmten Verbreitungsareal. Westlich der Alpen kommen rot-ephialtoide Formen in Mischpopulationen (also zusammen mit peucedanoiden Formen) vor; in den Südalpentälern überwiegen bereits rein gelb-ephialtoide Populationen (nur am Südende des Gardasees leben rot-ephialtoide, bivoltine *ephialtes*-Populationen); ebenso auf der Apenninenhalbinsel. Zunehmend komplizierter wird die Situation im Osten (Mähren, Niederösterreich) und besonders im südlichen Balkan. Hier liegt der Verdacht nahe, daß es sich um ein entscheidendes infraspezifisches Differenzierungszentrum dieser Art handelt. Sämtliche Phänotypen und auch Übergänge hierzu (!) sind etwa in Montenegro, aber auch in Makedonien und Nordgriechenland auf engstem Raume, manchmal sogar innerhalb einer einzigen Population (!) anzutreffen. Die Populationen unterscheiden sich in stark abweichenden, habituell gut sichtbaren Allelfrequenzen (Zahlenverhältnisse der einzelnen Formen). Auch die dal-

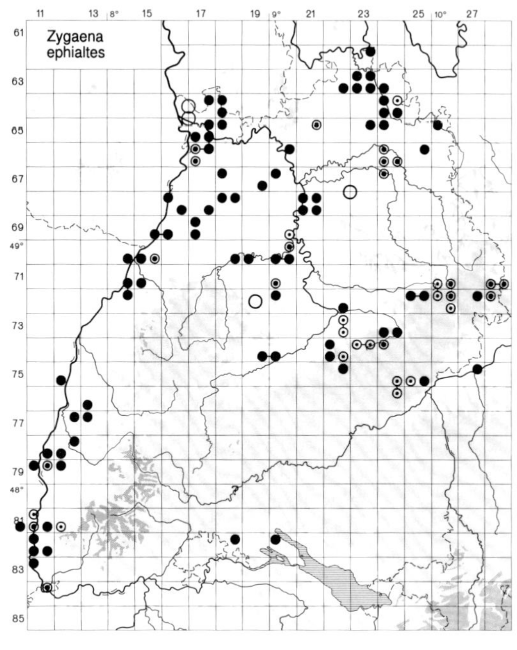

matinischen und Ionischen Inseln, der Peloponnes und einige ägäische Inseln werden von *ephialtes*-Populationen besiedelt, die bisweilen sehr eigenständigen, habituell eher ephialtoiden Charakter zeigen (näheres hierzu s. HOFMANN & REISS in Vorbereitung).

Subspezifischer Kontext: Aus Baden-Württemberg ist kein *ephialtes*-Taxon beschrieben. Alle Populationen des westlichen und zentralen Mitteleuropa sind als peucedanoid zu bezeichnen. 97–100% der Individuen haben diese Ausprägung. Sie sind rot, überwiegend sechsfleckig (> 80%), zuweilen aber auch fünfeinhalb- oder oder gar fünffleckig und lassen sich durchweg *Z. ephialtes peucedani* Esper, 1780 zuordnen (Typenlokalität: Uffenheim und Erlangen, Bayern). Erst weiter östlich (ssp. *bohemia*) und in den Alpen (Südtirol) anschließende Unterarten lassen sich unproblematisch abgrenzen. Rot-ephialtoide Formen werden/wurden in Baden-Württemberg in einigen Regionen (Tauberland, Kraichgau, Schwäbische Alb) regelmäßig aber stets vereinzelt beobachtet (s. Verbreitung/Regional). Bezüglich gelber Phäna liegt uns nur ein einziger Hinweis von H. KESENHEIMER (Tagebuchnotiz) vor, der am 26.7. 1943 ein gelb-peucedanoides Exemplar bei Berghausen gefangen hat.

Verbreitung

Regional: Die Gesamtverbreitung des Veränderlichen Widderchens ist nahezu identisch mit dem Vorkommen der Raupennahrungspflanze *Coronilla varia* (s. SEBALD, SEYBOLD, PHILIPPI 1992, S. 327). Auch innerhalb Baden-Württembergs gilt diese Kongruenz. Entsprechend kommt die Art in einigen Naturräumen nur randlich vor oder fehlt dort gänzlich. Dies gilt für den Schwarzwald und mit einer einzigen aktuellen Ausnahme auch für Oberschwaben (keine Vorkommen sind aus dem benachbarten österreichischen Vorarlberg bekannt; AISTLEITNER 1990a). Ebenso sind auf der südlichen Schwäbischen Alb, in weiten Teilen der Keuperlandschaften östlich des Neckars und zwischen Schwäbischer Alb und Tauberland bis jetzt keine *ephialtes*-Fundorte bekannt geworden. Neben den Vorkommen im Kraichgau und im Vorland der Mittleren Schwäbischen Alb existieren in einigen Regionen auffallend linienförmig angeordnete Teilareale; so etwa in der Oberrheinebene, an der Tauber und am Neckar. Entlang dieser Flußsysteme dürfte die Ausbreitung der *Z. ephialtes* erfolgt sein. Sie meidet nämlich deutlich die Kernräume der Hochflächen (auf der Schwäbischen Alb und der Baar). Etwas verwunderlich sind anscheinend gänzlich fehlende Vorkommen am Oberlauf des Neckar und an der Donau (immerhin kommt *C. varia* von Ulm bis Riedlingen vor). Nur eine einzige Meldung liegt uns von dort vor (Möhringen, 7.7.47, H. LEMM), die unbedingt der Bestätigung bedarf. Die Oberrhein-Lücke zwischen Rastatt (R. HERRMANN) im Norden und Meißenheim/Ottenheim (A. u. S. HEITZ) und Kippenheim/Lahr (J.U. MEINEKE) im Süden ist sicherlich durch regional mangelnde Entomologenaktivitäten zu erklären. Ergänzende Angaben für diese Region sind E. RENNWALD (in Vorbereitung) zu entnehmen. Etwas aus dem Rahmen fällt der Punkt am Bodensee. Es bestehen aber keinerlei Zweifel, daß die Art hier ›schon immer‹ bodenständig war (Sipplingen, 10.7.21, R. LAUTERBORN/Karteikarte A. GREMMINGER; Liggeringen, 23.7.86, E. KIEFER). Eventuell sind im Klettgau oder entlang dem Hochrhein weitere Meldungen zu erwarten. Ein Neufund am Hohentwiel (8219A, 18.7. 1992, H. & P. KAUTT) gibt berechtigten Anlaß für diese Vermutung.

Von den folgenden Lokalitäten sind ephialtoide Phäna bekannt:
Külsheim/Main-Tauber (F. KIRSCH, 13.8.84), Marbach/Blößberg (G. EBERT, F. KIRSCH, E. RENNWALD 17.7.86), Turmberg /Königshofen (H. REISS, 23.7.67), Kützbrunn/Zimmern (A. GREMMINGER: E.7.29, leg. A. SEITZ), Bödigheim/Bauland (H. REISS, 22.7.67), Belsenberg/Künzelsau (REISS & REISS 1970: 1963, leg. A. NIMMERFROH), Forchtenberg, Kupferfeld (P. DYNORT, 2.8.73), Michaelsberg bei Bruchsal (H. KESENHEIMER, 13.7.50; H. HERRMANN, 11.8.40), Berghausen (NAGEL, A. GREMMINGER, 22.7.36, 27.7.55; K. STROBEL 9.7.26, 11.7.29), Hausen im Filstal (W. SCHÄFER, 28.7.73), Bad Überkingen/Michelsberg (C.M. NAUMANN, A.7.64), Hausen/Überkingen (25.7.55, W. KOPP), Kuchen/Tegelberg (C.M. NAUMANN, 28.7.63), Geislingen a.d. Steige (coll. REISS: 21.7.43, 17.7.46, 24.7.49, 9.7.52, leg. W. KOPP), Beuren/Hohenneuffen (H. REISS, 29.7.20), Ulm, Wilhelmsberg, Kasernengelände (REISS & REISS 1970: 1965, leg. K. NIMMERFROH), Ulm vic. (1992 u. 1993, A. LINGENHÖLE); (stets wurden nur ephialtoide Einzeltiere beobachtet; der Anteil an der Population liegt überall unter 1%; es fällt auf, daß in der gut besiedelten Oberrheinebene anscheinend überhaupt keine Phäna dieser Ausprägung jemals beobachtet wurden).

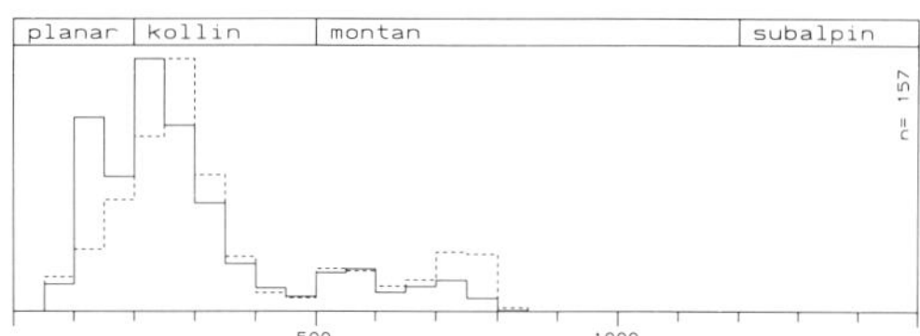

Vertikal: Am Mittelmeer sind zahlreiche Fundorte auf Meeresniveau bekannt (auch von Inselpopulationen). Während aber die Vikarianzart *Z. dorycnii* im Elburs/Iran noch Höhenlagen zwischen 2700 und 3000 m besiedelt, scheinen die höchstgelegenen *ephialtes*-Fundorte noch weit unterhalb 2000 m/NN zu liegen (Timfi/Griechenland bis 1800 m). Das *ephialtes*-Vertikalspektrum ist somit relativ gering. In den Alpen geht die Art sogar nicht über 1300 m hinaus (TARMANN 1975) und auch in

Baden-Württemberg liegt sie mit deutlich unter 800 m (762 m bei Schopfloch) weit hinter dem Höhenspektrum der anderen Widderchenarten zurück. Der planar-kollinen Stufe gehören mit Abstand die meisten hiesigen Fundorte an (Oberrheinebene und Vorbergzone; Tauberland).

Phänologie

Imagines: Die Flugzeit des Veränderlichen Widderchens ist auffallend komprimiert. Dies belegen auch mehrjährige lokale Vergleichsstudien mit syntopen Zygaenenarten (*Z. filipendulae, Z. trifolii*; H. Steffny). In der Oberrheinebene und Vorbergzone fliegen die Falter im Monat Juli (ohne außergewöhnliche Ausreißer!). Es fällt auf, daß durch die Gesamtaddition vieler Jahre und Jahrzehnte (mit nicht unerheblichen jahrweisen Schwankungen) keine merkliche Abplattung des Phänogramms entsteht, so wie dies bei einigen anderen Widderchenarten (*Z. fausta, Z. carniolica* usw.) festzustellen ist und wo je nach Witterung die Flugzeiten von Jahr zu Jahr 2–3 Wochen verschoben sein können. Nur aus dem Naturraum Neckar-Tauberland, den dortigen Kocher-Jagst-Ebenen (am 11.9. 1955 noch 1 frisches ♀, Künzelsau, G. Jüngling) und dem Taubergrund (Bad Mergentheim, W. Lung, 12.9. 1962) sind zwei extreme *ephialtes*-Fangdaten zu vermerken. Die Flugzeit beginnt im Neckar-Tauberland und in Oberschwaben ca. eine Woche später; das erste Augustdrittel gehört hier sichtlich noch zur Hauptflugzeit dieser Art.

Präimaginalstadien: Freilandbeobachtungen an Vordiapauseraupen (also L_1- bis L_3-Raupen von Juli bis September), Diapauseraupen (L_{4D} oder $L6_{DII}$) und Eiablagen sind aus Baden-Württemberg nicht bekannt. Halberwachsene oder erwachsene Raupen (L_5 bis L_8) werden dagegen ab Ende Mai bis Ende Juni zwar nicht häufig, aber doch regelmäßig gemeldet. Fast alle Raupenbeobachtungen entstammen der Oberrheinebene, der Vorbergzone oder anschließenden Bereichen (10.6.90, Schmieheim, J.U. Meineke; 20.6.87, Burkheim, I. Hegar; 24.5.87, Hecklingen, A. Hofmann; 8.6.35 Berghausen, A. Gremminger; 30.6.88, Unteröwisheim, M. Hassler). Mehrere Falter (»e.l.«) aus Lützelsachsen und Mannheim entstammen Freilandraupen (H. Lienig). Aus anderen Naturräumen (Schwäbische Alb, Tauberland, Hochrhein)

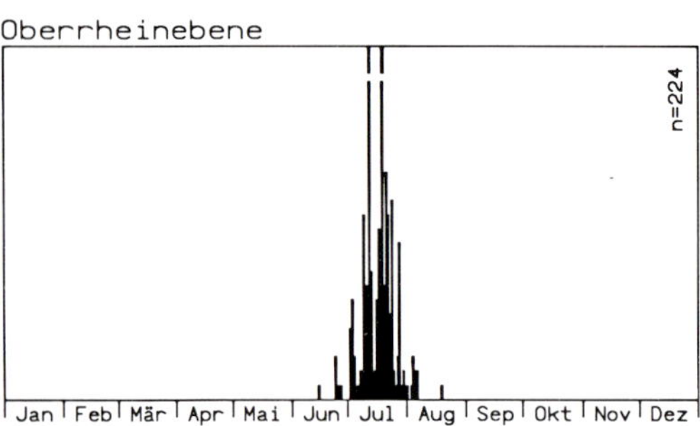

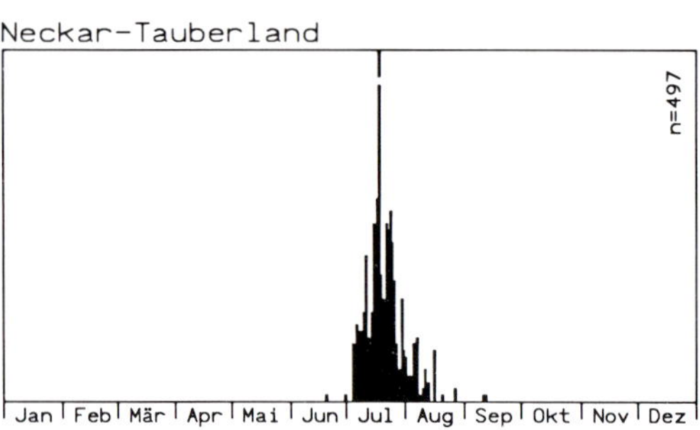

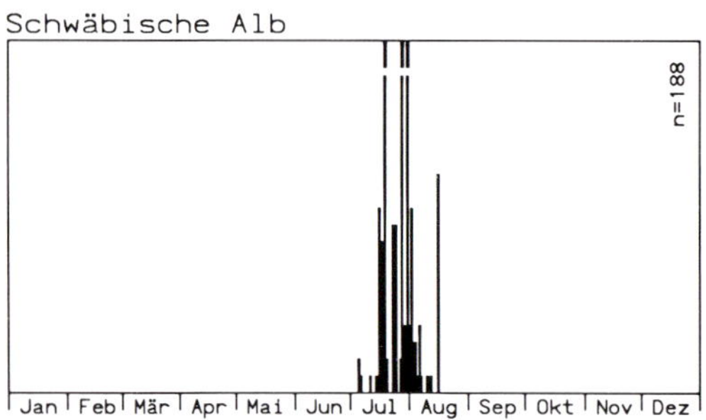

Als seltene Form des Veränderlichen Widderchens (Name !) kann auch bei uns gelegentlich die dunkle ephialtoide Form dieser Art beobachtet werden. Nur die Basisflecken (1 + 2) sind hier rot, alle anderen Flecken sind strahlend weiß. Im Mediterranraum ist dies die vorherrschende Form, während in kontinentalen Regionen die peucedanoide Form überwiegt. – Tauberland, Blößberg b. Marbach, 17. 7. 86 G. Ebert.

Sechs rote Flecken und ein markanter roter Körperring kennzeichnen unverwechselbar das Veränderliche Widderchen (*Zygaena ephialtes*). Die rotfleckige f. *peucedani* ist die bei uns typische Form dieser Art. – Grünsfeld, Besselberg 21. 7. 90 F. KIRSCH.

liegen keine Raupenmeldungen vor. Noch spärlicher sind Kokonfunde (25.6.87, Obergrombach, am Stengel der Raupennahrungspflanze, H. LUSSI; 8.9.89, Oberbergen, bereits geschlüpfter Kokon, I. HEGAR; 19.6.24, Istein, A. GREMMINGER).

Die recht einheitlich blaßgelb bis gelb gezeichnete Raupe mit ziemlich auffälliger weißer Borstenbehaarung, mit kleiner schwarzer Pigmentfleckenreihe über den Stigmata und einem besonders großen Flecken im Subdorsalbereich eines jeden Segments (der zweite dort kann fast verschwunden sein) hat stets eine ganz markante schwarze Rückenlinie, wie dies andeutungsweise nur noch bei *Z. transalpina* (besonders bei den transalpinoiden Populationen der Oberrheinebene) und bei *Z. angelicae* vorkommt. Von beiden unterscheidet sich der kräftig längsgeriefte, mehrhöckrige Kokon besonders gravierend. Bei *angelicae* und *transalpina* immer sattgelb bis zitronengelb ist derjenige von *Z. ephialtes* seidenfarbenweiß, silbrigweiß oder leicht bräunlich (niemals aber gelb). Die Kokonphase dauert relativ lange (18–21 Tage). Im Zuchtexperiment wurden die Eier einschichtig (12–15 Eier pro Gelege) an die Blattunterseite der Raupennahrungspflanze abgelegt (A. HOFMANN).

Ökologie

Lebensraum: Die streng monophage Lebensweise der Raupe in Mitteleuropa engt die potentiellen Lebensräume dieser Art auf die Standorte der Raupennahrungspflanze ein. Basenreiche, nicht zu flachgründige Böden (*C. varia* ist Tiefwurzler bis 90 cm) sind somit petrographische Grundvoraussetzungen, gemäßigte Temperaturen (Jahresdurchschnitt zwischen 7° und 9°C) und geringe Niederschläge (500 bis 700mm pro Jahr) sind klar bevorzugte Klimaausstattungen. Sind diese Prämissen erfüllt, so läßt sich ein breites Lebensraumspektrum erkennen. Auffallend sind die zahlreichen von Menschenhand geschaffenen *ephialtes*-Sekundärbiotope: Bahndämme, Rheindämme, Erdwälle, Straßenränder und -böschungen (*C. varia* wird von einigen Straßenbauämtern im Grünstreifensaatgut mit verwandt), Steinbrüche, unasphaltierte Wegesysteme mit breiterem Seitenstreifen und ausgedehnte Waldschneisen (besonders in den Trockenauen der planaren Stufe) machen die Mehrzahl der Fundorte dieser Art bei uns aus! Hierzu gehören auch so ungewöhnliche anthropogene Kleinbiotope wie Böschungen von Wasserauffangbecken (Kaiserstuhl, I. HEGAR), Wegränder und Terrassenabbrüche in Weinbergen (Hecklingen, A. HOFMANN) und geeignete Stellen inmitten eines Truppenübungsplatzes (Bad Wimpfen, W. WAGNER). Waldnähe oder lockerer Baumbestand begünstigt *ephialtes*-Vorkommen. Dem großräumigeren Offenland fehlt die Art ebenso wie zu trockenen Kalkmagerwiesen, Volltrockenrasen und stark nadelwalddominierten Standorten. Waldränder und lichte Bereiche wärmeliebender Wälder, Verbuschungsflächen, weniger bewaldete Bergkuppen (Michaelsberg, Turmberg) und exponierte Flanken der Flußsysteme (Neckar, Tauber u.a.) bilden anscheinend ursprüngliche Standorte des Veränderlichen Widderchens.

Nahrung der Raupe:
Coronilla varia – Bunte Kronwicke
5 L (GRE, HAS, HNL, HOF, MEI, LIE, LUS, RSG)
? Hippocrepis comosa – Hufeisenklee
(GRE)

Zwei engverwandte Kronwicken sind die Raupennahrungspflanzen dieser Art. Im Mittelmeergebiet lebt *Z. ephialtes* an der gelbblühenden *Coronilla emerus* und der violett-weißen *C. varia*. Gesicherte Meldungen aus Baden-Württemberg beziehen sich nur auf die Bunte Kronwicke. Im südlichen Oberrhein, am Hochrhein und Klettgau wären aber auch Meldungen auf *C. emerus* noch zu erwarten. A. GREMMINGER gibt auf seinem Karteiblatt ferner »selten an *Hippocrepis comosa*« an. Ob es sich hierbei um eine Freilandbeobachtung handelt, geht leider aus der Textstelle nicht hervor. Denkbar wäre auch eine Verwechslung mit *Z. transalpina*-Raupen. Es kann aber nicht ganz ausgeschlossen werden, daß auch der Hufeisenklee von Raupen bestimmter Standorte zumindest sporadisch angenommen wird. Im Zuchtversuch soll diese Art angeblich akzeptiert werden (HOLIK 1953).

Habitat: Die wichtigsten Fundorte dieser auffälligen Widderchenart sind Saumgesellschaften (Origanetalia vulgaris) an Waldrändern und in offenen lichten Bereichen der Trockenauen (Grißheim, Harteim, A. HOFMANN, E. RENNWALD, H. STEFFNY), flächig versaumende, verbuschende Bereiche im Mesobrometum (z.B. bei Oberbergen/Kaiserstuhl), besonders dort wo Übergänge zum Berberidion festzustellen sind, aufgelassene nicht mehr beweidete und wenig oder nicht mehr gemähte Magerrasen auf nicht zu flachgründigen Böden, ruderale Halbtrockenrasen verschiedenster Ausprägung, mesophile und blütenreiche Stellen der *Anthericum*-Halden (E. RENNWALD), flockenblumenreiche Versaumungsstadien des Arrhenatheretum (G. EBERT) und zahlreiche pflanzensoziologisch kaum näher zuordenbare gestörte Stellen an Sekundärstandorten der Raupennahrungspflanze (Böschungen, Dämme, Wegränder). Fast alle Raupennachweise entstammen diesen »gestörten Stellen« (I. HEGAR, A. HOFMANN, J.U. MEINEKE). Gelegentlich kommt *Z. ephialtes* sogar im Xerobrometum vor (NSG Rheinhalde/Kaiserstuhl, J.U. MEINEKE).

Sind die peucedanoiden Falter des Veränderlichen Widderchens – hier ein Männchen auf *Knautia arvensis* saugend – bereits längere Zeit geflogen, so verblassen die roten Vorderflügelmakel (mit Ausnahme der Basisflecken) und die Falter nähern sich dann habituell der ephialtoiden Form. – Mosbach, Nüstenbach 23. 7. 79 G. EBERT.

Nahrung des Falters: Der Falter hat eine ganz besondere Vorliebe für *Buddleja davidii* (G. REISS, B. BÜSCHE). Diese Vorliebe gilt übrigens auch für mediterrane Populationen (G. REISS, W. UEBEL). Die wichtigste Blütenpflanze ist aber zweifelsohne der

Gewöhnliche Dost (*Origanum vulgare*; H. STEFFNY, R. HERRMANN, A. HOFMANN). Darüberhinaus sind die üblichen zygaenophilen Rot-Violettblüher vom Körbchentypus die meistbesuchten Blütenpflanzen (*Scabiosa columbaria, Knautia arvensis* u. *K. dipsacifolia, Centaurea jacea* u. *C. stoebe, Cirsium arvense* u. *C. palustre*; div. Mitarbeiter: G. EBERT, E. KIEFER, F. KIRSCH, J.U. MEINEKE, A. RADTKE, E. RENNWALD, W. SIEGEL). Besuche an andersfarbigen Blüten sind selten (*Senecio erucifolius*, H. STEFFNY).

Verhalten: Besonders auffallend ist, daß Copulae dieser Art sehr selten im Freiland beobachtet werden. Nur eine einzige Meldung aus Baden-Württemberg bezieht sich auf eine arteigene Copula (17.7.88, Kiechlinsbergen, I. HEGAR). Häufig dagegen sind *filipendulae*-Männchen in Verbindung mit *ephialtes*-Weibchen anzutreffen. Dieses Phänomen ist von der Literatur her wohlbekannt (s. auch unter *Z. filipendulae*; HOLIK 1933) und auch aus

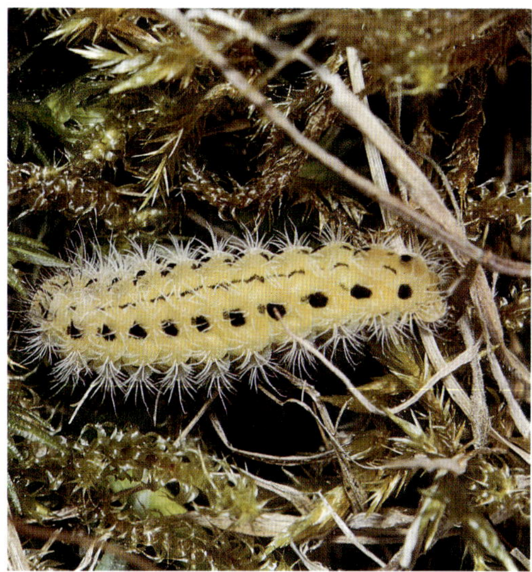

Die markante feine Rückenlinie der *ephialtes*-Raupe läßt Verwechslungen nur mit den engverwandten *Z. transalpina* und *Z. angelicae* zu. Die halberwachsene Raupe hält sich tagsüber versteckt im *Coronilla varia*-Busch oder in der umgebenden Vegetation auf. Offenbar fressen die Raupen erst in den späten Nachmittagsstunden. Zu dieser Tageszeit sind sie dann auch relativ leicht aufzufinden, da sie sich farblich vom Grün der Wirtspflanze gut absetzen. – Freiburg, Burg Hecklingen 15. 5. 88 A. HOFMANN.

Häufiger als arteigene Paarungen werden bei *Z. ephialtes* solche mit *Z. filipendulae* beobachtet. Immer sind es *ephialtes*-Weibchen (oben auf der Acker-Witwenblume sitzend, kenntlich am roten Körperring), die zusammen mit *filipendulae*-Männchen angetroffen werden. Wieso es so häufig zu solchen stets sterilen Kopulae kommt, ist noch unklar. – Tauberland, Blößberg b. Marbach 17. 7. 86 G. EBERT.

Baden-Württemberg liegen mehrere solche Meldungen vor (A. HOFMANN, G. REISS, H. STEFFNY, I. HEGAR). G. EBERT, E. RENNWALD und F. KIRSCH konnten an einem einzigen Exkursionstag im Tauberland 3 *filipendulae* × *ephialtes*-Copulae vorfinden; jedoch nicht eine einzige *ephialtes* × *ephialtes*-Paarung beobachten! Eine Untersuchung dieses Phänomens steht noch aus. Denkbar wäre, daß arteigene Copulae in weniger zugänglicher Höhe im Gebüsch oder an trockenen Ästen stattfinden und sich so dem Auge des Beobachters entziehen, weshalb der Eindruck entsteht, Fremdkopulae seien besonders häufig; einige Indizien sprechen hierfür.

In den späten Nachmittagsstunden sind oft umherschwirrende Männchen zu beobachten, wie sie in 3–5 m Höhe um exponierte Sträucher, niedrige Bäume und z.B. vertrocknete Baumgerippe herumfliegen. Beobachtungen (A. HOFMANN) in Montenegro zeigten, daß dieses Verhalten der Partnersuche diente. Verglichen mit den typischen Wiesenzygaenen (*Z. filipendulae, Z. viciae* u.a.) ist *Z. ephialtes* (besonders die Männchen) ein ausgezeichneter Flieger.

Diese ehemalige Kiesgrube in der nördlichen Oberrheinebene wurde zeitweilig als Mülldeponie genutzt, später zugeschüttet und mit Muttererde überdeckt, was zur schnellen Entwicklung einer Ruderalgesellschaft geführt hat. Als erste Widderchen-Art konnte hier bald die pionierfreudige *Zygaena ephialtes* entdeckt werden, deren Nahrungspflanze, die Bunte Kronwicke, bereits weite Flächen einnimmt. Neuerdings hat sich mit *Zygaena loti* eine weitere Widderchen-Art eingestellt. – Eppelheim 20. 6. 94 R. Bläsius.

Parasitoide: Aus unserem Untersuchungsgebiet sind bislang keine endoparasitierenden Dipteren für *Z. ephialtes* nachgewiesen. Einige *Phryxe*-, *Exorista*- oder *Ceromasia*-Arten sind hier aber sicherlich zu erwarten. Für Polen, die Tschechische Republik und andere Teile Osteuropas sind Arten dieser Gattungen aus *ephialtes*-Raupen nachgewiesen worden (Tschorsnig & Herting 1991, unveröffentlichte Liste).

Dagegen sind zwei Hymenopterenarten aus Baden-Württemberg bekannt: Eine Erzwespe (*Brachymeria intermedia,* Chalcididae) vom Michaelsberg/Bruchsal (A. Gremminger) und eine nicht näher bestimmte, große schwarze Schlupfwespe (Pimplinae, Ichneumonidae) vom gleichen Fundort und gleichen Datum (5.8.56).

Gefährdung und Schutz

Rote Liste Bundesrepublik: –
Rote Liste Baden-Württemberg: V

Oberrheinebene: Nicht gefährdet.
Schwarzwald: Nicht vertreten.
Neckar-Tauberland: Nicht gefährdet.
Schwäbische Alb: Gefährdet (regional stark gefährdet).
Oberschwaben: Noch unklar.

- In Baden-Württemberg eine Art der Vorwarnliste!
  Besonders geschützt gemäß § 20 e ff. BNatSchG.

Die Entwicklung der Bestandssituation ist bei *Z. ephialtes* in Süddeutschland regional recht uneinheitlich. In der Oberrheinebene und im Neckar-Tauberland ist die Art insgesamt nicht gefährdet. Rückzugstendenzen sind hier keineswegs zu erkennen, ganz im Gegenteil, *Z. ephialtes* ist durchaus als pionierfreudig zu bezeichnen. Entlang der Rheindämme und Bahnkörper dringt sie linienförmig in neu entstandene Biotope vor. An Standorten die jahrzehntelang regelmäßiger Beobachtung zugänglich waren (1969 bis heute, A. Hofmann) und wo *Z. ephialtes* während dieser Zeit niemals gesichtet wurde (z.B. Hochstetten, am

Hochgestade), taucht die Art plötzlich auf (erste Meldung: 1993, U. & K. RATZEL). Auf gleiche Erfahrungen in Hessen weist SCHURIAN (1983, 1986) hin. Dort war einige Jahre nach gezielter Aussaat der Bunten Kronwicke am Bahndamm auch *Z. ephialtes* an diesem Standort aufgetaucht.

Für die Schwäbische Alb ist Vorsicht geboten. Da die Art im südlichen Teil dieses Naturraumes fehlt, und die mittlere und östliche Alb in den letzten 10–15 Jahren eine starke Ausdünnung der Populationen erfuhren (G. REISS, W. UEBEL), muß die Art hier als gefährdet eingestuft werden. Die Bewertung für Oberschwaben ist noch unklar, da *Z. ephialtes* hier anscheinend nur sehr peripher vorkommt. Aus der Umgebung Ulms (A. LINGENHÖLE) wurde uns 1992 und 1993 ein Fundort mit hohem Anteil (2–5%) ephialtoider Individuen unter der ›typischen *peucedani*‹ mitgeteilt. Für solche – in Mitteleuropa außergewöhnliche – Populationen würde sich ein besonderer Schutz empfehlen.

Der transalpina-Komplex

Ein Blick in die einschlägige Literatur zeigt, wie uneinheitlich hier der Artbegriff angewandt wurde. Noch in jüngster Zeit (REISS & REISS 1970) wurden 4 Taxa aus der engeren *transalpina*-Verwandtschaft als eigene Arten (»bona species«) geführt (*transalpina, hippocrepidis, angelicae, elegans*). In Diskussionsbeiträgen anläßlich der Zygaenen-Symposien in Linz (1985) und Bielefeld (1982) wurde als extreme Gegenposition hierzu dann die Zusammenfassung zu einer einzigen Biospezies erwogen. NAUMANN & TREMEWAN (1984) wenden in ihrem Biospezieskonzept den Superspezies-Begriff hierfür an. Die drei Taxa (*transalpina, hippocrepidis, angelicae*) werden darin als Semispezies geführt.

So schwierig und wohl nur unbefriedigend lösbar die Taxonomie dieser monophyletischen Artengruppe auch sein mag, um so klarer ist die historisch-zoogeographische und die genealogische Situation. Es muß betont werden, daß die Einschätzung und Wertung von morphologischen, biologischen, ökologischen und chorologischen Merkmalen, die als Interpretationsbasis des Biospeziesbegriffs uns zur Verfügung stehen, hier keine der üblichen taxonomischen Alternativen (sprich Artgleichheit oder Artverschiedenheit) zwingend machen. Auch der Ansatz des Feldentomologen – »Sympatrie zeigt Artverschiedenheit« – liefert hier nur unter non-dimensionalem Blickwinkel befriedigende Ergebnisse. Während nämlich an einigen Orten Populationen zweier verschiedener Taxa (etwa *transalpina* und *angelicae*) sich wie reproduktiv isolierte Spezies verhalten (Schwäbische Alb; Thüringen; Ternovaner Wald/Slowenien), was durch m.o.w. unterschiedliche Einnischung und Phänologieasynchronisation gut zum Ausdruck kommt, und diese Strategien der Konkurrenzvermeidung in loco tatsächlich für die Existenz zweier ›bona species‹ sprechen, so kann doch nicht übersehen werden, daß in anderen Kontaktzonen (Fränkischer Jura/ Bayern; Murtal/Österreich) einige Populationen hybridisieren und Mischpopulationen bilden, genetische Isolation hier also keineswegs vorliegt.

Da drei Taxa aus dieser Artengruppe in unserem Untersuchungsraum vorkommen, ist es geboten, die historischen Ursachen kurz aufzuzeigen, welche dazu führten, daß ausgerechnet in Südwestdeutschland heute drei so engverwandte Taxa angetroffen werden und trotz intensiver Kenntnis keine durchweg akzeptierte taxonomische Lösung gefunden werden kann.

Die rezente phylogenetisch-chorologische Situation resultiert aus der pleistozänen würmkaltzeitlichen Aufspaltung einer prae- oder interglazial, eventuell auch interstadial, weitverbreiteten transalpinoiden Art in Mittel- und Südeuropa in drei isolierte Stämme, die während dieser Phase der spezifischen Diaspora unterschiedlich weit differenzierten, deren Speziationsprozeß aber, wie Hybridpopulationen beweisen, nicht abgeschlossen wurde und die erst postglazial in eben diesem status nascendi wieder in Kontakt zueinander gerieten.

Das vierte einleitend angeführte Taxon (*elegans*) stellt unter heutigen Gesichtspunkten sicherlich keine eigene Art dar. Weder genitalmorphologische Merkmale noch ökologische oder gar zoogeographische Aspekte ließen sich hier anführen, um die Existenz einer endemischen Art aus diesem Artenkomplex in Mitteleuropa zu rechtfertigen, so daß hier allgemeine Übereinstimmung unter den Zygaenenspezialisten (ohne Ausnahme!) besteht, dieses von BURGEFF (1913) als gute Art beschriebene Taxon heute subspezifisch zu *Z. angelicae* zu stellen.

Die drei Stämme und deren kaltzeitliche Refugialzentren sind wie folgt:

- *hippocrepidis* (atlanto-westmediterran; Persistenz in Südfrankreich und auf der Iberischen Halbinsel)
- *transalpina* (apennino-mediterran; Persistenz südlich der Alpen auf der Apenninenhalbinsel)
- *angelicae* (ponto-mediterran; Persistenz südöstlich der Alpen, südlich der Karpaten)

Der vergletscherte Alpenbogen wirkte für fast 100000 Jahre wie ein Sperriegel, der genetische Kontakte zumindest zeitweise völlig unterband. Erst mit einsetzender klimatischer Verbesserung vor etwa 12000 Jahren gegen Ende der Würmkaltzeit drangen alle drei Stämme allmählich wieder nach Norden vor und erreichten im klimagünstigen Atlantikum (vor ca. 6 Jahrtausenden) weit nach N vorgeschobene Fundorte, wo sie heute noch in xe-

Oben links:
Falter des *hippocrepidis*-Stammes von *Z. transalpina* sind meistens an den eng beieinanderliegenden Vorderflügelfleckenpaaren zu erkennen. Oben u. Mitte: Männchen, Weibchen, Untermarchtal, Donau, 8.93 A. HOFMANN; unten: Pfullingen, Übersberg, 17.8. 89 G. REISS.

Oben rechts:
Typisch transalpinoide Falter haben die letzten beiden Fleckenpaare deutlich getrennt. Besonders die letzte Makel zeigt keine Annäherung an Fleck 5. – Kaiserstuhl, 6.80, A. HOFMANN.

Unten links:
Durch seine Spitzflügligkeit und die Gestalt und Stellung der Flecken zueinander ist das Elegans-Widderchen (*Z. angelicae elegans*) von *Z. transalpina* habituell gut zu unterscheiden. Fünffleckige Exemplare (unten) kommen selten vor. – »Umgeb. Hohen-Neuffen« leg. H. REISS (oben: 4.7. 54, Mitte u. unten: 29.6. 52).

rothermophilen Inseln (›Trockenhänge, wärmeliebende Wälder u.ä.‹) angetroffen werden können. Alle drei Taxa sind heute nirgendwo kleinräumiger anzutreffen als in Baden-Württemberg. Von jedem der drei Taxa verläuft darüberhinaus eine Arealgrenze durch unseren Raum.

Hippocrepidis (aus Süd- und Ostfrankreich kommend) erreichte die Schwäbisch-Fränkische Alb und als östlichsten und zugleich nördlichsten Fundort sogar noch Thüringen.

Transalpina überschritt die niedriger gelegenen Alpenkämme und drang (von S kommend) bis zum süddeutschen Alpenvorland (Bayern, Oberschwaben) vor; ein zweiter Stamm (?) entlang dem Rhein (von SW kommend) siedelt in der Oberrheinebene bis zum Rheinland.

Angelicae expandierte von Osten her über Oberösterreich und Bayern bis zur Schwäbischen Alb.

Der Schwierigkeit, diesen Sachverhalt im Biospeziesbegriff (sensu MAYR) unterzubringen, waren sich NAUMANN & TREMEWAN (1984) voll bewußt, als sie dem Überbegriff ›Superspezies-Komplex‹ (fälschlicherweise Subspezies-Komplex im Text S. 183) alle drei Taxa als scheinbar gleichwertige Arten subsummierten. Auch ALBERTI (1958–59) hatte bereits die Existenz von drei wohl definierten Arten hier angenommen. Genitalmorphologische Unterschiede, wie er sie aufzeigen konnte, sind aber ohne jeglichen Belang, solange hieraus nicht praegame Isolationsmechanismen abzuleiten sind. Daß dies nicht der Fall ist, zeigen Hybridpopulationen und problemlose Kreuzungsversuche (G. REISS, pers. Mitt.; PRZEGENDZA 1926; RONNICKE 1933; DUTREIX 1992; BURGEFF 1965). HILLE (1986) konnte aufgrund eiweißanalytischer Untersuchungen zeigen, daß zwischen *transalpina*- und *hippocrepidis*-Populationen größere Affinitäten vorzufinden waren als zwischen einer dieser beiden und *angelicae*-Populationen. »Die *angelicae*-Populationen grenzen sich gemeinsam am deutlichsten gegenüber den anderen Populationen des Superspezies-Komplex ab« (HILLE, ibidem, S. 115). Auf diese Eigenständigkeit des *angelicae*-Astes hatte bereits ALBERTI (1958/59) hingewiesen. Die Arbeit HILLEs liefert darüberhinaus als taxonomisches Ergebnis, »daß sich die genetische Differenzierung der Semispezies *Z. transalpina* und *Z: hippocrepidis* noch in dem Rahmen bewegt, den man sonst bei vergleichbaren Subspezies ... findet, während die genetische Eigenständigkeit von *Z. angelicae* ... bestätigt« wird. Zwingende Argumente zur biospezifischen Wertung der drei Taxa können hiervon aber nur mit Vorbehalt abgeleitet werden, weshalb HILLE auch die alte Aufspaltung in drei Taxa (›Semispezies‹) der Spezies-Kategorie beibehält.

So bleibt denn zur weiteren Interpretation und taxonomischen Umsetzung überwiegend die Analyse der Sympatrieverhältnisse übrig. Und hier zeigt sich deutlich (und keine andere Fauna ist für eine derartige Aussage besser prädestiniert als die des hiesigen süddeutschen Untersuchungsgebietes), was auch HILLE enzymelektrophoretisch herausarbeiten konnte, daß keinesfalls alle drei Taxa als gleichwertige kategorische Einheiten zu werten sind. Nirgendwo sind *transalpina* und *hippocrepidis* exakt im gleichen Habitat anzutreffen, auch außerhalb unseres Untersuchungsgebietes sind keine vollkommen syntopen Vorkommen bekannt. Im Westalpenbereich durchdringen sich allerdings beide Stämme mosaikartig. Die Koexistenz an einer einzigen Lokalität konnte aber nicht nachgewiesen werden und ist auch mangels unterschiedlicher Nischen nicht zu erwarten! Es ist also kein triftiger Grund ersichtlich, weshalb *transalpina* und *hippocrepidis* nicht konspezifisch zusammengezogen werden sollten. Klar anders ist die Sachlage im Freiland bei *angelicae* und *transalpina/hippocrepidis*. Selbst wenn der Speziationsprozeß auch hier nicht als abgeschlossen angesehen werden kann und gelegentlich genetische Kontakte und selbst Mischpopulationen noch zu bestehen scheinen, so muß doch der eigenständige Charakter dieser Arten zum Ausdruck kommen, denn eine beträchtliche Anzahl syntoper Vorkommen, verbunden mit Konkurrenzvermeidungsstrategien (Raupennahrungspflanzenwechsel, Flugzeitenverschiebungen, Nischenunterschiede), zeigen deutlich die Andersartigkeit. Dem sollte auch kategorisch-taxonomisch Rechnung getragen werden. HILLE (1986; l.c.) verweist auf ökologisches ›character displacement‹ an Stellen, wo beide ›Semispezies‹ parapatrisch auftreten:

»1) ökologische Divergenz
a) Habitatselektion: *Z. angelicae* bewohnt auf der schwäbischen Alb lichte Buchenwälder mit Beständen von *Ligustrum, Eupatorium* u.a. Sie ist ein ausgesprochenes Waldtier und liebt Schattensituationen, die nur stellenweise von sonnigen Stellen unterbrochen sind. Dagegen ist *Z. hippocrepidis* auf Trockenrasen und sogar noch auf Geröllhalden zu finden ...
b) Futterpflanzenpräferenz: Die Larven von *Z. angelicae* fressen auf der Schwäbischen Alb an *Coronilla coronata*, während die Raupen von *Z. hippocrepidis* auf *Hippocrepis comosa* leben.

2) zeitliche Trennung
Reproduktionsperiode: nicht oder schwach überlappende Flugzeiten zwischen *Z. angelicae* und *Z. hippocrepidis* auf der Schwäb. Alb. *Z. angelicae* erscheint erscheint ungefähr Anfang Juni und fliegt bis Anfang bzw. Mitte Juli. Etwa gegen Mitte Juli erreicht *Z. hippocrepidis* ihre maximale Populationsstärke und verschwindet etwa Mitte August« (s. Fußnoten 1 bei *Z. angelicae elegans* und Fußnote 2 bei *Z. transalpina*).

Im nachfolgenden Text wird zwischen zwei Biospezies unterschieden, die in Baden-Württemberg mit den zugehörigen Unterarten vertreten sind:
Z. angelicae (mit ssp. *elegans*)
Z. transalpina (mit ssp. *hippocrepidis/jurassica* und ssp. *astragali/astragalpina*; plus weitere Synonyme s. Synonymie-Liste *Z. transalpina*)

Eine ausführliche Literaturliste hierzu s. HILLE (1986) oder HILLE & NAUMANN (1992):

DUTREIX, C. (1992): Premieres données sur l'hybridation expériment de *Zygaena hippocrepidis* (HÜBNER, [1799]) et *Zygaena transalpina* (ESPER, 1782).- Thes. zool. 19: 101–105.

HILLE, A. (1986): Morphologische und enzymelektrophoretische Merkmalsdifferenzierung im *Zygaena transalpina*-Komplex. – Diplomarbeit, Uni Bielefeld.

HILLE, A. (1992): Quantitativ-analytische Untersuchung zur genetischen Populationsstruktur und geographischen Variation in parapatrischen Kontaktbereichen des *Zygaena-transalpina*-Superspezies-Komplexes (Insecta, Lepidoptera, Zygaenidae). – Dissertationsarbeit Universität Bielefeld.

HILLE, A. & NAUMANN, C.M. (1992): Allozyme differentiation in *Zygaena transalpina* (ESPER, 1780). – Thes. zool. 19: 59–87.

NAUMANN, C.M. & TREMEWAN, W.G. (1984): Das Biospecies-Konzept in seiner Anwendung auf die Gattung *Zygaena* F., 1775. – Spixiana 7:183, 184

NAUMANN, C.M., FEIST R., RICHTER G. & WEBER, U. (1984): Verbreitungsatlas der Gattung Zygaena F., 1775. – Thes.zool. 5:28, 60

Zygaena transalpina
(Esper, 1779)

Hufeisenklee-Widderchen

Die Taxa *transalpina* und *hippocrepidis* verhalten sich in unserem Raum eindeutig wie eine einzige Art. Nirgendwo sind sympatrische Vorkommen bekannt, ganz im Gegenteil, dort, wo beide Stämme kontaktieren, sind habituelle Mischzonen zu erkennen. Da überhaupt vollkommen syntope Standorte auch außerhalb Süddeutschlands unbekannt und unterschiedliche ökologische Nischen kaum entwickelt sind, zumindest aber nicht den Rahmen dessen sprengen, was man im allgemeinen unter einer Art zusammenfaßt, prae- oder gar metagame Isolationsmechanismen nicht erkennbar sind, läßt sich der Biospezies-Begriff nur schwerlich auf beide »Arten« anwenden. Aus diesem Grunde werden hier unter der prioritätsberechtigten Biospezies *Z. transalpina* die Taxa *transalpina* und *hippocrepidis* vereint. Der Status beider wurde in der Vergangenheit recht unterschiedlich bewertet, weshalb in der nachfolgenden Liste der Synonyma die jeweiligen Zuordnungen der einzelnen Autoren nochmals aufgezeigt sind.

transalpina-Synonyma:
Zygaena transalpina ESP. (HOLIK 1953, REISS 1937, REUTTI 1898, SEITZ 1907–13)
Zygaena transalpina astragali BKH. (EBERT 1978, REBEL 1910, SEITZ 1907–1913)
Zygaena (Zygaena) transalpina ESP. (NAUMANN & TREMEWAN 1984, ALBERTI 1958/59)
Zygaena (Zygaena) transalpina bavarica BGFF. (REISS & TREMEWAN 1967, REISS & REISS 1970)
Zygaena (Zygaena) transalpina astragali BKH. (REISS & TREMEWAN 1967, REISS & REISS 1970)
Zygaena (Polymorpha) transalpina astragali BKH. (BURGEFF 1926b, REISS in SEITZ 1930–33)
Zygaena (Burgeffia) transalpina astragali BKH. (KOCH 1955)
Anthrocera transalpina astragali BKH. (HERING 1932, SPULER 1906)
Polymorpha transalpina astragali BKH. (FORSTER 1956)
Burgeffia (corr.) transalpina ESP. (FORSTER 1956)

Zygaena transalpina ESPER, 1781 (BLAB & KUDRNA 1982)

hippocrepidis-Synonyma:
Zygaena hippocrepidis HB. (EBERT 1978, REUTTI 1853)
Zygaena (Zygaena) hippocrepidis HB. (ALBERTI 1958/59)
Zygaena (Zygaena) hippocrepidis jurassica BGFF. (REISS & TREMEWAN 1967, REISS & REISS 1970)
Zygaena (Zygaena) hippocrepidis hippocrepidis HB. (REISS & TREMEWAN 1967, REISS & REISS 1970)
Zygaena (Zygaena) hippocrepidis allgaviana BGFF. (REISS & TREMEWAN 1967, REISS & REISS 1970)
Zygaena transalpina hippocrepidis (FORSTER 1956, REUTTI 1898)
Zygaena transalpina jurassicola BGFF. (REISS 1937)
Zygaena (Zygaena) transalpina hippocrepidis HB. (NAUMANN & TREMEWAN 1984
Zygaena (Polymorpha) transalpina hippocrepidis HB. (BERGMANN 1953, BURGEFF 1926b, REISS in SEITZ 1930–33)
Zygaena (Polymorpha) transalpina subsp. *hippocrepidis* var. *jurassicola* BGFF. (REISS in SEITZ 1930–33)
Zygaena (Polymorpha) transalpina jurassicola BGFF. (BURGEFF 1926b)
Zygaena (Burgeffia) transalpina hippocrepidis HB. (KOCH 1955)
Zygaena (Burgeffia) transalpina jurassicola BGFF. (KOCH 1955)
Polymorpha transalpina hippocrepidis HB. (FORSTER 1956)

Aus Baden-Württemberg beschriebene Taxa:
»*Zygaena transalpina* var. *jurassica*« BURGEFF, 1914 (»Geislingen an der Steige ...«)
»*Zygaena (Polymorpha) transalpina* [unter ssp. *hippocrepidis*] var. *jurassicola*« BURGEFF, 1926 (unnötiger Ersatzname für *jurassica* BGFF.)

Gesamtverbreitung: Von der Sierra de Albarracin und dem Kantabrischen Küstengebirge in Spanien über fast das gesamte Frankreich (ohne den atlantischen Norden) reicht das Kernareal des *hippocrepidis*-Teilzweiges. Unterbrochen durch die transalpinoid-besiedelten Regionen (Oberrheinebene und große Teile Elsaß-Lothringens) setzt sich dann abgeschnitten vom Hauptareal eine Populationskolonie von der südlichen Schwäbischen Alb über den Fränkischen Jura und das Tauberland bis hin zum Werratal und nach Thüringen fort. Noch unklar (transalpinoid, hippocrepidoid, beides,?) ist die Situation in Vorarlberg, Nordtirol sowie in Teilen Oberschwabens und im Allgäu. Der transalpinoide-Ast siedelt in Italien (von Calabrien und Apulien bis zu den Landesgrenzen), in Frankreich

(nur östlich der Rhône), der Schweiz, dem südwestlichen alpinen Österreich, in Slowenien und Teilen Kroatiens (bis zu den Plitwitzer Seen). Im Norden erstreckt sich ein Keil zwischen rechtsrheinischer Vorbergzone und den Anhöhen des Elsaß über das Saarland, Rheinland-Pfalz und weiter bis zum Nordrand des Rheinischen Schiefergebirges.
Die Höhenverbreitung beider Stämme ist entsprechend ihrer Historie unterschiedlich. *›Transalpina‹* geht auffallend hoch ins Gebirge (bis in die alpine Stufe; 2600 m am Stilfser Joch, TARMANN 1975), *›hippocrepidis‹* dagegen bleibt merklich tiefer, meistens der montanen Stufe verhaftet (selten über 1400 m).

Subspezifischer Kontext: AISTLEITNER (1990a) spricht von einer breiten Transfusionszone der beiden Taxa *transalpina* und *hippocrepidis* in Vorarlberg/Österreich »mit allen Merkmalsübergängen oft innerhalb einer Population«. Auf dieses Phänomen hatte bereits TARMANN (1975) für Teile Nordtirols (Lechtal) aufmerksam gemacht, und Gleiches ließe sich auch für die Kontaktbereiche beider Stämme in Baden-Württemberg sagen. Als habituell schwer zuordenbare Mischpopulationen müssen manche Populationen der Vorbergzone, der Baar und der südlichen Schwäbischen Alb bezeichnet werden.
Die transalpinoiden Populationen der Oberrheinebene und des Schwarzwaldes sind der Unterart *astragali* BKH., 1793 (Loc. typ.: Darmstadt?, Hessen) anzugliedern. Etwas dunkler, mit breiterer Hinterflügelumsäumung und kleineren Vorderflügelflecken, sind die meisten *transalpina*-Individuen aus Oberschwaben; diese Populationen sind somit infrasubspezifisch besser zur ssp. *bavarica* BGFF. zu stellen (einschließlich *boica, jurassoboica, allgaviana, megastragali, osthelderiana, boicophila*).
Auch die infraspezifische Synonymie ist hier nur unbefriedigend zu lösen. Es macht aber sicherlich wenig Sinn in Anbetracht der postglazialen Siedlungsgeschichte, der Arealüberlappung und Bastardierung der beiden Stämme in manchen Zonen, jede dieser m.o.w. abweichenden Mischpopulationen namentlich fixieren zu wollen. So ist etwa im bayerischen und schwäbischen Voralpenland ein regelrechtes Allelmosaik (transalpinoid, hippocrepidoid, unterschiedliche Anteile) vorzufinden, und *allgaviana* hat beispielsweise wesentlich mehr *hippocrepidis*-Charakter als typische *bavarica*.
Genitaluntersuchungen zeigen oftmals keine Übereinstimmung mit der habituellen Zuordnung. Bei eigenen Untersuchungen erwiesen sich – in Übereinstimmung mit ALBERTI (1958b) – nur die Populationen vom Kaiserstuhl, aus dem Wutachgebiet und der südlichen Oberrheinebene (Kenzingen) als eindeutig transalpinoid.
Mehrere klar transalpinoide Individuen aus Tettnang/Oberschwaben zeigten dagegen genitaliter hippocrepidoide Merkmale. Umgekehrt würde ein *hippocrepidis*-Einzeltier aus Geisingen/Schwäbische Alb (8017C) nach den ALBERTIschen Trennkriterien (Cornuti der Vesica) zum transalpinoiden Stamm gehören; ebenso ein Einzeltier aus Dachsberg/Weilheim (8315A, M. WEBER). In Übereinstimmung mit dem Habitus zeigten sich dann wieder die Genitalarmaturen der *hippocrepidis*-Populationen aus Grötzingen (ALBERTI 1958b), Berghausen (eigene Untersuchungen; ALBERTI 1958b), Michaelsberg/Bruchsal (eigene Untersuchungen; ALBERTI 1958b), Pforzheim, Mühlhausen (M. WALLNER), Hausen/Fils (W. SCHÄFER), Geisingen (ALBERTI 1958b), Schelklingen, Gerhausen, Friedingen (ALBERTI 1958b), Hettingen b. Buchen (ALBERTI 1958b), Werbach/Tauber (F. KIRSCH).
Die typologische Denkweise des verdienstvollen ALBERTI zeigt sich sehr deutlich darin, wie er dieses Problem löste. Für ihn waren minuziöse Trennkriterien ausschlaggebend für die spezifische Zuordnung. Ökologische oder ethologische Aspekte blieben unberücksichtigt. So kommt er bei Untersuchungen an 31 Individuen aus Durlach (Turmberg) zu dem Ergebnis, 29 seien *hippocrepidis*, 2 hält er für *transalpina*. Daß diese Koexistenz – um Hybridisierung zu vermeiden – spezifische Nischenausbildungen erfordern würde, läßt er unberücksichtigt. Andere zweifelhafte Tiere (Geisingen, Fridingen) ordnet er einer der beiden »Arten« zu und vermerkt »♀ transitus«.
Alle hippocrepidoiden-Populationen Baden-Württembergs (Kraichgau, Neckar-Tauberland, Schwäbische Alb) können zur ssp. *hippocrepidis* (Loc. typ.:?Gera bei Jena, Thüringen) gezogen werden (hierzu als Synonyme *jurassica, jurassicola*).

Verbreitung

Regional: In allen Naturräumen Baden-Württembergs ist das Hufeisenklee-Widderchen vertreten. Besonders zahlreich sind *hippocrepidoide* Populationen auf der Mittleren Schwäbischen Alb und im Tauberland. Auch die östliche Schwäbische Alb und die Gäulandschaften entlang dem Neckar besitzen noch stattliche Kolonien dieser phänotypischen Ausprägung.

Bereits weniger häufig sind Populationen westlich des Neckars. So sind im Kraichgau, wie auch

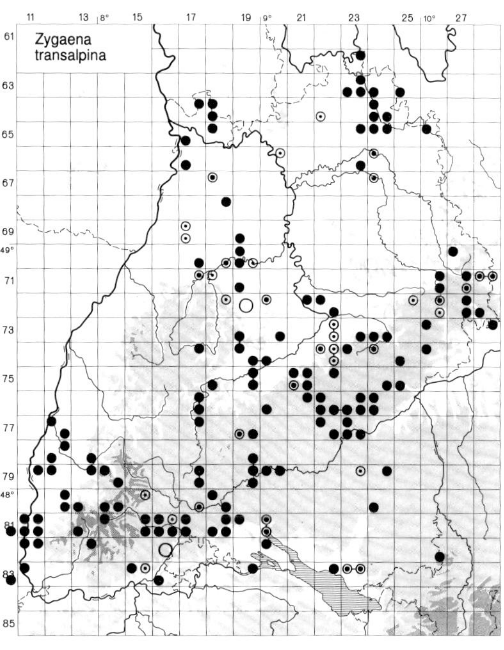

schon bei anderen Widderchenarten (*carniolica, osterodensis* etc.) festzustellen, die Populationsbestände merklich rückläufig. Die phänotypisch indifferenten Zonen der südlichen Alb (Baaralb, Hegaualb, südliche Hohe Schwabenalb), der Baar und im Alb-Wutachgebiet beherbergen dagegen noch ziemlich intakte Populationen.

Gleiches gilt für die *transalpinoiden* Kolonien (ssp. *astragali*) der südlichen Oberrheinebene, des Kaiserstuhls und des Markgräfler Hügellandes. Aus den Sandflurebenen der Hardt liegen dagegen keine aktuellen Meldungen mehr vor. Besondere Beachtung verdienen die überwiegend rein transalpinoiden Populationen des Südöstlichen und des Hochschwarzwaldes. In diesen niederschlagsreichen, von vielen Zygaenenarten gemiedenen Regionen des paläozoischen Grundgebirges bildet *Z. transalpina* erstaunlich individuenstarke Populationen aus. Auch im Grenzbereich zu Hessen, besonders entlang der Bergstraße und im Vorderen Odenwald, sind transalpinoide Populationen noch in befriedigender Anzahl vorzufinden. Individuenschwächer und eher spärlich scheinen dagegen die Vorkommen in Oberschwaben (ssp. *bavarica*) zu sein.

Etwas verwunderlich ist, daß aus der gesamten Vorbergzone zwischen Freiburg und Karlsruhe nicht ein einziger *transalpina*-Standort bekannt ist. Auch aus dem Mittleren Schwarzwald und den nördlich anschließenden Naturräumen (Grindenschwarzwald, Enzhöhen, Talschwarzwald) liegen keine Nachweise vor. Desgleichen sind aus weiten Teilen des Baulandes und den Keuper-Waldlandschaften zwischen nördlicher Schwäbischer Alb und Tauberland keine Meldungen zu verzeichnen.

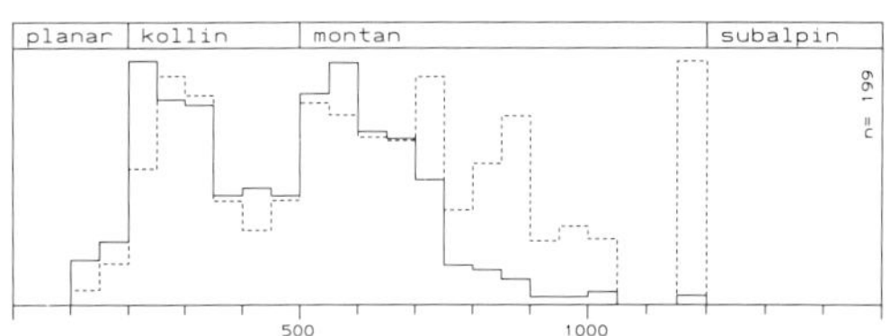

Vertikal: Es mag auf den ersten Eindruck überraschen, daß ausgerechnet die wärmeliebende *Z. transalpina* das größte Vertikalspektrum unserer einheimischen Widderchenarten einnimmt. Bedenkt man aber die zoogeographische Historie dieser Art, so wird diese ökologische Anpassungsfähigkeit durchaus verständlich. Während nämlich alle anderen einheimischen Arten dieser Gattung postglazial über niedrig gelegene Wanderungswege in planarer und montaner Höhenstufe oder entlang der Flußsysteme aus SE oder SW in unseren Raum

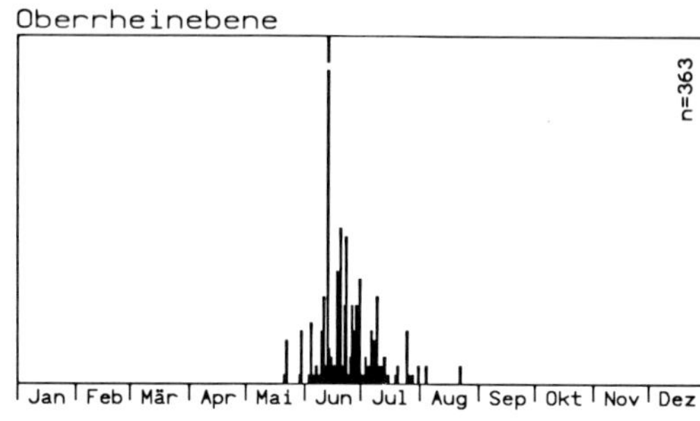

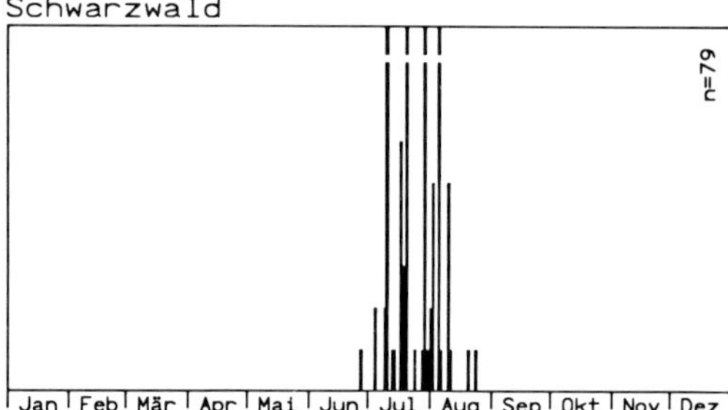

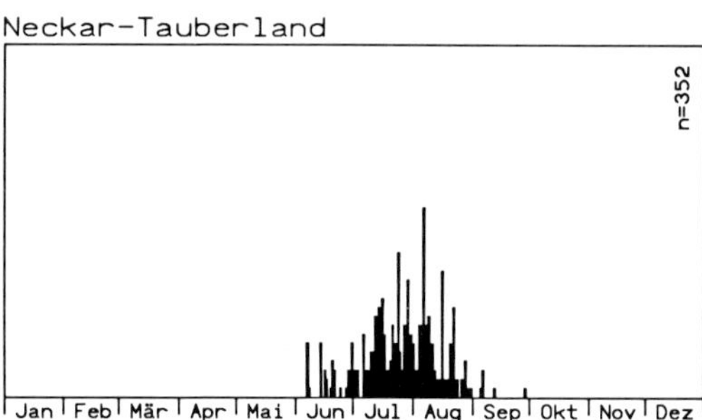

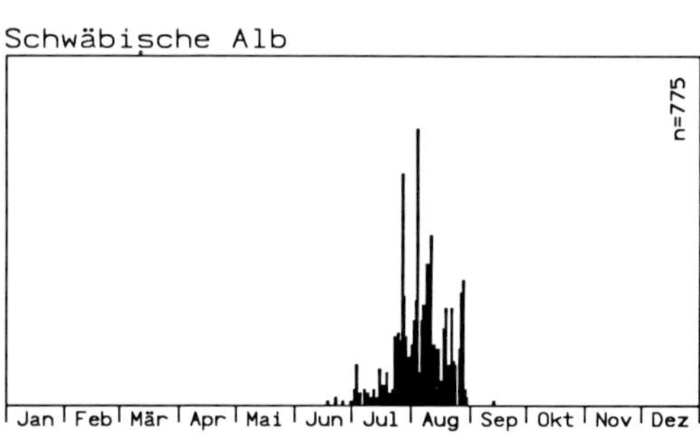

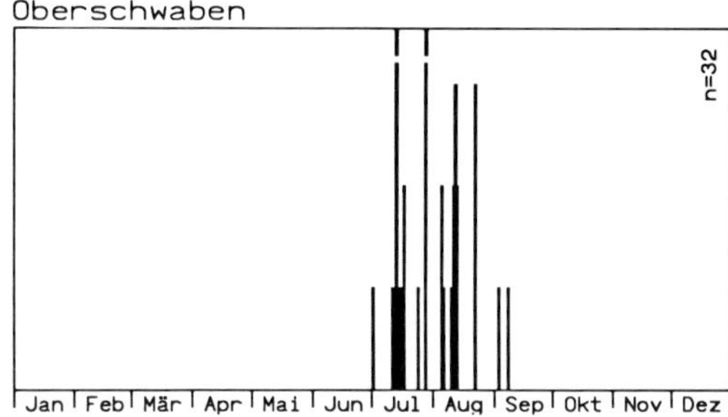

hinein expandierten, hatte der transalpinoide Stamm dieser Art aus Süden kommend immerhin einige Alpenkämme zu überqueren, ehe wieder temperate Klimate erreicht wurden. So sind denn auch die höchstgelegenen Fundstellen in Baden-Württemberg in der hochmontanen und subalpinen Stufe gelegen. Am Belchen (Rinkensattel, R. HERRMANN) überschreitet die Art die 1200 m-Marke. Die niedrigsten Standorte sind entlang der Rheindämme südlich des Kaiserstuhls (190 m, Burkheim, I. HEGAR) und in den nördlichen Hardtebenen (100 m, Ketsch, H. LIENIG; Hockenheim, A. GREMMINGER). Beide Extremwerte werden von transalpinoiden Populationen eingenommen. Hippocrepidoide Populationen fehlen sowohl der planaren als auch der hochmontan-subalpinen Stufe.

Phänologie

Imagines: Zusammen mit *Z. fausta* gehört *Z. transalpina* zu den jahreszeitlich späten, hochsommerlichen Widderchenarten. Das Phänogramm der Schwäbischen Alb zeigt deutlich die Terminierung auf den Monat August[1]. Im Neckar-Tauberland, im Schwarzwald und – sofern die wenigen Daten eine solche Interpretation hier zulassen – in Oberschwaben ist die Monatswende Juli-August als Hauptflugzeit anzusehen. Nur am Kaiserstuhl, an den Rheindämmen und in den nördlicheren Hardtebenen sind die Erscheinungszeiten des Hufeisenklee-Widderchens merklich früher. In normalen Jahren liegt hier die Flugzeit Mitte bis Ende des Monats Juni.

Präimaginalstadien: Die naturräumlich unterschiedlichen Imaginalphänologien spiegeln sich auch in den entsprechenden Raupenmeldungen

[1] Die quantitative Auswertung von weit über 1000 Daten (*angelicae* und *transalpina*) aus dem Naturgroßraum Schwäbische Alb, wo beide Arten parapatrisch vertreten sind, bestätigt nicht nur die zeitliche Trennung der Reproduktionsperiode, wie von HILLE (1986) als Teil des ökologischen ›character displacement‹ angeführt, es zeigte sich sogar eine noch deutlichere Flugzeitenverschiebung, als von HILLE angenommen. Die *hippocrepidis*-Hauptflugzeit liegt nämlich keineswegs Mitte Juli. Erst zwei Wochen später (Anfang August) werden die Individuenmaxima erreicht (s. *transalpina*-Artenkomplex, Einleitung) und als Hauptflugzeit ist das erste Augustdrittel anzusehen.
Was die Überschneidung beider Phänogramme betrifft, so muß noch berücksichtigt werden, daß durch die Datengesamtaddition mehrerer Jahre (sog. späte und frühe Jahre) eine Überlappung am *angelicae*-Ende mit dem *transalpina*-Beginn erzeugt wird, die tatsächlich in dieser Form nicht (oder wesentlich seltener) besteht.

Zusammen mit einigen weiteren Zygaenenarten (*Z. loti, Z. carniolica* u.a.) kann das Hufeisenklee-Widderchen (*Z. transalpina*) als Bioindikator für intakte Kalkmagerrasen herangezogen werden. In Baden-Württemberg sind zwei verschiedene Stämme dieser Art anzutreffen. Der abgebildete Falter gehört zum westmediterranen hippocrepidoiden Stamm des Main-Tauberlandes. Habituelles Charakteristikum dieser Populationen sind die relativ eng beieinanderliegenden Fleckenpaare, die manchmal zu einem Fleck verschmelzen können. – Dittwar, Dittwarer Berg 30. 7. 91 F. KIRSCH.

Die Individuen transalpinoider Populationen des Hufeisenklee-Widderchens, besonders diejenigen der Oberrheinebene, haben wesentlich weiter auseinanderliegende Fleckenpaare und lassen ihre »transalpine Herkunft« gut erkennen. Tiere aus südlicheren Populationen (Alpen, Italien) besitzen diese Merkmalsausprägung. – Kaiserstuhl, NSG Badberg 15. 6. 88 A. HOFMANN.

wieder. Aus der Oberrheinebene und der anschließenden Randzone datieren die meisten Raupenbeobachtungen in die Monate (Ende) April bis (Anfang) Juni (8.5. 1959, Weinheim, H. LIENIG; 27.5. 1982, Schriesheim, G. JUNGE). Regelmäßig und bisweilen in Anzahl waren erwachsene (L_8, $L_{9?}$) und halberwachsene Raupen am Badberg/Kaiserstuhl (27.4. 1980, 10.5. 1992, H. & A. HOFMANN; 17.u.22.5. 1964, 5.6. 1965, H. LUSSI) um diese Jahreszeit zu beobachten.

Einen zeitlichen Versatz um 4 bis 6 Wochen zeigen die Raupennachweise der hippocrepidoiden Populationen auf der Schwäbischen Alb und im Allgäu (6.7. 1963, Unterhausen, C.M. NAUMANN; 6.7. 1991, Blumberg, M. WEBER; 9.7. 1987, Engen, T. MARKTANNER; 19.7. 1990, Neuffen, E. LOSER; 22. u. 26.7. 1983, Auendorf, R. MÖRTTER; 24.7. 1927, Schelklingen, G. REICH; 31.7. 1980, Engen, G. EBERT & H. FALKNER; 3.8. 1991, Gerhausen, G. REISS & A. HOFMANN; 3.7. 1993, Untermarchtal/Donau, R. HERRMANN, A. HOFMANN). Nicht selten sind mehrere Raupen auf engem Raum in auffälliger Höhe (25–50cm über dem Boden) anzutreffen (Gerhausen; Untermarchtal) gewesen.

Über Prädiapauseraupen liegen uns keine Freilandbeobachtungen vor. A. HOFMANN züchtete *transalpina* vom Kaiserstuhl ab-ovo (1980/81). Wie zu erwarten, durchliefen die Jungräupchen nach 8-tägiger Eiphase drei Häutungen, ehe sie bereits Anfang August ins obligatorische Diapausenstadium (L_{4D}) eintraten. Bemerkenswert war bei dieser Zucht, daß keine fraktionierte Mehrjährigkeit festgestellt werden konnte. Ausnahmslos alle Raupen ergaben im darauffolgenden Jahr die Falter der nächsten Generation. Auf bis zu vierjährige Larvalentwicklung dieser Art in Thüringen weist BERGMANN (1953) hin.

Die Kokonfunde passen gleichermaßen ausgezeichnet ins naturräumlich differenzierte Erscheinungsbild:

Schwäbische Alb: 6.7. 1963, Unterhausen, C.M. NAUMANN; 19.7. 1982, Rottenburg, J.U. MEINEKE; 29.7. 1942, Geisingen, A. GREMMINGER; 3.8. 1991, Gerhausen, A. HOFMANN & G. REISS; 11.8. 1973, Kuchen-Tegelberg, W. UEBEL; 16.8. 1991 (e.p.), Welschingen, T. MARKTANNER;
Schwarzwald: 12.7. 1991 u. 20.8. 1989 [vermutlich bereits geschlüpft?], Zastlertal, I. HEGAR;
Oberrheinebene u. Vorbergzone: 21.5. 1961, Schriesheim, G. JUNGE; 10.–15.6. 1956 (e.p.), 1.6. 1966 (e.p.), 2.6. 1967, Kaiserstuhl, H. MESSMER; 5.6. 1955, Kaiserstuhl, A. GREMMINGER;
Die Kokonphase dauerte bei Zuchtversuchen ziemlich genau zwei Wochen (A. HOFMANN).

Die Raupen der *transalpina*-Gruppe (bei uns also *Z. ephialtes, Z. transalpina* und *Z. angelicae*) sind von allen anderen Widderchenraupen ausgezeichnet durch die dunkle mediane Dorsallinie zu unterscheiden. Brauchbare Abgrenzungskriterien der Larvalphäna innerhalb dieser monophyletischen Artengruppe scheinen aber nur bedingt zu existieren. Dies gilt zumal, wenn man die innerartliche Variation in größerem geographischem Rahmen sieht. Auch innerhalb unseres Bundeslandes sind schon beträchtliche Unterschiede festzustellen. So ist die genannte Dorsallinie bei *hippocrepidis*-Raupen aus der Schwäbischen Alb auf eine dünne, oftmals kaum erkennbare Linie reduziert, die bisweilen sogar ganz fehlen kann; bei *transalpina*-Raupen vom Kaiserstuhl ist dieses Merkmal dagegen immer kräftig angelegt. Auf die Unterschiede zwischen *angelicae elegans* und *transalpina* wird bei *angelicae* (s. Präimaginalstadien) hingewiesen.

Ökologie

Lebensraum: Populationsschwerpunkte bilden die warmen Löß- und Kalklandschaften (Jura und Muschelkalk) des Neckar-Tauberlandes, der Oberrheinrandzone, des Kraichgaus und besonders der Schwäbischen Alb. Aber auch auf den würm- und rißeiszeitlichen Moränen Oberschwabens (Bodenseebecken und Westallgäuer Hügelland) und den quartären Sandsedimenten der Oberrheinebene sind stellenweise noch stattliche Kolonien anzutreffen. Das gleiche gilt für die paläozoischen silikathaltigen Untergrunde des Schwarzwaldes und des Vorderen Odenwaldes. Streng gemieden werden dagegen Buntsandsteinlandschaften; auch Keuperuntergrunde werden nur selten besiedelt.

Bedingt durch die bizentrische Besiedelung unseres Raumes mit zwei Stämmen mit unterschiedlicher evolutions-ökologischer Disposition, verfügt das Hufeisenklee-Widderchen heute über eine erstaunliche Petro- und Klimatoleranz. Betrachtet man die einzelnen Fundorte unter dem Aspekt der durchschnittlichen Niederschlagssumme, der Lufttemperatur oder der Zahl der Frosttage, so zeigt sich, daß *Z. transalpina* hier von keiner anderen einheimischen *Zygaena*-Art übertroffen wird. Bezüglich der Lufttemperatur wird (besonders von den transalpinoiden-Populationen) eine Spanne von 5 °C (Hochschwarzwald) bis fast 10 °C (Oberrheinebene) durchschnittlicher Jahreswerte eingenommen. Die Toleranz gegenüber der mittleren Zahl der Frosttage ist entsprechend. Sie reicht von unter 80 bis über 150. Extreme Niederschlagswerte besitzen die Fundorte Aiternbachtal/Hochschwarzwald (1800 mm) und Mannheim/Rheinau (unter 600 mm). In Anbetracht dieser Tatsachen scheint es

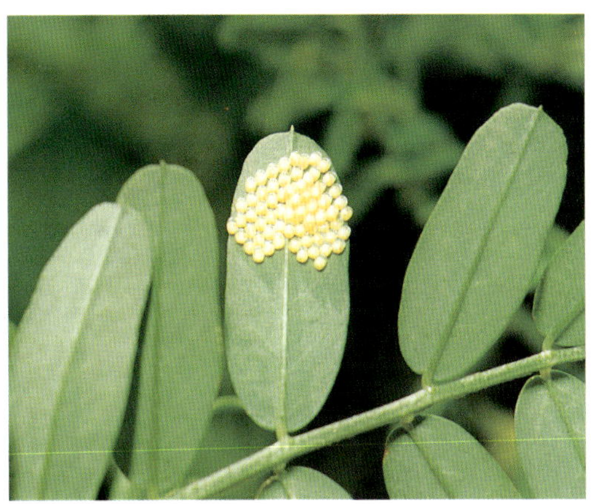

Das Hufeisenklee-Widderchen legt seine Eier bevorzugt an die Blattunterseite – hier an *Coronilla varia* – in Spiegelform ab. Die teilweise mehrlagigen Gelege bestehen meistens aus 50 bis 80 Eiern (im Erstgelege); nachfolgende Gelege sind kleiner (20 bis 40 Eier). – Kaiserstuhl, NSG Badberg 9. 6. 93 A. HOFMANN.

fast paradox, auf den wärmeliebenden Charakter dieser mediterranen Art hinzuweisen. Die späte Flugzeit und die bevorzugten Expositionen (SW bis SE), verbunden mit mikroklimatischen Sonderbedingungen in den präferierten Lokalitäten (Magerrasen und wärmeliebende Waldränder), die durch großräumige Isolinien nicht zum Ausdruck kommen, erlauben aber keineswegs eine Einstufung als euryöke Art (wie etwa bei *Z. filipendulae, Z. loti* etc.). Das Hufeisenklee-Widderchen ist eine Offenlandart, die sonnige bis heiße Lokalitäten bevorzugt. Warme Lehnen, Dämme, Schutthalden, Böschungen, sonnige Waldrandlagen und mäßig bis wenig beweidete blütenreiche Magerrasen werden bevorzugt; basenreiche, humose Böden bieten geeignete Lebensbedingungen für *Z. transalpina.* Auch mäßig-saure Untergrunde auf Silikatgestein (Hochschwarzwald) werden noch besiedelt, sofern eine geeignete Raupennahrungspflanze vorzufinden ist. Standorte mit starker Beschattung oder tageszeitlich sehr später oder kurzer Besonnung werden gemieden.

Im Gegensatz zur Schwesterart (*Z. angelicae*) kann *Z. transalpina* somit nicht als Waldtier bezeichnet werden. Zwar sind einige Vorkommen durchaus im lichten Laub- und Mischwald, besonders in dessen Auflockerungsbereichen (Böschungen, breitere Wege, Lichtungen) und an den Waldrändern (bevorzugt in Kontaktzonen zu magerrasenartigem Offenland) gelegen, ihre Bindung an offenere Bereiche ist aber unübersehbar. Viele Fundorte gehören den Halbtrockenrasen und ›Wacholderheiden (i.w.S)‹ an. Diesen Lokalitäten fehlt *Z. angelicae* gänzlich.

Nahrung der Raupe:

Hippocrepis comosa – Hufeisenklee
5 L, E (GRE, HOF, RSG, RSH)
Coronilla varia – Bunte Kronwicke
4 L (GRE, HOF, LIE, RSG, RSH, UEB)
? *Coronilla coronata* – Berg-Kronwicke
(RSH)
? *Coronilla vaginalis* – Umscheidete Kronwicke
(RSH)
Lotus corniculatus – Hornklee
4 (WEM, RSG, RSH)

Gesicherte Freilandnachweise auf *Coronilla coronata* und *C. vaginalis* liegen nicht vor. Beide Angaben sind der Literatur für *hippocrepidis* entnommen (REISS 1967c). Die gleichen Angaben hatte BERGMANN (1953) für Thüringer *hippocrepidis*-Populationen gemacht. REUTTI (1898) nennt noch *Astragalus, Trifolium* und *Lotus*. Die beiden erstgenannten Nahrungspflanzen (*Z. transalpina astragali*!) konnten trotz gezielter Suche nicht bestätigt werden. H. & A. HOFMANN fanden 1992 am Kaiserstuhl mehrere Raupen in unmittelbarer Nachbarschaft zu

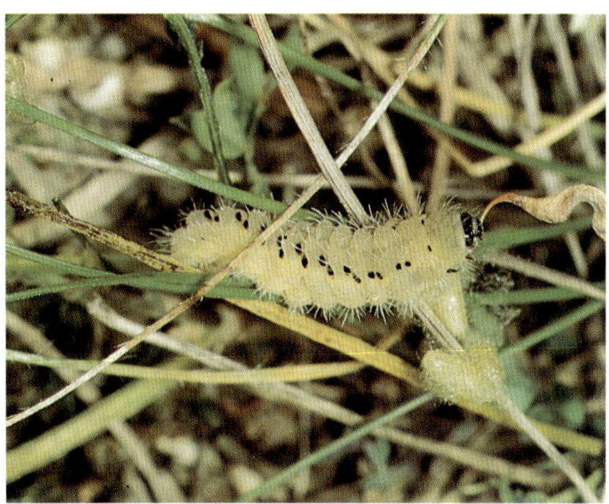

Zygaena transalpina-Raupen sind stellenweise in Anzahl zu beobachten. Nicht selten sind die besonders exponierten, auffälligen Raupen glasig, fast farblos, ein sicherer Hinweis auf Befall durch Schmarotzer. Hier haben gerade Brackwespenlarven eine *transalpina*-Raupe verlassen und ihren Seidenkokon an der Raupe und an Grashalmen angesponnen. Die abgebildete Raupe gehört übrigens einer hippocrepidoiden Population an, transalpinoide Raupen haben (in Baden-Württemberg) eine viel deutlicher sichtbare schwarze Dorsallinie! Diese kann beim hippocrepidoiden Stamm manchmal (so wie hier) ganz fehlen. Untermarchtal/Donau 3. 7. 93 A. HOFMANN.

Blumenreiche Halbtrockenrasen mit reichlich vorhandenem Flockenblumen- oder Skabiosenbestand beherbergen nicht selten individuenstarke *Z. transalpina*-Populationen; oftmals genügen kleinflächige Parzellen an Bahndämmen oder Böschungen. An solchen Lokalitäten kommt das Hufeisenklee-Widderchen meist zusammen mit anderen Zygaenenarten vor (hier u.a.: *Z. filipendulae, Z. viciae*). – Ebringen, Jennetal 21. 5. 82 R. Herrmann.

verschiedenen potentiellen Nahrungspflanzen. Ohne sichtliche Vorliebe wurde angebotenes Futter (*Lotus corniculatus, Hippocrepis comosa* und *Coronilla varia*) von allen Räupchen angenommen, so daß von einer gewissen Oligophagie der einzelnen Populationen (nicht nur der Gesamtart!) ausgegangen werden kann. Auf der Schwäbischen Alb scheinen der Hufeisenklee und die Bunte Kronwicke präferierte Raupennahrungspflanzen zu sein (G. Reiss, W. Uebel). In den Trockenauen der Oberrheinebene lebt die Art vermutlich ausschließlich an *Lotus corniculatus* (R. Herrmann). Dies gilt wohl auch für die Rheindamm-Populationen zwischen Breisach und Lörrach.

Habitat: Die Art ist ein charakteristischer Bewohner der trockenen Bereiche mitteleuropäischer Grasfluren, insbesondere der Trespentrockenrasen. Für Baden-Württemberg gilt: Kaum ein intakter (!) basiphytischer Magerrasen ohne *Z. transalpina* (und meist weitere Widderchen-Begleitarten)! Dies ist auf die Tatsache zurückzuführen, daß mindestens eine der drei Raupennahrungspflanzen (*Lotus corniculatus, Hippocrepis comosa, Coronilla varia*) in einem entsprechend Halbtrockenrasen immer vorhanden ist. Der Hornklee hat die dichteste Verbreitung aller einheimischen Schmetterlingsblütler überhaupt, und der Hufeisenklee ist darüberhinaus Ordnungskennart der submediterranen Trespentrockenrasen (Brometalia erecti). Insofern verwundert es nicht, daß sich fast alle Raupenhinweise auf Halbtrockenrasen beziehen (Mesobrometum: Nsg Badberg/Kaiserstuhl, Eichberg/Blumberg, Gerhausen/Blaubeuren, Urselberg/Pfullingen; A. Hofmann & G. Reiss). Große Kolonien sind innerhalb der Mesobrometen in Subassoziationen mit starkem Flockenblumen-Bestand (*Centaurea* spp.) und besonders dort, wo *Hippocrepis comosa* stattliche Bestände bildet, anzutreffen. Darüberhinaus sind die Verbuschungs- und Versaumungszonen der Halbtrockenrasen wichtige *transalpina*-Habitate. Kontaktzonen zum Eichen-Elsbeeren-Wald und schüttere Anthericum-Halden gehören hier gleichermaßen dazu. Wo in der planaren Stufe auf Rheinschotter Halbtrockenrasen (›Trockenauen‹) ausgebildet sind (Grißheim, H. Steffny, R. Herrmann), sind ebenfalls regelmäßig ansehliche *transalpina*-Kolonien zu beobachten. Gleiches kann bisweilen in Sekundärbiotopen jüngeren Datums (Rheindämme, Bahndämme) und mäßig, z.T. sogar stärker ruderalisierten Magerrasen (Blößberg, Marbach, G. EBERT, F. KIRSCH, E. RENNWALD), festgestellt werden. Viele Fundorte lassen sich als Mosaik diverser Pflanzengesellschaften beschreiben: Halbtrockenrasen mit Schlehengehölz, Halbtrockenrasen und bachnahe Feuchtwiese (R. HERRMANN), Trockenaue mit Sanddorngebüsch, Xero-Mesobrometum etc. Im Vergleich hierzu tritt das reine, lückige Xerobrometum bereits an Bedeutung zurück. Gleiches ließe sich auch für beweidetes oder regelmäßig gemähtes Grünland sagen. Nennenswerte Populationen sind hiervon bisweilen besonders in trockenen, artenreichen Glatthaferwiesen (Arrhenatherion) noch anzuteffen, so etwa am Schönberg bei Freiburg (H. STEFFNY, 1981 pers. Mitt.).

Auch mesophile (Trifolion medii) und besonders trockene Staudenhalden und wärmeliebende Saumgesellschaften (Geranion sanguinei) sind noch unter den typischen Lokalitäten dieser Art anzuführen. Von Wichtigkeit dürfte in diesem Falle die Tatsache sein, daß die Hauptblütezeit der Trifolio-Geranietea-Arten später liegt als die der Mesobromion-Rasenarten (WILMANNS 1989). Ausgezeichnet korrelierbar ist diese pflanzensoziologische Periodik mit den *transalpina*-Flugzeiten in den entsprechenden Formationen. Im typischen Trockenrasen des Kaiserstuhls mit seiner Blütenpracht im Juni ist auch um diese Jahreszeit die Hauptflugzeit des Hufeisenklee-Widderchens festzustellen. Auf der Schwäbischen Alb und am Eichberg/Blumberg, wo viele *transalpina*-Fundstellen im flächig versaumendem Mesobrometum oder in Trifolio-Geranietea liegen, sind die Flugzeiten entsprechend später in den Monaten Juli und August (also zur Hauptblütezeit der dortigen Arten; z.B. *Anthericum ramosum, Coronilla varia, Origanum vulgare* etc.).

Aus dem Hochschwarzwald (Hinterzarten, H. STEFFNY) wird die Art sogar als bodenständig im Bereich eines Übergangsmoores gemeldet! Nähere Angaben zum Habitat der einzelnen Stadien in den Mooren liegen nicht vor. Von Interesse dürfte hier die Raupennahrungspflanze sein (vermutlich Hornklee).

Nahrung des Falters: Die Blau-Violett-Blüher sind an erster Stelle hier zu nennen: Skabiosen (*Scabiosa columbaria*), Flockenblumen (*Centaurea jacea*), *Knautia arvensis, Erigeron annuus* (H. STEFFNY), Acker-Kratzdistel (*Cirsium arvense*), Wilder Majoran (*Origanum vulgare*) und Blauer Natterkopf (*Echium vulgare*) sind die mit Abstand am häufigsten gemeldeten Nektarblüten.

Verhalten: Kopulae sind in den späten Nachmittagsstunden mit Vorliebe an trockenen Ästchen oder Grashalmen (30–50 cm über dem Boden) vorzufinden. An seinen Fundorten tritt das Hufeisenklee-Widderchen stets zusammen mit anderen Widderchenarten auf (*Z. filipendulae, Z. carniolica, Z. lonicerae, Z. ephialtes* u.a.). Auch Fremdkopulae mit anderen Arten sind relativ häufig zu beobachten.

Nicht selten sind auffällig hoch (40–50 cm) an trockenen Grashalmen oder Pflanzenstengeln Raupen und später auch Kokons dieser Art anzutreffen. Hiervon hat sich allerdings ein großer Prozentsatz (20–30%) stets als parasitiert erwiesen.

Parasitoide: Aus Baden-Württemberg liegen raupenparasitierende Tachinidae-Nachweise (Diptera, det. H.-P. TSCHORSNIG & B. HERTING) bislang von zwei Arten vor: *Alsomyia capillata* (Kaiserstuhl, A. GREMMINGER) und *Ceromasia rubrifrons* (Kaiserstuhl, W. SCHÄFER). Weitere Arten der Gattungen *Exorista* und *Phryxe* sind sicherlich noch zu erwarten.

Besonders stark scheint in manchen Jahren der Befall mit Hymenopteren-Parasiten (det. E. DILLER/München) zu sein. Vom Kaiserstuhl (cult. A. GREMMINGER, FESSENMEIER, coll. LNK) liegen aus den Fünfziger Jahren ganze Serien einer Erzwespenart (*Brachymeria intermedia,* Chalcididae) mit dazugehörigen *transalpina*-Kokons vor. Der gleiche Parasit konnte auch bei einer *hippocrepidis*-Population in Gerhausen/Blaubeuren nachgewiesen werden (cult. A. HOFMANN). Ferner befanden sich mehrere Tiere einer Schlupfwespenart (*Agrothereutes tibialis,* Ichneumonidae) unter den Parasiten vom Kaiserstuhl (A. GREMMINGER).

Gefährdung und Schutz

Rote Liste Bundesrepublik: 4
Rote Liste Baden-Württemberg: V

Oberrheinebene: Nicht gefährdet.
Schwarzwald: Nicht gefährdet.
Neckar-Tauberland: Art der Vorwarnliste (regional stark gefährdet).
Schwäbische Alb: Art der Vorwarnliste.
Oberschwaben: Gefährdet.

- In Baden-Württemberg eine Art der Vorwarnliste!
  Besonders geschützt gemäß § 20 e ff. BNatSchG.

Im Bereich der Südlichen Oberrheinebene (vom Kaiserstuhl bis Lörrach) und im östlich anschließenden Schwarzwald sind keine rückläufigen Bestandsveränderungen festzustellen. Intakte Kolonien scheinen auch noch im Tauberland und im Vorderen Odenwald zu siedeln. Dagegen sind auf der Schwäbischen Alb bereits leichte Dezimierungstendenzen zu erkennen. Dies trifft insbesondere für die Ostalb und die nordwestlichen Regionen der Mittleren Alb zu. Auch fällt auf, daß in den vergangenen 15–25 Jahren einige Populationen merklich individuenärmer wurden (G. REISS). Am stärksten ist derzeit die Gefährdung im Kraichgau und im Neckarbecken, wo noch bis in die 60er Jahre hinein stattliche Kolonien anzutreffen waren; ebenso ist im gesamten Oberschwaben die Situation als kritisch zu beurteilen. Hier gilt es allerdings zu bedenken, daß anscheinend immer nur wenige, weit verstreute Kolonien in diesem Naturraum vorhanden waren.

Eine allseits befriedigende Einstufung der Gefährdung ist hier nur schwer vorzunehmen, da sich die einzelnen Populationskolonien regional recht unterschiedlich verhalten. Die transalpinoiden-Kolonien der Oberrheinebene und des Schwarzwaldes sind merklich expansiv und dringen auf neuentstandene potentielle Biotope recht schnell vor (z.B. Bahn- und Straßendämme, Rheindämme, Weinbergsböschungen). Wesentlich regressiver verhalten sich die hippocrepidoiden Populationen des Nekkar-Tauberlandes und der Schwäbischen Alb.

Leichte Beweidung und einschürige Mahd wird vertragen, wenngleich die Individuendichte besonders in beweideten Lokalitäten deutlich abnimmt (z.B. Urselberg, G. REISS). Die Mahd sollte jahreszeitlich möglichst spät erfolgen, keinesfalls aber vor dem Ende der Flugzeit (s. Phänogramm des jeweiligen Naturraumes). Noch besser wäre Streifenmahd (z.B. an den Rheindämmen) oder gar erst Spätsommermahd (ab Ende August), wenn sich bereits ein Großteil der Jungräupchen im freßinaktiven Diapausenstadium (L_4; ca. 0,5–0,6 cm Körpergröße) in geschützteren Bereichen der tieferen Gras- und Moosschichten befindet. Für die dauerhafte Biotop-Akzeptanz der Falter (besonders auf der Schwäbischen Alb) müssen die nektarpflanzenblütenreichen Säume entlang der Straßen, Böschungen und Waldränder unbedingt erhalten werden.

Zygaena angelicae
Ochsenheimer, 1808

Elegans-Widderchen

Zygaena elegans BGFF. (EBERT 1978, HOLIK 1953, REISS 1937)
Zygaena (Zygaena) elegans BGFF. (REISS & REISS 1970, REISS & TREMEWAN 1967)
Zygaena (Zygaena) elegans rhatisbonensis BGFF. (ALBERTI 1958/59, REISS & REISS 1970)
Zygaena (Zygaena) elegans carolimagni BGFF. (REISS & REISS 1970)
Zygaena (Polymorpha) elegans BGFF. (BURGEFF 1926b, REISS in SEITZ 1930–33)
Zygaena (Burgeffia) elegans BGFF. (KOCH 1955)
Zygaena (Zygaena) angelicae elegans BGFF. (ALBERTI 1958/59, NAUMANN & TREMEWAN 1984)
Zygaena (Burgeffia) angelicae rhatisbonensis BGFF. (KOCH 1955)
Zygaena (Zygaena) angelicae rhatisbonensis BGFF. (NAUMANN & TREMEWAN 1984, REISS & TREMEWAN 1967)
Zygaena (Zygaena) angelicae rhatisbonensis f.loc. *carolimagni* BGFF. (REISS & TREMEWAN 1967)
Zygaena (Polymorpha) angelicae rhatisbonensis BGFF. (BERGMANN 1953, REISS in SEITZ 1930–33)
Zygaena (Polymorpha) angelicae ratisbonensis [sic.] BGFF. (BURGEFF 1926b)
Polymorpha elegans BGFF. (FORSTER 1956)
Polymorpha angelicae rhatisbonensis BGFF. (FORSTER 1956)
Burgeffia elegans BGFF. (FORSTER 1956)
Burgeffia angelicae rhatisbonensis BGFF. (FORSTER 1956)
Anthrocera angelicae O. (SPULER 1906, HERING 1932)

Polymorpha angelicae O. (NOVAK & SEVERA 1980)

Aus Baden-Württemberg beschriebenes Taxon:
»*Zygaena elegans*« BURGEFF, 1913 (›Geislingen an der Steige, Schwäbische Alb, Württemberg‹)

Gesamtverbreitung: *Zygaena angelicae* besiedelt ein Areal von der Schwäbischen Alb bis zum griechischen Olymp. Der westlichste Fundort ist Geisingen/Baden. Die Meldung VORBRODTS (1914) für die Schweiz konnte nicht bestätigt werden und beruht auf einem Bestimmungsfehler. Fast das gesamte Osteuropa von Polen über die westlichen Regionen der Ukraine und Weißrußlands bis hin zum Peloponnes (ohne diesen aber zu erreichen), einschließlich des gesamten Balkans gehört zum *angelicae*-Areal. Gemieden wird die unmittelbare Litoralzone an der Adria. Inselpopulationen sind nicht bekannt. In Slowenien existiert eine rein gelbgefärbte *angelicae*-Kolonie als Exklave im eigentlichen *transalpina*-Areal. Im westlichen Kontaktbereich zu *Z. transalpina* sind einige habituell stark angenäherte (Hybrid?)Populationen bekannt. Die Höhenverbreitung ist vergleichsweise gering. Selten bis zur subalpinen Region vordringend; nirgendwo wird die alpine Stufe erreicht. Die höchsten Fundorte dürften in Mazedonien liegen (ca. 1700 m).

BURGEFF hat die heute als konspezifisch mit *Z. angelicae* angesehenen Populationen des Schwäbischen Jura seinerzeit als gute, eigene Art beschrieben. Dieser Meinung schlossen sich viele nachfolgende Autoren (FORSTER,

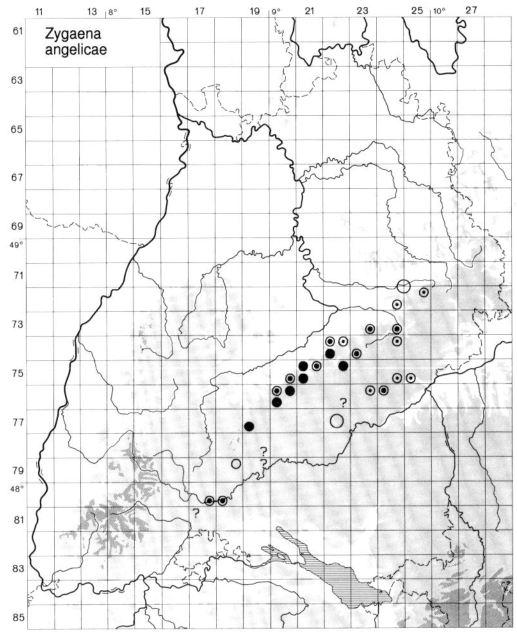

HOLIK, KOCH, REISS etc.) an. Begründet wurde der taxonomische Status in erster Linie durch einen wohldifferenzierten Habitus (Sechsfleckigkeit gegenüber der fünffleckigen *Z. angelicae*) und einen etwas ungewöhnlichen Raupennahrungspflanzenwechsel (s. Raupennahrungspflanzen). Morphologische Untersuchungen anderer Autoren (ALBERTI, DABROWSKI, DANIEL, HAAF, NAUMANN) und die Weiterentwicklung des Artbegriffs (Stichwort: Biospezies) führten dann in den 70er Jahren zur Korrektur dieser Einschätzung. Diese synonymische Wertung (*Z. angelicae elegans*) hat inzwischen allgemeine Zustimmung gefunden. Deutlich zeigt sich hieraus, wie einzigartig, taxonomisch, biologisch und zoogeographisch besonders interessant und aus diesem Grunde sicherlich verstärkt schützens- und erhaltenswert diese wohl am stärksten differenzierte Zygaenenunterart unseres Bundeslandes ist.

Subspezifischer Kontext: Alle Populationen Baden-Württembergs sowie des Fränkischen Jura (Bayern) sind durch ihre auffällige Tendenz zur Sechsfleckigkeit gekennzeichnet. Dieses vom typischen *angelicae*-Phänon abweichende Merkmal veranlaßte viele taxonomische und faunistische Bearbeiter, dem Elegans-Widderchen den ursprünglichen Status einer ›guten Art‹ noch bis in die jüngste Zeit (REISS & REISS 1970) zuzugestehen. Biologische, morphologische und ökologische Unterschiede sind jedoch gering oder fehlen, so daß eine »derartige« Abtrennung nach heutigen Gesichtspunkten nicht mehr zu vertreten ist. Darüber hinaus ließen sich auch keine chorologischen Argumente ins Feld führen, die die Existenz einer endemischen Zygaenen-Art in unserem Untersuchungsraum begründen könnten.

Die fast ausnahmslos (>95%) sechsfleckigen Populationen der Schwäbischen Alb gehören zur typischen Elegans (*Z. angelicae elegans*). Im Kontaktbereich zu anschließenden *angelicae*-Populationen ist, besonders im NE, eine sukzessive Annäherung an den östlichen Fünffleck-Typus nicht zu übersehen. So befinden sich die benachbarten Populationen des Fränkischen Jura schon in einer klinal-intermediären Zone, wo mehrere Phäna (Fünffleck, Sechsfleck, Zwischenformen) auftreten; eine Wertung als eigene Unterart (*Z. angelicae rhatisbonensis*) könnte vertretbar sein, zumal andere Abweichungen hinzukommen (Flügelschnitt; Anhängung von Fleck 6 an Fleck 5 etc). Eine weitere Aufsplitterung (f. loc. *carolimagni*) ist aber sicherlich nicht gerechtfertigt, da in solch einem Übergangsbereich die Zahlenverhältnisse der einzelnen Phäna von Fundort zu Fundort erwartungsgemäß schwanken. Weiter nach E (Tschechien), NE (Polen) und SE (Oberbayern) sind die Populationen bereits rein fünffleckig und lassen sich somit zwanglos der nominotypischen Unterart angliedern (*Z. angelicae angelicae*). Eine vergleichbare Situation mit Fünffleck-, Sechsfleck- und intermediären Individuen sowie entsprechend unterschiedlichen Anteilen in verschiedenen Populationen findet sich im österreichischen Murtal wieder, wo ebenfalls die östliche *Z. angelicae* und transalpinoide Populationen aneinanderstoßen (DANIEL 1954, MEIER 1960, BURGEFF 1965a); auch in Südthüringen sollen vergleichbare Verhältnisse anzutreffen sein (ALBERTI 1956a, b).

Verbreitung

Regional: Ein flüchtiger Blick auf die Arealkarte mit den Fundortsignaturen und deren altersmäßige Zuordnung läßt zwar eine Rückzugstendenz sofort erkennen, verrät aber nicht, was die Stunde tatsächlich geschlagen hat. Eine optimistische Einschätzung würde derzeit etwa so lauten: Für das Elegans-Widderchen ist es fünf vor Zwölf!

Langjährige, profunde Kenner dieser Art (C.M. NAUMANN, G. REISS, W. UEBEL), die noch von zahlreichen Vorkommen in den 60er und 70er Jahren zu berichten wissen, mußten bei Wiederbegehungen in den 80er und 90er Jahren mit Entsetzen feststellen, wie alle ihnen bekannten Populationen erloschen waren. So hatte man sich in Fachkreisen zu Beginn der 90er Jahre bereits damit abgefunden, 30 Jahre nach dem Erlöschen der *Z. cynarae* auch das Elegans-Widderchen auf die »dunkelrote Liste« der ausgestorbenen Arten setzen zu müssen. Glücklicherweise konnte aber 1992 nochmals eine Minipopulation ausfindig gemacht werden. Herrn E. LOSER sind wir diesbezüglich sehr zu Dank verpflichtet! Er konnte auf eine Stelle in der Nähe von Bad Urach verweisen, wo er seit Jahrzehnten schon diese Art beobachtete und wo, trotz starker Bedrängnis durch Überwaldung, die letzte bekannte *elegans*-Population bis heute noch persistieren kann. Diese Lokalität zu schützen und eventuell in einen *elegans*-freundlicheren Zustand zurückzuführen, wird Aufgabe der nächsten Jahre sein. Fraglich bleibt aber auch dann, ob es gelingen kann, diese Art unserer Fauna zu erhalten. 1992 konnten noch

13 Individuen gezählt werden; 1993 war gar nur noch ein einziges Männchen gesichtet worden (A. HOFMANN, R HERRMANN). Zahlreiche und gezielte Begehungen an vielen anderen ehedem von dieser Art bewohnten Lokalitäten und an potentiellen neue Plätzen blieben 1992 und 1993 ohne Erfolg.

Alle bekannten Fundorte des Elegans-Widderchens liegen/lagen im Naturgroßraum Schwäbische Alb. Neben spezifischen ökologischen Ansprüchen sind hier die Vorkommen der hauptsächlichen Raupennahrungspflanze (Gelbe Bergkronwicke) die entscheidenden arealdeterministischen Faktoren. Nirgendwo wird das Areal dieser Pflanze überschritten, obgleich auch einige Raupenfunde auf der nach Westen noch weiter verbreiteten Bunten Kronwicke zu verzeichnen sind.

Auffallende Arealähnlichkeit innerhalb Baden-Württembergs (nicht zuletzt wegen der etwas verwunderlichen Übereinstimmung in den Habitatpräferenzen) besteht mit *Z. fausta*. Grundsätzlich gilt, wo *Z. angelicae elegans* vorkommt, erscheint 1–3 Wochen später *Z. fausta*. Diese Affinität verwundert um so mehr, wenn man die relative genealogische Ferne dieser Taxa (verschiedene ›Subgenera‹) bedenkt und wenn man des weiteren berücksichtigt, wo die unterschiedlichen Rückzugsareale der würmkaltzeitlichen, refugialen Diaspora beider Arten lagen, in denen – so sollte man annehmen – sich auch divergente ökologische Ansprüche entwickelten. Die postglaziale Besiedelung erfolgte bei *Z. fausta* aus dem westmediterranen Raum, bei *Z. angelicae* aus einem östlich der Alpen gelegenen Refugium. Beide Arten haben auf der Schwäbischen Alb eine rezente Arealgrenze: *Z. fausta* ihre östliche[1], *Z. angelicae* ihre westliche. Innerhalb dieser schmalen, überlappenden Arealbande teilen sich beide Arten die Raupennahrungspflanzen und dadurch bedingt auch die Habitate. Konkurrenzmildernd wirkt sich sicherlich die Asynchronisation der Flugzeiten aus, so daß eigentlich nur die Präimaginalstadien um die gleichen Ressourcen streiten. Aber auch hier dürfte durch zeitlich unterschiedliche Fressaktivitäten die Konkurrenz erheblich gedämpft werden.

Am zahlreichsten waren früher die Vorkommen im Grenzbereich der Mittleren Kuppenalb zum Albvorland, genauer gesagt an den exponierten ›Steigen‹ (wie auch bei *Z. fausta*: Steige zum Hohenneuffen/H. REISS; Hülbener Steige/H.REISS; Eninger Steige/C.M. NAUMANN; Genkinger Steige/ H. REISS). Diesen schlossen sich nach NE nahtlos die Ostalb-Vorkommen (Albuch/H. KAUFMANN) an.

Angaben zur historischen und rezenten Bestandssituation: (angeführt sind jeweils nur die letzten Meldungen)

Mittlere Kuppenalb/Vorland der mittleren Schwäbischen Alb: Bad Überkingen (29.6. 1947, F. GROSCHKE); Neuffen, Hohenneuffen (31.7. 1970, P.S. WAGENER); Neuffen, Steige nach Hülben (17.7. 1983, G. & ST. REISS); Oberlenningen, Wielandstein (20.7. 1921, A. GREMMINGER); Brucken, Sattelbogen (17.7. 1929, H. KAUFMANN); Owen, unter Teck (10.7. 1914, coll. G. REISS); Dettingen/Erms (23.6. 1988, A. SONTHEIMER); Urach (16.7. 1992, E. LOSER); Gutenberg (2.7. 1955, F. GROSCHKE); Lenningen, Binsenlache (7.1933, A. GREMMINGER); Genkinger Steige (2.8. 1984, G.REISS); Gönningen, Roßberg (1966, C.M. NAUMANN); Genkingen, Büchsenteich (7.1964, C.M. NAUMANN); Pfullingen, Urselberg (9.7. 1970, G. REISS); Pfullingen, Eierbachtal (15.7. 1963, C.M. NAUMANN); Pfullingen, Urselhochberg (11.7. 1987, ST. REISS); Honau, Lochenstein (13.7. 1963, C.M. NAUMANN); Eninger Steige (7.1966, C.M. NAUMANN); Eningen, Alte Steige (3.7. 1966, G. REISS); Pfullingen, Wanne (15.7. 1963, C.M. NAUMANN); Unterhausen, Hirschsprung (27.7. 1963, C.M. NAUMANN); Urach, Wittlinger Steige (20.7. 1963, C.M. NAUMANN); Talheim (b. Mössingen), Farrenberg (21.7. 1963, C.M. NAUMANN)

Mittlere Kuppenalb/Albuch: Hausen im Filstal (7.7. 1968, W. SCHÄFER); Geislingen, Steige (30.7. 1957, O. RECK); Geislingen, Schnelltal (5.7. 1952, H. REISS); Kuchen, Tegelberg (20.6. 1946, F. GROSCHKE); Weilheim/Teck, Boßler (17.7. 1955, L. DEDERER & H. KOSTENBADER); Heubach, Rosenstein (1.7. 1946, H. REISS); Stuifen/Schwäbisch Gmünd (25.6. 1950, V. RÖBEN).

Auf der eigentlichen Albhochfläche sind keine Lokalitäten des Elegans-Widderchens bekannt. Erst wieder auf der zur Donau hin entwässernden SE-Abdachung der Mittleren Flächenalb sind, wenngleich schon wesentlich spärlicher, Vorkommen zu verzeichnen gewesen.

Mittlere Flächenalb:Blaubeuren, Gerhausen (22.7. 1965, G. REISS); Blaubeuren, Weiler (2.8. 1962, G. & H. REISS); Schelklingen, Hartenbuch (25.7. 1963, G. & H. REISS); Schelklingen, Längental (28.7. 1963, C.M. NAUMANN); Sondernach, Achtal (6.7. 1918, coll. G. REISS); Herrlingen, Blautal (28.6. 1932, RUOFF); Weiler, Gr. Lautertal (1975, H. HEIDEMANN); Zwiefalter Alb (8.7. 1921, G. REICH)

Ein Hinweis auf weiter südlich gelegene Vorkommen ist BURGEFF (1965a) zu entnehmen. In seiner Verbreitungskarte (S. 13) der ›*Z. elegans*‹ ist neben Hechingen und Spaichingen als südlichster Fundort die Umgebung von Blumberg eingezeichnet. Die dortigen Fundstellen am Eichberg entsprechen durchaus den anderen *elegans*-Lokalitäten, und

[1] Zwar sind einige Fundorte in Bayern weiter östlich (SE oder NE) gelegen (Regensburg; Pupplinger Au südl. München, erloschen; Augsburger Lechtal, erloschen), deren Bestand inzwischen stark gefährdet oder erloschen ist, auf geographischer Höhe der Schwäbischen Alb schließt sich aber heute kein gesichertes Vorkommen der *Z. fausta* mehr an.

Bei flüchtiger Betrachtung könnte man versucht sein, das Elegans-Widderchen (*Zygaena angelicae elegans*) als eine der »häufig schon gesehenen Trockenrasen-Widderchenarten« zu bezeichnen. Tatsächlich kommt diese Steppenheidenart nur auf der Schwäbischen Alb im lichten Wald oder an Waldrändern vor. Neben dem schmalen Flügelschnitt sind die paarweise sich berührenden Flecken (3 + 4 und 5 + 6) ein ausgezeichnetes Erkennungsmerkmal. Nicht selten tendiert Fleck 6 zur Reduktion und Anhängung an Fleck 5. Besonders bei den Männchen ist diese habituelle Eigenheit desöfteren ausgebildet. Wasserdost (*Eupatorium cannabinum*) und Echter Dost (*Origanum vulgare*) sind die wichtigsten Nektarpflanzen dieser seltenen, vom Aussterben bedrohten Art. – Bad Urach (Umgebung) 16. 7. 92 A. HOFMANN.

auch GREMMINGER (1950) hielt ein dortiges Vorkommen nicht für unwahrscheinlich (»Sie dürfte vielleicht im Wutachgebiet ... noch zu finden sein«). Tatsächlich befinden sich in coll. A. GREMMINGER/LNK unter einer größeren Serie stark transalpinoider Individuen vom Eichberg/Blumberg auch drei abgeflogene Weibchen (1.8.42 u. 16.7.43), die nach äußeren Merkmalen einwandfrei zu *Z. angelicae elegans* gehören. Gesicherte neuere Nachweise stehen aber noch aus. Die ›Spaichingen-Quelle‹ war ASCHENAUER (1895), der bereits 18 Jahre vor der Beschreibung dieser Art durch BURGEFF (1913) die Population vom »südwestlichen Abhang des Dreifaltigkeitsberges ... als Lokalrasse der *Z. angelicae*« beschrieb, »ohne sie mit einem Namen zu bezeichnen« (BURGEFF 1913, S. 87/88). Woher BURGEFF die übrigen Informationen oder Belegtiere hatte, ist der Arbeit nicht zu entnehmen.

H. HERRMANN (1972) meldet die Art von der Baar. Seine Abbildung zeigt aber, daß es sich hierbei um eine Fehlbestimmung handelt. Der dazugehörige Text entstammt BURGEFF (1913) und/oder REISS (in SEITZ, 1930–34).

An gesicherten Vorkommen außerhalb der Mittleren Alb ist lediglich noch das badische Geisingen anzuführen. A. GREMMINGER, der 1940 diese Population entdeckte und hierüber 1943 publizierte, konnte das Elegans-Widderchen noch bis zum Jahre 1952 dort beobachten. Seither liegen keine Meldungen mehr vor. Nachsuchungen 1992 und 1993 (A. HOFMANN & G. REISS) blieben erfolglos.

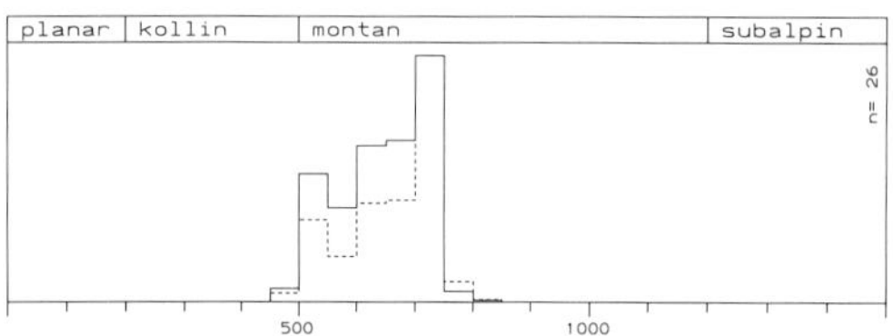

Vertikal: Nahezu alle verläßlichen Angaben zur Höhenverbreitung liegen zwischen 450 m und 788 m (Pfullingen, Urselhochberg, C.M. NAUMANN), mit klarem Schwerpunkt in der Spanne zwischen 550m und 680m. Nur bei Geisingen dürfte diese Marke deutlich überschritten werden (720–893 m). Leider liegt aber keine genauere Angabe A. GREMMINGERS vor. Auch die Spaichingen- und Blumbergvorkommen (falls überhaupt?) könnten deutlich höher gelegen sein.

Phänologie

Imagines: Jahrweise Schwankungen (»Die Flugzeit ... beginnt Mitte bis Ende Juni, in nassen Jahren

Schwäbische Alb

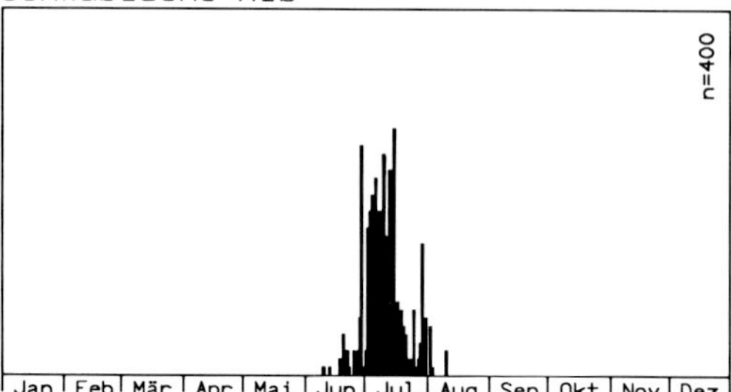

oft erst Mitte Juli«, H. REISS, 1926) und recht unterschiedliche Beobachtungsdaten aus benachbarten Lokalitäten lassen kein klares Bild im Phänologiediagramm (Addition sämtlicher Beobachtungsdaten!) erkennen. W. RESSLER (1938) und H. REISS (1967a) weisen auf das standörtlich und zeitlich gemeinsame Auftreten mit *Z. osterodensis* hin.

Von besonderer Wichtigkeit dürfte aber die klare Flugzeitentrennung von syntopen *transalpina-hippocrepidis*-Populationen sein. An solchen von beiden nächstverwandten Arten besiedelten Lokalitäten tritt *Z. angelicae elegans* stets wesentlich früher in Erscheinung[2]. Ihre Flugzeit endet bevor – oder gerade wenn – die ersten *hippocrepidis*-Männchen schlüpfen, so daß Freilandhybridkopulae nur selten zu registrieren sind.

Diese verdienen Erwähnung, da in Zuchtversuchen solche Kopulae (*elegans* × *hippocrepidis/transalpina*) nicht nur mehrfach zu erzielen waren, sondern auch die nachfolgende Hybridgeneration sich als fertil erwies (G. REISS). Ohne Asynchronisation beider Phänologien wäre die sympatrische Koexistenz zweier getrennter Biospezies aus dem *transalpina-hippocrepidis-angelicae*-Superspezieskomplex (sensu NAUMANN & TREMEWAN 1984) in unserem Raum sicherlich kaum denkbar. Ob die Sechsfleckigkeit von *Z. angelicae* im *transalpina*-Kontakt-Areal nicht schon auf genetische Intro-

[2] Ob diese Art von Konkurrenzausschluß sympatrischer *transalpina*- und *angelicae*-Populationen nur auf Populationen unseres Raumes zutrifft oder ob sich hierin eine generelle Koexistenz-Strategie beider Arten verbirgt, ist noch unzureichend geklärt. Denn genau umgekehrt soll nach HILLE (1986; pers. Mitteilung C. M. NAUMANN) die Konkurrenzvermeidungsstrategie beider Arten im Ternovaner Wald (Slowenien) sein. Dort fliegt angeblich zuerst *Z. transalpina* und nachfolgend *Z. angelicae*. Diese zeitliche Abfolge kann aber von G. REISS u. H. RAUCH nicht bestätigt werden. Ihre Erfahrungen an den dortigen Lokalitäten sprechen für die gleiche relative zeitliche Einnischung wie bei uns.

gression hindeutet, kann nur vermutet werden. Elektrophoretische Vergleichsuntersuchungen hätten hier Klarheit schaffen können. Eine andere, vielleicht weniger wahrscheinliche Denkmöglichkeit wäre gleichgerichteter Selektionsdruck. H. Reiss verweist darauf, daß »spät schlüpfende *elegans* ♀♀ . . .im Freiland mangels *elegans* von *jurassicola* [= *Z. transalpina hippocrepidis*] befruchtet werden«. Zwar ist das gelegentliche Vorkommen von Freilandhybriden hier anzunehmen, ob es sich aber bei den vermeintlichen, namentlich gar fixierten Tieren tatsächlich um Hybriden (hybrid *burgeffensis* Reiss, 1927) handelt, kann aufgrund habitueller und genitalmorphologischer Untersuchungen nur schwerlich überzeugen. Habituell verfügen solche Tiere über Merkmale, die beiden Arten zu entstammen scheinen.

Als Hauptflugzeit muß die erste Juli-Woche angesehen werden. Nicht wenige Meldungen beziehen sich aber schon auf das letzte Junidrittel. Die früheste Meldung stammt aus Schelklingen (10.6. 1934, G. Reich). An dieser Fundstelle, von der überdurchschnittlich viele Daten vorliegen (ca. 40 Datensätze) und wo das Elegans-Widderchen syntop mit *Z. transalpina-hippocrepidis* vorkommt, zeigt sich eine merklich nach vorne verschobene Phänologie. Nicht nur der Extremwert (früheste Meldung überhaupt), auch das Individuenmaximum liegt hier entsprechend früher (Mitte Juni). Konkurrenzvermeidungsstrategien (Flugzeiten; Raupennahrungspflanzen; Pheromonsystem?) zeigen sich an solchen Lokalitäten ganz deutlich. Aus anderen Fundorten, wo kein nächstverwandter Irritierer nachgewiesen werden konnte (z.B. in einem Biotop bei Bad Urach), scheint die Flugzeit später zu beginnen und noch weit in den Juli hineinzureichen. So waren an dieser Lokalität 1992 noch am 16.7. beide Geschlechter in gleichen Anteilen und sichtlich unverbraucht anzutreffen.

Präimaginalstadien: Schon in der Originalbeschreibung (Burgeff 1913) werden Freilandraupenfunde erwähnt. Zusammen mit den ersten Faltern fand der Autor am 8. Juni »einzelne Raupen und Puppen«. C.M. Naumann, G. Reiss und W. Uebel beobachteten des öfteren Postdiapause-Raupen im fast erwachsenen Zustand Ende Mai bis Mitte Juni bei Neuffen-Hülben, an der Genkinger und Eninger Steige und am Hirschsprung bei Unterhausen. Die jahreszeitlich späteste Raupenmeldung ist der 21.6. (1987, W. Uebel, Neuffener Steige: »Zusammen mit *fausta* [ca. 40], 12 *elegans*-Raupen beobachtet«). Ansonsten scheinen keinerlei Freilandbeobachtungen der Raupen vorzuliegen. Auch aus den fehlenden ex-larva-Vermerken auf den Falteretiketten geht hervor, daß Freilandraupen von anderen Mitarbeitern nicht oder nur äußerst selten zu finden waren.

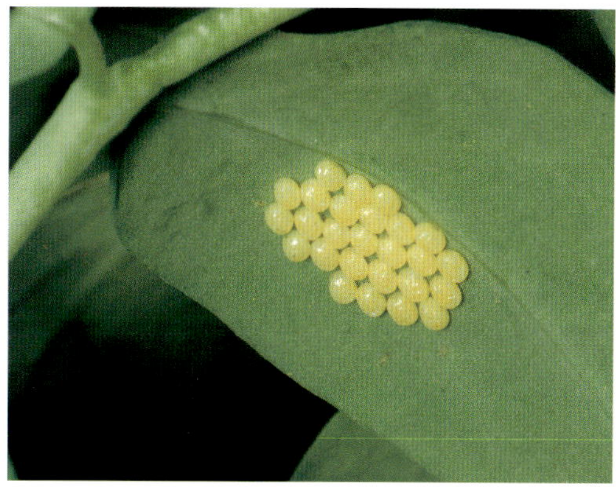

Seine Eier legt das Elegans-Widderchen in geordneter Spiegelform, einlagig, bevorzugt an der Unterseite der Wirtspflanze (*Coronilla coronata* oder *C. varia*) ab. Meist sind es fünf bis acht, schräg versetzte Eireihen (s. auch parasitiertes Freilandgelege, nächste Abb.). – Bad Urach (Umgebung) 17. 7. 92 A. Hofmann S.

Neben Prädatoren und dem schwindenden standörtlichen Angebot an Nektarpflanzen und Wirtspflanzen sind Raupen- und Eiparasitoide als populationsdezimierende Faktoren beim Elegans-Widderchen überraschend zahlreich auszumachen gewesen. G. Reiss fand im Juli 1992 bei Bad Urach als einziges Freilandgelege diesen von einer Zehrwespe (Proctotrupoidea) komplett parasitierten Eispiegel. Auf gleiche Beobachtungen aus früheren Jahren an inzwischen erloschenen Elegans-Fundorten wurde von ihm bei dieser Gelegenheit hingewiesen. – Bad Urach (Umgebung) Ende 7. 92 A. Hofmann S.

Einen kurzen Zuchtbericht publizierte W. Uebel (1974): »6.7. 1968; Eiablage (ca. 80 Stück); 1969: Verpuppt 25 Stck., e.p. 18 Stck.; 10 Stck. überwin-

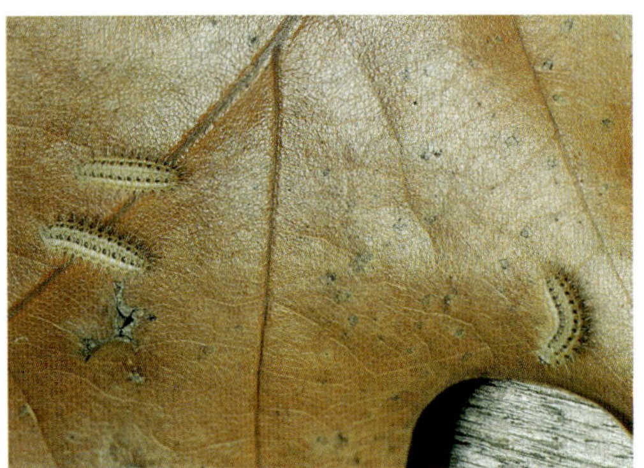

Wie alle Rotwidderchen-Raupen so entfärben sich auch die Elegans-Raupen zu Beginn ihrer obligatorischen Diapause im Spätjahr. In diesem Stadium sind sie nicht zur Nahrungsaufnahme befähigt. Für 6 bis 7 Monate verlassen die Räupchen (L_{4D}, L_{6DII} oder L_{7DII}) die Wirtspflanze und leben versteckt und unscheinbar unter Blättern, Steinen oder in der niederen Vegetation. – Bad Urach (Umgebung) 15. 4. 93, vor Beendigung der ersten Diapause, A. HOFMANN S.

tern zum zweitenmal; 1970: Verpuppt 3 Stck.; e.p. 2 Stck. alle anderen Raupen sind eingegangen«. Die etwas heikle Zucht konnte auch G. REISS bestätigen. Immerhin war die Verlustrate beim Zuchtversuch eines versierten Zygaenenzüchters wie W. UEBEL mit 75% doch relativ hoch. Auch die manchmal zu registrierende langsame Futteraufnahme und entsprechendes Wachstum im Zuchtversuch lassen erkennen, daß hier nicht leicht alle entscheidenden Faktoren zu optimieren sind.

Die obige Zuchtbeschreibung läßt sich durch neuere Zuchten (A. HOFMANN) folgendermaßen ergänzen: 3 Gelege mit jeweils 15–20 Eiern werden an 2 Tagen (18. u. 19.7.) von einem ♀ in Spiegelform an der Unterseite der Futterpflanze abgelegt. Nach 7 Tagen (25.7.) schlüpfen die zeichnungslosen, bräunlich-glasigen Räupchen aus den gelben, relativ großen Eiern. Futterannahme erfolgt erst am nächsten oder übernächsten Tag; die Eiräupchen nehmen dann ein grünlich-glasiges Gesamtcolorit an. Nach zwei weiteren Tagen sind schwach die ersten Zeichnungsanlagen zu erkennen, die nach der ersten Häutung (29.7.) deutlich als subdorsale Pigmentlinie auch makroskopisch sichtbar werden. Diese Zeichnungselemente werden nach den folgenden Häutungen kontrastreicher. In L_3, nach der zweiten Häutung (ab 4.8.), tritt ferner die dorsomediane Linie, wie sie typisch für die ganze *ephialtes*-Gruppe ist, in Erscheinung. Die kleine Raupe (2–3 mm, am Ende von L_3 ca. 5 mm) ist jetzt klar sichtbar gezeichnet. Außer den Pigmentlinien (unpaare dorsomediane und paarige Subdorsallinie) sind der dorsale Bereich (blaßgrünlich) und die gelblicheren Seitenregionen augenfällig zu unterscheiden. Ab 13.8.[3] treten die ersten Räupchen in die obligatorische Diapause ein (L_{4D}) und entfärbten (glasig- cognacfarben). Ca. 50 Raupen gelangten in dieses freßinaktive Stadium (Verlustrate bis zur ersten Überwinterung ca. 20%). Das Verhalten der frischen Diapausenraupen im Labor, sich in die tieferen Bereiche der Zuchtkästen zurückzuziehen und zwischen Papierknöllchen zu überwintern, ist sicherlich eine Freilandstrategie. Das reichlich vorhandene Buchenlaub und die tieferen Moosschichten bieten dort geeignete Hibernationslokalitäten. Alle Raupen überstanden die Diapause und begannen im nächsten Frühjahr nach erfolgter Häutung mit der Futteraufnahme. Fast die Hälfte (23) entwickelte sich im selben Jahr zum Falter (Kokonbau nach L_7). Ohne weitere Verluste traten die restlichen Raupen nach der fünften Häutung ((L_{6DII}) ein zweites Mal in Diapause. Die Postdiapausenraupe entspricht in ihrem Aussehen fast der L_3-Raupe. Die subdorsale Linie wird insgesamt akzentuierter und in je zwei dunkle Pigmentflecken pro Segmenthälfte aufgelöst. BURGEFF (1913) verweist auf die Unterschiede zur ähnlichen *Z. transalpina-hippocrepidis*-Raupe: »... größer als ...*Transalpina jurassica* ... besitzt einen deutlichen schwarzen Rückenstreifen, der bei *jurassica* fehlen kann. Das wichtigste, nie versagende Merkmal sind die kürzeren Haare, deren Länge ... nach der letzten Häutung nie 1 mm übersteigt, während sie bei *Transalpina* etwa doppelt so groß ist.«

Nach der Überwinterungshäutung (jetzt in L_5) werden noch 2 weitere Häutungen absolviert, um im einjährigen Zyklus die nächste Generation zu ergeben. Auf fraktionierte Entwicklung aus einem einzigen Gelege und Mehrjährigkeit relativ vieler Räupchen weisen auch G. REISS und W. UEBEL hin. In jedem Falle traten die Raupen in L_6 in die zweite Diapause ein.

G. REISS fand mehrfach Freilandkokons am Hohenneuffen; stets in unmittelbarer Nähe der Raupennahrungspflanze, bisweilen sogar an dieser selbst, an die Unterseite der Bergkronwickenblätter angesponnen (Ende Juni). Die spindelförmigen *elegans*-Kokons sind zitronengelb und von denjenigen der *Z. transalpina* kaum zu unterscheiden. Die Kokonphase dauert nur 14–15 Tage.

[3] Obgleich die Zucht erst spät begann, waren die Räupchen bereits in die Diapause eingetreten, als die nahrungspflanzenkonkurrierenden Raupen der *Z. fausta* gerade aus den Eiern schlüpften.

Ökologie

Lebensraum: Unter *Z. fausta* Gesagtes gilt auch hier, denn in allen (!) *Z. angelicae elegans*-Fundorten kommt auch *Z. fausta* vor! Eine kleine Einschränkung zeigt sich bezüglich der Expositionstoleranz. Noch stärker als *Z. fausta* ist das Elegans-Widderchen an südliche Hangausrichtungen orientiert. Aus N-, NW- oder NE-Hängen liegen nämlich überhaupt keine Nachweise vor. Sichtlich bevorzugt sind reine S oder SW-Lagen. Auch scheinen die Falter noch enger an den lichten Wald gebunden zu sein (»auf waldumgrenzten Halden« H. Reiss 1937). Faltermeldungen und Beobachtungen in anschließenden Trockenrasen, wie bei *Z. fausta* nicht selten, fehlen. Der lichte Buchenwald, darin schmale Trampelpfade und auflockernde Geröllhalden, Säume zu mäßig befahrenen Straßen an den Albsteigen, Waldränder und warme Lehnen sind die bevorzugten Aufenthaltsorte dieser Art.

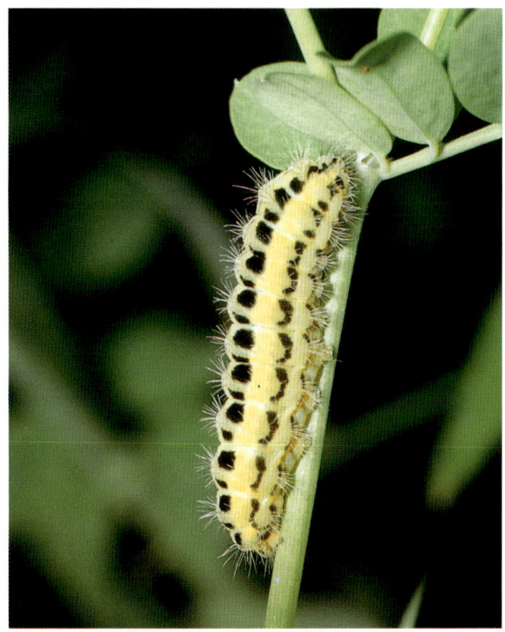

Die grünlich-gelbe Raupe des Elegans-Widderchen bevorzugt die Berg-Kronwicke (*Coronilla coronata*). An manchen Standorten lebt sie aber auch an der weichblättrigeren Bunten Kronwicke (*C. varia*). 1994 gelang völlig unerwartet die Entdeckung einer bis dahin noch unbekannten *Z. angelicae elegans*-Population. Auf beiden Kronwicken-Arten konnten mehrere halberwachsene und erwachsene Raupen nachgewiesen werden. Einige saßen unweit der Wirtspflanzen in den späten Nachmittagsstunden im besonnten Buchenlaub. - Dettingen (Umgebung) 26. 5. 94 A. Hofmann.

Nahrung der Raupe:
Coronilla coronata – Bergkronwicke
4 E, L (Bur, Hof, Rsg, Rsh, Ueb, Nau)
Coronilla varia – Bunte Kronwicke
3 L (Bur, Hof, Rsg, Rsh)

»Die Futterpflanzen sind *Coronilla montana* Scop. [= *coronata*] und *Coronilla varia* L., deren erstere, die wichtigere, das Verbreitungsgebiet der *elegans* zu bestimmen scheint« (Burgeff, 1913, in der Urbeschreibung). Dieser Sachverhalt wird von allen Mitarbeitern, die sich mit der Freilandbiologie dieser Art beschäftigten, bestätigt.

Die Bedeutung der Bunten Kronwicke tritt deutlich zurück (»*Cor. varia* wird weniger gern angegangen« H. Reiss 1937), wenngleich auch hierauf regelmäßig Raupen zu finden waren (G. Reiss) und die Zucht damit gleichermaßen verläuft wie mit der Bergkronwicke (W. Uebel, G. Reiss). Bei gleichzeitigem Angebot von *C. varia* und *C. coronata* wurde bei G. Reiss (mit Raupen vom Neuffen) die letztere bevorzugt. Keine Präferenzen ließen sich im Zuchtversuch bei A. Hofmann (mit Raupen aus Bad Urach) erkennen.

E. Reichl (in Kusdas & Reichl 1974) fand in Oberösterreich *angelicae*-Raupen auf *Hippocrepis comosa* und *Coronilla varia*. Auch auf der hartblättrigen *C. vaginalis* meldet Reichl Raupenfunde. Ansonsten scheinen *angelicae*-Populationen bevorzugt an weichblättrigen Schmetterlingsblütlern (Leguminosae, Fabaceae) zu leben. SE-europäische-Populationen leben ausschließlich an *C. varia* (Kroatien, Montenegro, Mazedonien, Griechenland; A. Hofmann); für Thüringen führt Bergmann (1953) daneben noch *Lotus corniculatus* an. Dorfmeister (1854) fand Freilandraupen auf *Coronilla varia* und *Lotus corniculatus*.[4]

Um so erwähnenswerter ist der Nahrungspflanzenwechsel in Baden-Württemberg auf die hartblättrige *Coronilla coronata*, die ansonsten von allen übrigen Vertretern des gesamten »Subgenus« *Zygaena* gemieden wird! Freilandfunde am Hornklee sind aus Baden-Württemberg nicht bekannt. Im Zuchtversuch aber wurde diese Pflanze von Jungraupen, wenngleich sichtlich weniger gerne als *Coronilla coronata*, durchaus akzeptiert. Bei gleichzeitigem Angebot aller drei Pflanzenarten war *Coronilla coronata* deutlich favorisiert. Der Zuchtverlauf mit *Coronilla varia* war ungefähr mit dieser vergleichbar. Schwieriger und verlustreicher aber verlief ein Versuch, bei dem ausschließlich mit Hornklee gefüttert wurde. Nach der Diapause kümmern

[4] Bei der Einschätzung der Larvalbindung fünffleckiger *angelicae*-Populationen [»scheint monophag an die Bunte Kronwicke (*Coronilla varia*) gebunden zu sein«] irrt Hille (1986) also ausnahmsweise.

die Raupen beziehungsweise sie nehmen das Futter nicht mehr an (G. REISS & A. HOFMANN). Über die potentiell konkurrierende, oft syntop anzutreffende nahe verwandte *Z. transalpina* notiert BURGEFF (1913): »Die Raupen der *transalpina-jurassica* auf *Coronilla varia* und *Hippocrepis comosa* waren zur gleichen Zeit noch nicht halb erwachsen.«

Habitat: Fast alle Beobachtungen entstammen Assoziationen, die den Blut-Storchschnabel-Gesellschaften (Geranion sanguinei) oder aber benachbarten Anschlußgesellschaften zuzuordnen sind. Die Bindung an die Raupennahrungspflanze engt die potentiellen Präimaginalhabitate regelrecht auf diesen Verband ein (*Coronilla coronata* ist Verbandskennart des Geranion sanguinei!).

Besonders wichtig scheint darüberhinaus die unmittelbare Verbindung mit wärmeliebendem, lockerem Buchen- oder Eichenwald (Quercetalia pubescentis) zu sein. Bezieht man in diese Betrachtung die chorologische Herkunft (s. Gesamtverbreitung) mit ein, so läßt sich das Elegans-Widderchen als d i e typische Steppenheideart schlechthin erkennen.

Wichtige blütenökologische Ressourcen für die Imagines stellen die unter *Z. fausta* bereits genannten Mantelgesellschaften des Berberidions dar. An erster Stelle ist hier die Mantelgesellschaft wärmeliebender Buchen- und Flaumeichenwälder, das Pruno-Ligustretum, zu nennen. Aber auch die schmalen, möglichst selten gemähten (!) Säume zwischen Waldrand und asphaltierter Straße haben für diese Art ehedem eine so bedeutende Rolle gespielt, daß das Elegans-Widderchen früher als regelrechte ›Straßenrand-Zygaene‹ (G. REISS) bezeichnet wurde. Nachsuchungen zur theoretischen Hauptflugzeit (G. REISS & A. HOFMANN) ließen 1992 allerdings ein so gründlich dezimiertes Blütenpflanzenangebot entlang den gemähten Straßenrändern an den betreffenden Fundorten vorfinden, daß eine solche Kennzeichnung ›mangels Sitzgelegenheit‹ ohnehin nicht mehr in Frage kommen könnte.

Nahrung des Falters: Auffallend ist die Tatsache, daß alle Beobachtungen blütenbesuchender Imagines sich auf Blüten des weißen oder blau-violetten Farbenspektrums beziehen. Im Gegensatz zur syntopen *Z. fausta* (s. dort) besitzt *Z. angelicae elegans* nur geringe oder gar keine blütenbiologische Affinität zu den gelben Blüten der Raupennahrungspflanze. »Die stark nach Cumarin duftende Futterpflanze, *Coronilla montana* [= *coronata*]« scheint »trotz ihrer gelben Blütenkrönchen keine Anziehungskraft auf die Falter zu haben«, konstatierte bereits BURGEFF, 1913. Obwohl die Flugzeit der Falter und die Blüte der Raupennahrungspflanze sich eine ganze Spanne lang überschneiden, liegt nur eine einzige solche Meldung vom Besuch der Raupennahrungspflanze vor (P. FÖHST, »22.7.91; 7 Exemplare an der Futterpflanze bezw. an Flockenblumen«). Um Blütenbesuche kann es sich hierbei aber unmöglich handeln, da die Blütezeit der Bergkronwicke zu diesem Zeitpunkt mindestens schon einen Monat vorüber ist.

Von überragender Bedeutung für den Blütendurst der Imagines sind dagegen der weißblühende Liguster (*Ligustrum vulgare*) und der Medizinalbaldrian (*Valeriana officinalis*). Fast alle Meldungen beinhalten auch diese Pflanzen (BURGEFF, H. REISS, G. REISS, A. SONTHEIMER). Daneben sind Wasserdost (*Eupatorium cannabinum*), Wilder Majoran (*Origanum vulgare*), Brombeerblüten (H. REISS 1937) und Skabiosen des öfteren in der Literatur angeführt; die gleichen Arten werden auch von Mitarbeitern bestätigt (E. LOSER, G. REISS, W. UEBEL). Individuen der Uracher Population (die stets sehr spät fliegt) konnten Mitte Juli nur auf Majoran und Ästiger Graslilie (*Anthericum ramosum*) beobachtet werden (A. HOFMANN).

Verhalten: Auch hier kann auf die ausführliche Originalbeschreibung (BURGEFF, 1913) zurückgegriffen werden: »Der *elegans*-Falter hat seinem Benehmen nach die meiste Aehnlichkeit mit *Transalpina*. Vor allem eine sehr rasche Reaktion auf herannahende Gegenstände, das Einhalten bestimmter Wechsel beim Flug und eine sehr kurze Dauer des einmal induzierten Totstellens.« Der Autor fährt später fort: »Die Falter flogen bei klarem Himmel und windigem Wetter erst wenig vor 12 Uhr mittags und stellten den Flug gegen 2–3 Uhr zum größten Teil wieder ein. Sie bevorzugen also die größte Sonnenhitze. Wie schon bemerkt, halten sie sich strenge an bestimmte Wechsel; sie umkreisen besonders den Rand des höheren Holzes, das, die Gipfel der Juraberge krönend, in den Wasserrinnen tiefer hinabsteigt auf die steilen, mit Gebüsch oder Stauden bewachsenen Hänge.« Dann kommt ein Hinweis auf die fehlende Anziehungskraft der Raupennahrungspflanze, auch als Ruheplatz. Im Gegensatz dazu ruhen »*fausta*-Männchen ... 1½ Monate später häufig auf der nun verblühten Pflanze. Wie *Transalpina* setzt sich *elegans* gerne auf die Blätter von allerlei Gehölzen. Besonders scheint sie neben denen von *Ligustrum* die weißlichen des *Sorbus aria* zu lieben, eines Baumes oder Strauches, den auch die fliegenden Individuen mit Vorliebe umsummen.«

Die Tagesaktivitäten in den heißesten Mittagsstunden sind besonders auffällig (G. REISS, E. LOSER). »Bei schlechtem Wetter und bei Nacht ruht

Mehrere kleine süd- bis südwestexponierte lichte Waldinseln im Steppenheidewald bei Bad Urach, zwischen Albtrauf und Talsohle gelegen, beherbergen heute die letzten (?) Metapopulationen dieser Art. Ein schmaler Saumpfad, der früher mehrere solcher »Elegans-Inseln« verband, drohte durch Verbuschung und zunehmende Überschattung verloren zu gehen. Inzwischen sind biotopsichernde und -erweiternde Maßnahmen erfolgt. Hier wurden mehrere Büsche entfernt, einige stark Schatten werfende Bäume (Eschen, Rotbuchen) gefällt oder durch Stammringelung zum Absterben gebracht. Das Totholz bietet so noch geeignete Lebensbedingungen für einige seltene Käferarten. – Bad Urach (Umgebung) 26. 5. 94 A. HOFMANN.

das Tier auf niederen Pflanzen und Buschwerk« (H. REISS 1937). Auch die eher geringen Abundanzen sollten nicht unerwähnt bleiben (G. REICH, »sehr zerstreut u. nicht häufig«; H. REISS 1926, »Besonders häufig ist *elegans* nicht«).

A. GREMMINGER macht auf syntopes und gleichzeitiges Vorkommen aber unterschiedliches Verhalten von *Z. angelicae elegans* und *Z. transalpina* bei Geisingen/Baden aufmerksam (»*transalpina* erwiesen sich als viel lebhafter wie *elegans*«).

Interessanterweise liegen keine Beobachtungen über Fremdkopulae, auch nicht mit *Z. transalpina*, aus dem Freiland vor. Gesicherte Fundorte mit vollkommen syntopen Populationen beider Arten sind:

Genkinger Steige (C. M. NAUMANN, G. REISS)
Schelklingen Hartenbuch (G. REICH, G. REISS)
Rosenstein, Heubach (H. REISS, H. HOLZINGER)
Geislinger Steige (H. REISS)
(?) Urach (HILLE, 1986)
Geisingen (A. GREMMINGER)
(?) Eichberg/Blumberg (A. GREMMINGER)

Häufiger sind aber beide Arten parapatrisch, nur wenige Zehn bis Hundert Meter von einander entfernt, anzutreffen (Neuffen, Bad Urach).

An ihren wenigen Fundorten flog das Elegans-Widderchen gelegentlich zusammen mit *Z. osterodensis* (H. REISS 1927); manchmal waren auch *Z. loti* oder *Z. ephialtes* dort anzutreffen.

Parasitoide und Prädatoren: G. REISS fand 1992 eine parasitiertes Eigelege an der Unterseite der Bergkronwicke und verweist darauf, daß er dies des öfteren schon bei Eigelegen des Elegans-Widderchens beobachten konnte. Das Gelege war bereits blau-schwarz verfärbt und ergab nach 3 Tagen den Hymenopteren-Parasit. Aus jedem Ei schlüpfte eine (mehrere?) winzige Zehrwespe/n (Proctotrupoidea; det. E. DILLER). Über Eiparasiten bei Zygaenen ist noch nichts bekannt.

An raupenparasitierenden Dipteren (Insecta, Diptera) ist aus Baden-Württemberg lediglich

Zu den Freßfeinden des Elegans-Widderchens gehören neben einer Wanzenart (*Harpactor iracundus*) auch Spinnen. – Bad Urach (Umgebung) 17. 7. 92 A. HOFMANN.

Phryxe magnicornis ZETT. (C. M. NAUMANN, Pfullingen) anzuführen. Von diesen, im allgemeinen wenig spezifischen Parasitoiden, sind bestimmt noch weitere Arten zu erwarten; mit Sicherheit diejenigen, die bereits für *Z. angelicae* in Polen (KARCZEWSKI & DABROWSKI 1973: *Exorista larvarum, Phryxe prima*), Tschechien (CEPELAK 1952: *Phryxe nemea*) und für Bayern (*Phryxe prima, Ceromasia rubrifrons*) nachgewiesen sind (Entnommen aus H.-P. TSCHORSNIG & B. HERTING, Artenliste unveröffentlicht; 1991).

Obgleich die Imagines der Widderchen ›zu Recht‹ aposematisch gezeichnet sind und cyanogene Wehrhaftigkeit (ein kurzer Überblick hierzu siehe A. NAHRSTEDT 1988) besitzen, bleiben sie doch nicht gänzlich unbehelligt von Freßfeinden. Für *Z. angelicae elegans* sind immerhin Prädatoren aus zwei verschiedenen Arthropodenklassen (Insecta und Arachnida) bekannt: »Als Feind der *Z. elegans* ist vor allem eine rote Wanze, *Harpactor iracundus* PODA, zu erwähnen, die selbst einer Zygaene im Fluge täuschend ähnlich ihre Opfer auf den Ligusterblüten ergreift und aussaugt«. Dies wird bereits 1913 von BURGEFF fotografisch dokumentiert. Auch auf Zygaenen nachstellende Spinnen (Arachnida, Araneae) weist der Autor hin. Dies konnte 1992 bei der Uracher Minipopulation bestätigt werden. E. LOSER & A. HOFMANN fanden dort 1 ♀ in Spinnenseide mumifiziert und ausgesaugt.

Gefährdung und Schutz

Rote Liste Bundesrepublik: 2
Rote Liste Baden-Württemberg: 1

Oberrheinebene: Nicht vertreten.
Schwarzwald: Nicht vertreten.
Neckar-Tauberland: Nicht vertreten.
Schwäbische Alb: Vom Aussterben bedroht (regional bereits ausgestorben oder verschollen).
Oberschwaben: Nicht vertreten.

- In Baden-Württemberg vom Aussterben bedroht! Besonders geschützt gemäß § 20 e ff. BNatSchG.

Starke Bestandsbedrohungen und aktuelle negative Veränderungen der Arealgröße dieser Art besonders an der Verbreitungsperipherie werden auch aus anderen Regionen gemeldet. KEIL (1993) weist darauf hin, daß *Z. angelicae* »an ihren ostsächsischen Lokalitäten nach dem zweiten Weltkrieg nicht mehr nachgewiesen worden« ist. Ihre Verbreitungsgrenze hat sich dort merklich nach »Süden in Richtung Nordböhmen verschoben«. Aber auch hier soll die Art inzwischen stark zurück gegangen sein (SMELHAUS mdl. Mitt. an T. KEIL).

Die letzten noch verbliebenen Vorkommen (falls nicht gar Einzahl hier angebracht wäre) der *Z. angelicae elegans* in Baden-Württemberg auf der Mittleren Schwäbischen Alb sind heute akut vom Aussterben bedroht. Alle anderen, südlicheren Alb-Bestände scheinen bereits in den 50er Jahren erloschen zu sein. Eine so rapide Dezimierung der Populationen wie in den 80er Jahren, selbst im *elegans*-Kernbereich, läßt aber auch für den Fortbestand der Mittleren-Alb-Kolonie wenig Optimismus angebracht erscheinen.

Ohne gezielte Pflegemaßnahmen im Habitat kann diese Art mit Sicherheit nicht mehr erhalten werden, dazu ist die Zeit bereits zu weit fortgeschritten. Ein Beispiel soll diese Tendenz verdeutlichen: G. REISS und C. M. NAUMANN kannten in den 60er Jahren zusammen noch 19 verschiedene *elegans*-Lokalitäten. Bereits in den 70er Jahren zeigte sich dann ein deutlicher Rückgang der Individuenabundanzen. Mitte der 80er Jahre waren von diesen 19 ehemaligen Fundorten noch 4 besetzt. Anfang der 90er Jahre waren alle (!!) *elegans*-frei anzutreffen. 1992 konnte nur noch an einer einzigen Lokalität (E. Loser) eine kleine Population angetroffen werden. Zur Hauptflugzeit waren dort gerade noch 13 Individuen zu zählen. Aber auch dieser Habitat erfährt zunehmend eine *elegans*-feindliche Veränderung. Beobachtungen von E. Loser (1970 bis 1992) belegen auch hier einen merklichen Rückgang der Individuenzahlen. Standortsfremde Aufforstung mit dichtem Nadelwald in den 60er Jahren und die sukzessive Verengung der lebensnotwendigen sonnig-lichten *elegans*-Inseln im verbliebenen Mischwald-Restbestand haben auch diese Population arg in Bedrängnis gebracht. Es sollte hier allerdings der Versuch unternommen werden, zunächst diesen Habitat durch behutsames ›Rückführen in den ursprünglichen Zustand‹ und damit folglich diese eigenartige Art unserer Fauna vielleicht doch noch zu erhalten. Dabei wird es zunächst darauf ankommen, viererlei Punkte zu erfüllen:

Als Sofortmaßnahme: Gezieltes Aussortieren einiger weniger, aber stark beengender überschattender Bäume (besonders einiger Eschen!). Dies muß zu einer Jahreszeit vorgenommen werden, während der im Minibiotop kein allzu großer Flurschaden durch Forstarbeiten angerichtet werden kann und die Räupchen sich im Diapausestadium befinden (am besten zwischen November und Januar). 1992 war der Standort bereits so stark beschattet, daß nur wenige Bergkronwicken volle Samenstände entwickelt hatten.

Als Folgemaßnahme: Sobald sich die Population daraufhin wieder einigermaßen erholt haben sollte, kann mit einer Erweiterung auf die ursprüngliche Biotopgröße fortgefahren werden (nach 1–2 Jahren).

Raupennahrungspflanze und Blütenpflanzenangebot muß begleitend erhalten, bzw. erweitert werden. Eventuell sollten einige Eigelege derzeit entnommen und die Diapausenräupchen dann im nächsten Frühjahr wieder ausgesetzt werden. So ließe sich die unvermeidbare Störung dieser Population in ihrem Minibiotop durch beginnende Pflegemaßnahmen vielleicht egalisieren. (Die Zuchtverluste bis zur Diapause sind im Labor erfahrungsgemäß gering).

Als Dauermaßnahme: Regelmäßiges Ausforsten (alle 4–5 Jahre) unter fachkundiger Anleitung und Beobachtung der Populationsschwankungen (ev. Erfassung der Populationsdynamik).

Auf ähnliche Weise wird man verfahren müssen, sollten wider Erwarten noch andere Restpopulationen ausfindig zu machen sein. Irreversibel scheint sich inzwischen die Situation an den klassischen ›Straßenrandbiotopen‹ (z.B. Straße Neuffen-Hülben) entwickelt zu haben. Hier, wo die Art früher relativ häufig war und wo heute, neben (zu) häufigem und breitrandigem Mähen der Wald-Straßenränder, ein sehr dichter Pkw-Verkehr (besonders bei schönem Wetter im Juni-Juli!) vorherrscht, wo die sonnigen Waldinseln und lichten Trampelpfade verschwunden sind, dort ist wohl kaum noch mit dem Wiederauffinden dieser Art zu rechnen.

Trotzdem soll hier nicht ganz auf einen Appell an die zuständigen Entscheidungsträger verzichtet werden. Zeitlich und räumlich dosierteres Mähen gerade an den Straßenrändern der angeführten ›Steigen‹ der Mittleren Schwäbischen Alb wäre auf alle Fälle eine umweltfreundliche Entscheidung, die nicht nur dem Elegans-Widderchen, sondern auch wertvollen Begleitarten das Überleben erleichtern könnten.

Nachtrag (5. 8. 1994)

Nachdem die Texte bereits abgesetzt waren, bot sich 1994 nochmals die Möglichkeit einer eingehenden Kartierung potentieller Lokalitäten des Elegans-Widderchens. Dabei konnte die Art an 7 neuen Fundorten nachgewiesen werden (aus verständlichen Gründen wird die exakte Lage der Lokalitäten hier nicht näher beschrieben). Auch *Z. fausta* wurde an mehreren neuen Lokalitäten gefunden. In den Verbreitungskarten sind die neuen Punkte eingefügt:

25. 5. 1994 unweit Dettingen/Erms, 530–570 m: A. Hofmann & G. Reiss finden 13 Raupen; an *Coronilla coronata* (5), an *C. varia* (4), auf trockenem Buchenlaub (2) und auf Blättern nahestehender Pflanzen (2).

Anmerkung: schattiger, schmaler ca. 1 bis 1,5 km langer Waldweg; hochwüchsiger Rotbuchenwald, wenige *C. coronata*-Pflanzen (ca. 4–6 Pflänzchen; teilweise starker Rehverbiß). *Zygaena angelicae elegans* kommt hier syntop mit *Z. ephialtes* vor (hiervon mehrere Raupen an *C. varia*). Eine Woche später (1. 6. 1994) sind noch 4 erwachsene *elegans*-Raupen zu beobachten; die *ephialtes*-Raupen sind zu diesem Zeitpunkt halberwachsen. Alle *elegans*-Raupen kommen erst am späten Nachmittag hoch; zwischen 16^{00} und 19^{00} Uhr sind die Raupen in 30–40 cm Höhe an den Wirtspflanzen und nahestehenden Stengeln anzutreffen; sie sind jetzt wenig versteckt, teilweise gut sichtbar. *Zygaena fausta*, die sonst an allen (!) bekannten *elegans*-Fundorten auch vorkommt, fehlt an diesem Fundort. (Weitere Begehungen: 1. 7. 94, 2 Männchen, 15 Weibchen; 8. 7. 94, 3 bereits abgeflogene Falter; 10. 7. 94, 3 Weibchen, abgeflogen).

4. 7. 1994 Gönningen, Barmberg, 700 m (U. BENSE): 1 frisches Weibchen.

Anmerkung: Süd- bis südwestlich verlaufender Traufabbruch mit anschließendem Schutthang; Flaumeichen und Reliktföhren an der Traufkante, guter Bergkronwickenbestand. (Weitere Begehung: 2. 8. 94 erfolglos; nur 5 *Z. fausta*).

9. 7. 1994 Schlattstall, Äckerle, 580–600 m, (E. LOSER): 3 *elegans*-Falter auf Knautien. Diese Lokalität (»fragmentarische Steppenheide«) hatte M. MEIER 1993 als potentiellen Fundort des Elegans-Widderchens in einem Gutachten über *Z. fausta* erwähnt.

13. 7. 1994 Jungingen, Weilerwaldkopf, 780–810 m (A. HOFMANN): 3 abgeflogene Falter (2 Weibchen, 1 Männchen) zusammen mit den ersten taufrischen *Z. fausta*-Männchen.

Anmerkung: Traufabbruch mit Felsenkomplex und ausgedehnter Schutthalde (stellenweise bewachsen), Südseite; an sehr steilen Stellen und an der Traufkante kommen Reliktföhren vor; anschließender Buchenwald; Nektarblüten (Majoran, Skabiosen) sind reichlich vorhanden; auch die Bergkronwicke und der Hufeisenklee bilden gute Herden; 1 *elegans*-Weibchen zeigt intermediären Habitus zu *Z. transalpina* (*hippocrepidis*). (Weitere Begehungen: 22. 7. 94, 1 Männchen stark abgeflogen).

19. 7. 1994 Stockenhausen, Böllat, 820–860 m (A. HOFMANN): Überraschend gute *elegans*-Population, ca. 20 bis 25 Falter werden notiert, überwiegend Weibchen, Flugzeit im letzten Drittel; auch hier zusammen mit den ersten frischen *Z. fausta*-Männchen.

Anmerkung: Süd- bis südwestlich exponierte »Felsnase« mit steilem Schuttabhang, besonders an den teilbeschatteten Rändern zum Wald (Reliktföhren, Flaumeichen, Rotbuchen, Eschen) befinden sich gute Bergkronwickenbestände; ebenso *Hippocrepis comosa*; weiter oben zur Felswand hin kommt *C. vaginalis* vor. Besonders bemerkenswert dürfte hier die Tatsache sein, daß von 15 untersuchten Faltern mehr als die Hälfte (8) zumindest Spuren eines roten Körperringes erkennen läßt. Ein Weibchen hiervon ist rein 5-fleckig. (Weitere Begehungen: 22. 7. 94, 1 Männchen u. 1 Weibchen typische *elegans*, stark abgeflogen; 1 Weibchen, taufrisch mit intermediärem Habitus zu *Z. transalpina-hippocrepidis*; 26. 7. 94 1 Männchen, 1 Weibchen *Z. transalpina*, taufrisch, desweiteren 1 Copula *transalpina*-Männchen × elegantoides (?)-Weibchen; zur Eiablage wird die »seltsame« Freilandkopula mitgenommen, am nächsten Tag legt das Weibchen einen einzigen sauberen Eispiegel an ein Bergkronwikkenblättchen ab, ehe es wieder in seinem Biotop ausgesetzt wird; von 44 Eiern verfärben sich 15, die anderen bleiben gelb und vertrocknen, nur 2 Räupchen schlüpfen aus den Eiern!)

Von Natur aus waldfreie Stellen, so wie hier am schütter bewachsenen, südexponierten Steilhang unterhalb der Felsnase, können als Primärhabitate des Elegans-Widderchens angesehen werden. – Stockenhausen, Böllat 22. 7. 94 J.U. MEINEKE.

25. 7. 1994 Thanheim – Onstmettingen, 820 – 860 m (A. HOFMANN): 4 Männchen, 2 Weibchen auch hier zusammen mit den ersten frischen *Z. fausta*-Männchen.

Anmerkung: Südwestseitig gelegener Abbruch mit Schutthalde, stellenweise bewachsen, einige frischfeuchte Stellen mit Quellen; im steilen Bereich Reliktföhren und Flaumeichen (hybr.?), weiter talwärts Rotbuchen; ausgezeichnete Bergkronwickenbestände, *Hippocrepis comosa* ebenfalls weitverbreitet. Die Population zeigt starke Annäherung an *Z. transalpina* (*hippocrepidis*): Von 6 beobachteten Tieren sind 2 Männchen und 1 Weibchen typisch *elegans*-spitzflügelig, bei beiden Männchen das letzte Fleckenpaar jedoch an *hippocrepidis* erinnernd. Die anderen 2 Männchen und 1 Weibchen zeigen hippocrepidoiden Vorderflügelschnitt; ein

Männchen hiervon mit Fleckenpaar 5 + 6 klar getrennt; auch beim Weibchen ist eine starke Annäherung nicht zu übersehen. Interessanterweise war dieses Weibchen taufrisch, während die restlichen 5 Falter geflogen bis abgeflogen waren.

25. 7. 1994 Starzeln, Himberg Starzeln, 800–830 m (A. HOFMANN): 1 Weibchen (abgeflogen); *Z. fausta* (8) frisch.

Anmerkung: schmaler waldfreier Streifen nur direkt unterhalb der südwestlich exponierten Felswand; steile Schotterflur, der anschließende mäßig steile Hang ist fast vollständig mit Rotbuchen bewachsen.

An der LOSERschen Lokalität bei Bad Urach erfolgten im Winter 1993/94 Pflegemaßnahmen, die sich bereits im Sommer 1994 als sehr förderlich erwiesen. Die lichten Waldinseln waren wunschgemäß vergrößert worden, Nektarpflanzen waren reichlicher vorhanden, die Raupennahrungspflanze hatte sich gut entwickelt und zeigte kräftige Fruchtstände. Besonders erfreulich war, daß das Elegans-Widderchen wesentlich zahlreicher anzutreffen war, als in den beiden Jahren zuvor. Am 8. 7. 1994 wurden fast 30 Tiere gezählt.

In Anbetracht der »Neuentdeckungen« drängen sich einige Fagen auf. (1) Warum wurden plötzlich noch »neue Fundorte« gefunden? (2) Was unterscheidet die »neuen Fundorte« von den »alten«? (3) Was ändert sich an der Gefährdungseinschätzung für diese Art? (4) Kamen weitere autökologische oder taxonomische Erkenntnisse hinzu?

(1) Zahlreiche Begehungen an den klassischen Plätzen des Elegans-Widderchens blieben auch 1994 erfolglos. Die neu entdeckten Lokalitäten befinden sich bis auf eine Ausnahme in unzugänglichen, auch zu Fuße nur sehr schwer erreichbaren und abseitig gelegenen Traufkanten oder unterhalb von Felskomplexen und auf kaum begehbaren Schutthalden.

Darüber hinaus liegen die meisten Fundorte in weniger bearbeiteten Gebieten (Zollernalb, Balinger Alb). Anhand von genauem Kartenmaterial wurden gezielt süd- oder südwest exponierte Abbrüche, Schutthalden und stellenweise waldfreie Steilhänge untersucht. 6 von 7 neuen Fundorten ist gemeinsam, daß es sich um sehr kleinräumige, von Hochwald eng begrenzte und somit stark verinselte und primär (!) waldfreie Reliktstandorte handelt. Restbestände von Flaumeichen und Reliktföhren konnten fast überall nachgewiesen werden. Begleitende alpine Reliktelemente sind oft an den gleichen Stellen anzutreffen (z. B. *Coronilla vaginalis*).

(2) Die meisten altbekannten Fundorte von *Z. angelicae elegans* erstreckten sich entlang von Straßen, welche in geeigneter Ausrichtung die Albsteigen hochführten oder an hiervon abzweigenden Fußwegen und lichten Trampelpfaden. Hierbei handelte es sich also um junge, von Menschen geschaffene und durch menschliche Einflüsse offengehaltene Stellen im ansonsten geschlossenen Waldgebiet. Diese anthropogenen Sekundärhabitate wurden solange vom Elegans-Widderchen gut besiedelt, wie geringes Verkehrsaufkommen und andere Faktoren eine Einnischung hier zuließen. Die Waldwege wurden beispielsweise durch regelmäßige Nutzung offengehalten. Einige andere Plätze befanden sich im anschließenden lichten Laubmischwald, der nicht selten starken Steppenheidencharakter erkennen ließ. Hier führte eine veränderte Waldnutzung nach dem Weltkrieg zu einer Sukzession, in deren Verlauf die lichten Waldinseln mit ihren typischen Saumgesellschaften mehr und mehr verschwanden. Ende der 80er Jahre war so das Elegans-Widderchen aus diesen Sekundärhabitaten verschwunden. Die »neuen Fundorte« unterscheiden sich also grundsätzlich dadurch, daß sie an primär waldfreien Stellen liegen und somit relativ stabile, wenig sukzessionsgefährdete Biotope darstellen. Sie sind nicht linienförmige Gebilde wie die Straßenbiotope, sondern sehr kleinräumige Habitate an reliefbestimmten, stark verinselten Standorten auf Schotterhängen, an deren Randbereichen, unterhalb von Felskomplexen und an Halden mit starker Hangneigung. Innerhalb des geschlossenen Waldes hat sich an solchen Stellen – durch Südexposition und Relief begünstigt – eine edaphisch-mikroklimatisch bedingte natürliche Waldgrenze ausgebildet, die ein regelrechtes Pflanzengesellschaftsmosaik (Hochstaudenflur, Schuttflur, Magerrasen, Gebüschgruppen u. a.) umschließt.

(3) Nichts ändert sich an der Gefährdungseinschätzung dieser Art. Zwar besteht nunmehr berechtigte Hoffnung, diese einzigartige Spezies unserer Fauna zu erhalten, von Entwarnung kann jedoch keine Rede sein. Alle neuen Fundorte müssen als Primärhabitate angesehen werden; Pflegemaßnahmen sind innerhalb der waldfreien Stellen nicht notwendig. Für einen ausreichenden Schutz dieser kleinräumigen Lokalitäten ist jedoch zu sorgen. An solchen Standorten, wo neben dem Elegans- und Bergkronwicken-Widderchen stets noch eine Vielzahl weiterer seltener Pflanzen- und Tierarten anzutreffen ist, muß Freizeitnutzung (Felsklettertouren u. ä.) unbedingt ausgeschlossen werden. Regelmäßige Bestandskontrollen wären wünschenswert, da alle neuen Fundorte eher

schwach besiedelt scheinen. Eine Ausweitung der kleinen Biotope durch Auslichten im anschließenden Hochwald wäre in einigen Fällen machbar.

(4) Zur genaueren Einschätzung der Raupennahrungspflanzenbindung wurden einige Weibchen von unterschiedlichen Fundorten zu Eiablage gebracht. Dabei zeigte sich, daß neben *Coronilla coronata* und *C. varia* auch *Hippocrepis comosa* gerne angenommen wurde. Zumindest gilt dies für die Jungraupen (L_1 bis L_3) der Zollernalb-Populationen, bei denen intermediäre Phäna (?) zu beobachten waren. Bei diesen Populationen könnte es sich in der Tat um die ersten Populationen in Baden-Württemberg mit hohem Hybridanteil handeln. Alle *elegans*-Populationen nördlich der Linie Mössingen-Ehingen/Donau weisen keinen derartigen Bastardanteil (?) auf. Begehungen an den klassischen Lokalitäten (Pfullingen, Genkingen, Gönningen, Hülben, Schelklingen usw.) blieben 1994 ebenso erfolglos wie alle Nachsuchungen an der Donau, der Hohen Schwabenalb (Spaichingen) und auf der südlichen Schwäbischen Alb (Eichberg).

Zygaena filipendulae
(Linnaeus, 1758)

Sechsfleck-Widderchen

Zygaena filipendulae germanica Rss. (Reiss 1937, Koch 1955)
Zygaena filipendulae pulcherior [sic.] Vrty. (Forster 1956)
Zygaena (Zygaena) filipendulae L. (Alberti 1958/59, Naumann & Tremewan 1984)
Zygaena (Zygaena) filipendulae pulchrior Vrty. (Reiss & Tremewan 1967)
Zygaena (Zygaena) filipendulae pseudopulchrior Reiss (Reiss & Reiss 1970, Reiss & Tremewan 1967)
Zygaena (Zygaena) filipendulae germanica Reiss (Reiss & Tremewan 1967, Reiss & Reiss 1970)
Zygaena (Zygaena) filipendulae kochelensis Reiss (Reiss & Reiss 1970)
Zygaena (Thermophila) filipendulae L. (Bergmann 1953)
Zygaena (Thermophila) filipendulae germanica Rss. (Reiss in Seitz 1930–33, Bergmann 1953)
Anthrocera filipendulae L. (Spuler 1906, Hering 1932)

Aus Baden-Württemberg beschriebene Taxa:
»*Zygaena filipendulae* var. *germanica*« Reiss, 1922 [›Bei Bad Cannstatt (Württ.) ..., Weilderstadt (Württ.) ..., Würzburg ... ‹]
»*Zygaena filipendula*e var. *pseudopulchrior*« Reiss, 1942 [›Umgebung von Durlach in Baden (Berghausen und Michelsberg)‹]

Gesamtverbreitung: *Zygaena filipendulae* besiedelt fast den gesamten europäischen Kontinent. Sie fehlt in Teilen Südspaniens und in Portugal; ebenso auf den westmediterranen Inseln. Ansonsten weist die Art ein erstaunlich dichtes Populationsnetz auf, das sowohl England, Schottland und Irland als auch weite Teile (besonders des meernahen) Skandinaviens abdeckt. In Mittel- und Osteuropa (von Estland bis zum Peloponnes) existieren nirgendwo nennenswerte Verbreitungslücken. Auch auf den Ionischen und einigen anderen adriatischen und Ägäis-Inseln kommt sie vor. Das *filipendulae*-Areal umschließt ferner das Schwarze Meer (Türkei, Rumänien, Bulgarien, Krim) einschließlich des Kaukasus und hat im Libanon seinen südlichsten Vorposten. Die Ostgrenze bilden die Niederungen der Wolga.

Subspezifischer Kontext: *Z. filipendulae* ist Typusart (›name bearer‹) der Gattung *Zygaena* und somit der gesamten Familie (Zygaenidae). Das fast 250 Jahre alte, ungespannte Typusexemplar aus Schweden steckt in tadellosem Zustand in der Linné'schen Sammlung in London. Wie alle anderen Arten des (?) Subgenus *Zygaena* neigt auch *Z. filipendulae* nur sehr wenig zur Ausbildung namensberechtigter Unterarten in Mitteleuropa (wohl aber im westlichen Mittelmeerraum und in Anatolien!). Mit großzügiger Auslegung lassen sich die mitteleuropäischen Populationen von den ›typischen‹ aus Skandinavien unterscheiden. Die roten Makeln sind durchschnittlich etwas größer, die schwarze Hinterflügelumrandung ist etwas schmaler. Eine weitere subspezifische Aufspaltung scheint in Nord- und Mitteleuropa aber nach heutigen Gesichtspunkten nicht vertretbar. Alle Taxa, die diesen Raum betreffen, können ohne weiteres in die Synonymie zu *Z. filipendulae polygalae* Esper, 1783 (Typenlokalität: »Gegend von Brauenheim, einem in dem Hanauischen der Reichsstadt Frankfurt nahe gelegenen Dorf«) verwiesen werden. Hierzu sind also auch ›unsere *germanica* und *pseudopulchrior*‹ (neben 10 weiteren *filipendulae*-Taxa allein aus dem Gebiet der heutigen BRD!) zu ziehen.

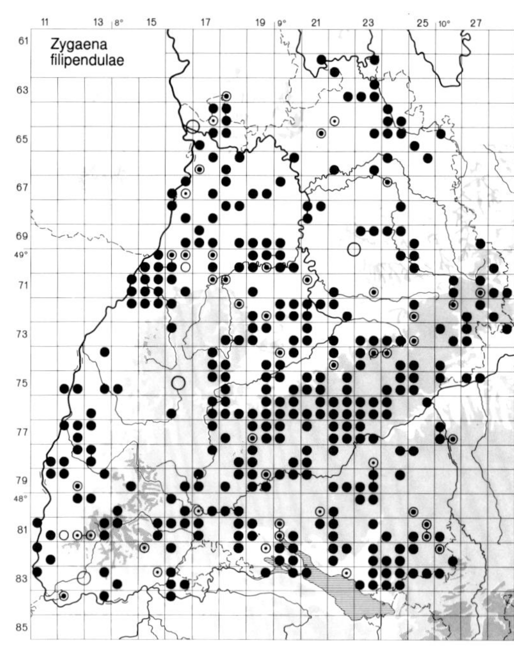

Verbreitung

Regional: *Z. filipendulae* hat die dichteste Verbreitung aller einheimischen Widderchen-Arten (»die gemeinste Zygäne«, KELLER & HOFFMANN 1861) und kommt in allen Naturräumen vor. Nur im Mittleren und Nördlichen Schwarzwald und in weiten Teilen des Baulandes und der Hohenloher Ebene scheint die Art seltener zu sein. Bei gezielter Nachsuche müßten sich aber auch hier noch ein paar ›Lückenschließer‹ finden lassen. Klare Präferenzen an die Untergrundausstattung (Geologie, Relief, Bodenfeuchte) sind nicht zu erkennen. Die regional-klimatischen Schwankungen innerhalb Baden-Württembergs liegen gleichermaßen im Toleranzbereich des Sechsfleck-Widderchens. Enorm ist die Spanne bei den tolerierten Jahresniederschlägen (von 500 mm in der nördlichen Oberrheinebene bis über 1800 mm im Hochschwarzwald). Ebenso werden bei der mittleren Lufttemperatur (unter 4 °C bis über 9 °C) und bei den durchschnittlichen jährlichen Frosttagen (von unter 70 bis 160) beachtliche Amplituden erreicht.

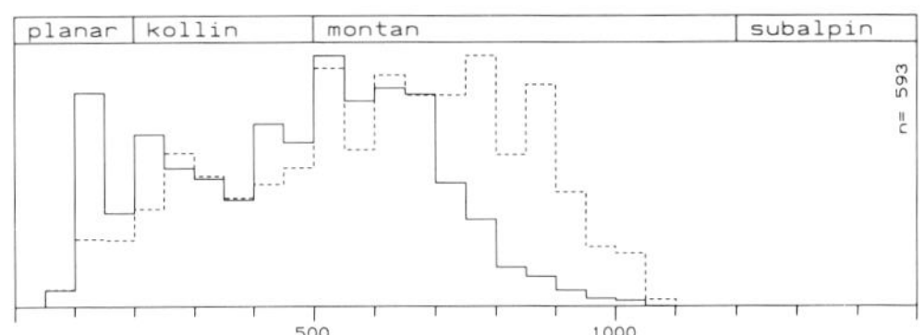

Vertikal: Am höchsten geht *Z. filipendulae* im Kaukasus, wo sie fast bis 3000 m vordringt. In den Alpen kommt sie von den Talniederungen bis zur alpinen Stufe (bis 2500 m; TARMANN 1975) vor. Die höchstgelegenen Fundorte in Baden-Württemberg befinden sich ziemlich genau bei 1000 m (980 m am Alten Berg bei Böttingen/M. WEBER; 1000 m am Heubeermoosweg bei Oberried/I. HEGAR). Im Hochschwarzwald (Feldberg, Belchen), wo *transalpina*-Nachweise noch bis 1200 m vorliegen, wären eventuell auch für diese Art noch größere Höhen zu erwarten. Am niedrigsten (nur wenig über 100 m) sind die *filipendulae*-Fundorte in der planaren Stufe der nördlichen Oberrheinebene (von Hochstetten/U. RATZEL bis Eppelheim/J. BURTON).

Phänologie

Imagines: Besondere Aufmerksamkeit verdient die eigenartige Phänologie des Sechsfleck-Widderchens. Der mit Abstand früheste Nachweis aus Baden-Württemberg datiert auf den ›Tag der Arbeit‹ (1.5. 1990, Kippenheim, J.U. MEINEKE),

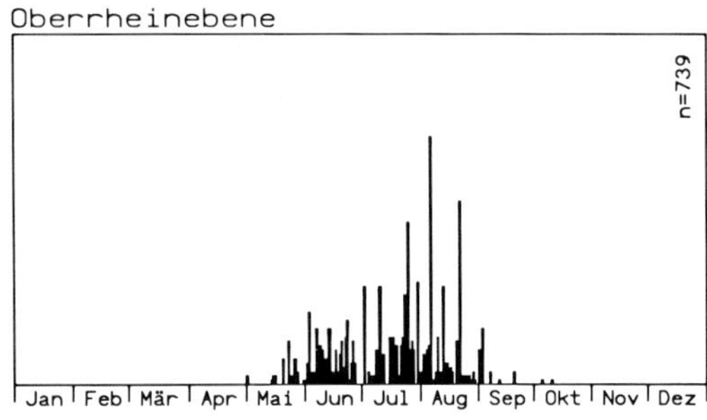

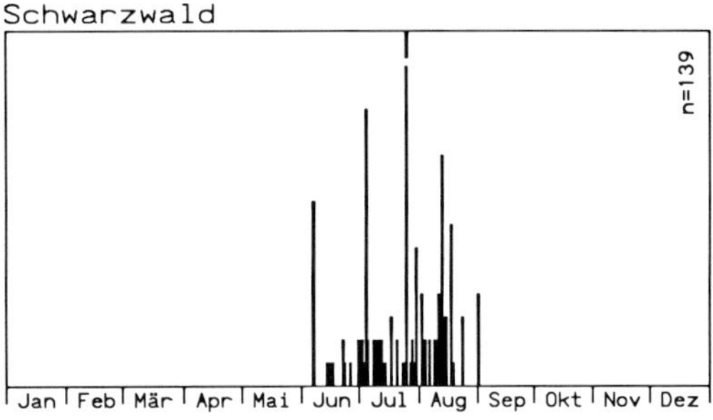

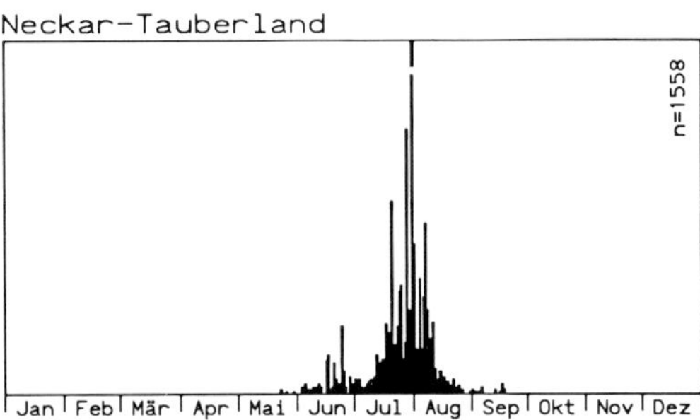

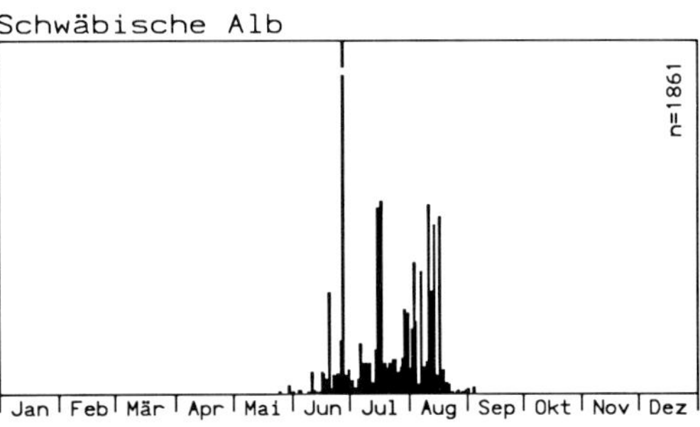

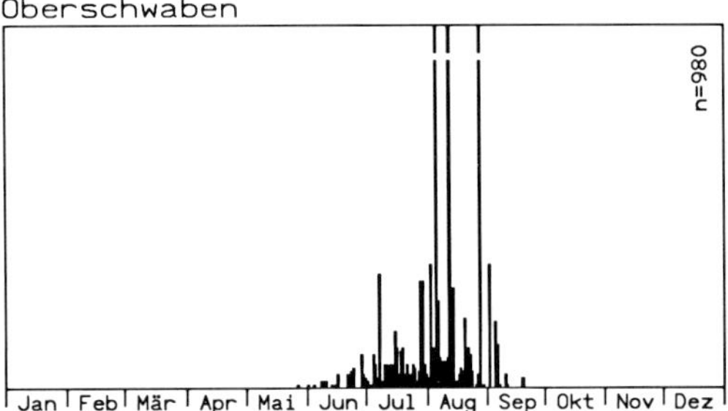

Unsere häufigste Zygaene ist sicherlich das Sechsfleck-Widderchen (*Zygaena filipendulae*). Die Falter variieren gelegentlich in Größe und Stellung der Vorderflügelflecken. So kann die letzte Makel (Fleck 6) verkleinert, losgelöst, angehängt oder mit der vorhergehenden zusammengeflossen sein. Bei dem hier am Halm oben sitzenden Weibchen sind die Flecke 5 + 6 zu einem Fleckenpaar verschmolzen. Nicht selten werden Kopulae dieser Art auf Blüten vom Körbchentypus oder an Grashalmen beobachtet. Dürre Ästchen und trockene Grashalme haben für die Falter als Paarungsplätze und für die Raupen als Verpuppungsorte eine gewisse Bedeutung. – Taubergießen 8. 84 B. Reichenbach.

der jahreszeitlich späteste auf den 10.10. 1984 (Schönberg b. Freiburg, H. Steffny), so daß *Z. filipendulae* in unserem Untersuchungsraum theoretisch innerhalb einer Spanne von mehr als 5 Monaten angetroffen werden kann. Frühester Nachweis am oben genannten Schönberg ist der 31.5. (H. Steffny). Damit ist allein an dieser Lokalität die Art an mehr als 4 Monaten eines Jahres gemeldet.

Der eigentliche Flugbeginn ist aber selbst in der Oberrheinebene in günstigen Jahren nicht vor Mitte Mai zu erwarten. Mit dem gewohnten zeitlichen Versatz von 1–2 Wochen beginnt dann in den anderen Naturräumen die Flugzeit. Nur im Schwarzwald sind nicht vor Anfang/Mitte Juni die ersten Falter zu beobachten. In allen Naturräumen fällt die außergewöhnlich lang ausgedehnte ›*filipendulae*-Saison‹ auf. Mindestens drei Monate lang (Juni, Juli und August) besteht in jedem Naturraum die Chance, diese Art anzutreffen.

Am extremsten ist hier sicherlich das Phänogramm der Oberrheinebene. Die Datenfülle vom Kaiserstuhl/Badberg erlaubt eine etwas eingehendere Analyse. Fast 140 Tage (!) liegen zwischen der frühesten (22.5. 1964, H. Lussi) und spätesten (5.10. 1977, R. Herrmann) Jahresmeldung. Einem ziemlich kontinuierlichen Aufbau ab 10.6. folgt ein Individuenmaximum zwischen 15. und 25. Juni. Dem fast abrupten Abbruch an der Monatswende Juni/Juli schließt sich nochmals ein leichter Anstieg an, und einen Monat nach dem ersten Maximum folgt ein zweites, sichtlich kleineres, zwischen dem 20. und 25. Juli. Danach klingt die Kurve aus. Einen Monat lang liegen dann keine Meldungen mehr vor, ehe Mitte September und Anfang Oktober nochmals ein paar Nachzügler auftauchen. Dieses *filipendulae*-Phänomen (mehrmaliges Erscheinen im gleichen Jahr) ist aus südlicheren Ländern schon lange bekannt (Füge 1907 für Sizilien, Hafner 1911 für Slowenien, Reiss 1950 für Graubünden, Dujardin 1965 für Südfrankreich, Sbordoni & Bullini 1972 für den Gardasee u.a.).

Mehrere Möglichkeiten bieten sich als Erklärung für derart ungewöhnliche Erscheinungszeiten und deren Verlauf in Süddeutschland an (s. auch Präimaginalstadien):

1. Es handelt sich um einen einzigen langgestreckten Imaginalzyklus. Sollte diese Strategie hier vorliegen, dann bliebe zu prüfen, welche Umweltparameter die Streuung induzieren (Tageslängen, Temperaturgang). Die Maxima und Mulden in der Häufigkeitskurve wären dann durch methodische Unzulänglichkeiten entstanden (Sammlerpräferenzen, kumulative Datenzufälligkeiten etc.).

2. *Z. filipendulae* ist am Badberg und anderen geeigneten Lokalitäten mehrbrütig und bringt jährlich mehrere, mindestens aber zwei, Generationen hervor. Die erste Generation fliegt von Mitte Mai bis Ende Juni, die Folgegeneration (mit Flugzeit im Juli) geht aus dieser direkt hervor (nulljähriger Zyklus). Die weitaus meisten Raupen dieser Generation überwintern dann (einjähriger Zyklus). Bisweilen folgt noch eine unvollständige dritte Generation im September und Oktober.

3. Es existieren hier syntop mindestens zwei »Stämme« (genetisch m.o.w. durch Flugzeitenasynchronisation isoliert; Stamm A: Mai/Juni, Stamm B: Juli). Die Peaks in der Kurve sind Ausdruck des jeweiligen Abundanzmaximums. Besonders interessant ist diese Situation, wenn man sich die Tatsachen nochmals vor anderem Hintergrund vergegenwärtigt: Zwei »Stämme«, d.h. es würde an einer Lokalität eine Art existieren, auf deren beide Zyklusglieder (Stamm A und B) die Definition der Art selbst (potentielle Fortpflanzungsgemeinschaft) nicht mehr oder nur sehr eingeschränkt angewandt werden kann. Streng genommen, haben wir es in solch einem Falle mit zwei Fortpflanzungsgesellschaften zu tun, deren Individuen durch alternierende genetische Dispositionen (Allelkomplex A bedingt frühes, B spätes Erscheinen) nur selten (oder gar nicht mehr?) zueinander in Kontakt treten. Hier böte sich die Gelegenheit, im Rahmen einer eingehenden Untersuchung dieser taxonomischen Grenzsituation evolutionsbiologische Prozesse (sympatrische Differenzierung und Artbildung) aufzuzeigen, wie sie bislang noch wenig erforscht sind[1].

Nach eigenen Beobachtungen der letzten Jahre am Badberg und Erfahrungen mit dem Erscheinungszyklus dieser Art in anderen Gebieten, nach Auswertung der Literatur und Erfahrungsaustausch mit Fachkollegen (G. Reiss, W. Wipking, W.G. Tremewan) muß von einer Kombination aller drei Möglichkeiten ausgegangen werden. Das heißt, die Existenz zweier Stämme erklärt den Wellenverlauf der Kurven (sukzessive Abundanzmaxima), die Nachzügler im Herbst dürften aber eher einer partiellen zweiten Generation (von Stamm A) angehören. Wie ab-ovo-Zuchten zeigen, reicht die Zeitspanne für den präimaginalen Entwicklungszyklus hierfür aus. Aber auch lange zeitliche Streuung (durch sehr unterschiedliche Entwicklungsgeschwindigkeit) aus ein und dem selben Gelege und Mehrjährigkeit, d.h. mehrfach überwinternde Raupen (Schäfer 1967b), müssen in diese Überlegung mit einbezogen werden und können jahrweise unterschiedlich häufig auftreten. Quantifizierte Freilanduntersuchungen an Populationen unterschiedlicher Habitate und Naturräume und exakte Korrelationsversuche mit Mahdzeiten und Witterungsverlauf sowie Zuchtversuche mit beiden Stämmen zur Erklärung dieser interessanten Strategie wären wünschenswert.

[1] Rein theoretisch wären auch noch andere Möglichkeiten denkbar (z.B. Übersommerung der Imagines o.ä.), was aber allen Erfahrungen mit den Entwicklungszyklen der Widderchen widerspräche.

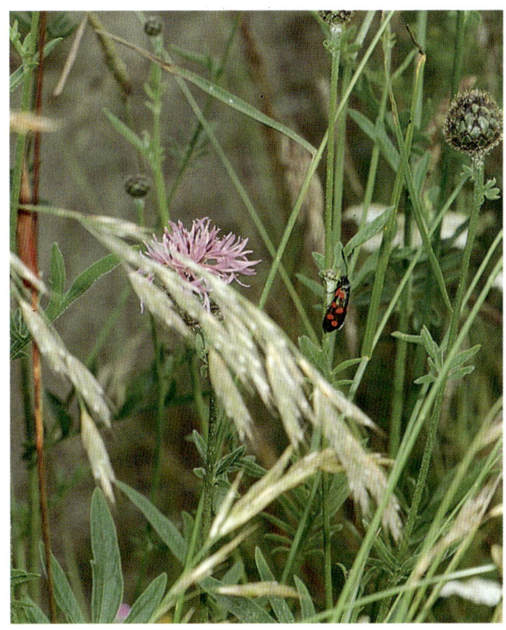

Bei kühler Witterung oder bewölktem Himmel sitzen die Falter des Sechsfleck-Widderchens nur wenig versteckt und meistens gut sichtbar träge in der Vegetation. Falter mit isolierten Vorderflügelflecken werden manchmal mit *Zygaena transalpina* verwechselt. Neben einigen anderen Eigenheiten können jedoch die weißen Fühlerspitzen dieser Art als sicheres Unterscheidungsmerkmal herangezogen werden. Die Fühler des Sechsfleck-Widderchens sind dagegen vollkommen schwarz. – Kaiserstuhl, NSG Badberg 10. 7. 84 A. Hofmann.

Vergleicht man die Flugzeit-Phänogramme der einzelnen Naturräume, so zeigt sich deutlich, daß in den klimatisch begünstigten Regionen (Oberrheinebene, Neckar-Tauberland) die zuvor beschriebene ›Kamelhöcker-Situation‹ (mit zwei Kulminationspunkten) besteht. Dabei muß jedoch bedacht werden, daß die Datenkumulation (mehrere unterschiedliche Jahre sind zusammengefaßt) eine Nivellierung der Kurve bedingen kann. Trotzdem ist die Senke an der Monatswende Juni/Juli jeweils noch gut erkennbar. Das Abundanzmaximum wird allerdings in beiden Fällen (nicht wie am Kaiserstuhl!) erst im zweiten Anlauf geschafft. Denkbar wäre, daß hier mehrere Erscheinungsstrategien in einem Phänogramm zusammengefaßt wurden (pseudobivoltine »Populationen«: Stamm A, Stamm B; monovoltine Populationen mit frühen, späten und langgestreckten Erscheinungszeiten, Ökotypen mit unterschiedlichen Erscheinungszeiten in den einzelnen Biotopen [Feuchtbiotope, Mahdwiesen, Trokkenhänge] u.a.).

In den beiden Naturräumen Schwarzwald und Oberschwaben ist keine klare Unterteilung des annuellen Erscheinungszyklus zu erkennen. Entweder sind hier überwiegend andere Strategien evoluiert (eine Erscheinungsperiode/Jahr dominiert) oder durch die klimatisch bedingte Komprimierung auf einen kürzeren Zeitabschnitt (plus die Überlappungen der verschiedenen Jahre) sind die Höhen und Senken nicht mehr zu erkennen. Indifferent ist das Phänogramm der Schwäbischen Alb. Eine ›Kamelhöcker-Situation‹ ist nicht sichtbar, der Juni/Juli-Einschnitt aber gut zu erkennen. Insgesamt kann als gesichert angesehen werden, daß mehrere regional unterschiedlich ausgebildete Entwicklungsstrategien bestehen.

Bereits 1921 hatte BURGEFF auf dieses Problem aufmerksam gemacht: »Bei dem eigentümlichen Wechsel der Flugzeit mancher deutschen Zygaenenarten handelt es sich wohl um erblich fixierte Anpassungen an die Lebensgewohnheiten der Falter. So gibt es bei den Wiesenzygaenen ausgesprochene Heu- und Grummetrassen, deren Flugzeiten sich von denen ursprünglicher, nicht menschlichen Kulturen dienender Orte unterscheiden.(...). Von *filipendulae* L. traf ich ausgesprochene Heurassen bei Freiburg i. B., bei Waldshut und in der Baar, auch am bayerischen Ammersee im Mai. Sonst fliegt diese häufigste aller Zygaenen im Juni und Juli in Unabhängigkeit von der Heuernte, z. B. allenthalben in waldigen Orten«. Ähnliche Anmerkungen sind auch bei REISS (1926, 1942) für süddeutsche *Z. filipendulae* nachzulesen.

Von H. STEFFNY liegt eine ausgezeichnete Langzeitstudie (unveröffentl.) über Habitatpräferenzen und Flugzeitenunterschiede bei *Z. filipendulae* an zwei verschiedenen Fundorten vor. Von 1982 bis 1991 wurden in Hartheim und Taubergießen (s. auch Habitat) jeweils zur Flugzeit die Individuenabundanzen ermittelt (Transektmethode s. STEFFNY et al. 1984). Beide Lokalitäten liegen in der planaren Stufe, ca. 50 km Luftlinie voneinander entfernt. Dabei traten einige bemerkenswerte Unterschiede zutage (s. Abb.). Die durchschnittliche Flugdauer

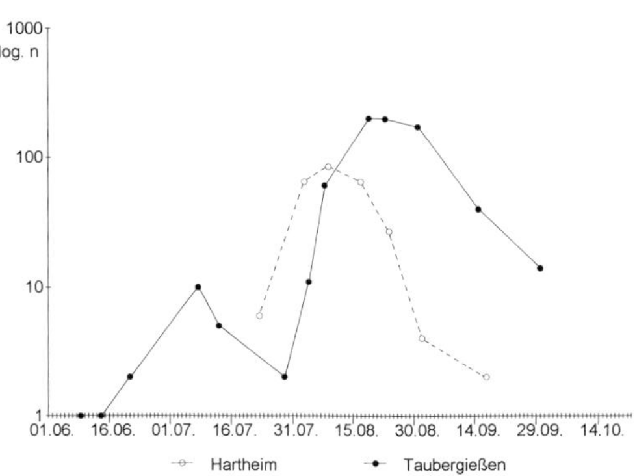

im Taubergießen war mit 113 Tagen (1984, gleiche Relationen gelten für 1983) genau doppelt so lang wie in Hartheim (ca. 56 Tage). Bedingt wurde diese Differenz durch die lange ›Vorlaufzeit‹ (Anfang Juni bis Mitte/Ende Juli) im NSG Taubergießen, wo während einer Zeitspanne von 40–50 Tagen (!) ziemlich kontinuierlich jeweils nur 1–4 Individuen/Tag gezählt werden konnten, ohne daß die Kurve sichtbar anstieg. Erst danach zeigt die Kurve einen ähnlichen Verlauf wie in Hartheim. Dieser Lokalität fehlt also gänzlich die lange Vorlaufzeit. An beiden Lokalitäten besteht nur ein einziges Maximum. Allerdings sind die Maxima etwa um einen halben Monat verschoben (Hartheim Anfang bis Mitte August, Taubergießen Mitte bis Ende August). Die Faktoren, die solcherlei Unterschiede an eng beieinander liegenden Lokalitäten bewirken, beschreibt H. STEFFNY stichwortartig so: »Im Taubergießen Selektion mit der Sense; dadurch größere genetische Vielfalt durch jahrweise unterschiedliche Mahdzeitpunkte. Unter solchen Bedingungen kann nur eine genetisch flexible und extrem anpassungsfähige Art überleben; in Hartheim fehlt großflächig der Eingriff durch Mahd und damit ein entsprechender Adaptationszwang.« Eine umfassende, plausible Interpretation dieser Phänomene steht noch aus. Sicherlich wären hier auch andere Erklärungsmöglichkeiten aufzuzeigen und die oben zitierte Meinung stellt nicht mehr als eine Arbeitshypothese dar.

Unabhängig von dieser Diskussion über *filipendulae*-Flugzeiten in der Oberrheinebene, teilt uns T. MARKTANNER seine letztjährige Beobachtung (1992) über die Flugzeit dieser Art im Hegau unter der Überschrift »eigenartige Phänologie« mit. Die Flugzeit begann dort am 25.5. (2 Falter) und hatte einen Peak am 11.6.; dann liegen trotz mehrerer Begehungen (16.6., 7.7., 13.7.) keine Nachweise (Monatswende Juni/Juli!) für einen Zeitraum von mindestens 5 Wochen vor, ehe ab Ende Juli erneut Falter dieser Art erschienen (28.7., 14 Falter) und das Maximum Mitte August erreicht wird (19.8., 65 Falter).

Aus südlich und östlich angrenzenden Regionen liegen vergleichbare Beobachtungen vor. OSTHELDER (1932 für Südbayern) nennt *Z. filipendulae* »diejenige Art der Gattung, die sich in der Flugzeit am meisten der Wirtschaftsweise des Wohngebietes angeschlossen und das Bestreben hat, auf Wiesen, die gemäht werden, vor der Heuernte zu fliegen. So fliegt sie auf den kühleren, feuchten Wiesen bei Neustadt a. D. einen Monat früher als auf den naheliegenden heißeren, aber kultivierten Jurahängen bei Kelheim«. TARMANN (1975) berichtet über ähnliche »Flugzeitenverschiebungen bis zu einem Monat. Eine 2. Generation wird in Nordtirol nicht gebildet«. Auf unterschiedliche Selektion durch Mährhythmen weist auch AISTLEITNER (1990a) in Vorarlberg hin. In Oberösterreich (KUSDAS & REICHL 1974) tritt die Art »in zwei verschiedenen Stämmen auf, die sich hinsichtlich ihrer Erscheinungszeit und Umweltansprüche gut unterscheiden, habituell aber kaum zu trennen sind. Stamm I fliegt im Mai und Juni (...) auf feuchten Wiesen, Stamm II im Juli und August (...) auf Trokkenwiesen«. Diese Aussagen stimmen nur teilweise mit den hiesigen Beobachtungen überein. So fliegen bei uns die Trockenhang-*filipendulae* jahreszeitlich meistens vor den Feuchtwiesen-Populationen. Weitere Hinweise zur Flugzeit und Diapausenregulation sind WIPKING (1990) für *Z. filipendulae* aus Westfrankreich (La Rochelle) zu entnehmen.

Präimaginalstadien: Auf sehr unterschiedliche Entwicklungsgeschwindigkeiten bei Raupen aus dem selben Gelege (♀ aus Geislingen) weist SCHÄFER (1967b) hin. Ein Teil der vom Ei ab gezüchteten Raupen ergab bereits Mitte Mai des nächsten Jahres die Falter, andere traten ein zweites Mal in Diapause, wiederum andere entschlossen sich noch »im September ... zur Weiterentwicklung und ergaben Mitte Oktober die Falter«. Auch im darauffolgenden Jahr fraktionierten die Räupchen in ähnlicher Weise; einige überwinterten sogar zum dritten Male.

Mehrere Eiablagebeobachtungen im Freiland sind gemeldet (I. HEGAR, A. HOFMANN, G. REISS, W. SCHÖN). Dabei fällt auf, daß neben der Raupennahrungspflanze auch andere Pflanzen als Ablageplatz dienen (W. SCHÖN: »Eiablage am Nachmittag an Grundblättchen von *Ranunculus bulbosus*«, det. G. PHILIPPI). Die meisten Meldungen beziehen sich aber (wie immer) auf erwachsene oder fast erwachsene Raupen. Am Kaiserstuhl sind schon Ende April/Anfang Mai verpuppungsreife Tiere anzutreffen. Die Raupen leben nicht eigentlich gesellig, bisweilen können aber doch mehrere Raupen in unmittelbarer Nähe (M. WEBER) oder auf der gleichen Pflanze angetroffen werden. Am Eichberg bei Blumberg waren so am 7.7. 1992 auf einer Fläche von ca. 1 m² ein Dutzend erwachsener Raupen, auffällig hoch an der Futterpflanze sitzend, zu beobachten (A. HOFMANN). Die jahreszeitlichen Meldungen der Raupenfunde haben eine ähnlich weite Streuung wie die Faltermeldungen. Neben den Mai-Raupen vom Kaiserstuhl (ergaben die Falter Anfang Juni) gibt es von hier auch Kokonmeldungen noch Anfang September (»mit Puppenhülle und frisch geschlüpftem Falter« R. HERRMANN). Unter Imaginalphänologie Gesagtes (Vermutetes) kann also durch Präimaginaldaten nur bestätigt werden.

Erwähnenswert ist die Tatsache, daß vom Sechsfleck-Widderchen verhältnismäßig oft Kokonfunde (besonders ›Hochkokons‹ an Grasstengeln) gemacht werden. Der spindelförmige, längsgeriefte und meistens zweifarbige (in der oberen Hälfte, wo der Falter schlüpft, satter gelbgefärbte) Kokon kann nur mit *Z. trifolii* verwechselt werden. Wie der Falter und die Raupe, so unterliegt auch die Färbung des Kokons einer gewissen Variabilität. Das Farbspektrum kann von dottergelb bis seidenweiß reichen; die farbliche Zweiteilung kann stark ausgeprägt oder eher unscheinbar sein. Die Kokonphase dauert 14–16 Tage.

Ökologie

Lebensraum: Die weite Verbreitung und die Dichte der Meldepunkte zeigt schon recht deutlich, daß es sich bei *Z. filipendulae* um eine euryöke Art handelt. Sie nimmt zweifellos das breiteste Lebensraumspektrum unserer einheimischen Widderchenarten ein. Klare Biotopbevorzugungen sind nicht zu erkennen. Feuchte Auen und nasse Wiesen (hier oft zusammen mit *Z. trifolii*), ja sogar Moore (J.U. MEINEKE, G. REICH) und Riedflächen (W. SCHÖN), werden anscheinend ebenso gerne besiedelt wie trockene Kalkmagerrasen (dort zusammen mit *Z. carniolica* u.a.) und fast vegetationslose Trockenhänge oder Lößböschungen. Häufig sind Vorkommen in mesophilen Bereichen: Streuobstwiesen, Straßenränder, ein- bis dreischürige (!) Kulturwiesen und Weiden, Uferböschungen und Waldränder. Hierbei fällt auf, daß sowohl schattige als auch vollbesonnte Expositionen geeignete *filipendulae*-Fundorte sein können. Ruderalisierte Flä-

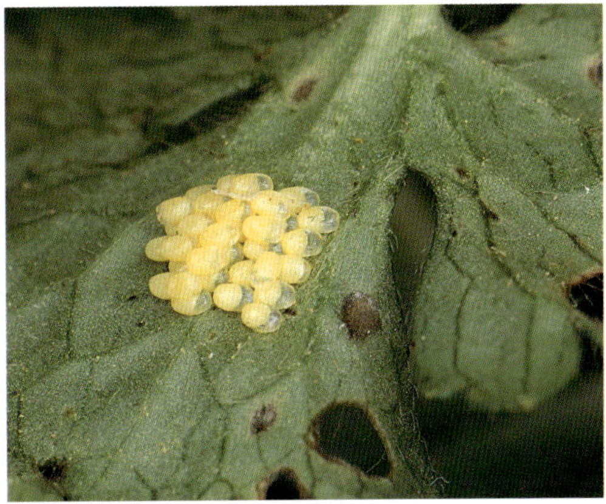

Die Hauptnahrungspflanze von *Z. filipendulae* ist der Hornklee. Hierauf beziehen sich auch die allermeisten Eiablagebeobachtungen. Keineswegs seltene Ausnahmen sind Weibchen, die ihr Eigelege an Pflanzen absetzen, die nicht von den Raupen akzeptiert werden. W. SCHÖN sandte uns ein solches Gelege. Die Raupen verweigerten, wie zu erwarten, die Annahme der von der Mutter ausgewählten Pflanze (*Ranunculus bulbosus*). – Saulgau, Engenweiler (W. SCHÖN leg.) 22. 9. 90 G. EBERT S.

chen (Verkehrsinseln u.ä.), relativ intensiv genutzte Gebiete (offene Flächen in Wohngebieten, parkähnliche Wiesen) müssen gleichermaßen hier genannt werden; ebenso aufgelassene Weinbergparzellen, einschließlich des nicht asphaltierten Wegenetzes, Rheindämme u.v.m. Insgesamt können Populationen dieser Art in nahezu allen Offenlandbiotopen (sofern die häufige Nahrungspflanze der Raupe nicht fehlt) angetroffen werden. Auch in den lichten Wald (Waldinseln, breitere Wege, Abrißkanten und Böschungen) dringt sie vor. Ähnliches ließe sich über die Toleranz gegenüber abiotischen Faktoren (Klima, geologischer Untergrund, Relief; s. Verbreitung) sagen. Mit dem etwas übertriebenen plakativen Kürzel »ubiquitär & omnitemporär« ist diese Art also nicht unzutreffend gekennzeichnet. Ihr Wert als ökologischer Indikator ist entsprechend gering.

Nahrung der Raupe:

Lotus corniculatus – Hornklee
5 L (BAI, GRE, HOF, MAR, MEI, RSG, RSH, SCÄ, SCÖ, SET, VOG, WEM)

Lotus uliginosus – Sumpfhornklee
3 L (FEUCHT, GEISSLER & RECK 1989)
(HOF, REN)

? *Coronilla varia* – Bunte Kronwicke
L (LAH, LIE)

? *Coronilla coronata* – Bergkronwicke
(FEUCHT, GEISSLER & RECK 1989)

? *Lathyrus sylvestris* – Wald-Platterbse
L (FEUCHT, GEISSLER & RECK 1989)

Im Mediterrangebiet leben die Raupen auch auf *Dorycnium*-Arten. Bei uns sind nur der Hornklee (*Lotus corniculatus*) und Sumpfhornklee (*Lotus uliginosus*) gesicherte Raupennahrungspflanzen dieser Art, wobei ersterem eine überragende Bedeutung zukommt. Andere Meldungen (»Raupe an *Trifolium medium*« H. ZINNERT; *Coronilla varia* H. LIENIG/Tagebuchaufzeichnungen, ebenso H. LAHM) dürften auf Fehlbestimmungen (*lonicerae*- oder *ephialtes*-Raupen?) oder zufällig auf diesen Pflanzen befindliche Raupen zurückzuführen sein. Der *Coronilla varia*-Angabe sollte aber vielleicht noch nachgegangen werden. Immerhin liegen hierzu zwei voneinander unabhängige Meldungen vor. H. LIENIG notiert in seiner Karteikarte: »1939, Juni, Raupen bei Lützelsachsen in Anzahl auf *Coronilla varia* gefunden; Falter Ende Juni.« Auch die RENNWALDsche Meldung auf der Wald-Platterbse bedarf unbedingt weiterer Bestätigung. Die Angaben bei FEUCHT, GEISSLER & RECK (1989) sind wohl weniger auf Freilandbeobachtungen als vielmehr auf Literaturübernahmen zurückzuführen (*C. coronata* kommt im Untersuchungsgebiet Filderstadt gar nicht vor; die *Lathyrus*-Angabe entstammt wohl RENNWALD 1986). In älterer Literatur häufig angeführte Angaben wie Wegerich, *Veronica*, »*Hieracium, Leontodon*, niedere Pflanzen« (REUTTI 1898) sind zu streichen (näheres hierzu s. HOLIK 1953, S. 26/27). Ungeklärt ist noch, ob an Lokalitäten mit syntopem Vorkommen mehrerer *Lotus*-Fresser (*Z. filipendulae, Z. viciae, Z. lonicerae, Z. trifolii* etc.) Strategien der Konkurrenzvermeidung entwickelt wurden. So scheint an manchen Plätzen *Z. trifolii* den Sumpfhornklee (*L. uliginosus*), *Z. filipendulae* dagegen den normalen Hornklee (*L. corniculatus*) zu bevorzugen (Waldkirch; A. HOFMANN, E. RENNWALD).

Zwar leben die Widderchenraupen keineswegs gesellig, dennoch können bisweilen mehrere Raupen auf engem Raum, manchmal sogar auf einer einzigen Pflanze angetroffen werden. Die plumpen Raupen des Sechsfleck-Widderchens sind nur mäßig gut getarnt, besonders die erwachsenen sind auffällig, vor allem dann, wenn sie die unmittelbare Bodenschicht verlassen haben und an Pflanzen höher aufsteigen. Die tiefer unten am verholzten Hornkleeast sitzende Raupe hat noch eine weitere Häutung vor sich. – Blumberg, Eichberg 7. 7. 92 A. HOFMANN.

Habitat: Das Spektrum der verschiedenen Habitate ist so groß, daß es nur wenig sinnvoll sein kann, hier alle pflanzensoziologischen Verbände, Unterverbände oder Assoziationen anzuführen, in denen Raupen oder Falter dieser Art nachgewiesen wurden.

Interessant ist in diesem Zusammenhang vielleicht das Ergebnis der bereits erwähnten Studie von H. Steffny (1982–91). Für die Jahre 1983 und 1984 liegen detaillierte Erfassungen und quantifizierte Auswertungen für diese Art im NSG Taubergießen vor. Die Untersuchungsfläche umschließt verschiedene pflanzensoziologische abgrenzbare Einheiten (insgesamt 10), die in regelmäßigen Abständen aufgesucht wurden und wo per Strichlisten die vorkommenden Arten und Individuen mengenmäßig festgehalten wurden (Transektmethode). Das Spektrum reicht von sehr trocken (XE = Xerobrometum) über verschiedene Varianten der Glatthaferwiesen (A1-A3 = Arrhenathereten) bis feucht (MO = Molinion). In allen 10 Flächen wurde *Z. filipendulae* nachgewiesen. (s. Abb. Habitatpräferenzenvergleich 1983, 1984; H. Steffny).

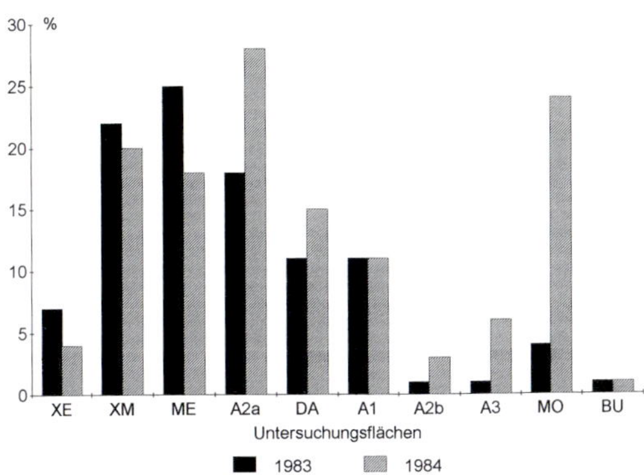

Deutlich zeigt sich bei graphischer Darstellung, daß ein klares *filipendulae*-Abundanzmaximum im ziemlich trockenen Bereich (Xero-Mesobrometum [= XM] bis magere Verbände des Arrhenatheretum) besteht. Im bereits feuchteren Mittelabschnitt (DA [= Damm] bis A3) sind die wenigsten Meldungen zu verzeichnen. Erst wieder im Übergang zum feuchten Molinion (MO) steigt die Kurve an. Das Überraschende bei der Untersuchung aber war, daß sich die Aufenthaltsmaxima jahrweise unterscheiden. So war 1984 die gesamte Kurve in den feuchteren Bereich verschoben; die Nachweise im Molinion waren fünfmal so hoch wie ein Jahr zuvor. Diese Fläche wurde 1984 erst nach der Flugzeit gemäht und bot so ein attraktiveres und vielfältigeres Nektarpflanzenspektrum. Während 1983 das Maximum im Xero-Mesobrometum und Mesobrometum (= ME) lag, waren 1984 das magere Arrhenatheretum (A2a) und das Molinietum (MO) die am stärksten besetzten Flächen. In dieser wechselnden Habitatpräferenz kommt die große Anpassungsfähigkeit der Falter dieser Art in einem Biotopkomplex gut zum Ausdruck.

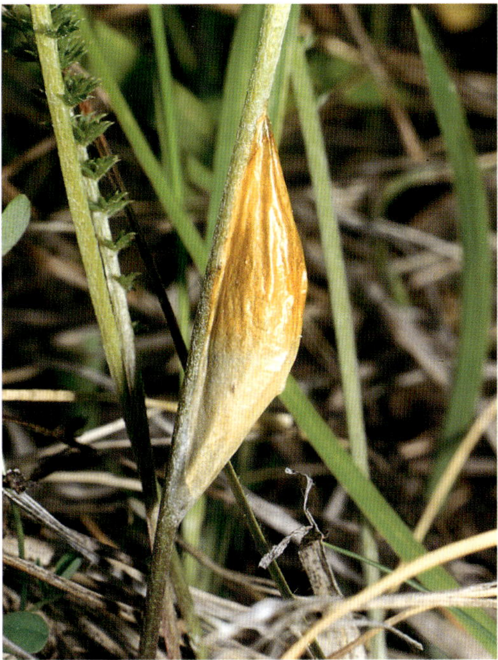

Die spindelförmigen Kokons einiger Widderchenarten (*Z. trifolii, Z. filipendulae*) sind manchmal auffallend zweifarbig. Diese ziemlich exakt halbseitige Färbung – der oberer Teil ist dann deutliche dunkler gelb – entsteht durch die streng vorgegebene Kokonbauweise der Raupe (gattungsspezifisch ?), wobei jeweils immer nur eine Hälfte bis zur Mitte hin mit einem calciumoxalathaltigen Sekret ausgekleistert wird (s. Einleitung). Unterscheiden sich der erste (oben) und zweite (unten) Tropfen in Färbung oder Zusammensetzung, so entstehen die »bichromen Zygaenenkokons« wie hier beim *Z. filipendulae*-Kokon. – Döggingen 17. 6. 86 G. Ebert.

Nahrung des Falters: So vielseitig das Lebensraumspektrum dieser Art bei uns ist, so artenreich scheint auch die Palette der vom Falter besuchten Nahrungsblütenpflanzen. Nicht weniger als zwei Dutzend verschiedene Pflanzenarten notiert H. Steffny allein für seine beiden Untersuchungsflächen Taubergießen und Hartheim. Insgesamt sind fast 50 verschiedene Nahrungsblüten aus Baden-Württemberg gemeldet. Dabei fällt auf, daß neben der zu erwartenden Vorliebe (fast 70 %) für Violettblüher (i. w. S., also von mehr rot- bis blauviolett) eine nicht unerhebliche Zahl gelbblühender Pflanzen (23 %) regelmäßig von den Faltern zur Nektaraufnahme besucht wird. Dagegen treten die Pflanzen mit weißen (5 %) oder blauen Blüten (3 %)

deutlich zurück. Will man eine Wertung vornehmen, so sind die Pflanzen gemäß ihrer ›Besuchszahlen‹ zu ordnen. Hier zeigt sich dann eine noch klarere Präferenz der Violettblüher: Alle Blütenpflanzen mit der kategorischen Einstufung ›häufig besucht‹ oder ›sehr häufig besucht‹ gehören diesem Farbenspektrum an; an allererster Stelle *Centaurea jacea*. Nur wenig dahinter folgen die Skabiose (*Scabiosa columbaria*) und *Knautia arvensis*. Von den Gelbblühern besitzt die Raupennahrungspflanze (*Lotus corniculatus*) eine gewisse Bedeutung für den Nektarbedarf des Falters (›gelegentlich besucht‹); gleiches gilt für *Solidago gigantea* (Daten: M. HASSLER, A. HOFMANN, E. RENNWALD, H. STEFFNY u.a.).

Verhalten: Die zunächst blaß-, später sattgelben Eier werden in ungeordneten Häufchen (mehrlagiger Klumpen) abgelegt. Nicht selten sind es 30–50 Eier in einem einzigen Gelege. Das Weibchen sitzt dazu in leicht vertikaler oder gar horizontaler Lage, an einem geeigneten Halm oder Pflanzenstengel sich festhaltend, um mit gekrümmtem Abdomen im Abstand von 4–10 Sekunden Ei für Ei an die Unterseite der Nahrungspflanzenblättchen zu heften (A. HOFMANN). Die Eiphase dauert 8 Tage (SCHÄFER 1967b, A. HOFMANN). Nach dem Schlüpfen fressen die farblosen Eiräupchen als erste Nahrungsaufnahme die eiweißhaltigen Eihüllen auf. Meistens vergehen dann 1 oder 2 Tage, ehe Fraßspuren an der Nahrungspflanze festzustellen sind. Die jetzt grünlichen Räupchen durchlaufen anschließend drei Häutungen und treten im Herbst (je nach Ablagezeitpunkt) in die obligatorische Diapause ein.

Die Falter von *Z. filipendulae* gehören zu den konkurrenzstarken Blütenbesuchern. Von anderen tagaktiven Faltern lassen sie sich nur wenig oder gar nicht beim Blütenbesuch stören. Einmal auf einer Blüte gelandet, scheint die Blüte regelrecht besetzt zu sein. Selbst Hummeln und Bienen können den Falter (besonders die schwerfälligen, sturen Weibchen) kaum zum Auffliegen bewegen (A. HOFMANN, E. RENNWALD, H. STEFFNY). Verstärkt wird dieser Blütenbesuchsvorteil noch durch die witterungsmäßig weniger beschränkten Aktivitätszeiten dieser Art. Während viele andere Arten bei Bewölkung, leichtem Wind oder niedrigeren Temperaturen mehr oder weniger inaktiv in Ruhepositionen verharren, kann das Sechsfleck-Widderchen nicht selten noch umherfliegend und nahrungspflanzenaufsuchend angetroffen werden. Dies trifft besonders für länger anhaltende Bewölkung zu. Viele potentielle Konkurrenten unter den ›echten Tagfaltern‹, aber auch andere Widderchen wie *Z. carniolica* oder *Z. transalpina*, reagieren hier wesentlich sensibler.

Z. filipendulae ist zwar weit verbreitet und kann bisweilen recht starke Populationen hervorbringen, die Populationsdichten die einige wesentlich lokalere und stenökere Arten (*Z. purpuralis, Z. carniolica, Z. fausta*) in manchen Jahren aufbauen, sind für *Z. filipendulae* aber eher die Ausnahme. Oft sind die Populationen vergleichsweise dünn.

Fremdkopulae werden bei keiner anderen Widderchenart öfter beobachtet als beim Sechsfleck-Widderchen. Besonders häufig sind peucedanoide *Z. ephialtes*-Weibchen in Kopula mit *Z. filipendulae*-Männchen anzutreffen. G. EBERT, E. RENNWALD und F. KIRSCH notierten am 17.7. 1986 allein 3 Kopulae dieser Konstellation an einem einzigen Fundort (Marbach, Blößberg)! Zuchtversuche (G. REISS, G. TARMANN, A. HOFMANN) zeigen jedoch bei solchen Hybridkopulae (*filipendulae* × *ephialtes*), daß die Weibchen schon vorher von arteigenen Männchen befruchtet waren. Die reziproke Kreuzung (*ephialtes* × *filipendulae* ♀) kommt viel seltener vor (näheres hierzu s. HOLIK 1933 ›Ueber Zygaenen-Bastardierungen im allgemeinen und die Kreuzung *Z. filipendulae* L. ♂ × *Z. ephialtes* L.♀ im besonderen‹).

Solcherlei Fremdkopulae irritierten die anthropozentrischen Moralvorstellungen besonders der älteren Autoren. In der Vergangenheit waren sie nicht selten Anlaß für wüste Zygaenenbeschimpfungen und noch bis weit in unser Jahrhundert hinein dienten sie wirren Evolutionsideen als Nährboden (J. HERRMANN 1941: »Wer aber den außerordentlichen Geschlechtstrieb aller Zygaenenarten kennt, wird sich über die Fülle solch perverser Kopulationen nicht wundern, weshalb ja auch die Zygaenenfamilie in einem fortwährenden Umwandlungsprozeß begriffen sind«; MEYER 1915: Kleine Mitteilung: Perversität bei Zygaenen; u.a.).

Was Dispersion und Standorttreue der Widderchen betrifft, so liegen hierzu einige Freilanduntersuchungen (STEFFNY et al. 1984, LÜTTMANN 1987, SMOLIS & GERKEN 1987) vor, deren Ergebnisse durchaus ein paar Überraschungen beinhalten. So werden die in einem Lebensraummosaik diverser Magerwiesen in Rheinland-Pfalz observierten Widderchenarten (*Z. viciae, Z. filipendulae*) von LÜTTMANN als ›Arten mit geringer Mobilität‹ eingestuft. Für *Z. filipendulae* konnte der Autor durch Markierungsuntersuchungen (Fang und Wiederfang) einen maximalen Aktionsradius von nur 200 bis 250 m nachweisen. Den Aktionsraum seiner untersuchten *filipendulae*-Population beziffert LÜTTMANN mit 3,2–5,0 ha. Bezüglich der Mobilität kommen SMOLIS & GERKEN (Nordrhein-Westfalen) zu etwas abweichenden Ergebnissen. Die maxi-

Das Sechsfleck-Widderchen besiedelt ein weites Spektrum ökologisch recht unterschiedlicher Standorte. An fast allen Fundorten kommt es zusammen mit weiteren Begleit-Widderchen vor. So auch hier im ein- bis zweischürigen Halbtrockenrasen am Eichberg, der zu den artenreichsten Zygaenen-Lokalitäten in Baden-Württemberg zählt. Neben *Z. filipendulae* konnten hier 7 weitere Rotwidderchen nachgewiesen werden, mindestens 6 Arten haben hier ihren Larvalhabitat (*Z. minos*, *Z. carniolica*, *Z. viciae*, *Z. transalpina*, *Z. filipendulae*, *Z. lonicerae*; *Z. fausta* und *Z. osterodensis* werden hier gelegentlich beim Blütenbesuch beobachtet). Die Populationen sind in manchen Jahren jedoch sehr falterarm, insbesondere dann, wenn die Wiesen zu früh gemäht werden. – Blumberg, Eichberg 7. 7. 92 A. HOFMANN.

male Aktionsdistanz betrug hier fast 1 km (980 m), der durchschnittliche Aktionsradius lag bei ca. 200 m. Die Autoren kommen zu dem Resultat, »die untersuchten Zygaeniden ließen 1983 keine enge Ortsbezogenheit (Ortstreue), sondern eine eher breite Verteilung im Gebiet erkennen«.

Diese Mobilität kann sicherlich jahrweisen Schwankungen unterliegen, je nachdem wo, wann und wie das Blütenpflanzenangebot vorzufinden ist. Beobachtungen von H. STEFFNY in Taubergießen legen diese Vermutung nahe (s. Kapitel Habitat). Hier wechselten die Falter entsprechend den Blütenangeboten in den Jahren 1983 und 1984 regelrecht die Habitate.

Parasitoide: Zahlreiche Parasitennachweise liegen für diese Art aus Baden-Württemberg vor. Dipteren (det. H.-P. TSCHORSNIG): *Exorista fasciata* (NAUMANN: Schwäb. Alb), *E. nova* (NAUMANN: Talheim), *Phryxe magnicornis* (NAUMANN: Talheim u. Onstmettingen, GREMMINGER: Michelsberg), *P. prima* (NAUMANN: Genkingen, Hechingen, Talheim, SCHÄFER: Stuttgart), *Ceromasia rubrifrons* (BONESS: Kaiserstuhl). Hymenopteren (det. E. DILLER, K. SCHMIDT): *Brachymeria intermedia*, *Agrothereutes tibialis* (beide Arten vom Michelsberg/ Bruchsal, GREMMINGER), (eigenartigerweise?) keine Brackwespen (Braconidae). Eigenen Zuchten 1980–93 (A. HOFMANN) mit zahlreichen Freilandraupen (Eichberg b. Blumberg, Kaiserstuhl, Waldkirch) ergaben allerdings nicht einen einzigen Parasiten (während bei gleichzeitig durchgeführten Zuchten anderer Arten, oft mit wesentlich weniger Raupen, recht häufig Parasiten aus den Kokons schlüpften)!

Gefährdung und Schutz

Rote Liste Bundesrepublik: –
Rote Liste Baden-Württemberg: –

Oberrheinebene: Nicht gefährdet.
Schwarzwald: Nicht gefährdet.
Neckar-Tauberland: Nicht gefährdet.
Schwäbische Alb: Nicht gefährdet.
Oberschwaben: Nicht gefährdet.

- In Baden-Württemberg nicht gefährdet! Besonders geschützt gemäß § 20 e ff. BNatSchG.

Zygaena filipendulae zeigt nirgendwo in Süddeutschland größerflächige Rückzugstendenzen. Ganz im Gegenteil: Dort wo potentielle, neue Lebensräume entstehen (auch wenn sie sich noch in relativ gestörtem Zustand befinden), erscheint nicht selten bald nach dem Auftreten des Hornklees auch dieser Falter (Verkehrsinseln, Straßenböschungen, Dämme). Anderslautende Einschätzungen beruhen meistens auf einer Überbewertung lokaler Verhältnisse oder basieren auf einem zu kurzen Untersuchungszeitraum. So gestehen beispielsweise Feucht & Geissler & Reck (1989) *Z. filipendulae* einen hohen Zeigerwert »für nährstoffarme, blütenreiche Wiesenflächen« zu. Ihre Gefährdungssituation wird mit »mittlerweile stark rückläufig« beschrieben. Eine derartige Einschätzung mag für Filderstadt zutreffen, eine Rote-Liste-Diskussion aufgrund der dortigen Situation ist aber sicherlich deplaziert. Wo rückläufige Tendenzen sich abzeichnen, hat dies direkt mit anthropogenem Landschaftsverbrauch (Landwirtschaft, Forste, Siedlungen) zu tun, – einer Entwicklung also, die grundsätzlich die gesamte Fauna bedrängt. Das Sechsfleck-Widderchen ist zweifellos diejenige Art der Gattung, die gegenwärtig am besten der ökologischen Diversität Mitteleuropas angepaßt ist. Das fast geschlossene Verbreitungsareal ist hierfür ein gutes Indiz.

Das Zwillingsartenpaar *Zygaena lonicerae-trifolii*

Zygaena lonicerae und *Z. trifolii* sind eng verwandt. Phylogenetisch bilden sie ein Artenpaar (Monophylum, »sibling species«). Die in ihren ökologischen Ansprüchen stark abgeleitete – für die gesamte Gattung untypisch feuchthabitatorientierte – *Z. trifolii* ist eine atlantomediterrane Art, die in der gesamten Westmediterranregion vorkommt. Die stärker xerothermophile *Z. lonicerae* mit ihrer weiten Verbreitung bis China und östlich des Baikal-Sees wird dem sibirischen Faunenkreis zugerechnet (Naumann et al. 1984). Von Mittelspanien bis zu den Britischen Inseln und Polen überlappen die Areale beider Arten großflächig, so daß auch in Süddeutschland *Z. trifolii* und *Z. lonicerae* eng beieinander, manchmal sogar zusammen, angetroffen werden. In unserem Faunengebiet sind beide Arten – mit unterschiedlichen Schwerpunkten – in allen Hauptnaturräumen vertreten.

Habituell können *Z. lonicerae* und ihre nächstverwandte *Z. trifolii* bisweilen nur schwer unterschieden werden. Besonders weniger geübte Faunisten und nicht auf diese Gruppe spezialisierte Lepidopterologen haben hier nicht selten Schwierigkeiten, so daß Fehlbestimmungen (besonders bei abgeflogenen Einzeltieren) gelegentlich vorkommen. Die folgenden Diagnosen sind als makroskopische Bestimmungshilfen für Freilandarbeiten gedacht:

Habituelle Unterscheidungsmerkmale
Z. lonicerae hat schmaler umsäumte Hinterflügel, im Apex spitzere Vorderflügel, etwas längere, weniger gekolbte und dünnere Fühler. Die Neigung zum Zusammenfließen der roten Vorderflügelflekken ist geringer.

Biologische Merkmale
Wirtspflanzenspezifität der Raupen: *Z. lonicerae* auf *Trifolium*-Arten und *Lotus corniculatus*; *Z. trifolii* auf *Lotus uliginosus* und L. *corniculatus* (niemals auf *Trifolium* sp.).
Larvalhabituelle Merkmale: Die *lonicerae*-Raupe besitzt lange Setae (›Haare‹, bis 2,4 mm; bei *trifolii* nur bis 1 mm). Die *trifolii*-Raupe ist gelb-schwarz, bei *lonicerae* sind zusätzlich noch weiße Zeichnungselemente (gelb-weiß-schwarz) vorhanden.
Kokonfarben: *trifolii*-Kokons sind sattgelb (die obere Kokonhälfte ist meistens deutlich dunkler gelb; dadurch betonter zweifarbig); *lonicerae*-Kokons sind glasiger (glasig-gelb bis glasig weiß).

Ökologische Merkmale
Z. trifolii besiedelt nasse, feuchte bis mesophile Bereiche; meistens in Talauen, Quellmooren, Feuchtwiesen und wenig geneigten Lokalitäten.
Z. lonicerae bevorzugt trockene bis mesophile Bereiche; oft in Hanglagen (lichte Waldinseln, Magerrasen).

Zygaena lonicerae
(Scheven, 1777)

Klee-Widderchen

Zygaena (Zygaena) lonicerae SCHEVEN (ALBERTI 1958–59, NAUMANN & TREMEWAN 1984, REISS & REISS 1970, REISS in SEITZ 1930–33, REISS & TREMEWAN 1967)
Zygaena (Huebneriana) lonicerae SCHEVEN (KOCH 1955)
Zygaena (Thermophila) lonicerae SCHEVEN (BERGMANN 1953, BURGEFF 1926b)
Huebneriana lonicerae SCHEVEN (FORSTER 1956)
Anthrocera lonicerae SCHEVEN (SPULER 1906, HERING 1932)

Gesamtverbreitung: *Zygaena lonicerae* gehört zu den häufigeren Widderchenarten in Europa, wo sie fast überall weitverbreitet ist. Sie fehlt im Süden und Westen der Iberischen Halbinsel. Ansonsten siedelt die Art von der Sra. de Albarracin in Spanien bis Schottland und Wales, im gesamten Mittel- und Südeuropa (einschließlich Sizilien und dem Peloponnes) bis weit hinein nach Sibirien (östlich des Baikalsees, J. KLIR) und NW-China (Prov. Xinjang, W. ECKWEILER); auch in Skandinavien (hier bis zum 62^{0} Breitengrad) ist sie vertreten. Das Schwarze Meer wird in seiner Gesamtheit umschlossen. Auf der Krim, im Kaukasus und in der N-Türkei ist *Z. lonicerae* häufig anzutreffen.

Subspezifischer Kontext: Ähnlich wie *Zygaena trifolii* neigt auch *Z. lonicerae* innerhalb Europas nur gering zur Ausbildung namensberechtigter Unterarten. Insbesondere gilt dies für Mitteleuropa, so daß – die Alpen ausgenommen – alle Populationen von Westfrankreich bis zum Ural als ›typisch‹ anzusehen sind. Beschrieben wurde *Z. lonicerae* aus ›Regensburg, Bayern‹.

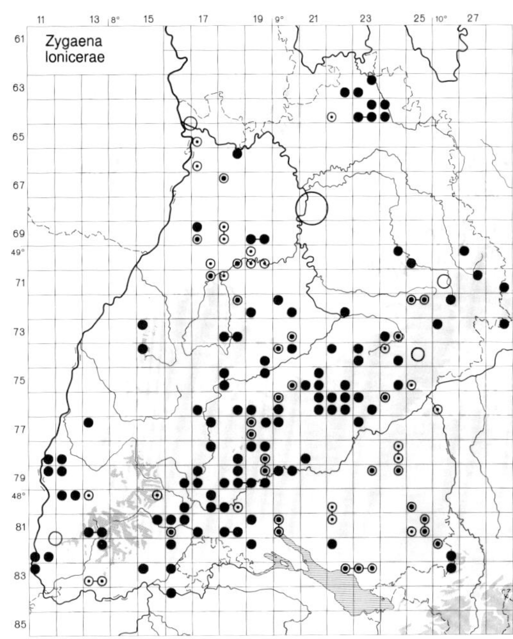

Verbreitung

Regional: *Zygaena lonicerae* hat eine weite Verbreitung in Baden-Württemberg. Ihr Areal dürfte noch wesentlich geschlossener sein, als dies auf der Verbreitungskarte zum Ausdruck kommt. Einige Meldungen aus der Literatur und dubiose Einzelfunde (auch abgeflogene oder aberrative Einzeltiere) in den Sammlungen mußten unberücksichtigt bleiben, weil die Unterscheidung zwischen *Z. trifolii* und *Z. lonicerae* nicht ausreichend gesichert erschien. Für die Schwäbische Alb, weite Teile des südlichen Neckar-Tauberlandes (Baar, Obere Gäue, entlang dem Neckar) und für das Tauberland kann davon ausgegangen werden, daß das Klee-Widderchen ein ähnlich geschlossenes Areal besitzt wie *Z. filipendulae* oder *Z. loti*. In der nördlichen Oberrheinebene, in Oberschwaben und im Kraichgau, wo die Art früher anscheinend weit verbreitet war, ist besonders das Fehlen aktueller Meldungen auffallend. Nur wenige Meldungen nach 1970 liegen uns aus diesen Regionen vor. Naturräumlich-klimatisch bedingt, dürften dagegen die Vorkommen im Schwarzwald, in der planaren Stufe der Oberrheinebene und in den Keuper-Waldlandschaften östlich des Neckars schon immer sehr verstreut und spärlich gewesen sein. Daß die Art aber auch hier an geeigneten Stellen, weitab vom Hauptareal, bodenständige Populationen bildet, belegen mehrere Fundortnachweise neueren Datums (Schwarzwald: Hornisgrinde, 6.8. 1977; Gertelbach, 8.8. 1981, R. HERRMANN; südl. Oberrheinebene: Efringen-Kirchen, 9.7. 1988, I. HEGAR; östl. Neckar-Tauberland: Bröckingen, 20.7. 1979; Laufen/Kocher, 26.7. 1974, M. WEBER; 7222D Reichenbach, 17.7. 1985, M. MEIER).

Aus der oberrheinischen Vorbergzone und aus dem Hochschwarzwald liegen nur Einzelmeldungen vor. Recht zahlreich sind Populationen in den klimatischen Gunstregionen (Kaiserstuhlgebiet und Tauberland) anzutreffen. Der rezente Verbreitungsschwerpunkt liegt aber eindeutig auf der Schwäbischen Alb.

Vertikal: Die höchstgelegenen *lonicerae*-Fundorte befinden sich in den Alpen bei 2000 m (TARMANN 1975). Im armenischen Bergland soll die Art sogar bis 3000 m aufsteigen (HOLIK & SHELJUZHKO 1957). Bei uns fehlt sie bereits in der hochmontanen und subalpinen Stufe. Auch aus der planaren Stufe sind nur wenige Vorkommen bekannt. Den Schwerpunkt der Höhenverbreitung in Baden-Württemberg bilden ganz eindeutig kolline und niedere bis mittlere Lagen der montanen Stufe (350–750 m).

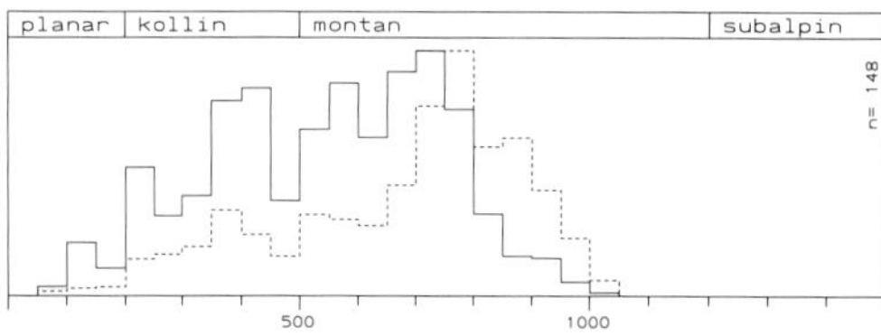

Phänologie

Imagines: Das Flugzeitdiagramm der Oberrheinebene basiert fast ausschließlich auf Daten vom Kaiserstuhl, dessen außergewöhnliche Klimagunst und die damit verbundenen frühen Flugzeiten hinreichend bekannt sind. So ist *Z. lonicerae* am Badberg und Ohrberg ein typischer Vertreter des Monats Juni, während in allen anderen Naturräumen signifikante Flugzeitenschwerpunkte erst zwischen Anfang Juli (Neckar-Tauberland) und Ende dieses Monats (Oberschwaben) liegen. In beiden genannten Hauptnaturräumen und auf der Schwäbischen Alb kann die Art von Mitte Juni bis Mitte August angetroffen werden. Spätere Daten liegen aus allen Naturräumen nur sehr vereinzelt vor (Pfullingen, 28.8. 1983, G. REISS). Individuenreiche Populationen sind bei *Z. lonicerae* selten, meistens werden die Falter vereinzelt beobachtet.

Präimaginalstadien: Freilandraupenfunde datieren in die Monate April/Mai im Kaiserstuhlgebiet (27.4. 1980, 10.5. 1992, 20.5. 1990, A. HOFMANN) und in die Monate Mai/Juni in den anderen Regionen (30.6. 1984, 7420A Hirschlandbachtal, A. STEINER; 18.6. 1987, 7420B Schönbuch, D. BARTSCH; 2.6. 1987, 8222A Deggenhausertal; 26.6. 1989, 8326B, Adelegg, T. MARKTANNER). Durchweg handelte es sich dabei um erwachsene Raupen, die kurz vor der Verpuppung standen. Ein außergewöhnliches Massenaufkommen von *Z. lonicerae*-Raupen meldet T. MARKTANNER aus dem Allgäu. Am 5.6. 1990 wurden bei Isny (Großholzleute) von diesem Mitarbeiter 35 Raupen notiert, vier Tage später am 9.6. waren es sogar 96 überwiegend halberwachsene Raupen, die vornehmlich sich sonnend auf trockenen Stengeln, Grashalmen und verschiedenen krautigen Pflanzen saßen. Nur eine einzige davon (!) befand sich auf der Wirtspflanze. Noch am 17.6. konnten die letzten erwachsenen Raupen (3) zusammen mit Kokons beobachtet werden. Weitere Meldungen von Freilandkokons liegen für die Monate Juni und Anfang Juli auch aus anderen Naturräumen vor (Badberg, 8.6. 1982, R. HERRMANN; 7917C Bad Dürrheim, 16.7. 1992, frisch geschlüpftes ♀ auf Kokon, A. HOFMANN; Adelegg, 26.6. 1989, T. MARKTANNER; 10.7. 1960, 8017B, Osterberg/Baar, H. HERRMANN).

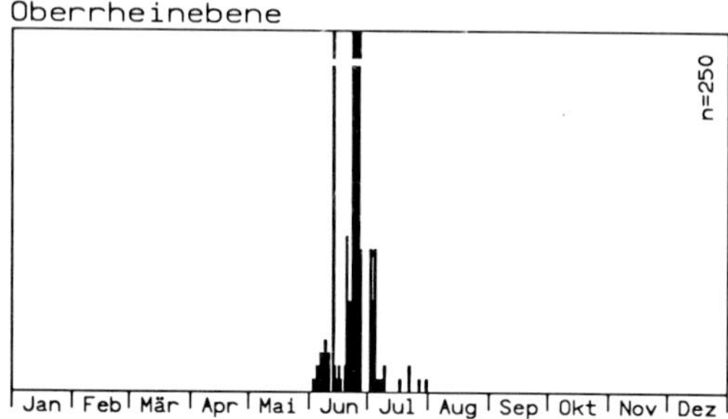

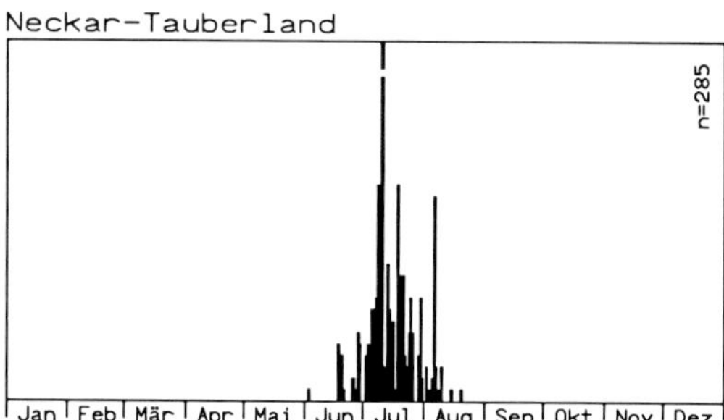

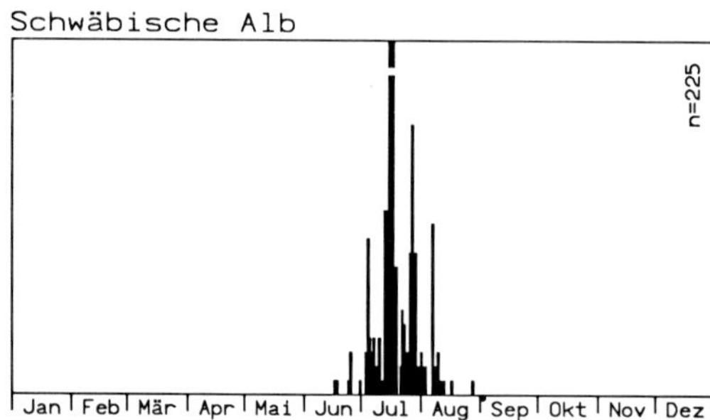

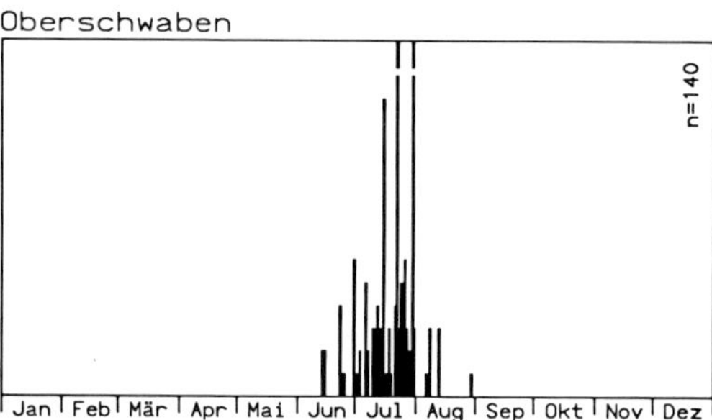

Eine interessante Beobachtung von H. HERRMANN (1972) verdient hier erwähnt zu werden: »Bei dieser Art kann man die Raupen, die später Männchen oder Weibchen ergeben, voneinander unterscheiden. So ist die Männchen-Raupe trübweiß, die Weibchen-Raupe jedoch grünlich oder auch schmutziggelb mit weißlichen Rücken- und Seitenstreifen.«

Zweifel erscheinen jedoch angebracht, ob hier nicht Zufälligkeiten an wenigen untersuchten Tieren vielleicht ein falsches Bild lieferten.

Im Gegensatz zur ähnlichen *Zygaena trifolii* neigt das Klee-Widderchen (*Z. lonicerae*) nur wenig zur Konfluenz der roten Vorderflügelmakeln. Dieses Merkmal in Verbindung mit spezifischen ökologischen Ansprüchen erlaubt jedoch die problemlose Arterkennung im Freiland. Das mittlere Fleckenpaar (3 + 4) ist bei *Z. lonicerae* im Gegensatz zu *Z. trifolii* meist deutlich getrennt, so wie bei dem hier abgebildeten Weibchen, das gerade an einer Kratzdistel (*Cirsium* spec.) seine Eier ablegt. – Schönbuch, Seebachtal 19. 7. 85 A. STEINER.

Ökologie

Lebensraum: Das Klee-Widderchen bevorzugt trocken-warme bis mesophile Lokalitäten und unterscheidet sich hierin gut von der feuchtigkeitsorientierten *Z. trifolii*. In mesophilen Biotopen, an kleinräumig vernetzen Standorten mit eng benachbarten Trocken- und Feuchtbiotopen wie Talauen und deren Flanken oder Böschungen können gelegentlich beide Arten syntop oder zumindest sehr nahe beieinander vorkommen. So meldet J.U. MEINEKE (21.7. 1984) für den *lonicerae*-Fundort Dettenhausen/Tübingen »fliegt hier mit *Z. trifolii* zusammen«. An den meisten Lokalitäten dürfte es jedoch so sein wie im Utzenfeld/Schwarzwald, wo beide Arten in unmittelbarer Nachbarschaft und zur gleichen Zeit fliegen, jedoch ökologisch klar getrennt sind [»*lonicerae* im Trockenbereich, *trifolii* auf flachmoorigen Standorten (Quellmoore), etwas höher gelegen«, R. HERRMANN].

Da engverwandte Arten der Gattung *Zygaena* nicht selten fruchtbar miteinander kreuzbar sind, wäre es interessant zu untersuchen, ob in Lokalitäten, die mit beiden Arten zur gleichen Zeit besetzt sind – wo folglich die ökologischen Isolationsmechanismen nicht mehr greifen – andere Barrieren wirksam sind, oder ob an solchen Fundorten bastardierte Individuen existieren.

Am Kaiserstuhl kommt die Art wie auch auf vielen Plätzen der Schwäbischen Alb und im Tauberland bevorzugt in offenen süd- oder südwestorientierten Hanglagen vor. Magere Wiesen auf kalkhaltigem Substrat (Jura, Muschelkalk) und lößbedeckte, wärmestauende Standorte bieten anscheinend ideale Voraussetzungen für diese Art. In Verebnungsflächen oder auf weitläufigem, wenig geneigtem Offenland ist sie weitaus seltener und bildet hier nur sehr dünne Populationen aus (z.B. auf den Wiesen der Baar). Sie dringt aber auch in die lichten Wälder ein, wo sie manchmal verhältnismäßig individuenstark entlang breiter Waldwege oder auf Lichtungen und Waldwiesen anzutreffen ist. Sogar Aufforstungsflächen, sofern genügend offene Stellen noch vorhanden sind, werden besiedelt. Darüberhinaus sind die wärmeliebenden Waldsäume und viele Übergangsbereiche zum Offenland, flächig versaumende Magerrasen, Wacholderheiden, steppenheideartige Biotope, Steinbrüche und Bahndämme von großer Bedeutung für diese Art. Leichte Beweidung ist förderlich. Auch einmalige Mahd (pro Jahr) entzieht *Z. lonicerae* keineswegs die lebensnotwendigen Grundlagen. In beiden Fällen sind die Populationen zwar dünner, als an Lokalitäten die mehrere Jahre sich selbst überlassen bleiben, längerfristig sind aber solcherart Eingriffe unbedingt notwendig, damit durch natürliche pflanzensoziologische Sukzession (hin zum Klimax Wald!) nicht völlig die Lebensräume unserer Offenlandarten zerstört werden.

Neben den bevorzugten Löß- und Kalklandschaften beherbergen auch weniger basische (bis leicht azidische) Untergrunde noch durchaus geeignete *lonicerae*-Habitate, wie Vorkommen auf dem magmatischen und metamorphen Grundgebirge des Schwarzwaldes und in weiten Bereichen der eiszeitlichen Moränenlandschaften und auf sandigen Schotterterrassen in Oberschwaben beweisen.

Nahrung der Raupe:
Trifolium medium – Mittlerer Klee
4 L (HEG, MAR, STE)
Trifolium montanum – Bergklee
4 L (BAR, MAR, RSH)
Trifolium alpestre – Hügelklee
L (GRE)
Lotus corniculatus – Hornklee
4 L (HOF, RSG, RSH, UEB)
? *Onobrychis viciifolia* - Esparsette
(HEH, RSH)
? *Lathyrus pratensis* – Wiesen-Platterbse
L (HOF, MAR)

Sehr auffallend an der Raupe des Klee-Widderchens ist die lange Behaarung. Ein weiterer Unterschied zu *Z. trifolii* besteht ferner in der blassen Grundfarbe, von der sich auch die gelben Pigmentflecken gut absetzen. Während *Z. trifolii* niemals an Klee-Arten (*Trifolium* spp.) vorkommt, kann es sich bei Raupenfunden an Hornklee (*Lotus* spp.) um beide Arten handeln. Im Halbtrockenrasen scheinen *lonicerae*-Raupen sogar Hornklee zu bevorzugen. – Kaiserstuhl, NSG Badberg 10. 5. 92 A. HOFMANN.

Neben verschiedenen Ausprägungen der Kalkmagerrasen zählen besonders lichte Waldränder zu den bevorzugten Lebensräumen des Klee-Widderchens. Auch Sukzessions- und Aufforstungsflächen werden gerne besiedelt, sofern sie entsprechend blumen- und mosaikreich sind. – Steinfurt b. Külsheim, Würzburger Steige 16. 6. 88 F. KIRSCH.

Neben Hornklee und Bergklee nennt H. REISS (1937) in der Lepidopterenfauna von Württemberg noch Esparsette (*Onobrychis viciifolia*) als Raupennahrungspflanze. Aus der Notiz geht leider nicht hervor, ob es sich um eine Beobachtung des Autors selbst oder um eine Literaturübernahme handelt. Gleiches gilt für die Esparsette-Meldung, die H. HERRMANN (1972) in seiner Arbeit über die ›Großschmetterlinge der Baar‹ anführt. Beide Hinweise gewinnen insofern an Glaubwürdigkeit, als auch BERGMANN (1953) diese Pflanze für Thüringen nennt. Auf ein noch weiter reichendes Nahrungspflanzenspektrum deutet ferner hin, daß A. HOFMANN eine halberwachsene Raupe auf *Lathyrus pratensis* beobachtete; deutlich waren Fraßspuren in unmittelbarer Nähe zu sehen. Für die Trokkenrasen-*lonicerae* dürfte aber der Hornklee die überragende Rolle spielen. Alle Beobachtungen am Kaiserstuhl betreffen diese Pflanze. In mesophilen Bereichen und entlang der Waldsäume (besonders auf der Schwäbischen Alb) kommt daneben den Klee-Arten (*Trifolium* spp.) entscheidende Bedeutung zu. Nicht geklärt werden konnte bislang, ob die Nahrungspflanzenbindung populationsspezifischen Charakter zeigt, oder ob auch Populationen existieren, die oligophag an mehreren *Trifolium*-Arten (und an Hornklee) leben. In Nordtirol scheint die Art nur an *Lotus corniculatus* zu leben (TARMANN 1975).

Habitat: Mesobromion, Übergänge zum Xerobromion sowie Verbuschungs- und Versaumungsbereiche der Trespentrockenrasen – insbesondere dort, wo aus den wärmeliebenden Saumgesellschaften (Trifolio-Geranietea) und trockenen Staudenhalden Arten ins Mesobrometum vordringen, und trockene bis wechselfeuchte Fettwiesen (besonders Arrhenatherion, bereits weniger Trisetion flavescentis) sind für *Z. lonicerae* die wichtigsten pflanzensoziologischen Verbände in unserem Faunengebiet. Auch obstbaumbestandene Glatthaferwiesen bieten noch gute bis ausreichende Lebensbedingungen für diese Art. Mit zunehmender Nässe verschwindet dann *Z. lonicerae*; sie fehlt im Molinion und dürfte auch im Calthion nur vereinzelt (wenn überhaupt!) anzutreffen sein.

Nahrung des Falters: Ganz klar favorisiert werden blau-violette Blüten vom ›Kompositen-Körbchen-Typus‹: *Knautia arvensis*, *Scabiosa columbaria*, *Cen-*

taurea jacea, C. sylvatica, C. stoebe, Cirsium arvense, C. tuberosum (H. STEFFNY) und *Carduus* sp. (D. DOCZKAL). Daneben gehört auch der Wilde Majoran (*Origanum vulgare*) noch zu den häufig besuchten Blütenpflanzen.

Verhalten: Im Vergleich mit den Populationen anderer Widderchenarten fällt bei *Zygaena lonicerae* die geringe Individuendichte an vielen Lokalitäten auf. Meistens werden nur wenige blütenbesuchende Einzeltiere angetroffen. *Z. trifolii* bringt dagegen an ihren Lokalitäten meistens individuenstarke Populationen hervor. Der agilere und bessere Flieger ist zweifellos *Z. lonicerae*. Das Sumpfhornklee-Widderchen ist hingegen wesentlich träger in seinem Verhalten.

Parasitoide: Neben *Phryxe magnicornis* (Diptera, Tachinidae, det. P. TSCHORSNIG) schlüpften aus *lonicerae*-Kokons mehrere Brackwespen (Hymenoptera, Braconidae).

Gefährdung und Schutz

Rote Liste Bundesrepublik: 4
Rote Liste Baden-Württemberg: V

Oberrheinebene: Nicht gefährdet (Aussage nicht abgesichert).
Schwarzwald: Nicht gefährdet.
Neckar-Tauberland: Nicht gefährdet (regional gefährdet).
Schwäbische Alb: Nicht gefährdet.
Oberschwaben: Gefährdet (regional bereits ausgestorben oder erloschen).

- In Baden-Württemberg eine Art der Vorwarnliste!
  Besonders geschützt gemäß § 20 e ff. BNatSchG.

In der Roten Liste der BRD wird dem Klee-Widderchen der gleiche Gefährdungsstatus eingeräumt wie *Z. carniolica, Z. transalpina* oder *Z. purpuralis*. Dies trifft sicherlich nicht zu. Das Klee-Widderchen ist weiter verbreitet, und Bestandsbedrohungen sind nicht zuletzt wegen der großen ökologischen Spanne, die diese Art einnimmt (s. Lebensraum, Habitat), nur in wenigen (meistens agrarisch intensiv genutzten) Regionen zu befürchten. Hier muß an allererster Stelle Oberschwaben genannt werden. Die Verbreitungskarte läßt hier deutlich aktuelle Meldungen vermissen, und sicherlich sind nicht nur mangelnde Faunistenaktivitäten hier als Gründe anzuführen. Dezimierungstendenzen könnten sich auch bereits im Kraichgau andeuten.

Da *Z. lonicerae* immer als Begleitart anderer Widderchen-Arten auftritt (in mesophilen Säumen zusammen mit *Z. viciae, Z. osterodensis*; in trockenen Säumen mit *Z. fausta, Z. transalpina, Z. ephialtes*; im Mesobrometum mit *Z. carniolica* u.a.), die weitaus gefährdeter sind und für deren Schutz mancherorts unbedingt Pflegemaßnahmen ergriffen werden müssen – von welchen wiederum nolens volens auch die syntope *Z. lonicerae* profitieren wird –, erübrigt sich in diesem Falle ein gesonderter Schutzmaßnahmenkatalog. Für Oberschwaben wäre eine Neukartierung wünschenswert. Sollte sich nämlich herausstellen, daß die vielen ›alten Punkte‹ tatsächlich vakant sind, so wäre dies in der Tat ein alarmierendes Zeichen!

Zygaena trifolii (Esper, 1783)

Sumpfhornklee-Widderchen

Zygaena (Zygaena) trifolii ESP. (ALBERTI 1958/59, NAUMANN & TREMEWAN 1984, REISS & REISS 1970, REISS & TREMEWAN 1967)
Zygaena (Thermophila) trifolii ESP. (BERGMANN 1953, BURGEFF 1926b, REISS in SEITZ 1930–33)
Zygaena (Huebneriana) trifolii ESP. (KOCH 1955)
Zygaena (Zygaena) trifolii abnobae KOCH (REISS & REISS 1970, REISS & TREMEWAN 1967)
Huebneriana trifolii ESP. (FORSTER 1956)
Anthrocera trifolii ESP. (SPULER 1906, HERING 1932)

Huebneriana trifolii ESP. (NOVAK & SEVERA 1980)

Aus Baden-Württemberg beschriebenes Taxon:
»*Zygaena trifolii* ESP. var. *abnobae*« KOCH, 1941 ('Gutach im Mittelschwarzwald').

Zygaena trifolii muß heute als eine der am besten erforschten Schmetterlingsarten angesehen werden. In zahlreichen Untersuchungen an den Universitäten Köln (W. WIPKING), Bielefeld und Bonn (C.M. NAUMANN et al.) und Münster (A. NAHRSTEDT et al.) diente diese Art als Forschungsobjekt. W. WIPKING gelang es, komplizierte und vielgestaltige Strategien der Überwinterung exemplarisch an dieser Art aufzuzeigen. C.M. NAUMANN, A. NAHRSTEDT et al. untersuchten an ihr die Biochemie des Blausäurestoffwechsels, welcher für das synökologisch-ethologische Verständnis aller Widderchenarten von zentraler Bedeutung ist. Die damit verbundene Wehrhaftigkeit erforderte regelrecht ein auffälliges aposematisches Zeichnungsmuster für diese vergleichsweise flugträgen, tagaktiven Schmetterlinge. Freilandstudien an *Z. trifolii* (Dispersionsverhalten, Partnerfindung, Blütenpflanzenattraktivität, Kokonparasitismus) sowie morphologische (Genitaltrakt, Spermatophorenübertragung), morphologisch-physiologische (Wehrsekretbehälter, Transport u. Synthese des Wehrsekrets, Respiration bei Raupen, Protein-Spektrum), physiologische (Sexuallockstoffe; zusammen mit E. PRIESNER/Seewiesen) und larvalbiologische Arbeiten (Entwicklungszyklus, Einfluß der Photoperiode) durch die NAUMANNsche Schule haben unser Wissen und

Verständnis über Evolution und Koevolution in nicht unerheblichem Maße vertieft.[1]

Z. trifolii stellt bezüglich ihrer ökologischen Ansprüche eine ungewöhnliche Widderchenart dar. Als einzige Art dieser Gattung ist sie sehr eng an feuchte (bis mesophile) Lokalitäten gebunden. Selbst in Klimaregionen, die durch starke zonale Aridität geprägt sind (z.B. Sahara-Atlas in Algerien), zeigt *Z. trifolii* diese Einnischung. Hier sind ihre Vorkommen entsprechend lokal und dispers auf azonale kleinräumige Feuchtklimate beschränkt.

Gesamtverbreitung: Im gesamten westlichen Mittelmeerraum ist die Art weit verbreitet, besonders entlang der Flußsysteme, in Quellmoorbereichen der Gebirge und in küstennahen Feuchtbiotopen; so vom Litoral NE-Tunesiens bis in den zentralen Hohen Atlas in Marokko. In Europa siedelt sie auf der gesamten Iberischen Halbinsel, in Frankreich, den Kanalinseln, Südengland, in weiten Teilen Mitteleuropas (einschließlich der atlantischen Küsten) bis nach Polen und der Tschechischen Republik. Die Ostgrenze liegt im Westen der Ukraine. Nicht bewohnt sind Skandinavien, der Kernraum der Alpen und die gesamte Apenninenhalbinsel. Ein isoliertes Vorkommen an der Ostküste Siziliens (Syracus!) dürfte auf passive Verschleppung in historischer Zeit (aus Nordafrika?) zurückzuführen sein (Hofmann, Reiss & Tremewan 1994)

Subspezifischer Kontext: Koch (1941) hat die Populationen des Schwarzwaldes namentlich fixiert (*abnobae*, s.o.), Przegendza (1932) diejenigen des Elsaß *(vogesiaca)*. Beide Taxa sind in die Synonymie der nominotypischen *Z. trifolii trifolii* Esp. (Typenlokalität: »... in der Gegend von Frankfurth am Mayn ...«) zu verweisen. Hierzu können auch alle weiteren mitteleuropäischen Populationen dieser Art gezogen werden.

Verbreitung

Regional: Das Sumpfhornklee-Widderchen weist innerhalb unseres Faunengebietes ein sehr eigenartiges Areal auf, das mit keiner anderen Widderchenart vergleichbar ist. Enormen regionalen Fundorthäufungen stehen anscheinend sehr dünn besiedelte Gebiete unmittelbar gegenüber – eine Situation, die ökologisch allein kaum befriedigend zu erklären ist. Sammlerpräferenzen und ungleichmäßige Durchforschung dürften hierfür nicht unerheblich sein. Andererseits bedingt die enge Bindung an niederschlagsreiche oder bodenfeuchte Lokalitäten bisweilen eine hohe Populationskonzentration in solchen Gebieten, wo entsprechende Biotope noch zahlreich oder großflächig anzutreffen sind. Dies trifft für das südliche Oberschwaben sicherlich zu (»Im Allgäu von mir am häufigsten festgestellt. Fast in jeder Streuwiese vorhanden«, M. Goldschalt). Hier im Bodenseebecken, im Oberschwäbischen und besonders im Westallgäuer Hügelland besitzt das Sumpfhornklee-Widderchen einen markanten Siedlungsschwerpunkt, dem sich allerdings

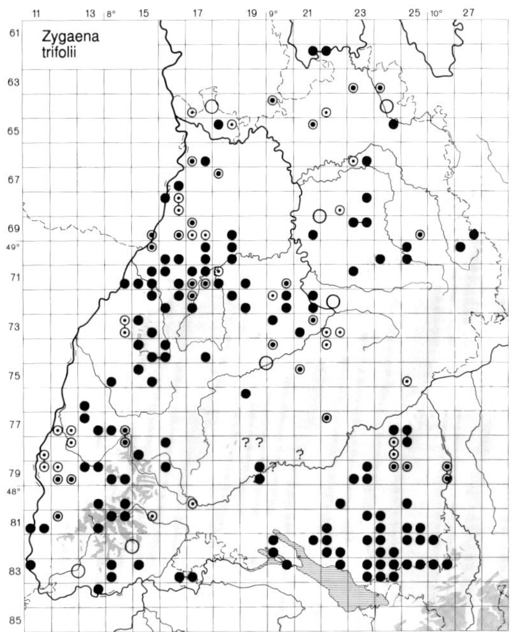

nach Nordwesten zur Donau hin bereits wieder eine ausgedehnte Verbreitungslücke anschließt.[2] Bei der Dichte der Populationspunkte bis zur österreichischen Grenze verwundert es, daß nicht eine einzige aktuelle Meldung mehr aus dem anschließenden Vorarlberg von Aistleitner (1990a) angeführt werden konnte. Die Art soll dort ausgestorben sein. Ein zweiter Populationsschwerpunkt besteht zwischen dem südlichen Kraichgau (Maulbronn, Nsg Roßweiher, M. Wallner), der Nördlichen Oberrhein-Niederung (6716D Rußheimer Altrhein) und den Schwarzwald-Randplatten (7218D Neuhausen, M. Wallner) bis hin zum Renchtal. Im Mittleren, Südöstlichen und Hochschwarzwald sind zerstreut, aber gleichmäßig *trifolii*-Populationen nachgewiesen. Lichter wird die Arealkarte dann im südlichen

[1] Mehr als ein Dutzend ausgezeichneter Examens-, Diplom- und Dissertationsarbeiten wurden unter der Leitung von Prof. C.M. Naumann über *Z. trifolii* erstellt. Leider liegen viele dieser Arbeiten z. Zt. nur als vervielfältigte Kopien vor und sind einem Großteil der interessierten Leserschaft schwer oder gar nicht zugänglich!

[2] Die Dokumentation der Widderchen in diesem Raum basiert auf den Sammlungen und Notizen von G. Reich und M. Schlusche. Ausgezeichnete Arbeit in Oberschwaben leisteten (und leisten noch) mehrere Schmetterlingsfaunisten (G. Baisch, A. Bertalan, V. Boden, M. Goldschalt, E. Kiefer, H. & P. Kautt, T. Marktanner, J.U. Meineke, R. Schick), denen an dieser Stelle herzlich gedankt sei!

Neckar-Tauberland (Baar, Obere Gäue und Vorland der westlichen Schwäbischen Alb). Nur am mittleren Neckar (Umgeb. Stuttgart) und im Glemswald sind ein paar vereinzelte Punkte lokalisiert, die sich über Schurwald und Welzheimer Wald bis zu den Schwäbisch-Fränkischen Waldbergen fortsetzen. Ausgedünnt wirkt der flurbereinigte Kraichgau und alle übrigen östlich und nordöstlich anschließenden Regionen. Erst wieder im Odenwald (6418D Aiterbachtal, R. Bläsius, P. Kristal) und im Spessart (6221B Freudenberg, A. Becher) bis zum Tauberland sind ein paar wenige Populationen anzutreffen. Mehr Hinweise auf *Z. trifolii* wären auch aus der Oberrheinebene zu erwarten gewesen. Von Natur aus dünn besiedelt von dieser hygrophilen Art war dagegen die gesamte Schwäbische Alb. Hier, wo ihre Geschwisterart *Z. lonicerae* ihren rezenten Verbreitungsschwerpunkt hat, konnte *Z. trifolii* in den letzten 25 Jahren nirgendwo mehr nachgewiesen werden. 7722A Pfronstetten/Warmberg (»an der B312, *trifolii* frisch«, 20.7. 1963, W. Uebel) stellt die einzige zweifelsfreie Angabe in den letzten 30 Jahren für diese gesamte Region dar. Alle anderen Angaben entstammen den Randbereichen der Alb und datieren überwiegend in den Anfang dieses Jahrhunderts (Vorland der Mittleren Schwäbischen Alb: Kirchheim/ Teck, 20.6. 1916 und Nürtingen, 17.6. 1917, H. Reiss sen.; Neuffen, 8.7. 1917, H. Reiss sen.; Neuffen, Jusiberg, 13.8. 1919, H. Reiss jun.; Pfullingen/ Ortsrand, 18.6. 1966, G. Reiss). Von der Albabdachung zur Donau, aus dem Blautal bei Blaubeuren, stammt eine einzige Meldung aus dem Jahre 1957 (7525C, 28.7., H. Reiss jun.).

Mehrere kritische Meldungen, so z.B. bei Biotopkartierungen (G. Ebert & B. Traub 1979–82) beobachtete Einzeltiere und Hinweise in Artenlisten (Kinkler & Schmitz), bei denen Falter damals nicht mitgenommen wurden oder nicht zur Überprüfung vorlagen, wurden auf der Karte mit »?« eingegeben. Gezielte Begehungen in den entsprechenden Lebensräumen (s.u.) wären speziell in diesem Naturraum wünschenswert. Die spärlichen Nachweise in diesem Raum sind fast alle an der Donau gelegen (Irrendorf, E. Friedrich; 7920A Hausen im Tal, F. Nippel; 8017C Donauried, A. Gremminger).

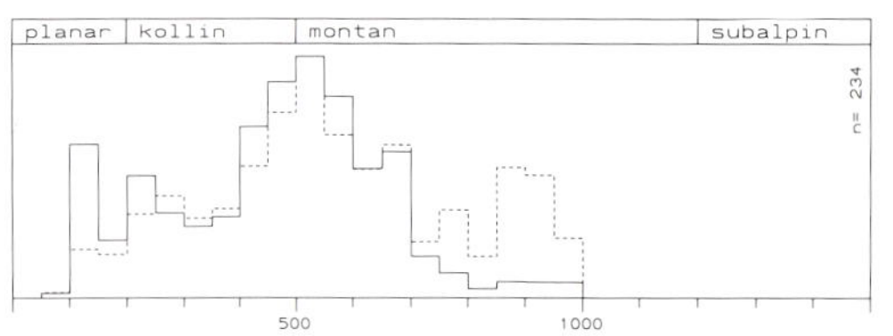

Typisch für das Sumpfhornklee-Widderchen (*Zygaena trifolii*) ist seine Neigung zur Konfluenz der Vorderflügelflecken, – eine habituelle Tendenz übrigens, die bei der nahe verwandten *Z. lonicerae* nur in seltenen Einzelfällen zu beobachten ist. Manchmal (besonders bei Weibchen) treten Falter auf, bei denen alle Flecken miteinander verbunden sind, so daß ein Widderchen vom Streifentypus entsteht, wie dies für einige andere Zygaenenarten artspezifisch ist (*Z. osterodensis, Z. minos, Z. purpuralis*). Das enorme Variationsspektrum und solcherart häufig auftretende Konvergenzen verwirren nicht selten den weniger sachkundigen Faunisten. – Ibach, Schwarze Säge 24. 7. 93 H.G. Lussi.

Vertikal: Am Mittelmeer existieren zahlreiche Küstenpopulationen dieser Art. Die höchsten Standorte werden in Nordafrika erreicht. Im Hohen Atlas dringt *Z. trifolii* entlang der Gebirgsbäche bis in die kleinräumigen Quellmoore innerhalb der Dornpolstervegetation vor (2700 m).

Vergleichsweise gering ist die Vertikalspanne in Mitteleuropa. Die Höhengrenze in den Alpen dürfte noch unterhalb 1800 m liegen. In Baden-Württemberg nimmt *Z. trifolii* eine Spanne von 100 bis 1000 m ein. Die höchstgelegenen Fundorte befinden sich im Hochschwarzwald (Belchen, 1000 m, C. Schmid-Egger).

Phänologie

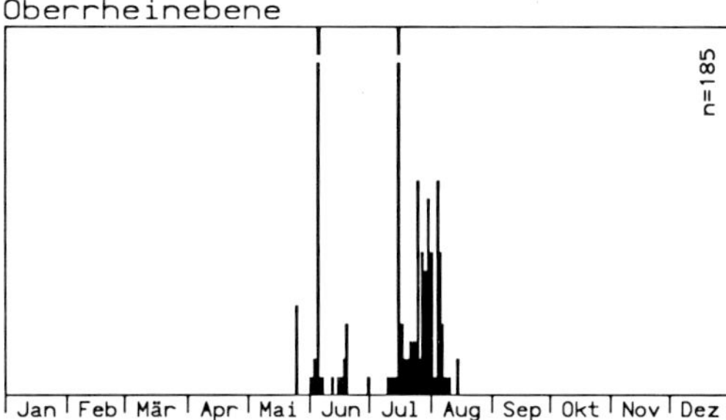

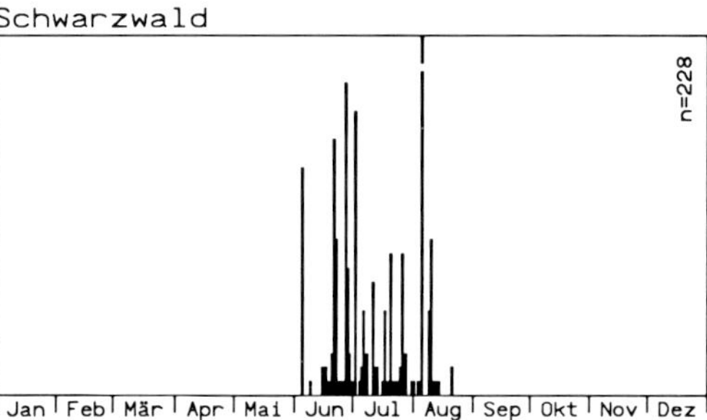

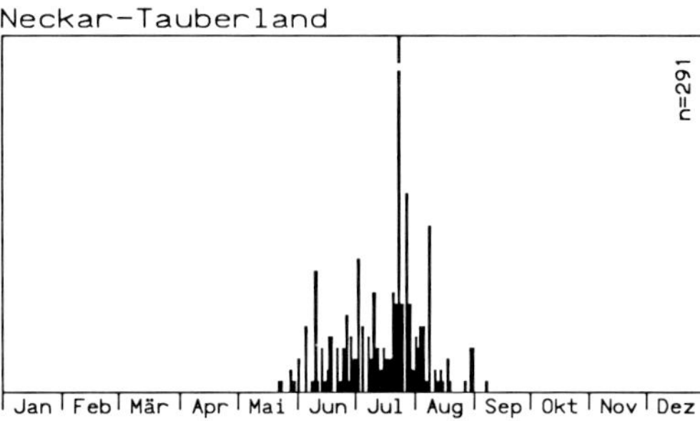

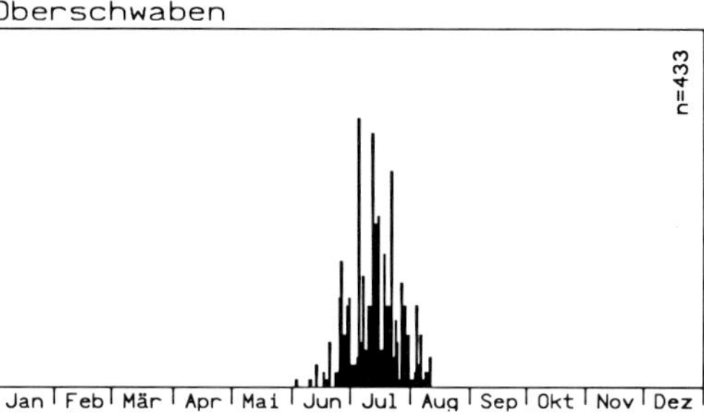

Imagines: In klimatisch günstigen Regionen des Mittelmeerraumes bringt *Z. trifolii* regelmäßig eine zweite Generation hervor. Auch in den Nordvogesen existieren bivoltine Populationen dieser Art, die »regelmäßig und häufig« auftreten (J. C. WEISS). Nicht eindeutig interpretierbar sind die Imaginalphänogramme unseres Faunengebietes. Eine vergleichbare Situation diskutieren HOLIK (1959), WARNECKE (1948b) für die Hamburger Gegend, GRIEBEL (1909) für die Pfalz und SCHMIDT-KOEHL (1977) für das Saarland. Innerhalb unseres Faunengebietes kann nur für Oberschwaben mit Sicherheit von einer rein monovoltinen Populationskolonie ausgegangen werden. Im Schwarzwald und besonders im Neckar-Tauberland und in der Oberrheinebene sind die Flugzeiten über einen sehr langen Zeitraum ausgedehnt und lassen eine leichte »Doppelwelle« erkennen. Wie bereits unter *Z. filipendulae* diskutiert (s. dort), wären auch hier mehrere Möglichkeiten denkbar (z. B. in günstigen Jahren Bivoltinismus oder pseudobivoltine Stämme A und B). Interessanterweise haben die Phänogramme der Oberrheinebene und des Neckar-Tauberlandes bei beiden Arten exakt an der Monatswende Juni/Juli eine auffällige Einkerbung, so daß auch bei uns die Existenz zweier verschiedener Stämme nicht von der Hand gewiesen werden kann. Quantitative Erfassungen über mehrere Jahre hinweg und Freilanduntersuchungen (an Nicht-Diapausenraupen?) zu diesem Phänomen stehen für die gesamte Gattung in Süddeutschland noch aus. Keinesfalls sind die lokalen Erscheinungszeiten allein mit der Höhenlage oder der klimatischen Einordnung des betreffenden Biotopes zu erklären. In manchen verhältnismäßig tief gelegenen Lokalitäten innerhalb klimatisch begünstigter Regionen fliegen die Falter nämlich relativ spät im Juli/August (6518A Altenbach, 300–500 m, G. JUNGE; Graben-Neudorf, 108 m; 6716D Dettenheim, 100 m); in kühleren und wesentlich höher gelegenen Fundorten kann die Art dagegen fast einen Monat früher (Juni/Juli) beobachtet werden (Löwensteiner Berge, 350–539 m, coll. WANNER; Umgebung Stuttgart; 7825A Dürnachtal, 500–640 m und 7924B Ummendorf, 540 m, G. REICH).

So ist *Z. trifolii* beispielsweise in der Umgebung Hinterzartens im Hochschwarzwald (885–930 m) Mitte Juli normalerweise bereits am Ende ihrer Flugzeit, wenn in der nördlichen Oberrheinebene (zwischen 100 und 120 m Höhe) die ersten Falter gerade zu fliegen beginnen. Ein Vergleich der Klimawerte für Hinterzarten (Niederschlag $\geq$ 1200 mm, mehr als 140 Frosttage/Jahr, durchschnittliche Lufttemperatur zwischen 5–6°C) und Dettenheim ($\leq$ 600 mm, weniger als 80 Frosttage, $\geq$ 9°C) liefert hierfür keine Erklärungsmöglichkeiten. Der jahreszeitlich späteste Fund (7.9. 1990) entstammt einer Lokalität in 230 m Höhe (7018B Dürrn, V. BODEN).

Präimaginalstadien: Ab Ende April/Anfang Mai werden die ersten Freilandraupenbeobachtungen gemeldet. A. HOFMANN fand am 30.4. 1985 (Sug-

Ob der Name »Widderchen« von den rot-schwarzen Widrigkeitsfarben herrührt oder ob die Haltung der Fühler – ähnlich einem Widder – hierfür ausschlaggebend war, läßt sich heute nicht mehr sagen. Das vorliegende Foto läßt beide Versionen denkbar erscheinen. Individuelle Farbvariationen von kräftig rot bis zitronengelb mit allen Übergängen kommen bei fast allen Zygaenenarten vor. Das hier abgebildete *Z. trifolii*-Männchen hat bereits starke Gelbbeimengung in den roten Makeln. – Malsch-Sulzbach, Vorbergzone 8. 87 G. Ebert.

gental bei Waldkirch) zahlreiche 1 cm große Postdiapausenraupen zusammen mit mehreren *Z. filipendulae*-Räupchen gleicher Größe auf den beiden Hauptnahrungspflanzen sitzend. Leider wurde versäumt, die Räupchen zahlenmäßig genau zu erfassen und auf der jeweiligen Hornkleeart zu notieren, um eventuelle Präferenzen (Konkurrenzvermeidung bei syntopem Vorkommen?) zu erkennen. In den Monat Mai fällt noch eine Beobachtung von G. Ebert & E. Eckert (7216C Reichental, 21.5. 1988), die sich ebenfalls auf »drittelerwachsene Raupen« bezieht. Bei allen anderen Angaben (je nach Lokalität zwischen dem 5.6. und 21.7.) dürfte es sich dann um erwachsene, größtenteils wahrscheinlich sogar um verpuppungsreife Raupen handeln. Die zahlreichen Mitarbeitermeldungen sowie Tagebuchnotizen und Karteikartenvermerke (A. Gremminger: »Auf den Bruchwiesen Raupen regelm. in Anzahl gefunden«; P.S. Wagener, »5 Raupen«) lassen gewisse Raupenhäufigkeiten an den Fundorten und auch eine optische Auffälligkeit der Raupen selbst erkennen. Meistens sitzen die wespenhaft gelb-schwarz gezeichneten Raupen – und somit optisch in ihrer grünen Nahrungspflanzenumgebung nicht gut oder gar nicht getarnten (nahezu unbehaarten) Tiere – gut sichtbar auf dem Hornklee. Zusammen mit weiteren einheimischen Widderchen-Arten *(Z. filipendulae, Z. lonicerae, Z. transalpina, Z. angelicae, Z. ephialtes)* muß die Farbe und Ornamentik der *Z. trifolii*-Raupe wohl als aposematisches Muster gedeutet werden, das dem Wespen-Mimikry-Ring zuzuordnen ist (s. Einleitung *Zygaena*, 6. Blausäure ...).

Auf mehrmalige Überwinterung der Raupen wird von verschiedenen Seiten hingewiesen (H. Lienig/Tagebuch; G. Reiss pers. Mitt., Wipking 1987). Besonders häufig werden bei *Z. trifolii* Freilandkokons registriert (M. Meier »Kokon an Grashalm«, »6 leere Kokons«, W. Schäfer »Puppengespinste«, A. Gremminger »1 Dtzd. Puppen«; E. Rennwald »... vielfach leere, an Grashalmen befestigte Kokons« u.s.w.). Dies erklärt sich aus der spezifischen Einnischung dieser Art in bodenfeuchte Habitate. Hochkokons, die nun mal auffällig sind, garantieren in extrem feuchten Jahren den Fortbestand der entsprechenden Populationen besser als bodennahe Kokonplätze. Zeitlich liegen diese Funde durchweg im Monat Juli. Erwartungsgemäß befinden sich in den Museen vergleichsweise viele e.p.- und e.l.- etikettierte Falter dieser Art.

Ökologie

Lebensraum: Eine stichwortartige Aufzählung der Mitarbeiterfundortbeschreibungen charakterisiert sehr prägnant den Lebensraum dieser Art: »Altrhein«, »Auwald«, »moorig« (M. Wallner), »Bruchwiesen« (A. Gremminger,) »feuchte Talwiesen« (H. Deuring), »feuchte Wiesen« (K. Strobel, H. Messmer, L. Settele), »Ried« (G. Reich), »Feuchtgebiet«, »Quellmoor«, »Moorwiese« (T. Marktanner,) »Zwischenmoor« (R. Schick), »Streuwiese«, »übergangsmoorähnliche Streuwiese«, »Hangquellmoor«, »Bachaue«, »Pfeifengraswiese«, »Flachmoor mit Torfmoos«, »verlandetes Todeisloch« (M. Goldschalt), »Nasswiesen« (J.U. Meineke), »feuchtes Wiesentälchen« (R. Herrmann).

Die Flur- oder Ortsnamen enden auf
- bach (Seebach, Schöllenbach, Altenbach, Moosbach),
- bachtal (Euterbachtal, Kettelsbachtal, Krummbachtal)
- grund (Schelmengrund, Pfaffengrund),

- moor (Kammerweihermoor, Mahlweihermoor, Hinterzartener Moor),
- moos (Lochmoos, Degermoos, Weihermoos, Wasenmoos) oder
- ried (Donau-, Kreenried; Wurzacher-, Alberser-, Dornacher Ried)
- see (Ellbachsee, Federsee, Schreckensee, Midelsee, Blauensee),
- tal (Moosalbtal, Fichtental, Walpertstal, Dürnachtal),
- weiher (Roßweiher, Birkenweiher, Spitalweiher, Hilsenweiher),
- wiesen (Mohrenwiesen, Farlickwiese, Stöckleswiesen)

oder lassen anderweitig Wassernähe erkennen (Dreisamdamm, Altrheindamm, Aumühle, Hausener Mühle, Bodenmühle). Diese Liste spricht Bände und stellt in der Tat nur einen kleinen Ausschnitt typischer *Z. trifolii*-Feuchtlokalitäten in Baden-Württemberg dar.

Bodenständige Populationen finden sich in Baden-Württemberg anscheinend ausschließlich im feucht-nassen bis mesophilen Bereich. Interessanterweise dringt die Art in Nordrhein-Westfalen häufig in typische *lonicerae*-Lebensräume vor. »Die Species bevorzugt im Rheinland sonnenexponierte Trockenrasen und wird seltener auch in den Randbereichen versumpfter Brachwiesen beobachtet« (WIPKING 1987)[3]. Für andere Teile Deutschlands trifft diese Beobachtung so nicht zu (KEIL 1993 u. BERGMANN 1953 für Ostdeutschland; GRIEBEL 1909 für die Pfalz). Zwar können auch bei uns manchmal Einzeltiere in trockeneren Bereichen beobachtet werden, die eigentlichen Trockenrasen werden aber hier nicht von dieser Art besiedelt.

TREMEWAN (1985) ordnet die britischen *trifolii*-Populationen zwei unterschiedlichen Ökotypen zu, die sich ökologisch und ethologisch gut unterscheiden lassen. Die Unterart *decreta* lebt an *Lotus uliginosus* und fliegt von Ende Juni bis Anfang August in Feuchtbiotopen (»wet moorland and damp meadows«), ssp. *palustrella* (an *L. corniculatus*) von Mitte Mai bis Mitte Juni auf Kalk-Höhenrükken oder Kreidehügeln (»restricted to chalk downs and limestone hills«).

Bezüglich der Klimaausstattung und der geologischen Untergrundbeschaffenheit kann *Z. trifolii* nicht als stenöke Art bezeichnet werden. Dies geht klar aus dem breiten Spektrum der in Baden-Württemberg bewohnten Lebensräume hervor (s. Phänologievergleich Hinterzarten-Dettenheim). Daß *Z. trifolii* bei uns nicht auf der Schwäbischen Alb

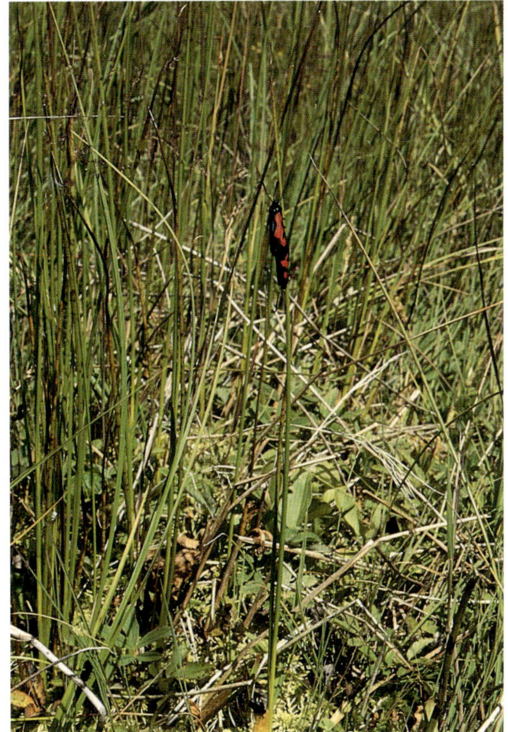

Frisch geschlüpfte Weibchen werden vormittags oft in unmittelbarer Nähe ihres Kokons in »Erstkopula« angetroffen. Hier ist das Weibchen nach Verlassen des Kokons nur wenige Zentimeter an einer Binse emporgeklettert, wo es noch vor Erreichen der Flugfähigkeit (Flügel sind manchmal noch nicht voll entwickelt bzw. ausgehärtet) von einem Männchen erspäht und begattet wurde. Bei *Z. trifolii* konnten zwei verschiedene Partnerfindungssysteme nachgewiesen werden (PRINZ & NAUMANN 1988). »Während Weibchen in der Nachmittagsphase Männchen mit Hilfe von Pheromonen anlocken, suchen die Männchen morgens Weibchen ausschließlich mit Hilfe visueller Stimuli« (HEINE & NAUMANN 1993). – Ibach, Schwarze Säge 24. 7. 93 H.G. LUSSI.

angetroffen wird, liegt nicht (beziehungsweise nur mittelbar) an den jurassischen Untergrunden. Vielmehr ist das hierauf nur mangelhaft entwickelte oberirdische Entwässerungssystem in dieser Region die eigentliche Ursache des Fehlens dieser Art. Nirgendwo geht sie hier die Steigen hoch und sie kommt auch auf den Hochflächen nicht vor. Erst wenige Male konnt *Z. trifolii* in diesem Naturraum nachgewiesen werden. Die geologisch-edaphischen Gegebenheiten einer stark von Karst geprägten Landschaft engen die möglichen Vorkommen auf wenige Lokalitäten ein. Nur dort, wo wasser-

[3] Dem widerspricht allerdings eine Habitatcharakterisierung, die WIPKING selbst fünf Jahre zuvor in seinem Beitrag »über die Verbreitung der Zygaenidae im Rheinland« abgab: »In sumpfigen oder moorigen Gebieten ist sie viel häufiger als auf Trockenrasen« (WIPKING 1982, S. 269. Diese Einschätzung bestätigt J.U. MEINEKE: »Auch in NRW hat die Art die größten Vorkommen in Feuchtgebieten des mittelrheinischen u. westfälischen Flachlandes!).«

stauende Schichten hygrische Sonderbedingungen geschaffen haben (»Talversumpfungen und Vermoorungen«, J. U. MEINEKE), wo breite Talauen in der tief eingeschnittenen Juraformation entwickelt sind oder wo Flüsse oberflächlich entwässern, sind kleinräumige Lebensräume für diese Art vorhanden. Neben den hygrischen Bodenverhältnissen sind meistens Ebenheiten oder leicht geneigte Standorte Grundvoraussetzungen für die Präsenz dieser Art. Offenland, niedriger Moorwald sowie waldfreie oder waldferne Lokalitäten werden bevorzugt. Außer den Feuchtgebieten (Feuchtwiesen, Riedflächen, minerotrophe Moore, nasse Talauen u.ä.) werden halbfeuchte und auch noch mäßigtrockene Lokalitäten besiedelt. Oft sind es mehrere Bereiche, die eng beieinander liegen (trockene bis halbtrockene Rheindämme und nur wenige Meter entfernte feuchte bis nasse Altrheinauen; mesophile Talhänge und nasse Wiesen oder feuchte Brachen u.ä.).

Nahrung der Raupe:
Lotus uliginosus – Sumpfhornklee
5 L (EBE, ECK, ESC, HEG, HOF, MEI, REN, RSG, RSH)
Lotus corniculatus – Hornklee
3 L (GRE, HOF, RSG)

Da *Z. trifolii* sowohl an Hornklee (*Lotus corniculatus*) als auch an Sumpfhornklee (*L. uliginosus*) nachgewiesen werden konnte, bleibt noch zu klären, ob bei syntopem Vorkommen mit *Z. lonicerae* oder *Z. filipendulae* (oder gar beiden) eine gewisse Strategie der Konkurrenzvermeidung herausselektiert wurde und *Z. trifolii* an solchen Lokalitäten eventuell völlig auf Sumpfhornklee übergewechselt ist. Eine Beobachtung von E. RENNWALD verdient in diesem Zusammenhang zitiert zu werden: »Am Heuweilerer Straßengraben sammelte ich 1985 acht verpuppungsreife Zygaenenraupen ein, vier an *Lotus corniculatus*, vier an *Lotus uliginosus*. Ich erhielt daraus 4 *Zygaena filipendulae* von *L. corniculatus*, 1 weitere von *L. uliginosus*; die restlichen drei Raupen von *L. uliginosus* lieferten *Z. trifolii*-Falter.«

Habitat: Das gesamte Spektrum der Molinio-Arrhenatheretea, insbesondere der feuchte Flügel mit den Verbänden Calthion und Molinion, bilden zusammen mit den Scheuchzerio-Caricetea (in erster Linie den Verbänden Caricion fuscae auf kalkarmen Böden und Caricion davallianae in kalkreichen Gegenden) die eigentlichen *trifolii*-Habitate in unserem Raum. Daneben dürften noch einige andere Verbände wie Juncion acutiflori und Juncion squarrosi im Schwarzwald von Bedeutung für diese Art sein. Oft sind es kleinräumig eng verzahnte Mosaike, wo die Feucht- und Nasswiesengesellschaften fließend ineinander übergehen. »... vom feuchten Flügel des Arrhenatheretum bis zu Flachmoor-Beständen« beschreibt E. RENNWALD den *trifolii*-Fundort im NSG Brai (650–680 m), wo die Art fast jedes Jahr (1983–1986) eine individuenreiche Population aufbaut (200 bis 400 Falter wurden an einem Tag gezählt). Als eigentliches Imaginalhabitat an dieser Lokalität führt er eine magere Form der Silgenwiese (Sanguisorbo-Silaetum, Calthion) an. Hier befand sich auch am zahlreichsten die Nahrungspflanze der Raupe (*Lotus uliginosus*).

Nahrung des Falters: Mit weitem Abstand an erster Stelle müssen hier zwei Pflanzen aus der Blau-Violett-Gruppe genannt werden: der Gewöhnliche Teufelsabbiß (*Succisa pratensis*) im feuchten und wechselfeuchten Bereich auf basischen bis mäßig sauren Böden und die basiphile Wiesenknautie (*Knautia arvensis*) auf trockeneren Böden. Auch die Raupennahrungspflanzen *L. uliginosus* und *L. corniculatus* werden gerne von den Faltern zur Nahrungsaufnahme aufgesucht. Im Feuchtbereich gehört ferner *Senecio aquaticus* zu den Favoriten. Weitere Arten kommen in mesophilen Bereichen und an den Kontaktzonen zum trockeneren Milieu hinzu: *Trifolium pratense, Knautia arvensis, Scabiosa columbaria, Centaurea jacea, Chrysanthemum leucanthemum.*

Zwei interessante Untersuchungen von P. OKKENFELS/Bonn und H.-J. PRINZ/ Bonn sollen hier kurz erwähnt werden. In einer ersten Studie (1989) über die Attraktivität von *Knautia arvensis*-Blüten auf *Z. trifolii*-Imagines konnte OCKENFELS nachweisen, daß neben optischen Auslösern (Form und Farbe; die Rezeptoren im Facettenauge von *Z. trifolii* haben ein Empfindlichkeitsmaximum bei 460nm = Ultramarinblau! PRINZ 1988) »in den Blütenextrakten von *K. arvensis* Stoffe enthalten sind, die in der Lage sind, auf der Antenne von *Z. trifolii* befindliche Rezeptoren zu stimulieren«. Mittels gaschromatographischer Methoden gelang es ihm später (1993, unveröffentl.), die chemische Ähnlichkeit des männlichen Pheromon-Bouquets mit dem Duft der von *K. arvensis* ausströmt aufzuzeigen. (Farbenempfindlichkeit s. Verhalten).

Verhalten: *Z. trifolii* ist eine vergleichsweise flugträge Zygaene, die an geeigneten Standorten nicht selten individuenstarke Populationen aufbaut. Umherschwirrende, schnell die Blüten wechselnde Falter und kantig-eckiges Flugverhalten (Hochflug – Tiefflug; schnell – langsam) wie bei einigen Widderchenarten (*Z. fausta, Z. transalpina, Z. ephialtes* u.a.) gelegentlich festzustellen ist, muß bei dieser

Art als sehr untypisches Aktivitätsverhalten bezeichnet werden. Meistens sitzen die sehr standorttreuen Tiere auf den Blüten der Nektarpflanzen, sind einzeln auf halber Höhe (30–40 cm über dem Boden) an den Binsen (*Juncus* sp.) verharrend anzutreffen oder fliegen kurze Strecken sehr gezielt zur nächststehenden Blüte. Geradezu frappierend ist die Standorttreue dieser Art. S. Heine/Bonn (unveröffentl. Vortrag, 1993) untersuchte in einem Mosaik-Lebensraum mit mehreren gut abgrenzbaren Habitaten das Dispersions- und Kopula-Verhalten dieser Art. Die dabei erzielten Ergebnisse (mehrere Tausend Individuen wurden markiert!) zeigten, daß »genetic drift can be expected between subpopulations in patches more than 34 m apart«. 60–100% aller Weibchen werden in unmittelbarer Nähe ihrer Schlüpflokalität begattet. Die Individuenaustauschraten zwischen den einzelnen Habitaten waren so extrem gering, daß bereits bei eng benachbarten Sub-Populationen (statistisch wurde ein Nachbarschaftsradius von 30–34 m ermittelt!) von ethologischer (und damit genetischer!) Separation gesprochen werden kann.

Häufig findet man Kopulae. Wie H. Fänger/Bonn (unveröffentl. Vortrag, 1993) zeigen konnte, spielt die Dauer der Kopula, bzw. deren tageszeitlicher Beginn keine Rolle für den eigentlichen »tieferen Sinn« dieser Aktion, die manchmal von morgens über den ganzen Tag und die Nacht hindurch bis weit in den nächsten Tag hinein andauern kann. Egal, ob die Partner während der Morgensonne, beim Sonnenhöchststand oder erst nachmittags um 16 Uhr zueinander fanden, die Spermatophore wurde in allen untersuchten Fällen nur am späten Nachmittag zwischen 17 und 19 Uhr übertragen. Über die Bedeutung der manchmal 20 stündigen Kopulationsdauer kann nur spekuliert werden (vgl. unter *Z. carniolica*).

Was die Partnerfindung betrifft, konnte Prinz (1988) zeigen, daß der Kontrast der Silhouette zur Umgebung und die Farben, bzw. der Kontrast der Farben für die Nahorientierung der Männchen bei der Suche nach Weibchen von größter Bedeutung sind. Distanzorientierung läuft dagegen überwiegend olfaktorisch (Anlockung der Männchen durch weibliche Pheromone), da das Facettenauge nur geringe räumliche Tiefenschärfe besitzt. Als weiterer visueller Schlüsselreiz für anfliegende *Z. trifolii*-Männchen erwies sich dann das arteigene Fünf-Fleck-Muster, welches konstant gegenüber dem Flügelmuster von *Z. occitanica* und *Z. filipendulae* bevorzugt wurde. »Man kann vermuten, daß die Fähigkeit zur optischen Differenzierung zwischen verschiedenen Flügelmustern bei sympatrischem Vorkommen mehrerer Zygaenen-Arten einen zusätzlichen praegamen Isolationsmechanismus darstellt«. Als überoptimale Auslöser für die Männchen konnten so Attrappen ermittelt werden, die in der Form lockende Weibchen darstellten und welche nicht schwarz-rot sondern ultramarinblau (!) gefärbt waren. Diese wurden allen anderen Attrappen gegenüber klar bevorzugt (zur Farbenorientierung s. Nahrung des Falters!).

Auf zweifarbige Kokons wurde schon bei *Zygaena filipendulae* eingegangen. Auch der hier abgebildete *Z. trifolii*-Kokon ist in der oberen Hälfte deutlich brauner (gelb-braun) als unten (zitronengelb). Typisch für alle Zygaenen-Kokons sind die nach dem Schlüpfen herausragenden Exuvien. Dabei ist die Bauchseite der Exuvie stets dem Kokonboden zugewandt. Die Hinterleibsegmente sind frei beweglich, Extremitäten-, Fühler- und Flügelscheiden sind zwar sklerotisiert, aber nur häutig mit dem Puppenkörper verbunden. So kann sich die Puppe beim Schlüpfen durch vertikalschlängelnde Bewegungen weit aus dem Gespinst herausarbeiten. Meist bricht sie erst richtig auf, wenn die Flügelanlagen komplett aus dem Kokon herausragen. – Ibach, Schwarze Säge 24. 7. 93 H.G. Lussi.

Auf die Tatsache, daß *trifolii*-Raupen häufig Kokons in exponierter Höhe anbringen wurde bereits hingewiesen (s. Präimaginalstadien). Eine hierzu

Als einzige Zygaenenart ist das Sumpfhornklee-Widderchen sehr eng an feuchte Biotope gebunden. Gelegentlich kommt sie hier sympatrisch mit *Z. filipendulae* oder *Z. viciae* vor. Trockenlegung und Umwandlung dieser Standorte in intensiv genutztes Wirtschaftsgrünland haben die Vorkommen dieser Art in einigen Naturräumen bereits stark dezimiert. – Wolpertswende, NSG Dornacher Ried 1. 8. 80 G. EBERT.

passende Beobachtungung liegt uns von A. STEINER vor: »Im Schönbuch (Teich am Eichenfirst) waren häufig Kokonfunde an *Juncus-effusus*-Halmen, die zum Fundzeitpunkt (meist im Laufe des Juli) oft bereits mitten im Wasser standen, wenn es stark geregnet hatte. Man hatte den Eindruck, die Raupen kriechen bis an die Wasserfläche und klettern dann die erstbesten Halme hoch.«

Die Eiablage konnte mehrfach an der Raupennahrungspflanze beobachtete werden (T. ESCHE, A. HOFMANN). Das Weibchen sitzt dazu an der Unterseite eines Blattes oder vertikal am Stengel der Pflanze und klebt mit »j-förmig« gebogenem Hinterleib mehrere Dutzend weißlich-gelber Eier in einem ungeordneten Haufen bevorzugt an die Blattunterseiten; manchmal erfolgt die Ablage aber auch in die gleichfarbigen Blüten des Sumpfhornklees hinein.

Parasitoide: Für Baden-Württemberg ist *Exorista larvarum* (det. B. HERTING) als einzige parasitierende Diptere in *Z. trifolii*-Raupen nachgewiesen (leg. WÖRZ, Sindelfingen). Weitere *Exorista*-, *Phryxe*- und *Ceromasia*-Arten sind hier zu erwarten. An einer Lokalität nahe Bielefeld wurde das komplizierte Wirt-Parasitoid-Verhältnis zwischen *Z. trifolii* und einem seiner Kokon-Parasitoiden (*Agrothereutes hospes,* Ichneumonidae) untersucht (C. ESCH 1993, unveröffentl.):

Mittels mechano-akkustischer Mechanismen identifizieren die *Agrothereutes hospes* Weibchen den Wirt-Kokon. Beim Umherlaufen in der niederen Vegetation trommeln sie mit den Fühlern auf Blätter, Halme und Stengel und erkennen an den Vibrationen mittels eines hochspezialisierten Bulbuli-Feldes in den vorderen Antennenabschnitten den ›Kokon-Hohlkörper‹. Danach wird der Kokon mit dem Ovipositor durchstochen und das Innere mit spezialisierten Sensillen inspiziert. Das Weibchen scheint dabei die Zygaenen-Puppe zu erkennen. Auf alle anderen Puppen (Arctiidae, Pieridae) wurden im Experiment keine Eier abgelegt. Die Puppe wird durch eine Gift-Injektion gelähmt, danach legt das Weibchen 1 bis 3 Eier auf die Puppe, egal ob die Puppe zuvor schon von anderen Schlupfwespenweibchen parasitiert wurde oder nicht. Die erste *Agrothereutes hospes*-Larve, die nach 30 Stunden schlüpft, sucht zu allererst nach weiteren Eiern, welche sofort getötet und aufgefressen werden. Die Entwicklung zur fertigen Imago geht sehr schnell. Zwei Wochen nach der Ablage schlüpft bereits die Schlupfwespe.

Gefährdung und Schutz

Rote Liste Bundesrepublik: 4
Rote Liste Baden-Württemberg: 3

Oberrheinebene: Gefährdet (regional stark gefährdet).
Schwarzwald: Art der Vorwarnliste.
Neckar-Tauberland: Stark gefährdet (regional bereits ausgestorben oder verschollen).
Schwäbische Alb: Stark gefährdet (regional bereits ausgestorben oder verschollen).
Oberschwaben: Gefährdet (regional stark gefährdet).

- In Baden-Württemberg gefährdet!
  Besonders geschützt gemäß § 20 e ff. BNatSchG.

Als Folge der (sogenannten) Strukturverbesserungen durch Flurbereinigung wie in weiten Teilen des Neckar-Tauberlandes (besonders im Kraichgau, im Neckarbecken, am Strom- u. Heuchelberg und in den östlich des Neckars gelegenen Naturräumen) und (sogenannte) Meliorationen durch Drainagierung feuchter Gebiete im nördlichen Oberschwaben lassen sich dort bereits merkliche Bestandseinbußen feststellen. Speziell die oberschwäbischen Riedflächen (Warthauser Ried, Ummendorfer Ried, Osterried u.a.) sind durch Entwässerung, Aufforstung und Grünlandgewinnung derart geschrumpft und verändert, daß auch in diesem Naturraum – wo die Art noch stattlich im südlichen Teil vertreten ist – keine gefährdungsfreie Situation beschrieben werden kann. Vergleichbar ist die Lage in der Oberrheinebene. Nur für den Schwarzwald kann derzeit noch ein befriedigendes Bild gezeichnet werden. Das extreme Gegenstück hierzu stellt der Naturraum Schwäbische Alb dar. Hier muß die Art inzwischen als erloschen betrachtet werden. Intensive Grünlandnutzung der Talauen als Weiden und Wiesen und der Landschaftsverbrauch durch Freizeit- und Erholungsstätten sowie als Bauland hatte zur Folge, daß die wenigen Populationen dieser Art verschwunden sind. Gleiches gilt für die fluß- und seenahen Gebiete im Tauberland und in der Oberrheinbene.

Die enge Bindung der hygrophilen *Z. trifolii* an Feuchtbiotope und der zunehmende Verlust solcher Flächen bedeutet heute für diese Art eine stärkere Gefährdung als es auf den ersten Blick der Verbreitungskarte entnommen werden kann. Andererseits besteht in ihrem standorttreuen Verhalten, der schwachen Dispersionsdynamik und dem vergleichsweise geringen Biotopgrößenbedarf (s. Verhalten) eine echte Chance, den Erhalt diese Art auch auf relativ kleinen Flächen zu sichern. Es sollte bei *Z. trifolii* in jedem Fall der Versuch unternommen werden auch Populationen zu schützen, deren Habitate nur wenige Hundert Quadratmeter (oder kleiner) groß sind.

Daß eine solche Population bodenständig fortbestehen kann, zeigt eine Straßenrandkolonie, die unweit Waldkirch auf einer 40 × 3 m großen Fläche existiert und seit 10 Jahren regelmäßig beobachtet wird (A. HOFMANN).

Unbedingt sollte so verfahren werden, falls in den ausgedünnten Regionen des mittleren Neckar (im Kraichgau, Bauland und Tauberland) und besonders in dem »weißen Gebiet« zwischen Neckar und Donau nochmals Populationen dieser Art aufgefunden werden.

Limacodidae (Schneckenspinner)

Von Hans Georg Lussi

Die Schneckenspinner, in der Literatur auch unter den wissenschaftlichen Namen *Cochlidiidae* (Spuler 1910, Forster 1960 und 1984, Brohmer 1964, Stresemann 1969 u.a.) und *Cochliopodidae* (Brohmer 1932) zu finden, sind eine phylogenetisch alte Gruppe. In über tausend Arten kommen sie auf allen Kontinenten vor. Das Hauptverbreitungsgebiet liegt in den Tropen, besonders in Afrika, Amerika und im indo-australischen Raum. In Europa leben dagegen insgesamt nur vier Arten, in Mitteleuropa zwei Gattungen mit je einer Art: *Apoda limacodes* (Großer Schneckenspinner) und *Heterogenea asella* (Kleiner Schneckenspinner). Beide sind auch in Baden-Württemberg vertreten.

Die Eier sind extrem flach, dünnschalig und so durchsichtig, daß man im Mikroskop die gesamte Embryonalentwicklung bis zum Schlüpfen der Eiraupe verfolgen kann (s. Abb. Seite 339). Die Raupen sind nacktschneckenartig gestaltet, mit reduzierten aber noch immer gegliedert vorhandenen Brustbeinen und völlig umgestalteten Bauchfüßen (einschließlich Nachschieber). Ihre Fortbewegung geschieht unter Ausscheidung eines auf dem Blatt haftenden, viskosen Schleimes. Nach Schneckenart rollt dabei eine kontinuierliche Welle von kaudal nach thorakal, wobei das Tier elegant wie ein kleines Luftkissenfahrzeug vorwärts kommt. Der Kopf ist unsichtbar; selbst beim Fressen bleibt er weitgehend im Brustabschnitt verborgen, wobei der vordere Teil des Körpers asymmetrisch verändert wird. Die Puppen haben fast freie Gliedmaßen und Körperanhänge mit einer sehr dünnen Chitinhülle.

Über eine eventuelle Nahrungsaufnahme bei den Imagines der beiden bei uns vorkommenden Arten liegen weder Angaben noch Anhaltspunkte vor, was auch in Anbetracht der stark reduzierten Mundwerkzeuge (vergleiche Forster 1960, Stresemann 1969 u.a.) nicht zu erwarten ist. Die Lebensdauer der Falter ist deshalb relativ kurz, kann aber dennoch zwei Wochen betragen (Zuchtbeobachtung H. Lussi). Bei *Heterogenea asella* handelt es sich um einen standorttreuen, sehr typischen k-Strategen, bei *Apoda limacodes* um einen nicht sehr typischen r-Strategen mit starker Tendenz zur k-Strategie. Beide Arten erfüllen mit möglichst geringem Energieaufwand ihre biologische Funktion. In dieses Schema paßt auch die Art und Weise, wie ihr Anflug ans Licht vor sich geht: geradlinig, keine unnötigen Schleifenflüge und ruhiges Sitzenbleiben nach der Landung.

Apoda limacodes Hufnagel, 1766

Großer Schneckenspinner

Heterogenea limacodes Hufn. (Reutti 1898)
Cochlidion limacodes Hufn. (Lampert 1907, Seitz 1907–1954, Spuler 1908–1910, Rebel 1910, Eckstein 1913–1923, Hering 1932, Schneider 1936–1939, Bergmann 1951–1955, Koch 1955)

Apoda avellana Linnaeus 1758 (Freina & Witt 1987)

Apoda limacodes bedeutet so viel wie »nacktschneckenartiger Ohnfuß« (πούς, ποδός), griech. »Fuß« und limax lat. »[Nackt] Schnecke«.
Die Variabilität von Flügelfarbe und -muster ist bei den Männchen stärker ausgeprägt. Hier variiert die Grundfarbe von blaß ockergelb über rötlich ockerfarben bis völlig verdunkelt: f. *nigra* Tutt 1899, schwarzbraun; f. *bufo* Fabricius 1787, Mittelfeld stark verdunkelt; f. *suffusa* Seitz 1912, Flügel völlig verdunkelt; f. *maculata* Seitz 1912, irregulär gelb gefleckt; f. *limax* Borkhausen 1780, großer Gelbfleck über Mitte Innenrand; f. *ochracea* Seitz 1912, Männchen blaß, wie normale Weibchen.

Gesamtverbreitung: Vom Norden der Iberischen Halbinsel durch den Mittelmeeraum einschließlich Italien und Griechenland und den gesamten Balkan bis Kleinasien. Nordwärts über West- und Mitteleuropa (einschließlich dem Südosten Englands) bis Südskandinavien und über das Baltikum bis zum Ural, im Süden bis zum Schwarzen Meer. In Amerika fehlt diese Art.

Verbreitung

Regional: Der Große Schneckenspinner ist aus allen Hauptnaturräumen Baden-Württembergs nachgewiesen. Allerdings sind frühere Aussagen wie »Verbreitet durch das Gebiet« (Reutti 1898) wenig aufschlußreich, lassen sie doch nicht den Einfluß erkennen, den bestimmte klimatische Faktoren und solche, die erst durch eine intensive Land- und Forstwirtschaft hervorgerufen worden sind, auf die Verbreitung dieser wärmeliebenden, eher trockene

Gebiete bevorzugenden Art ausüben. *Apoda limacodes* kommt zwar in der Oberrheinebene vor, fehlt aber in den eigentlichen flußbegleitenden, periodisch überschwemmten feuchten Auenwäldern. Sie fehlt weiterhin in den höheren Lagen des Schwarzwaldes und vermutlich auch der Schwäbischen Alb sowie in großen Teilen des südöstlichen Schwarzwaldes und der Baar. Außerdem meidet sie jene Gebiete, deren Wälder von Nadelhölzern, insbesondere Fichten beherrscht werden. Das gleiche gilt natürlich für die flurbereinigten Agrarflächen des Kraichgaues, der Filder oder der ebenfalls rein landwirtschaftlich genutzten Hochflächen des Tauberlandes und der südlich angrenzenden Gebiete, was in der Verbreitungskarte aber nicht zum Ausdruck kommt, da die in diesen Gebieten eingestreuten Wälder gut besiedelt sind. Andererseits dürfen bestimmte Fundhäufungen wie etwa im Umkreis von Karlsruhe nicht als Hinweis auf besondere Gunsträume gewertet werden. Vielmehr ist anzunehmen, daß bei einer vergleichbar gründlichen Durchforschung anderer Gebiete ein ähnliches Resultat zustande kommt und die flächenhafte Verbreitung dieser Art bei uns sicherlich größer ist, als dies zur Zeit aus der Karte ersichtlich wird.

Nach unserer heutigen Kenntnis gehört *Apoda limacodes* zu den häufigsten Schmetterlingsarten Baden-Württembergs, zumindest was die frühen Präimaginalstadien angeht. Wenn dies noch nicht hinreichend bekannt war, so liegt das ganz einfach an den bisherigen Beobachtungsmethoden, die schwerpunktmäßig auf dem Lichtfang beruhten. Viel einfacher ist es jedoch, die Art im Larvalstadium nachzuweisen. So konnten z. B. am 3. 10. 1992 entlang der Autobahn auf einer Strecke nördlich des Weinsberger Kreuzes bis Tauberbischofsheim sowie auf Landstraßen nördlich davon in der Zeit zwischen 12 und 17 Uhr auf verschiedenen Parkplätzen und an straßennahen Waldrändern innerhalb jeweils weniger Minuten soviele Raupen und Raupenspuren gefunden werden, daß nicht weniger als 13 Meßtischblatt-Quadranten als belegt notiert werden konnten. Vergleicht man solche belegten Quadranten mit denen, die trotz durchgeführter Kontrollen keine Nachweise ergeben haben, anhand der Verbreitungskarte von *Quercus robur* (vgl. Sebald, Seybold, Philippi 1991), so ergibt sich eine auffällige Koinzidenz, die sicherlich nicht nur auf der Qualität der Stiel-Eiche *(Quercus robur)* als Hauptnahrungspflanze, sondern auch auf deren Standortansprüchen beruht. Wo die Stiel-Eiche fehlt, hat auch *Apoda limacodes* keine guten Lebensbedingungen mehr!

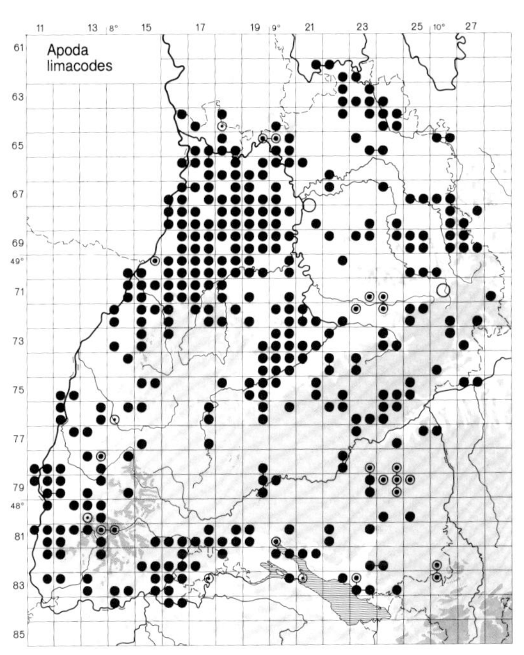

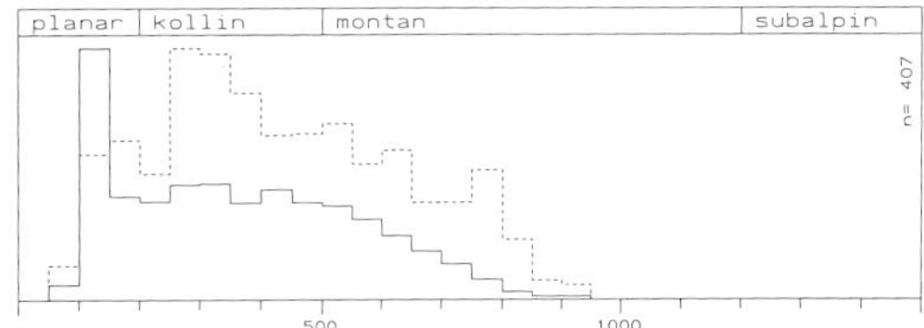

Vertikal: Von der planaren Stufe (Oberrheinebene unterhalb 100 m) bis in das höhere Bergland (montane Stufe bei 800 m).

Die meisten Fundmeldungen liegen zwischen 100 und 130 m. Das Vorkommen in der kollinen Stufe ist gleichmäßig über das ganze Land verteilt. An den Hängen des mittleren Schwarzwaldes haben T. Esche, S. Freundt & P. Pauschert bei verschiedenen Lichtfängen mehrfach Falter um 900 m feststellen können. Die höchstgelegenen Raupenfunde notierten H. Lussi & A. Steiner im Nordschwarzwald unterhalb des Omerskopfes (Hornisgrinde Westseite) bei 810 m Höhe, im Südschwarzwald bei 850 m (Schauinsland, H. Lussi). Nach Kartei A. Gremminger soll die Art auch am Feldberg (3.8. 1954) über 1140 m und am Schauinsland (26.10. 1934) zwischen 800 und 1250 m gefunden worden sein. Mehrere von uns im Jahre 1992 durchgeführte Exkursionen in die Gipfellagen von Hornisgrinde, Feldberg und Belchen zur Feststellung der Höhengrenze in der Verbreitung von *Apoda limacodes* innerhalb unseres Faunengebietes erbrachten jedoch keine Bestätigung dieser Aussage. Weder an Bu-

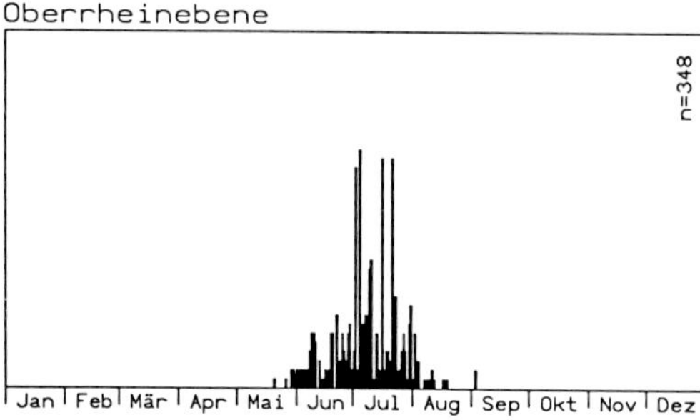

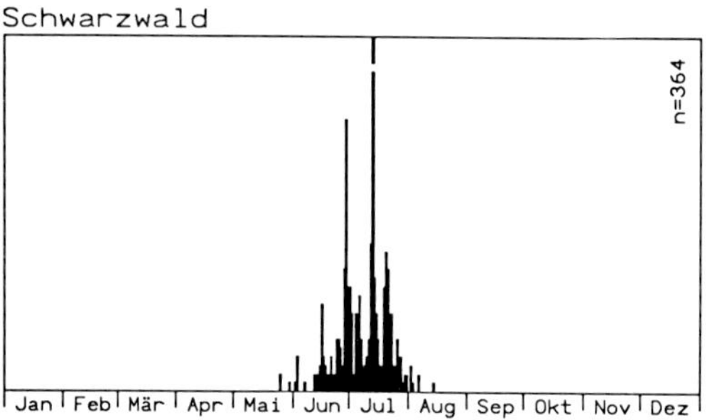

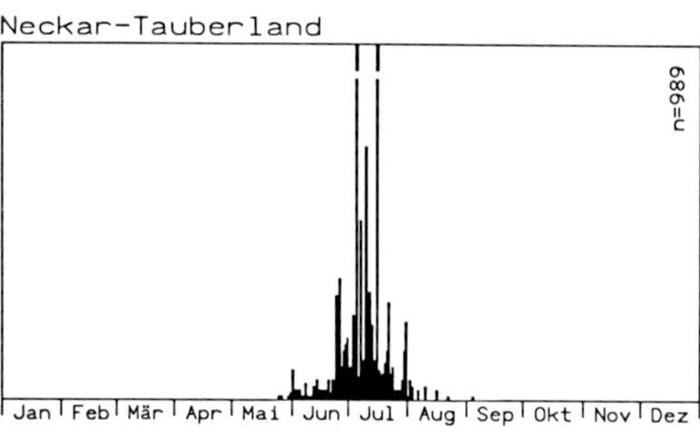

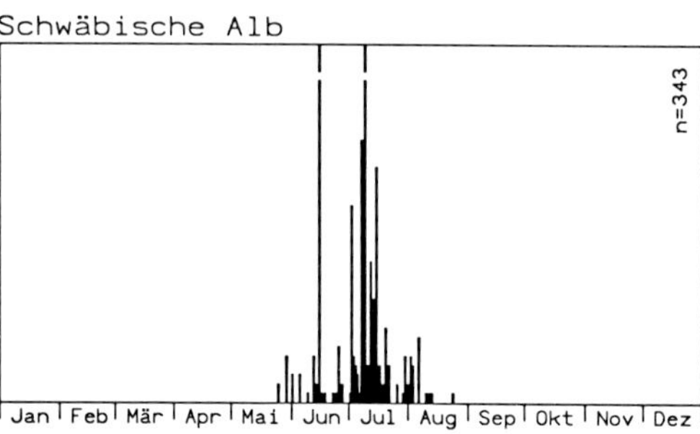

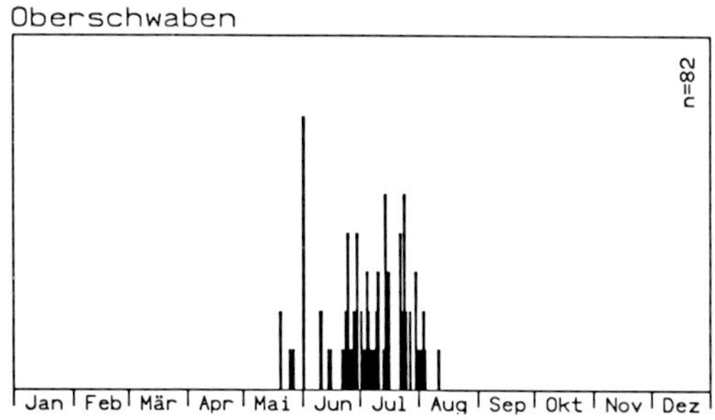

chen noch an Berg-Ahorn waren in dieser Höhenstufe Raupen oder Spuren derselben auszumachen. Es ist anzunehmen, daß diese wärmeliebende Art Schwierigkeiten hat, ihre Ei- und Larvalentwicklung in den hier kürzeren Sommerwochen zu durchlaufen. Auch im Jahre 1992 kam es in dieser Region bereits im Oktober zu ersten Schneefällen. Temperaturen um 0 °C dürften die Raupen jedoch kaum längere Zeit überstehen. Außerdem kommt die Hauptnahrungspflanze Stiel-Eiche in über 980 m Höhe bei uns nicht mehr vor. Die Feststellung »nicht im höheren Gebirge« (REUTTI 1898) kann auch nach fast 100 Jahren bestätigt werden.

Phänologie

Imagines: Die Hauptflugzeit reicht in allen Naturräumen von Mitte Juni bis Ende Juli. Erste Freilandmeldungen datieren etwa ab Mitte Mai. Noch frühere Angaben rühren fast in allen Fällen von Zuchtdaten her. Die Flugzeit läuft in der ersten Augusthälfte aus. In ungünstigen Jahren mit kühlen und feuchten Sommern verschiebt sie sich um wenige Wochen, so daß auch spätere Flugzeiten möglich, jedoch ebenso wie die besonders frühen eher kritisch zu betrachten sind.

Präimaginalstadien: Die ersten Eier von *Apoda limacodes* findet man gewöhnlich ab Anfang Juli. Der früheste Fund eines bereits einige Tage alten Eies datiert vom 30. Juni (1993, Schweinberg, H. LUSSI). Die Eireife dauert, je nach Witterung, 7–10 Tage (Beobachtung unter Zuchtbedingungen, H. LUSSI 1992).

Ab Ende Juli tauchen dann im Freiland die ersten kleinen Raupen auf, die ersten erwachsenen etwa ab Ende August bis Anfang (Mitte) September. An gut besetzten Stellen können oftmals auf engstem Raum verschiedene Larvalstadien beobachtet werden. So fanden H. LUSSI & A. STEINER am 17.8. 1992 im Kaiserstuhl an einem artenreichen, westexponierten Waldrand fast alle Stadien. Fünf Wochen später waren an einem ähnlichen Habitat in unmittelbarer Nähe noch immer 15 teils erwachsene, teils noch im vorletzten Häutungsstadium befindliche Raupen – letztere allerdings in hohem Maße parasitiert – zu finden.

Die ersten Kokons können in der ersten Septemberhälfte registriert werden. In klimatisch ungünstigen Jahren findet man verpuppungsreife Raupen sogar noch bis in den November hinein. So wird berichtet, daß im Herbst nach Stürmen und ersten Frösten die Raupen oft massenhaft unter Buchen und Eichen am Boden zu finden sind (URBAHN & URBAHN 1939, HEUSER & JÖST 1959).

Embryonalentwicklung beim Großen Schneckenspinner

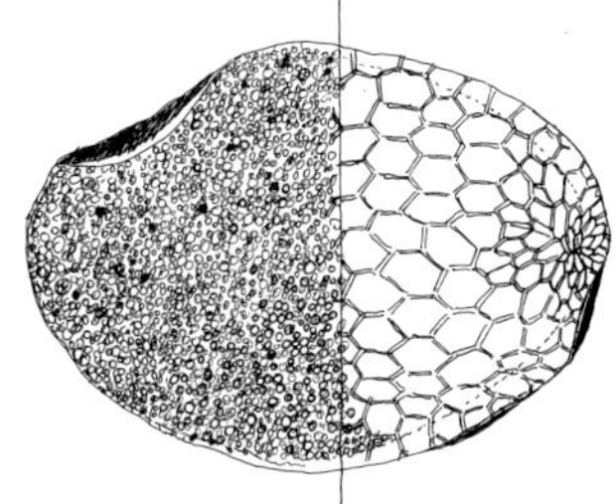
1 Stunde nach Eiablage

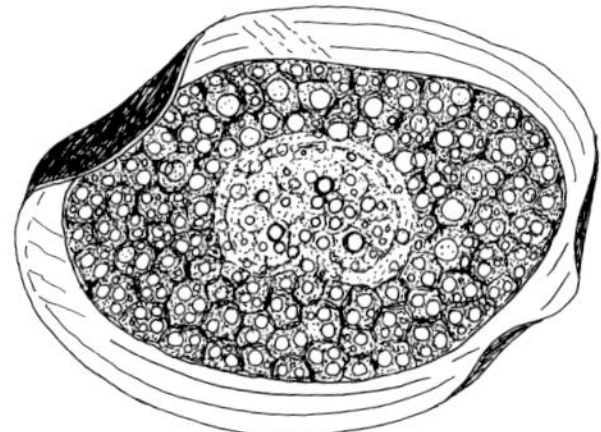
Nach 23 Stunden

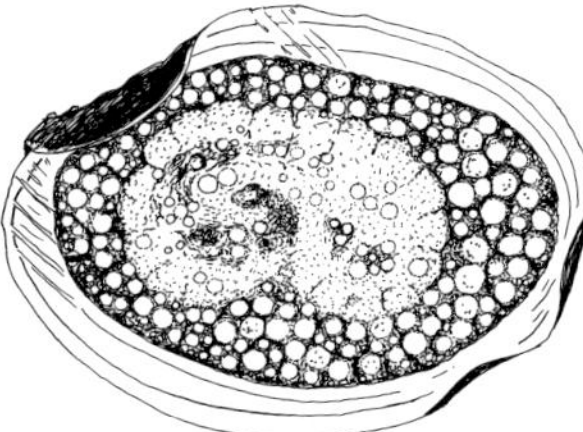
Nach 48 Stunden

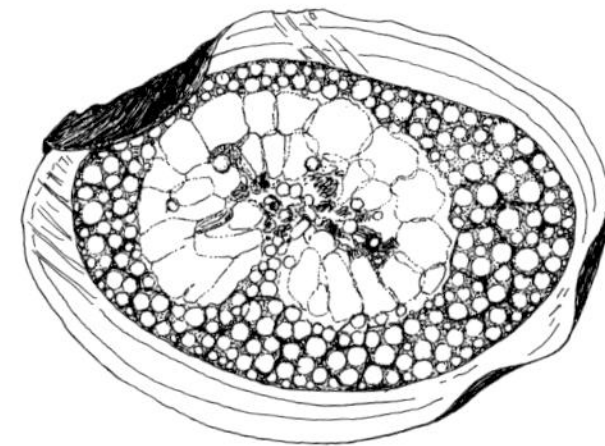
Nach 78 Stunden

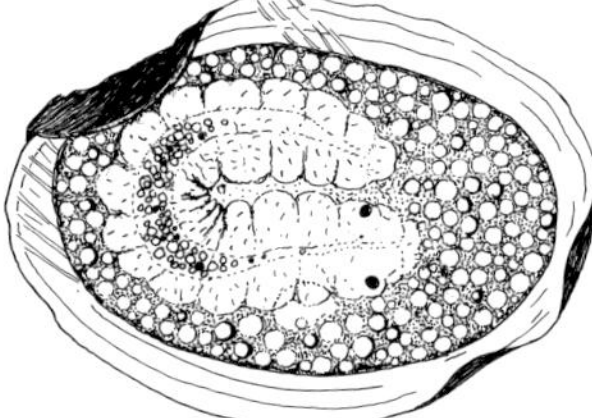
Nach 104 Stunden

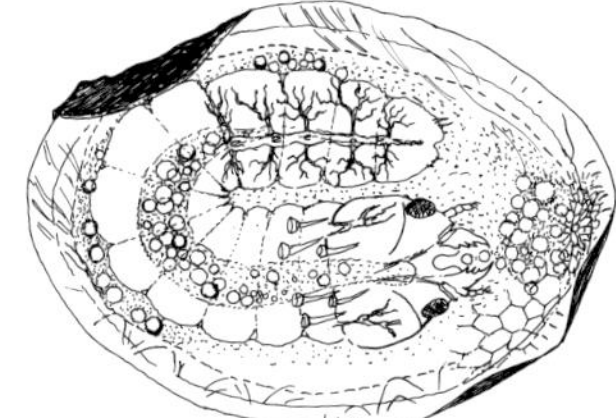
Nach 136 Stunden

Im Plasma des Eies befindet sich der Dotterkörper. Unmittelbar nach der Eiablage sind noch keine Entwicklungsstadien sichtbar. – Die untere Hälfte zeigt die netzartige Oberflächenstruktur mit dem sternförmigen Pol (Micropyle), Eintrittsort der Samenzelle und spätere Ausschlupfstelle der Eiraupe (o.l.).
Das Dottersystem wird zellulär gefurcht (Dotterfurchung); im Zentrum tritt der Embryo allmählich in Erscheinung (o.m.). Der heranwachsende Embryo läßt die segmentale Gliederung erkennen (o.r.). Nacheinander bilden sich Kopf, Brust- und Hinterleibssegmente heraus (u.l.). Der Embryo hat sich gedreht; von oben ist jetzt auch der Verdauungstrakt einschließlich der vom Endoderm umwachsenen Dotteranteile (Darminhalt) sichtbar geworden (u.m.). Etwa zwei Stunden vor dem Schlüpfen hat die Raupe fast den gesamten Dotterkörper verzehrt. Die wichtigsten Organsysteme sind voll entwickelt, Freß- und Kreislaufvorgänge können in ihrem Bewegungsablauf durch die Eihülle hindurch beobachtet werden (u.r.) (Beobachtung und Zeichnungen von Hans Georg Lussi).

Ökologie

Lebensraum: Der Lebensraum von *Apoda limacodes* wird in Baden-Württemberg weitgehend durch die Präsenz der Stiel-Eiche *(Quercus robur)* charakterisiert. In der Ebene und im Hügelland werden Laubmischwälder, meist Eichen-Hainbuchenwälder, bevorzugt. Im Gebirge geht die Art mit zunehmender Höhe auf Rotbuchenwälder über. Sie liebt lichte und sonnige, im Gegensatz zu *Heterogenea asella* eher trockene und warme Waldstrukturen, insbesondere sonnige Waldränder, Waldmäntel und Binnensäume, dringt jedoch regelmäßig auch ins Waldesinnere ein, soweit dieses noch vom Sonnenlicht durchdrungen wird. An freistehenden Bäumen oder kleineren Gehölzen sind die Raupen dieser Art nur selten zu finden. Sie leben bevorzugt an den unteren äußeren, oft weit ausladenden und in Wege, angrenzende Wiesen oder Äcker hineinragenden Ästen, und zwar sowohl dicht (ca. 20 cm) über dem Boden bis in eine Höhe von ca. 14 m (Beobachtung H. Lussi in Karlsruhe-Wildpark). Die meisten Tiere findet man jedoch in Augenhöhe, d.h. zwischen 1 und 3 m über dem Boden.

Männchen des Großen Schneckenspinners in typischer Ruhehaltung, mit hakenförmig gekrümmtem Hinterleib, auf einem Eichenblatt. Beim etwas größeren Weibchen ist die dunkle Mittelbinde der Vorderflügel ebenso hell ockerfarbig wie die Grundfarbe. – Karlsruhe, Kernforschungszentrum 10. 6. 92 H. Lussi. M.

Nahrung der Raupe:

Populus tremula – Zitter-Pappel
L (Lus)
Juglans regia – Walnuß
L (Rek, Ren)
Carpinus betulus – Hainbuche
5 L (Gre, Hau, Lus, Rek, Ren, Stn)
Betula pendula – Hänge-Birke
3 E, L (Bar, Lus)
Alnus glutinosa – Schwarz-Erle
L (Raz)
Fagus silvatica – Rotbuche
5 E, L (Ebe, Eck, Gre, Hau, Lus, Nol, Rek, Ren, Ser, Stn)
Castanea sativa – Edelkastanie
3 L (Hau, Lus, Rek, Ren)
Quercus robur – Stiel-Eiche
5 E, L (Bar, Doc, Ebe, Eck, Hau, Kon, Lus, Rek, Ren, Stn)
Quercus petraea – Trauben-Eiche
5 E, L (Ebe, Eck, Hau, Lad, Lus, Rek, Ren, Stn)
Quercus pubescens – Flaum-Eiche
E, L (Lus)
Quercus rubra – Rot-Eiche
3 L (Lus, Rek, Ren, Stn)
Quercus robur × petraea
2 L (Lus, Rek, Ren, Stn)
Quercus pubescens × petraea
E, L (Lus, Stn)
Quercus spec. – Eiche
5 E, L (Bai, Ebe, Eck, Gau, Gre, Hau, Hof, Hor, Los, Lus, Scm, Ser, Set)
Rubus fruticosus agg. – Brombeere (Sammelart)
L (Ebe, Eck)
Prunus avium – Vogelkirsche
L (Koc, Rek, Ren)
Acer spec. – Ahorn
L (Scr)
Acer pseudoplatanus – Berg-Ahorn
3 L (Hau, Lus, Nol)
Acer platanoides – Spitz-Ahorn
3 L (Rek, Ren)
Tilia cordata – Winter-Linde
L (Lus, Stn)

Mit Freiland- und Zuchttieren, wovon erstere an Stiel-Eiche, Trauben-Eiche und Rotbuche lebten, wurden unter Zuchtbedingungen mehrere Versuche unternommen. Zunächst wurde die Haftfähigkeit der Raupen an Blättern verschiedener Laubholzarten untersucht. Dabei stellte sich heraus, daß sich die Raupen auf einem Blatt umso weniger wohl fühlten, je stärker und dichter dasselbe behaart oder beborstet war. Durch das Beklopfen der Zweige wurden Störungen simuliert, wie sie durch Sturm, Wind oder vorbeistreifende Tieren entstehen können. An den Blättern folgender Pflanzenarten erwies sich die Haftfähigkeit infolge glatter Blattober- oder -unterseiten als gut: Purpur-Weide, Walnuß, Hainbuche, Schwarz-Erle, Rotbuche, Stiel-Eiche, Trauben-Eiche, Eberesche, Weißdorn, Späte Traubenkirsche, Traubenkirsche, Schlehe, Robinie, Berg-Ahorn, Spitz-Ahorn, Gewöhnliche Esche, Schwarzer Holunder. Entsprechend dem Grad der Behaarung ± schlecht hingegen war die Haftfähigkeit bei Sal-Weide, Hasel, Ulmen- und Brombeer-Arten. Die Raupen können sich also auf glatten Blattflächen besser halten als auf rauhen, behaarten oder gar beborsteten.

In einem anderen Versuch wurde Raupen eine Auswahl verschiedener potentieller Nahrungspflanzen angeboten. Nicht befressen wurden Wirtschaftspappel, Purpur-Weide, Sal-Weide, Schwarz-Erle, Tulpenbaum, Platane, Eberesche, Späte Traubenkirsche, Kornelkirsche, Roter Hartriegel, Trompetenbaum, Schwarzer Holunder. Ungern bzw. wenig befressen wurden Walnuß, Hänge-Birke, Ulmen-Arten, Weißdorn, Echte Brombeeren, Robinie, Roßkastanie, Faulbaum, Gewöhnliche Esche. Gerne wurden gefressen: Hainbuche, Edelkastanie, Flaum-Eiche, Zerr-Eiche, Rot-Eiche, Berg-Ahorn, Spitz-Ahorn, Feld-Ahorn, Winter-Linde, Sommer-Linde sowie die Hauptnahrungspflanzen Stiel-Eiche, Trauben-Eiche, Hainbuche und Rotbuche. Ein kleiner Teil der Versuchstiere hat zwar ausgefalleneres Futter angenommen, die Umstellung bzw. die ungewöhnliche Nahrung auf Dauer nicht vertragen. Dies war vor allem der Fall bei Robinie. Ob die Raupen mit bestimmten Blattinhaltsstoffen nicht zurechtkommen oder ob andere Gründe vorliegen kann z. Zt. nicht entschieden werden.

Dieses Bild stellt nicht etwa eine »Raupenkopula« dar, sondern den seltenen Zufallsfund zweier unterschiedlich alter Raupen im letzten und vorletzten Stadium. Das größere Tier ergibt im nächsten Jahr sicherlich einen weiblichen Falter. Falls beide Raupen doch gleichaltrig sein sollten, könnte bei der kleineren eine Entwicklungsverzögerung infolge Parasitierung die Ursache sein. Gut erkennbar ist der typische, die Blattadern glatt abschneidende Fraß der erwachsenene Raupe mit dem charakteristischen angetrockneten Schleimrand. – Oberrheinebene, Stollhofen 9. 9. 92 H. LUSSI.

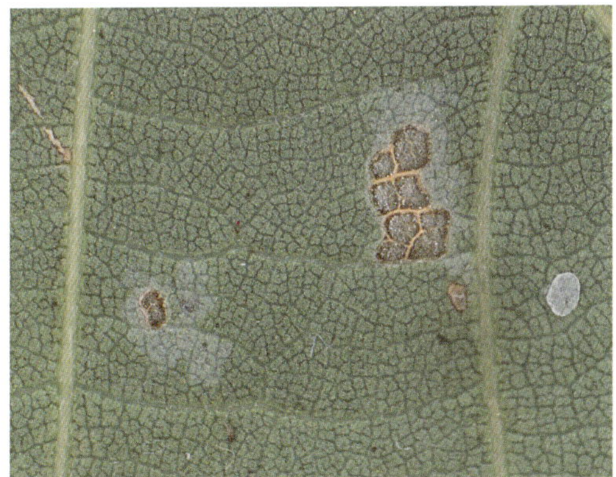

Die leere Eihülle von *A. limacodes* bleibt auf der Blattunterseite meist über längere Zeit erhalten. Hier sind links davon ungleich große Fraßspuren der Eiraupe sichtbar. Auf Stiel-Eiche sind die von der kriechenden Raupe erzeugten Schleimspuren rund um die Fraßstelle besonders gut erkennbar. – Tauberbischofsheim 3. 10. 92 H. LUSSI. S.

Der Nachweis von Raupennahrungs- und Eiablagepflanzen gelingt leicht, wenn man die einzelnen Stadien, deren Verhalten, Habitate, Fraßbilder und Schleimspuren auf den Blattunterseiten der verschiedenen Nahrungspflanzen gut kennt. Auch der Ei-Nachweis nahe den Blattaderwinkeln auf der Blattunterseite stellt noch viele Wochen nach dem Schlüpfen der Räupchen kein Problem dar (Vorsicht vor Verwechslung mit Larven und Exuvien von Mottenschildläusen!). Dies gelang häufig an Rotbuche, Stiel-Eiche, Trauben-Eiche und zweimal an Flaum-Eiche. Ja selbst im Fallaub und an längst verdorrten Blättern kann im folgenden Winter und Frühjahr noch der Nachweis geführt werden. Der einzige Nachweis an Weichhölzern gelang H. LUSSI am 24.9. 1992 in der mittleren Wutachschlucht an einem Zweig der Zitter-Pappel und zwar anhand eindeutiger Fraß-, Spinn- und Schleimspuren einer erwachsenen Raupe. Ebenfalls nur je einmal konnten Raupen an Hänge-Birke (Stuttgart-Büsnau, 7.9. 1989, D. BARTSCH), an Walnuß (Wald bei Weingarten) und Vogelkirsche (Schwarzwaldrand, in Waldrandnähe, beides E. & K. RENNWALD) sowie an Winter-Linde (Kaiserstuhl, 17.8. 1992, H. LUSSI & A. STEINER) festgestellt werden. Etwas häufiger finden sich Raupen an Rot-Eiche und Edelkastanie. Letztere fand bereits früher mehrfach Erwähnung in der Literatur. Von Ahorn-Arten ist in Kartei A. GREMMINGER (Wasenweiler, 8.9. 1923 »eine Raupe an Ahorn«, O. SCHRÖDER) die Rede. »Mehrfach Funde einzelner *Apoda avellana*-Raupen an Spitz-Ahorn« verzeichneten RENNWALD & RENNWALD (1992) am Rand des Schwarzwaldes. Sie nehmen jedoch an, daß der größere Teil der gefundenen Raupenspuren an diesem Baum auf *H. asella* zurückgeht. Im Hardtwald südlich von Karlsruhe entdeckte M.-L. HAUBER am 29.8. 1992 an den unteren Zweigen einer riesigen Stiel-Eiche mehrere Raupen bis in fast 4 m Höhe. Daneben wuchs viel Späte Traubenkirsche (ohne Raupenfund) und dazwischen ein junger Berg-Ahorn, mit einer fast erwachsenen Raupe an der violetten Blattunterseite. G. NOLL bestätigt den Berg-Ahorn für die Stuttgarter Gegend (Katzenbachwald bei Ruit, 9.9. 1992) und H. LUSSI für den Kaiserstuhl (Eichelspitze, 8.9. 1993). Feld-Ahorn gehört, trotz einer gewissen Unverträglichkeit, immer noch zum Kreis der möglichen Nahrungspflanzen, jedoch liegen bislang keine Freilandmeldungen vor. Von den Rosengewächsen werden in der Literatur Weißdorn- und Schwarzdorn-Arten, insbesondere Schlehe (s. u.) erwähnt. Es handelt sich jedoch meist um nicht überprüfte, wenig vertrauenswürdige Angaben. An einem südexponierten Waldrand der Schwarzwald-Vorbergzone bei Malsch fotografierte G. EBERT am 3.10. 1991 eine adulte *Apoda limacodes*-Raupe in der Krautschicht, nachweislich an Brombeere (Sammelart) fressend. An »Ampfer« fand A. WALTER (Eislingen) eine Raupe. Bei beiden Meldungen liegt der Verdacht nahe, daß die Tiere vielleicht infolge Windeinwirkung vorzeitig vom Baum gefallen sind und sich in der Krautschicht weiterhelfen konnten. Von der an Ampfer gemeldeten Raupe kann man auch annehmen, daß sie sich zwecks Verpuppung fallen ließ und zufällig auf Ampfer landete. Bei einer von M.-L. HAUBER & H. LUSSI auf der Blattoberseite von Hasel entdeckten erwachsenen Raupe dürfte es sich um ein verlorengegangenes Beutetier (Vogel?) gehandelt haben, da das Tier verletzt war.

Am 17.8. 1992 suchten H. LUSSI & A. STEINER west- bis südexponierte, an Mesobrometen angrenzende artenreiche Mischwaldränder im östlichen Kaiserstuhl (Eichelspitze) ab. Dabei wurden an Stiel-Eiche 17, an Trauben-Eiche 6, an Rotbuche 4, an Hainbuche 2 (hier etwas unterrepräsentiert) und an Winter-Linde 1 Raupe notiert, was etwa der natürlichen Häufigkeitsverteilung von *Apoda limacodes* auf den verschiedenen Nahrungspflanzen entspricht. Die mit Abstand meistbesetzte Nahrungspflanze ist die Stiel-Eiche. Die Trauben-Eiche ist bei uns die weniger häufige Art und wird daher auch seltener gemeldet. Beide Eichen-Arten haben, ebenso wie Winter-Linde, Berg-Ahorn und Zitter-Pappel den Vorteil, daß auf ihrer Blattunterseite, wohl wegen der meist weißblauen Oberfläche(nstruktur), die Schleimspuren der *Apoda limacodes*-Raupen leicht und lange Zeit erkennbar bleiben. Bei Rotbuche, die mit der Hainbuche zu den häufigeren Wirtspflanzen gehört, muß man diesbezüglich auf verklebte weiche Haare auf Blattrippen und in den Blattaderwinkeln achten. Aus mediterranen Regionen werden von SPULER (1908–1910), BALACHOWSKI (1972) und GOMEZ-BUSTILLO (1976) neben den bereits bekannten Nahrungspflanzen auch noch Stein-Eiche *(Quercus ilex)* und mit dem Erdbeerbaum *(Arbutus unedo)* sogar eine zu den Ericaceen gehörende Pflanzenart genannt. Verwechslungen mit der nahe verwandten Limacodide *Hoyosia codeti* sind vermutlich nicht ganz auszuschließen.

Habitat: Pflanzensoziologisch handelt es sich zunächst um Bestände der Quercetea robori-petraeae (Birken-Eichenwälder) mit größeren Eichen- und Buchenanteilen, besonders um das Luzulo-Quercetum petraeae (Hainsimsen-Traubeneichenwald). Von größerer Bedeutung sind Assoziationen der Querco-Fagetea (artenreiche eurosibirische Falllaubwälder). Hier wird im Alno-Ulmion (Erlen-Eschen-Auenwald) bisweilen das Fraxino-Ulmetum (Eichen-Ulmen-Auenwald oder Hartholzaue) besiedelt, wesentlich häufiger aber das Carpinion (Eichen-Hainbuchenwald), darunter insbesondere Stellario-Carpinetum (Sternmieren-Eichen-Hainbuchenwald) und Asperulo-Carpinetum (Elsbeeren-Eichen-Hainbuchenwald). Zu den am stärksten präferierten Habitaten gehören im Verband des Fagion sylvaticae (Rotbuchenwald) das Asperulo-Fagetum (Waldmeister-Buchenwald), Cephalanthero-Fagetum (Orchideen-Buchenwald) und Luzulo-Fagetum (Hainsimsen-Buchenwald). In wärmeren und trockeneren Gebieten werden auch Gesellschaften des Quercion pubescenti-petraeae (wärmeliebende Eichenmischwälder), so das Lithospermo-Quercetum (Eichen-Elsbeerenwald oder Steppenheidewald) bewohnt, reine Flaumeichengebüsche dagegen wohl nur ausnahmsweise. Inwieweit auch das Tilio-Acerion (Linden-Ahorn-Mischwälder oder Schluchtwald) von Bedeutung ist, bedarf noch genauerer Untersuchung. Daß *Apoda limacodes* eine Vorliebe für Waldränder, Binnensäume und offene Waldstrukturen wie Wege, Schneisen, Lichtungen etc. hat, soll hier nochmals unterstrichen werden.

Das Imaginalhabitat entspricht dem Larvalhabitat. *Apoda limacodes* ist wesentlich mobiler und kräftiger als *H. asella*. Für einen – wenn auch sehr untypischen – r-Strategen verwundert es nicht, daß die insbesondere an Waldrandstrukturen gebundenen, oft ins Waldinnere vordringenden Falter über Felder und Wiesen hinweg aktiv Neuland erobern können. HAUSMANN (1990) stellte bei seinen Untersuchungen (Bayern: Oberschleißheim) fest, daß *A. limacodes* regelmäßig über eine größere Fläche (Magerrasen bzw. Ruderal) über 150–300 m ans Licht kam, höchstwahrscheinlich aus noch größerer Entfernung, da die nächsten Wälder 800–1000 m entfernt lagen. Während *H. asella* lediglich einige 100 m zuzutrauen sind, soll *A. limacodes* sogar mehrere Kilometer zurücklegen können. Obwohl man künstliche Lichtquellen nicht als natürliche Bedingung werten kann, muß dieses Phänomen doch als ein anthropogener Verbreitungsmechanismus in Betracht gezogen werden. Es ist also nichts Außergewöhnliches, wenn sich einzelne Individuen sogar in innerstädtische Bereiche hinein verirren, wie das z. B. M. WALLNER aus Pforzheim berichtet hat.

Verhalten: In der Literatur wird über das Schlüpfen des Falters ausgesagt, daß schon die Raupe eine ringförmige Sollbruchstelle in den Kokon einbaut (FORSTER 1960, FREINA & WITT 1987 u. a.). Nach SCHREMMER (1990) ist dies jedoch nicht der Fall. Vielmehr perforiert die relativ bewegliche Puppe mit ihrem auch als »Kokonzahn« bezeichneten Stirnvorsprung (»Stirnnase«) den cranialen Teil des Kokons ringförmig. Mit Hilfe der feinbedornten Hinterleibsringe stützt sie sich in der innersten Spinnfadenlage ab und drückt so den Kokondeckel nach außen. Nach dem Schlüpfen, das immer in den frühen Morgenstunden stattfand (Beobachtung unter Zuchtbedingungen, H. LUSSI), warten die paarungsbereiten Weibchen auf den Anflug der Männchen, die bei Tag in wildem Flug im Sonnenschein, aber auch in der Dämmerung und nachts schwärmen. Beide Geschlechter kommen zum Licht. Die Art gehört also zumindest teilweise zu den tagaktiven Nachtfaltern. Das lockende Weibchen wurde verschiedentlich beobachtet. So fand es BROMBACHER (1934) in den untersten Zweigspitzen

Im Gegensatz zum Kleinen Schneckenspinner baut die Raupe von *A. limacodes* zuerst einen grobmaschigen Außenkokon, mit dem sie die Fallaubblätter zusammenhält (auf dem Bild ist die Anheftstelle nach Entfernung des oberen Blattes sichtbar geworden). Erst danach wird der eigentliche Kokon gebaut, der in den ersten Stunden noch hellgelb ist und sich später nach Dunkelbraun verfärbt. – Tauberland 10. 92 H. LUSSI. S.

verschiedener Bäume (Kaiserstuhl: Wasenweiler, 1931), G. EBERT im Hallen-Buchenwald an einem Binnensaum, in 1.5 m Höhe an einer Brombeerranke (Nordschwarzwald) sowie H. LUSSI & A. STEINER an einem Waldrand in Augenhöhe auf der Blattunterseite an Stiel-Eiche (Zentral-Kaiserstuhl). SCHEPP (1911) beobachtete auf einem Waldspaziergang bei Heidelberg ca. 15–20 Männchen, die sich nicht dabei stören ließen, ein im Laub sitzendes verkrüppeltes Weibchen zu umschwärmen. Auch bei H. LIENIG (Kartei) können wir nachlesen: »Zwei am Boden liegende Weiber, wovon eines total verkrüppelt war, wurden von Männern in großer Zahl umschwärmt, daß ich diese aus einiger Entfernung für einen Wespenschwarm vor dem Einflugloch zur Wohnung hielt« (bei Viernheim). In Gefangenschaft paarten sich die Tiere erst gegen Morgen, aber noch bei Dunkelheit, und trennten sich mittags zwischen 11 und 15 Uhr (H. LUSSI).

Noch am selben Tag gegen Abend beginnt das Weibchen mit der Eiablage und zwar stets an der Blattunterseite, gerne in der Nähe eines Blattaderwinkels. In der Regel wird jeweils nur ein Ei pro Blatt abgelegt. Unter Zuchtbedingungen erhielt ROMETSCH (1935) 130 Eier von einem einzelnen Weibchen, H. LUSSI 100 und 153. Es können aber auch noch wesentlich mehr Eier abgelegt werden. Ein Weibchen ist zeitweise imstande, innerhalb einer Minute 8–11 Eier abzusetzen. Die Eiablage kann sich über mehrere (in der Zucht 3–4) Tage hinziehen.

Die anfangs igelartig aussehende Raupe bleibt während ihrer gesamten Entwicklungszeit auf der Blattunterseite und hinterläßt dort bereits im frühen Stadium typische feldökologische Merkmale, anhand derer sie auch bei Nichtvorhandensein noch zweifelsfrei nachzuweisen ist. Dies sind der charakteristische Fensterfraß in Verbindung mit umgebenden Schleimringen, meist zusammen mit der leeren Eihülle. Ältere Raupen hinterlassen beim Platzwechsel die bereits erwähnten schlingenförmig oder flächig ausgeprägten Schleimspuren. Die Fraßspuren ähneln denen von *H. asella*: Anfangs punktueller bis perlschnurartiger Fensterfraß mit intakter oberer Blattepidermis (ohne Beschädigung der Blattnervatur), später Übergang zu Lochfraß und Blattrandfraß. Mit zunehmender Größe werden immer größere Blattadern durchbissen. Die voll erwachsene Raupe frißt meist vom distalen Blattrand her zeilenartig das Blatt basalwärts ab und vermag nun sogar die Hauptblattadern glatt abzutrennen. Auf diese Weise wird auch ein Großteil des ausgeschiedenen Schleims beim Fressen wieder reinkorporiert, so daß wertvolle funktionale Stoffwechselprodukte nicht einfach verlorengehen. In der Zucht ist vor allem bei den frühen Larvalstadien Kannibalismus beobachtet worden (H. Lienig, H. Lussi, außerdem Rometsch 1935 und Peking 1927), was in der Natur sicherlich ohne Bedeutung ist. Die Larvalentwicklung dauert mindestens 8–10 Wochen.

Wie die Raupe nun bei aller angeborenen Trägheit vom Baum ins herbstliche Fallaub kommt, haben sich die meisten Autoren (Rössler 1881, Seitz 1912, Lampert 1907, Spuler 1910, Vorbrodt 1914, Forster 1960 und 1984, Schwenke 1978, Carter & Hargreaves 1986 und Kaltenbach & Küppers 1987) nicht vorstellen können. Stellvertretend sei die Version von Forster (1960) zitiert: »Im Herbst verfertigt die Raupe an einem Blatt einen eiförmigen, hellbraunen, tonnenförmigen Kokon, der mit dem welken Blatt zu Boden fällt«. Eine Ausnahme machen nur die beiden Forstzoologen Escherich (1931) und Brauns (1970), die das aktive Fallenlassen der Raupe bereits richtig erkannt hatten. Für dieses Sichfallenlassen spricht die regelmäßig beobachtete Tatsache, daß die erwachsenen Raupen, deren Farbintensität sich am Ende ihrer Larvalzeit in ein grünlich-weißes glasiges Aussehen verwandelt, bei weitem nicht mehr so fest auf ihrer Blattunterseite sitzen wie vorher. Sie ziehen sich jetzt zusammen, womit eine auffallende Reduktion ihrer ventralen Schleimproduktion einhergeht. Die gleichzeitige Einbuße an Haftfläche und Haftfähigkeit läßt die Raupe schließlich zu Boden fallen. Als letzter Beweis für diesen Vorgang wurden mit 12 Raupen besetzte, frisch gehaltene Zweige über einer mit Laub gefüllten Kiste frei aufgehängt. Nach 10 Tagen befand sich keine Raupe mehr an den Zweigen. Die spätere Untersuchung förderte genau 12 Kokons in der Laubschicht zutage (H. Lussi). Nach einer eigenen Freilandbeobachtung mußte die Fallhöhe sogar ca. 14 m betragen haben!

Im Gegensatz zu der Behauptung, die Verwandlung der Raupe erfolge gegen Ende September in einem Erdkokon (Freina & Witt 1987) muß festgestellt werden, daß der Kokon an dürren Blättern angesponnen wird und daß die eigentliche Verwandlung zur Puppe erst im Frühjahr erfolgt. Dies hat bereits Berge (1863) richtig beschrieben: »Im Oktober macht sie ein dichtes braunes Gewebe, welches im Inneren weiß austapeziert und oft auch noch mit einem leichten weißen Gespinnste überzogen ist. Sie bleibt in dieser Wohnung den Winter über liegen und verwandelt sich erst im Frühjahr in eine braungelbe Puppe, welche im Juni ausschlüpft«. Nach eigenen Beobachtungen kann hinzugefügt werden, daß eine lediglich auf trockener Erde gehaltene Raupe nur wenige Erdkrümel in ihr Gespinst mit einbezogen hat. Beim Kokonbau werden zunächst umgebende Blätter mit weitmaschigen Fäden zusammengezogen; 6–7 Stunden danach gewinnt der Kokon seine vorläufige Form. Weitere 2 Stunden später ist er noch immer von gelblich-weißer Farbe, jedoch inzwischen so dicht, daß man die Raupe darin kaum mehr wahrnehmen kann. Seine natürliche braune Färbung nimmt er im Verlauf der nächsten Stunden an.

Weil die Raupe von *Apoda limacodes* morphologisch eine Sonderstellung einnimmt, kommt es doch immer wieder zu (manchmal für den Kenner unglaublichen) Verwechslungen mit den Vertretern anderer Insektenordnungen. Abgesehen von den bereits erwähnten, geschlüpfte Eier von *A. limacodes* vortäuschenden Resten von Mottenschildläusen (Aleurodina) sind es die Larven von einigen Blattwespenarten wie z. B. die Kleine Linden-Blattwespe *(Caliroa annulipes)* und die Kirsch-Blattwespe *(Caliroa limacina)*, erste an Eichen, Buchen und Linden, letztere mehr an Obstbäumen. In Betracht kommt ferner die Blattwespe *Platycampus luridiventris* mit einer bis zu 12 mm langen asselförmigen, sich gerne im Sommer in Blattwinkeln der

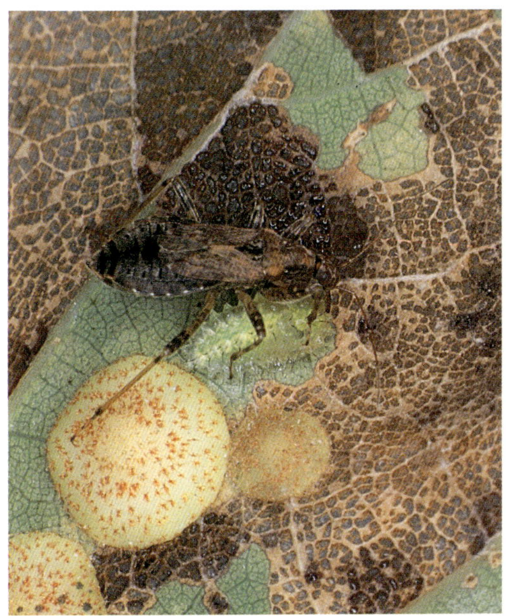

Eine halb erwachsene, noch igelförmige Raupe von *A. limacodes* wurde auf der Unterseite eines von Gallen der Gallwespe *Neuroterus quercusbaccarum* besetzten Stieleichenblattes um Mitternacht von einer Raubwanze (*Aptus mirmicoides*) ausgesaugt. Die Skelettierung des Blattes rührt nicht vom Großen Schneckenspinner her. – Oberrheinebene, Rußheim 26. 8. 92 H. LUSSI.

Häufige Parasiten bei den beiden Schneckenspinnern, aber auch bei vielen anderen Schmetterlingsraupen gehören zu Arten der Gattung *Apanteles* (Brackwespen), mit ihren typischen seidig gelben bis weißen Kokons. Hier wurde eine fast halb erwachsene Raupe von *A. limacodes* Opfer von zwei solchen Parasitenlarven. – Schwarzwald-Westrand, Ringelbach 9. 9. 92 H. LUSSI.

Blattunterseite von Erle, Birke und Hasel aufhaltenden, hellgrünen, typischen Lochfraß verursachenden Larve. Habituell ähnlich sind auch manche Raupen der Bläulinge *(Lycaenidae)*, insbesondere der Zipfelfalter *(Theclinae)*. Der Verdacht liegt nahe, daß sich Meldungen über die Raupe von *A. limacodes* an Schlehe in Wahrheit auf Zipfelfalter-Raupen beziehen. Bezüglich der Kokons besteht große Ähnlichkeit mit den Keulhorn-Blattwespen, z. B. *Trichiosoma tibiale*, die sich am Blatt oder am Zweig von Laubhölzern einspinnen. Die Larven von Fichtenblattwespen-Arten lassen sich ebenfalls zu Boden fallen und bauen im Laub einen dem von *A. limacodes* sehr ähnlichen braunen Kokon, in dem sie sich erst nach Überwinterung verpuppen.

Parasitoide: Schon bei den jungen Raupen treten hohe Verluste durch Parasitoide und Prädatoren auf. Dabei handelt es sich, nach eigenen Beobachtungen, vor allem um juvenile wie auch adulte Raubwanzen[1], Florfliegenlarven und Larven einer kleinen Braconidenart (*Apanteles* spec.), einer solitär lebenden Art mit nur einer Larve pro Wirtsraupe, mit schneeweißem, am Nahrungsblatt neben dem toten Wirt befestigtem Kokon, bei dem der Deckel beim Schlupf scharfrandig abgesprengt wird. Ältere Raupen werden außerdem von größeren Schlupfwespenarten (Ichneumonidae) heimgesucht, z. B. von *Hyposoter* spec. (Porizontinae), die einen doppelt angelegten außen dunkelgrauen, schwarz gefleckten Kokon anlegt, der zu Boden fällt und im nächsten Frühjahr die Imago entläßt. Mindestens zwei weitere Arten, nämlich *Pelecystoma luteum* NEES (Braconidae, Rogadinae) und *Sphinctus serotinus* GRAV. (Ichneumonidae), welche bereits bei KRAUSSE (1915) unter Hinweis auf RATZEBURG (1848 und 1852) genannt worden ist, überdauern im Kokon des Wirtes und schlüpfen erst im Sommer. Außerdem weist KRAUSSE auf die Sporen eines von ihm selbst aus *A. limacodes* extrahierten sog. »Limacodespilzes« hin.[2]

---

[1] Für die Bestimmung der in der Abbildung gezeigten Wanze *Nabis mirmicoides* sei Herrn Prof. Dr. S. RIETSCHEL herzlich gedankt.

[2] Für die Bestimmung der Parasitoide sei Herrn Prof. Dr. KONRAD SCHMIDT (Universität Karlsruhe) herzlich gedankt.

Blick aus dem inneren Waldmantel auf der Eichelspitze über die Halbtrockenrasen des Vogelsangpasses in Richtung Totenkopf. Im Vordergrund erkennt man an den tiefhängenden, bis fast zum Boden reichenden Ästen und Blättern einer Stieleiche im Gegenlicht massenhaft Loch- und Fensterfraß, der zu einem hohen Prozentsatz von *A. limacodes*-Raupen herrührt. – Kaiserstuhl 17. 8. 92 H. Lussi.

Gefährdung und Schutz

Rote Liste Bundesrepublik: –
Rote Liste Baden-Württemberg: –

Oberrheinebene: Nicht gefährdet.
Schwarzwald: Nicht gefährdet.
Neckar-Tauberland: Nicht gefährdet.
Schwäbische Alb: Nicht gefährdet.
Oberschwaben: Nicht gefährdet.

- In Baden-Württemberg nicht gefährdet!

Von beiden Schneckenspinnerarten galt *Apoda limacodes* stets als die häufigere. Diese Aussage stimmt auch für Baden-Württemberg, wenn es auch Gegenden gibt, wo *H. asella* regional häufiger ist wie z. B. im Grindenschwarzwald und auf den Enzhöhen.

Bezüglich anthropogener Gefährdung gilt weitgehend das bei *H. asella* Gesagte. Als Bewohner der Waldsäume und -ränder ist die Art insbesondere da, wo Ackerland und Weinberge zum Wald hinaufziehen, von landwirtschaftlichen Spritzmaßnahmen gefährdet. Kleinere Flurbereinigungen der Waldsäume wie das Heraushauen der Buschsäume und das Abschneiden der ausladenden unteren Äste, welche oft weit in Wiesen, Äcker oder über Wege ragen, können wohl eine Population nicht ausrotten, ihr aber je nach Pflegeintensität empfindliche vorübergehende Einbußen bescheren.

Apoda limacodes kann gegenwärtig als nicht gefährdet betrachtet werden. Allerdings hängt es von den unter dem Begriff »Waldsterben« bekannten Schadeinwirkungen ab, inwieweit diese Feststellung auch noch in Zukunft Gültigkeit haben wird. Das große Nahrungspflanzenspektrum dieser wärmeliebenden, gegenüber *H. asella* robusteren Art läßt jedoch hoffen, daß sie auch bei sich verschlechternden Bedingungen noch genügend Ausweichmöglichkeiten finden wird.

Heterogenea asella
Denis & Schiffermüller, 1775

Kleiner Schneckenspinner

Heterogenea (ἑτερογενης) griech. »von anderem Geschlecht«, paßte damals zu keiner Abteilung von Linnés *Phalaena*. *Oniscus asella* ist der wissenschaftliche Name der Mauerassel, doch bedeutet *asella* im Lateinischen auch »[kleine] Eselin«.

Färbungs- und Zeichnungsvarianten werden im wesentlichen nach drei Formen unterschieden: f. *nigra* Tutt, 1899, eine stark verdunkelte Männchen-Form; f. *brundini* Bryk, 1946, eine aufgehellte Männchen-Form; mit f. *flavescens* Tutt, 1899 werden dagegen ockergelb aufgehellte Weibchen bezeichnet.

Gesamtverbreitung: Vom äußersten Nordosten der Iberischen Halbinsel über Italien, den Balkan und Nord-Griechenland bis nach Kleinasien (Schwarzmeerküste), den Kaukasus und den Norden Irans (Kaspische Region). Von Mitteleuropa ostwärts durch die gemäßigte Zone bis in den Fernen Osten (Amur-Ussuri-Gebiet, Korea, jedoch nicht in Japan). Im Westen bis zur Südküste Englands, im Norden bis ins südliche Fennoskandien. Auf den Mittelmeerinseln (mit Ausnahme Korsikas) fehlt diese Art. Auch aus der neuen Welt ist sie nicht bekannt.

Verbreitung

Regional: Der Kleine Schneckenspinner kommt in allen Hauptnaturräumen Baden-Württembergs vor. Ein besonderer Schwerpunkt seiner Verbrei-

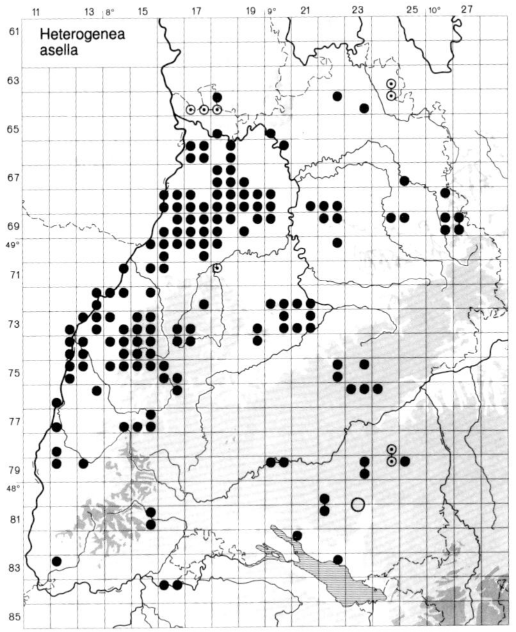

tung zeichnet sich in der Oberrheinebene nördlich von Freiburg ab, wenngleich ein gewisses »Ballungszentrum« im Raum Karlsruhe auf erhöhte Suchaktivitäten der hier ansässigen Mitarbeiter hindeutet. Aber auch der Nordschwarzwald (Nördlicher Talschwarzwald, Grindenschwarzwald und Schwarzwald-Randplatten) und die Vorbergzone sowie im Süden das Bodenseebecken mit dem sich anschließenden nördlichen Oberschwaben sind relativ gut repräsentiert. Wenige Nachweise kommen dagegen aus dem Neckar-Tauberland, wo die Art bisher nur an einzelnen Stellen gefunden wurde, so z. B. bei Zimmern (Pfarrer A. SEITZ, nach Kartei A. GREMMINGER), bei Backnang (M. MEIER), um Stuttgart (LIEBHEIT & SCHÄFER 1979) und an einigen Stellen im Schönbuch (SETTELE 1985; N. HIRNEISEN & A. STEINER). Ein Fund (H. LUSSI) stammt vom Nordrand der Wutachschlucht, weitere aus dem Hochrheingebiet. Ansonsten blieben weitere (eigene) Suchaktionen im angrenzenden Südschwarzwald bis hinauf in die subalpine Stufe von Feldberg und Belchen und der weiteren Umgebung über den Hotzenwald bis hinunter zum Hochrhein ergebnislos.

Von der Schwäbischen Alb sind Funde aus den Naturräumen Oberes Donautal und Mittlere Flächenalb bekannt (G. BAISCH). Nach RENNWALD & RENNWALD (1992)[1] kommt die Art auch auf der Mittleren Kuppenalb vor, außerdem im Tauberland, Bauland sowie im Odenwald. H. LUSSI kartierte die Art auf einer Fahrt zwischen Heilbronn und Dinkelsbühl an einem einzigen Tag in nicht weniger als 13 Quadranten.

Bedenkt man, daß diese als Falter wenig attraktive und somit auch kaum begehrte Art mit Sicherheit sehr oft »übersehen« wurde (vgl. SEITZ 1912, SCHNEIDER 1937, URBAHN & URBAHN 1939, BERGMANN 1953 und FORSTER 1960), kann man folgern, daß sie in Wirklichkeit bei uns wesentlich weiter verbreitet ist als momentan zum Ausdruck gebracht werden kann. Interessant in diesem Zusammenhang sind die Anmerkungen von SEITZ (1912: 342), er habe »die kleinste bekannte Limacodide ... fast stets nur beim Microfang« erbeutet.

Vertikal: Von der planaren (Oberrheinisches Tiefland) über die kolline bis in die montane Stufe (Schwarzwald).

Die tiefsten Fundpunkte liegen in der Gegend von Mannheim und Viernheim bei 94–100 m. Ebenso wie den Tieflagen hat sich diese Art aber auch dem Hügelland und der Vorbergzone, ja

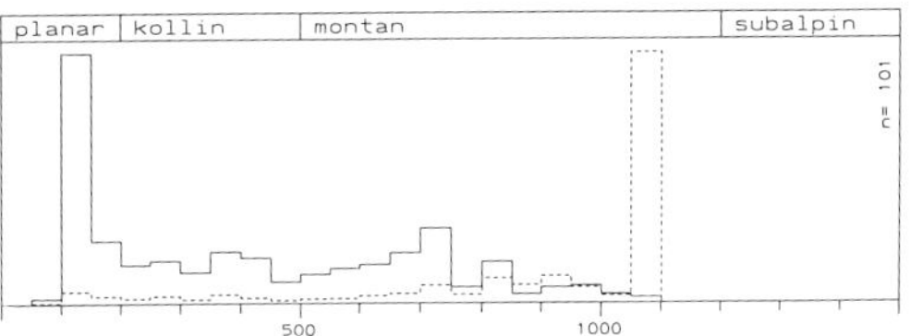

selbst den Hochlagen des Nordschwarzwaldes angepaßt. H. LUSSI, M. HAUBER & A. STEINER fanden sie hier im Jahre 1992 an zwei Stellen der Schwarzwaldhochstraße bei 970–980 m, H. LUSSI im Grindenschwarzwald (Schliffkopf, 27.9. 1993) an einer freistehenden Rotbuche bei 1005 m und zwei Tage später oberhalb des Mummelsees eine noch junge Raupe an Rotbuche im Fichtenwald sogar zwischen 1090 und 1100 m. Es scheint, als könne *Heterogenea asella* das kühlere Klima dieser Hochlagen besser vertragen als die nächstverwandte *Apoda limacodes*. Nach FORSTER (1960) und FREINA & WITT (1990) kommt *H. asella* im Gebirge bis etwa 1500 m vor.

Phänologie

Imagines: Die Falter dieser univoltinen Art erscheinen in den tieferen Lagen frühestens Ende Mai, häufiger dann in der ersten Junihälfte, im Bergland in der Regel 8–14 Tage später als in der Ebene. Die letzten Falter wurden in der Oberrheinebene sowie

[1] Für wertvolle Hinweise zur Verbreitung danke ich Erwin und Klaus RENNWALD.

im Hügelland Mitte August gefunden. In der Oberrheinebene und im Neckar-Tauberland beträgt die Flugzeit, nach unseren bisherigen Kenntnissen, 76 bzw. 77 Tage, in den höhergelegenen und klimatisch rauheren Naturräumen der Schwäbischen Alb und Oberschwabens dagegen nur 44 bzw. 46 Tage. Für den Schwarzwald ist aufgrund mangelnder Beobachtungen diesbezüglich noch keine Aussage möglich.

Präimaginalstadien: Bis 1990 lagen uns insgesamt nur 5 (!) z.T. unvollständige Meldungen von Raupenfunden vor, die sich zeitlich zwischen dem 9. September (1945, A. GREMMINGER) und 17. Oktober (1920, O. SCHRÖDER) einordnen lassen. Im Jahre 1991 fand H. LUSSI eine noch junge Raupe (Karlsruhe: Wildpark), während RENNWALD & RENNWALD (1992) von »mehreren hundert (Beobachtungen) an vielen Orten« im selben Jahr berichteten und als Häufigkeitsschwerpunkt die zweite Septemberhälfte feststellten. Anfang Oktober fanden sie noch regelmäßig Raupen, Ende Oktober nur noch einzelne sowie erste Kokons, die letzte erwachsene Raupe am 8.11. 1991 und darüberhinaus bis zum 22.11. 1991 »die letzten noch ziemlich kleinen Raupen«, die sich, in die Wärme gebracht, schnell weiterentwickelten.

Im Jahr 1992 entdeckte H. LUSSI die erste Raupe (L_2) am 23. August (Karlsruhe: Neuforchheim), die letzte, fast erwachsene am 24. September (Wutachschlucht). E. & K. RENNWALD fanden im gleichen Jahr die erste »sehr kleine Raupe« am 3. August, die ersten erwachsenen bereits Ende August. Der Häufigkeitsschwerpunkt lag in diesem Jahr in der ersten Septemberhälfte.

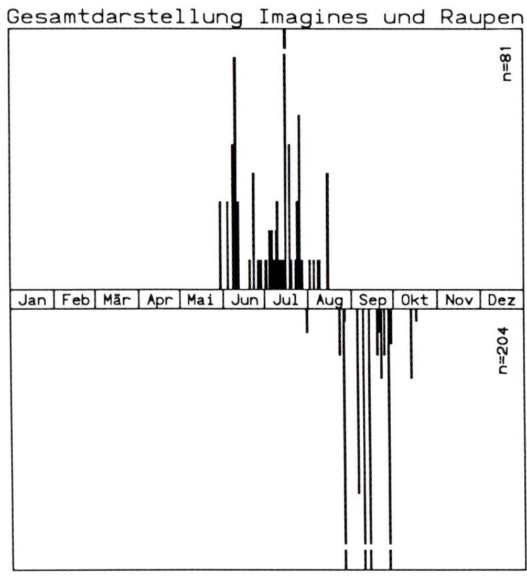

Männchen des Kleinen Schneckenspinners auf der Unterseite eines Buchenblattes versteckt. In Ruhestellung werden die Flügel dachförmig an den Körper angelegt. Das abgebildete Tier ist insofern untypisch, als das äußere Drittel des Flügels der mehr dunkelbraunen Normalfärbung der Männchen entspricht, während sie beim Weibchen durchgehend ockerfarben ist. – Schwarzwald-Ostrand, Fünfbronn 25. 6. 93 H. LUSSI. S.

Ende September zeigten sich kaum noch Raupen. Eine allerletzte, schon erwachsene wurde am 13. Oktober festgestellt. Den mit Abstand frühesten Termin (als Folge des extrem trocken-warmen Frühjahrs?) eines Raupenfundes belegt H. LUSSI am 3.7. 1993 mit einer frisch geschlüpften Larve in einer Waldschlucht im östlichen Nordschwarzwald (Fünfbronn, 650 m).

Für diese Schwankungen, besonders was die frühe Beendigung der larvalen Entwicklungsphase im Jahre 1992 betrifft, gibt es bislang noch keine befriedigende Erklärung. Möglicherweise spielt dabei eine Rolle, daß die vergangenen Winter extrem mild waren und der Frühling gegenüber den Vorjahren stets sehr zeitig begann.

Den ersten Kokon im Jahr 1992 fanden E. & K. RENNWALD am 6. September, H. LUSSI am 13. September (Nordschwarzwald, 650 m), im Jahr 1993 sogar schon am 19. August am Ort des o. g. frühesten Raupenfundes. Übrigens findet die eigentliche Verpuppung im Innern des Kokons erst im nächsten Frühjahr, also wenige Wochen vor dem Schlüpfen des Falters statt.

Von einigem Interesse sind in diesem Zusammenhang die Beobachtungen von FÖHST (1991) aus Norditalien (Lago d'Iseo), wonach sich erwachsene Raupen von *Heterogenea asella* etwa zur Osterzeit in Rindenritzen von Sommerlinden eingesponnen hatten. Sie müssen hier also im Raupenstadium außerhalb des Kokons überwintert und dabei vielleicht sogar Nahrung aufgenommen haben. Möglicherweise kommt in klimatisch günstigen Regionen sogar eine (partielle?) 2. Generation vor.

Ökologie

Lebensraum: *Heterogenea asella* ist ein Bewohner mesophiler Wälder der Ebenen sowie des Hügel- und Berglandes. Im Gegensatz zu *Apoda limacodes* bevorzugt sie mehr das feuchte Waldesinnere, möglicherweise, um hier besseren Schutz vor Windverdriftung zu finden, und hier wiederum die unteren Partien der Bäume und Sträucher. Interessant ist der Fund von 2 Weibchen in einer in 20–25 m Höhe (Wipfelregion einer Stiel-Eiche), nicht jedoch in der am gleichen Ort in Augenhöhe angebrachten Lichtfalle (Wintersdorf, hohe Hartholzaue, C. KÖPPEL, pers. Mitt.). *H. asella* liebt offene, luftfeuchte, leicht sonnige bis halbschattige Stellen, z.B. an Waldwegen (Binnensäume), an den Rändern von Kahlschlägen, Waldlichtungen und Waldparkplätzen. An einer Stelle, wo zwei kleine Waldbäche zusammentrafen, fanden sich Raupen sogar an tief über der Wasserfläche hängenden Buchenzweigen, an denen sie sich auch zur Verpuppung angesponnen haben.

Als bisher einmalige Beobachtung ist Anfang September (1993, Kraichgau: Eichelberg bei Hilsbach, H. LUSSI) das Auffinden von weit über 50 Raupen in unterschiedlichen Stadien an einer einzigen jüngeren Hainbuche zu nennen, die am Rand eines Weges im dunklen Fichtenforst stand. Die wenigen benachbarten Rotbuchen waren nicht besetzt! Am 27.9. lebten nur noch 4 Raupen, 18 waren vertrocknet (Opfer saugender Raubinsekten).

In diesem »Lebensraum Buchenblatt« (Blattunterseite) erkennt man, außer der am untersten horizontalen Seitenblattnerv befestigten leeren Eihülle, die daraus geschlüpfte Eiraupe rechts oberhalb des stark behaarten Hauptnervs. Man sieht am dunklen Darminhalt, daß sie bereits Nahrung aufgenommen hat. Dafür sprechen auch die winzigen grauen, oft ringförmig aneinandergereihten Fensterfraßstellen. – Schwarzwald-Ostrand, Fünfbronn 3. 7. 93 H. LUSSI.

Nahrung der Raupe:

Juglans regia – Walnuß
3 L, P (LUS, REK, REN)

Carpinus betulus – Hainbuche
5 L, P (EBE, ECK, GRE, HAU, KAB, LUS, NOL, REK, REN)

Corylus avellana – Hasel
3 L (HAU, LUS, REK, REN)

Betula pendula – Hänge-Birke
3 L (LUS, RAZ, REK, REN)

Fagus sylvatica – Rotbuche
5 E, L, P (EBE, ECK, ERB, LUS, HAU, NOL, REK, REN, STN)

Castanea sativa – Edelkastanie
3 L, P (LUS, REK, REN)

Quercus rubra – Rot-Eiche
3 L (LUS, REK, REN)

Ulmus laevis – Flatter-Ulme
3 L (LUS, REK, REN)

Ulmus minor – Feld-Ulme
3 L (REK, REN)

Ulmus glabra – Berg-Ulme
3 L (LUS, REK, REN)

Prunus padus – Traubenkirsche
L (REK, REN)

Prunus avium – Vogelkirsche
3 L (HAU, LUS, REK, REN)

Acer spec. – Ahorn
L (SEZ)

Acer pseudoplatanus – Berg-Ahorn
L (NOL)

Acer platanoides – Spitz-Ahorn
3 L (HAU, LUS, REK, REN)

Acer campestre – Feld-Ahorn
L (REK, REN)

Tilia spec. – Linde
L (SCR)

Tilia cordata – Winter-Linde
3 L (EBE, ECK, REK, REN)

Tilia platyphyllos – Sommer-Linde
L (REK, REN)

In der Literatur ist man sich seit geraumer Zeit über ein breites Wirtspflanzenspektrum von *Heterogenea asella* einig. Allerdings besteht eine erhebliche Diskrepanz bezüglich aktueller und historischer Funde an einheimischen Eichen. Leider haben wir keinerlei neuere Kenntnis über verbürgte Meldun-

Zwei fast erwachsene, sehr intensiv gefärbte Raupen auf der Unterseite eines Hainbuchenblattes beim Fressen. Erst im letzten Stadium sind sie imstande, auch die stärksten Adern des Blattes durchzunagen. Es entsteht eine wie abgeschnitten wirkende sehr typische »Fraßkante«. Die Rückenzeichnung der Raupen ist sehr variabel. Im Extremfall kann sie bis auf den vordersten Teil völlig fehlen. – Schwarzwald-Westrand, Ringelbach 9. 9. 92 H. Lussi.

gen, weder an *Quercus robur* noch an *Quercus petraea.* So bleibt nur anzunehmen, daß beide Eichen-Arten bei *H. asella* entweder »aus der Mode gekommen« sind, starke regionale Unterschiede bestehen oder die betreffenden Autoren Daten ungeprüft aus derselben Quelle übernommen haben. Dabei soll natürlich nicht in Abrede gestellt werden, daß früher jemand tatsächlich einmal irgendwo Raupen an einer heimischen Eiche gefunden hat, dies umso mehr, als beide Eichen-Arten in der Zucht als Nahrung angenommen werden. Dem Autor ist es jedoch nicht gelungen, trotz Absuchens einiger tausend Eichen auch in Gegenden, wo *H. asella* häufig an Rotbuchen und Hainbuchen vorkam, einen solchen Nachweis zu erbringen. Der Kleine Schneckenspinner lebt bei uns aber dennoch an einer Eiche und zwar ausgerechnet an der aus Nordamerika eingebürgerten Rot-Eiche *(Quercus rubra)*, welche insbesondere in den Hardtwäldern der Rheinebene ein forstwirtschaftlich leider allzu sehr geförderter Baum ist.

Besonders interessant ist in diesem Zusammenhang ein Vergleich der verschiedenen Nahrungspflanzen von *H. asella* nach der Struktur ihrer Blätter, je nachdem ob sie behaart oder glatt sind. Mit ihren »Schleimsohlen« fühlen sich die Raupen dieser Art auf »nagelbretthaften« Unterlagen normalerweise nicht besonders wohl, was in ihrem Verhalten zum Ausdruck kommt, wenn man sie auf ein solches Blatt setzt. Dennoch fanden E. & K. Rennwald sowohl an Sommer-Linde einmal, als auch an Hasel mehrfach, Raupen, sogar an einem Strauch mit »erstaunlich dichter Behaarung«, was bestätigt werden kann (M. Hauber, H. Lussi). Ähnliches gilt auch für die Funde an Ulmen-Arten, die ja auch zumindest über Blätter mit rauher Oberfläche verfügen. Man könnte also meinen, die Raupen seien auf allen oder wenigstens auf den meisten Bäumen und Sträuchern mit glatten Blättern zu finden. Dies trifft so jedoch keineswegs zu, wie schon obiges Beispiel mit der Eiche gezeigt hat. Von vielen, vermeintlich bestens geeigneten Arten der Gattungen *Alnus* (Erle), *Sorbus* (Vogelbeere), *Crataegus* (Weißdorn), *Prunus* (insbes. Schlehe und Pflaume), *Populus* (Pappel), *Salix* (Weide), *Robinia* (Robinie), *Aesculus* (Roßkastanie), *Rhamnus* (Faulbaum und Kreuzdorn), *Cornus* (Hartriegel), *Fraxinus* (Esche), *Sambucus* (Holunder) usw. liegen, mit Ausnahme von *Populus* (in England und Frankreich als Nahrungspflanze festgestellt) keinerlei Raupenfunde von *H. asella* vor. Dafür sind folgende glattblättrige Arten nachgewiesen: *Juglans regia* (Walnuß) an feuchten Waldrändern der Rheinebene, mehrfach, *Prunus padus* (Traubenkirsche), wenige, und eine Raupe an *Acer campestre* (Feld-Ahorn). G. Noll entdeckte bereits im Jahre 1985 eine Raupe von *H. asella* auf den Fildern auf einer an Laubholzarten relativ reichen Waldwiese an *Acer pseudoplatanus* (Berg-Ahorn). An *Betula pendula* (Hänge-Birke) fanden E. & K. Rennwald zwei, U. Ratzel und H. Lussi je eine Raupe, letztere ein Zufallsfund. Von größerer Bedeutung für

Die Larve einer Schlupfwespe der Gattung *Hyposoter* verläßt ihren Wirt und beginnt sofort neben dem leeren Raupenbalg mit der Anfertigung ihres grauschwarz gefleckten, doppelschichtigen Kokons, der nicht befestigt wird und deshalb bald zu Boden fällt, im Fallaub überwintert und im Frühsommer die neue Wespe entläßt. – Schwarzwald-Ostrand, Fünfbronn 13. 9. 92 H. Lussi.

H. asella sind *Castanea sativa* (Edelkastanie), allerdings lokal begrenzt auf die Weinbaugebiete der Schwarzwaldvorbergzone, *Prunus avium* (Vogelkirsche) in der Wild- und Kulturform und *Acer platanoides* (Spitz-Ahorn), eine in feuchten Eichen-Hainbuchenwäldern sehr beliebte Eiablagepflanze (E. & K. Rennwald, H. Lussi). Die Ahornart, auf der Pfarrer A. Seitz in Zimmern (Tauberland) vor langer Zeit seine Raupen entdeckte, wird uns unbekannt bleiben, desgleichen die Lindenart, worauf O. Schröder am 17.10. 1920 (A. Gremminger, Kartei) im Kaiserstuhl bei Schelingen einige Raupen fand. *Tilia cordata* (Winter-Linde) ist in der planaren und kollinen Stufe unseres Faunengebietes von gewisser Bedeutung. Eindeutig als Hauptnahrungspflanze aber sind *Fagus sylvatica* (Rotbuche) und *Carpinus betulus* (Hainbuche) anzusehen. Dementsprechend liegen auch von beiden Hartholz-Arten ausreichend Fundmeldungen vor. Zusammenfassend kann festgestellt werden, daß Hainbuche und auch Rot-Eiche die bevorzugten Nahrungspflanzen in der Ebene sind, während im Hügelland die Raupen in etwa gleichermaßen auf Hainbuche, Rotbuche und Winter-Linde verteilt sind. In Höhenlagen oberhalb 300 m wird dann eindeutig die Rotbuche präferiert, die mit zunehmender Höhe noch weiter an Bedeutung gewinnt. Oberhalb 600 m konnte, mit zwei Ausnahmen (Hochdorf westl. Altensteig, 706 m, Raupe an *Carpinus betulus*; Omerskopf, 800 m, Kokon in einer Astgabel von *Castanea sativa*, H. Lussi) ausschließlich die Rotbuche als Nahrungspflanze festgestellt werden.

Habitat: Ei- und Larvalhabitate finden sich stets in mehr oder weniger mesophilen Laubmischwäldern, zum Teil in luftfeuchter Lage, insbesondere in den direkt oder kurzzeitig besonnten, meist im Waldesinneren gelegenen Saumbeständen (Binnensäume) wie z.B. Rändern von Waldwegen, Waldbächen und -gräben, Schneisen, feuchteren Lichtungen und Kahlschlägen, des öfteren auch am Rande von Fahrwegen, Autostraßen und Waldparkplätzen. Häufiger ist *H. asella* in der Hartholzaue (Alno-Ulmion) vertreten. Ihr Verbreitungsschwerpunkt befindet sich im Eichen-Hainbuchenwald (Carpinion), besonders im Stellario-Carpinetum, außerdem in feuchteren Rotbuchenwäldern (Fagion), meist im Luzulo-Fagetum und Asperulo-Fagetum, bisweilen auch im Abieti-Fagetum, ja sogar im übernutzten Fichten-Tannenwald an Stellen, wo am Waldrand noch einige (krüppelige) Rotbuchen als Windschutz belassen wurden oder im Waldinnern m.o.w. regelmäßig Rotbuchen eingestreut sind. Der Besatz an einzeln stehenden Bäumen

Im höheren Bergland legt *H. asella* den Kokon in Astgabeln, hier von Rotbuche, an. Gut erkennbar ist der scharfrandig abgesprengte Deckel und die halb aus dem Kokon herausragende leere Puppenhülle. – Schwarzwald-Ostrand, Fünfbronn 3. 7. 93 H. Lussi.

kommt nur ausnahmsweise vor (Schliffkopf, 1005 m, H. Lussi).

Soweit bisher überhaupt erforscht, sind Larval- und Imaginalhabitat im großen und ganzen identisch. Hausmann (1990) hält die Art gerade noch für fähig, Entfernungen von 100 m zu bewältigen. Auch nach eigenen Überlegungen ist der Aktionsradius bei Faltern von *H. asella* mit weit unter 400 m anzugeben, so daß wir es hier mit einer normalerweise sehr standorttreuen Art (k-Stratege) zu tun haben.

Verhalten: Das Schlüpfen der Imago geschieht, wie nach eigenen Beobachtungen gefolgert werden kann, analog dem von Schremmer (1990) für *A. limacodes* beschriebenen Vorgang. Die Flügel werden in der Nähe des Kokons entfaltet. Die Hauptaktivität der Männchen bei ihren Suchflügen nach Weibchen fällt in die Zeit der Dämmerung (Urbahn & Urbahn 1939, Bergmann 1953, Freina & Witt 1990 u.a.), doch umfliegen sie auch nachts (Forster 1960) und sogar tagsüber im Sonnenschein die untere Baum- und Strauchvegetation. D. Doczkal fand ein Männchen in einer Malaise-Falle, wo es im Laufe eines heißen Julitages angeflogen sein mußte. Am Tage sitzen die Falter aber auch, oftmals in Kopula, an Stämmen, Blättern und Zweigen, wo sie schwer zu entdecken aber leicht zu klopfen sind (Rössler 1881, Bergmann 1953). Nach der Paarung beginnt das Weibchen mit dem Eiablageflug. Wenn es nicht gerade von Winden verweht wird (übrigens eine denkbare Art passiver Ausbreitung, z.B. auf den Hochflächen des Nordschwarzwaldes!), fliegt es im Bereich seines

Entwicklungshabitates nur kurze Strecken, dabei sich vermutlich an linearen Strukturen wie Wald- und Wegrändern etc. orientierend. In dieser Phase kommt es, häufiger als die Männchen, nach DANIEL (1967) sogar ausschließlich, ans Licht. Die bei Lichtfängen beobachteten Tiere (H. LUSSI, A. STEINER, C. KÖPPEL) waren bisher fast ausnahmslos Weibchen.

Die Eiablage hat im Freiland offensichtlich noch niemand beobachtet. Wahrscheinlich findet sie ab dem späten Nachmittag bis in die Dunkelheit statt. Das begattete Weibchen legt wohl zuerst einige Eier in nächster Nähe seines Kopulationshabitats ab, das oft mit dem Verpuppungsort identisch ist, und schwärmt danach erst zum (die Art) verbreitenden Eiablageflug aus. H. LUSSI fand Eier und L_1-Raupen auf demselben Zweig, an dem auch zwei geschlüpfte Weibchen-Kokons angesponnen und markiert waren. Die in der Literatur häufig wiederkehrende Angabe, daß die Eier »zu mehreren« bzw. »in Klümpchen« abgelegt werden (SPULER 1910, FORSTER 1960 u.a.) beruhen auf Beobachtungen unter Zuchtbedingungen, was auch SKINNER (in HEATH & EMMET 1985) – allerdings für Großbritannien – bestätigt. Nach CARTER & HARGREAVES (1987) werden die Eier im Freiland nur einzeln abgelegt. Nach den Raupenfunden zu urteilen, werden in der Regel nur ein, allerhöchstens 2–3 Eier auf einmal auf die Blattunterseite in die Nähe eines Blattaderwinkels plaziert, wo sich das Weibchen am besten festhalten kann. Weniger kräftig geaderte Blätter sind nicht so gut geeignet. Die bevorzugte Höhe der Eiablage findet sich zwischen ein und drei Metern, zumeist an den unteren, äußeren Zweigen. Die Eier sind oval und extrem abgeflacht, anfangs farblos, fast durchsichtig, werden aber bald gelblich. Nach etwa 8 Tagen schlüpfen die mit gabeligen Fortsätzen bewehrten Raupen. Sie fressen winzige Fenster in die Blätter, wobei die Blattnervatur und die obere Epidermis zunächst noch unberührt bleiben. Mit zunehmendem Wachstum gehen sie vom Fenster- über den Lochfraß zum Blattrand- oder größeren Lochfraß (etwa ab L_3) über. Am Rande dieser Löcher pflegen sie auch zu sitzen, weshalb man sie mit einiger Übung im Gegenlicht von unten als kleinen dunklen Fleck neben ihrer Fraßspur entdecken kann. Ob die Raupen, wie in der Literatur häufig nachzulesen, ausschließlich nachts fressen, bleibt noch zu untersuchen. Mindestens die Hälfte ihrer Entwicklungszeit verbringen sie auf dem Eiablageblatt. An Blattspitze, Blattrand oder mit dem Fensterfraß beginnend wird jeweils die angefangene Blattzelle zwischen zwei parallelen Nebenadern bisweilen bis zur Basis heruntergefressen. Haupt- und Seitenadern läßt die halberwachsene Raupe stehen. Erst das erwachsene Tier vermag das Blatt in einer Linie quer, einschließlich der Hauptader, abzufressen, wodurch es dann meist wie mit der Schere abgeschnitten erscheint. Es fällt auf, daß die Raupen stets auf infertilen Ästen leben, was wohl nicht bedeutet, daß das Weibchen bei der Eiablage sterile von fertilen Zweigen unterscheiden kann, sondern ganz einfach, daß junge Bäume und die unteren Äste älterer (*Fagus*, weniger *Tilia*) kaum Fruchtansatz tragen.

Das Leben auf der Blattunterseite bietet den Raupen Schutz vor Freßfeinden, insbesondere Vögeln, allzu starker Sonneneinstrahlung und anderen Witterungseinflüssen. Sechs bis zehn Wochen nach der Eiablage sind die Raupen erwachsen, bekommen jetzt ein glasiges Aussehen und suchen in höheren Lagen die Unterseite einer Zweiggabelung oder in tieferen Lagen den apikalen Blattrandbereich auf der Blattunterseite (manchmal auch -oberseite) eines (meist) unbefressenen Nachbarblattes auf, um dort, parallel zum Blattrand sitzend, mit der Anfertigung eines Kokons zu beginnen. Bei diesem mehrstündigen Vorgang verändert das relativ flache Tier seine Gestalt vorübergehend bis zur Kugelform. Es verliert währenddessen durch Extrakorporierung des insbesondere in den Malpighischen Gefäßen gespeicherten, reichlich Calciumoxalatkristalle enthaltenden Exkretionsmateriales (A. HOFMANN, pers. Mitt.) innerhalb weniger Stunden einen beträchtlichen Anteil seines Volumens. War die Raupe vor dem Kokonbau 7 × 4 mm groß, so betrugen die Außenmaße des Kokons, in dessen Innern die Raupe ja noch kleiner sein muß, nur noch 5 × 3.6 mm!

Die im höheren Bergland in den Zweiggabeln angelegten Kokons sind infolge ihrer Ähnlichkeit mit Knospen gut getarnt. Den leeren Kokons fehlt nach einiger Zeit gewöhnlich der scharfrandig abgesprengte Deckel. In diesem Zustand können sie jedoch, oft schon von Flechten bewachsen, noch einige Jahre erhalten bleiben, wie ein eigener Fund an einer jungen Rotbuche bestätigt. Im Gegensatz dazu fallen in der Ebene und im Hügelland die an Blättern befestigten Kokons mit dem herbstlichen Laub zu Boden (was kleinräumig zur Weiterverbreitung beitragen kann) und sind dann spätestens im nächsten Jahr jeglicher Nachkontrolle entzogen. Wie bei *A. limacodes* überwintert die Raupe im Kokon und verpuppt sich darin erst im kommenden Frühjahr, wenige Wochen vor dem Schlüpfen.

Parasitoide: Vom Verlassen des Eies an sind die Raupen durch Schlupfwespen sehr gefährdet. Ebenso wie *A. limacodes* ist auch *H. asella* stark

Kokonbau beim Kleinen Schneckenspinner

Am Abend setzt sich die Raupe unterhalb der Blattspitze fest und spinnt ein seidenglänzendes Polster. Aus einer Analdrüse werden wasserklare Tröpfchen ausgestoßen. Es folgt eine Phase mehrmaliger Drehung um 180°, dabei abwechselnd spinnend und ruhend. Nach Mitternacht ist das Bodenpolster fertig (l.o.). Danach baut sie, seitlich beginnend, einen körperengen lockeren Ellipsoid aus Gespinstfäden, die sie schließlich baldachinartig über sich hinwegzieht (r.o.). Nun dreht sie sich auf den Rücken, die blasse »Sohle« nach oben gerichtet (m.l.). Stetig spinnend wiederholt sie dasselbe noch zweimal, bis sie wieder auf dem Rücken liegt und eine gelb-milchige Flüssigkeit von sich gibt, die filmartig über das Kokondach von hinten nach vorne verteilt wird (m.r.). Plötzlich durchschlägt die sonst so träge Raupe mit schnellen Kopfstößen den vorderen Kokonpol, den sie anschließend wieder abdichtet (l.u.). Im Kokon spinnt sie weiter, dreht sich in Längsrichtung und durchstößt auch noch den anderen Pol, den sie gleichfalls sofort wieder repariert (r.u.). Zum Schluß werden noch die Seiten von innen dicht gemacht. Der erstarrende Kokon ist zunächst weiß und wird nach einigen Stunden braun. – 15.–16. 9. 92 H. Lussi.

Typischer Lebensraum des Kleinen Schneckenspinners, hier im übernutzten Tannen-Buchenwald, mit stellenweise als Windschutz belassenen Rotbuchen. Am Fuße dieses heidelbeerreichen Hanges fließt ein Waldbach. Die tief darüber hängenden Rotbuchenäste waren ebenfalls mit Raupen von *H. asella* besetzt. – Schwarzwald-Ostrand, Fünfbronn 3. 7. 93 H. Lussi.

befallen. Es sind mindestens zwei Ichneumonidenarten, die für eine Mortalitätsrate von 50% oder mehr sorgen. Die kleinere davon (*Apanteles* spec., siehe unter *A. limacodes*) benötigt zu ihrer larvalen Entwicklung höchstens 3 Wochen. Sie verläßt noch als Larve die halberwachsene Raupe etwa zu der Zeit, wenn diese ihren Lochfraß beendet hat. Neben dem geschrumpften, toten Körper ihres Wirtes spinnt sie einen blütenweißen, faserigen, am Blatt angesponnenen Kokon, aus dem bereits nach wenigen Tagen die kleinen Schlupfwespen schlüpfen. Die Larve der größeren Art (*Hyposoter* spec., siehe unter *A. limacodes*) schlüpft erst, wenn ihr Wirt erwachsen ist. Sie verfertigt ebenfalls in dessen unmittelbarer Nähe einen nicht am Blatt befestigten glatten, schwarz-grau gescheckten Kokon, der zu Boden fällt und im nächsten Frühjahr die Imago entläßt.

Ein anderer Teil der Raupen geht möglicherweise an Mikroorganismen zugrunde. Manche fallen auch Freßfeinden wie z.B. Raubinsekten, meist Raubwanzen zum Opfer, wonach sie eine schwarzbraune Färbung annehmen und austrocknen. Die Kokons werden bisweilen von Vögeln aufgepickt.

Gefährdung und Schutz

Rote Liste Bundesrepublik: 3
Rote Liste Baden-Württemberg: –

Oberrheinebene: Nicht gefährdet.
Schwarzwald: Nicht gefährdet.
Neckar-Tauberland: Nicht gefährdet.
Schwäbische Alb: Nicht gefährdet.
Oberschwaben: Nicht gefährdet.

- In Baden-Württemberg nicht gefährdet!

Diese ausgesprochen standorttreue Art hat, insgesamt gesehen, nur einen minimalen Nahrungsbedarf und ist, forstlich betrachtet, völlig unschädlich. Selbst ein von Krausse (1915) beschriebenes Massenvorkommen bei Eberswalde, wo beide Schneckenspinner-Arten Rotbuche, Hainbuche und Eiche (auch *H. asella*?) bis spät in den Oktober hinein befraßen, hatte forstwirtschaftlich »keine große praktische Bedeutung«. Beide werden sie als »unmerklich schädliche Forstinsekten« bezeichnet. Lediglich aus der Ukraine – so berichtet Gusev (1936,

1937) – trat die Art in so großen Mengen an den Laubbäumen der Windschutzstreifen, vor allem Ahorn und Linde, auf, daß sie im Bezirk Woronesch bekämpft werden mußte. Als Kuriosität früherer Bemühungen um die Gesunderhaltung des deutschen Waldes sei aus REH (1913) »Handbuch der Pflanzenkrankheiten« zitiert (nach KRAUSSE, 1915): »Ab- bzw. Auflesen der Raupen und Kokons, Spritzen mit Arsenmitteln, Beschneiden der Bäume und Entfernen alles Bodengenistes«.

Heterogenea asella lebt in der natürlichen Klimaxgesellschaft Wald, von der sie völlig abhängig ist. Mit ihr würde sie auch zugrunde gehen. Infolgedessen sind alle Schäden, die mit zunehmender Tendenz unter der Sammelbezeichnung »Waldsterben« (Luftverschmutzung, saurer Regen, sinkender Grundwasserspiegel) nunmehr auch in den Laubwaldungen immer deutlicher sichtbar werden, für diese Art wie auch für die nächstverwandte *A. limacodes* von existenzieller Bedeutung. Die latente Gefahr einer fortschreitenden und sich ständig noch steigernden Waldvernichtung durch Schadstoffimmissionen sollte man nicht übersehen, obwohl gerade unsere jüngsten Nachforschungen erkennen ließen, daß beide Arten, also auch *H. asella*, die früher meist als »selten« oder nur »lokal« verbreitet bezeichnet worden ist, tatsächlich viel weiter verbreitet und in ordentlichen Bestandsgrößen vorhanden sind. Ob dies jedoch schon in naher Zukunft noch Gültigkeit haben wird, bleibt abzuwarten, denn auch manche anderen früher häufigen Arten sind in kurzer Zeit zu ausgesprochenen Raritäten geworden. Die qualitative Veränderung der Blätter unserer einheimischen Laubholzarten, gerade auch bei Buche, durch zunehmende UV-Strahlung sowie der vorzeitige Laubfall infolge der über Luft und Boden gleichermaßen einwirkenden Schadstoffe läßt Schlimmes befürchten, nicht nur für den Großen und Kleinen Schneckenspinner, sondern für alle Waldarten, die nicht in der Lage sein werden, auf widerstandsfähigere Sekundärgehölze auszuweichen.

Neben diesen Gefahren sind auch noch andere Schadfaktoren erkennbar, die sicherlich eine Rolle spielen, wenngleich sie auch nicht großflächig zum Verschwinden von *H. asella* führen. Gemeint sind die in manchen Gegenden immer noch zu beobachtenden Fichtenaufforstungen in Laubwaldgebieten (z. B. Weihnachtsbaumplantagen), ferner die zu schnelle Beseitigung der Äste und Zweige bei Auslichtungen und Kahlschlägen. An Waldrändern, die unmittelbar an Rebanlagen oder Ackerland grenzen, kann der Einsatz von chemischen Spritzmitteln Schaden anrichten.

Unsere Empfehlung geht deshalb dahin, naturnahe Waldsäume zu fördern und forstwirtschaftlich so in die Planung einzubinden, daß Habitatstrukturen, wie sie hier für den Kleinen Schneckenspinner beschrieben wurden, dauerhaft gesichert werden können.

Psychidae (Sackträger)

Von René Herrmann

Die Familie der Psychidae (Sackträger) ist weltweit verbreitet, »von Neu-Seeland bis Irland und vom Cap Horn bis nach Kamtschatka ... selbst auf abgelegenen Inselgruppen, wie z.B. den Canaren«, wie Strand (in Seitz 1912) anschaulich schildert. Damals kannte man ungefähr 200 Arten, eine Zahl, die bei Forster (1960) bereits mit doppelt so viel angegeben wird, mit dem richtigen Hinweis, daß dies nur einen Bruchteil der tatsächlichen Artenzahl ausmachen dürfte.

Psychiden unterscheiden sich in vielerlei Hinsicht von den anderen Schmetterlingsfamilien. Sie fallen vor allem durch die charakteristischen Säcke ihrer Raupen auf und durch die bei den Weibchen der meisten Arten fehlenden Flügel. Bei einigen Arten sind die Weibchen bereits so stark spezialisiert, daß sie weder über Beine, Augen noch über Mundwerkzeuge verfügen. Ein weiteres Merkmal ist die Fähigkeit zur Parthenogenese (»Jungfernzeugung«, gleichgeschlechtliche Fortpflanzung der Weibchen), die die Sonderstellung dieser Gruppe innerhalb der Lepidopteren noch zusätzlich hervorhebt.

Zu den ursprünglichen Arten zählen die Vertreter der Gattungen *Diplodoma* und *Narycia*, die auch in unserem Faunengebiet vertreten sind. Bei ihnen sind die Weibchen noch flugfähig. Sie zeigen große Ähnlichkeit mit den Tineiden (»echte Motten«) und verfügen noch über Merkmale, die beiden Gruppen eigen sind. Die Männchen der Psychiden sind im allgemeinen klein und unscheinbar grau oder schwarz gefärbt. In vielen Fällen sind sie nur schwer zu unterscheiden und bereiten selbst dem Spezialisten bei der Determination große Schwierigkeiten. Dies scheint für die meisten Faunisten schon immer Grund genug gewesen zu sein, sich mit dieser Familie nicht näher zu beschäftigen. Dennoch gab es im In- und Ausland immer wieder namhafte Forscher, die sich dieser Tiere annahmen. Hierzulande sind vor allem Carl Theodor Ernst v. Siebold und Carl Reutti zu nennen, die bereits im vorigen Jahrhundert vieles zur Erforschung unserer Psychidenfauna beitrugen, unter anderem die Beschreibung von zwei neuen Arten aus dem Schwarzwald.

Wichtige äußere morphologische Merkmale bei der Bestimmung der einzelnen Psychidenarten sind das Geäder und die Schuppen der Vorderflügel sowie die Anzahl der Fühlerglieder. Auch der Bau des Genitalapparates wird bei der Determination berücksichtigt. Ferner verfügen Psychiden über eine präimaginale Besonderheit, die für die Erkennung der einzelnen Arten von überragender Bedeutung ist. Gemeint ist der von Art zu Art verschiedene Sack, den die Larve sofort, nachdem sie aus dem Ei geschlüpft ist, anfertigt. Die Vielfalt der Formen wird durch die instruktiven Zeichnungen von Hans Georg Lussi und das reichlich vorhandene Bildmaterial sehr anschaulich dargestellt.

Die Raupen zeichnen sich in der Regel durch eine ausgesprochene Polyphagie aus, die ihnen ermöglicht, neben Höheren Pflanzen der Kraut- und Strauchschicht auch Algen, Flechten, tote Pflanzenteile und sogar tierische Substanzen als Nahrung zu nutzen. So wird verständlich, daß die Psychiden eine große Vielzahl unterschiedlichster Lebensräume nutzen können. Gerade der für viele andere Schmetterlingsfamilien (z. B. Widderchen) ungünstige Schwarzwald beherbergt interessanterweise unter allen Hauptnaturräumen unseres Landes die höchste Artenzahl von Psychiden, nämlich 24 Arten. Selbst in sehr kleinräumigen Lokalitäten wie zum Beispiel in einem Hallen-Buchenwald bei Ebersteinburg (Nördlicher Schwarzwald) auf einer Fläche von ca. 100 × 100 m können immerhin noch 13 Arten vorkommen.

In den letzten fünfzehn Jahren sind große Anstrengungen unternommen worden, um unsere Kenntnisse über die regionale Verbreitung der Psychiden zu vertiefen. Auch abgelegene und bisher kaum bearbeitete Gebiete im nordöstlichen Landesteil und im äußersten Südosten wurden sorgfältig kartiert. Dabei konnten mehrere Arten (*Dahlica charlottae, Dahlica wockei, Dahlica triquetrella* in der bisexuellen Form, *Rebelia bavarica*) als neu für Baden-Württemberg, in einem Fall sogar neu für Deutschland (*Siederia rupicolella*) entdeckt werden. Einige Arten wie *Psyche casta, Taleporia tubulosa* und *Dahlica triquetrella* (in der parthenogenetischen Form) können fast überall gefunden werden, zum Beispiel auch an Mauern und Pfosten, ja sogar an Straßenleitplanken. Im Gegensatz dazu gibt es natürlich auch Arten, die nur an wenigen Stellen vorkommen wie beispielsweise *Ptilocephala plumifera* an den trocken-heißen Hängen des Kaiserstuhls oder die boreo-alpin verbreitete *Siederia rupicolella* im hochmontanen Bergwald der Adelegg. Solche Arten sind heute meist stark gefährdet und verdienen als Bioindikatoren die besondere Aufmerksamkeit des Naturschutzes.

Naryciinae

In diese Unterfamilie gehören u.a. die Genera *Diplodoma, Narycia, Dahlica* (= *Solenobia*) und *Siederia*, die für unser Faunengebiet in Frage kommen und durch insgesamt zehn Arten repräsentiert werden. Alle diese Arten zeichnen sich durch ihre Kleinheit und die sehr verborgene Lebensweise aus. Schwierig gestaltet sich ihre taxonomische Zuordnung und Determination, die spezielle Kenntnisse voraussetzt. Insbesondere die Arten der Gattungen *Diplodoma* und *Narycia* zeigen große verwandtschaftliche Nähe zu den Tineiden, die besonders durch den Bau ihrer Säcke und die Morphologie der Weibchen zum Ausdruck kommt. Die Weibchen dieser Gattungen sind geflügelt, die von *Dahlica* und *Siederia* dagegen nicht.

Diplodoma laichartingella
Goeze, 1783

Brauner Motten-Sackträger

Diplodoma marginepunctella STEPH. (REUTTI 1898)
Diplodoma herminata GEOFFROY 1785 (LERAUT 1980)

Gesamtverbreitung: Das Gesamtareal erstreckt sich, mit Ausnahme des hohen Nordens und großen Teilen des Mittelmeergebietes[1], über weite Teile Europas, durch Vorderasien und das südliche Sibirien ostwärts bis nach Japan.

Verbreitung

Regional: Die Art wurde in allen fünf Hauptnaturräumen Baden-Württembergs angetroffen. Sie ist vor allem in der Oberrheinebene und auf der Schwarzwald-Westseite weit verbreitet und dort nicht selten. Einen weiteren Verbreitungsschwerpunkt bildet das Neckar-Tauberland, wo hauptsächlich die Schwäbisch-Fränkischen Waldberge,

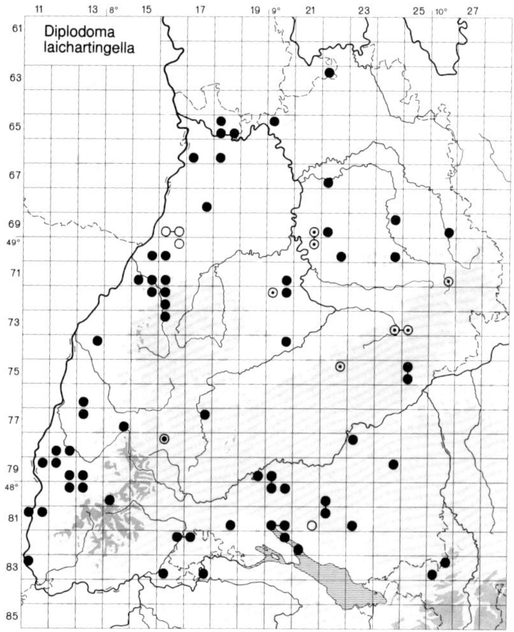

das Neckarbecken, die Oberen Gäue und das im Süden gelegene Alb-Wutach-Gebiet besiedelt werden, sowie im Norden der Sandstein-Odenwald. Nur wenige Hinweise gibt es dagegen von der Schwäbischen Alb und aus dem württembergischen Alpenvorland. Die Gründe hierfür sind einerseits in der ungenügenden Kartierung, andererseits aber auch in den erheblichen Verlusten von geeigneten Biotopen durch die intensivierte Land- und Forstwirtschaft (Oberschwaben!) zu suchen. Keine Meldungen existieren aus dem Bauland und dem Tauberland.

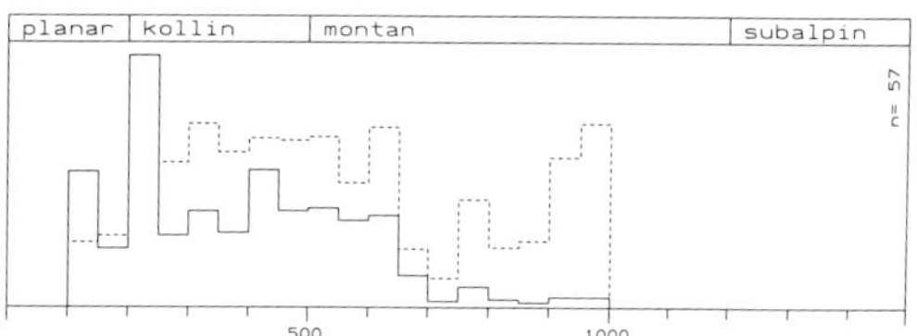

Vertikal: Von der planaren bis in die montane Stufe verbreitet. Die tiefstgelegenen Fundorte liegen in der nördlichen Oberrheinebene, die höchsten zwischen 600 und 800 m im Schwarzwald und in Oberschwaben sowie zwischen 900–1000 m auf der Iberger Kugel (Adelegg). Allerdings gibt es aus diesen schon montan geprägten Höhenlagen nur Einzelhinweise. In den höchsten Lagen von Schwarzwald und Schwäbischer Alb wurde diese Art bisher nicht festgestellt.

[1] R. HERRMANN fand am 20.10. 1989 bei Monterosso al Mare (Riviera di Levante) an Gemäuer in einem Olivenhain eine Raupe. Dies ist der südlichste bisher bekannte Fundort dieser Art.

Wegen seiner verborgenen Lebensweise wurde der in Baden-Württemberg weit verbreitete Braune Motten-Sackträger (*Diplodoma laichartingella*) meist nur einzeln beobachtet. Die Falter, die in beiden Geschlechtern flugfähig sind, unterscheiden sich vor allem durch ihre charakteristische rotbraune Färbung deutlich von den anderen Arten der Unterfamilie Naryciinae. – Odenwald: Heidelberg, Ziegelhausen 200 m, 1. 5. 94 (e.l., Vfl-SpW 11 mm) R. Herrmann. S.

Phänologie

Imagines: Aus Baden-Württemberg liegen keine Freilandbeobachtungen vor. Reutti (1898) wie auch Schneider (1937) nennen den Monat Juni als Flugzeit der Imagines. Diese Angaben finden überwiegend Bestätigung durch einige wenige Falterdaten aus Larvenzuchten und eingetragenen Puppen, wobei jedoch die auf diesem Wege erzielten Daten nicht immer mit der Freilandphänologie übereinstimmen müssen. Für das nördliche Oberrheinische Tiefland meldet R. Bläsius 1983 3 Falter, die sich auf den 17.5. und 9.6. verteilen. Mehrere aus dem Schwarzwald vorliegende Meldungen ergeben eine Flugzeit zwischen dem 14.5. (Freiburg: Lorettoberg) und 21.7. (Buchenbach bei Königsfeld). Zwei Faltermeldungen aus dem Neckar-Tauberland vom 2.6. und 11.6. und Einzelhinweise vom Rande der Schwäbischen Alb (22.6.), aus Oberschwaben (21.6.), sind weitere Anhaltspunkte dafür, daß der Monat Juni Schwerpunkt der Flugperiode sein muß.

Präimaginalstadien: Mit Ausnahme der Schwäbischen Alb liegen von allen anderen Naturräumen Fundmeldungen von ein- und zweijährigen Raupen vor. Erste Hinweise auf den Raupenentwicklungszyklus lieferte Schneider (1937), der vermerkt, daß die Entwicklungszeit der Larven von Juli bis Juni zweijährig sein soll.[2] Mehrere einjährige Jungraupen wurden von R. Herrmann im Bereich der südlichen Oberrheinebene bei Istein (24.6. 1990), im Kaiserstuhl am Büchsenberg (12.6. 1976) und am Badberg (10.7. 1992) sowie bei Bickensohl am 7.8. 1976 festgestellt. Weiter registrierte er im Schwarzwald am 23.3. 1991 10 Jungraupen an den Schuttertalhängen bei Lahr, weitere bei Reichental am 23.4. 1979, Ebersteinburg am 2.10. 1981 und am Scheibenberg am 1.5. 1989. Im Sandstein-Odenwald wurden am 7.4. 1991 bei Heidelberg-Ziegelhausen 60 Jungraupen (G. Bläsius) und im Naturraum Bodenseebecken am 24.3. 1991 bei Sipplingen sowie am 22.6. 1989 bei Radolfszell einjährige Jungraupen nachgewiesen.

Erwachsene zweijährige Raupen wurden, mit fast doppelt so großen Säcken, meist im zeitigen Früh-

Die Raupen benutzen zum Bau ihres Sackes allerlei Material wie Rindenstückchen und Sandkörnchen, insbesondere aber kleine Teile toter Insekten (z.B. Flügeldecken). Die beste Gelegenheit, sie zu beobachten, bietet sich an Tagen mit feuchter und milder Witterung. Dann verlassen sie am ehesten ihre Verstecke und kriechen an Stämmen, Baumstümpfen und Felsen empor. – Schwarzwald: Hörden, Scheibenberg 250 m, 1. 5. 89 R. Herrmann. S.

---

[2] Kožančikov (1956) weist auf eine zwei- bis dreijährige Entwicklung der Raupen hin.

jahr eingetragen und in Gefangenschaft bis zur Imago weitergezüchtet. R. Bläsius fand bei Talhaus (Hockenheim) 3 Raupen, die Anfang Juni die Falter ergaben.

Ebenso lagen einige Raupenfunde aus dem Schwarzwald von D. Doczkal (Eichelberg-Gipfel, 15.4. 1981) und R. Herrmann (Ebersteinburg, 26.3. 1989) vor. Weitere Nachweise von zweijährigen Raupen stammen aus dem Neckar-Tauberland (Heidelberg-Ziegelhausen).

Ökologie

Lebensraum: Lebensräume bilden laubholz- und nadelholzreiche Wälder sowie Gebüsche frischer bis trockener und meist wärmebegünstigter Standorte. Sie befinden sich auf allen Böden (basenarm und basenreich) des Landes, bevorzugt jedoch auf Buntsandstein, Sanden und Lehmen. Wiesen, Kulturland und dunkle Kiefern- und Fichtenforste werden gemieden. Bewohnt werden Gebiete mit weniger als 600 mm und solche mit bis zu 1800 mm Jahresniederschläge. Alle bekannten Fundstellen liegen in Regionen mit Jahresmittelwerten von 6–9 °C.

Nahrung der Raupe: Als Nahrungsquellen kommen in erster Linie Grünalgen, Flechten und tote Pflanzen in Betracht (R. Herrmann). Nahezu gleichlautende Hinweise finden sich bei Reutti (1898) und Kožančikov (1956). Darüber hinaus berichten Franz (1985) und Weidlich (1987), daß die Raupen ferner an Moosen leben und fungivor sein sollen. Daß jedoch auch animalische Nahrung verzehrt werden könnte, wird von Sieder (1972) vermutet. Er bemerkt dazu: »Ich hege sehr den Verdacht, daß sich die Raupe von kleinen Insekten ernährt«. Bestätigung findet dieser Hinweis auch durch R. Herrmann, der eine erwachsene Raupe beobachtete, die im Zuchtbehälter einen weiblichen Falter von *Proutia betulina* verzehrte.

Habitat: Die Larvalhabitate liegen in der Oberrheinebene in verschiedenen Gesellschaften der Eichen-Hainbuchenwälder (Carpinion), beispielsweise im Sternmieren-Eichen-Hainbuchenwald (Stellario-Carpinetum) und in laubholzreichen Kiefernbeständen. Daneben aber auch in klimatisch begünstigten Eichenwäldern der Verbände Quercion robori-petraeae und Quercion pubescenti-petraeae (Kaiserstuhl, Isteiner Klotz), in buchenreichen Wäldern und, wie am Kaiserstuhl, im Berberidion (Badberg-Südhang) und an dicht mit Gras bewachsenen Rebböschungen. Seltener wurde die Art in der Hartholzaue (Alno-Ulmion) beobachtet. An den zur Rheinebene abfallenden West- und Südwesthängen des Schwarzwaldes stellen Buchenwälder (Fagion sylvaticae, Luzulo-Fagetum) wie zwischen Ettlingen und Ebersteinburg sowie eichen- und kiefernreiche Waldungen (vorderes Murgtal bei Hörden) meist steiniger und felsiger Standorte die Habitate dar, wobei die Larven auch an feuchten, beschatteten Felsen festgestellt worden sind. Im Schwarzwald sowie auf der Adelegg konnte die Art vereinzelt auch in montanen Nadelwäldern beobachtet werden.

Im Neckar-Tauberland werden die Eichen-Hainbuchenwälder der tieferen Lagen, die Buchen-Tannenwälder des Schwäbisch-Fränkischen Waldes und die großflächigen Buchenwälder des schon randlich gelegenen Sandstein-Odenwaldes besiedelt. Auch in den unteren Lagen der Schwäbischen Alb ist eine Bindung an buchen- und eichenreiche Wälder unverkennbar, wie es für die Randbereiche des Hauptnaturraumes Oberschwaben (Bodenseebecken, Hegau) der Fall ist. Selten wurde *D. laichartingella* in den Mooren des württembergischen Alpenvorlandes gefunden, wo sie offenbar feuchte Waldbereiche in Birkenbrüchern (Pfrunger Ried) und gehölzreiche Hochmoorränder (Ummendorfer Ried) präferiert. Nach den bisherigen Untersuchungen ist diese Psychidenart streng an alte Wälder (lichte Ränder und schattige innere Bereiche) und Gebüschformationen und an das dortige spezielle Bodenmilieu gebunden. Als Sonderstandorte sollen darüber hinaus noch Steinbrüche und Bretterwände, alte Holzstöße und dergleichen Erwähnung finden. Die Ansprüche an das Mikro-

Schattig liegende alte Baumstümpfe und vermodernde Stämme, die reichlich mit Algen, Flechten, Moosen und Pilzen bewachsen sind, werden von den Raupen des Braunen Motten-Sackträgers als Habitat genutzt, im hier dokumentierten Fall von nicht weniger als 10 Tieren! – Schwarzwald: Lahr 250 m, 23. 3. 91 R. Herrmann.

Auch an solchen im Walde gelegenen felsigen Aufschlüssen kann sich die Suche nach Raupen lohnen, hier im Rotliegenden unter Felsvorsprüngen oder in Spalten. Dabei kommt es nicht nur auf das Vorhandensein von Flechten und Algen als hauptsächliche Nahrung an, sondern auch auf das richtige Verhältnis von Bodenfeuchtigkeit und Beschattung, um eine Dauerbesiedlung durch *D. laichartingella* zu gewährleisten. – Schwarzwald: Hörden, Scheibenberg 250 m, 28. 10. 89 R. Herrmann.

klima sind hoch, wobei starke Bedürfnisse nach den Standortfaktoren Feuchtigkeit, Beschattung und Wärme unübersehbar sind.

Verhalten: Über die Fortpflanzungsbiologie können keine Angaben gemacht werden. Weitere Untersuchungen sind abzuwarten. Beide Geschlechter sind flugfähig, wobei die Weibchen wegen ihrer plumpen Körper jedoch weniger aktiv sind und das Larvalhabitat kaum verlassen können. Lediglich Reutti (1898) vermerkt, daß die Falter vormittags schwärmen.

Die Eiablage erfolgt, wie bei den Arten der Gattung *Narycina*, nicht in den Sack, sondern in das Umfeld (Stammrinde, Felsen u. dergl.). Bei längeren Trockenperioden und zur Überwinterung verkriechen sich die Raupen gerne in dunkle, feuchte Felsspalten, unter Felsvorsprünge, in düstere Wurzelhöhlen, unter Baumrinde und in Baumstrünke. Bei feuchter Witterung dagegen sitzen sie oft exponiert in den unteren Bereichen der Baumstämme und an Felsen. Ob der Fundhinweis von D. Bartsch, der einen Raupensack an einer 400 Jahre alten Eiche in 4 m Höhe unter einer riesigen Krebsknolle fand, ein Beleg dafür ist, daß die Art auch gerne in höheren Bereichen der Bäume lebt, kann aufgrund dieser Einzelbeobachtung nicht entschieden werden. Angesponnene Puppensäcke wurden öfters freihängend an schattigen Stellen in bodennahen Stammbereichen oder in Verstecken (s. o.) festgestellt.

Gefährdung und Schutz

Rote Liste Bundesrepublik: –
Rote Liste Baden-Württemberg: –

Oberrheinebene: Nicht gefährdet.
Schwarzwald: Nicht gefährdet.
Neckar-Tauberland: Nicht gefährdet.
Schwäbische Alb: Nicht gefährdet.
Oberschwaben: Nicht gefährdet.

- In Baden-Württemberg nicht gefährdet!

Eine akute Gefährdung ist in Baden-Württemberg nicht vorhanden, wobei jedoch flächenhaft durchgeführte Kahlschläge wegen der Veränderung des Mikroklimas den Zusammenbruch ganzer Populationen herbeiführen können. Vorrang sollte die Sicherung von Altbeständen und weitere Ausweitung von Bannwäldern haben. Zudem sollten, wie vielerorts bereits geschehen, die Baumstümpfe nicht entfernt werden, sondern vor Ort im Waldboden bis zum Zerfall verbleiben. Wenig zuträglich für diese Art ist die Dunkelwaldwirtschaft.

Narycia duplicella
Goeze, 1783

Schwarzer Motten-Sackträger

Xysmatodoma melanella Hw. (Reutti 1898)
Narycia monilifera Geoffroy 1785 (Leraut 1980)

Gesamtverbreitung: Von Schottland und England durch Mitteleuropa bis in das südöstliche Rußland und den nördlichen Balkan. Nördlich bis Südschweden und Polen. Fehlt dem Mittelmeergebiet und dem hohen Norden.

Verbreitung

Regional: Diese Art konnte in allen Naturräumen des Landes stellenweise recht häufig beobachtet werden. Die meisten Hinweise liegen aus der Oberrheinebene vor. Durch intensive Kartierung konnte dort eine nahezu flächenhafte Verbreitung dokumentiert werden. Nicht so allerdings dagegen im angrenzenden Schwarzwald, wo die Art offensichtlich nur in den Randbereichen vorhanden ist. Auch aus dem Neckar-Tauberland gibt es eine Fülle von Meldungen, die schwerpunktmäßig vor allem im mittleren Neckargebiet, im Tauberland, in den Kocher-Jagst-Ebenen sowie im randlichen Sandstein-Odenwald bis in den Raum Heidelberg liegen. Seltener dagegen wurde die Art auf der Schwäbischen Alb festgestellt. Eine auffallende Verbreitungsachse bildet hier allerdings das Donautal und einige Seitentäler etwa zwischen Beuron und Ulm. Im südlich angrenzenden Hauptnaturraum Oberschwaben sind das Bodenseebecken und der Hegau bevorzugte Siedlungsbereiche. Im eigentlichen Oberschwaben und im württembergischen Allgäu scheint die Art seltener zu sein. In diesen Gegenden wurde sie bisher nur an ganz wenigen Plätzen in Einzelstücken festgestellt.

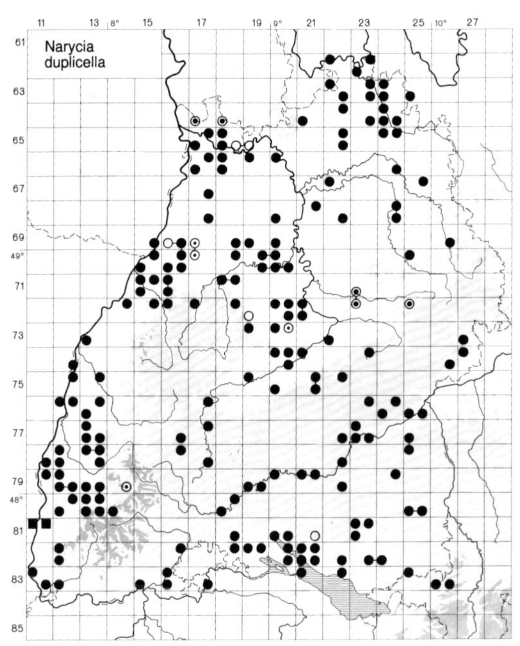

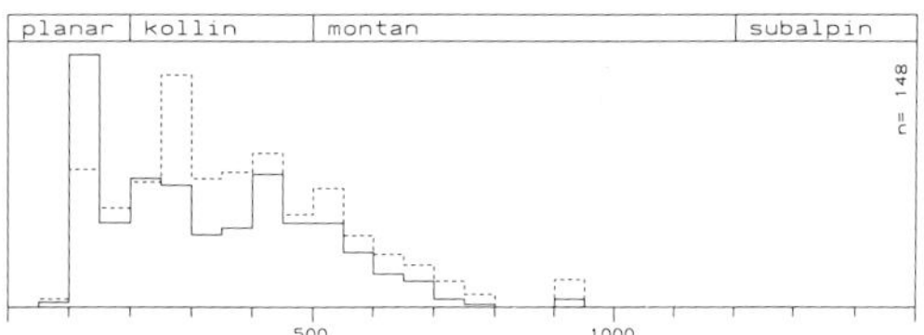

Vertikal: Am häufigsten konnte *Narycia duplicella* in der planaren und kollinen Stufe festgestellt werden. Aus montanen Höhenlagen liegen nur Einzelhinweise vor. Die höchstgelegenen Fundstellen befinden sich im Naturraum Adelegg (Iberger Kugel, 900 m), im oberen Donautal zwischen Fridingen und Beuron (650–750 m).

Phänologie

Imagines: Sowohl Reutti (1898) wie auch Schneider (1937) melden den Mai und Juni als Flugmonate der Imagines. Wenngleich den Falter in unserem Faunengebiet offenbar noch niemand, auch nicht die heutigen Mitarbeiter, im Freiland beobachten konnte, sind doch in großer Menge Imaginaldaten aus Zuchten vorhanden. So konnten beispielsweise für einzelne Regionen in der Oberrheinebene folgende phänologische Daten ermittelt werden:

Mannheim-Heidelberg	1990	20.4.–10.5.	n 5	(Blä)
Karlsruhe	1982–84	25.4.– 5.6.	n 3	(Spe)
Rastatt-Baden-Baden	1978–81	14.4.–19.5.	n 19	(Bie)
Freiburg	1978–91	20.4.–20.5.	n 34	(Her)

Eine ganz ähnlich strukturierte Datenverteilung kommt auch für den Odenwald und das Bodenseebecken in Betracht. Im ganzen durchschnittlich

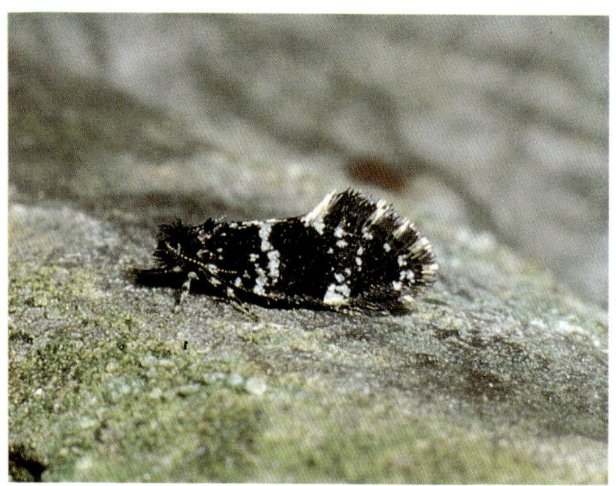

Der Schwarze Motten-Sackträger *(Narycia duplicella)* zählt zu den häufigsten Psychiden-Arten im Lande. Die Falter unterscheiden sich von der recht ähnlichen *Narycia astrella* durch die schwarze Stirnbehaarung, die geringere Größe (7–12 mm Vfl-SpW) und durch genitalmorphologische Besonderheiten (Genitalindex der Männchen). – Schmieheim b. Lahr 290 m, (e.p., Weibchen) 6. 5. 91 R. HERRMANN. S.

wohl etwas später dürfte *N. duplicella* in höher gelegenen kühleren Gebieten wie beispielsweise auf der Alb erscheinen. So wurden am 1.6. 1991 (warmes Jahr!) in einem Buchenwald bei Lauterach (660 m) 10 an Rinde angesponnene Säcke mit Puppen gefunden, woraus zwischen dem 16. und 18.6. die Falter schlüpften. Auch von ähnlich hoch gelegenen Fundorten im oberen Neckartal und den Schwäbisch-Fränkischen Waldbergen existieren Schlüpfdaten, die meist in der ersten Junihälfte liegen. Das späteste Funddatum aus Baden-Württemberg ist bei SCHNEIDER (1937) nachzulesen. Dort wird auf einen geschlüpften Falter aus Gerhausen vom 28.6. 1936 (G. REICH) hingewiesen.

Präimaginalstadien: Aus unserem Faunengebiet liegen weit über 100 Raupenmeldungen vor. Erste Freilandbeobachtungen von Jungraupen wurden ab Mitte Juli registriert. Der allergrößte Teil der uns gemeldeten Daten stammt aus den Monaten März bis Mai, also nach der Überwinterung. Dann ist der Raupensack etwa 5–6 mm lang und 1.5–2.0 mm breit und kann, obwohl durch die grüne oder schwarze Färbung und Form immer noch gut getarnt, mit einiger Übung leicht gefunden werden. Auch während der kalten Jahreszeit läßt sich die Raupensuche mit Erfolg durchführen. So fand R. BLÄSIUS am 12.1. 1991 auf dem Branich bei Schriesheim an einem sonnig-kalten Wintertag eine halb erwachsene, an *Salix caprea* kletternde Raupe. Ähnliche Beobachtungen liegen auch von R. HERRMANN vor, der im Januar 1993 an milden Wintertagen im NSG Büchsenberg und NSG Kastelberg bei Sulzburg sowie an mehreren Stellen bei Rastatt aktive Raupen in Anzahl beobachten konnte. Die Entwicklungszeit ist einjährig. Da die Puppensäcke sehr verborgen angesponnen sind, blieben Beobachtungen spärlicher.

Oberrheinebene

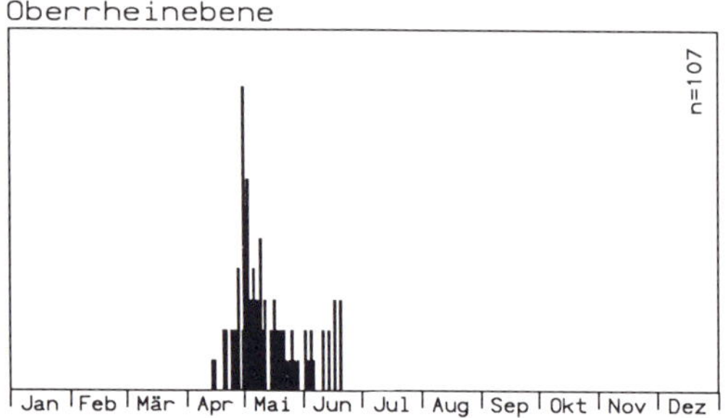

Ökologie

Lebensraum: Mannigfaltig ist auch bei dieser häufigen Psychide das Spektrum der Lebensräume, die mit den Habitaten von *Diplodoma laichartingella* in vielerlei Hinsicht identisch sind. Eindeutige Präferenz bei der Besiedlung fällt dabei lichten aber auch schattigen, laub- und nadelholzreichen Waldungen feuchter bis frischer sowie auch trockener Standorte zu. So werden in der Ebene besonders die sandig-lehmigen Eichen-Hainbuchenwälder, Eichenwälder, buchenreichen Wälder kalkreicher und kalkarmer Standorte, die sandigen Kiefernforste und die bodenfeuchten, aber nicht periodisch überfluteten Bereiche der Auenwälder warmer und mäßig warmer Lagen genutzt. Weiter liegen Meldungen aus Buchen-Tannenwäldern der Schwäbischen Alb, des Schwarzwaldes und der Schwäbisch-Fränki-

Die sehr beweglichen Weibchen von *Narycia duplicella* legen ihre Eier gerne an Baumrinde ab. Das mit abdominalen Wollhaaren abgedeckte, nur 1 mm breite Gelege befindet sich in der Bildmitte. – Oberrheinebene: Rastatt (Umgebung) 125 m, 28. 5. 93 R. HERRMANN. S.

schen Waldberge vor. In den Moorlandschaften des württembergischen Alpenvorlandes konnte die Art bisher nur in den Randbereichen von Moorwäldern aufgefunden werden. An den wenigen hochgelegenen Fundplätzen im oberen Donautal bieten sonnig gelegene Buchenbestände, auf der Adelegg auch reine Fichtenbestände geeignete Lebensbedingungen. Sie kann auf nahezu allen Böden (basenarm, basenreich) angetroffen werden.

Neben diesen typischen Waldbiotopen erschloß sich *N.duplicella* auch zahlreiche Lebensräume, die im offen strukturierten Gelände liegen. Dies können entweder Gebüschgruppen und Baumbestände in Streuobstwiesen, aber auch Einzelbäume der Feldflur (Kirschbäume, Birnbäume), Baumalleen (Birken, Birnbäume) oder isolierte Baumgruppen sein, ferner ungepflegte, grünalgenüberwachsene Kruzifixe und Denkmäler, altes Gemäuer im städtischen Siedlungsbereich, Hausdächer, alte Marksteine, Holzzäune und Bretterwände sowie leicht beschattete feuchte, algen- und flechtenreiche Felsen. Die bekannten Lebensräume liegen in Landschaften mit einem Jahresmittel von 6–10 °C und 500–1800 mm Jahresniederschlagsmenge.

Nahrung der Raupe:
Lepraria incana – Krätz-Flechte
L (HER)

Über die Raupennahrung verfügen wir über keine präzisen Angaben. REUTTI (1898) vermerkt ziemlich ungenau und zwar unter *Xysmatodoma melanella* »Die Raupe ... an Baumstämmen, Bretterwänden und Mauerflechten« und in SCHNEIDER (1937) kann etwas ausführlicher nachgelesen werden: »Futter: Flechten, Insekten. Bei Zucht mit Salat zu füttern«. Nicht präziser sind die Literatur-

Die vortrefflich an ihren Untergrund angepaßten Raupensäcke lassen sich nur mit geübtem Blick entdecken. Sie sind nur 5 mm lang, flach und meistens mit einem Grünalgenbelag überzogen. – Schwarzwald: Horben 500 m, 6. 3. 91 R. HERRMANN. S.

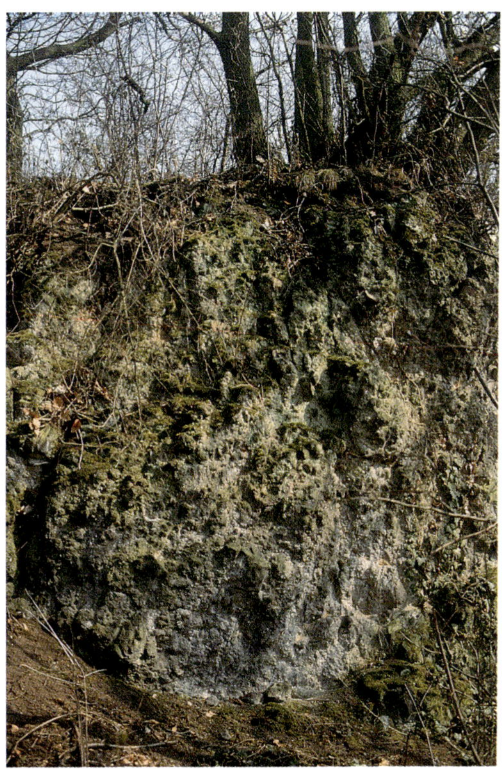

Hier waren es schattige Felsen in einem Flaumeichenwald, an denen die Raupen von *Narycia duplicella* saßen. Anderswo wurden sie an alten Mauern und Bretterwänden festgestellt. – Kaiserstuhl: NSG Bitzenberg 350 m 13. 3. 93 R. HERRMANN.

angaben aus den benachbarten Faunengebieten. So erwähnt GRIEBEL (1909) nur: »Die Raupe ... an *Protococcus viridis*« und bei PEYERIMHOFF (1880) heißt es »Chenille ... revétu débris de lichens qu'elle chenille cherche contre le bois vert et mort, contre les pierres ...«. Da in Baden-Württemberg die meisten Raupen an grünalgenreichen Stellen beobachtet worden sind, ist anzunehmen, daß sie sich auch hauptsächlich von diesen Pflanzen ernähren. In welchem Umfang beispielsweise auch verschiedene Flechten- und Pilzarten, abgestorbene Pflanzenteile und tote Insekten im Nahrungsspektrum eine Rolle spielen, muß noch näher untersucht werden.

Habitat: Die Larvalhabitate befinden sich sowohl an den Rändern als auch in verdichteten Bereichen insbesondere des Carpinion, des Quercion roboripetraeae, Fagion sylvaticae (Luzulo-Fagetum), Quercion pubescentis-petraeae (Lithospermo-Quercetum), Alno-Ulmion, Vaccinio-Piceion, in birken- und nadelholzreichen Moorwäldern sowie in Kiefernforsten. Daneben in Gebüschgesellschaf-

Typischer Lebensraum von *Narycia duplicella*. Die Raupen finden sich zahlreich an alten Baumstämmen, die stark mit Grünalgen bewachsen sind. – Bauland: Ahorn 380 m, 26. 4. 90 R. HERRMANN.

ten des Berberidion und Pruno-Rubion fruticosi. Die Raupen konnten hier meist von einem halben bis zwei Meter Höhe auf glattem wie auch auf grob strukturiertem Untergrund von Stämmen und Ästen (auch auf Totholz) sowie Steinen gefunden werden. Selten wurde *N. duplicella* auch an Felsen beobachtet.

Verhalten: Da über die Schlüpfzeiten der Imagines aus Baden-Württemberg nur wenig bekannt ist, müssen wir uns mit Einzelangaben aus Zuchten begnügen. So schlüpften die männlichen Falter (n = 4) zwischen 6.30 und 8.30 Uhr und die Weibchen (n = 3) zwischen 6.30 und 7 Uhr sowie ein Weibchen um 21 Uhr, wobei das um 6.30 Uhr geschlüpfte Exemplar kurze Zeit später mit dem Locken begann, während bei einem anderen Weibchen dieser Vorgang erst um 17 Uhr einsetzte[1]. Weniges ist auch über das Paarungs- und Eiablageverhalten bekannt. KOŽANČIKOV (1956) und HÄTTENSCHWILER (1985) nennen Borke als Eiablagemedium. Diese Angabe kann von R. HERRMANN bestätigt werden. So beobachtete er mehrmals wie im Zuchtkäfig Weibchen damit beschäftigt waren, ihre Eier unter abstehender Baumrinde in Vertiefungen und Ritzen abzulegen und danach mit Afterwolle vollständig abzudecken. Über das Flugverhalten der Falter kann berichtet werden, daß Flüge über größere Distanzen nicht beobachtet werden konnten. Sie enden vielmehr schon nach wenigen Metern. Die Weibchen sind sehr flugschwach, ja zum Teil auch völlig flugunfähig und nur zum Krabbeln und Hüpfen fähig. Sie fallen durch ihren mit Eiern gefüllten Hinterleib und durch die im Gegensatz zu den Männchen durchschnittlich kleineren, manchmal auch stärker reduzierten Flügel auf. Vor allem in der warmen Jahreszeit werden von den Raupen schattig gelegene Bereiche ihrer Mikrohabitate (Rinde, Mauern etc.) bewohnt. Wie insbesondere in Wäldern beobachtet werden konnte, werden im Winter auch sonnige, südseitige Stellen von Baumstämmen besiedelt. Dort können sie dann einzeln, aber auch gesellig, mit bis zu 30 Exemplaren an einem Stamm, beobachtet werden.

[1] Nach PEYERIMHOFF (1880) schlüpft der Falter morgens zwischen 7 und 8 Uhr

Gefährdung und Schutz

Rote Liste Bundesrepublik: –
Rote Liste Baden-Württemberg: –

Oberrheinebene: Nicht gefährdet.
Schwarzwald: Nicht gefährdet.
Neckar-Tauberland: Nicht gefährdet.
Schwäbische Alb: Nicht gefährdet.
Oberschwaben: Nicht gefährdet.

- In Baden-Württemberg nicht gefährdet!

Narycia duplicella ist eine unserer häufigsten Psychidenarten. In unserem Faunengebiet ist sie weit verbreitet. Eine akute Gefährdung ist nicht zu erkennen. Allerdings muß auch diese Art auf immer mehr Lebensräume verzichten (Verlust an Streuobstbeständen, Vernichtung der Alleen und markanter Einzelbäume, Entfernen alter Marksteine, Umwandlung alter artenreicher Waldbestände in Forstmonokulturen). Aufgrund dieser Veränderungen verschwinden immer mehr Populationen. Inwieweit der Rückgang von Algen- und Flechtenarten sowie das Baumsterben sich auf die Bestandssituation auswirken wird, werden die nächsten Jahre zeigen.

Narycia astrella
Herrich-Schäffer, 1851

Weißer Motten-Sackträger

Gesamtverbreitung: Nach gegenwärtigem Kenntnisstand ist *Narycia astrella* nur aus dem zentralen Europa bekannt, wobei die Vorkommen in Baden-Württemberg und der Schweiz (Aargau) die westliche Arealgrenze bilden. Ansonsten wurde die Art auch aus Böhmen und Mähren, Franken, Mitteldeutschland, Oberbayern, Österreich (Kärnten), Polen und Südtirol gemeldet. Außerdem gibt Kožančikov (1956) noch Südfrankreich an.

Verbreitung

Regional: Die regionale Verbreitung ist in Baden-Württemberg noch nicht ausreichend erforscht. *Narycia astrella* muß bei uns zu den seltenen Psychidenarten gerechnet werden. Dennoch liegen, mit Ausnahme des Hauptnaturraumes Oberrheinebene, aus allen anderen großen Naturräumen einzelne Fundmeldungen vor. 1958 wurde sie von H.G. Amsel erstmals in unserem Faunengebiet und zwar im Südöstlichen Schwarzwald gefunden. Im gleichen Naturraum gelegen wurden im Bregtal bzw. Urachtal im Frühjahr 1991 von R. Herrmann nochmals zwei sehr lokale Vorkommen entdeckt.

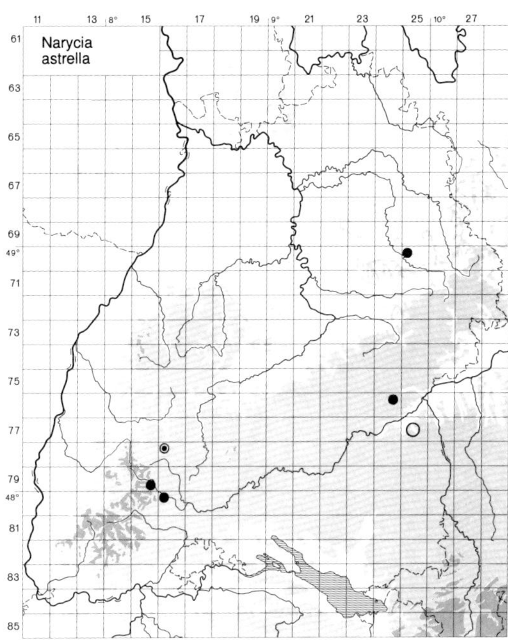

Ermuntert durch diese Funde schlossen sich noch bis in das Jahr 1992 hinein Untersuchungen im Schwarzwald an, die aber keine weiteren Nachweise erbrachten. Nach den jetzigen Kenntnissen dürfte die Verbreitung im Schwarzwald tatsächlich nur auf seinen südöstlichen Teil beschränkt sein.

Erste Mitteilungen für den württembergischen Landesteil stammen von Biebinger & Teufel (1980), die *N. astrella* häufig an einer kleinflächigen, anthropogenen Lokalität auf der Mittleren Flächenalb fanden. Einen weiteren Hinweis auf diese Psychide erhielten wir von A. Scholz, der sie im Hügelland der unteren Riß fand. Ob die Art im Naturraum Oberschwaben oder dessen Randbereich noch weiter verbreitet ist, ist gegenwärtig unklar.

Etwas abseits von diesen Vorkommen befindet sich eine recht isolierte Fundstelle im Neckar-Tauberland. Dort stieß R. Herrmann 1991 in einer ablegenen ländlichen Region der Ellwanger Berge auf eine weitere Population dieser Art.

Vertikal: Hierzulande offensichtlich eine Art submontaner und montaner Lagen. Die Vorkommen

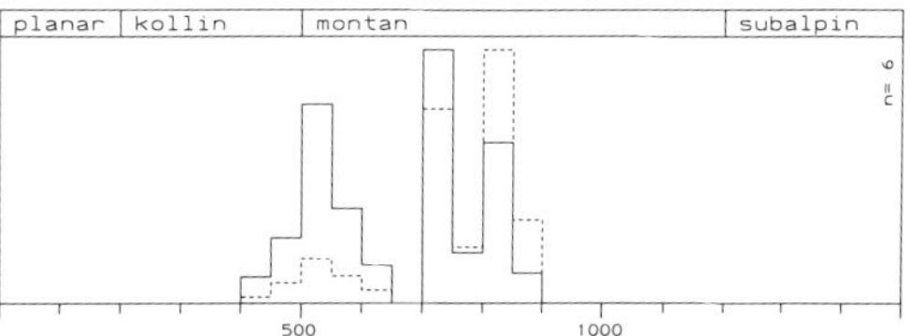

Der wenig beobachtete, attraktiv gezeichnete Weiße Motten-Sackträger (*Narycia astrella*) – hier ein frisch geschlüpftes Weibchen (Vfl-SpW 10 mm) – unterscheidet sich von *Narycia duplicella* insbesondere durch die weiße Stirnbehaarung sowie durch die unterschiedliche Größe. Schwarzwald: Wolterdingen 725 m, (e.l.) 31. 5. 91 R. HERRMANN. S.

Bestens getarnt sitzt ein Männchen von *Narycia astrella* (Vfl-SpW 15 mm) auf flechtenreichem Fels. – Schwarzwald: Wolterdingen 725 m, 29. 5. 91 (e.l.) R. HERRMANN. S.

liegen bei etwa 500 m (Ellwanger Berge), 600 m auf der Schwäbischen Alb und 800 m im Südostschwarzwald. Aus der planaren, aber auch aus hochmontanen und subalpinen Lagen gibt es bei uns keine Hinweise.

Nach OSTHELDER (1925) wurde *N. astrella* in der Umgebung von Mittenwald bei 1000 m festgestellt. Für das Gebiet der Nordostalpen meldet sie FRANZ (1985) noch aus 1200 m Höhe. Nach SIEDER (1972) handelt es sich in Kärnten um eine subalpine Art.

Phänologie

Imagines: Obwohl auch bei dieser Art beide Geschlechter flugfähig sind, fehlen Angaben aus dem Freiland, weshalb wir wiederum auf Imaginaldaten aus der Zucht zurückgreifen müssen. Nach den vorhandenen Meldungen schlüpften die Falter zwischen 5.5. und 6.7., mit Schwerpunkt um die Monatswende Mai/Juni. Daraus kann, bei normalem Witterungsverlauf, auf eine Flugzeit von Mitte Juni bis Anfang Juli geschlossen werden.

Die wenigen Literaturangaben aus den Nachbarfaunen basieren in der Regel ebenso auf Zuchtergebnissen. Nur OSTHELDER (1926) weist auf einige Ende VI in Südbayern gefangene Freilandfalter hin.

Präimaginal: Raupennachweise stammen von R. HERRMANN aus dem Naturraum Mittlere Flächenalb, wo er am 5.5. 1989 an verschiedenen Orten, nach zeitraubender Suche, 16 Raupensäcke einzeln an Baumstämmen und 14 Tage später nochmals eine erwachsene Larve eintragen konnte, sowie aus dem Naturraum Südöstlicher Schwarzwald. Dort wurden in der näheren Umgebung von Wolterdingen am 4.5. 1991 an eng begrenzter Stelle 24 erwachsene Larven an Felsen registriert. Etwa 4 Wochen später wurden an der selben Stelle frisch zur Verpuppung angesponnene Raupensäcke und am 8.7. 1992 nur noch leere alte Säcke gefunden. An einem weiteren Fundort im Urachtal, in etwa 800 m Höhe gelegen, wurde am 4.6. 1991 eine weitere Raupe gesammelt, die sich schon einen Tag später verpuppte und nach relativ kurzer Puppenruhe den Falter ergab. Zum einzigen Puppenfund aus Baden-Württemberg meldete R. HERRMANN, daß aus der am 19.5. 1991 in den Ellwanger Bergen gesammelten Puppe am 4.6. 1991 ein Weibchen schlüpfte. Die Raupen überwintern offensichtlich nur einmal, ein zweijähriger Entwicklungszyklus konnte bisher nicht beobachtet werden.

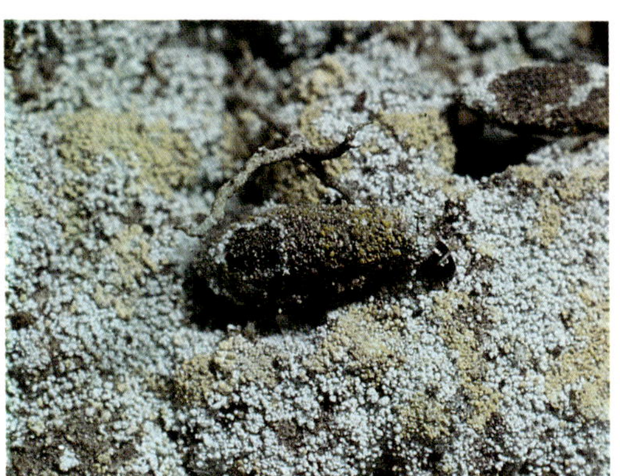

Erwachsene Raupe von *N. astrella*, mit ihrem ca. 6 mm langen Sack. Wie die meisten der an dieser Stelle gefundenen trägt auch er am Rücken einen charakteristischen dunklen Fleck. – Schwarzwald: Wolterdingen 725 m, 5. 5. 91 R. HERRMANN. S.

Ökologie

Lebensraum: Mesophile Nadelmischwälder im oberen Buntsandstein des südöstlichen Schwarzwaldes und Kalk-Buchenwälder der Schwäbischen Alb. In den Schwäbisch-Fränkischen Waldbergen auch im bäuerlich extensiv genutzten Offenland in Obstbaumbeständen. Die Vorkommen im südöstlichen Schwarzwald und im Bereich des Donautales, also auf den Leeseiten dieser Mittelgebirge, liegen eher in Gebieten mit kontinental getöntem Klima bei im allgemeinen strenger ausfallenden Wintern als in den west- und südwestlichen Teilen Baden-Württembergs. Die Mittelwerte der Lufttemperatur bewegen sich an diesen Fundplätzen zwischen 6 und 8 °C im Jahr. Die Niederschlagssummen schwanken im südöstlichen Schwarzwald zwischen 700 (unteres Prägtal) und 1000 mm (Urachtal) und im Bereich der Donauverbreitung zwischen 600 und 700 mm. In den Ellwanger Bergen werden am Fundplatz von *N. astrella* durchschnittliche Jahresmittelwerte der Temperatur von 7–8 °C und bis zu 900 mm mittlere Jahresniederschlagsmengen erreicht.

Nahrung der Raupe:
Lepraria incana – Krätzflechte
L (HER)

Grünalgen an Holz und Stein sowie Staubflechten. Genau bestimmt werden konnte die Flechte *Lepraria incana*. Über weitere Nahrungsquellen gibt es keine Hinweise.

Habitat: Bisher nur in Gesellschaften der Waldverbände Fagion sylvaticae und Vaccinio-Piceion. In

An diesen SW-exponierten Sandsteinfelsen im Bregtal wurde auf kleiner Fläche eine individuenreiche Population von *N. astrella* festgestellt. Diese Felspartien grenzen unmittelbar an eine stark befahrene Landstraße. Ihr Ausbau würde zwangsläufig zum Verlust des Biotopes führen. *Narycia astrella* wurde im Schwarzwald nur an drei Lokalitäten nachgewiesen. – Schwarzwald: Wolterdingen 725 m, 4. 5. 91 R. HERRMANN.

Außer an schattigen Stellen im Fels wurden die Raupen, die ein geschütztes Nischendasein führen, auch in teilbesonnten Bereichen registriert. In der oberen Bildhälfte (links) ein Raupensack von *N. astrella*. – Schwarzwald/Wolterdingen 725 m. 5. 5. 91 R. HERRMANN

Streuobstwiesen an alten Bäumen, die auch einige hundert Meter vom nächstliegenden Waldrand entfernt sein können. Im südöstlichen Schwarzwald befand sich das Larvalhabitat an teilweise besonnten, nach SW geneigten, vorspringenden straßennahen Buntsandsteinfelsen, die durch ein relativ warmes Mikroklima gekennzeichnet sind. Im direkten Kontakt dazu wuchsen reichlich Nadelgehölze (Vaccinio-Abietetum) auf beschattetem, feuchtem, stark bemoostem und mit Zwergsträuchern bewachsenem Waldboden. Die Raupen fanden sich dort nur an algen- und flechtenreichen Felspartien, die etwa 10 qm an Fläche einnahmen, worauf sie syntop mit *Bruandia comitella* und *Dahlica sauteri* lebt. Im höher gelegenen Urachtal dagegen befand sich das Larvalhabitat an schattiger, kühler Waldstelle in Nadelholz-Altbeständen auf einem etwa 1

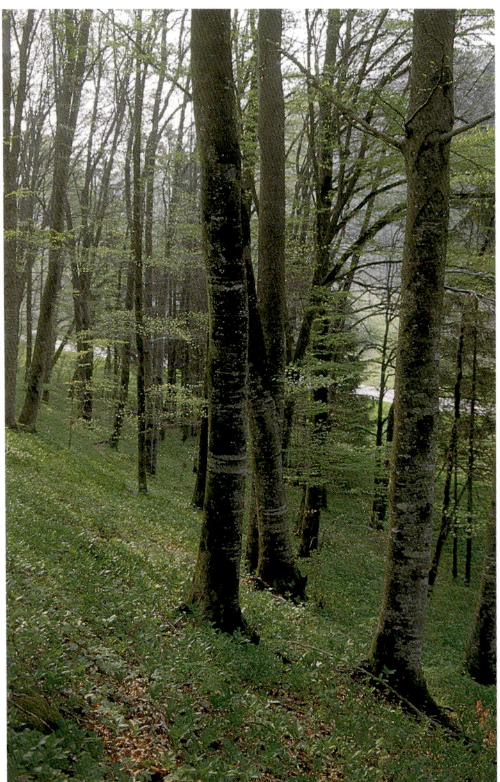

Im Gegensatz zu den Fundstellen im Schwarzwald wurden auf der Schwäbischen Alb die Raupen hauptsächlich in Waldbiotopen nachgewiesen. Dort lebt *N. astrella* an grünalgenreichen Buchenstämmen, die teilweise kräftige Moosschürzen tragen. – Schwäbische Alb: Ringingen (Umgebung) ca. 570 m, 5. 5. 89 R. HERRMANN.

Kubikmeter mächtigen Granitfindling mit reichlichem Flechten- und Grünalgen-Überzug. An Baumstämmen sowie auch auf steinigen Stellen des Waldbodens konnte sie hier nicht festgestellt werden.

Auf der Schwäbischen Alb wurden die Larven in lichten aber auch dichter strukturierten, wirtschaftlich genutzten Buchen-Altbeständen registriert. Die Raupen leben dort zerstreut an stark bealgten Stämmen, die durch kräftige Moosschürzen auffallen. Es ist zu vermuten, daß bei allzu großer Trokkenheit die Larven dort Schutz suchen. Die Larven wurden in ca. 1–2 m Höhe meist an Südost- bis Südwestseiten der Baumstämme beobachtet. BIEBINGER & TEUFEL (1980) fanden die Raupen und jene von *Narycia duplicella* auf dem Dach einer Kapelle, die von Fichten umgeben war. Daß *N. astrella* auch im halbwegs offenen Gelände noch geeignete Habitate finden kann, zeigen die Funde in einem Streuobstwiesenbereich in den Ellwanger Bergen. Sie leben dort, übrigens wiederum zusammen mit *N. duplicella*, zwischen derber Borke an alten wegbegleitenden Birnbäumen, deren Stämme ungewöhnlich dicht mit vielerlei Flechtenarten überzogen waren.

Verhalten: Die Imagines beider Geschlechter schlüpften unter Zuchtverhältnissen in der Mehrzahl zwischen 6 und 8 Uhr morgens. Einige wenige Falter jedoch auch am späten Nachmittag zwischen 17 und 18 Uhr. Lockende Weibchen zeigten sich zwischen 6.30 und 8.00 Uhr. Die Raupensäcke werden exponiert an stark besonnten, wie auch an beschatteten Stellen von Felsen und Baumstämmen, sowie an abstehenden Flechten zur Verpuppung angesponnen. Wenn auch seltener, konnten sie auch sehr verborgen unter grober, rissiger Borke angetroffen werden.

Gefährdung und Schutz

Rote Liste Bundesrepublik: –
Rote Liste Baden-Württemberg: V

Oberrheinebene: Nicht vertreten.
Schwarzwald: Art der Vorwarnliste.
Neckar-Tauberland: Gefährdet (noch unklar).
Schwäbische Alb: Art der Vorwarnliste.
Oberschwaben: Art der Vorwarnliste (noch unklar).

- In Baden-Württemberg eine Art der Vorwarnliste.

Besonders gravierend und schädigend würde sich eine Veränderung der bisherigen Waldnutzung, d.h. vermehrt Kahlschläge von Altbeständen und Umwandlung in Monokulturen, Abtragungen straßennaher Felsnasen und -bänder und die Vernichtung von Streuobstbeständen auf die Art auswirken. Da solche Gefahren an den bisher bekannten Fundplätzen potentiell vorhanden sind, muß diese Psychidenart auf die Vorwarnliste gesetzt werden. Verstärkte Aufmerksamkeit zur Erhaltung dieser spezifischen Habitatstrukturen sind notwendig. Weiterer Forschungsbedarf ist gegeben!

Bestimmungshilfe zu Arten der Gattungen Dahlica und Siederia

Wichtige äußere morphologische Merkmale bei der Bestimmung der einzelnen Psychidenarten sind das Geäder und die Schuppen der Vorderflügel sowie die Anzahl der Fühlerglieder. Auch der Bau des Genitalapparates wird bei der Determination berücksichtigt. Außerdem verfügen die Psychiden über eine präimaginale Besonderheit, die für die Erkennung der einzelnen Arten von überragender Bedeutung ist. Gemeint ist der von Art zu Art verschiedene Sack, den die Larve sofort, nachdem sie aus dem Ei geschlüpft ist, anfertigt. Die Vielfalt der Formen wird durch die instruktiven Zeichnungen von HANS GEORG LUSSI (s. Anhang ab Seite 500) und das reichlich vorhandene Bildmaterial sehr anschaulich dargestellt.

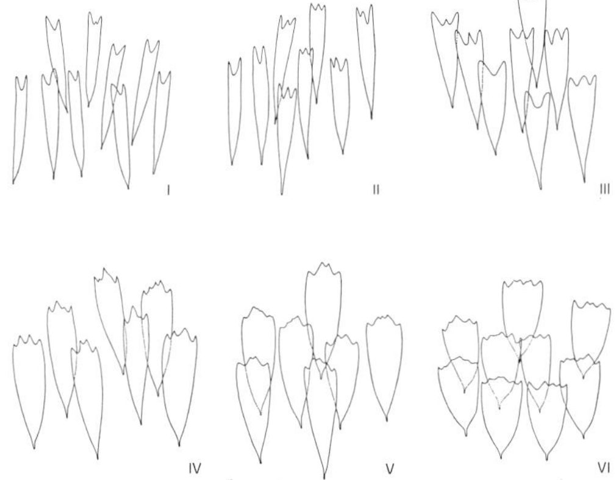

Deckschuppenmuster für Arten der Gattungen *Dahlica* und *Siederia* (aus SAUTER 1956). Ein taxonomisch verwertbares Merkmal ist die Schuppenform, die zwar innerhalb einer Art variieren, aber ungeachtet dessen als nützliches Unterscheidungsmerkmal der einzelnen Arten herangezogen werden kann. Bei den hier abgebildeten Schuppenvarianten handelt es sich um Deckschuppen, die sich im apikalen Teil des Männchen-Vorderflügels außerhalb der Diskoidalzelle zwischen Radialader 3 und Medianader 1 befinden.

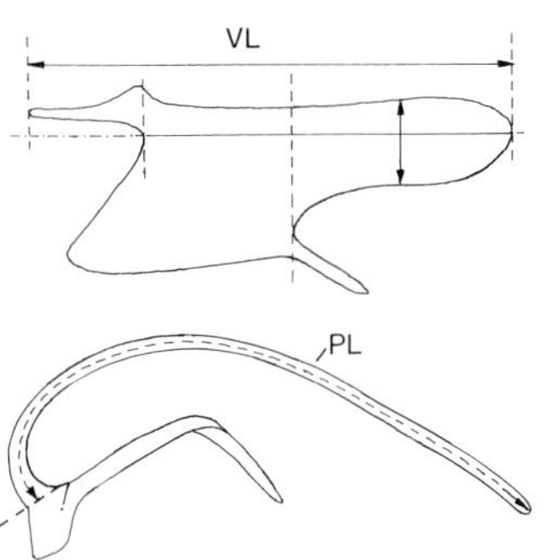

Valve (oben) und Aedoeagus (unten), beides schematisiert dargestellt, von Männchen der Gattungen *Dahlica* und *Siederia* (aus SAUTER 1956). Der Genitalindex wird errechnet, indem die Länge des Aedoeagus (PL) durch die Länge der Valve (VL) geteilt wird.

Genitalindices und Schuppengröße der einheimischen Arten der Gattungen *Dahlica* und *Siederia.* Die taxonomischen Daten zu *Dahlica triquetrella* wurden von SAUTER (1956) übernommen. Alle anderen Angaben stammen von R. HERRMANN und resultieren aus Untersuchungen an Tieren aus Baden-Württemberg.

Auf weitere bedeutende Unterscheidungsmerkmale innerhalb dieses komplizierten Artenkomplexes verweist HÄTTENSCHWILER (1977). Dort werden insbesondere Unterschiede in der Kopf-Brust-Platte und in der Bedornung der Puppe sowie spezielle genitalmorphologische Strukturen der weiblichen Genitalplatte einzelner Arten ausführlich dargestellt.

Artname	Genitalindex		n	Deckschuppen
		Mittelwert		-Größen (s. Abb.)
Dahlica triquetrella (f. bisex.)	1.49–1.96	1.70	n 55	III–V
Dahlica lichenella (f. bisex.)	1.71–2.08	1.87	n 31	II–III
Dahlica charlottae	1.32–1.56	1.46	n 40	I
Dahlica wockei	1.10–1.36	1.21	n 13	II–III
Dahlica sauteri	1.02–1.35	1.15	n 30	II–IV
Siederia cembrella	1.19–1.42	1.28	n 41	V–VI
Siederia rupicolella	1.20–1.30	1.26	n 4	III–V

Dahlica triquetrella
Hübner, 1813

Dreikant-Zwerg-Sackträger

Solenobia triquetrella F. R. (Reutti 1898, Spuler 1908–1910, Hering 1932)
Solenobia triquetrella Hbn. (Forster 1960, Novak & Severa 1980)

Brevantennia triquetrella Hübner [1813] (Leraut 1980)

A = f. bisex.
B = f. parth.
Im folgenden Text wird bei den einzelnen Kapiteln stets nach **A** und **B** unterschieden, je nachdem, ob es sich dabei um die bisexuelle Form (= **A**) oder um die diploid parthenogenetische Form bzw. die tetraploid parthenogenetische Form (beides = **B**) handelt.

Gesamtverbreitung: **A** Zerstreut in isolierten Kolonien in Teilen der Alpen und des Schweizer Juras (hier auf den unvergletschert gebliebenen, aus der Eismasse herausragenden Berggipfeln (Nunatakkern) der Würm-und Rißeiszeit und im Reichswald bei Nürnberg, im Donautal von Passau bis Linz sowie bei Triest.

B Von England ostwärts durch Zentral- und Osteuropa einschließlich der Alpen bis nach Rußland. Dort und weiter östlich in Sibirien ist die Verbreitung noch weitgehend unerforscht. In disjunkten Populationen von der Iberischen Halbinsel[1] über die Gebirgsregionen Südostfrankreichs (hier an vielen Stellen oft in Anzahl festgestellt, R. Herrmann) und Italiens[2] einschließlich Sardinien (Arnscheid 1985) bis zur Balkanhalbinsel. In Nordeuropa bis nach Fennoskandien, dem Baltikum und weiter östlich bis nach Ostasien. Nach Untersuchungen von Sauter (1956) unterscheidet sich die aus Kanada beschriebene »*Solenobia walshella* (Clemenz, 1862)«, von welcher ihm parthenogenetische Tiere vorlagen, nicht von *D. triquetrella*, die somit als holarktisch verbreitet betrachtet werden muß.

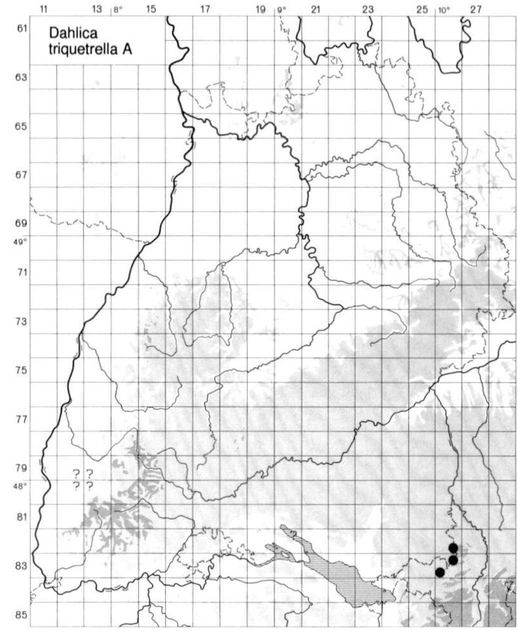

Verbreitung

Regional: A Die bisexuelle *D. triquetrella* konnte in Baden-Württemberg nur auf einigen Gipfeln der Adelegg (Umgebung Schletter Alm, oberhalb des Schleifer Tobels und Iberger Kugel) nachgewiesen werden. Diese Lokalitäten sind von den nächstgelegenen, in der Riß-Eiszeit eisfrei gebliebenen Bergen nördlich des Flusses Weißach bei Oberstaufen im Allgäu (s. Verbreitungskarte bei Seiler [1961] über die Nunatakker der Rißvergletscherung und Fundplätze von *D. triquetrella* f. bisexuell) gerade etwa 10 km (Iberger Kugel) bzw. 18 km (Schleifer Tobel) entfernt und könnten ebenfalls eisfrei gebliebene Kuppen besessen haben, die der bisexuellen Form das Überleben in den letzten beiden Eiszeiten ermöglichten. Die Voralpen-Nunatakker der Rißeiszeit waren, nach Seiler (1961), auch in der Würm-Eiszeit eisfrei.

Ein weiterer Hinweis auf ein Vorkommen der zweigeschlechtlichen Rasse von *D. triquetrella* könnte ein Männchen sein, das morphologisch mit den Adelegg-Tieren übereinstimmt und das im Frühjahr 1991 von R. Herrmann im eiszeitlich geprägten Hödinger Tobel nahe Sipplingen am Bodensee gefunden wurde. Außerdem ist noch eine Nachricht von Siebold (1850) erwähnenswert: »Ich kenne die Männchen dieser *Talaeporia triquetrella* F. v. R. von eigener Anschauung. Ich habe sie in Freiburg aus ihren dreikantigen Säcken oft erzogen, und dabei Weibchen und Männchen in ziemlich gleicher Zahl erhalten. Jedenfalls sind die Säcke der geschlechtlichen *Talaeporia triquetrella* F. v. R. und der geschlechtslosen *Talaeporia lichenella* Z., obgleich beide Sack-Arten dreikantig erscheinen, sehr stark voneinander verschieden;« Obgleich die Psychiden Freiburgs und des angrenzenden Schwarzwaldes gut erforscht sind, konnte *D. triquetrella* (f. bisex.) in diesem Gebiet nicht festgestellt werden (R. Herrmann 1977–1993).

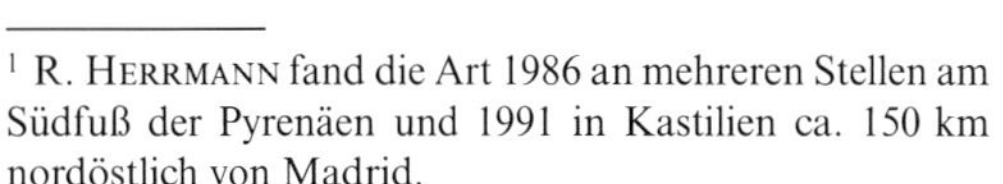

[1] R. Herrmann fand die Art 1986 an mehreren Stellen am Südfuß der Pyrenäen und 1991 in Kastilien ca. 150 km nordöstlich von Madrid.

[2] Z. B. in den südlichen Abruzzen bei Anversa d. Abruzzi 1986 festgestellt (R. Herrmann).

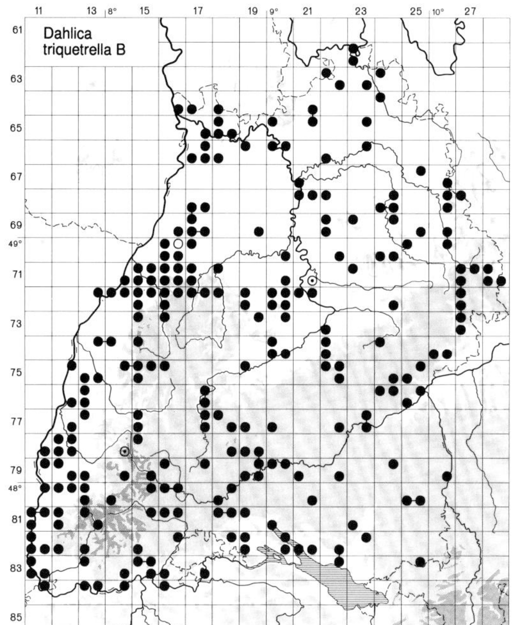

B *Dahlica triquetrella* ist in ihrer eingeschlechtlichen Variante in allen großen Naturräumen des Landes verbreitet und stellenweise sehr häufig. Größere Verbreitungslücken gelten als Hinweis auf Kartierungsbedarf. Lediglich in den Hochlagen der Mittelgebirge ab ca. 800 m ist die Besiedelung schwächer. Völlig unbewohnt sind die der intensiven landwirtschaftlichen Nutzung unterworfenen Flächen.

Bis heute konnten in der von bisexuellen Formen besiedelten Adelegg keine parthenogenetischen Weibchen nachgewiesen werden. Der diesem Gebirge am nächsten gelegene Fundort der f. parth. befindet sich im Westallgäuer Hügelland bei Isny in ca. 700 m Höhe.

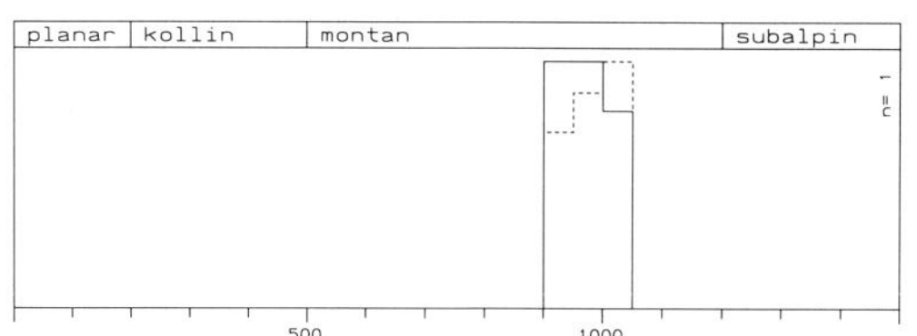

Vertikal: **A** Die Siedlungsgebiete der zweigeschlechtlichen *D. triquetrella* liegen auf der Adelegg im Bereich des Gipfelniveaus zwischen 900–1000 m Höhe.

B Sie kommt in Baden-Württemberg in fast allen Höhenlagen vor, mit stärkster Besiedlung von der planaren bis zur montanen Stufe. Die höchsten

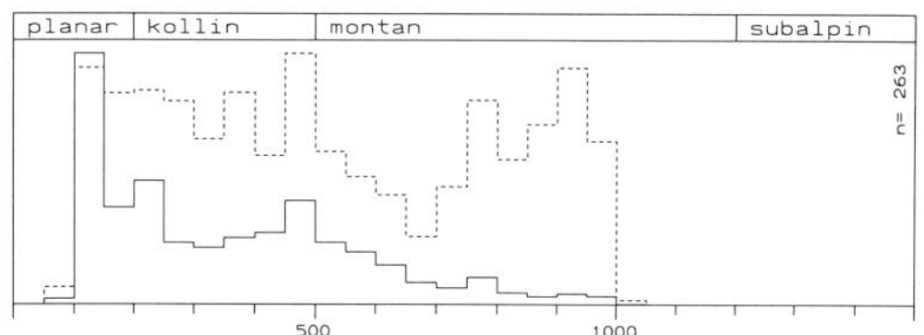

Fundstellen liegen auf dem Gießhübel im Schauinslandgebiet bei etwa 1000 m Höhe. Auch auf der Schwäbischen Alb konnte sie noch in 900 m Höhe am Westhang des Klippenecks bei Denkingen nachgewiesen werden.

Nach SEILER (1961) kommt sowohl die bisexuelle als auch die tetraploid parthenogenetische Form bis in alpine Höhen von 2100 m vor.

Phänologie

Imagines: **A** Der Gebirgslage entsprechend konnten an den Standorten auf der Adelegg tagaktive Männchen am 23. und 26. 5. 1989, also jahreszeitlich verhältnismäßig spät (Schletteralm-Population), und etwas früher am 9. 5. 1993 (Iberger Kugel), hier zusammen mit einigen auf ihren Säkken ruhenden oder Eier legenden Weibchen, beobachtet werden.

Dahlica triquetrella ist an den drei bekannten Fundorten noch in guten Beständen anzutreffen.

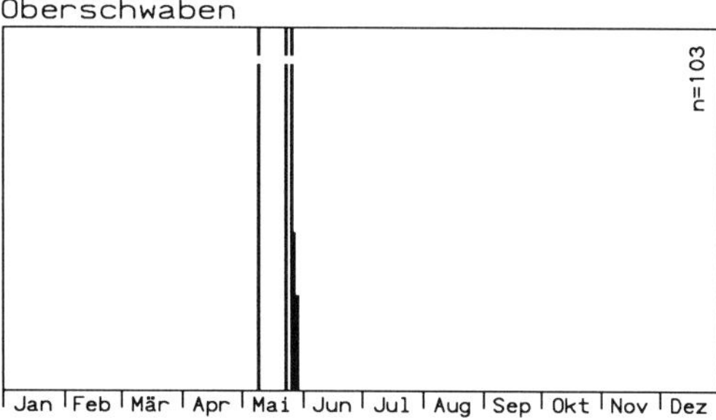

B Nur vereinzelt wurden im Freiland frisch geschlüpfte parthenogenetische Weibchen angetroffen. Der früheste dieser Funde (R. HERRMANN) stammt vom Badberg-Südhang im Kaiserstuhl vom 10. 3. 1980.

Entsprechend den gemeldeten Schlüpfdaten (meist Zuchtergebnisse) entwickeln sich die Weibchen in der Oberrheinebene meist gegen Ende März bis Mitte April. Das späteste Exemplar (Badberg/ Kaiserstuhl) aus diesem Hauptnaturraum stammt vom 30. 4. 1952 (A. GREMMINGER). Auch am Westhang des Schauinsland (ca. 650 m) wurde am 30. 4. 1979 ein Weibchen gefunden. In diesen höheren Lagen des Schwarzwaldes schlüpfen die Tiere bis

Die bisexuelle Form des Dreikant-Zwerg-Sackträgers (*Dahlica triquetrella*) – hier das Männchen (Vfl-SpW 18 mm) – konnte bisher in Baden-Württemberg nur im äußersten Südosten auf einigen Voralpenbergen nachgewiesen werden. – Adelegg, Schletteralm ca. 900 m, (e.l.) 18. 5. 89 R. HERRMANN. S.

weit in den Mai hinein. In den wärmebegünstigten Lagen schlüpfen die Weibchen vorwiegend um Mitte April.

Die Zeitspanne für das Erscheinen der Weibchen ist im Neckar-Tauberland sehr groß. Aus Puppensäcken, die bei Ahorn (Bauland) am 25.3. 1991 eingetragen wurden, schlüpften bereits eine Woche später die Weibchen. Spät geschlüpfte Imagines wurden dagegen in einem kühl-humiden Biotop bei Schweighausen/Jagst am 22.4. 1990 (nach warmer Frühlingswitterung) und am 21.5. 1991 beobachtet.

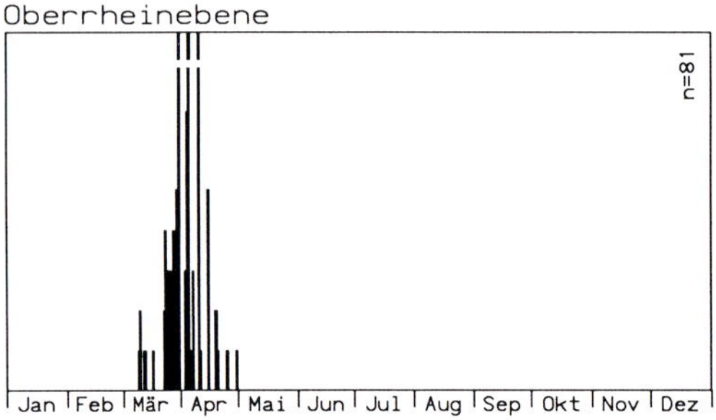

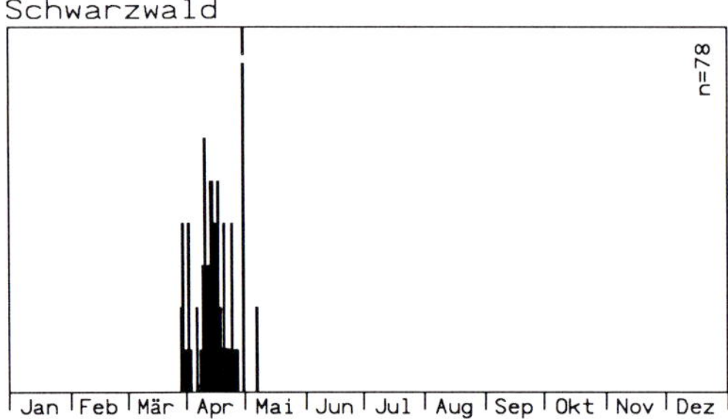

Besonders früh im Jahr schlüpfen die Imagines an den warmen Hängen des Odenwaldes (25. – 30.3. 1990, R. BLÄSIUS) außerdem bei Oberlauda (Tauberland) am 2.4. 1988 (E. RENNWALD).

Nur Einzelnachweise existieren von der Schwäbischen Alb und aus dem südlich angrenzenden Oberschwaben. Hier wurde bei Gutenstein am 12.4. 1991 ein Weibchen gefunden. Allgemein kann jedoch gesagt werden, daß sich die Imagines auch in diesen großen Naturräumen (mit Ausnahme einiger Wärmeregionen) in der zweiten Aprilhälfte bis Anfang Mai (Häufigkeitsmaxima) entwickeln.

Bereits in der frühen Morgendämmerung schlüpfen die Weibchen von *D. triquetrella* f. bisex. und beginnen sofort damit, Sexualpheromone auszustoßen, um paarungswillige Männchen anzulocken. Ist die nur wenige Minuten andauernde Kopula beendet, werden die befruchteten Eier in den Sack abgelegt. Schon einige Stunden später ist das Weibchen (e.l., 5 mm) tot. – Adelegg, Iberger Kugel 900 m, 16. 5. 93 R. HERRMANN. S.

Präimaginalstadien: A Am 18.5. 1989 konnten auf der Adelegg (Umgebung Schletteralm) etwa 100 Puppensäcke gezählt werden, einige auch noch am 9.5. 1993 (Iberger Kugel), obwohl schon viele Falter geschlüpft waren. Zehn Tage später wurde bei einer Nachsuche auf der Kammlinie der Adelegg oberhalb des Schleifer Tobel festgestellt, daß zu diesem Zeitpunkt die meisten Falter die Säcke bereits verlassen hatten.

Links: Weibchen aus diploid parthenogenetischen Stämmen des Dreikant-Zwerg-Sackträgers (*Dahlica triquetrella* f. parth.) begeben sich unmittelbar nach dem Schlüpfen in eine typische Lockstellung, indem der Körper gestreckt und das abdominale Ende vorgestülpt wird. Weibchen der bei uns weit verbreiteten tetraploid parthenogenetischen Form zeigen diesen Atavismus nicht mehr und beginnen sofort nach dem Schlüpfen mit der Eiablage. – Schwarzwald: Ebersteinburg 300 m, 19. 4. 92 (8. 30 Uhr) R. HERRMANN. S.
Rechts: Dasselbe Weibchen (e.l., 5 mm) etwa 30 Minuten später. Unbefruchtet geblieben, legt es nun seinen gesamten Eivorrat innerhalb kurzer Zeit mit Hilfe seiner langen Legeröhre durch die hintere Sacköffnung in den Sack hinein ab. – (9. 00 Uhr) R. HERRMANN. S.

B Als besonders gute Raupenbeobachtungszeit hat sich vor allem in der Oberrheinebene und in unteren Berglagen das zeitige Frühjahr, nach mildem Winter schon ab Anfang Februar erwiesen. Aus dieser Jahreszeit, aber auch aus dem Spätjahr, wenn die Säcke schon ausgewachsen sind, liegen etwa 200 Hinweise vor, wobei die meisten von einer eng begrenzten Lokalität bei Ebersteinburg im Nordschwarzwald stammen. Hier konnten am 24.3. 1978 30, am 1.4. 1979 20, am 14.3. 1980 20, am 25.3. 1981 30 und am 3.4. 1992 nochmals 20 an Baumstämmen kletternde Larven gezählt werden. Sehr späte Larvenbeobachtungen beziehen sich auf Fundstellen bei Reichental und Bermersbach (Grindenschwarzwald und Enzhöhen). Dort konnten sie noch in Anzahl am 23. bzw. 26.4. 1978 registriert werden. Hier wie an anderen Fundstellen kann dabei von einem einjährigen Larvenzyklus ausgegangen werden. Um vieles höher lag dagegen der Anteil an Puppenfunden. In den wärmeren Landesteilen, wie z.B. im Kaiserstuhl, kann in günstigen Jahren bereits ab Ende Februar mit den ersten Puppensäcken gerechnet werden. Ansonsten lohnt die Suche nach ihnen, je nach Höhenlage, erst im April und Mai. Leere, angesponnene Altsäcke lassen sich zu allen Jahreszeiten auffinden. An manchen Stellen konnten sie auch mitten im Winter zu Hunderten nachgewiesen werden.

Ökologie

Lebensraum: A Montane Mischwälder auf tertiären Böden frischer bis mesophiler, luftfeuchter Standorte mit hohem Buchenanteil, aber auch offene Schneisen in lichten Fichten-Altbeständen (kleinflächige Aufschlüsse auf alpinen Konglomeraten der oberen Süßwassermolasse).

Infolge der (hoch-)montanen Lage werden bei kühl-humidem Klima im Jahresmittel 6 °C und bis zu 1800 mm Niederschläge erreicht.

B Wie keine andere Psychidenart nutzt *D. triquetrella* eine große Vielfalt unterschiedlicher Lebensräume. Man findet sie sowohl in Wald- und Strauchgesellschaften als auch im sonnigen Offenland. Stark besiedelt werden insbesondere laub-

und nadelholzreiche Wälder einschließlich Kiefern- und Fichtenforste trockener bis mäßig feuchter Standorte auf basenreichen und basenarmen Böden. Nicht weniger häufig nutzt *D. triquetrella* auch wiesenartige Gesellschaften wie etwa Halbtrockenrasen, Trockenrasen und Felsfluren kalkreicher und kalkarmer Standorte. Weiterhin kommt sie zahlreich auch in Sandfluren (Sandheiden), weniger häufig auf älteren sandigen Brachen, Ruderalflächen und in trockeneren Bereichen von Riedwiesen vor. Noch seltener wird sie im extensiv und intensiv genutzten Kulturland und anderen anthropogenen Stellen gefunden (Weinberge, Obstanlagen, Gärten, Parks und innerstädtische Bereiche).

Dahlica triquetrella nutzt nahezu sämtliche Untergründe. Auf Urgestein (Granit und Gneis, Buntsandstein und Rotliegendem) ist sie ebenso häufig vertreten wie auf Jura und Muschelkalk, vulkanischen Gesteinen und Sandböden. Sie findet sich auch auf Löß-, Lehm- und Schotterböden.

Am häufigsten kommt *D. triquetrella* in mittleren Lagen des Schwarzwaldes und der Schwäbischen Alb, sowohl an warm-trockenen wie an kühlfeuchten Örtlichkeiten vor. An den höchstgelegenen Fundstellen im Schwarzwald dürften sich die durchschnittlichen Temperaturen zwischen 5–6 °C und jährlichen Niederschlagsmengen bei 1700 mm bewegen.

Nahrung der Raupe:
A *Leprana incana* – Krätz-Flechte
L (HER)

Weitere Angaben zu Nahrungsquellen fehlen. Es kann jedoch davon ausgegangen werden, daß beide Formen über eine identische Nahrungsbiologie verfügen.

Vor allem im vorderen Teil des auffallend dreikantigen, etwa 5 mm langen Sackes haften eine Menge winziger Teilchen, die meist von kleinen toten Insekten stammen. – Schönberg: Wittnau 580 m, 5. 2. 92 R. HERRMANN. M.

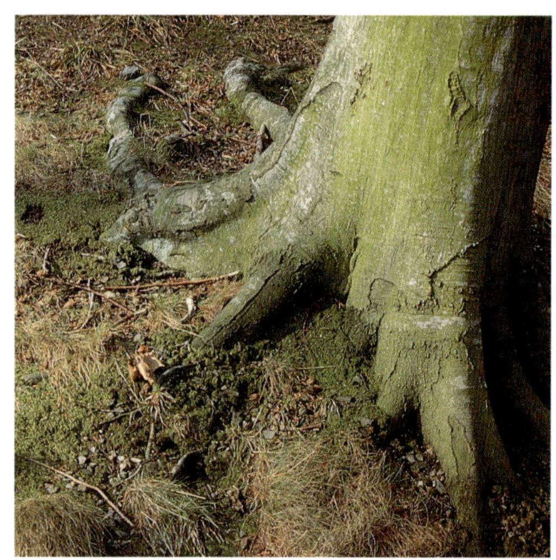

Die Raupen verbringen die meiste Zeit ihres Daseins in Baumnähe auf steinigem und moosreichem Waldboden. Nach der Schneeschmelze kriechen sie bis in mehrere Meter Höhe an den Stämmen empor. Bisweilen konnten bis zu 30 Raupen an einem Baum gezählt werden. Neben Wäldern besiedelt *D. triquetrella* f. parth. auch offene Felsen, Wiesen und buschreiches Gelände. – Schwarzwald: Ebersteinburg 300 m, 27. 2. 92 R. HERRMANN.

B Da im Freiland keine Larven bei der Nahrungsaufnahme beobachtet werden konnten, wird darauf verwiesen, daß die Raupen in Gefangenschaft insbesondere Grünalgen und Moose, aber auch welke Blätter und tote Insektenkörper als vorgelegtes Futter annahmen.

HOFMANN (1860) berichtet: »Ich legte ihnen nun zarte Blättchen von verschiedenen niedrigen Pflanzen vor, an welchen sie fleißig zu nagen begannen, aber erst, nachdem dieselben fast ganz trocken geworden waren. Von nun an nährte ich sie blos mit jungen, trocknen Salatblättchen, an welchen sie fleißig zehrten, so daß dieselben bald siebförmig durchlöchert waren. Sehr wahrscheinlich leben die Räupchen im Freien nahe am Boden, nähren sich von den Blättern verschiedener niedriger Pflanzen und kriechen blos zur Verwandlung an den mit Flechten besetzten Baumstämmen und Felsen hinauf.«
Und RETZLAFF (1975): »Die Raupe lebt bis A.4 am Erdboden und ernährt sich von allerlei organischen Abfallstoffen tierischer und pflanzlicher Herkunft, Flechten und Moosen.«

Habitat: **A** Annähernd naturbelassene Fichten-Tannen-Wälder und buchenreiche Wälder, dort insbesondere sehr lichte, gras- und gebüschbewachsene, zum Teil in steilem Gelände stockende, wenig gestörte Altbestände, ferner nord- bis ostexponierte lichte Waldrandstrukturen. Im Gebiet der Iberger

Hochmontane, mit Laubgehölzen durchmischte Nadelwälder bilden den von *D. triquetrella* f. bisex. bevorzugten Lebensraum. An ihren lokalen Standorten konnte sie hier bisweilen in größerer Anzahl beobachtet werden. Offen strukturiertes Gelände wie das hier kleinflächig anstehende Nagelfluh-Felsgestein kommt als Larvalhabitat ebenfalls in Betracht. Neben einer größeren Anzahl Säcke von *D. triquetrella* f. bisex. wurden an dieser ostexponierten, leicht beschatteten Stelle auch noch Raupen von *Diplodoma laichartingella*, *Taleporia tubulosa* und *Psyche casta* entdeckt. – Adelegg, Iberger Kugel 900 m, 9. 5. 93 R. HERRMANN.

Kugel auch auf ostexponierter, waldnaher, steiler und felsig-steiniger Fläche, die nur von Morgensonne erreicht werden kann. Es handelt sich dabei um einen mit Flechten und Moosen bedeckten Aufschluß, mit feuchtem, wasserspeicherndem, großflächigem Grasfilz an seiner Oberkante. *Dahlica triquetrella* ist an dieser Lokalität syntop mit *D. lichenella* f. parth., *Taleporia tubulosa* und *Diplodoma laichartingella*. An anderer Stelle (Schletteralm) kommt sie an den gleichen Bäumen zusammen mit *Siederia rupicolella*, *Bruandia comitella*, *Psyche casta* und *Taleporia tubulosa* vor (HERRMANN 1991).

B Häufig in Waldgesellschaften der Verbände Carpinion, Fagion, Quercion robori-petraeae und Vaccino-Piceion. Außerdem, wenn auch weniger zahlreich, in Gesellschaften des Alno-Ulmion, Tilio-Acerion und sogar im Quercion pubescenti-petraeae. Vielfach liegen die Habitate auch in alten Kiefern-, Fichten- und Tannenforsten. Daneben werden auch Strauchgesellschaften, wie z. B. das trocken-warme Berberidion genutzt. Im offen strukturierten Gelände, insbesondere im Xerobromion (Xerobrometum) und Mesobromion (Mesobrometum). Häufig auch auf südexponierten Sandmagerrasen, z. B. Thero-Airion und deren Sukzessionsstadien, Besenginsterbeständen und Calluna-Heiden der Oberrheinebene und im felsig bzw. steinig strukturierten Genistion. Außerdem in Wacholderheiden, trockenen und mageren Glatthaferwiesen (Streuobstbestände) und selbst in Ufer-Weidengebüschbeständen.

Bevorzugt werden auch felsige Stellen im Bergland (Felshalden, steile Felspartien, besonnte Kalkfelsköpfe des Alysso alyssoides-Sedion albi, und Tephrit-Felsköpfe (Kaiserstuhl). Ebenfalls recht zahlreich konnte diese Form von *Dahlica triquetrella* auch auf weiteren Sonderstandorten wie beispielsweise grasigen, trockenen und mesophilen Straßenrändern, Dämmen und Lößterrassen sowie Lößwänden (an diesen Örtlichkeiten schon mit dem Charakter einer Pionierart), weiter an ungepflegten algenreichen Denkmälern (z. B. Kruzifixen), Steinriegeln, Trockenmauern, bemoosten und

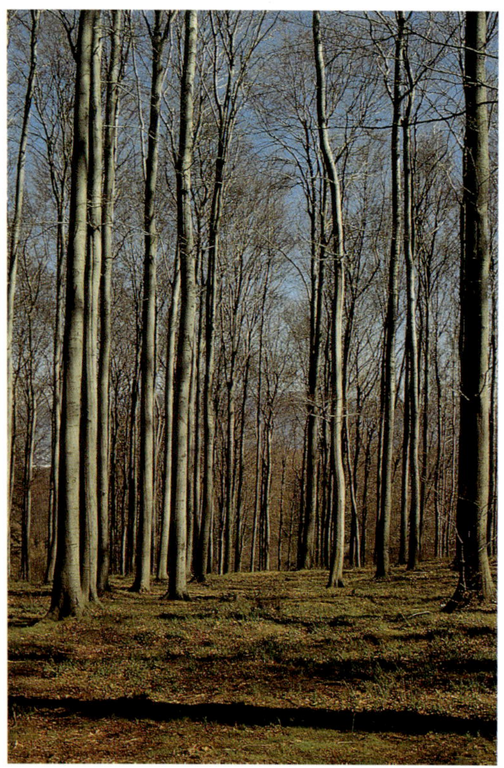

Weibchen von *D. triquetrella* f. parth. mit dem hier dokumentierten Verhaltensmuster konnten bisher nur in diesem auf Buntsandstein stockenden Buchen-Hochwald beobachtet werden, in dem noch weitere 12 Sackträger-Arten vorkommen. – Schwarzwald: Ebersteinburg 300 m, 26. 3. 89 R. HERRMANN.

algenreichen Hüttendächern sowie in aufgelassenen Steinbrüchen nachgewiesen werden. Diese Form ist hinsichtlich der Auswahl ihrer Habitate recht flexibel und durch eine markante Ansiedlungsfähigkeit gekennzeichnet. Typische Fundplätze der Larven sind lückige, sandig-steinige und nicht zu sehr verdichtete Grasplätze, auf dem Waldboden außerdem die Stammbasis sowie offenliegende algen- und moosreiche sparrige Baumwurzeln. Sie sind wärmeliebend und finden sich meist an sonnig gelegenen Lokalitäten, in Waldbiotopen und auf gebüschreichen Flächen allerdings auch in wechselschattigen Lagen.

Verhalten: A Die Männchen der bisexuellen Form von den Fundorten auf der Adelegg schlüpften zwischen 18 Uhr und 1 Uhr nachts.

SEILER (1939) weist darauf hin, daß die Männchen von *D. triquetrella* in der Regel nachmittags, abends und nachts schlüpfen und am nächsten Morgen zur Kopulation bereit sind.

Flüge von kopulationsbereiten Männchen konnten am 23.5. 1989 bei der Schletteralm in einem Waldbezirk von ca. 20 × 50 Meter beobachtet werden. Die ersten Falter wurden gegen 5 Uhr in der Morgendämmerung (5–8 °C, leichter trockener Ostwind, klar) gesichtet, wie sie in mattem Fluge durch den Wald und teilweise bis in die Kronen von etwa 10 Meter hohen Fichten und Buchen flogen. Ähnlich individuenreiche Falterflüge konnten auch am 26.5. 1989 an gleicher Stelle zusammen mit den Männchen von *Siederia rupicolella*, und am 9.5. 1993 in einem Waldstück auf der Iberger Kugel bei ähnlichen Witterungsbedingungen und ebenso früher Tageszeit beobachtet werden.

Auch SEILER und PUCHTA (1956) bemerken, daß die Hauptkopulationszeit bei *D. triquetrella* frühmorgens zwischen 5 Uhr und 7 Uhr liegt. Ferner teilen sie mit, daß das Weibchen morgens etwa um 9 Uhr seine Legeröhre wieder einzieht, um sie spätnachmittags nochmals vorzustrecken. Ein intensives Werben um das Männchen erfolgt jedoch erst in den frühen Morgenstunden des nächsten Tages.

Weiter berichtet SEILER (1939): »Die Werbung scheint jetzt intensiver zu sein; der Hinterleib wird noch stärker gegen die leere Puppenhülle zu eingebogen, als das frisch geschlüpfte Tier der Abb. 1 es tut, und die Legeröhre wird maximal ausgestreckt. Fliegt auch jetzt kein Männchen an, so kann sich dasselbe Spiel an den folgenden Tagen wiederholen.« Und zur Kopulation der Geschlechtspartner wird u.a. mitgeteilt: »Fliegt ein Männchen an, so ziehen die bisexuellen Weibchen die Legeröhre ein und die Begattung erfolgt dann sofort und in stürmischer Weise. Nachdem der Penis in die Begattungsöffnung eingeführt ist, verharren beide Partner einige Minuten in vollständiger Ruhe; dann macht das Weibchen ruckweise Bewegungen mit dem Hinterleib, als ob es das Männchen abschütteln wollte. Sobald die Kopula gelöst ist, biegt das Weibchen sein Abdomen ein, schiebt die Legeröhre zwischen der Puppenhülle und der Sackwand in die Tiefe des Sackes (vergl. Abb. 3) und legt in einem Zuge die Eier. Die Ablage dauert höchstens eine Stunde. Hierauf bedeckt das Weibchen das Eigelege mit der Wolle seines Afterwollbusches (vergl. Abb. 1 + 3), und damit ist seine Uhr abgelaufen.«

Auch die bisexuelle *triquetrella*-Form, die zweifellos die Ausgangsform ist, aus der sich die diploid und tetraploid parthenogenetische Form entwickelt hat, zeigt nach SEILER (1961) eine Tendenz zur Parthenogenese. Er bemerkt dazu: »Alle Weibchen bisexueller Lokalformen versuchen unbesamte Eier zu legen, wenn die Begattung ausbleibt. Der Mehrzahl der unbegatteten Weibchen gelingt es auch, mehrere bis viele Eier zu legen (vergl. SEILER (1959), Tabelle 3, S. 106–107). Außerdem steht fest, daß wohl alle unbesamten Eier einen Anlauf zur Entwicklung nehmen (SEILER 1960, S. 78 u.f.), daß diese aber bald auf Abwege gerät und der Embryo abstirbt. Nur selten führt die Entwicklung bis zu schlüpfenden Räupchen, die sich aber in unseren Experimenten nicht als lebensfähig erwiesen.«

Auch bei unseren Populationen konnte dieses Phänomen mehrmals nachgewiesen werden. So lockte unter Laborbedingungen ein bisexuelles Weibchen (Fundort: Iberger Kugel) 4 Tage vergeblich, um am 5. Tage, unbegattet geblieben, den gesamten Eivorrat abzulegen.

Sehr ausführliche und eindrucksvolle Hinweise zur Entstehung der Parthenogenese, aber auch über die Verbreitung der drei Formen von *D. triquetrella* in der Schweiz und in den angrenzenden Ländern, ferner über die Beziehungen zu den Eiszeiten sowie anderes mehr können dem umfangreichen wissenschaftlichen Schriftum von Prof. S. SEILER entnommen werden.

Zur Verpuppung spinnen die Raupen ihre Säcke an Baumstämmen an. Diese fanden sich in nahezu allen Expositionen in Höhen zwischen 1 und 2 Metern. Sie waren entweder an der glatten Buchenrinde gut angeheftet oder in Ritzen, Spalten und dergleichen, aber auch gut versteckt unter grober loser Borke, die gerne als Überwinterungsquartier genutzt wurde. Unter den am 18.5. 1989 (Schletteralm) eingetragenen Säcken befanden sich 20 weibliche und 50 männliche, bei den restlichen war eine Zuordnung nicht mehr möglich.

B Zu den Entwicklungszeiten der parthenogenetischen Weibchen kann angemerkt werden, daß sie in der Regel zwischen morgens 7 Uhr und mittags 14 Uhr schlüpfen, was auch im Freiland beobachtet wurde.

MEIER (1955) weist darauf hin, daß das Schlüpfen der Weibchen nicht nur in die Frühe des Tages fällt, sondern daß sie auch zu jeder anderen Tageszeit schlüpfen können, manchmal auch während der Nacht.

Bei den meisten Weibchen konnte beobachtet werden, daß sie unmittelbar nach dem Schlüpfen damit beschäftigt waren, ihren Eivorrat in den Sack abzulegen, wie das nach SEILER (1961) bei den tetraploid parthenogenetischen Weibchen üblich ist. Daneben schlüpften jedoch auch parthenogenetische Weibchen, die sich instinktiv anders verhielten und vor der Eiablage mit ausgefahrener Legeröhre, ganz wie bisexuelle Weibchen, zu locken begannen.

SEILER (1961) schreibt dazu: »Es gibt diploid parthenogenetische Lokalformen, welche in den Instinkten den bisexuellen Weibchen noch sehr nahe stehen (l.c. S. 32 u.f.) und vor der Eiablage die Legeröhre strecken, als ob sie auf das Anfliegen der Männchen warten würden.«

Solche Tiere fanden sich mitunter nicht gerade selten bei einigen parthenogenetischen Populationen im nördlichen Schwarzwald, wie etwa ein Weibchen aus Ebersteinburg, das am 31.3. 1980 schlüpfte, sich regungslos am Sackende sitzend in Lockstellung begab und erst nach 3 Stunden, unbegattet geblieben, mit der Prozedur des Eierlegens begann. Ansonsten dauerte bei einer Anzahl anderer Weibchen die Anlockperiode meist weniger als 40 Minuten. Erstaunlich lange lebte ein aus einem Biotop bei Schweighausen/Jagst stammendes parthenogenetisches Weibchen, das erst nach 2 vollen Tagen zur Eiablage schritt.

SEILER (1961) berichtet weiter, daß die diploid parthenogenetische *D. triquetrella* nicht rein thelytok ist. So können bei einigen lokalen Populationen mit einiger Regelmäßigkeit immer wieder vereinzelt Männchen auftreten, was bei der tetraploid parthenogenetischen Form offenbar nicht der Fall ist.

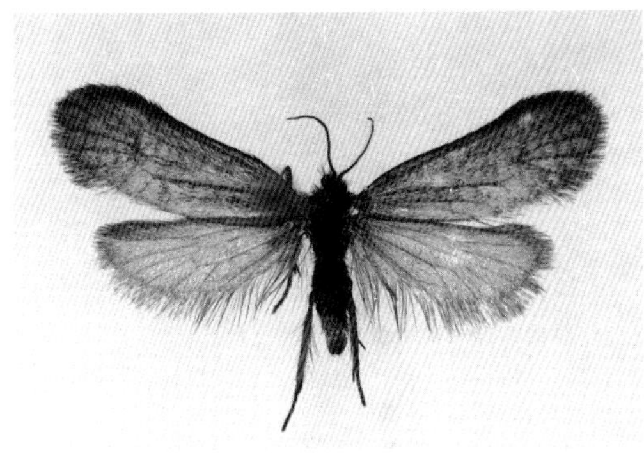

Um solche Tiere handelte es sich offensichtlich bei den beiden Exemplaren aus Ebersteinburg, die am 1.4. 1978 (HERRMANN 1983) und am 15.4. 1992 aus eingetragenen Säcken einer parthenogenetischen – Hinweise auf bisexuelle Stämme gab es keine – Population stammten. Die Lebensdauer der meisten Weibchen ist sehr kurz und in der Regel nur auf wenige Stunden festgelegt, wobei die meisten Tiere noch am Tage ihres Schlüpfens sterben.

Zur Larvalbiologie schreibt SEILER (1961): »Frühestens Mitte Mai schlüpfen die jungen Räupchen; in höheren Lagen geschieht das erst Mitte bis Ende Juni. Im Herbst sind die Raupen bei dem einjährigen Lebenszyklus erwachsen und suchen, wenn die ersten starken Fröste kommen, ihre Winterschlupfwinkel auf. Das geschieht im Spätherbst, September und Oktober. Im Frühjahr nimmt die einjährige Raupe keine Nahrung mehr auf, sondern spinnt den Sack an, dreht sich im Sack um und verpuppt sich. Das Anspinnen kann schon in den verborgenen Winterquartieren erfolgen; meist allerdings kriechen die Raupen erst hoch, an Felsblöcken, anstehendem Fels, an Baumstämmen, Lattenzäunen, Trockenmauern usw..«

Nach unseren Beobachtungen können die Larven bis zu mehreren Metern Höhe (ob auch in den Kronenbereich?) die Stämme hinaufklettern. Sie fanden sich allerdings auch angesponnen in überschaubaren Bereichen (1–2 Meter Höhe), in Wiesenbiotopen dagegen am Boden, an Steinen und an Grashalmen. Weitere bevorzugte Verpuppungsplätze bilden Straßenleitplanken und Pfosten, an denen die Art an vielen Lokalitäten sehr zahlreich nachgewiesen werden konnte. Die Puppensäcke finden sich sowohl prallsonnig an Felsen, als auch im Halbschatten im Wald oder versteckt an Borke angesponnen.

Gefährdung und Schutz

A
Rote Liste Bundesrepublik: –
Rote Liste Baden-Württemberg: R

Oberrheinebene: Nicht vertreten.
Schwarzwald: Nicht vertreten.
Neckar-Tauberland: Nicht vertreten.
Schwäbische Alb: Nicht vertreten.
Oberschwaben: Art (bisexuelle Form) mit geographischer Restriktion.

- In Baden-Württemberg eine Art (f. bisex.) mit geographischer Restriktion!

Dahlica triquetrella in der bisexuellen Form (A) muß ebenso wie *Siederia rupicolella*, mit der sie stellenweise an den gleichen Plätzen vorkommt, als typische Reliktart angesehen werden. Auf ihre disjunkte Verbreitung in ihrem relativ kleinen Areal wurde bereits verwiesen.

In Baden-Württemberg scheint diese Form weitgehend zu fehlen. Rezente Vorkommen sind nur von den Kammlagen der Adelegg nahe der Schletteralm, oberhalb des Schleifer Tobels und im Gipfelgebiet der Iberger Kugel hart an der Landesgrenze zu Bayern bekannt.

Gegenwärtig sind noch keine akuten Gefährdungsfaktoren erkennbar. Allerdings sind bestandsbedrohende Risiken, wie beispielsweise Veränderungen in der gegenwärtigen forstwirtschaftlichen Waldnutzung, zumindest potentiell vorhanden. Aus diesen Gründen soll diese Reliktart der Kategorie »R« zugeordnet werden.

Für einen wirksamen Schutz dieser seltenen und für die Forschung hochinteressanten genetischen Form wird vorgeschlagen, Teile der westlichen Adelegg wie etwa die schmale, von Süd nach Nord verlaufende Kammlinie einschließlich ihrer vielen, nach Westen steil abstürzenden, wildromantischen und mit noch sehr naturnahen hochmontanen buchenholz- und nadelholzreichen Bergwäldern bestockten Tobeln sowie Teile der Iberger Kugel einschließlich ihres östlichen, zur Unteren Argen verlaufenden Steilabbruches, nicht zuletzt auch der für Baden-Württemberg einmaligen alpinen Flora und Fauna wegen, unter Naturschutz zu stellen. Eine weitere naturschutzrelevante, an diesem Beispiel sich orientierende Grundlagenforschung wird empfohlen.

B
Rote Liste Bundesrepublik: –
Rote Liste Baden-Württemberg: –

Oberrheinebene: Nicht gefährdet.
Schwarzwald: Nicht gefährdet.
Neckar-Tauberland: Nicht gefährdet.
Schwäbische Alb: Nicht gefährdet.
Oberschwaben: Nicht gefährdet.

- In Baden-Württemberg nicht gefährdet!

Die Bestände der parthenogenetischen Formen (B) von *Dahlica triquetrella* sind in Baden-Württemberg nicht gefährdet. Die eingeschlechtliche *triquetrella* ist hier weit verbreitet und stellenweise in starken Populationen anzutreffen. Besondere Schutzmaßnahmen sind deshalb nicht notwendig.

Forschungsbedarf besteht allerdings bei der diploid parthenogenetischen Form, die nach weiteren eingehenden ökologisch-faunistischen aber auch genetischen Untersuchungen hinsichtlich Gefährdung und Schutz gegebenenfalls neu bewertet werden muß.

Dahlica lichenella
Linnaeus, 1761

Eingeschlechtlicher Zwerg-Sackträger (f. parth.)
Zweigeschlechtlicher Zwerg-Sackträger (f. bisex.)

Solenobia fumosella HEIN. (REUTTI 1898, SPULER 1908–1910, HERING 1932)
Solenobia lichenella L. (SCHNEIDER 1936–1939, SPULER 1908–1910, FORSTER 1960)

Brevantennia lichenella LINNAEUS, 1761 (LERAUT 1980)

A = f. parth. *lichenella* (LINNAEUS, 1761)
B = f. bisex. *fumosella* (HEINEMANN, 1870)

Im folgenden Text wird bei den einzelnen Kapiteln (mit Ausnahme des Kapitels Phänologie: Präimaginalstadien und Nahrung der Raupe) stets nach **A** und **B** unterschieden, je nachdem, ob es sich dabei um die parthenogenetische Form (= **A**) oder um die bisexuelle Form (= **B**) handelt.

Gesamtverbreitung: **A** In Europa weit verbreitet. Im Westen wird England und Schottland, im Süden der nörd-

[1] Nach SAUTER (1956) bei Faidello (Pistoja, Apennin) und nach R. HERRMANN bei Esterri d'Aneu (spanische Pyrenäen).
[2] HERRMANN & WEIDLICH (1990) fanden *Dahlica lichenella* bei Petrosani (Westrumänien).

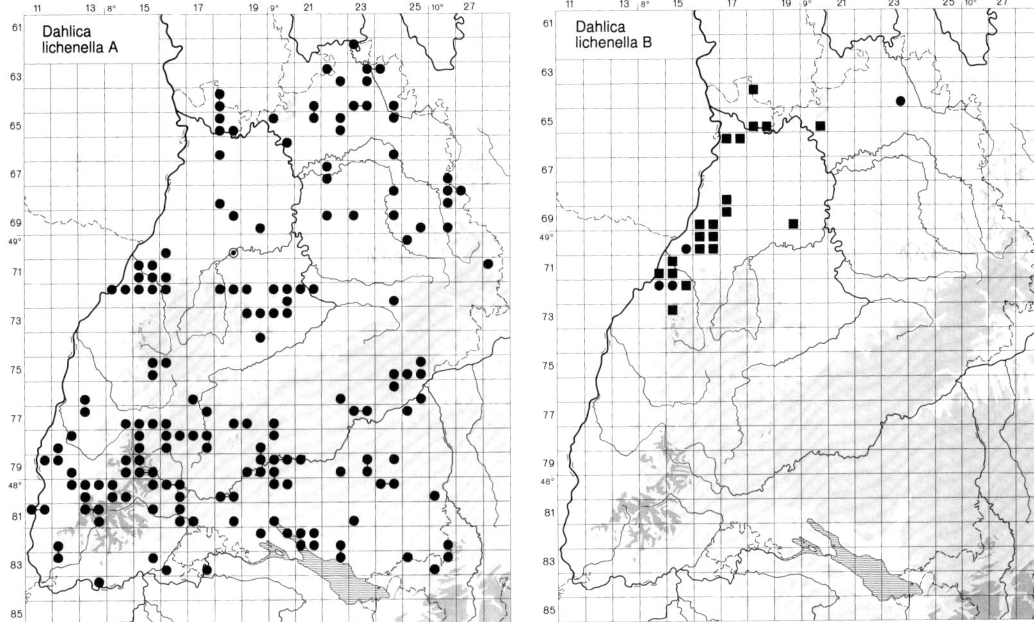

liche Mittelmeerraum[1] (ohne die küstennahen Gebiete) erreicht. Die nördliche Arealgrenze verläuft durch Fennoskandien, mit einem gehäuften Auftreten im Süden, und durch Karelien und das Baltikum. KOŽANČIKOV (1956) meldet sie auch aus Teilen der ehemaligen USSR bis zur Wolga, Ural, südlich bis zur Ukraine und den Karpaten[2]. Da nach wie vor große Unsicherheiten bezüglich der südlichen und östlichen Arealgrenzen bestehen, erhebt diese Beschreibung der Gesamtverbreitung keinen Anspruch auf Vollständigkeit.

B In Mitteleuropa in Teilen Österreichs und der Schweiz, nordwärts durch das südliche Deutschland bis zur norddeutschen Tiefebene. In Fennoskandien nach SUOMALAIEN (1980) weit verbreitet und häufig in Finnland, bis in das nördlichste Lappland, in Norwegen ebenfalls bis in die nördlichsten Landesteile, außerdem in Schweden und Dänemark.

Verbreitung

Regional: A Die parthenogenetische Form ist ganz ähnlich der eingeschlechtlichen *Dahlica triquetrella* über unser gesamtes Faunengebiet, vor allem in buchenreichen Gegenden, verbreitet und stellenweise recht zahlreich anzutreffen. Signifikante Verbreitungsschwerpunkte sind dabei nicht erkennbar. Lücken in der Verbreitungskarte ließen sich durch weitere Kartierungen schließen. Lediglich in klimatisch ungünstigen Hochlagen und in land- und forstwirtschaftlich stark genutzten Regionen ist von einer wesentlich geringeren, bisweilen sogar fehlenden Besiedlung auszugehen.

B Das Areal der bisexuellen Form ist nach den gegenwärtigen Kenntnissen in Baden-Württemberg nur auf den nordwestlichen Landesteil begrenzt. Sie konnte dort in mehr oder weniger zerstreuten Vorkommen nachgewiesen werden, wobei die diluvialen Hardtebenen wohl noch am stärksten besiedelt sind. Insbesondere im mittelbadischen Raum zwischen Rastatt und Karlsruhe wurde diese Form erfreulicherweise etwas häufiger aufgefunden, seltener dagegen in der nördlichen Oberrheinniederung (nur ein Fundort). Auch aus dem nahen nördlichen Schwarzwald liegen überprüfte Meldungen vor, die von Fundstellen bei Baden-Baden und Ettlingen, ferner von einer Lokalität im nördlichen Teil des Grindenschwarzwaldes (Plättig) stammen. Ziemlich ähnlich zeigt sich die Verbreitungssituation in den nordwestlichen Teilen des Neckar-Tauberlandes. Isolierte Einzelvorkommen wurden dort im Stromberggebiet, im Bauland (bei Ahorn) und in den neckarnahen Gebieten des Sandstein-Odenwaldes entdeckt. Ferner existieren noch alte Hinweise, die das Gebiet um Weinheim (Vorderer Odenwald) betreffen. Die nächstgelegenen Fundorte außerhalb von Baden-Württemberg befinden sich linksrheinisch in der Pfalz (BETTAG 1993) sowie im nordelsässischen Hügelland etwa 10 km südwestlich von Weissenburg (R. HERRMANN, unveröffentlicht).

Vertikal: A Der größte Teil der bekannten Vorkommen streut über die planare und kolline Hö-

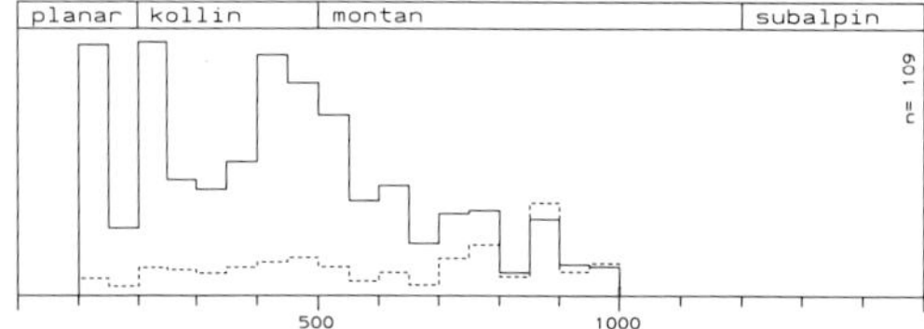

henstufe. Relativ gut besiedelt sind jedoch auch noch die mittleren Höhenlagen des Schwarzwaldes und der Schwäbischen Alb. Oberhalb von 900 m wird diese Form dann auffallend seltener. Hochgelegene Fundorte liegen im Schwarzwald (Umgebung Muggenbrunn) und auf der Adelegg noch bei etwa 1000 m, auf der Schwäbischen Alb bei 900 m (Lochengipfel).

B Die bisexuelle Form findet sich in Baden-Württemberg überwiegend in der Ebene und im Hügelland zwischen 100 m (Raum Mannheim) und 380 m (Ahornwald bei Ahorn). Über den Fundort »Plättig« sind keine näheren Angaben vorhanden. Das im Nordschwarzwald gelegene Gebiet um den Plättig (im engeren Sinne) liegt ca. 750 m hoch.

Phänologie

Imagines: A Daten zu Faltern der Form A, die vor dem 31.3. geschlüpft sind, liegen nur aus Jahren mit günstigen Witterungsbedingungen vor. So schlüpfte im Frühjahr 1990 eine größere Anzahl Tiere, die nur wenige Tage zuvor im Puppenstadium an den warmen Südhängen des Odenwaldes bei Heidelberg gesammelt worden sind, bereits ab 20. März. Selbst aus den am 19.3. 1990 auf dem Gipfel des Katzenbuckels (627 m) von R. Bläsius und R. Herrmann eingetragenen Puppen schlüpften in diesem warmen Vorfrühling die Weibchen noch vor Ende März. In normalen Jahren verschieben sich die Schlüpfzeiten etwas und dürften in der Oberrheinebene, in den tieferen Schwarzwaldlagen und einigen anderen Wärmegebieten des Landes im allgemeinen über den April streuen, was durch eine Reihe von Freilandfunden untermauert werden konnte. In den mittleren und höheren Lagen der Mittelgebirge erscheinen die weiblichen Imagines, nach dem vorliegenden Datenbestand, Freilandbeobachtungen eingeschlossen, nicht vor Ende April. Die spätesten Hinweise stammen von der Schwäbischen Alb, wo eine Puppe am 3.5. 1978 bei Albstadt-Ebingen gefunden wurde, aus der sieben Tage später der Falter schlüpfte; desweiteren von den Höhen der Adelegg, wo Form A am 9.5. 1993 auf der Iberger Kugel (Falter-Freilandfund) und auf dem Schwarzen Grat (Puppenfund) nachgewiesen werden konnte. Späte Meldungen liegen auch von der Ostabdachung des Schwarzwaldes (Brigachtal) vor, die sich ebenfalls auf die erste Maidekade beziehen.

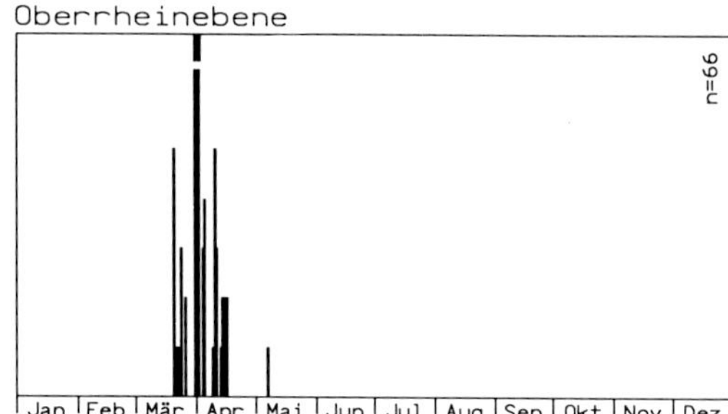

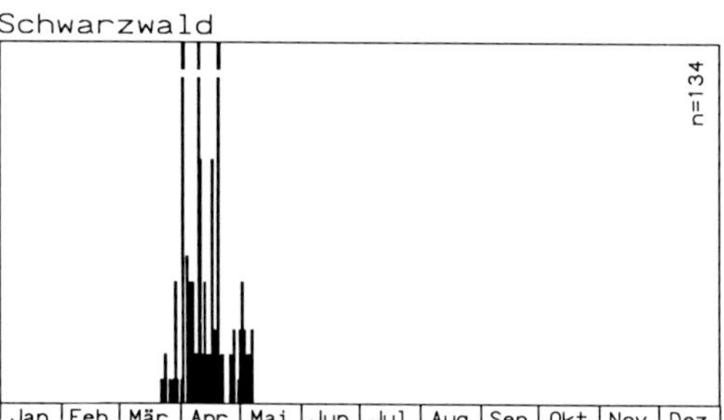

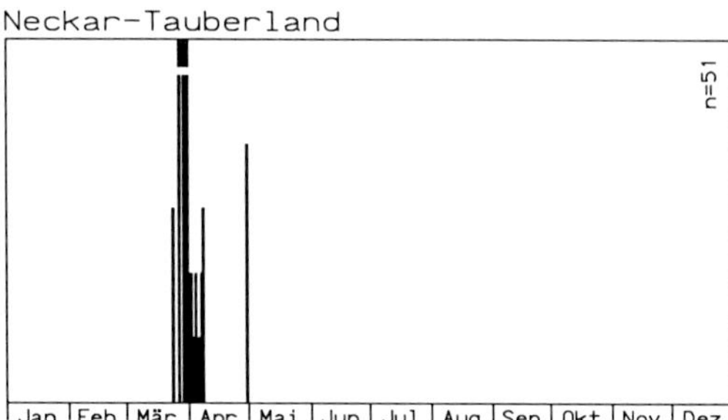

B Die Imagines dieser Form erscheinen frühestens mit der beginnenden letzten Märzdekade, wie beispielsweise an einer über viele Jahre (1978–1988) untersuchten Lokalität im Geggenauer Wald bei Rastatt, an der sie gewöhnlich um die Monats-

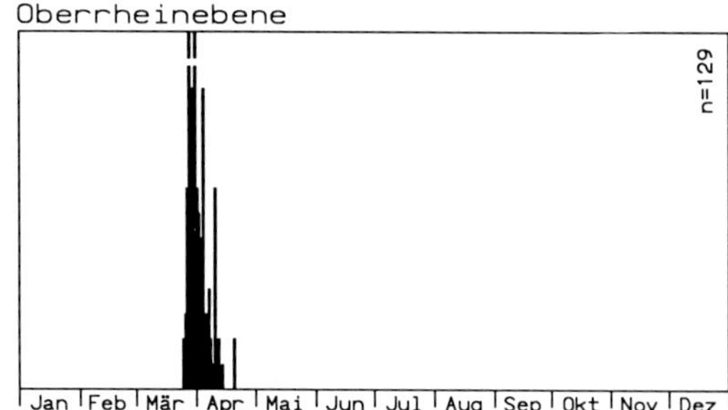

wende März/April erscheinen. Neben diesen sehr früh geschlüpften Faltern stecken in den Sammlungen A. MEESS und A. GREMMINGER auch Männchen von Fundorten der Oberrheinebene (Karlsruhe, Wildpark), die mit Funddaten »10.4. 1892, 20.4. 1890 und 12.4. 1954« gekennzeichnet sind. Auch aus dem Stromberggebiet (Häfnerhaslach) existieren Tiere, die am 3.3. 1990 als Puppen eingetragen und noch vor Monatsende geschlüpft sind. A. BIEBINGER meldete 2 Männchen vom 10.4. 1978 die er bei Hügelsheim im Freiland beobachtet hat.

Präimaginalstadien: A und **B** Die zahlreichen Raupenbeobachtungen beziehen sich in der Hauptsache auf die Monate Oktober und November und nach der Winterperiode wieder auf Februar und März, wobei die letzten aktiven, ausgewachsenen Larven am 28.3. (1991, bei Saulgau) registriert werden konnten. Einige Jungräupchen fanden sich am 25.5. (1991, bei Hüfingen auf der Baarhochfläche). Außerdem wurden in unserem Faunengebiet auch eine erhebliche Menge an Puppensäcken beobachtet, nach denen an tiefer gelegenen wärmeren Standorten (z. B. bei Rastatt, wo beide Formen syntop sind) schon ab Mitte März oder im Bergland noch bis Ende April/Anfang Mai gesucht werden kann. So konnten an einer felsigen Stelle bei Schönwald (ca. 850 m) noch Anfang Mai Puppen der parthenogenetischen Form festgestellt werden.

Ein Männchen (e.p., Vfl-SpW 15 mm) des Zweigeschlechtlichen Zwerg-Sackträgers (*Dahlica lichenella* f. bisex.) auf grünalgenreicher Baumrinde. Die Weibchen der bisexuellen Form, die im Vergleich zu denen der parthenogenetischen Form keine äußeren morphologischen Unterschiede aufweisen, legen ihre Eier in der Regel erst nach erfolgter Paarung ab. – Schwarzwald: Ebersteinburg 300 m, 14. 3. 92 R. HERRMANN. S.

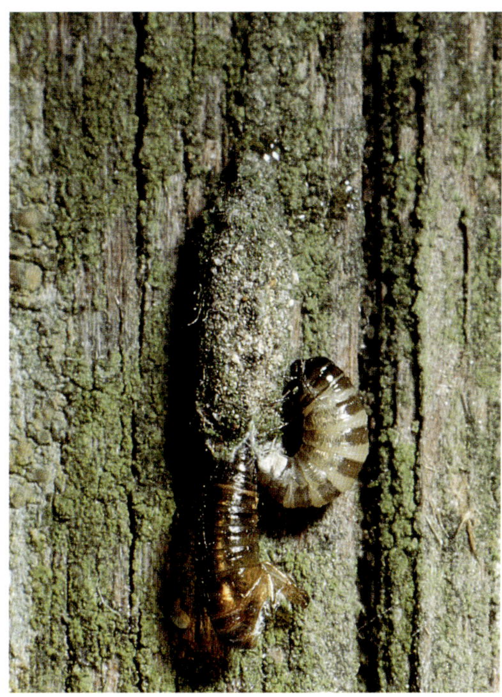

Nur wenige Minuten nach dem Schlüpfen beginnt hier ein Weibchen (e.l., 5 mm) des Eingeschlechtlichen Zwerg-Sackträgers (*Dahlica lichenella* f. parth.), bei dem es keine Männchen mehr gibt, mit der Ablage seines Eivorrates in den Sack. – Schwarzwald: Horben 500 m, 19. 3. 91 R. HERRMANN. S.

Ökologie

Lebensraum: A Den Ansprüchen dieser Form gemäß sind insbesondere alte laubholzreiche Wälder feuchter bis trockener Standorte geeignete Lebensräume. Es werden vor allem eichen- und hainbuchenreiche Wälder genutzt. Auch in nadelholzreichen Wäldern findet die Art zusagende Lebensbedingungen. Dort tritt sie vor allem in Beständen auf, die stark mit Buchen durchmengt sind. Überraschend gut besiedelt sind daneben auch laubholzreiche Kiefernforste; außerdem konnte diese parthenogenetische Form, wenn auch seltener, in Hartholzauenwäldern, Bruch- und Moorwäldern, Baumalleen und Streuobstbeständen nachgewiesen werden. Genutzt werden ferner auch Offenlandbereiche, wobei im besonderen felsig strukturiertem Gelände große Bedeutung zukommt. *Dahlica lichenella* parth. ist auf allen Gesteinsarten und Böden zu finden.

Besiedelt werden neben den niederschlagsarmen und wärmeren Landschaften auch solche Gebiete, die durch ein kühl-humides Klima (durchschnitt-

Eine wandernde, erwachsene Raupe von *D. lichenella* f. parth. auf dem algen- und flechtenreichen Pfosten eines Gartenzaunes. Durch seinen aus Holzstückchen und Grünalgen bestehenden Belag ist der flache, leicht dreikantige Sack vorzüglich an den Untergrund angepaßt. – Schwarzwald: Horben 500 m, 6. 3. 91 R. HERRMANN. S.

lich 6 °C und 1800 mm Niederschläge) gekennzeichnet sind.

B In geographischer Randlage im Nordwesten Baden-Württembergs schwerpunktmäßig in buchen- und hainbuchenreichen Waldungen sowie auch zahlreich in laubholzreichen Kiefernforsten. Sandig-lehmige Talböden werden von dieser Form besonders präferiert; andere Vorkommen befinden sich auf Buntsandstein, aber auch auf kalkreichen Böden. Aus dem Offenland fehlen dagegen jegliche Nachweise von *D. lichenalla* f. bisex. (*fumosella* HEIN.).

Überwiegend nur an Plätzen mit warmem und nicht zu feuchtem Klimacharakter. An den Standorten in der Oberrheinebene und des Neckar-Tauberlandes werden jährliche Durchschnittstemperaturen von 8–10 °C und Niederschläge von 600–800 mm erreicht. Nur im Schwarzwald liegen die Temperaturen tiefer und die Niederschlagsmengen höher.

Nahrung der Raupe: A und **B** Konkrete Hinweis auf Nahrungspflanzen fehlen aus Baden-Württemberg. Nach Freilandbeobachtungen und unter Zuchtbedingungen wurden die Raupen an verschiedenen Grünalgen (an Steinen, Baumrinde und Totholz) bei der Nahrungsaufnahme beobachtet.

Habitat: A Gesellschaften des Fagion sylvaticae (Luzulo-Fagetum) und Carpinion (Stellario-Carpinetum), außerdem buchenreiche Kiefernforste der Hardtebenen sowie Buchen-Tannenwälder (Schwarzwald). Nicht so häufig wurde diese Form dagegen in Beständen des Alno-Ulmion (Oberrheinebene), reinen Fichtenforsten, in Gebüschgesellschaften, ferner in Bruchwäldern gefunden. Selten ist sie in Hochmooren, in denen sie bisher nur in laubholzreichen Randstrukturen nachgewiesen werden konnte.

Die Raupen sitzen gerne an schattig stehenden Stämmen (Altbäume) an Waldrändern und im Waldesinnern. Außerhalb der Waldbiotope häufig auch an Felsen und steinigen Halden der Mittelgebirge, außerdem an anthropogenen Standorten wie Gemäuer, Bretterzäunen (auch im innerstädtischen Bereich), ungepflegten algenreichen Feldkreuzen und Denkmälern.

B Bevorzugt in Waldgesellschaften der Verbände Carpinion und Fagion sylvaticae sowie in buchenreichen Waldbezirken alter Kiefernforste. Die Larven finden sich dort mehr im schattigen Waldesinnern, weniger an randständigen Bäumen.

Verhalten: A Nach SEILER & PUCHTA (1956), die sich eingehend mit der Fortpflanzungsbiologie einiger *Dahlica*-Arten beschäftigten, kommt *D. lichenella* in einer tetraploid parthenogenetischen Form und einer diploid bisexuellen Form vor. In ihren interessanten Forschungsarbeiten wurde darüber berichtet, daß die parthenogenetische Form fast rein thelytok aber noch mit Instinkten der bisexuellen Form ausgestattet ist. Dieses spezifische Verhalten konnte auch bei den meisten einheimischen Weibchen regelmäßig beobachtet werden. So gab es neben Weibchen, die unmittelbar nach dem Schlüpfen und oft innerhalb einer Stunde ihren Eivorrat in den Sack ablegten auch andere, die mit leicht ausgefahrener Legeröhre, an ihrem Sack angeklammert, zwischen einer und mehreren Stunden in dieser den bisexuellen Weibchen ähnlichen Lockstellung ausharrten. Besonders lange zögerte ein Weibchen aus einem Biotope bei Schramberg, welches am 5. 5. 1981 schlüpfte, sich wiederholt in diese typische Lockstellung begab und erst zwei Tage später seine Eier in einem Legevorgang absetzte. Bei einem anderen Weibchen, das von einer parthenogenetischen Kolonie bei Lahr stammte, dauerte es erstaunlicherweise sogar drei Tage, bis die Prozedur der vollständigen Eiablage vollzogen war.

Die Lebensdauer der Imagines ist kurz und endet gewöhnlich, wie durch Zuchtbeobachtungen festgestellt, einige Stunden bis zu einem Tag nach der Eiablage. Es ist bekannt, daß die Weibchen dieser Form nahezu zu allen Tageszeiten schlüpfen können, die meisten in den Morgenstunden ab 7 Uhr, ein geringerer Teil erst am Nachmittag zwischen 15 und 17 Uhr.

Zur Larvalbiologie kann angemerkt werden, daß Raupen beider Formen noch an milden Tagen, bis in die Wintermonate hinein und wieder im zeitigen Frühjahr, vor allen Dingen an Stämmen und Felsen aktiv beobachtet werden können.

Im Hochwinter treten die Larven offensichtlich in eine winterliche Ruhephase ein. So konnten am 15.1. (1993, Ebersteinburg) 30 an Rinde nordseitig fest angesponnene Raupensäcke festgestellt werden. Trotz einer gewissen Beweglichkeit scheinen die Larven doch sehr standorttreu zu sein. Solches stationäres Verhalten wurde vor allem an Gemäuer festgestellt.

Zur Verpuppung spinnen sich die Raupen in bis zu mehreren Metern Höhe an Stämmen an. Sie benutzen gerne beschattete kleine Rindenritzen, Astlöcher und dergleichen, wo sie sehr verborgen sind und leicht übersehen werden können. Andere finden sich an Flechten oder sind exponiert, nie in der prallen Sonne, an Rinde angesponnen. Auch an Felsen und Gemäuern werden meist schattig bis halbschattige Bereiche präferiert. Auch hier findet die Verpuppung meist in Vertiefungen und unter überhängendem Gestein statt.

Dahlica lichenella f. bisex. ist in Baden-Württemberg hauptsächlich in den laubholz- und kiefernreichen Wäldern der pleistozänen Niederterrasse der nördlichen Oberrheinebene verbreitet. In diesem Waldstück wurde außerdem noch der Kiefernwald-Zwerg-Sackträger (*Siederia cembrella*) in Anzahl festgestellt. – Oberrheinebene: Rastatt (nördl. Stadtrand) 125 m, 17. 1. 93 R. Herrmann.

In den regenreichen hochmontanen Nadelwäldern der Adelegg fanden sich die Raupensäcke an flechten- und algenreicher Borke alter Fichten. Besiedelt werden insbesondere Südhänge, die mit lichten Baumbeständen bestockt und durch eine reiche Kraut- und Gebüschschicht gekennzeichnet sind. So hingen einige süd- bis ostseitig angesponnene Säcke an Baumstämmen (links im Bild) in ca. 2 m Höhe. Häufig finden sich die Larven- und Puppensäcke von *D. lichenella* f. parth. auch an mit Grünalgen überzogenen Gemäuern. Adelegg: Schwarzer Grat 1000 m, 28. 5. 94 R. Herrmann.

B Die Männchen entwickeln sich meistens am Abend und die Weibchen in der Morgendämmerung, in der auch der Paarungsflug einsetzt. Die Kopulation dauert nur wenige Minuten. Die Lebensdauer der zart gebauten Männchen ist kurz und erstreckt sich oftmals nur über einen Tag. Länger leben dagegen die Weibchen, meistens bis zu 4, in selteneren Fällen auch bis zu 12 Tagen.

Auch bei Weibchen der bisexuellen Form ist nach SEILER & PUCHTA (1956) eine Tendenz zur Parthenogenese festzustellen: »Zwischendurch probieren die Weibchen, unbesamte Eier abzulegen, was ihnen jedoch in der Regel nicht gelingt«.

Die Raupen beider Formen ähneln sich in ihrem Verhalten. Lediglich an Felsen, Mauern und isoliert stehenden Bäumen und im offenen Gelände konnte die bisexuelle Form bisher nie festgestellt werden. An ihren Waldstandorten ist sie mit *Siederia cembrella* und der parthenogenetischen Form von *lichenella* syntop.

An manchen Stellen ist die bisexuelle Form, wie ein Bericht von LIENIG (1975) zeigt, dazu fähig, individuenreiche Populationen auszubilden. So fand er innerhalb von 5 Stunden auf der Tromm im Odenwald (nahe unserer Landesgrenze) am 21.4. 1956, zum Teil angesponnen oder als Raupe, 440 Säcke, aus denen er etwa 100 Falter erhielt. Wie er weiter berichtet, waren ca. 70% der eingetragenen Raupen von Schmarotzern befallen. Überhaupt ist der Anteil an Schlupfwespen bei den meisten Arten dieser Gattung relativ hoch.

Gefährdung und Schutz

A
Rote Liste Bundesrepublik: –
Rote Liste Baden-Württemberg: –

Oberrheinebene: Nicht gefährdet.
Schwarzwald: Nicht gefährdet.
Neckar-Tauberland: Nicht gefährdet.
Schwäbische Alb: Nicht gefährdet.
Oberschwaben: Nicht gefährdet.

- In Baden-Württemberg nicht gefährdet!

Dahlica lichenella parth. gehört in Baden-Württemberg zu den häufigsten Psychiden-Arten. Eine Gefährdung der Bestände ist gegenwärtig nicht erkennbar.

B
Rote Liste Bundesrepublik: –
Rote Liste Baden-Württemberg: U

Oberrheinebene: Status noch unklar.
Schwarzwald: Status noch unklar.
Neckar-Tauberland: Status noch unklar.
Schwäbische Alb: Nicht vertreten.
Oberschwaben: Nicht vertreten.

- In Baden-Württemberg eine Art (bisexuelle Form) mit ungeklärter Gefährdung!

Die bisexuelle Form von *Dahlica lichenella* kommt, nach dem gegenwärtigen Kenntnisstand, nur im Nordwesten von Baden-Württemberg vor. Sie ist dort zerstreut an wenigen Plätzen beobachtet worden. Ob diese Form in unserem Faunengebiet und speziell innerhalb ihres bis jetzt bekannten Areals noch weiter verbreitet ist, werden zukünftige Untersuchungen zeigen.

Dahlica charlottae
Meier, 1957

Schmalschuppiger Zwerg-Sackträger

Solenobia charlottae MEIER (FORSTER 1960)

Gesamtverbreitung: In disjunkter Verbreitung von den Österreichischen und Schweizer Alpen über den Schweizer Jura bis zu den Mittelgebirgen Süddeutschlands (Schwarzwald, Schwäbische Alb, Pfälzer Wald, Fichtelgebirge). Im Norden Europas ein offensichtlich abgetrenntes Teilareal, das von Norwegen und Schweden bis nach Finnland nahe 70° n. Br. reicht.

Verbreitung

Regional: Diese erst 1957 von H. MEIER beschriebene Psychidenart ist in Baden-Württemberg bisher nur aus dem Schwarzwald und der Schwäbischen Alb bekannt geworden. Die Mehrzahl der Funde konzentriert sich auf den nördlichen Talschwarz-

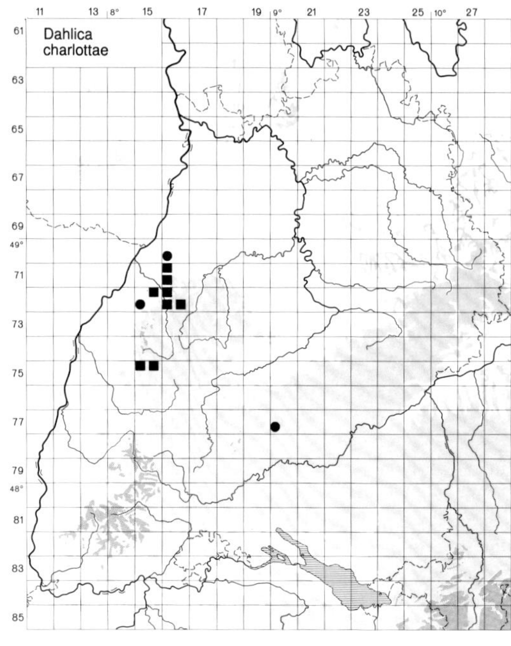

wald, auf die westlichen Bezirke von Grindenschwarzwald und Enzhöhen, insbesondere aber auf die der Rheinebene nahe gelegenen Hänge des nordwestlichen Schwarzwaldrandes. Ein weiteres, allerdings isoliertes Vorkommen existiert auf der Mittleren Flächenalb.

BIEBINGER & TEUFEL (1981) veröffentlichten die Erstfunde aus Baden-Württemberg, die in der Umgebung von Rastatt und Baden-Baden sowie bei Albstadt-Ebingen (Einzelfund) zwischen 1978 und 1981 gemacht worden sind. Etwa zur gleichen Zeit sind noch weitere lokale und sehr individuenstarke Vorkommen im vorderen Murgtal (Nordschwarzwald) und dessen näherer Umgebung entdeckt worden (HERRMANN 1983). 1982 bearbeitete D. DOCZKAL die nördlich angrenzenden und zur Rheinebene abfallenden Berghänge zwischen Malsch und Ettlingen und konnte *D. charlottae* dort nochmals von 5 verschiedenen Lokalitäten melden. Bei den von R. HERRMANN zwischen 1977 und 1982 durchgeführten Kartierungen im mittleren und südlichen Schwarzwald sowie auf der Schwäbischen Alb (1990–1991) wurden keine neuen Fundstellen mehr entdeckt. Ebenso fehlen Hinweise aus der Oberrheinebene, dem Neckar-Tauberland und seinen Randgebieten sowie aus den südöstlichen Landesteilen Baden-Württembergs.

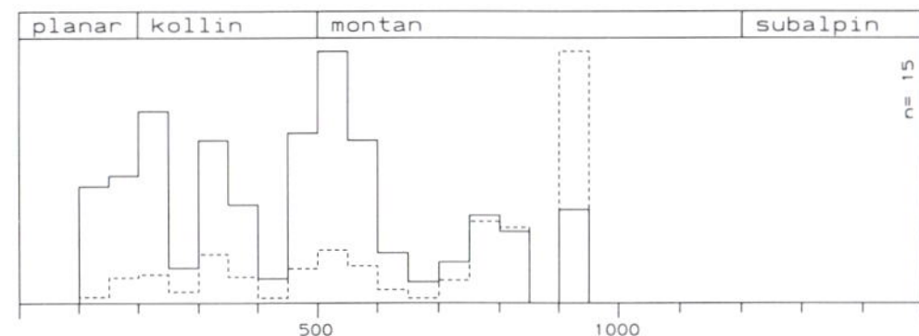

Vertikal: Im Schwarzwald von der beginnenden kollinen Stufe (150 m) bis in montane Lagen (700–800 m), wobei jedoch die Fundstellen mit zunehmender Höhe spärlicher werden. Die höchsten Schwarzwaldlagen werden offensichtlich gemieden. Der einzige aus dem Bereich der Schwäbischen Alb bekannte Fundort liegt zwischen 800 und 900 m.

Auch MEIER (1957) meldet für die Obersteiermark, daß die Höhenverbreitung von *Dahlica charlottae* nur bis ca. 1000 m geht.

Phänologie

Imagines: Nach Durchsicht der reichlich vorhandenen Zucht-Imaginaldaten dürften die Falter im Freiland, je nach Witterung und Standort, in den unteren Lagen zwischen Ende März und Ende April, mit einer erhöhten Individuenkonzentration gegen die April-Mitte hin vorkommen. In den montanen Lagen hingegen scheint der Mai als Hauptflugmonat in Frage zu kommen. Die spätesten Falter, 2 Männchen vom 24.5. 1977, stammen aus 750 m Höhe in der näheren Umgebung von Zuflucht (Nordschwarzwald). Ein Männchen, das von R. HERRMANN am 30.3. 1981 bei Ebersteinburg (300 m) an einem Stamm sitzend gefunden wurde, blieb bis heute die einzige Freilandbeobachtung, die wir aus Baden-Württemberg von *D. charlottae* kennen. Wie alle einheimischen Vertreter der

Der Schmalschuppige Zwerg-Sackträger (*Dahlica charlottae*) – hier ein Männchen (e.p., Vfl-SpW 14 mm) – konnte in Baden-Württemberg bisher nur im Nordschwarzwald und an einer Stelle auf der Schwäbischen Alb nachgewiesen werden. Er gehört damit zu den wenig bekannten Arten der Kleinpsychiden. – Schwarzwald: Ebersteinburg 300 m, 10. 4. 82 R. HERRMANN. S.

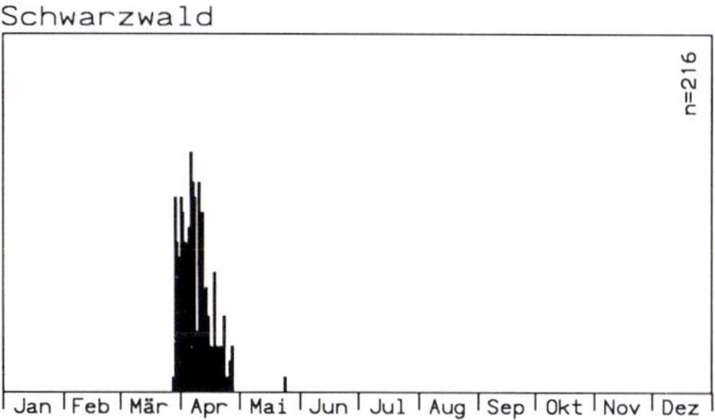

Das Weibchen (e.p., 5 mm) von *D. charlottae* mit exponiert angesponnenem, meist braun gefärbtem Sack, kurz vor der Eiablage. – Schwarzwald: Ebersteinburg 300 m, 4. 4. 89 R. HERRMANN. S.

Gattung *Dahlica* hat auch diese Art eine einjährige Entwicklung.

Präimaginalstadien: Alle gemeldeten Raupenbeobachtungen stammen aus dem zeitigen Frühjahr. So zählte R. HERRMANN in den Jahren 1978–1981 zwischen dem 14.3. und 1.4. an den bekannten Fundstellen im vorderen Murgtal und bei Baden-Baden weit über 100 erwachsene Raupensäcke und zwischen dem 20.3. und 24.4. etwa 200 Puppensäcke, wobei die Larven noch herumliefen, um sich geeignete Verpuppungsplätze zu suchen. Weitere phänologische Informationen lieferte A. BIEBINGER mit einem Puppenfund vom 1.4. 1981 aus Freiolzheim und 57 Puppenfunden (darunter 9 Weibchen) aus den Jahren 1978–1981 (4.3. – 1.4.) von verschiedenen Lokalitäten aus dem Raum Rastatt – Baden-Baden.

Ökologie

Lebensraum: *Dahlica charlottae* gehört zu den einheimischen Waldarten mit offenbar hohen Ansprüchen an das Klima (z.B. Feuchtigkeit) und an die Bodenbeschaffenheit, wie sie stellenweise in den unteren Lagen des Schwarzwaldes in Buchenwäldern meist frischer Standorte, die auf Buntsandstein und Perm (Oberes Rotliegende) stocken, und in montanen Bereichen in Buchen-Tannenwäldern auf Buntsandstein und Granit zu finden sind. Der Lebensraum auf der Schwäbischen Alb bei Albstadt-Ebingen ist nicht bekannt.

MEIER (1957) weist daraufhin. daß die Art in der Obersteiermark besonders in Lärchenwäldern vorkommt. Nach BETTAG (1993) besiedelt *D. charlottae* in der Pfalz sonnige Lagen der Edelkastanienwälder und sonnenexponierte Buchenwälder.

Alle Vorkommen liegen in Gebieten mit durchschnittlichen Jahresniederschlagssummen zwischen 900 und nahe 1800 mm. Die durchschnittlichen Lufttemperaturen betragen im unteren Murgtal 9 °C und 6–7 °C im Bergland. Die Art meidet niederschlagsarme und trocken-warme Gebiete und konnte auch in N-Expositionen nicht beobachtet werden.

Nahrung der Raupe: Konkrete Angaben über Nahrungsquellen liegen nicht vor. In der Gefangenschaft wurden Grünalgen- und Flechtenarten sowie kleine tote Insekten als Futter angenommen.

Habitat: Bevorzugt werden lichte, luftfeuchte und mit Steinen und Felsen durchsetzte Teile des Fagion sylvaticae (Luzulo-Fagetum). Nur einmal konnten die Larven auch in einem etwa 700 m hoch gelegenen Buchen-Fichten-Tannenwald registriert werden. Der überwiegende Teil der noch nicht verpuppungsreifen Raupen lebt offensichtlich, wenngleich noch nicht explizit beobachtet, sehr verborgen auf relativ feuchten und moosreichen Buchenwaldböden, die mäßig beschattet sind und durch einen spärlichen Unterwuchs auffallen. Diese Annahme wird dadurch untermauert, daß an den Fundstellen die Säcke der zur Verpuppung an den Stämmen hochlaufenden Raupen stets mit rotbraunen Teilchen des Buchenwaldbodens belegt sind. Nur wenige Raupen wurden an der Stammbasis und an oberirdisch verlaufenden, kräftigen Wurzelausläufern beobachtet. Forschungsbedarf ist also noch reichlich vorhanden! Die Stämme selbst werden als Verpuppungsorte benutzt, wobei aber davon auszugehen ist, daß sich das eigentliche Nahrungshabitat in unmittelbarer Nähe befindet. Solche ausgewählten Altbäume (Verpuppungshabitate) stehen an Waldrändern, können aber, nach den bisherigen Beobachtungen, noch etwa 100 m waldeinwärts angetroffen werden.

Verhalten: Über die Verhaltensbiologie liegen nur wenige Informationen vor. So gibt es nur Beobach-

Dahlica charlottae wurde in unserem Faunengebiet nur in Waldbiotopen nachgewiesen. Neben Randstrukturen besiedelt sie auch tiefer im Wald gelegene Bereiche. Die Raupen dieser Art scheinen ebenfalls überwiegend zu den Bodenbewohnern zu gehören und erst zur Verpuppung die Stämme emporzukriechen. Das Bild zeigt eine Stelle im Waldesinneren, an der die Puppensäcke alljährlich ab Ende März zu Hunderten beobachtet werden konnten. – Schwarzwald: Ebersteinburg 300 m, 27. 3. 92
R. Herrmann.

tungen über die Schlupfzeiten der Imagines, wonach die Männchen in den späten Abend- und frühen Nachtstunden und die Weibchen in der beginnenden Morgendämmerung schlüpfen. Bei den die Stämme hochkriechenden Larven handelte es sich in der Regel um männliche Tiere. Über den Verbleib der weiblichen können indes keine Angaben gemacht werden. Die Raupen spinnen sich zur Verpuppung meist an südexponierten, sonnigen bis halbschattigen Stellen an glatter Buchenrinde an. Sie fanden sich oft in Bereichen zwischen 1 und 2 m Höhe, konnten aber auch noch in 3 m Höhe gesichtet werden.

Meier (1957) vermerkt dazu, daß sich die Säcke stets an Baumstämmen finden, besonders an Lärche. Sie wurden in südseitig gelegenen Wäldern besonders an der Nord- und Südostseite der Stämme festgestellt.

Gefährdung und Schutz

Rote Liste Bundesrepublik: –
Rote Liste Baden-Württemberg: –

Oberrheinebene: Nicht vertreten.
Schwarzwald: Nicht gefährdet.
Neckar-Tauberland: Nicht vertreten.
Schwäbische Alb: Noch unklar.
Oberschwaben: Nicht vertreten.

- In Baden-Württemberg nicht gefährdet!

Gegenwärtig ist in Baden-Württemberg keine akute Gefährdung der Bestände erkennbar. Die Habitate von *Dahlica charlottae* liegen in alten, geschlossenen Buchenbeständen (Hallenwälder). Eine schonende Waldnutzung dient dem Erhalt auch dieser Art.

Dahlica inconspicuella
Stainton, 1843

Gesamtverbreitung: Das Vorkommen dieser Art ist ausschließlich auf die südlichen Teile Englands beschränkt (Hättenschwiler 1977).

Die Angaben zum Vorkommen im Schwarzwald (Reutti 1898) und Württemberg (Schneider 1936–1939) treffen nicht zu. Zumindest für den Bereich des Schwarzwaldes dürften sich die Fundhinweise auf *Dahlica sauteri* beziehen, die in diesem Mittelgebirge weit verbreitet ist (Hättenschwiler 1977).

Dahlica inconspicuella ist kein Bestandteil der Fauna Baden-Württembergs.

Dahlica wockei
Heinemann, 1870

Wockes Zwerg-Sackträger

Solenobia wockei Hein. (Reutti 1898, Spuler 1908–1910, Sauter 1956, Forster 1960)

Gesamtverbreitung: Inselartig im mittleren Europa von der Oder bis zum Rhein. Die wenigen bekannten Vorkommen liegen in der Umgebung von Breslau und Regensburg sowie im Odenwald und Pfälzer Wald. Aus anderen Regionen Mitteleuropas liegen keine gesicherten Meldungen vor.

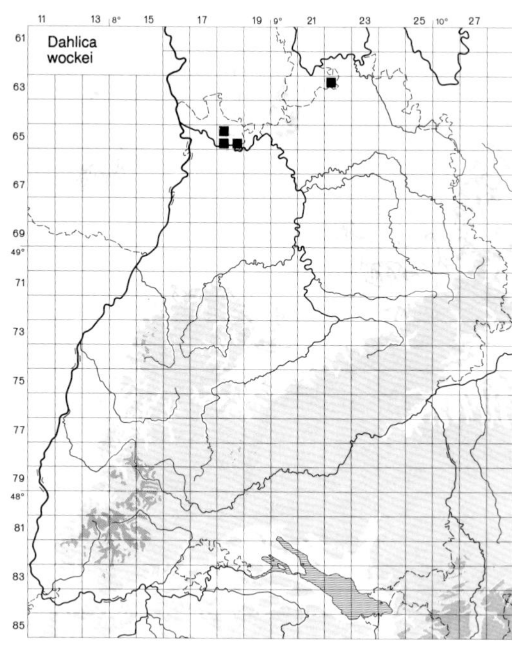

Verbreitung

Regional: *Dahlica wockei* ist in Baden-Württemberg nur aus den nördlichen Gebieten der Hauptnaturräume Neckar-Tauberland und Oberrheinebene bekannt. Dort besiedelt sie in isolierten, aber individuenreichen Kolonien im Bereich des Sandstein-Odenwaldes die Neckartal-Südhänge bei Heidelberg und die steilen, klimatisch begünstigten Abhänge der Bergstraße, wo sie von R. Bläsius 1978 zum erstenmal für unser Faunengebiet nachgewiesen worden ist. Östlich dieses Verbreitungsschwerpunktes erscheint sie erst wieder im mittleren Erfa-Tal nahe der bayerischen Landesgrenze. Im zentralen und südöstlichen Odenwald sowie in den angrenzenden Landschaften wurde diese Psychidenart bisher nicht festgestellt. Ebenso scheint sie in der Oberrheinebene, auf den Bergen des Schwarzwaldes, der Schwäbischen Alb und im württembergischen Alpenvorland zu fehlen.

Einen alten Hinweis auf diese Art finden wir bei Reutti (1898). Danach soll sie bei Lahr an den Felsen des Altvaters vorkommen. Es wird jedoch hinzugefügt, daß gegenüber [*Solenobia*] *inconspicuella* nicht genügend unterschieden wurde. Nach unserem heutigen Kenntnisstand besiedelt keine der beiden Arten den Schwarzwald. Neuere Untersuchungen ergaben vielmehr, daß es sich bei dieser historischen Meldung um *Dahlica sauteri* handelt, die im Schwarzwald weit verbreitet ist (Herrmann 1983).

Vertikal: Alle Fundstellen im Odenwald liegen in der kollinen Stufe zwischen 200 m (Dossenheim) und 370 m (bei Heidelberg). Auf den höheren Odenwaldbergen (Königstuhl, 566 m und Katzenbuckel, 626 m) sowie unterhalb 200 m konnte die Art, nach den Untersuchungen von R. Bläsius und R. Herrmann, nicht festgestellt werden.

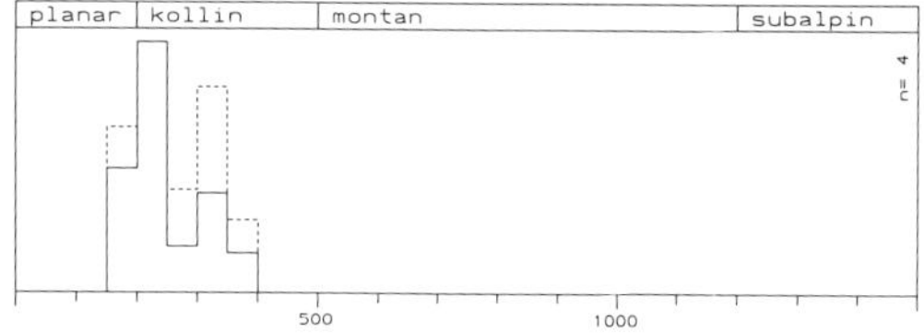

Phänologie

Imagines: Mit Ausnahme von 2 Männchen, die R. Bläsius am 12.3. 1990 (14 Uhr) frisch geschlüpft neben ihren Puppensäcken sitzend fand, liegen aus Baden-Württemberg keine weiteren Freilandbeobachtungen vor. In der Zucht konnte nachgewiesen werden, daß es sich bei *Dahlica wockei* um eine sehr früh im Jahr fliegende Art handelt. Sie ist in unserem Faunengebiet die erste Psychidenart im Jahr! So entwickelten sich zum Beispiel die Falter von Fundstellen bei Heidelberg im extrem warmen Winter 1989/90 zwischen dem 27.2. und 12.3. und 1991/92, bei kühlerem Witterungsverlauf, zwischen dem 10.3. und 20.3., während sich gleichzeitig die verwandten Arten (*D. triquetrella*, *D. lichenella* und *D. sauteri*) noch im Raupen- bzw. Puppenstadium befanden. Etwas später scheint die Flugzeit im östlichen Odenwald zu liegen. Imagines von dort schlüpften 1991 zwischen dem 25.3. und 31.3. (Puppen am 25.3. 1991 eingetragen).

Aus ca. 30 am 29.2. 1992 bei Eilsbrunn (Regensburg) eingetragenen Puppensäcken schlüpften die Falter zwischen dem 10. und 25.3. 1992 (R. Bläsius, R. Herrmann). Für die Donauhänge bei Regensburg meldet Hofmann (1860), daß sich die Schmetterlinge Ende März und Anfang April entwickeln. Nach Bettag (1993) fliegen die Falter am einzigen in Rheinland-Pfalz bekannten Fundort ebenfalls sehr früh im Jahr. Aus Puppensäcken, die am 26.2. 1992 eingetragen worden sind, schlüpften die Männchen zwischen dem 4. und 5.3. 1992.

Präimaginalstadien: Unter Zuchtbedingungen schlüpften die Raupen etwa 3–4 Wochen nach der Eiablage. Betrachtet man die Phänologie der Imagines, so dürfte im Freiland die Hauptschlüpfzeit der Raupen bereits in der ersten Aprilhälfte liegen. Sie konnten nur in den Spätwinterwochen beobachtet werden, wenn sie erwachsen ihre Nahrungshabitate verlassen und zur Verpuppung die Stämme emporkriechen. Der größte Teil dieser Beobachtungen stammt von R. Bläsius, der die Larven in den Wintermonaten Januar und Februar in großer Anzahl registrierte. Seine früheste Beobachtung datiert vom 4.1. 1992 (6 Exemplare).

Noch zahlreicher wurden Puppensäcke gefunden. In Zahlen ausgedrückt wurden am Philosophenweg bei Heidelberg beispielsweise am 11.3. 1990 20, am 3.3. 1991 50 und am selben Tag in Dossenheim (an einem einzigen Buchenstamm!) nochmals 100 Exemplare gezählt. Die frühesten

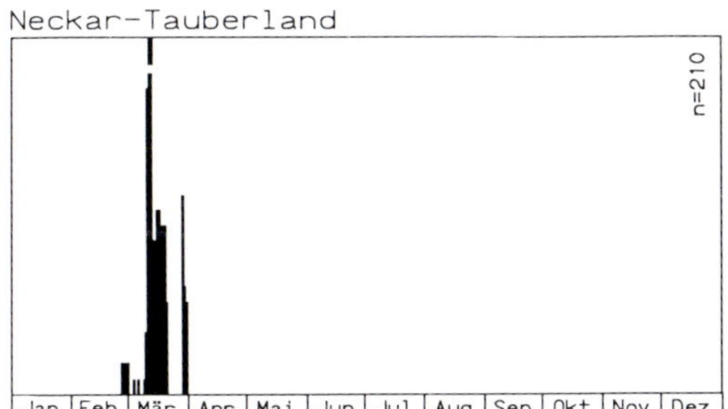

Markant geflecktes, frisch geschlüpftes Männchen (e.p., Vfl-SpW 12 mm) von Wockes Zwerg-Sackträger (*Dahlica wockei*). Diese Art ist in Baden-Württemberg nur aus dem Odenwald nachgewiesen. – Heidelberg 370 m, 14. 3. 92 R. Herrmann. S.

Festgeklammert auf dem braunen, deutlich dreikantigen Sack sitzend, versucht ein Weibchen (e.p., 5 mm) von *D. wockei* Männchen anzulocken. Interessant ist die Tatsache, daß die Weibchen an sämtlichen Fundstellen unterrepräsentiert sind. Vieles spricht dafür, daß die weiblichen Puppensäcke, im Gegensatz zu den männlichen Säcken, sehr im Verborgenen angesponnen werden. – Heidelberg 370 m, 15. 3. 92 R. Herrmann. S.

Hinweise beziehen sich wiederum auf die Fundstelle »Philosophenweg«, wo sich die ersten frischen Puppen am 24. 1. 1993 (milder Januar) in den Säkken befanden und nach einem harten Wintereinbruch im Februar noch Schnee und Eis ertragen mußten.

Hofmann (1860) bemerkt für Regensburg: »Man findet den Sack im ersten Frühjahr, Ende März, meist schon an den Felsen etwa 2 Fuß über dem Boden zur Verpuppung festgesponnen und nur noch einzelne Raupen«.

Ökologie

Lebensraum: Mesophile bis trockene, kalkfreie und basenarme Standorte auf Buntsandstein und Porphyr in alten, laubholzreichen Wäldern an steilen, steinig-felsigen, südwest- bis südexponierten Hängen.

Im Gegensatz dazu besiedelt *Dahlica wockei* bei Eilsbrunn in der Nähe von Regensburg (Bayern) auch kontinental geprägte, an Steilhängen liegende, offene xerotherme Felsfluren auf Jurakalk (R. Bläsius, R. Herrmann).

Nach Bettag (1993) liegt der aus Rheinland-Pfalz bekannte Fundort in einem aufgelassenen Steinbruch inmitten eines alten Eichen-Buchen-Mischwaldes in ca. 400 m Höhe. Die Säcke von *D. wockei* wurden dort nur sehr lokal an sonnenarmen, auf 20 × 10 m ausgedehnten Felspartien gefunden, die sehr stark mit Algen, Flechten und Moosen überzogen waren.

Obwohl exponiert an Totholz angesponnen, sind diese männlichen Säcke von *D. wockei*, an denen noch die Puppenhüllen hängen, dennoch leicht zu übersehen. – Heidelberg 350 m, 7. 4. 91 R. Herrmann.

Alte Rotbuchen mit kräftigem oberirdischem Wurzelwerk dienen den Raupen von *D. wockei* als Verpuppungsplatz. An diesem stattlichen Exemplar konnten im Frühjahr 1993, bei winterlicher Witterung, etwa 25 angesponnene Säcke gezählt werden. – Heidelberg 370 m, 17. 2. 93 R. Bläsius.

Die Fundstellen in Baden-Württemberg liegen in Gebieten mit hohen Jahresmitteltemperaturen. Sie reichen von 9–10 °C an den wegen ihres milden Klimas weithin bekannten Südwest- und Südhängen bei Heidelberg, wo z. B. im Bereich des oberhalb der Stadt liegenden Philosophenweges mediterrane Gewächse (Palmen, Zypressen und Kork-Eiche) über das ganze Jahr im Freien kultiviert werden, bis etwa 8 °C im östlichen Odenwald. Die durchschnittlichen Niederschläge bewegen sich im langjährigen Mittel zwischen 800 und 900 mm im südwestlichen und zwischen 700 und 800 mm im östlichen Odenwald.

Nahrung der Raupe: In Baden-Württemberg noch nicht ausreichend erforscht!

Zur Nahrung der Raupen von »*Solenobia inconspicuella* Stainton« (= *Dahlica wockei* Heinemann) bemerkt Hofmann (1860) für die Donau-Uferberge bei Regensburg: »Die Nahrung derselben besteht wahrscheinlich nicht in Flechten, sondern in niedrigen Pflanzen; wenigstens gelang es mir, einige Räupchen mit trocknen Salatblättchen groß zu ziehen, während dieselben regelmäßig zu Grunde gingen, wenn ich ihnen Flechten vorlegte. Sie scheinen daher die Felsen bloß zum Zweck der Verpuppung aufzusuchen«.

Habitat: Im Odenwald und an der Bergstraße meist in alten Beständen (Hallenwälder) des Fagion sylvaticae (Luzulo-Fagetum), seltener dagegen in den im Kontakt dazu stehenden Gesellschaften des Quercion robori-petraeae, wo die Larven vermutlich vegetationsarme, sandig-steinige und beschattete Stellen des Waldbodens als Nahrungshabitate besiedeln. An algen- und moosreichen Stämmen, die als Verpuppungshabitate genutzt werden, konnte bisher keine der noch nicht verpuppungsreifen Larven beobachtet werden. Ob Raupen in diesem Entwicklungsstadium womöglich an Steinen, Pfosten, Baumstrünken oder an den oberirdisch verlaufenden Baumwurzeln leben, ist noch unklar.

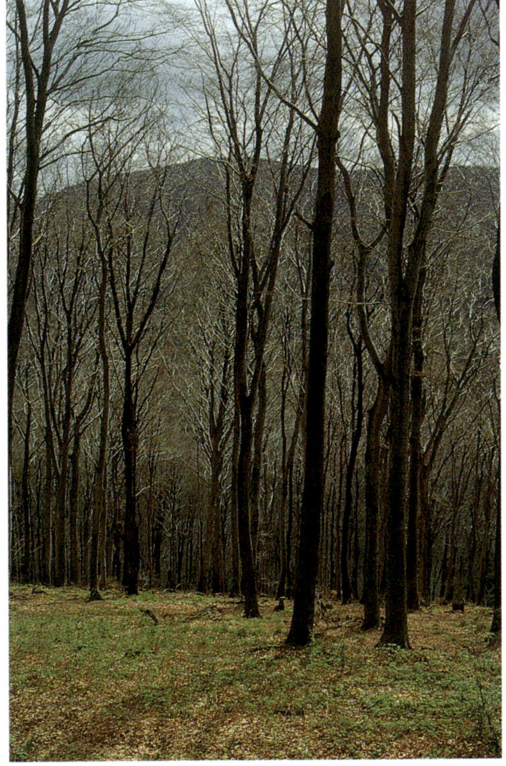

Süd- bis westexponierte Hallenbuchenwälder auf mageren Buntsandsteinböden bilden hier den Lebensraum von *D. wockei*. Die im zeitigen Frühjahr an den Stämmen angesponnenen Puppensäcke sind voll dem Sonnenlicht ausgesetzt. Während des Larvenstadiums sorgt das üppige Blätterdach für eine ausreichende, von den Raupen benötigte Beschattung. Die wenigen Vorkommen dieser Art in Baden-Württemberg sind unmittelbar von der Existenz dieses Waldtyps und seiner Standortbedingungen abhängig. – Heidelberg 370 m, 8. 4. 91 R. Herrmann.

Verhalten: Bei den Männchen konnte das Schlüpfen zu allen Tages- und Nachtzeiten, bei den Weibchen zwischen 7 und 9 Uhr morgens beobachtet werden, wobei einige dieser Weibchen noch bis in die Nachmittags- und Abendstunden hinein lockten.

Die wohl einjährigen Raupen verpuppen sich insbesondere an der Rinde sonnenbeschienener Stämme, wo sie dann südexponiert meist zwischen 0 und 2 m, aber auch noch in 4.5 m Höhe frei oder geschützt in Rindenritzen und Löchern angesponnen sind. Dabei handelt es sich immer um männliche Puppensäcke. Seltener wurden sie im oberirdischen Bereich kräftiger Wurzeln, an Steinen, Pfosten, unter derber Baumrinde (wie am Fundplatz bei Riedern im östlichen Odenwald), einige Male auch an Moospolstern festgestellt. Auch dabei handelte es sich meist um Männchen (auf etwa 20 Säcke kam nur ein Weibchen!). Weshalb die Weibchen in einem so krassen Verhältnis unterrepräsentiert blieben, konnte bis heute nicht ganz geklärt werden. Weibliche Puppensäcke fanden sich hingegen verborgen am Fuße der Stämme, in dunklen Nischen (Wurzelhöhlen), einmal auch in einer auf dem Boden liegenden alten aufgesprungenen Buchecker-Schale angesponnen.

Gefährdung und Schutz

Rote Liste Bundesrepublik: –
Rote Liste Baden-Württemberg: –

Oberrheinebene: Nicht vertreten.
Schwarzwald: Nicht vertreten.
Neckar-Tauberland: Nicht gefährdet.
Schwäbische Alb: Nicht vertreten.
Oberschwaben: Nicht vertreten.

- In Baden-Württemberg nicht gefährdet!

Für eine akute Gefährdung der bekannten Vorkommen liegen derzeit keine Anzeichen vor. Zum Schutz dieser in Baden-Württemberg sehr isolierten Art sollte jedoch, nicht zuletzt im Hinblick auf ihre tiergeographische Bedeutung, auf flächenhafte Kahlschläge in Buchen-Altbeständen grundsätzlich, in denjenigen, wo diese Fundstellen liegen, natürlich gänzlich verzichtet werden. Solche dramatischen Eingriffe in das Ökosystem verändern das mikroklimatische Gefüge und führen dadurch zur Vernichtung der Bestände dieser ökologisch eher als anspruchsvoll zu bezeichnenden Art.

Dahlica sauteri
Hättenschwiler, 1977

Sauters Zwerg-Sackträger

Solenobia inconspicuella STT. (REUTTI 1898, SPULER 1908–1910, SCHNEIDER 1936–1939)

Brevantennia inconspicuella STAINTON 1849 (LERAUT 1980)

Gesamtverbreitung: Von der Nordschweiz und dem Alpenvorland nordwärts über den Südwesten Deutschlands bis an den Nordrand der Mittelgebirge westlich der Weser.

Verbreitung

Regional: *Dahlica sauteri* besiedelt in teilweise starken Populationen praktisch den gesamten Schwarzwald vom Gebirgsfuß bis zu den höchsten Lagen (HERRMANN 1983). In den angrenzenden offenen Landschaften der Gäue, der Baar und des Kraichgaues sowie in der Rheinebene kommt sie nicht vor.

Ein weiteres Teilareal befindet sich im Sandstein-Odenwald, wo R. BLÄSIUS und H. LAHM *Dahlica sauteri* in der Gegend um Heidelberg, beiderseits des Neckars, recht häufig nachgewiesen haben. Ein kleineres Teilareal mit nur wenigen Fundstellen liegt im Süden des Landes (Bodenseebecken) im Bereich der Molassehügel des Überlinger Sees. Außerdem existieren noch Hinweise auf ein Vorkommen im Jagsttal südlich von Crailsheim. Leider liegen von dort nur Weibchen vor, deren Merkmale allerdings für die Zugehörigkeit zu dieser Art sprechen. Für eine endgültige Zuordnung fehlen jedoch noch die Männchen, die aufgrund ihrer morphologischen Merkmale leichter zu bestimmen sind. Aus weiten Teilen des Neckar-Tauberlandes, dem gesamten Bereich der Schwäbischen Alb und den oberschwäbischen und Allgäuer Moorlandschaften sowie von der Adelegg fehlen hingegen jegliche Nachweise.

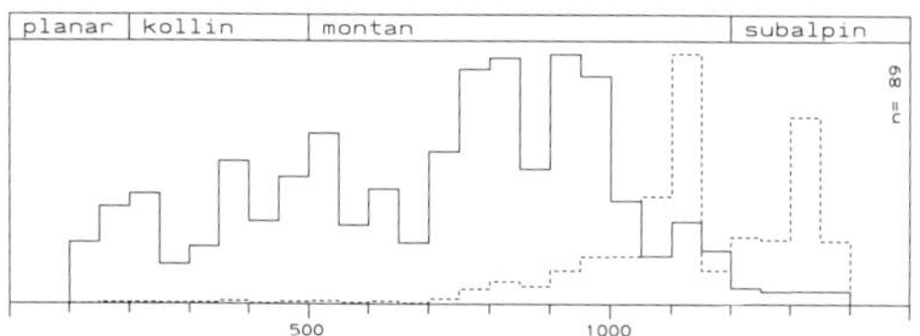

Vertikal: Außer in der planaren kann *D. sauteri* in allen Höhenstufen angetroffen werden. Die tiefstgelegenen Fundstellen liegen im nördlichen Schwarzwald bei Malsch-Sulzbach in 150 m und im Sandstein-Odenwald in der näheren Umgebung von Heidelberg-Ziegelhausen bei 180 m Höhe. Die höchstgelegenen Vorkommen im Lande, gleichzeitig auch das Höhenmaximum im Gesamtareal, beherbergt der Feldberggipfel im Bereich des Seebucks in subalpiner Höhenlage (um 1400 m). Weitere hochgelegene Fundorte befinden sich im Gipfelniveau von Schauinsland (1200 m), Kandel (1200 m) und Hornisgrinde (1100 m).

Phänologie

Imagines: Die folgenden phänologischen Aussagen stützen sich, da Freilandbeobachtungen von Imagines, mit Ausnahme eines von R. BLÄSIUS am 7.4. 1991 (12 Uhr) oberhalb des Philosophenweges in Heidelberg gefundenen Männchens fehlen, im wesentlichen auf Puppenfunde, aus denen oft noch am Tage des Einsammelns die Falter schlüpften und somit annähernd eine Rekonstruktion der Freilandverhältnisse ermöglichen. In den unteren Lagen des Schwarzwald-Westrandes und an den

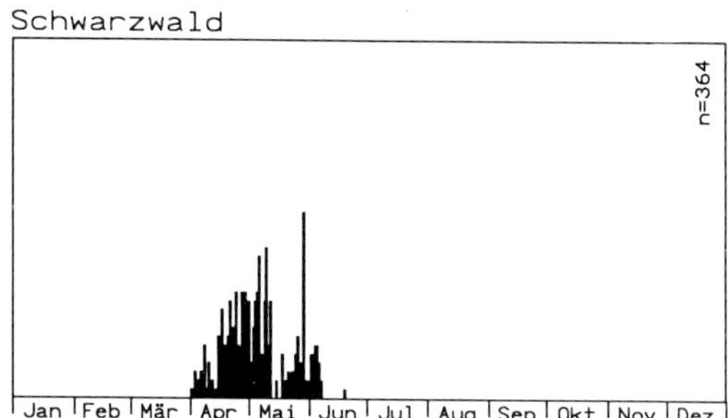

Die stürmisch verlaufende und nur wenige Minuten dauernde Paarung findet bei Sauters Zwerg-Sackträger (*Dahlica sauteri*) gewöhnlich in den frühesten Morgenstunden statt. Sobald sie beendet ist beginnt das Weibchen (e.p., 5 mm) mit der Eiablage, um danach zu sterben. – Schwarzwald: Schauinsland (Gipfelniveau) 1200 m, 3. 6. 84 G. EBERT. S.

Südhängen des Odenwaldes fällt der Beginn der Imaginalphase naturgemäß immer früher aus als in den kühleren, höheren Gebieten.

Vor allem nach milden Wintern beginnen an den wärmsten Lokalitäten die Falter schon Anfang April zu fliegen. In den mittleren Berglagen dagegen erscheinen die ersten gut 3–6 Wochen später, mit einem Häufigkeitsmaximum gegen die Monatsmitte Mai. So schlüpften aus Puppen, die am 4.5. 1991 nach mildem Winter- und Frühlingsverlauf von R. HERRMANN bei Wolterdingen eingetragen wurden, bereits nach einem Tag der erste und nach 5 Tagen der letzte Falter. Noch etwas später im Jahr fliegen die Falter der Populationen auf den höchsten Schwarzwaldbergen, wie etwa auf dem Schauinsland bei Freiburg, wo am 25.5. 1984 24 Puppensäcke mitgenommen wurden, aus denen dann zwischen dem 25.5. und 7.6. die Tiere schlüpften. Ähnliche Beobachtungen liegen vom Kniebis-Gebiet im Nordschwarzwald vor. Dort wurden am 25.5. 1986 15 Puppensäcke eingesammelt, aus denen ebenfalls noch am gleichen Abend und in der Nacht die ersten Männchen hervorkamen. Sehr späte Meldungen liegen auch vom Feldberggipfel (3.–7.6. 1981) und vom Ochsenkopf im Nordschwarzwald (1 Männchen in coll. MEESS, 19.6. 1884) vor.

Präimaginalstadien: Durch eine Vielzahl von Raupenfundmeldungen, die hauptsächlich von R. HERRMANN, A. BIEBINGER und R. BLÄSIUS stammen, sind die phänologischen Verhältnisse in den 3 beschriebenen Teilarealen gut bekannt. Erwachsene Raupen wurden demnach in den unteren und mittleren Höhenlagen nach der Überwinterung zwischen dem 5.3. und 26.4. und in den höchsten Lagen nach der Schneeschmelze ab dem 8.4. bis zum 14.5. beobachtet. Auch in den Wintermonaten können an milden Tagen aktive Raupen dieser Art, wie die Funde von R. HERRMANN auf dem Schauinsland vom 11.11. 1983 belegen, beobachtet werden. Ob die Raupen in den Hochlagen einen zweijährigen Entwicklungszyklus durchleben, ist nicht bekannt.

Ökologie

Lebensraum: Sonnig gelegene Randbereiche von lichten Laub- und Nadelholz-Mischwäldern des Hügellandes und höherer Berglagen. Ferner offene Bereiche von Hochmooren, Felsen und steinigem Gelände. *Dahlica sauteri* konnte in Baden-Württemberg bisher auf Kalkböden nicht beobachtet werden.

Eine Raupe von *D. sauteri* auf dem Wege zu ihrem Verpuppungsplatz. Tiere aus Waldpopulationen verlassen im März und April ihre Bodenhabitate und steigen an den Stämmen von Laub- und Nadelbäumen empor, wo sie sich, gut angepaßt, an glatte oder grobe Rinde anspinnen. – Schwarzwald: Ebersteinburg 300 m, 4. 4. 92 R. Herrmann. S.

Besiedelt werden einerseits die wärmsten Lagen der kollinen Stufe, andererseits die im Kontrast dazu stehenden feucht-kühlen Regionen der mittleren bzw. höchsten Berglagen. Dementsprechend liegen an den einzelnen Standorten die Jahresmittelwerte bei Temperatur (3–9 ° C) und Niederschlägen (700–2000 mm) weit auseinander. Aufgrund dieser relativen Unempfindlichkeit gegenüber abiotischen Faktoren wird die großflächige Besiedlung eines gesamten Naturraumes wie dem Schwarzwald überhaupt erst verständlich.

Hättenschwiler (1977) berichtet in der Urbeschreibung, daß bevorzugte Standorte lichte Wälder oder Waldränder, speziell an Südhängen in Kalkgebieten sind.

Nahrung der Raupe:
Lepraria incana – Krätzflechte
L (Her)

Außer an dieser Flechtenart wurden die Raupen im Freiland beobachtet, wie sie an Felsen und Stämmen Grünalgen verzehrten. Unter Zuchtbedingungen wurden auch tote Insekten als Futter angenommen.

Nach Hättenschwiler (1977) besteht die Nahrung hauptsächlich aus Holzflechten. sehr gerne wurden auch tote Insekten gefressen, zuweilen auch Teile faulender Pflanzen.

Habitat: Insbesondere vegetationsarme randliche, halbschattige Waldstellen des Fagion sylvaticae (Luzulo-Fagetum) und mesophile Ränder von Bergwäldern des Vaccinio-Piceion, zum Teil reine Fichten-Altbestände, aber auch kiefern- und tannenreiche Waldbezirke. Weiter in gehölzreichen verheideten Hochmooren (Grindenhochfläche des Nordschwarzwaldes und Hinterzartener Moor), in Randstrukturen von Moorwäldern, in Teilen des Tilio-Acerion (Hödinger Tobel bei Sipplingen) sowie an sonnenbeschienenen Felsen und in Blockfluren. Auf dem Feldberg an subalpin geprägten, felsig-steinigen Lokalitäten, zum Teil mit Weidengebüschen.

Als Sonderstandorte kommen zusätzlich meist waldnah gelegene Steinbrüche, alte Steinmauern, Steinhaufen, Findlinge, alte Waldhütten und Stra-

Selbst in schattigen, feucht-kühlen Schluchtwäldern konnte *Dahlica sauteri* nachgewiesen werden. Die kleinen Säckchen fanden sich an den hier abgebildeten Buchenstämmen in 1–2 m Höhe. – Bodensee: Hödinger Tobel ca. 500 m, 24. 3. 91 R. Herrmann.

Blick in einen typischen Lebensraum von *D. sauteri* im Schwarzwald. An solchen Felspartien kann sie örtlich auch häufig auftreten. Um einen gesicherten Artnachweis zu erhalten, empfiehlt es sich, im Frühjahr einige der an den Felsen angesponnenen Puppensäcke einzusammeln und die Falter im Labor schlüpfen zu lassen. – Schwarzwald: Aftersteg ca. 850 m, 23. 5. 91 R. HERRMANN.

ßenrandsteine in Betracht. Die Raupen leben in den Waldhabitaten offensichtlich sehr versteckt und gut angepaßt in Baumnähe am Boden wie beispielsweise auf dem Königstuhl im Odenwald bei 450 m Höhe, wo am 7.4. 1991 sowohl die Raupen, als auch schon die ersten zur Verpuppung angesponnenen Säcke in einer relativ feuchten, schattigen und steinigen (Buntsandstein) Wurzelhöhle einer alten Buche, die in der warmen Jahreszeit durch ihr weitverzweigtes Blätterdach für zusätzliche Beschattung sorgt, beobachtet werden konnten. Häufig waren darin reichlich Algen, Flechten und Moosarten zu finden, die vermutlich die Nahrungsgrundlage der Raupen bilden. Im allgemeinen seltener werden die Larven dagegen an Baumstämmen registriert. Dort können sie nur dann in Anzahl beobachtet werden, wenn sie im Frühjahr zur Verpuppung daran hinaufklettern. In steinig und felsig strukturierten Habitaten lebt die Raupe allerdings sehr exponiert an grünalgen- und flechtenreichen Partien und ist dort vor allem im erwachsenen Zustand leicht zu finden.

RETZLAFF (1969) vermerkt, noch unter dem Namen *S. nickerlii*, daß die Raupen nach der Schneeschmelze im Frühjahr zunächst noch am Erdboden zwischen abgefallenem Laub, Zweigen und Moos leben. Mit zunehmender Wärme begeben sie sich allmählich an den Fuß älterer Buchenstämme, um sich dann gegen Ende März in 0.2–2 m Höhe über dem Erdboden, von der Ost- über die Süd- bis zur Westseite der Stämme verteilt, anzuspinnen.

Verhalten: Auch bei dieser Psychidenart liegen die Schlüpfzeiten der Männchen in den Abend- und Nachtstunden und die der Weibchen in den frühen Morgenstunden. Der Paarungsflug findet in der Regel frühmorgens nach Sonnenaufgang statt. Ein paarungsbereites, vom Kniebis stammendes Weibchen lockte an drei aufeinander folgenden Tagen bereits zwischen 16 und 20 Uhr. Was die Dauer der Kopula angeht, so liegen nur zwei Beobachtungen vor (1 Minute und 15 Minuten). Die Imagines können zwar einige Tage am Leben bleiben, in der Regel stirbt jedoch das Männchen nach der Paarung und das Weibchen nach der Eiablage binnen weniger Stunden.

Die Raupen wählen als Verpuppungsorte meist halbschattig gelegene SE- bis SW-exponierte Seiten der Stämme vom Bodenniveau bis in 2 m Höhe und an den offenen Habitaten (Felsen) prallsonnige, aber auch schattige Stellen. Ferner spinnen sie sich auch an Steinen und im Inneren von Baumwurzelhöhlen an.

Gefährdung und Schutz

Rote Liste Bundesrepublik: –
Rote Liste Baden-Württemberg: –

Oberrheinebene: Nicht vertreten.
Schwarzwald: Nicht gefährdet.
Neckar-Tauberland: Nicht gefährdet.
Schwäbische Alb: Nicht vertreten.
Oberschwaben: Nicht gefährdet.

- In Baden-Württemberg nicht gefährdet!

Dahlica sauteri ist in Baden-Württemberg eine der häufigsten Psychidenarten, die erfreulicherweise noch an vielen Stellen vorkommt. Eine besondere Gefährdung der Bestände ist nicht erkennbar. Auf spezielle Schutzmaßnahmen kann derzeit verzichtet werden.

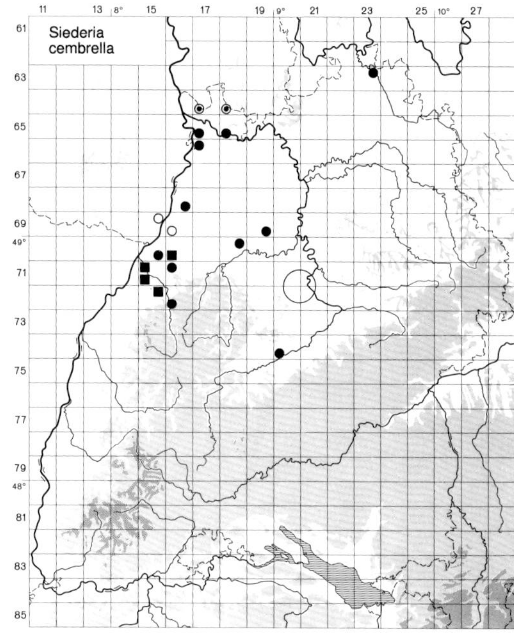

Siederia cembrella
Linnaeus, 1761

Kiefernwald-Zwerg-Sackträger

Solenobia pineti Z. (Reutti 1898, Hering 1932, Schneider 1936–1939)
Siederia pineti Z. (Forster 1960)

Brevantennia cembrella Linnaeus 1761 (Leraut 1980)

Zum Status von *Siederia pineti* finden sich in Sauter & Hättenschwiler (1991) folgende Anmerkungen: »Zur Klärung des Status von *S. pineti* sind weitere Abklärungen erforderlich. Es ist möglich, daß *pineti* eine südliche Unterart von *cembrella* ist«. Da also der Artstatus von *S. pineti* (in der gebräuchlichen Literatur der überwiegend gängige Name) unsicher ist, wird hier der ältere Name *Siederia cembrella* anstelle von *Siederia pineti* benutzt.

Gesamtverbreitung: Unsere Kenntnis über die Gesamtverbreitung dieser Art ist noch unvollständig. Nach Literaturangaben erstreckt sich das Verbreitungsgebiet von England durch Mitteleuropa bis nach Osteuropa. Im nördlichen Europa werden die südlichen Teile Fennoskandiens und Teile Nordwestrußlands besiedelt. Weitere Verbreitungsangaben beziehen sich nach Kozhanchikov (1956) auf Ostasien (Wladiwostok), und nach Saigusa (1961) auf Japan.

Verbreitung

Regional: Trotz landesweiter Untersuchungen konnte *Siederia cembrella* bisher nur in den nordwestlichen Landesteilen festgestellt werden. Dort wurde sie in der nördlichen Oberrheinebene zwischen Rastatt und Mannheim und im Nordwesten des Schwarzwaldes sowie im Norden des Neckar-Tauberlandes gefunden. Ihren Verbreitungsschwerpunkt hat die Art offensichtlich in den nördlichen Hardt-Ebenen, wo sie in einigen Bereichen der diluvialen Niederterrasse häufig vorkommt. Viel seltener scheint sie dagegen im Schwarzwaldes zu sein, wo nur Einzelfunde aus dem nördlichen Talschwarzwald (Ebersteinburg) sowie aus dem Naturraum Grindenschwarzwald-Enzhöhen (Reichental) vorliegen. In den restlichen Teilen dieses Gebirges konnte die Art bisher nicht festgestellt werden.

Etwas weiter verbreitet ist sie wieder im Neckar-Tauberland, wo sich allerdings die Populationen hauptsächlich auf das Tauberland selbst, den Kraichgau und den Vorderen- und Sandstein-Odenwald verteilen. Südlich davon scheint die Art seltener zu werden. Hinweise erhielten wir von A. Steiner, der am 3.3. 1984 bei Tübingen ein Männchen fand, und aus der coll. SMNS, in der 3 Männchen vom 5.4. – 29.4. 1881 mit Fundort Stuttgart

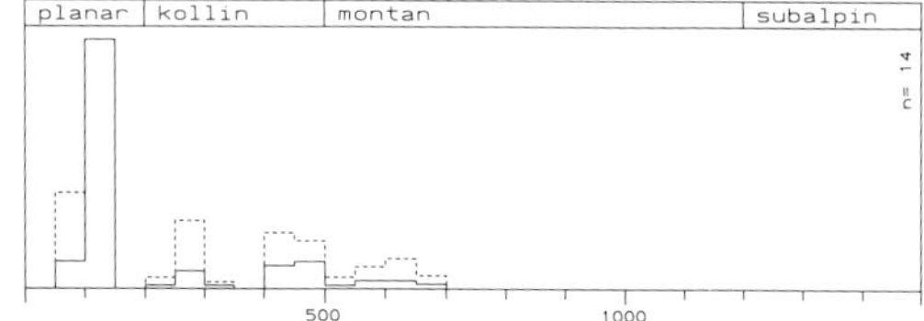

enthalten sind. Die Literaturangaben Karlsruhe und Heidelberg (REUTTI 1898) konnten, sollte es sich tatsächlich um *S. pineti*, d.h. also um die heutige *S. cembrella* gehandelt haben, durch neuere Nachweise bestätigt werden, nicht dagegen der alte, an gleicher Stelle genannte Fundort Freiburg. Aus den Hauptnaturräumen Schwäbische Alb und Oberschwaben liegen keine Meldungen vor, obwohl sie auch von dort zu erwarten sind.

Vertikal: *Siederia cembrella* scheint in unserem Faunengebiet überwiegend eine Art der Ebene und des Hügellandes zu sein. So stammen auch aus diesen Höhenstufen nahezu alle Fundmeldungen. Nur in der näheren Umgebung der Orgelfelsen oberhalb von Reichental (Nordschwarzwald) wurde die Art auch in submontaner Höhenlage bei 700 m Höhe nachgewiesen. In den höchsten Lagen unserer Mittelgebirge konnte sie dagegen bisher nicht festgestellt werden.

Phänologie

Imagines: Nach den vorhandenen Zuchtdaten zu urteilen, dürfte der Freilandflug der Imagines, je nach Standortbedingungen und Witterungsabläufen, in manchen Jahren bereits ab Mitte März beginnen und sich noch weit in den Mai hinein erstrecken, wobei die Hauptflugzeit, zumindest in den unteren Lagen, in der ersten Aprilhälfte liegen muß. Diese Prognosen werden einerseits untermauert durch den einzigen Freilandfalter, den U. RATZEL am 17.5. 1990, einem ungewöhnlich spätem Datum, durch Lichtfang bei Hochstetten erhielt, andererseits durch eine ganze Reihe von Freiland-Puppenfunden, aus denen schon nach wenigen Tagen die Falter schlüpften. So beispielsweise am 4.4. 1978, als R. HERRMANN mehrere Männchen aus erst 3 Tage vorher am nördlichen Stadtrand von Rastatt gesammelten Puppen erhielt, und am 28.4. 1979, als ein Männchen aus einer Puppe schlüpfte, die nur einen Tag vorher bei Neumalsch eingetragen wurde. Auch von A. BIEBINGER, R. BLÄSIUS und D. DOCZKAL existieren Falterdaten,

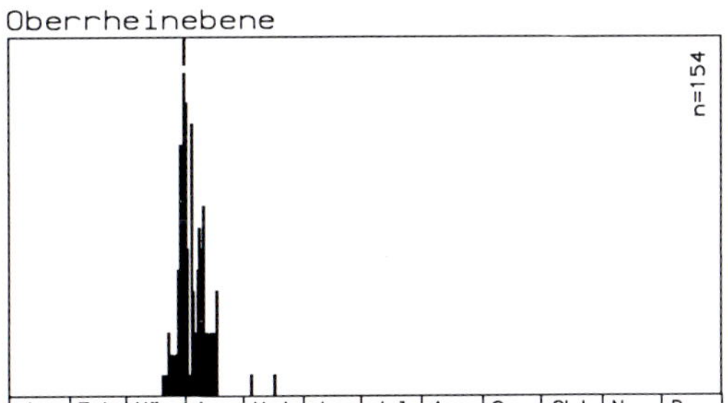

Der Kiefernwald-Zwerg-Sackträger (*Siederia cembrella*) wurde bisher nur in den nordwestlichen Landesteilen gefunden. Dort besiedelt er insbesondere die kiefernreichen Hardtwälder zwischen Rastatt und Mannheim, wo diese Art lokal in Anzahl angetroffen werden konnte. Unser Bild zeigt ein um Mitternacht frisch geschlüpftes Männchen (Vfl-SpW 15 mm). Bei den Arten der Gattung *Siederia* besitzen die Männchen, im Gegensatz zu den *Dahlica*-Arten, ein Schienenblättchen (Epiphyse) an den Vorderbeinen. – Oberrheinebene: Mannheim-Friedrichsfeld 100 m, (e.l.) 21. 3. 92
R. HERRMANN. S.

Am besten lassen sich die Raupen von *Siederia cembrella* im zeitigen Frühjahr beobachten. Ihre Säcke sind auf dunklen Baumrinden nur schwer zu erkennen. – Oberrheinebene: Rastatt-Süd 125 m, 5. 4. 92
R. HERRMANN. S.

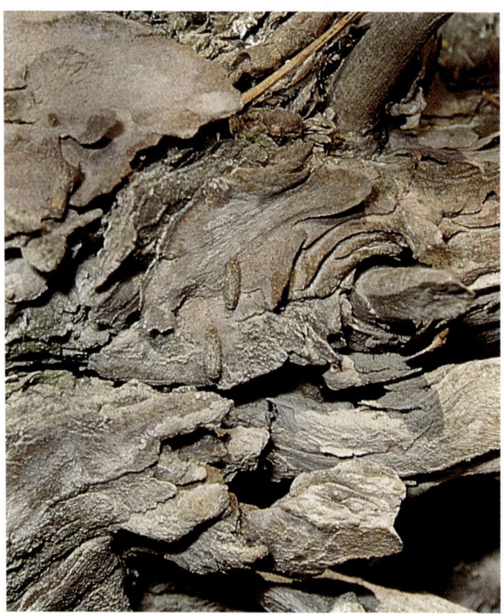

Das erstaunliche Beispiel einer nahezu perfekten Tarnung (Mimese) geben diese beiden in Längsrichtung angesponnenen Puppensäcke (Bildmitte) von *S. cembrella*, die der braunen Kiefernrinde hervorragend angepaßt sind. – Tauberland: Werbach, NSG Lindenberg 280 m, 7. 4. 91 R. HERRMANN.

die auf ähnlichen zeitlichen Vorgängen basieren. Beim überwiegenden Teil der unter Zuchtverhältnissen geschlüpften Tiere handelt es sich um männliche Falter. Die Weibchen blieben, im Gegensatz zu einigen Hinweisen aus anderen Gegenden, wo es eigenartigerweise oft an Männchen mangeln soll, stets unterrepräsentiert.

Präimaginalstadien: Das Raupenstadium von *Siederia cembrella* beginnt gewöhnlich in den Monaten April und Mai und erstreckt sich, mit einer Überwinterungsphase, bis in den März und April des folgenden Jahres, wobei besonders im zeitigen Frühjahr, wenn die Säcke etwas größer sind, die besten Aussichten auf Beobachtung bestehen. Die ihrer Umgebung oft gut angepaßten Säcke können nur durch aufwendige Nachsuche in ihren Mikrohabitaten[1] entdeckt werden. So fand R. HERRMANN am 7.3. 1978 in der Hardtebene zwischen Rastatt und Neumalsch an mehreren Orten etwa 50 erwachsene Raupensäcke und am 3.3. 1990 in der Umgebung von Häfnerhaslach (Stromberg) weitere 10 Raupen, die sich bereits nach wenigen Tagen zur Verpuppung angesponnen haben. Weitere Funddaten lieferte A. BIEBINGER, der die Larven am 3.3. 1978 bei Sandweier fand, und R. BLÄSIUS, welcher Anfang März 1990 aus der Umgebung von Mannheim-Friedrichsfeld Funde von erwachsenen Raupen meldete. Von diesen genannten Mitarbeitern wurden in den Jahren 1977–1992 gleichwohl auch eine größere Anzahl von Puppen eingesammelt, wobei die frühesten Funde vom 3.3. 1978 bei Neumalsch und die spätesten vom 14.4. 1984 vom gleichen Fundort stammen.

Ökologie

Lebensraum: *Siederia cembrella* findet sich recht häufig in Mischwäldern mit hohem Kiefernanteil oder reinen alten Kiefernwäldern mesophiler bis trockener und meist warmer Standorte. Diese liegen sowohl auf basenarmen und basenreichen, kiesig sandigen Flächen der nördlichen Oberrheinebene, wie auch auf felsigen, kalkarmen Gesteinen (Buntsandstein) und auf steinigem Muschelkalk (Tauberland, Kraichgau) und Keuperboden (Schönbuch). Nur einmal konnte die Art auch in einem auf Urgestein (Granit) stockenden Laub- und Nadelholz-Mischbestand festgestellt werden.

Bisher wurde diese Psychidenart (mit einer Ausnahme) nur in den bekannten warmen, sowohl subatlantisch als auch schon leicht kontinental getönten Regionen des Landes gefunden. Die durchschnittlichen Jahresmittelwerte reichen von 8–10 °C, bei Niederschlagsmengen von 500–1000 mm. Lediglich an der höchstgelegenen Fundstelle im nördlichen Schwarzwald liegen die durchschnittlichen Temperaturen um 7 °C bei über 1400 mm Niederschlägen.

Nahrung der Raupe: Die Nahrungsaufnahme der Raupe konnte in Baden-Württemberg im Freiland bisher nicht beobachtet werden. Dieser Art dürften jedoch, wie durch Zucht festgestellt, vor allem Grünalgen- und Flechtenarten als die wichtigsten Nahrungsquellen dienen.

Habitat: In der einschlägigen Literatur finden sich immer wieder Hinweise, die die Vorkommen von *S. cembrella* mit Kiefern- bzw. kiefernreichen Wäldern in Zusammenhang bringen. Auch in unserem Untersuchungsgebiet werden in erster Linie solche Waldbestände besiedelt. Nur spärlich sind dagegen die Angaben, die Teile des Fagion sylvaticae (Luzulo-Fagetum) sowie auch mit Kiefern und Lärchen durchsetzte buchen- und tannenreiche Wälder mittlerer Berglagen betreffen. In diesen Waldtypen kann die Art sowohl an Bäumen in lichten, gebüschreichen Randbereichen, wie auch an solchen im schattigen Waldesinnern angetroffen werden.

[1] Mikrohabitate: Grobe Baumrinde oder alte Marksteine.

Siederia cembrella wurde in Baden-Württemberg nur in Kiefernforsten bzw. kiefernreichen Wäldern nachgewiesen. Sie besiedelt sowohl deren Randstrukturen, als auch lichte Stellen im Waldesinneren. – Tauberland: Werbach, NSG Lindenberg ca. 280 m, 7. 4. 91 R. Herrmann.

Die Raupen wurden an algenreichen Stämmen von Kiefern, Buchen sowie ferner Hainbuchen und Lärchen beobachtet. Ob sie auch auf vegetationsarmem Waldboden, an Steinen, Felsen oder auf totem Holz eine Lebensgrundlage finden, ist nicht bekannt. Nachforschungen dazu verliefen bisher negativ.

Verhalten: Das Schlüpfen der Männchen konnte in den Abendstunden zwischen 18 und 22 Uhr, das der Weibchen allerdings nicht beobachtet werden. Sehr wahrscheinlich ist aber, daß sie, wie bei den verwandten Arten auch, in den frühen Morgenstunden die Puppen verlassen, um schon kurz danach die Männchen anzulocken.

Die erwachsenen Raupen spinnen sich nach der Überwinterung sowohl versteckt als auch exponiert an schattigen, algenreichen sowie an prallsonnig südseitigen und nahezu algenfreien Rindenstellen der Bäume an, wobei sie noch in etwa 2 m Höhe beobachtet werden konnten. Als Ausnahme fanden R. Bläsius und H. Lahm in einem Waldstück bei Mannheim-Friedrichsfeld angesponnene Säcke in größerer Anzahl (meist Männchen) an alten, halbschattig stehenden Straßenrandsteinen knapp über dem Erdboden. Über das Verhalten der weiblichen Raupen hinsichtlich ihrer Ansprüche an die Verpuppungslokalitäten können keine Angaben gemacht werden.

Gefährdung und Schutz

Rote Liste Bundesrepublik: –
Rote Liste Baden-Württemberg: –

Oberrheinebene: Nicht gefährdet.
Schwarzwald: Noch unklar.
Neckar-Tauberland: Noch unklar.
Schwäbische Alb: Nicht vertreten.
Oberschwaben: Nicht vertreten.

- In Baden-Württemberg nicht gefährdet!

Derzeit ist in der nördlichen Oberrheinebene noch keine akute Gefährdung des Gesamtbestandes von *Siederia cembrella* erkennbar, obwohl regional durch Straßenbaumaßnahmen (beispielsweise im Raum Ettlingen) einige von dieser Art gut besiedelte Waldbezirke nachweislich verlorengegangen sind. Auch in Rastatt und sicherlich noch an anderen Orten der Hardtebenen wurden in den letzten

Jahren durch Industrieansiedlung und ähnliche Maßnahmen wertvolle Lebensräume mit Beständen dieser Art vernichtet. Zu den wenigen Fundstellen im Schwarzwald und Neckar-Tauberland können bis heute noch keine genauen Aussagen zur Gefährdung gemacht werden. Jedoch sollte auch dort wie schon in den Siedlungsgebieten der nördlichen Oberrheinebene in regelmäßigen Abständen Nachkartierungen durchgeführt werden, um die Bestandsentwicklung zu beobachten.

Siederia rupicolella
Sauter, 1954

Gebirgs-Zwerg-Sackträger

Gesamtverbreitung: In disjunkter Verbreitung aus den Alpen, Finnland und Schweden bekannt. Im Alpenraum bisher nur bei Davos (Graubünden) und im nördlichen Tessin in der Umgebung von Airolo. In Finnland und Schweden ist sie weiter verbreitet und noch hoch im Norden zu finden.

Verbreitung

Regional: *Siederia rupicolella* wurde erstmals 1989 in Deutschland nachgewiesen (HERRMANN 1991). Derzeit sind zwei Vorkommen bekannt. Sie befinden sich auf der von Süd nach Nord verlaufenden Kammlinie im westlichen Teil der Adelegg, einem Gebirgszug im äußersten Südosten unseres Untersuchungsgebietes, der genau genommen schon zu den Voralpen zu zählen ist. Die 1987 entdeckte Fundstelle liegt in der Umgebung der Schletteralm, etwa 1 km Luftlinie westlich des Schwarzen Grates. Das andere 1993 festgestellte Vorkommen befindet sich etwa 500 m nördlich des Ochsenkapfs über dem Schleifer Tobel. Weitere Untersuchungen werden zeigen, ob diese vermutlich boreo-alpine Art auch noch an anderen Stellen des Gebirges aufzufinden ist. An der erstgenannten Lokalität kommt auch noch eine Reihe anderer Psychidenarten vor, wovon besonders die bisexuelle Form von *Dahlica triquetrella*, die als Eiszeitrelikt angesehen wird, Beachtung verdient.

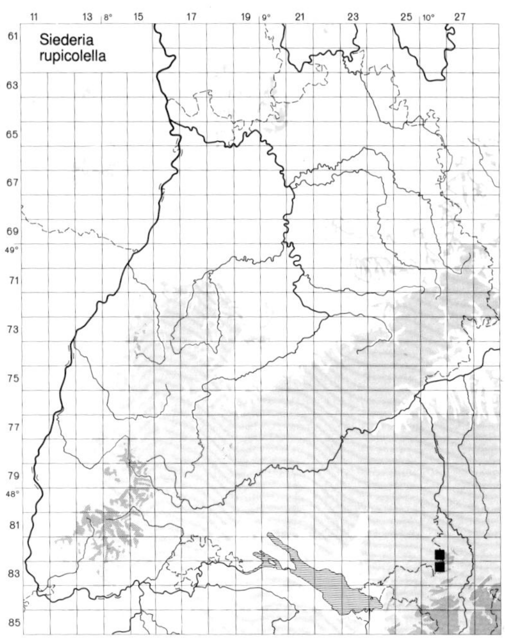

Als weitere alpine Vertreter wurden in diesem Biotop das Zweiblütige Veilchen (*Viola biflora*) – Raupennahrungspflanze des Alpen-Perlmutterfalters (*Clossiana thore*), der dort ein isoliertes Vorkommen besitzt – und der Alpensalamander (*Salamandra atra*) beobachtet. In den Hochlagen des Schwarzwaldes konnte *Siederia rupicolella* bisher nicht festgestellt werden. Die nächstgelegenen Vorkommen befinden sich in den Schweizer Alpen.

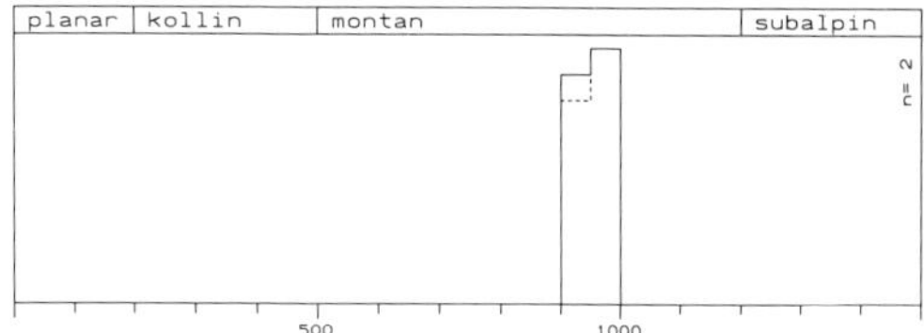

Vertikal: Im Bereich der Adelegg nur in hochmontaner Lage bei etwa 1000 m Höhe. Die höchstgelegene bisher bekannte Fundstelle liegt in 2000 m Höhe auf dem Seehorn bei Davos (SAUTER 1956).

Phänologie

Imagines: Die Flugzeit der Männchen dürfte im Freiland je nach Witterungsverlauf Mitte Mai beginnen und noch bis in die erste Juni-Dekade hinein anhalten. Aus etwa 40 angesponnenen Puppensäk-

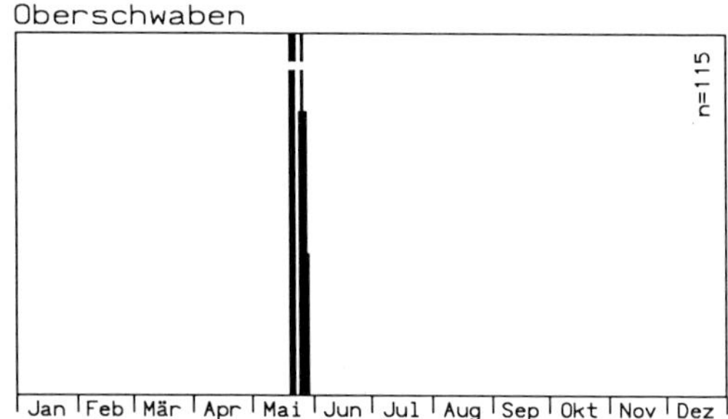

Frisch geschlüpftes Männchen (e.p., Vfl-SpW 15 mm) des Gebirgs-Zwerg-Sackträgers (*Siederia rupicolella*), einer in Baden-Württemberg erst vor kurzem entdeckten, seltenen Psychidenart. Sie kommt hier nur im äußersten Südosten vor, wo sie die Voralpengipfel der Adelegg besiedelt. – Adelegg: Schletteralm 900 m, 12. 5. 93 R. HERRMANN. S.

ken, die am 15.5. 1989 nahe der Schletteralm eingesammelt worden sind, schlüpften zwischen dem 20. und 29.5., mit Ausnahme eines Männchens, ausschließlich Weibchen. Einige davon wurden am 26.5. 1989 mit der Absicht wieder an ihren Heimatstandort zurückgebracht, paarungsbereite Männchen im Freiland anzulocken. Diese ließen nicht lange auf sich warten und flogen in größerer Anzahl an. Weitere Freilanddaten liegen vom 20.5. 1993 vor (Schleifer Tobel, 20 Männchen).

Präimaginalstadien: Der schon fortgeschrittenen Jahreszeit entsprechend konnten am 15.5. 1989 nur noch wenige erwachsene Raupen beobachtet werden. Diese liefen die Stämme hinauf, um sich dort ihre Verpuppungsquartiere zu suchen. Ob die Larven von *S. rupicolella* einen ein- oder zweijährigen Entwicklungszyklus haben, ist nicht bekannt. Über Puppenfunde liegen nur Angaben von der Fundstelle bei der Schletteralm vor. Dort wurden am 9.5. 1993 6 Säcke mit Puppen gesammelt.

Ökologie

Lebensraum: Im Bereich der Schletteralm besiedelt *S. rupicolella* einen relativ naturbelassenen, auf tertiärem Boden (Obere Süßwassermolasse) stockenden, nordostexponierten alten lichten Fichtenbestand, der einem nadel- und laubholzreichen dichten Mischwald mit nutzungsbedingtem hohen Fichten- und Buchenanteil vorgelagert ist. Diese Lokalität befindet sich im Gipfelniveau, hart an der oberen Kante des nach Südwesten zum einige hundert Meter tiefer liegenden Allgäuer Alpenvorland geneigten Steilabfalls. Dies hat zur Folge, daß kalte, aus Nordosten kommende Luftströme ungehindert auf diese Stelle einwirken können und ein offensichtlich von dieser Art benötigtes kühles und sonnenarmes Lokalklima entstehen lassen. Für die Adelegg werden durchschnittliche Jahresmittelwerte von nur 6 °C und durchschnittliche Niederschlagsmengen von 1800 mm im Jahr angegeben. Gleiche Standortbedingungen hinsichtlich Topographie, Klima und Exposition weist auch die Fundstelle am Schleifer Tobel auf.

Nahrung der Raupe:
Lepraria incana – Krätzflechte
L (HER)

Vermutlich dienen auch noch andere Flechten, vor allem jedoch Grünalgen, die auf den luftfeuchten Höhen der Adelegg reichlich vorhanden sind, als Nahrung.

Habitat: Die potentielle Vegetation der hochmontanen Lagen der Adelegg bildet der Labkraut-Tannenwald (Galio rotundifolii-Abietetum) im Wechsel mit dem Ahorn-Buchenwald (Aceri-Fagetum),

Das Weibchen (5 mm) der gleichen Art. Es sitzt hier in Ruhestellung über der leeren, aus dem Sack herausragenden Puppenhülle. – Adelegg: Schletteralm 900 m, 18. 5. 93 R. HERRMANN. S.

Nadelholzreiche, von einem rauhen Lokalklima geprägte Bergwälder sind der Lebensraum von *Siederia rupicolella*. An der Rinde der hier abgebildeten Baumstämme waren bis zu zehn Puppensäcke dieser Art angesponnen. – Adelegg: Schletteralm 900 m, (e.p.) 9. 5. 93
R. HERRMANN.

der vorwiegend frische und luftfeuchte, meist nordexponierte Standorte einnimmt (MÜLLER & OBERDORFER, unter Mitwirkung von PHILIPPI, 1974), der heute jedoch meist durch fichten-, tannen- und buchenreiche Nutzwaldungen ersetzt wird und in dessen Bereichen auch Habitate von *S. rupicolella* liegen. So wurden die Larven in lichter Waldrandzone an Fichtenstämmen beobachtet, die aufgrund ihres Standortes nur in den Vormittagstunden von den Sonnenstrahlen erreicht werden können. Ob diese Psychidenart auch den Waldboden besiedelt, werden weitere Untersuchungen zeigen.

Nach SAUTER (1956) wurde die Art [Säcke] in Brugniasco (Tessin) an Felsblöcken in der Randzone eines Fichtenwaldes und bei Davos auf anstehendem Fels und an Felsblöcken in ähnlicher Situation wie im Tessin gefunden.

Verhalten: Am 26.5. 1989 konnte um 5 Uhr morgens, bei klarem und nahezu windstillem Wetter mit Temperaturen um 10 °C, der Paarungsflug der Männchen in der Nähe der Schletteralm beobachtet werden. Die Tiere flogen auf einer kleinen Fläche von 20 × 50 m, wobei auch drei ausgesetzte lockende Weibchen einige der insgesamt etwa 50 gezählten Männchen angezogen haben. Recht außergewöhnlich für die gesamte Artengruppe erscheint die Flugzeit der Männchen am 20.5. 1993 oberhalb des Schleifer Tobels, wo in der Zeit von 10–11 Uhr vormittags bei warmem, sonnigem Frühlingswetter etwa 20 flugaktive Männchen gezählt werden konnten. Ob diese ungewöhnliche Flugzeit an diesem Standort die Regel ist, konnte bisher nicht verifiziert werden.

Die zur Verpuppung angesponnenen Säcke sind durch Gestalt und Färbung gut der dunkelbraunen derben Fichtenborke (Altbäume) angepaßt und deshalb nicht ganz einfach zu finden. Angesponnene Säcke wurden entweder exponiert, auch vom Untergrund abstehend, oder völlig versteckt unter der Rinde entdeckt. Bei den eingetragenen Puppensäcken handelte es sich überwiegend um Weibchen, die nordseitig, aber auch an Süd- und Südostseiten bis in einer Höhe von 0.5–1 m an den Stämmen angeheftet waren. Die Suche nach den männlichen Säcken gestaltete sich schwieriger (nur zwei Funde). Ob sie in der Mehrzahl von den weiblichen getrennt, auf dem Waldboden, gut verborgen unter abstehender Baumrinde oder auch in großer Höhe angesponnen sind muß noch untersucht werden.

Gefährdung und Schutz

Rote Liste Bundesrepublik: –
Rote Liste Baden-Württemberg: R

Oberrheinebene: Nicht vertreten.
Schwarzwald: Nicht vertreten.
Neckar-Tauberland: Nicht vertreten.
Schwäbische Alb: Nicht vertreten.
Oberschwaben: Art mit geographischer Restriktion.

• In Baden-Württemberg eine Art mit geographischer Restriktion!

Siederia rupicolella, die als eine Art mit Reliktcharakter einzustufen ist, ist in Baden-Württemberg bisher nur von zwei eng begrenzten Lokalitäten in kleinen Beständen bekannt geworden, die durch forstliche Maßnahmen wie Kahlschläge und dunkle Nadelholzmonokulturen stark bedroht sind.

Als Schutzmaßnahmen werden in erster Linie der Erhalt der gegenwärtigen Standortsverhältnisse gefordert und eine Unterschutzstellung (NSG) der in Frage kommenden Lokalitäten empfohlen. Weitere zoogeographische und ökologische Untersuchungen sind wünschenswert.

Taleporiinae

Diese Unterfamilie ist in unserem Untersuchungsgebiet nur durch die Art *Taleporia tubulosa* vertreten. Sie gehört zu den häufigsten Arten und fällt vor allem durch ihren charakteristischen Röhrensack auf. Auch bei dieser Art verlassen die flügellosen Weibchen noch den Puppensack. Augen und Beine sind bei ihnen noch relativ gut entwickelt.

Taleporia politella
Ochsenheimer, 1816

Gesamtverbreitung: Östliches Österreich, Mähren, Ungarn und Rumänien.

Bei der von REUTTI (1898) aus Freiburg und Lahr aufgeführten *Talaeporia politella* O. handelt es sich mit Sicherheit um eine Verwechslung mit *Taleporia tubulosa*. *T. politella*, die nur aus dem pannonischen Raum bekannt ist, ist somit aus dem Faunenverzeichnis Baden-Württembergs zu streichen.

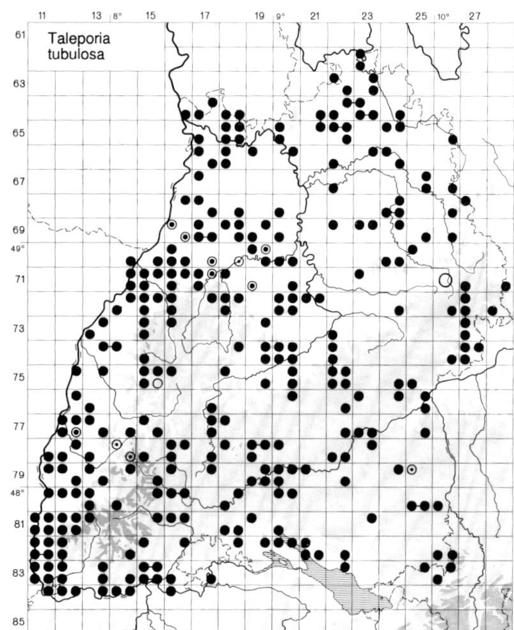

Taleporia tubulosa
Retzius, 1783

Röhren-Sackträger

Talaeporia pseudobombycella HB. (REUTTI 1898)
Talaeporia politella O. (REUTTI 1898)
Talaeporia tubulosa RETZ. (HERING 1932, SCHNEIDER 1936–1939)

Talaeporia tubulosa RETZ. (NOVAK & SEVERA 1980)

Gesamtverbreitung: Weit verbreitet von Südschottland durch West- und Mitteleuropa östlich bis nach Rußland und zum Balkan sowie im Norden Europas bis in die hohen Breiten Fennoskandiens. Zum Mittelmeergebiet hin weniger häufig und nur noch aus Nordspanien und Norditalien gemeldet. Lokale Vorkommen befinden sich auch in der Provence und in Mittelitalien.[1] Regionen mit ausgesprochen mediterranem Klima werden offensichtlich gemieden. Weitere Literaturangaben beziehen sich auf Kleinasien und dem Kaukasus (KOŽANČIKOV 1956).

Verbreitung

Regional: *Taleporia tubulosa* ist in Baden-Württemberg eine der häufigsten Psychidenarten. Sie ist in allen fünf Hauptnaturräumen weit verbreitet und fehlt nur wenigen Gebieten gänzlich. Verbreitungsschwerpunkte liegen in der Oberrheinebene, in den westlichen Bereichen des Schwarzwaldes, im Neckar-Tauberland und in einigen Randgebieten Oberschwabens. Vor allem in den östlichen Landesteilen dürfte bei intensiver Kartierung noch eine Vielzahl von Fundstellen entdeckt werden, welche die noch vorhandenen größeren Lücken in der Kenntnis der Verbreitung schließen.

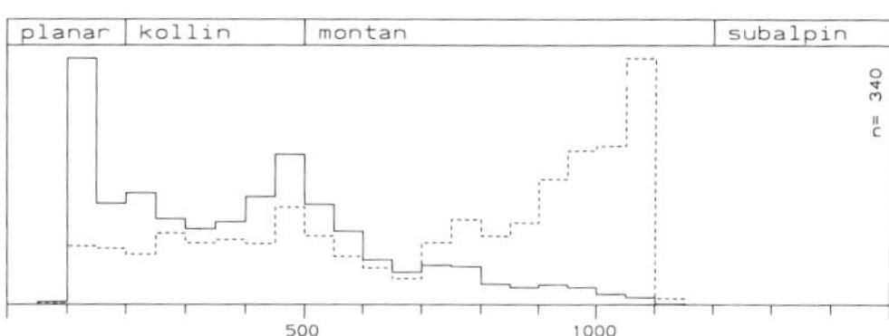

Vertikal: Die meisten Fundstellen liegen in der Ebene, im angrenzenden Hügelland und in der unteren montanen Stufe. In den höheren Lagen dagegen ist die Art nur noch lokal und in geringerer Populationsdichte an klimatisch begünstigten Stellen zu finden. Die höchstgelegenen Vorkommen befinden sich im Schwarzwald an den Hängen des Schauinsland (1100 m), am Hochstaufen (1100 m) und am Schliffkopf (1040 m). Auch auf der Adelegg (HERRMANN 1991) und der Schwäbischen Alb werden noch Lagen zwischen 900 und 1000 m besiedelt. Auf dem Feldberg- und Belchengipfel wurde diese Psychidenart dagegen bisher noch nicht festgestellt.

[1] R. HERRMANN fand in den Bergen der Provence (Südfrankreich) sowie südöstlich von Rom im Gipfelbereich der Albaner Berge noch inselartige Reliktvorkommen von *Taleporia tubulosa*.

Nach FORSTER (1960) kommt *T. tubulosa* in Mitteleuropa im Gebirge bis über 1800 m vor. In den französischen Südalpen fand sie R. HERRMANN auch noch oberhalb der Baumgrenze in 2000–2300 m Höhe (Col de la Cayolle und Col d'Allos).

Phänologie

Imagines: Bei der phänologischen Bewertung dieser Art konnte auf eine erstaunlich breite Datenbasis zurückgegriffen werden. Dabei handelt es sich allerdings fast ausschließlich um solche Tiere, die durch Zuchten erzielt worden sind. Im Freiland wurden Falter von *T. tubulosa* lediglich von H. STEFFNY beobachtet, dem ein Männchen am 11.6. 1983 bei Grißheim an die Lichtfanglampe flog, sowie von R. HERRMANN, der am 8.6. 1985 ein frisch geschlüpftes Männchen an einem alten Bretterzaun am östlichen Stadtrand von Rastatt fand. Außerdem meldete A. BIEBINGER noch den Fund eines Männchen, das am 8.6. 1981 bei Rastatt (Hirschgrund) von einer Lichtquelle angezogen worden ist.

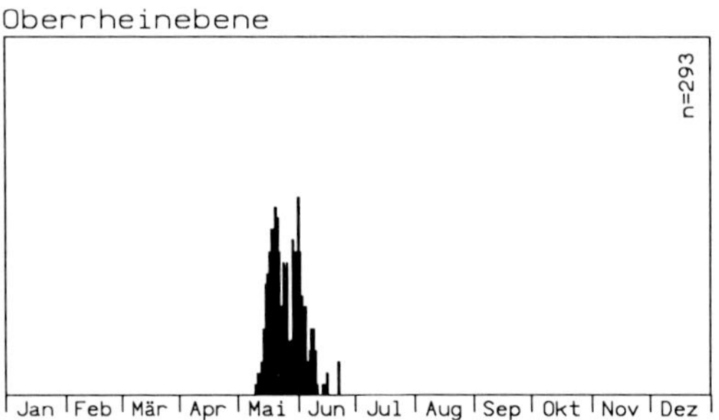

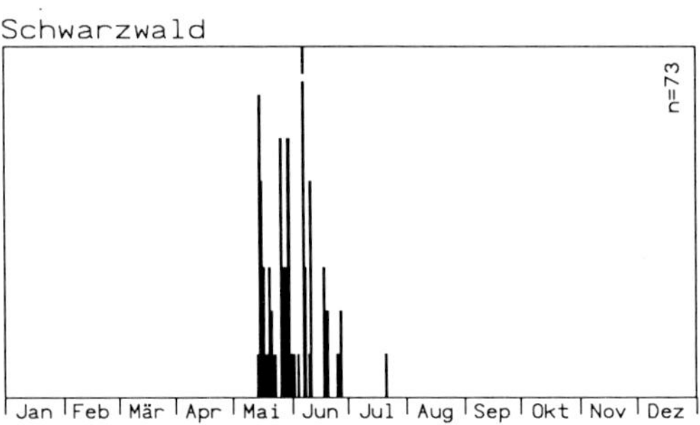

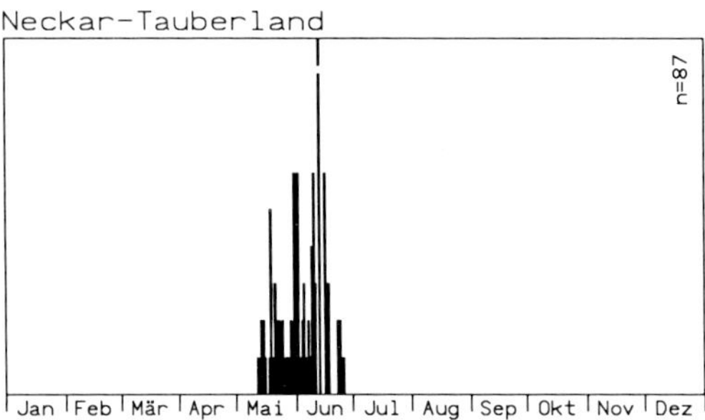

Taleporia tubulosa erscheint in Baden-Württemberg in einer sehr langgestreckten Flugzeit gewöhnlich von Mitte Mai bis Ende Juni, wobei aber auch noch aus dem Juli Einzelbeobachtungen bekannt geworden sind. Den spätesten Hinweis erhielten wir von H.G. AMSEL (21.7. 1954, Schwarzwald: Buchenberg).

Im allgemeinen schlüpfen die Falter in den tieferen und wärmeren Lagen etwas früher, wobei jedoch auch hier lokale mikroklimatische Aspekte großen Einfluß auf die Schlüpftermine haben. So ist es keine Seltenheit, daß sich *T. tubulosa* auch in diesen Gegenden noch bis in das letzte Junidrittel hinein zum Falter entwickeln kann. Umgekehrt ist auch aus den höheren Lagen der Gebirge bekannt, daß die Falter relativ früh im Jahr erscheinen können. R. HERRMANN vermerkt dazu, daß nach dem ungewöhnlich milden Winter und warmen Frühjahr 1989 schon am 27.5. aus wenige Tage vorher auf der Adelegg und im Nordschwarzwald in Höhen zwischen 900 und 1000 m gesammelten Puppen die ersten Falter schlüpften.

Präimaginalstadien: Wegen ihrer Häufigkeit, der exponierten Lebensweise und dem gut sichtbaren und unverwechselbaren, bis zu 15 mm langen, schlanken und dreikantigen Röhrensack ist es für jeden interessierten Entomologen ein leichtes, diese Art in ihren Habitaten, auch über das ganze Jahr hinweg, ohne größere Schwierigkeiten zu finden. Diesem besonderen Umstand ist es zu verdanken, daß eine Fülle von verwertbaren Raupen-, Puppen- und Altsackfunden, auf alle Regionen des Landes verteilt, vorliegen, wobei der überwiegende Teil in den Monaten März und April eingetragen worden ist. Ein kleinerer Teil auch im Winter, in dem durchaus erfolgreich nach Raupen und Altsäcken gesucht werden kann.

Der früheste Raupennachweis stammt vom 5.1.; die letzten erwachsenen Raupen wurden am 31.5. und 17.6. beobachtet. Über die Raupenentwicklungsdauer liegen nur wenige Informationen vor. Nach den bisherigen Beobachtungen hat *T. tubulosa*, zumindest im Tiefland, einen einjährigen Entwicklungszyklus.

Ökologie

Lebensraum: Wie kaum eine andere Psychidenart ist *T. tubulosa* durch ihr ausgeprägtes Anpassungsvermögen in der Lage, die unterschiedlichsten Lebensräume zu besiedeln. Als eine Art mit ausgesprochen euryökem Charakter bewohnt sie insbesondere verschieden strukturierte laub- und nadelholzreiche Wälder frischer bis trockener

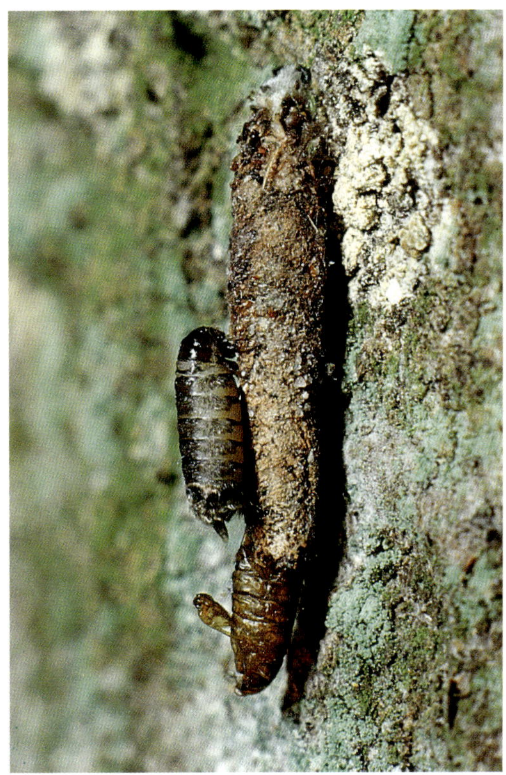

Links: Unmittelbar nach dem Schlüpfen bleiben die geflügelten Männchen (e.p., Vfl-SpW 18 mm) von *T. tubulosa* noch eine zeitlang festgeklammert auf ihrem stets exponiert angesponnenen Puppensack sitzen. Noch vor dem Schlüpfen der Falter schiebt sich die Puppe vollständig aus dem Sack heraus, wie das auch bei den einheimischen Arten der Unterfamilie Naryciinae geschieht. – Schwäbische Alb: Albstadt-Ebingen, Buttenhag ca. 800 m, 6. 6. 91 R. HERRMANN. S.
Rechts: Der Röhren-Sackträger (*Taleporia tubulosa*) ist in Baden-Württemberg weit verbreitet und zählt hier zu den häufigsten Psychidenarten. Das Bild zeigt ein unbegattetes Weibchen (e.p., 7 mm), das in Ruhestellung auf dem Puppensack verweilt. – Schwäbisch-Fränkische Waldberge: Menzles (Umgebung) ca. 500 m, 10. 6. 91 R. HERRMANN. S.

Standorte, aber auch gebüschreiche Lokalitäten, offenes Gelände und eine Reihe von anthropogenen Habitaten wie beispielsweise Mauern, Zäune und dergleichen. *Taleporia tubulosa* kommt auf allen Böden des Landes vor und erreicht mit ihren Vorposten auch feucht-kühle Standorte höherer Berglagen.

Nahrung der Raupe: Grünalgenarten, Holz- und Gesteinsflechtenarten dienen als Hauptnahrungsquellen. Weiter wurden in der Gefangenschaft auch tote Insekten und lebende Larven anderer Psychidenarten verzehrt.

Habitat: Die Art wurde am häufigsten in Gesellschaften der Waldverbände Carpinion, Fagion sylvaticae, Quercion robori-petraeae sowie im Vaccinio-Piceion beobachtet, ferner in Kiefernforsten. Aber auch im Alno-Ulmion, Alnion glutinosae, Tilio-Acerion oder dem wärmeliebenden Quercion pubescenti petraeae mangelt es nicht an Stellen, die von *Taleporia tubulosa* genutzt werden.

Die Larven leben dort entweder auf vegetationsarmem, moosreichem Boden in unmittelbarer Nähe von Bäumen (Wurzelbereiche), oder auch an den Stämmen selbst (an glatter und grober Rinde), wobei besonders algen- und flechtenreiche Hainbuchen, Rotbuchen, Eichen und Kiefern in Frage kommen, die entweder an den Rändern oder in lichten Beständen stehen.

Weitere geeignete Habitate bilden lichte Bereiche von Gebüschgesellschaften des Berberidion (Hippophaetum) und des Pruno-Rubion fruticosi, wo *Taleporia tubulosa* jedoch seltener als in Wäldern angetroffen worden ist. Noch etwas spärlicher wurde sie im offenen Gelände beobachtet. Dort

Verhältnismäßig einfach gestaltet sich die Suche nach den charakteristischen röhrenförmigen Säcken, sofern sie – wie hier an einer Eiche – an algen- und flechtenreicher Baumrinde leben. – Schwarzwald: Malsch-Sulzbach (Bergwald) ca. 200 m, 1. 5. 88 G. EBERT.

werden beispielsweise das Mesobromion, Saumgesellschaften (Geranion sanguinei), ja sogar das extreme felsdurchsetzte Xerobromion besiedelt. So konnte die Art im Kaiserstuhl an flechtenreichen, südexonierten Tephrit-Felsnasen gefunden werden. Darüber hinaus können auch Felsen im Gebirge, Blockschutthalden, Steinbrüche, Hochmoore, Wacholderheiden und Streuobstbestände von *Taleporia tubulosa* bewohnt werden. Andere Fundstellen finden sich an altem Gemäuer, Holzwänden, Pfosten (Holz und Stein), Steinriegel, fugenreichen Trockenmauern und Straßenleitplanken. Ihren Pioniercharakter zeigt die Art auch dadurch, daß sie entlang von Straßen, Fluß- und Bahndämmen, an Alleebäumen, auf ruderalen Industriebrachen, in Gärten und auf 10–15 Jahre alten Großterrassen des Kaiserstuhls zu finden ist.

Verhalten: Die Männchen schlüpfen in der Regel am Abend und in der Nacht, die Weibchen in den frühen Morgenstunden, in denen auch die Paarung stattfindet. Die Lebensdauer der Imagines ist kurz und beträgt nur wenige Tage. Die Larven halten sich bevorzugt an algen-, flechten- und moosreichen Stellen auf und spinnen sich häufig in etwa 1 bis 2 m Höhe an Stämmen, Mauern, Pfosten und dergleichen zur Verpuppung an. Wo diese Möglichkeiten fehlen, werden auch Grashalme, niedere Ästchen usw. dazu genutzt.

Gefährdung und Schutz

Rote Liste Bundesrepublik: –
Rote Liste Baden-Württemberg: –

Oberrheinebene: Nicht gefährdet.
Schwarzwald: Nicht gefährdet.
Neckar-Tauberland: Nicht gefährdet.
Schwäbische Alb: Nicht gefährdet.
Oberschwaben: Nicht gefährdet.

- In Baden-Württemberg nicht gefährdet!

Taleporia tubulosa vermag ein außerordentlich breites Spektrum unterschiedlichster Lebensräume zu nutzen. Man findet die Art beinahe in jedem Laubwald, wie etwa hier in diesem an Unterwuchs reichen Rotbuchen-Altbestand, außerdem in Gebüsch- und Saumgesellschaften bis hin zum Trockenrasen. – Meßkirch (Umgebung) ca. 700 m, 18. 5. 91 R. HERRMANN.

Psychinae

In Baden-Württemberg durch die vier Gattungen *Bacotia, Proutia, Bruandia* und *Psyche* mit zusammen fünf Arten vertreten. Es handelt sich dabei um verhältnismäßig kleine bis mittelgroße Falter. Die ungeflügelten Weibchen sind in der Lage, ihren Puppensack zu verlassen, an dem sie sich festklammern. Alle diese Arten kommen in unserem Faunengebiet relativ häufig vor.

Bacotia claustrella
Bruand, 1845

Glocken-Sackträger

Fumea sepium SPR. (REUTTI 1898)
Bacotia sepium SPUL. (HERING 1932)
Bacotia sepium SPR. 1846 (LAMPERT 1907, SEITZ 1907–1954, ECKSTEIN 1913–1923, SCHNEIDER 1936–1939, BERGMANN 1951–1955, FORSTER 1960, LERAUT 1980)

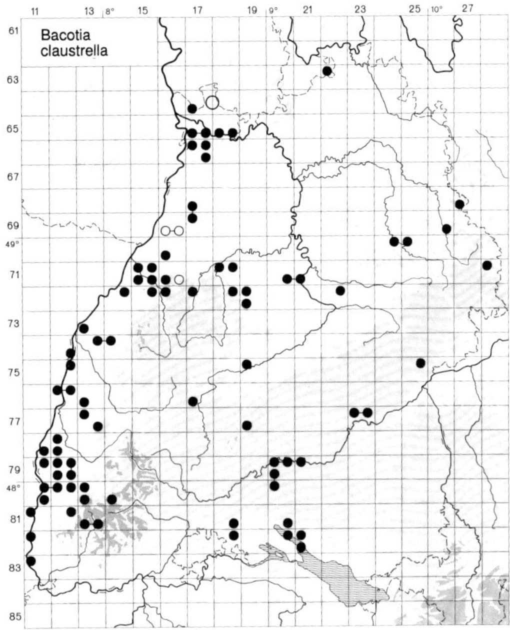

Gesamtverbreitung: Von Südengland ostwärts durch West -und Zentraleuropa bis nach Rußland. Im Norden wurde die Art aus Dänemark, Südschweden und Finnland gemeldet. Die südlichsten Vorkommen liegen in den Bergen der Provence[1] und in den Karpaten. Dem Mittelmeergebiet wie auch dem hohen Norden Europas scheint die Art zu fehlen.

Verbreitung

Regional: *Bacotia claustrella* konnte in allen fünf Hauptnaturräumen des Landes nachgewiesen werden, wobei der Verbreitungsschwerpunkt eindeutig in den klimatisch wärmeren Landesteilen liegt. Als relativ gut kartierte Gebiete präsentieren sich die Oberrheinebene und große Teile der Schwarzwaldwestseite. In diesen Bereichen ist die Art weit verbreitet und stellenweise recht häufig anzutreffen. Im übrigen Schwarzwald ist *B. claustrella* dagegen offenbar eine große Seltenheit und konnte bisher nur von einer Lokalität (Utzenfluh bei Utzenfeld) nachgewiesen werden.

Im Bereich des Hauptnaturraumes Neckar-Tauberland sind die Vorkommen, nach dem jetzigen Kenntnisstand, nur entlang des Neckars zwischen Horb und Stuttgart sowie in den nördlichen Teilen der Oberen Gäue etwas zahlreicher. Da aus den Schwäbisch-Fränkischen Waldbergen und dem Sandstein-Odenwald nur Einzelnachweise vorliegen, können für diese Regionen hinsichtlich Verbreitung und Populationsdichte keine spezifischen Aussagen gemacht werden. Im Kraichgau, Bauland, Tauberland und der Hohenloher Ebene sowie auf der Baar und im Alb-Wutachgebiet konnte die Art bisher nicht festgestellt werden. Auch von der Schwäbischen Alb liegen nur wenige Fundmeldungen vor, die sich hauptsächlich auf die Randbereiche dieses Gebirges verteilen, wo *B. claustrella* durch intensive Nachsuche sicherlich noch an weiteren Stellen nachgewiesen werden könnte. Bis auf den Hegau und das westliche Bodenseebecken gibt es im Südosten des Landes keine bekannten Vorkommen.

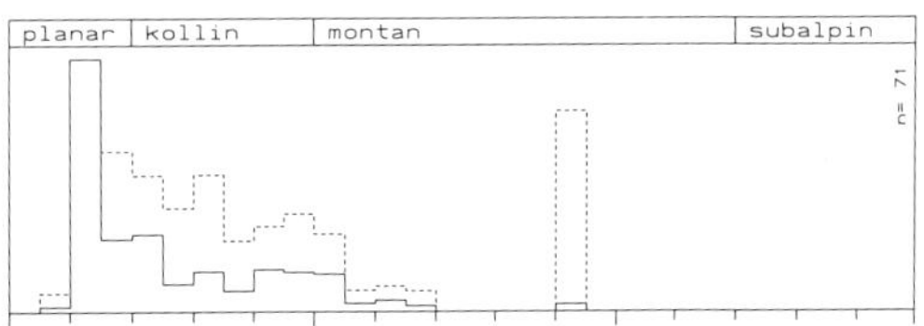

Vertikal: Der Schwerpunkt der vertikalen Verbreitung liegt in der planaren Stufe, wobei jedoch auch die kolline Stufe, zumindest gebietsweise, als gut besiedelt bezeichnet werden kann. Die Fundorte nehmen mit zunehmender Höhe ab, erreichen aber noch die untere montane Höhenstufe. Die am höchsten gelegenen Vorkommen befinden sich auf der Schwäbischen Alb bei Lauterach (660 m) sowie

[1] R. HERRMANN (unveröffentlicht) fand die Art in der Umgebung von Castellane (Haute Provence) an mehreren Stellen.

im oberen Donautal bei Gutenstein (600 m) und im südlichen Schwarzwald bei Utzenfeld (650 m). Nach FRANZ (1985) besiedelt *B. claustrella* in den Nordost-Alpen noch Höhenlagen bis 1300 m.

Phänologie

Imagines: Mit nur 70 Imaginalmeldungen ist die Datenbasis zur phänologischen Interpretation nicht gerade sehr umfangreich. Es handelt sich auch hier, mit einer Ausnahme, um Daten, die aus Zuchten gewonnen worden sind. Danach schlüpfen die Falter etwa zwischen Mitte Juni und Ende Juli, wobei um den Monatswechsel ein leichte Häufung festgestellt werden konnte. So trug R. HERRMANN am 11.6. 1986 am östlichen Stadtrand von Rastatt 12 erwachsene Raupen ein, aus denen er zwischen dem 9. – 11.7. acht Falter erhielt und am 9.6. 1992 bei Forchheim (Südbaden) 15 erwachsene Larven, die in der Zeit vom 1. – 10.7. die Falter ergaben. Auch REUTTI (1898) nennt für den badischen Landesteil den Monat Juli als Flugmonat. Den einzigen Freilandhinweis aus unserem Faunengebiet erhielten wir von K. STROBEL, der am 21.7. 1954 bei Pforzheim 1 Männchen am Licht hatte.

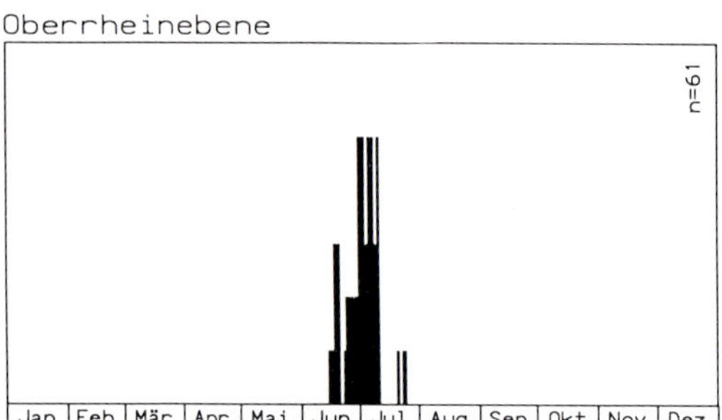

Präimaginalstadien: Der überwiegende Teil der etwa 150 gemeldeten Raupen wurde in den Monaten März bis Juni beobachtet bzw. für Zuchtstudien eingesammelt. Meist wurden die Larven einzeln, mitunter aber auch zahlreicher in ihren Habitaten aufgefunden. An einigen Bäumen konnten sogar bis zu 20 gesellig lebende Raupen festgestellt werden, wobei es sich nicht nur um Raupen, die sich noch im gleichen Jahr verpuppen sollten, handelte, sondern auch um solche, die noch eine weitere Überwinterung, die in den Nahrungshabitaten (Stämme, Pfosten, Gemäuer) vollzogen wird, vor sich hatten. R. HERRMANN fand solche Kleinstraupen am 15.3. 1984 am Badberg im Kaiserstuhl, am 3.4. 1992 bei Ebersteinburg und am 21.5. 1991 bei Horben. Zehn weitere Jungräupchen, die er neben 20 ausgewachsenen und verpuppungsreifen am 9.6.

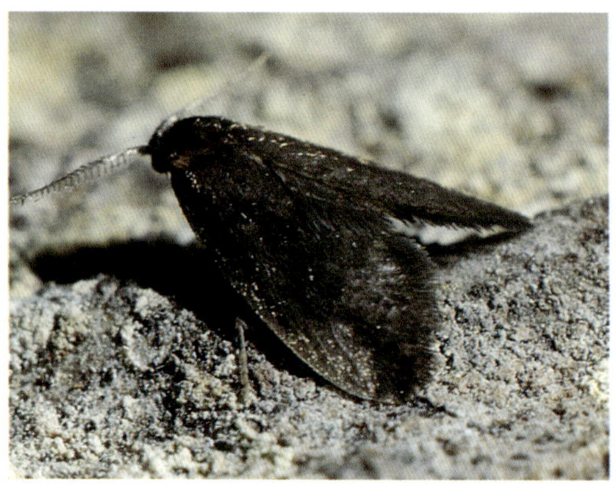

Die Männchen des Glocken-Sackträgers (*Bacotia claustrella*) sind denen von *Proutia betulina* recht ähnlich. Bei beiden handelt es sich um kleine, rußig schwarze Falterchen, die, obwohl stellenweise recht häufig, wegen ihrer versteckten Lebensweise kaum beobachtet werden. Das Bild zeigt ein paarungsbereites Männchen (e.p., Vfl-SpW 12 mm) von *B. claustrella* bei der Ortung weiblicher Sexuallockstoffe. – Oberrheinebene: Forchheim (Südbaden) 175 m, 5. 7. 92 R. HERRMANN. S.

1992 bei Forchheim eintrug und die sich im Mai 1993 noch in Zucht befanden, deuten ebenso darauf hin, daß es neben einjährigen auch solche mit zweijähriger Entwicklungsphase geben muß. Präzise Angaben dazu können jedoch erst dann gemacht werden, wenn weitere Untersuchungen abgeschlossen sind.

Ökologie

Lebensraum: *Bacotia claustrella* ist vor allem in alten laub- und nadelholzreichen Wäldern feuchter bis mäßig trockener Standorte zu Hause. Besonders häufig wurde sie in Beständen mit reichlich Rotbuchen, Hainbuchen, Eichen sowie Kiefern und Lärchen beobachtet. Etwas seltener findet sie sich auch an mäßig feucht bis trocken stehenden alten Feldgehölzen und in gebüschgeprägten Landschaften sowie in trockenen, laubholzreichen Wäldern. Daneben dringt sie auch in das intensiv genutzte Kulturland ein, wo sie allerdings weniger häufig beobachtet werden konnte. Mit der Besiedelung von Sonderstandorten, über die im Kapitel »Habitat« näher berichtet wird, hat sie sich neue und besonders stark durch anthropogene Faktoren geprägte Lebensräume erschlossen.

Präferiert werden kalkarme Böden, wo diese Psychide am zahlreichsten auf Lehm- und Sandböden sowie auf Buntsandstein, Rotliegendem und Urgestein beobachtet worden ist. Auf kalkreichem und

Mit weit herausgestreckter Legeröhre lockt ein flügelloses Weibchen (e.p., 5 mm) von *B. claustrella* Männchen an. Es sitzt dabei auf seinem an Baumrinde angesponnenen Sack, der im Winkel von 90° von der Unterlage absteht. Die etwa 5–7 mm langen, dunkel gefärbten Säcke sind mit Rinden- und Flechtenstückchen belegt und deshalb z. B. grober Borke außergewöhnlich gut angepaßt. – Oberrheinebene: Forchheim (Südbaden) 175 m, 3. 7. 92 R. Herrmann. S.

eher trockenem Untergrund ist *B. claustrella* dagegen nur spärlich oder, wie in vielen Gebieten der Fall, überhaupt nicht festgestellt worden.

Die bei uns durchaus als wärmeliebend zu bezeichnende Art fehlt offenbar allen Gebieten, die weniger als 7 °C durchschnittliches Jahresmittel aufweisen. Am häufigsten wurde sie daher in den Wärmegebieten der westlichen Landeshälfte festgestellt. Alle bekannten Vorkommen liegen in Gegenden mit 600 mm (rheinnahe süd- und nordbadische Trockenzone) bis 1400 mm (Südschwarzwald) durchschnittlicher Jahresniederschlagsmenge.

Nahrung der Raupe: Als Raupennahrung kommen auch bei dieser Psychidenart in erster Linie auf Holz wie auch auf Gestein siedelnde Grünalgen- und Flechtenarten in Betracht. R. Herrmann beobachtete im Freiland mehrmals Raupen an Stämmen bzw. Ästen von Rotbuchen, Hainbuchen, Schneeball, Kirschbäumen, Kiefern und Lärchen, die sich dort von Grünalgen nährten. Weiter berichtete er von einer an Flechten fressenden Raupe, die er bei Utzenfeld an alter grober Birnbaumrinde fand. Die Kleinstraupen, die er am Badberg, bei Ebersteinburg und bei Horben entdeckte (s. unter Phänologie) befanden sich (in dieser Reihenfolge) an Schlehen, Rotbuchen und an einem alten Holzzaun. Die bei Forchheim gesammelten jungen wie auch verpuppungsreifen Raupen saßen an 4 alten freistehenden Kirschbäumen.

Habitat: Als eine vor allem wald- und gebüschbewohnende Art werden von *Bacotia claustrella* die in der Ebene und im Hügelland liegenden Wälder der Verbände Carpinion, Fagion sylvaticae, Quercion robori-petraeae, nadelholzreiche Wälder wie auch Kiefernforste besiedelt, ferner Mischwaldungen, die pflanzensoziologisch kaum einzuordnen sind. Daneben wurde die Art auch in Bereichen des Alno-Ulmion (Hartholzaue und Erlen-Eschen-Auwald) und in Schluchtwäldern (Hödinger Tobel bei Sipplingen) des Verbandes Tilio-Acerion festgestellt. In der südlichen Oberrheinebene findet sie sich auch an extremen Standorten, wie im beson-

Charakteristisch für diese Art ist der glockenförmig aufsitzende, gedrungene Sack, den die winzige, schwarz gefärbte Raupe bis zur Verpuppung mit sich herumträgt. – Bodenseebecken: Birnau 450 m, 14. 5. 91 R. Herrmann. S.

ders wärmeliebenden Quercion pubescenti-petraeae (Nsg Büchsenberg, Kaiserstuhl) und in einigen Gesellschaften des Berberidion, wie beispielsweise im Sanddornbusch (Hippophaetum) der trockengefallenen Rheinaue zwischen Breisach und Istein.

Die Larvalhabitate liegen einerseits an sonnenbeschienenen und halbschattigen Waldrändern, Wegschneisen und Verlichtungen, anderseits auch in den schattigen inneren Bezirken. An allen diesen Plätzen lebt die Larve im allgemeinen an algen- und flechtenreichen sowie gerne auch an bemoosten Stämmen unterschiedlicher Größe, an Ästen, die teilweise auch sehr weit abstehen können und an holzigen Stellen der Gebüsche. Die Larven wurden sowohl an lebenden wie auch an totem Holz, vom Bodenniveau bis in eine Höhe von etwa 4 Metern und meist auf Flächen, die nicht der prallen Sonne ausgesetzt waren beobachtet. Im offen strukturierten Gelände werden vor allem Streuobstbestände (Schwarzwald-Westseite, Vorbergzone, Oberrheinebene, Remstal) bewohnt, wo die Raupen an alten algen -und flechtenreichen Stämmen von Apfel-, Birn-, Pflaumen-, Kirschen- und Walnußbäumen gefunden wurden, etwas seltener auch in alten Alleen (Birne, Kirsche, Walnuß, Birke) und in Gebüschanpflanzungen an Straßen- und Wegerändern (Hainbuchen).

Daß die Art auch nicht vor intensiv genutzten Wirtschaftsflächen Halt macht, zeigen Raupen- und Altsackfunde aus Weinbergen (Tuniberg und Kaiserstuhl), wo sie an altem Rebholz und an Rebstecken sowie an einzeln in den Weinbergen stehenden Bäumen noch Lebensbedingungen findet. Weitere meist dem Offenland zuzurechnende Sonderstandorte, die stets durch Algen- und Flechtenreichtum sowie durch ihr unübersehbares Alter auffallen, können Holzstöße (Schuttertal), Holzzäune und Bretterwände (Horben), Holzwände von Waldhütten (Schwarzwald), ungepflegte Denkmäler und Kruzifixe, Straßenrandsteine (Mannheim-Friedrichsfeld), Holz- und Betonpfosten auf Industriebrachen (Rastatt), Sandsteinmauern- und Pfosten in innerstädtischen alten Wohngebieten (Freiburg) und schließlich Straßenleitplanken (Rottenburg) sein, die als Larvalhabitate, sofern ausreichende Beschattung vorhanden ist, genutzt werden.

Verhalten: Unter Zuchtverhältnissen schlüpften die Männchen (n = 10) am Abend zwischen 20 und 22 Uhr und die Weibchen (n = 12) in den frühen Morgenstunden, wobei angenommen werden darf, daß dies auch im Freiland so der Fall ist. Die Paarung erfolgt bald nach dem Schlüpfen der Weibchen, die nach der Kopulation sogleich mit der Eiablage in den hohlen Sack, auf dem sie festgeklammert sitzen, beginnen. Die Lebensdauer der Imagines ist wie bei den anderen Psychidenarten recht kurz, kann aber bei unbefruchteten Weibchen bis zu einer Woche reichen.

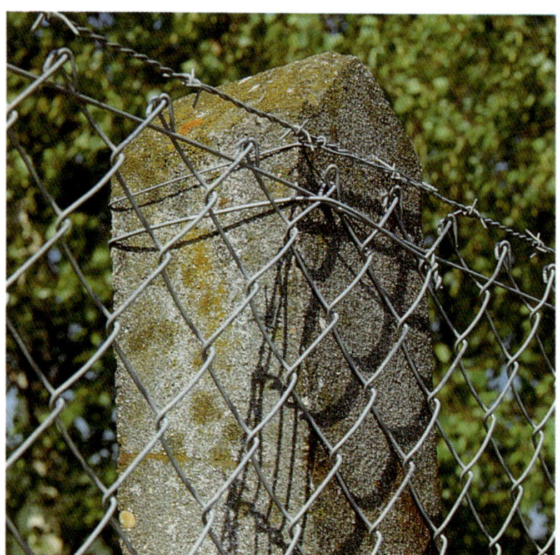

Nicht nur Borke, sondern auch flechtenreiche Steinpfosten werden gerne von den Raupen des Glocken-Sackträgers besiedelt. Auf diesem hier, inmitten einer Industriebrache, wurden nicht weniger als 15 gezählt, die sich alle im oberen Teil aufhielten. – Oberrheinebene: Rastatt 121 m, 30. 5. 91 R. Herrmann.

Die Larven fertigen aus Rinden- und Flechtenteilen einen unverwechselbaren, glockenförmigen Sack, der stets im Winkel von 90° zur Unterlage getragen und auch in dieser Haltung zur Verpuppung angesponnen wird. Für den ungeübten Beobachter ist er nicht leicht aufzuspüren, da er aufgrund seiner Beschaffenheit vorzüglich seiner jeweiligen Umgebung angepasst ist.

Gefährdung und Schutz

Rote Liste Bundesrepublik: –
Rote Liste Baden-Württemberg: –

Oberrheinebene: Nicht gefährdet.
Schwarzwald: Nicht gefährdet.
Neckar-Tauberland: Nicht gefährdet.
Schwäbische Alb: Nicht gefährdet.
Oberschwaben: Nicht gefährdet.

- In Baden-Württemberg nicht gefährdet!

Eine akute Gefährdung ist derzeit nicht erkennbar, weshalb auch auf spezielle Schutzmaßnahmen verzichtet werden kann. Örtliche Bestandseinbußen werden durch den stetigen Verlust an Streuobstwiesen und alten Baumalleen hervorgerufen, ferner durch fortwährenden Landverbrauch infolge Siedlungserweiterungen (Wohngebiete und Industrieanlagen) und anderer infrastruktureller Maßnahmen. Inwieweit sich auch das »Flechtensterben« auf die Bestände dieser hauptsächlich von Algen und Flechten lebenden Art auswirken wird, ist Gegenstand weiterer Untersuchungen.

Proutia betulina
Zeller, 1839

Birken-Sackträger

Fumea betulina Z. (Reutti 1898, Lampert 1907, Seitz 1907–1954, Spuler 1908–1910, Rebel 1910, Eckstein 1913–1923, Hering 1932, Schneider 1936–1939, Bergmann 1951–1955, Forster 1960)

Psyche betulina Zeller, 1839 (Leraut 1980)

Gesamtverbreitung: Weit verbreitet in Westeuropa (einschließlich England), Mittel- und Osteuropa. Im Süden in isolierten Populationen von den Bergen der Provence bis nach Mittelitalien. Im Norden Europas von Südschweden bis nach Finnland und auch aus dem Baltikum gemeldet. Inwieweit die erst 1990 aus Finnland beschriebene und eng verwandte *Proutia rotunda* Suomalainen in diesen Gebieten verbreitet ist und ob sie *P. betulina* in Nordeuropa gänzlich ersetzt, ist noch nicht eingehend erforscht. Meldungen von *P. betulina* aus dem Kaukasus und vom Amur sind mit Vorsicht zu betrachten.

Verbreitung

Regional: In den Waldgebieten Baden-Württembergs weit verbreitet und gebietsweise noch sehr häufig, mit Schwerpunkten in den Hauptnaturräumen Oberrheinebene, Neckar-Tauberland und den westlichen Randbereichen Oberschwabens. Im Schwarzwald werden offensichtlich nur die klimatisch begünstigten Tallagen von Murg, Kinzig, Wiese, Schlücht und einiger anderer zum Rhein fließender Flüsse besiedelt. Dem Hochschwarzwald und den östlichen Teilen dieses Gebirges dagegen scheint diese Psychide ganz zu fehlen. Eine ganz ähnliche Situation besteht auch im Bereich der Schwäbischen Alb, wo sie bisher nur am Nordfuß bzw. im Bereich der Südostabdachung beobachtet werden konnte. Die Nachsuche auf der Albhochfläche und der hochgelegenen Südwestalb verlief negativ. Auch am oberen Neckar, auf der Baar und in weiten Teilen des württembergischen Allgäus konnte die Art bisher noch nicht festgestellt werden. Bei der überwiegenden Anzahl der Fundmeldungen handelt es sich um aktuelle Daten, die durch systematisch durchgeführte landesweite Kartierungen erzielt worden sind.

Die aus Finnland beschriebene und auch in Schweden und Dänemark sowie an einer Stelle in Niedersachsen aufgefundene *Proutia rotunda* Suomalainen (1990) konnte in Baden-Württemberg bisher nicht nachgewiesen werden. Weitere Untersuchungen hierzu sind notwendig!

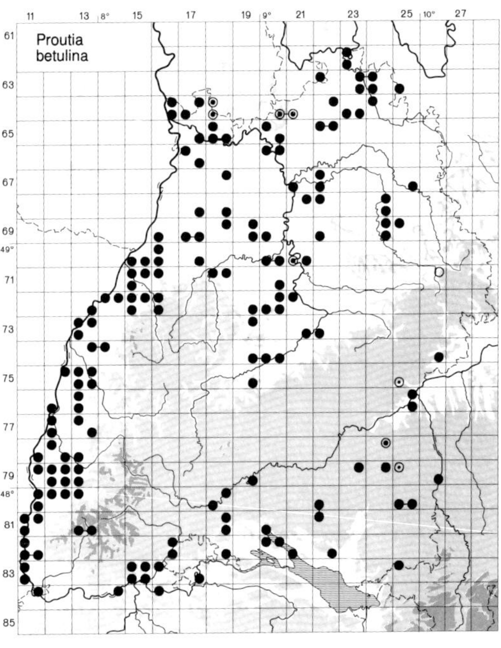

Vertikal: Am häufigsten in der planaren und kollinen Stufe, wo Lagen bis etwa 400 m NN am stärksten besiedelt werden. Darüber ist eine deutliche Abnahme und Verinselung der Vorkommen und an den höchsten Stellen der vertikalen Verbreitung eine klimatisch bedingte Nischenbildung festzustellen, wie beispielsweise bei Immendingen (650 m) und Utzenfeld (650 m) im Schutze von südexponierten Jura- bzw. Urgesteinsfelsen.

Phänologie

Imagines: Obwohl die Flugaktivität der Imagines nicht nur auf die frühen Morgenstunden beschränkt ist, sondern die Falter auch des Nachts zum Lichte fliegen, liegen überraschenderweise nur wenige Freiland-Falterbeobachtungen vor. Gründe hierfür mögen einerseits, wie bei vielen anderen Arten dieser Familie auch, in der sehr versteckten Lebensweise (die Falter fliegen meist in Wäldern und in oft unzugänglichen Gebüschen), anderseits am mangelnden Interesse der meisten Entomologen liegen, sich mit diesen unscheinbaren Tierchen zu beschäftigen. Ein Großteil der aus Zucht und Freilandbeobachtungen erzielten Daten stammen von R. Herrmann, A. Biebinger, A. Steiner, D. Doczkal, R. Bläsius sowie aus den Sammlungen M. Daub, A. Gremminger und H. Lienig (alle in coll. Lnk), wobei mindestens sechs oder mehr Einzelhinweise von diesen Gewährsleuten bzw. aus diesen Sammlungen herrühren und somit die Basis für eine phänologische Interpretation schufen. Die wenigen Freilandfunde beziehen sich auf das Federseemoor, wo am 15.7. 1963 durch Lichtfang ein Männchen, auf Freiburg (Lorettoberg), wo 1 Männchen am 1.7. 1980, 3 am 10.7. 1986 und nochmals 3 zwischen dem 16.6. und 15.7. 1990, sowie auf Liggeringen (Bodanrück), wo am 22.6. 1989 wiederum 1 Männchen beobachtet werden konnte. Bezogen auf alle Hauptnaturräume des Landes konnte eine Kernflugzeit von Mitte Juni bis in die erste Julidekade hinein ermittelt werden, wobei die Falter in den tieferen und wärmeren Lagen nicht wesentlich früher erscheinen. So fand beispielsweise A. Biebinger in der Umgebung von Sandweier an verschiedenen Plätzen zwischen dem 15.6. und 19.6. 1977 125 und ein Jahr später am 25.6. in großer Anzahl Puppensäcke, aus denen dann nur kurze Zeit später, zwischen dem 17. – 23.6. 1977 und 28.6. – 1.7. 1978 die Imagines schlüpften. Zum Vergleich dazu erhielt R. Herrmann Falter in der Zeit vom 18. – 28.6. 1991, die er etwa zehn Tage vorher bei Immendingen (650 m) noch als Puppen eingetragen hatte.

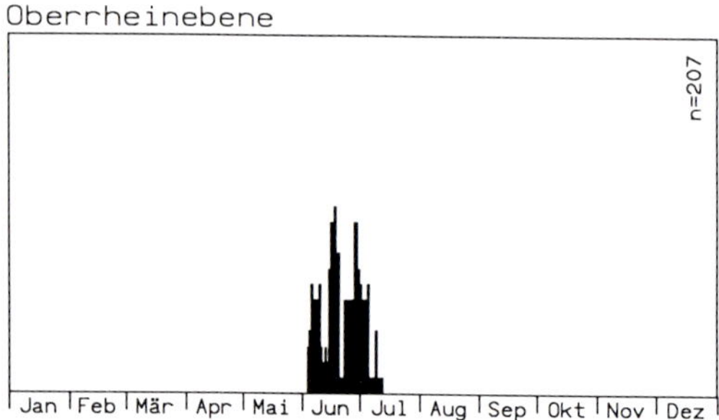

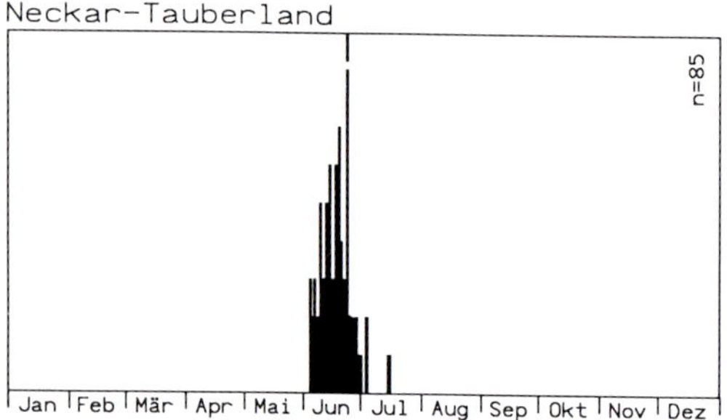

Der Birken-Sackträger (*Proutia betulina*) ist in Baden-Württemberg eine Charakterart warmer Gebiete der planaren und kollinen Stufe. Besonders in den Tallandschaften konnte sie örtlich recht zahlreich festgestellt werden. Hier ein nach dem Schlüpfen am Abend noch in Ruhestellung verharrendes Männchen (e.p., Vfl-SpW 13 mm) dieser Art. – Donautal: Immendingen (Umgebung) 650 m, 21. 6. 92
R. Herrmann. S.

Präimaginalstadien: Über den Entwicklungszyklus der Larven, die der Phänologie der Imagines zufolge im Laufe des Hochsommers schlüpfen, können ähnlich wie bei *Bacotia claustrella* noch keine präzisen Untersuchungsergebnisse vorgelegt werden. Bereits im Winter, wie beispielsweise am 17.1. 1993 am Woogsee bei Rastatt, und in der Vorfrühlingszeit konnten an sonnigen milden Tagen, oft in erheblichen Mengen, halberwachsene Raupen, wie etwa am 24.3. 1990 bei Rißegg (150 Exemplare) und am 19.3. sowie am 22.3. 1977 in den Wäldern um Rastatt (200 Individuen) beobachtet werden (R. HERRMANN), die damit beschäftigt waren, von ihren vermutlich am Stammfuß oder am Boden befindlichen Winterquartieren bis in mehrere Meter Höhe die Stämme hinaufzuklettern. Solche schon nahezu ausgewachsenen Raupensäcke hatten sich bei Weiterzucht stets im Juni festgesponnen und dann auch verpuppt, wobei jedoch unklar blieb, ob es sich dabei um Larven mit ein- oder zweijähriger Entwicklungszeit handelte. Demgegenüber wurden aber auch in den Frühjahrsmonaten immer wieder Kleinsträupchen mit zum Teil nur 2 mm Länge beobachtet, die vermutlich noch ein weiteres Jahr bzw. eine weitere Überwinterung vor sich hatten. Eine solche winzige Raupe vom Fundort Hörden (Nordschwarzwald: Murgtal) nahm R. HERRMANN in Zucht und konnte feststellen, daß sie halberwachsen den zweiten Winter erreichte.

Der Sack von *P. betulina* ist für gewöhnlich mit kleinsten Pflanzenteilchen belegt, die unregelmäßig über seine Oberfläche verteilt sind. Das hier abgebildete, rotbraun gefärbte Weibchen (6 mm) sitzt in typischer gekrümmter Haltung am Sackende, wobei Teile des Hinterleibes noch in der Sackhülle stecken. – Oberrheinebene: Rastatt-Woogsee 120 m, (e.p.) 19. 6. 86 R. HERRMANN. S.

Ökologie

Lebensraum: Gemäß ihrer Biotopansprüche besiedelt *P. betulina* bevorzugt feuchte, aber auch trokkene lichte Laubwälder, kiefernreiche Waldungen und gebüschreiches Gelände. In ländlichen Räumen kann sie, gelegentlich häufig, auch in extensiv bewirtschafteten oder verwilderten Obstanlagen und etwas seltener, sofern ausreichend Gehölze vorhanden sind, auch im intensiv genutzten Kulturland wie beispielsweise in Gärten beobachtet werden. In städtischen Randzonen können die Lebensräume gelegentlich noch bis in Industriebrachen hineinreichen. Weitere Sonderstandorte werden im Kapitel »Habitat« näher dargestellt. Für eine gewisse Wärmebedürftigkeit dieser Psychidenart spricht, daß hauptsächlich die klimatisch bevorzugten Regionen besiedelt und Gebiete mit weniger als 7° Celsius Jahresdurchschnittstemperatur gemieden werden. An den Fundstellen können die durchschnittlichen Jahresniederschläge zwischen 600 mm (Oberrheinebene) und um 1400 mm (südlicher Schwarzwald und Westallgäuer Hügelland) liegen.

Nahrung der Raupe:
– Grünalgen
  L (HER)

Einige Hinweise zur Raupennahrung stammen von R. HERRMANN, der mehrmals fressende Raupen im Freiland beobachten konnte. So saßen die Larven an der Rinde von Hainbuchen, Rotbuchen, Feldulmen und Robinien, wo sie Grünalgen verzehrten. In Zuchten wurden neben Grünalgen auch tote Insekten und grünes Blattwerk von Bäumen und Gebüschen als Futter angenommen. In der gebräuchlichen Literatur mangelt es meist an konkreten Nahrungsquellenangaben. Es wird jedoch in der Regel darauf hingewiesen, daß die Raupen an Algen und Flechten von Baumstämmen, Pfosten und dergleichen leben.

So bemerkt beispielsweise HOFMANN (1860) dazu: »Ich brachte die Räupchen mit Flechten von Eichen oder Birken immer zur Entwicklung ... Andere Beobachter nährten sie mit Kätzchen von Birken und Wollweiden und den Blättern dieser Pflanzen (ZELLER) oder selbst mit trocknen Schmetterlingen (SPEYER 1896)«.

Habitat: Die Vorkommen liegen vor allem in einigen Waldgesellschaften des Carpinion (Oberrhein-

Proutia betulina wurde sowohl an trocken-warmen als auch mäßig feuchten Lokalitäten festgestellt. In diesem Waldstück der nacheiszeitlich entstandenen Murg-Kinzig-Rinne saßen die Raupen sehr zahlreich an Hainbuchen, Eichen und Birken. – Oberrheinebene: Rastatt-Woogsee 120 m, 13. 5. 91 R. HERRMANN.

ebene, Neckar-Tauberland), Quercion robori-petraeae (Hänge der Schwarzwald-Westseite), Fagion sylvaticae (Schwarzwald, Odenwald, Kraichgau, Schwäbische Alb) sowie in kiefernreichen Forsten. Daneben auch recht zahlreich in den Verbänden Alno-Ulmion (Hartholzaue), z.B. in den flußbegleitenden Grauerlen-Beständen (Alnetum incanae) der Oberen Argen, im Alnion glutinosae (Mooswälder bei Freiburg), in birken- und weidenreichen Moor- und Bruchwäldern (Oberschwaben), ferner in trockenen Gebüschgesellschaften (z. B. Hippophaetum) des Berberidion sowie auch im trocken- und wärmegeprägten Quercion pubescenti-petraeae. *Proutia betulina* bevorzugt meist sonnig gelegene Waldränder, lichte Waldstellen, an warmen Plätzen der Ebene auch verdichtete Waldbereiche genauso wie lichte, oft mit Feldulmen, Schlehen und Weißdorn durchsetzte Gebüschbereiche, wo die Larven stets nur an Stämmen und Ästen beobachtet werden konnten. Inwieweit auch die Bodendecke, zum Beispiel in den Wäldern, genutzt wird, ist unklar. Auch in offen strukturierten Bereichen wie in Streuobstwiesen (Schwarzwald-vorbergzone, Kraichgau, Tauberland, Hegau) konnten Larven und Säcke an Kirsch-, Apfel- und Birnbäumen und anderen Feldgehölzen beobachtet werden. Selbst freie Baumalleen, Baum- und Gebüschgruppen in Parkanlagen und Gärten sowie alte algen- und flechtenreiche Holz- und Betonpfosten, alte Holzhütten, Marksteine, Trockenmauern und Felsen werden als Habitate angenommen. Erstaunlich häufig ist die Art auch noch an anderen Sonderstandorten wie an gebüschreichen Straßenrändern oder Mittelstreifen von Schnellstraßen, kanalisierten gebüschbestandenen Flußläufen und verbuschten Industriebrachen zu finden. Schon über Jahre hinweg wird sie regelmäßig auf den relativ groben, mit Moosen und Flechten sehr lückig bewachsenen Dachpfannen eines Hauses in Malsch-Sulzbach, in etwa 3 m Höhe (S-Exposition) kontrolliert. Die Raupen laufen hier ziemlich weit umher und sitzen dabei an der Hauswand wie auch unter einem hölzernen Dachvorsprung (G. EBERT/E. ECKERT).

Proutia betulina gehört zu den wenigen Psychidenarten, die auch im intensiv genutzten Kulturland noch Stellen besiedeln, welche vielen anderen Arten keine Lebensgrundlage mehr bieten. So konnten die Raupen im südbadischen Raum (Istein, Grenzach, Tuniberg), wenn auch nicht häufig, in Weinbergen an alten, stark bealgten Weinstöcken gefunden werden.

Verhalten: Über das Schlüpfverhalten der Imagines liegen nur spärliche Informationen vor. So konnte R. HERRMANN immerhin einige Männchen beobachten, die am Abend zwischen 18 und 21 Uhr schlüpften. Weiter entdeckte er insgesamt 7 tagaktive Männchen, die – verteilt auf verschiedene Tage und Jahre – auf dem Lorettoberg bei Freiburg in den Morgenstunden zwischen 8–9.30 Uhr, teilweise auch im Sonnenschein, vermutlich der Geschlechterfindung nachgingen. Daß die Männchen auch in den Nachtstunden Lichtquellen zufliegen, zeigt eine Meldung aus Oberschwaben (Aufzeichnungen G. REICH), wie auch die Beobachtungen von R. HERRMANN, der in der Umgebung von Colmar im Elsaß wiederholt Männchen von *P. betulina* um die Mitternachtsstunde an Lichtanlagen sah.

Zum Larvalverhalten läßt sich anmerken, daß ein erheblicher Teil der baumbewohnenden Raupen bis in große Höhen hinauf an den Stämmen emporklettern. So stieß D. BARTSCH noch in 6 m Höhe auf diese Art, als er im Wipfel einer alten, sonnig an einem Waldrand bei Grißheim stehenden Eiche einen angesponnen Altsack vorfand. Einen weiteren interessanten Hinweis lieferte R. BLÄSIUS, der bei Hartheim am 9.2. 1992 in ca. 3 m Höhe eine halberwachsene Raupe unter der groben Borke einer Silber-Pappel zum Vorschein brachte, die dort Schutz vor kaltem Winterwetter gesucht hatte.

Parasitoide: Als Parasiten von *Proutia betulina* nannte SIEBOLD (1856) mehrere Ichneumoniden-Arten.

Gefährdung und Schutz

Rote Liste Bundesrepublik: –
Rote Liste Baden-Württemberg: –

Oberrheinebene: Nicht gefährdet.
Schwarzwald: Nicht gefährdet.
Neckar-Tauberland: Nicht gefährdet.
Schwäbische Alb: Nicht gefährdet.
Oberschwaben: Nicht gefährdet.

- In Baden-Württemberg nicht gefährdet!

Proutia betulina ist in Baden-Württemberg eine durchaus häufige Psychidenart, die meist auch noch in ansehnlichen Populationen angetroffen werden kann. Eine Gefährdung der Bestände ist nicht erkennbar.

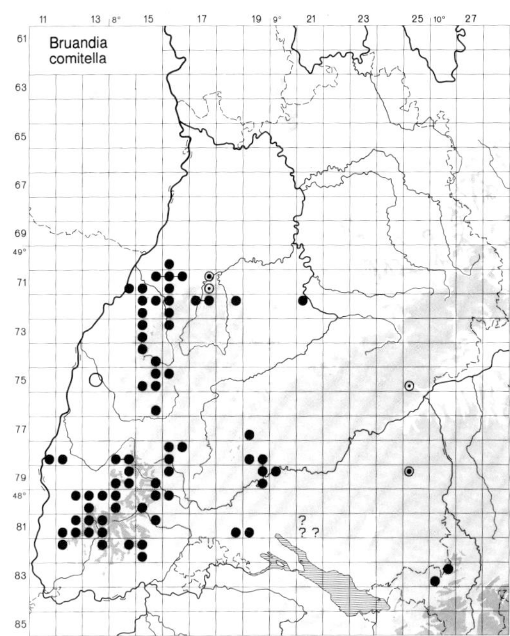

Bruandia comitella
Bruand, 1853

Gitternetz-Sackträger

Fumea comitella BRD. (REUTTI 1898, LAMPERT 1907, SEITZ 1907–1954, SPULER 1908–1910, ECKSTEIN 1913–1923, HERING 1932)
Psyche comitella BRUAND 1853 (LERAUT 1980)

Gesamtverbreitung: Von den Alpen und der West-Schweiz nordwärts über die Vogesen[1] bis zur Pfalz sowie im mittleren und südlichen Baden-Württemberg, das die nördliche Arealgrenze bildet.

Verbreitung

Regional: Die Verbreitungsschwerpunkte dieser Wald-Psychide liegen eindeutig im Schwarzwald, wo sie weit verbreitet ist und an vielen Stellen von der kollinen bis in die hochmontane Zone festgestellt werden konnte. Die auf der Verbreitungskarte vor allem im mittleren und südlichen Teil des Gebirges erkennbaren Verbreitungslücken resultieren aus fehlender Kartierungsarbeit in diesen Gebieten. Daß die Art nicht nur die Mittelgebirge besiedelt, zeigen die Funde aus dem Oberrheintal. Dort wurde sie in den Kiefernwäldern der Flugsanddü-

[1] Neunachweis für die Vogesen (R. HERRMANN unveröffentlicht).

nen bei Rastatt und etwa 100 km südlich im zentralen Kaiserstuhl, allerdings nur vereinzelt, angetroffen. Ebenso spärlich ist diese Psychide im Hauptnaturraum Neckar-Tauberland vorhanden, wo sie lediglich aus der Stuttgarter Bucht und dem südlichen Zipfel der Oberen Gäue, nahe Rottweil, bekannt geworden ist. In allen Landschaften nördlich einer Linie Karlsruhe – Stuttgart scheint sie zu fehlen. Ein etwas isoliertes kleineres Teilareal erstreckt sich dagegen vom Oberen Donautal bis in die Hohe Schwabenalb (Lochengipfel) hinein. Ansonsten konnte sie in weiten Gebieten der Schwäbischen Alb nicht beobachtet werden. Eine alte (sichere) Fundmeldung aus Herrlingen läßt jedoch die Annahme zu, daß sie auf der Schwäbischen Alb doch weiter verbreitet ist als die Verbreitungskarte dem Betrachter suggeriert.

Im südlich davon gelegenen und alpennahen Hauptnaturraum Oberschwaben dehnt sich ein weiteres Teilareal von den Riss-Aitrach-Platten bis zu den Bergen der Adelegg aus. Ferner liegen weitere lokale Vorkommen von *B. comitella* im Hegau und vermutlich an den Uferhängen des Überlinger Sees. Im letzten Falle handelt es sich um eine alte Meldung von REUTTI (1898), die sich allerdings nicht mehr verifizieren ließ.

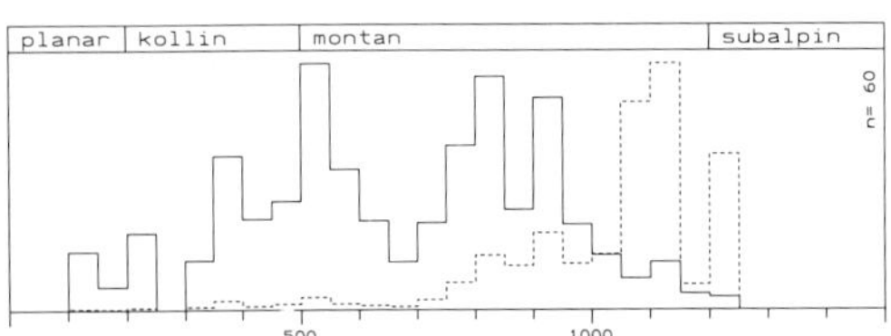

Vertikal: Bei nur wenigen Fundstellen in der nördlichen Oberrheinebene (125 m) findet sich *B. comitella* ansonsten nur im Hügelland wie z.B. im Schwarzwald vom Gebirgsfuß (150 m) bis in die mittleren und höheren Lagen unserer Mittelgebirge, wobei die höchstgelegenen Vorkommen im Schwarzwald bei 1250 m, auf der Adelegg bei 1000 m (HERRMANN 1991) und auf der Schwäbischen Alb bei 900 m liegen.

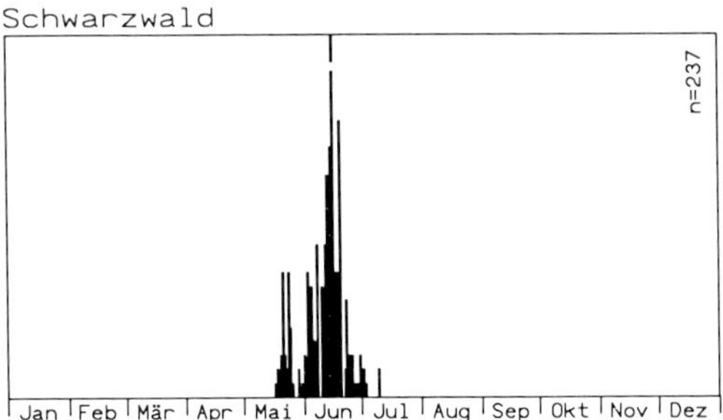

Phänologie

Imagines: Das aus Zuchten stammende und überwiegend von R. HERRMANN (1977–1992) und A. BIEBINGER (1977–1981) beigesteuerte Datenmaterial war ausreichend und informativ genug, um eine Rekonstruktion des Freilandfluges von *B. comitella* vornehmen zu können. Demnach beginnt in Baden-Württemberg die Flugzeit der Imagines ab Ende Mai und reicht sowohl an den Plätzen der Ebene (1 Männchen aus Rastatt vom 10.7. 1978) wie auch im Gebirge bis in das erste Julidrittel hinein, wobei die meisten Imaginalmeldungen dem Monat Juni zufielen. So schlüpften beispielsweise aus von A. BIEBINGER bei Ebersteinburg (300 m) am 11.6. 1977 gesammelten Puppen zwischen dem 14. und 18.6. 1977, und aus vom 22.6. 1978 bei Forbach (350 m) stammenden, in der Zeit vom 26. und 27.6. 1978 gesammelten Puppen die Imagines. Zwei weitere Falter werden vom 30.6. 1977 vom gleichen Gewährsmann aus Neuweier bei Baden-Baden (200 m) gemeldet, die er aus Puppen erhielt, die am 28.6. 1978 dem Freiland entnommen worden sind. Auch R. HERRMANN meldet eine Reihe zeitlich ähnlich gelagerter Kombinationen, wie etwa 2 Puppen vom 17.6. 1988 aus Rötenbach (800 m) mit den geschlüpften Faltern vom 23.6. und 30.6. 1988 oder 12 Raupen bzw. Puppenfunde vom Scheibenberg bei Hörden (250 m), die vom 1.5. 1989 stammten und zwischen dem 15.5. und 22.5. 1989 die Falter ergaben. Recht gut zu diesen Aussagen paßt die einzige Freilandbeobachtung in Baden-Württemberg, die J.U. MEINEKE machte, als ihm am 15.6. 1989 in Stuttgart-Mitte, einem vollständig bebauten Gebiet, um 17 Uhr ein Männchen ins offene Zimmer flog, wobei über den Heimatbiotop dieses Falters keine Aussagen gemacht werden konnten. Inwieweit jedoch die imaginalen Phänologien der einzelnen Landschaften und Höhenlagen untereinander divergieren, konnte nicht präzise geklärt werden. Einiges spricht aber dafür, daß die in Frage kommenden Unterschiede kaum erheblich sein dürften.

Präimaginalstadien: Obwohl die Eiablagen von Mai bis Juli erfolgen und die Larven, wie bei den anderen Psychidenarten, bereits schon nach einigen Wochen schlüpfen[2], konnten die Raupen erst nach der Winterruhe nur im Frühjahr, dann aber örtlich oft in großer Anzahl registriert werden.

Die meisten dieser Hinweise beziehen sich auf halberwachsene bis erwachsene Tiere, die sich unter

[2] Auch DIERL (1964) berichtet davon, daß die Raupen vier Wochen nach der Eiablage schlüpfen.

Bei einigen Psychidenarten wie hier beim Gitternetz-Sackträger (*Bruandia comitella*) tragen die Männchen auf den Vorderflügeln ein deutliches Gittermuster. Dadurch sind sie von den meisten anderen Arten mit ihrer monoton einfarbigen Flügelfärbung leicht zu unterscheiden. – Schwarzwald: Wolterdingen 725 m, (e.p., Vfl-SpW 16 mm) 3. 6. 91 R. HERRMANN. S.

Zuchtbedingungen noch im gleichen Jahr verpuppten. Von diesen Raupen stammen die frühesten Beobachtungen aus Ebersteinburg vom 14.3. 1978 und die spätesten aus Hörden vom 27.5. 1981 und aus der Umgebung von Griesbach (800 m) vom 24.5. 1991. Daß neben solchen älteren Larven oft an gleicher Stelle und zu gleicher Zeit auch sehr kleine Raupensäckchen beobachtet werden konnten, kann ein Hinweis darauf sein, daß zumindest bei einigen Individuen von einer zweijährigen Raupenentwicklungszeit ausgegangen werden kann. Gesicherte Angaben zum Entwicklungszyklus der Larven können derzeit noch nicht gemacht werden.

Ökologie

Lebensraum: Typische Lebensräume bilden die Randbereiche von laub- und nadelholzreichen Wäldern (auch Fichtenforste) frischer bis trockener Standorte sowie waldnahe Felsen und steinige Halden. Besiedelt werden in der kollinen Stufe vor allem die eichen-, buchen- und kiefernreichen Wälder (auch Kiefernforste) kalkarmer Standorte, genauso wie Buchenwälder kalkreicher Böden. In den höheren Lagen sind es dagegen hauptsächlich Buchen-Tannen- und Tannen-Fichtenwälder frischer Standorte, die genutzt werden. Vorkommen von *B. comitella* wurden auf Buntsandstein, Rotliegendem, Granit, Gneis (Schwarzwald) sowie auf Jurakalk (Schwäbische Alb), Muschelkalk (südliche Gäue) und auf quartären (Flugsanddünen der nördlichen Oberrheinebene) und tertiären Böden festgestellt (obere Süßwassermolasse/alpine Konglomerate auf der Adelegg).

Die Fundstellen liegen sowohl in den niederschlagsärmeren Wärmegebieten um Rhein und Neckar wie auch in den kühlen und feuchten Hochlagen der Mittelgebirge. Die durchschnittlichen Jahrestemperaturen bewegen sich je nach Standort und Höhenlage zwischen 5 und 9 °Celsius und die durchschnittlichen Jahresniederschläge zwischen 700 mm (Stuttgarter Becken und Kaiserstuhl) und 2000 mm (Hornisgrinde), liegen also bemerkenswert weit auseinander.

Das flügellose Weibchen von *B. comitella* sitzt hier, Männchen anlockend, an der unteren Sacköffnung. Die weiße Behaarung am Hinterleibsende hebt sich deutlich von der hellbraunen Färbung des Körpers ab. Die Raupen belegen die Oberfläche ihres Sackes vorzugsweise mit Tannennadeln, die grob und unregelmäßig abstehend angeheftet werden. – Adelegg: Schwarzer Grat 1000 m, (e.p., ca. 6 mm) 5. 6. 89 R. HERRMANN. S.

In der Pfalz, wo der Falter vor allem am Ostabfall des Haardtgebirges vorkommt, wird der Lebensraum dieser Art von BETTAG (1983) wie folgt beschrieben: »Es handelt sich dabei um sehr ähnliche Laub- oder Mischwälder mit Eichen, Edelkastanien und Kiefern mit einer Bestockung von höchstens 8–10 Stämmen pro Ar. Direkte Sonneneinstrahlung an Rändern wird gemieden, der Halbschatten bevorzugt. Der Bewuchs am Boden ist dort sehr spärlich auf dem Fallaub«.

Nahrung der Raupe: Die Larven von *Bruandia comitella* nähren sich, nach Zuchtbeobachtungen von R. HERRMANN, vor allem von verschiedenen Flechten- und Algenarten. Ob auch krautige Pflanzen, Baumblätter oder tote Pflanzenteile als Nahrungsquellen in Betracht kommen, ist nicht bekannt.

Habitat: Bevorzugt Quercion robori-petraeae, wie in der kollinen und submontanen Zone der Schwarzwald-Westseite, wo die reichlichen Vorkommen dieser Psychide in E- bis W-exponierten Hängen etabliert sind. Eine wichtige Rolle spielen auch einige Gesellschaften des Fagion sylvaticae tieferer und höherer Lagen wie z.B. das Luzulo-Fagetum, und solche des Verbandes Vaccinio-Piceion. Dort liegen die Larvalhabitate in Tannen- und Fichtenwäldern und kiefern- bzw. lärchenreichen Mischbeständen. Recht zahlreich kommt *B. comitella* in den Kiefernbeständen der klimatisch begünstigten kollinen Stufe der Schwarzwald-Westseite vor, spärlicher dagegen in solchen der nördlichen Oberrheinebene. Eine eindeutige Präferenz kommt bei der Besiedlung E- bis W-exponiertem, flachgründigem und felsig strukturiertem Waldgelände zu, wo die Larven gerne an halbschattigen und vegetationsarmen Stellen entweder auf nicht zu trockenem Boden oder an der Basis alter Buchen, Kiefern, Tannen, Lärchen, Fichten, Edelkastanien, Eichen und Hainbuchen leben.

Nur sehr selten wurden sie in dicht strukturierten, schattigen und nordseitig sonnenarm gelegenen Baumbeständen festgestellt. Besonders in den mittleren Lagen des Schwarzwaldes, der wohl am dichtesten besiedelten Höhenzone in Baden-Württemberg, wurden die Larven oft in großer Anzahl auch an sonnenbeschienenen, oft rein südseitigen, jedoch stets waldnahen Urgestein-, Buntsandstein- und Rotliegenden-Felsen und ferner auch an Findlingen beobachtet. Als Sonderstandort werden auch im Wald oder am Waldrand liegende Holzhüt-

An dieser leicht beschatteten, waldnahen Böschung saßen die Raupen von *B. comitella* an algen- und flechtenreichen, steinig strukturierten Partien zwischen der niederen Vegetation. An anderen Stellen wurden sie an Felsen verschiedener Gesteinsarten und an den Rändern nadelholzreicher Wälder festgestellt. – Schwarzwald: Bad Griesbach (Umgebung) ca. 800 m, 24. 5. 91 R. HERRMANN.

ten, die mit Grünalgen überzogen sind sowie algenreiches Gemäuer als Larvalhabitat genutzt.

Verhalten: Die nur spärliche Information zur Verhaltensbiologie bezieht sich einerseits auf den Falterschlupf der Imagines, wonach die Männchen bei Zucht am Abend zwischen 17 und 22 Uhr und die Weibchen in den frühen Morgenstunden schlüpfen[3], sowie auf das Verhalten der erwachsenen Raupe, die sich in den Waldbiotopen an halbschattig stehenden Baumstämmen sowohl an glatter Rinde (Buche) wie auch versteckt hinter oder zwischen grober Kiefern- und Lärchenborke in 1–2 m Höhe anspinnt. Es konnte weiter beobachtet werden, daß sich die Raupen an den Felsen der tieferen und wärmeren Lagen an oft vollkommen schattigen, an Felsen der höheren Lagen auch an sonnigen Plätzen zur Verpuppung anspinnen. Darüber hinaus können Puppensäcke auch an Wänden von Waldhütten gefunden werden.

Bruandia comitella ist sowohl in den Wald- wie auch in den Felsbiotopen oft mit *Psyche casta, Psyche crassiorella, Taleporia tubulosa, Dahlica lichenella* f. parth., *Dahlica triquetrella* f. parth. und f. bisexuell, *Dahlica charlottae* und *Dahlica sauteri* vergesellschaftet.

Gefährdung und Schutz

Rote Liste Bundesrepublik: –
Rote Liste Baden-Württemberg: –

Oberrheinebene: Noch ungeklärt.
Schwarzwald: Nicht gefährdet.
Neckar-Tauberland: Nicht gefährdet.
Schwäbische Alb: Nicht gefährdet.
Oberschwaben: Noch ungeklärt.

- In Baden-Württemberg nicht gefährdet!

[3] Auch BETTAG (1983) kommt für das Gebiet der Pfalz zu ganz ähnlichen Ergebnissen. Nach seinen Angaben schlüpfen dort die Männchen zwischen 17 und 19 Uhr und die weiblichen Tiere in der Morgendämmerung (Zucht).

Psyche casta
Pallas, 1767

Kleiner Rauch-Sackträger

Fumea intermediella BRD. (*nitidella* HOFM.) (REUTTI 1898)
Fumea casta PALL. (LAMPERT 1907, SEITZ 1907–1954, SPULER 1908–1910, REBEL 1910, ECKSTEIN 1913–1923, HERING 1932, SCHNEIDER 1936–1939, BERGMANN 1951–1955, KOCH 1955, FORSTER 1960, STRESEMANN 1969)

Fumea casta PALLAS (NOVAK & SEVERA 1980, KOCH 1984)

Gesamtverbreitung: In Europa weit verbreitet von Spanien (Pyrenäen) und Norditalien (Trentino) über die Alpen und durch den zentralen Teil bis in das arktische Fennoskandien. Im Westen werden auch noch die Britischen Inseln, im Osten große Teile Osteuropas einschließlich des Balkans und des europäischen Teils der ehemaligen USSR besiedelt. Die Art wird außerdem für Nordafrika (Algier), Kleinasien und für das Kaukasusgebiet angegeben. Ferner liegen Meldungen aus Nordamerika vor, wo *Psyche casta* (aus Europa eingeschleppt) in den Appalachen vom südöstlichen Kanada bis zum östlichen Pennsylvania vorkommt.

Verbreitung

Regional: *Psyche casta* ist in Baden-Württemberg weit verbreitet und stellenweise, wie z. B. in der Oberrheinebene oder in den nordöstlichen Landesteilen, sehr häufig. Lediglich in den Hochlagen des Schwarzwaldes und auf der Albhochfläche ist die Besiedlungsdichte geringer bzw. scheint die Art auch regional zu fehlen.

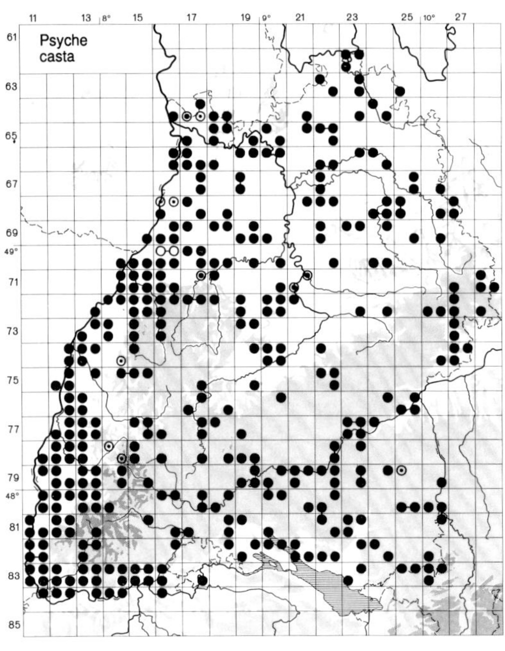

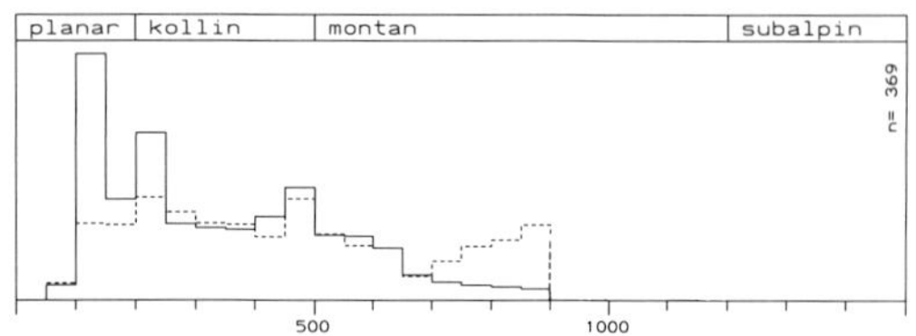

Vertikal: Von der Ebene bis in die mittleren Berglagen, wobei *P. casta* in Baden-Württemberg bisher nicht in Höhenlagen oberhalb 1000 m angetroffen worden ist. Die höchsten Fundorte im Schwarzwald, der Schwäbischen Alb (Klippeneck) und auf der Adelegg (HERRMANN 1991) liegen um 900 m.

Für die Nordostalpen meldet FRANZ (1985) die Art noch bis 1400 m und für Vorarlberg AISTLEITNER (1983) bis 1000 m.

Phänologie

Imagines: Die Imaginalphänologie von *P. casta* zeigt in den 5 Hauptnaturräumen des Landes keine nennenswerten Abweichungen. Allerdings liegen auch von dieser sehr häufigen Psychidenart verhältnismäßig wenige Freiland-Falterbeobachtungen vor. Solche wurden in der Oberrheinebene an verschiedenen Plätzen zwischen dem 3.6. und 24.6. und im Neckar-Tauberland am 3.6. und 15.6. in Einzelstücken registriert. Wesentlich mehr Datenmaterial stand dagegen aus Raupen- und Puppenzuchten zur Verfügung. Es wurden jedoch nur Daten von Faltern zur phänologischen Auswertung herangezogen, deren Raupen und Puppen nicht über sehr lange Zeiträume unter Zuchtbedingungen leben mußten.

Für die bereits erwähnten Gebiete ergab sich ein Häufigkeitsmaximum ab etwa dem letzten Maidrittel bis Monatsende Juni. Die frühesten Exemplare schlüpften hier schon ab Monatsmitte Mai, die spätesten Ende Juli, wie beispielsweise 6 Männchen aus Ebringen (Freiburg) vom 20.- 28.7. 1980 und ein Einzelfund vom 13.7. 1971 aus Schwäbisch Hall (W. SPEIDEL).

Auch aus dem Schwarzwald liegen nur wenige Falter-Freilandfunde vor: 7.7. 1990 (Freiburg, Lorettoberg), 20. und 23.6. 1992 (Malsch-Sulzbach, Bergwald). Zum erstgenannten Fund ist zu bemerken, daß die Fundstelle an einem wärmebegünstigten Südwesthang liegt, die Falter aber dennoch erst spät im Jahr zur Entwicklung kommen.

Ansonsten deuten die reichlich vorhandenen Zuchtbelegtiere auf ein Flugmaximum hin, das sich von Ende Mai bis Ende Juni erstreckt. Die frühesten Daten von der Schwäbischen Alb beziehen sich

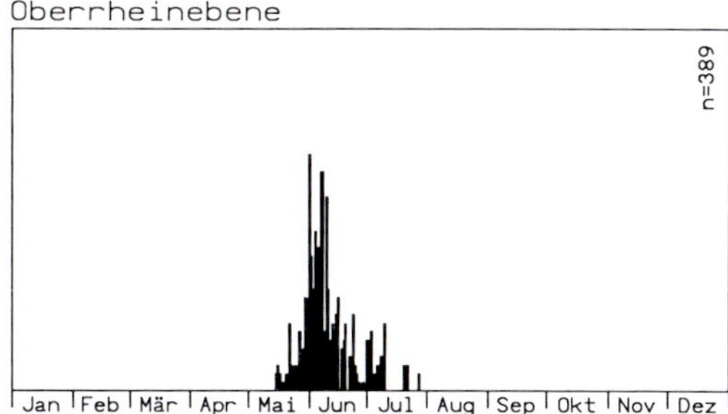

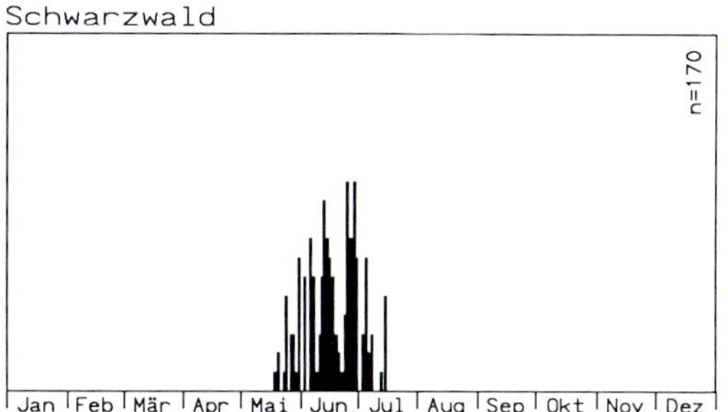

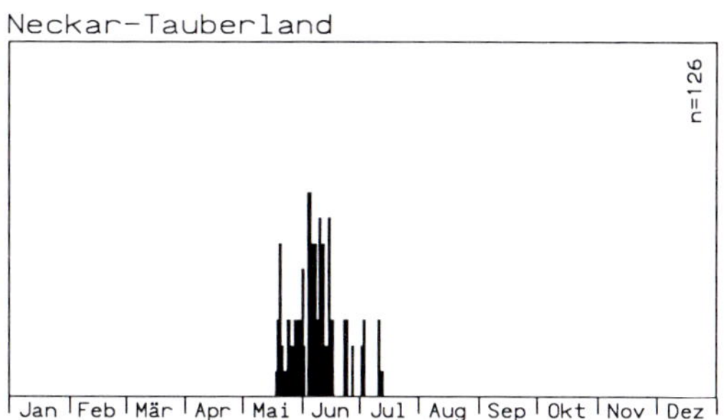

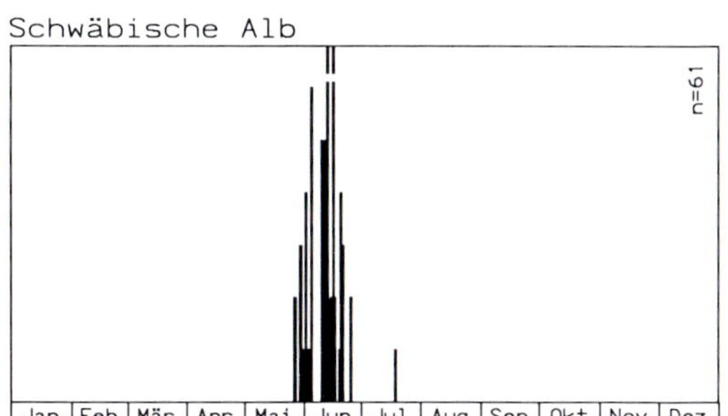

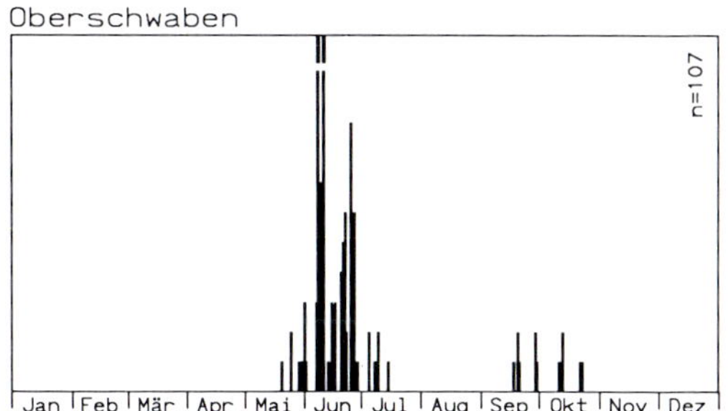

Der Kleine Rauch-Sackträger (*Psyche casta*) ist in Baden-Württemberg die häufigste Psychidenart. Von der Ebene bis in kühlere Höhenlagen um 1000 m kann sie sowohl im offenen Gelände, als auch an gebüschreichen Stellen und in Wäldern beobachtet werden. Die Männchen sind im Vergleich zu den mehr grauen der nahe verwandten *Psyche crassiorella* auf Vorder- und Hinterflügeln lebhaft erzbraun gefärbt. – Schwarzwald: Bad Peterstal 350 m, (e.p., Vfl-SpW 13 mm) 10. 6. 91 R. Herrmann. S.

ebenfalls auf Ende Mai. Im Juni nehmen die Meldungen zu; ein später Einzelfund stammt vom 19.7. 1962 (Schelklingen, G. Reich). Ähnlich ist die Situation in Oberschwaben einschließlich Hegau und Bodenseebecken. Von dort kennen wir Freilandbeobachtungen vom 8.6. 1989 (Engen), 22.6. 1989 (Liggeringen) sowie 15.7. 1963 (Federseemoor).

Unter Zuchtbedingungen konnte bei *P. casta* nur einmal eine 2. Gen. beobachtet werden. Die aus einem am 25.6. 1989 am Hohentwiel eingetragenen Weibchen-Sack nur wenige Tage später schlüpfenden Raupen verpuppten sich noch im August/September des gleichen Jahres und ergaben zwischen dem 29.9. und 22.10. ingesamt 12 Männchen, wobei anzumerken ist, daß bei der Zucht kein wachstumsförderndes Kleinklima (hohe Wärme und viel Licht) herrschte. Erstaunlicherweise schlüpften aus den Puppen keine weiblichen Falter, was darauf hinweisen könnte, daß es sich um eine Kreuzung zwischen *P. casta* und *P. crassiorella* gehandelt hat.

Dierl (1964) berichtet in diesem Zusammenhang ausführlich über Kreuzungsversuche und bemerkt u.a.: »Kreuzungen zwischen *Fumea casta* und *F. crassiorella* scheinen gelegentlich im Freiland vorzukommen. Dafür spricht die relativ große Affinität der beiden Arten zueinander sowie deren sympatrisches Vorkommen und die gleiche Erscheinungszeit der Imagines. Prof. Nüesch trug laut Mitteilung in lit. ein Gelege aus dem Freiland ein, das noch im gleichen Jahr nur Männchen ergab. Dabei kann es sich nur um eine Artkreuzung gehandelt haben«.

Unmittelbar nach der Begattung beginnen die Weibchen von *P. casta* mit der Eiablage, wobei der gesamte Eivorrat in das Sackinnere abgelegt wird. – Schwarzwald: Malsch-Sulzbach 150 m, (e.p., ca. 5 mm) 23. 6. 92 G. Ebert. M.

Präimaginalstadien: Die meisten der vielhundertfach registrierten Raupensäcke wurden in den Frühjahrsmonaten März bis Mai, die spätesten am 20.5. (1993, Adelegg: Schleifer Tobel) beobachtet, wobei es sich in der Regel um schon ausgewachsene Tiere handelte. Daneben konnten an einigen Stellen aber auch im gleichen Zeitraum kleine Exemplare (1 mm) festgestellt werden, wie z. B. am 23.3. 1991 bei Schmieheim und Lahr oder am 14.3. 1980 und 26.3. 1989 bei Ebersteinburg (Nördlicher Talschwarzwald), wo die Kleinstraupensäcke in Anzahl neben ausgewachsenen Raupensäcken an den Baumstämmen saßen. Ob es sich dabei um Larven mit einem zweijährigen Entwicklungszyklus handelte, ist unklar. Nach Dierl (1964) überwintert *P. casta* in Einzelfällen zweimal.

Da bei den Säcken Verwechslungen mit *P. crassiorella* auftreten können, ist es ratsam, sie einzutragen, um über die geschlüpften Falter den sicheren Artnachweis zu erhalten.

Ökologie

Lebensraum: *Psyche casta* ist als euryöke Art in einer Vielzahl unterschiedlich strukturierter Lebensräume anzutreffen. So besiedelt sie vor allem die laub- und nadelholzreichen Wälder feuchter bis trockener Standorte auf nahezu allen Böden. Regelmäßig konnte sie in Hainbuchenwäldern, buchen- und eichenreichen Wäldern, Erlen- und Eschen-Auenwäldern, aber auch in tannen- und fichtenreichen Wäldern und in Kiefernforsten beobachtet werden, außerdem auf gebüschreichen Flächen, Wiesengelände und im extensiv, seltener im intensiv genutzten Kulturland. Ferner nutzt *P. casta* auch andere stark anthropogen geprägten Standorten (siehe unter Habitat). Besonders häufig wurde sie auch in Felsgebieten der verschiedensten Gesteinstypen (Buntsandstein, Rotliegendes, Silikatgesteine und Gesteine vulkanischen Ursprungs) nachgewiesen. *Psyche casta* bewohnt vor allem die wärmeren Regionen, weniger dagegen Gebiete mit ausgesprochen humid-kühlem Klima.

Nahrung der Raupe:
Carpinus betulus – Hainbuche
L (Her)
Fagus sylvatica – Rotbuche
L (Her)
Quercus petraea – Trauben-Eiche
L (Her)
Ulmus campestris – Feld-Ulme (Blätter)
L (Her)
Rubus fruticosus agg. – Brombeere (Sammelart) (Blätter)
L (Her)
Prunus spinosa – Schlehe (Blätter)
L (Her)
Euphorbia cyparissias – Zypressen-Wolfsmilch (Blüten)
L (Blä)
Rhamnus frangula – Faulbaum (Blüten)
L (Ebe)
Cornus sanguinea – Roter Hartriegel (Blätter)
L (Ren)
Syringa vulgaris – Flieder (Blätter)
L (Her)

Die Raupe von *Psyche casta* ist außerordentlich polyphag und an vielerlei Laubhölzern und krautigen Pflanzen zu finden. In nicht geringem Umfang dienen auch Grünalgen, Moose und Flechten (an Baumstämmen, Ästen, Totholz, Felsen, Steinen und Mauern) sowie verwesende Pflanzenteile (z. B. an einer Bananenschale) als Nahrungsquellen.

Habitat: Sieht man einmal von hochmontanen Pflanzengesellschaften, Torfmoos-Schwingrasen und die Silberweidenaue (Salicion albae) ab, verfügt *P. casta* bei der Wahl ihrer Habitate über außergewöhnlich große ökologische Valenzen, wie sie nur wenige Arten dieser Familie aufzuweisen haben. Auf eine zusammenfassende Darstellung aller in Frage kommenden Habitatsstrukturen wird deshalb verzichtet und nur auf die wesentlichen Charakteristika hingewiesen. So werden von dieser, hinsichtlich ihrer Habitatspräferenzen anspruchslosen Art, insbesondere die Waldgesellschaften des

Carpinion, Quercion robori-petraeae, Quercion pubescenti-petraeae, Fagion sylvaticae, Vaccinio-Piceion, Kiefernforste, Auen- und Bruchwälder (Alno-Ulmion, Alnion glutinosae) besiedelt, wo die Larven in lichten Bereichen bis ins schattige Waldesinnere zu finden sind. Außerdem wurden sie auch zahlreich in Gebüsch- und Strauchgesellschaften (Berberidion, Salicion albae) festgestellt. Für das Offenland kommen vor allem sonnige, waldrandnahe Rasenflächen der verschiedensten Gesellschaften, Felswände und Blockhalden, moorige Wiesen, Röhrichte und Moorheiden (Sphagnion magellanici) in Betracht. Auch im extensiv, seltener im intensiv genutzten Kulturland wie beispielsweise in Streuobstwiesen, Weinbergen, Park- und Gartenanlagen und Wacholderheiden, ist dieser Ubiquist zu finden. Außerdem bilden südexponierte Böschungen, Steinriegel und Trockenmauern (z. B. Weinbergterrassen) und Dämme (z. B. die Hochwasserdämme am Rhein), Straßenränder, Alleen, Hohlwege, Industriebrachen, alte Dächer und Mauern in Ortschaften und Steindenkmäler in der Landschaft weitere Habitate, die von *P. casta* genutzt werden. Wichtiger scheinen auch Baumstämme zu sein und zwar vom Stammfuß bis in den Kronenbereich. Einen wichtigen Hinweis dazu lieferte R. Bläsius, der im Kronengeäst einer etwa 20 m hohen, im Winter gefällten Eiche einen angesponnenen Sack aufgefunden hat. Seltener wurden die Larven in der Bodenvegetation an Grashalmen angesponnen beobachtet. Interessant ist auch ein Hinweis von L. Settele, der 1975 im Kaiserstuhl beobachtete, wie sich Larven an Lößwänden verpuppten, wobei sie auch in die Löcher von Grabwespen krochen.

Kaum aus den Eiern geschlüpft, beginnen die winzigen Raupen mit dem Bau ihres arttypischen Sackes. Als Baumaterial dienen zuerst kleinste Pflanzenteile, die dem mütterlichen Sack entnommen werden. – Schwarzwald: Malsch-Sulzbach 150 m, 7. 7. 92 (e.o.) G. Ebert. S.

Die Raupen von *Psyche casta* nutzen flechten- und algenreiche Partien an Baumstämmen als Nahrungsquellen. In der Bildmitte ist ein Raupensack in fast voller Größe zu erkennen. – Schwarzwald: Ebersteinburg 350 m, 27. 2. 92 R. Herrmann.

Verhalten: Aus allen gezüchteten männlichen Puppensäcken schlüpften die Falter in der Regel in den Abendstunden zwischen 17 und 22 Uhr, lediglich in Einzelfällen zwischen 6.30 und 8 Uhr morgens. Einige Meldungen beziehen sich auch auf Anflüge an Lichtquellen, wo *P. casta* um die Mitternachtsstunde registriert wurde. Der Paarungsflug konnte dagegen nur in den Morgen- bzw. Vormittagsstunden beobachtet werden. Über die Lebensdauer ist zu sagen, daß die Männchen ohne Kopulation sowie unbefruchtete Weibchen bis zu einer Woche alt werden können. Nähere Angaben zur Fortpflanzungsbiologie machten G. Ebert & E. Ekkert (schriftl. Mitt.): »Die geschlüpften Weibchen wurden in ihrer typischen Position, d. h. halbkreisförmig um das Sackende gekrümmt, belassen und auf der Terrasse in 1.40 m Höhe an einem senkrechten Stämmchen angeheftet. Der Anflug der Männchen erfolgte unmittelbar und zwar einmal früh um 8.15 Uhr, ein anderes Mal mittags um 13 Uhr. In beiden Fällen herrschte leichter Wind bei warmem Wetter (um 20 °C). Die Paarung dauerte etwa 5 Minuten. In einem Fall erfolgte ein zweiter Anflug an dasselbe Weibchen, es kam jedoch zu keiner Kopula mehr. Die Eiablage begann unmittelbar nach dem Ende der Paarung, also gegen 8.30 Uhr und dauerte bis zum Abend. Bei einer Nachkontrolle um 19 Uhr lebte das Weibchen noch; der Ovipositor war weit vorgestreckt, eine Eiablage war nicht mehr zu beobachten. Exitus gegen 21 Uhr.«

Über das Ende unbegatteter Weibchen schreibt SIEBOLD (1856) treffend: »... während die Weibchen von *Fumea* mit dem Eierlegen solange warten, bis sie sich begattet haben, wobei viele der letzteren in meinen Zwingern, in denen es zuweilen an Männern fehlte, über das vergebliche Warten in ihrem jungfräulichen Zustande hinstarben, ohne vorher sich der Eier entledigt zu haben«. Weitere Angaben zur Fortpflanzungsbiologie finden sich bei TUTT (1900), der ausführlich auch andere Verhaltensaspekte beschrieb.

Die Larven von *P. casta*, die nach SCHRUFT (1972) gelegentlich in Weinbergen schädlich geworden sind, können auch an anderen Lokalitäten, wie z.B. an Straßenrändern und an Felsen in großer Mengen auftreten.

Parasitoide: Über die Parasiten bei *Psyche casta*, die »damit reich gesegnet« ist (HOFMANN 1860), berichtete bereits recht ausführlich SIEBOLD (1856). Er zählte schon damals nicht weniger als 12 Ichneumoniden-Arten auf.

Gefährdung und Schutz

Rote Liste Bundesrepublik: –
Rote Liste Baden-Württemberg: –

Oberrheinebene: Nicht gefährdet.
Schwarzwald: Nicht gefährdet.
Neckar-Tauberland: Nicht gefährdet.
Schwäbische Alb: Nicht gefährdet.
Oberschwaben: Nicht gefährdet.

- In Baden-Württemberg nicht gefährdet!

Psyche crassiorella
Bruand, 1851

Großer Rauch-Sackträger

Fumea affinis RTTI. (REUTTI 1898)
Fumea crassiorella BRD. (LAMPERT 1907, SEITZ 1907–1954, SPULER 1908–1910, REBEL 1910, ECKSTEIN 1913–1923, HERING 1932, SCHNEIDER 1936–1939, BERGMANN 1951–1955, FORSTER 1960)

Psyche crassiorella BRUAND, 1853 (LERAUT 1980)

Gesamtverbreitung: *Psyche crassiorella* ist von den Küsten der Mittelmeerländern durch das gemäßigte Europa, einschließlich England, nördlich bis in das mittlere Fennoskandien verbreitet, wobei sie in einigen Regionen recht häufig vorkommt.

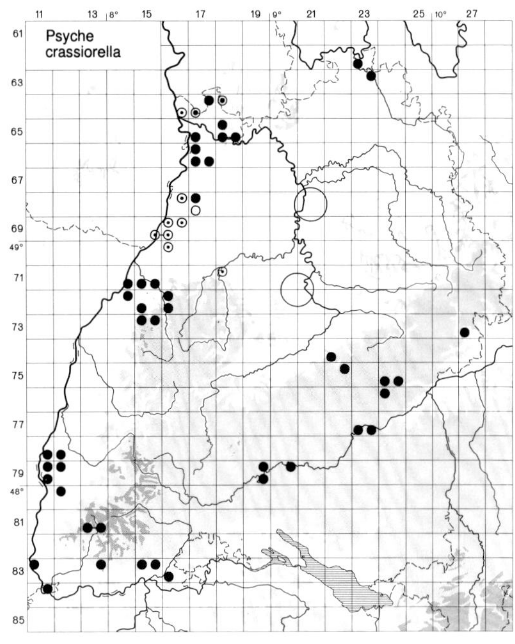

Verbreitung

Regional: In Baden-Württemberg liegt der Schwerpunkt der Verbreitung im Hauptnaturraum Oberrheinisches Tiefland, wo die Art in den Wärmegebieten der nördlichen Rheinebene zwischen Rastatt und Mannheim und im Kaiserstuhlgebiet stellenweise häufig anzutreffen ist. Weitere Vorkommen liegen an den Hängen der Bergstraße sowie isoliert am Isteiner Klotz. Obwohl geeignete Biotope genügend vorhanden sind, wurde *P. crassiorella* in der noch jungen, trockengefallenen Rheinaue zwischen Breisach und Istein bisher nicht gefunden, obwohl eine Besiedelung dieser Gebiete vom Kaiserstuhl oder vom Isteiner Klotz aus zu erwarten wäre. Weitere Untersuchungen, auch hinsichtlich der Ausbreitungsdynamik dieser Art, sind notwendig.

Auch in anderen Gegenden der Oberrheinebene wie etwa in den von feuchten Laubwäldern geprägten Regionen, scheint die Art vollkommen zu fehlen. Im angrenzenden Schwarzwald konnte sie nur im nördlich gelegenen Murgtal, im Raum Baden-Baden, an der Utzenfluh bei Utzenfeld (hier in einer starken Population) sowie im Schlücht- und Schwarzatal nachgewiesen werden. Noch spärlicher sind die Nachweise aus dem Hauptnaturraum Nekkar-Tauberland, von wo ein sicherer Nachweis aus Stuttgart (1 Männchen vom 10.6. 1874, in coll. SMNS) und aktuelle Meldungen aus Heidelberg (innerstädtisches Neckarufer, Ziegelhausen), vom unteren Taubertal (mit Falterbelegen aus Reicholzheim und Sackfunden aus Werbach) und aus dem äußersten Südwesten vom Grenzacher Horn vorliegen. Auf der Baar, in den Oberen Gäuen und den Schwäbisch-Fränkischen Waldbergen sowie ferner aus dem Bauland und der Hohenloher Ebene liegen keine Meldungen vor. Die Nachsuche in diesen Landschaften verlief negativ.

Ein erst in den 80er Jahren entdecktes Teilareal am Rande der Schwäbischen Alb erstreckt sich von der oberen Donau, den Fluß entlang, östlich bis in den Raum Ulm. Diese nur noch inselartig vorhandenen Vorkommen an klimatisch besonders günstig gelegenen Talhängen, auch einiger Nebenflüsse, könnten die Reste einer nacheiszeitlichen Einwanderung aus Südosteuropa sein. Die höher gelegenen Fundstellen wie etwa bei Fridingen, oft über Kilometer weit von anderen getrennt, könnten als Reliktvorkommen angesehen werden. Weitere Fundorte befinden sich am Nordwestrand der Schwäbischen Alb, in der wärmegetönten Traufzone um Urach (Mittlere Kuppenalb) und ganz im Süden dieses Hauptnaturraumes auf der Küssaburg nahe dem Hochrhein. In den angrenzenden Gebieten Oberschwabens wurde sie selbst im klimatisch milden Bodenseebecken und im Hegau bisher allerdings nicht beobachtet.

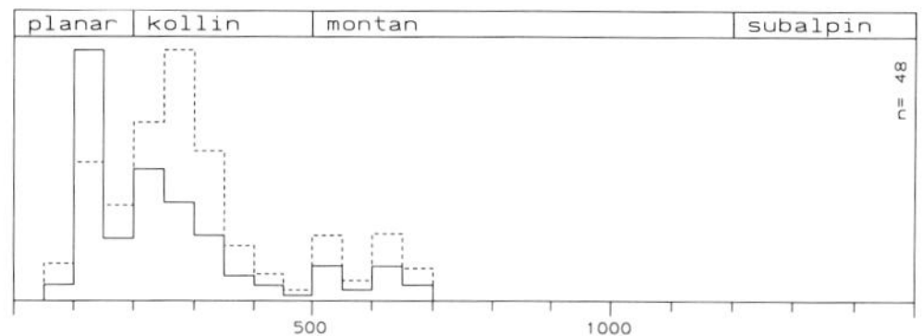

Vertikal: Als Charakterart der warmen Ebenen und des Hügellandes meidet *P. crassiorella* praktisch alle Lagen oberhalb 600 m. Nur an einigen wenigen Stellen im Schwarzwald (Utzenfeld, 650 m) und der Schwäbischen Alb (Fridingen, ca. 700 m) wird diese Höhengrenze überschritten, wobei hier eine starke Einnischung (klimatisch besonders begünstigte Lokalitäten) unverkennbar ist.

Aus den nördlichen Kalkalpen berichtet WOLFSBERGER (1950), daß die Säcke von *P. crassiorella* nicht selten im Königsseegebiet zwischen 600–1200 m an Felsen angesponnen waren. Auch FRANZ (1985) meldet die Art aus den Nordost-Alpen noch von einigen Fundorten, die im Höhenbereich um 1000 m liegen.

Phänologie

Imagines: Da nur wenige Freilandbeobachtungen zur Auswertung vorlagen, stützen sich die folgenden Ausführungen auf die reichlich vorhandenen Zuchtdaten, die von den meisten der rezenten Vorkommen in Baden-Württemberg stammen. Anhand dieser Meldungen wurde versucht, die Freilandverhältnisse zu rekonstruieren. Demnach erscheinen die Falter, in der Oberrheinebene mit Maxima in der ersten Juni-Dekade, schon ab Mitte Mai bis Ende Juni, wobei frühe Freilandfunde wie beispielsweise ein Weibchen vom Isteiner Klotz (25.5. 1991) auch im Zusammenhang mit milden Wintern und warmen Frühjahrsmonaten gesehen werden müssen. Sehr ähnlich ist das Phänogramm für den Hauptnaturraum Neckar-Tauberland. Dort konnten am 3.6. 1990 am Neckarufer bei Heidelberg zwei Puppen gesammelt werden, aus denen noch am gleichen Tage die Falter schlüpften.

Durchschnittlich etwas später schlüpften die Imagines aus dem Schwarzwald. Lediglich an den tiefer gelegen Fundplätzen wie bei Gernsbach und Baden-Baden dürften die ersten Falter bereits ab Ende Mai zu beobachten sein. Ansonsten kann sich die Flugzeit, namentlich an den höheren Stellen,

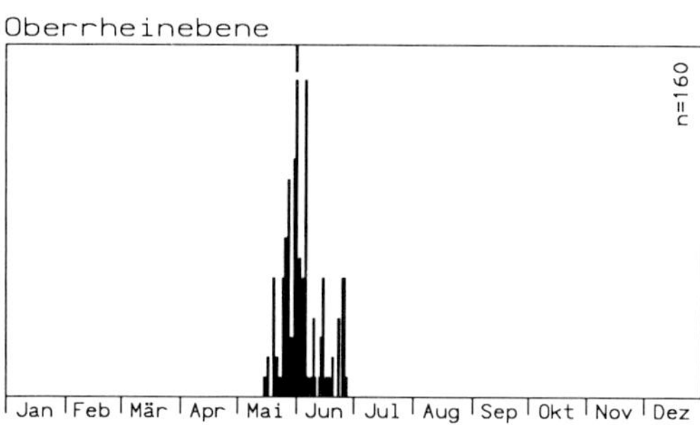

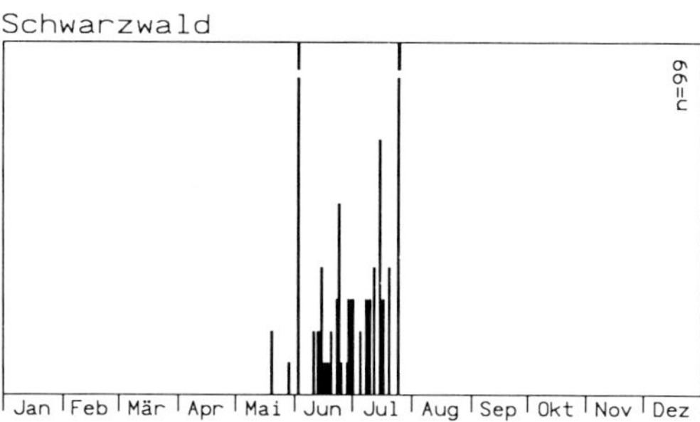

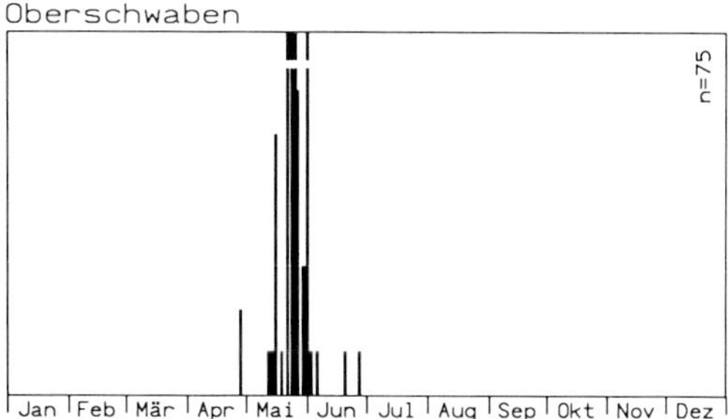

Im Gegensatz zu *Psyche casta* sind die Männchen des Großen Rauch-Sackträgers (*Psyche crassiorella*) durchschnittlich etwas größer und besitzen eine mehr graue Flügelfärbung. Außerdem haben ihre Fühler 19–23, die von *P. casta* nur 18 Glieder. *Psyche crassiorella* ist in Baden-Württemberg eine Charakterart warmer Landschaften und deshalb mehr inselartig verbreitet. – Schwarzwald: Hörden, Scheibenberg 250 m, (e.p., Vfl-SpW 14 mm) 23. 6. 92 R. Herrmann. S.

noch bis Ende Juli (Utzenfeld, 25.7. 1984, ein Männchen) erstrecken. Die vom 3.7. 1988 und 3.6. 1992 vorliegenden Freilandbeobachtungen stammen ebenfalls von der Utzenfluh im Wiesetal.

Auch von den Fundstellen der Schwäbischen Alb liegen ähnlich datierte Meldungen vor, woraus eine Flugzeit zwischen Ende Mai und Ende Juli (Kernflugzeit letztes Junidrittel) ermittelt werden konnte. R. Herrmann trug am 13.6. 1989 bei Gutenstein und Gerhausen jeweils etwa 30 angesponnene Puppensäcke ein, aus denen zwischen dem 16.6. und 1.7. sowie zwischen dem 19.6. und 27.6. die Falter schlüpften. Späte Freilandfalter (jeweils Weibchen) fand er noch am 20.7. 1986 bei Gerhausen und am 29.6. 1992 bei Beuron im Donautal.

Präimaginalstadien: Die von R. Herrmann aus den Jahren 1988–92 vorgelegten Raupenbeobachtungen beziehen sich sämtlich auf überwinterte erwachsene Larven, die er an verschiedenen Fundstellen in Baden-Württemberg zwischen dem 5.4. und 25.6. angetroffen hatte und die sich im Mai oder Juni in ihren Säcken verpuppten. Recht leicht können sie im Frühjahr an besonnten Felsen und Mauern, aber auch am Boden und an Baumrinden, wenngleich der guten Tarnung wegen dort schwieriger, beobachtet werden. Sie treten meist in größerer Anzahl auf, seltener dagegen in Einzelstücken. Besonders individuenreiche Populationen von bis zu hundert Tieren wurden bei Utzenfeld, Gerhausen und bei Istein festgestellt. Am häufigsten fand sich die Art im Bereich der Roßfallenfelsen oberhalb von Witznau (Alb-Wutachgebiet), wo am 11.7. 1993 zwischen 500 und 600 Säcke gezählt werden konnten. Die meisten der gemeldeten Puppenfunde stammen von der Fundstelle bei Utzenfeld, wo die Puppen zu Dutzenden am 6.7. 1984, 3.7. 1985, 3.7. 1988 und 3.6. 1992 (warmes Frühjahr) eingetragen werden konnten.

Ökologie

Lebensraum: In erster Linie felsdurchsetzte xerotherme Trockenrasen und natürliche Felshänge. So ist diese Psychide im Kaiserstuhl an nahezu allen Trockenrasenstandorten, sofern nicht nordseitig gelegen, zu finden. Auch auf den Kalken des Isteiner Klotzes lebt sie inmitten einer stark mediterran geprägten Fauna und Flora auf felsigem Boden. In den nördlichen Teilen des Hauptnaturraumes Oberrheinebene dagegen liegen die Vorkommen

Unterschiede zwischen den beiden bei uns heimischen *Psyche*-Arten finden sich auch bei den Raupensäcken und den Weibchen. Bei *P. crassiorella* ist der Sack etwas größer und mit derbem Pflanzenmaterial belegt, während das Weibchen (e.p., ca. 6 mm) etwas heller gefärbt ist. – Oberrheinebene: Isteiner Klotz 245 m, 3. 6. 91 R. Herrmann. S.

Hier ernähren sich mehrere Raupen der *Psyche crassiorella* von Moosen und Algen an einem südexponierten Felsen. – Schwarzwald: Utzenfeld 561 m, 25. 4. 91 R. HERRMANN.

auf der nacheiszeitlich entstandenen felsenfreien Niederterrasse, die überwiegend aus kalkarmen und kalkreicheren Sanden aufgebaut ist. Dort lebt *P. crassiorella* gerne an Rändern sonnig gelegener eichen- und kiefernreicher Wälder und auf vorgelagerten offenen Sandheideflächen. Auch im Bereich der klimatisch besonders begünstigten Bergstraße kann diese Psychide auf felsigem Gelände (Porphyr) und in lichten Eichen- und Edelkastanienwäldern beobachtet werden.

Im Schwarzwald liegen die Lebensräume bevorzugt an warmen, sonnigen und trockenen, aber auch mäßig feuchten Stellen, in felsdurchsetzten, auf Buntsandstein, Rotliegendem und Silikatgestein stockenden lichten laub- und kiefernreichen Wäldern und deren Randstrukturen. Ebenso werden im Donautal sonnenheiße Felsen und Felsbänder als primäre Lebensräume genutzt. Weiter konnte *P. crassiorella* auch auf einigen anthropogen entstandenen Flächen festgestellt werden, wobei auf solche Standorte im Kapitel »Habitat« näher eingegangen wird.

Nahrung der Raupe:

– Grünalgenarten
  L (HER)
Trichocolea tomentella – (Moos)
  L (EBE)
Caloplaca spec. – (Schönflechte)
  L (HER)
– Gräser (div.)
  L (HER)
Geranium sanguineum – Blut-Storchschnabel
  L (HER)

Außer an Grünalgen wurden die Larven an einer Krustenflechte sowie an einer Moosart bei der Nahrungsaufnahme beobachtet. Wichtige Nahrung bilden allem Anschein nach neben Grünalgen- und Gesteinsflechtenarten auch niedrig wachsende krautige Pflanzen wie beispielsweise der Blut-Storchschnabel, an dessen Blüten die Raupe schon gefunden wurde, wie verschiedene Grasarten. Unklar ist die Bedeutung von Moosen als Nahrungsquelle. In der Zucht wurden Heidekraut und Besenginster als Futter angenommen, wodurch die recht polyphage Lebensweise der Larven zusätzlich unterstrichen wird.

BERGMANN (1953) berichtet, daß die Raupe in Mitteldeutschland in Warmtrockengebieten an Schlehe und Pflaumenstämmen lebt. Weiter ist hier nachzulesen, daß die noch nicht festgehefteten Säcke sich vom Gebüsch (Schlehen) klopfen lassen (PETRY).

Habitat: Im Gegensatz zu *Psyche casta* hat *P. crassiorella* weitaus spezifischere Habitatansprüche und ist deshalb nicht überall zu finden. Geeignete Habitate bilden bei uns das flachgründige, felsige Xerobromion und der oft im Kontakt dazu stehende trockene Flügel des Mesobromion, gebüschreiche Sandrasen sowie die subatlantische Sandginster-Heide (Genistion). Häufig werden aber auch offene, südexponierte Waldrandlagen und Verlichtungen der Verbände Quercion robori-petraeae, Quercion pubescenti-petraeae sowie buchen- und kiefernreiche Waldungen von *P. crassiorella* genutzt.

Außer an diesen teilweise ursprünglichen Lokalitäten wurden Populationen auch an trockenen, mit ruderaler Niedrig-Vegetation und Gebüschen bewachsenen Straßenrändern und Straßenböschungen, an künstlichen Steinböschungen, in Steinbrüchen, an altem fugenreichem Gemäuer wie z. B. an der Küssaburgruine und an offenen alten, meist im Weinberg- und Streuobstgelände liegenden Trokkenmauern festgestellt. Die Larven wurden am Boden zwischen lückiger Vegetation und Moosen, auf flechten-, algen- und moosreichem Felsgestein sowie auf Stammholz gefunden. An einer derart strukturierten Mauer (Urgestein) bei Utzenfeld ließen sich die Raupen in erheblicher Anzahl in Gesteinsritzen, unter kleinen Vorsprüngen oder auch frei der Sonne ausgesetzt bei der Nahrungsaufnahme beobachten.

Verhalten: Im allgemeinen schlüpfen die Männchen, wie etwa die 12 Exemplare aus Gerhausen, zwischen 18.30 und 20.30 Uhr am Abend, und die Weibchen in den frühen Morgenstunden. Weiter konnte beobachtet werden, daß die Paarungsbereitschaft in den Morgenstunden am stärksten ausgeprägt war. Ohne Kopulation können auch die Imagines dieser Art mehrere Tage am Leben bleiben. Über die larvale Entwicklungsdauer liegen aus Baden-Württemberg keine gesicherten Hinweise vor. Vermutlich hat jedoch der überwiegende Teil der bei uns lebenden Raupen eine einjährige Entwicklung. BERGMANN (1953) weist auf eine ein- bis

Wo Felsen fehlen, wie hier auf der kiefernreichen, sandigen Niederterrasse südlich von Rastatt, leben die Raupen an vegetationslosen Stellen am Boden. Wie an vielen anderen Orten waren auch an diesen sonnigen Straßenleitplanken etliche angesponnene Säcke von *P. crassiorella* zu finden, daneben aber auch noch die von *Dahlica triquetrella* f. parth., *Taleporia tubulosa, Psyche casta, Canephora unicolor, Sterrhopterix fusca* und *Apterona helicoidella*. – Oberrheinebene: Iffezheim (B 500) 125 m, 30. 5. 91 R. HERRMANN.

zweijährige Entwicklung in Mitteldeutschland hin und DIERL (1964) merkt dazu an, daß *P. crassiorella* im nördlichen Mitteleuropa eine zweijährige Entwicklung habe.

Die meist am Boden lebenden Raupen klettern vor der Verpuppung an Felsen, Mauern, Stämmen und dergleichen hinauf, um sich dort bis in größere Höhen anzuspinnen. Interessant erscheint dazu eine Beobachtung aus Utzenfeld, nach der die Säcke (meist weibliche) an einer sauber verputzten Hauswand vom Boden bis unter den Dachfirst in etwa 8 m Höhe zum Verpuppen angesponnen waren, und eine andere ähnliche Beobachtung aus Fridingen, wo sich ein weiblicher Sack im oberen Teil einer etwa 4 m hohen Straßenlaterne befand. Ansonsten können die Puppen- und auch die Altsäcke recht zahlreich an Straßenleitplanken (z.B. bei Gerhausen und Beuron) gefunden werden. Detaillierte und ausführliche Hinweise über die Fortpflanzungsbiologie macht MATTHES (1947), auf die verwiesen wird.

Gefährdung und Schutz

Rote Liste Bundesrepublik: –
Rote Liste Baden-Württemberg: –

Oberrheinebene: Nicht gefährdet.
Schwarzwald: Nicht gefährdet.
Neckar-Tauberland: Noch unklar.
Schwäbische Alb: Nicht gefährdet.
Oberschwaben: Nicht vertreten.

- In Baden-Württemberg nicht gefährdet!

Eine akute Gefährdung des Gesamtbestandes ist momentan nicht erkennbar. Am wenigsten bedroht sind die Vorkommen in den schwer zugänglichen und wirtschaftliche uninteressanten, oftmals schon unter Naturschutz stehenden Felsfluren (Donautal) und Trockenrasen (Kaiserstuhl); eher dagegen jene Vorkommen, die an anthropogenen Standorten wie Baumalleen und Trockenmauern zu finden sind. Hingewiesen werden muß auch auf so manchen, auf den ersten Blick belanglos erscheinenden Straßenrand, der nicht nur für *Psyche crassiorella* zu einem wertvollen Ersatzbiotop geworden ist. Deshalb sollten auch für diesen Bereich, zumindest dort, wo es sich lohnt, spezielle Pflegekonzepte zum Tragen kommen. Besonders günstig für diese Art ist der Erhalt und Schutz offener Trockenmauern, insbesondere in den Weinbauregionen.

Epichnopteryginae

Von den zahlreichen Gattungen dieser Unterfamilie kommen in Baden-Württemberg nur *Bijugis*, *Rebelia* und *Epichnopterix* vor. Die stark rudimentären, madenförmigen Weibchen verbleiben in ihrem Puppensack, können aber Teile von Kopf, Rücken und Brust während ihrer Lockaktivitäten herausstrekken.

Bijugis bombycella
Denis & Schiffermüller, 1775

Ockergelber Gitter-Sackträger

Psychidea bombycella SCHIFF. (LAMPERT 1907. SEITZ 1907–1954, SPULER 1908–1910, REBEL 1910, ECKSTEIN 1913–1923, HERING 1932, SCHNEIDER 1936–1939, BERGMANN 1951–1955, FORSTER 1960).

Gesamtverbreitung: Mit stärkerer Tendenz zur Rassenbildung vom zentralen Europa, einschließlich der Alpen, ostwärts bis Rußland und nach Südosten bis zum Balkan. Weiten Teilen West- und Südeuropas sowie dem nördlichen Mitteleuropa und Nordeuropas fehlt die Art. Ein isoliertes Teilareal wird für Vorderasien angegeben.

Verbreitung

Regional: Relativ gut besiedelt ist die Oberrheinebene, wo die Fundmeldungen vor allem im nördlichen Teil vergleichsweise am dichtesten sind und sich hauptsächlich auf die Flugsandgebiete und die Rheindämme konzentrieren. Nach Süden hin allerdings fehlen im gesamten Bereich der Offenburger Rheinebene sowie aus den Ortenauer, Bühler- und Lahr-Emmendinger Vorbergen jegliche Hinweise. Schon im anschließenden Kaiserstuhl jedoch ist *B. bombycella* wieder häufig und von vielen Plätzen gemeldet worden. Weitere Vorkommen befinden sich in der Markgräfler Rheinebene zwischen Grißheim und Bellingen.

Im Schwarzwald konnte die Art bisher nur im nördlichen und südlichen Teil festgestellt werden. Es ist allerdings anzunehmen, daß sie auch in anderen Teilen dieses Hauptnaturraumes vorkommt. Nur wenige Hinweise erhielten wir dagegen aus dem Hauptnaturraum Neckar-Tauberland, wo sich die Angaben schwerpunktmäßig auf Teile des Alb-Wutach-Gebietes, der Baar, der Oberen Gäue und auf den Raum Tübingen (Spitzberg), Stuttgart und die nordwestlichen Teile (Randgebiet) des Kraichgaues beziehen. Aus den östlich des Neckars sowie nördlich der Schwäbischen Alb, mit Ausnahme des östlichen Albvorlandes, gelegenen Landschaften sind keine Fundorte bekannt geworden.

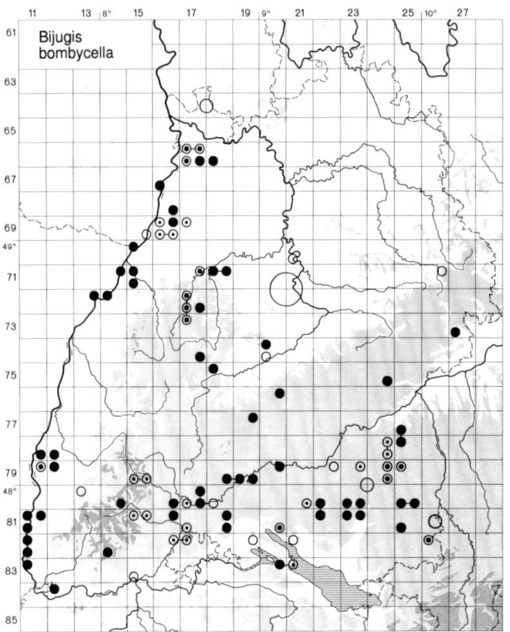

Für den Bereich der Schwäbischen Alb liegen Fundortkonzentrationen nur aus dem Oberen Donautal zwischen Fridingen und Gutenstein vor, wobei die Art jedoch auch in den anderen Regionen dieses Gebirges, wie die weit auseinander liegenden Einzelhinweise zeigen, weiter verbreitet sein dürfte. Die östlichsten Vorkommen liegen im Bereich der Lonetal-Flächenalb (Eselsburger Tal). Relativ gut erforscht ist die rezente Verbreitung im württembergischen Alpenvorland (mit Ausnahme von Teilen des Westallgäuer Hügellandes und der Adelegg), das in Baden-Württemberg zu den von *Bijugis bombycella* am dichtesten besiedelten Regionen zählt. Weiter nach Westen konnte sie ferner noch für den westlichen Bodenseeraum und den Hegau nachgewiesen werden.

VIII. Tinea. Schaben. Hybners Samml. achte Horde. Augsburg 1796.

Anm. Aus Fabricius gehören die Gattungen Tinea, Allucita, und aus deſsen Supplement die neue Gattung Galeria, Phycis, Lithosia, Ypsilophus hieher.

A. Spinnerförmige.

a. Afterattaker.

298. Bombycella 4. fig. 4 ♂. •† = Bombyx Bombycella Borkh. 108. = Bomb. Bombella Fabr. 234.
Kommt selten vor.

Historische Angaben: Eine erste Angabe über das Vorhandensein dieser Psychide und damit die erste Meldung von einem »Sakträger« in unserem Land überhaupt ist in dem 1800 erschienenen Werk von ROTH VON SCHRECKENSTEIN über die Schmetterlinge um den Ursprung der Donau und des Nekkars ... enthalten, wo diese Art unter die »Schaben« gestellt worden ist.

SEYFFER (1849) meldet die Art ebenfalls und gibt sie für Stuttgart und Tübingen als selten an. Für den badischen Landesteil meldet sie REUTTI (1853) als verbreitet. Zusätzlich weist er auf die Orte Konstanz und Freiburg (Hirzberg) hin. In seiner 1898 erschienenen 2. Ausgabe werden noch weitere Orte erwähnt.

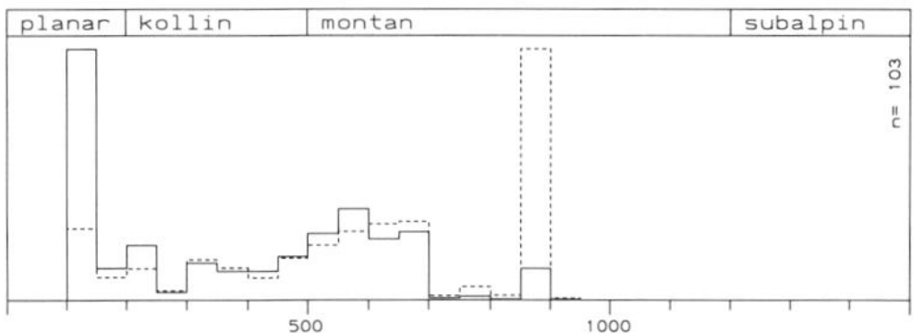

Vertikal: Von der planaren bis in die montane Stufe. Die höchsten in Baden-Württemberg bekannten Vorkommen liegen im Hinterzartener Moor und bei Linach (Schwarzwald) bei 900 m sowie auf dem Irrenberg und auf der Kraftsteiner Heide bei Mühlheim (Schwäbische Alb), ebenfalls bei etwa 900 m. In hochmontaner bzw. subalpiner Höhenlage wurde sie bisher bei uns nicht nachgewiesen, obwohl alpine Rassen noch in beträchtlicher Höhe geeignete Lebensbedingungen finden (bei DANNEHL 1929 wird auf Populationen hingewiesen, die in Südtirol noch zwischen 2400 und 2900 m vorkommen).

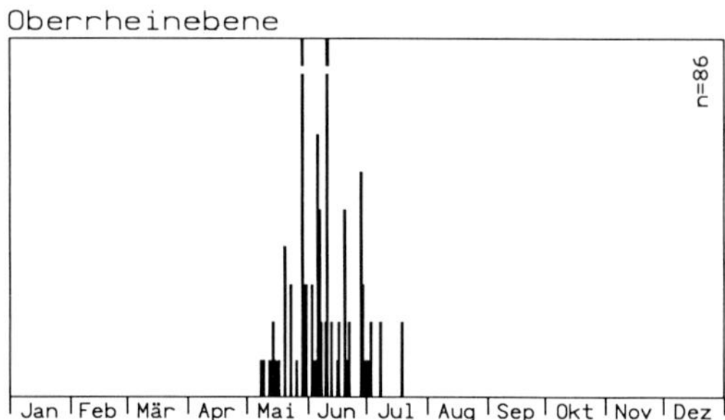

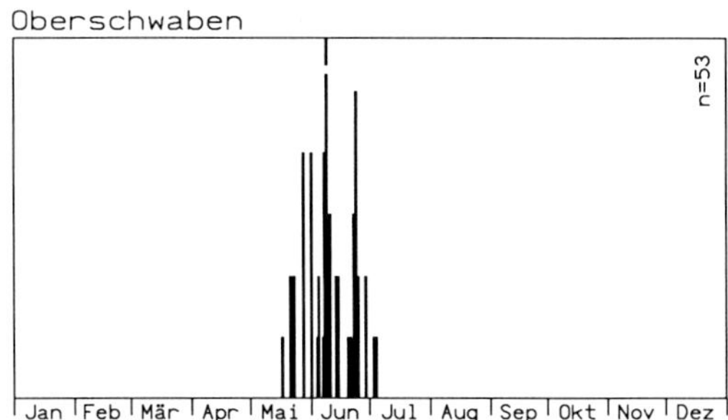

Nicht wie bei den meisten Psychidenarten schwarz oder grau, sondern ockergelb gefärbt sind die Männchen des Ockergelben Gitter-Sackträgers (*Bijugis bombycella*). Darüberhinaus fallen sie durch die charakteristische Gitterzeichnung auf den Vorderflügeln auf, so daß die Determination einfach ist. Sie fliegen am Abend und in der Nacht und kommen auch ans Licht. – Baar: Hüfingen 720 m, (Vfl-SpW 18 mm) 25. 5. 93 R. HERRMANN. S.

Phänologie

Imagines: Da die Männchen von *B. bombycella* oft schon in der Dämmerung zu beobachten sind und vor allem auch nachts recht zahlreich dem Lichte zufliegen, wurden sie von vielen Mitarbeitern (A. BIEBINGER, A. GREMMINGER, R. HERRMANN, J.U. MEINEKE, W. STAIB, A. STEINER, K. STROBEL und M. WALLNER) gemeldet. Ihre Bestimmung ist relativ einfach, denn die ockergelb gefärbten Falter verfügen über eine mehr oder weniger deutlich sichtbare gitterartige Vorderflügelzeichnung. Mit der zur Verfügung stehenden Datenbasis lassen sich deshalb fundierte phänologische Aussagen für alle Hauptnaturräume vornehmen. So stammen die frühesten Meldungen aus der Oberrheinebene, wo K. STROBEL und L. SETTELE die Falter bereits am 8.5.(1916) bzw. 9.5.(1936) am Badberg (Kaiserstuhl) feststellen konnten. Solche besonders frühen Hinweise blieben jedoch die Ausnahme, denn die meisten Beobachtungen verteilen sich auf den Zeitraum von Ende Mai bis Ende Juni. Die spätesten Fundmeldungen (2 Männchen vom 19.7. 1985) lieferte R. HERRMANN aus den Flugsanddünen südlich von Rastatt. Im Schwarzwald, wo M. WALLNER den spätesten Falter am 24.7.(1954) sammelte, erscheinen die Imagines, der klimatischen Verhältnisse wegen mit einem Flugzeitmaximum von Ende Juni bis Anfang Juli, naturgemäß später. In den restlichen Hauptnaturräumen sind die Beobachtungszeiträume ähnlich gelagert. Bemerkenswert ist jedoch, daß gerade von den klimatisch ungünstig beeinflußten Gebieten Oberschwabens und des Allgäus nur noch 4 Funde von Anfang Juli vorliegen.
Präimaginalstadien: Die wenigen Raupenbeobachtungen stammen, mit Ausnahme eines Fundes vom 13.6. 1989 bei Gerhausen (Schwäbische Alb), ausschließlich aus dem Hauptnaturraum Oberrheinebene. Dort konnte der mit dürren Halmen belegte und seiner Gestalt wegen der Umgebung besonders gut angepaßte Raupensack am Badberg ab Anfang März bis Ende Mai mehrfach festgestellt werden. Weitere erwachsene Raupen wurden auch im NSG Orberg (31.3. 1989) und in mehreren Exemplaren bei Bad Bellingen (21.3. 1993 und 29.4. 1992) aufgefunden. Ergiebiger gestaltete sich die Raupensu-

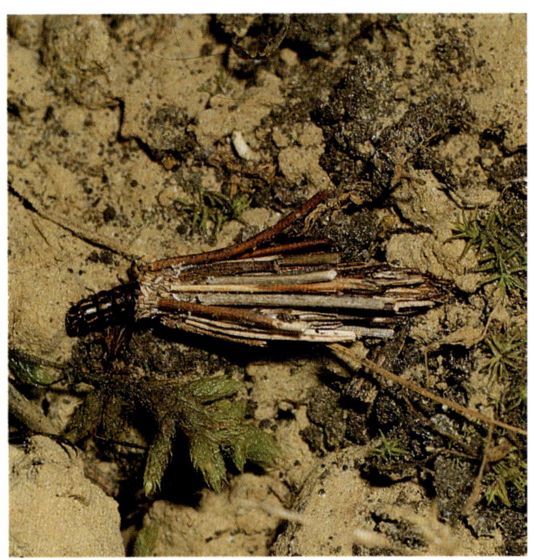

Die Raupen von *B. bombycella* leben sehr versteckt in der Bodenvegetation und ernähren sich dort von allerlei krautigen Pflanzen. Der etwa 2 cm lange Sack ist mit Teilen von Grashalmen und feinen Ästchen belegt, die der Länge nach unregelmäßig angeordnet sind. – Kaiserstuhl: Badberg 350 m, 11. 3. 83 R. HERRMANN. S.

che an den Rheindämmen zwischen Stollhofen und Au am Rhein (Lkr. Rastatt), wo A. BIEBINGER am 11.5. 1978 alleine bei Stollhofen über ein Dutzend erwachsener Raupen und 10 km rheinabwärts am 26.5. 1978 bei Wintersdorf nochmals 6 Raupen nach mühevoller Suche fand. Über Junglarven bzw. über Puppenfunde liegen dagegen keine Meldungen vor.

Ökologie

Lebensraum: *Bijugis bombycella* besiedelt bei uns überwiegend das Offenland und gebüschreiche Landschaften. Sie findet sich sowohl an trockenen wie auch an frischen bis feuchten Standorten der Ebene, des Hügellandes und des höheren Berglandes, wo sie allerdings zusehends seltener wird. Besonders bevorzugte Lebensräume bilden gebüschbestandene Magerrasen (z.B. Wacholderheiden) kalkreicher (Jura-, Muschkalk, Rheinschotter) und kalkarmer Böden (Sandböden und Urgestein), sowie die klassischen Trockenrasen und Felsfluren kalkreicher Standorte, ferner sonnige Dämme und Böschungen. Weitere Lebensräume bilden Hochmoorkomplexe wie beispielsweise Niedermoor-, Übergangsmoor- und Torfstichgebiete (MEINEKE 1982). REUTTI (1898) weist neben »Bergwiesen« ohne nähere Charakterisierung kurz auf »Waldungen« hin, in denen die Art nachts fliegen soll. Nach den bisherigen von R. HERRMANN durchgeführten Untersuchungen scheint der Wald bei uns als Lebensraum nur eine untergeordnete Rolle zu spielen. A. STEINER beobachtete allerdings *B. bombycella* häufig mitten in einem lichten Waldmeister-Eichen-Buchenwald auf Lias im Schönbuch bei Tübingen. HERRMANN & WEIDLICH (1990) berichten von einem Raupenfund inmitten eines dichten Eichenbestandes bei Hateg in Westrumänien.

Auf sonnigen Lichtungen, in sehr lichten Waldbereichen und in offenen Waldrandstrukturen konnte der Falter dagegen öfters beobachtet werden. Gänzlich gemieden werden offensichtlich Gärten, Äcker und Kulturwiesen. Nach REUTTI (1853) flog früher der Falter auch »Nachts auf Hutwaiden und deren Nähe«.

Alle in der Oberrheinebene gelegenen Vorkommen befinden sich in Zonen mit vergleichsweise geringem bis mäßigem Niederschlagsaufkommen von etwa 500–800 mm und recht hohen Temperaturen von 9–10 °C im jährlichen Durchschnitt. Zwischen 700 mm (Raum Pforzheim) und 1300 mm (Hinterzarten) durchschnittlicher Jahresniederschlag fallen auf die Populationen des Schwarzwaldes. Dort schwanken die Durchschnittstemperaturen, je nach Lokalität und Höhenlage, zwischen 6 und 9 °C. Auch in den anderen Hauptnaturräumen liegen die meisten Vorkommen in Gebieten mit ähnlichen Klimadaten. Lediglich an den Fundstellen im württembergischen Allgäu fallen schon recht hohe Niederschläge (1400–1600 mm); die durchschnittlichen Jahrestemperaturen liegen hier zwischen 6 und 7 °C.

Nahrung der Raupe:
Potentilla tabernaemontani –
Frühlings-Fingerkraut
L (HER)
Hieracium pilosella – Mausöhrchen
L (HER)

Es kann davon ausgegangen werden, daß die Larven oligophag an verschiedenen krautartigen Pflanzen, vermutlich auch an Gräsern leben. Im Kaiserstuhl konnten auf sterilem Trockenrasen Raupen dabei beobachtet werden, wie sie an den beiden oben genannten Pflanzenarten am Tage und bei Sonnenschein fraßen.

Habitat: Vor allem im trockenen Flügel des Mesobromion, wie etwa im Kaiserstuhl und in der südlich angrenzenden Markgräfler Rheinaue und in den an einigen Stellen im Kontakt dazu stehenden Flächen des Xerobromion, wo die Larven an felsig und steinig strukturierten Hängen im Donautal,

Mit etwas Geduld können die Raupen von B. *bombycella* auf blütenreichen Magerrasen wie hier am Rheindamm nördlich von Rastatt gefunden werden. Selbst so extreme Standorte wie die flachgründigen, der Sonneneinstrahlung voll ausgesetzten Trockenrasen im Kaiserstuhl werden von ihnen noch bewohnt. Neben mesophilen Waldwiesen gehören auch wechselfeuchte Wiesen, Riedwiesen und heidekrautreiche Hochmoorheiden zum Lebensraum dieser Art. – Oberrheinebene: Au am Rhein 113 m, 19. 5. 82 R. HERRMANN.

Kaiserstuhl und auf den Vulkankegeln des Hegaus (Mägdeberg und Hewenegg) beobachtet werden konnten. Mehr oder weniger häufig an lichten Stellen einiger trockener Gebüschgesellschaften des Berberidion, so im Hippophaetum der trocken gefallenen südlichen Rheinaue. In den Sandgegenden Nordbadens (Hardtebenen) im offenen und gebüschdurchsetzten und oft im Schutze von Waldrändern befindlichen Beständen des Thero-Airion und dessen Sukzessionsstadien. Auf südgeneigten, mageren, einschürigen Bergwiesen der höheren Lagen der Schwäbischen Alb. Inwieweit auch Bestände von Glatthaferwiesen (einmal gemeldet) mit einzubeziehen sind, ist noch unklar.

Feuchtgebiete betreffende Aussagen basieren dagegen ausschließlich auf Beobachtungen der Männchen, die entweder am Tage oder bei Nacht erzielt worden sind und der relativ starken Standortstreue der Falter wegen verbindliche Rückschlüsse auf den in Frage kommenden Habitatcharakter zulassen. Im Schwarzwald demnach auf trockenen, verheideten Flächen gestörter Hochmoore und sicherlich in anderen Bereichen des Sphagnion magellanici. Auch im württembergischen Alpenvorland wurde *B. bombycella* nach J.U. MEINEKE (pers. Mitt.) im Bereich von Röhrichten, Seggenriedern, Zwischenmoorwald und Hochmoorinitial und nach G. REICH (Aufzeichnungen 1910–1965) auf feuchten Wald- und Moorwiesen beobachtet. Daß auch sekundäre und anthropogen genutzte Standorte besiedelt werden zeigen die Larvalfunde, insbesondere an xerothermen Stellen der Rheindämme (Mesobromion-Bereiche) und von den ebenso zweischürigen Murgdämmen bei Rastatt, wo vor allem die Bereiche des Verbandes Thero-Airion in Betracht zu ziehen sind.

Verhalten: Die Schlüpfzeiten der Imagines liegen überwiegend in den Abendstunden (und Nachtstunden?). So schlüpfte ein Männchen vom Kaiserstuhl gegen 19 Uhr und bei einem Weibchen aus der Markgräfler Trockenaue konnte beobachtet werden, wie es einige Tage lang in den Abendstunden ab etwa 20 Uhr mit dem Locken begann. Freilandbeobachtungen von aktiven Männchen wurden von R. HERRMANN am 28.6. 1978 um 17 Uhr (Hinterzarten), am 1.7. 1978 um 21 Uhr (Niederbühl), am 25.5. 1993 um 21.30 Uhr (Hüfingen) und von G. REICH (Aufzeichnungen 1910–1965) »im Ummendorfer Ried oft häufig gegen Abend fliegend«

notiert. Bergmann (1951) dagegen meldet den Flug der Männchen auch für die Morgenstunden, wobei bei uns über einen solchen Morgenflug bisher nichts bekannt geworden ist. Vielmehr stammen die meisten Beobachtungen aus den Nachtstunden, wo die Falter von künstlichen Lichtquellen angelockt werden. H. Steffny (pers. Mitt.) berichtet von einem solchen Anflug aus der Trockenaue bei Grißheim, wo am 11.6. 1983 zwischen 22 und 22.30 Uhr, kurz nach Einbruch der Nacht, 6 Falter und zwischen 22.30 und 23 Uhr weitere 2 Falter an eine 8-Watt-UV-Lampe kamen. Er führte seine Untersuchungen danach noch bis 4.30 Uhr fort, ohne daß jedoch weitere Männchen anflogen. Auch andere Mitarbeiter melden übereinstimmend, daß sie die Falter nur in den ersten beiden Nachtstunden am Licht beobachten konnten. Über die Lebensdauer der Imagines kann berichtet werden, daß die Weibchen bis zu einer Woche lebensfähig sein können. Kürzer ist dagegen die Lebenszeit der männlichen Falter (in Gefangenschaft bei kühlen Temperaturen bis zu vier Tagen).

Die Raupen von *B. bombycella* leben sehr versteckt und dicht am Boden, gerne auch im Halbschatten von Gebüschen oder zwischen nicht allzu hohem Grasbewuchs. Über die Verpuppungsphase bemerkt Hofmann (1860): »Mitte Mai spinnt die Raupe ihren Sack zwischen Moos, Graswurzeln etc. fest, so daß das hintere Ende desselben, wie bei *F. plumella* in die Höhe steht«. Sieder (1951) berichtet zu diesen Aspekten: »Das Männchen spinnt sich senkrecht am Boden an, das Weibchen liegt frei an der Erde«.

Ähnliche, allerdings aus Zuchten stammende Beobachtungen liegen auch von R. Herrmann vor. So verpuppten sich am 20.5.92 zwei männliche Larven, nachdem sie sich direkt an der Erde und im Wurzelwerk der Pflanzen angesponnen hatten. Über den Entwicklungszyklus der Raupen können keine genauen Angaben gemacht werden. Vermutlich dürfte er ein Jahr betragen.

Gefährdung und Schutz

Rote Liste Bundesrepublik: –
Rote Liste Baden-Württemberg: –

Oberrheinebene: Nicht gefährdet.
Schwarzwald: Nicht gefährdet.
Neckar-Tauberland: Nicht gefährdet.
Schwäbische Alb: Nicht gefährdet.
Oberschwaben: Nicht gefährdet.

- In Baden-Württemberg nicht gefährdet!

Zur Erhaltung dieser Art in unserem Faunengebiet ist es dringend erforderlich, Magerwiesen in ihrem von der Düngung weitgehend ausgenommenen Zustand zu belassen. Bei den offenen Flächen, vor allem in Sandgebieten, ist besonders darauf zu achten, daß durch sogenannte Rekultivierungsmaßnahmen (Aufforstung mit Kiefern) diese potentiellen Lebensräume nicht vernichtet werden.

Bijugis pectinella
Denis & Schiffermüller, 1775

Bijugis pectinella F. (Reutti 1898)

Gesamtverbreitung: Sauter & Hättenschwiler (1991) geben »Europa allgemein, Rußland, Baltikum, Vorderasien, Nordafrika« an, Hättenschwiler (schriftl. Mitt.) ergänzt noch »speziell im Balkan und im östlichen Norditalien gefunden«.

Reutti (1898) führt neben »*Bijugis bombycella* Schiff.« auch »*Bijugis pectinella* F.« auf. Die letztgenannte Art muß als identisch mit *Bijugis pectinella* (Denis & Schiffermüller, 1775) angesehen werden, die jedoch nicht bei uns heimisch und deshalb aus der Fauna Baden-Württembergs zu streichen ist.

Rebelia herrichiella
Strand, 1912

Großer Erdröhren-Sackträger

Rebelia plumella H.S. (Lampert, 1907, Spuler 1908–1910, Rebel 1910, Eckstein 1913–1923, Hering 1932, Forster 1960)

Rebelia plumella Ochsenheimer, 1810 (Leraut 1980, Novak & Severa 1980)

Gesamtverbreitung: Über die Gesamtverbreitung der Art können keine vollständigen Angaben gemacht werden. Sicher scheint jedoch, daß ihre Vorkommen in einem vermutlich inselartig aufgeteilten Gesamtareal liegen, das sich vor allem über das mittlere und südliche Zentraleuropa erstreckt. Inwieweit sie auch in anderen Territorien des europäischen Kontinents vorkommt, bedarf noch weiterer Nachforschungen.

Verbreitung

Regional: Eine signifikante Konzentration der Fundorte von *R. herrichiella* betrifft vor allem den Hauptnaturraum Oberrheinebene, von wo zuerst Reutti (1853), damals noch unter *Fumea plumella* S.V. (Hb.), über die Art berichtete: »Auf dem Exerzierplatze bei Karlsruhe gefangen (das Weibchen kenne ich nicht)«. Heute wissen wir, daß die Vor-

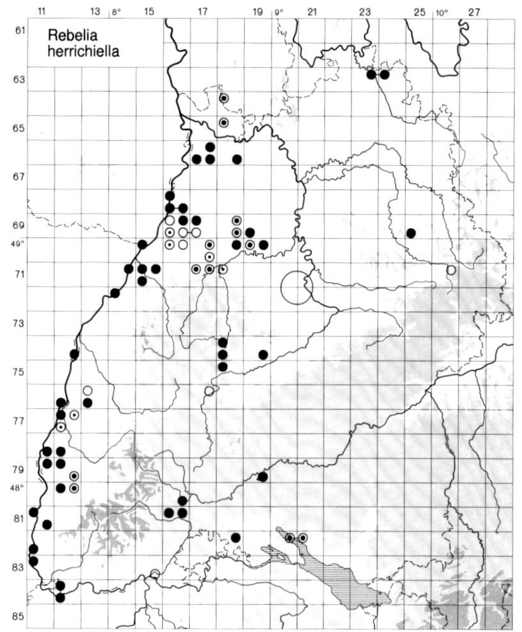

kommen hier vor allem entlang des Rheins, an den Rheindämmen und auf der quartären Niederterrasse zwischen Rastatt und Mannheim liegen. Ebenso zahlreich ist diese Psychide in weiten Teilen des Kaiserstuhls sowie in der Markgräfler Rheinaue. Über die Besiedlung der zur Rheinebene geneigten Hügel des Odenwaldes (Bergstraße) und des Schwarzwaldes (Ortenau, Markgräfler Land) sind die Kenntnisse noch gering. Wiederholte Einzelfunde geben jedoch Anlaß zur Annahme, daß die Art auch hier verbreitet sein muß. Weiter hat sich gezeigt, daß diese Vorbergzone eine scharfe regionale Verbreitungsgrenze zum anschließenden Odenwald bzw. Schwarzwald und seinen Tälern darstellt, die offensichtlich völlig unbesiedelt blieben. Erst wieder östlich dieser Waldgebirge, in den offenen Landschaften der Baar, der nördlichen Oberen Gäue und des Neckartals, wie beispielsweise zwischen Sulz und Stuttgart, wo schon SEYFFER (1849) Stuttgart als Fundort angibt, sowie im Kraichgau, den westlichen Teilen des Neckarbekkens und im südlichen Stromberggebiet ist *R. herrichiella* wieder zahlreicher zu finden. Ansonsten wurde sie in weiten Teilen des Hauptnaturraumes Neckar-Tauberland nicht oder nur sehr zerstreut beobachtet. Bereits an dessen Peripherie gelegen, befinden sich isolierte Vorkommen im Hochrheintal im Süden, im Bereich der Ellwanger Berge, außerdem im Tauberland, wobei aus den beiden letztgenannten Naturräumen nur drei Männchen zur Determination vorlagen, die aufgrund einiger typischer Merkmale vorläufig *R. herrichiella* und nicht *R. bavarica* zugeordnet worden sind. Seltener scheint die Art auf der Schwäbischen Alb zu sein. Neben einer nicht mehr überprüfbaren historischen Angabe bei SCHNEIDER (1936), wonach *R. herrichiella* 1863 bei Wasseralfingen (östliches Albvorland) gefunden worden ist, existiert noch ein aktueller Nachweis von R. HERRMANN, der 1993 ein sehr lokales und isoliertes Vorkommen bei Fridingen (Baaralb-Oberes Donautal) feststellen konnte.

In den westlichen Randbereichen des Hauptnaturraums Oberschwaben ist sie dagegen am Bodenseeufer und auf dem Hohentwiel, wenn auch selten, bis in die jüngere Zeit nachgewiesen worden. Im eigentlichen Oberschwaben sowie im württembergischen Allgäu konnte diese Psychidenart bisher nicht festgestellt werden.

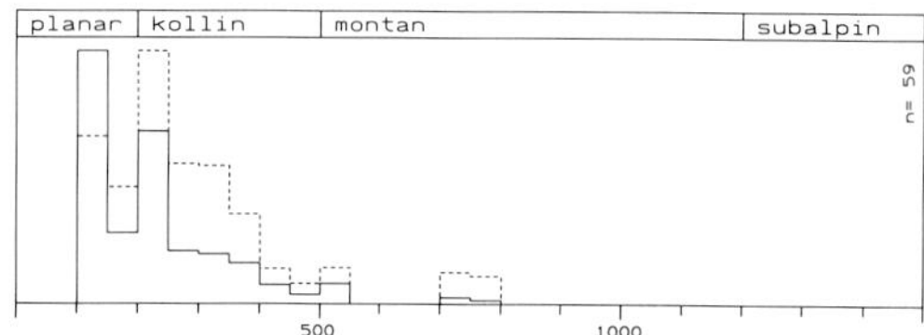

Vertikal: Fast alle Vorkommen liegen in der Ebene oder in der unteren Hügellandstufe. Nur die Fundhinweise aus Wasseralfingen, vom Hohentwiel bei Singen und dazu auch die Fundstellen in den Oberen Gäuen, liegen etwas über diesem Niveau. Auf der Baar bei Döggingen und Hüfingen (720–780 m) und bei Fridingen (700 m) liegen die höchsten in Baden-Württemberg bekannten Fundplätze.

Phänologie

Imagines: Besonders früh im Jahr erscheinen die Imagines im wärmebegünstigten Kaiserstuhl, wo die schwärmenden Männchen, neben noch aktiven Larven, bereits ab Ende April an steilen Südhängen beobachtet werden können. Mit dem beginnenden Mai scheint hier die Hauptflugzeit einzusetzen, um

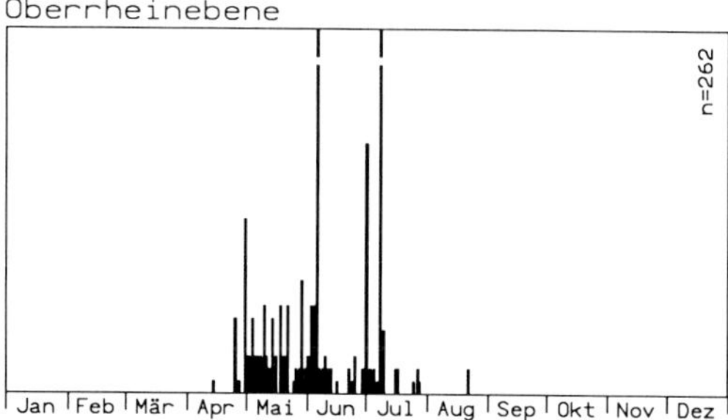

Erst mit einsetzender Abenddämmerung beginnt der kurze Paarungsflug der Männchen des Großen Erdröhren-Sackträgers (*Rebelia herrichiella*). Um für eine bestimmte Lokalität den Artnachweis zu erlangen, haben sich Lockversuche mit frisch geschlüpften, aus der Zucht erhaltenen Weibchen bewährt. – Oberrheinebene: Bad Bellingen 222 m, (e.l., Vfl-SpW 15 mm) 18. 5. 89 R. Herrmann. S.

dann im Laufe der ersten Junihälfte, als am 6.6. 1978 im Nsg Orberg immerhin nochmals 40 Männchen beobachtet werden konnten, wieder auszuklingen. Die spätesten im Kaiserstuhl gefangenen Falter befinden sich in der Sammlung Dold (coll. Naturkundemuseum Freiburg) und sind mit 10.6. 1935 datiert.

Auch auf den benachbarten, dem Schwarzwald vorgelagerten Lößhügeln zwischen Emmendingen und Lahr, wo die Falter zwischen dem 10.5. (coll. Dold) und dem 29.5. (J.U. Meineke) fliegen, ferner an den Rheindämmen, wo die ersten Falter bereits am 2.5. (1976 bei Kappel) durch T. Esche und die spätesten am 12.6. (1975 bei Rußheim) durch H. Heidemann beobachtet worden sind, erscheinen sie im Vergleich zu den anderen Landesteilen immer noch verhältnismäßig früh im Jahr. Durchschnittlich später schlüpfen, nach vorliegenden Meldungen, die Falter in der mittel- und nordbadischen Oberrheinebene. So erscheinen sie beispielsweise auf den Sanddünen und Murgdämmen bei Rastatt, wie von R. Herrmann beobachtet, meist erst in den Hochsommermonaten Juli und August. Die späteste Meldung, gleichzeitig auch für das gesamte Faunengebiet, wurde von W. Speidel eingereicht, der bei Sandweier noch am 22.8. 1984 zwei Männchen an der Lichtfanglampe registrierte. Nahezu identisch sind die phänologischen Verhältnisse im Bereich des Hauptnaturraumes Neckar-Tauberland. Bei einem Häufigkeitsmaximum im Juni, wurden dort die ersten Falter von K. Strobel am 12.5. (1934 im Ranntal bei Pforzheim) sowie die letzten am 17.8. (1987 bei Zaisersweier) und am 21.8. (1965 bei Derdingen, Stromberggebiet) durch M. Wallner festgestellt. Für die Schwäbische Alb liegen Freilandbeobachtungen nur aus Fridingen vor. Dort konnten mit Hilfe eines Weibchens mit Fundort Döggingen am 26.5. und 8.6. 1993 je 4 Männchen angelockt werden (R. Herrmann). Hinweise, die den Hauptnaturraum Oberschwaben betreffen, stammen aus dem Bodenseebecken, wo *R. herrichiella* nur am 23.4. 1953 und am 13.6. 1957 von Commerell (nach Kartei A. Gremminger) bei Überlingen registriert worden ist. Trotz aller faunistischen Aktivitäten konnten in Baden-Württemberg keine Weibchen im Freiland beobachtet werden.

Präimaginalstadien: Die meisten Raupenfunde beziehen sich auf das Gebiet des Hauptnaturraumes Oberrheinebene, wo diese Psychide am häufigsten ist. So konnten beispielsweise am 26.5. 1978 binnen zwei Stunden am Murgdamm zwischen Niederbühl und Kuppenheim 70, am 8.6. 1979 an der gleichen Lokalität 20 und noch am selben Tage am Rheindamm bei Wintersdorf etwa 30 erwachsene Raupen gezählt werden. Auch aus dem Kaiserstuhlgebiet liegt reichlich Datenmaterial vor, wo sie zwischen dem 5.11. und 16.3.(1980–82), insbesondere am Badberg und an der Rheinhalde bei Burkheim, gefunden worden sind. Spärlich sind dagegen die Hinweise aus den übrigen Landesteilen geblieben. Immerhin konnten aber nach langer Suche an den Muschelkalkhängen um Werbach im Tauberland am 26.4. vierzehn und am 29.4. 1990 an einer zweiten Lokalität nochmals 6, meist schon erwachsene Exemplare, registriert werden. Weitere Raupenbeobachtungen liegen aus Döggingen vor. Dort wurden am 2.5. 1993 8 und am 16.5. 1993 nochmals 3 ausgewachsene Raupen registriert. Ansonsten wurde nur noch am 30.7. 1989 an den Hängen des Hohentwiels bei Singen eine für diese Jahreszeit schon außergewöhnlich große Raupe gefunden, die dann allerdings nach der Überwinterung im Frühjahr einging.

Ökologie

Lebensraum: *Rebelia herrichiella* beansprucht ausschließlich trocken-warme und gut besonnte Lebensräume. Im Kaiserstuhl sind es daher insbesondere die charakteristischen Halbtrockenrasen und die im Kontakt zu ihnen stehenden Trockenrasen, aber auch die südexponierten steilen, lößhaltigen Rebböschungen, wo diese Psychidenart oft in sehr großen Mengen anzutreffen ist. Günstig für die Besiedelung erwiesen sich auch die löß- und kalkreichen Schwarzwaldvorberge, die halbtrockenrasenreichen, warmen Kalkschotterböden der südbadischen und die klimatisch bevorzugten sandigen Lokalitäten (Flugsanddünen) der nordbadischen Oberrheinebene, wobei im Zuge der fortschreitenden Umgestaltung der Landschaften eine Arealerweiterung auch auf xerotherme kalkhaltige Stellen der Rheindämme zwischen Basel und Mannheim und sonstiger Flußdämme, wie beispielsweise an den kalkarmen sandigen Dämmen der Murg bei Rastatt, sowie auch auf Weg- und Straßenböschungen erfolgte. Auch in den wärmeren Teilen der baden-württembergischen Kalklandschaften, wie etwa im Tauberland, Kraichgauer-Hügelland und der Baar werden meist extreme Standorte mit Trocken- bzw. Halbtrockenrasenstrukturen genutzt. Der besonders wärmeliebende Charakter dieser Art wird auch dadurch verdeutlicht, daß der überwiegende Teil der Fundstellen durch hohe Jahrestemperaturen von durchschnittlich 8–10 °C und relativ geringer durchschnittlicher jährlicher Niederschlagsmengen von meist nur 500–800, seltener 900–1000 mm gekennzeichnet sind.

Nahrung der Raupe:
Bromus erectus – Aufrechte Trespe (welke Teile)
L (Her)
Rumex acetosella – Kleiner Sauer-Ampfer
L (Her)
Teucrium chamaedrys – Edel-Gamander
L (Her)
Salvia pratensis – Wiesen-Salbei
L (Her)
Thymus pulegioides – Arznei-Thymian
L (Her)

»Die Nahrung besteht aus vielen niederen Pflanzen«, schrieb Reutti (1898), ohne jedoch näher auf diese Pflanzen einzugehen. Auch heute sind die Kenntnisse über die Nahrungspflanzen dieser Art immer noch unvollständig. In Baden-Württemberg wurden lediglich am Murgdamm bei Rastatt Raupen beobachtet, die an Blättern vom Kleinen Sauer-Ampfer (öfters) und am Wiesen-Salbei fraßen. Zwei weitere Meldungen liegen noch aus dem Kaiserstuhlgebiet vor, wo eine Raupe direkt vor einem Blättchen des Edel-Gamanders saß, an welchem frische Fraßspuren zu sehen waren, und eine andere Raupe, die Thymus-Blättchen verzehrte.

Eine wandernde Raupe von *R. herrichiella* auf Lößboden. Farbabweichungen des leicht gebogenen, meist 2 cm langen Sackes sind auf unterschiedliche Böden im Lebensraumspektrum dieser Art zurückzuführen. Die Raupen leben einjährig und meist zwischen der lückigen Vegetation versteckt. – Kaiserstuhl: Burkheim 190 m, 20. 4. 83 R. Herrmann. S.

Typisches Larvalhabitat von *R. herrichiella*. Diese Psychidenart konnte nur an xerothermen Lokalitäten mit lückig wachsender Vegetation nachgewiesen werden. Auch die durch menschliche Nutzung akut bedrohten Flugsanddünen zwischen Rastatt und Sandweier kommen als Lebensraum von *R. herrichiella* in Betracht. – Oberrheinebene: Bad Bellingen 222 m, 25. 5. 91 R. HERRMANN.

Habitat: Im Kaiserstuhl, in der südbadischen Trokkenaue, auf der Baar und auf den zweischürigen Rheindämmmen werden bevorzugt magere und lückige Stellen des Mesobromions besiedelt. Zu finden ist diese Psychidenart aber auch im steinigen, felsigen Xerobromion wie beispielsweise im Kaiserstuhl, der Oberen Donau und der Hegauvulkane (Hohentwiel), auf südexponierten Lößböschungen in der Weinbergzone des Kaiserstuhls (R. HERRMANN; H. STEFFNY) und der Lahr-Emmendinger Vorbergzone (J.U. MEINEKE), auf Wacholderheiden der Oberen Gäue (M. WALLNER; A. STEINER), ferner in Steinbrüchen (A. STEINER). Auch in der nordbadischen Oberrheinebene ist *R. herrichiella* eine Charakterart xerothermer Lokalitäten. So lebt sie in den Sandgebieten zwischen Rastatt und Mannheim vor allem auf mageren Wiesen, an windgeschützten und mit spärlicher Vegetation bewachsenen Stellen von Flußdämmen, wie z.B. an der Murg zwischen Rastatt und Kuppenheim. Weitere anthropogene Habitate können sich in oder an den Rändern von Siedlungen befinden, wo auf vernachlässigtem, verbrachtem, sandigem und mit Ruderalvegetation bewachsenem Gelände (Eppelheim, R. BLÄSIUS; Rastatt, R. HERRMANN), in Hausgärten (Malsch, D. DOCZKAL) oder auch an Weg- und Straßenböschungen die Art, obwohl spärlicher, beobachtet worden ist. Ferner werden noch die Dämme von Eisenbahnstrecken besiedelt (N. HIRNEISEN, A. STEINER), schließlich, wie A. GREMMINGER zu berichten wußte, im Bereich von bahnhofsnahen Gleisanlagen.

Verhalten: *Rebelia herrichiella* ist eine überwiegend dämmerungs- und nachtaktive Art, deren Männchen vor allem bei warmem und windstillem Wetter in ihren Habitaten beim Paarungsflug beobachtet werden können. Sie flattern dann, manchmal in Scharen, in schnellem Fluge und in knapper Höhe über die Rasenflächen, den Pheromonen der am Boden sitzenden flügellosen Weibchen folgend. So konnten beispielsweise am 25.5. 1993 bei Dögingen zwischen 20 und 21 Uhr 20 Männchen und am 26.5. 1993 bei Fridingen zwischen 19.30 und 21.30 Uhr jeweils 4 Männchen durch ausgesetzte Weibchen angelockt werden. Mit der beginnenden Nacht werden auch künstliche Lichtquellen angeflogen, wobei die meisten Männchen in den ersten beiden Nachtstunden beobachtet werden konnten. Einige Mitarbeiter sahen den Falter auch noch später, allerdings nicht mehr nach der Mitternachtsstunde. Versuche ergaben, daß die Lebenszeit der Männchen erstaunlich kurz ist. So erleben die erst am Abend geschlüpften Falter den neuen Morgen nicht mehr. Die Weibchen können dagegen ohne Kopula bis zu einer Woche am Leben bleiben. Sie locken überwiegend am Abend, vereinzelt aber noch bis kurz vor Mitternacht.

Die Raupen schlüpfen, je nach Ortsverhältnissen, im Frühsommer oder auch noch im Spätsommer und beginnen sofort mit dem Bau ihres aus Sandteilchen bestehenden, leicht gebogenen und gut der Umgebung angepaßten Röhrensackes. Sie leben fortan sehr versteckt am Boden und sind vor allem während längerer trockener Hitzeperioden, wenn sie sich dann zwischen Pflanzenteilen, Wurzeln und dergleichen verkriechen, kaum zu finden. Am ehesten sind sie, schon subadult oder adult, nach kühler regnerischer Witterung zu sehen, wenn sie der Bedarf nach Sonne und Wärme auf vegetationsärmere Stellen treibt. Die Verpuppung erfolgt am Boden zwischen niedrigen Pflanzen und Moosen, wo sich vor allem die männlichen Raupensäcke auch etwas in die Erde eingraben können. Die weiblichen Raupensäcke verpuppen sich auf der Erde (Zuchtbeobachtungen) oder können gelegentlich auch am Fuße von Pfosten und dergleichen angesponnen sein (Freilandbeobachtungen). Trotz eines verhältnismäßig engen Habitatspektrums verfügen die Raupen hinsichtlich ihrer Ausbreitungsfähigkeiten über eine beachtliche Vagilität. Deutlich wird diese Fähigkeit durch die zum Teil flächenhafte Besiedlung künstlicher Dämme, Böschungen und Brachen zum Ausdruck gebracht.

Gefährdung und Schutz

Rote Liste Bundesrepublik: –
Rote Liste Baden-Württemberg: –

Oberrheinebene: Nicht gefährdet.
Schwarzwald: Nicht vertreten.
Neckar-Tauberland: Noch unklar.
Schwäbische Alb: Nicht vertreten.
Oberschwaben: Noch unklar (nur randlich vorkommend).

- In Baden-Württemberg nicht gefährdet!

Die Art ist in Baden-Württemberg derzeit noch nicht als gefährdet einzustufen. Sie ist in den Wärmegebieten um Rhein und Neckar gut vertreten und stellenweise sehr zahlreich anzutreffen. Dennoch drohen Gefahren für die Bestände insbesondere durch Aufforstung offener Flächen, Verbuschung (Sukzession) und der damit einhergehenden Veränderungen des Mikroklimas, weiter durch den stetigen Landschaftsverbrauch sowie durch Düngung und Überweidung von mageren Wiesen und deren Umwandlung in Grünland. Über die Gefährdungssituation im randlich gelegenen Tauberland, im Bodenseebecken und Hegau lassen sich derzeit keine präzisen Aussagen machen. Aus diesen Regionen sind nur einzelne Funde bekannt geworden.

Rebelia bavarica
Wehrli, 1926

Kleiner Erdröhren-Sackträger

Gesamtverbreitung: Sehr lückig von den pannonischen Landschaften des Burgenlandes und Niederösterreichs, die Donau entlang über Oberösterreich nach Oberbayern und dort bis in das Voralpengebiet. Weiter westwärts stellenweise von den Jurahängen bei Kehlheim bis in die Gegend von Ulm. Nach BEIERLEIN (1967) soll *Rebelia bavarica* auch im Nahetal vorkommen. Bei den württembergischen Funden handelt es sich zweifelsfrei um diejenige Art, die WEHRLI (1926) aus Kehlheim beschrieben hat.

Verbreitung

Regional: In Baden-Württemberg konnte diese Psychide, trotz intensiver Kartierung, nur in einem relativ kleinen Areal im Osten des Landes an insge-

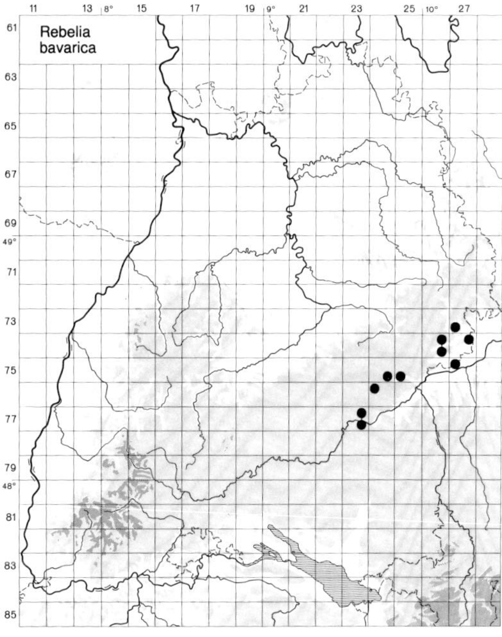

Der Kleine Erdröhren-Sackträger (*Rebelia bavarica*) ist seinem größeren Verwandten auf den ersten Blick recht ähnlich. Die Männchen sind jedoch von zarterer Gestalt und besitzen an den Vorderbeinen, im Gegensatz zu *R. herrichiella*, kürzere Schienenblättchen (Epiphyse). Die Tatsache, daß in der einschlägigen Literatur nur wenig über die Unterschiede zwischen beiden Arten berichtet worden ist, zeigt, wie groß der Forschungsbedarf bei dieser in Europa weit verbreiteten Gattung noch ist. – Schwäbische Alb: Schelklingen 600 m, (e.l., Vfl-SpW 12 mm) 2. 8. 86 R. HERRMANN. S.

samt neun Stellen nachgewiesen werden. Dabei handelt es sich um die westlichsten Vorposten des danubischen Verbreitungsareals, das seine östliche bisher bekannte Begrenzung in der Umgebung von Wien hat. *Rebelia bavarica* konnte in unserem Faunengebiet nur sehr lokal an den Jurahängen des Donautals bei Untermarchtal (Mittlere Flächenalb), an ganz ähnlich strukturierten Lokalitäten im Brenz-, Hürbe- und Lonetal sowie an einigen Stellen im Kleinen Lauter- und im Blautal nachgewiesen werden. Weiter westwärts wurde bei Sigmaringen, Gutenstein, Beuron und Fridingen vergeblich nach dieser kontinental verbreiteten Art gesucht. Auch im oberen Brenztal, in der Umgebung von Bopfingen sowie im Tauberland verlief die Nachsuche bisher negativ.

Vertikal: Die Höhenverbreitung reicht von 470 m bei Giengen a. d. Brenz bis 600 m am Schloßberg bei Schelklingen. Oberhalb dieser Höhenmarkie-

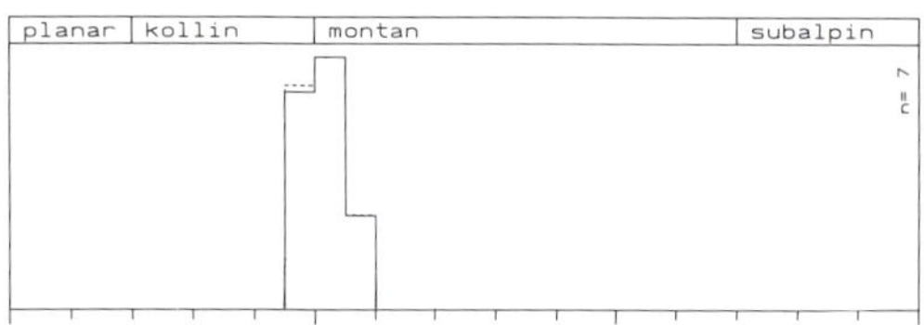

rung sind im Bereich der Schwäbischen Alb keine Vorkommen bekannt geworden.

Hochgelegene Fundorte befinden sich nach WOLFSBERGER (1952) im bayerischen Voralpenland bei Miesbach in 800 m Höhe. KUSDAS & REICHL (1973) melden die Art aus Oberösterreich in Höhenlagen zwischen 800 und 900 m.

Phänologie

Imagines: Auch diese Psychidenart zeichnet sich durch eine sehr langgezogene Flugperiode aus, die etwa Anfang Mai beginnt und in der ersten Augustdekade endet, wobei die meisten Angaben aus dem Juli stammen. So konnten auf der steilen Südhalde des Schloßbergs oberhalb von Schelklingen am 12.7. und 20.7. 1986 durch ausgesetzte Weibchen 7 bzw 4 Männchen bei warmem Sommerwetter am frühen Abend angelockt werden (R. HERRMANN). A. BIEBINGER und E. TEUFEL melden für den Zeitraum vom 22.7. bis 1.8. 1980, aus der Umgebung von Langenau, 8 Männchen und 8 Weibchen, die sie durch Raupenzuchten erhielten. Ganz ähnlich waren auch die Verhältnisse im Blautal bei Gerhausen, wo die Raupen am 5.7. gesammelt wurden und nach Weiterzucht zwischen dem 25.7. und 5.8. 1986 in Anzahl die Falter ergaben (R. HERRMANN). Auch vom Eselsburger Tal liegen uns, mit Ausnahme einer Einzelmeldung vom 30.6.1992, eine Reihe von Hinweisen vor, die sich auf die Monatsmitte Juli beziehen. Der späteste Hinweis auf einen Falter stammt von G. REICH, der noch am 8.8. (1967) ein Männchen bei Schelklingen beobachten konnte. Einzeln blieben dagegen Meldungen aus dem Mai und der ersten Junihälfte. Einen sehr früh geschlüpften Falter registrierte wiederum G. REICH, als am 3.5. 1952 bei Schelklingen ein kleines Männchen an die Lichtfanglampe flog. In diesen Zeitraum fällt auch der Hinweis von SCHNEIDER (1936), wonach unter dem Namen *Rebelia herrichiella* (=*plumella*) die Falter am 10.5. 1936 bei Munderkingen in Anzahl festgestellt werden konnten. Einige Männchen dieser Ausbeute befinden sich noch in coll. SMNS und konnten als *Rebelia bavarica* determiniert werden.

Identisch ist die imaginale Phänologie auch an den sich östlich anschließenden Fundstellen in Bayern. Dort flogen die Falter nach WOLFSBERGER (1952) auf einem sonnigen Molassehang im Leizachtal bei Miesbach nicht selten zwischen dem 1. und 12.5. 1950.

Wie diesem Bericht weiter zu entnehmen ist, dürfte an diesem ausgesprochen hoch gelegenen Fundplatz die Flugzeit bereits in den letzten Apriltagen eingesetzt haben. WEHRLI (1926), der dieses Taxon als von *Rebelia plumella* verschieden betrachtete, beobachtete den sehr kleinen Schmetterling im Juli auf einem kahlen Jurahang, den Biotopen in Baden-Württemberg also sehr ähnlich, in der Umgebung von Kehlheim.

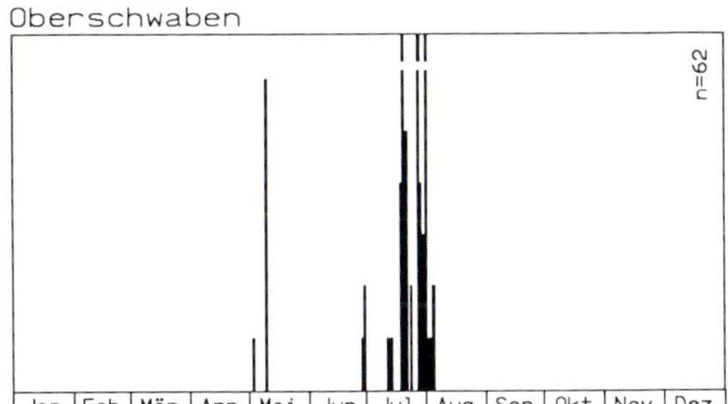

Die Raupen von *R. bavarica* bohren sich zur Verpuppung tief in die Erde ein. Schon nach relativ kurzer Puppenruhe schlüpfen die Falter. Die madenförmigen, flügellosen Weibchen zeigen sich allerdings nur dann, wenn sie mit dem Locken beschäftigt sind. Sind sie unbegattet geblieben, ziehen sie sich nach meistens einer Stunde vollständig in ihren Sack zurück. Auf diesem Foto gut sichtbar sind der Kopf und Teile des gelblich gefärbten Körpers. – Schwäbische Alb: Herbrechtingen, Eselsburger Tal 500 m, (e.l.) 1. 7. 92 R. HERRMANN. S.

Die in der Bildmitte erkennbare Raupe von *R. bavarica* ist emsig damit beschäftigt, lockere kleine Erdklümpchen aufzunehmen, um damit ihren Sack in seinem vorderen Teil zu vergrößern. Dieses Verhalten konnte vor allem dann beobachtet werden, wenn das Erdreich durch vorangegangene Regengüsse angefeuchtet war und einsetzender Sonnenschein für reichlich Wärme sorgte. – Schwäbische Alb: Herbrechtingen, Eselsburger Tal 500 m, 1. 5. 93 R. HERRMANN. S.

Rebelia bavarica kommt in Baden-Württemberg nur im Osten entlang der Donau und einiger ihrer Nebenflüsse in kontinental getönten, felsig strukturierten Trockenrasen vor. Solche sowohl ökologisch als auch faunengeschichtlich bedeutsamen Reliktstandorte, die ausnahmslos unseren Schutz verdienen, sind heute nur noch inselartig vorhanden. Deshalb ist auch das Areal dieser anspruchsvollen, als Wärmerelikt einzustufenden Psychidenart bei uns stark aufgesplittert. – Schwäbische Alb: Untermarchtal 515 m, 10. 8. 90 R. HERRMANN.

Präimaginalstadien: Der vorzüglichen Tarnung, der versteckten Lebensweise und der damit verbundenen aufwendigen Nachsuche wegen, liegen nur verhältnismäßig wenige Raupenbeobachtungen aus dem württembergischen Landesteil vor. Diese beziehen sich in aller Regel auf erwachsene Larven, die sich bald nach dem Eintragen im Zuchtbehältnis verpuppten. Nur einmal konnte bei Schelklingen eine in einem frühen Wachstumsstadium befindliche Raupe (ca. 2 mm lang und wohl aus einem Maigelege stammend) beobachtet werden, wie sie am 2.8. 1986, schnell und wendig, über Felsgestein kroch. Die Mehrzahl der Fundmeldungen stammt aus Gerhausen, wo am 5.7. und 13.7. 1986 zwanzig bzw. sechs und am 13.6. 1989 nochmals zwei Larven gefunden werden konnten. Daneben wurden noch in Giengen a. d. Brenz am 8.6. 1991 zwei und im Eselsburger Tal am 19.5. eine bzw. am 5.6. 1992 sechs Larven festgestellt. An den Plätzen mit früh im Jahr fliegenden Populationen, wie etwa bei Munderkingen und Schelklingen, ist es am sinnvollsten, nach Beendigung der Winterperiode, d. h. im zeitigen Frühling, nach ihnen zu suchen.

Ökologie

Lebensraum: *Rebelia bavarica*, vermutlich in der nacheiszeitlichen Wärmeperiode entlang der Donau in unser Gebiet eingewandert, kann als Art mit Reliktcharakter angesprochen werden. Sie wurde hierzulande nur auf mikroklimatisch besonders begünstigten, freien Jurasteilhängen mit vorspringenden Kalkfelsen und auf stärker abgeflachten Felsböschungen festgestellt. Solche Formationen finden sich an den südseitigen Talhängen der Donau und einiger ihrer Nebenflüsse sowie auch in den Trockentälern von Lone und Hürbe. Dabei handelt es sich ausschließlich um natürliche Trokkenrasenstandorte, die wie im Eselsburger Tal sehr ausgedehnt, an einigen anderen Stellen aber auch sehr klein und oft nur auf wenige Quadratmeter Fläche reduziert sein können. Alle Fundplätze liegen im Bereich der südöstlichen Abdachung, also im Regenschatten der Schwäbischen Alb und weisen nur noch durchschnittliche Jahresniederschläge von etwa 600 bis 700 mm auf. Die Jahresmittelwerte bewegen sich in diesen Gebieten im allgemei-

In diesem kleinflächigen Mosaik aus lückig wachsenden Moosen, Gräsern und niedrigen krautigen Pflanzen auf wasserdurchlässigem felsigem Boden leben Raupen von *R. bavarica*. Insbesondere in den Sommermonaten müssen sie hier, ähnlich wie in den Steppengebieten Osteuropas, ihrer ursprünglichen Heimat, starke Sonneneinstrahlung und Trockenheit ertragen, während sie im Winter verhältnismäßig niedrigen Temperaturen ausgesetzt sind. – Schwäbische Alb: Gerhausen 520 m, 5. 7. 86 R. HERRMANN.

nen zwischen 7 und 8° Celsius, wobei an den exponierten Südhängen die Temperaturen (und damit die Kontinentalität der Standorte) im Tages- wie im Jahresgang vergleichsweise extrem sind.

Nahrung der Raupe:
Potentilla tabernaemontani – Frühlings-Fingerkraut
L (HER)
Teucrium chamaedrys – Edel-Gamander
L (HER)
? *Thymus pulegioides* – Arznei-Thymian
L (HER)
Plantago lanceolata – Spitz-Wegerich
L (HER)
Cladonia pyxidata – Becherflechte
L (HER)

Als Nahrung der Raupe wurden, neben den schon genannten Pflanzenarten, auch eine Trichterflechtenart und die Becherflechte *Cladonia pyxidata* festgestellt. Beim Frühlings-Fingerkraut konnte übrigens beobachtet werden, daß die Raupen an den Blüten fraßen. Sie sind polyphag und dürften sich noch von anderen Pflanzen ernähren. Bei Zuchten wurde beobachtet, daß die Raupen gerne welke und bereits vertrocknete Blätter fraßen.

Habitat: Stärker noch als *Rebelia plumella* beansprucht *Rebelia bavarica* trockenheiße Lokalitäten, wie sie in den Felssteppen im östlichen Baden-Württemberg anzutreffen sind. So konnten die Raupen nur an extremen Stellen des Xerobromion festgestellt werden! Sie leben dort meist in einem engmaschigen Mosaik von felsigen, vegetationslosen Stellen und solchen Flächen, die schütter mit kümmerlicher Vegetation (verschiedene krautige Pflanzen, Moose und Flechten) bewachsen sind. Diese teilweise feinerdig belegten Flächen trocknen in den Sommermonaten regelmäßig aus und sind daher durch ihre braune Färbung von der Umgebung gut abgehoben und von weitem schon erkennbar. Weiter sind die stenöke Lebensweise und die gut erkennbare Einengung des Lebensraumspektrums auf wenige ökologische Nischen gravierende Merkmale, die auf die sehr differenzierten Habitatsansprüche von *R. bavarica* hinweisen. Dichter strukturierte, beschattete oder feucht-kühle Lokalitäten werden von dieser Art gemieden.

Verhalten: Die Imagines beider Geschlechter schlüpfen an warmen Tagen gewöhnlich am späten Nachmittag oder am frühen Abend. Ob sie sich hierzulande auch noch zu früheren Tageszeiten entwickeln, ist nicht bekannt. Schon eine halbe Stunde nach dem Schlüpfen sind die Männchen flugfähig und kopulationsbereit. Im Juli 1986 konnte am Fundort Schelklingen der Paarungsflug der Männchen zwischen 19 und 20 Uhr, zum Teil noch bei Sonnenschein, beobachtet werden. Da die Falter offensichtlich kaum noch bei Dunkelheit fliegen, blieben Lichtfangbeobachtungen sehr selten. Die Männchen fliegen in ihren Habitaten oft in Anzahl in lebhaftem Schwirrflug knapp über dem Erdboden und können ihrer Kleinheit wegen sehr leicht übersehen werden. Ihre Lebenszeit ist erstaunlich kurz und beträgt, im Gegensatz zu den Weibchen, die unbefruchtet bis zu einer Woche am Leben bleiben können, nur wenige Stunden. *Rebelia bavarica* hat nach den hier gemachten Feststellungen eine einjährige Entwicklung.

Die Larven leben, vor allem bei großer Hitze und Trockenheit, sehr versteckt in der Vegetation und entziehen sich dadurch recht gut den Blicken des Beobachters. Besonders nach kühlen und feuchten Wetterperioden sind die Raupensäcke leichter zu finden, wenn Sonne und Wärme sie an exponierte offene Stellen locken und die Larven mit der Vergrößerung ihrer Säcke beschäftigt sind. So konnten in der Zucht wiederholt Raupen beobachtet werden, die auf angefeuchteter Feinerde saßen und das krümelige Bodenmaterial zum Sackbau nutzten. Nach Zuchtergebnissen bohrten sich die männlichen adulten Larven zur Veruppung in weiche Erde ein, ließen dabei aber das hintere Ende des Sackes horizontal gerade noch herausragen. Weitere Verpuppungsorte bilden dichte Moospolster, Flechtenanhäufungen und wurzelnahe Teile von Grasbüscheln. Die weiblichen Raupen verpuppten sich am Boden oder sponnen sich an der bodennahen Vegetation an.

Gefährdung und Schutz

Rote Liste Bundesrepublik: –
Rote Liste Baden-Württemberg: 3

Oberrheinebene: Nicht vertreten.
Schwarzwald: Nicht vertreten.
Neckar-Tauberland: Nicht vertreten.
Schwäbische Alb: Gefährdet.
Oberschwaben: Nicht vertreten.

- In Baden-Württemberg gefährdet!

Grundsätzlich müssen einer Reliktart besondere Beachtung und Schutz zuteil werden. Die meisten Standorte von *Rebelia bavarica* sind, da sie an steilen felsigen Hängen liegen, nur schwer zugänglich. Trotzdem sind Gefährdungsfaktoren vorhanden. Sie resultieren heute in zunehmendem Maße aus dem Freizeitverhalten des Menschen, wobei Schädigung und Beeinträchtigung durch Tritt besonders ins Gewicht fallen. An weniger steilen Lokalitäten wie z. B. im Lonetal bei Setzingen und im Brenztal bei Giengen konnte Schafbeweidung nachgewiesen werden, die bei zu starker Intensität den Populationen von *Rebelia bavarica* schaden könnte (Eutrophierung!). Inwieweit sich auch der seit Jahren in Mitteleuropa verstärkende atlantische Klimacharakter auf die Populationen dieser kontinentalen Art auswirken wird, ist unklar.

Psychidea nudella
Ochsenheimer, 1810

Epichnopteryx nudella O. (Reutti 1898)
Rebelia nudella O. (Schneider 1936–1939)

Bei den von Reutti (1898) als *Epichnopteryx nudella* O. und von Keller & Hoffmann (1861) als *Psyche nudella* O. gemeldeten Tieren (auch zitiert von Schneider 1936–1939) handelte es sich aus heutiger Sicht aller Wahrscheinlichkeit nach um Fehlbestimmungen von *Rebelia herrichiella*. Belegstücke liegen nicht vor, doch ist *P. nudella* in Mitteleuropa auf südöstliche Gebiete beschränkt und kommt in Baden-Württemberg nicht vor.

Epichnopterix plumella
Denis & Schiffermüller, 1775

Wiesen-Sackträger

Epichnopteryx pulla Esp. (Reutti 1998, Seitz 1907–1954, Spuler 1908–1910, Rebel 1910, Eckstein 1913–1923, Hering 1932, Schneider 1936–1939, Bergmann 1951–1955, Koch 1955, Forster 1960, Stresemann 1969)

Epichnopterix pulla Esp. (Lampert 1907, Novak & Severa 1980)
Epichnopteryx pulla Esp. (Koch 1984)

Gesamtverbreitung: Das Areal erstreckt sich über große Teile Zentral- und Westeuropas einschließlich der Britischen Inseln, im Norden bis Schleswig-Holstein. Fundmeldungen aus dem Alpenraum, den Mittelmeerländern, Osteuropa, dem Balkan sowie aus verschiedenen Gebieten Asiens sollten mit Vorsicht betrachtet werden, da es sich dabei um Verwechslungen mit verwandten Arten oder sogar um noch unbekannte Taxa handeln könnte. Das Vorkommen von *Epichnopterix plumella* in Paraguay geht auf Einschleppung aus Europa zurück (Davis 1964).

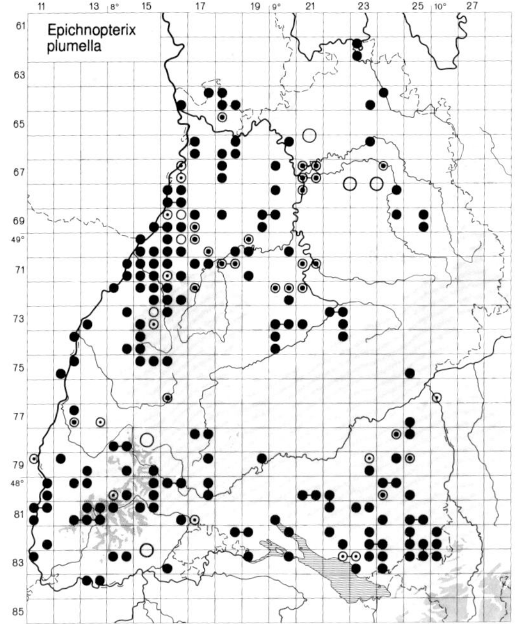

Verbreitung

Regional: *Epichnopterix plumella* wurde aus allen fünf Hauptnaturräumen gemeldet und gehört zu unseren häufigsten Psychidenarten. Die meisten Fundorte liegen in der Oberrheinebene, im Schwarzwald und im Alpenvorland. Lediglich auf der Schwäbischen Alb konnte die Art bisher nur spärlich nachgewiesen werden. Die einzigen von dort bekannten Vorkommen liegen in der Irndorfer Hardt und im Arnegger Ried sowie im südwestlichen Randbereich bei Küssaberg. Auch im Kaiserstuhl ist die Art offenbar sehr selten. Dort wurde sie nur einmal bei Bötzingen festgestellt. Auffallend ist, daß nach unserem heutigen Kenntnisstand auf der Schwäbischen Alb und im Kaiserstuhl die entsprechenden Trockenhänge nur von *E. sieboldii* besiedelt werden, während *E. plumella* stark zurücktritt.

Andererseits wurde *E. plumella* aber auch zahlreich an xerothermen Stellen in der Markgräfler Rheinebene und an den Rheindämmen, hier sogar mit *E. sieboldii*, aufgefunden.

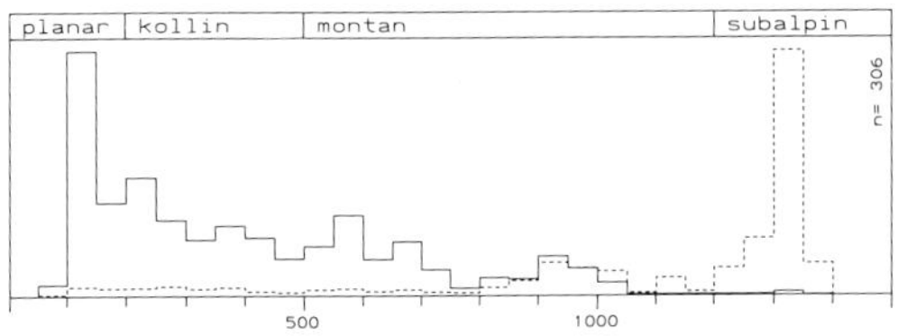

Vertikal: Von der planaren Stufe bis in den Gipfelbereich (1400 m) von Feldberg und Belchen (Hochschwarzwald).

Phänologie

Imagines: Die Flugperiode von *E. plumella* ist außerordentlich langgezogen. So wurden die ersten Falter in der Oberrheinebene im warmen Frühjahr 1990 bei Wittnau (Schönberggebiet) bereits am 1.

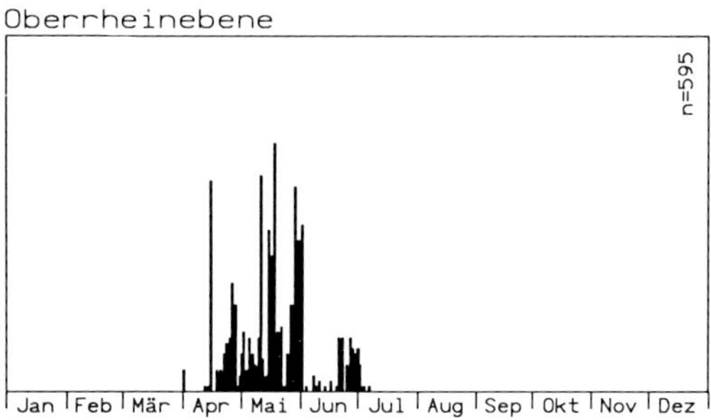

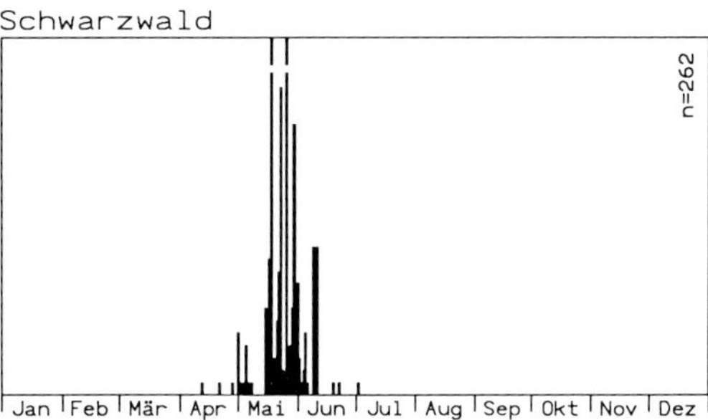

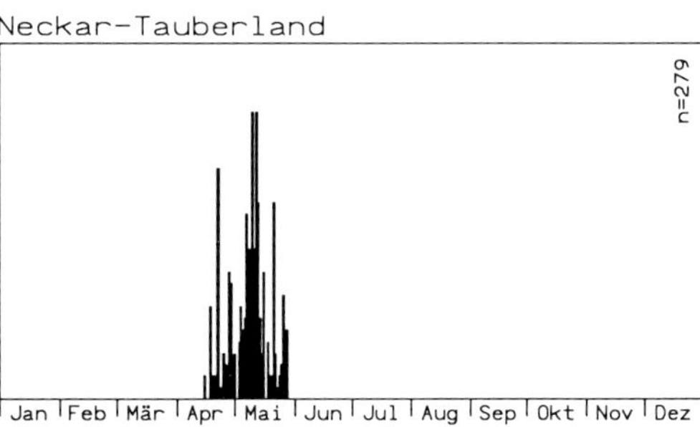

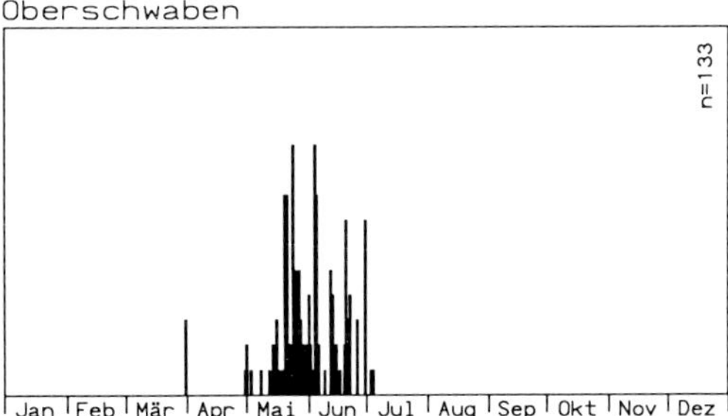

April gesichtet. Männchen vom 7.7. 1987 gehören zu einer bei Grißheim festgestellten Population, die sich durch eine für die Oberrheinebene erstaunlich späten Flugperiode auszeichnet!

Untersuchungen, die zwischen 1987 und 1992 durchgeführt wurden, ergaben, daß *E. plumella* in der Trockenaue bei Grißheim mit deutlichem Schwerpunkt in der letzten Junidekade erst zwischen dem 25.5. und 7.7. erscheint. Ähnlich sind die Verhältnisse im benachbarten Hartheim. Dort flogen die Falter, nach Angaben von H. STEFFNY, zwischen dem 28.4. und 4.7. (1982–1988).

Weitere späte Beobachtungen (Einzelhinweise) aus der Oberrheinebene beziehen sich auf Eggenstein (29.6. 1902, coll. KABIS), Freiburg-Lehen (29.6. 1916, coll. FALLER), Kehl (20.6. 1987, E. RENNWALD) und Karlsruhe (17.6. 1989, U. RATZEL). In allen anderen Regionen der Oberrheinebene konnte die Art in Jahren mit normalem Witterungsverlauf meist zwischen der letzten Aprildekade und Ende Mai registriert werden. Exemplarisch sei hierzu die Situation an den Murgdämmen bei Rastatt-Niederbühl angeführt, an denen die Imagines in den Jahren 1977–1985 zwischen dem 28.4. und 16.5. erschienen (R. HERRMANN).

Durchschnittlich später fliegen die Falter an den vielen Fundstellen im Schwarzwald. Lediglich an tiefer gelegenen wie beispielsweise im vorderen Murgtal bei Hörden (1.5. – 21.5., 1980–1989), an den Südhängen des Dreisamtals (12.4. 1925, 26.4. 1977) sowie am Lorettoberg/Freiburg (Ende April bis Mitte Mai) ist eine Analogie zu den Flugzeiten in der Oberrheinebene festzustellen. Ansonsten wurden die Männchen erst ab Mitte bis Ende Mai nachgewiesen. Untersuchungen zur Phänologie im Hinterzartener Moor (900 m) ergaben, daß die Falter dort erst zwischen dem 15.5. und 22.6. (1977–1989) mit einem Flugmaximum um die Monatswende Mai/Juni zu finden sind. Auch auf den Plateauhochmooren und Grindenhochflächen des nördlichen Schwarzwaldes erscheint die Art nahezu zur gleichen Zeit. Späte Falter können dort Anfang Juli beobachtet werden wie z.B. bei Unterstmatt und im Wildseemoor.

Früher im Jahr entwickeln sich dagegen die Imagines in den Landschaften des Neckar-Tauberlandes. Dort konnten die Männchen zwischen dem 15.4. (1961, Bissingen/Teck, W. SCHÄFER) bzw. 18.4. (1949, bei Ranntal und Nöttingen, K. STROBEL) und dem 27.5. (1941, Alb-Wutachgebiet, Fützen, 500–600 m, A. FEHRENBACH) bzw. 28.5. (1975, Rottal, coll. E. LANGER) angetroffen werden, wobei die Aprilhinweise sich ausschließlich auf die Wärmegebiete von Kraichgau, Tauberland, Odenwald und Unterem Neckartal beziehen.

Auch für den Hauptnaturraum Oberschwaben können fundierte phänologische Aussagen gemacht werden. Besonders gut untersucht sind dort die großen Moorgebiete. Der Großteil der vorhandenen Daten stammt von den Mitarbeitern G. BAISCH, M. GOLTSCHALT, T. MARKTANNER und J.U. MEINEKE. *Epichnopterix plumella* konnte dort von Anfang Mai bis Anfang Juli beobachtet werden, wobei allerdings der Großteil der Faltermeldungen in die Zeitspanne von Ende Mai bis Ende Juni fällt. An klimatisch begünstigten Lokalitäten, wie sie im Bereich des Bodenseebeckens anzutreffen sind, können die Falter jedoch auch erheblich früher im Jahr erscheinen. Der früheste je in Baden-

Die tagsüber aktiven Männchen des Wiesen-Sackträgers (*Epichnopterix plumella*) sitzen gern an Grashalmen, um dadurch besser in den Bereich der weiblichen Sexuallockstoffe zu gelangen. Sobald sie damit in Berührung kommen, fliegen sie auf und suchen nach dem Weibchen. Im Gegensatz zu den sonst recht ähnlichen Männchen von *E. sieboldii* sind ihre Vorderflügel tiefschwarz und mit dicht angeordneten lanzettförmigen Deckschuppen versehen. *Epichnopterix plumella* gehört zu unseren häufigen Psychidenarten und ist im Frühling auf naturnah verbliebenen Wiesen eine vertraute Erscheinung. – Oberrheinebene: Freiburg-Lehen, Dreisamdamm 225 m, (Vfl-SpW 13 mm) 30. 4. 93 R. HERRMANN.

Ein lockendes, teilweise aus dem Sack herausragendes Weibchen (e.l., 8 mm) von *E. plumella* ist von einem Männchen angeflogen worden. Mit hochgestellten Flügeln und fest angeklammert schiebt dieses seinen außerordentlich dehnbaren Hinterleib tief in den Sack hinein, um dadurch an die Begattungsöffnung des madenförmigen Weibchens gelangen zu können. – Oberrheinebene: Grißheim 209 m, 6. 6. 91
R. HERRMANN. S.

Württemberg im Freiland festgestellte Falter wurde am 31.3. 1990 an einem zum Bodensee hin abfallenden steilen Trockenhang bei Sipplingen beobachtet (R. HERRMANN). Die einzigen Daten von der Schwäbischen Alb bzw. deren Randbereich (28.5. 1990, Irndorfer Hardt, 29.5. 1990, Küssaberg und 17.6. 1982, Arnegger Ried) lassen eine phänologische Beurteilung gegenwärtig nicht zu.

Präimaginalstadien: Im Vergleich zu den nahezu 1000 Falterbeobachtungen bleiben die Hinweise auf Raupenfunde in Baden-Württemberg recht spärlich. Die meist auf Einzelfunde beruhenden Meldungen (n = 31) beziehen sich auf die Zeitspanne vom 27.8. (1978) bis 23.4. (1990), wobei die Larven auch mitten im Winter, wie z.B. am 28.1. 1990 bei Rottweil, beobachtet werden konnten. Zahlreicher wurden dagegen die angesponnenen adulten Raupensäcke (meistens Weibchen) gefunden, je nach Standort und Witterungsverlauf von Ende März bis in den Juni hinein. Am 6.4. 1989 wurden beispielsweise 6 Säcke (Freiburg-Lehen, Dreisamdamm) und am 1.6. 1991 zwei Säcke (Federseemoor) gefunden. Nach alten Säkken kann praktisch das ganze Jahr über gesucht werden. Bei den vielen vorliegenden Meldungen handelt es sich meist um Einzelfunde. Nach den hier gemachten Beobachtungen hat die Larve von *Epichnopterix plumella* einen einjährigen Entwicklungszyklus.

Ökologie

Lebensraum: *Epichnopterix plumella* ist ökologisch weitaus weniger anspruchsvoll als die verwandte *E. sieboldii*. An nassen, mesophilen und xerothermen Standorten in offenen wiesenartigen Bereichen auf basenarmen und basenreichen Böden ist sie gleichermaßen anzutreffen. So wurde diese Wiesenart häufig auf kalkarmen, sandigen Magerrasen, Streuobstwiesen, aber auch auf kalkreichen Halbtrockenrasen (z.B. auch auf Wacholderheiden) festgestellt, ebenso in Talwiesen auf lehmig-sandigen Böden, auf Sandfluren, felsigem Gelände (Granit, Buntsandstein, Rotliegendes, Keuper und Muschelkalk) und sonnigen Bergwiesen. Häufig wurde sie auch auf ungedüngten, einschürigen Mähwiesen, auf alten sandigen Brachen und anderen Sekundärflächen wie Dämmen und Böschungen,

Straßen- und Wegerändern nachgewiesen, wesentlich seltener dagegen in stark anthropogenen Bereichen wie Parkanlagen und Gärten. Gut besiedelt sind daneben auch Feuchtwiesen nichtüberschwemmter Standorte, Pfeifengraswiesen und Flachmoore.

Dagegen meidet die Art schattige Waldbestände, ist aber auf Waldwiesen und im waldnahen Offenland ebenfalls zahlreich anzutreffen. In der Markgräfler Rheinebene konnten Falter und Raupen außerdem im lichten, eichenreichen Trockenwald beobachtet werden.

Die Art zeigt keine eindeutigen klimatischen Präferenzen. An sehr heißen Stellen (Xerobrometum) und in kühlen nordexponierten Lagen konnte sie bisher nicht beobachtet werden.

Nahrung der Raupe:
Festuca rubra agg. – Roter Schwingel (Sammelart)
L (HER)
Molinia caerulea – Blaues Pfeifengras
L (MEI)
Potentilla tabernaemontani – Frühlings-Fingerkraut
L (HER)
Vicia spec. – »Wicke«
L (HER)
Plantago lanceolata – Spitz-Wegerich
L (HER)

Die Larven von *E. plumella* sind außerordentlich polyphag und ernähren sich von vielerlei krautigen Pflanzen, Gräsern, ja sogar von reifen Früchten (Fallobst).

Habitat: Fettwiesen-, Magerrasen- und Sandrasengesellschaften (Arrhenatherion, Mesobromion, Therio-Airion) in verschiedener Ausprägung (magere Glatthaferwiesen, Trespen- und Fiederzwenkenrasen), mit Sukzessionsstadien und Brachen, Ginsterheiden (Genistion), aber auch offene und verheidete Hochmoore (Sphagnion magellanici) und angrenzende Naßwiesen (Calthion), Streuwiesen (Molinion) und Flachmoore (Caricion).

Die Larven leben vorzugsweise an kurzrasigen Stellen und in weniger verdichteten Grasbeständen. Außerdem konnten sie an Felsen und Steinhaufen festgestellt werden. Auf eine Reihe von Sonderstandorten wurde bereits verwiesen.

Verhalten: Die meist im Sonnenschein aktiven Männchen wurden vor allem zwischen 12–17 Uhr beobachtet. Mit Hilfe von paarungsbereiten Weibchen, die in Gefangenschaft teilweise noch bis 21 Uhr lockaktiv waren, konnten die an Grashalmen sitzenden Männchen bis 19 Uhr wirksam angelockt werden.

SCHÄTZ (1954) berichtet über die Entwicklungszeiten der männlichen Falter: »Männchen kamen zwischen halb 10 Uhr und 13 Uhr aus den Säcken, die Weibchen von halb 2 Uhr bis 4 Uhr nachmittags, hauptsächlich aber um 3 Uhr. Wenn ein Männchen schlüpft, so schiebt sich die Puppe schon am Morgen etwas aus dem Sack, zieht sich aber dann wieder zurück. Der Sack bleibt offen, und man kann die schwarze Puppe sehen. Kurz vor dem Schlüpfen schiebt sie sich dann bis zum Hinterleib heraus, und der Falter verläßt die Puppe. Die leere Puppenhülle (braun) steht halb aus dem Sack.«

Zur Fortpflanzungsbiologie führt er weiter aus: »Die Weibchen schieben sich auch bis etwa zur Hälfte aus dem Sack und bleiben so bis zur Copulation. Kommt kein Männchen, so ziehen sie sich etwa um 18 Uhr in die Puppenhülle im Sack zurück, um am nächsten Tag etwa um 14 Uhr wieder zu erscheinen.«

Am 6.6. 1991 wurde bei Grißheim (Trockenaue) ein lockendes Weibchen (Herkunft: Federseemoor) ausgesetzt. Schon nach etwa einer Minute erschienen mehrere paarungswillige Männchen, die einen regelrechten Balztanz vollführten. Die Paarung selbst dauerte etwa 4 Minuten. Danach zog sich das Weibchen in seinen Sack zurück und begann mit der Eiablage. Die Raupen schlüpften am 1.7. 1991. Die Lebensdauer der Männchen beträgt einige Tage, die der Weibchen bis zu einer Woche.

Die mit Teilen von Grasstengeln belegten und erwachsen bis zu 2 cm langen Raupensäcke leben am Boden und werden deshalb nur selten gefunden. Zur Verpuppung werden die männlichen Säcke überwiegend in Bodennähe, die weiblichen dagegen exponiert, d.h. höher in der Vegetation, aber auch an Pfosten, Steinen und Felsen angesponnen. – Oberrheinebene: Grißheim 209 m, 28. 4. 89 R. HERRMANN. S.

Als typische Wiesenart bewohnt *E. plumella* nicht nur Wiesen auf feuchtem Untergrund, sondern auch solche an trocken-warmen Standorten. Auf den blütenreichen und warmen Südflanken der sandigen Murgdämme konnte sie über Jahre hinweg stets in erheblicher Anzahl beobachtet werden. – Oberrheinebene: Rastatt-Niederbühl, Murgdamm 125 m, 30. 5. 91 R. Herrmann.

Zur Verpuppung sind die weiblichen Säcke meist an sonnigen, manchmal aber auch nordseitigen Stellen (Steine, Felsen, Pfosten, Straßenleitplanken, Gemäuer), aber auch an Sträuchern (z. B. an Heidekraut) sowie an Stämmen in 20–50 cm Höhe festgesponnen, die männlichen Säcke bodennah in der Vegetation.

Gefährdung und Schutz

Rote Liste Bundesrepublik: –
Rote Liste Baden-Württemberg: –

Oberrheinebene: Nicht gefährdet.
Schwarzwald: Nicht gefährdet.
Neckar-Tauberland: Nicht gefährdet.
Schwäbische Alb: Noch ungeklärt.
Oberschwaben: Nicht gefährdet.

- In Baden-Württemberg nicht gefährdet!

Epichnopterix sieboldii
Reutti, 1853

Siebolds Felsflur-Sackträger

Epichnopteryx sieboldii Rtti. (Reutti 1898)
Epichnopteryx pulla Esp. f. *sieboldi* Rtti. (Seitz 1907–1954, Spuler 1908–1910, Schneider 1936–1939)
Epichnopteryx sieboldi Reutti (Bergmann 1951–1955, Forster 1960, Ebert 1978)

Gesamtverbreitung: *Epichnopterix sieboldii* ist mitteleuropäisch verbreitet und besiedelt nach Sieder (1954) folgende Gebiete: »Das Rheintal, Nordschweiz, Basel, Nordfrankreich, Elsaß-Lothringen, dann das ganze Mitteldeutschland bis zum Inn; von Mitteldeutschland reicht sie bis Prag in Böhmen ... und Breslau ...«. Die Art wird bei Kraus (1993) für einige Orte in der Pfalz angegeben. Der Typenfundort ist Hinterzarten im Schwarzwald.

Verbreitung

Regional: *Epichnopterix sieboldii* ist in Baden-Württemberg weit verbreitet und gebietsweise gut vertreten. Schwerpunkte der Verbreitung sind der Kaiserstuhl und die rheinnahen Bereiche der Markgräfler Rheinebene. Im angrenzenden Markgräfler Hügelland (Tüllinger Berg, Isteiner Klotz) wird sie spärlicher angetroffen.

Nördlich dieser Landschaften fehlt sie weiten Gebieten und konnte nur an den Rheindämmen bis in den Raum Rastatt – Karlsruhe in wenigen Populationen festgestellt werden, wobei sich die histori-

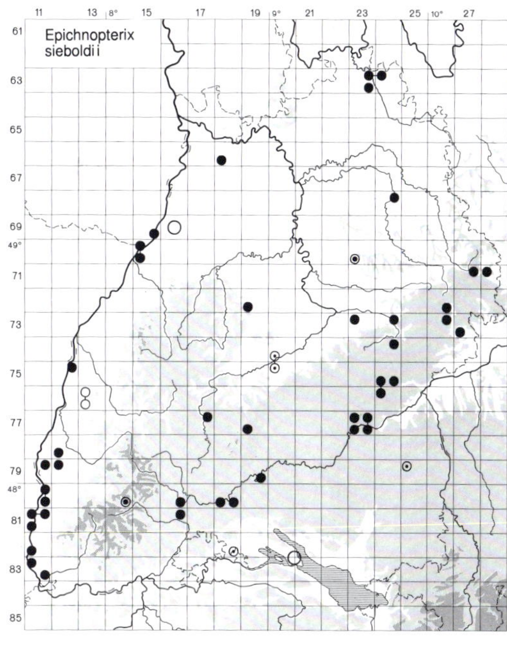

schen Angaben von REUTTI (1898) »Karlsruhe, Maxau« nicht mehr verifizieren ließen.

Ausgesprochen sparsam blieben auch die Hinweise aus dem Schwarzwald. Von dort ist bisher nur von zwei Vorkommen berichtet worden. Nach REUTTI (1853, 1898) finden sich diese bei Hinterzarten (locus typicus) und bei Lahr (Altvater). Die letzten Hinweise auf den Fundort Hinterzarten finden sich bei SIEDER (1954). In der coll. SIEDER (heute LNK) stecken von dieser Lokalität 3 Männchen, leg. WOLF, vom 3.5. 1951. Außerdem weist SIEDER (1954) darauf hin, daß sich eine Neotype »1 Männchen (Schwarzwald, Hinterzarten, 28.3.52 ab ovo leg. Dr. WOLF, loc. class.)« im Naturhistorischen Museum in Wien befindet. Die von R. HERRMANN seit 1977 durchgeführte Nachsuche an der Typenlokalität, aber auch an anderen Stellen im Schwarzwald, verlief ergebnislos. Es ist daher anzunehmen, daß die Art im Hinterzartener Moor mittlerweile ausgestorben ist.

Auch aus dem Neckar-Tauberland sind nur wenige Fundorte bekannt, obwohl es sich dabei um einen sehr reich gegliederten Naturraum handelt. Anzumerken ist, daß bei intensiver Kartierung in den Gäulandschaften entlang des oberen Neckars bis zur Baar sicherlich noch viele Vorkommen entdeckt werden können. Das gleiche gilt auch für die Schwäbisch-Fränkischen Waldberge und das Tauberland, wo solche Untersuchungen bisher nur in bescheidenem Umfang durchgeführt worden sind. Lediglich im Kraichgau scheint *E. sieboldii*, da geeignete Biotope fehlen, seltener zu sein.

Eine durchaus häufige Erscheinung ist die Art dann wieder auf der gesamten Schwäbischen Alb. Durch gründliche Beobachtung könnte man sie hier noch an vielen Jura-Südhängen auffinden.

Wenige Hinweise erhielten wir dagegen aus dem Hauptnaturraum Oberschwaben, wo diese Art offensichtlich ausgesprochen selten ist bzw. war, denn die drei durch je ein Männchen belegten Fundmeldungen stammen aus den Jahren 1921 (Umgebung Konstanz), 1944 (Dürnachtal) und 1950 (Gottmadingen).

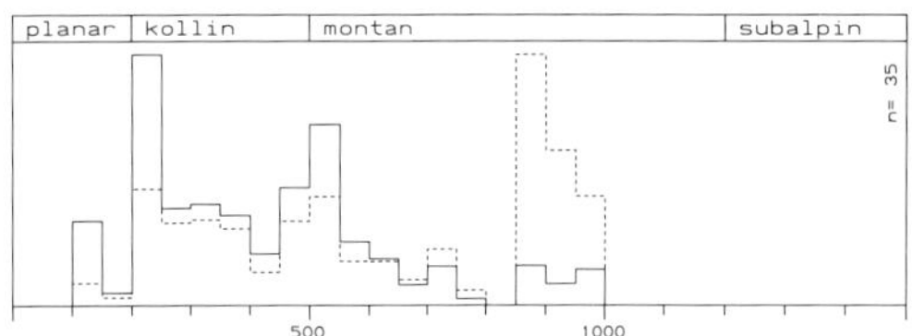

Vertikal: *Epichnopterix sieboldii* ist bei uns eine Art der Ebene und des Hügellandes. Mit zunehmender Höhe nehmen die Vorkommen ab und erreichen im Schwarzwald bei Hinterzarten (900 m), auf der Hohen Schwabenalb am Lochengipfel (900 m) sowie auf der Baar bei Döggingen (800 m) ihr Höhenlimit.

Phänologie

Imagines: Siebolds Felsflur-Sackträger *(Epichnopterix sieboldii)* gehört im Frühjahr zu den ersten Schmetterlingen, die auf den noch winterlich braunen Rasenflächen an sonnigen Tagen zu beobachten sind. So können an geschützten Lokalitäten wie etwa am Badberg im Kaiserstuhl mit seiner die Phänologie beeinflussenden klimatischen Sonderstellung die ersten Falter schon Anfang März fliegen. Ansonsten wurden die Männchen dieser Art an den Fundplätzen in der Oberrheinebene hauptsächlich von Ende März bis Mitte April stellenweise in großer Anzahl (20.3. 1984 20 Männchen, 21.3. 1983 50 Männchen, 7.4. 1992 40 Männchen, alle Badberg) gesichtet. Späte Funde aus der letzten Aprildekade untermauern, daß die Art eine sehr lange Flugperiode hat. Ähnlich sind auch die Flugzeiten im Neckar-Tauberland, wo sich die Falter an warmen Örtlichkeiten bereits Mitte März entwikkeln können.

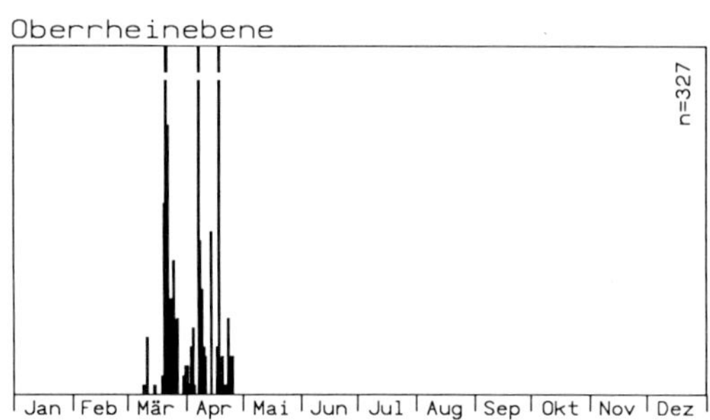

Da aus dem Schwarzwald keine präzisen Angaben vorliegen, kann nur auf die historische Angabe bei REUTTI (1898) verwiesen werden, die besagt, daß die Falter im April und Mai und im höheren Gebirge im Juli erscheinen. Wesentlich breiter gestreut sind dagegen die Daten von der Schwäbischen Alb. Hier wurden die Imagines zwischen dem 1. April (1990, Gruibingen, A. SCHOLZ) und 10. Mai (1936, Untermarchtal, G. REICH) beobachtet. Die Hauptflugzeit scheint auf der Schwäbischen Alb mehr in der 2. Aprilhälfte zu liegen. Da aus dem angrenzenden Oberschwaben und dem Bodenseebecken nur zwei Meldungen existieren (5.4. Konstanz und 5.5. Dürnachtal), können für diese Gebiete keine genaueren phänologischen Aussagen gemacht werden.

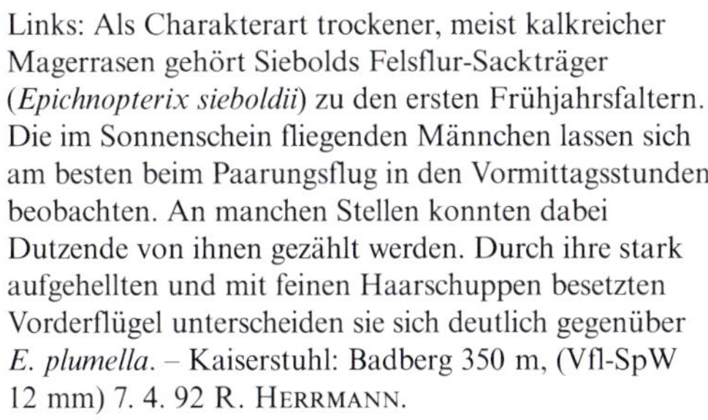

Links: Als Charakterart trockener, meist kalkreicher Magerrasen gehört Siebolds Felsflur-Sackträger (*Epichnopterix sieboldii*) zu den ersten Frühjahrsfaltern. Die im Sonnenschein fliegenden Männchen lassen sich am besten beim Paarungsflug in den Vormittagsstunden beobachten. An manchen Stellen konnten dabei Dutzende von ihnen gezählt werden. Durch ihre stark aufgehellten und mit feinen Haarschuppen besetzten Vorderflügel unterscheiden sie sich deutlich gegenüber *E. plumella*. – Kaiserstuhl: Badberg 350 m, (Vfl-SpW 12 mm) 7. 4. 92 R. HERRMANN.
Rechts: Während der Lockphase befinden sich Kopf und Teile des Rückens der madenförmigen Weibchen von *E. sieboldii* außerhalb des Sackes. Ist das Weibchen unbefruchtet geblieben, zieht es sich nach einigen Stunden wieder vollständig in den schützenden Sack zurück. – Kaiserstuhl: Badberg 350 m, (e.l., 7 mm) 1. 4. 83 R. HERRMANN. S.

Präimaginalstadien: Von den 85 Raupenmeldungen (R. HERRMANN), die zur Auswertung zur Verfügung standen, stammen allein 36 aus dem zentralen Kaiserstuhl. Hier konnten die Larvensäcke zwischen dem 14.11. und 12.3. (1978–1981) an einigen eng begrenzten Lokalitäten zahlreich beobachtet werden. Hinweise aus der Markgräfler Rheinebene beziehen sich auf insgesamt 22 Exemplare, die zwischen dem 6.9. und 14.3. (1990–1993) an den Fundstellen bei Bad Bellingen, Neuenburg und Grißheim festgestellt wurden.

Von Herbst bis Frühjahr sind die Raupensäcke entweder nahezu oder schon völlig ausgewachsen. Mit durchschnittlich 1,5 cm Länge sind die Säcke jetzt besser zu entdecken (z.B. am 3.10. 1990, Wacholderheide bei Altoberndorf im Neckartal; 6.9. 1990, Bad Bellingen). Die Suche kann auch während der Wintermonate erfolgen, vor allem wenn die Raupen an milden Tagen aktiv sind. Schwieriger gestaltet sich die Suche nach den Puppensäcken (z.B. 9.3. 1983, Badberg, 10 Exemplare; 19.3. 1989 und 14.3. 1993, Grißheim, nochmals je 10 Exemplare). Die Larven von *E. sieboldii* scheinen einen einjährigen Entwicklungszyklus zu haben.

Ökologie

Lebensraum: Mager- und Trockenrasen kalkreicher, teilweise felsig strukturierter Standorte (Jura, Muschelkalk, Vulkangestein), daneben aber auch künstliche Trockenhänge und – der Angabe REUTTIS (1853) folgend – vermutlich kalk- und nährstoffarme Hochmoorbereiche (Hinterzartener Moor).

D. STENGEL (pers. Mitt.) berichtete, daß *E. sieboldii* im Fichtelgebirge (Zeitelmoos bei Wunsiedel) in einem mit Gräsern (Wollgras) und Heidekraut bewachsenem, wechselfeuchtem und torfreichem Niedermoor vorkommt. Die Falter wurden dort, wie auch im Hinterzartener Moor, etwa Mitte Mai beobachtet.

Die meisten Fundstellen liegen in den bekannten Wärmegebieten des Landes, wo durchschnittliche Jahrestemperaturen von 8–10 °C und Niederschlagssummen zwischen 600 und 800 mm erreicht werden. In kühleren Berglagen hingegen können nur solche Lokalitäten besiedelt werden, die durch ein besonders wärmegetöntes Mikroklima gekennzeichnet sind.

Im felsig-steinigen Volltrockenrasen wird der hohe Wärmebedarf, den die Raupen von *E. sieboldii* haben, am besten abgedeckt. Die verhältnismäßig kleinen, im erwachsenen Zustand nur etwa 1 cm langen, zur Mitte hin etwas bauchigen Säcke sind wegen ihres aus Pflanzenteilen bestehenden Belages nur schwer zu entdecken. – Kaiserstuhl: Badberg 350 m, 21. 5. 91 R. Herrmann.

Nahrung der Raupe:

Potentilla tabernaemontani – Frühlings-Fingerkraut
L (Her)

Helianthemum nummularium – Gewöhnliches Sonnenröschen
L (Her)

Teucrium chamaedrys – Edel-Gamander
L (Her)

Freilandraupen konnten nur selten bei der Nahrungsaufnahme beobachtet werden. Neben den aufgeführten Nahrungspflanzen dürfte aber noch eine Reihe anderer niedrig wachsender Pflanzenarten, darunter auch verschiedene Gräser wichtige Nahrungsquellen darstellen.

Habitat: Insbesondere lückiges offenes Mesobromion (Mesobrometum im Kaiserstuhl; Gentiano-Koelerietum auf Wacholderheiden der Schwäbischen Alb und in Magerrasen des Tauberlandes), Übergangsbereiche zum Xerobromion und trokkenheißes Xerobromion (Kaiserstuhl). Ferner südexponierte künstliche Mager- und Trockenrasen (Rheindämme wie z.B. bei Au am Rhein; Weinbergterrassen und Straßenböschungen wie z.B. im Kaiserstuhl). Für das Vorkommen im Schwarzwald können Sphagnion magellanici-Flächen als geeignete Habitate angenommen werden. Dort dürfte *E. sieboldii* am ehesten wechselfeuchte bis periodisch trockene, zwergstrauchreiche, torfige Heideflächen bewohnen.

Ansonsten fanden sich die Larven dieser wärmeliebenden Sackträgerart vielfach auf südgeneigten, vollbesonnten Hängen, aber auch auf geschützten alten, vegetationsreichen und sandigen Flußschotterflächen, wie sie am südlichen Oberrhein zwischen Breisach und Basel stellenweise in noch guter Ausprägung anzutreffen sind. Auf den Trockenrasen des Kaiserstuhls bildet *Epichnopterix sieboldii* zusammen mit *Ptilocephala plumifera, Rebelia her-*

richiella und *Apterona helicoidella* sowie einer Reihe von thermophilen und xerophilen Pflanzenarten eine Lebensgemeinschaft, wie sie nördlich der Alpen nahezu einmalig ist.

Verhalten: Über die Verhaltensbiologie dieser Art sind unsere Kenntnisse noch sehr unvollständig. Die Schlüpfzeiten der Männchen liegen morgens zwischen 8 und 10 Uhr und am frühen Abend zwischen 17 und 18 Uhr (Zuchtbeobachtungen).

Ein besonders interessanter Paarungsflug der Männchen konnte am 22.3. 1990 gegen 11 Uhr am Rheindamm bei Au am Rhein beobachtet werden. Auf eng begrenzter Stelle suchten etwa 50 Falter, knapp über dem kurzrasigen Boden flatternd, nach paarungswilligen Weibchen.

Auch mit eingesperrten Weibchen lassen sich in der Regel schon nach kürzester Zeit Männchen in großer Anzahl anlocken. Im Kaiserstuhl, bei Grißheim, Bad Bellingen und auf der Baar bei Döggingen geschah dies zwischen 11 und 17 Uhr, mit Anflugsschwerpunkten zwischen 12 und 13 Uhr. Ansonsten ruhen die Männchen, insbesondere am Nachmittag, an Grashalmen, fliegen von Zeit zu Zeit auf und setzen sich nach relativ kurzer Flugdistanz an anderer Stelle wieder nieder. Die Weibchen, die ihren tief in der Vegetation angesponnenen Sack nie verlassen und lediglich während der Lockphase den Kopf etwas aus dem freien Ende herausstrecken, sind nur sehr schwer im Freiland aufzufinden. Besser ist es, nach den Larven (Larvensäcken) zu suchen, wenn sie, vor allem bei sonnig-warmer Witterung, zur Nahrungsaufnahme an Pflanzen emporklettern.

Zur Verpuppung werden die Raupensäcke an abgestorbenen, am Boden liegenden Pflanzenteilen (Grashalme), Moosen (Beobachtung am Badberg und bei Fridingen) und abgefallenen Laubblättern (bei Nußloch und Grißheim) angesponnen und sind ihrer Umgebung bestens angepaßt.

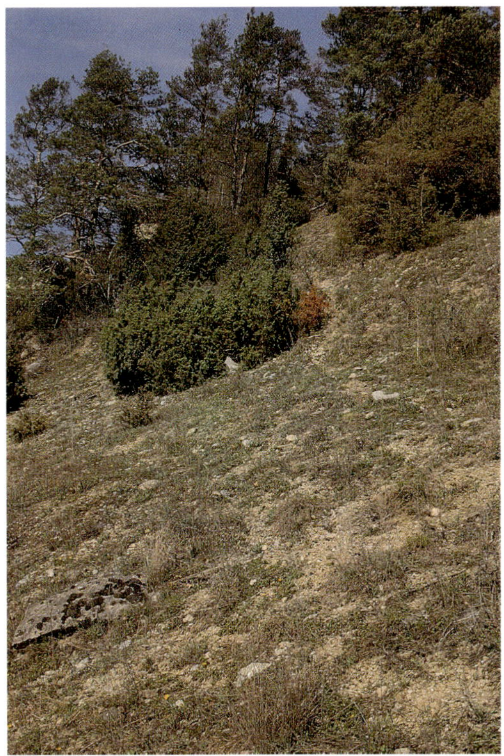

Xerotherme Standorte wie der hier gezeigte Trockenrasen an einem steilen, südexponierten Muschelkalkhang bilden den Lebensraum von *Epichnopterix sieboldii*. – Tauberland: Werbach, NSG Lindenberg 275 m, 7. 4. 91 R. Herrmann.

Gefährdung und Schutz

Rote Liste Bundesrepublik: 3
Rote Liste Baden-Württemberg: –

Oberrheinebene: Nicht gefährdet.
Schwarzwald: Ausgestorben oder verschollen.
Neckar-Tauberland: Nicht gefährdet.
Schwäbische Alb: Nicht gefährdet.
Oberschwaben: Noch ungeklärt.

- In Baden-Württemberg nicht gefährdet!

Epichnopterix sieboldii ist in Baden-Württemberg aufgrund der noch günstigen Verbreitungssituation als nicht gefährdet einzustufen.

Eine Ausnahme bildet vor allem der Schwarzwald, wo die Art zum letzten Mal in den 50er Jahren beobachtet werden konnte.

Mangels ausreichender aktueller Fundmeldungen können für den Hauptnaturraum Oberschwaben hinsichtlich der Gefährdungsursachen und Schutzmaßnahmen gegenwärtig keine Aussagen getroffen werden.

Oiketicinae

Diese in der palaearktischen Region artenreiche, in viele Genera aufgeteilte Unterfamilie ist in unserem Faunengebiet durch die Gattungen *Acanthopsyche, Canephora, Pachythelia, Ptilocephala* (= *Oreopsyche*), *Megalophanes, Phalacropterix* und *Apterona* mit jeweils nur einer Art sowie *Sterrhopterix* mit zwei Arten vertreten. Die Männchen sind meistens relativ groß und gute Flieger. Ganz im Gegensatz dazu die Weibchen. Sie sind besonders stark zurückgebildet und haben ein madenförmiges Aussehen. Noch mehr als die Weibchen der vorhergehenden Unterfamilie halten sie sich in ihrem Puppensack verborgen. Einen Spezialfall stellt der Schneckenhaus-Sackträger dar. Diese hochspezialisierte Art kommt bei uns nur in der sich parthenogenetisch fortpflanzenden Form (*Apterona helicoidella* f. parth.) vor. Ihre Weibchen sind durch das Fehlen von Beinen, Augen und Mundwerkzeugen charakterisiert. Übrig bleibt eine wurmartige Gestalt, die mit einem Schmetterling nicht mehr die geringste Ähnlichkeit hat.

Oiketicoides febretta
Boyer, 1858

Gesamtverbreitung: Von Nordafrika durch das Mittelmeergebiet nördlich bis in die Berge der Provence, wo sie R. Herrmann noch im nördlichen Buëchtal (Hautes Alpes) fand.

Reutti (1898) macht unter »?*febretta* Boyer« folgende Angaben: »Einige bei Rippoldsau und am Kniebis Ende Juni, Anfang Juli gefundene Säcke stimmen genau mit Bruands Abbildung von *magnella*, in der Monographie des Psychides Pl. I Fig. 34 b und der Beschreibung S. 58, welche Staudinger zu *febretta* zieht überein. Wenn nicht diese, so ist die Art jedenfalls verschieden von den beiden vorigen [*muscella* Hb., *plumifera* O.]. Den Schmetterling haben wir nicht erhalten«.

Oiketicoides febretta ist eine mediterran verbreitete Art, die bei uns nicht vorkommt. Sie ist aus der Faunenliste Baden-Württembergs zu streichen.

Acanthopsyche atra
Linnaeus, 1767

Kiefernheiden-Sackträger

Psyche opacella HS. (Reutti 1898)
Acanthopsyche opacella H.S. (Lampert 1907, Eckstein 1913–1923, Hering 1932)

Gesamtverbreitung: In Europa von Spanien (Gomez-Bustillo 1978) und Mittelitalien (Mariani 1941–1942) bis in das arktische Fennoskandien. In Westeuropa auch in England, Wales und Schottland. Relativ gut erforscht ist die Verbreitungssituation im kontinentalen West- und Mitteleuropa, wo *A. atra* an vielen Plätzen einschließlich der Gebirge, wenn auch zerstreut, festgestellt worden ist. In Osteuropa werden große Teile einschließlich des Territoriums der ehemaligen USSR bis in den hohen Norden besiedelt. Kožančikov (1956) meldet die Art noch aus einigen Gebieten östlich des Urals, z.B. Nordkasachstan, Sibirien (Tomsk) und Teilen der sibirischen Waldsteppe, ferner aus dem Altai und Sajan-Gebirge.

Verbreitung

Regional: In Baden-Württemberg stets lokal und weiten Gebieten fehlend. Nur im Schwarzwald sind die Vorkommen dieser Art von den Tälern im Westen über die Höhen hinweg bis zur Ostabdachung etwas zahlreicher. In der Oberrheinebene ist *A. atra* nur aus dem Raum Karlsruhe (Hardtwald) bekannt geworden, nach Gauckler (1896) »nicht selten«, nach Reutti (1898) »zahlreich«. Weitere Hin-

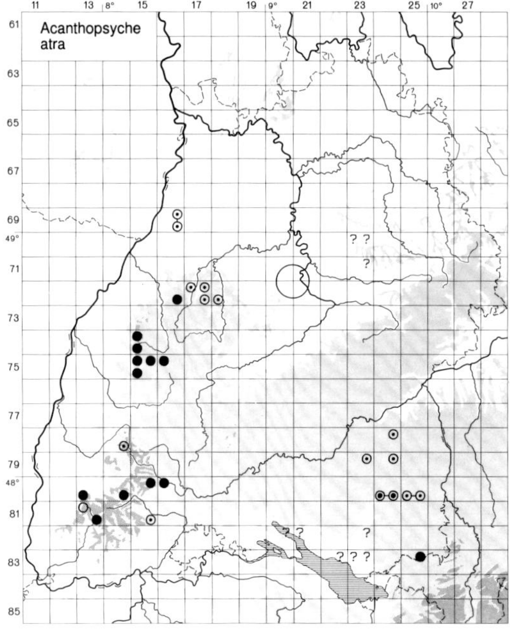

weise beziehen sich auf die Jahre 1938 und 1942 (Belege in coll. LNK) und stammen von A. GREMMINGER (Kartei). Die letzten Nachweise stammen aus den Jahren 1947 und 1949. H. KESENHEIMER sammelte damals 6 Männchen (im Museum Freiburg noch vorhanden) und bezettelte sie mit »Karlsruhe: Friedrichstaler Allee«. Später konnte die Art dort trotz eifriger Nachsuche nicht mehr festgestellt werden. Es kann deshalb nicht ausgeschlossen werden, daß *A. atra* an ihrem einzigen Fundort in der Oberrheinebene inzwischen ausgestorben ist. GRIEBEL (1909) und DE LATTIN (1957) verweisen auf eine Reihe von Fundorten in der benachbarten Südpfalz. Nach E. BETTAG (mündl. Mitt.) kam *A. atra* auch bei Dudenhofen (Umgebung Speyer) vor.

Auch aus dem Neckar-Tauberland liegen nur noch historische Angaben vor. So gibt es eine alte Meldung aus dem Jahre 1876, die sich auf einen Weibchen-Sack mit Puppenhülle bezieht (Slg. PFITZENMEIER, in coll. SMNS). Nicht mehr überprüft werden konnten zwei Angaben aus SCHNEIDER (1937), die sich auf die Fundorte »Murrhardt« und »Welzheimer Wald an der Laufenmühle« beziehen. Obwohl neuere Angaben fehlen, könnten in den Schwäbisch-Fränkischen Waldbergen noch Populationen dieser Art existieren, weshalb weitere Kartierungen in dieser Region besonders zu empfehlen sind.

Von der Schwäbischen Alb liegen keine Hinweise vor. Ob dies als Indiz dafür gewertet werden kann, daß diese Art – zumindest in unserem Faunengebiet – Kalklandschaften meidet, ist noch unklar. Im Gegensatz dazu steht die Verbreitungssiuation in Oberschwaben und dem Bodenseebecken. Von dort liegt eine Reihe neuer Fundmeldungen vor, welche die Aussage erlauben, daß *A. atra* zu den Charakterarten der großen Moorkomplexe des württembergischen Alpenvorlandes gehört. Schwieriger gestaltet sich dagegen die Interpretation ihrer Verbreitung im Bodenseegebiet. Allen Hinweisen aus dieser Region ist gemeinsam, daß sie bereits 50 Jahre und länger zurückliegen. SCHNEIDER (1937) nennt Friedrichshafen, Ravensburg und Tettnang als Fundorte (Belege waren nicht vorhanden). REUTTI (1898) gibt »Bei Überlingen (bei der Schleifmühle)« an[1]. Obwohl sich diese Angabe heute nicht mehr überprüfen läßt, wird angenommen, daß damit *A. atra*, die zu REUTTIs Zeiten noch *Psyche opacella* hieß, gemeint war. Zwischen 1990 und 1992 wurden wiederholt Exkursionen ins westliche Bodenseegebiet unternommen und dabei auch nach *A. atra* Ausschau gehalten, leider ohne greifbares Ergebnis. So bleibt der Verdacht, daß diese Art heute hier verschwunden ist.

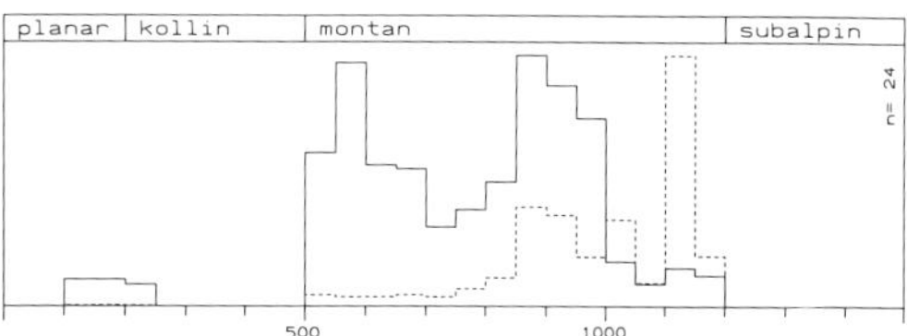

Vertikal: Von der Ebene bis in die Kammlagen des Schwarzwaldes (Schliffkopf, 1050 m; Schauinslandgipfel, 1200 m), mit Schwerpunkt in den mittleren und höheren Lagen. Aus dem subalpinen Bereich des Feldbergs und Belchens liegen keine Meldungen vor.

Nach VORBRODT (1914) ist *A. atra* meist ein Gebirgstier, das in den Schweizer Alpen bis in 1800 m Höhe anzutreffen ist. AISTLEITNER (1983b) gibt für Vorarlberg eine vertikale Verbreitung von 400–1200 m an. Auch im Elsaß soll diese Art nach PEYERIMHOFF (1880) von der Ebene bis in die Hochlagen der Vogesen vorkommen.

Phänologie

Imagines: Obwohl auch bei dieser Psychidenart die Männchen vergleichsweise recht groß und im Gelände eigentlich nicht zu übersehen sind, werden sie doch kaum im Freiland beobachtet. Erst durch das Anlocken mit paarungsbereiten, aus der Zucht stammenden Weibchen bekommt man sie zu Gesicht. Solche Lockversuche konnten an einigen Stellen im Schwarzwald mit gutem Erfolg durchgeführt werden. So wurden im Hinterzartener Moor am 29.5. 1979 50 Männchen, am 26.5. 1980 20 Männchen und am 9.6. 1986 6 Männchen registriert. Nahezu identisch ist die Phänologie dieser Art auch auf den Grindenhochflächen des Nordschwarzwaldes, wo auf dem Kniebis (Zuflucht) mit-

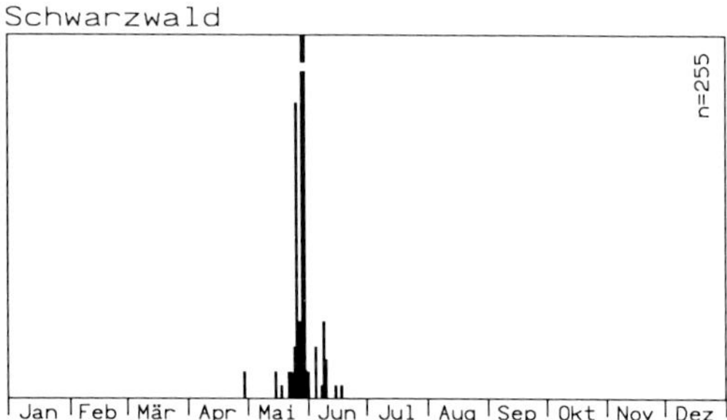

[1] Hier muß darauf hingewiesen werden, daß damals sowohl die Namen *plumifera* O. als auch *muscella* DUP. für die heute unter *Acanthopsyche atra* bekannte Art benutzt worden sind.

Trotz ihrer Größe werden die Männchen des Kiefernheiden-Sackträgers (*Acanthopsyche atra*) praktisch kaum beobachtet. Erst durch ausgesetzte, lockende Weibchen konnten die schwarzbraun gefärbten Falter in größerer Anzahl registriert werden. Sie fliegen in einem schnellen Schwirrflug und nur bei Sonnenschein dicht über der Bodenvegetation. – Schwarzwald: Utzenfeld, Utzenfluh 570 m, (Vfl-SpW 18 mm) 29. 4. 91 R. Herrmann. S.

tels gleicher Methode am 30.5. 1979 weit über 100 Männchen notiert werden konnten. In den Jahren 1977 bis 1991 schlüpften zwischen dem 23.5. und 10.6. die Imagines (in der Mehrzahl Weibchen) aus eingetragenen Puppensäcken (alle Angaben von R. Herrmann). Wie Beobachtungen von W. Staib, K. Strobel und M. Wallner aus den 60er Jahren zeigten, schlüpften aus meist wenige Tage zuvor im Wildseemoor eingesammelten Säcken die Imagines in der Zeit vom 19.5. bis 18.6.. Jahreszeitlich früher entwickeln sich dagegen die Falter in den tiefer gelegenen Schwarzwaldlagen wie z.B. an der Utzenfluh, wo in warmen Jahren mit den ersten Tieren schon ab Ende April zu rechnen ist, was schon den Verhältnissen in der Rheinebene nahekommt, von wo Gauckler (1896) berichtet, daß der Falter im Wildpark bei Karlsruhe Ende April und Anfang Mai erscheint.

Angaben aus dem südöstlichen Landesteil liegen vor allem von G. Reich (Aufzeichnungen 1910–1965) vor. Er beobachtete am 2.5. 1948 22 Männchen, die von einem im Heidekraut sitzenden Weibchen angelockt wurden.. Weiter meldete er mit dem Vermerk »Nicht besonders selten in Mooren ...« 2 Männchen vom 25.4. 1934 und 1 Männchen vom 1.5. 1946 aus dem Federseemoor, außerdem 1 Weibchen e.l. vom 6.5. 1951 aus dem Ried bei Bad Waldsee und 2 Männchen mit dem Vermerk »gefangen« vom 24.6. 1946 aus dem Wurzacher bzw. Ummendorfer Ried. Abschließend sei noch auf eine Freilandbeobachtung vom 24.5. 1963 (1 Männchen am Tage) von G. Baisch hingewiesen.

Präimaginalstadien: Für Raupenfunde gibt es nur wenige Hinweise. Der Grund dafür dürfte darin liegen, daß die Larvensäcke meist in der Vegetation wie z. B. im dichten Heidekrautgestrüpp verborgen und somit vortrefflich vor Entdeckung geschützt sind. So wurden lediglich am 1.4. 1992 an der Utzenfluh und am 30.5. 1979 auf dem Kniebis jeweils eine einjährige Larve beobachtet, die beide an Heidekraut lebten. Für die Raupensuche günstiger dürfte im Gebirge die Zeit nach der Schneeschmelze sein. Dann machen sich die ausgewachsenen Larven auf den Weg zu ihren Verpuppungsplätzen und sind dadurch leichter zu entdekken. Zehn solche wandernden Raupen registrierte R. HERRMANN am 10.5. 1979 auf dem Rossbühl nahe der Alexanderschanze (Nordschwarzwald). Auch T. MARKTANNER berichtete von einer aktiven Larve, die am 27.3. 1989 im Harprechtser Moos ihr Versteck verlassen hatte, um zur Verpuppung an einem Birkenstamm hinaufzuklettern. Der larvale Entwicklungszyklus selbst konnte für unser Gebiet noch nicht eindeutig geklärt werden.

VORBRODT (1914) berichtet von einer zweimaligen Überwinterung. URBAHN & URBAHN (1939) kommen bei ihren ausführlichen Untersuchungen zum gleichen Ergebnis. Nach RETZLAFF (1978) hingegen lebt die Larve einjährig in der Vegetation.

Der Artnachweis gelingt am einfachsten durch die Suche nach Puppen- und Altsäcken, die an den Verpuppungsplätzen in der Vegetation angesponnen sind. BETTAG (1967) berichtet für die Südpfalz (Dudenhofen), daß die ersten Säcke schon am 6.3. 1966 angesponnen waren.

In mittleren Höhenlagen wie z. B. am 5.4. 1991 an der Utzenfluh wurden die Puppen meist im Laufe des April gefunden. Wesentlich später sollte dagegen die Suche in den kühlen hochmontanen Lagen durchgeführt werden, für die der Mai, je nach Witterungsverlauf früher oder später, als günstiger Zeitraum genannt werden kann. A. BIEBINGER und R. HERRMANN fanden auf den Grindenhochflächen die Puppensäcke zwischen dem 10.5. und 27.5., W. STAIB und M. WALLNER auf dem Wildseemoor zwischen dem 19.5. und 2.6..

Ökologie

Lebensraum: Sowohl im Schwarzwald als auch im württembergischen Alpenvorland findet man *A. atra* insbesondere in den offenen Bereichen der Hochmoore, wobei neben trockenen auch feuchte bis nasse Stellen genutzt werden. Darüberhinaus werden lichte Moorwälder und deren Randstrukturen, grasige und verheidete Ränder von laub- und nadelholzreichen Wäldern, felsige Lokalitäten (Granit, Gneis und Buntsandstein), magere Wiesen sowie grasige, steinige Böschungen besiedelt, wobei die Art kalk- und basenreiche Böden offensichtlich

Die meist exponiert an Pfosten, Bäumen und Felsen angesponnenen weiblichen Säcke sind dicht mit Pflanzenteilen belegt. Die stark zurückgebildeten madenförmigen Weibchen (ca. 11 mm) zeigen sich nur während der Lockphase, indem sie sich aus dem Sack herauszwängen. – Württ. Allgäu: Isny, Harprechtser Moos 700 m, 16. 5. 89 T. MARKTANNER.

meidet. Nur vermutet werden kann, daß die alten Fundstellen bei Karlsruhe (Hardtwald, Wildpark) mit den trocken-warmen, auf Sandboden stockenden, laubholz- und kiefernreichen Wäldern und Sandrasenflächen identisch sind. Über die Standortverhältnisse der historischen Fundstellen im Neckar-Tauberland und am nördlichen Bodenseeufer lassen sich heute keine Aussagen mehr machen.

In der benachbarten Pfalz (Umgebung von Dudenhofen) besiedelt *A. atra* lichte, gras- und heidekrautreiche, von der Kiefer *(Pinus sylvestris)* dominierte Wälder und deren Randstrukturen armer Sandböden (E. BETTAG, mündl. Mitt.).

Eine unübersehbare Fundortkonzentration ist in Gebieten mit kühlem und feuchtem Klima zu er-

Eine aus der schützenden Vegetation emporsteigende erwachsene Raupe von *Acanthopsyche atra*, auf der Suche nach einem geeigneten Verpuppungsplatz. – Württ. Allgäu: Isny, Harprechtser Moos 700 m, 16. 5. 89 T. Marktanner.

kennen. So zeichnen sich die hochgelegenen Fundstellen im Nordschwarzwald durch lange, schneereiche Winter, niedrige Jahresdurchschnittstemperaturen und hohe Niederschlagsmengen bis zu 2000 mm pro Jahr aus, wobei jedoch nicht übersehen werden darf, daß gerade in verheideten Hochmooren ein stark kontinentales Kleinklima mit großer Temperaturamplitude (diurnal und saisonal) vorherrscht, das auch anderen Schmetterlingsarten wie z.B. *Phalacropterix graslinella*, in den Hochmooren des Alpenvorlandes auch noch *Rhagades pruni* oder *Gynaephora selenitica*, das Vorkommen an solchen extremen Lokalitäten ermöglicht.

Nahrung der Raupe:
Calluna vulgaris – Heidekraut
L (Her)

Vor allem in den Moorgebieten dürften Zwergsträucher wie *Calluna vulgaris* und *Vaccinium*-Arten die wichtigsten Raupennahrungspflanzen sein. Nach Reutti (1898) soll die Raupe auch an Gräsern leben. Schneider (1939) meldet sie an Gräsern, Heidekraut und Heidelbeere.

Habitat: Bergkiefern-Hochmoore und offene, verheidete, mit Gehölzen und Grasfazies durchsetzte Hochmoorflächen (Sphagnion magellanici), wie beispielsweise auf den Grinden des Nordschwarzwaldes, auch heute noch großflächig und landschaftsprägend vorhanden; außerdem stark lückige und zwergstrauchreiche Bereiche der Spirken-Hochmoore des Schwarzwaldes und des württembergischen Alpenvorlandes. Es werden aber auch verheidete, südexponierte Randbereiche montaner Nadelwälder (Beerkraut-Tannen-Fichtenmischwald) und das Sedo-Scleranthion felsiger Hänge wie z. B. an der Utzenfluh oder im Bregtal besiedelt, ferner magere, südexponierte Bergwiesen, waldnahe Bereiche von Extensivweiden sowie sonnige, vegetationsarme Böschungen (auch Straßenränder). An kalten nordseitigen, sonnenarmen Standorten wie auch im intensiv genutzten Kulturland findet die Art keine Lebensbedingungen.

Verhalten: Der Paarungsflug wurde in den Mittagsbzw. Nachmittagsstunden zwischen 12–17.30 Uhr beobachtet, wobei die größte Individuendichte zwischen 13 und 14 Uhr zu verzeichnen war. Die Männchen, die sich gewöhnlich am Vormittag entwickeln, fliegen, kaum sichtbar, bei Sonnenschein und warmem Wetter in schnellem Schwirrflug über dem Boden und stellen schon mit aufziehender Bewölkung ihre Aktivität sofort ein.

Über das Schlüpfen berichtet Bettag (1967): »Der Vorgang des Schlüpfens der *atra*-Männchen ist äußerst bemerkenswert und verdient besondere Erwähnung: Die Puppe schiebt sich langsam aus der Endröhre soweit heraus, daß gerade der Kopf sichtbar wird. Wenige Sekunden danach verschwindet sie wieder durch rasche Bewegungen im Sack. Dieser Vorgang wiederholt sich sehr oft und erfolgt etwa 1–2 Tage vor dem Schlüpfen der Imagines. Die bisher am Ende des Sackes leicht verschlossene Röhre wird durch diesen Vorgang geöffnet und leicht erweitert. Etwa 15 Minuten vor dem eigentlichen Schlüpfen verhält sich die Puppe sehr ruhig. Mit auffallend kräftigen Bewegungen schiebt sie sich dann sehr rasch weit aus der Endröhre heraus und verharrt wenige Sekunden in leicht abwärts gekrümmter Haltung. Das Kopfende bläht sich mehrmals dick auf und fällt wieder zusammen. Diese Bewegungen reißen die Puppenhülle an der Naht der Fühlerscheiden auf. Der Falter verläßt die Puppe, hängt sich an die Unterseite der Hülle und fängt augenblicklich an die Flügel «aufzupumpen». Dabei bewegt er sich ruckartig nach beiden Seiten. Das Entwickeln der Flügel geschieht in nur 20–25 Sekunden. Nach dieser äußerst kurzen Zeit werden die Flügel nach Tagfalterart auf dem Rücken zusammengeschlagen, und der Falter krabbelt sofort auf die Puppenhülle. So sitzt er etwa 3 Minuten. Jetzt werden die

Flügel dachförmig angelegt, und nach wenigen Sekunden beginnt er umherzulaufen, stößt das Mekonium ab und beginnt zu fliegen«.

Nach unseren Untersuchungen können die Weibchen, im Gegensatz zu den sehr kurzlebigen Männchen (1 Tag), im Einzelfall bis zu 10 Tagen am Leben bleiben und täglich von 9 Uhr morgens bis 19 Uhr abends unermüdlich locken.

Parthenogenetische Fortpflanzung bei *Acanthopsyche atra* konnte bisher bei unseren Untersuchungen noch nicht festgestellt werden.

Trautmann (1909) meldet, daß auch parthenogenetische Fortpflanzung bei dieser Art in Frage kommt. Bettag (1967) berichtet von einem aus der Südpfalz stammenden Weibchen, das mit Sicherheit unbegattet blieb, aus dessen Eiern jedoch nach ca. 3 Wochen etwa 200 Räupchen schlüpften, die jedoch, nachdem sie eine Größe von 7–8 mm erreicht hatten, nach und nach eingingen. Auch die letzten konnten die Überwinterungsphase nicht durchstehen. Die Ursache dieses frühen Absterbens bleibt unklar.

Stets wurden im Freiland die weiblichen Puppensäcke zahlreicher beobachtet als die männlichen, die, obwohl sonnenexponiert, überwiegend versteckt und gut getarnt, am Boden an Gras, Heidekraut, Moos, ferner an herumliegenden Ästen, dürrem Fallaub, am Fuß bzw. im oberirdischen Wurzelbereich von Kiefern und Birken, aber auch an Steinen und Felsen bzw. Felsblöcken festgesponnen waren. Seltener wurden sie, wie die weiblichen Puppensäcke, exponiert an Straßenrandsteinen und Pfosten bis in eine Höhe von etwa einem halben Meter festgestellt. Weibliche Säcke finden sich nicht selten im sonnigen Stammbereich, an Felsen, Pfosten, Holzhütten, wo sie oft in 1–2 m Höhe gut sichtbar und vielfach abstehend festgesponnen sind.

Gefährdung und Schutz

Rote Liste Bundesrepublik: 3
Rote Liste Baden-Württemberg: 3

Oberrheinebene: Ausgestorben oder verschollen.
Schwarzwald: Gefährdet.
Neckar-Tauberland: Ausgestorben oder verschollen.
Schwäbische Alb: Nicht vertreten.
Oberschwaben: Gefährdet.

- In Baden-Württemberg gefährdet!

Die letzten Hinweise auf ein Vorkommen von *Acanthopsyche atra* in der Oberrheinebene und im Neckar-Tauberland stammen aus der ersten Hälfte

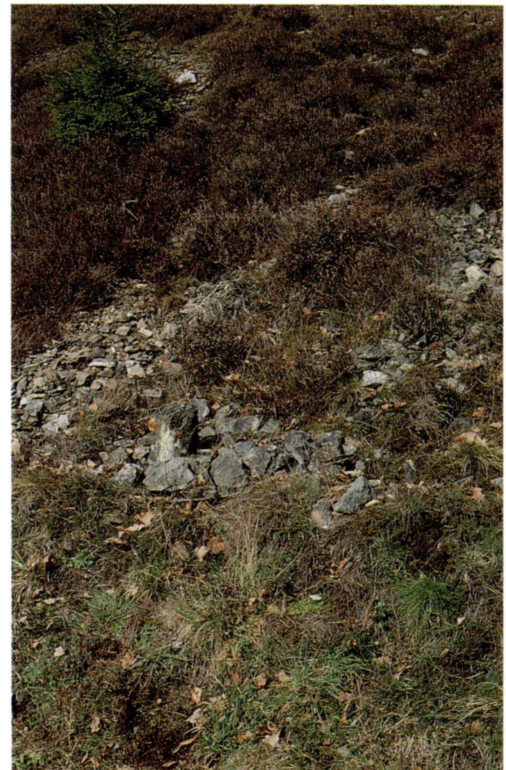

Auch an felsig-steinigen Standorten wie hier am Südhang der Utzenfluh finden die Raupen von *A. atra* geeignete Lebensbedingungen. Sie ernähren sich vor allem von Heidekraut, sind sehr wärmebedürftig und leben recht versteckt in der Vegetation. – Schwarzwald: Utzenfeld, Utzenfluh 570 m, 5. 4. 91 R. Herrmann.

dieses Jahrhunderts. Trotz landesweiter Kartierung konnte diese Psychidenart in diesen beiden Hauptnaturräumen nicht mehr nachgewiesen werden, so daß sie heute dort als ausgestorben oder verschollen angesehen werden muß. Obwohl die Art in den beiden Teilarealen Schwarzwald und württembergisches Alpenvorland auch heute noch an mehreren Stellen vorkommt, handelt es sich dabei doch nur um lokale Populationen, die potentiell durch Aufforstung, Baumaßnahmen, aber auch Winter- und Sommertourismus in ihrem Bestand bedroht sind. An verheideten, moorigen Stellen der Grindenhochflächen im nördlichen Schwarzwald muß dieser Lebensraum offengehalten, d.h. eine zu dichte Verbuschung oder Bewaldung verhindert werden, um den Erhalt dieser Bestände zu sichern.

Zumindest eine Einstufung in die Vorwarnliste wäre in jedem Falle nötig. In Anbetracht der Tatsache, daß die Art in zwei Hauptnaturräumen bereits ausgestorben ist, jedenfalls nach unserem heutigen Kenntnisstand, und den sicherlich nur kleinen, auf engste Räume begrenzten Beständen, scheint die Kategorie »Gefährdet« der gegenwärtigen Situation angemessen.

Als Maßnahme wird empfohlen, die Habitate (Kleinstlebensräume) dieser Art, soweit bekannt und nicht schon in Naturschutzgebieten eingebunden, unter besonderen Schutz zu stellen, um damit den bereits genannten Gefährdungsfaktoren entgegenzuwirken. Weiterhin ist es notwendig, die Bestandsentwicklung solcher Populationen zu kontrollieren, um bestandsbedrohende Gefahren rechtzeitig abwenden zu können.

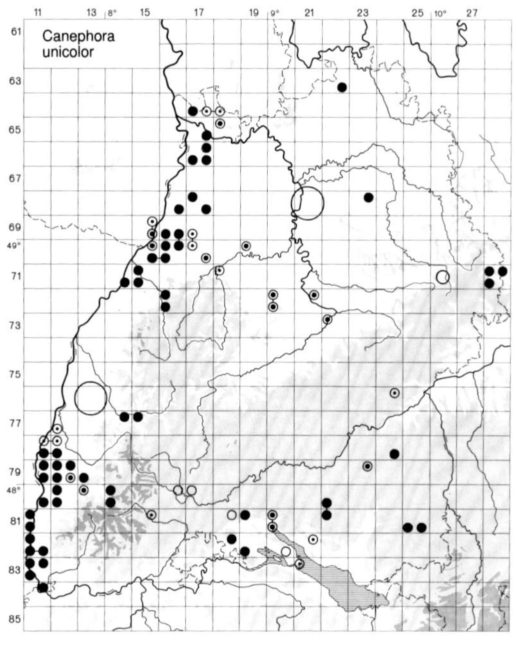

Canephora unicolor
Hufnagel, 1766

Großer Sackträger

Psyche unicolor HUFN. (REUTTI 1898)
Pachytelia unicolor HUFN. (LAMPERT 1907, ECKSTEIN 1913–1923)
Pachythelia unicolor HUFN. (SPULER 1908–1910, REBEL 1910, HERING 1932)

Lepidopsyche unicolor HUFNAGEL, 1766 (LERAUT 1980)

Gesamtverbreitung: Von den Mittelmeerländern und dem Balkan durch West – und Mitteleuropa, ohne die Britischen Inseln, nördlich bis in das südliche und mittlere Fennoskandien. Östlich davon von den Ländern Mittelosteuropas bis in die europäischen Teile der ehemaligen USSR, wobei der Norden Rußlands offensichtlich unbesiedelt blieb. Weiter soll *Canephora unicolor* auch in Vorderasien, Zentral – und Ostasien vorkommen. Über die östlichen Arealgrenzen läßt sich nichts Bestimmtes sagen.

Verbreitung

Regional: *C. unicolor* ist in Baden -Württemberg in allen großen Naturräumen nachgewiesen worden, wobei sie jedoch nirgends so zahlreich auftrat wie in der klimatisch bevorzugten Oberrheinebene. Dort liegen die Häufigkeitsmaxima wieder einmal mehr im Westteil der Markgräfler Rheinebene, im Kaiserstuhlgebiet sowie in den Hardtebenen Mittel- und Nordbadens. Erheblich lokaler und nur stellenweise häufiger wurde die Art dagegen im Markgräfler Hügelland, in der Freiburger Bucht (Mooswälder), in der Offenburger Rheinebene sowie ferner in der nördlichen Oberrhein–Niederung und an der Bergstraße registriert. Auch im Schwarzwald ist diese auffallende Psychidenart offensichtlich nur eine lokale Erscheinung. Die Hinweise aus diesem recht gut kartierten Mittelgebirge konzentrieren sich nur auf die Täler bzw. Seitentäler von Murg, Kinzig, Dreisam und Gutach–Wutach. Über die angrenzenden Landschaften des Neckar–Tauberlandes erhielten wir einige Meldungen die insbesondere das südliche Kraichgau, die Räume Pforzheim und Stuttgart sowie Fundstellen (Einzelhinweise) bei Altenbach (Vorderer Odenwald), Heilbronn, Waldenburg und Wendlingen betreffen. Mit Ausnahme einer historischen Angabe von REUTTI (1853), welcher Donaueschingen als Fundort nennt, konnte die Art im gesamten Südteil dieses Hauptnaturraumes nicht beobachtet werden. Auch aus dem Tauberland existieren nur wenige Hinweise. Eine alte Meldung (Kartei GREMMINGER) bezieht sich auf Hardheim (26.6. 1910), und H. LUSSI und A. STEINER fanden die Art 1993 ganz in der Nähe davon, an einer engbegrenzten Lokalität bei Schweinberg. Im Bau- und Hohenloherland verliefen die Kartierungen erfolglos.

Besonders arm an Meldungen ist die Schwäbische Alb. Neben einem Einzelhinweis aus Schelklingen, der auf eine alte Meldung aus dem Jahre 1924 zurückgeht, ist *C. unicolor* nur von der Hegaualb (Wasserburgertal) und der Ostalb (Umgebung Bopfingen und Aalen) in Einzelstücken bekannt geworden.

Ein offensichtlich relativ gut besiedeltes Teilareal erstreckt sich über Teile des Hegaus, des westlichen Bodenseebeckens bis zu den oberschwäbischen Mooren hinüber, wo die Art an einigen Stellen, wie

Ein frisch geschlüpftes Männchen (e.l., Vfl-SpW 26 mm) des Großen Sackträgers (*Canephora unicolor*) sitzt, noch flugunfähig, festgeklammert an seinem Sack. Die tiefschwarz gefärbten Falter gehören zu den großen europäischen Sackträgerarten. Sie erreichen eine für diese Region stattliche Flügelspannweite und sind mit keiner anderen Art zu verwechseln. – Oberrheinebene: Rastatt, Hirschgrund 118 m, 20. 6. 86 R. HERRMANN. S.

beispielsweise bei Rielasingen, in Anzahl angetroffen werden konnte. In den Hochlagen von Schwarzwald und Schwäbischer Alb und außerdem im württembergischen Allgäu konnte diese Psychidenart bisher noch nicht nachgewiesen werden.

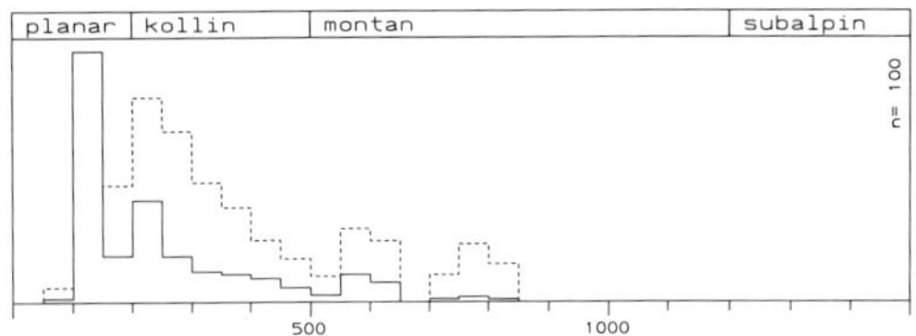

Vertikal: In Baden-Württemberg liegen die Fundstellen fast ausschließlich im Bereich der planaren und kollinen Höhenstufe. Die höchstgelegenen Vorkommen wurden aus dem Südschwarzwald (Kappel–Gutachbrücke ca. 900 m) und aus Donaueschingen (686 m) gemeldet. Die Standorte im Federseemoor und auf dem Hohentwiel bei Singen liegen bei rund 600 m Höhe.

Nach WOLFSBERGER (1950) wurde *C. unicolor* in den Nördlichen Kalkalpen noch bei 1200 m Höhe am Spitzingsee festgestellt. PEYERIMHOFF (1880) bemerkt, daß die Art im Elsaß bis in die dritte Zone [mittlere Berglagen der Vogesen, Anm. d.Verf.] zu finden ist.

Phänologie

Imagines: Falter von *Canephora unicolor* konnten im Freiland bisher nur von J. PARTENSKY am 4.6. 1967 bei Daxlanden, von A. BIEBINGER am 10.6. 1976 (»1 Männchen im Gras sitzend«) bei Sandweier und von D. DOCZKAL und R. HERRMANN am 25.6. 1989 auf dem Hohentwiel (3 Männchen) beobachtet werden. Ergiebiges und phänologisch gut verwertbares Datenmaterial stammt vor allem von A. BIEBINGER und R. HERRMANN, welche die Art Ende der 70er Jahre, wie aus der folgenden Tabelle ersichtlich, noch häufig im Bereich der Hardtwälder zwischen Baden-Baden und Rastatt feststellen konnten.

Jahr	Freiland-Puppenfunde	Schlüpfdaten Imagines	Anzahl
1976	10.6.–13.6.	10.6.–21.6.	13
1977	31.5.– 1.6.	15.6.– 4. 7.	8
1978	6.6.	14.6.–28.6.	14
1978	16.6.	20.6.–27.7.	32

Ganz ähnlich sind auch die Flugzeiten der Imagines in den anderen Regionen. So erhielt beispielsweise H. LIENIG die Falter bei Viernheim zwischen dem 18. und 27.6. 1959. R. BLÄSIUS schlüpften die aus dem nordbadischen Talhaus und Eppelheim stammenden Falter e.p. am 20.5. und 20.6. 1973 sowie am 4.7. 1988. Weiter meldete R. HERRMANN aus dem Kaiserstuhlgebiet das Schlüpfen zwischen dem 11. und 26.6. 1979, außerdem vom 20.6. 1987.

Im angrenzenden Schwarzwald wurden angesponnene Puppensäcke am 31.5. 1977 bei Reichental (Murgtal) eingetragen, aus denen etwa zwischen Mitte Juni und Anfang Juli die Imagines schlüpften. Auch von den höher gelegenen Fundstellen im württembergischen Oberland erhielten wir Zuchtdaten vom 21.6. 1936 und 22.6. 1931 (Federsee, G. REICH).

Der absolut späteste Falternachweis gelang G. BAISCH (2.8. 1973, Biberach-Mettenberg, 1 Männchen). Historische Angaben bei REUTTI (1898) für den badischen und bei SCHNEIDER (1937) für den württembergischen Landesteil decken sich mit der dargestellten Phänologie.

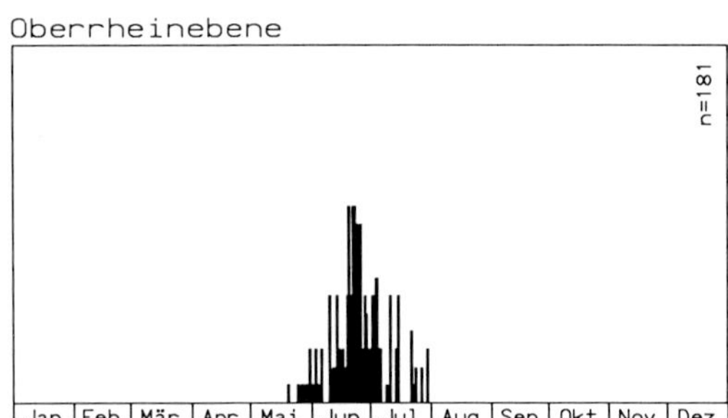

Präimaginalstadien: Über den Entwicklungszyklus der Larven kann zumindest soviel gesagt werden, daß durch Zuchten einzelner Exemplare aus Bad Bellingen, Pfrunger Ried und Höllental festgestellt wurde, daß die Larven mindestens zwei Jahre bis zur Verpuppung benötigen. Dies bestätigt auch A. BIEBINGER für das Gebiet des Bienwaldes (Rheinland-Pfalz). Ob diese Aussagen auf alle Individuen zutreffen, werden weitere Raupenzuchten zeigen.

Die wenigen Freilandbeobachtungen von erwachsenen Raupen beziehen sich auf die Monate April bis Juni. So fanden z.B. H. HEIDEMANN am 22.5. 1983 und 8.6. 1984 3 Exemplare im Kaiserstuhl bei Kiechlinsbergen und R. HERRMANN im Bereich der Faulen Waag zwischen dem 12.5. und 21.5. 1991 23 Raupen. Von Kleinstraupen und einjährigen Raupen liegen lediglich Hinweise aus dem Höllental (6.7. 1983 5 Exemplare) und aus dem Pfrunger Ried (8.7. 1992 2 Exemplare) vor. Nach ausgewachsenen leeren, angesponnenen Säcken kann im Prinzip zu jeder Jahreszeit gesucht werden. Diese Säcke sind auffallend groß und zumindest außerhalb der Vegetation recht gut zu finden. R. BLÄSIUS zählte am 28.1. 1993 an einer eng begrenz-

Ein lockendes Weibchen (19 mm) von *C. unicolor*. Wie bei allen Arten der Unterfamilie Oiketicinae ist es madenförmig, fällt aber allein schon durch seine Größe auf. – Bauland: Schweinberg 7. 6. 93 H. Lussi.

ten Stelle bei Walldorf nicht weniger als 100 angesponnene Altsäcke. Auf Puppenfunde wurde an anderer Stelle bereits hingewiesen.

Ökologie

Lebensraum: *Canephora unicolor* präferiert vor allem das Offenland. Vielerlei Wiesentypen (z. B. Magerrasen) dienen hier als Lebensraum. Zahlreich findet sich die Art auch in lockeren Gebüsch- und Baumbeständen, an sonnigen Rändern nadelholzreicher (Kiefern-)Wälder sowie auf zwergstrauchreichen Heide- und Besenginsterflächen. In nicht geringem Umfang dienen auch Kulturbrachen und andere Sonderstandorte der Besiedelung. Seltener wurde die Art dagegen in lichten Wäldern (auf Schneisen usw.) beobachtet.

In unserem Faunengebiet fand sich diese Psychidenart am zahlreichsten an trocken-warmen bis heißen, vegetationsreichen bis -armen Standorten. Erst in zweiter Linie werden mesophile bis feuchte Lokalitäten (Hochmoore) besiedelt. Keine Lebensbedingungen bieten intensiv genutzte Mähwiesen, Ackerland, Weiden und kühle schattige Stellen. Beansprucht werden insbesondere basenarme und -reiche Sandböden (auch Flugsande), basenreicher Löß und Flußschotterflächen. Stellenweise wurde die Art auch auf felsigem Gelände festgestellt (Buntsandstein, Rotliegendes und Jura). *Canephora unicolor* ist bei uns eine Charakterart xerothermer Landschaften.

Der überwiegende Teil der rezenten Vorkommen liegt in Gebieten mit durchschnittlichen Jahrestemperaturen von 8–10 °C. Lediglich einige Vorkommen im Schwarzwald und im württembergischen Alpenvorland liegen in kühler temperierten Gebieten. Desweiteren sind die meisten Standorte durch eine relative Regenarmut von 500–1000 mm im Jahr geprägt.

Nahrung der Raupe:
Ulmus campestris – Feld-Ulme
L (Her)
Crataegus spec. – »Weißdorn«
L (Her)
Rubus fruticosus agg. – Brombeere (Sammelart)
L (Her)
Sarothamnus scoparius – Besenginster
L (Her)
Geranium spec. – »Storchschnabel«
L (Her)
Acer campestre – Feld-Ahorn
L (Her)
Hippophaes rhamnoides – Sanddorn
L (Her)
Salvia pratensis – Wiesen-Salbei
L (Her, Lie)
Plantago major – Großer Wegerich
L (Her)
Plantago lanceolata – Spitz-Wegerich
L (Her)

Die Angaben von Reutti (1898): »Die Raupen an allerlei niederen Pflanzen, Gräsern und selbst an Laubholz« können bestätigt werden. Daß die Raupen außerordentlich polyphag sind zeigen auch die Beobachtungen bei Zuchten, wo die Larven auch saftige Kiefernnadeln und abgestorbene dürre Pflanzenteile verzehrten.

Habitat: Auch diese Psychidenart nutzt ein breites Spektrum von Habitattypen, wobei die sandigen Magerrasen der Rheinebene (Thero-Airion plus Sukzessionsfazies) und mit Berberidion-Gesellschaften verzahnte Mesobromion-Bereiche wie z. B. im Kaiserstuhl und in den westlichen Teilen der Markgräfler Rheinebene für die Besiedlung von großer Bedeutung sind. Felsige und steinige Stellen wie z.B das Xerobromion am Isteiner Klotz, Fels-

Die Raupen von *C. unicolor* leben oftmals an warmen, sandigen Straßenrändern und nutzen zum Anspinnen ihrer Säcke gerne Straßenleitplanken, die sich im Sonnenschein rasch erwärmen. Neben den großen weiblichen Säcken dieser Art fanden sich hier geradezu massenhaft auch noch solche von *Psyche crassiorella*. – Oberrheinebene: Schwetzingen (Umgebung) 12. 9. 93 R. HERRMANN.

formationen vulkanischen Ursprungs (Hohentwiel) oder das auf besonnten Buntsandsteinfelsen angesiedelte Genistion gehören ebenfalls dazu. Außerdem fanden sich die Larven in größeren Calluneten (jedoch nicht auf den Grinden!) und in Besenginsterbeständen warmer Heiden, wesentlich seltener dagegen in lichten Bereichen von Spirkenwald-Hochmooren und sonnigen Randstrukturen wärmegebundener Eichenmischwälder.

Im allgemeinen spielen sonnig gelegene, geschützte Waldränder eine wichtige Rolle. Hier wurden die Larven auf vorgelagerten Wiesenstreifen oder in nicht zu dicht stehenden Gebüschen in Anzahl nachgewiesen.

Ferner wurden uns Pfeifengraswiesen, Großseggenwiesen, Röhrichte. Moorwiesen und Glatthaferwiesen gemeldet. Verblüffend ist auch die Vielfalt anthropogener Habitate. In diesem Zusammenhang müssen auch Straßenränder (z.B. Autobahnen), künstliche Dämme, Industriebrachen und Rebböschungen (auch auf sterilen, heißen Großterrassen im Kaiserstuhl) Erwähnung finden. Weniger dagegen findet sich diese Art im genutzten Kulturland (Weinberge, Gärten).

Verhalten: Untersuchungen bei 10 Weibchen von *C. unicolor* ergaben, daß Lockaktivität zu jeder Tageszeit möglich ist. Einige Exemplare lockten durchgängig zwischen 8 und 20 Uhr, andere allerdings nur in den Vormittagsstunden und nochmals für kurze Zeit am Nachmittag. Ihre Lebensdauer betrug maximal 14, die der Männchen nur wenige Tage. Über die Aktivitätsphasen der männlichen Falter liegen kaum Angaben vor. Einzig am 25.6. 1989 wurden von D. DOCZKAL und R. HERRMANN am Hohentwiel drei Männchen bei Tage (13 Uhr) beobachtet, ein weiteres bei Dunkelheit an einer Lichtquelle (Karlsruhe-Daxlanden, J. PARTENSCKY).

Über das Schlüpfen der Falter berichtet KOCH (1856), daß es in den Morgenstunden stattfindet. Die Männchen seien sehr lebhaft »und deshalb bald verdorben«. HOFMANN (1860) weist darauf hin, daß die Männchen gewöhnlich gegen Abend schlüpfen. WEHRLI (1933) notierte in SEITZ (Suppl. Band 2), daß *C. unicolor* im Sonnenschein hauptsächlich gegen Abend, aber auch am frühen Morgen fliegt.

Die der Umgebung gut angepaßten Larven leben versteckt in der Vegetation und können dort am besten durch Käschern gefunden werden.

Daß *C. unicolor* stellenweise sehr häufig auftritt und starke Populationen bilden kann, zeigt auch ein Hinweis in GAUCKLER (1896) für die Gegend um Karlsruhe: »Höchst gemein besonders im Hardtwalde, woselbst man die Säcke im April und Mai zu Hunderten an Bäumen, Bretterzäunen, Planken etc. angesponnen findet«. So überrascht es nicht, daß die Art auch schon einmal in landwirtschaftlichen Kulturen schädlich aufgetreten ist.

SCHRUFT (1972) weist auf eine Veröffentlichung von G. LÜSTNER aus dem Jahre 1907 hin, wo dieser berichtet, daß er Anfang Juni 1907 Sackträgerraupen erhalten hat, die in Reil an der Mosel in einer Rebanlage in Massen auftraten und »an Blättern und Gescheinen der Reben« fraßen. Zu ihrer Beseitigung wurde Ablesen und Zerdrücken der Raupen empfohlen. SCHRUFT (1972) meldet (nach GEOFFRION 1959) *C. unicolor* außerdem als »Parasiten« an Reben im Gebiet von Angers in Frankreich.

Angesponnene Puppensäcke und Altsäcke wurden an kräftigen Grashalmen (Aufrechte Trespe, am Hohentwiel), in Hecken und Gebüschen (Sanddorn, bei Grißheim), an totem, auf dem Boden liegenden Geäst und an Steinen bzw. Felsen beobachtet. Die weiblichen Raupen können an geeigneten Stellen mehrere Meter zur Verpuppung in die Höhe klettern. So fand R. BLÄSIUS am 9.1. 1993 bei Grißheim in drei Metern Höhe einen alten festgehefteten Sack an einem Pappelausschlag. Auch an einem Telegrafenmast wurde ein Weibchen in ähnlicher Höhe festgestellt. Die männlichen Säcke dagegen finden sich entweder nahe am Boden oder in Höhen bis zu einem halben Meter (z.B. an Straßenleitplanken). Die Säcke werden an sonnenexponierten, aber auch an teilbeschatteten Stellen festgesponnen.

Auch *C. unicolor* versteht es, namentlich in der Oberrheinebene entlang von Straßen, Dämmen und Schienen, durch eine ausgeprägte Mobilität und ökologisch indifferente Lebensweise ihre Areale auszudehnen.

Parasitoide: Siebold (1856) zählt als Parasiten von *Canephora unicolor* einige Ichneumoniden-Arten auf.

Gefährdung und Schutz

Rote Liste Bundesrepublik: –
Rote Liste Baden-Württemberg: –

Oberrheinebene: Nicht gefährdet.
Schwarzwald: Nicht gefährdet.
Neckar-Tauberland: Gefährdet.
Schwäbische Alb: Noch unklar.
Oberschwaben: Gefährdet.

- In Baden-Württemberg nicht gefährdet!

Für unsere gesamtes Faunengebiet ist *C. unicolor* als nicht gefährdet einzustufen. Die Art kommt im badischen Landesteil stellenweise sehr häufig vor und erweitert sogar noch ihre Areale. Die Populationen im Schwarzwald in den nach Westen geöffneten Tälern sind aufgrund ihrer isolierten Lebensräume (weniger Offenland) stärker von Biotopveränderungen wie z.B. natürliche Sukzession, Aufforstungen und Baumaßnahmen in ihren Beständen bedroht. Da aus dem Bereich des Neckar-Tauberlandes nur sehr wenige aktuelle Hinweise existieren und sich historische Fundhinweise aus den Räumen Baar, Stuttgart, Heilbronn in jüngerer Zeit nicht mehr bestätigen ließen, wird deshalb auf eine Gefährdung der Art hingewiesen. Weitere Aufschlüsse über die Verbreitungssituation in diesem Hauptnaturraum sollten über Neukartierungen gewonnen werden.

Canephora unicolor wurde in den 70er Jahren in der Umgebung von Rastatt häufig in ginsterreichen Sandheiden, in grasigen, südexponierten Waldsäumen und an sandigen Straßenrändern festgestellt. Hier boten die Sanddünen in einem unzugänglichen Militärgelände nicht nur dem Großen Sackträger, sondern auch anderen wärmeliebenden Schmetterlingsarten wie beispielsweise dem Ginster-Bläuling (*Lycaeides idas*) oder den Eulenfaltern *Agrotis crassa, Agrotis puta* und *Actinotia hyperici* wertvollen Lebensraum. Seit dem Abzug der französischen Streitkräfte wurde er zunehmend durch menschliche Eingriffe zerstört. Es erscheint deshalb dringend erforderlich, wenigstens die noch vorhandenen Restflächen unter Schutz zu stellen und dadurch den besonderen Charakter dieser Landschaft zu bewahren. – Oberrheinebene: Rastatt (Flugsanddünen) 130 m, 20. 6. 86 R. Herrmann.

Offensichtlich fehlt *C. unicolor* der Schwäbischen Alb über weite Strecken. Lediglich aus dem Bereich der Ostalb (Bopfingen) liegen neuere Fundmeldungen (Einzelfunde) vor, die allerdings eine Interpretation hinsichtlich Gefährdung und Schutz noch nicht zulassen. Nach dem gegenwärtigen Kenntnisstand ist *C. unicolor* in Oberschwaben offensichtlich nur eine lokale Erscheinung. Allem Anschein nach handelt es sich dabei um eine Art mit regional kleinen Beständen, die deshalb besonders gefährdet sind.

Pachythelia villosella
Ochsenheimer. 1810

Zottiger Sackträger

Psyche villosella O. (REUTTI 1898)
Pachytelia vilosella O. (SCHNEIDER 1936–1939)
Pachytelia villosella O. (LAMPERT 1907, ECKSTEIN 1913–1923)

Gesamtverbreitung: Von Spanien und Italien im Süden nordwärts durch West- und Mitteleuropa, einschließlich dem Süden Englands, bis nach Fennoskandien (66 °n.Br., Schwedisch-Lappmark). Nach Osten hin werden weite Gebiete im östlichen Mitteleuropa, im europäischen Teil Rußlands (Karelien, Waldai-Höhen, Ural) und außerdem auf dem Balkan besiedelt. Meldungen liegen ferner aus Kleinasien, vom Kaukasus, aus Armenien, Syrien, Turkestan und dem Altai vor.

Verbreitung

Regional: *Pachythelia villosella* wurde, mit Ausnahme der Schwäbischen Alb, aus allen großen Naturräumen des Landes, wenngleich immer nur einzeln gemeldet. Die meisten dieser Hinweise liegen schon sehr lange zurück und konnten auch in jüngerer Zeit nicht mehr bestätigt werden, so daß die Art mittlerweile zu den großen Seltenheiten in Baden-Württemberg gezählt werden kann. Rezente Vorkommen befinden sich heutzutage vermutlich nur noch in einigen Hochmoorgebieten des württembergischen Alpenvorlandes, wo nach MEINEKE (1982) noch 1978 im Pfrunger Ried und von G. BAISCH 1970 im Federseemoor durch sichere Sackfunde die letzten Hinweise auf diese Art erbracht worden sind.

Vieles spricht dafür, daß bereits zu Anfang dieses Jahrhunderts eine stark rückläufige Bestandsentwicklung eingesetzt haben muß, die in der Folge zu massiven Arealverlusten führte und die meisten Populationen zum Erlöschen brachte.

Ein Blick auf die benachbarten Faunengebiete zeigt, daß *P. villosella* auch in der Vergangenheit und Gegenwart in der Regel nirgends zahlreich beobachtet werden konnte. So vermerkte DE LATTIN et al. (1957) für das Gebiet der Pfalz die Art als sehr selten. Auch OSTHELDER (1925) weist auf eine nur lokale Verbreitung in Südbayern hin. Nach VORBRODT (1914) ist die Art auch in der Schweiz wenig verbreitet und ziemlich selten. Lediglich PEYERIMHOFF (1880) meldet sie um Colmar herum als verbreitet und nennt dabei auch noch einige andere Orte bzw. Landschaften im Elsaß. Bei neueren Untersuchungen in den 70er und 80er Jahren von R. HERRMANN im Oberelsaß konnten die oben genannten Meldungen allerdings keine Bestätigungen mehr finden.

Die frühesten Hinweise auf *P. villosella* finden wir noch unter *Psyche graminella* bei REUTTI (1853), wo folgendes dazu berichtet wird: »Andere vom Kaiserstuhl sind fast noch einmal so gross als gewöhnliche, aus sehr starkem Material, meistens von *Equisetum* bestehend (ein Schmetterling ist mir noch nicht hierausgekommen; vielleicht eine andere Art?)«. Einige dieser Säcke finden sich noch heute in der Sammlung C. REUTTI (coll. LNK). Wenig später wird *P. villosella* als selten für Marbach angegeben (KELLER & HOFFMANN 1861). Nach REUTTI (1898) kommt diese Psychidenart am Kaiserstuhl (bei Oberschaffhausen), Hinterzarten, am Kniebis und bei Karlsruhe (Hardtwald) vor (Sackbelege teilweiweise noch vorhanden). Etwa 15 Jahre später wird sie von H. ROMETSCH und K. STROBEL

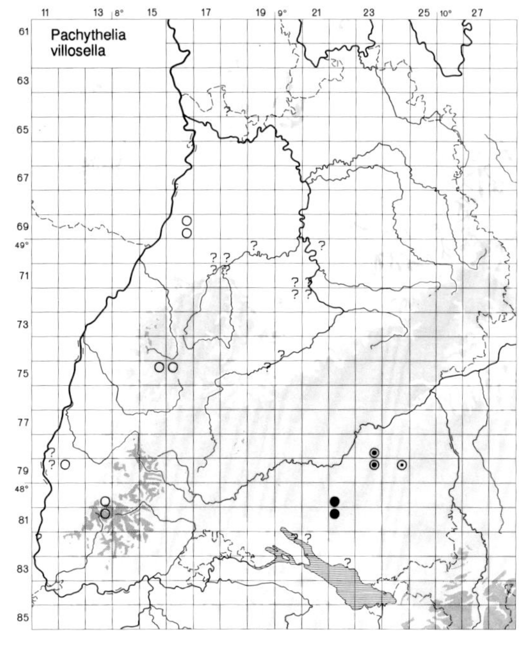

aus der Pforzheimer Gegend in Einzelstücken gemeldet. Etwas zahlreicher wieder sind die Hinweise aus den 20er Jahren, aus denen in Kartei A. GREMMINGER der Büchsenberg, die Mondhalde, Ihringen und Vogtsburg im Kaiserstuhl sowie Steinenstadt und Überlingen am Bodensee als Fundstellen – allerdings ohne Belegmaterial! – genannt werden. SCHNEIDER (1936) gibt ohne Nennung von Funddaten für den württembergischen Landesteil die Orte Stuttgart, Illingen, Tübingen, Rottenburg und Friedrichshafen an, die später zwischen 1938 und 1950 durch G. REICH und WALZ um das Federseegebiet und das Ummendorfer Ried noch ergänzt worden sind.

Die letzten Hinweise auf *P. villosella* im Oberrheintal stammen von H. KESENHEIMER, der den Sack angeblich noch 1938 bei Karlsruhe fand (Beleg nicht vorhanden). H. LIENIG meldet die Art, ebenfalls ohne Beleg, im Jahre 1946 vom Geiersberg bei Weinheim.

Da bei den meisten dieser historischen Angaben eine Überprüfung mangels Belege nicht durchgeführt werden konnte, müssen Verwechslungen insbesondere mit den Säcken von *Canephora unicolor* einkalkuliert werden. Diese Angaben wurden auf der Verbreitungskarte jeweils mit einem Fragezeichen versehen.

Vertikal: Die überprüften Fundstellen dieser Art liegen sowohl in der Ebene und im Hügelland als auch in montaner Höhenlage, wobei die höchstgelegenen Stellen, an denen *P. villosella* gefunden worden ist, im Schwarzwald bei Hinterzarten (900 m) liegen.

Nach VORBRODT (1914) soll die Art in den Alpen noch Höhenlagen bis 1900 m besiedeln können.

Phänologie

Imagines: Die phänologischen Aussagen über die Flugzeit von *P. villosella* beschränken sich einerseits auf die kurz gefaßten Hinweise von REUTTI (1898) und SCHNEIDER (1937), die übereinstimmend die Monate Juni/Juli nennen, andererseits auf zwei Männchen vom Ummendorfer Ried, die mit 4.7. 1948 und mit 16.7. 1950 von WALZ datiert worden sind. Beide Exemplare befinden sich heute noch in der Sammlung G. REICH (coll. SMNS).

Einen weiteren Hinweis auf ein Männchen, das am 14.7. 1948 wiederum im Ummendorfer Ried von WALZ gefangen worden sein soll, ist den Aufzeichnungen von G. REICH zu entnehmen. Auch in den Faunenverzeichnissen der Nachbarregionen werden in der Regel ähnlich gelagerte Flugzeiten genannt.

Mit bis zu 2 cm Flügelspannweite der Männchen gehört der Zottige Sackträger (*Pachythelia villosella*) zu den größten einheimischen Psychidenarten. – Oberschwaben: Ummendorf (Rißtal) 540 m (leg. WALZ), R. HERRMANN. S.

Präimaginalstadien: Aus Baden-Württemberg ist bisher nur über einen Larvalfund berichtet worden. MEINEKE (1982) erhielt am 26.5. 1978 durch Käschern in der strauchigen Vegetation einen großen Raupensack, dessen Larve sich jedoch nicht mehr bis zur Imago durchzüchten ließ. Am 8.7. 1992 wurde diese Fundstelle im Pfrunger Ried von R. HERRMANN aufgesucht, wobei es allerdings keinerlei Spuren von *P. villosella* gab.

Ökologie

Lebensraum: Konkrete Hinweise gibt es nur von einigen Mooren des württembergischen Alpenvorlandes, wo *P. villosella* vermutlich auch heute noch zu finden sein wird. So kommen nach MEINEKE (1982) im Pfrunger Ried [und wohl auch im Federseemoor] als Biotope Torfstichgebiete, offenes Hochmoor und Spirkenwaldhochmoor für *P. villosella* in Betracht. Auch G. REICH und G. BAISCH, beide ebenso ausgezeichnete Kenner dieser in vielerlei Hinsicht interessanten Moorlandschaften, fanden die Art, ihren Fundmeldungen entsprechend, an ähnlich strukturierten Lokalitäten. Von den übrigen Landesteilen dagegen standen uns keine verwertbaren Informationen zur Verfügung. Obwohl seit Ende der 70er Jahre regelmäßig an den alten Fundstellen nach dieser Art gesucht worden ist, konnte sie bis heute nicht mehr nachgewiesen werden. Dennoch wurde versucht, anhand der uns zuverlässig erscheinenden historischen Angaben (REUTTI 1898) arttypische Biotopstrukturen zu rekonstruieren, wie sie auch in anderen Teilen Mitteleuropas von dieser Psychide präferiert werden. So nennt er den Hardtwald bei Karlsruhe als Fundort und gleichzeitig die Art an *Calluna* und *Sarothamnus*. Die Lebensräume könnten also an warmen, sandigen, ginsterreichen, verheideten Stellen in Verbindung mit kiefernreichen Wäldern der nordbadischen Niederterrasse gelegen haben. Für die Fundorte Kniebis und Hinterzarten im Schwarzwald sprechen insbesondere die Hochmooraspekte, die in den Ergebnissen einiger Kartierungen aus dem Bereich der württembergischen Verlandungsmoore zum Ausdruck gekommen sind. Was den Kaiserstuhl angeht, so eignen sich dort vor allem sonnige Weinbergböschungen und südexponierte Berglehnen und sehr lichte Laubwälder als Lebensräume.

Die Fundstellen liegen sowohl in den Wärmegebieten des Landes als auch in kühl temperierten und feuchten Hochlagen des Schwarzwaldes. An den Fundplätzen im württembergischen Alpenvorland liegen die durchschnittlichen Jahrestemperaturen um 7 °Celsius, bei durchschnittlichen Niederschlagsmengen um 800 mm.

URBAHN & URBAHN (1939) nennt für Pommern dürre *Calluna*- und Kiefernheiden und Moorgebiete als Lebensräume. Von BERGMANN (1953) erfuhren wir, daß *P. villosella* in Mitteldeutschland in lichtbuschigen, trockenen Zwergstrauchheiden (dürre Kiefern-, Sand- und Bergheiden), Ginsterheiden und in mit Laubgestrüpp durchsetzten sonnigen Heidewiesen vorkommen soll. Für das östliche Westfalen gibt RETZLAFF (1975) insbesondere verheidete Torfmoore, warm-trockene Calluna-Heiden und seltener lichte Moor- und Heidewälder an.

Nahrung der Raupe: Für den badischen Landesteil wird von REUTTI (1898) *Calluna* und *Sarothamnus* angegeben. Ob es sich dabei tatsächlich um eigene Beobachtungen handelt, bleibt dahingestellt. Ansonsten fehlen aus Baden-Württemberg jegliche weitere Hinweise auf Nahrungspflanzen.

RETZLAFF (1975) nennt Heidekraut, Birke, Pfeifengras und andere Gräser als Futterpflanzen.

Habitat: Die Untersuchungsergebnisse von MEINEKE (1982), unter Heranziehung der Aufzeichnungen von G. REICH und G. BAISCH, weisen auf »stark gestörtes Hochmoor mit gestoppter bzw. abgelenkter Moorentwicklung: Mineralisierte bzw. eutrophierte Torfstiche mit Niedermoorvegetation, *Calluna-Molinia*-Moorbirken-Flächen, Waldkiefern-Birken-Wälder auf Hochmoortorf, sekundäre Bruchwaldbildungen, mineralisierte Bereiche durch Wegebau«, desweiteren auf »offenes, subkontinentales Hochmoor: Weitgehend ungestörte 'lebende' Hochmoorflächen mit Schlenken und eingestreuten *Pinus mugo*-Krummholzbeständen« sowie das »Spirken-Waldhochmoor: Klimaxstadium der Moorentwicklung im Alpenvorland, durch die Baumschicht bildende Spirkenform der Bergkiefer, große Torfmoosbulte und ausgedehnte Zwergstrauch-(Vaccinien-)Bestände«.

Verhalten: Da die vorliegende Art in Baden-Württemberg nur wenig beobachtet worden ist, sind auch die Angaben zur Verhaltensbiologie spärlich geblieben. Diesbezügliche Beobachtungen finden sich lediglich bei REUTTI (1898), der darauf hinweist, daß die Säcke an Stämmen und Steinen festgesponnen sind, und bei G. REICH (Aufzeichnungen 1910–1965, Gewährsmann WALZ), wonach sie im württembergischen Alpenvorland an *Calluna* angesponnen gefunden worden sind.

Außerhalb unseres Faunengebietes meldet VORBRODT (1914) für die Schweiz den männlichen Sack an dürren Ästchen die auf der Erde liegen, Stämmen, Pfählen, Felsen usw., in einer Höhe die nicht über 30 cm liegt, und die weiblichen Säcke in ca. 1 m Höhe angesponnen. R. HERRMANN stieß 1983 bei Chateau Arnoux im Durance-Tal (Südostfrankreich) auf ein Massenvorkommen, wobei ein grasbestandener Straßengraben das Larvalhabitat bildete und ca. 200 Säcke an Alleeplatanen angesponnen waren. Gut sichtbar waren die weiblichen Säcke noch in einer Höhe von bis zu 3 m, weniger dagegen die männlichen, die sich insbesondere am Boden bzw. am Fuß der Stämme befanden. Zum Entwicklungszyklus der Larven berichtet HOFMANN (1860), daß er sich durch Eizucht davon überzeugen konnte, daß die Larven zwei Jahre zu ihrer Entwicklung brauchen. Auch VORBRODT (1914) und URBAHN & URBAHN (1939) weisen ebenso übereinstimmend auf diesen Zeitraum hin.

Zu den Schlüpfzeiten der Imagines erfuhren wir wiederum von HOFMANN (1860), der über die Verhältnisse in der Umgebung von Regensburg berichtete, daß sich die Männchen gewöhnlich abends entwickeln und bald danach lebhaft herumfliegen. Auch URBAHN & URBAHN (1939) nehmen dazu Stellung, indem sie in ihrer »Pommern-Fauna« vermerken: »Unsere Falter schlüpfen gegen Abend, sie sollen erst am nächsten Mittage im Sonnenschein fliegen«. Erwähnung sollte auch noch eine Angabe von HÄTTENSCHWILER (1985) finden, der für Südengland darauf hinweist, daß die Männchen in der Abendsonne fliegen, wozu auch eine Beobachtung von R. HERRMANN ganz gut paßt, daß ein aus Südfrankreich stammendes Weibchen zwischen 16 und 19 Uhr sowie frühmorgens Lockaktivitäten zeigte.

Gefährdung und Schutz

Rote Liste Bundesrepublik: 3
Rote Liste Baden-Württemberg: 1

Oberrheinebene: Ausgestorben oder verschollen.
Schwarzwald: Ausgestorben oder verschollen.
Neckar-Tauberland: Ausgestorben oder verschollen.
Schwäbische Alb: Nicht vertreten.
Oberschwaben: Vom Aussterben bedroht.

- In Baden-Württemberg vom Aussterben bedroht!

Noch bis in die 70er Jahre hinein konnte *P. villosella* in einigen Hochmooren des württembergischen Alpenvorlandes nachgewiesen werden. Die auffallend großen und mit groben Pflanzenteilen belegten Säcke wurden vereinzelt an lichten, zwergstrauchreichen Stellen des Spirkenwaldes oder an seinen Rändern gefunden. An ihren früheren Fundstellen in der Oberrheinebene, im Kaiserstuhl und ihm Schwarzwald blieb die Art trotz intensiver Nachsuche bis in die jüngste Zeit verschollen. – Oberschwaben: Pfrunger Ried 8. 7. 92 R. HERRMANN.

Obwohl *Pachythelia villosella* seit 1978 in Baden-Württemberg nicht mehr beobachtet werden konnte, wird angenommen, daß sie rezent in den großen Moorgebieten des württembergischen Alpenvorlandes, wenn auch in sehr individuenschwachen Populationen, vorhanden ist. Allen anderen Landesteilen scheint sie dagegen heute völlig zu fehlen. Selbst in den entlegenen Hochmooren und Heiden des Schwarzwaldes konnten die Vorkommen trotz intensiver faunistischer Untersuchungen nicht mehr bestätigt werden, was den Schluß zuläßt, daß sie vermutlich auch hier als ausgestorben gelten kann. Die Gründe für diese extreme Arealregression und kritische Bestandssituation, die übrigens auch in anderen Regionen Mitteleuropas festzustellen ist, sind noch weitgehend unklar. An den alten Fundplätzen im Rhein- und Neckartal dürfte vor allem die Vernichtung von offenen Heideflächen durch Bebauung (Erweiterung der Industrie- und Siedlungsräume, Straßenbau), schädliche Luftimmissionen sowie Flurbereinigungsmaßnahmen (Ausweitung der landwirtschaftlichen Nutzflächen und Intensivierungsmaßnahmen) und Änderungen in der Waldbewirtschaftung (dichte Monokulturen, Aufforstung offener Flächen) sicher als Schädigungsfaktoren eine große Rolle spielen.

In diesem Zusammenhang erwähnt WEIDLICH (1987) für den Bezirk Halle als Gefährdungsursachen umfassende Habitatsveränderungen zu ungunsten naturnaher Zustände, den Eintrag von Pflanzenbehandlungsmitteln und Klimaschwankungen, die für das fast völlige Verschwinden der Art verantwortlich sind.

Wie die rezente Verbreitungssituation in Baden-Württemberg deutlich zeigt, hat die rückläufige Bestandsentwicklung schon vor Jahrzehnten ein kritisches Ausmaß angenommen und die Vorkommen auf nur wenige, eng begrenzte isolierte Restpopulationen zusammenschrumpfen lassen. Eine Auffrischung der Bestände durch Zuwanderung ist nicht zu erwarten. An ihren noch verbliebenen Standorten sind für diese Heideart dringend besondere Schutzmaßnahmen erforderlich. Dabei geht es um den Erhalt der in den Kapiteln Lebensraum und Habitat genannten Strukturen. Der bisherige Schutzstatus (Gefährdet) kann aus heutiger Sicht nicht mehr beibehalten werden.

Ptilocephala muscella
Denis & Schiffermüller, 1775

Psyche muscella HB. (REUTTI 1898)
Oreopsyche muscella HB. (LAMPERT 1907, SEITZ 1907–1954, ECKSTEIN 1913–1923, HERING 1932, SCHNEIDER 1936–1939, BERGMANN 1951–1955, FORSTER 1960, LERAUT 1980)

Gesamtverbreitung: Von der Iberischen Halbinsel und Italien nordwärts durch den gesamten Alpenraum bis nach Mittelfrankreich und das nördliche Mitteleuropa. Hingewiesen wird in der Literatur vor allem auf die mittleren und südlichen Teile Osteuropas bis zur Wolga und dem südlichen Ural. Ferner wird *muscella* noch für den Kaukasus, die Nordost-Türkei und Armenien sowie auch aus Teilen Westsibiriens gemeldet.

Unter den Namen *Psyche muscella* FABR. (Fundort: Stuttgart) und *Psyche muscella* S. V. (HB. 8) bzw. *P. muscella* HB. (Fundort: Schlossberg bei Freiburg), geben SEYFFER (1849) und REUTTI (1853 bzw. 1898) eine Psychidenart an, zu der keine Belege vorhanden sind und von der deshalb nicht mehr gesagt werden kann, ob es sich dabei um *Ptilocephala muscella* DENIS & SCHIFFERMÜLLER (= *Oreopsyche* auct. nec. SPEYER, 1865), die nach OSTHELDER (1925) noch unter *Oreopsyche muscella* F. aufgeführt wird und stellenweise in den Mooren Südbayerns vorkommt, oder sogar um Verwechslungen mit anderen bei uns heimischen Arten, wie beispielsweise *Acanthopsyche atra* handelt. In REUTTI (1853) wird nämlich unter *P. muscella* darauf hingewiesen, daß die »Säcke ähnlich *graminella*« (heute *Canephora unicolor*) »aber kleiner und glatter« sein sollen. Zudem merkt er noch an, daß die Art am Freiburger Schloßberg auf Heidekraut leben soll, was wiederum für *A. atra* sprechen könnte. Da ein Beleg in der entsprechenden Sammlung fehlt, ließ sich auch der Hinweis von G. REICH (Aufzeichnungen 1910–1965) über einen 1940 vom Federseemoor gemeldeten weiblichen Sack nicht mehr überprüfen. Nochmals wird betont, daß ohne eindeutige Nachweise das Vorhandensein dieser Art in Baden-Württemberg angezweifelt werden muß und sie deshalb nicht zum Bestand der Landesfauna gezählt werden kann.

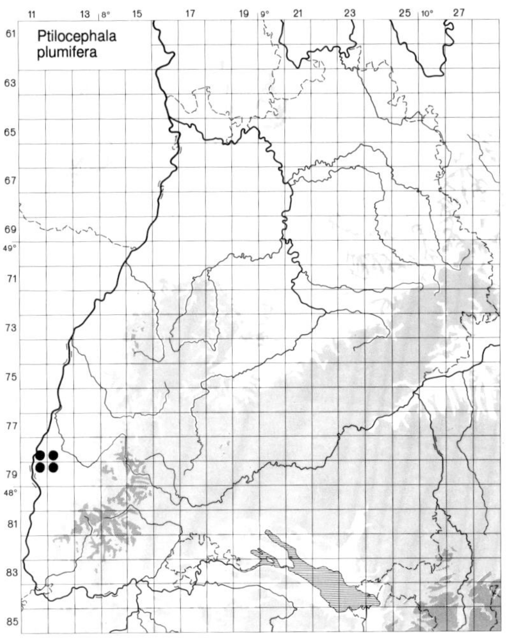

Ptilocephala plumifera
Ochsenheimer, 1810

Fächerfühler-Sackträger

Psyche plumifera O. (REUTTI 1898)
Oreopsyche atra L. (LAMPERT 1907, ECKSTEIN 1913–1923)
Oreopsyche plumifera OCHSENHEIMER 1810 (SEITZ 1907–1954, HERING 1932, FORSTER 1960, LERAUT 1980)

Gesamtverbreitung: Anhand von Literaturmeldungen und eigenen Beobachtungen läßt sich folgendes Verbreitungsgebiet darstellen: Lokal, gebietsweise auch gut vertreten, von der Iberischen Halbinsel über die Pyrenäen nach Südfrankreich und Italien bis zu den Abruzzen. Weiter von Mittelfrankreich ostwärts durch das Alpengebiet bis zum östlichen Österreich, Mähren und Ungarn. Auf dem Territorium des europäischen Teils der ehemaligen USSR von den Waldai-Höhen im Nordwesten durch die mittleren und südlichen Landesteile östlich bis zur Wolga und dem Ural und südöstlich bis zum Kaukasus. Ferner liegen Meldungen aus der Türkei, Armenien, Kasachstan, dem Altai und aus Nordafrika vor. Es kann jedoch nicht ausgeschlossen werden, daß gerade diese außereuropäischen Hinweise auf Verwechslungen mit anderen Arten beruhen können. *P. plumifera* wurde nördlich der Alpen nur noch sehr lokal im süddeutschen Raum, in Belgien und Holland sowie in der Norddeutschen Tiefebene festgestellt.

Verbreitung

Regional: *Ptilocephala plumifera* besiedelt in Baden-Württemberg offenbar nur in geographischer Isolation das Kaiserstuhlgebiet. Da die Fundhinweise bei REUTTI (1898) für Überlingen (bei der Schleifmühle) und Freiburg weder belegt, noch durch Nachsuchen bestätigt werden konnten und Verwechslungen mit anderen Arten nicht auszuschließen sind, finden sie in der vorliegenden Landesfauna keine Berücksichtigung mehr. Erste sichere Hinweise finden sich in der Sammlung FAL-

LER, in der ein präpariertes Männchen mit Fundort Neun Linden (Gipfel des Totenkopfs) vom 1.4. 1913 steckt, und in der Kartei GREMMINGER, wo als Fundorte der Bitzenberg, der Burgberg bei Burkheim und ferner die Orte Bickensohl und Vogtsburg genannt werden. Die beiden Letztgenannten erscheinen dann wieder in der »Kaiserstuhl-Fauna« von SETTELE (1973) mit Bezug auf E. BROMBACHER als Gewährsmann. Heute verteilen sich die bekannten rezenten Vorkommen auf die Naturschutzgebiete Badberg, Orberg und Rheinhalde, auf eine engbegrenzte Stelle in unmittelbarer Nähe des NSG Bitzenberg und ferner auf die Lößterrassen nördlich des Ortes Oberrotweil.

In den achtziger Jahren wurden an geeigneten Stellen am Schloßberg und Schönberg bei Freiburg, am Isteiner Klotz und Tüllinger Berg bei Lörrach, ferner an xerothermen Lokalitäten bei Döggingen (Baar), Singen (Hohentwiel) und Utzenfeld (Utzenfluh) Lockversuche mit Weibchen aus dem Kaiserstuhl durchgeführt, ohne jedoch die Art an diesen Orten feststellen zu können. Auch aus den anderen Regionen des Landes fehlen jegliche Hinweise auf diese Psychidenart, deren Männchen eigentlich nicht zu übersehen sind.

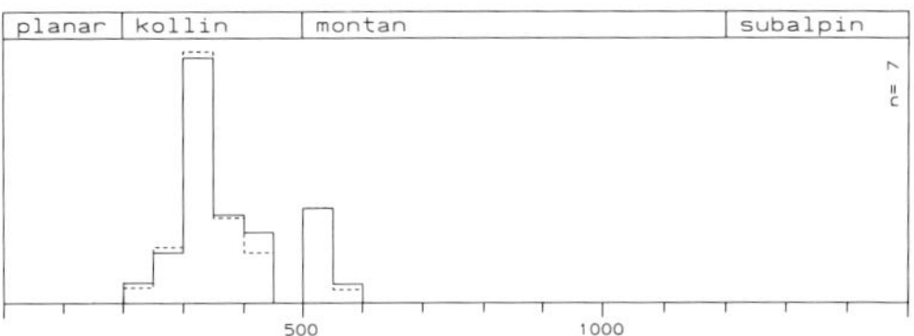

Vertikal: Die Fundstellen im Kaiserstuhl liegen in Höhen zwischen 220 m an der Rheinhalde und etwa 550 m auf dem Totenkopfgipfel.

In den Südalpen (Gran Paradiso-Gebiet) konnte R. HERRMANN die Art in der Höhenform f. *valesiella* MILLIERE) bis in Höhenlagen um 3000 m in der subnivalen Stufe feststellen.

Phänologie

Imagines: Die Männchen wurden jahreszeitlich am frühesten an der klimatisch besonders begünstigten und sehr steil zur Rheinebene abfallenden, im äußersten Nordwesten des Kaiserstuhls gelegenen Rheinhalde bei Burkheim festgestellt. Dort fliegen sie nach milden Wintern bereits ab Mitte März und erreichen offensichtlich zum Monatsende hin und in den ersten Apriltagen ihr Häufigkeitsmaximum. So waren es nach R. HERRMANN am 20.3. 1984 40, am 26.3. 1980 ca. 100 und schließlich am 27.3. 1980 ca. 20 Männchen, die immer an gleicher Stelle

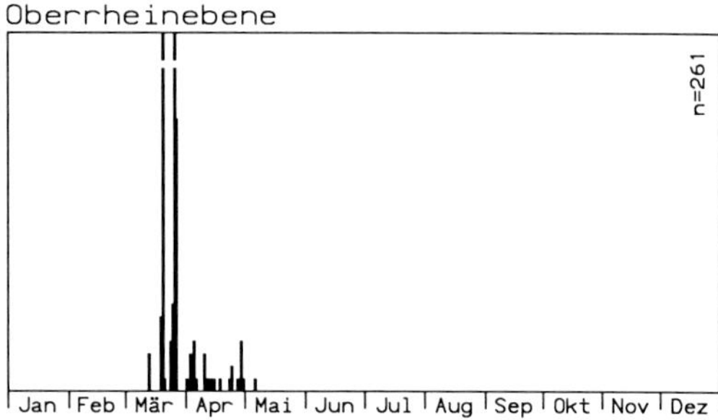

durch ausgesetzte unbefruchtete Weibchen binnen weniger Minuten angelockt und gezählt werden konnten. Nach dem 18.4. wurden an dieser Lokalität keine Imagines mehr gesichtet. Bedenkt man, daß die männlichen Falter nur sehr kurzlebig sind (oft nur einen Tag) und sich die Flugzeit an den Standorten oft über mehrere Wochen erstrecken kann, läßt es sich erahnen, daß die Population der Rheinhalde vermutlich aus vielen Hundert Individuen bestehen muß. Auch vom Badberg liegt eine Reihe von phänologisch verwertbaren Meldungen vor, wobei der früheste Falter vom 3.4. 1985 und der späteste Hinweis vom 6.5. 1983 stammt. Da die meisten Freilandbeobachtungen im zentralen Kaiserstuhl in der zweiten Aprilhälfte angesiedelt sind, kann für dieses Gebiet eine um etwa zwei Wochen verschobene Gesamtflugzeit vermutet werden.

Präimaginalstadien: Am 30.4. 1978 konnten am Badberg weibliche Säcke mit bereits befruchteten Eiern als Inhalt gefunden werden. Der Phänologie und dem Kopulationsflug der Imagines entsprechend dürfte je nach Witterungsverlauf und Standort zwischen den Monatsenden April und Mai mit dem Schlüpfen der Larven gerechnet werden. Nach ihnen wurde vor allem in den Jahren 1978–1982 und nochmals 1992 und 1993 gesucht. Als lohnende Jahreszeit bewährte sich dabei insbesondere der Spätherbst und der Vorfrühling. In dieser Zeit haben die durch ihr spezielles Baumaterial vorzüglich getarnten Raupensäcke ihre volle Größe erreicht, das heißt sie sind etwa einen Zentimeter lang, und deshalb leichter in ihren Habitaten zu finden. Recht erfolgreich gestaltete sich die Raupensuche am Badberg, wo bei milder Witterung am 14.11. vierzig und am 17.11. 1978 nochmals insgesamt zwanzig aktive Exemplare registriert werden konnten. Nicht minder häufig zeigten sie sich am 5.11. 1982 an der Rheinhalde und am 5.12. 1992 an geschützter, steiler SW-Exposition in der Umgebung des Bitzenbergs, wo sogar noch einige Raupen am 20.12. des gleichen Jahres, bei nur noch 10° C, frei in der Vegetation saßen und bei der Nah-

Der Fächerfühler-Sackträger (*Ptilocephala plumifera*) ist in Baden-Württemberg nur aus dem Kaiserstuhlgebiet bekannt. Die sehr kurzlebigen Männchen dieser Psychidenart, die durch auffallend gefiederte Fühler gekennzeichnet sind, fliegen nur im Sonnenschein und ruhen ansonsten an Grashalmen. – Kaiserstuhl: Burkheim 190 m, (Vfl-SpW 15 mm) 5. 4. 82 R. HERRMANN.

rungsaufnahme beobachtet werden konnten. Nach der Winterperiode wurden die letzten aktiven Larven am 6. 3. 1982 am Badberg in 6 Exemplaren und am 14.3. 1993, nach spätem Frühlingsbeginn, durch E. BETTAG, R. BLÄSIUS und R. HERRMANN in der Umgebung des Bitzenberg in 15 Stücken festgestellt. Weitere 25 Säcke waren leer und lagen auf dem Boden. Vermutlich wurden die Raupen von Käfern aufgefressen. Angesponnene Puppensäcke wurden bei Burkheim frühestens am 5.3. und 9.3. sowie am Badberg am 9.3. und 16.3. gesichtet. Allem Anschein nach haben die Larven eine einjährige Entwicklung.

Ökologie

Lebensraum: Gekennzeichnet sind bei uns die autochthonen Lebensräume von *P. plumifera* durch das Vorhandensein einer Reihe in Mitteleuropa seltenener, ponto-mediterraner Pflanzen- und Tierarten, die im Kaiserstuhl als Relikte der nacheiszeitlichen Wärmeperiode in den steil gelegenen, süd- bis südwestexponierten und sehr flachgründigen bis felsigen Volltrockenrasen ihre Rückzugs- und Überlebensgebiete gefunden haben. Solche Biozönosen finden sich noch gut ausgeprägt im zentralen und nordwestlichen Kaiserstuhl auf Böden vulkanischen Ursprungs, wie beispielsweise Karbonatit am Badberg und Tephrit an der Rheinhalde. Nach WILMANNS (1977) enthält die Feinerde der Volltrockenrasen fast immer etwas Löß und reagiert demgemäß neutral bis alkalisch. Die mikroklimatischen Verhältnisse dieser extremen Standorte weichen wesentlich von denen der benachbarten Halbtrockenrasen und Gebüschgesellschaften, die von der Art offensichtlich gemieden werden, ab und sind durch spezielle Faktoren wie intensive Sonneneinstrahlung, hohe Tagestemperaturen, große Bodenhitze, hohe Verdunstungswerte und geringe Wasserspeicherung geprägt. Die durchschnittlichen Jahresniederschläge betragen an diesen Stellen nur etwa 600–700 mm und große Dürre ist im Hochsommer eine regelmäßige Erscheinung. Neben die-

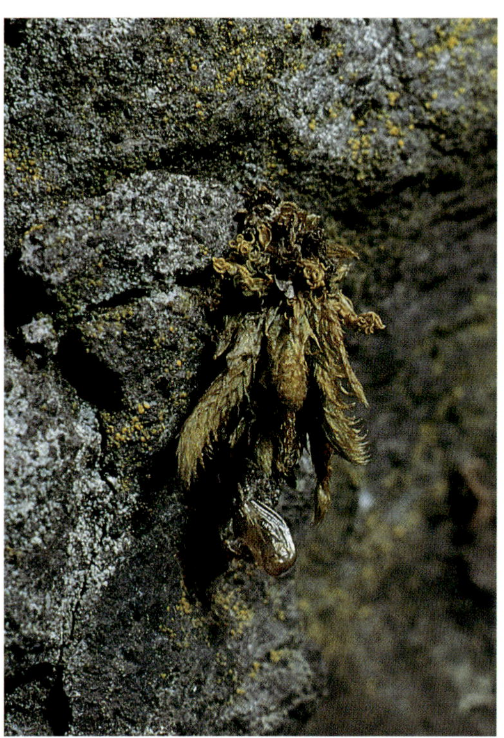

Der an dunklem, vulkanischem Tephritgestein angesponnene männliche Sack ist seiner Umgebung hervorragend angepaßt. Deutlich ist an seinem Ende die leer herausragende Puppenhülle zu sehen. – Kaiserstuhl: Burkheim 190 m, 21. 4. 82 R. HERRMANN.

sen Primärstandorten wurde die Art, nach einem Hinweis von T. ESCHE, auch auf einer flurbereinigten Südböschung bei Oberbergen und nach R. HERRMANN einmal auch auf einer mit Löß aufgeschütteten Straßenböschung bei Bickensohl beobachtet. E. BETTAG entdeckte im Frühjahr 1993 bei Oberrotweil zwei weitere Stellen, an denen *P. plumifera* vorkommt. Sie siedelt dort auf steilen, südexponierten und vegetationsarmen Hanglagen von Weinbergböschungen, die stellenweise mit Restfelsen vulkanischen Ursprungs durchsetzt sind und Verhältnisse wie in den Volltrockenrasen aufweisen. Weiteres Nachsuchen in den reliefreichen Terrassensystemen bei Oberrotweil verlief bisher negativ.

Nahrung der Raupe:
Bromus erectus – Aufrechte Trespe
L (HER)
Potentilla tabernaemontani –
Frühlings-Fingerkraut
L (HER)

Die Nahrung besteht vor allem aus krautigen Pflanzen und Gräsern. Im Kaiserstuhl wurden die Larven an *Potentilla tabernaemontani* und *Bromus erectus* beobachtet. Inwieweit auch Moose, Flechten und welke Pflanzenteile als Nahrung in Betracht kommen ist unklar.

Nach VORBRODT (1914) soll die Larve in der Schweiz an Gräsern, *Thymus* und *Calluna vulgaris* leben.

Habitat: Die Larven wurden nur im primär baumfreien Xerobromion beobachtet. Sie leben dort an sehr flachgründigen und felsdurchsetzten Stellen, insbesondere auf ebenen geschützten Simsen, die schütter mit xerothermophilen Pflanzen wie beispielsweise *Fumana procumbens, Linum tenuifolium, Potentilla tabernaemontani* sowie diversen Flechten und Moosen bewachsen sind. Pflanzensoziologisch nicht einzuordnen ist ein Larval- und Imaginalhabitat an einer Straßenböschung bei Bickensohl, wobei es sich ebenso um eine xerotherme, offen strukturierte Lokalität handelt, die mit den rezenten Primärhabitaten am Südhang des Bitzenbergs in Kontakt steht. Die Larven sind hier auf einer prallsonnig am Straßenrand gelegenen, vegetationsarmen, etwa 12 mal 1 Meter großen Fläche, zwischen *Bromus erectus*-Horsten, Moosen und toten Pflanzenteilen zu finden. In welchem Ausmaß *P. plumifera* auch die teilweise recht vegetationsarmen und trockenheißen Südhänge der Großterrassen besiedelt, ist Gegenstand weiterer Untersuchungen.

Verhalten: Beim weiblichen Schmetterling konnten die Lockaktivitäten hauptsächlich zwischen 11 und 15 Uhr beobachtet werden. Die Männchen, die gewöhnlich am Vormittag schlüpfen, werden somit angelockt und können dann zur Hauptflugzeit in großen Mengen, schwärmend oder an Grasstengeln ruhend, in ihren Habitaten angetroffen werden. *P. plumifera* muß als ausgesprochen heliophil bezeichnet werden. So enden auch die Lockaktivitäten der Weibchen und der Anflug der Männchen abrupt mit dem Aufzug von Wolken vor die Sonne. An einem solchen Tag (24. 3. 1980, bei Burkheim) wurden 4 Männchen, an Grashalmen ruhend, gegen 17 Uhr registriert. An trüben und kühlen Tagen konnten keine Falter festgestellt werden. Wie bei den meisten Psychidenarten verfügen die Männchen nur über eine kurze Lebensspanne, die oft nur wenige Stunden betragen kann, sofern die Kopulation noch am Schlüpftag erfolgt. Andererseits ließ sich unter simulierten Schlechtwetterbedingungen die Lebenszeit bei einigen Versuchstieren von *P. plumifera* auf bis zu acht Tagen ausdehnen. Beim unbefruchteten Weibchen dagegen konnte im Versuch und im Einzelfall sogar eine bis zu vier Wochen andauernde Lebensdauer, noch verbunden mit einer täglichen Lockphase, beobachtet werden. Die Larven belegen ihre charakteristischen Säcke gerne mit grünen Moosteilchen, um damit einerseits eine vorzügliche Tarnung zu erreichen und andererseits bei großer Lufttrockenheit über einen Feuchtigkeitsspeicher zu verfügen. Auch sie sind sonnenliebend, wenngleich bei großer Hitze die schattenspendende Vegetation aufgesucht wird. Als Ver-

Die Raupen von *P. plumifera* halten sich gut verborgen in der niedrigen Vegetation auf und sind nur schwer zu finden. – Kaiserstuhl: Bickensohl 300 m, 10. 3. 92
R. HERRMANN. S.

Nur an steilen, südexponierten Hängen, die durch ein extremes Klimaregime gekennzeichnet sind, konnte *P. plumifera* im Kaiserstuhlgebiet nachgewiesen werden. Sonnenheiße, felsdurchsetzte Volltrockenrasen dienen hier den Raupen von *P. plumifera* als Habitat. Sie befinden sich in Gesellschaft einiger weiterer stark gefährdeter Tier- und Pflanzenarten, die hier als Wärmerelikte überlebt haben. – Kaiserstuhl: Burkheim 190 m, 12. 6. 82 R. HERRMANN.

puppungsorte werden bevorzugt vollsonnige, oft dunkle Stellen an Felsen, Steinen sowie toten und lebenden Pflanzen ausgesucht. *Ptilocephala plumifera* ist eine Psychidenart mit hohen und differenzierten Habiatansprüchen. Auffallend ist die starke Tendenz zur Einnischung und die geringe ökologische Valenz.

Gefährdung und Schutz

Rote Liste Bundesrepublik: –
Rote Liste Baden-Württemberg: 2

Oberrheinebene: Stark gefährdet.
Schwarzwald: Nicht vertreten.
Neckar-Tauberland: Nicht vertreten.
Schwäbische Alb: Nicht vertreten.
Oberschwaben: Nicht verteten.

- In Baden-Württemberg stark gefährdet!

Ptilocephala plumifera ist in Baden-Württemberg nur aus dem Kaiserstuhlgebiet bekannt, wo sie in enger Bindung an trocken-heiße Lokalitäten bisher nur von vier ursprünglichen Plätzen (Xerobrometum) und drei anthropogenen Stellen (Lößterrassen) bekannt geworden ist.

Der Ausdehung der Kaiserstühler Volltrockenrasen entsprechend sind die Habitate relativ kleinflächig und örtlich nur mit kleinen Beständen von *P. plumifera* ausgestattet, so daß hier von Restpopulationen gesprochen werden kann. Nur die Rheinhalde bei Burkheim und vielleicht auch noch der Badberg beherbergen größere Vorkommen, die aber ebenso durch Sukzession (Beschattung), Tritt (Zerstörung der Feinerdestrukturen und dadurch entstehende Erosion sowie Verlust der Trockenvegetation), Verdriftung von Herbiziden der Landwirtschaft und vermutlich auch durch die genetische Isolation gefährdet sind. Vier der bekannten rezenten Vorkommen liegen in Naturschutzgebieten und genießen somit zumindest administrativen Schutz. An den Standorten sollte zum weiteren Schutze der Art auch weiterhin, eventuell sogar noch stärker, in die Verbuschungsdynamik eingegriffen, der Zugang zu den empfindlichen Trockenrasenflächen ausdrücklich verboten und der Einsatz von Umweltgiften in den benachbarten Weinbergen und sonstigen landwirtschaftlichen Nutzflächen weiter reduziert werden.

Megalophanes viciella
Denis & Schiffermüller, 1775

Hellbrauner Moor-Sackträger

Psyche viciella SCHIFF. (REUTTI 1898, LAMPERT 1907, SEITZ 1907–1954, SPULER 1908–1910, REBEL 1910, ECKSTEIN 1913–1923, HERING 1932, SCHNEIDER 1936–1939, BERGMANN 1951–1955, FORSTER 1960)

Psyche viciella SCHIFF. (NOVAK & SEVERA 1980)

Gesamtverbreitung: Außer in großen Teilen der nördlichen europäischen Landmasse und des Mittelmeerraumes sowie der Britischen Inseln ist *M. viciella* in den anderen Gebieten Europas weit verbreitet, aber vielerorts nur lokal anzutreffen. Weitere Verbreitungshinweise beziehen sich auf Vorderasien und Japan.

Verbreitung

Regional: Die Verbreitung von *M. viciella* ist in unserem Faunengebiet auf zwei Teilareale im Schwarzwald und im württembergischen Alpenvorland einschließlich der Donauniederung östlich von Ulm beschränkt. Der Schwerpunkt dieser Verbreitung liegt dabei eindeutig in den Moorkomplexen der südöstlichen Landesteile, wohingegen die Art im Schwarzwald eine große Seltenheit ist. Das einzige nachgewiesene Vorkommen befindet sich im Naturraum Grindenschwarzwald und Enzhöhen, wo sie auf dem Wildseemoor von Pforzheimer Entomologen in den 60er Jahren in einigen Exemplaren gefunden worden ist. Historische Angaben, die sich auf die Fundorte »Rippoldsau (am Kniebis)« (REUTTI 1898) sowie Pforzheim und Igelsloch (nach Kartei A. GREMMINGER) beziehen, konnten mangels fehlendem Belegmaterial nicht mehr überprüft werden. Gezieltes Nachsuchen auf dem Kniebis in jüngerer Zeit verlief negativ.

Recht zerstreut ist das Vorkommen dieser Art auch auf den Mooren der Donau-Ablach-Platten (Federsee) und des Oberschwäbischen Hügellandes (Pfrunger Ried) sowie im Westallgäuer Hügelland. Stellenweise kann sie dort jedoch noch häufig angetroffen werden. Nördlich dieser Landschaften wurde sie nur noch in der Donauniederung in der Nähe von Langenau nachgewiesen. Dort fand H. HEIDEMANN am 4. 7. 1987 sechs Säcke, die zweifelsfrei zu *M. viciella* gehörten.

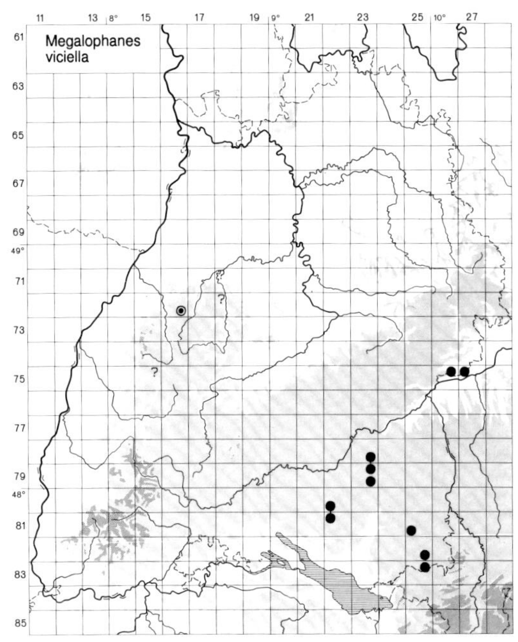

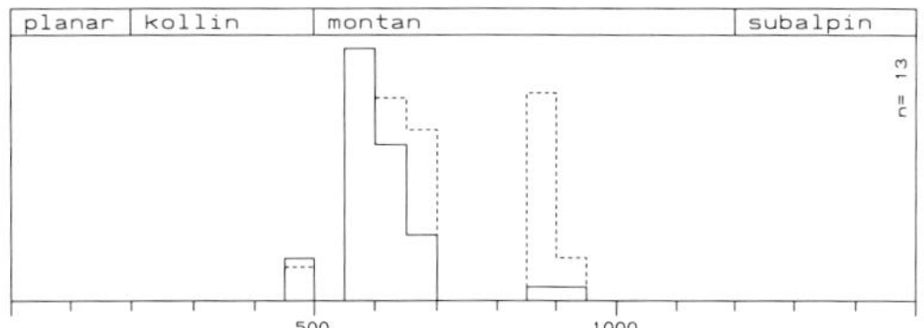

Vertikal: Die Fundplätze reichen im Schwarzwald bis gegen 900 m Höhe. Im Südosten des Landes liegen sie zwischen 450 m (Donauried) und 700 m (Rotmoos, Harprechtser Moos). SIEDER (1972) berichtet, daß *M. viciella* in den Alpen noch bis 1500 m Höhe vorkommt.

Phänologie

Imagines: Der überwiegende Teil der Freilanddaten, über die wir verfügen, stammt aus dem Federseemoor. So erhielten wir Hinweise von G. REICH (Aufzeichnungen 1910–1965), der am 7.7. 1962 ein Männchen gefunden hat, und von G. BAISCH, dessen Meldedaten über sechs eingetragene Männchen sich über eine Zeitspanne vom 7.7. – 19.7. (1970–1979) verteilen. Auch MEINEKE (1982) berichtet, daß die Phänologie der Imagines in den

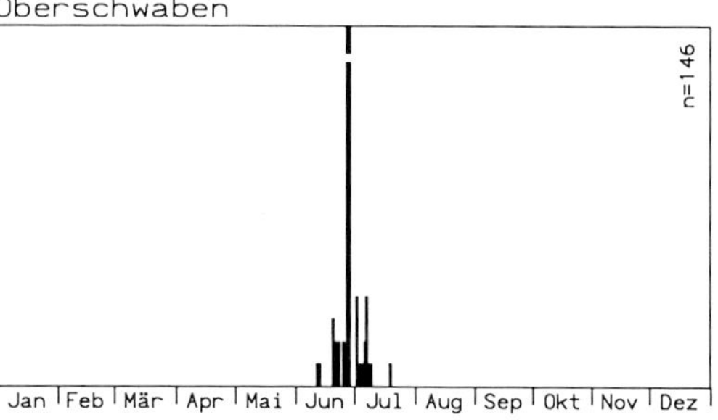

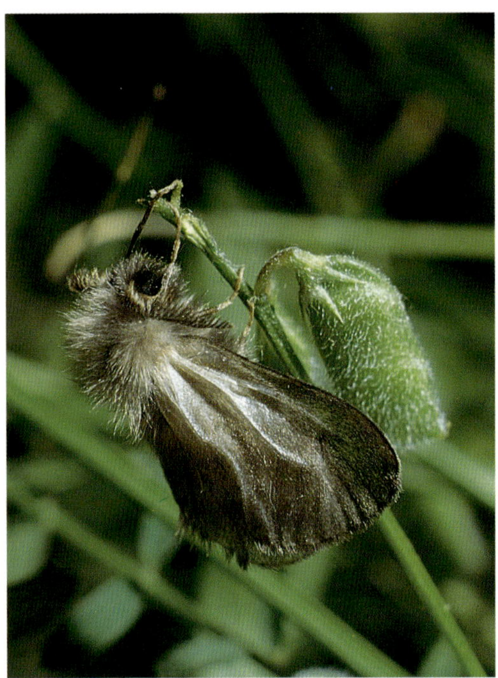

Die ockergelb gefärbten Männchen des Hellbraunen Moor-Sackträgers (*Megalophanes viciella*) sind extrem kurzlebig. Schon wenige Stunden nach dem Schlüpfen ist ihr Dasein beendet. Dieses Männchen (e.l., Vfl-SpW 18 mm) befindet sich noch in einer Ruhephase unmittelbar vor dem Paarungsflug. – Oberschwaben: Federseemoor, Wildes Ried 582 m, 13. 6. 92 R. HERRMANN. S.

Zeitraum zwischen »A 7 und M 7« fällt. Wie sein Hinweis auf einen Massenflug »E 6 1970« (über 100 Exemplare, pers. Mitt.) zeigt, können die Tiere bisweilen auch noch etwas früher schlüpfen. Von den anderen Fundstellen liegt uns lediglich noch eine von R. SCHICK stammende Freilandmeldung vor, die mit 26.6. 1982 datiert ist (Pfrunger Ried). R. HERRMANN erhielt aus einer ex ovo-Zucht zwei Männchen (21. und 26.6. 1990) und zwei Weibchen (27.6. 1990). Weitere Zuchtfalter schlüpften zwischen dem 13.6. und dem 27.6. (Federseegebiet).

Präimaginalstadien: Noch spärlicher sind Angaben über Raupenfunde. Die einzigen Hinweise beziehen sich auf eine eng begrenzte Lokalität im Federseegebiet, wo am 29.5. 1983 zehn und am 19.5. 1989 wiederum zehn ausgewachsene Larvensäcke, die sich bald verpuppten, gezählt werden konnten (R. HERRMANN). Häufiger dagegen konnten angesponnene Puppensäcke beobachtet werden wie z.B. 20 (nur Weibchen) am 11.6. 1989 im Pfrunger Ried an einer eng begrenzten Stelle. Erfolgversprechend ist auch die Suche nach den leeren, leicht determinierbaren adulten Säcken. Eine größere Ansammlung davon fand sich bisher nur im Federseemoor (7.8. 1979, etwa 20 Exemplare).

Endgültige Angaben über den Entwicklungszyklus der Larven lassen sich heute noch nicht machen. Die wenigen aus dem Ei gezüchteten Raupen vom Pfrunger Ried benötigten nur ein Jahr bis zu ihrer Verpuppung. Nach FORSTER (1960) sollen sowohl ein- wie auch zweijährige Stämme vorkommen.

Ökologie

Lebensraum: Im Schwarzwald offene, durch Baumgruppen unterbrochene, verheidete Hochmoorflächen, im württembergischen Alpenvorland torfreiche und nährstoffarme, feuchte, seltener nasse Böden. Nach MEINEKE (1982) werden im Federseegebiet Niedermoorbereiche und Torfstichgebiete (*Molinia-Calluna-Vaccinium*-Stadien) besiedelt. Außerdem wurde *M. viciella* im Pfrunger Ried auf einer seit längerer Zeit verbrachten Streuwiese auf Torfboden (*Molinia*-Stadium mit beginnender Verbuschung durch Faulbaum, Ohr-Weide und Birke) festgestellt.

Seiner Höhenlage von 900 m entsprechend ist das Wildseemoor im Nordschwarzwald durch ein kaltes montanes Klima mit schneereichen Wintern und hohen Jahresniederschlägen bis zu durchschnittlich 1500 mm gekennzeichnet. Teilweise viel günstiger liegen die Klimaverhältnisse an den Standorten im Südosten Baden-Württembergs. Dort bewegen sich die Durchschnittstemperaturen zwischen 6 und 8 °C im Jahr, die Niederschlagsmengen von über 1500 mm im Stau der Alpen bis gegen 600 mm im Donauried auf der Leeseite der Schwäbischen Alb.

Nahrung der Raupe:

Avena pubescens – Flaum-Hafer[1]
L (HER)
Betula pubescens – Moor-Birke
L (HER)
Filipendula ulmaria – Mädesüß
L (HER)
Vicia spec. – Wicke
L (HER)
Calluna vulgaris – Heidekraut
L (HER)

[1] Für die Determination sei Herrn ANDREAS KLEINSTEUBER (Staatl. Museum für Naturkunde Karlsruhe) herzlich gedankt.

Die Raupe von *M. viciella* lebt polyphag an den verschiedensten Pflanzen. Alle hier aufgeführten beziehen sich auf einen einzigen Fundort (Federsee) und bilden sicherlich nur einen Ausschnitt im Gesamtspektrum der (potentiellen) Nahrungspflanzen dieser Art.

Nach BERGMANN (1953) lebt die Raupe einzeln oder in kleinen Gruppen ziemlich polyphag an Gräsern, Stauden und Laubsträuchern. Er fand sie bei der Nahrungsaufnahme an Wiesen-Sauer-Ampfer (*Rumex acetosa*), Sumpffeste [= Sumpf-Pippau] (*Crepis paludosa*), Wiesen-Knöterich (*Polygonum bistorta*), Krauser Distel (*Carduus crispus*), Wolligem Honiggras (*Holcus lanatus*), Behaarter Hainsimse (*Luzula pilosa*), Binsen (*Juncus* spec.), Kriech-Weide (*Salix repens*) und Heidekraut (*Calluna vulgaris*). Dem gleichen Autor zufolge sammelte sie PETRY an Gräsern, krautartigen Pflanzen und Schlehengebüsch. Daneben werden als »weitere Futterpflanzen« auch noch »Rasenschmiele (*Deschampsia caespitosa*), Sumpfziest (*Stachys paludosa*), Sumpfheidelbeere (*Vaccinium uliginosum*), Wicken (*Vicia cracca*) und Faulbaum (*Rhamnus frangula*)« erwähnt.

Habitat: Auf dem Wildseemoor kommen offene, zwergstrauchreiche und sonnige Hochmoorränder als Habitat in Betracht. Im Federseemoor stellte MEINEKE (1982) aufgrund von Falterbeobachtungen eine Präferenz für Niedermoorbereiche (Schwerpunkt in Kohldistel-Pfeifengraswiesen) sowie stark gestörte Hochmoorbereiche mit gestoppter bzw. abgelenkter Moorentwicklung (3 Sackfunde) fest. R. HERRMANN fand die Larven im Wilden Ried (Federsee) auf einer nach Süden offenen, durch Waldsäume geschützten, teilentwässerten Hochmoorfläche, die durch Horste des Scheidigen Wollgrases (*Eriophorum vaginatum*) und Heidekrautflächen (*Calluna vulgaris*), lichtes Weiden- und Birkengebüsch (im Randbereich) sowie durch schwache Bultenbildung charakterisiert ist. Die binsen- und pfeifengrasreiche Streuwiese im Pfrunger Ried ist durch Sackfunde als Habitat von *M. viciella* nachgewiesen.

Eine nahezu ausgewachsene Raupe von *M. viciella* bei der Nahrungsaufnahme. Auf ihrem Speisezettel stehen neben verschiedenen Gräsern auch krautige Pflanzen. Ihre größte Aktivität entwickeln diese Raupen an schönen Sommertagen, wenn sie bei abklingender Tageshitze an den Pflanzen emporklettern. – Oberschwaben: Federseemoor, Wildes Ried 582 m, 18. 5. 92
R. HERRMANN.

Verhalten: In Baden-Württemberg wurden die Männchen von *M. viciella* im Freiland nur an Lichtquellen beobachtet. Rückschlüsse auf die tageszeitliche Flugaktivität lassen sich auf dieser Grundlage nicht festlegen. Einige aus Raupenzuchten stammende Männchen schlüpften am Abend gegen 19 Uhr bis kurz vor Einbruch der Dunkelheit um 22 Uhr.

DIERL (1977) berichtet in einer Studie über die geographische Variabilität von Flugzeit und Augengröße der *Megalophanes viciella*-Gruppe, daß die Tiere innerhalb ihres Gesamtareals, je nach geographischer Lage der Standorte, über verschiedene Aktivitätszeiten, sprich Paarungszeiten, verfügen. Weiter berichtet er, daß die Schlüpfzeiten (nach URBAHN 1972) im nördlichen Verbreitungsgebiet (Nordostdeutschland) recht unregelmäßig sind, mit einem Maximum vom Vormittag bis zum frühen Nachmittag. Tiere der südlichen Verbreitungsgruppe (etwa südlich des 50 ° südl. Br.) fliegen dagegen abends oder nachts. Die der südmitteleuropäischen Untergruppe, wozu auch unsere Feuchtgebietspopulationen aus dem württembergischen Alpenvorland gehören, fliegen am Abend, die der Steppengebiete auf dem Balkan sowie die in Anatolien vorkommenden dagegen nachts. Interessant ist auch der Hinweis, daß die gut korrelierte Augengröße der Männchen von Südost nach Nordwest entsprechend abnimmt.

SCHÄTZ (1955) macht über die Flugaktivität einer Population aus der Umgebung von Straubing (Bayern) folgende Angaben: »Der Anflug begann etwa um halb neun Uhr (kurz vor Anbruch der Dämmerung) und dauerte bis halb zehn Uhr. Bei Bewölkung kamen die Männchen etwas früher, flogen dafür aber nicht so lange. Bei Mondschein dehnte sich die Flugzeit etwas aus. Sie scheinen also nur bei einem bestimmten Helligkeitsgrad zu fliegen.« Weiter bemerkt er über das Flugverhalten der Männchen und den Kopulationsvorgang (die Weibchen dazu hatte er in passende Glasröhrchen gesetzt): »So wild sich die Männchen im Zuchtkasten benahmen, im Freien flogen sie gemächlich im leichten Zickzackkurs etwa 10–20 cm über dem Boden, wobei sie höheren Pflanzen auswichen. In der Nähe der ausgesetzten Weibchen flogen sie etwas aufgeregter hin und her oder auch im Kreis, um sich bald unter Drehen und Wenden und heftigem Flügelschlagen an ein Weibchen zu setzen und ihren Hinterleib in den Sack zu bohren. Da sie dabei die ziemlich dichtgesponnene Querwand durchstoßen mußten, mühten sich manchen Männchen oft mehrere Minuten ab, bis sie copulieren konnten. die Copulation selbst dauerte 1,2 bis 3,5 Minuten. Während dieser Zeit liegen die Flügel dachförmig. Wenn der Hinterleib des Männchens nicht genau über dem Spalt im Nacken der Puppenhülle eingeschoben wurde, so setzte sich das Weibchen durch eine kleine Drehung sofort in die richtige Lage. An Kopf und Nacken scheinen die Weibchen eine gute Tastempfindung zu haben. Man kann ausgeschälte Weibchen am ganzen Hinterleib berühren, sie bewegen sich kaum einmal. Tupft man sie aber auf den Kopf, so machen sie sofort drehende Bewegungen. Das Einschieben des männlichen Hinterleibes geschieht in der Weise, daß die vorderen Segmente das Hinterleibsende möglichst tief abwärtsdrücken. Die Valven klammern sich am Weibchen fest und ziehen die oberen Segmente nach. Diese Zieh- und Druckbewegungen wiederholen sich mehrmals, bis der Leib so liegt, daß eine Copulation möglich ist.«

Über die Lebensdauer der Imagines kann berichtet werden, daß die Männchen erstaunlich kurzlebig sind und gewöhnlich nur eine Nacht am Leben bleiben. Die Weibchen dagegen leben länger und wurden unter Zuchtbedingungen bis zu vier Wochen alt. Hinweise auf parthenogenetische Stämme liegen aus unserem Faunengebiet nicht vor.

Daß solche wohl vorkommen können, zeigen Hinweise von OSTHELDER (1925), der aus unbefruchteten Eiern eines Weibchens zahlreiche Räupchen erhielt, ferner von BERGMANN (1953), der bemerkt, daß eine parthenogenetische Vermehrung bei Zuchten festgestellt worden sei, und schließlich von SCHÄTZ (1955), der einmal die Parthenogenese bei dieser Art beobachten konnte. Weiter berichtet er zum Eiablageverhalten und dem Schlüpfen der Larven: »Gleich nach der Copulation beginnen die Weibchen mit der Ablage ihrer Eier in der Puppenhülle. Das leere Weibchen liegt als kleines häutiges Häufchen oben auf den Eiern. Häufig wird es von den Jungraupen angefressen. Der Eivorrat eines Weibchens liegt zwischen 120 und 180 Stück. Sie sind eiförmig und von gelber Färbung. Die weiche, aber verhältnismäßig sehr zähe Haut, glänzt matt. Bei normaler Witterung vergehen 3–4 Wochen von der Eiablage bis zum Schlüpfen der Räupchen. Sie bleiben wenigstens 1–2 Tage untätig im Muttersack und quellen dann innerhalb kürzester Zeit aus der kleinen Öffnung, die das Männchen in die Querwand des Sackes gebohrt hat. Sie fertigen aus kleinsten Teilen des Muttersackes ihre glockenförmigen Säckchen ohne grobe Bekleidung.«

Über die Larvalbiologie kann mitgeteilt werden, daß auf einer Moorwiese im Federseegebiet beobachtet werden konnte, wie die Raupen (Männchen und Weibchen) an heißen Tagen, nach Abklingen der größten Hitze, die sie offenbar tief am Boden und somit schwer auffindbar überstanden, am frühen Abend (17 Uhr) die Grashalme emporkletterten und mit der Nahrungsaufnahme begannen. Zur Verpuppung werden die weiblichen Raupensäcke höher, gut sichtbar und völlig frei in der Vegetation angesponnen. Im Pfrunger Ried wurden sie beispielsweise in großer Anzahl an Binsenstengeln bis in eine Höhe von nahe einem Meter festgestellt. G. REICH (Aufzeichnungen 1910–1965) wies auf zwei Säcke hin, die er im Federseemoor an Birkenstämmen gefunden hat. Stets negativ gestaltete sich dagegen die Suche nach den männlichen Säcken, die vermutlich dicht am Boden in der Vegetation angesponnen werden. Ob bei einigen Populationen ein höherer Weibchenanteil vorliegt, ist Gegenstand weiterer Untersuchungen.

Zum Verhalten der verpuppungsreifen Larven greifen wir wiederum auf die Ausführungen von SCHÄTZ (1955) zurück, wo folgende Beobachtungen nachzulesen sind:

»Nach dem Anspinnen dreht sich die weibl. Raupe im Sack um, so daß der Kopf am freistehenden Hinterende des Sackes liegt. Sie zieht das weiche Ende des Sackes etwas nach innen, versteift es und spinnt als Verschluß etwa 2–3 Millimeter innerhalb des Sackendes eine Querwand. 4–6 Tage nach dem Anspinnen verpuppt sich die Raupe und nach weiteren 8–10 Tagen – je nach Witterung – sprengt das Weibchen die Puppenhülle. Es öffnet nur am 2. und 3. Brustsegment eine dünne Nahtstelle, die schon bei der Puppe als heller Keilfleck zu sehen ist. Außerdem reißen auch die Segmenteinschnitte etwas ein. Aus der Puppenhülle schiebt sich das Weibchen nicht.

Die männliche Raupe häutet sich in ihrer ursprünglichen Lage nach dem Einspinnen nochmals, zu einer sogenannten »Weißen Raupe«. MATTHES ... und STANDFUSS ... haben eine solche Häutung auch bei anderen Arten von Psychiden sogar für beide Geschlechter beobachtet. Diese Vorpuppe – wie sie MATTHES bezeichnet – gleicht in Gestalt und Färbung ganz der eigentlichen Raupe, nur ist sie gedrungener und wenig pigmentiert, Kopf und Brustschilder weißlich mit dunklerer Marmorierung, Hinterleib hell fleischfarben. Die schwarze Raupenhaut hängt bei den männlichen Puppen meist noch am Sackende, doch wird sie auch beim Schlüpfen der Männchen oft abgestreift. Erst nach dieser Häutung dreht sich die weiße Raupe um und fertigt im Sack ein feines Gespinst, sodaß die Puppe nicht lose im Sack liegt, sondern ähnlich wie bei verschiedenen Bären [gemeint sind die Bärenspinner = Arctiidae] in dem Gespinst ruht. Die Puppe kann sich durch dieses Gespinst vor dem Schlüpfen des Falters auch leichter aus dem Sack schieben.»

Sehr genau wurde auch der Schlüpfvorgang der Männchen dokumentiert:

»Vom Anspinnen bis zum Schlüpfen des Falters vergingen durchschnittlich 24 Tage. Die kürzeste Entwicklung dauerte 18 Tage, die längste 30 Tage. Einige Zeit vor dem Schlüpfen schiebt sich die Puppe so weit aus dem Sack, daß sie gerade noch mit den hintersten Segmenten in der unbekleideten Endröhre steckt. Die beiden Dornen des Cremasters hängen an dem Gespinst in der Puppe. Beim Schlüpfen sprengt der Falter die gesamte Frontplatte (Kopfkapsel, Bein- und Fühlerscheiden) ab, bleibt aber mit dem Kopf noch darinnen, bis Flügel und Hinterleib aus der Puppe gezogen sind. Dann stemmt er sich mit den Füßen gegen die Flügelscheiden und befreit so den Kopf. Die Männchen sind erst sehr unruhig, setzen sich aber bald an eine höhere Stelle und entwickeln innerhalb 20 Sekunden (!) ihre Flügel. Bis die erste Dämmerung hereinbricht, bleiben sie mit dachförmig gelegten Flügeln sitzen, um dann plötzlich wild loszuschwirren.«

Gefährdung und Schutz

Rote Liste Bundesrepublik: –
Rote Liste Baden-Württemberg: 2

Oberrheinebene: Nicht vertreten.
Schwarzwald: Vom Aussterben bedroht.
Neckar-Tauberland: Nicht vertreten.
Schwäbische Alb: Nicht vertreten.
Oberschwaben: Stark gefährdet.

- In Baden-Württemberg stark gefährdet!

Der letzte Nachweis von *M. viciella* aus dem Schwarzwald stammt aus den 60er Jahren, liegt also schon Jahrzehnte zurück. Trotz breit angelegter Kartierungstätigkeit konnte die Art an keiner weiteren Stelle mehr nachgewiesen werden, so daß das isolierte Vorkommen auf dem Wildseemoor das einzige in diesem Hauptnaturraum geblieben ist. Obwohl nicht ausgeschlossen werden kann, daß diese Psychidenart auch heute noch an anderen Stellen im Schwarzwald vorkommt, ist es angebracht, sie in dieser Region als vom Aussterben bedroht anzusehen.

Etwas günstiger scheint die Verbreitungssituation im Südosten unseres Faunengebietes zu sein. Obwohl der Lebensraum von *M. viciella* dort durch die Entwässerung mooriger Wiesen, Grünlandgewinnung und Aufforstungen immer mehr eingeengt wird, ist sie heute noch aus fünf Moorgebieten bekannt. Dennoch muß sie für das württembergische Alpenvorland insgesamt als stark gefährdet einge-

Megalophanes viciella wurde nur auf feuchten, anmoorigen, vor allem aber naturbelassenen Wiesen beobachtet, z. B. alljährlich in Anzahl auf dieser hier abgebildeten Moorwiese. Da solche Lebensräume zunehmend seltener werden, ist auch das Areal dieser Art in Baden-Württemberg zusammengeschrumpft. Der Hellbraune Moor-Sackträger gehört heute zu den stark gefährdeten Psychidenarten. Deshalb sollte versucht werden, durch gezielte Kartierungen vermehrt Aufschluß über die rezente Bestandssituation zu erhalten. Neu entdeckte Vorkommen sollten unter Schutz gestellt, bereits bekannte wie das im NSG Federseemoor durch spezielle Pflegemaßnahmen erhalten werden. – Oberschwaben: NSG Federseemoor, Wildes Ried 582 m, 18. 5. 92 R. Herrmann.

stuft werden, dies vor allem wegen der kleinen Bestände und der sehr lokalen Verbreitung.

Um diese letzten Populationen in Baden-Württemberg vor dem Aussterben zu bewahren, müssen an ihren Standorten schädigende anthropogene Eingriffe verhindert und der natürlichen Sukzession (Verbuschung) entgegengewirkt werden. Um weitere Aufschlüsse hinsichtlich der Verbreitung von *M. viciella* in Baden-Württemberg zu erhalten, ist Nachkartierung im Schwarzwald, in den oberschwäbischen Mooren sowie im Donauried erforderlich. Ferner sollten regelmäßige Bestandskontrollen an den rezenten Fundstellen durchgeführt und die Erstellung eines speziellen Schutzkonzeptes in die Wege geleitet werden.

Phalacropterix graslinella
Boisduval, 1852

Graslins Sackträger

Psyche graslinella B. (REUTTI 1898)
Phalacropteryx graslinella BSD. (SEITZ 1907–1954, SPULER 1908–1910, REBEL 1910, ECKSTEIN 1913–1923, HERING 1932, SCHNEIDER 1936–1939, BERGMANN 1951–1955, FORSTER 1960, EBERT 1978)

Phalacropteryx graslinella BSD. (ROTE LISTE BRD 1984)

Gesamtverbreitung: Im gemäßigten und arktischen Europa weit verbreitet, aber lokal, von Frankreich und den Benelux-Ländern durch Mitteleuropa einschließlich dem Alpenraum sowie Ost- und Südosteuropa bis zur Ukraine. Im Norden werden Fennoskandien einschließlich seiner arktischen Gebiete und die nördlichen Teile der ehemaligen USSR besiedelt. Im mediterranen Raum scheint die Art zu fehlen.

Verbreitung

Regional: In Baden-Württemberg kommt *P. graslinella* nur sehr lokal und selten im Schwarzwald (mit Verbreitungsschwerpunkt im nördlichen Teil) und in den großen Moorgebieten des württembergischen Alpenvorlandes vor. Aus dem Tauberland, wo die Art bisher nur von einer eng begrenzten Lokalität bekannt geworden ist, liegt ein Fund aus dem Jahre 1989 vor (E. RENNWALD). In der Oberrheinebene und auf der Schwäbischen Alb sowie im größten Teil des Neckar-Tauberlandes konnte *P. graslinella* bisher nicht nachgewiesen werden.

Vertikal: Im Schwarzwald ist die Art nur aus montan geprägten Höhenlagen bekannt geworden. Die höchsten Vorkommen befinden sich auf den Grindenhochflächen zwischen 900 und 1050 m. Wesentlich tiefer liegen die Fundstellen im württembergischen Alpenvorland; noch tiefer im Tauberland, wo der bisher einzige Nachweis von *P. graslinella* in der kollinen Stufe bei 300 m gelang.

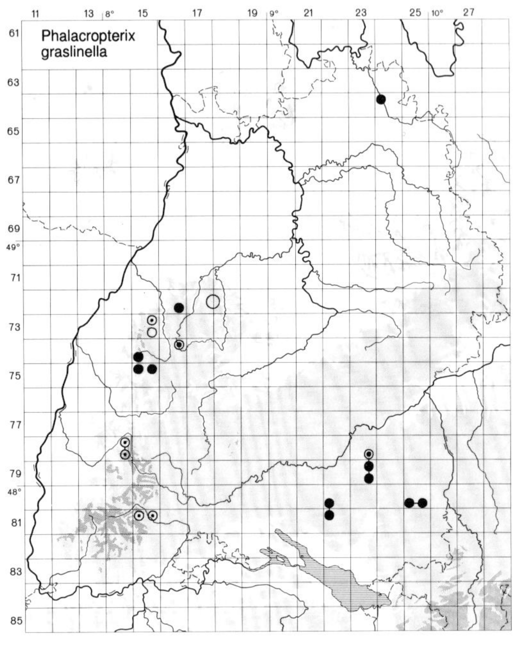

FRANZ (1985) weist in seiner Gebietsmonographie der Nordost-Alpen auf Fundorte hin, die noch in 1500 m Höhe liegen.

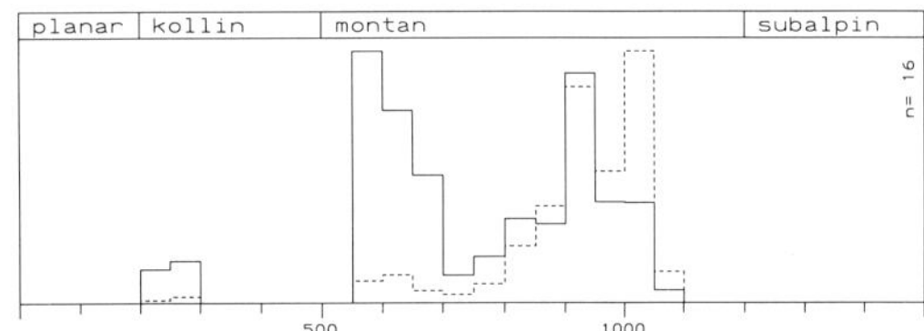

Phänologie

Imagines: Mit den ersten Faltern ist in den höheren Lagen des Schwarzwaldes normalerweise erst im letzten Monatsdrittel Mai zu rechnen. So wurden am 25.5. 1981 von R. HERRMANN auf dem Kniebis (nahe Zuflucht) mehrere angesponnene Säcke gefunden, aus denen schon die leeren Puppenhüllen frisch geschlüpfter Männchen herausragten. Am 27.5. 1977 schlüpften 3 Weibchen aus Säcken, die am 24.5., und am 28.5. 1979 (in einem kühlen Frühjahr) ebenfalls 3 Weibchen, die am 10.5. von diesem Fundort als Puppen bzw. Raupen in ihren Säcken eingetragen worden waren. Am 30.5. 1979 wurde an gleicher Stelle nochmals ein weiblicher Puppensack gefunden, aus dem bereits einen Tag später das Weibchen schlüpfte und am 1.6. 1979 – wohl in der Hauptflugzeit – 12 Männchen anlocken konnte. Zeitgleich schlüpfte aus einer Zucht ein männlicher Falter, dessen Sack ebenfalls am 10.5. auf dem Kniebis gefunden wurde.

Weitere Faltermeldungen (M. WALLNER) resultieren aus eingetragenen Säcken vom Wildseemoor: 28.5. – 9.6. 1963 (3 Männchen) und noch vom 28.6. 1965 (1 Männchen). Eine ähnliche Flugzeit ist auch für die *P. graslinella*-Populationen im württembergischen Alpenvorland anzunehmen; präzise Angaben dazu sind derzeit jedoch wegen fehlender Falter-Freilanddaten noch nicht möglich. Lediglich im Tauberland ist von wesentlich früheren Schlüpfzeiten der Imagines auszugehen, was dem milden Klima dieser Landschaft zuzuschreiben ist. Hinweis darauf ist ein Männchen, das bereits am 4.5. 1991 aus einem Puppensack geschlüpft ist, der am 21.4. in der Nähe von Gerlachsheim gefunden wurde.

Präimaginalstadien: In Baden-Württemberg wurden bisher kaum Raupen von *P. graslinella* beobachtet. Am 27.8. 1978 waren es im Schliffkopfgebiet 5 fast ausgewachsene, bereits mit weißen Gespinstfäden umsponnene Raupensäcke. Im darauffolgenden Jahr konnten am 10.5. auf dem Kniebis 9 erwachsene Larven, außerdem noch 3 frisch angesponnene Raupensäcke registriert werden. Durch Freilandbeobachtungen, vor allem aber durch die Zucht gelang der Nachweis, daß die Larven zwei Jahre für ihre Entwicklung benötigen. So wurden am 24.4. 1990 im Tauberland 4 und am 29.4. 1990 nochmals 6 halb bis fast ausgewachsene Raupensäcke eingesammelt und weitergezüchtet. Nachdem zur erwarteten Zeit jedoch keine Verpuppung erfolgte, wurden sie bis auf ein Exemplar, das ein zweitesmal überwinterte und dann kurz vor der Verpuppung am 25.3. 1991 einging, wieder in ihr ursprüngliches Habitat zurückgebracht und markiert. Bei einer Nachsuche am 21.4. 1991 konnte von diesen Tieren noch ein frisch angesponnenes wiedergefunden werden, das seinen markierten Bereich praktisch nicht verlassen hatte.

Die zur Verpuppung im Heidekrautgestrüpp angesponnenen männlichen Säcke sind ihrer Umgebung so gut angepaßt, daß sie auch bei gezielter Suche nur schwer entdeckt werden. Gut erkennbar ist hier die typische weißliche Endröhre des Sackes und die leere Puppenhülle. – Schwarzwald: Kniebis 958 m, 1. 6. 89 R. HERRMANN. M.

Ein frisch geschlüpftes Männchen von Graslins Sackträger (*Phalacropterix graslinella*) ruht noch auf seinem an einem Lesestein angesponnenen Puppensack. Ein gutes Erkennungsmerkmal ist die aufgehellte Basis der Vorderflügel, die es so bei keiner anderen einheimischen Psychidenart gibt. Die kurzlebigen Falter schlüpfen unter Laborbedingungen bereits am frühen Morgen. Im Freiland konnten sie in den Vormittagsstunden mit Hilfe ausgesetzter Weibchen angelockt werden. – Tauberland: Grünsfeld, Seilingsberg 250 m, 4. 5. 91 (e.l., Vfl-SpW 19 mm) R. Herrmann. S.

Weitere Hinweise auf einen zweijährigen (oder dreijährigen?) Entwicklungszyklus erbrachte auch der Fund von drei nahezu ausgewachsenen Raupensäcken vom 23.6. 1984 (Kniebis) und der einer halberwachsenen Larve, die am 17.5. 1989 vom Schliffkopf eingetragen wurde und nach der zweiten Überwinterung kurz vor der Verpuppung abstarb.

Zum Entwicklungszyklus dieser Art schreiben URBAHN & URBAHN (1939): »Die Raupe lebt deutlich zweijährig an *Calluna*, HERING zog sie besonders mit Scharbockskraut (*Ficaria*). Sie wächst oft wohl schon im Sommer fast zu voller Größe heran, überwintert, überzieht den Sack mit grauem Gespinst und verharrt noch ein volles weiteres Jahr fast ohne zu fressen«.

Nicht ganz einfach gestaltete sich die Suche nach den Säcken. Man sucht sie am besten im Frühjahr nach der Schneeschmelze, wenn sie angesponnen

Im Gegensatz zu den männlichen Raupen, die ihren Puppensack am Boden bzw. in der niedrigen Vegetation anspinnen, suchen sich die weiblichen Raupen von *P. graslinella* zur Verpuppung exponierte bzw. höher gelegene Plätze an Gebüschästen, Baumstämmen oder an Pfosten aus. – Tauberland: Grünsfeld, Seilingsberg 250 m, 21. 4. 91 R. HERRMANN.

und mit weißen Gespinstfäden überzogen sind, an ihren Verpuppungsstandorten. Die meisten Sackfunde fallen in die Monate April und Mai und stammen insbesondere von den Mitarbeitern A. BIEBINGER, R. HERRMANN, W. STAIB und M. WALLNER.

Ökologie

Lebensraum: Wichtigster Lebensraum sind offene, sonnige, durch nadelholzreiche Waldränder bzw. Baumgruppen geschützte Stellen auf frischen bis feuchten Torfböden im Bereich der Hochmoore. Im nördlichen Schwarzwald werden artenarme ausgedehnte Zwergstrauchheiden und Grasland auf anmoorigen Böden der Grindenhochflächen und der Plateau-Hochmoore besiedelt. Auch im württembergischen Alpenvorland wurde *P. graslinella* bisher nur in Moorgebieten nachgewiesen. Im Wurzacher Ried fand MEINEKE (1982) die Art in einem Torfstichgebiet mit einem engmaschigen Mosaik aus regenerierten Torfstichen, verheidetem Hochmoor und sekundärem Bruchwald.

In krassem Gegensatz zu diesen sehr charakteristischen und in ihrer Fauna und Flora mehr an Landschaften des hohen Nordens erinnernden Moorbiotopen steht der Lebensraum dieser Art im Tauberland auf einem südexponierten xerothermen Muschelkalkhang, der in früheren Zeiten extensiv genutzt wurde und heute durch Magerrasen und niederwüchsige Gehölzgruppen gekennzeichnet ist.

Dementsprechend verschieden sind auch die klimatischen Verhältnisse in den drei Teilarealen. Während an den Fundstellen im Schwarzwald Jahresdurchschnittstemperaturen bis gegen 5 °C und Niederschläge bis 1800 mm erreicht werden, mißt man im Tauberland solche von 9 °C und 600–700 mm. Im württembergischen Alpenvorland liegen die Werte bei 7–8 °C und bis zu 900 mm.

Nahrung der Raupe:
Geranium sanguineum – Blut-Storchschnabel
L (HER)
Calluna vulgaris – Heidekraut
L (HER)
Thymus spec. – Thymian
L (HER)
Centaurea scabiosa – Skabiosen-Flockenblume
L (HER)

Obwohl die meisten Fundstellen in Baden-Württemberg in den Hochmooren des Schwarzwaldes und des Alpenvorlandes liegen, konnte *P. graslinella* auch im Tauberland festgestellt werden. Dort fanden sich die Raupen in einem versaumenden Halbtrockenrasen mit reichlichen Beständen des Blutstorchschnabels sowie, daran angrenzend, auf grasigen Stellen zwischen verwilderten Obstbäumen. Graslins Sackträger gehört in Baden-Württemberg zu den seltenen und stark gefährdeten Psychidenarten, die durch gezielte Pflegemaßnahmen im Rahmen des Artenschutzprogrammes besonders zu schützen sind. – Tauberland: Grünsfeld, Seilingsberg 250 m, 21. 4. 91 R. HERRMANN.

Zwergstrauchreiche, moorige Heiden sind auf den Grinden des Nordschwarzwaldes der typische Lebensraum von *P. graslinella.* Als Raupennahrungspflanze kommt vor allem das Heidekraut in Betracht. Neben einer Reihe weiterer Psychidenarten wurde hier im Jahre 1978 eine Puppe der äußerst seltenen Weidenglucke (*Phyllodesma ilicifolia*) sowie die nur im Nordschwarzwald vorkommende Unterart *marmorata* des Eulenfalters *Oligia fasciuncula* festgestellt. – Nordschwarzwald: Kniebis (nahe Alexanderschanze) 958 m, 24. 5. 91 R. HERRMANN.

Die Larven leben polyphag an den verschiedensten Pflanzenarten.

Einen Hinweis auf die polyphage Lebensweise gibt RETZLAFF (1975), der Heidekraut, Krähenbeere, Gräser und Birke aufzählt. Ferner beobachtete er 3 halberwachsene Larven, die auf einem von Thymian überwucherten Ameisenhaufen an dieser Pflanze fraßen.

Habitat: Im Schwarzwald wurde *P. graslinella* bisher nur in Vegetationsgesellschaften festgestellt, die dem Sphagnion magellanici zuzuordnen sind. Die Art besiedelt dort vor allem die mit *Salix*-Arten, Birken und Nadelgehölzen durchsetzten *Calluna*- und *Vaccinium*-reichen Moorflächen.

An solchen Stellen wurden die Larven meist in nicht zu feuchten, sonnigen, von grasigen Flächen (Borstgras, Pfeifengras, Wollgras) unterbrochenen Zwergstrauchbeständen gefunden. M. WALLNER beobachtete sie im Wildseemoor im unmittelbar neben der offenen Wasserfläche gelegenen, stellenweise heidekrautreichen Bereich sowie in einem solchen, der von einem Beerkraut-Tannen-Fichtenmischwald umgebenen war. Für das Wurzacher Ried listet MEINEKE (1982) folgende Biotoptypen auf, in denen *P. graslinella* regelmäßig vorhanden ist, ohne daß derzeit über ihren Schwerpunkt etwas ausgesagt werden kann: Stark gestörtes Hochmoor mit gestoppter bzw. abgelenkter Moorentwicklung; offenes subkontinentales Hochmoor; Spirken-Waldhochmoor.

An dem einzigen außerhalb dieser Moorlandschaften gelegenen Fundort im Tauberland konnten die Larven sowohl im gras- und kräuterreichen, leicht versaumten Mesobromion als auch auf vegetationsarmen Lesesteinhaufen und sogar im Schatten lichter Gehölze nachgewiesen werden.

Verhalten: Zu den Schlüpfzeiten der Falter im Freiland können noch keine genaueren Angaben gemacht werden. Lediglich unter Zuchtbedingungen wurde ein Männchen beobachtet, das morgens gegen 8 Uhr schlüpfte. Spärlich sind auch die Hinweise auf das Paarungsverhalten. Immerhin ist zu bemerken, daß ein gezüchtetes und auf dem Kniebis experimentell ausgebrachtes Weibchen zwischen 5.30 und 9.30 Uhr lockaktiv war und dabei zwischen 9 und 9.30 (vorher war es stark bewölkt) bei sonnigem Wetter und Temperaturen von über 20 °C 12 (frische) Männchen anlockte.

RETZLAFF (1975) bemerkt, daß die Männchen an warmen Tagen gegen 11 Uhr schlüpfen und schon nach einer Stunde restlos abgeflogen sind. Seinen Ausführungen zufolge fliegt diese Art in der Regel nur jedes zweite Jahr (in geraden Jahren). Eine abweichende Beobachtung machte FOLTIN (1953), wonach der Falter nachmittags schlüpft.

Über die Lebensdauer der Imagines läßt sich aufgrund von Zuchtbeobachtungen sagen, daß 3 Weibchen – im Gegensatz zu den sehr kurzlebigen Männchen – zwischen 5 und 10 Tagen am Leben blieben. Die ausgewachsenen Raupensäcke findet man nach der 2. Überwinterung, im Gebirge nach der Schneeschmelze, an ihren Verpuppungsplätzen, die sich bei den Männchen, wie z. B. am Kniebis öfters beobachtet, an dürrem, vom Schnee noch niedergedrückten Gras befinden, an Trockenstandorten wie im Tauberland dagegen an Steinen. Bei den Weibchen sind es dagegen Zwergsträucher (*Calluna*), totes, auf dem Boden liegendes Geäst oder Pfosten (z. T. bis in 1.50 m Höhe) und meist sonnenexponierte Baumstämme. Diese Raupen- bzw. Puppensäcke fallen durch eine helle, um den Sack gesponnene Seide auf, die nach einer Beobachtung an 5 fast ausgewachsenen Säcken bereits am 27.8. 1978 – also noch vor der Überwinterung – vorhanden war.

Gefährdung und Schutz

Rote Liste Bundesrepublik: 2
Rote Liste Baden-Württemberg: 2

Oberrheinebene: Nicht vertreten.
Schwarzwald: Stark gefährdet.
Neckar-Tauberland: Noch unklar.
Schwäbische Alb: Nicht vertreten.
Oberschwaben: Stark gefährdet.

- In Baden-Württemberg stark gefährdet!

Phalacropterix graslinella kommt in Baden-Württemberg nur sehr lokal in kleinen Beständen vor. Obwohl die meisten dieser Vorkommen heute in Naturschutzgebieten liegen, sind sie doch einer zumindest teilweise sehr ernsthaften Bedrohung (Kniebis!) ausgesetzt, die in den Bereichen Sport und Freizeit zu suchen ist und immer mehr zunimmt. In erster Linie sind dabei die durch Wanderer und Skilangläufer verursachten Schäden anzuführen. Hinzu kommt die Veränderung der Biotope durch die natürliche Sukzession. Dieser Entwicklung sollte gerade in Naturschutzgebieten durch besondere Verordnungen und Pflegemaßnahmen entgegengewirkt werden. Um das bisher einzige bekannte Vorkommen im Tauberland zu erhalten, wird empfohlen, dieses auch sonst durch seine artenreiche Fauna und Flora bemerkenswerte Gebiet unter Schutz zu stellen und spezielle Pflegemaßnahmen einzuleiten.

Sterrhopterix fusca
Haworth, 1809

Laubholz-Sackträger

Psyche hirsutella HB. (REUTTI 1898)
Sterrhopteryx hirsutella HBN. (SEITZ 1907–1954, SPULER 1908–1910, REBEL 1910, ECKSTEIN 1913–1923, HERING 1932, SCHNEIDER 1936–1939, BERGMANN 1951–1955, KOCH 1955, FORSTER 1960, STRESEMANN 1969)
Sterrhopterix hirsutella HB. (LAMPERT 1907, NOVAK & SEVERA 1980)

Sterrhopteryx hirsutella HBN. (KOCH 1984)

Gesamtverbreitung: Als Wald- und Gebüschart weit verbreitet im klimatisch gemäßigten Europa, von England durch das zentrale Europa (einschließlich dem Alpenraum) ostwärts bis weit nach Rußland hinein und nördlich bis nach Fennoskandien, dem Baltikum und Karelien. Die südlichsten Vorposten befinden sich im nördlichen Italien sowie in Rumänien. Nach GOMEZ-BUSTILLO (1978) soll *S. fusca* in Spanien und ferner nach SEITZ (1912) auch im Amur- und Ussuri-Gebiet noch vorkommen. Gebiete mit ausgesprochen mediterranen, kontinentalen oder arktischen Klimaten werden offenbar gemieden.

Verbreitung

Regional: *Sterrhopterix fusca* ist in einigen Regionen des Landes eine häufige Erscheinung und dementsprechend oft gemeldet worden. Verbreitungsschwerpunkte bilden weite Landstriche in der südlichen Oberrheinebene im Dreieck Kaiserstuhl – Breisgauer Bucht, wo schon REUTTI (1853) die Art, noch unter *Psyche calvella*, für den »Mooswald« und »Mös'chen« als häufig angab, und Markgräfler Rheinebene (Trockenaue) sowie im Norden des Hauptnaturraumes Oberrheinebene insbesondere die Waldgebiete zwischen Rastatt und Mannheim. Auch in weiten Teilen des Naturraumes Offenburger Rheinebene, einem allerdings viel schwächer kartierten Gebiet, ist *S. fusca* sicher keine Seltenheit. Um so erstaunlicher ist es, daß diese in der Oberrheinebene so häufige Art im gesamten angrenzenden Schwarzwald, einschließlich der Vorberge und der tiefer gelegenen Täler, großflächig zu fehlen scheint. Einen einzigen Hinweis aus diesem Hauptnaturraum erhielten wir von R. HERRMANN,

Die Männchen des Laubholz-Sackträgers (*Sterrhopterix fusca*) schlüpfen in den Abendstunden und verenden noch in der gleichen Nacht. Ihr kurzes Dasein ist ausschließlich dem nächtlichen Paarungsflug und damit der Fortpflanzung gewidmet. Dabei kommen sie auch öfters ans Licht geflogen. – Oberrheinebene: Kehl, Goldscheuer 143 m, (Vfl-SpW 20 mm) 18. 5. 91 R. HERRMANN. S.

der bei Kappel-Gutachbrüche im Südschwarzwald einen in Aussehen und Größe für *S. fusca* gehaltenen Sack gefunden hatte, jedoch für verbindliche Aussagen zur Verbreitung dieser Art in dieser Gegend noch mehr Belegmaterial für notwendig erachtet. Häufiger ist diese Psychide vor allem im südlichen Kraichgau bis zur geologischen Gesteinsgrenze zum Buntsandstein-Schwarzwald, wie der Fundhinweis von K. STROBEL (Pforzheim) zeigt, im Neckarbecken und ostwärts bis in die Stuttgarter Bucht. Südlich dieses grob skizzierten Areals wurde *S. fusca* noch bis zum Rammert bei Rottenburg (J.U. MEINEKE, 1979) und nördlich ziemlich isoliert von P. DYNORT bei Öhringen festgestellt. Allem Anschein nach ist sie aber in diesen Regionen weniger häufig und nur inselartig verbreitet. So stuft sie SEYFFER (1849) schon im vorigen Jahrhundert und neuerdings SCHÄFER (1980) für den Raum Stuttgart als selten bzw. als lokal verbreitet und nicht häufig ein. Ebenso weist SCHNEIDER (1936) nur auf eine lokale Verbreitung in Württemberg hin. So wird es auch verständlich, daß von den Oberen Gäuen über den Oberlauf des Neckars und der Baar und bis hinunter zum Alb-Wutach-Gebiet, jegliche Beobachtungen und Hinweise auf den Falter fehlen. Überraschend ist auch der Umstand, daß *S. fusca* bisher noch nicht aus dem Tauberland gemeldet worden ist, wurde sie doch von H. FALKNER im angrenzenden Mittelfranken bei Bad Windsheim am 27.6. 1967 in mehreren Exemplaren nachgewiesen. Lediglich aus dem äußersten Nordwesten des Hauptnaturraumes Neckar-Tauberland sind einige Fundstellen, so bei Weinheim (H. LIENIG) und Altenbach (G. JUNGE), bekannt geworden, die zweifellos mit dem Verbreitungsschwerpunkt in der nordbadischen Oberrheinebene, der hier noch bis in die Bergstraße und den Vorderen Odenwald hineinstrahlt, in Verbindung zu bringen sind. In Analogie zu den Verbreitungsstrukturen im Schwarzwald scheint diese Psychide auch der Schwäbischen Alb nahezu völlig zu fehlen. Hinweise über eine einzige, schon peripher in diesem Hauptnaturraum gelegene Fundstelle, stammen aus der coll. P. PEKARSKY, wo zwei mit 20.5. 1958 datierte Männchen aus Wendlingen stecken.

Geradezu abgetrennt von den übrigen Fundstellen des Landes präsentieren sich die Hinweise aus dem Hauptnaturraum Oberschwaben, die mit Ausnahme zweier alter Hinweise aus dem Hegau (Gottmadingen, 1909 und Singen, Hohentwiel, ohne Datum), in der Mehrzahl aus den großen Hochmooren des württembergischen Alpenvorlandes

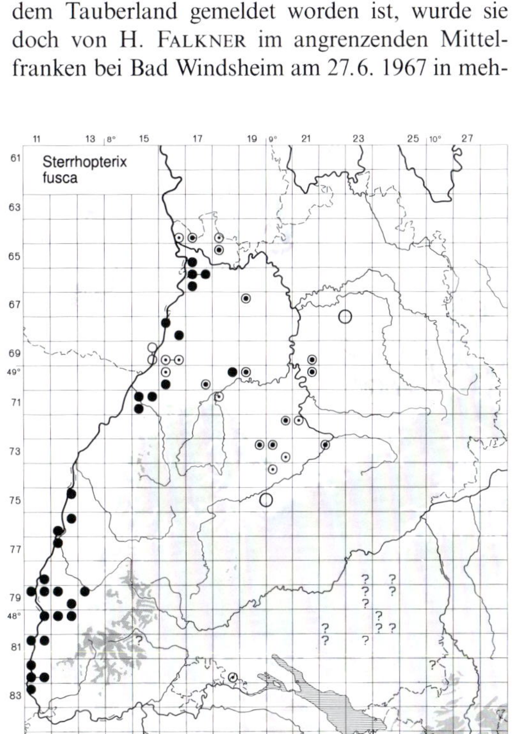

stammen. Wegen der Ähnlichkeit der männlichen Imagines mit *S. standfussi*, deren originäre Lebensräume die Hochmoore sind und die deshalb auch im württembergischen Alpenvorland verbreitet ist, traten bei der Überprüfung des zur Verfügung stehenden Belegmaterials Determinationsprobleme auf, die eine verbindliche Zuordnung zu einer dieser beiden Arten erschwerten. Obwohl die Männchen von *S. standfussi* im allgemeinen größer sind, können sie innerhalb ihrer Variationsbreite auch in kleineren Stücken erscheinen, die dann, da es an weiteren morphologischen Unterscheidungsmerkmalen mangelt, durchaus von den größten *S. fusca*-Männchen nicht mehr ungezwungen getrennt werden können. Entgültige Klarheit über die Verbreitung beider Arten, deren Areale sich im südöstlichen Alpenvorland offensichtlich überschneiden, könnten vor allem die Säcke geben, die bei *S. fusca* deutlich kleiner ausfallen und deshalb von den markanteren *S. standfussi*-Säcken ohne Schwierigkeiten zu trennen sind. Da Sackbelege von *S. fusca* gänzlich fehlten und das vorliegende Faltermaterial einer sicheren Determination nicht standhielt, muß die Frage nach der Verbreitung dieser Art im württembergischen Alpenvorland zunächst noch offen bleiben. Literaturangaben bzw. Fundmeldungen sowie erreichbare Belegexemplare (nur Männchen), welche nach einer ersten Prüfung für *S. fusca* sprechen könnten, liegen aus folgenden Moorgebieten vor: Federseegebiet, Harprechtsmoos, Brunnenholzried, Rotmoos, Pfrunger Ried, Vorseegebiet, Ummendorfer Ried und Fetzachmoos.

Nach OSTHELDER (1925) ist *S. fusca* mehr im Alpengebiet verbreitet und dort sympatrisch mit *S. standfussi*, die von nur wenigen Fundorten im Alpen- und Voralpengebiet angegeben wird.

Vertikal: In den Hauptnaturräumen Oberrheinebene und Neckar-Tauberland nur in warmen Gegenden der planaren und kollinen Höhenstufe. Im Schwarzwald vereinzelte Vorkommen auch noch in montaner Lage (Kappel-Gutachbrücke, ca. 800 m).

Phänologie

Imagines: *Sterrhopterix fusca* gehört zu den wenigen einheimischen Psychidenarten, deren Männchen in den Nächten häufig an hellen Lichtquellen erscheinen. Diesem Umstand ist es zu verdanken, daß dieser Schmetterling regelmäßig von vielen Entomologen beobachtet und uns deshalb in respektabler Anzahl gemeldet werden konnte. Große Mengen von Daten stammen aus den Hauptnaturräumen Oberrheinebene und Neckar-Tauberland, die auch die Basis für die phänologischen Aussagen bilden. Demnach hat *S. fusca* in allen betreffenden Regionen eine relativ lang anhaltende Gesamtflugzeit, die überall ziemlich identisch ist. So kann im allgemeinen der Juni als Hauptflugmonat festgehalten werden, mit einem an den Fundstellen des Neckar-Tauberlandes in der zweiten Monatshälfte liegenden Häufigkeitsmaximums. Nur in der Oberrheinebene, an der Bergstraße und im Kaiserstuhl erscheinen die Imagines durchschnittlich wohl noch etwas früher. So liegen die Flugmaxima in diesen wärmebegünstigten Gebieten schon in der ersten Junihälfte, und die ersten Falter erscheinen früher als anderswo. Den frühesten Hinweis erhielten wir von L. SETTELE, der bereits am 25. Mai (1963) im Mooswald bei Freiburg ein Männchen fing. Weitere Mai-Daten liegen aus dem Kaiserstuhl und aus den Räumen Karlsruhe und Mannheim vor. Auffallend ist, daß auch in diesen Gebieten der Imaginalflug erst gegen Mitte Juli aufhört.

Präimaginalstadien: Die etwa zwanzig gemeldeten Raupenbeobachtungen beziehen sich nur auf Fundstellen die in der Oberrheinebene liegen, wo erwachsene Larven in den Monaten März bis Mai (Monatsmitte) beobachtet werden konnten. Über die Entwicklungszeiten der Raupen können aus Baden-Württemberg keine genauen Angaben gemacht werden.

Nach BERGMANN (1953) soll die Raupe zweijährig sein. RETZLAFF (1975) berichtet über eine ein- bis zweijährige Raupenentwicklungszeit.

Weitaus zahlreicher wurden dagegen die gerne exponiert an Pfosten und Leitplanken zur Verpuppung angesponnenen Säcke (nur Männchen) registriert. Die frühesten Angaben dazu kommen aus Talhaus b. Hockenheim, wo R. BLÄSIUS am 1.5. 1991, nach warmem Winter- und Frühlingswetter, 20 frisch angesponnene Säcke zählen konnte. Im allgemeinen lassen sich die Puppensäcke in der Oberrheinebene am besten zwischen Ende Mai und Anfang Juni an ihren Standorten suchen. Besonders in kühlen Jahren können sie allem Anschein

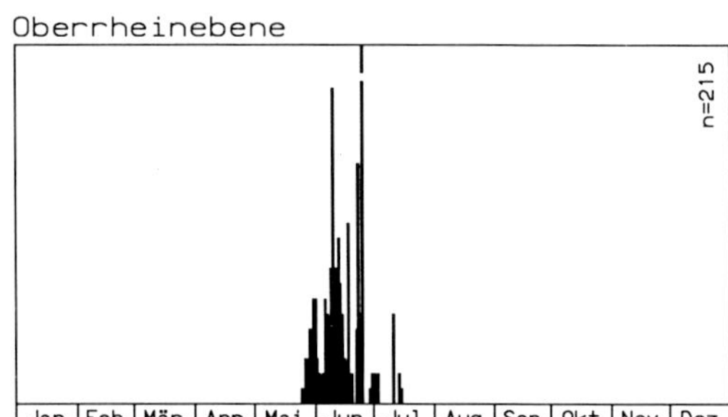

nach auch noch später angetroffen werden, wie die 50 Exemplare vom 14.6. 1987 aus dem Unterwald bei Lahr beweisen.

Ökologie

Lebensraum: Verbreitet in feucht bis trocken ausgebildeten Eichen-Ulmen-Auenwäldern, in grundfeuchten bis mesophilen Eichen-Hainbuchenwäldern, in eichenreichen, oft mit Buche durchsetzten Waldungen trockener Standorte sowie in Kiefernbeständen, ferner noch, wenngleich seltener, in trocken-warmen Flaumeichenwäldern. Zahlreicher dagegen wieder an gebüschreichen Lokalitäten vor allem trockener Standorte. Daß die Art über eine große ökologische Valenz verfügen muß, zeigen die Vorkommen auf besonders anthropogen geprägten Flächen, wie etwa auf Böschungen oder im aufgelassenen Kulturland. Sie scheint, wenn auch auf Silikat- und Buntsandsteinboden seltener, auf nahezu allen Böden in Baden-Württemberg vorzukommen. Präferiert werden vor allem kalkreiche Kies- und Schotterböden, sandig-lehmige Schwemmböden sowie die kalkarmen und -reichen Flugsande. Bewohnt werden bei uns hauptsächlich Gebiete mit einem hohen Jahresmittel von 8–10 °Celsius und durchschnittlichen Niederschlagsmengen von 600 – 1000 mm im Jahr.

Nahrung der Raupe:
Bromus erectus – Aufrechte Trespe
L (HER)
Carex brizoides – Seegras
L (HER)
Ulmus campestris – Feldulme
L (HER)
Prunus spinosa – Schlehe
L HER)
Hippophae rhamnoides – Sanddorn
L (HER)

Bereits in seiner 1. Ausgabe vermerkt REUTTI (1853), »Raupe auf fast allen Arten von Laubbäumen, besonders Eichen und *Prunus padens*, auch auf krautigen Pflanzen«. Ähnlich dann auch die Schilderungen bei SCHNEIDER (1936), »Die Raupen an Gräsern, niederen Pflanzen und Stockausschlägen von Eichen«. Diese Hinweise über die polyphage Lebensweise der Raupen konnten durch aktuelle Untersuchungen weitgehend bestätigt werden. So konnten wiederholt erwachsene Raupen beobachtet werden, die in bis zu zwei Meter hohem Feldulmengebüsch, in Sanddorn- und Schlehenhecken saßen. Jungraupen wurden dagegen nur am Boden, an Gräsern, im Halbschatten von Gebü-

Als Larvalhabitate von *S. fusca* kommen sowohl die grasreiche Bodenvegetation als auch höhere Äste an Gebüschen in Betracht. Dabei stellen Feldulme, Sanddorn, Eichen und Gräser bevorzugte Raupennahrungspflanzen dar. – Oberrheinebene: Bad Bellingen 222 m, 17. 5. 92 R. HERRMANN.

schen und Bäumen beobachtet, wie sie am Tage an Grashalmen knabberten. Die Frage, ob die Larven generell je nach Entwicklungsstadium, entweder in größerer Höhe oder am Erdboden leben, kann gegenwärtig jedoch noch nicht abschließend beantwortet werden.

Bei KOCH (1856) ist dazu folgendes nachzulesen: »Die lebenden Säcke ... werden schon im April bis Mai gefunden, und nachdem sie bis zu dieser Zeit entweder auf der Erde oder unter dürren Blätter überwintert haben, kriechen sie nun auf die frisch sprossenden Eichen, Haseln etc., deren zarte Blätter ihnen zum Futter dienen.«

Nach HOFMANN (1860) frißt die Raupe Blätter von jungen *Sorbus*- und *Prunus*-Sträuchern und wurde auch an den »Stammausschlägen« von Eichen gefunden. HÄTTENSCHWILER (1985) meldet für England die Raupe an *Quercus, Crataegus, Salix, Betula* und *Calluna vulgaris.*

Habitat: Gut vertreten in den Vegetationsverbänden Carpinion, (Stellario carpinetum), Alno-Ulmion, Quercion robori-petraeae und in laubholzreichen Kiefernforsten. Offensichtlich spärlicher hingegen in den Verbänden Fagion sylvaticae und Quercion pubescenti-petraeae. Genutzt werden dort insbesondere sonnig gelegene Mantelgesellschaften (oft mit Schlehe, Feldulme und Hasel), etwas weniger häufig auch stärker aufgelichtete Waldstellen sowie leicht beschattete grasige Waldlichtungen und Schneisen. Offenbar gänzlich gemieden werden dichte, geschlossene Waldbereiche und kühltemperierte sonnenarme Nordseiten. Außerhalb der Wälder häufig auch im gebüsch- und gehölzreichen warmen Gelände, in den Strauchge-

Insbesondere in der Oberrheinebene kann die offensichtlich weiten Gebieten fehlende Art stellenweise noch zahlreich an den Rändern naturnaher Waldungen wie z. B. in lichten Trockenwäldern und in trockenwarmen Gebüschgesellschaften angetroffen werden. – Oberrheinebene: Grißheim 209 m, 25. 5. 91 R. HERRMANN.

sellschaften des Berberidion (Hippophaetum) und ausklingend in höheren Mesobromion-Versaumungsstadien.

Kommt wahrscheinlich auch in Röhrichtbeständen (Hochstetten, Tiefgestade) vor, wie aus einem Bericht von A. HOFMANN hervorgeht. Vereinzelt auch auf Sonderstandorten wie Böschungen (Lößböschungen), künstlich bepflanzten Straßenrändern und mit Birken und Weiden verbuschten Industriebrachen. Ob bei uns auch wiesenartige Habitate zur Nutzung kommen, ist noch Gegenstand weiterer Untersuchungen[1].

HERRMANN & WEIDLICH (1990) berichten über die Entwicklung der Raupe in einem »Frischrasenhabitat«. Diese Beobachtung wurde in Rumänien (Gurasada) gemacht.

[1] Die in den Moorgebieten des württembergischen Alpenvorlandes in Frage kommenden Habitate lassen sich erst nach Klärung der Verbreitungsverhältnisse eingrenzen und ihrer Struktur nach beschreiben.

Verhalten: In der Regel schlüpfen die Männchen in den Abend- bzw. frühen Nachtstunden. Schon nach kurzer Zeit sind sie flugfähig, beginnen mit ihrem ruhelosen Paarungsflug, der dann gewöhnlich erst nach Mitternacht zum Stillstand kommt. Ihre Lebenszeit ist extrem kurz und nur auf wenige Stunden bemessen. Das madenförmige Weibchen ist pupicol und erheblich länger lebensfähig. Offensichtlich steigen die weiblichen Larven bedeutend höher in die Büsche und Bäume hinauf und sind vermutlich deshalb so selten beobachtet worden. Einen einzigen aktuellen Hinweis dazu lieferte D. DOCZKAL, der am 21.5. 1989 bei Muggensturm einen weiblichen Puppensack (Schlupfdatum: 12.6. 1989) auf einem Brombeerblatt in ca. 1.20 m Höhe – bereits angesponnen – gefunden hat. Viel öfters stößt man dagegen auf die männlichen Säcke (Puppen- und Altsäcke), die unübersehbar an meist sonnigen Stellen von Pfosten, Masten, Mauern und Straßenleitplanken, meist unter 1 m Höhe, befestigt sind. Das Wärmebedürfnis der Puppen scheint hoch zu sein, wurde doch sogar auf dem trockenheißen Felssporn des Isteiner Klotzes (Xerobrometum) ein Säckchen, das völlig frei an einem dürren Halm angeheftet war, von R. HERRMANN gefunden.

REUTTI (1853) teilte mit: »Die an den Stämmen der Bäume angesponnenen Säcke enthalten die männlichen Puppen, während die der weiblichen auf den Blättern der Nahrungspflanze festsitzen«.

RETZLAFF (1975) weist darauf hin, daß die männlichen Säcke zwischen 0.10 und 1.10 m und die weiblichen Säcke zwischen 0.50 und 2.50 m über dem Erdboden an Baumstämmen, Pfählen, Masten und Steinen angesponnen sind.

Über ein schädliches Verhalten von *S. fusca* berichtet SCHRUFT (1972): »Schließlich erfahren wir von STELLWAAG (1928), daß im Jahre 1926 die Sackträgerraupe *Sterrhopterix hirsutella* (= *fusca*) in der Pfalz an vielen Stellen die jungen Knospen angebohrt hat. Später wurden auch die Blätter durch Lochfraß beschädigt.«

Parasitoide: SIEBOLD (1856) zählt mehrere Ichneumoniden-Arten als Parasiten von *Sterrhopterix fusca* (= *calvella*) auf.

Gefährdung und Schutz

Rote Liste Bundesrepublik: –
Rote Liste Baden-Württemberg: –

Oberrheinebene: Nicht gefährdet.
Schwarzwald: Noch unklar.
Neckar-Tauberland: Nicht gefährdet.
Schwäbische Alb: Noch unklar.
Oberschwaben: Noch unklar.

- In Baden-Württemberg nicht gefährdet!

Sterrhopterix fusca ist dank einer relativ breiten ökologischen Valenz in einigen Teilen des Landes weit verbreitet und kann örtlich noch in Anzahl angetroffen werden. Aus jetziger Sicht scheint eine akute Gefährdung noch nicht gegeben zu sein. Auch bei dieser Art mußten allerdings durch Flurbereinigungsmaßnahmen, durch die vielerorts durchgeführte Beseitigung gewachsener Waldrandstrukturen und durch den allgemeinen Flächenverbrauch erhebliche Bestandseinbußen hingenommen werden. Um einer weiteren negativen Bestandsentwicklung vorzubeugen, sind Schutz- und Pflegeprogramme für den Erhalt der Waldrandökotone sowie naturnaher gebüsch- und gehölzreicher Flächen notwendig.

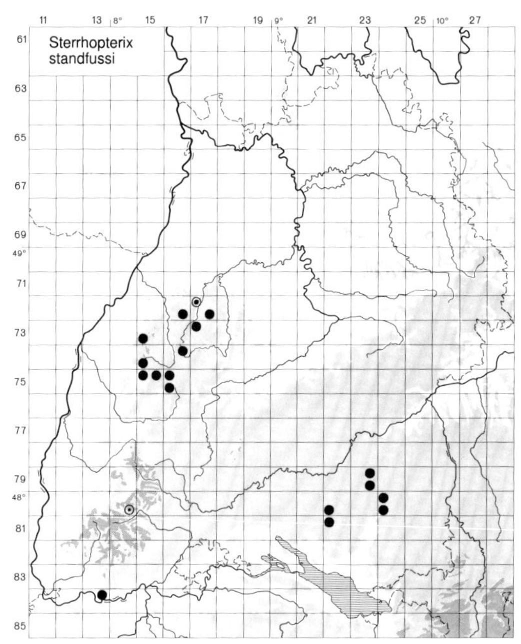

Sterrhopterix standfussi
Wocke, 1851

Bergmoor-Sackträger

Psyche standfussi HS. (REUTTI 1898)
Sterrhopteryx standfussi H.-SCH. (SEITZ 1907–1954, SPULER 1908–1910, REBEL 1910, HERING 1932, SCHNEIDER 1936–1939, BERGMANN 1951–1955)
Sterrhopteryx standfussii H.S. (ECKSTEIN 1913–1923)
Sterrhopteryx standfussi WOCKE (FORSTER 1960)
Sterrhopterix standfussii HS. (LAMPERT 1907)

Gesamtverbreitung: Mit disjunkter Verbreitung in den Mittelgebirgen Zentraleuropas (Schwarzwald, Thüringer Wald, Harz, Erzgebirge, Sudeten, Mühl- und Waldviertel), den Alpen und den rumänischen Karpaten sowie in Nordeuropa bis zum nördlichen Fennoskandien (70° nördl. Br.) und außerdem in Estland und Karelien. Ein weiteres Teilareal erstreckt sich in einen Streifen zwischen 43° und 60° nördlicher Breite von Westsibirien, durch Teile Südsibiriens bis nach Fernost zur russischen Pazifikküste.

Verbreitung

Regional: Wie aus der Verbreitungskarte ersichtlich besiedelt *Sterrhopterix standfussi* nur den Schwarzwald in seinen nördlichen und südlichen Bereichen sowie Teile des württembergischen Alpenvorlandes. Lokal verbreitet ist die Art auf den rauhen und niederschlagsreichen Grindenhochflächen des Nordschwarzwaldes zwischen Freudenstadt – Schliffkopf – Untersmatt und weiter bis hinüber zu den Enzhöhen (NSG Wildseemoor, Eyachtal, Kleines Enztal) und den Missen der Schwarzwald-Randplatten (Würzbach, Igelsloch). Aus dem Südschwarzwald ist die Art lediglich vom Hinterzartener Moor (seit 1898 bekannt) und aus dem Kühmoos bei Willaringen am südlichen Rand des Hochschwarzwaldes gemeldet worden. Zahlreicher scheint sie dagegen wieder in den Mooren des württembergischen Oberlandes aufzutreten. Überprüfte Hinweise (nur Sackbelege) stammen aus dem Federseemoor, Brunnenholzried und Pfrunger Ried. Die Art ist aber vermutlich auch an anderen Plätzen noch aufzufinden.

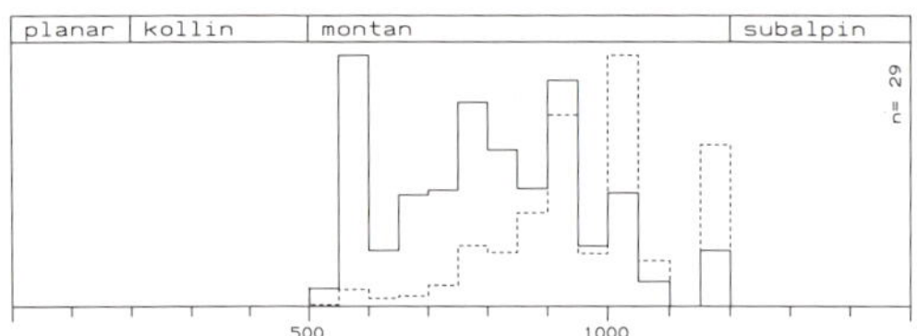

Vertikal: Als eine Art mit boreo-alpiner Verbreitung ist *S. standfussi* bei uns ausschließlich in montaner Höhenlage heimisch, wobei das nahezu baumfreie und moorreiche Hornisgrindeplateau (1164 m) als höchstgelegener Fundort zu nennen ist. Die tiefsten uns gemeldeten Vorkommen liegen in den Tälern der Enz und der Kleinen Enz im Nordostschwarzwald bei ca. 500 m.

Phänologie

Imagines: Von allen Freilandfalterbeobachtungen stammen die frühesten Hinweise von L. Settele, der am 17. 5. und nochmals am 29. 5. 1948 zusammen 4 Männchen durch Tagfang im Hinterzartener Moor erbeuten konnte. Weiter beobachtete F. Guth am 10. 6. 1925 die »Männchen nach Sonnenuntergang in Anzahl auf dem Wildseemoor (Hornsee)«. Einzelne Juni-Falter melden auch K. Strobel aus dem Eyach-Tal (23. 6. 1955, 23. 30 Uhr) und G. Ebert, D. Doczkal und R. Herrmann vom Schliffkopfgipfel (28. 6. 1986), die bei Lichtfangaktivitäten registriert worden sind. Schon Jahre vorher konnte G. Ebert am Schliffkopf den Falter beobachten, als sich am 1. 7. 1967 6 Männchen an der Lampe einstellten. Die spätesten Beobachtungen liegen von W. Staib vor, der aus Zwieselberg bei Freudenstadt noch 2 Männchen vom 16. 7. 1969 melden konnte. Es erscheint sinnvoll, auch auf eine Reihe von Aufzuchtdaten hinzuweisen, die ebenso auf ein Flugmaximum des Falters im Juni hindeuten. Dazu standen uns folgende Informationen zur Verfügung: 4 Männchen, 11.6. – 20.6., (1925–1954), Wildseemoor (leg. K. Strobel); 7 Männchen, 9.6. – 27.6., (1963–1973), Wildseemoor (leg. M. Wallner); 10 Männchen, 29.5. – 10.6. 1989 und 7 Männchen, 6.6. – 10.6. 1991, Forbachtal b. Kniebis (leg. R. Herrmann).

Präimaginalstadien: Am 15.7. 1979 wurden auf dem Sandkopf (nördl. Schwarzwald) 15 Säcke, mit befruchteten Eiern als Inhalt, eingetragen, aus denen wenige Tage später die winzigen Räupchen (ca. 1000 Exemplare) schlüpften, die dann wieder in ihr Heimatbiotop zurückgebracht und ausgestreut worden sind.

Auch die anderen Meldungen betreffen Standorte, die im Bereich des Grindenschwarzwaldes liegen. Dabei handelte es sich meist um einjährige Jungraupen, die in den Monaten Mai – Juli beobachtet werden konnten. Lediglich am 23.5. 1981 konnten 2 erwachsene Raupen eingetragen werden, die sich noch am gleichen Tage im Zuchtbehälter zur Verpuppung angesponnen haben. Puppensäcke wurden dagegen häufiger gefunden. Als recht günstig für die Puppensuche erwies sich der Zeitraum zwischen Ende Mai und Anfang Juni (alle Beobachtungen von R. Herrmann).

Über den Entwicklungszyklus der Raupen besteht noch keine Klarheit Allem Anschein nach handelt es sich auch bei uns um eine zweijährige Larvalentwicklung.

Ökologie

Lebensraum: Im Schwarzwald auf sauren und nährstoffarmen Böden anmooriger, verheideter aber auch locker bewaldeter Grindenhochflächen,

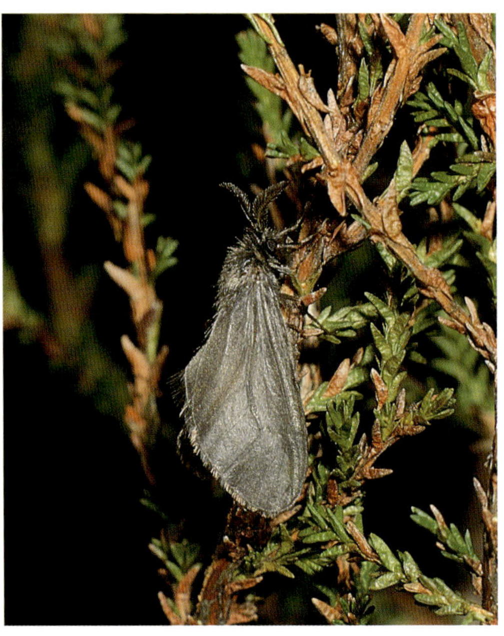

Wesentlich spärlicher als *Sterrhopterix fusca* ist der Bergmoor-Sackträger (*Sterrhopterix standfussi*) in Baden-Württemberg anzutreffen. Die Männchen – hier ein solches in Ruhestellung – sind gegenüber der Vergleichsart durchschnittlich etwas größer. – Schwarzwald: Schliffkopf 1045 m, (e.p., Vfl-SpW 25 mm) 3. 6. 91 R. Herrmann. S.

in lichten torfreichen Wald-Hochmooren, in gestörten, entwässerten und stark verheideten Hochmoorbereichen sowie ferner an verheideten Rändern feuchter montaner Nadelholzwälder und in Übergangsmooren. Auch im südöstlichen Alpenvorland in Wald-Hochmooren und auf verheideten Hochmoorflächen. Nicht näher konnten einige den nordöstlichen Schwarzwald betreffende Hinweise überprüft werden, welche sich auf Röhrichte, Feuchtwiesen (Binsenwiesen) und ferner auf Pfeifengras- und Flachmoorwiesen beziehen, wo Falter von *S. standfussi* gefangen worden sind. Als Charakter- und Leitart kühl temperierter Hochmoore besiedelt *S. standfussi* in Baden-Württemberg nur Gebiete mit weniger als 7° Celsius Jahresdurchschnittstemperaturen und örtlich sehr hohen Niederschlagsmengen, die im Schwarzwald im jährlichen Durchschnitt zwischen 1300 und 2000 mm und im württembergischen Alpenvorland nicht unter 800 mm liegen.

Nahrung der Raupe:
Trichophorum cespitosum – Rasenbinse
L (Her)
Vaccinium myrtillus – Heidelbeere
L (Her)
Vaccinium uliginosum – Moorbeere
L (Her)
Calluna vulgaris – Heidekraut
L (Her)

Als Nahrungspflanzen kommen in unserem Gebiet hauptsächlich die Zwergsträucher Heidekraut und Heidelbeere in Betracht.

Habitat: Primär Sphagnion magellanici-Bereiche mit mehr oder weniger dichten Zwergstrauchbeständen. Auf den im Spätglazial entstandenen Plateau-Hochmooren des Nordschwarzwaldes, dem Hinterzartener Moor und den Hochmooren des württembergischen Alpenvorlandes in sehr lichten Spirkenwald-Hochmooren und deren offenen Randstrukturen sowie auch in gestörten Hochmoorbereichen (*Calluna*-Heiden). Auf den ehemaligen Weidflächen der Kämme und angrenzenden Hänge des nördlichen Sandstein-Schwarzwaldes, den Grinden, vor allem in der gehölzarmen und aspektbildenden Heidelbeer-Heidekraut-Heide, in mit Zwergsträuchern durchsetzten Borstgras-, Rasenbinsen-, Wollgras- und Pfeifengrasbeständen und in sehr lückigen Latschenbeständen (*Pinus sylvestris*). Vereinzelt an steinigen und sandigen Waldrändern fichten- und kiefernreicher Forste südexponierter Hanglagen sowie, einer pflanzensoziologischen Aufnahme nach, in einem gebüschreichen Übergangsmoor. Nicht dagegen auf Schwingrasen

Die Säcke von *Sterrhopterix standfussi* sind länger als bei *S. fusca* und mit gröberen Pflanzenteilen belegt. Die der Männchen werden zur Verpuppung meist sehr versteckt in der Vegetation angesponnen, während die weiblichen Säcke höher an Ästen, Pfosten (bis zu 3 m) und Steinen zu finden sind. – Schwarzwald: Hornisgrinde 1130 m, 28. 7. 86 G. Ebert.

(Sphagnum) und in dicht strukturierten Teilen der Waldhochmoore. An einigen Standorten ist *S. standfussi* syntop mit anderen hochspezialisierten Hochmoor-Arten wie zum Beispiel *Colias palaeno* (Hochmoor-Gelbling) und *Vacciniina optilete* (Hochmoor-Bläuling).

Verhalten: Die männlichen Imagines schlüpfen nach Beobachtungen von R. Herrmann am Abend zwischen 18 und 22 Uhr und fliegen dann in ihren Habitaten ab dem beginnenden Sonnenuntergang bis weit in die Nacht hinein (Paarungsflug). Sie lassen sich gerne von Lichtquellen anlocken und verfügen wie *S. fusca* nur über eine sehr kurze Lebensdauer.

Eine interessante Beobachtung zum Verhalten der Männchen lieferte Hoffmann (1888): »Die Männchen umschwärmen oft neugierig den Sammler, wenn er sich ruhig verhält, schlägt er nun mit dem Netze fehl, so stürzt das Thier sofort zur Erde und verschwindet vor seinen Augen im Moose, wobei es die breiten Flügel der Länge nach zusammenfaltet. Es ist uns schon passirt, daß wir in einem kleinen Raupenkasten, dessen Boden mit Moos bedeckt war, ein solches sich verkriechendes Thier nicht wieder auffinden konnten. Auch vom Lichte wird das Männchen angezogen und taumelt, nachdem es angeflogen ist, wie betrunken umher«.

Das Vorkommen von *S. standfussi* ist in Baden-Württemberg im wesentlichen auf die Hochmoore des Schwarzwaldes und des Alpenvorlandes beschränkt. Dort werden an Zwergsträuchern reiche Heiden und Spirkenwälder besiedelt. Diese hochspezialisierte Psychidenart kann an einigen Plätzen noch in Anzahl festgestellt werden. Wie bei vielen anderen Hochmoorbewohnern ist auch bei ihr der Fortbestand der Populationen unmittelbar an den Erhalt ihres Lebensraumes in seinen gegenwärtigen Strukturen gebunden. – Schwarzwald: Sandkopf 910 m, 24. 5. 91 R. HERRMANN.

Die madenförmigen Weibchen sind pupicol, warten in ihrem Sack auf die anfliegenden Männchen und sind erheblich länger lebensfähig. Die Larven sind sonnen- und wärmeliebend und leben versteckt in dichter strauchiger Vegetation. Das Larval- und Imaginalhabitat liegt häufig im Windschatten von Baumgruppen oder an Waldrändern. Die männlichen Puppensäcke sind gerne an sonnenexponierten Stellen von Steinen, an den unteren Bereichen von Baumstämmen, an Pfosten und Wänden von Blockhütten (hier bis in 3 Meter Höhe) sowie ferner an Straßenrandsteinen und Leitplanken, sicher aber auch in der niederen Vegetation angesponnen. Die weiblichen Säcke dagegen wurden an Zwergsträuchern und an den Zweigenden junger Fichten gefunden. Obwohl *S. standfussi* durch eine sehr enge Bindung an Hochmoor- und Übergangsmoorgesellschaften auffällt und die differenzierten Habitatansprüche offensichtlich dort am besten realisierbar sind, können bei uns, wenngleich viel seltener, auch andere Biotop- und Habitatstrukturen besiedelt werden, was eher auf einen tyrphophilen als auf einen tyrphobionten Charakter dieser Art schließen läßt.

Erwähnung verdienen die sehr ausführlichen Untersuchungen von WEIDLICH & WEIDLICH (1987). In dieser interessanten Arbeit gehen die Autoren vor allem auf die Verbreitung, Biologie und Ökologie von *Sterrhopterix standfussi* ein.

Gefährdung und Schutz

Rote Liste Bundesrepublik: –
Rote Liste Baden-Württemberg: 3

Oberrheinebene: Nicht vertreten.
Schwarzwald: Gefährdet.
Neckar-Tauberland: Nicht vertreten.
Schwäbische Alb: Nicht vertreten.
Oberschwaben: Gefährdet.

- In Baden-Württemberg gefährdet!

Anthropogene Faktoren wie die Ausweitung des Freizeitsports (Skibetrieb, z. B. auf der Hochfläche zwischen Alexanderschanze und Roßkopf, Nordschwarzwald), die Zunahme des Tourismus, aber auch Aufforstungen offener Zwergstrauchheiden und Rasenflächen, gefährden die rezenten Bestände. Daneben sind aber auch Sukzessionsbildungen, die sicherlich zu einer weiteren Einengung der noch verbliebenen Lebensräume sowie zu einer für *S. standfussi* negativen Veränderung des Ökosystems führen können, nicht außer acht zu lassen. Es wird daher empfohlen, allen noch nicht geschützten Moorgebieten einen Schutzstatus mit höchster Priorität einzuräumen. Die Erhaltung der dargestellten Habitatsstrukturen ist erforderlich. Spezielle Pflegemaßnahmen sind darauf abzustimmen.

Apterona helicoidella
Vallot, 1827

Schneckenhaus-Sackträger

Cochlophanes crenulella BRD. (REUTTI 1898)
Cochliotheca crenulella BRD. parthen. Weibchen-Form SIEB. (SEITZ 1907–1954, SCHNEIDER 1936–1939, BERGMANN 1951–1955, FORSTER 1960)
Apterona crenulella BRD. (LAMPERT 1907, SEITZ 1907–1954, SPULER 1908–1910, REBEL 1910, ECKSTEIN 1913–1923, HERING 1932)

Apterona helix SIEBOLD, 1850 (LERAUT 1980)

Gesamtverbreitung: Die parthenogenetische Form von *A. helicoidella* ist in Europa weit verbreitet und wurde aus Frankreich, Belgien, Spanien, Portugal, dem größten Teil Mitteleuropas einschließlich Teilen des Alpenraumes, aus Osteuropa bis zum Ural und zur Wolga, und außerdem von der Balkanhalbinsel gemeldet. Weiter ist *A. helicoidella* für Italien und für die Türkei angegeben worden. Daneben soll die Art, nach Literaturangaben (SEITZ 1912, KOŽANČIKOV 1956) im Nordkaukasus, Transkaukasien und Teilen Zentralasiens vorkommen. Nach DAVIS (1964) kommt die parthenogenetische Form auch in der Neuen Welt vor (aus Europa eingeschleppt). Da Unsicherheiten hinsichtlich vieler eurasischer Verbreitungsangaben bestehen, kann die hier dargestellte Übersicht nicht als vollständig betrachtet werden.

Verbreitung

Regional: Nahezu alle in Baden-Württemberg bekannten Vorkommen liegen im unmittelbaren Einzugsbereich der großen Ströme Rhein, Neckar, Donau und Main, deren Täler als Einwanderungsschienen dienen. Neuerdings wird diese Psychidenart verstärkt und stellenweise massenhaft entlang von Fern-und Landstraßen beobachtet, deren Ränder offensichtlich äußerst günstige Lebensräume und Ausbreitungsmöglichkeiten bieten. So konnte die Art in der Oberrheinebene an vielen Stellen entlang der Autobahn registriert werden. Altbesiedelte Gebiete sind sicherlich der Isteiner Klotz und der Kaiserstuhl, wo *A. helicoidella* stellenweise häufig ist, ebenso die diluvialen Sandrücken der nordbadichen Rheinebene zwischen Rastatt und Mannheim. Auch in den naturnah verbliebenen Flächen der trockengefallenen Markgräfler Rheinebene kann die Art zwischen Basel und Breisach recht häufig an vielen Lokalitäten, welche noch vor Jahrzehnten Auenwälder waren, aufgefunden werden. Erstaunlich ist, daß der angrenzende Schwarzwald fast gänzlich unbesiedelt blieb. Lediglich am Schloßberg bei Freiburg gab es ein einziges, heute offensichtlich erloschenes Vorkommen, das diesem Naturraum zuzurechnen ist. Dieser Standort ist der locus typicus von »*Psyche helix* SIEBOLD 1850«, einem Namen, der heute als Synonym von *helicoidella* gewertet wird (SAUTER & HÄTTENSCHWILER 1991). Bei REUTTI (1853) wird dieses Taxon nochmals, aber unter »*Canephora* HS« als »*Helix*, SIEBOLD n.sp.« aufgeführt inklusive näherer Beschreibung der ersten Stände und des parthenogenetischen Weibchens. Als Fundort werden auch hier der Schloßberg bei Freiburg und zusätzlich der Isteiner Klotz genannt. Über seine wissenschaftlichen Untersuchungen an *A. helicoidella* (*Psyche helix*) berichtet ausführlich SIEBOLD (1856), wobei

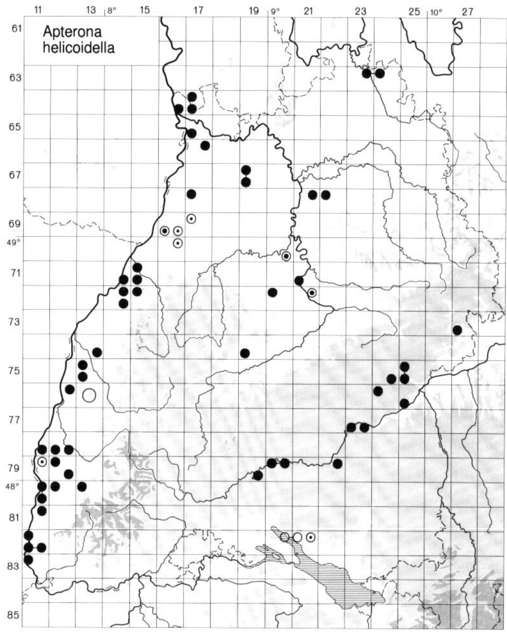

Die zunächst in Bodennähe an krautigen Pflanzen lebenden Raupen des Schneckenhaus-Sackträgers (*Apterona helicoidella*) spinnen ihre schneckenförmigen Säckchen an Felsen an, um sich dort zu verpuppen. Auf diesem Bild sind zwei frisch angesponnene sowie rechts davon ein Altsack aus dem Vorjahr zu erkennen. Die Tatsache, daß sich die Raupen alljährlich immer wieder dieselben Stellen zum Anspinnen aussuchen, läßt vermuten, daß bei der Wahl der Verpuppungsplätze mikroklimatische Verhältnisse eine besondere Rolle spielen. – Kaiserstuhl: Burkheim 190 m, 5. 11. 82 R. Herrmann.

er sich u.a. der Fortpflanzungsgeschichte (Parthenogenese), der Imago selbst und ihren Präimaginalstadien sowie deren Verhalten widmete.

In der Folgezeit kam es immer wieder zu verwirrenden Namensänderungen. So führt Reutti (1898) die Art unter dem Genus »*Cochlophanes* Stgr« auf und benutzt dazu die Bezeichnung »*crenulella* Brd. (*helix* Sieb.)«. Weiter teilt er mit, daß die Art neben den bereits 1853 veröffentlichten Fundorten im badischen Land auch noch bei Überlingen, Lahr, Ettlingen, Durlach, Untergrombach (Michaelsberg) und Friedrichsfeld nachgewiesen worden sei.

Nach der neuesten nomenklatorischen Auslegung (Sauter & Hättenschwiler 1991) wird die Art heute als *Apterona helicoidella* (Vallot, 1827) parth. (= *helix* Siebold, 1850) bezeichnet.

Im Neckar-Tauberland beschränken sich die wenigen bekannten Vorkommen von *A. helicoidella* auf den Großraum Stuttgart, den Raum Heilbronn (entlang der Autobahnen), das Kraichgauer Hügelland (2 Fundorte) und auf das Tauberland (1 Fundort).

Nicht viel zahlreicher sind auch die Vorkommen im Bereich der Schwäbischen Alb. Sie liegen im oberen Donautal zwischen Fridingen und Gutenstein und auf der Südostabdachung (Mittlere und Lonetal-Flächenalb). Nur vereinzelte Hinweise kommen aus Oberschwaben, wo *A. helicoidella* auf den an die Schwäbische Alb angrenzenden Donau-Ablach-Platten (Herbertingen) und im Hügelland der Unteren Riß (Erbach) neuerdings festgestellt worden ist. Auch aus dem westlichen Bodenseebekken sind Fundmeldungen vorhanden, die allerdings der Bestätigung bedürfen: Überlingen (Reutti 1898), Salem (8.1903, coll. K. Müller). Die Nachsuche in diesen Gebieten zwischen 1990 und 1992 verlief negativ. *A. helicoidella* muß deshalb in dieser Region als verschollen angesehen werden.

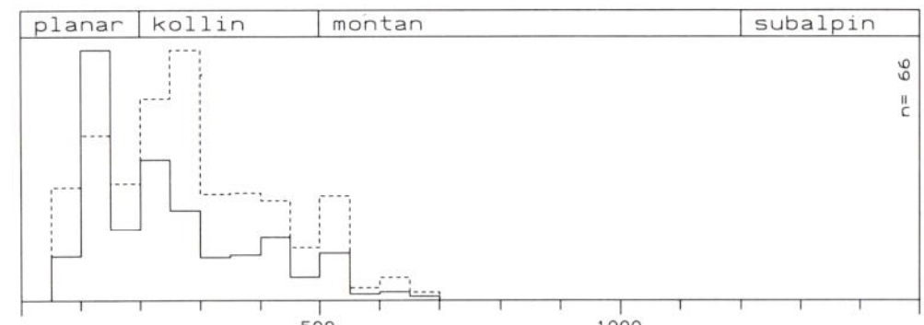

Vertikal: Die Vorkommen von *A. helicoidella* liegen fast ausnahmslos in der planaren und kollinen Stufe. Lediglich an der Oberen Donau werden montane Bereiche berührt. Die höchstgelegene Fundstelle in Baden-Württemberg befindet sich an einem lokalklimatisch begünstigten Felshang bei Fridingen (650 m).

Phänologie

Imagines: Da es praktisch unmöglich ist, im Freiland frisch geschlüpfte Weibchen zu finden (siehe Kapitel Verhalten), stützen sich die folgenden phänologischen Hinweise auf Tiere, die als Raupen bzw. Puppen meist nur wenige Tage unter Zuchtverhältnissen lebten. Demnach schlüpften in den Jahren 1977–1978 und 1988–1989 aus Säcken, die aus der Umgebung von Rastatt stammten, etwa 55 Imagines, die zwischen dem 17. und 30.7. die Puppen verließen (A. BIEBINGER, R. HERRMANN). Durchschnittlich etwas früher erhielt R. HERRMANN aus Material vom Kaiserstuhl etwa 15 Tiere zwischen dem 20.6. und 23.7. mit Schwerpunkt Ende Juni (1976–1982, 1990).

Von der Schwäbischen Alb liegt nur ein einziger Hinweis über ein geschlüpftes Weibchen vor. Es entwickelte sich am 24.7. (1986, Gutenstein).

Nach BERGMANN (1953) schlüpften aus den eingetragenen Säcken die Weibchen meist im Juni, nach HOFMANN (1860) erst gegen Ende Juli.

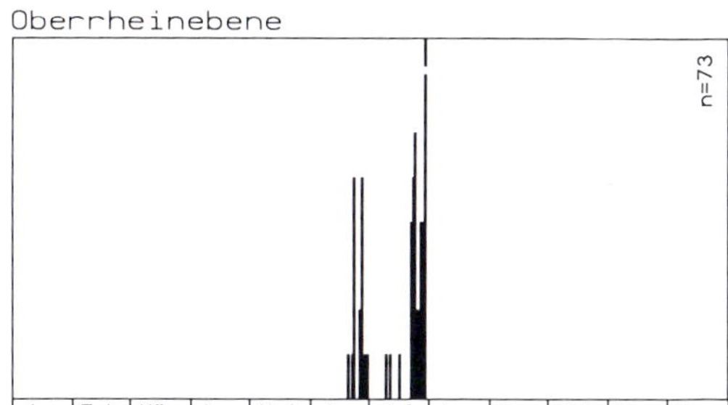

Präimaginalstadien: Ihrer verborgenen Lebensweise wegen werden die Larven von *A. helicoidella* meist nur in geringer Anzahl aufgefunden. Lediglich am 17.7. 1980 konnte auf einer Restfläche des durch Kalkabbau nahezu abgetragenen Hartberges bei Istein über 100 ausgewachsene Raupensäcke gezählt werden. Bei Gutenstein (Donautal) wurden am 19.7. 1986 etwa 10 Exemplare registriert, die sich schon wenige Tage später zur Verpuppung angesponnen hatten. Ansonsten blieb es bei Einzelfunden, die sich über die Monate April bis Juni streuen. Der Entwicklungszyklus der Larven scheint einjährig zu sein und die Verpuppung erfolgt nach der Überwinterung im Juni oder Juli.

Besonders im Winter und zeitigen Frühjahr, wenn die Gebüsche noch kahl sind, können an manchen Stellen in der Markgräfler Rheinebene Tausende der bis in mehrere Meter Höhe angesponnenen schneckenförmigen Säckchen von *Apterona helicoidella* beobachtet werden. – Oberrheinebene: Bad Bellingen 222 m, 4. 4. 93 R. HERRMANN.

In schroffem Gegensatz zur geringen Zahl an Raupennachweisen stehen die vielen Hinweise, die sich ausschließlich auf Sackfunde (meist Altsäcke) beziehen.

Die auffällig angesponnenen Säckchen, die vielerorts meist nur in kleiner Anzahl zu finden waren, konnten an einigen Lokalitäten in gewaltiger Stückzahl beobachtet werden. Solche individuenreiche Kolonien fanden sich, nach einem Hinweis von R. STAREY, an einer Eisenbahnbrücke im Stadtbereich von Sinsheim/Elsenz (2.6. 1990, ca. 3000 Exemplare) und nach R. BLÄSIUS an Straßenleitplanken bei Mannheim-Sandhofen (15.6. 1991), bei Oftersheim (3.3. 1991) und bei Schwetzingen (20.4. 1991), jeweils ca. 500–1000 Exemplare. Auch im südbadischen Raum wurde die Art zu Tausenden im Bereich der Trockenaue (z.B. 21.3. 1993, Bad Bellingen, R. HERRMANN) erfaßt.

Ökologie

Lebensraum: Insbesondere Trockenrasen und Felsfluren kalkreicher Standorte, wie z.B. im Kaiser-

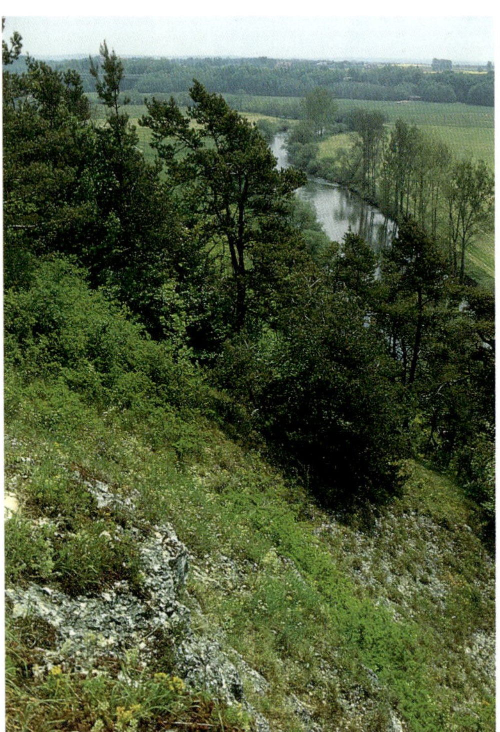

Apterona helicoidella gehört zu denjenigen Insektenarten, die südexponierte, xerotherme Felshalden als Lebensraum nutzen. – Oberes Donautal: Neuburg, Klammerfels 540 m, 1. 6. 91 R. Herrmann.

stuhl (hier auch auf magmatischem Gestein und verkrustetem Löß), am Isteiner Klotz, im Bereich des Donautales (Fridingen – Gutenstein, Umgebung Untermarchtal) sowie im Tauberland (Werbach). In der Markgräfler Rheinebene und teilweise auch im Kaiserstuhl bilden Magerrasen kalk- bzw. schotterreicher Standorte bevorzugte Lebensräume.

In der nördlichen Oberrheinebene findet sich *A. helicoidella* vor allem in Sandfluren sowie auf ortsnahen und innerörtlichen alten, sandigen Brachen und Ruderalflächen und anderen stark anthropogen beeinflußten Sonderstandorten (Siedlungsgebiete). Selten besiedelt wird Silikatgestein (Schloßberg bei Freiburg), völlig gemieden werden offensichtlich basenarme, saure Böden.

Als typischer Wärmezeiger konnte *A. helicoidella* nur in Gegenden mit ausgesprochen xerothermem Klima (Durchschnittstemperatur 8–10 °C und 500–900 mm Jahresniederschlag) nachgewiesen werden. Lediglich im Bereich der oberen Donau werden durchschnittlich tiefere Jahrestemperaturen toleriert. Dort schafft es *A. helicoidella*, sich in isoliert gelegenen Wärmeinseln, wie beispielsweise an geschützten, südexponierten Felsen zu halten.

Nahrung der Raupe:
Potentilla tabernaemontani – Frühlings-Fingerkraut
L (Her)
Erodium cicutarium – Reiherschnabel
L (Her)
Helianthemum nummularium – Gewöhnliches Sonnenröschen
L (Her)
Teucrium montanum – Berg-Gamander
L (Her)
Teucrium chamaedrys – Edel-Gamander
L (Her)
Chrysanthemum vulgare – Rainfarn
L (Her)
Artemisia vulgaris – Gewöhnlicher Beifuß
L (Sie)
Artemisia absinthium – Wermut
L (Her)
Artemisia campestris – Feld-Beifuß
L (Her)
Cirsium arvense – Acker-Kratzdistel
L (Her)

Die Larve von *A. helicoidella* lebt sehr polyphag an krautigen Pflanzen. Sie wird meist in Bodennähe, oft versteckt unter Blättern, beobachtet und miniert ähnlich den Coleophoriden. Siebold (1856) schreibt dazu:

»Es sind diese Sackträger nach der Art der Coleophoren-Raupen Blattminierer, indem sie sich mit ihrem Leib durch ein rund ausgefressenes Loch tief zwischen die Epidermis-Platten der Blätter hineinschieben und das Chlorophyll rund um sich her verzehren, wobei der Sack aussen an der Oeffnung der Epidermisplatte mit seiner Mündung kleben bleibt. Die Blätter, auch sogar die bunthen Blüten der Futterpflanzen werden auf diese Weise von den Sackträgern oft vollkommen entfärbt«. Nach Bergmann (1953) lebt die Raupe »an der Unterseite der Wurzelblätter von Edelgamander ... des Gelben Sonnenröschens ... des Bergsteinkrauts (*Alyssum montanum*) u. a. Arten«.

Habitat: An felsigen, feinerdigen Stellen des primär baumfreien Xerobromions (Xerobrometum, Blaugrashalden) und in Kontakt dazu stehenden Beständen des Alysso alyssoidis-Sedion albi, an Tephritfelsköpfen (Kaiserstuhl) sowie im trockenen Flügel des Mesobromion (Mesobrometum) und in dem damit verzahnten lichten Berberidion (Hippophaetum) und Quercion robori-petraeae.

Die Larven leben sowohl an vegetationsarmen Stellen, die starker Sonnenbestrahlung ausgesetzt sind, als auch in lückiger oder verdichteter Gras-

Daß *A. helicoidella* nicht nur auf Felsen siedelt, zeigt diese Aufnahme aus dem südlichen Oberrheingebiet. Hier ist die Art in wärmeliebenden Gebüschgesellschaften zu finden. – Oberrheinebene: Bad Bellingen 222 m, 25. 5. 91 R. HERRMANN.

narbe. In den Sandgebieten werden nur xerotherme Flächen besiedelt. Dies können durch Gebüsche bzw. Waldsäume geschützte Stellen in Beständen des Thero-Airion (auch Sukzessionsstadien), alte Sandbrachen, *Calluna*-reiche Sanddünen, ruderale Ränder von Kies- und Sandgruben, künstliche steinige Böschungen, ungenutzte Gleisanlagen, kurzrasige, sandige Straßenränder, Mittelstreifen von Autobahnen sowie die Südseiten von Pfosten, Mauern und dergleichen sein.

Verhalten: *Apterona helicoidella* tritt nördlich der Alpen nur in der parthenogenetischen Form auf. Daneben existiert eine bisexuelle Variante, die in Südeuropa weit verbreitet ist.

Unsere einheimische parthenogenetische Form besiedelt als thermophile Art nur Lokalitäten, die durch ein spezielles, den Ansprüchen der Art entsprechendes Mikroklima gekennzeichnet sind. Eine deutliche Einnischungstendenz ist erkennbar. Sind geeignete Habitatstrukturen vorhanden, kann sie eine bemerkenswerte Ausbreitungsdynamik entwickeln, wie das z. B. an Straßenrändern der Fall ist.

Das madenförmige Weibchen ist etwa 5 mm groß. Es ist nackt und verfügt weder über Extremitäten, Augen (nur durch winzige dunkle Punkte angedeutet) noch über funktionsfähige Mundwerkzeuge. Bald nach dem Schlüpfen legt es die Eier in die im Sack befindliche Puppenhülle. Danach verläßt es den Sack durch eine kleine seitliche Öffnung. Es wirkt dabei, der Eier entledigt, wie aufgeblasen und kann sich durch rhythmisches Zusammenziehen des Körpers fortrollen. Die Lebensdauer ist erstaunlich kurz und beträgt oft nur wenige Stunden. Die Larven verbleiben nach dem Schlüpfen im mütterlichen Sack, den sie an den ersten warmen Frühlingstagen verlassen. So fanden sich z. B. am 1. 3. 1991 an einem Standort bei Schwetzingen sowohl mit Raupen belegte als auch schon leere Säcke. An Ende ihrer Entwicklung kriechen die Larven aus der schützenden Vegetation, um sich exponierte Stellen zur Verpuppung zu suchen. Dabei spinnen sie sich mit der Hauptöffnung des Sackes am Untergrund an. Regelmäßig konnten solche Säcke an sonnenbeschienenen Felsen, Gemäuern, Pfosten, Stämmen, Straßenleitplanken, Grashalmen (seltener) und in Gebüschen, wie in der Trockenaue der südlichen Oberrheinebene gefunden werden. Dort saßen sie zu Hunderten, dicht gedrängt und in Klumpen, an Ästchen einzelner Sanddorn-, Berberitzen- und Ligusterbüsche, zum Teil bis in 2 m Höhe.

Gefährdung und Schutz

Rote Liste Bundesrepublik: –
Rote Liste Baden-Württemberg: –

Oberrheinebene: Nicht gefährdet.
Schwarzwald: Noch ungeklärt.
Neckar-Tauberland: Nicht gefährdet.
Schwäbische Alb: Nicht gefährdet.
Oberschwaben: Noch ungeklärt.

- In Baden-Württemberg nicht gefährdet!

Apterona helicoidella ist in unserem Faunengebiet gut vertreten und gebietsweise wie z. B. in der Oberrheinebene eine durchaus gewöhnliche Erscheinung. An ihrem einzigen Fundort im Schwarzwald konnte die Art seit REUTTIs Zeiten nicht mehr nachgewiesen werden. Für den Hauptnaturraum Oberschwaben sind erst nach weiteren eingehenden Kartierungen Aussagen über die Gefährdungssituation möglich.

Systematisch noch ungeklärte Arten (Incertae sedis)

Darunter fällt die auch aus Baden-Württemberg gemeldete *Eumasia parietariella*, die bei SAUTER & HÄTTENSCHWILER (1991) als Art mit unsicherer Stellung aufgeführt ist. Nach ihren Ausführungen existieren neben Anklängen an die Tineidae auch Merkmale der Psychiden.

Eumasia parietariella
Herrich-Schäffer, 1854

Mottenähnlicher Sackträger

Tinea parietariella Hs. (REUTTI 1898)
Dysmasia parietariella Hs. (SPULER 1910, ECKSTEIN 1933)
Taleporia crepusculella MÜLLER-RUTZ 1920 (KOŽANČIKOV 1956)

Gesamtverbreitung: Gebietsweise häufig von der Iberischen Halbinsel über Südfrankreich (Provence), den südlichen Alpentälern und Italien (Sardinien, Gran Sasso) ostwärts bis nach Niederösterreich und weiter zum Balkan (Dalmatien, Karpaten). Nördlich der Alpen inselartig im Elsaß, der Pfalz, dem Rheinland (Nahe, Mosel, Ruwer, Mittelrhein) und in Baden, wo die Art nur in ausgesprochen warmen Landstrichen festgestellt worden ist.

Von dieser in Baden-Württemberg offensichtlich ausgestorbenen oder verschollenen Art wird hier ein im Nachbarland Rheinland-Pfalz gesammeltes Männchen abgebildet (ohne Datum). – Foto G. EBERT

Verbreitung

Regional: Aus Baden-Württemberg sind in den letzten 100 Jahren lediglich zwei Vorkommen dieser südlichen Art bekannt geworden, wobei ein Hinweis aus dem westlichen Kraichgau (Jöhlingen) und eine zweite Meldung aus dem nordöstlichen Kaiserstuhl bei Riegel stammt. Nachsuchen in den Felsgebieten und an felsigen Stellen des westlichen Schwarzwaldes, des westlichen Odenwaldes, der Schwäbischen Alb und des Kaiserstuhls verliefen ergebnislos. Die nächstgelegenen Fundstellen be-

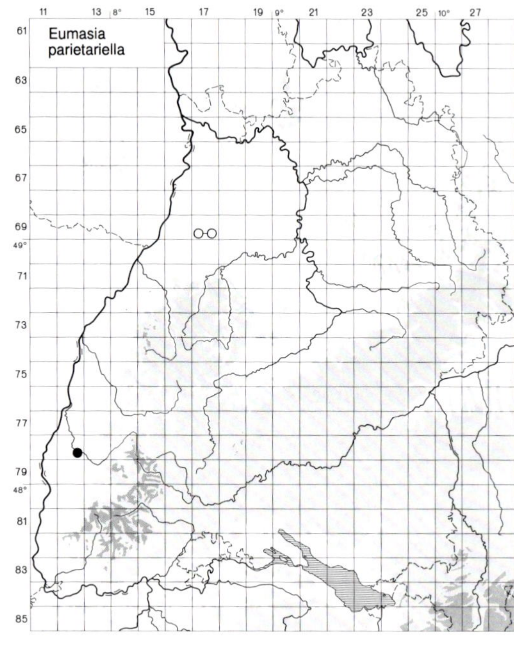

finden sich nach Angaben von PEYERIMHOFF (1880) im Elsaß bei Soultzmatt und Saverne (Zabern) und nach GRIEBEL (1909) und E. BETTAG (1993) in Neustadt, Dürkheim, Kallstadt, Grünstadt und in der Niederhausener Domäne, also teilweise nur etwa 50 Kilometer von unserer westlichen Landesgrenze entfernt. Die Funde aus Baden-Württemberg markieren die nordöstliche Arealgrenze dieser Art.

Vertikal: In Baden-Württemberg nur in der klimatisch besonders begünstigten unteren kollinen Stufe. Die beiden einzigen Fundorte liegen in Bereichen von ca. 200 m. Auch die benachbarten linksrheinischen Vorkommen befinden sich in unteren Hügellandlagen.

Phänologie

Imagines: Der einzige phänologische Hinweis, auf den wir zurückgreifen konnten, stammt von REUTTI (1898). Unter dem Kapitel Mikroschmetterlinge äußert er dazu: »Von mir bei Jöhlingen im Juli gefangen«. Ansonsten sind keine weiteren Daten, auch nicht aus dem Kaiserstuhl, bekannt geworden. Im Vergleich dazu wurden im benachbarten Elsaß die Imagines im Juli und August und in der Pfalz in den Monaten Juni und Juli registriert.

Nach E. BETTAG (pers. Mitt.) schlüpfen die Falter bei Bad Dürkheim in der Pfalz gewöhnlich ab Ende Mai bis Anfang Juni.

Präimaginalstadien: E. TEUFEL meldet vom Michaelsberg bei Riegel 5 Raupen mit Datum vom 20.7. 1976, die als Belegexemplare dem bekannten Schweizer Psychidenspezialisten P. HÄTTENSCHWILER zur Determination vorlagen, wobei im Nachhinein nicht mehr geklärt werden konnte, in welchem Entwicklungsstadium sich die Larven befanden (Säcke nicht mehr auffindbar). Nach allem was jedoch über die Larvalentwicklung bekannt ist, dürften allerdings zu dieser Jahreszeit, außer den leeren angesponnenen Säcken, keine erwachsenen Raupen mehr zu finden sein (Verwechslung des Datums?).

GRIEBEL (1909) weist in diesem Zusammenhang darauf hin, daß die Raupen von Herbst bis Mai an ihren Standorten leben. Nach R. HERRMANN lassen sich auch in den Mittelmeerländern die Raupen am besten in diesem Zeitraum eintragen.

Ökologie

Lebensraum: Außerhalb von Baden-Württemberg wurde die Art, wie etwa im Nahetal bei Oberhausen (D. BARTSCH, R. BLÄSIUS, R. HERRMANN), im Moseltal (R. BLÄSIUS) und auch in den Mittelmeerländern im Bereich xerothermer Felsen und steiler Felshalden festgestellt, die als primäre Lebensräume anzusehen sind. Eine Bindung an bestimmte Gesteinstypen konnte nicht beobachtet werden. In Baden-Württemberg wurde *E. parietariella* angeblich auf einem Lößhang im Kaiserstuhl gefunden. An Lößhängen und felsigen Strukturen unterhalb des Michaelsberges bei Riegel, also in unmittelbarer Nähe des gemeldeten Vorkommens suchten R. BLÄSIUS, R. HERRMANN und H. STEFFNY allerdings vergeblich nach dieser Art. Wie die Hinweise von REUTTI (1898) und BETTAG (1993) zeigen, können auch alte Mauern (oft in Weinbergen) Ersatzbiotope bilden.

Nahrung der Raupe: Aus Baden-Württemberg nicht bekannt. Nach SPULER (1910) soll die Raupe an Mauerflechten leben. R. HERRMANN fand sie wiederholt in Südfrankreich und Andalusien an Steinflechten, welche als Nahrungsquellen in Frage kommen. Die Verwendung von kleinen Chitinteilchen als Baumaterial für den Raupensack könnte darauf hindeuten, daß auch Kleininsekten vertilgt werden.

Habitat: Aus Baden-Württemberg nur eingeschränkt bekannt. Deshalb lassen sich über die Habitatstrukturen keine präzisen Angaben machen. Die Larven finden sich im Allgemeinen aber auf südexponierten heißen Felsen, die in Kontakt zu steinigen Rasenflächen (Trockenrasen) stehen können, dort oft häufig in teilweise beschatteten Felsspalten, in Gesteinsritzen, unter Felsvorsprüngen oder auch auf Simsen, wo Flechten- und Algenbewuchs, die Hauptnahrung der Raupen, vorhanden ist. Seltener auch an sekundären Standorten wie alten Weinbergmauern, wo die Raupen nach persönlicher Mitteilung von E. BETTAG an vegetationsbedingt beschatteten Stellen leben. Weiter teilte er mit, daß sich die Larven an jener Trockenmauer in Hohlräume verkriechen, um somit an Feuchtigkeit gelangen zu können. Die Mauer wird als reich mit Moosen, Flechten, Algen und Scharfem Mauerpfeffer bewachsen bezeichnet. In Baden-Württemberg konnten in jüngerer Zeit indessen keine Larven mehr beobachtet werden. Über das Vorkommen bei Jöhlingen wird durch den alten REUTTI'schen Fundhinweis nur berichtet, daß die Raupen im Sack an alten Mauern festgestellt worden sind.

Gefährdung und Schutz

Rote Liste Bundesrepublik: –
Rote Liste Baden-Württemberg: 0

Oberrheinebene: Ausgestorben oder verschollen.
Schwarzwald: Nicht vertreten.
Neckar-Tauberland: Ausgestorben oder verschollen.
Schwäbische Alb: Nicht vertreten.
Oberschwaben: Nicht vertreten.

- In Baden-Württemberg ausgestorben oder verschollen!

Eumasia parietariella ist in Baden-Württemberg offenbar eine sehr seltene Art, die sich hier an der äußersten Verbreitungsgrenze befindet. Trotz intensiver Nachsuche in den letzten Jahren konnte sie an den alten Fundstellen nicht mehr festgestellt werden. Es kann jedoch nicht ausgeschlossen werden, daß Reste dieser Populationen doch noch vorhanden sind oder weitere Vorkommen in diesen Regionen noch existieren. Nach unserem gegenwärtigen Kenntnisstand ist diese Art in unserem Faunengebiet als ausgestorben oder verschollen zu betrachten.

Fossile Arten

Unter den weithin berühmten fossilen Funden aus Öningen am Bodensee (FRENTZEN 1927) befand sich auch ein psychidenartiges Objekt, das von HEER (1849) benannt, näher beschrieben und auf Tafel XIV, Fig. 8 abgebildet wurde.

Psyche pineella
Heer, 1849

Originalbeschreibung: Das ganze Petrefakt ist von brauner Farbe; am Grunde bemerken wir eine kurze hervorstehende Röhre (von 1 3/4 Lin. Breite); von dort an bis etwas über die Mitte hinaus bemerken wir Längslinien, die zwar an vielen Stellen durch Eindrücke unterbrochen sind; doch weisen sie unzweifelhaft auf Pflanzenreste hin, welche dort an den Sack befestiget sind; die parallelen Adern, die Breite und Form dieser Pflanzenstücke weisen, wie ich glaube, auf Tannnadeln, welche das Thier zum Baue seiner Wohnung benutzt hat; leider sind sie aber so stark zusammengedrückt, dass ihre Form nicht mehr mit Sicherheit zu bestimmen ist. Diese Tannnadeln gehen also bis über die Mitte; von dort an steht der Sack hervor, der nach aussen sich allmählig etwas verdünnt.

HEER hält dieses Objekt auf den ersten Blick für ein »Tannzäpfchen ... oder für die durch Gallwespen veränderten Triebe einer Pinusart«. Ein sorgfältiger Vergleich bringt ihn jedoch zu der Ansicht, daß es sich um eine »*Psyche*« handelt. »Dass es nicht das Gehäuse einer Phryganeenlarve sei, zeigt der nicht mit Holzfragmenten besetzte hintere und vorderste Theil der Hülse«.

Das Fossil hat zur Überprüfung nicht vorgelegen. Die recht gute Abbildung vermittelt allerdings eher den Eindruck, daß es sich bei diesem Objekt um ein Fragment einer Pflanze handelt. Einer rezenten, in Europa verbreiteten Psychidenart kann das abgebildete Objekt jedenfalls nicht zwanglos zugeordnet werden. Auch zu *Canephora unicolor* besteht keine Ähnlichkeit, auch wenn es als »auffallend ähnlich dem Sacke der *Psyche graminella* [= *Canephora unicolor* HUFNAGEL, 1766], von selber Grösse und Form, nur etwas kürzer und dabei etwas breiter ...« beschrieben wurde (HEER 1849).

Das Original befand sich damals in der Sammlung LAVATER: »Länge des Sackes 14 Lin., grösste Breite 5 Lin.«.

Lypusa maurella
Denis & Schiffermüller, 1775

SAUTER & HÄTTENSCHWILER (1991) führen diese Art nicht mehr in ihrer Liste der paläarktischen Psychiden-Arten auf. Aufgrund des abweichenden Genitalbaues wird sie dort von den Psychiden ausgeschlossen und den Tineidae zugeordnet. Dieser Auffassung schließt sich der Verfasser an. Bei REUTTI (1898) und SCHNEIDER (1937) wurde *Lipusa maurella* noch zu den Psychiden gezählt.

Die Larvensäcke der Psychidenarten Baden-Württembergs

Die Abbildungen der Larvensäcke (S. 501–504) unserer einheimischen Psychidenarten sollen Hilfe beim Erkennen und Bestimmen bieten und die in der vorangegangenen Abhandlung enthaltenen diesbezüglichen Farbabbildungen ergänzen. Sie sollen darüberhinaus Einblick geben in den Formenreichtum, den es innerhalb dieser bisher weitgehend vernachlässigten Schmetterlingsfamilie gibt und es dem interessierten Laien ermöglichen, sich schneller darin zurechtzufinden. Dort, wo die Säcke beider Geschlechter einer Art abgebildet werden, wird durch das Genuszeichen darauf hingewiesen, im Falle *Dahlica triquetrella* und *D. lichenella* durch die Buchstaben A und B (vgl. Text auf S. 370–384). In anderen Fällen wie etwa bei *Pachythelia villosella* sollen individuelle Unterschiede im Sackbau deutlich gemacht werden, z. B. durch die Verwendung verschiedenartigen Baumaterials. Nähere Hinweise dazu finden sich bei HÄTTENSCHWILER (1970). Als Vorlage für die Zeichnungen dienten fast durchwegs Belegstücke aus unserem Faunengebiet (aus der Sammlung R. HERRMANN, Freiburg, bei *P. villosella* aus coll. SMNS).

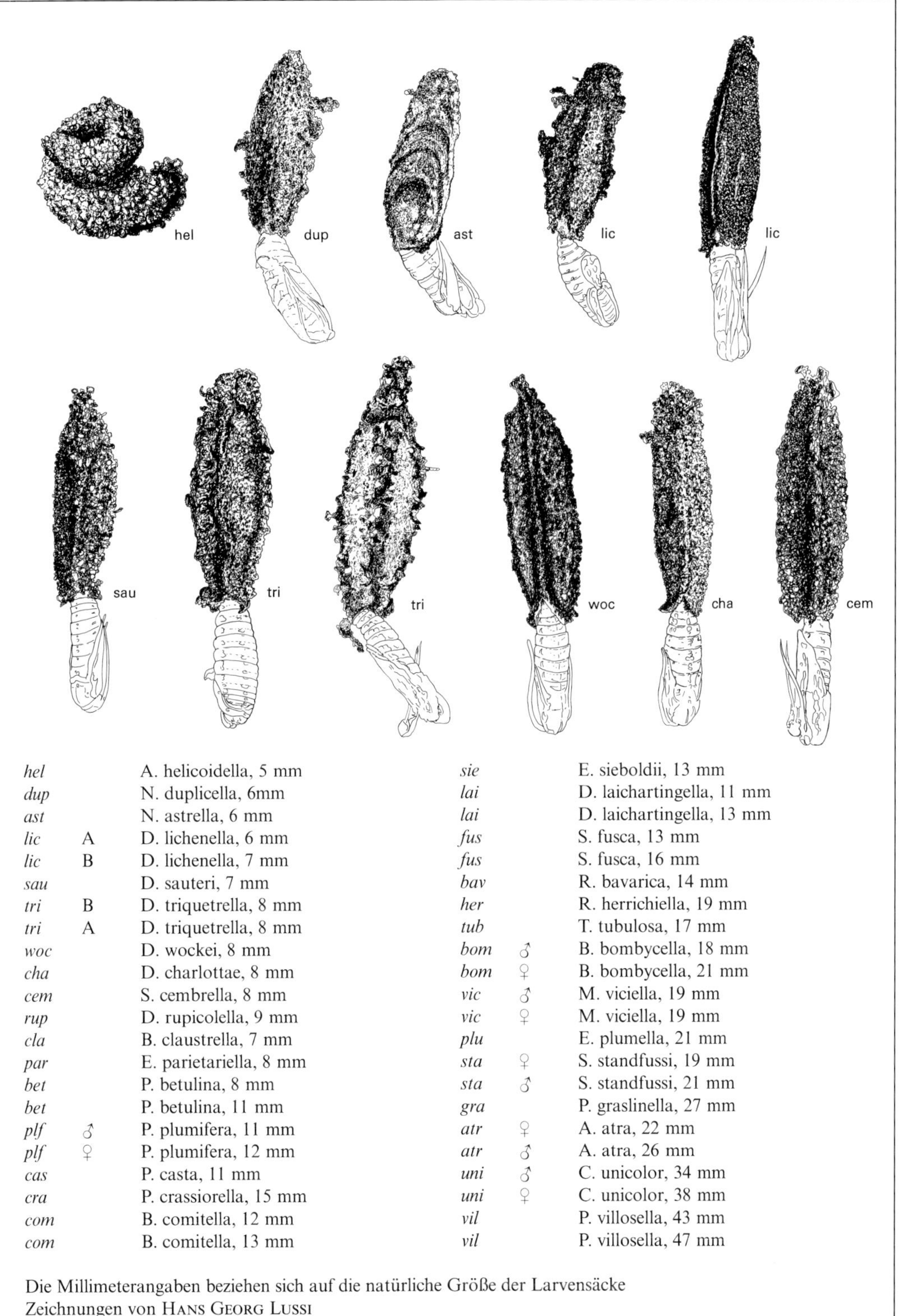

hel		A. helicoidella, 5 mm
dup		N. duplicella, 6mm
ast		N. astrella, 6 mm
lic	A	D. lichenella, 6 mm
lic	B	D. lichenella, 7 mm
sau		D. sauteri, 7 mm
tri	B	D. triquetrella, 8 mm
tri	A	D. triquetrella, 8 mm
woc		D. wockei, 8 mm
cha		D. charlottae, 8 mm
cem		S. cembrella, 8 mm
rup		D. rupicolella, 9 mm
cla		B. claustrella, 7 mm
par		E. parietariella, 8 mm
bet		P. betulina, 8 mm
bet		P. betulina, 11 mm
plf	♂	P. plumifera, 11 mm
plf	♀	P. plumifera, 12 mm
cas		P. casta, 11 mm
cra		P. crassiorella, 15 mm
com		B. comitella, 12 mm
com		B. comitella, 13 mm
sie		E. sieboldii, 13 mm
lai		D. laichartingella, 11 mm
lai		D. laichartingella, 13 mm
fus		S. fusca, 13 mm
fus		S. fusca, 16 mm
bav		R. bavarica, 14 mm
her		R. herrichiella, 19 mm
tub		T. tubulosa, 17 mm
bom	♂	B. bombycella, 18 mm
bom	♀	B. bombycella, 21 mm
vic	♂	M. viciella, 19 mm
vic	♀	M. viciella, 19 mm
plu		E. plumella, 21 mm
sta	♀	S. standfussi, 19 mm
sta	♂	S. standfussi, 21 mm
gra		P. graslinella, 27 mm
atr	♀	A. atra, 22 mm
atr	♂	A. atra, 26 mm
uni	♂	C. unicolor, 34 mm
uni	♀	C. unicolor, 38 mm
vil		P. villosella, 43 mm
vil		P. villosella, 47 mm

Die Millimeterangaben beziehen sich auf die natürliche Größe der Larvensäcke
Zeichnungen von Hans Georg Lussi

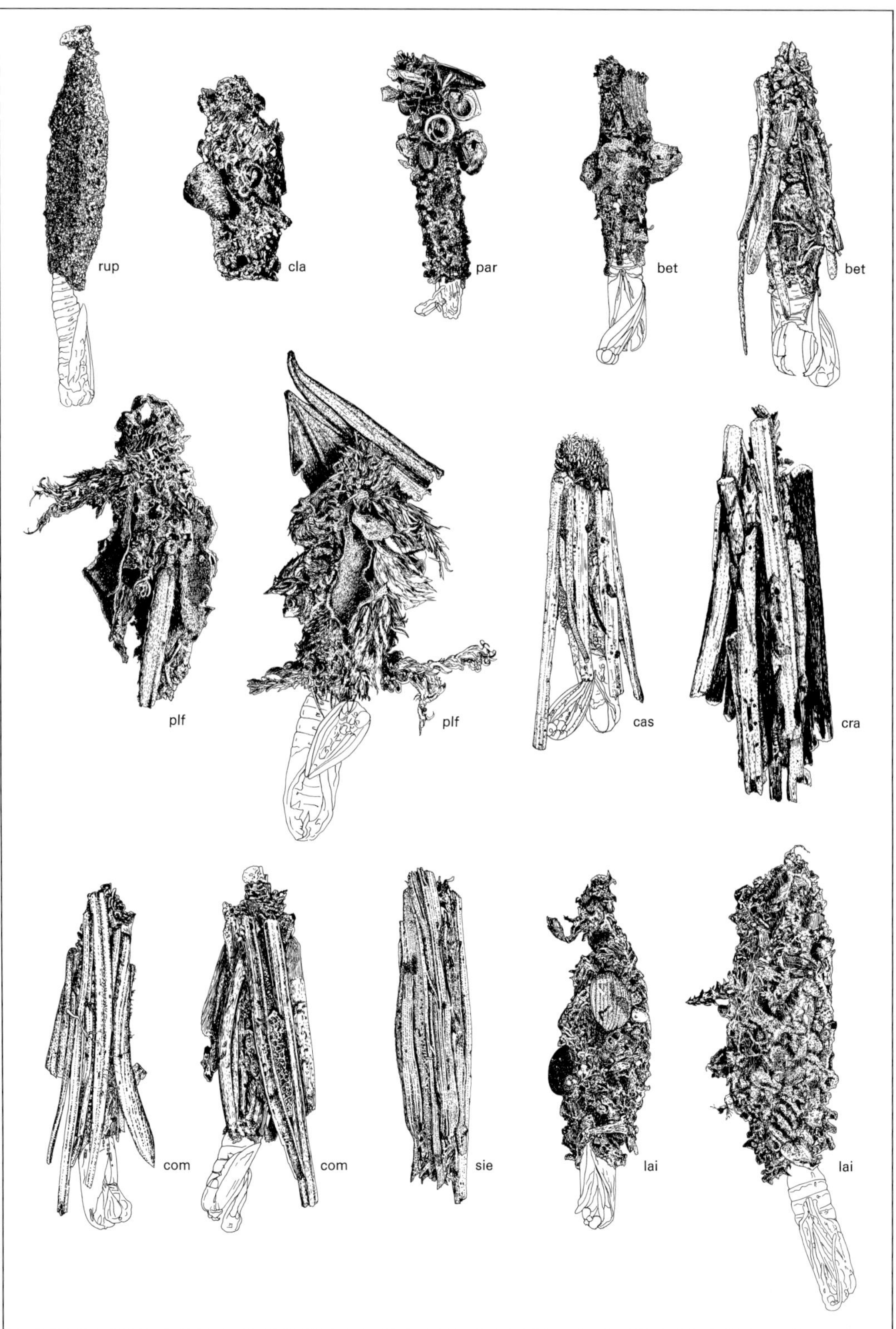
rup
cla
par
bet
bet
plf
plf
cas
cra
com
com
sie
lai
lai

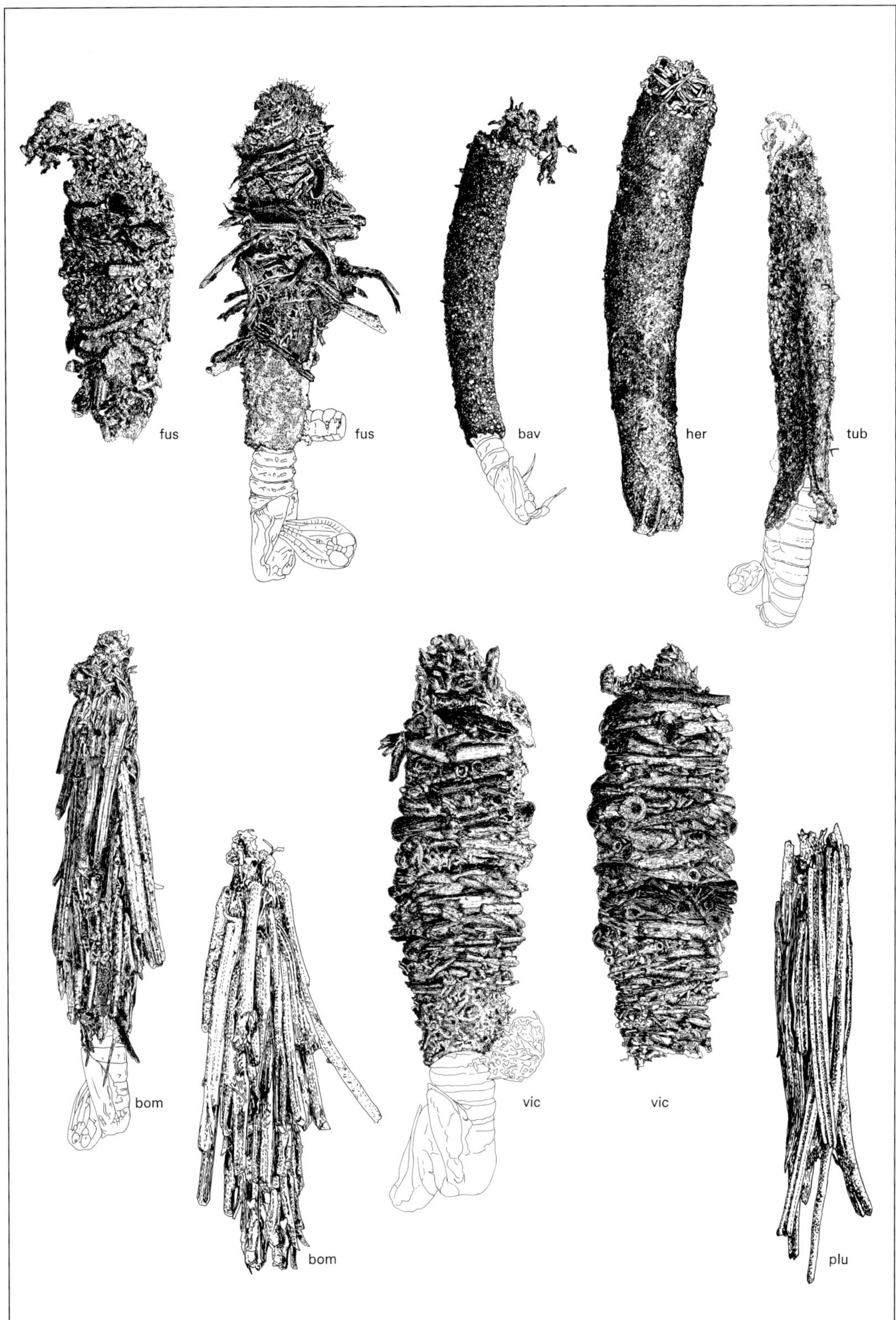
fus
fus
bav
her
tub
bom
bom
vic
vic
plu

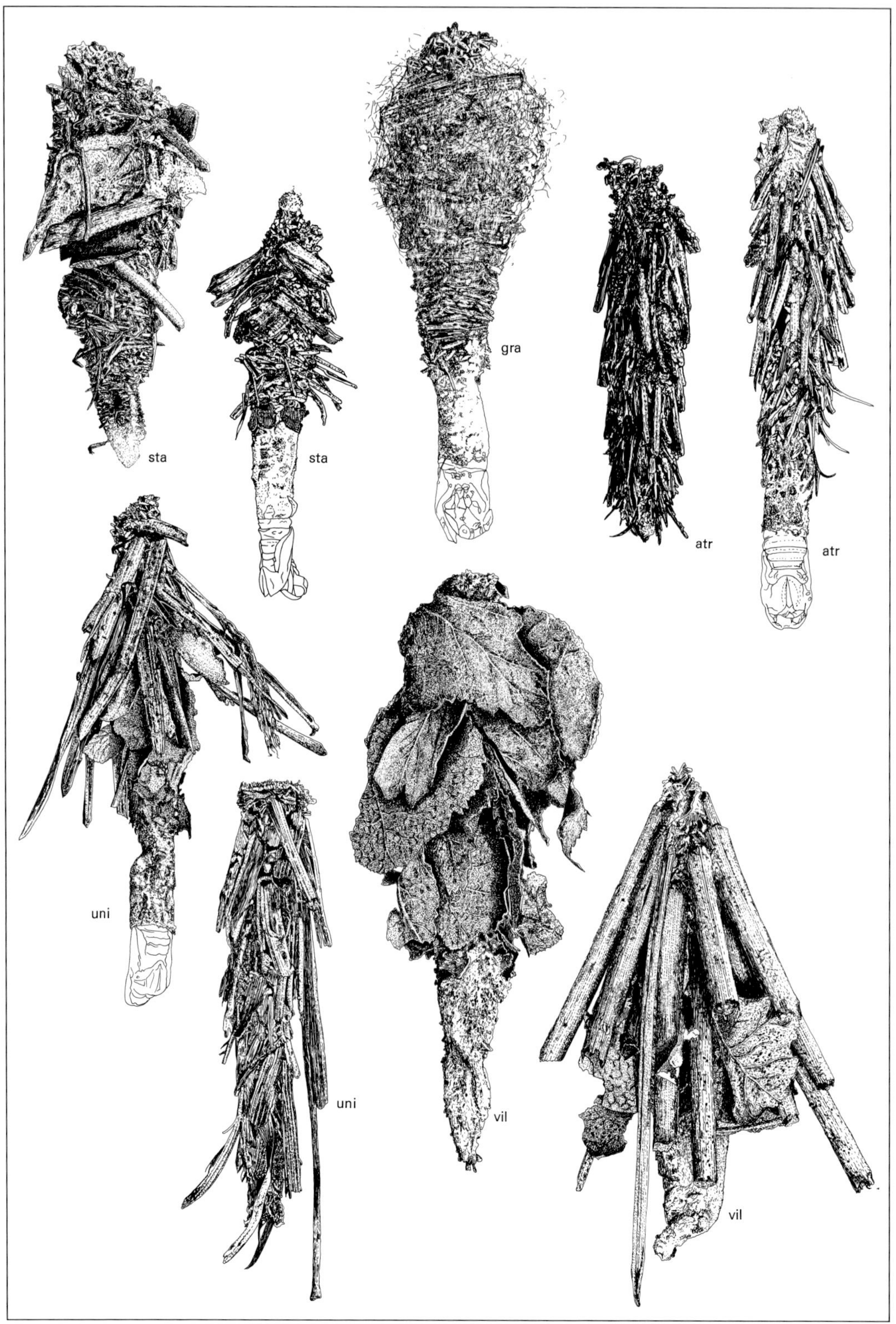
sta
sta
gra
atr
atr
uni
uni
vil
vil

Thyrididae (Fensterfleckchen)

Von Jürgen Thiele

Weltweit verbreitete Familie, die in 4 Unterfamilien mit bisher fast 70 beschriebenen Gattungen unterteilt ist. Die vermutlich über 1000 rezenten Arten, von denen viele wissenschaftlich noch nicht untersucht und beschrieben wurden, sind hauptsächlich in den tropischen Regionen verbreitet.

Die sehr kleinen bis mittelgroßen Falter haben insgesamt ein ungewöhnlich unterschiedliches Erscheinungsbild. Neben einigen anderen morphologischen Gemeinsamkeiten sind jedoch alle durch ein vernetztes Fleckenmuster, zumindest auf der Unterseite der Hinterflügel, und in Ruhestellung meist durch eine typische, gestreckte Flügelhaltung charakterisiert. Demgegenüber hat der überwiegende Teil keine hyalinen Fensterflecken, die wiederum bei der in Baden-Württemberg als einzige Art vorkommenden *Thyris fenestrella* (Thyris [griech.] = Fenster) sehr typisch ausgebildet sind.

Thyridinae

In Europa eine Gattung (*Thyris*) mit einer Art (*fenestrella*), der Unterart *diaphana* auf Sizilien und 4 Formen (*siciliensis*, Sizilien; *nigra*, Wallis bis Mittelitalien; *seminigra*, Nordost-Italien und Balkan; *euxina*, Nordwest-Kaukasus).

Die Falter der Gattung *Thyris* fliegen nur am Tage, meist im Sonnenschein, und suchen zur Nahrungsaufnahme überwiegend verschiedenartige Blütenpflanzen auf.

Thyris fenestrella
Scopoli, 1763

Waldreben-Fensterflecken

Phalaena fenestrella (Scopoli, 1763)
Sphinx fenestrina (Denis & Schiffermüller, 1775)
Sesia marica (Cyrillo, 1792)
Sphinx pyralidiformis (Hübner, 1796)
Sesia fenestrata (Schrank, 1801)
Thyris fenestrina (Illiger, 1803 [Anm. b. Laspeyres: *Thyris* Hoffmannsegg])
Thyris fenstrella (Staudinger, 1861)

Gesamtverbreitung: Von der nördlichen Iberischen Halbinsel über Mittel- und Südeuropa (nicht auf den Balearen, Korsika und Sardinien) bis Kleinasien und dem Ural. Nördliche Verbreitungsgrenze: Fehlt im äußersten Norden Frankreichs und in den Beneluxländern, in Deutschland nördlich der Linie Aachen–Hannover–Cottbus; offenbar auch im gesamten Polen. Belegexemplare liegen erst wieder aus der Gegend östlich von Lemberg, heute: L'vov (Weißrußland) vor. Meldungen aus Ostpreußen, dem nordöstlichen ehemaligen Livland, St. Petersburg und der Karelischen Landenge beruhen auf älteren Literaturangaben und sind unsicher.

Verbreitung

Regional: Der überwiegende Anteil der aktuellen Meldungen stammt aus dem Oberrheinischen Tiefland, wobei die meisten Beobachtungen in der nördlichen Oberrheinebene angestellt werden konnten. Besondere Beachtung verdienen die Aufzeichnungen zur Lokalfauna von Rußheim (Ebert 1978, Thiele 1983, 1985). Über einen Zeitraum von etwa 25 Jahren hat der Autor die Lebensweise von *Thyris fenestrella* in diesem Gebiet untersucht

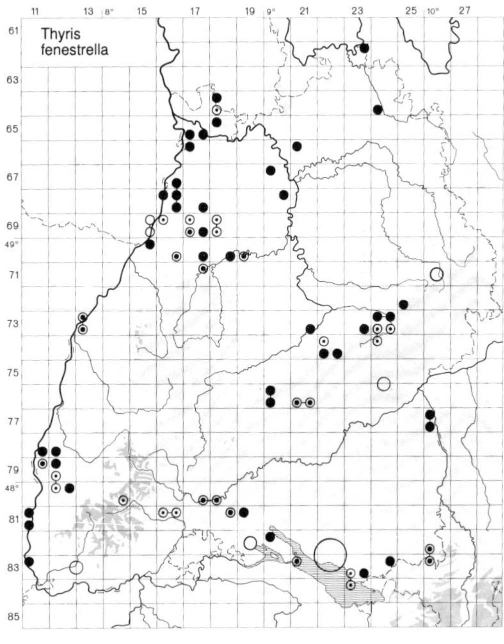

und sie, nicht zuletzt im Hinblick auf die überproportionale Anzahl der beobachteten Individuen im Vergleich zur sonstigen Gesamterfassung in Baden-Württemberg, hier in einem gesonderten Beitrag beschrieben. In der südlichen Oberrheinebene hat diese Art im Kaiserstuhl einen deutlichen Verbreitungsschwerpunkt. Ansonsten gibt es hier nur noch Meldungen aus der Freiburger Bucht und der Markgräfler Rheinebene. Auffällig ist die Verbreitungslücke in der mittleren Oberrheinebene.

Aus den anderen Naturräumen liegen, mit Ausnahme des Vorlandes der Mittleren Kuppenalb, nur noch Aufzeichnungen von weit verstreuten Fundorten mit verhältnismäßig wenigen beobachteten Individuen vor. Aus dem Neckar-Tauberland sind insgesamt 54 Einzelmeldungen statistisch nur unter Vorbehalt verwertbar, da ein Großteil davon schon geraume Zeit zurückliegt. Dies gilt insbesondere für den südlichen Kraichgau. Noch erwähnenswert sind sehr vereinzelte Vorkommen im württembergischen Alpenvorland (Holzstöcke/Unteres Illertal, Westallgäuer Hügelland und Bodenseebecken).

Für den gesamten Schwarzwald gibt es seit 70 Jahren keine Fundmeldungen mehr. Die letzte Aufzeichnung kommt aus dem Hochschwarzwald bei Hinterzarten (1922, A. Gremminger, Kartei). Von den Schwarzwald-Randplatten bei Zavelstein werden drei Raupenfunde gemeldet (Calmbach 1911) und aus dem mittleren Schwarzwald stammt der älteste Nachweis von Reutti (1898): »Ende Juni und Anfang Juli fing ich den Falter sehr zahlreich [?] bei Hornberg auf der Burg in ca. 600 m Höhe.« Zusammenfassend ist festzustellen, daß bereits zu Beginn dieses Jahrhunderts im Hauptnaturraum Schwarzwald nur noch spärliche Restbestände von *Thyris fenestrella* vorhanden waren und die Art zum gegenwärtigen Zeitpunkt hier als ausgestorben eingestuft werden muß. Dagegen besteht durchaus die Möglichkeit, zukünftig in den äußersten westlichen und südwestlichen Randgebieten bisher noch unentdeckte Populationen aufzufinden.

Von der Schwäbischen Alb gibt es neuere Funde (nach 1970) nur noch in den Randgebieten der Mittleren Kuppenalb (Vorland) und am Rande der Hegaualb. Der letzte Nachweis von der Mittleren Flächenalb kommt aus der Umgebung von Blaubeuren (Meier 1929). So ist auch in diesem Naturraum die Art nur noch in begrenzten Randgebieten spärlich anzutreffen; weiträumig fehlt sie.

In Anbetracht der Erkenntnis, daß *Thyris fenestrella* in Baden-Württemberg schon im vorigen Jahrhundert nur an wenigen Stellen in größerer Anzahl auftrat, sonst aber nur vereinzelt und weit verstreut gefunden wurde, erfolgte ein drastischer Rückgang der Bestände vermutlich nur in wenigen Gebieten. Daneben muß aber auch vermerkt werden, daß in den letzten Jahren eine Vielzahl bisher nicht dokumentierter Fundmeldungen hinzugekommen sind.

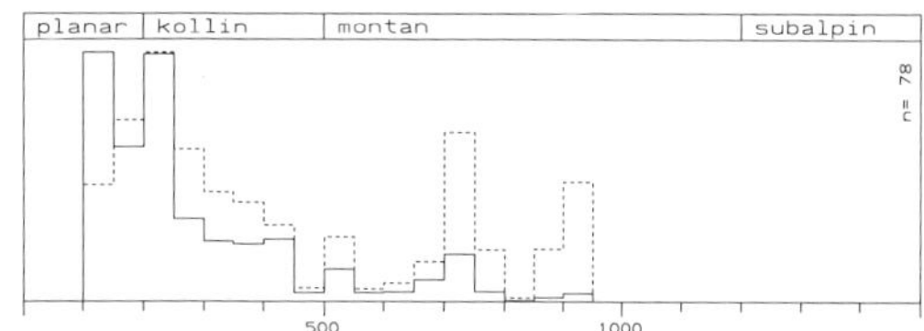

Vertikal: Überwiegend in der Ebene und im Hügelland bis an die obere Grenze der kollinen Stufe verbreitet. Nicht mehr aktuelle Meldungen aus der montanen Stufe liegen nur sehr vereinzelt aus dem Süden unseres Faunengebietes vor. Dabei ist außerdem zu beachten, daß es zumeist isolierte, warme Hanglagen sind, die keinen sicheren Rückschluß auf die realen Höhenparameter zulassen. Bestätigt wird jedoch die Tendenz, daß *Thyris fenestrella* in südlichen Verbreitungsgebieten zunehmend auch in der montanen Stufe auftreten kann.

Phänologie

Imagines: Aufgrund der relativ geringen Anzahl von verwertbaren Meldungen lassen sich nur für die Oberrheinebene und das Neckar-Tauberland Flugzeitdiagramme erstellen. Wie bereits erwähnt,

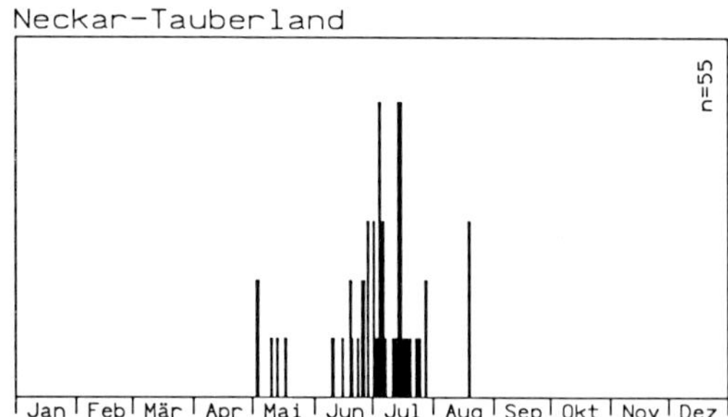

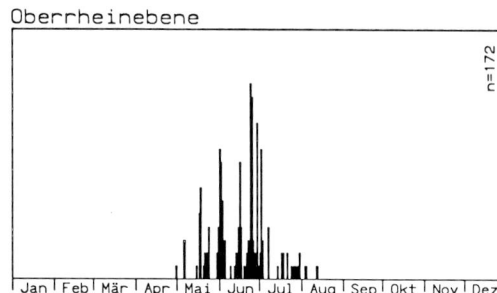

Das Waldreben-Fensterfleckchen (*Thyris fenestrella*) wird nicht oft beobachtet. Es fliegt nur bei Sonnenschein und saugt, wie dieses Männchen, gerne an allerlei Blüten, hier an der Sumpf-Schafgarbe. – Rußheim, Altrhein 7. 85 J. THIELE.

basieren viele Daten auf älteren Aufzeichnungen. Im direkten Vergleich fällt zunächst auf, daß die Flugzeit mit insgesamt 3,5 Monaten nahezu identisch ist, was auch für Beginn und Ende zutrifft. Der früheste Fund kommt von Weinheim (Bergstraße): 28. April (1982, R. TRABOLD), der späteste vom Kaiserstuhl: 12. August (1922, A. GREMMINGER, Kartei). Ergänzend hierzu ein Nachweis aus Rußheim: 18. August (1984, J. THIELE). Für das Neckar-Tauberland dementsprechend, von Bilfingen: 3. Mai (1953, A. GREMMINGER, Kartei) und von Berghausen: 19. August (1944, A. GREMMINGER, Kartei). Beide letztgenannten Fundorte befinden sich im äußersten Südwesten des Kraichgaus, am Rande des Oberrheinischen Tieflandes. Zweifellos handelt es sich hierbei um klimatisch begünstigte Orte. Der Hauptanteil der Meldungen liegt dagegen deutlich im Zeitraum von Ende Juni bis etwa Mitte Juli. Die Daten aus den anderen Naturräumen bestätigen diesen Trend.

Das Phänogramm der Oberrheinebene läßt zwei Schwerpunkte jeweils von Mitte Mai, mit einer kleinen Lücke bis Anfang Juni, und von Ende Juni bis Anfang Juli mit einer erhöhten Individuenzahl erkennen. Die Vermutung, daß *Thyris fenestrella* hier in zwei Generationen vorkommt, konnte erstmalig durch den Autor anhand umfangreicher Zuchten bestätigt werden (THIELE 1983). In den übrigen Naturräumen tritt sie, mit Ausnahme einiger Randgebiete oder thermisch besonders exponierter Lokalitäten, nur einbrütig auf. In der gesamten einschlägigen Literatur war hierzu kein einziger Hinweis zu finden!

Präimaginalstadien: Aus der Datenübersicht der Meldungen, aber auch aus der Literatur zur Fauna Baden-Württembergs, kommen nur wenige, vage Hinweise auf die präimaginale Entwicklung von *Thyris fenestrella* im Freiland. REUTTI (1898) beispielsweise bemerkt: »Die Raupen von Juli an...«. Zur Verdeutlichung der Problematik sei daher auf einige ältere Beobachtungen aus den benachbarten Faunengebieten hingewiesen.

FREYER (1859): »Obgleich ich bald 40 Jahre sammle, so gelang es mir doch erst in den letzten zwei Jahren, 1858 und 1859, diese Raupe aufzufinden... Sie findet sich in den Monaten Juli und August in hiesiger Gegend [Augsburg] überall, wo ihre Nahrungspflanze, die Waldrebe, wächst. Doch gehört demungeachtet immer ein geübtes Auge dazu, um die schönen und eingewickelten Spitzen der Blätter zu entdecken, in welchen das Räupchen verborgen ist. Ihre Erscheinungszeit im erwachsenen Zustande ist sehr ungleich. Ich fand die Raupe zu gleicher Zeit, sowohl kaum aus dem Ei entwickelt, auch erwachsen. Ja einmal geschah es, daß ich an einem Tag und auf einem Strauch samt den Räupchen in den verschiedensten Größen auch zwei lebendige Falterchen traf... Die Verwandlung zur Puppe erfolgt nur selten in ihrer dütenförmigen Wohnung, sondern gewöhnlich in einem feinen Gewebe von einem kleinen Erdklümpchen umhüllt... Viele Puppen vertrocknen während des Winters. Die Entwicklung erfolgt im April, Mai und Juni«.

Immerhin kann hieraus entnommen werden, daß die Räupchen neben den Faltern im Juli und Au-

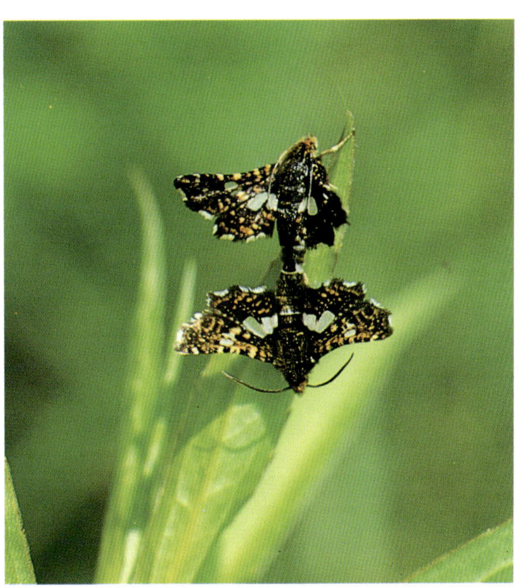

Die Männchen werden vom Weibchen durch die sehr wirksamen Sexuallockstoffe angezogen. Oft sind es mehrere, die ein Weibchen umschwirren. Die Paarung dauert etwa zwei Stunden. – Rußheim, Altrhein 7. 88 J. THIELE.

Der arteigene Sexuallockstoff wurde versuchsweise isoliert und auf einen sog. bait-strip aufgetragen. Wie das Foto zeigt, lassen sich die Männchen auch von solchen Duftattrappen anlocken. – Rußheim 7. 89 J. THIELE.

gust eingesammelt und danach gezüchtet, hierüber jedoch leider keine Daten aufgezeichnet wurden. Umso erstaunlicher dagegen RÖSSLER (1881): »Die Raupe überwintert zur Verwandlung reif in der Erde«. Wer in den großen Standardwerken unseres Jahrhunderts ausführlichere Beschreibungen sucht, wird leider enttäuscht werden.

So bleibt letztendlich nur die Möglichkeit offen, anhand von weniger bekannten und nur teilweise auf Baden-Württemberg bezogenen Fachartikeln die präimaginale Entwicklung nachzuvollziehen (ROTHKE 1898, RIJK 1928, KÖSTLER 1980 und THIELE 1983, einschließlich unveröffentlichter Aufzeichnungen): Dort, wo *Thyris fenestrella* meist in zwei Generationen auftritt, werden die ersten Eier je nach Witterungsverlauf bereits Mitte bis Ende Mai auf der Nahrungspflanze abgelegt. Die ersten Falter erscheinen zunächst nur einzeln. Die Räupchen schlüpfen nach 7–8 Tagen und verspinnen sich danach unverzüglich tütenartig mit den Blättern, um hier Nahrung aufzunehmen. Durch diese Schutzmaßnahme entziehen sie sich allerdings auch weitgehend der genaueren Beobachtung. Nach Ablauf von 23–26 Tagen und 4 Larvalstadien in jeweils typischen, verschiedenartigen Blattröllchen erfolgt die Verpuppung. Mindestens 9 Tage später schlüpfen die Falter der 2. Generation. Die Mindestentwicklungszeit vom Ei bis zum Falter dauert 39 Tage. Dementsprechend verläuft die Entwicklung der nächstfolgenden Larvalgeneration, so daß auch noch bis Mitte September einige Raupen zu finden sind. Die Puppen überwintern in einem leichten Gespinst an verschiedenen Orten bis etwa Ende Mai/Anfang Juni. Bei Populationen, die nur in einer Generation auftreten, werden die ersten Eier gegen Ende Juni/Anfang Juli abgelegt. Die Larvalentwicklung verläuft wie bei den bivoltinen Populationen. Da die Falter bis in die zweite Julihälfte fliegen – FREYER fand deshalb Raupen und Falter zur gleichen Zeit! – können die Raupen vor ihrer Verpuppung und Überwinterung noch bis Ende August beobachtet werden. Die Angaben über den Ort und die Art der Verpuppung stammen mit großer Sicherheit ausschließlich von Zuchten; im Freiland wurde, nach dem gegenwärtigen Wissensstand, noch nie ein Puppenfund dokumentiert.

Ökologie

Lebensraum: *Thyris fenestrella* gehört zu den ausgesprochen thermo- und heliophilen Schmetterlingsarten. Ist an solchen wärme- und sonnenbegünstigten Aufenthaltsorten der Falter zudem noch die Nahrungspflanze der Raupe *Clematis vitalba* (Gewöhnliche Waldrebe) vorhanden, sind die Bedingungen eines »idealen Lebensraumes« für diese Art erfüllt. Da die Waldrebe eine sog. Pionierpflanze ist, profitiert *Thyris fenestrella* gerade in unserer heutigen Kulturlandschaft von ihren Ausbreitungsstandorten. Andererseits ist das Waldreben-Fensterfleckchen vor allem durch land- und forstwirtschaftliche Maßnahmen mancherorts völlig verdrängt worden. Mit der Beseitigung der Waldrebe wird auch seine Lebensgrundlage zer-

Das Waldreben-Fensterfleckchen legt seine Eier einzeln meist in die Nähe des Blattrandes der Gewöhnlichen Waldrebe (*Clematis vitalba*) ab. Die Raupe schlüpft nach 7 Tagen und beginn sofort mit dem Bau der arttypischen Blattüte. Dazu schneidet sie den Blattrand stark bogenförmig ein und zieht ihn mittels Spinnfäden zusammen. Diese kleine Blattüte bietet ihr Schutz für die nächsten Tage. – Rußheim 7. 87 J. THIELE.

stört. Eine Abwanderung in Ausweichgebiete bleibt nur auf die unmittelbare Umgebung beschränkt. Isolierte Populationen sind jedoch durchaus in der Lage, ihren Bestand auch in eng begrenzten Arealen aufrecht zu erhalten, sofern sie nicht durch anthropogene Maßnahmen daran gehindert werden.

Die Falter bevorzugen in der Oberrheinebene die Ränder der Auenwälder und Laubmischwälder, hier aber auch Waldlichtungen, Dämme und Böschungen sowie breite Wege mit artenreichen Kraut- und Hochstaudenfluren. In der kollinen Stufe findet man aufgelassene Steinbrüche und Rebanlagen als zusätzlichen Lebensraum. Schließlich sind auch noch andere Bereiche des Kulturlandes wie z. B. Steinmauern oder Gärten in Waldrandnähe zu erwähnen. Meist befinden sich in der Umgebung der Fundorte sogenannte Feuchtbiotope (Flüsse, Bäche, Teiche, Moore usw.).

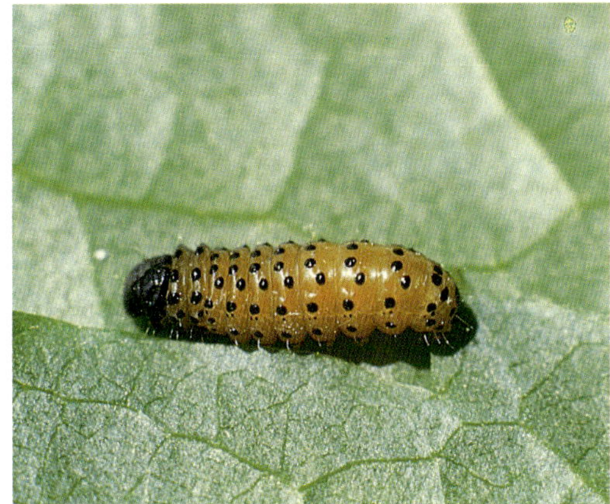

Die erwachsene Raupe verändert ihre in der Blattrolle schwärzlichgrüne Färbung nach intensiv Gelb, verläßt ihre Behausung und sucht sich ein neues Blatt, um sich darin zu verpuppen. – Rußheim 8. 85 J. Thiele. S.

Das Ei von *Thyris fenestrella*. – Rußheim 7. 10. 94 J. Thiele.

Nahrung der Raupe:
Clematis vitalba – Gewöhnliche Waldrebe
L (Cal, Gre, Raz, Scc, Thi)

Wenn Heinemann (1859) für Deutschland und die Schweiz angibt: »Raupe in den Zweigen des Holunders und der Klette, sowie in den Stengeln von *Clematis recta*«, sollen hierzu auch die Kommentare von Zeitgenossen zitiert werden. Freyer (1859): »Die Naturgeschichte dieses zwar kleinen, aber sehr schönen netten Falterchens, ist von allen Schriftstellern, die ich kenne, unrichtig und falsch gegeben worden, ja es sind alle Angaben über dessen frühere Stände ... irrig. Es ist überall gesagt, daß die Raupe im Marke von verschiedenen Pflanzenstengeln leben soll ... Dem ist jedoch nicht so. Die Raupe lebt einzig und allein nur auf der Waldrebe *Clematis vitalba* ...«. Rössler (1881): »Daß auch wieder die neuesten Schmetterlingsbücher angeben, sie lebe außerdem auch im Mark von Holunder und Diesteln, ist eine Verwechslung mit einer Sesie und ein alter Irrthum, der wie eine ewige Krankheit sich fortschleppt.«

Die Raupe befindet sich stets in einer von ihr gefertigten Blattrolle. Reutti (1898) bemerkt dazu: »Die Raupe ... an *Clematis vitalba*, nagt von der Spitze längs der Mittelrippe die Blätter ab und rollt diese auf«. Calmbach (1911): »Die Raupen rollen den oberen Teil des Blattes, ähnlich wie ein Wickler, auf und spinnen es zu einem kleinen Trichter zusammen«. A. Gremminger (Kartei) zitiert eine Angabe aus Vorbrodt (1911–1912), die mit der bei Reutti (l. c.) fast wortgetreu übereinstimmt.

Es wäre durchaus möglich, die Raupen zukünftig auch an kultivierten *Clematis*-Arten in Gärten und Parks in der Nähe der Waldränder zu entdecken. Selbst ein Vorkommen an *Pulsatilla*-Arten (Küchenschelle), die ebenfalls zu den Ranunculaceen gehören, kann nicht ausgeschlossen werden (Thiele 1986, 1988, 1990).

Nahrung des Falters: Je nach Jahreszeit wurde eine Vielzahl verschiedener Blütenpflanzen registriert: *Clematis vitalba* (Gewöhnliche Waldrebe), *Lotus corniculatus* (Gemeiner Hornklee), *Hippocrepis comosa* (Hufeisenklee), *Euphorbia cyparissias* (Zypressen-Wolfsmilch), *Peucedanum officinale* (Arznei-Haarstrang), *Ligustrum vulgare* (Liguster), *Sambucus ebulus* (Zwerg-Holunder), *Eupatorium cannabinum* (Wasserdost), *Chrysanthemum leucanthemum* (Margerite), *Cirsium arvense* (Acker-Kratzdistel) sowie verschiedene Doldenblütler. Dabei ist zu berücksichtigen, daß der kleine Falter sicherlich oftmals übersehen wurde. Dies gilt insbesondere für rote, blaue und violette Blüten.

Habitat: Wie bereits erwähnt ist *Thyris fenestrella* sehr wärmebedurftig. Die Falter halten sich mit

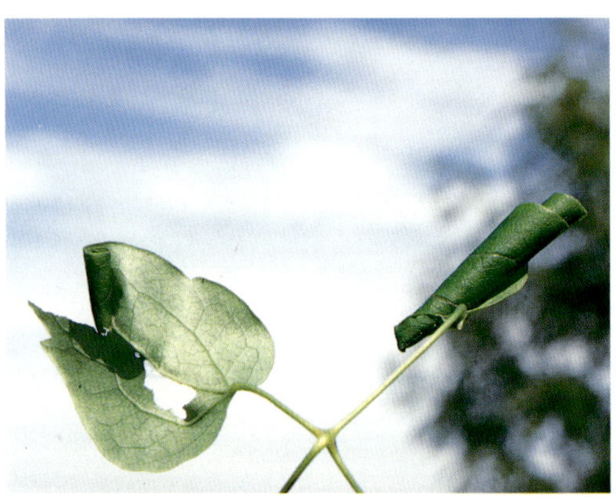

Schon nach der ersten Häutung verfertigt die Raupe ein etwas anders geformtes Röllchen. Jetzt wird der Rand von der Seite her bis zur Mittelrippe eingeschnitten und dabei etwa ein Drittel des Blattes zusammengerollt. Die hier links im Bild erkennbare Blattrolle beherbergt schon eine Raupe nach der 2. Häutung. In diesem Stadium schneidet sie das Blatt entlang der Mittelrippe bis zur Hälfte ein und vergrößert dadurch ihre Behausung. Die Blattrolle des letzten Raupenstadiums ist rechts zu erkennen. Jetzt wird das ganze Blatt eingerollt, was sowohl von der Spitze als auch von der Seite her geschehen kann. – Rußheim 7. 89 J. THIELE.

Vorliebe an sonnseitigen Waldrändern und Böschungen (Hochwasserdämme!) mit reichem Blütenaspekt (insbesondere Hochstauden) in der Nähe von Waldreben-Standorten auf. Diese Stellen sind optisch in das Gefüge der Hartholzaue (Alno-Ulmion) einzuordnen. Gleiches trifft mit Sicherheit auch für das Larvalhabitat zu.

Verhalten: Der tagaktive Falter besucht bei Sonnenschein mit Vorliebe Blütenpflanzen. Oftmals sind darauf mehrere Falter zugleich anzutreffen. Frisch geschlüpfte Tiere sonnen sich auf den Blättern der im Umkreis befindlichen Stauden. In Ruhestellung und bei ungestörter Nahrungsaufnahme sowie bei der Paarung wird eine, für die ganze Familie typische, Körperhaltung eingenommen: Die Flügel angewinkelt etwas nach hinten gestreckt, wobei die Vorderflügel etwa in der Mitte ein wenig eingeknickt werden und das mittlere Beinpaar in die Höhe gestreckt wird. Der Abflug erfolgt sehr schnell fast horizontal und geht in einen Schwirrflug über, der oftmals nach mehreren Kreisflügen in der näheren Umgebung endet. Vor (seltener auch während) der Paarung umschwirren in den späten Mittagsstunden meist mehrere Männchen das Weibchen, welches, auf einem Blatt sitzend, seine Bereitschaft signalisiert und dabei auch Sexuallockstoffe (Pheromone) verbreitet.

Bei starkem Wind oder einem Absinken der Tagestemperatur unter 17 °C verändert sich das Verhalten fast schlagartig. *Thyris fenestrella* verharrt dann entweder auf den besuchten Blüten, beinahe völlig erstarrt, oder versteckt sich in der Vegetation. Der jeweilige Aufenthaltsort wird dann nur noch nach massiver Störung verlassen. Der Flug wirkt jetzt recht schwerfällig, der Falter scheint mehr durch die Vegetation zu hüpfen (alle Angaben nach eigenen Beobachtungen).

Eine etwas kuriose Meldung stammt von THIELEN (1934): »... kommt auch ans Licht«. Obwohl *Thyris fenestrella* selbst bei ausgesprochen warmer Witterung nur am Tag beobachtet werden konnte, wäre es durchaus möglich, daß der Gewährsmann zufällig an einem Ruheplatz Lichtfang betrieben hatte und das Tier hierdurch irritiert wurde. Ähnliche Beobachtungen wurden auch schon bei Tagfaltern gemacht.

Gefährdung und Schutz

Rote Liste Bundesrepublik: 3
Rote Liste Baden-Württemberg: V

Oberrheinebene: Nicht gefährdet.
Schwarzwald: Ausgestorben oder verschollen.
Neckar-Tauberland: Art der Vorwarnliste.
Schwäbische Alb: Gefährdet.
Oberschwaben: Art der Vorwarnliste.

- In Baden-Württemberg eine Art der Vorwarnliste!
  Besonders geschützt gemäß § 20 e ff. BNatSchG.

Erfolgt die Verpuppung in Blättern, so werden diese taschenartig zusammengesponnen. Auf dem Bild sind sowohl Puppentaschen als auch die Blattrollen der Larven erkennbar. – Rußheim (im Garten) 8. 85 J. THIELE.

In der nördlichen Oberrheinebene ist diese Art nicht gefährdet. Im Gebiet des Kaiserstuhls und der südlichen Oberrheinebene könnte sich dagegen aufgrund der dort besonders massiven Kultivierungsmaßnahmen (Rebbau!) auf die Vorwarnliste gesetzt werden. Das gilt in verstärktem Maße für das Nekkar-Tauberland (insbesondere für den Kraichgau) und für Oberschwaben. In den Grenzbereichen zur Schwäbischen Alb werden die Restbestände zusätzlich von extremen, natürlichen Witterungseinflüssen tangiert.

Für den Erhalt des Waldreben-Fensterfleckchens als dem bei uns einzigen Vertreter einer sonst sehr artenreichen Schmetterlingsfamilie ist es notwendig, zukünftig insbesondere die sonnigen Ränder der Auenwälder und andere Waldreben-Standorte vor weiteren Eingriffen zu bewahren, z. B. durch Waldrandpflege nach vorgegebenen Richtlinien und Heckenschutz.

Die Waldreben-Fensterfleckchen des Rußheimer Altrheins

In den Jahren 1968 bis 1992 hat der Autor, begünstigt durch seinen nahegelegenen Wohnort, im nachfolgend näher beschriebenen Gebiet Vorkommen, Lebensweise, Phänologie und Populationsdynamik von *Thyris fenestrella* eingehend untersucht. Dabei wurden fast 2000 Einzelexemplare erfaßt und, begleitend hierzu, etwa 120 Zuchten durchgeführt. Die wichtigsten Resultate der darüber angefertigten Aufzeichnungen sollen in diesem Beitrag vorgestellt werden.

Das Waldreben-Fensterfleckchen ist am Rußheimer Altrhein – im Gegensatz zu vielen anderen Orten seines Vorkommens in Baden-Württemberg – noch zahlreich vorhanden und deshalb auch regelmäßig dort zu beobachten. Es kann sogar gewissermaßen als Charaktertier dieser Auenlandschaft bezeichnet werden, weshalb es dem Autor ein Anliegen ist, auch an dieser Stelle für den Erhalt dieser Art in dieser einzigartigen Landschaft einzutreten.

Untersuchungsgebiet: Der Rußheimer Altrhein liegt im südlichen Teil der Speyerer Rheinniederung, einer Untereinheit der Nördlichen Oberrheinebene, etwa 20 km nördlich von Karlruhe. Die abgeschnittene Schlinge des Altrheinarmes bildet die kleinste strukturelle Einheit einer naturräumlichen Gliederung. Das untersuchte Gebiet umfaßt eine Fläche von ungefähr 9 qkm und liegt im geographischen Schnittpunkt von 8°57′W und 49°51′N. Weichholz- und Hartholzauenwälder, wassernahe Bruchwälder sowie größere eingefügte Ackerflächen prägen den Charakter dieser Landschaft. Durch ein gestaffeltes System von Hochwasserdämmen sollen vor allem die landwirtschaftlich genutzten Flächen vor den häufigen Rheinhochwassern geschützt werden. Die Region gehört zu den klimatisch am meisten begünstigten und wärmsten in Deutschland (s. dazu »Der Rußheimer Altrhein, eine nordbadische Auenlandschaft« in: Die Natur- und Landschaftsschutzgebiete Baden-Württembergs, Band 10, 622 S.; Karlsruhe 1978).

Verbreitung: Schwerpunkt des Vorkommens von *Thyris fenestrella* in diesem Gebiet ist ein Abschnitt eines alten Hochwasserdammes, der ein zusammenhängendes Ackergelände umschließt. Im südwestlichen Bereich, nach Osten geöffnet, treten über eine Länge von etwa 500 m die meisten Waldreben-Fensterfleckchen auf. Für die Zeiträume 1968–1979 und 1980–1985 wurde ihre Verbreitung und quantitative Verteilung über lokale Kartierungen erfaßt. Der Vergleich verdeutlicht, daß diese Art nur in einem sehr bescheidenen Umfang in der Lage ist, Arealerweiterungen zu vollziehen. In diesem Falle wurden sie sogar durch forstliche Maßnahmen (Rodungen) noch begünstigt. Allerdings muß dabei auch erwähnt werden, daß diese zeitweiligen »Pionierstandorte« durch Sukzession nach einem Zeitraum von etwa 10 Jahren wieder verloren gingen. Die übrig gebliebenen Fundstellen liegen an Waldrändern, die man i.w.S. als ungestört bezeichnen könnte. Hier hat *Thyris fenestrella* isolierte, jedoch anscheinend stabile Kleinpopulationen entwickelt, die nicht gefährdet sind, solange hier keine tiefgreifenden Veränderungen erfolgen. Dabei muß bedacht werden, daß sich, nach eigenen Beobachtungen, die Falter höchstens in einem Umkreis von etwa 50 m von der Raupennahrungspflanze (Waldrebe) entfernen.

Es ist trotz aller Bemühungen nicht gelungen, die Art im Garten anzusiedeln. Über Jahre hinweg wurden dort sowohl befruchtete Weibchen als auch halb erwachsene Raupen ausgesetzt. Der Mißerfolg ist ganz sicher darauf zurückzuführen, daß die – subjektiv betrachtet – optimalen lokalen Bedingungen bisher noch unbekannte Defizite aufweisen. Man sollte deshalb die Wahl des Habitates den Faltern selbst überlassen und nur dort unterstützend eingreifen, wo es um den Schutz eines solchen geht oder wo durch gezielte Pflegemaßnahmen die Entwicklung hin zu einem solchen Habitat gefördert werden kann (kontrollierte Renaturierung).

Phänologie: Im Vergleich zur Phänologie von *Thyris fenestrella* im gesamten Ausdehnungsbereich der nördlichen bis südlichen Oberrheinebene sind zunächst nur marginale Abweichungen erkennbar. Der früheste Fund datiert vom 9. 5. 1993 (1 Männchen, 1 Weibchen), der späteste, wie bereits im vorangegangenen Teil erwähnt, vom 18. 8. 1984. Die meisten Individuen wurden während der 2. Generation Mitte Juli beobachtet. Eine detaillierte Gegenüberstellung der Phänogramme relativiert jedoch die weitgehende Übereinstimmung. Von den rund 160 Meldungen aus der Oberrheinebene kommen allein 41 aus dem Gebiet des Rußheimer Altrheins, die nicht dem Autor zuzuschreiben sind. Demgegenüber wurden in einem Zeitraum von nur 4 Jahren (1984–1987) 833 Exemplare aus diesem Untersuchungsgebiet phänologisch erfaßt und zusätzlich noch Daten von 180 Belegexemplaren berücksichtigt. Eine Zusammenfassung aller Daten für ein »Phänogramm Oberrheinebene« wäre in diesem Falle aus statistischen Gründen nicht vertretbar.

Bei der Auswertung der 4 Jahresphänogramme (1984–1987) überrascht es nicht, daß die Witterungseinflüsse von großer Bedeutung sind. Mit zeitlicher Verschiebung der maximalen Temperaturkurven ist der jeweilige Jahresverlauf sehr ähnlich. Für die gesamtphänologische Darstellung von *Thyris fenestrella* ergäbe sich aus dieser Manipulation, daß eine deutliche Lücke mit nur wenigen Beobachtungen zwischen den beiden mutmaßlichen Generationen gegen Mitte Juni zu erkennen ist. Ungeklärt bleibt jedoch weiterhin die verhältnismäßig ungleiche und geringe Anzahl gegen Ende Mai.

Die insgesamt weitaus größte Individuenzahl (475) wurde 1984 erfaßt. In den darauffolgenden Jahren bis 1992 ging die Gesamtzahl bei nahezu gleichbleibender Beobachtungsintensität kontinuierlich zurück. Da ein ähnlicher Verlauf auch schon Mitte der 70er Jahre (ohne genaue zeitliche und quantitative Erfassung) beobachtet wurde, ist es durchaus möglich, daß die jeweilige jährliche Anzahl der Individuen einem biologischen Zyklus unterliegt, was durch jüngste Beobachtungen (J. Thiele) bestätigt werden kann.

Neben den Freilandbeobachtungen haben sich begleitende Zuchten als sehr aufschlußreich erwiesen. Es sollte überprüft werden, ob ein am 25. 7. 1970 aus einer im gleichen Jahr durchgeführten Zucht geschlüpftes Exemplar der erste Beweis für das Vorkommen von 2 Generationen war. Am 1. 6. 1981 wurden 2 Weibchen zur Eiablage eingesammelt. Erwartungsgemäß schlüpfte die Nachfolgegeneration des einen Weibchens ab 17. 7. 1981. Zur großen Überraschung jedoch überwinterten die Puppen aus der anderen Zucht; die Falter schlüpften erst ab dem 4. 6. des folgenden Jahres. Viele darauffolgende Zuchten bestätigten die Erkenntnis, daß ein geringerer Teil der Falter nur eine, der andere dagegen regelmäßig 2 Generationen bildet. Es gibt zwar seitens des Autors hierzu einige schlüssige Denkmodelle, die jedoch an dieser Stelle nicht weiter behandelt werden können.

Präimaginale Entwicklung: Wie bereits schon für ganz Baden-Württemberg festgestellt, war die gezielte Suche nach präimaginalen Stadien auch im Gebiet des Rußheimer Altrheins nahezu erfolglos. Lediglich an eingetragenem Futter für die Zuchten wurden zufällig 4 Eier (einmal mit frisch geschlüpftem Räupchen) gefunden. Die *Clematis*-Ranken befanden sich ausnahmslos im Schatten und die Eier waren stets einzeln auf den Blättern abgelegt.

Durch die versteckte Lebensweise der Raupe ist eine genaue Beobachtung im Freiland nicht möglich. Anhand der typischen Blattrollen kann jedoch das jeweilige Larvalstadium bestimmt werden. Die frisch geschlüpfte Eilarve (L_1) beginnt umgehend, das Blatt vom Rand her bis zum Blattnerv einzuschneiden. Mit einigen Spinnfäden entsteht hieraus ein tütenförmiges Röllchen. Es wird nach der Häutung zur L_2-Larve verlassen und ein anderes Blatt, wiederum von der Seite her, eingeschnitten, jetzt aber bis zur Mittelrippe, woraus eine größere und gleichförmige Blattrolle gefertigt wird. Die Blattrolle der L_3-Larve wird durch Einschneiden neben der Blattspitze entlang der Mittelrippe hergestellt. Die L_4-Larve rollt das ganze Blatt, meist von der Spitze her, zusammen, gelegentlich auch von der Seite.

Die Verpuppung kann direkt oberhalb des Stengels in einem einfachen, aber in Verbindung mit dem Blattmaterial festen Kokon erfolgen. Gegen Jahresende fällt dieser dann mit den Blättern zu Boden. In Überschwemmungsgebieten hat er vermutlich wenig Überlebenschancen. Ein großer Teil verpuppt sich auch, nach Laborergebnissen, in hohlen Stengeln und an anderen geschützten Orten. Diese Überlebensstrategie hat lange Zeit zu einigen Verwirrungen über die Lebensweise der Raupe geführt.

Die Entwicklungszeit zwischen 2 Generationen beträgt bei Zucht mindestens 39 Tage: 7 Tage Eidauer, 23 Tage Larvalstadium und 9 Tage Puppenentwicklung. Überwinternde Puppen können gelegentlich auch überliegen und die Falter somit erst nach 2 Jahren, im Mai/Juni hervorbringen.

Nahrung und Lebensweise der Falter: Zum besseren Verständnis werden einige Hinweise zur naturgeschichtlichen Entwicklung der Oberrheinebene vorangestellt, da sie nicht unwesentlich die Lebensweise von *Thyris fenestrella* in diesem Gebiet geprägt hat.

Zum Lebensraum von *Thyris fenestrella* gehören die Gewöhnliche Waldrebe (vorne links, blühend), aber auch nektarreiche Blüten an gut besonnten Standorten. Oft ist dieser kleine, eher unscheinbare Schmetterling auch an Wegrändern, Steinmauern und dergleichen zu finden, wo er manchmal, statt an Blumen, an Aas, Exkrementen, feuchten Bodenstellen usw. saugt. – Rußheim, Hochwasserdamm 5. 85 J. THIELE.

So haben Untersuchungen von KLINGER & v. KOENIGSWALD (1984) u.a. den Nachweis erbracht, daß bereits vor 100000 Jahren, in der sog. Eem-Warmzeit, die Waldrebe im Oberrheingebiet vorkam, womit den Ahnen unseres Waldreben-Fensterfleckchens vermutlich schon damals ein idealer Lebensraum zur Verfügung stand. Durch die Kaltzeitperioden veränderten sich jedoch die Pflanzen- und Tiergesellschaften wieder. Da niemals fossile Reste von *Thyris fenestrella* gefunden wurden, können erste Rückschlüsse erst für die Zeit vor dem frühen Mittelalter gezogen werden. Der Wildstrom Rhein floß damals durch urwaldähnlichen Primärwald; sein Lauf änderte sich stetig und die Aue wurde regelmäßig überflutet. Neben *Clematis* gab es nur wenige Blütenpflanzen am Uferrand oder auf Sand- und Kiesbänken. An feuchten Orten konnten gelöste Mineralstoffe, von tierischen Kadavern zusätzlich noch Proteine, von den Faltern als Nahrung aufgenommen werden. Mit den größeren menschlichen Ansiedlungen wurde bald eine erste nennenswerte landwirtschaftliche Nutzung des Gebietes eingeleitet. Von den Rodungen und Trockenlegungen profitierten viele Blütenpflanzen und damit auch Insekten.

Diese kurze Betrachtung der naturgeschichtlichen Entwicklung, die gleichermaßen uneingeschränkt für den Rußheimer Altrhein gilt, mag eine Erklärung für die ungewöhnlich vielseitigen Nahrungsquellen der Imagines von *Thryis fenestrella* sein. Eine Auflistung der besuchten Nektarpflanzen, unter Berücksichtigung ihrer Attraktivität für das Waldrebe-Fensterfleckchen, findet sich im Anhang unter »Blütenbiologie«. Außer Blüten werden aber auch Tautropfen, Pfützen und feuchte Böden, Exkremente, Misthaufen, Aas (z.B. tote Wegschnecken, Mäuse usw.) sowie von Schmetterlingssammlern für Schillerfalter etc. ausgelegte Käseköder als Nahrungsquellen genutzt. An besonders heißen Tagen nehmen die Falter eigene Ausscheidungen auf.

Die Falter schlüpfen entweder morgens oder erst während der späten Mittagsstunden. Zur Überwindung von Schlechtwetterperioden kann der Schlupf bis zu 3 Wochen hinausgezögert werden. Die Kopula findet wohl nur am Nachmittag statt. Meistens werden die Weibchen von mehreren Männchen umschwirrt. Beide Geschlechter zeigen Balzverhalten, wobei die Männchen eine klare Flüssigkeit am Abdomenende abgeben. In der Zucht wurde beobachtet, daß sie von den Weibchen mit dem Saugrüssel aufgenommen wird. Die Zusammenhänge sind noch ungeklärt.

Wie Beobachtungen in Gefangenschaft zeigen, legen die befruchteten Weibchen bis zu 27 zylindrische, verhältnismäßig große Eier aufrecht und einzeln an den Blättern der Gewöhnlichen Waldrebe (*Clematis vitalba*) in halbschattiger Exposition ab. Diese werden vorher taktil auf ihre Eignung hin überprüft und die für die Ablage ausgesuchte Stelle tänzelnd umschwirrt. Vor dem Absetzen des Eies verharrt das Weibchen für einige Sekunden in Ruhestellung; danach fliegt es davon. Nach der Eiablage stirbt es innerhalb weniger Tage, kann aber bei kühler Witterung noch bis zu 12 Tagen am Leben bleiben. Die Lebensdauer der Männchen beträgt nach der Kopula höchstens noch 3 Tage.

Freßfeinde und Parasitoide: Zu den natürlichen Feinden der Falter von *Thyris fenestrella* gehören vor allem die Krabbenspinnen (Thomisidae).

Die Raupen können trotz der schützenden Blattrollen von Schlupfwespen (Ichneumonidae) und Raupenfliegen (Tachinidae) parasitiert werden. Bei besonders feuchtwarmer Witterung werden sie zudem von Pilzkrankheiten befallen. Von Vögeln werden sie dagegen gemieden, vermutlich wegen der Bitterstoffe, die sie mit der Nahrung aufnehmen, und wohl auch wegen des Ausscheidens einer nach Wanzen riechenden Flüssigkeit.

Register

Das Register enthält zunächst die wissenschaftlichen Namen der in Band 3 behandelten »spinnerartigen« Nachtfalterarten, getrennt nach Familien, Unterfamilien und Gattungen sowie nach Arten, Unterarten und Formen. Die in Normalschrift wiedergegebenen Gattungs- und Artnamen sind mit denjenigen des Inhaltsverzeichnisses sowie der Checklists und Tabellen (vgl. Kap. 4) identisch. Die halbfetten Seitenzahlen verweisen auf die Stelle im Speziellen Teil, wo die betreffende Gattung bzw. Art (mit Abbildungen) erstmals ausführlich behandelt wird. Die übrigen Seitenzahlen beziehen sich auf Zitate an anderen Stellen im Speziellen und Allgemeinen Teil. Die Seitenzahlen von Band 4 werden mit einem entsprechenden Hinweis (4:) zitiert.

Bei den kursiv wiedergegebenen Gattungs- und Artnamen handelt es sich um solche, unter denen die betreffende Art in der gebräuchlichen Literatur vor 1980 sowie in einigen nachher erschienenen Veröffentlichungen publiziert worden ist, das heißt also sowohl um synonymische als auch neuere Namen (vgl. Kap. 1.1), aber auch um Namen von Unterarten und Formen (soweit sie im Text aufgeführt werden) sowie um solche in falscher Schreibweise. Die Seitenzahlen verweisen hier auf diejenigen Stellen im Speziellen Teil, wo diese Namen erscheinen. Damit soll, insbesondere bei der Benutzung älterer Literatur, das Auffinden der gesuchten Taxa erleichtert werden.

Die deutschen Namen der in Band 3 behandelten »spinnerartigen« Nachtfalterarten wurden in einem gesonderten Register zusammengefaßt. Es werden allerdings nur die im Speziellen Teil benutzten Namen aufgeführt. Bezüglich aller weiteren wird auf die betreffende Checklist (Kap. 4.2) verwiesen.

Ein ausführliches Sach- und Pflanzenregister ist für den letzten Band dieser Reihe vorgesehen.

Namen der Familien, Unterfamilien und Gattungen

Namen der Arten, Unterarten und Formen

Deutsche Namen

Und hier noch ein paar Buchempfehlungen:

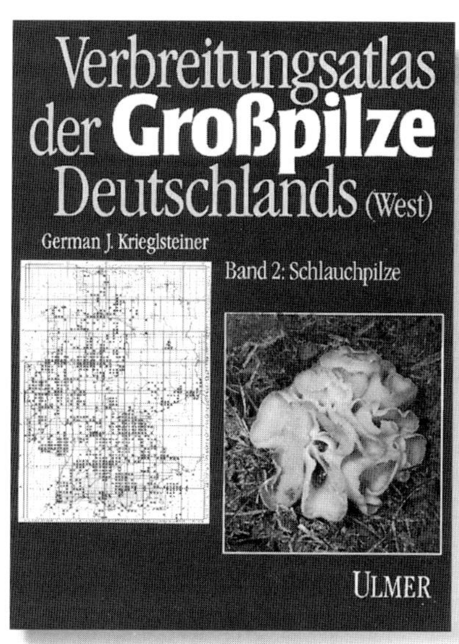

Verbreitungsatlas der Großpilze Deutschlands (West). Herausgegeben von German J. Krieglsteiner. 1991. Band 1: Ständerpilze. Teil A: Nichtblätterpilze. Teil B: Blätterpilze. 1016 Seiten, 3511 Verbreitungskarten. Leinen mit Schutzumschlag. ISBN 3-8001-3318-0.

Pflanzensoziologie. Grundlagen und Methoden. Prof. Dr. Hartmut Dierschke. 1994. 683 Seiten, 343 Abbildungen, 55 Tabellen. (UTB-Große Reihe). Pp. ISBN 3-8252-8078-0.

Ökophysiologie der Pflanzen. Prof. Mag. Dr. Walter Larcher. 1994. 5., völlig neubearbeitete Auflage. 394 Seiten, 347 Abbildungen, 78 Tabellen. (UTB-Große Reihe). Pp. ISBN 3-8252-8074-8. Sehr gut zum Selbststudium geeignet.

Waldökologie. Prof. Dr. Hans-Jürgen Otto. 1994. 392 Seiten, 140 Zeichnungen und 19 Tabellen. (UTB-Große Reihe). Pp. ISBN 3-8252-8077-2. Konzepte und praktische Beispiele.

Verbreitungsatlas der Großpilze Deutschlands (West). Herausgegeben von German J. Krieglsteiner. 1993. Band 2: Schlauchpilze. 596 Seiten. 1987 Verbreitungskarten. Leinen mit Schutzumschlag. ISBN 3-8001-3319-9.

Naturschutz-Ökonomie. Prof. Dr. Ulrich Hampicke. 1991. 344 Seiten, 25 Zeichnungen, 32 Tabellen (UTB 1650) Kst. ISBN 3-8252-1650-0. Grundlagen und Argumentationshilfen.

Landschaftsökologie. Ansatz, Modelle, Methodik, Anwendung. Prof. Dr. Hartmut Leser. 1991. 3., vollständig neubearbeitete Auflage. 647 Seiten, 122 Abbildungen, 16 Tabellen. (UTB 521). ISBN 3-8252-0521-5.

Arten- und Biotopschutz. Prof. Dr. Giselher Kaule. 2. überarbeitete und erweiterte Auflage. 519 Seiten. 54 sw-Fotos, 85 Zeichnungen und Karten, 145 Tabellen. (UTB-Große Reihe). 3-8252-8028-4.